ESV

# Handbuch der Vermögensnachfolge

## Bürgerlich-rechtliche und steuerliche Gestaltung der Vermögensnachfolge von Todes wegen und unter Lebenden


Begründet von

**Dr. Günter Esch**
Rechtsanwalt und Fachanwalt für Steuerrecht

**Prof. Dr. Dieter Schulze zur Wiesche**
Rechtsanwalt und Steuerberater

fortgeführt seit der 5. Auflage von

**Dr. Wolfgang Baumann**
Notar
Wuppertal

**Prof. Dr. Dieter Schulze zur Wiesche**
Rechtsanwalt und Steuerberater
Nordkirchen



6., neu bearbeitete und erweiterte Auflage

ERICH SCHMIDT VERLAG

Die Deutsche Bibliothek – CIP Einheitsaufnahme

**Baumann, Wolfgang:**
Handbuch der Vermögensnachfolge : bürgerlich-rechtliche und steuerliche Gestaltung der Vermögensnachfolge von Todes wegen und unter Lebenden / begr. von Günter Esch und Dieter Schulze zur Wiesche. Fortgef. von Wolfgang Baumann und Dieter Schulze zur Wiesche. – 6., neu bearb. und erw. Aufl. – Berlin : Erich Schmidt, 2001
ISBN 3-503-05960-1



1. Auflage 1976
2. Auflage 1981
3. Auflage 1989
4. Auflage 1992
5. Auflage 1997
6. Auflage 2001

ISBN 3 503 05960 1


www.erich-schmidt-verlag.de

Dieses Papier erfüllt die Frankfurter Forderungen der Deutschen Bibliothek und der Gesellschaft für das Buch bezüglich der Alterungsbeständigkeit und entspricht sowohl den strengen Bestimmungen der US Norm Ansi/Niso Z 39.48-1992 als auch der ISO Norm 9706.

Gesetzt aus der Stempel Garamond, 9/11 Punkt

Satz: multitext, Berlin
Druck: Zach, Berlin

# Vorwort zur sechsten Auflage

Der Beratungsbedarf in Fragen der Vermögensnachfolge ist in den letzten Jahren ständig gestiegen. Ein Ende dieser Entwicklung ist noch nicht abzusehen. Nach Schätzungen der Deutschen Ausgleichsbank steht in den nächsten fünf Jahren bei 700.000 mittelständischen Unternehmen der Generationswechsel an der Spitze ins Haus.

Zahlreiche gesetzliche Neuregelungen berühren den Bereich der Vermögensnachfolge; sie führen oftmals zu völlig neuen Ergebnissen und Gestaltungsempfehlungen.

Aus bürgerlich-rechtlicher Sicht sind bei der Unternehmensnachfolge u.a. die grundlegenden Änderungen durch das Handelsrechtsreformgesetz zu berücksichtigen. Im privaten Bereich sind z.B. die Auswirkungen des Erbrechtsgleichstellungsgesetzes und des Minderjährigenhaftungsbegrenzungsgesetzes in die Überlegungen einzubeziehen.

In steuerlicher Sicht ergeben sich aus dem Steuersenkungsgesetz (StSenkG) einschließlich Steuersenkungsergänzungsgesetz in Verbindung mit dem Steuerentlastungsgesetz 1999/2000/2002 und dem Steuerbereinigungsgesetz 1999 neue Konfliktstoffe, insbesondere bei der Umstrukturierung von Unternehmen, bei der Realteilung und bei der qualifizierten Gesellschafternachfolge. Durch das Ergänzungsgesetz zum StSenkG werden Betriebsübertragungen ab dem Jahr 2001 ertragsteuerlich wieder interessanter. In erbschaftsteuerlicher Sicht haben die kürzlich veröffentlichten Vorschläge der Sachverständigenkommission zur Bewertung des Grundbesitzes zu großer Verunsicherung geführt.

Die Notwendigkeit, die Vielzahl der neuen gesetzlichen Vorgaben unter Berücksichtigung weiterer Reformtendenzen rechtssicher in die Praxis umzusetzen, stellt die beratenden Berufe vor große Herausforderungen.

Die nunmehr 6. Auflage dieses Werkes, die wie bisher in einen getrennten bürgerlich-rechtlichen und einen steuerrechtlichen Teil gegliedert ist, stellt durch Querverweisungen eine ganzheitliche Betrachtung sowohl in zivilrechtlicher als auch steuerrechtlicher Sicht sicher.

Die Neuauflage hat sich zum Ziel gesetzt, den steuer-, rechts- und wirtschaftsberatenden Berufen den Einstieg in die veränderte Rechts- und Steuerlandschaft ab 2001 zu erleichtern. Damit das Werk für die Leser länger nutzbar bleibt, beruht die 6. Auflage – soweit wie möglich – auf der neuen Währung Euro. Berücksichtigt wurde u.a. bereits das Steuer-Euroglättungsgesetz vom 19.12.2000. Da in diesem Gesetz die Erhöhung des Freibetrags nach § 16 Abs. 4 EStG ab 1.1.2001 auf 100.000,– DM nicht berücksichtigt worden ist, wird hinsichtlich des steuerlichen Teils darauf hingewiesen, daß für die Umrechnung dieses Freibetrags auf Euro zum Zeitpunkt der Drucklegung dieser Auflage noch keine gesetzliche Grundlage bestand.

Wuppertal/Nordkirchen, im Januar 2001

Dr. Wolfgang Baumann — Prof. Dr. Dieter Schulze zur Wiesche

# Vorwort zur fünften Auflage

Mit der fünften Auflage dieses Handbuchs findet ein Generationenwechsel statt. Dr. Günter Esch, Mitbegründer und Autor von vier Auflagen, hat aus Altersgründen seine Autorenschaft niedergelegt. Ihm für seine Leistungen zu danken, ist uns ein aufrichtiges Anliegen.

Das Handbuch folgt dem bewährten Prinzip einer möglichst umfassenden Darstellung der rechtlichen Grundlagen der Vermögensnachfolge. Daher wurden im ersten Buch auch die gesellschaftsrechtlichen Darlegungen beibehalten, allerdings – insoweit neu – in ein eigenes Kapitel die Unternehmensnachfolge eingestellt. Vertieft wurden im Gesellschaftsrecht jeweils die Ausführungen zu den Rechtsfolgen beim Tod eines Gesellschafters. Die Änderungen des Aktienrechts, insbesondere durch Einführung der kleinen Aktiengesellschaft, die Neueinführung der EWIV und der Partnerschaft sind ebenso berücksichtigt wie das Nachhaftungsbegrenzungsgesetz und das neue Umwandlungsgesetz. Im Bereich der vorweggenommenen Erbfolge aber auch im Erbrecht sind die Gestaltungshinweise erheblich erweitert worden, wobei auf Textbausteine oder Gestaltungsmuster auch weiterhin verzichtet wird. Einige Teile des Bürgerlichen Rechts wurden völlig neu geschrieben, andere nur überarbeitet und im Hinblick auf neuere Rechtsprechung aktualisiert. Insgesamt wurde der Umfang der Darstellungen wie auch der weiterführenden Literatur erheblich erweitert.

Seit der Vorauflage sind sowohl im Hinblick auf die Erbschaftsteuer als auch auf die ertragsteuerliche Behandlung durch Gesetzesänderungen (Jahressteuergesetz 1996 und Ergänzungsgesetz), Urteile und Verwaltungserlasse Änderungen in einem solchem Umfange eingetreten, daß bereits die Vorauflage durch zwei Einleger aktualisiert werden mußte. Noch wesentlichere Rechtsänderungen hat das Jahressteuergesetz 1997 aufgrund der Auflagen des Bundesverfassungsgerichtes gebracht. Die Vermögensteuer wird nicht mehr erhoben. Für die Erbschaftsteuer wird eine Bedarfsbewertung durchgeführt. Die alten Einheitswerte beim Grundbesitz sind entfallen. An Stelle des Sachwertverfahrens ist das Ertragswertverfahren getreten. Die Grundbesitzwerte liegen etwa bei 50 v.H. des Verkehrswertes, während bei Kapitalvermögen weiterhin die Verkehrswerte zugrundezulegen sind. Eine große Entlastung hat dagegen das Betriebsvermögen und das sonstige Produktivvermögen erfahren. Neben einer sehr günstigen Bewertung mit den Bilanzansätzen ohne Berücksichtigung eines Firmenwertes sowie einem höheren Bewertungsabschlag beim Grundbesitz wird ein Freibetrag von 500.000 DM, darüber hinaus ein Bewertungsabschlag von 40 v.H. bei Besteuerung stets nach Steuerklasse I gewährt. Eine große Erbschaftsteuerentlastung bedeuten die Freibeträge und die Tarifreform.

Wuppertal/Nordkirchen, im Januar 1997

Dr. Wolfgang Baumann — Prof. Dr. Dieter Schulze zur Wiesche

# Vorwort zur ersten Auflage

Fleiß, Tatkraft und Energie der Bundesbürger haben in der Nachkriegszeit Vermögen geschaffen, das durchaus breit gestreut ist. Die geschaffenen Vermögen stellen die Grundlage für die Existenz vieler Bevölkerungsschichten dar. Jedem Vermögensinhaber wird daran liegen, das unter Entbehrungen und mit großem Fleiß geschaffene Vermögen seiner Familie zu erhalten. So ungern der Mensch an seinen Tod denkt, so wichtig ist es, rechtzeitig gerade für diesen Fall Vorsorge walten zu lassen. Erbstreitigkeiten können schneller Vermögen vernichten als Vermögen geschaffen werden kann.

Es gilt indessen nicht nur, möglichen Erbstreitigkeiten vorzubeugen; Vermögensverluste können auch bei geordneter Erbfolge durch deren Abwicklung eintreten, z.B. durch Erbauseinandersetzungen und die damit häufig geschehende Zerschlagung von Vermögenseinheiten. Der Gesichtspunkt der Erhaltung selbständiger Vermögenseinheiten hat ein besonderes Gewicht für wirtschaftliche Unternehmungen.

In zahlreichen Fällen erweist sich bei der Prüfung der Regelung der Vermögensnachfolge als zweckmäßig, schon durch lebzeitige Rechtsgeschäfte eine Vermögensnachfolge von Todes wegen vorzubereiten, nämlich Maßnahmen sog. vorweggenommener Erbfolge vorzunehmen.

Alle bürgerlich-rechtlichen Lösungen haben gleichzeitig erhebliche steuerliche Auswirkungen, und zwar auf den verschiedensten steuerlichen Gebieten, nicht nur auf dem Gebiete der Erbschaftsteuer.

Das vorliegende Handbuch stellt die bürgerlich-rechtlichen Grundlagen, Institute und Mittel der Regelung der Vermögensnachfolge und die steuerrechtlichen Probleme und Folgen systematisch dar. Es ist aus der Praxis erwachsen, stellt die täglichen Erfahrungen langjähriger Berufspraxis in den Dienst der Sache und soll der Praxis dienen. Insofern ist es kein wissenschaftliches Lehrbuch, jedoch beruht es auf dem gegenwärtigen wissenschaftlichen Stand und bemüht es sich, rechtswissenschaftliche Probleme aufzuzeigen und sich mit ihnen auseinanderzusetzen, soweit das nach den Bedürfnissen der Praxis erforderlich erscheint.

Das Buch wendet sich sowohl an Berater als auch an den Vermögensinhaber selbst, der seine Nachfolgeprobleme lösen und sich mit der Materie einigermaßen vertraut machen möchte, bevor er sich an seinen Berater wendet.

Das Werk macht die Beratung im konkreten Fall durch Anwalt, Notar oder Angehörige der wirtschafts- und steuerberatenden Berufe nicht entbehrlich. Die Vielfalt der möglichen Fälle läßt vor allem bei größeren Vermögen und komplizierten Familienverhältnissen schematische Lösungen nicht zu. Die Verfasser hoffen dessen ungeachtet, gerade auch durch die systematische Zusammenstellung der bürgerlich-rechtlichen wie steuerrechtlichen Grundlagen sowie der erb- und vermögensrechtlichen Lösungsinstrumente eine fühlbare Hilfe für jeden zu geben, der sich mit Fragen der Vermögensnachfolge befaßt und zu befassen hat. Dabei ist der neueste Rechtszustand sowohl der Gesetzgebung als auch der Rechtsprechung zugrunde gelegt. Die Reformgesetze, nicht zuletzt auf dem Gebiet des Steuerrechts sind berücksichtigt. Auch mit dieser Aktualität des Werkes glauben die Verfasser Vermögensinhabern wie Beratern einen fühlbaren Dienst zu erweisen.

Die Verfasser sind für das Werk wie folgt verantwortlich: Rechtsanwalt Dr. Esch für das Erste Buch, Oberregierungsrat Dr. Schulze zur Wiesche für das Zweite Buch.

München, im November 1975

Dr. Günter Esch — Dr. Dieter Schulze zur Wiesche

# Inhaltsverzeichnis

**3. Kapitel: Die Vermögensnachfolge vorbereitende Gestaltungsmaßnahmen**

ZWEITES BUCH

# Die Steuerfolgen der Erbfolgegestaltung

## 1. Kapitel: Die Steuerfolgen im Erbfall

# Abkürzungsverzeichnis

| | |
|---|---|
| AcP | Archiv für die zivilistische Praxis |
| AfA | Absetzungen für Abnutzung |
| AO | Abgabenordnung |
| AP | Arbeitsrechtliche Praxis, Hueck-Nipperdey-Dietz, Nachschlagewerk des Bundesarbeitsgerichts |
| AStG | Außensteuergesetz |
| | |
| BAG | Bundesarbeitsgericht |
| BayObLG | Entscheidungen des Bayerischen Obersten Landesgerichts |
| BB | Der Betriebs-Berater |
| BeurkG | Beurkundungsgesetz |
| BewG | Bewertungsgesetz |
| BFH | Bundesfinanzhof |
| BFH GS | BFH – Großer Senat |
| BFHE | Entscheidungen des Bundesfinanzhofs |
| BFH/NV | Sammlung amtlich nicht veröffentlichter Entscheidungen des Bundesfinanzhofes |
| BGB | Bürgerliches Gesetzbuch |
| BGBl. | Bundesgesetzblatt |
| BGH | Bundesgerichtshof |
| BGHZ | Entscheidungen des Bundesgerichtshofs in Zivilsachen |
| BMF | Bundesministerium der Finanzen |
| BNotK | Bundesnotarkammer |
| BNotO | Bundesnotarordnung |
| BR | Bundesrat |
| BStBl. | Bundessteuerblatt |
| BT | Bundestag |
| BV | Betriebsvermögen |
| BVerfG | Bundesverfassungsgericht |
| BWNotZ | Zeitschrift für das Notariat in Baden-Württemberg |
| | |
| DB | Der Betrieb |
| DBA | Doppelbesteuerungsabkommen |
| DJZ | Deutsche Juristenzeitung |
| DNotZ | Deutsche Notar-Zeitschrift |
| DR | Deutsches Recht |
| DStR | Deutsches Steuerrecht |
| DStZ | Deutsche Steuerzeitung |

| | |
|---|---|
| DVR | Deutsche Verkehrsteuerrundschau |
| EG | Einführungsgesetz, Europäische Gemeinschaft |
| EFG | Entscheidungen der Finanzgerichte |
| EGBGB | Einführungsgesetz zum Bürgerlichen Gesetzbuch |
| EK | Eigenkapital |
| EntwLStG | Entwicklungsländer-Steuergesetz |
| ErbSt | Erbschaftsteuer |
| ErbStDV | Erbschaftsteuer-Durchführungsverordnung |
| ErbStG | Erbschaftsteuergesetz |
| ESt | Einkommensteuer |
| EStDV | Einkommensteuer-Durchführungsverordnung |
| EStG | Einkommensteuergesetz |
| EStR | Einkommensteuer-Richtlinien |
| EU | Europäische Union |
| EW | Einheitswert |
| FamRZ | Zeitschrift für das gesamte Familienrecht |
| FG | Finanzgericht |
| FGG | Gesetz über Angelegenheiten der freiwilligen Gerichtsbarkeit |
| FinMin (NW) | Finanzministerium Nordrhein-Westfalen |
| FR | Finanzrundschau |
| FS | Festschrift |
| GBO | Grundbuchordnung |
| GBR | Gesellschaft bürgerlichen Rechts |
| GewStG | Gewerbesteuergesetz |
| GG | Grundgesetz |
| GmbH | Gesellschaft mit beschränkter Haftung |
| GmbH-RdSch | GmbH-Rundschau |
| GrESt | Grunderwerbsteuer |
| GrEStG | Grunderwerbsteuergesetz |
| HB | Handelsbilanz |
| HFR | Höchstrichterliche Finanzrechtsprechung |
| HGB | Handelsgesetzbuch |
| HRR | Höchstrichterliche Rechtsprechung |
| i.L. | in Liquidation |
| Inf. | Die Information über Steuer und Wirtschaft |
| IWB | Internationale Wirtschafts-Briefe |
| JbRSoZTh | Jahrbuch für Rechtssoziologie und Rechtstheorie |
| JR | Juristische Rundschau |

| | |
|---|---|
| JW | Juristische Wochenschrift |
| JZ | Juristenzeitung |
| | |
| KapGes | Kapitalgesellschaft |
| KG | Kammergericht, Kommanditgesellschaft |
| KGJ | Jahrbuch für Entscheidungen des Kammergerichts |
| KiSt | Kirchensteuer |
| KöSDi | Kölner Steuerdialog |
| KSt | Körperschaftsteuer |
| KStG | Körperschaftsteuergesetz |
| KStR | Körperschaftsteuer-Richtlinien |
| KVStG | Kapitalverkehrssteuergesetz |
| | |
| LAG | Lastenausgleichsgesetz |
| LM | Lindemaier-Möhring, Nachschlagewerk des Bundesgerichtshofs |
| LuF | Land- und Forstwirtschaft |
| | |
| MDR | Monatsschrift für Deutsches Recht |
| MittBayNot | Mitteilungen des Bayerischen Notarvereins, der Notarkasse und der Landesnotarkammer Bayern |
| MittRhNotK | Mitteilungen der Rheinischen Notarkammer (bis 31. 12. 2000; = Rheinische Notar-Zeitschrift seit 1. 1. 2001) |
| | |
| NJW | Neue Juristische Wochenschrift |
| NSt | Neues Steuerrecht von A bis Z |
| NWB | Neue Wirtschaftsbriefe |
| | |
| OFD | Oberfinanzdirektion |
| OGHZ | Entscheidungen des Obersten Gerichtshofes für die britische Zone in Zivilsachen |
| OHG | Offene Handelsgesellschaft |
| OLGZ | Entscheidungen der Oberlandesgerichte in Zivilsachen |
| | |
| PreisG | Preisangaben- und Preisklauselgesetz |
| | |
| RFH | Reichsfinanzhof |
| RGBl. | Reichsgesetzblatt |
| RGZ | Entscheidungen des Reichsgerichts in Zivilsachen |
| RNotZ | Rheinische Notar-Zeitschrift (=Mitteilungen der Rheinischen Notarkammer bis 31. 12. 2000) |
| Rpfleger | Der deutsche Rechtspfleger |
| Rspr. | Rechtsprechung |
| RStBl. | Reichssteuerblatt |

| | |
|---|---|
| Rz. | Randziffer |
| SchenkSt | Schenkungsteuer |
| StÄndG | Steueränderungsgesetz |
| StAnpG | Steueranpassungsgesetz |
| StbJB | Steuerberaterjahrbuch |
| StBp | Die steuerliche Betriebsprüfung |
| StEK | Steuererlasse in Karteiform |
| StKongrRep | Steuerberaterkongreß-Report |
| St.Lex. | Steuerlexikon |
| StMBG | Mißbrauchsbekämpfungs- und Steuerbereinigungsgesetz |
| Stpfl. | Steuerpflichtiger |
| StRK | Steurrechtskartei |
| StuW | Steuer und Wirtschaft |
| StVj | Steuerliche Vierteljahresschrift |
| StWa | Steuerwarte |
| UmwBerG | Umwandlungsbereinigungsgesetz |
| UmwG | Umwandlungsgesetz |
| UmwStG | Umwandlungssteuergesetz |
| UR | Umsatzsteuer-Rundschau |
| USt | Umsatzsteuer |
| UStG | Umsatzsteuergesetz |
| UStR | Umsatzsteuer-Richtlinien |
| UVR | Umsatzsteuer- und Verkehrsteuer-Recht |
| vEK | verwendbares Eigenkapital |
| VSt | Vermögensteuer |
| VStÄR | Vermögensteuer-Änderungsrichtlinien |
| VStG | Vermögensteuergesetz |
| VStR | Vermögensteuer-Richtlinien |
| WM | Wertpapiermitteilungen |
| Wpg | Die Wirtschaftsprüfung |
| ZEV | Zeitschrift für Erbrecht und Vermögensnachfolge |
| ZGR | Zeitschrift für Unternehmens- und Gesellschaftsrecht |
| ZHR | Zeitschrift für das gesamte Handels- und Wirtschaftsrecht |
| ZIP | Zeitschrift für Wirtschaftsrecht |
| ZNotP | Zeitschrift für die Notarpraxis |
| ZPO | Zivilprozeßordnung |

ERSTES BUCH

# Bürgerlich-rechtliche Grundlagen einer Vermögensnachfolge

## 1. KAPITEL
# Einführung

Jeder Mensch hat – sogar gegen seinen ausdrücklich geäußerten Willen – einen Vermögensnachfolger, da die Rechtsfähigkeit mit dem Tode eines Menschen erlischt[1]. Die Vermögensnachfolge erfolgt daher spätestens mit dem Tod eines Menschen, mit dem Erbfall. Deshalb stehen die Regelungen des Erbrechts im Zentrum einer Gestaltung der Vermögensnachfolge[2], zumal das Erbrecht auch lebzeitigen Vermögensverfügungen Schranken setzt. 1

Jede Gestaltung der Vermögensnachfolge hat als Ausgangspunkt die gesetzliche Erbfolge. Die wirtschaftlichen Zielvorstellungen des Erblassers, soweit sie von den Rechtsfolgen der gesetzlichen Erbfolge abweichen, ergeben den notwendigen Regelungs- und Gestaltungsbedarf. 2

Die Gestaltungsfreiheit des Erbrechts ist durch den gesetzlichen Gestaltungsrahmen begrenzt. Der Erblasser muß sich der erbrechtlichen Aktstypen bedienen. Die gesetzlichen Gestaltungsschranken der gewillkürten Erbfolge zeichnen die erbrechtlichen Gestaltungswege vor. 3

Vermögensnachfolge läßt sich auch zu Lebzeiten des Erblassers im Einvernehmen mit dem Vermögensnachfolger regeln. In Betracht kommen zunächst die Vermögensnachfolge bloß vorbereitende Maßnahmen. Weitergehend kann die Vermögensnachfolge durch Rechtsgeschäfte unter Lebenden erfolgen. Mit den Möglichkeiten der vorweggenommenen Erbfolge wird die Gestaltungsfreiheit des Schuldrechts ausgenutzt. Die sogenannte vorweggenommene Erbfolge ist keine Erbfolge, sondern – zumindest nach den Intentionen der Beteiligten – eine Vermögensnachfolge unter Umgehung erbrechtlicher Vorschriften[3]. Die Verlagerung der Rechtsnachfolge auf Rechtsgeschäfte unter Lebenden schafft regelmäßig vom Erblasser einseitig nicht mehr widerrufliche Verhältnisse. 4

Die Vermögensnachfolge in Unternehmen oder Unternehmensbeteiligungen bildet einen Sonderfall. In Einzelfällen lassen sich über gesellschaftsvertragliche Lösungen die Schranken des Erbrechts umgehen. Daher ist der Unternehmensnachfolge und den gesellschaftsrechtlichen Gestaltungsmöglichkeiten ein eigenes Kapitel gewidmet. 5

Der Wunsch einer möglichst steuergünstigen Vermögensnachfolgegestaltung ist legitim. Vernichtet die Steuer das zu vererbende oder ererbte Vermögen ganz oder 6

---

1 Davon unberührt bleibt der Schutz postmortaler Persönlichkeitsrechte, der ähnlich wie der rechtliche Schutz des Leichnams nach dem Tode des Erblassers gilt. Dazu Staudinger/Marotzke [2000] § 1922 Rz. 131 m.w.N.

2 Zur Institutsgarantie des Erbrechts Staudinger/Otte [2000] Einl. zu §§ 1922ff. BGB Rz. 60ff.

3 Staudinger/Marotzke [2000] § 1922 BGB Rz. 10.

im wesentlichen, so ist sie verfassungswidrig[4]. „Der Spielraum für den steuerlichen Zugriff auf den Erwerb von Todes wegen findet seine Grenze dort, wo die Steuerpflicht den Erwerber übermäßig belastet und die ihm zugewachsenen Vermögenswerte grundlegend beeinträchtigt."[5] Die Gestaltung einer zivil- und steuerrechtlich vorteilhaften Vermögensnachfolge stellt regelmäßig hohe methodische Anforderungen an den Kautelarjuristen[6]. Sie erfordert insbesondere ein enges Zusammenarbeiten zwischen den zivil- und steuerrechtlichen Beratern.

7 Der Kautelarjurist arbeitet – wie unsere Rechtsordnung dies vorgibt – mit Gestaltungstypen. Eine zentrale Rolle bei der Auswahl der Gestaltungsmittel spielt die Methodik des komparativen Denkens[7], das dem Kautelarjuristen ermöglicht, von mehreren Gestaltungen die günstigste Gestaltungslösung zu wählen. Der Griff zum Formularbuch ohne methodische Kenntnisse verleitet dazu, den Gestaltungsrahmen nicht auszunutzen[8]. Das vorliegende Buch geht nicht den Weg des typologischen Ansatzes[9], sondern versteht sich als Gesamtdarstellung. Der Gestaltungsrahmen der Vermögensnachfolge soll möglichst umfassend beschrieben werden[10]. Zur Vertiefung rechtlicher Einzelprobleme sind Kommentare und Lehrbücher, zur Gestaltung der Vermögensnachfolge im Einzelfall Formularhandbücher[11] und Handbücher[12] zur notariellen Vertragsgestaltung unverzichtbar.

---

[4] Staudinger/Otte [2000] Einl. zu §§ 1922ff. BGB Rz. 73.

[5] BVerfG Urt. v. 22. 6. 1995 – 2 BvR 552/91 – Leitsatz 2, NJW 1995, 2624.

[6] Einzelheiten bei Langenfeld, Vertragsgestaltung (1991) 2. Aufl.

[7] Grundlegend Otte, Komparative Sätze im Recht, JbRSoZTh 1972, 301ff.; ders., Zur Anwendung komparativer Sätze im Recht, Das bewegliche System im geltenden und künftigen Recht, 1986; darauf aufbauend in Bezug auf die notarielle Gestaltungspraxis Langenfeld, Vertragsgestaltung, Rz. 31ff.

[8] Zur Methodik der Vertragsgestaltung Langenfeld, Vertragsgestaltung (1991); Keim, Das notarielle Beurkundungsverfahren (1990); Schmittat, Einführung in die Vertragsgestaltung (2000).

[9] Beispiele: Langenfeld, Das Ehegattentestament; Kössinger, Das Testament Alleinstehender; Wegmann, Ehegattentestament und Erbvertrag.

[10] Dies entsprach den Intentionen Eschs seit der ersten Auflage, wird weiter beibehalten und soll künftig ausgebaut werden.

[11] Münchener Vertragshandbuch, Bd. 1 (4. Aufl.), (Hrsg: Heidenhain/Meister), Gesellschaftsrecht; und Bd. 4, Hbd. 2, (3. Aufl.), (Hrsg: Langenfeld), Erbrecht (Bearbeiter: Nieder); Hoffmann-Becking/Schippel (Hrsg.), Beck'sches Formularhandbuch zum Bürgerlichen Handels- und Wirtschaftsrecht (6. Aufl.), Kersten/Bühling, Formularbuch und Praxis der freiwilligen Gerichtsbarkeit (20. Aufl.).

[12] Besonders zu empfehlen: Dittmann/Reimann/Bengel, Testament und Erbvertrag (3. Aufl.); Nieder, Handbuch der Testamentsgestaltung (2. Aufl.); Sudhoff, Unternehmensnachfolge (4. Aufl.); Weiterhin Ausschnitte aus Werken mit über die Vermögensnachfolge hinausgehendem Inhalt: Reithmann/Albrecht/Basty, Handbuch der notariellen Vertragsgestaltung (Teil B, Bearbeiter: Albrecht; Teil G bis O, Bearbeiter: Basty; Brambring/Jerschke (Hrsg.), Beck'sches Notarhandbuch (Teil C Erbrecht, Bearbeiter: Bengel/Reimann; Teil D Gesellschaftsrecht, Bearbeiter: Mayer, Waldner, Heckschen).

## 2. KAPITEL
# Vermögensnachfolge von Todes wegen

## 1. Abschnitt
## Der gesetzliche Gestaltungsrahmen

### I. Grundbegriffe des deutschen Erbrechts

#### 1. Gesamtrechtsnachfolge („Universalsukzession")

Im deutschen Erbrecht gilt der Grundsatz der Gesamtrechtsnachfolge („Universalsukzession"). Danach hat jeder Erblasser einen oder mehrere Nachfolger, auf den oder die sein Vermögen als Ganzes von Rechts wegen übergeht, und zwar mit dem Zeitpunkt des Todes[1]. 8

Der Vermögensübergang umfaßt alle Vermögensgegenstände, sowohl Aktiva als auch Passiva. Die Erbfolge im Sinne der Gesamtrechtsnachfolge vollzieht sich für das ganze Vermögen einheitlich. Die Gesamtrechtsnachfolger werden Inhaber des gesamten Vermögens des Erblassers. Eine unmittelbare Vermögensnachfolge in nur einzelne Vermögensgegenstände ist grundsätzlich ausgeschlossen. 9

Eine Durchbrechung der Universalsukzession aufgrund gesetzlicher Sondererbfolge[2] gilt im Höferecht[3]. 10

Danach geht ein Hof samt Bestandteilen und Zubehör mit dem Erbfall im Wege der Einzelrechtsnachfolge (Singularsukzession) auf nur eine Person über, auch wenn mehrere Personen aufgrund gesetzlicher oder gewillkürter Erbfolge Erben werden. Diese Durchbrechung des Prinzips der Universalsukzession soll die Zerstückelung von landwirtschaftlichen Betrieben verhindern[4].

Eine weitere Ausnahme vom Grundsatz der Universalsukzession gilt für die von der Rechtsprechung anerkannte Sondernachfolge in die Beteiligung an einer Personengesellschaft[5]. 11

---

[1] Ausführlich Staudinger/Marotzke [2000] § 1922 BGB Rz. 44ff.

[2] Weitere Vermögensnachfolgen am Erbrecht vorbei sind in §§ 331, 569a, b, 736, 1595a?, 1596? Abs. 1 Nr. 1, 1600? g Abs. 2 BGB, § 167 Abs. 2 VVG, § 22 KunstUrhG geregelt. Zur durch die Rechtsprechung entwickelten Sondernachfolge im Personengesellschaftsrecht vgl. unten ⇒ 4. Kapitel Rz. 1109ff.

[3] Staudinger/Werner [2000] Vorbem. zu §§ 1924–1936 BGB Rz. 4ff.

[4] Zum Anerben- und Höferecht vgl. Lange/Kuchinke, § 53 (S. 1266) m.w.N.; Faßbender/Hötzel/von Jeinsen/Pikalo, Höfeordnung; Lange/Wulff/Lüdtke-Handjery, Höfeordnung; Wöhrmann/Stöcker, Das Landwirtschaftserbrecht.

[5] Dazu unten ⇒ Rz. 1109ff.

### 2. Erbschaft, Nachlaß

*a) Zugehörigkeit zum Nachlaß*

12 Den Gegenstand der Erbfolge bildet das Vermögen des Erblassers in seiner Gesamtheit.

13 In den Nachlaß fallen alle vermögenswerten Gegenstände (Aktiva) und alle Verbindlichkeiten (Passiva) des Erblassers im Zeitpunkt seines Todes[6]. In den Nachlaß fallen auch Immaterialgüterrechte wie z.B. Urheberrechte[7] (§ 28 UrhG) und Personengesellschaftsbeteiligungen[8].

*b) Ausnahmen*

14 In den Nachlaß fallen nicht die unvererblichen Rechte. Bei diesen handelt es sich in der Regel um an die Person gebundene, höchstpersönliche Rechte. Als unvererbliche Rechte sind beispielhaft zu nennen die Mitgliedschaft in einem rechtsfähigen Verein (soweit nicht die Satzung etwas Abweichendes bestimmt), der Nießbrauch aber auch bestimmte höchstpersönliche schuldrechtliche Ansprüche[9].

### 3. Erbe

15 Erben können natürliche Personen sein, aber auch juristische Personen (Körperschaften: Vereine, Aktiengesellschaft, GmbH) oder eine Personengesellschaft[10].

16 Gemäß § 1923 Abs. 1 BGB kann eine natürliche Person nur Erbe werden, sofern sie zur Zeit des Erbfalls lebt. Dieser Grundsatz wird durchbrochen zugunsten des z.Z. des Erbfalls noch ungeborenen, aber bereits erzeugten Kindes *(„nasciturus“)*, wenn es lebend zur Welt kommt (§ 1923 Abs. 2 BGB)[11].

### 4. Vermächtnis, Vermächtnisnehmer

17 Vom „Erben“ als Gesamtrechtsnachfolger des Erblassers ist der „Vermächtnisnehmer“ *(„Legatar“)* zu unterscheiden. Der Vermächtnisnehmer hat lediglich einen schuldrechtlichen Anspruch gegen den oder die mit dem Vermächtnis Beschwerten. Dieser Anspruch muß durch Übertragung des Vermächtnisgegenstan-

---

[6] Zur Zugehörigkeit von Restitutionsansprüchen zum Nachlaß Limmer, ZEV 1994, 31.

[7] Klingelhöffer, ZEV 1999, 421.

[8] Das war lange streitig, Nachweise bei Staudinger/Marotzke [2000] § 1922 BGB Rz. 169f.

[9] Dazu Dietzel, Untergang statt Fortbestand. Zur Abgrenzung der unvererblichen Rechtsbeziehungen im Schuldrecht (1991).

[10] BFH BStBl. 1989 II, 237; dazu (zur Vermeidung ratend) Ebeling, BB 1989, 1865ff.

[11] Ungelöst sind zahlreiche Fragen, die sich aufgrund moderner medizinischer Fortpflanzungstechniken stellen. Sind z.B. tiefgefrorene Embryonen, also vor dem Erbfall Gezeugte, als „nascituri“ erbberechtigt, wenn sie lebend zur Welt kommen? Zu Fragen bei postmortaler Zeugung Staudinger/Otte [2000] § 1923 BGB Rz. 25ff. Die ungelösten erbrechtlichen Probleme werden durch eine biologisch jetzt mögliche Verschiebung der Generationen verschärft. Der medizinische Fortschritt könnte zu erheblichen Veränderungen des gesetzlichen Erbrechts und auch des Pflichtteilsrechts führen.

des erfüllt werden. Die Annahme oder Ausschlagung eines Vermächtnisses ist gegenüber dem jeweils Beschwerten zu erklären.

**5. Erbanfallprinzip, Vonselbsterwerb**

Die Gesamtrechtsnachfolge vollzieht sich von selbst; es bedarf keiner Vermögensübertragungen oder Übernahme von Verpflichtungen. Das Vermögen des Erblassers fällt dem oder den Erben – auch ohne und zunächst sogar gegen deren Willen – im Zeitpunkt des Todes des Erblassers an[12]. *18*

Den im Wege der Gesamtrechtsnachfolge an den Erben erfolgenden Vermögensübergang bezeichnet das Gesetz als „Erbanfall". Da sich dieser Erbanfall mit dem Tode des Erblassers ohne jede Übertragungshandlung, ohne Mitwirkung des Erben, selbst ohne sein Wissen vollzieht („Vonselbsterwerb"), steht dem Erben das Recht zu, die ihm angefallene Erbschaft auszuschlagen, um sich von einem ihm nicht erwünschten Vermögensübergang, insbesondere wenn damit lästige Verpflichtungen verbunden sind, zu befreien. *19*

**6. Ausschlagung[13]**

Der Erbe hat das Recht zur Ausschlagung, solange er die Erbschaft nicht angenommen oder die Ausschlagungsfrist versäumt hat. Die Wirkung der Ausschlagung bestimmt § 1953 BGB: Der Erbanfall an den Ausschlagenden gilt als nicht erfolgt. Die Erbschaft fällt nach wirksamer Ausschlagung demjenigen an, der berufen wäre, wenn der Ausschlagende zur Zeit des Erbfalls nicht gelebt hätte[14]. *20*

Die Ausschlagungsfrist beträgt grundsätzlich sechs Wochen. Ist die Ausschlagungsfrist versäumt, kommt unter den Voraussetzungen der §§ 1954ff. BGB eine Anfechtung der Versäumung der Ausschlagungsfrist in Betracht. Eine Anfechtung ist insbesondere dann möglich, wenn der Erbe sich über die Ausschlagungsfrist geirrt hat oder nicht gewußt hat, daß der Nachlaß überschuldet ist oder er sonstige falsche Vorstellungen über die Zusammensetzung des Nachlasses oder die Höhe seiner Beteiligung hatte. Die Anfechtung kann mit der Ausschlagungserklärung verbunden werden. *21*

Hatte der Erblasser seinen letzten Wohnsitz im Ausland oder hielt sich der Erbe beim Beginn der Frist im Ausland auf, so beträgt die Ausschlagungsfrist sechs Monate. *22*

Die Ausschlagungsfrist beginnt mit dem Zeitpunkt, in welchem der Erbe von dem Erbanfall und dem Grund, der Berufung zum Erben Kenntnis erlangt hat; ist der Erbe durch eine Verfügung von Todes wegen berufen, so beginnt die Ausschlagungsfrist nicht vor nachlaßgerichtlicher Eröffnung der letztwilligen Verfü- *23*

---

12 Staudinger/Otte [2000] § 1942 BGB Rz. 4ff.

13 Gothe, Erbausschlagung und Anfechtung der Erbschaftsannahme, MittRhNotK 1998, 193ff.

14 Einzelheiten Staudinger/Otte [2000] § 1953 Rz. 4ff.

gung (§ 1944 BGB). Ist die Ausschlagungsfrist versäumt, so kommt unter Umständen eine Anfechtung nach §§ 1954ff. BGB in Betracht.

24 Die Erbausschlagung erfolgt durch Erklärung gegenüber dem Nachlaßgericht; sie ist zur Niederschrift des Nachlaßgerichts oder in notariell beglaubigter Form abzugeben (§ 1945 BGB)[15].

25 Die Ausschlagung selbst kann ebenfalls angefochten werden. Anfechtungsgründe können z.B. sein die irrtümliche Vorstellung, daß der Nachlaß überschuldet ist[16], die Unkenntnis von vorhandenen Vermögensgegenständen[17], oder die Drohung von DDR-Behörden, eine Ausreisegenehmigung nur noch Ausschlagung einer Erbschaft zu erteilen[18].

26 Mit der Ausschlagung kann auch die Vermögensnachfolge gestaltet werden, indem der Erbe – z.B. gegen entgeltliche Abfindung oder unentgeltlich – durch die Ausschlagung den Erbanfall zugunsten eines Dritten bewirkt[19]. Die Ausschlagung der Erbschaft ist gemäß § 517 BGB keine Schenkung i.S.d. § 516 BGB. Derjenige, dem aufgrund der Ausschlagung die Erbschaft anfällt, hat diese steuerrechtlich als vom Erblasser angefallen zu versteuern. Dies gilt auch, wenn die Ausschlagung aufgrund vertraglicher Vereinbarung gegen Abfindung erfolgt (§ 3 Abs. 1 Ziff. 4 ErbStG). Dann hat der Erbe den angefallenen Vermögensvorteil abzüglich der zu zahlenden Abfindung (sonst würde derselbe Vermögensgegenstand bei zwei Personen versteuert, obwohl nur eine ihn erhält), der Abfindungsempfänger nach § 3 Abs. 2 Ziff. 4 ErbStG die Abfindung als vom Erblasser zugewendet zu versteuern. Bei einer solchen Gestaltung ist aber sehr sorgfältig die gesetzliche Erbfolge bzw. die Ersatzerbfolge zu beachten, da vom Ausschlagenden selbst die Erbfolge nicht gesteuert werden kann.

### 7. Anspruch des Erben

27 Mit dem Erbanfall tritt der Erbe in alle vererbbaren Rechte und Pflichten des Erblassers ein. Der Erbschaftsanspruch besagt, daß der Erbe von jedem, der aufgrund eines vermeintlichen Erbrechts etwas aus der Erbschaft erlangt hat – dem sogenannten Erbschaftsbesitzer – Herausgabe des Erlangten verlangen kann (§§ 2018ff. BGB)[20].

28 Dem Erben stehen gegen den Erbschaftsbesitzer und andere Personen, vor allem solche, die zur Zeit des Erbfalls mit dem Erblasser in häuslicher Gemeinschaft gelebt haben, Auskunftsansprüche nach Maßgabe der §§ 2027, 2028 BGB

[15] Einzelheiten Staudinger/Otte [1994] § 1945 BGB Rz. 2ff.
[16] BayObLGZ 1983, 9 m.w.N
[17] KG DNotZ 1993, 407.
[18] KG DNotZ 1993, 410. Zu den Möglichkeiten einer Anfechtung der Ausschlagung bei Irrtümern über die Entwicklung in der ehemaligen DDR vgl. Grunewald, NJW 1991, 1208; R. Meyer, ZEV 1994, 12; KG DtZ 1992, 187.
[19] Ausführlich auch mit steuerrechtlicher Würdigung Gothe, MittRhNotK 1998, 193ff.
[20] Staudinger/Gursky [1996] § 2018 BGB Rz. 1ff.

zu. Diese Bestimmungen sollen sicherstellen, daß der Erbe alle Gegenstände der Erbschaft erlangt, die mit dem Erbanfall auf ihn übergegangen sind.

### 8. Verwandten- und Ehegattenerbfolge

Die gesetzliche Erbfolge beruht auf der Verwandten- und Ehegattenerbfolge[21]. *29* Die gesetzliche Erbfolge und das darauf aufbauende Pflichtteilsrecht beruhen auf dem Gedanken einer postmortalen Verantwortung des Erblassers für seine Angehörigen. Das gesetzliche Erbrecht soll den Familiensinn stärken. Der gesetzlichen Erbfolge geht jedoch der Grundsatz der Testierfreiheit vor. Daher ist jeder Vermögensinhaber berechtigt, durch letztwillige Verfügung die Vermögensnachfolge aller gesetzlichen Erben ganz oder teilweise auszuschließen. Zu beachten bleibt das Pflichtteilsrecht.

### 9. Testierfreiheit

Jeder Vermögensinhaber kann über sein Vermögen von Todes wegen verfügen, *30* ohne an die gesetzliche Erbfolge gebunden zu sein. Diese erbrechtliche Verfügungsmacht wird durch die gesetzlich verankerte Testierfreiheit garantiert[22]. Die Testierfreiheit besteht – wie bei allen rechtsgeschäftlichen Erklärungen – im Rahmen der allgemeinen Schranken des § 134 BGB (Gesetzesverstoß) und des § 138 BGB (Verstoß gegen die guten Sitten).

Von der Testierfreiheit ist die Testierfähigkeit zu unterscheiden[23], bei der es *31* sich um eine Unterart der Geschäftsfähigkeit handelt. Das landwirtschaftliche Sondererbrecht (Anerbenrecht) schränkt die Testierfähigkeit ebenso wenig ein[24], wie das Höferecht die Testierfähigkeit beschränkt[25].

Der Erblasser kann seine Testierfreiheit durch Erbvertrag oder gemeinschaftli- *32* ches Testament einschränken. Gemäß § 2302 BGB kann der Erblasser zwar seine Testierfreiheit nicht durch schuldrechtliche Verträge beschränken; die Erben bleiben aber an vom Erblasser eingegangene schuldrechtliche Verpflichtungen gebunden. Daher hat jeder Erblasser im Schuldrecht Gestaltungsmöglichkeiten über seinen Tod hinaus.

### 10. Pflichtteilsrecht

Der Testierfreiheit sind durch das Pflichtteilsrecht keine rechtlichen, aber wirt- *33* schaftliche Schranken gesetzt. Der Pflichtteilsberechtigte ist weder am Nachlaß noch an einzelnen Nachlaßgegenständen beteiligt. Der Pflichtteilsberechtigte hat – wie ein Vermächtnisnehmer – nur einen schuldrechtlichen Anspruch. Dieser

---

21 „Familiengebundenheit des Vermögens (Familienerbrecht)" s. Staudinger/Otte [2000] Einl. zu §§ 1922 BGB Rz. 50ff.

22 Einzelheiten Staudinger/Otte [2000] Einl. zu §§ 1922ff. BGB Rz. 54f.

23 Dazu Staudinger/Baumann [1996] § 2229 BGB Rz. 38; Voit in Dittmann/Reimann/Bengel § 2229 Rz. 4.

24 Anders Nieder (2. Aufl.) § 3 IV.

25 Anders Nieder (2. Aufl.) § 3 IV. 6.

Anspruch ist immer ein Geldanspruch in Höhe des Wertes der Hälfte der gesetzlichen Erbquote. Pflichtteilsansprüche können nur Abkömmlingen, dem Ehegatten und in bestimmten Fällen den Eltern des Erblassers zustehen.

### 11. Erbengemeinschaft

*a) Mehrere Erben*

34 In den meisten Erbfällen wird der Erblasser durch mehrere Erben – Miterben – beerbt. Diese bilden eine „Erbengemeinschaft".

*b) Erbanteil*

35 § 2032 BGB bestimmt, daß der Nachlaß „gemeinschaftliches Vermögen mehrerer Erben" wird. Gemäß § 2033 Abs. 2 BGB kann ein Miterbe über einen Anteil an den einzelnen Nachlaßgegenständen nicht verfügen. Über die einzelnen Nachlaßgegenstände könne die Miterben gem § 2040 BGB nur gemeinsam verfügen. Jeder Miterbe ist zwar Berechtigter an allen Nachlaßgegenständen, aber durch die Rechte der übrigen Miterben eingeschränkt, also gesamthänderisch gebunden. Die Erbengemeinschaft ist eine Gesamthandsgemeinschaft[26]. Im Gegensatz zu den anderen gesetzlichen Gesamthandsgemeinschaften (BGB-Gesellschaft und Gütergemeinschaft), die freiwillig geschlossen werden, ist jeder Miterbe zur Verfügung über seinen Erbanteil – seinen internen Anteil am Gesamthandsvermögen – berechtigt (§ 2033 Abs. 1 Satz 1 BGB). Er kann z.B. den Erbanteil verkaufen. In diesem Falle haben die übrigen Miterben ein Vorkaufsrecht (§ 2034 BGB)[27].

*c) Auseinandersetzung*

36 Die Erbengemeinschaft kommt nicht durch freiwilligen Zusammenschluß der Erben zustande, sondern durch die letztwilligen Anordnungen des Erblassers oder aufgrund gesetzlicher Erbfolge. Die starke gesamthänderische Bindung des Erbengemeinschaftsvermögens läuft den Einzelinteressen der Miterben häufig zuwider. Deshalb ermöglicht das Gesetz nicht nur die Verfügung über den Erbanteil, sondern auch die Auflösung der unfreiwillig begründeten gesamthänderischen Bindung des Erbengemeinschaftsvermögens. Die gesetzlichen Bestimmungen sind auf Erbauseinandersetzung und nicht auf dauerhaften Zusammenhalt des Nachlasses gerichtet. Das kommt z.B. in § 2042 BGB zum Ausdruck, wonach jeder Miterbe jederzeit die Auseinandersetzung verlangen kann.

37 Erbanfall und Auseinandersetzung unter Erben sind sowohl zivil- als auch steuerrechtlich[28] zwei Rechtsvorgänge: Der Erbanfall erfolgt im Zeitpunkt des

---

[26] Andere Gesamthandsgemeinschaften sind die BGB-Gesellschaft und die Gütergemeinschaft (vgl. § 719 Abs. 1 Satz 1 und § 1419 Abs. 1 Satz 1 BGB).

[27] Kein Vorkaufsrecht im Falle Erbanteilsverkauf des Konkursverwalters, BGH MDR 1977, 211 (212).

[28] BFH, Beschluß des Großen Senats v. 5.7.1990 GrS 2/89, BStBl. 1990 II, 837 bis 847; dazu Söffing, DB 1991, 773 (776) und 828ff.; Meincke, NJW 1991, 198ff.; Märkle/Franz, Beilage 5 zu BB 1991, 1 (16ff.); Groh, DB 1991, 724ff.

Todes des Erblassers; die Auseinandersetzung unter den Erben ist ein zeitlich nachfolgendes Rechtsgeschäft, in der Regel ein Auseinandersetzungsvertrag[29].

Für den Auseinandersetzungsvertrag gelten die gesetzlichen Formvorschriften, also für Grundstücke § 313 BGB, für GmbH-Geschäftsanteile § 15 GmbHG[30].

### 12. Erbenhaftung

Grundsätzlich haftet der Erbe gemäß § 1967 BGB unbeschränkt für die Nach- 38
laßverbindlichkeiten. Jeder Erbe kann seine Haftung auf den Nachlaß beschränken (§§ 1967, 2058, 1975 BGB). Mit der Haftungsbeschränkung bleiben Nachlaß und Eigenvermögen des Erben zwei getrennte Vermögensmassen (§§ 1976, 1977 BGB). Der Erbe kann seine persönliche Haftung ausschließen, indem er eine Nachlaßverwaltung, oder das Nachlaßinsolvenzverfahren beantragt (§ 1975 BGB, §§ 315ff. InsO).

Der Erbe kann zur Feststellung des Umfanges des Nachlasses ein Nachlaßinventar errichten (§ 1993 BGB). Hat er das nicht innerhalb einer vom Nachlaßgericht gesetzten Frist getan oder das Inventar absichtlich unrichtig aufgenommen oder gegen bestimmte Auskunftspflichten verstoßen, so verliert er die Möglichkeiten der Beschränkung seiner Haftung auf den Nachlaß.

Im eigenen Interesse sollte sich jeder Erbe alsbald einen Überblick über Nachlaßbestände und -verbindlichkeiten verschaffen, um ggf. von den Haftungsbeschränkungsmöglichkeiten Gebrauch zu machen. Hat der Erbe von einer Überschuldung des Nachlasses Kenntnis erlangt, so ist er verpflichtet, unverzüglich – d.h. ohne schuldhaftes Zögern (§ 121 BGB) – die Eröffnung des Nachlaßinsolvenzverfahrens über den Nachlaß zu beantragen, andernfalls macht er sich schadensersatzpflichtig. Der Kenntnis der Überschuldung steht die auf Fahrlässigkeit beruhende Unkenntnis gleich (§ 1980 Abs. 1 und 2 BGB).

Ist der Nachlaß geringfügig, so daß Nachlaßverwaltung und Nachlaßinsolvenz wegen der Kosten nicht tunlich sind, so kann der Erbe die Befriedigung eines Nachlaßgläubigers insoweit verweigern, als der Nachlaß nicht ausreicht. Der Erbe haftet bei solchen geringfügigen Nachlässen nur mit dem Nachlaß. Diese Beschränkung seiner Haftung setzt aber voraus, daß er seine Inventarpflicht nicht verletzt hat.

Vor Annahme der Erbschaft kann eine Nachlaßverbindlichkeit gegen den Er- 39
ben nicht geltend gemacht werden (§ 1958 BGB). Nach Annahme der Erbschaft ist der Erbe berechtigt, noch die folgenden drei Monate lang die Erfüllung von Nachlaßverbindlichkeiten zu verweigern (§ 2014 BGB).

---

[29] Staudinger/Werner [1996] 2042 BGB Rz. 22ff.; Palandt/Edenhofer, § 2042 BGB Rz. 4.

[30] Zu vertraglichen Vereinbarungen im Rahmen einer Erbengemeinschaft vgl. Welter, MittRhNotK 1986, 140ff.

## II. Übergangsregeln für die ehemals neuen Bundesländer

### 1. Grundsätzliche Geltung des Bürgerlichen Gesetzbuchs[31]

*40* Seit dem Wirksamwerden des Beitritts der auf dem Gebiet der ehemaligen DDR neu gebildeten Länder zur Bundesrepublik Deutschland (3. 10. 1990) gilt in Deutschland aufgrund des Einigungsvertrages vom 31. 8. 1990[32] grundsätzlich einheitlich das Bürgerliche Gesetzbuch[33]. Für die nach dem Recht der ehemaligen DDR errichteten Testamente gelten die gesetzlichen Regelungen der DDR jedoch teilweise zeitlich unbegrenzt fort[34]. Als Ausnahmevorschrift zu Art. 235 § 1 Abs. 1 EGBGB bestimmt Art. 235 § 2 EGBGB, daß – auch wenn der Erbfall nach der Vereinigung eintritt – alle vor dem Wirksamwerden des Beitritts errichteten oder aufgehobenen Verfügungen von Todes wegen nach bisherigem Recht zu beurteilen sind[35]. Art. 235 § 2 EGBGB bezieht sich jedoch nur auf die Form der Errichtung oder Aufhebung der Verfügungen von Todes wegen, die Testierfähigkeit des Erblassers sowie die verfahrensrechtlichen Vorschriften[36]. Inhalt, Auslegung und Wirkung der Verfügung von Todes wegen sind allein nach den Vorschriften des BGB zu beurteilen.

*41* Ist der Erblasser vor dem 3. 10. 1990 gestorben, so gilt nach Art. 235 § 1 Abs. 1 EGBGB das DDR-Recht fort[37]. Das am 1. Januar 1976 in der ehemaligen DDR inkraft getretene ZGB beinhaltete die folgenden (wichtigsten) Abweichungen zum BGB:

- Der Ehegatte war Erbe erster Ordnung. Er und die Kinder erbten zu gleichen Teilen (§ 365 Abs. 1 ZGB). Der Ehegatte erbte mindestens 1/4. Bei kinderlosen Ehepaaren war der Ehegatte Alleinerbe (§ 365 ZGB).
- Der Voraus des Ehegatten war kein gesetzliches Vermächtnis, sondern hatte dingliche Wirkung.
- In der zweiten und dritten Erbordnung galt das Eintrittsrecht von Abkömmlingen erst, wenn beide Eltern bzw. beide väterlichen oder mütterlichen Großeltern verstorben waren.

---

[31] Einzelheiten bei Schotten/Johnen, DtZ 1991, 225; Sandweg BWNotZ 1992, 45; Bestelmeyer, Rpfleger 1992, 321; ders. Rpfleger 1993, 381; ders. DtZ 1994, 99.

[32] BGBl. 1990 II, 889, 940.

[33] Zur Rolle des Zivilrechts im Prozeß der Wiedervereinigung Deutschlands Horn, AcP 194, 177.

[34] Diese Vorschriften sind mit Erläuterungen abgedruckt bei Staudinger/Baumann [1996] Vorbem. zu §§ 2229-2264 BGB Rz. 65ff.

[35] Vgl. OLG Jena FamRZ 1994, 786 (787).

[36] OLG Dresden DtZ 1993, 311; nur systemwidrige (MünchKomm/Leipold, Ergänzungsband Zivilrecht im Einigungsvertrag Rz. 668, 671) und gegen den ordre public verstoßende (Horn DWiR 1992, 45, (46) Verfahrensvorschriften sind nicht anzuwenden; Staudinger/Baumann [1996] Vorbem. zu §§ 2229–2264 BGB Rz. 58ff.

[37] Zeitlicher Überblick über die Entwicklung des DDR-Erbrechts bei Staudinger/Baumann [1996] Vorbem. zu §§ 2229–2264 BGB Rz. 63.

- Es gab keine Vor- und Nacherbschaft.
- Es gab keinen Erbvertrag.
- Das gemeinschaftliche Ehegattentestament hatte immer eine Bindungswirkung.
- Das Pflichtteilsrecht von Ehegatten, Kindern, Enkeln und ggf. Eltern betrug 2/3 des gesetzlichen Erbanteils. Das Pflichtteilsrecht stand aber nur im Zeitpunkt des Erbfalls unterhaltsberechtigten Kindern, Enkeln und Eltern zu.

### 2. Familienrechtliche Vorschriften

Artikel 234 § 4 EGBGB regelt die güterrechtlichen Verhältnisse solcher Ehegatten, die am 3. 10. 1990 im gesetzlichen Güterstand der sog. Eigentums- und Vermögensgemeinschaft des Familiengesetzbuchs der früheren DDR gelebt haben[38]. *42*

Für Adoptionen gelten die Vorschriften des Artikels 234 § 13 EGBGB.

### 3. Interlokales Privatrecht

In Einzelfällen kann zweifelhaft sein, ob das Recht der Bundesrepublik oder ob die DDR-Gesetze Anwendung finden. Die auftretenden Kollisionsfragen werden analog den Regeln des Internationalen Privatrechts gelöst (sog. „Interlokales Privatrecht")[39]. Noch komplizierter können die Rechtsanwendungsprobleme bei DDR-Rechtsberührung und gleichzeitiger Auslandsberührung werden[40]. *43*

## III. Auslandsberührung[41]

### 1. Grundsätzliches

Auslandsberührung liegt vor, wenn der Erblasser *44*

- eine andere als die deutsche Staatsangehörigkeit besitzt oder staatenlos ist, oder
- Vermögensgegenstände im Ausland hat, oder
- im Ausland seinen letzten Wohnsitz hat, oder
- eine letztwillige Verfügung oder ein Rechtsgeschäft unter Lebenden auf den Todesfall im Ausland errichtet hat, oder
- die Anwendung einer ausländischen Rechtsordnung vom Erblasser gewollt war.

Auslandsberührung kann zur Anwendung der Rechtsordnung eines anderen Staates führen. Die Frage, welche Rechtsordnung anzuwenden ist, ist nach Staatsverträgen und dem Kollisionsrecht (Internationalem Privatrecht) der betroffenen Staaten zu beantworten. Vorrangig gelten immer Staatsverträge (z.B. die Haager *45*

---

38 Einzelheiten bei Palandt/Diederichsen Art. 234 EGBGB.

39 Einzelheiten bei Staudinger/Dörner [2000] Art. 25 EGBGB Rz. 879ff.

40 Staudinger/Dörner [2000] Art. 25 EGBGB Rz. 572ff.

41 Ferid/Firsching/Lichtenberger, Internationales Erbrecht; Flick/Piltz, Der Internationale Erbfall (1999); Schotten, Das Internationale Privatrecht in der notariellen Praxis, m.w.N.; v. Oertzen, ZEV 1995, 167.

Abkommen), nachrangig die Vorschriften des allgemeinen Internationalen Privatrechts.

*46* Das Internationale Privatrecht ist als Regelung bei Kollisionen zwischen verschiedenen Rechtsordnungen immer nationales Recht. Jeder Staat hat sein eigenes Internationales Privatrecht. Dieses trifft in Kollisionsnormen bei Auslandsberührung eine Entscheidung darüber, welche materielle Rechtsordnung zur Anwendung kommt.

*47* Erklären die Rechtsordnungen verschiedener Staaten denselben Anknüpfungspunkt (z.B. Belegenheit des Nachlasses) für maßgebend, so ist die Frage des für die Vermögensnachfolge geltenden Rechts beantwortet (ist allerdings die Staatsangehörigkeit übereinstimmender Anknüpfungspunkt, so bedarf es bei Doppelstaatsangehörigkeit weiterer übereinstimmender Anknüpfungspunkte).

*48* Die Kollisionsrechte der betroffenen Staaten können unterschiedliche Anknüpfungspunkte für maßgebend erklären (Beispiel: Staat A die Staatsangehörigkeit des Erblassers; Staat B den Ort der Belegenheit des Nachfolgegegenstandes).

Werden von den Kollisionsrechten zweier Staaten für denselben Lebenssachverhalt zwei unterschiedliche Anknüpfungspunkte für maßgebend erklärt, so sind folgende Lösungen für die Ermittlung des anwendbaren staatlichen Erbrechts denkbar:

a) Die deutsche Kollisionsnorm hat jedenfalls im Geltungsbereich des deutschen Rechts Vorrang und führt unmittelbar zur Anwendung des deutschen Erbrechts
b) Die deutsche Kollisionsnorm führt unmittelbar zur Anwendung des ausländischen Erbrechts
c) Die deutsche Kollisionsnorm führt zur Anwendung des ausländischen Kollisionsrechts. Dieses
   - kann entweder die Verweisung des deutschen IPR annehmen, so daß das ausländische Erbrecht Anwendung findet, oder
   - verweist auf das deutsche Erbrecht zurück (Zurückweisung), oder
   - verweist auf eine dritte Rechtsordnung (Weiterverweisung).
d) Beide oder sogar mehrere Rechtsordnungen finden Anwendung und es tritt Nachlaßspaltung ein.

   **Beispiel:**

   Der in Frankreich belegene Feriengrundbesitz wird nach französischem Recht vererbt, das übrige Vermögen nach deutschem Recht[42]. Folge der Nachlaßspaltung ist, daß die jeweiligen Vermögensmassen als getrennte Nachlässe behandelt werden.
e) Beide Rechtsordnungen kommen in ihrem Internationalen Privatrecht zur sich gegenseitig ausschließenden Anwendung eines jeweils anderen materiellen Rechts. Dieser Konflikt ist nicht lösbar („hinkendes Rechtsverhältnis")[43].

---

[42] Dazu Wehrens/Gresser, Nachfolgeplanung für Immobilien in Frankreich, Festschr. Rheinisches Notariat (1998), S. 479ff.

[43] Schotten, Das Internationale Privatrecht, Rz. 52.

**2. Deutsches Kollisionsrecht**

Nach deutschem Internationalen Privatrecht unterliegt die Rechtsnachfolge von Todes wegen gemäß Art. 25 Abs. 1 EGBGB dem Recht des Staates, dem der Erblasser im Zeitpunkt seines Todes angehört[44]. Für das sog. „Erbstatut" gilt also nach deutschem Recht das Staatsangehörigkeitsprinzip. Bei Doppelstaatsangehörigkeit geht die deutsche Staatsangehörigkeit vor (Art. 5 Abs. 1 Satz 2 EGBGB). *49*

Nach dem Erbstatut im Sinne des Art. 25 EGBGB richtet sich grundsätzlich auch die Zulässigkeit, die Gültigkeit und der Inhalt einer letztwilligen Verfügung. Hinsichtlich der Form letztwilliger Verfügungen finden die Regelungen des Haager Testamentsformübereinkommens vom 5.10.1961[45] und subsidiär Art. 26 Abs. 1 bis 3 EGBGB Anwendung[46]. *50*

**3. Rechtswahl[47]**

Ein ausländischer Erblasser kann gemäß Art. 25 Abs. 2 EGBGB für im Inland belegenes unbewegliches Vermögen auch deutsches Erbrecht wählen[48]. Unbewegliches Vermögen umfaßt Grundbesitz, Wohnungseigentum, Erbbaurechte und alle sonstigen beschränkten dinglichen Rechte an Grundstücken. Die Rechtswahl darf nur in der Form einer Verfügung von Todes wegen getroffen werden. *51*

Streitig ist, ob die Rechtswahl nur einheitlich für das gesamte unbewegliche Inlandsvermögen oder auch für einzelne Grundstücke zulässig ist. Der Wortlaut des Art. 25 Abs. 2 EGBGB („kann für im Inland belegenes unbewegliches Vermögen; nicht etwa: „kann für das im Inland bewegliche Vermögen") weist darauf hin, daß der Erblasser auch nur für einzelne Grundstücke deutsches Recht wählen kann[49]. Da die Rechtswahl ohnehin zur gewillkürten Nachlaßspaltung führt, ist nicht einzusehen, warum der Erblasser diese Rechtsfolge nicht auch auf einzelne Grundstücke beschränken können soll[50]. Das Argument, dadurch werde die Nachlaßspaltung komplizierter, kann nicht überzeugen, weil ohnehin verschiedene Rechtsordnungen Anwendung finden und das Gesetz, wenn es Vereinfachungsregelungen zu lasten des Gestaltungsfreiraumes beabsichtigt, solche Beschränkungen der Privatautonomie ausdrücklich anordnen muß. Bis zur höchstrichterlichen Klärung dieser Frage sollte aus Gründen der Sicherheit – falls nach dem Parteiwillen vertretbar – die Rechtswahl auf das gesamte unbewegliche Inlandsvermögen erstreckt werden[51]. *52*

---

[44] Einzelheiten bei Staudinger/Dörner [2000] Art. 25 EGBGB Rz. 16ff.

[45] Staudinger/Dörner [2000] Vorbem. zu Art. 25 EGBGB Rz. 31ff.

[46] Staudinger/Baumann [1996] Vorbem. zu §§ 2229ff. BGB Rz. 105 m.w.N.; Staudinger/Dörner [2000] Art. 26 EGBGB Rz. 16ff.

[47] Lange, DNotZ 2000, 332ff.

[48] Staudinger/Dörner [2000] Art. 25 EGBGB Rz. 461ff.

[49] LG Mainz DNotZ 1994, 564; Lichtenberger, DNotZ 1986, 665; Lange, DNotZ 2000, 332, 339; **a.A.** Schotten, DNotZ 1994, 566.

[50] Im Ergebnis ebenso Lange, DNotZ 2000, 332, 339.

[51] Schotten, DNotZ 1994, 566.

*53* Unabhängig vom Ergebnis der vorgenannten Problemlösung kann die Rechtswahl zu einer Nachlaßspaltung führen. Nur das betreffende unbewegliche Vermögen wird nach den gesetzlichen Bestimmungen unserer deutschen Rechtsordnung vererbt, das übrige Vermögen nach ausländischem Recht. So können auf einen Erbfall mehrere Rechtsordnungen Anwendung finden.

*54* Sinnvoll kann auch eine Rechtswahl der ehegüterrechtlichen Wirkungen nach Art. 14 Abs. 2 EGBGB sein[52], weil damit Einfluß auf das gesetzliche Erbrecht und das Pflichtteilsrecht genommen werden kann.

### 4. Wechsel der Staatsangehörigkeit

*55* Das deutsche Internationale Erbrecht geht von dem Grundsatz der Einheit des hinterlassenen Nachlasses aus (Prinzip der Nachlaßeinheit), der dem Grundsatz der Gesamtrechtsnachfolge entspricht. Da das Internationale Erbrecht nicht an das Recht des Ortes, an welchem sich Vermögen befindet oder an den Wohnsitz des Erblassers, sondern an die Staatsangehörigkeit des Erblassers (Art. 25 Abs. 1 EGBGB) anknüpft, kann – insbesondere bei größerem Vermögen im Ausland – eine Veränderung des Erbstatuts durch Wechsel der Staatsangehörigkeit eine günstige Gestaltungsmöglichkeit für die Vermögensnachfolge aus erbschaftsteuerlichen Gründen sein[53]. Nach einigen Rechtsordnungen genügt schon ein Wohnsitzwechsel; der deutsche Fiskus kann aber auch dann noch mit der Erbschaftsteuer beteiligt bleiben, wenn sich Vermögen in Deutschland befindet oder die deutschen Erben das Vermögen des im Ausland wohnhaften deutschen Erblassers in Deutschland entsprechend ihrer gesetzlichen Pflicht ordnungsgemäß deklarieren. Dies kann zu einer steuerlichen Mehrfachbelastung führen, soweit keine Staatsverträge zur Vermeidung einer Doppel- oder Mehrfachbesteuerung bestehen[54].

## IV. Erbschein, Testamentsvollstreckerzeugnis

### 1. Erbschein

*56* Zu seiner Legitimation erhält der Erbe aufgrund notariell zu beurkundenden Erbscheinsantrags vom Nachlaßgericht ein Zeugnis über sein Erbrecht, den Erbschein[55]. Der Erbscheinsantrag könnte formlos gestellt werden; nur die im Erbscheinsantrag abzugebende Versicherung an Eides statt bedarf der Beurkundung (§ 38 Abs. 1 BeurkG)[56]. Mehrere Erben erhalten einen gemeinschaftlichen Erb-

---

52 Dazu Staudinger/von Bar/Mankowski [1996] Art. 14 EGBGB Rz. 113ff.

53 Ebenroth, Rz. 1506ff.

54 Einzelheiten bei Flick/Piltz (1999), Der Internationale Erbfall, passim.und „Allgemeine Einführung“, Rz. 33ff.

55 Einzelheiten bei Firsching/Graf, Nachlaßrecht, S. 355ff.

56 Zu den Beurkundungsfunktionen des Notars allgemein Frenz in Eylmann/Vaasen § 13 BeurkG Rz. 1ff.; speziell bei eidesstattlichen Versicherungen Limmer in Eylmann/Vaasen § 38 BeurkG Rz. 6ff.

schein. In einem gemeinschaftlichen Erbschein sind nicht nur die Erben, sondern auch ihre Erbteile anzugeben (§ 2357 Abs. 2 BGB).

Der Erbschein stellt ein amtliches Zeugnis (öffentliche Urkunde) dar über *57*

- die Gesamtrechtsnachfolge
- die quotale Größe des Erbteils
- das Bestehen oder Nichtbestehen einer Beschränkung des Erben, z.B. Nacherbfolge, die Voraussetzungen ihres Eintritts und die Person des Nacherben (§ 2363 BGB), oder die Anordnung einer Testamentsvollstreckung (§ 2364 BGB).

Vermächtnisse, Auflagen, Teilungsanordnungen, Pflichtteilsverpflichtungen werden in den Erbschein nicht aufgenommen[57].

Der erteilte Erbschein ist keine rechtsbegründende (konstitutive) Urkunde, *58*
sondern ein deklaratorisches Zeugnis, welches im Sinne einer Rechtsvermutung die Legitimation des ausgewiesenen Erben klarstellt, aber die Erbenstellung nicht begründet. Diese ergibt sich aus dem materiellen Recht.

Die Angaben im Erbschein können daher unrichtig sein. § 2366 BGB schützt *59*
aber den guten Glauben eines Geschäftspartners, der durch Rechtsgeschäft einen Erbschaftsgegenstand von dem durch Erbschein ausgewiesenen Erben erwirbt. Entsprechendes gilt zugunsten des Nachlaßschuldners, wenn er an den ausgewiesenen Erben leistet, oder zugunsten eines anderen, mit welchem der ausgewiesene Erbe durch Rechtsgeschäft eine Verfügung über ein zum Nachlaß gehörendes Geschäft vornimmt (§ 2367 BGB).

**2. Testamentsvollstreckerzeugnis**

Ein dem Erbschein ähnliches Zeugnis erhält auf Antrag der Testamentsvoll- *60*
strecker (§ 2368 BGB)[58]. Dem Testamentsvollstreckerzeugnis kommt die Richtigkeitsvermutung analog § 2365 BGB mit der Maßgabe zu, daß nur die Entstehung des Testamentsvollstreckeramtes, nicht aber dessen Fortdauer bezeugt wird[59]. Daher ist die Schutzwirkung des guten Glaubens bei einem Testamentsvollstreckerzeugnis wesentlich schwächer als bei einem Erbschein. Da der Testamentsvollstrecker seine noch fortgeltende Verfügungsbefugnis nicht in öffentlicher Urkunde nachweisen kann, ist der Rechtsverkehr nach geltendem Recht bei allen Rechtsgeschäften mit Testamentsvollstreckern mit einem Risiko belastet[60].

---

[57] Zu den Besonderheiten bei Erbscheinen im deutsch-deutschen Verhältnis Schotten/Johnen DtZ 1991, 257; Lange/Kuchinke § 39 I 3 (S. 946ff.); zu Erbnachweisen für Vermögen im Bereich der ehemaligen DDR vgl. Rau, MittRhNotK 1991, 9.

[58] Firsching/Graf, Nachlaßrecht, S. 433ff.

[59] RGZ 83, 348; Zahn, MittRhNotK 2000, S. 90, 103.

[60] Dazu Reimann, ZEV 1999, 69; Schaub, ZEV 2000, 49; Zahn, MittRhNotK 2000, 90. Der Gesetzgeber sollte zum Schutz des Rechtsverkehrs den öffentlichen Glauben des Testamentsvollstreckerzeugnisses dahingehend stärken, daß die Schutzwirkungen dem Erbschein angeglichen werden. Bestelmeyer, ZEV 1997, 316, hält – nach gegenwärtiger Rechtslage wohl zu Recht – die Erteilung eines nachlaßgerichtlichen Zeugnisses über die Fortdauer des Testamentsvollstreckeramtes für unzulässig.

## V. Gesetzliche Erbfolge

### 1. Allgemeines

61 Jede Gestaltung der Vermögensnachfolge setzt zunächst eine genaue Kenntnis der jeweiligen gesetzlichen Erbfolge voraus. Die Abweichungen der wirtschaftlichen Zielvorstellungen des Erblassers von den wirtschaftlichen Konsequenzen der gesetzlichen Erbfolge ergeben das Maß und den Umfang der gewünschten Änderungen.

62 Die gesetzliche Erbfolge tritt ein, wenn der Erblasser eine letztwillige Verfügung nicht errichtet oder in einer solchen nur Anordnungen getroffen hat, die die Erbfolge nicht berühren, oder wenn er ausdrücklich die gesetzliche Erbfolge angeordnet hat.

### 2. Verwandtenerbfolge

*a) Allgemeines*

63 Die gesetzliche Erbfolge ist Ehegatten- und Verwandtenerbfolge[61]. Den Kreis der Verwandten bestimmt das Familienrecht (§ 1589 BGB). Verwandt sind Personen, die durch eheliche oder nichteheliche Geburt voneinander oder von einem gemeinsamen Eltern- oder Vorelternteil abstammen.

*b) Verwandtschaft*

aa) Eheliche Abkömmlinge

64 Das Erbrecht des BGB beruht auf der Verwandtschaft. Verwandt sind zunächst diejenigen Personen, die voneinander abstammen – „gerade" Verwandtschaft (Verwandte aufsteigender bzw. absteigender Linie: Eltern, Großeltern, Urgroßeltern – Kinder, Enkel, Urenkel). Ferner sind diejenigen verwandt, die von derselben dritten Person abstammen – Seitenverwandte (Geschwister [auch Stiefgeschwister untereinander], Onkel, Tanten, Nichten, Neffen, Cousinen [Basen], Vettern und deren Abkömmlinge).

65 Gemäß § 1589 Satz 3 BGB bestimmt sich der Grad der Verwandtschaft nach der Zahl der die Verwandtschaft vermittelnden Geburten (Gradualsystem).

66 Das Erbrecht des BGB hat sich grundsätzlich nicht für das Gradual- sondern für das Parentelsystem entschieden. Diese bevorzugt die direkte Abstammung vor dem Grad der Verwandtschaft. Damit soll die Erbschaft möglichst der jüngeren Generation zukommen[62]. Das Gradualsystem gilt erst ab der vierten Ordnung. Statt von „Parentelen" spricht das Erbrecht von „Ordnungen".

Nach dem Gradualsystem würde z.B. der Vater des Erblassers als Verwandter ersten Grades vor dem Enkel des Erblassers als Verwandtem zweiten Grades er-

[61] Dazu Staudinger/Werner [2000] Vorbem. zu §§ 1924-1936 BGB Rz. 12ff. Lassen sich keine Verwandten ermitteln oder schlagen diese aus, erbt der Staat (§ 1936 BGB).

[62] Staudinger/Werner [2000] Vorbem. zu §§ 1924–1936 BGB Rz. 13.

ben. Gemäß §§ 1924–1926 BGB gehen in den ersten drei Erbenordnungen aber die Abkömmlinge vor. Erst ab der vierten Erbenordnung kann es auch auf den Verwandtschaftsgrad ankommen (§§ 1928 Abs. 3, 1929 Abs. 2 BGB).

Nicht verwandt und daher keine gesetzlichen Erben sind die durch Ehe familiär Verbundenen, also die Verschwägerten (Schwiegereltern/Schwiegerkinder, Schwager/Schwägerin, Stiefeltern/Stiefkinder, Stiefgeschwister [anders Halbgeschwister im Verhältnis zum gemeinsamen Elternteil, jedoch nicht im Verhältnis zum anderen Elternteil]). *67*

bb) Nichteheliche Abkömmlinge[63]

Mit Wirkung seit dem 1. 4. 1998 ist die Rechtsstellung nichtehelicher Abkömmlinge geändert worden[64]. Für eheliche und nichteheliche Abkömmlinge gilt ein einheitliches Abstammungsrecht (§§ 1591–1600e BGB). Bei Erbfällen seit dem 1. 4. 1998 gilt für nichteheliche Kinder das Erbrecht ehelicher Kinder. Damit ist die erbrechtliche Gleichstellung der nichtehelichen Kinder vollzogen[65]. *68*

Ausgenommen von der Gleichstellung sind auch in Zukunft alle vor dem 1. Juli 1949 geborenen nichtehelichen Kinder. Sie gelten weiterhin mit ihrem Vater als nicht verwandt (§ 1598 Abs. 2 a.F.), da nach dem nicht aufgehobenen Art. 12 § 10 Abs. 2 NEhelG die bisherigen Vorschriften fortgelten. Gemäß Art. 12 § 10a NEhelG können Vater und Kind in einer notariell beurkundeten Vereinbarung die Anwendbarkeit des Art. 12 § 10 Abs. 2 NEhelG für alle Erbfälle nach dem Beurkundungszeitpunkt ausschließen. *69*

Eine Übergangsregelung ist in Art. 227 EGBGB enthalten[66]. Nach Art. 227 Abs. 1 Nr. 1 u. 2 EGBGB gilt in den dort beschriebenen Fällen das ältere Recht weiter. Bedeutung haben die Bestimmungen der §§ 1934d, e BGB a.F. über den vorzeitigen Erbausgleich damit nur noch für Erbfälle, die bis einschließlich 31. 3. 1998 eingetreten sind, oder wenn bis zu diesem Zeitpunkt über den Erbausgleich eine wirksame Vereinbarung getroffen bzw. der Erbausgleich durch rechtskräftiges Urteil zuerkannt worden ist[67]. Für die Abwicklung dieser Altfälle gelten auch die verfahrensrechtlichen Bestimmungen zum „alten Recht“ fort[68]. *70*

Bis zum Inkrafttreten des Gesetzes über die rechtliche Stellung der nichtehelichen Kinder am 1. 7. 1970 galt das bis dahin als „unehelich“ bezeichnete Kind gemäß § 1589 Abs. 2 BGB a.F. als im Verhältnis zu seinem Vater und dessen Verwandten nicht verwandt. Daher haben nach geltendem Recht alle bis zum *71*

---

63 Hierzu auch unter erbschaftsteuerlichen (altes Recht) Gesichtspunkten Mack/Olbing, ZEV 1994, 280.

64 Zum bis zum 31. 3. 1998 geltenden Rechtszustand vgl. Baumann in Voraufl. Buch I Rz. 63ff.

65 Dazu Zimmermann, DNotZ 1998, 429; Wegmann, MittBayNot 1998, 308.

66 Laut OLG Düsseldorf NJW 1999, 1560ff. nicht verfassungswidrig.

67 Art. 227 I Nr. 1, 2 EGBGB.

68 Rauscher, ZEV 1998, 41, 45.

30.6.1949 geborenen nichtehelichen Kinder weder gesetzliche Erb- noch Pflichtteilsansprüche nach ihrem nichtehelichen Vater.

*72* Ab dem 1.7.1970 wurde das nichteheliche Kind grundsätzlich wie ein eheliches und der nichteheliche Vater wie ein ehelicher behandelt. Hinterließ der unverheiratete Erblasser nur ein nichteheliches Kind, so wurde dieses Alleinerbe (§ 1924 Abs. 1 BGB).

*73* Von dem Grundsatz der erbrechtlichen Gleichstellung des nichtehelichen Kindes und des nichtehelichen Vaters machte das Gesetz bedeutende Ausnahmen. Das nichteheliche Kind oder seine Abkömmlinge sollten beim Tode des nichtehelichen Vaters oder beim Tode väterlicher Verwandter aufgrund gesetzlicher Erbfolge mit den nächsten Angehörigen des Erblassers keine Erbengemeinschaft bilden. Daher wurde dem nichtehelichen Kind anstelle seines gesetzlichen Erbteils ein Erbersatzanspruch in Höhe des Wertes des Erbteils (§ 1934a Abs. 1 BGB a.F.) gewährt[69].

Entsprechendes galt für den Fall des Todes eines nichtehelichen Kindes, wenn der nichteheliche Vater und seine Abkömmlinge mit der Mutter und ihren ehelichen Abkömmlingen oder wenn er und seine Verwandten mit dem überlebenden Ehegatten des nichtehelichen Kindes zusammentrafen (§ 1934a Abs. 2 und 8 BGB a.F.).

*74* Der **Erbersatzanspruch** gewährte einen schuldrechtlichen Anspruch auf Zahlung einer Geldsumme, die dem Wert des gesetzlichen Erbteils entsprach[70]. Für die Berechnung und die anzuwendenden Vorschriften verwies § 1934b BGB a.F. auf die sinngemäß anzuwendenden Vorschriften für den Pflichtteil.

*75* Umstritten ist, ob der Erbersatzanspruch nichtehelicher Kinder die gesetzliche Erbquote des Ehegatten veränderte[71].

*76* Der Erbersatzanspruch verjährte in drei Jahren von dem Zeitpunkt an, in dem der Berechtigte von dem Eintritt des Erbfalls und den Umständen, aus denen sich das Bestehen des Anspruchs ergab, Kenntnis erlangte, spätestens in dreißig Jahren nach dem Erbfall (§ 1934b Abs. 2 Satz 2 BGB a.F.)[72].

*77* Unter bestimmten Voraussetzungen konnte das nichteheliche Kind von seinem Vater einen **vorzeitigen Erbausgleich** in Geld verlangen (§ 1934d BGB)[73]. Kam es zu diesem Erbausgleich, so wurden durch ihn alle gesetzlichen erbrechtlichen Beziehungen zwischen dem nichtehelichen Kind (und seinen Abkömmlingen) und dem Vater (und seinen Verwandten) beseitigt (§ 1934 e BGB a.F.)[74]. Die Ver-

---

[69] Zur Kritik am Erbersatzanspruch, die zur Gesetzänderung geführt hat, Staudinger/Werner [1994] § 1934a Rz. 39.

[70] Staudinger/Werner [2000] § 1934b Rz. 2.

[71] Dagegen Ebenroth S. 84; dafür Erman/Schlüter § 1931 Rz. 43.

[72] Staudinger/Werner [2000] § 1934 b Rz. 34; MünchKomm/Leipold § 1934b BGB Rz. 44.

[73] Damrau, FamRZ 1969, 579; Wirner, MittBayNot 1984, 13; Coing, NJW 1988, 1753; Staudinger/Werner [2000] § 1934d BGB Rz. 8; MünchKomm/Leipold § 1934d BGB Rz. 11ff.; Erman/Schlüter § 1934d BGB Rz. 12ff.

[74] Staudinger/Werner [2000] § 1934e BGB, Rz. 8ff.

einbarung über den vorzeitigen Erbausgleich bedurfte der notariellen Beurkundung (§ 1934d Abs. 4 Satz 1 BGB a.F.). Durch diese Form sollte aufgrund der Beratungs- und Belehrungspflichten des Notars[75] als unparteiischem Träger eines öffentlichen Amtes[76] gewährleistet werden, daß die Beteiligten über die Tragweite der Rechtsfolgen dieser Vereinbarung aufgeklärt wurden.

In den neuen Bundesländern war es bei den vor dem 3. 10. 1990 in der früheren DDR geltenden erbrechtlichen Verhältnissen geblieben, wenn der Erblasser vor dem 3. 10. 1990 gestorben war (Art. 235 § 1 Abs. 2 EGBGB)[77]. 78

Für vor dem 3. 10. 1990 geborene nichteheliche Kinder galten in den neuen Bundesländern die §§ 1934a bis 1934e BGB a.F. über den Erbersatzanspruch bei nichtehelichen Kindern sowie § 2338a BGB a.F. über den Pflichtteilsanspruch nicht (Art. 235 § 1 Abs. 2 EGBGB). Hatte der Erblasser seinen gewöhnlichen Aufenthalt in der ehemaligen DDR und ist er nach dem Wirksamwerden des Beitritts verstorben, so sind die erbrechtlichen Beziehungen zwischen Vater und Kind die gleichen wie bei ehelichen Kindern (Art. 235 § 1 Abs. 2 EGBGB). Auch vor dem 1. Juli 1949 geborene Kinder werden erbrechtlich wie eheliche behandelt, wenn der Vater am 2. Oktober 1990 seinen gewöhnlichen Aufenthaltsort in der DDR hatte.

cc) Adoptierte Abkömmlinge

Durch die Adoption (§§ 1741ff. BGB) entsteht eine rechtliche Verwandtschaft. 79
Das Gesetz unterscheidet zwischen der Adoption Minderjähriger (§§ 1741–1766 BGB), der Adoption Volljähriger (§§ 1767–1772 BGB), der Adoption eines Kindes, das mit dem Annehmenden im zweiten oder dritten Grad verwandt ist (§ 1756 Abs. 1 BGB) und der Adoption eines Kindes des Ehegatten aus einer früheren Ehe (§ 1755 Abs. 2 BGB).

Dem als Minderjährigen Adoptierten[78] steht das gesetzliche Erb- und Pflicht- 80
teilsrecht gegenüber dem Annehmenden und dessen Verwandten wie einem leiblichen Kind zu. Die gesetzlichen Erbansprüche gelten auch zugunsten des Annehmenden bzw. seiner Verwandten gegenüber dem Kind. Der als Minderjähriger Adoptierte und seine Abkömmlinge verlieren das gesetzliche Erbrecht gegenüber den leiblichen Eltern und deren Verwandten. Ebenso verlieren die leiblichen Eltern und deren Verwandte das gesetzliche Erbrecht gegenüber dem als Minderjährigen Adoptierten und dessen Abkömmlingen.

Der als Volljähriger Adoptierte[79] und seine Abkömmlinge werden rechtlich nur 81
mit dem Annehmenden, nicht aber mit dessen Verwandten verwandt (§ 1770

---

75 Reithmann, Vorsorgende Rechtspflege durch Notare und Gerichte, S. 126ff.

76 Römer, Notariatsverfassung und Grundgesetz, S. 18ff.; Bohrer, Das Berufsrecht der Notare, S. 2ff.; Baumann, MitRhNotK 1996, 1ff.

77 Hierzu Köster, Rpfleger 1992, 369, Eberhard/Lübchen, DtZ 1992, 206.

78 Bei Adoptionen vor dem 1. 1. 1977 ist das Übergangsrecht des Art. 12 AdoptG zu beachten; dazu Firsching/Graf, Nachlaßrecht, S. 11.

79 Für Adoptionen bis zum 31. 12. 1969 vgl. Art. 12 § 1 AdoptG.

Abs. 1 Satz 1 BGB). Das durch Abstammung begründete Verwandtschaftsverhältnis bleibt bestehen (§ 1770 Abs. 2 BGB).

*82* Auf Antrag können sich die Wirkungen der Adoption eines Volljährigen unter bestimmten Voraussetzungen nach den Vorschriften über die Annahme eines Minderjährigen richten (§ 1772 BGB).

*83* Für Adoptionen in den neuen Bundesländern gelten die Übergangsvorschriften des Art. 234 § 13 EGBGB. Danach verbleibt es für Kindesannahmeverhältnisse, die vor dem 3. 10. 1990 begründet wurden, bei den in der früheren DDR geltenden Regelungen, wobei auf die dadurch begründeten Kindesannahmeverhältnisse grundsätzlich die §§ 1741 ff. BGB anzuwenden sind[80].

### 3. Gesetzliches Erbenordnungssystem

#### *a) Ordnungen*

##### aa) Parentelsystem

*84* Das BGB baut die Erbenordnungen nach dem Parentelsystem auf (parentes = Eltern).

##### bb) Erste Ordnung

*85* Gesetzliche Erben der ersten Ordnung sind die Abkömmlinge des Erblassers, seine Kinder, Enkel, Urenkel usf., wobei es gleichgültig ist, ob diese Abkömmlinge aus derselben Ehe oder aus verschiedenen Ehen stammen (§ 1924 BGB).

##### cc) Weitere Ordnungen

*86* Gesetzliche Erben der zweiten Ordnung sind die Eltern des Erblassers und deren Abkömmlinge, der dritten Ordnung die Großeltern des Erblassers und deren Abkömmlinge, der vierten Ordnung die Urgroßeltern des Erblassers und deren Abkömmlinge usf. (§§ 1925 bis 1929 BGB).

##### dd) Rangfolge der Ordnungen

*87* Lebt nur ein Verwandter einer näheren Ordnung, so schließt er alle Verwandten fernerer Ordnungen von der Erbfolge aus. Ist also mindestens ein Abkömmling vorhanden (erste Erbenordnung), so sind Eltern oder Geschwister (Erben zweiter Ordnung) und alle Verwandten noch fernerer Ordnungen von der gesetzlichen Erbfolge ausgeschlossen (§ 1930 BGB).

Sind keine Abkömmlinge (erste Erbenordnung), aber Erben der zweiten Erbenordnung nämlich Eltern, Geschwister oder deren Abkömmlinge (zweite Erbenordnung) vorhanden, so schließen die Erben zweiter Ordnung alle Erben entfernterer Ordnungen, also z.B. Großeltern, Onkeln, Tanten,Vettern und Cousinen von der gesetzlichen Erbfolge aus. Der Vorrang der jeweils unteren Ordnung bleibt auch bei entfernten Ordnungen unverändert bestehen.

---

80 Palandt/Diederichsen Art. 243 § 13 EGBGB.

*b) Einfluß von Gradual- und Repräsentationssystem*

In der ersten Ordnung (Abkömmlinge) wird nach Erbstämmen vererbt. Jedes Kind des Erblassers bildet mit seinen Nachkommen einen Stamm. Jeder Stamm erhält einen gleich hohen Erbanteil. *88*

**Beispiel:**

Der Erblasser hat drei Kinder A, B, C. B ist unter Hinterlassung von zwei, C unter Hinterlassung von vier Kindern vor dem Erblasser verstorben. Es erhalten A einerseits sowie die Abkömmlinge von B und C andererseits je 1/3 des Nachlasses, die Kinder von B also je 1/6 und die Kinder von C je 1/12. Sind erbberechtigte Enkelkinder unter Hinterlassung von Abkömmlingen verstorben, gilt entsprechendes.

In der zweiten Ordnung (Eltern und ihre Abkömmlinge) erfolgt die Bestimmung der Erben nach Linien. Jeder Elternteil bildet zusammen mit seinen Nachkommen eine Linie. Die Linien beider Eltern erben jeweils zur Hälfte. *89*

**Beispiel:**

V(ater) und M(utter) haben ein gemeinsames Kind K. Aus früheren Beziehungen haben V und M weitere Abkömmlinge. Gemeinsame Abkömmlinge sind an beiden Linien beteiligt. Die Abkömmlinge nur eines Elternteils sind nur an der väterlichen bzw. mütterlichen Linie beteiligt.

Innerhalb der Linien erfolgt die Verteilung der Erbquoten nach Stämmen. Innerhalb jedes Stammes gilt das Repräsentationsprinzip. Danach schließt jeder Erbe seine Nachkommen von der Erbfolge aus. Leben z.B. beide Eltern, so sind Geschwister des Erblassers und deren Abkömmlinge von der Erbfolge ausgeschlossen. Ist ein Elternteil weggefallen, so gilt das Eintrittsrecht. Die Abkömmlinge des weggefallenen Elternteils treten an seine Stelle (§ 1925 Abs. 3 BGB), aber aufgrund des Repräsentationsprinzips zunächst nur die erste Generation der Abkömmlinge. Erst wenn einer dieser unmittelbaren Abkömmlinge wegfällt, treten seine Kinder, bei deren Wegfall die betreffenden Enkelkinder, an seine Stelle. *90*

Sind nur Verwandte der dritten Ordnung (Großeltern und ihre Abkömmlinge) vorhanden, so bildet jeder Großelternteil mit seinen Nachkommen eine Linie. Jede der vier Linien erbt zu gleichen Teilen. Innerhalb der Linien erfolgt die Verteilung nach Stämmen. Innerhalb jedes Stammes gilt das Repräsentationsprinzip. *91*

Lebt zur Zeit des Erbfalls von einem Großelternpaar der Großvater oder die Großmutter nicht mehr, so treten seine Abkömmlinge an seine Stelle. Auch in der dritten Erbenordnung gilt das Eintrittsrecht (§ 1926 Abs. 3 BGB).

Ab der vierten Erbenordnung (Urgroßeltern des Erblassers und deren Abkömmlinge) wird dagegen nach der Nähe des Verwandtschaftsgrades (Gradualsystem) beerbt, ausgenommen noch lebende Urgroßeltern selbst (§§ 1928 Abs. 2 und 3, 1929 BGB). *92*

### 4. Ausgleichung unter Abkömmlingen

*a) Ausgleichungspflicht*

93 Bei gesetzlicher Erbfolge sind Abkömmlinge des Erblassers zur Ausgleichung von Vorempfängen und besonderen Leistungen verpflichtet (§§ 2050, 2051, 2057a BGB).

Die Ausgleichungspflicht trifft nur Abkömmlinge des Erblassers. Erbt neben ihnen z.B. der überlebende Ehegatte, so wird dieser von der Ausgleichungspflicht nicht betroffen. Ausgleichungspflichtig sind nicht nur die Kinder, sondern auch die entfernteren Abkömmlinge. Fallen zur Ausgleichung verpflichtete Abkömmlinge vor oder nach dem Erbfall weg, so geht die Ausgleichungspflicht auf die an ihre Stelle tretenden Abkömmlinge über (§ 2051 BGB).

Der Grund für die Ausgleichungspflicht bei gesetzlicher Erbfolge liegt in der Vermutung, daß der Erblasser die grundsätzliche Gleichmäßigkeit der erbrechtlichen Bedenkung seiner Abkömmlinge nicht ändern will. Im Falle der gewillkürten Erbeinsetzung entbehrt eine solche Vermutung der Grundlage. Nur wenn der Erblasser seine Abkömmlinge entsprechend der gesetzlichen Erbfolge einsetzt, ist für die erwähnte Vermutung gem. § 2052 BGB Raum. § 2052 BGB ist in diesem Fall aber nur Auslegungsregel, die aus dem Inhalt der letztwilligen Verfügung widerlegbar ist.

94 Bei Erbfolgegestaltungen entsprechend der gesetzlichen Erbfolge der Abkömmlinge sollte demnach die Ausgleichungsfrage ausdrücklich geregelt sein, um Streit über die Anwendung der Auslegungsregel des § 2052 BGB zu vermeiden.

95 Der nachträgliche Ausschluß der Ausgleichungspflicht oder die nachträgliche Anordnung der Ausgleichung kann einseitig in einer letztwilligen Verfügung erfolgen und bedeutet ein Vermächtnis zugunsten der jeweils begünstigten Miterben. Seine Grenze findet die nachträgliche Anordnung dort, wo durch die Änderung Pflichtteilsrechte geschmälert werden[81].

*b) Ausgleichungspflichtige Gegenstände*

aa) Ausstattungen, Zuschüsse

96 Ausstattungen sind im vollen Umfang auszugleichen (§ 2050 Abs. 1 BGB). Der Begriff der Ausstattung ist in § 1624 BGB definiert: Es handelt sich um diejenigen Zuwendungen, die einem Kind mit Rücksicht auf seine Verheiratung oder die Erlangung einer selbständigen Lebensstellung zur Begründung oder Erhaltung der Wirtschaft oder der Lebensstellung zugewendet werden.

97 Zuschüsse zu den Einkünften des Abkömmlings und Kosten für die Berufsausbildung sind insoweit ausgleichungspflichtig, als sie das den Vermögensverhältnissen des Erblassers entsprechende Maß überstiegen haben, also nicht in voller Höhe (§ 2050 Abs. 2 BGB).

---

[81] Mayer, ZEV 1996, 441, 442f.

Der Erblasser kann in den Fällen der Zuwendungen einer Ausstattung oder von Zuschüssen das Unterbleiben der Ausgleichung anordnen. Das muß aber spätestens zum Zeitpunkt der Zuwendung ("bei" der Zuwendung, § 2050 Abs. 1 letzter Halbsatz BGB) geschehen, ggf. stillschweigend (aber dann Beweisfrage!). 98

bb) Andere Zuwendungen

Andere Zuwendungen, die der Erblasser Abkömmlingen macht, sind von den Begünstigten nur auszugleichen, wenn der Erblasser die Ausgleichung angeordnet hat. Diese Anordnung muß wiederum „bei" der Zuwendung erfolgen; der Erblasser kann sie auch schon vorher treffen. Die Anordnung kann auch stillschweigend geschehen. Die Anordnung muß aber mindestens gleichzeitig mit der Zuwendung so zur Kenntnis des Begünstigten gelangen, daß dieser die Zuwendung ablehnen kann[82]. 99

cc) Besondere Mitarbeit oder Pflegetätigkeit eines Abkömmlings

Einem Abkömmling kann ein Ausgleichsanspruch zustehen, wenn er durch seine Mitarbeit im Haushalt, Beruf oder Geschäft des Erblassers auch durch erhebliche Geldleistungen oder in anderer Weise in besonderem Maße dazu beigetragen hat, das Vermögen des Erblassers zu erhalten oder zu vermehren[83]. Ein Ausgleichungsanspruch besteht nicht, wenn für die Leistungen ein angemessenes Entgelt gewährt oder vereinbart worden ist oder dem Abkömmling ein Anspruch aus einem anderen Rechtsgrund zusteht. Die Ausgleichung ist der Höhe nach unter Billigkeitsgesichtspunkten zu bemessen. 100

*c) Durchführung der Ausgleichung*

Die Ausgleichung wird nur rechnerisch vorgenommen (Grundsatz der sogenannten Idealkollation, § 2055 BGB). 101

In den Fällen der Ausgleichung gemäß § 2050 BGB wird der Wert der Zuwendung auf den Zuwendungszeitpunkt ermittelt und dem Nachlaß zugerechnet. Danach wird vom erhöhten Wert des Nachlasses der Anteil jedes Miterben berechnet und schließlich der Wert der Zuwendungen vom Wert des Anteils des ausgleichungspflichtigen Abkömmlings abgezogen.

Bei der Ausgleichung – der Wertberechnung der auszugleichenden Zuwendungen – ist der Kaufkraftschwund des Geldes zwischen dem Zeitpunkt der Zuwendung und dem des Erbfalls zu berücksichtigen. In der Regel hat eine Indexierung nach dem Lebenshaltungskostenindex stattzufinden. Andere Wertänderungen – Sachwertänderungen sind nicht auszugleichen[84]. 102

82 RGZ 67, 306 (308).

83 Erman/Schlüter § 2057a BGB Rz. 4ff.

84 BGHZ 65, 75 (77); dazu Anm. v. Löbbecke, NJW 1975, 2292 (2293); BGH WM 1975, 1179 (1180); Ebenroth/Bacher, BB 1990, 2053 (2054ff.).

*103* Zur Durchführung der Ausgleichungspflicht für besondere Leistungen (§ 2057a BGB) wird der Ausgleichungsbetrag dem Erbteil des ausgleichungsberechtigten Miterben hinzugerechnet. Sämtliche Ausgleichungsbeträge werden vom Wert des Nachlasses abgezogen, soweit dieser den Miterben zukommt, unter denen die Ausgleichung stattfindet (§ 2057a Abs. 4 BGB).

### 5. Ehegattenerbrecht

#### *a) Gesetzliches Erbrecht*

aa) Allgemeines

*104* Der Grundsatz der Verwandtenerbfolge wird durch das Ehegattenerbrecht (§ 1931 BGB) durchbrochen. Dieses besteht nur nach dem Ehegatten. Nach den Verwandten des Ehegatten besteht kein Erbanspruch. Daher beerbt der Ehemann z.B. nicht seine Schwiegereltern oder die Geschwister der Ehefrau.

*105* Voraussetzung des Ehegattenerbrechts ist das Bestehen der Ehe im Zeitpunkt des Erbfalls[85]. Ist die Ehe rechtskräftig geschieden, entfällt das Ehegattenerbrecht. Ist der Erblasser während des Scheidungsverfahrens gestorben, so entfällt das Ehegattenerbrecht gemäß § 1933 Satz 1 BGB dann, wenn die Voraussetzungen der Scheidung gegeben waren (§§ 1565–1568 BGB) und der Erblasser die Scheidung beantragt oder ihr zugestimmt hatte. Der Scheidungsantrag muß dem anderen Ehegatten noch vor dem Tod des Erblassers zugestellt, also rechtshängig geworden sein[86].

*106* Die Erbquote des Ehegatten richtet sich sowohl nach der Ordnung der gesetzlichen Erben, als auch nach dem Güterstand, in dem die Eheleute gelebt haben.

bb) Neben Abkömmlingen des Erblassers

*107* Neben Abkömmlingen des Erblassers, gleichgültig ob es sich auch um Abkömmlinge des überlebenden Ehegatten handelt, beruft das Gesetz den überlebenden Ehegatten (ohne Berücksichtigung des Güterstandes) zu einem Viertel zum Erben (§ 1931 Abs. 1 Satz 1 BGB, erster Fall).

cc) Neben Erben zweiter Ordnung

*108* Sind nur Erben der zweiten Ordnung (Eltern und deren Abkömmlinge) vorhanden, so erbt der überlebende Ehegatte (unbeschadet des Zugewinnausgleichs) die Hälfte des Nachlasses (§ 1931 Abs. 1 Satz 1 BGB, zweiter Fall).

dd) Neben Großeltern des Erblassers

*109* Sind Erben der ersten oder zweiten Ordnung nicht vorhanden, so wird das Erbrecht des überlebenden Ehegatten nur noch durch die Großeltern des Erblassers beschränkt.

---

[85] Einzelheiten aufgrund der Änderungen des Eheschließungsrechtsgesetzes, das seit dem 1.7.1998 gilt, bei Firsching/Graf, Nachlaßrecht (8. Aufl.) S. 12f.

[86] BGH NJW 1990, 2382; BayObLG FamRZ 1990, 666.

Einfach ist die Rechtslage, wenn entweder alle vier Großeltern des Erblassers leben – dann erhält der überlebende Ehegatte neben ihnen die Hälfte wie bei Konkurrenz mit Erben der zweiten Ordnung (§ 1931 Abs. 1 Satz 1 BGB, dritter Fall) – oder wenn kein Großelternteil mehr lebt – dann erbt der überlebende Ehegatte allein (§ 1931 Abs. 2 BGB). *110*

Schwierig und sogar umstritten ist die Rechtslage, wenn nur einzelne Großeltern noch leben: *111*

Sind Großeltern neben Abkömmlingen weggefallener Großeltern vorhanden, so fällt der Anteil der weggefallenen Großeltern zusätzlich an den überlebenden Ehegatten (§ 1931 Abs. 1 Satz 2 BGB). Sind dagegen Großeltern weggefallen, von denen keine Abkömmlinge vorhanden sind, so fällt der Anteil der weggefallenen Großeltern zunächst an den noch lebenden Großelternteil derselben Linie, und wenn auch dieser ohne Abkömmlinge weggefallen ist, an die lebenden Großeltern der anderen Linie nach denselben Grundsätzen (§ 1931 Abs. 1 Satz 2 in Verbindung mit § 1926 Abs. 3, 4 BGB). Das Ergebnis hängt vom Zufall ab, ob weggefallene Großelternteile Abkömmlinge haben oder nicht. Haben sie Abkömmlinge, erhält der noch lebende Großelternteil nichts zusätzlich, vielmehr fallen die entsprechenden Erbanteile dem überlebenden Ehegatten zu. Sind Abkömmlinge weggefallener Großelternteile nicht vorhanden, so erhält deren Erbteile der noch lebende Großelternteil.

Meinungsverschiedenheiten bestehen über die Höhe der Anteile, die an den überlebenden Ehegatten beim Wegfall von Großeltern übergehen. Die Meinungsverschiedenheiten ergeben sich daraus, daß die Vererbung zunächst in der einen Linie der Großeltern und danach in der anderen erfolgt. *112*

Lebt von den väterlichen Großeltern ein Teil nicht mehr und hinterläßt er Abkömmlinge, so erhält der überlebende Ehegatte diesen Anteil, also zusätzlich 1/8. Sind keine Abkömmlinge vorhanden, so erhält dieses 1/8 der noch lebende Großelternteil. Sind beide väterlichen Großeltern vorverstorben so fallen die Anteile dieses Großelternpaares von 2/8 an den überlebenden Ehegatten. Hinterläßt dieses Großelternpaar keine Nachkommen, so erben die mütterlichen Großeltern die Hälfte der Erbschaft allein. Ist von ihnen ein Teil unter Hinterlassung von Abkömmlingen verstorben, so fällt sein Anteil von 1/4 an den überlebenden Ehegatten. Ist er gestorben, ohne Abkömmlinge zu hinterlassen, so fällt dieser Anteil wiederum an den anderen Großelternteil[87].

Kinderlose Großeltern werden privilegiert. Die gesetzliche Regelung widerspricht damit den Wertungen des Familienerbrechts, wonach das gesetzliche Erbrecht vorrangig der Versorgung nachfolgender Generationen dienen soll[88]. *113*

---

87 Staudinger/Werner [2000] § 1931 BGB Rz. 24f.; MünchKomm/Leipold, § 1931 BGB Rz. 19; Schlüter, § 10 III (S. 65); Lange/Kuchinke, § 12 III 4 a) (S. 242ff.); wohl auch Kipp/Coing, § 5 III (S. 42); Palandt/Edenhofer, § 1931 BGB Rz. 7; **a.A.** BGB-RGRK/Kregel, § 1931 BGB Rz. 8.

88 Kritisch mit anderer Begründung auch Staudinger/Werner [2000] § 1931 Rz. 26 m.w.N.

*b) Einfluß der Güterstände*

aa) Entwicklung des Güterrechts

*114* Die Höhe des gesetzlichen Erbteils des überlebenden Ehegatten hängt außerdem von dem Güterstand ab, in welchem die Ehegatten leben.

*115* Bis zum 31.3.1953[89] galt als gesetzlicher Güterstand die Verwaltung und Nutznießung des Ehemanns am eingebrachten Gut der Frau. Dieser hatte keinen Einfluß auf das gesetzliche Erbrecht.

*116* Ab dem 1.4.1953 galt mangels gesetzlicher Regelung aufgrund richterlicher Rechtsfortbildung der Güterstand die Gütertrennung.

*117* Am 1.7.1958 trat das Gleichberechtigungsgesetz vom 18.6.1957[90] in Kraft. Seitdem ist gesetzlicher Güterstand die sogenannte Zugewinngemeinschaft[91], während Gütertrennung und Gütergemeinschaft ehevertraglich vereinbart werden können.

*118* Für vor dem 1.4.1953 geschlossene Ehen gilt jedoch die Gütertrennung fort, wenn ein Ehegatte bis spätestens 30.6.1958 dem zuständigen Amtsgericht gegenüber in notarieller oder gerichtlicher Urkunde erklärte, daß für seine Ehe auch ab 1.7.1958 Gütertrennung gelten solle. Eine entsprechende Erklärung konnte auch in Ehen abgegeben werden, die zwischen dem 1.4.1953 und dem 21.6.1957 (Zeitpunkt der Verkündung des Gleichberechtigungsgesetzes) geschlossen worden waren.

*119* Für nach dem 21.6.1957 geschlossene Ehen konnte Gütertrennung nur durch Ehevertrag vereinbart werden.

*120* Lebten Eheleute bereits vor dem 1.7.1958 aufgrund Ehevertrages in Gütertrennung, so wurde dieser Güterstand fortgesetzt (Art. 8 I Ziff. 3–5 Abs. 1 GleichBerG).

*121* Die frühere allgemeine Gütergemeinschaft wurde in die nunmehrige Gütergemeinschaft nach dem Gleichberechtigungsgesetz übergeleitet. Lebten Ehegatten bei Inkrafttreten des GleichBerG im vertraglichen Güterstand der Errungenschafts- oder Fahrnisgemeinschaft des Bürgerlichen Gesetzbuches in der alten Fassung, so blieb dieser alte Güterstand bestehen (Art. 8 I Ziff. 7 GleichBerG).

Die vertragsmäßigen Güterstände der Gütergemeinschaft und der früheren Errungenschafts- und Fahrnisgemeinschaft sind selten und verlieren zunehmend an Bedeutung in der Praxis.

bb) Gesetzlicher Güterstand

*122* Leben die Ehegatten im gesetzlichen Güterstand der sog. Zugewinngemeinschaft, so erhöht sich der gesetzliche Erbteil des überlebenden Ehegatten gemäß §§ 1931 Abs. 3, 1371 BGB um ein weiteres Viertel. Diese Erhöhung dient der – pauschalen – Verwirklichung des Zugewinnausgleichs.

---

[89] Vgl. dazu Art. 117 Abs. 1 GG.

[90] BGBl. 1957 I, 609.

[91] Dazu Gernhuber/Coester-Waltjen S. 492ff.

Neben Erben der ersten Erbenordnung erhält danach der überlebende Ehegatte als gesetzlichen Erbteil 1/2 des Nachlasses, neben Erben der zweiten Erbenordnung 3/4 des Nachlasses und neben Großeltern mindestens 3/4 des Nachlasses.

Neben der erbrechtlichen Lösung des Zugewinnausgleichs durch eine pauschale Erhöhung der Ehegattenerbquote sieht das Gesetz die sogenannte güterrechtliche Lösung vor[92]. *123*

cc) Gütertrennung

Bestand beim Erbfall Gütertrennung und sind als gesetzliche Erben neben dem überlebenden Ehegatten ein oder zwei Kinder des Erblassers berufen, so erben der überlebende Ehegatte und jedes Kind zu gleichen Teilen (§ 1931 Abs. 4 BGB). Bei drei und mehr Kindern gilt als Mindesterbanteil das gesetzliche Viertel des überlebenden Ehegatten gemäß § 1931 Abs. 1 Satz 1 BGB. *124*

Der überlebende Ehegatte erhält also bei einem vorhandenen Kind 1/2 der Erbschaft, bei zwei vorhandenen Kindern 1/3, bei drei und mehr vorhandenen Kindern 1/4 der Erbschaft.

Sind Kinder als Erben weggefallen, so treten deren Abkömmlinge an ihre Stelle (§ 1931 Abs. 4 letzter HS. i.V.m. § 1924 Abs. 3 BGB).

dd) DDR-Recht

Für den Güterstand von Ehegatten, die am 3. 10. 1990 in der früheren DDR im dort seinerzeit geltenden Güterstand der Eigentums- und Vermögensgemeinschaft des Familiengesetzbuchs der DDR gelebt haben, ist die Übergangsvorschrift des Art. 234 § 4 EGBGB zu beachten. Haben die Ehegatten nichts vereinbart, und auch nicht bis zum 2. 10. 1992 dem zuständigen Kreisgericht gegenüber erklärt, daß der bisherige gesetzliche DDR-Güterstand fortgelten soll, gilt für sie die Zugewinngemeinschaft des BGB[93]. Gilt aufgrund entsprechender Erklärung der DDR-Güterstand fort, richtet sich das gesetzliche Erbrecht des überlebenden Ehegatten nach § 1931 Abs. 1, 2 BGB, so daß eine Erhöhung des Erbteils um ein Viertel nicht in Betracht kommt. *125*

*c) Voraus*

Dem überlebenden Ehegatten steht bei gesetzlicher Erbfolge zusätzlich zu seiner Erbquote der sogenannte „Voraus" zu (§ 1932 BGB)[94]. Der Voraus ist ein gesetzliches Vermächtnis. *126*

Der Voraus umfaßt die zum ehelichen Haushalt gehörenden Gegenstände, soweit sie nicht Zubehör eines Grundstücks sind, und die Hochzeitsgeschenke[95]. *127*

---

92 Dazu ⇒ Rz. 158f.

93 Palandt/Diederichsen Art. 234 § 4 EGBGB Rz. 14ff.

94 Eigel, MittRhNotK 1983, 1ff.

95 Staudinger/Werner [2000] § 1932 BGB Rz. 13ff.

128 Ist der überlebende Ehegatte gesetzlicher Erbe neben Verwandten der zweiten Erbenordnung oder neben Großeltern, so gebührt ihm der Voraus im Ganzen.

129 Ist der überlebende Ehegatte gesetzlicher Erbe neben Verwandten der ersten Ordnung, also Abkömmlingen, so stehen ihm die Gegenstände des Voraus zu, „soweit er sie zur Führung eines angemessenen Haushalts benötigt" (§ 1932 Abs. 1 Satz 2 BGB).

*d) Ehegatten im Scheidungsverfahren*

130 Das Erbrecht des überlebenden Ehegatten sowie sein Recht auf den Voraus sind ausgeschlossen, wenn z.Z. des Todes des Erblassers die Voraussetzungen für die Scheidung der Ehe gegeben waren[96] und der Erblasser die Scheidung beantragt oder ihr zugestimmt hatte[97]. Dem in dieser Situation überlebenden Ehegatten können gemäß § 1586 b BGB aber die Unterhaltsansprüche nach §§ 1569ff. BGB verbleiben, für die der Erbe bis zur Höhe des Betrages haftet, der rechnerisch dem Pflichtteil des Ehegatten entspricht[98].

## VI. Das Pflichtteilsrecht[99]

### 1. Allgemeines

131 Die Gestaltung der Vermögensnachfolge kann in ihren wirtschaftlichen Folgen durch Pflichtteilsrechte (§§ 2303–2338 a BGB) begrenzt sein[100]. Das Pflichtteilsrecht beruht auf der über den Tod des Erblassers hinausgehenden familiengebundenen Sorgepflicht für seinen Ehegatten und die nächsten Angehörigen[101].

132 Der Pflichtteilsanspruch steht den pflichtteilsberechtigten Personen dann zu, wenn sie durch Verfügung von Todes wegen von der Erbfolge ausgeschlossen sind oder ihnen nicht mindestens in Höhe der Pflichtteilsquote Vermögensgegenstände aus dem Nachlaß zur freien Verfügung hinterlassen worden sind (vgl. § 2306 BGB).

---

[96] Bei einverständlicher Scheidung ist streitig, ob das Trennungsjahr ausreicht (so OLG Frankfurt NJW-RR 1990, 136) oder der Scheidungsantrag den Erfordernissen des § 630 ZPO genügen muß (so OLG Schleswig NJW 1993, 1082 m.w.N.).

[97] BGH MittBayNot 1990, 313.

[98] Dazu Staudinger/Baumann (12. Aufl.), § 1586b BGB Rz. 4ff.

[99] Grundlegend zu Gestaltungsmöglichkeiten, um Pflichtteilsansprüche zu reduzieren, v. Dickhuth-Harrach, Festschr. Rheinisches Notariat (1998) S. 185ff.

[100] Zu Pflichtteil, Vermächtnis und vertraglicher Unternehmensnachfolge vgl. Ebenroth/Fuhrmann, BB 1989, 2049ff.; zum Pflichtteilsrecht an Vorteilen nach dem Vermögensgesetz Dieckmann, ZEV 1994, 198; zum Pflichtteilsrecht nach der Wiedervereinigung Faßbender, DNotZ 1994, 359.

[101] Zur auch künftigen rechtspolitischen Berechtigung des Pflichtteilsrechts Otte, ZEV 1994, 194ff.; zur Übereinstimmung des Pflichtteilsrechts mit unserer Verfassung vgl. Haas, ZEV 2000, 249.

Der Pflichtteil verschafft dem Berechtigten keine Rechte an den Nachlaßgegenständen. Der Pflichtteilsberechtigte ist nicht, auch nicht zu einem Teil, Gesamtrechtsnachfolger des Erblassers. Er kann nicht bestimmte Gegenstände aus dem Nachlaß herausverlangen. Er hat bei der Verwaltung und Verteilung des Nachlasses kein Mitspracherecht. Der Pflichtteilsberechtigte hat lediglich einen schuldrechtlichen Zahlungsanspruch. Dieser Zahlungsanspruch richtet sich gegen den oder die Erben. *133*

Da der Pflichtteilsanspruch immer ein Zahlungsanspruch ist, belastet er die Erben immer dann in besonderer Weise, wenn der Nachlaß einen hohen Wert hat, seine Liquität und die Erträge aus den Nachlaßgegenständen aber niedrig sind. *134*

## 2. Pflichtteilsberechtigte

### a) Verwandte

Pflichtteilsberechtigt sind Abkömmlinge (auch adoptierte) des Erblassers, unabhängig von dem Grad ihres Verwandtschaftsverhältnisses, also die Kinder, Enkel, Urenkel usf. und die Eltern des Erblassers (§§ 2303, 2309, 2338a BGB). *135*

Das Pflichtteilsrecht der Eltern oder entfernterer Abkömmlinge ist ausgeschlossen, wenn ein Abkömmling, der sie im Falle gesetzlicher Erbfolge ausschließen würde, den Pflichtteil verlangen kann oder das ihm Hinterlassene annimmt (§ 2309 BGB). *136*

**Beispiel:**

Ein pflichtteilsberechtigtes Kind schließt Enkel, Urenkel sowie alle entfernteren Abkömmlinge des Erblassers vom Pflichtteilsanspruch aus. *137*

Ob der die entfernteren Abkömmlinge oder Eltern des Erblassers ausschließende Abkömmling den Pflichtteil tatsächlich geltend macht oder auf die Geltendmachung verzichtet, ist unerheblich.

Großeltern, noch entferntere Voreltern, Geschwister oder Geschwisterabkömmlinge sind nicht pflichtteilsberechtigt. *138*

### b) Ehegatte

Neben den genannten Verwandten ist der Ehegatte des Erblassers pflichtteilsberechtigt (§ 2303 Abs. 2 Satz 1 BGB). *139*

### c) Geschiedener Ehegatte

Gelegentlich wird übersehen, daß auch dem geschiedenen Ehegatten des Erblassers noch Ansprüche zustehen können. War der Erblasser im Zeitpunkt seines Todes gegenüber einem – oder mehreren – geschiedenen Ehegatten unterhaltsverpflichtet, so geht diese Unterhaltspflicht nach § 1586b BGB mit seinem Tod auf seine Erben als Nachlaßverbindlichkeit über[102]. Die Haftung des Erben ist auf die Pflichtteilsquote beschränkt[103]. Umstritten ist, ob ein Pflichtteilsverzicht des un- *140*

[102] Dazu Staudinger/Baumann (12. Aufl.) § 1586b BGB Rz. 4ff.

[103] Zur Berechnung vgl. Staudinger/Baumann (12. Aufl.) § 1586b BGB Rz. 27ff.

terhaltsberechtigten Ehegatten den Übergang des Unterhaltsanspruchs auf die Erben als Nachlaßverbindlichkeit hindert[104]. Sollen durch einen Pflichtteilsverzicht des geschiedenen Ehegatten auch dessen Unterhaltsansprüche aus § 1586b BGB ausgeschlossen werden, so ist wegen der unsicheren Rechtslage insoweit ein Unterhaltsverzicht bzw. eine zeitliche Beschränkung der Unterhaltsvereinbarung, z.B. auf Lebenszeit des Unterhaltsverpflichteten zu empfehlen.

*d) Kein Ausschluß des Pflichtteilsanspruchs*

141 Nicht pflichtteilsberechtigt ist, wer für erbunwürdig erklärt (§§ 2339ff. BGB), wem nach §§ 2333ff. BGB der Pflichtteil entzogen wurde oder wer mit dem Erblasser einen Erbverzichts- oder Pflichtteilsverzichtsvertrag geschlossen hat. Ebenso sind die nichtehelichen Kinder vom Pflichtteilsrecht ausgeschlossen, die nach der bis zum 31. März 1998 geltenden Rechtslage den vorzeitigen Erbausgleich erhalten haben.

### 3. Entstehung des Pflichtteilsanspruchs

142 Der Pflichtteilsanspruch entsteht mit dem Erbfall (§ 2317 Abs. 1 BGB). Auf diesen Anspruch kann der Pflichtteilsberechtigte nach dem Erbfall durch formlosen Verzichtsvertrag mit den Erben gemäß § 397 BGB verzichten.

### 4. Anspruchsberechtigung

*a) Ausschluß von der Erbfolge*

143 Zentrale Anspruchsgrundlage des Pflichtteilsrechts ist § 2303 BGB. Vom Gesetz vorgesehener Hauptfall des Pflichtteilsanspruchs ist der Ausschluß des pflichtteilsberechtigten gesetzlichen Erben von der Erbfolge.

Hat der Erblasser dem pflichtteilsberechtigten Erben durch letztwillige Verfügung lediglich den Pflichtteil zugewendet, so bedeutet das im Zweifel nicht Erbsondern Vermächtniseinsetzung in Höhe des Pflichtteils (§ 2304 BGB).

144 Der Ausschluß des pflichtteilsberechtigten Erben von der Erbfolge kann ausdrücklich ausgesprochen sein – die letztwillige Verfügung kann sich sogar auf diesen Ausschluß beschränken (sogenanntes negatives Testament, § 1938 BGB „Enterbung"). In der Regel besteht der Ausschluß von der Erbfolge darin, daß der Erblasser den Pflichtteilsberechtigten als Erben übergangen hat. Hauptfall ist die gegenseitige Erbeinsetzung von Ehegatten in einem Erbvertrag oder gemeinschaftlichen Testament. Damit enterben die Ehegatten ihre Abkömmlinge für den Erbfall des Erstversterbenden. Die Abkömmlinge können in solchen Fällen den Pflichtteil geltend machen, auch wenn sie – wie im Berliner Testament – zu Erben des Längstlebenden eingesetzt sind.

---

[104] Zum Streitstand Staudinger/Baumann (12. Aufl.) § 1586b BGB Rz. 46ff.

### *b) Pflichtteilsrestanspruch*

Setzt der Erblasser einen Pflichtteilsberechtigten zwar zum Erben ein aber mit einer Erbquote, die unter der Pflichtteilsquote liegt, so hat der pflichtteilsberechtigte Erbe nach § 2305 BGB den Pflichtteilsrestanspruch auf Zahlung der Differenz, die sich zwischen Erbquote und Pflichtteilsanspruch ergibt. Dagegen kann der Erbe in diesem Fall nicht den vollen Pflichtteilsanspruch geltend machen, indem er ausschlägt. Er hätte dann nur noch den Pflichtteilsrestanspruch. *145*

### *c) Beschränkungen und Beschwerungen des pflichtteilsberechtigten Erben*

Der Pflichtteilsberechtigte soll mindestens den Wert der Hälfte seines gesetzlichen Erbteils erhalten. Ist der dem Pflichtteilsberechtigten zugewandte Erbteil kleiner als der Pflichtteil oder genauso groß und ist dieser Erbteil mit Beschränkungen oder Beschwerungen belastet (§ 2306 Abs. 1 Satz 1 BGB), so gelten diese Beschränkungen oder Beschwerungen als nicht angeordnet. *146*

Als maßgebliche Beschränkungen und Beschwerungen bezeichnet das Gesetz *147*
- die Einsetzung eines Nacherben, die Ernennung eines Testamentsvollstreckers oder eine Teilungsanordnung,
- die Belastung mit einem Vermächtnis oder einer Auflage.

Die gesetzliche Aufzählung der vorgenannten Beschränkungen und Beschwerungen ist erschöpfend.

Das dem Pflichtteilsberechtigten Zugewandte wird, soweit es den Pflichtteil nicht erreicht, durch den Pflichtteilsrestanspruch ergänzt, so daß ihm wirtschaftlich der Pflichtteil ohne Beschränkungen oder Beschwerungen zusteht. Fehlerhaft wäre dem Pflichtteilsberechtigten hier zur Ausschlagung zu raten. Dann verbliebe ihm nämlich nur der Pflichtteilsrestanspruch[105]. Grundsätzlich ist derjenige, der ausschlägt, nicht pflichtteilsberechtigt. Ausnahmen ergeben sich aus §§ 1371, 2306 BGB. *148*

Ist der dem Pflichtteilsberechtigten hinterlassene Erbteil größer als der Pflichtteil, aber mit Beschränkungen und Beschwerungen belastet, so kann der Pflichtteilsberechtigte den Pflichtteil verlangen, falls er den Erbteil ausschlägt (§ 2306 Abs. 1 Satz 2 BGB). *149*

Die Ausschlagungsfrist beginnt gemäß § 2306 Abs. 1 Satz 2 BGB erst mit Kenntniserlangung des Pflichtteilsberechtigten von der Beschränkung oder der Beschwerung. Diese Kenntnis erlangt der Pflichtteilsberechtigte erst mit Zugang des Testamentseröffnungsprotokolls[106]. *150*

Bei Erbfolgegestaltungen, die hohe, aber illiquide Vermögenswerte betreffen, muß an § 2306 Abs. 1 Satz 2 BGB gedacht werden, nämlich daran, daß die Anordnung von Beschränkungen oder Beschwerungen erhebliche Pflichtteilsansprüche auslösen und zum Scheitern der vorgestellten Erbfolgelösung führen kann. *151*

---

[105] BGH NJW 1993, 1005, 1007.

[106] BGH DB 1991, 39.

*d) Mit einem Vermächtnis bedachter Pflichtteilsberechtigter*

152 Hat der Erblasser den Pflichtteilsberechtigten nur mit einem Vermächtnis bedacht, so können diesem ebenfalls Pflichtteilsansprüche zustehen. Der Pflichtteilsberechtigte kann in einem solchen Fall den vollen Pflichtteil geltend machen, wenn er das Vermächtnis ausschlägt (§ 2307 Abs. 1 Satz 1 BGB), unabhängig davon, ob das Vermächtnis größer oder kleiner als der Pflichtteil ist und ob es mit Beschränkungen oder Beschwerungen versehen ist.

Schlägt er nicht aus, so steht ihm ein Recht auf den Pflichtteil nicht zu, soweit der Wert des Vermächtnisses den Wert des Pflichtteilsanspruchs erreicht. Bei der Bewertung des Vermächtnisses bleiben jedoch alle Beschränkungen und Beschwerungen außer Betracht (§ 2307 Abs. 1 Satz 2 BGB). Ein aufschiebend bedingtes Vermächtnis ist seinem vollen Wert nach und ohne Berücksichtigung der Bedingung anzurechnen[107].

153 Es liegt in der Hand des Pflichtteilsberechtigten, ob er sich von einem ihm lästigen Vermächtnis durch Ausschlagung befreien will. Die Ausschlagung eines Vermächtnisses ist durch formlose Erklärung gegenüber dem mit dem Vermächtnis Beschwerten möglich. Es besteht keine Ausschlagungsfrist (§ 2180 BGB).

154 Um die Unklarheit über Annahme oder Ausschlagung des Vermächtnisses zu beseitigen, kann der mit dem Vermächtnis Beschwerte den Pflichtteilsberechtigten unter Bestimmung einer angemessenen Frist zur Erklärung über die Annahme des Vermächtnisses auffordern. Mit dem Ablauf der Frist gilt das Vermächtnis als ausgeschlagen, wenn nicht vorher die Annahme erklärt wird (§ 2307 Abs. 2 BGB).

### 5. Pflichtteilsquote

*a) Grundsätzliche Quote*

155 Die Pflichtteilsquote entspricht nach § 2301 Abs. 1 Satz 2 BGB der Hälfte des gesetzlichen Erbteils. Der gesetzliche Erbteil ist abstrakt zu ermitteln, d.h. Enterbungen, Ausschlagungen, Erbunwürdigkeit und Pflichtteilsentziehungen bleiben bei der Berechnung des gesetzlichen Erbteils für die Pflichtteilsquote außer Betracht. Bei der Feststellung der für die Berechnung der Pflichtteilsquote maßgebenden gesetzlichen Erbquote werden also diejenigen gesetzlichen Erben mitgezählt, welche durch letztwillige Verfügung von der Erbfolge ausgeschlossen sind oder die Erbschaft ausgeschlagen haben oder für erbunwürdig erklärt worden sind. Durch Enterbung, Erbausschlagung oder Erbunwürdigkeitserklärung anderer gesetzlicher Erben erhöht sich nicht die Pflichtteilsquote eines pflichtteilsberechtigten Erben.

156 Bei der Berechnung der Pflichtteilsquote blieben aber diejenigen unberücksichtigt, die durch Erbverzicht von der gesetzlichen Erbfolge ausgeschlossen sind (§ 2310 BGB). Der Gesetzgeber ging davon aus, daß der Verzichtende mit Rücksicht auf eine Gegenleistung verzichtet, also vor dem Verzicht abgefunden wur-

---

107 OLG Oldenburg, NJW 1991, 988.

de[108]. Dies gilt jedoch nicht bei einem bloßen Pflichtteilsverzicht. Hier wird der Verzichtende bei der Ermittlung der Pflichtteilsquote mitgerechnet. Somit bieten sich Gestaltungsmöglichkeiten an, durch lebzeitige Vermögensübertragung gegen Pflichtteilsverzicht, die Erbmasse – insbesondere unter Ausnutzung der Zehn-Jahresfrist zu mindern und gleichzeitig die Pflichtteilsquote – z.B. für Abkömmlinge die nichts erhalten sollen - unverändert niedrig zu belassen.

*b) Besonderheiten bei Zugewinngemeinschaft*

Hat der Erblasser den überlebenden Ehegatten zum Erben eingesetzt oder mit einem Vermächtnis bedacht und dieser die Erbschaft oder das Vermächtnis angenommen, so erhöht sich gemäß § 1371 Abs. 1 BGB der gesetzliche Erbteil des überlebenden Ehegatten um ein Viertel[109]. *157*

**Beispiel:**

Der Erblasser und sein überlebender Ehegatte lebten im Güterstand der Zugewinngemeinschaft und haben zwei Kinder. Die Ehefrau ist gesetzliche Erbin zu 1/2 (§§ 1931 Abs. 1 und 3, 1371 BGB), die Kinder sind gesetzliche Erben zu je 1/4. Der Pflichtteil des überlebenden Ehegatten beträgt 1/4 , der jedes Kindes 1/8.

Anders erfolgt die Pflichtteilsberechnung bei der Zugewinngemeinschaft, wenn der überlebende Ehegatte enterbt und ihm auch kein Vermächtnis zugewandt worden ist oder wenn er die Erbschaft ausschlägt. *158*

Für den Pflichtteilsanspruch des überlebenden Ehegatten bestimmt § 2303 Abs. 2 Satz 2 BGB, daß die güterrechtlichen Vorschriften des § 1371 BGB unberührt bleiben.

§ 1371 Abs. 2 BGB bestimmt für den Fall des Todes eines Ehegatten, daß der überlebende Ehegatte den Anspruch auf Zugewinnausgleich hat, wenn er nicht zum Erben berufen und ihm auch kein Vermächtnis zugewandt worden ist. In diesem Fall hat der überlebende Ehegatte einen Pflichtteilsanspruch neben dem Zugewinnausgleichsanspruch, aber nur nach dem nicht gemäß § 1371 Abs. 1 BGB um ein Viertel erhöhten gesetzlichen Erbteil, also nur nach dem im Falle der Gütertrennung geltenden gesetzlichen Erbteil von einem Viertel (sogenannter kleiner Pflichtteil).

Der überlebende Ehegatte kann sich daher für die – ihm unter Umständen günstigere – güterrechtliche Lösung entscheiden, indem er die Erbschaft ausschlägt. Für diesen Fall bestimmt § 1371 Abs. 3 BGB, daß der überlebende Ehegatte neben dem Zugewinnausgleichsanspruch den Pflichtteil auch dann verlangen kann, wenn dieser ihm nach den erbrechtlichen Bestimmungen nicht zustände[110].

**Beispiel:**

Der überlebende Ehegatte ist zu einem höheren Erbteil als der Hälfte des gesetzlichen Erbteils berufen. Ihm sind aber keine Beschränkungen oder Beschwerungen i.S.d. § 2306

[108] Prto V. 612f.
[109] Vgl. ⇒ Rz. 122.
[110] Ebenroth, S. 87f. Rz. 156.

BGB auferlegt. § 1371 Abs. 3 BGB setzt in diesem Fall die Rechtsfolgen des § 2306 BGB außer Kraft.

*159* Nach der herrschenden Meinung hat der überlebende Ehegatte, wenn er nicht Erbe ist und ihm auch kein Vermächtnis zusteht, nur den Anspruch auf den kleinen Pflichtteil und daneben den Anspruch auf Zugewinnausgleich. Ein Wahlrecht, statt des kleinen Pflichtteils und des Zugewinnausgleichs einen Pflichtteil nach dem gemäß § 1371 Abs. 1 BGB um ein Viertel erhöhten gesetzlichen Erbteil zu fordern (großer Pflichtteil), hat er nicht[111].

*160* Wird der Ehegatte nicht Erbe und ist er auch nicht mit einem Vermächtnis bedacht, so erhöhen sich die Pflichtteilsansprüche anderer Pflichtteilsberechtigter, da der Ausgleich des Zugewinns über den Ausgleichsanspruch und nicht über den erhöhten Erbteil vorgenommen wird. Zu beachten ist, daß sich der Nachlaß um den Wert des Zugewinnausgleichsanspruchs mindert. Das kann bedeutungslos sein, wenn der Erblasser keinen Zugewinn erzielt hat oder der überlebende Ehegatte ausgleichspflichtig gewesen wäre. In diesen Fällen sind die Erben oder anderen Pflichtteilsberechtigten begünstigt. Macht der überlebende Ehegatte die güterrechtliche Lösung nach Ausschlagung geltend, so wird regelmäßig ein hoher Zugewinnausgleichsanspruch bestehen, der demgemäß den Nachlaßwert mindert.

*161* Unstimmig ist die gesetzliche Regelung insofern, als dem überlebenden Ehegatten der große Pflichtteil dann zusteht, wenn er geringer als zur Hälfte seines (erhöhten) gesetzlichen Erbteils als Erbe eingesetzt oder mit einem Vermächtnis bedacht ist, welches die Hälfte des (erhöhten) gesetzlichen Erbteils nicht erreicht (Anspruch auf Vervollständigung des Pflichtteils, §§ 2305, 2306 Abs. 1 Satz 1 und 2307 Abs. 1 Satz 2 BGB). Dies führt bei niedrigem Zugewinn dazu, daß der überlebende Ehegatte bei höherer Erbeinsetzung einen niedrigeren Pflichtteil hat als bei einer Erbeinsetzung, die unter der Pflichtteilsquote liegt. Der erklärte Wille des Erblassers, seinem Ehegatten wenig zuzuwenden, führt also zu einem höheren Pflichtteil.

*162* Lebt der Erblasser im Güterstand der Zugewinngemeinschaft, so hat er es in gewissem Umfang in der Hand, den Pflichtteilsanspruch des ihn überlebenden Ehegatten zugunsten seiner Abkömmlinge zu kürzen. Daran kann ein Interesse des Erblassers sowohl aus familiären wie auch aus unternehmerischen Gründen bestehen.

**Beispiele:**

Abkömmlinge aus erster Ehe sollen durch den erhöhten gesetzlichen Erbteil oder den großen Pflichtteil des überlebenden zweiten Ehegatten nicht benachteiligt werden. Zur Sicherung der Unternehmernachfolge soll der erhöhte gesetzliche Erbteil des Ehegatten und

---

[111] BGHZ 42, 182 (185ff.) = LM § 1371 BGB Nr. 2 mit Anm. Johannsen; Staudinger/Ferid/Cieslar, § 2303 BGB Rz. 50; BGB-RGRK/Finke, § 1371 BGB Rz. 35; BGB-RGRK/Johannsen, § 2303 BGB Rz. 8; MünchKomm/Frank, § 2303 BGB Rz. 21; Soergel/Dieckmann, § 2303 BGB Rz. 37; Palandt/Edenhofer, § 2303 BGB Rz. 8; Palandt/Diederichsen, § 1371 BGB Rz. 15; v. Lübtow, Band I, S. 614; Kipp/Coing, § 5 IV (S. 42) Fn. 15 u. § 9 II 1 d) (S. 60); Schlüter, § 48a I 2 c) (S. 409); **a. A.** Lange, NJW 1965, 369.

damit dessen Unternehmensbeteiligung verkleinert werden. Das Risiko des kleinen Pflichtteils kann dabei tragbar sein.

Bei derartigen Gestaltungen ist aber zu beachten, daß keine hohen Zugewinnausgleichsansprüche des überlebenden Ehegatten gegeben sein dürfen.

### 6. Pflichtteilsbetragsberechnung

#### *a) Nachlaßbestand*

Maßgebend für die Berechnung der Höhe des Pflichtteilsbetrags ist der Bestand des Nachlasses i.S.v. § 2311 Abs. 1 Satz 1 BGB am Todestag des Erblassers. *163*

Dieser ergibt sich aus der Differenz zwischen Aktiv- und Passivbestand. Der Aktivbestand ist das Erblasservermögen im Zeitpunkt des Todes des Erblassers. Nachlaßverbindlichkeiten sind als Passivbestand bei der Ermittlung des Nachlaßbestandes vom Aktivbestand abzuziehen. Abziehbar sind nur solche Verbindlichkeiten, die auch bei Eintritt der gesetzlichen Erbfolge eingetreten wären[112]. Bei der Ermittlung des Passivbestandes können auch Verbindlichkeiten abgezogen werden, die erst später entstehen, deren Rechtsgrund aber auf den Erbfall zurückgeführt werden kann. *164*

Andere Veränderungen, die in der Folgezeit eintreten, wirken sich auf die Pflichtteilsberechnung nicht aus. Gehören z.B. Wertpapiere zum Nachlaß, so ist ihr Kurswert im Zeitpunkt des Erbfalls festzustellen. Steigt oder fällt dieser Wert in der Folgezeit, so bleiben diese Veränderungen für die Pflichtteilsberechnung unberücksichtigt Dies kann zu erheblichen Härten führen, insbesondere wenn zwischen Erbfall und Nachlaßauseinandersetzung ein längerer Zeitraum liegt. Gehört zum Nachlaß Wertpapiervermögen, so sollte diese Rechtsfolge bereits bei der Gestaltung der Vermögensnachfolge beachtet werden, wenn Pflichtteilsberechtigte vorhanden sind.

**Beispiel:**

Die Pflichtteilsberechtigten werden – quotal etwas über der Höhe ihres Pflichtteils – durch Teilungsanordnung am Wertpapiervermögen beteiligt. Damit entfällt für die Erben das Risiko einer Baisse, die bei Eintritt unmittelbar nach dem Todestag sich ruinös für die Erben auswirken könnte, wenn die Erben die Pflichtteilsansprüche nach den Werten im Zeitpunkt des Erbfalls zu erfüllen hätten.

Kapitallebensversicherungen mit Bezugsberechtigung fallen grundsätzlich nicht in den Nachlaß und bleiben daher bei der Berechnung des Aktivvermögens außer Betracht. Etwas anderes kann aber dann gelten, wenn der Anspruch auf Auszahlung der Lebensversicherungssumme mangels Bezugsberechtigten oder aufgrund entsprechender Gestaltung in den Nachlaß fällt. *165*

#### *b) Pflichtteilsberechnung vom Nettonachlaß*

Der Pflichtteilswert entspricht dem Saldo, der sich nach Abzug der Nachlaßpassiva von den Nachlaßaktiva ergibt. *166*

---

112 Staudinger/Ferid/Cieslar § 2311 BGB Rz. 62.

Abzugsfähig sind alle Schulden des Erblassers, soweit sie nicht verjährt sind[113]. Weiter sind die Beerdigungskosten, Kosten für eine Nachlaßsicherung, Kosten der Inventarerrichtung, eines Aufgebotsverfahrens, eines Gläubiger-Aufgebots, einer Nachlaßveräußerung oder der Nachlaßinsolvenz abzugsfähig. Nachlaßverbindlichkeiten sind auch die Kosten der Aufzeichnung und Bewertung des Nachlasses und die offenen Personensteuerschulden (auch noch nicht veranlagte) des Erblassers. Bei Ehegatten ist nach dem Innenverhältnis zwischen den Ehegatten zu klären, welchem Vermögen die Steuerschulden als Verbindlichkeiten zuzurechnen sind[114].

Der etwaige Anspruch des überlebenden Ehegatten auf Zugewinnausgleich ist für die Pflichtteilsberechnung als Nachlaßverbindlichkeit abzuziehen. Dagegen sind Vermächtnisse, Auflagen, die Kosten der Testamentseröffnung und Kosten einer Testamentsvollstreckung keine das Aktivvermögen mindernden Verbindlichkeiten.

*c) Voraus der Ehegatten*

*167* Bei der Berechnung des Pflichtteils eines Abkömmlings oder der Eltern des Erblassers bleibt der dem überlebenden Ehegatten zustehende Voraus außer Ansatz (§ 2311 BGB), wenn der überlebende Ehegatte gesetzlicher Erbe geworden ist[115]. Dies gilt nicht, wenn der überlebende Ehegatte gewillkürter Erbe wird.

*d) Bewertung*

aa) Allgemeines

*168* Vom Erblasser getroffene Wertbestimmungen sind für die Pflichtteilsberechnung grundsätzlich nicht maßgebend (§ 2311 Abs. 2 Satz 2 BGB)[116]. Der Erblasser kann z.B. nicht anordnen, daß zur Unternehmensbewertung die Buchwerte für die Pflichtteilsberechnung maßgebend sein sollen. Ausnahmen gelten nach § 2312 BGB für Landgüter.

*169* Maßgebend für die Wertermittlung aller Nachlaßgegenstände und Verbindlichkeiten ist der **gemeine Wert**[117]. Dieser entspricht grundsätzlich dem Verkehrswert, d.h. dem Wert des Erlöses, der bei einer Veräußerung am Markt zu erzielen ist[118]. Ist ein Marktpreis nicht zu ermitteln, so ist als Wert der Preis zugrunde zu

---

113 Lange/Kuchinke § 37 VI 7 a) (S. 859).

114 BGH DB 1979, 1225.

115 BGH NJW 1979, 546.

116 Erman/Schlüter, § 2311 BGB Rz. 5.

117 J. Mayer, ZEV 1994, 331.

118 BGHZ 14, 368, 376 = NJW 1954, 1764 (1765); BayObLG OLGE 44, 105; Staudinger/Haas [1998] § 2311 BGB Rz. 51; MünchKomm/Frank, § 2311 BGB Rz. 16; Soergel/Dieckmann, § 2311 BGB Rz. 16; BGB-RGRK/Johannsen, § 2311 BGB Rz. 14.

legen, den ein wirtschaftlich denkender Erwerber bereit wäre zu zahlen[119]. Ein Liebhaberwert kommt unstreitig nie in Betracht[120].

Bei der Bewertung von Sachgesamtheiten wie z.B. Gemäldesammlungen, Grundstücken, insbesondere kaufmännischen oder handwerklichen Unternehmen, Unternehmensbeteiligungen werden in der Regel Sachverständigengutachten einzuholen sein. *170*

Enthält der Nachlaß bedingte, ungewisse, unsichere Rechte oder Verbindlichkeiten, so läßt § 2313 BGB eine gewisse Ausgleichung zu, die nachträglich nach Klärung vorzunehmen ist. *171*

bb) Bewertungsbestimmungen

(1) Einzelunternehmen, Personengesellschaftsbeteiligung

Gehört ein Einzelunternehmen oder eine Beteiligung an einer Personengesellschaft (OHG, KG einschließlich GmbH & Co. KG, atypische stille Beteiligung oder Unterbeteiligung, Beteiligung an einer Gesellschaft bürgerlichen Rechts) zum Nachlaß und werden Unternehmen bzw. Gesellschaftsbeteiligung von den Erben fortgesetzt, so ist vom vollen Wert des Unternehmens bzw. der Unternehmensbeteiligung auszugehen, unter Berücksichtigung aller (anteiligen) stillen Reserven. Der **Buchwert** ist **nicht maßgebend**[121]. *172*

Das kann für die den Pflichtteil schuldenden Erben zu schwerwiegenden Belastungen führen. Gehört zum Nachlaß ein Unternehmen, so brauchen in diesem Unternehmen nur stille Reserven in einer den Buchwerten gleichen Höhe zu liegen, um dem Pflichtteilsberechtigten einen fälligen Geldanspruch in einer solchen Höhe zu verschaffen, die einer buchmäßigen Erbbeteiligung (bezogen auf den Unternehmenswert) entspricht. *173*

Bei echter (typischer) stiller Beteiligung oder Unterbeteiligung ist die Berücksichtigung (anteiliger) stiller Reserven nicht gerechtfertigt. In diesen Fällen handelt es sich um reine Ergebnisbeteiligung und nicht um eine Beteiligung an der Substanz. Wirft die stille Beteiligung nachhaltig eine den Normalzins erheblich übersteigende Rendite ab, sollte der höhere Ertragswert zugrunde zu legen sein. *174*

Umstritten ist, ob bei der Unternehmensbewertung Ertragsteuern auf stille Reserven des Unternehmens abgezogen werden dürfen. Dagegen spricht folgendes: *175*

Die Auflösung stiller Reserven erfolgt zugunsten des laufenden steuerpflichtigen Ergebnisses, gleichgültig, ob sie im Anlage- oder Umlaufvermögen vorhanden waren. Auch werden ständig neue stille Reserven gebildet, sei es im Anlagevermögen durch gegenüber der betrieblichen Nutzungsdauer überhöhte Abschreibungen, sei es durch überhöhte Teilwertabschreibungen und Wertberichti-

---

[119] Lange/Kuchinke § 37 VI 3 b) (S. 847).

[120] BGHZ 13, 45 (47).

[121] BGHZ 14, 368 (376) = NJW 1954, 1764f.; BGH NJW 1973, 509f.; NJW 1982, 2497 (2498); BayObLG OLGE 44, 105; MünchKomm/Frank, § 2311 BGB Rz. 23; Soergel/Dieckmann, § 2311 BGB Rz. 20; Langenfeld/Gail, IV Rz. 174ff.

gungen im Umlaufvermögen oder überhöhte Rückstellungen. Daher läßt sich die Steuerlast nicht quantifizieren, um so weniger, als sie bei einem Gesellschaftsunternehmen von den persönlichen Steuermerkmalen der Gesellschafter abhängig ist (subjektive Steuermerkmale nach Familienstand, Sonderausgaben, Verlustvorträge, Verlustausgleich, usw.).

Von Bedeutung wäre allenfalls die Steuerlast im Falle der Unternehmens- oder Beteiligungsveräußerung. In diesem Fall wäre einkommensteuerlich die Tarifvergünstigung der §§ 16, 34 EStG anzuwenden. Werden aber das Unternehmen oder die Gesellschaftsbeteiligung auf weitere Zukunft fortgeführt, so ist auch in diesem Falle eine Quantifizierung der Steuerlast weder möglich noch angemessen. Erst recht lassen sich in einem solchen Fall Veräußerungsgewinnhöhe und Steuerfolgen nicht ermitteln. Die im Erbfall vorhandenen stillen Reserven sind möglicherweise längst entschwunden; neue andersartige stille Reserven in anderen Positionen von Wirtschaftsgütern des Unternehmens sind entstanden; die persönlichen Steuerverhältnisse der Gesellschafter haben sich wesentlich geändert.

Eine Ausnahme könnte zu machen sein, wenn nach dem Erbfall eine Veräußerung des Unternehmens bzw. der Gesellschaftsbeteiligung erfolgt. In einem solchen Falle läßt sich nicht nur die latente Steuerlast auf stille Reserven quantifizieren, es läßt sich auch dem Grunde nach sagen, daß schon zum Erbfall die Möglichkeit der Veräußerung gegeben war, dieser Rechnung getragen werden muß und der Wert des Unternehmens um die Veräußerungsgewinnsteuer belastet war[122].

*176* Umstritten und höchstrichterlich bisher nicht entschieden ist weiter, ob Abfindungsklauseln in Gesellschaftsverträgen eine Auswirkung auf die Pflichtteilsberechnung haben[123].

In nahezu allen Personengesellschaftsverträgen sind Bestimmungen sowohl über die Bewertung des Auseinandersetzungsguthabens eines ausscheidenden Gesellschafters als auch über die Modalitäten der Zahlung getroffen. Zur Frage, wie weit sich die eine Vollwertabfindung einschränkenden gesellschaftsvertraglichen Abfindungsklauseln auswirken, haben sich vier Ansichten[124] gebildet:

- Die erste Meinung geht vom jeweiligen Vollwert der Gesellschaftsbeteiligung aus, unabhängig vom Verbleiben des Gesellschaftererben in der Gesellschaft[125];
- die zweite Meinung will von der Grundlage des gesellschaftsvertraglichen Abfindungsanspruchs ausgehen, ggf. erhöht um einen gewissen Ertragswert[126];

---

122 BGH NJW 1972, 1269; dem Urteil läßt sich entgegen a.A. nicht entnehmen, daß grundsätzlich Veräußerungsgewinnsteuern zu berücksichtigen sind. Vgl. BGH a.a.O., LS. b sowie Sp. 1269 rechts unten; so auch die Interpretation des Urteils durch Kapp, BB 1972, 829 (830); s. Coing, NJW 1983, 1298ff.

123 Bratke, ZEV 2000, 16.

124 Ulmer, ZGR 1972, 324 (339ff.).

125 Tiedau, MDR 1959, 253 (256); Zimmermann, BB 1969, 965 (969).

126 Huber, Vermögensanteil, Kapitalanteil und Gesellschaftsanteil, § 14 Ziff. 5 b) (S. 347); Sudhoff, Handbuch der Unternehmensnachfolge, § 25 Ziff. 2 c) (S. 173).

- die dritte Meinung geht vom Vollwert aus, will aber Risiken durch Abschläge berücksichtigen[127], insbesondere Abschläge, je nach der Wahrscheinlichkeit der Beendigung der Beteiligung nach Antritt der Erbfolge[128];
- die vierte Meinung geht zwar grundsätzlich von der Bewertung der Gesellschaftsbeteiligung zum vollen Wert aus, hält aber eine nachträgliche Anpassung in den Fällen für möglich, in denen es aus anderen als willkürlich vom Gesellschafternachfolger gesetzten Gründen zu dessen späterer Abfindung kommt. Dabei wird u.a. auf die Bestimmung des § 2313 BGB Bezug genommen, wonach bei bedingten, ungewissen oder unsicheren Rechten u.U. eine nachträgliche Anpassung stattzufinden hat[129].

Die dritte Ansicht ist vorzugswürdig. Grundsätzlich muß vom Vollwert der Gesellschaftsbeteiligung ausgegangen werden. Alles andere widerspricht dem gesetzgeberischen Zweck des § 2311 Abs. 2 Satz 2 BGB. Die vierte Ansicht erscheint im Hinblick auf eine nachträgliche Anpassung kaum praktikabel. Besteht allerdings das Risiko einer gesellschaftsvertraglich niedrigeren Abfindung, wird man einen quantifizierenden Bewertungsabschlag machen können. *177*

**Beispiele:**

Im Gesellschaftsvertrag ist Abfindung ausscheidender Gesellschafter zum Buchwert bestimmt. Es ist weiter vorgesehen, daß nur der Ehegatte und die Kinder eines Gesellschafters die Beteiligung eines versterbenden Gesellschafters fortsetzen können, entferntere Abkömmlinge aber ausscheiden (beispielsweise Enkel). Hinterläßt der Erblasser-Gesellschafter eine betagte Ehefrau sowie Kinder in höherem Alter und machen einzelne seiner Kinder Pflichtteilsansprüche geltend, so wird ein Abschlag vom Vollwert der Beteiligung vorgenommen werden können, weil abzusehen ist, daß den Erben bzw. ihren Rechtsnachfolgern nur der Buchwert bleibt.

Wird nach dem Gesellschaftsvertrag die Gesellschaft mit den Gesellschaftererben fortgesetzt, können die verbleibenden Altgesellschafter den Erben jedoch – ggf. mit längeren Fristen oder sukzessive in Teilen – kündigen, mit der Folge, daß die Erben (zum Buchwert) ausscheiden, so ist ebenfalls ein Abschlag vorzunehmen. Der BGH hat in einem umstrittenen Urteil allerdings entschieden, daß in einem solchen Fall die Buchwertabfindungsklausel unwirksam sei und Vollwertabfindung gelte[130]. Dem kann nicht zugestimmt werden: Bei Unwirksamkeit der Buchwertabfindungsklausel läge eine durch ergänzende Vertragsauslegung zu schließende Lücke vor[131]. *178*

---

[127] Goroncy, NJW 1962, 1895 (1898); Westermann, Handbuch der Personengesellschaften I, Rz. 512; Bratke, ZEV 2000, 16, 18.

[128] Reimann, ZEV 1994, 7 (10).

[129] Ulmer, ZGR 1972, S. 342; Rittner, FamRZ 1961, 505 (515) (bezüglich Zugewinn); Siebert, NJW 1960, 1033 (1035f.); Stötter, DB 1970, 573 (574).

[130] BGH NJW 1979, 104; zust. Ulmer, NJW 1979, 81 (83); Hirtz, BB 1981, 761 (765); **a.A.:** Flume, NJW 1979, 902 (904); Esch, NJW 1979, 1390 (1395); Rasner, NJW 1983, 2905 (2910).

[131] BGH WM 1984, 1506; DNotZ 1986, 31; MünchKomm/Ulmer, § 738 BGB Rz. 49.

(2) Kapitalgesellschaftsbeteiligungen

179 Bei Aktien ist der Börsenkurs z.Z. des Erbfalls maßgebend, sofern keine besonderen Bewertungsumstände vorliegen. Solche Umstände sind z.B. Paketbeteiligungen[132], die mitgliedschaftsrechtliche Einflüsse auf die Gesellschaft gestatten. In einem solchen Fall wird der Wert des Aktienpakets durch Gutachten zu ermitteln sein[133].

180 Bei Beteiligungen an anderen Kapitalgesellschaften, insbesondere einer GmbH, muß der gemeine Wert durch freie Bewertung festgestellt werden[134].

(3) Landgut

181 Um eine Zersplitterung landwirtschaftlicher Betriebe zu vermeiden, läßt das Gesetz ausnahmsweise eine Wertbestimmung des Erblassers zu, wenn es sich bei dem Nachlaßgegenstand um ein „Landgut" handelt[135]. Soll nach den Anordnungen des Erblassers ein Erbe, der selbst pflichtteilsberechtigt sein muß, das Landgut übernehmen, so kann der Erblasser bestimmen, daß die Übernahme zum Ertragswert oder zu einem Wert erfolgen soll, der zwischen Ertragswert und Schätzwert liegt (§ 2312 BGB). Der Ertragswert ergibt sich aus dem Reinertrag, den das Landgut nach seiner bisherigen wirtschaftlichen Bestimmung bei ordnungsgemäßer Bewirtschaftung nachhaltig gewähren kann (§ 2049 Abs. 2 BGB). Die Grundsätze, nach denen der Ertragswert festzusetzen ist, bestimmt das jeweilige Landesrecht[136].

182 Zu den „Landgütern" im Sinne dieser Bestimmung gehören nicht Forstgüter, auch nicht landwirtschaftliche Nebenerwerbsstellen oder landwirtschaftlich genutztes Gelände in Großstadtnähe mit gegenüber dem Ertragswert[137] vielfach höherem Verkehrswert[138].

### 7. Pflichtteilsvervollständigung

*a) Wegfall von Beschränkungen und Beschwerungen*

183 Nach § 2306 Abs. 1 Satz 1 BGB gelten Beschränkungen und Beschwerungen[139] des Erblassers zu Lasten des pflichtteilsberechtigten Erben als **nicht angeordnet**,

---

132 MünchKomm/Frank, § 2311 BGB Rz. 19.

133 Nirk, NJW 1962, 2185ff.; Staudinger/Ferid/Cieslar, § 2311 BGB Rz. 41; **a.A.** Veith, NJW 1963, 1521 (1525), der grundsätzlich den Börsenpreis z.Z. des Erbfalls für maßgebend hält.

134 GmbHRdSch 1962, 263; MünchKomm/Frank, § 2311 BGB Rz. 20 Fn. 53.

135 Zur Verfassungsmäßigkeit dieser Bestimmung BVerfGE 15, 337 (342) = NJW 1963, 947; BVerfGE 67, 348 = NJW 1985, 1329.

136 Zum Ertragswertprinzip Weber, BWNotZ 1992, 14.

137 BVerfG NJW 1988, 2723.

138 BGH NJW 1987, 1260 (1261); NJW 1987, 951 (952); OLG Stuttgart NJW 1967, 2410; OLG Hamm MDR 1965, 488.

139 ⇒ Rz. 147.

wenn der dem pflichtteilsberechtigten Erben hinterlassene Erbteil die Hälfte seines gesetzlichen Erbteils, also den Wert seines Pflichtteils nicht übersteigt.

*b) Zusatzpflichtteil*

Ist der Pflichtteilsberechtigte zwar nicht enterbt, ist ihm aber ein Erbteil hinterlassen, der geringer ist als die Hälfte des gesetzlichen Erbteils, so hat er Anspruch auf den Zusatzpflichtteil[140]. Der Zusatzpflichtteil beläuft sich auf die Höhe desjenigen Betrages, der ihm wertmäßig an der Hälfte des Erbteils fehlt. Bei einer Zugewinngemeinschaft wird der Zusatzpflichtteil des überlebenden Ehegatten nach dem erhöhten Erbteil des Ehegatten gemäß § 1371 Abs. 1 BGB berechnet, so daß hier der „große" Pflichtteil des Ehegatten zum Zuge kommt. *184*

Maßgebend für die Ermittlung der Pflichtteilshöhe und damit des Zusatzpflichtteils ist der Wert, den der Pflichtteil unter Berücksichtigung von Anrechnungen und Ausgleichungen[141] darstellt.

*c) Pflichtteilsergänzung*

Um zu verhindern, daß der Erblasser seine nächsten Angehörigen in ihren Pflichtteilsansprüchen dadurch benachteiligt, daß er Vermögen zu seinen Lebzeiten verschenkt, gewährt das Gesetz dem Pflichtteilsberechtigten den Pflichtteilsergänzungsanspruch (§ 2325 BGB)[142]. *185*

Voraussetzung des Pflichtteilsergänzungsanspruchs sind „Schenkungen", auch belohnende und gemischte Schenkungen, jedoch scheiden sogenannte Anstandsschenkungen aus (§ 2330 BGB). Unbenannte oder ehebedingte Zuwendungen unter Ehegatten werden im Erbrecht als Schenkungen behandelt. Es ist nicht erforderlich, daß der Erblasser die Schenkungen in Benachteiligungsabsicht vorgenommen hat. *186*

Anspruchsberechtigter soll laut BGH[143] nur derjenige sein, der bei der Schenkung schon Pflichtteilsberechtigter war. Entgegen der BGH-Meinung kann jedoch nicht der Zeitpunkt der Schenkung maßgebend sein, vielmehr muß sich der Pflichtteilsergänzungsanspruch, der Bestandteil des Pflichtteilsrechts ist, allein nach dem Zeitpunkt des Erbfalls richten[144]. *187*

Der Pflichtteilsergänzungsanspruch richtet sich auf denjenigen Betrag, um den sich der Pflichtteil erhöht, wenn der verschenkte Gegenstand dem Nachlaß hinzugerechnet wird. *188*

Ist der Ergänzungsberechtigte selbst beschenkt worden, so ist das ihm zugewandte Geschenk des Erblassers vom Pflichtteilsergänzungsanspruch abzuziehen (§ 2327 BGB). *189*

---

140 ⇒ Rz. 146.
141 ⇒ Rz. 839ff., 892f.
142 N. Mayer, FamRZ 1994, 739; ders., FamRZ 1994, 1376.
143 BGH ZEV 1997, 373 m. krit. Anm. Otte.
144 Dazu auch Otte, ZEV 1997, 375.

*190* Für den Pflichtteilsergänzungsanspruch sind nur diejenigen Schenkungen heranzuziehen, die der Erblasser in den letzten 10 Jahren vor dem Erbfall gemacht hat. Die 10-Jahrsfrist beginnt mit der Vollendung des Rechtserwerbs, bei Schenkung von Grundbesitz soll dies die Eigentumsumschreibung im Grundbuch sein[145].

Die BGH-Entscheidung ist problematisch, da die Frist danach abhängig wäre von der nicht beeinflußbaren, zufälligen Bearbeitungszeit der Grundbuchämter. Manche Amtsgerichte benötigen für eine einfache Eigentumsumschreibung mehrere Monate. Bleibt die BGH-Rechtsprechung unverändert, so müßte als Korrektiv dem mit Pflichtteilsergänzungsansprüchen Belasteten ein Regreßanspruch gegen zu langsam arbeitende Grundbuchämter eingeräumt werden. Außerdem wird vom BGH nicht berücksichtigt, daß die Eigentumsumschreibung erst nach Erteilung der Unbedenklichkeitsbescheinigung durch das Finanzamt vom Notar beantragt werden kann. Damit könnte das Finanzamt den Anfall der Erbschaftssteuer – auch bei der Zusammenrechnung von Schenkungen und Erbschaften gilt die 10-Jahresfrist – durch langsame Bearbeitung selbst herbeiführen. Ein solches Ergebnis ist rechtsstaatlich unerträglich. Allein richtig ist – wie bei anderen Steuertatbeständen – auf den Zeitpunkt der öffentlichen Beurkundung der Auflassung abzustellen. Dann haben die Vertragsbeteiligten vor dem öffentlichen Amtsträger Notar alles zum Rechtserwerb erforderliche getan.

*191* Bei Schenkungen unter Nutzungs-, insbesondere Nießbrauchsvorbehalt soll die Frist erst mit Erlöschen des Nießbrauchs beginnen[146]. Eine Leistung i.S.d. § 2325 Abs. 3 BGB liege solange nicht vor, wie der Eigentümer den Schenkungsgegenstand im wesentlichen weiterhin nutze.

Auch diese Entscheidung ist bedenklich, weil trotz Nutzungsvorbehalts dem Schenker die Vermögenssubstanz endgültig entzogen ist. Verlangt man – wie der BGH – eine wirtschaftliche Ausgliederung aus dem Vermögen des Erblassers, so wäre an eine entsprechende Bewertung des Schenkungsgegenstandes zu denken. Die 10-Jahresfrist würde dann nur für das geschenkte Vermögen (Substanzwert minus Nießbrauchswert) laufen.

*192* Sind Schenkungen an den Ehegatten des Erblassers erfolgt, so beginnt die 10-Jahresfrist nicht vor Auflösung der Ehe (§ 2325 Abs. 3 BGB)[147]. Als Schenkungen im Sinne des Pflichtteilsrechts gelten auch unbenannte Zuwendungen unter Ehegatten[148]. Nach Auffassung des BGH genügt in diesen Fällen zur Annahme einer Schenkung die objektive Unentgeltlichkeit der Zuwendung.

Ist die Ehe des Erblassers nicht aufgelöst gewesen, der Ehegatte auch nicht vorverstorben, sondern hat er den Erblasser überlebt, so sind demnach alle während der Ehedauer vorgenommenen Schenkungen zu berücksichtigen.

---

145 BGHZ 102, 289

146 BGH ZEV 1994, 233; dazu Meyerding, ZEV 1994, 201.

147 Diese Vorschrift verstößt nicht gegen das Grundgesetz, BVerfG NJW 1991, 217ff.

148 BGHZ 116, 167 (175) = NJW 1992, 664; Sandweg, NJW 1989, 1965 (1972); Schmidt-Kessel, DNotZ 1989, Beil. S. 162; Arend, MittRhNotK 1990, 65 (70).

Der Pflichtteilsergänzungsanspruch richtet sich gegen den Erben[149]. Dieser kann die Pflichtteilsergänzung verweigern, soweit sein eigener Pflichtteilsanspruch beeinträchtigt werden würde (§ 2328 BGB)[150]. Scheidet aus irgendeinem Grunde die Ergänzungspflicht des Erben aus, so haftet der Beschenkte selbst, dieser aber nur nach den Grundsätzen über die Herausgabe einer ungerechtfertigten Bereicherung (§ 2229 BGB). *193*

### 8. Auskunftsansprüche

#### *a) Auskunftsanspruch des pflichtteilsberechtigten Nichterben*

Der Erbe hat dem pflichtteilsberechtigten Nichterben auf dessen Verlangen über den Bestand des Nachlasses Auskunft zu erteilen[151]. Der Pflichtteilsberechtigte kann als Nachlaßgläubiger vom Erben die Errichtung eines Inventars und die Versicherung über dessen Vollständigkeit durch Abgabe einer eidesstattlichen Versicherung verlangen (§§ 1994, 2006 BGB). Er kann weiter verlangen, daß er bei der Aufnahme des von dem Erben vorzulegenden Nachlaßverzeichnisses zugezogen und der Wert der Nachlaßgegenstände ermittelt wird. Der Pflichtteilsberechtigte kann beanspruchen, daß das Nachlaßverzeichnis durch einen Notar oder durch eine Behörde oder einen Beamten aufgenommen wird, deren Zuständigkeit sich nach Landesrecht bestimmt (§ 2314 Abs. 1 BGB). Die Kosten fallen dem Nachlaß zur Last (§ 2314 Abs. 2 BGB). *194*

Der Auskunftsanspruch umfaßt nicht nur die beim Erbfall tatsächlich vorhandenen Nachlaßgegenstände, sondern auch alle Rechnungsfaktoren, die zur Berechnung des Pflichtteils zu berücksichtigen sind, nämlich die ausgleichungspflichtigen Zuwendungen (§§ 2316, 2057 BGB) und die Schenkungen (§ 2325 BGB), selbst die für die Pflichtteilsergänzung gemäß § 2330 BGB nicht zu berücksichtigenden Anstandsschenkungen[152]. Auch über frühere Veräußerungen des Erblassers, die den Verdacht einer verschleierten (gemischten) Schenkung erwecken, einschließlich der solchen Veräußerungen zugrundeliegenden wesentlichen Vertragsbedingungen ist Auskunft zu erteilen. Der auskunftspflichtige Erbe muß sich über sein eigenes Wissen hinaus die zur Auskunftserteilung notwendigen Kenntnisse soweit wie möglich verschaffen und dazu ggf. auch von einem Auskunftsrecht gegenüber dem Kreditinstitut des Erblassers Gebrauch machen. Das Interesse des Erben an der Erlangung der Auskunft des Kreditinstituts geht *195*

---

[149] Dazu ⇒ Rz. 198ff.

[150] Zur Unbegründetheit bei Unzulänglichkeit des Nachlasses BGH ZEV 2000, 274.

[151] Zum Auskunfts- und Wertermittlungsanspruch aus § 2314 BGB Dieckmann, NJW 1988, 1809; Pfauser, Diss. München (1992).

[152] BGHZ 33, 373 (374) u. FamRZ 1965, 135f.; bei zum Nachlaß gehörigen Unternehmen oder Unternehmensbeteiligungen sind die notwendigen Geschäftsunterlagen, insbesondere Bilanzen und Erfolgsrechnungen, für wenigstens 3-5 Jahre vorzulegen: BGH DB 1975, 1643 (1645) = BB 1975, 1083f.; BGH WM 1979, 1359 (1360).

dem Interesse des Zuwendungsempfängers an der Wahrung des Bankgeheimnisses vor[153].

*b) Auskunftsanspruch des pflichtteilsberechtigten Miterben*

196 Umstritten ist, ob ein pflichtteilsberechtigter Erbe (Miterbe), beispielsweise im Rahmen eines Pflichtteilsergänzungsanspruchs, Auskunftsansprüche gegen Miterben oder Dritte in entsprechender Anwendung des § 2314 BGB geltend machen kann. Der unmißverständliche Gesetzeswortlaut des § 2314 Abs. 1 Satz 1 HS. 1 BGB schließt jedenfalls eine unmittelbare Herleitung eines Auskunftsanspruchs des pflichtteilsberechtigten Erben aus § 2314 BGB aus. Der Miterbe ist grundsätzlich auf die Auskunftsansprüche des Erben nach §§ 2027, 2028 BGB angewiesen[154].

197 In der Regel ist ein pflichtteilsberechtigter (Mit-)Erbe auf Auskünfte anderer Miterben oder vom Erblasser begünstigter Dritter angewiesen, die er sich über §§ 2027, 2028 oder 666, 681 BGB nicht verschaffen kann. Vielfach sollen Zuwendungen des Erblassers an Miterben oder Dritte gerade nicht zur Kenntnis des anspruchsberechtigten Miterben gelangen. Daher haben sich Stimmen in der Literatur für die entsprechende Anwendung des Auskunftsanspruch aus § 2314 BGB eingesetzt[155]. Der BGH will den Auskunftsanspruch dem pflichtteilsberechtigten Erben allgemein aus Treu und Glauben gewähren, wenn der Berechtigte entschuldbar über das Bestehen und den Umfang seines Anspruchs im unklaren und deshalb auf die Auskunft des Verpflichteten angewiesen ist und dieser durch die Auskunft nicht unbillig belastet wird[156].

**9. Träger der Pflichtteilslast**

*a) Grundsatz*

198 Nach außen haften für die Pflichtteilslast lediglich die Erben. Im Innenverhältnis ist die Pflichtteilslast jedoch von den Erben, Vermächtnisnehmern und Auflagebegünstigten anteilig im Verhältnis ihrer Beteiligung am Nachlaß zu tragen (§§ 2318–2323 BGB)[157].

*b) Erblasseranordnung*

199 Der Erblasser kann durch Verfügung von Todes wegen die Pflichtteilslast im Verhältnis der Erben zueinander einzelnen Erben auferlegen (§ 2324 BGB).

153 BGH BB 1989, 734.
154 KG OLGZ 1973, 214 (215); OLG Zweibrücken OLGZ 1973, 217 (220f.); BGH NJW 1973, 1876 (1877).
155 Gudian, JZ 1967, 591 (594); Coing, NJW 1970, 729 (733); Lange/Kuchinke, § 37 XI 5 (S. 908); v. Lübtow, Band I, S. 584f.
156 BGH NJW 1973, 1876 (1877); so auch KG OLGZ 1973, 214 (216); BGHZ 61, 180 (184); LM § 2314 BGB Nr. 8 mit Anm. Johannsen.
157 BGH NJW 1985, 2828ff.; v. Olshausen, MDR 1986, 89ff.

### *c) Pflichtteilslast des Bevorteilten*

Fehlt eine Anordnung des Erblassers über die Auferlegung der Pflichtteilslast, so hat im Innenverhältnis der Miterben zueinander derjenige, der anstelle eines Pflichtteilsberechtigten gesetzlicher Erbe geworden ist, die Pflichtteilslast allein zu tragen (§ 2320 Abs. 1 BGB). *200*

**Beispiel:**

Großvater enterbt seinen ältesten Sohn oder letzterer schlägt die Erbschaft aus. Gesetzliche Erben werden dessen Tochter sowie der zweite Sohn des Erblassers jeweils zur Hälfte. Die Enkeltochter hat den Pflichtteilsanspruch ihres Vaters in diesem Fall allein zu tragen.

Entsprechendes gilt zu Lasten desjenigen, welchem der Erblasser den Erbteil des Pflichtteilsberechtigten durch Verfügung von Todes wegen zugewendet hat (§ 2320 Abs. 2 BGB). *201*

## 10. Fälligkeit

Der Pflichtteilsanspruch entsteht mit dem Erbfall (§ 2317 Abs. 1 BGB) und ist sofort fällig. Vor dem Tod des Erblassers hat der Pflichtteilsberechtigte keine Ansprüche. *202*

– Allerdings kann das Pflichtteilsrecht schon zu Lebzeiten des Erblassers Gegenstand eines schuldrechtlichen Vertrages unter den künftigen gesetzlichen Erben sein (§ 312 Abs. 2 BGB). Auch kann der Erblasser selbst einen von ihm geschlossenen Erbvertrag oder ein eigenes gemeinschaftliches Testament gemäß § 2281 BGB wegen Übergehung eines Pflichtteilsberechtigten anfechten (§ 2079 BGB). Das mögliche Bestehen eines Pflichtteilsrechts kann auch zu Lebzeiten des Erblassers Gegenstand einer Feststellungsklage sein[158]. Schließlich kann der Berechtigte bereits zu Lebzeiten auf sein Pflichtteilsrecht durch Vertrag – mit oder ohne Gegenleistung – verzichten[159]. *203*

## 11. Stundung

§ 2331a BGB räumt dem selbst pflichtteilsberechtigten Erben das Recht ein, die Stundung des Pflichtteilsanspruchs verlangen zu können. *204*

Die Stundung des Pflichtteilsanspruchs ist an bestimmte Tatbestandsvoraussetzungen gebunden:

– Nur ein selbst pflichtteilsberechtigter Erbe kann Stundung verlangen;
– die sofortige Erfüllung des gesamten Pflichtteilsanspruchs muß den Erben ungewöhnlich hart treffen;
– die Härte muß sich wegen der Art der Nachlaßgegenstände ergeben, nämlich deren Illiquidität (z.B. Zwang zur Aufgabe der Familienwohnung oder zur Veräußerung eines Wirtschaftsguts, welches für den Erben und seine Familie die wirtschaftliche Lebensgrundlage bildet);

158 BGHZ 109, 306 (309).

159 Dazu ⇒ Rz. 894ff.

– die Stundung muß dem Pflichtteilsberechtigten bei Abwägung der Interessen beider Teile zugemutet werden können.

205 Ist der Pflichtteilsanspruch selbst unstreitig, entscheidet über die Stundung das Nachlaßgericht (§ 2331a Abs. 2 BGB). Ist der Pflichtteilsanspruch noch streitig und wird über ihn ein Rechtsstreit anhängig, so kann der Stundungsantrag nur beim Prozeßgericht gestellt werden.

### 12. Verjährung

206 Pflichtteilsanspruch (§ 2303 BGB) und Pflichtteilsergänzungsanspruch (§§ 2325, 2326 BGB) verjähren in drei Jahren. Die Verjährungsfrist beginnt mit dem Zeitpunkt, in welchem der Pflichtteilsberechtigte von dem Eintritt des Erbfalls und von der ihn beeinträchtigenden Verfügung des Erblassers Kenntnis erlangt (§ 2332 BGB).

207 Es ist positive Kenntnis von dem wesentlichen beeinträchtigenden Inhalt der letztwilligen Verfügung des Erblassers erforderlich. Der Pflichtteilsberechtigte muß die Wirksamkeit der letztwilligen Verfügung und ihre das Pflichtteilsrecht beeinträchtigende Wirkung kennen[160]. Auch ein Rechtsgeschäft unter Lebenden kann eine beeinträchtigende Verfügung des Erblassers sein. Erfährt der Pflichtteilsberechtigte zunächst von der ihn beeinträchtigenden Verfügung von Todes wegen, dann beginnt die Verjährung des Pflichtteilsanspruchs unabhängig von seiner Kenntnis über die ebenfalls beeinträchtigende Verfügung unter Lebenden; die Verjährung des Pflichtteilsergänzungsanspruchs beginnt dann aber erst mit der Kenntnis des Berechtigten von der ihn beeinträchtigenden Verfügung unter Lebenden[161].

208 Auch ohne Kenntnis des Pflichtteilsberechtigten verjähren diese Ansprüche 30 Jahre nach dem Erbfall[162], der Pflichtteilergänzungsanspruch gegen den Beschenkten (§ 2329 BGB) gemäß § 2332 Abs. 2 BGB auch ohne Kenntnis sogar schon drei Jahre nach dem Erbfall.

209 Die Verjährung wird nicht dadurch gehemmt, daß die Ansprüche erst nach der Ausschlagung der Erbschaft oder eines Vermächtnisses geltend gemacht werden können. Im übrigen gelten die allgemeinen Vorschriften über Hemmung und Unterbrechung der Verjährungsfrist. Eine Klage auf Auskunftserteilung über den Nachlaß und seine Berechnungsgrundlagen aus § 2314 BGB unterbricht die Verjährung nicht.

Eine Stufenklage, mit der zunächst Auskunft und dann Verurteilung des Erben zur Zahlung des sich aus der Auskunft ergebenden Pflichtteilsbetrages gefordert wird, unterbricht die Verjährung, wenn der Klageantrag eindeutig formuliert ist[163].

---

[160] BGH ZEV 2000, 26.

[161] BGH NJW 1988, 1667 (1668).

[162] Dies gilt auch für Pflichtteilsansprüche, die sich gegen den Nacherben richten; BGH NJW 1973, 1690.

[163] BGH NJW 1975, 1409 (1410); OLG Düsseldorf MDR 1967, 675; Palandt/Edenhofer, § 2332 BGB Rz. 8.

## 2. Abschnitt
## Die Gestaltungsmöglichkeiten der gewillkürten Erbfolge

### I. Voraussetzungen und Grenzen der Testierfreiheit

#### 1. Allgemeines

Der Erblasser kann durch letztwillige Verfügungen in Testamenten oder Erbverträgen die gesetzliche Erbfolge aufheben oder abändern. Der Testierfreiheit sind jedoch Schranken persönlicher und sachlicher Art gesetzt. *210*

#### 2. Testierfähigkeit

Nur ein Testierfähiger kann von der gesetzlichen Erbfolge abweichen. Testierfähig ist jeder voll Geschäftsfähige. Die Geschäftsfähigkeit muß im Zeitpunkt der Errichtung der letztwilligen Verfügung vorliegen[164]. *211*

Ein Minderjähriger, der das 16. Lebensjahr vollendet hat, ist voll testierfähig. Er bedarf zur Testamentserrichtung nicht der Zustimmung seines gesetzlichen Vertreters (§ 2229 Abs. 2 BGB). In der Auswahl der Errichtungsformen ist er aber beschränkt, da er kein eigenhändiges Testament errichten kann, sondern auf die Form des öffentlichen Testaments vor einem Notar angewiesen ist (§§ 2233 Abs. 1, 2247 Abs. 4 BGB). *212*

Testierunfähig sind *213*
- der Minderjährige, der das 16. Lebensjahr noch nicht vollendet hat, § 2229 Abs. 1 BGB,
- derjenige, der wegen krankhafter Störung der Geistestätigkeit, wegen Geistesschwäche oder Bewußtseinsstörung bei einer Testamentserrichtung nicht in der Lage ist, die Bedeutung seiner Erklärung einzusehen und nach dieser Einsicht zu handeln, § 2229 Abs. 4 BGB.

Unter Betreuung stehende Geisteskranke oder Geistesschwache[165] können ein Testament errichten, wenn sie nur zum entsprechenden Zeitpunkt die zur Testamentserrichtung notwendige Einsicht und Fähigkeit haben[166]. Die Testierfähigkeit muß aber vollständig gegeben sein, da unsere Rechtsordnung weder eine partielle Testierfähigkeit, die nur einen Kreis von Angelegenheiten umfassen würde, noch eine abgestufte Testierfähigkeit kennt, die sich nach der Schwierigkeit des Inhalts zur letztwilligen Verfügung richten würde. *214*

Bei der Testamentserrichtung einer unter Betreuung stehenden Person ist immer die Errichtung letztwilliger Verfügungen in notarieller Form zu empfehlen, weil der Notar sich über die Testierfähigkeit vergewissern und seine Wahrnehmungen in der Urkunde niederlegen muß (§ 28 BeurkG). *215*

---

164 MünchKomm/Burkart, § 2229 BGB Rz. 13ff.; Staudinger/Baumann [1996], § 2229 BGB Rz. 34ff.

165 Zu den Auswirkungen des Betreuungsrechts auf das Erbrecht Hahn, FamRZ 1991, 27.

166 Erman/M. Schmidt, 2229 BGB Rz. 7; Staudinger/Baumann [1996], § 2229 BGB Rz. 31f.

216 Auch der sonst geistig Gesunde, der nicht unter Betreuung steht, kann testierunfähig sein, wenn er im Zeitpunkt der Testamentserrichtung vorübergehend, beispielsweise infolge von Trunkenheit, bewußtseinsgestört war (§ 2229 Abs. 4 BGB).

217 Personen, die ihren letzten Willen weder mündlich noch schriftlich ausdrücken können, z.B. stumme Schreibunkundige und -unfähige oder stumme Lesensunkundige und stumme Blinde, die die Blindenschrift nicht beherrschen, galten aus tatsächlichen Gründen als unfähig, ein Testament zu errichten, weil sie die zwingende Formvorschrift des § 31 Satz 1 BeurkG nicht einhalten könnten (s. für den Erbvertrag § 33 BeurkG, für das eigenhändige Testament § 2247 Abs. 4 BGB)[167]. Das Bundesverfassungsgericht hat diese von der Rechtsprechung vertretene Rechtsansicht als Verletzung der durch Art. 14 GG geschützten Erbrechtsgarantie und des durch Art. 1, 2 GG geschützten allgemeinen Persönlichkeitsrechts angesehen[168]. Bis zur gesetzlichen Neuregelung können sprechunfähige Analphabeten Testamente errichten, sofern die unter Lebenden geltenden beurkundungsrechtlichen Vorschriften der §§ 22–26 BeurkG[169] unter Berücksichtigung der für die Errichtung letztwilliger Verfügungen geltenden Bestimmungen gem. §§ 27ff. BGB[170] beachtet werden[171].

### 3. Persönliche Errichtung

218 Jede Verfügung von Todes wegen kann nur vom Erblasser persönlich errichtet werden (§§ 2064, 2274 BGB). Eine gewillkürte oder gesetzliche Stellvertretung, jedes Handeln in fremdem Namen wie jedes Handeln kraft Amtes für einen anderen sind bei der Errichtung einer Verfügung von Todes wegen unzulässig. Ein Testierunfähiger kann keine Verfügung von Todes wegen errichten und eine solche auch nicht durch Dritte (gesetzliche Vertreter, Betreuer) errichten lassen.

219 Letztwillige Verfügungen sind höchstpersönliche Rechtsgeschäfte. Der Erblasser muß über den Inhalt seiner letztwilligen Verfügung selbst entscheiden. Er kann weder verfügen, daß ein anderer zu bestimmen hat, ob seine letztwillige Verfügung gelten soll, noch die Bestimmung der Person, die eine Zuwendung erhalten soll, oder die Bestimmung des Gegenstandes der Zuwendung einem anderen überlassen (§ 2065 BGB).

220 Zulässig ist, Dritten die nähere Bezeichnung, nicht aber die Bestimmung des Zuwendungsempfängers zu überlassen. Die Grenzen sind streitig. Der Streit hat insbesondere Bedeutung für die Frage, ob und in welchem Umfang es Dritten

[167] Kritisch zu dieser früheren Literatur- und Rechtsprechungsansicht Rossack, MittBayNot 1991, 193; ders. ZEV 1995, 236; Ertl, MittBayNot 1991, 196; Staudinger/Baumann [1996], § 2233 BGB Rz. 20.

[168] BVerfG ZEV 1999, 147; Rossak, ZEV 1999, 254.

[169] Dazu Baumann in Eylmann/Vaasen §§ 22ff. BeurkG.

[170] Dazu Baumann in Eylmann/Vaasen §§ 27ff. BeurkG.

[171] Staudinger/Otte [2000] Einl. zu §§ 1922ff. BGB Rz. 65a; OLG Hamm ZEV 2000, 363 = MittRhNotK 2000, 343 m. Anm. Lettmann.

überlassen werden darf, aus einem bestimmten, eng begrenzten Personenkreis den geeigneten Vermögensnachfolger zu ermitteln. Das Reichsgericht[172] ließ es zu, daß ein Erblasser-Gutsbesitzer seiner Nichte die Entscheidung überließ, denjenigen von ihren Söhnen zum Erben des Gutes zu bestimmen, der ihr für die Übernahme des Gutes am geeignetsten erschien.

Jede Willkür des Dritten muß ausgeschlossen sein. Dem Dritten darf nur die Bezeichnung, nicht aber die Bestimmung des Bedachten überlassen werden. Der ggf. durch Auslegung zu ermittelnde Inhalt der letztwilligen Verfügung muß so genaue Hinweise und Auswahlkriterien enthalten, daß die Bezeichnung des Bedachten von jeder ausreichend sachkundigen Person vorgenommen werden könnte, ohne daß deren Ermessen bestimmend oder auch nur mitbestimmend ist[173]. Es bleibt selbst bei genauer Vorgabe der Auswahlkriterien problematisch, die Bezeichnung z.B. des Unternehmer-Nachfolgers in einer letztwilligen Verfügung einem anderen zu überlassen. Eine klare Bestimmung des Erblassers in der letztwilligen Verfügung oder eine Gestaltung zu Lebzeiten sind zu empfehlen.

### 4. Schranken der Testierfreiheit

#### *a) Typenzwang*

Im Erbrecht herrscht Typenzwang, d.h. der Erblasser muß die im Gesetz vor- *221*
gegebenen Gestaltungsmöglichkeiten anwenden. Als wichtigste Gestaltungstypen sind vom Gesetz zur Verfügung gestellt[174]:

- Erbeinsetzung;
- Vermächtnis;
- Auflage;
- Anordnung der Testamentsvollstreckung;
- Teilungsanordnungen;
- Anordnungen über den Ausschluß oder die Beschränkung der Auseinandersetzung.

Gleichwohl besteht bezüglich der wirtschaftlichen Zielvorstellungen ein sehr *222*
weitgehender Gestaltungsrahmen. Die Gestaltungsfreiheit im Erbrecht besteht in der Möglichkeit die zulässigen Gestaltungsmittel zu kombinieren und in der Freiheit der Auswahl der Zuwendungsempfänger. Darüber hinaus eröffnet das Vermächtnis als Schuldverhältnis auch für die Verfügung von Todes wegen das gesamte Spektrum schuldrechtlicher Gestaltungsfreiheit. In der Auswahl und Kombination der zulässigen Gestaltungsmittel liegen die Schwierigkeiten einer guten Vermögensnachfolgeregelung.

---

[172] RGZ 159, 296ff.

[173] BGHZ 15, 199 (202f.) = NJW 1955, 100 = LM § 2106 BGB Nr. 1 mit Anm. Johannsen; vgl. zum Meinungsstreit Lange/Kuchinke, § 27 I 4–6 (S. 510ff.); Kipp/Coing, § 18 III 4 (S. 123f.); v. Lübtow, Band I, S. 138ff.

[174] Dazu auch Staudinger/Otte [2000] Einl. zu § 1922 Rz. 56.

*b) Güterrechtliche Beschränkungen*

223 Nach dem gesetzlichen Güterstand, der sogenannten Zugewinngemeinschaft, steht dem überlebenden Ehegatten der Zugewinnausgleichsanspruch zu, wenn er nicht als Erbe eingesetzt und ihm auch kein Vermächtnis zugewendet ist oder wenn er Erbschaft oder Vermächtnis ausschlägt (§ 1371 Abs. 2 und 3 BGB). Im Regelfall wird der Erblasser den überlebenden Ehegatten angemessen bedenken. Andernfalls ist zu berücksichtigen, daß der überlebende Ehegatte eine ihm unangemessen erscheinende Erb- oder Vermächtniseinsetzung ausschlagen und statt dessen den Zugewinnausgleichsanspruch geltend machen kann.

*c) Erbrechtliche Schranken*

224 Die Testierfreiheit des Erblassers kann durch Bindungen in einem Erbvertrag oder aufgrund wechselbezüglicher Verfügungen in einem gemeinschaftlichen Ehegattentestament eingeschränkt sein.

225 Pflichtteilsansprüche des Ehegatten und der Abkömmlinge (eventuell der Eltern) können zwar nicht die erbrechtliche aber die wirtschaftliche Gestaltungsfreiheit beschränken.

*d) Schuldrechtliche Schranken*

226 Schuldrechtliche Bindungen des Erblassers gehen auf den oder die Erben über. Der Erblasser kann sich nicht durch eine letztwillige Verfügung über schuldrechtliche Verpflichtungen hinwegsetzen.

*e) Allgemeine gesetzliche Schranken*

227 Sittenwidrige (§ 138 Abs. 1 BGB), gesetzlich verbotene oder rechtlich unmögliche Bestimmungen von Todes wegen sind nichtig[175].

228 Die Sittenwidrigkeit einer letztwilligen Verfügung ist aus ihrem Inhalt, Beweggrund und Zweck abzuleiten[176].

*f) Beschränkungen bei Verfügungen von Heimbewohnern*

229 Dem Träger eines Heimes ist es gem. § 14 Abs. 1 HeimG grundsätzlich untersagt, sich selbst von Heimbewohnern oder sich zu deren Gunsten Geld oder geldwerte Leistungen über das im Heimvertrag vereinbarte Entgelt hinaus versprechen oder gewähren zu lassen. Eine ähnliche Untersagung gilt nach § 14 Abs. 5 HeimG für den Leiter, die Beschäftigten oder sonstigen Mitarbeiter des Heimes[177]. Dieses öffentlich-rechtliche Verbot erfaßt auch letztwillige Verfügungen[178]. Das Verbot steht jedoch nicht der Gültigkeit solcher letztwilligen Verfü-

[175] Otte, JA 1985, 192.

[176] BGHZ 53, 369 (375); BGH NJW 1968, 932 (934ff.); 1973, 1645ff.; BGH FamRZ 1971, 638 (639ff.). Einzelheiten bei Lange/Kuchinke § 35 IV (S. 774ff.) m.w.N.

[177] Dazu Rossak, ZEV 1996, 41ff.

[178] Rossak, ZEV 1996, 43ff. m.w.N.

gungen entgegen, die ohne Kenntnis der Bedachten errichtet wurden und ihnen auch nicht zu Lebzeiten des Erblassers zur Kenntnis gelangten[179]. Daher können Heimbewohner z.B. in einem notariell beurkundeten Testament – auch den Träger des Heims einsetzen. Hier gewährleistet auch die unparteiliche notarielle Beratung, daß der Erblasser nicht unter dem Einfluß der Heimbetreuung testiert. Da § 14 Abs. 1 HeimG dem öffentlich rechtlichen Interesse eines lauteren Heimwesens dient, findet die Vorschrift keine Anwendung auf außerhalb der Bundesrepublik Deutschlands gelegene Heime[180].

## II. Arten letztwilliger Verfügungen

### 1. Testament

Das Testament ist die einseitige Verfügung des Erblassers von Todes wegen. *230* Die in der Willenserklärung „Testament“ angeordneten Rechtsfolgen treten erst mit dem Tod des Erblassers ein. Ein Testament kann alle oder auch nur einzelne der im Erbrecht möglichen Gestaltungstypen und Anordnungen enthalten: Erbeinsetzungen, Vermächtnisse, Auflagen, Anordnungen der Testamentsvollstrekkung, Teilungs- sowie sonstige zulässige Anordnungen.

### 2. Gemeinschaftliches Ehegattentestament

*a) Allgemeines*

Ehegatten können in einem gemeinschaftlichen Ehegattentestament, über ihr *231* Vermögen verfügen (§ 2265 BGB)[181]. Allen anderen Personen wie Geschwistern, nichtehelichen Lebenspartnern oder Verlobten, ist diese Testamentsform nicht zugänglich. Das gemeinschaftliche Testament steht dem Erbvertrag nahe, unterscheidet sich von diesem aber nicht nur der Form (§ 2276 BGB), sondern auch dem Inhalt nach. Der Erbvertrag ist grundsätzlich eine **vertragliche**, das gemeinschaftliche Testament eine einseitige, wenn auch teilweise verknüpfte Verfügung von Todes wegen.

*b) Doppelt einseitiges Testament*

Das gemeinschaftliche Ehegattentestament kann wie zwei Einzeltestamente *232* lauten, so daß die gemeinschaftliche Niederlegung inhaltlich ohne rechtliche Bedeutung ist. Ein solches gemeinschaftliches Testament ist in der Praxis die Ausnahme.

**Beispiel:**

Beruft in einem gemeinschaftlichen Ehegattentestament jeder Ehegatte seine Kinder aus erster Ehe zu seinen Erben, so ist ein solches Ehegattentestament nur doppelt einseitige

---

[179] Staudinger/Otte [2000] Einl. zu §§ 1922ff. BGB Rz. 66 m.w.N.

[180] OLG Oldenburg ZEV 1999, 502.

[181] Staudinger/Kanzleiter [1998] Vorbem. zu §§ 2265ff. BGB Rz. 13.

Verfügung von Todes wegen und daher von jedem Ehepartner frei widerruflich, auch nach dem Tod des anderen.

### *c) Ehegattentestament mit gegenseitiger Erbeinsetzung*

#### aa) Nur gegenseitige Erbeinsetzung

*233* Das gemeinschaftliche Ehegattentestament hat in der Regel den Inhalt, daß die Ehegatten sich gegenseitig zu Erben einsetzen. Es kann sich auf diesen Inhalt beschränken. Die gegenseitige Erbeinsetzung ist im Zweifel – sofern nicht etwas anderes bestimmt ist – wechselbezüglich. Das bedeutet: Kein Ehegatte kann die Erbeinsetzung des anderen durch Einzeltestament widerrufen. Ein Widerruf kann durch beide Ehegatten in einem gemeinschaftlichen Testament erfolgen.

*234* Einseitig können nach § 2271 Abs. 1 Satz 1 BGB wechselbezügliche Verfügungen nur entsprechend den für den Rücktritt vom Erbvertrag geltenden Vorschriften gemäß § 2296 BGB widerrufen werden.

#### bb) „Berliner Testament“

*235* Der häufigste Fall des Ehegattentestaments ist das „Berliner Testament“ (§ 2269 BGB): Ehegatten setzen sich gegenseitig zu Erben ein und bestimmen, daß nach dem Tode des Überlebenden von ihnen der beiderseitige Nachlaß an einen Dritten fallen soll. In diesem Fall wird gemäß § 2269 Abs. 1 BGB vermutet, daß der Dritte für den gesamten Nachlaß als Erbe des zuletzt verstorbenen Ehegatten eingesetzt ist. Der beiderseitige Nachlaß wird als Einheit behandelt. Der überlebende Ehegatte ist unbeschränkter Vollerbe, nicht nur Vorerbe. Der oder die eingesetzten Dritten sind Erben des Überlebenden, sogenannte Schlußerben, und nicht Nacherben des Vorverstorbenen. § 2269 BGB enthält keine Auslegungsregel zur Wechselbezüglichkeit der Schlußerbeneinsetzung. Die gegenseitige Erbeinsetzung im Berliner Testament ist regelmäßig wechselbezüglich, sofern die Ehegatten nichts anderes bestimmt haben.

#### cc) Ehegattentestament ohne wechselbezügliche Verfügungen des Überlebenden

*236* Ehegatten können denselben Dritten ohne inneres Beziehungsverhältnis und ohne innere Abhängigkeit der beiderseitigen Verfügungen voneinander nach dem Tode des Längstlebenden einsetzen.

**Beispiele:**

Berufen sich die Ehegatten gegenseitig zu Erben und bestimmen, daß der Überlebende über seinen Nachlaß von Todes wegen frei verfügen kann, oder ordnen sie nach gegenseitiger Erbeinsetzung an, daß der Überlebende einen Dritten zum Alleinerben einsetzt, aber das Recht hat, diese Anordnung jederzeit zu ändern und einen anderen Erben zu bestimmen, so liegt lediglich ein gegenseitiges gemeinschaftliches Testament ohne Bindungswirkung – ohne sogenannte Wechselbezüglichkeit – vor.

*237* Derartige gemeinschaftliche, lediglich gegenseitige Testamente können von jedem Ehegatten bezüglich der Schlußerbenbestimmung allein widerrufen werden, und zwar auch nach dem Tode des überlebenden Ehegatten.

dd) Ehegattentestament mit wechselbezüglichen Verfügungen des Überlebenden

Das gemeinschaftliche Testament kann sogenannte wechselbezügliche Verfügungen nach dem Tode des Längstlebenden enthalten (§ 2270 BGB). Wechselbezügliche Verfügungen liegen vor, wenn die Verfügung des einen Ehegatten nicht ohne die Verfügung des anderen getroffen worden wäre, die beiderseitigen Verfügungen also in einem Abhängigkeitsverhältnis zueinander stehen. *238*

Für diesen Fall spricht § 2270 Abs. 1 BGB aus, daß Nichtigkeit oder Widerruf der einen Verfügung die Unwirksamkeit der anderen zur Folge hat.

Gemäß § 2270 Abs. 2 BGB wird vermutet, daß nicht nur ein gegenseitiges Testament, sondern ein wechselbezügliches Testament vorliegt. Diese Auslegungsregel greift aber nur ein, wenn die Auslegung nach den allgemeinen Grundsätzen des § 133 BGB zu keinem anderen Ergebnis geführt hat[182]. Die gesetzliche Auslegungsregel des § 2270 Abs. 2 BGB ist darüber hinaus widerlegbar[183].

Als wechselbezügliche Verfügungen können nur Erbeinsetzungen, Vermächtnisse oder Auflagen angeordnet werden (§ 2270 Abs. 3 BGB). Sonstige Anordnungen, selbst Teilungsanordnungen, oder die Anordnung der Testamentsvollstreckung können nicht mit wechselbezüglicher Wirkung getroffen werden. *239*

**3. Erbvertrag**

Der Erbvertrag ist ein Rechtsgeschäft, mit welchem der Erblasser vertragsmässig zugunsten des Vertragspartners oder eines Dritten von Todes wegen verfügt[184]. Der Erbvertrag hat eine Doppelnatur als erbrechtlich bindender Vertrag und als Verfügung von Todes wegen. Er bedarf der notariellen Beurkundungsform. *240*

Am Erbvertrag können auch mehr als zwei Personen beteiligt sein. Im Unterschied zum gemeinschaftlichen Testament müssen die Vertragspartner nicht Ehegatten sein. *241*

Erbverträge können einseitig, zwei- und mehrseitig geschlossen werden. Bei einem einseitigen Erbvertrag trifft nur einer der Vertragspartner letztwillige Verfügungen. Von zwei- und mehrseitigen Erbverträgen spricht man, wenn zwei oder mehr Vertragspartner letztwillig verfügen. *242*

Die Regelung entspricht der für gemeinschaftliche wechselbezügliche Ehegattentestamente geltenden (§ 2270 Abs. 3 BGB), wobei hier „vertragsmäßig“ anstelle von wechselbezüglich steht. Für den Fall der erbvertraglichen gegenseitigen Erbeinsetzung (auch von Nichtehegatten) gilt ebenfalls die für das gemeinschaftliche Ehegattentestament bestehende Auslegungsregel des § 2269 BGB, wonach der zum Erben des Überlebenden eingesetzte Dritte sogenannter Schlußerbe ist. *243*

---

182 BayObLG FamRZ 1988, 878; Erman/M.Schmidt § 2270 Rz. 5.

183 Staudinger/Kanzleiter [1998], § 2270 BGB Rz. 6ff.; BGB-RGRK/Johannsen, § 2270 BGB Rz. 8–11, 14; MünchKomm/Musielak, § 2270 BGB Rz. 9.

184 Staudinger/Otte [2000] § 1941 BGB Rz. 1ff.

*244* Daß der Erbvertrag Erbeinsetzung, Vermächtnisse, Auflagen enthält, bedeutet allein noch nicht zwingend, daß diese Anordnungen schon vertragsmäßig gemeint sind. Ob und inwieweit gegenseitige Bindung oder freie Widerruflichkeit der Bestimmung beabsichtigt war, ist dem Inhalt des Erbvertrages zu entnehmen.

*245* Verfügungen, die nicht vertragsmäßig getroffen werden können wie Teilungsanordnungen, Anordnung der Testamentsvollstreckung, können neben zulässigen vertragsmäßigen Verfügungen als einseitige Verfügungen Inhalt des Erbvertrages sein (§ 2299 BGB).

*246* Möglich ist, Verfügungen, die nicht vertragsmäßig getroffen werden können, zum Gegenstand einer Auflage zu machen, die selbst wiederum mit erbvertraglicher Bindungswirkung vereinbart werden kann.

## III. Die Formen letztwilliger Verfügungen

### 1. Formzwecke

*247* Für die Errichtung letztwilliger Verfügungen (Testamente, Erbverträge) besteht Formzwang[185]. Letztwillige Verfügungen entfalten erst nach dem Tode des Erblassers rechtliche Wirkungen. Daher ist sicherzustellen, daß der letzte Wille unmißverständlich feststeht. Außerdem ist die letztwillige Verfügung ein höchstpersönliches Rechtsgeschäft. Es muß gewährleistet sein, daß die Erklärung des letzten Willens auch vom Erblasser selbst stammt. Darüber hinaus schützt jede Form vor leichtfertigen, unüberlegten Erklärungen. Dies gilt schon für die einfache Schriftform, weil sie ein zusätzliches Hemmnis zur Abgabe einer Willenserklärung darstellt, und in besonderer Weise für die notarielle Beurkundungsform. Bei der Beurkundungsform tritt die rechtliche Beratungs- und Belehrungsfunktion des Notars hinzu.

### 2. Ordentliche Testamente

#### *a) Zwei Grundformen*

*248* Das Gesetz stellt zwei Formen des ordentlichen Testaments zur Verfügung: das private, eigenhändige Testament und das öffentliche, zur Niederschrift eines Notars abgegebene Testament.

---

[185] Zu den Formzwecken letztwilliger Verfügungen Staudinger/Baumann [1996], § 2231 BGB Rz. 16f.

*b) Eigenhändiges Testament*

Zur Wirksamkeit des privaten, eigenhändigen Testaments ist erforderlich, daß der Erblasser den Text seines Testaments eigenhändig schreibt und unterschreibt (§ 2247 Abs. 1 BGB)[186]. *249*

Ein maschinenschriftlich niedergelegtes und vom Erblasser nur unterschriebenes Testament ist ungültig; ebenso ungültig ist eine nach Diktat des Erblassers durch eine dritte Person errichtete Niederschrift, die der Erblasser unterzeichnet hat. Auch die Verweisung auf Urkunden, die nicht der Testamentsform genügen, ist unzulässig. Andererseits kann eine Durchschrift, die mittels Kohlepapier oder Blaupause errichtet ist, formgültig sein; es ist aber sorgfältige Prüfung auf Echtheit geboten[187]. *250*

Das „eigenhändige" Testament muß nicht unbedingt mit der Hand geschrieben sein. Versehrte können auch mit Prothese, Fuß, Mund schreiben. Gleichgültig sind Schreibmaterial, Sprache oder Schrift (Druckbuchstaben, Kurzschrift). Das Testament muß nur verständlich und eine ernstgemeinte Erklärung des letzten Willens sein[188]. *251*

Die Unterschrift soll den Vornamen und den Familiennamen des Erblassers enthalten. Der Erblasser kann aber auch in anderer Weise unterzeichnen wie „Euer Vater", „Dein Bruder"; es dürfen nur an der Urheberschaft des Erblassers und der Ernstlichkeit seiner Erklärung keine Zweifel bestehen (§ 2247 Abs. 3 BGB)[189]. *252*

Die Unterschrift muß den Wortlaut des Testaments abschließen, also unter dem Text stehen; sie muß bei vernünftiger Betrachtung den Text decken. Die häufige Selbstbezeichnung im Eingang des Textes („ich – Albert Groß – erkläre hiermit meinen letzten Willen wie folgt ...") genügt nicht. Bei mehrseitigem Text reicht die Unterschrift auf dem letzten Blatt aus[190]. Das „letzte Blatt" kann auch der Testamentsumschlag sein. *253*

Schließlich soll der Erblasser den Ort der Niederschrift und ihr Datum angeben (§ 2247 Abs. 2 BGB). Fehlen die Angabe des Ortes und des Zeitpunktes der Errichtung des Testaments, und ergeben sich hieraus Zweifel hinsichtlich der Gültigkeit der letztwilligen Verfügung, so ist diese nur dann wirksam, wenn sich *254*

---

186 MünchKomm/Burkart, § 2247 BGB Rz. 13ff.; Voit in Dittmann/Reimann/Bengel, § 2247 BGB Rz. 11ff.; Erman/M. Schmidt, § 2247 BGB Rz. 3ff.; Staudinger/Baumann [1996], § 2247 BGB Rz. 33ff., 80ff.

187 BGHZ 47, 68 (69ff.); dazu LM § 2247 BGB Nr. 3 mit Anm. Johannsen.

188 Staudinger/Baumann [1996], § 2247 BGB Rz. 24ff.

189 MünchKomm/Burkart, § 2247 BGB Rz. 26ff.; Soergel/Harder, § 2247 BGB Rz. 26ff.; Voit in Dittmann/Reimann/Bengel, § 2247 BGB Rz. 21; Erman/M.Schmidt, § 2247 BGB Rz. 5; Staudinger/Baumann [1996], § 2247 BGB Rz. 81, 83, 101ff.

190 MünchKomm/Burkart, § 2247 BGB Rz. 34; Soergel/Harder, § 2247 BGB Rz. 28; Voit in Dittmann/Reimann/Bengel, § 2247 BGB Rz. 22; Staudinger/Baumann [1996], § 2247 BGB Rz. 86ff.

die notwendigen Feststellungen anderweitig treffen lassen (§ 2247 Abs. 5 BGB)[191].

255 Um jedes Risiko auszuschließen, ist dringend anzuraten, jede eigenhändige letztwillige Verfügung mit der Angabe des Ortes und des Datums ihrer Errichtung zu versehen und sie auch mit vollem Vor- und Familiennamen zu unterschreiben.

256 Wer minderjährig ist oder Geschriebenes nicht zu lesen vermag, kann ein eigenhändiges Testament nicht errichten (§ 2247 Abs. 4 BGB)[192].

*c) Öffentliches Testament*

aa) Beurkundungsperson

257 Die wichtigste und nach den Willen der Entwurfsverfasser des BGB einzige Form des ordentlichen Testaments ist das öffentliche Testament[193]. Für die Beurkundung von Testamenten ist der Notar zuständig (§ 2231 Nr. 1 BGB)[194].

258 Da ein deutscher Notar als Träger eines öffentlichen Amtes wirksame Beurkundungen nur innerhalb des Hoheitsgebietes der Bundesrepublik Deutschland vornehmen kann[195], ist durch internationale Abkommen gewährleistet, daß deutsche Staatsangehörige im Ausland öffentliche Testamente vor deutschen Konsularbeamten errichten können[196].

bb) Formen

259 Das öffentliche Testament kann in zwei Formen errichtet werden: Entweder erklärt der Erblasser dem beurkundenden Notar seinen letzten Willen mündlich, oder er übergibt ihm eine Schrift mit der mündlichen Erklärung, daß diese Schrift seinen letzten Willen enthalte (§ 2232 Satz 1 BGB)[197].

260 Erklärt der Erblasser seinen letzten Willen mündlich, so braucht das nicht in zusammenhängender Rede zu geschehen. Die Erklärung kann sich aus Frage und

---

[191] MünchKomm/Burkart, § 2247 BGB Rz. 47; Soergel/Harder, § 2247 BGB Rz. 32ff.; Staudinger/Baumann [1996], § 2247 BGB Rz. 105ff.

[192] Voit in Dittmann/Reimann/Bengel, § 2247 BGB Rz. 37ff.; Erman/M.Schmidt, § 2247 Rz. 11; Staudinger/Baumann [1996], § 2247 BGB Rz. 118ff.

[193] Die Gesetzentwürfe lehnten das eigenhändige Testament als ordentliche Testamentsform ab. Erst nach hartnäckigem Kampf vor Reichstagskommission und Reichstag wurde es in das BGB aufgenommen; vgl. Staudinger/Baumann [1996], § 2247 BGB Rz. 1 m.N.

[194] MünchKomm/Burkart, § 2247 BGB Rz. 3ff.; Staudinger/Baumann [1996], § 2231 Rz. 24ff.

[195] Baumann, MittRhNotK 1996, 1 (15).

[196] Konsulargesetz v. 11. 9. 1974 (BGBl. 1974 I, 2317) §§ 10, 11; Einzelheiten dazu s. Staudinger/Baumann [1996], Vorbem. zu §§ 2229ff. BGB Rz. 41ff.; zur grenzüberschreitenden Amtshilfe Schippel, DNotZ 1995, 334ff.

[197] MünchKomm/Burkart, § 2232 BGB Rz. 12ff.; Staudinger/Baumann [1996], § 2232 BGB Rz. 13.

Antwort ergeben[198]. Macht der Erblasser von der zweiten Form der Errichtung eines öffentlichen Testaments – Übergabe einer Schrift – Gebrauch, so kann der Erblasser die Schrift offen oder verschlossen übergeben. Die Schrift braucht nicht von dem Erblasser persönlich, sondern kann auch von einer anderen Person geschrieben, sogar maschinenschriftlich niedergelegt, und braucht nicht einmal unterschrieben zu sein (§ 2232 Satz 2 BGB; vgl. § 30 BeurkG)[199]. Wird die Schrift offen übergeben, so soll der Notar von dem Inhalt Kenntnis nehmen. Die Schrift soll der Niederschrift des Notars beigefügt werden; einer Verlesung der Schrift bedarf es nicht (§ 30 Satz 4 und 5 BeurkG).

Ein testierfähiger Minderjähriger kann das öffentliche Testament nur in den *261* Formen der mündlichen Erklärung oder der Übergabe einer offenen Schrift errichten[200]. Ist der Erblasser nach der Überzeugung des Notars nicht imstande, Geschriebenes zu lesen, so kann er das Testament nur durch mündliche Erklärung, nicht aber durch Übergabe einer Schrift, weder einer offenen, noch einer verschlossenen, errichten (§ 2233 Abs. 2 BGB)[201].

Der am Sprechen Behinderte kann ein Testament nur durch Übergabe einer *262* Schrift errichten. Er muß die Erklärung, daß die Schrift seinen letzten Willen enthalte, bei der Verhandlung eigenhändig in die Niederschrift oder auf ein besonderes Blatt schreiben, welches der Niederschrift als Anlage beigefügt werden muß (§ 2233 Abs. 3 BGB; § 31 BeurkG)[202].

Ist der Erblasser nach der Überzeugung des Notars taub, blind, stumm oder *263* sonst am Sprechen verhindert, so soll der Notar einen zweiten Notar oder einen Zeugen zuziehen (§ 22 Abs. 1 Satz 1 BeurkG). Die Zuziehung eines zweiten Notars oder eines Zeugen gemäß § 22 BeurkG ist eine „Sollvorschrift". Die Beteiligten können auf die Zuziehung verzichten. Haben die Beteiligten auf die Zuziehung nicht verzichtet, so ist die gleichwohl erfolgte Beurkundung wirksam[203].

In zwei Fällen ist allerdings auch nach dem BeurkG die Zuziehung von Zeugen *264* bzw. einer mitwirkenden Vertrauensperson zwingend erforderlich:

- Ist der Erblasser nach seinen eigenen Angaben oder nach der Überzeugung des Notars nicht fähig, seinen Namen zu schreiben, **so muß ein zweiter Notar oder ein Zeuge zugezogen werden** (§ 25 Satz 1 BeurkG);

---

198 Voit in Dittmann/Reimann/Bengel, § 2232 BGB Rz. 10.

199 MünchKomm/Burkart, § 2232 BGB Rz. 14; Staudinger/Baumann [1996], § 2232 BGB Rz. 31ff.

200 Soergel/Harder, § 2247 BGB Rz. 14; Staudinger/Baumann [1996], § 2247 BGB Rz. 119ff.; Voit in Dittmann/Reimann/Bengel, § 2233 BGB Rz. 3.

201 Erman/M. Schmidt, § 2233 BGB Rz. 3f.; Staudinger/Baumann [1996], § 2233 BGB Rz. 4ff.

202 Huhn/v. Schuckmann § 31 BeurkG Rz. 7ff.; Staudinger/Baumann [1996], § 2233 BGB Rz. 16ff.; Baumann in Eylmann/Vaasen § 31 BeurkG Rz. 1ff.

203 Huhn/v. Schuckmann § 23 BeurkG Rz. 10; Mecke/Lerch, § 22 BeurkG Rz. 5; Baumann in Eylmann/Vaasen § 22 BeurkG Rz. 8.

– Ist der Erblasser taub oder stumm und darüber hinaus nicht in der Lage, sich schriftlich zu verständigen, so soll der Notar dies zunächst in der Niederschrift feststellen. Der Notar ist verpflichtet, eine derartige Feststellung ggf. zu treffen; doch läßt ein Verstoß die Wirksamkeit der Beurkundung unberührt. **Ist in der Niederschrift** die erwähnte Feststellung getroffen worden, so muß neben dem Zeugen oder zweiten Notar zu der Beurkundung eine „Vertrauensperson" zugezogen werden, die sich mit dem behinderten Erblasser zu verständigen vermag (§ 24 Abs. 1 Satz 2 BeurkG)[204].

*265* Das Gesetz schließt beurkundende oder mitwirkende Personen von der Teilnahme an der Testamentserrichtung aus, wenn bestimmte persönliche Umstände vorliegen (vor allem eine Beteiligung am Inhalt der Beurkundung und Beteiligung nächster Angehöriger, Begünstigung des Notars oder seiner Angehörigen (im einzelnen s. §§ 6, 7, 16 Abs. 3 Satz 2, 24 Abs. 2, 26, 27 BeurkG).

*266* Auf Verlangen der Beteiligten soll der Notar bei der Beurkundung bis zu zwei Zeugen oder einen zweiten Notar zuziehen und dies in der Niederschrift vermerken (§ 29 BeurkG).

*267* Das BeurkG enthält noch eine Reihe von Vorschriften, die sich an den beurkundenden Notar wenden: Er soll die Beurkundung ablehnen, wenn sie mit seinen Amtspflichten nicht vereinbar sind (§ 3 BeurkG), er soll Feststellungen über die Geschäftsfähigkeit treffen und diese Feststellungen in der Niederschrift vermerken (§§ 11, 28 BeurkG).

*268* Von herausragender Bedeutung ist die amtliche Prüfungs- und Belehrungspflicht des Notars gemäß § 17 BeurkG[205]. Der Notar hat den Willen der Beteiligten zu erforschen, den Sachverhalt zu klären und die Beteiligten über die rechtliche Tragweite des Geschäfts zu belehren. Er soll darauf achten, daß Irrtümer und Zweifel vermieden und unerfahrene, ungewandte Beteiligte nicht benachteiligt werden.

*269* Die Belehrungspflicht aus Urkundstätigkeit besteht insoweit, als eine Belehrung erforderlich ist, um den Willen der Beteiligten rechtswirksam, wahrheitsgemäß und vollständig niederzulegen. Es ist dagegen nicht Aufgabe des Notars, die Willensbildung der Beteiligten zu beeinflussen. Die Belehrungspflicht des Notars hat sich darauf zu erstrecken, ob der erstrebte rechtliche Erfolg überhaupt eintritt, und was außer den beurkundeten Willenserklärungen noch erforderlich ist, um den erwünschten Erfolg eintreten zu lassen. Für den Umfang der Belehrung kommt es auf die Umstände des Einzelfalles an, insbesondere darauf, ob die Beteiligten geschäftsgewandt oder unerfahren sind[206]. Eine besondere Belehrungs-

---

[204] Huhn/v. Schuckmann § 24 BeurkG Rz. 7ff.; Baumann in Eylmann/Vaasen § 24 BeurkG Rz. 3.

[205] Huhn/v. Schuckmann § 17 BeurkG Rz. 4ff.; Frenz in Eylmann/Vaasen § 17 BeurkG Rz. 4ff.; zu den öffentlichen und sozialen Funktionen des Notars Baumann, MittRhNotK 1996, 1ff.

[206] Huhn/v. Schuckmann § 17 BeurkG Rz. 88; Mecke/Lerch, § 17 BeurkG Rz. 2, 12, 13; Frenz in Eylmann/Vaasen § 17 BeurkG Rz. 13ff.

pflicht erwächst dem Notar aus der Betreuungsverpflichtung gegenüber unerfahrenen und ungewandten Beteiligten (§ 17 Abs. 1 Satz 2 BeurkG). Das gilt, wenn besondere Umstände die Vermutung nahe legen, daß ein Beteiligter aus seiner Erklärung Schaden erleiden kann, und sich nicht mit Sicherheit ergibt, daß er diese Gefahr erkannt hat oder das Risiko auch bei einer Belehrung auf sich nehmen würde[207].

cc) Niederschrift

Der Notar hat über die Verhandlung der Errichtung eines öffentlichen Testaments eine Niederschrift aufzunehmen. Für die Niederschrift gelten im einzelnen die §§ 9-16 BeurkG, darüber hinaus als Sondervorschriften für die Errichtung von Verfügungen von Todes wegen die §§ 28-35 BeurkG. 270

Die Niederschrift ist über die Verhandlung aufzunehmen. Verhandlung ist nicht das der eigentlichen Beurkundung vorausgehende Vorverfahren, in welchem vor allem der Wille der Beteiligten ermittelt und sodann in einem Urkundsentwurf niedergelegt wird. Verhandlung ist das Hauptverfahren des Urkundsaktes, in welchem die zu beurkundenden Willenserklärungen endgültig abgegeben werden; die Verhandlung fällt deshalb mit dem „Vorlesen, Genehmigen und Unterschreiben“ der Niederschriften im Sinne des § 13 BeurkG zusammen[208]. 271

Für die Errichtung eines öffentlichen Testaments ist insbesondere zu beachten: 272

- Die Feststellungen über die erforderliche Testierfähigkeit des Erblassers soll der Notar in der Niederschrift vermerken (§ 28 BeurkG);
- zugezogene Zeugen oder ein zweiter Notar sollen die Niederschrift auch unterschreiben (§§ 22, 24, 25, 29 BeurkG);
- wird ein Testament durch Übergabe einer Schrift errichtet, so muß die Niederschrift die Feststellung enthalten, daß die Schrift übergeben worden ist; weiter soll die Niederschrift vermerken, ob die Schrift offen oder verschlossen übergeben worden ist (§ 30 BeurkG);
- ist der Erblasser der Verhandlungssprache nicht hinreichend kundig und ist dies in der Niederschrift festgestellt, so soll eine schriftliche Übersetzung angefertigt und der Niederschrift beigefügt werden. Der Verzicht hierauf muß in der Niederschrift festgestellt werden.

dd) Verschließung, Verwahrung

Die Niederschrift über die Errichtung des Testaments wird von dem Notar in einen Umschlag genommen und mit einem Prägesiegel verschlossen. Auf dem Umschlag wird der Erblasser seiner Person nach näher bezeichnet und angegeben, wann das Testament errichtet worden ist. Diese Aufschrift unterschreibt der Notar. 273

207 Mecke/Lerch, § 17 BeurkG Rz. 16ff.; BGH DB 1978, 486; NJW 1980, 2472.
208 Mecke/Lerch, § 9 BeurkG Rz. 18; Limmer in Eylmann/Vaasen § 9 BeurkG Rz. 7.

*274* Der Notar hat weiter zu veranlassen, daß das Testament unverzüglich in besondere amtliche Verwahrung gebracht wird (§ 34 BeurkG). Für die besondere amtliche Verwahrung sind die Amtsgerichte sachlich zuständig (§ 2258a Abs. 1 BGB)[209]. Im Landesteil Württemberg von Baden-Württemberg sind die Bezirksnotare für die besondere amtliche Verwahrung zuständig[210].

*275* Die Vorschrift des § 34 BeurkG über Verschließung und Verwahrung eines öffentlichen Testaments ist nicht zwingend, sondern „Sollvorschrift"; ein Verstoß gegen § 34 BeurkG beeinträchtigt die Wirksamkeit der Beurkundung nicht.

### 3. Außerordentliche Testamentsformen

#### *a) Bürgermeister-Testament*

*276* In Notlagen, die befürchten lassen, daß ein Erblasser stirbt, ehe er ein notarielles Testament errichten kann, ist die Beurkundung eines sogenannten Nottestaments vor dem Bürgermeister der Gemeinde zulässig. Zuständig ist nur der Bürgermeister des Aufenthaltsorts. In den Gebieten der früheren Britischen Zone ist der zuständige Hauptgemeindebeamte und dessen Vertreter zuständig.

*277* Der Bürgermeister muß zwei Zeugen zuziehen. Für die Errichtung des Nottestaments gelten grds dieselben Bestimmungen wie für das ordentliche öffentliche Testament, jedoch bestimmt das Gesetz, daß bei Formfehlern in der Niederschrift das Nottestament dennoch wirksam ist, wenn mit Sicherheit anzunehmen ist, daß das Testament eine zuverlässige Wiedergabe der Erklärung des Erblassers enthält[211].

#### *b) Drei-Zeugen-Testament*

*278* Ist die Notlage derart, daß voraussichtlich auch die Errichtung eines Bürgermeister-Testaments nicht mehr möglich ist, oder ist der Erblasser örtlich infolge außerordentlicher Umstände derart abgesperrt, daß die Errichtung eines öffentlichen Testaments nicht möglich oder erheblich erschwert ist, so kann ein Testament auch durch mündliche Erklärung vor drei Zeugen errichtet werden. Hierüber ist eine Niederschrift aufzunehmen (§ 2250 BGB)[212].

*279* Da das „Drei-Zeugen-Testament" nur durch mündliche Erklärung errichtet werden kann, ist es einem Stummen oder sonst am Sprechen Verhinderten oder einem der deutschen Sprache nicht Mächtigen nicht möglich, mittels „Drei-Zeugen-Testaments" zu testieren. Ein „Drei-Zeugen-Testament" kann in fremder Sprache niedergelegt werden, wenn sämtliche mitwirkenden Personen der fremden Sprache mächtig sind.

---

[209] MünchKomm/Burkart, § 2258a BGB Rz. 6; Staudinger/Baumann [1996], § 2258a BGB Rz. 5ff.; Voit in Dittmann/Reimann/Bengel, § 2258a BGB Rz. 4.

[210] Soergel/Harder, § 2258a BGB Rz. 3; Staudinger/Baumann [1996], § 2258a BGB Rz. 6.

[211] Einzelheiten siehe Erman/M. Schmidt, § 2249 BGB Rz. 5 f; Staudinger/Baumann [1996], § 2249 BGB Rz. 26ff.; Voit in Dittmann/Reimann/Bengel § 2249 BGB Rz. 3ff.

[212] MünchKomm/Burkart, § 2250 BGB Rz. 13f.; Staudinger/Baumann [1996], § 2250 BGB Rz. 9ff.; Voit in Dittmann/Reimann/Bengel, § 2250 BGB Rz. 3ff.

*c) Seetestament*

Im Wege des Drei-Zeugen-Testaments kann testieren, wer sich während einer Seereise an Bord eines deutschen Schiffes außerhalb eines inländischen Hafens befindet (§ 2251 BGB)[213]. 280

*d) Gültigkeitsdauer*

Die vorbezeichneten Nottestamente (Bürgermeister-Testament, Drei-Zeugen-Testament, Seetestament) gelten als nicht errichtet, wenn seit der Errichtung drei Monate verstrichen sind und der Erblasser noch lebt. Allerdings sind Beginn und Lauf der Frist so lange gehemmt, wie der Erblasser nicht in der Lage ist, ein notarielles Testament zu errichten (§ 2252 BGB)[214]. 281

## 4. Gemeinschaftliches Ehegattentestament

*a) Grundsätzliches*

Das gemeinschaftliche Ehegattentestament kann als eigenhändiges oder als öffentliches Testament errichtet werden[215]. 282

Ein gemeinschaftliches eigenhändiges Testament können nur Ehegatten errichten, sofern beide volljährig sind und beide Geschriebenes zu lesen vermögen (vgl. §§ 2247 Abs. 4, 2233 Abs. 1 BGB). Ist einer der Ehegatten noch minderjährig, so kann das gemeinschaftliche Testament nur als öffentliches und auch lediglich durch mündliche Erklärung gegenüber der Urkundsperson oder durch Übergabe einer offenen Schrift, nicht dagegen durch Übergabe einer verschlossenen Schrift errichtet werden. 283

*b) Gemeinschaftliches eigenhändiges Testament*

Das Testament kann von Eheleuten in der Weise errichtet werden, daß ein Ehegatte den letzten Willen beider Erblasser eigenhändig niederschreibt und unterschreibt, und der andere nur mitunterzeichnet; dabei sollte der mitunterzeichnende Ehegatte möglichst Ort und Datum beifügen (§ 2267 BGB). 284

Wesentlich ist, daß ein gemeinsamer Entschluß der beiden Ehegatten vorliegt. Spätere Mitunterzeichnung ohne Vorwissen des anderen Ehegatten begründet kein gemeinschaftliches Testament. Wegen der Risiken, die beim eigenhändigen Testament bestehen (Fälschungsgefahr, unklarer Ausdruck) und der zusätzlichen Gefahren, die in anderen Formen des gemeinsamen Ehegattentestats liegen, muß dringend geraten werden, die Formen des gesetzlichen Musters des § 2267 BGB einzuhalten. 285

---

213 Soergel/Harder, § 2251 BGB Rz. 1ff.; Staudinger/Baumann [1996], § 2251 BGB Rz. 3ff.; Voit in Dittmann/Reimann/Bengel, § 2251 BGB Rz. 2ff.

214 MünchKomm/Burkart, § 2252 Rz. 3ff.; Staudinger/Baumann [1996], § 2252 BGB Rz. 4ff.

215 Zum gemeinschaftlichem Testament und Erbvertrag Langenfeld, NJW 1987, 1577ff.

*c) Gemeinschaftliches öffentliches Testament*

286 Zur Errichtung eines gemeinsamen öffentlichen Testaments müssen beide Ehegatten zusammen vor dem beurkundenden Notar erscheinen, ihre letztwilligen Verfügungen mündlich erklären oder eine Schrift überreichen und diese als ihr gemeinschaftliches Testament erklären. Sie können auch zwei gesonderte Schriftstücke als ihre Testamente übergeben oder der eine ein Schriftstück überreichen, der andere seinen letzten Willen vollständig mündlich erklären; die Gemeinschaftlichkeit wird durch die Einheit der Verhandlung und der Niederschrift hergestellt.

*d) Gemeinschaftliches Nottestament*

287 Auch in den Nottestamentsformen (Bürgermeister-Testament, Drei-Zeugen-Testament, Seetestament) können die Ehegatten testieren, in den beiden erstgenannten Nottestamentsformen auch schon dann, wenn die vorausgesetzten Notlagen nur bei einem der Ehegatten vorliegen (§ 2266 BGB).

**5. Erbvertrag**

288 Der Erbvertrag kann nur in notarieller Form abgeschlossen werden[216]. Im einzelnen gelten dieselben Formerfordernisse wie bei der Errichtung eines öffentlichen Testaments.

289 Die Vertragsparteien müssen während der gesamten Verhandlung und des Abschlusses des Erbvertrages gleichzeitig anwesend sein (§ 2276 Abs. 1 BGB).

290 Die Parteien des Erbvertrages müssen nicht unbedingt persönlich anwesend sein. Lediglich der Erblasser selbst – beim zweiseitigen oder mehrseitigen Erbvertrag jeder, der als Erblasser testiert – muß höchstpersönlich anwesend sein. Der Erblasser kann sich niemals vertreten lassen, weil das letztwillige Testat ein höchstpersönliches Rechtsgeschäft ist (§ 2274 BGB). Der selbst nicht testierende Vertragspartner kann sich vertreten lassen.

291 Ein Erbvertrag erfordert grundsätzlich unbeschränkte Geschäftsfähigkeit des Erblassers (§ 2275 Abs. 1 BGB). Mit seinem Ehegatten oder Verlobten kann ein Erblasser einen Erbvertrag aber auch dann schließen, wenn dieser in der Geschäftsfähigkeit beschränkt ist; er bedarf in diesem Fall der Zustimmung des gesetzlichen Vertreters, bei gesetzlicher Vertretung durch einen Vormund auch der Genehmigung des Vormundschaftsgerichts (§ 2275 Abs. 2 und 3 BGB).

292 Für einen Erbvertrag zwischen Ehegatten oder Verlobten, der mit einem Ehevertrag in derselben Urkunde verbunden wird, genügt die für den Ehevertrag vorgeschriebene Form (§ 2276 Abs. 2 BGB). Diese „Formerleichterung" ist praktisch bedeutungslos, weil § 1410 BGB ebenfalls notarielle Beurkundung bei gleichzeitiger Anwesenheit vorschreibt.

293 Der Erbvertrag soll wie das öffentliche Testament verschlossen, versiegelt und amtlich hinterlegt werden; das letztere soll aber nur geschehen, sofern die Vertragsschließenden die besondere amtliche Verwahrung nicht ausschließen. Ist der

---

216 Ausnahme: Prozeßvergleich s. BGHZ 14, 381 (390); OLG Köln OLGZ 1970, 114 (115).

Erbvertrag mit einem anderen Vertrag, z.B. einem Ehevertrag oder einem Erbverzichtsvertrag in derselben Urkunde verbunden, so ist sogar im Zweifel anzunehmen, daß er nicht amtlich verwahrt werden soll (§ 34 Abs. 2 BeurkG). Die Urkunde verbleibt in diesem Fall in der Verwahrung des Notars.

Zwingende Wirksamkeitsvoraussetzung eines Erbvertrages ist, daß mindestens eine Verfügung mit vertraglicher Bindungswirkung vereinbart wird. Ein einseitiges Abänderungsrecht ist insoweit ausgeschlossen: Zulässig ist aber die Vereinbarung eines Rücktrittsrechts, das jedoch nur zu Lebzeiten des Erbvertragspartners ausgeübt werden kann. *294*

### 6. Sonderregeln in den neuen Bundesländern

In den auf dem Gebiet der ehemaligen DDR neu gebildeten Länder wird gemäß Art. 235 § 2 EGBGB die Wirksamkeit der Errichtung oder Aufhebung einer vor dem 3. 10. 1990 – dem Zeitpunkt des Beitritts zur Bundesrepublik – errichteten letztwilligen Verfügung nach dem bisherigen Recht der DDR beurteilt, und zwar auch dann, wenn der Erblasser nach dem 2. 10. 1990 gestorben ist oder künftig stirbt[217]. *295*

## IV. Die Wahl der richtigen Form

### 1. Einseitige Testamente

*a) Vor- und Nachteile der Testamentsformen*

aa) Eigenhändiges Testament

(1) Vorteile

Die Vorteile des eigenhändigen (auch gemeinschaftlichen Ehegatten-) Testaments liegen in *296*

- der Bequemlichkeit. Ein eigenhändiges Testament kann zu jeder Zeit und an jedem Ort verhältnismäßig schnell niedergelegt werden.
- der Vertraulichkeit. Kein Dritter wird eingeweiht.
- der leichteren Widerrufbarkeit. Es bedarf nicht einer Rücknahme aus der amtlichen Verwahrung. Allerdings ist der Unterschied zum Widerruf eines notariellen Testaments unerheblich, weil dessen Widerruf auch jederzeit durch eigenhändiges Testament erfolgen kann.
- der vorläufigen Kostenersparnis für den Erblasser.

(2) Nachteile

Nachteile und Risiken des eigenhändigen Testaments liegen in folgenden Umständen: *297*

---

[217] Staudinger/Baumann [1996], Vorbem. zu §§ 2229ff. BGB Rz. 58ff.

- Form- und Typenzwang des Erbrechts überfordern den rechtsunkundigen Erblasser. Oft entstehen beim eigenhändigen Testament Auslegungsschwierigkeiten[218];
- auch kann bei Errichtung eines eigenhändigen Testaments der Erblasser fremden Einflüssen ausgesetzt sein, insbesondere von seiten mit ihm in Haushaltsgemeinschaft lebender Angehöriger;
- eigenhändige Testamente betagter Erblasser sind oft Angriffen mit der Behauptung ausgesetzt, der Erblasser sei zum Zeitpunkt der Testamentserrichtung nicht testierfähig gewesen;
- beim eigenhändigen Testament sind die Fälschungsrisiken erhöht;
- die Gefahr der Testamentsunterdrückung durch Beseitigung oder Vernichtung ist groß. Eigenhändige Testamente werden selten in amtliche Verwahrung gegeben. Oft sind sie schwer aufzufinden. Werden sie nach dem Tode des Erblassers in seinem Haushalt aufgefunden – das geschieht meist durch Haushaltsangehörige – so besteht ein Risiko der Testamentsunterdrückung, wenn der Inhalt des Testaments den Wünschen des Finders nicht entspricht.

bb) Notarielle Testamente

(1) Vorteile

*298* Die Vorteile des notariellen Testaments liegen darin, daß sie alle Nachteile und Risiken des eigenhändigen Testaments ausgleichen. Darüber hinaus gewähren notarielle Testamente zusätzliche Erleichterungen. Die Vorteile liegen

- in der Gewährleistung rechtlich klarer Testate;
- in der Feststellung des Notars über die Testierfähigkeit des Erblassers. Da der Notar als unparteiischer Träger eines öffentlichen Amtes mit richternahen Funktionen[219] sich von der Geschäftsfähigkeit des Erschienenen zu überzeugen hat und seine Feststellungen zu protokollieren hat, findet eine Beweisverstärkung statt[220].
- in der Sicherheit gegen Fälschung und Unterdrückung.

*299* Hinzu kommen Erbnachweiserleichterungen:

- Die Erbfolge wird regelmäßig durch einen Erbschein nachgewiesen. Das Erbscheinsverfahren ist aber umständlich, zeitraubend und verursacht Kosten, die meist höher sind als die der Beurkundung eines notariellen Testaments (allerdings fallen die Erbscheinskosten dem Nachlaß und nicht dem Erblasser zur Last).

---

[218] Vgl. z.B. BayObLG FamRZ 1991, 370: Das Nachlaßgericht hörte vier Beteiligte persönlich an, drei Beteiligte äußerten sich schriftlich. Acht Zeugen wurden persönlich vernommen, einer äußerte sich schriftlich. Sechs Gutachten wurden eingeholt. Das Gutachten des Landeskriminalamtes wurde durch drei weitere Gutachten sowie ein urkundentechnisches Gutachten und ein medizinisches Gutachten ergänzt.

[219] Pfeiffer DNotZ 1981, 13ff.; Odersky DNotZ 1994, 1ff.

[220] Esch in der 4. Aufl., Buch I, Rz. 418: „Der Beweis gegen die gegenteilige Feststellung im notariellen Testament ist praktisch kaum zu führen".

- Beruht die Erbfolge auf einer beurkundeten Verfügung von Todes wegen (notarielles Testament oder Erbvertrag), so genügen gegenüber dem Grundbuchamt (§ 35 GBO), dem Handelsregister (§ 12 HGB) und dem Schiffsregister (§ 41 Abs. 1 Satz 2 SchiffsRegO) die Vorlage einer beglaubigten Ablichtung des Eröffnungsprotokolls, dem die Verfügung von Todes wegen beigefügt ist.
- Auch Dritte, vor allem Kreditinstitute, geben sich in der Regel, wenn die Erbfolge eindeutig ist, mit einer beglaubigten Abschrift des Eröffnungsprotokolls als Erbnachweis zufrieden.

(2) Nachteile

Als Nachteil bleiben die Notargebühren und der Aufwand für den Gang zum Notar. *300*

„Die Beurkundungskosten sind nicht so wesentlich, wie es Testatoren häufig scheint. Sie sollten gerade bei umfangreicherem Vermögen und komplizierteren Verhältnissen keinesfalls gescheut werden."[221]

**Beispiel:**

Ein Testament eines Erblassers mit einem Vermögen von 300.000,– DM kostet 280,– DM Notargebühren. Sind die Erben namentlich genannt, sind nach Eröffnung des Testaments durch das Nachlaßgericht weder ein Erbscheinsantrag noch ein Erbschein erforderlich. Der Erbscheinsantrag kostet bei demselben Vermögen 280,– DM Notar- oder Gerichtsgebühren, der Erbschein zusätzlich 280,– DM Gerichtsgebühren.

*b) Abwägung der Testamentsformen*[222]

Die erhöhten Formerfordernisse, die an das öffentliche Testament gestellt werden, gewährleisten dem Erblasser eine sehr viel höhere Sicherheit als das private eigenhändige Testament. Das bezieht sich nicht nur auf die Sicherheit der Erforschung des wirklichen Willens und die Gewährleistung der rechtlichen Tragweite des Testats, sondern auch auf den klaren und unzweideutigen Ausdruck des Testierwillens (vgl. § 17 BeurkG). *301*

Bedeutsam ist auch die Bezeugung der Testierfähigkeit durch den hoheitlich handelnden Notar (§ 28 BeurkG). Darüber hinaus gewährt das öffentliche Testament Beweiserleichterungen zum Nachweis des Erbrechts in Verbindung mit der Niederschrift über seine Eröffnung; ein Erbschein ist bei namentlicher Erbeinsetzung in einem notariell beurkundeten Testament dann entbehrlich, wenn nicht daneben noch eigenhändige Testamente vorliegen.

Das eigenhändige Testament birgt gegenüber dem öffentlichen Testament die Risiken, die sich aus dem Mangel der geschilderten Sicherheit ergeben, die das öffentliche Testament gewährt: Eigenhändige Testamente sind häufig unklar abgefaßt und führen zu Auslegungsschwierigkeiten; eine Fälschungsgefahr ist nicht auszuschließen; nicht in amtliche Verwahrung gegebene eigenhändige Testamente *302*

[221] Esch in der 4. Aufl., Buch I, Rz. 420.

[222] Dazu auch Staudinger/Baumann [1996], § 2231 BGB Rz. 9ff.

sind oft schwer oder gar nicht auffindbar; sie können leicht unterdrückt werden. Andererseits können auch eigenhändige Testamente in amtliche Verwahrung gegeben werden (§ 2248 BGB), was aber selten geschieht.

303 Die Vorteile des eigenhändigen Testaments liegen in seiner erleichterten Niederlegung. Ein eigenhändiges Testament kann leicht zu jeder Zeit an jedem Ort errichtet werden; es kostet den Erblasser nichts. Dafür treffen den Erben erhöhte Kosten für Erbscheinsantrag und Erbschein[223].

304 Handelt es sich nicht um einfache Testate bei klaren und einfachen wirtschaftlichen Verhältnissen (einfache Erbeinsetzungslagen), vor allem wenn es sich um größere Nachlässe, kompliziertere Vermögen und Vermögenszuweisungen, Teilungs- und Bewertungsfragen, eingehendere Testamentsvollstreckungsanordnungen handelt, sollte regelmäßig die Form des öffentlichen Testaments statt des eigenhändigen Testaments gewählt werden.

305 Unter den dargelegten Umständen muß empfohlen werden, im Zweifel zur Form des notariellen Testaments zu greifen[224]. Es gewährleistet in inhaltlicher wie persönlicher Hinsicht wesentlich größere Sicherheit, als ein eigenhändiges Testament sie gewähren kann.

### 2. Gemeinschaftliches Ehegattentestament

306 Die Vor- und Nachteile des einseitigen Testaments gelten entsprechend. Hinzu kommt, daß die Frage der Wechselbezüglichkeit der beiderseitigen Ehegattenverfügungen inhaltlich klargestellt sein muß. Wegen der damit verbundenen Schwierigkeiten ist grundsätzlich zu empfehlen, wechselbezügliche gemeinschaftliche Ehegattentestamente notariell beurkunden zu lassen; der Notar wird in solchen Fällen wegen der flexibleren Gestaltungsmöglichkeiten den Abschluß eines Erbvertrages empfehlen.

### 3. Erbvertrag

#### *a) Vorteile*

307 Da der Erbvertrag der notariellen Beurkundung bedarf, gelten die vorstehend dargelegten Vorteile des notariellen Testaments uneingeschränkt auch für den Erbvertrag.

Ein weiterer Vorteil kann in der Bindungswirkung des Erbvertrags liegen, wenn diese gewollt ist. Vorteilhaft kann die Bindungswirkung besonders dann sein, wenn es sich um einen zweiseitigen Erbvertrag handelt, bei welchem nicht nur eine Vertragspartei, sondern beide Vertragsparteien testieren und die beiderseitigen Verfügungen im Abhängigkeitsverhältnis zueinander stehen. Der Erbvertrag setzt nicht – wie das gemeinschaftliche Testament – voraus, daß die Vertragspartner Eheleute sind, sondern kann von beliebigen Personen – auch mehr als

---

[223] Vgl. dazu die Beispielsrechnung bei Kössinger (2. Aufl.), S. 76 Ziff. 115.

[224] Der Gesetzgeber wollte ursprünglich das eigenhändige Testament nicht zulassen: Zur Geschichte und Form des eigenhändigen Testaments vgl. Beutgen, Diss. Köln (1991).

zwei Personen – geschlossen werden. Die vertragsmäßige Bindung kann auf einen Vertragspartner beschränkt werden[225]. Die Bindungswirkung kann zudem auf einzelne Verfügungen beschränkt werden.

*b) Nachteile*

Mindestens eine Verfügung muß mit vertraglicher Bindungswirkung vereinbart sein. Die Bindungswirkung kann nachteilig sein, weil sie notwendig werdende Änderungen der letztwilligen Verfügung unmöglich macht oder zumindest erschwert. Dieser Nachteil läßt sich durch ein vertragliches Rücktrittsrecht abmildern. Ein gravierender Nachteil des Erbvertrages ist, daß nach gegenwärtiger Rechtslage ein Erbvertrag nicht an die Beteiligten herausgegeben werden kann (§ 34 Abs 3 Satz 2 BeurkG). Damit hat der Erblasser keine Möglichkeit zu verhindern, daß ein aufgehobener Erbvertrag seinen Erben und Vermächtnisnehmern bekannt wird[226]. *308*

## V. Rechtswirkungen letztwilliger Verfügungen

### 1. Allgemeines

Letztwillige Verfügungen unterscheiden sich von allen Willenserklärungen und Rechtsgeschäften unter Lebenden dadurch, daß sie zu Lebzeiten des Erblassers weder eine Verpflichtungs- noch eine Verfügungswirkung entfalten. Erst mit dem Tod des Erblassers treten die Rechtswirkungen ein. Solange der Erblasser lebt, hat keiner der Erbbeteiligten eine befristete Rechtsstellung oder auch nur eine Vermögensanwartschaft. Selbst der Erbvertragserbe hat zu Lebzeiten des Erblassers nur die Chance, später Erbe zu werden. Auch bei einem erbvertraglich angeordneten Vermächtnis besteht vor dem Erbfall nur eine tatsächliche Aussicht, kein schuldrechtlicher Anspruch[227]. *309*

### 2. Einseitiges Testament

Ein einseitiges Testament kann jederzeit widerrufen werden (§ 2253 BGB)[228]. *310*

### 3. Erbvertrag und gemeinschaftliches Ehegattentestament

Erbvertrag und gemeinschaftliches Ehegattentestament erzeugen zumindest teilweise bereits zu Lebzeiten der Erblasser Bindungswirkungen: *311*

---

[225] Ausführlich zu den Vor- und Nachteilen Nieder, Rz. 585f.

[226] Dazu kritisch Faßbender MittRhNotK 1989, 125; Staudinger/Baumann [1996], § 2258 b BGB Rz. 25; Baumann in Eylmann/Vaasen § 34 BeurkG Rz. 6.

[227] BGHZ 12, 115 (118) = NJW 1954, 633 (634); BGH LM § 2288 BGB Nr. 2; BGHZ 37, 319 (321f.).

[228] Staudinger/Baumann [1996] § 2253 BGB Rz. 6; zum Widerruf unten ⇒ Rz. 380ff.

*a) Bindungswirkung des Erbvertrages*

312 Die Bindungswirkung des Erbvertrages ergibt sich aus seiner Vertragsnatur[229]. Die Bindungswirkung schränkt die Testierfreiheit des Erblassers dahin ein, daß eine von ihm errichtete spätere Verfügung von Todes wegen unwirksam ist, soweit sie das Recht des vertragsmäßig Bedachten beeinträchtigen würde (§ 2289 BGB)[230]. Der Erblasser kann nicht mehr zum Nachteil des vertragsmäßig Bedachten testieren.

313 Die Bindungswirkung beschränkt sich auf die drei Verfügungen Erbeinsetzung, Vermächtnis und Auflage, die allein als vertragsmäßige getroffen werden können (§ 2278 Abs. 2 BGB). Alle anderen Verfügungen und Anordnungen des Vertragserblassers wie des Vertragsgegners sind einfache Verfügungen, die an der Bindungswirkung nicht teilhaben. Für sie gilt Testamentsrecht (§ 2299 BGB). Sie können von dem Erblasser einseitig gemäß § 2253ff. BGB widerrufen werden.

314 Im Erbvertrag enthaltene Erbeinsetzungen, Vermächtnisse und Auflagen müssen nicht unbedingt vertragsmäßige sein und damit der Bindungswirkung unterliegen. Erforderlich ist für das Vorliegen eines Erbvertrages nur, daß wenigstens eine vertragsmäßige Verfügung getroffen worden ist. Es empfiehlt sich dringend, im Erbvertrag ausdrücklich klarzustellen, welche Verfügungen vertragsmäßige und welche einseitige sein sollen[231].

315 Die vertragsmäßigen Bindungen können im Erbvertrag gelockert werden. Der Erblasser kann sich vorbehalten, von dem Erbvertrag einseitig zurückzutreten und damit seine Bindung zu beseitigen. Weiterhin können die Parteien die erbvertragliche Bindung einschränken, indem sie dem Erblasser einseitige nachträgliche Verfügungen gestatten, die an sich die vertraglich zugewendete erbrechtliche Stellung des Vertragserben beeinträchtigen und gemäß § 2289 Abs. 1 BGB unwirksam wären, z.B. Vermächtnisse oder die Anordnung der Testamentsvollstreckung zu Lasten des Bedachten. Schließlich können die Vertragsparteien einen Abänderungsvorbehalt vereinbaren, in dessen Grenzen später noch einseitig Verfügungen getroffen werden dürfen[232]. Der Vorbehalt darf aber nicht so weit gehen, daß keine vertragsmäßige Verfügung mehr übrig bleibt[233].

316 Die Bindungswirkung erstreckt sich auch auf Schenkungen, die der Erblasser in der Absicht, den Vertragserben zu benachteiligen, gemacht hat. Der Vertragserbe kann gem. § 2287 Abs. 1 BGB, nachdem ihm die Erbschaft angefallen ist, von dem Beschenkten die Herausgabe des Geschenks nach den bereicherungsrechtlichen Vorschriften der §§ 812ff. BGB herauszuverlangen. Ähnlich geschützt ist durch § 2288 BGB der vertragsmäßig eingesetzte Vermächtnisnehmer.

---

229 J. Mayer in Dittmann/Reimann/Bengel, Vor § 2274ff. BGB Rz. 4ff.

230 Zur Sicherung des Vertragserben vor lebzeitigen Verfügungen des Erblassers Hohmann, ZEV 1994, 133.

231 Vgl. zur Auslegung bei unklarer Abfassung v. Lübtow, Band I, S. 401; Kipp/Coing, § 42 I (S. 256); BGHZ 26, 204 (208); Palandt/Edenhofer, § 2299 BGB Rz. 1.

232 J. Mayer, DNotZ 1990, 755.

233 Langenfeld, NJW 1987, 1577ff.; Weiler, DNotZ 1994, 427.

Der Vertragspartner ist nicht verpflichtet, nach dem Tod des Erblassers die Erbschaft anzunehmen. Gehört der Vertragspartner zu den pflichtteilsberechtigten Erben und kann er nach Ausschlagung den Pflichtteil geltend machen, so kann die vorgestellte Rechtsnachfolgeregelung fehlschlagen, darüber hinaus durch die Pflichtteilsgeltendmachung zu hohen Liquiditätsbelastungen führen. In solchen Fällen ist zu empfehlen, den Erbvertrag mit einem Pflichtteilsverzicht zu verbinden, um der Gefahr zu begegnen, daß durch Ausschlagung und Pflichtteilsbeanspruchung die vorgesehene Vermögensnachfolgegestaltung ausgehebelt wird. *317*

*b) Bindungswirkung des gemeinschaftlichen Ehegattentestaments*

Auch das gemeinschaftliche Ehegattentestament entfaltet bei bestimmtem Inhalt Bindungswirkungen[234]. Die Ehegatten können sogenannte wechselbezügliche Verfügungen treffen, die sich wie erbvertragsmäßige Verfügungen nur auf Erbeinsetzungen[235], Vermächtnisse und Auflagen erstrecken können (§ 2270 Abs. 3 BGB). *318*

Bei Vorliegen wechselbezüglicher Verfügungen tritt eine Bindungswirkung wie folgt ein: Zu Lebzeiten des einen Ehegatten kann der andere Ehegatte seine getroffene Verfügung nicht einseitig durch eine neue Verfügung von Todes wegen aufheben; er kann seine Verfügung nur widerrufen nach den für den Rücktritt vom Erbvertrag geltenden Vorschriften, d.h. in notariell beurkundeter Form durch Erklärung gegenüber seinem Ehegatten (§§ 2271 Abs. 1, 2296 Abs. 2 BGB)[236]. Es ist also nicht möglich, daß zu Lebzeiten beider Ehegatten ein Ehegatte insgeheim anderweitig wirksam testiert. *319*

Nach dem Tod eines Ehegatten erlischt das Recht des Überlebenden zum freien Widerruf seiner wechselbezüglichen Verfügungen (§ 2271 Abs. 2 Satz 1 HS. 1 BGB). Der überlebende Ehegatte kann sich von der mit dem Tod des verstorbenen Ehegatten eingetretenen Bindung nur noch dadurch befreien, daß er das ihm im gemeinschaftlichen Testament Zugewendete ausschlägt (§ 2271 Abs. 2 Satz 2 HS. 2 BGB)[237]. *320*

Wie beim Erbvertrag hat der überlebende Ehegatte ausnahmsweise das Recht zur Aufhebung seiner eigenen Verfügung, wenn in der Person des Begünstigten Gründe für eine Pflichtteilsentziehung oder eine wohlwollende Beschränkung des *321*

---

[234] Hierzu Pfeiffer, FamRZ 1993, 1266; J. Mayer in Dittmann/Reimann/Bengel, § 2270 BGB Rz. 1ff.

[235] Die Bindungswirkung erstreckt sich nicht automatisch auf die mit Hilfe der Auslegungsregel des § 2069 BGB ermittelten Ersatzerben. Dazu Baumann ZEV 1994, 351; Lange/Kuchinke § 24 V Fn. 142 (S. 425); J. Mayer in Dittmann/Reimann/Bengel, § 2270 BGB Rz. 36; J. Mayer, ebenda, bezeichnet es zu Recht als paradox, einer Erbeinsetzung, die der Erblasser nicht bedacht hat, auch noch eine Bindungswirkung beizulegen; **a.A.**: BayObLG ZEV 1994, 362; einschränkend Staudinger/Otte [1996] § 2069 BGB Rz. 19; zur Problematik auch Keim, ZEV 1999, 413.

[236] J. Mayer in Dittmann/Reimann/Bengel, § 2271 BGB Rz. 8ff.

[237] Hierzu Tiedke, FamRZ 1991, 1259.

Pflichtteils[238] vorliegen (§§ 2271 Abs. 2 Satz 2 und 3, 2294, 2336, 2289 Abs. 2, 2338 BGB).

322 In gemeinschaftlichen Testamenten mit Bindungswirkung eingesetzte Erben oder Vermächtnisnehmer werden entsprechend §§ 2287, 2288 BGB vor lebzeitigen Verfügungen des Erblasser geschützt[239].

## VI. Auslegung letztwilliger Verfügungen

323 Ist der Wortlaut letztwilliger Verfügungen nicht eindeutig, so bedarf er der Auslegung. Zur Vermeidung späterer Auslegungsstreitigkeiten sollte sich jeder Erblasser bei eigenhändigen Testamenten bemühen, klar, unmißverständlich und möglichst einfach zu formulieren. Darüber hinaus sollten letztwillige Verfügungen periodisch dahingehend überprüft werden, ob sie mit den geänderten Verhältnissen noch übereinstimmen.

### 1. Allgemeine Auslegungsregeln

*a) Wirklicher Wille des Erblassers*

324 Gemäß § 133 BGB ist – wie bei Willenserklärungen im allgemeinen – bei letztwilligen Verfügungen der wirkliche Wille des Erblassers zu erforschen und nicht an dem buchstäblichen Sinn des Ausdrucks zu haften. Zu ermitteln ist, was der Erblasser mit seinen Worten sagen wollte[240].

325 Läßt sich der wirkliche Wille des Erblassers nicht mit Sicherheit ermitteln, so richtet sich die Auslegung danach, was der Erblasser vernünftigerweise gewollt haben kann, also nach seinem mutmaßlichen Willen. Keine Bedeutung hat bei der Testamentsauslegung der sogenannte Empfängerhorizont, da das Testament eine nicht empfangsbedürftige Willenserklärung ist[241].

326 Es kommt aber auch eine sogenannte **ergänzende** Auslegung in Betracht.

Vor allem bei alten letztwilligen Verfügungen können sich gegenüber der Lage zur Zeit ihrer Errichtung die sachlichen oder persönlichen Verhältnisse im Zeitpunkt des Erbfalls so geändert haben, daß die Anordnungen des Erblassers sich nach ihrem erkennbar verfolgten Zweck nicht mehr verwirklichen lassen. Es handelt sich um die Fälle, in denen nach Errichtung der letztwilligen Verfügung Änderungen der Verhältnisse eingetreten sind, die der Erblasser nicht voraussehen konnte und nicht vorausgesehen hat. Die ergänzende Auslegung letztwilliger Verfügungen bemüht sich um die Feststellung, was der Erblasser verfügt hätte, wenn

---

238 Baumann, ZEV 1996, 121ff.
239 BGHZ 82, 19; Palandt/Edenhofer § 2287 Rz. 3.
240 BGH NJW 1993, 256.
241 So zutreffend Staudinger/Otte [1996] Vorbem. zu §§ 2064ff. BGB Rz. 24.

er die eingetretenen Veränderungen vorausgesehen hätte[242]. Bei eindeutigen Erklärungen ist eine ergänzende Auslegung ausgeschlossen[243].

Stets muß die Auslegung eine, wenn auch noch so geringe, Grundlage im Inhalt der letztwilligen Verfügung haben[244]. Erst dann ist die Heranziehung von außerhalb der letztwilligen Verfügung liegenden Umständen zulässig[245].

*b) Gebot der wohlwollenden Auslegung*

Die Auslegungsregel des § 2084 BGB bestimmt, daß in den Fällen, in denen sich der wirkliche Wille des Erblassers nicht eindeutig ermitteln läßt und der Text der letztwilligen Verfügung mehrdeutig ist, diejenige Auslegung vorzuziehen ist, bei der die Verfügung des Erblassers Erfolg haben kann[246]. *327*

Sowohl unter dem Gesichtspunkt des mutmaßlichen Willens als auch unter dem Erfolgsgesichtspunkt des § 2084 BGB kann unter mehreren Auslegungsmöglichkeiten die am wenigsten kostspielige, auch die steuergünstigste gewählt werden[247]. *328*

*c) Erbverträge*

Bei Erbverträgen greift die allgemeine Vorschrift des § 157 BGB über die Auslegung von **Verträgen** ein. Erbverträge sind wie sonstige Verträge nach Treu und Glauben unter Berücksichtigung der Verkehrssitte auszulegen. *329*

Bei Erbverträgen kann es nicht ausschließlich und einseitig nur auf den Willen des Erblassers ankommen, vielmehr muß für die Auslegung maßgebend sein, wie die Vertragsparteien den Vertrag und seinen Wortlaut bei Würdigung aller Umstände nach Treu und Glauben verstanden haben oder verstehen mußten.

**2. Auslegungsregeln für einzelne Fälle[248]**

Das BGB enthält zahlreiche erbrechtliche Auslegungsregeln. Die wichtigsten sind: *330*

---

242 RGZ 99, 82 (85); 134, 277 (280); OGHZ 1, 156 (157); BGHZ 22, 357 (360) = LM § 2169 BGB Nr. 1 mit Anm. Johannsen; BGH LM Art. 7ff. EGBGB Nr. 43; BGH FamRZ 1962, 256 (257); BayObLG 1954, 36; 1966, 394; vgl. Tappmeier, NJW 1988, 2714ff.

243 BGHZ 26, 204 (212).

244 „Andeutungstheorie“, dazu Staudinger/Otte [1996] Vorbem. zu §§ 2064ff. BGB Rz. 28ff.

245 BGH FamRZ 1962, 256 (257); BGH NJW 1957, 421 (422); BayObLG NJW 1988, 2744f.; KG NJW 1963, 766 (768); OLGZ 1966, 503 (505); KG FamRZ 1968, 217.

246 Einzelheiten bei Staudinger/Otte [1996] § 2084 BGB Rz. 4ff.

247 BayObLG NJW 1960, 1765f.

248 Eine vollständige Auflistung sämtlicher erbrechtlicher gesetzlicher Auslegungsregeln findet sich sich bei Staudinger/Otte [1996] Vorbem. zu §§ 2064ff. BGB Rz. 117.

*a) Bedenkung der gesetzlichen Erben oder der Verwandten*

331 Hat der Erblasser seine gesetzlichen Erben oder seine Verwandten oder nächsten Verwandten ohne nähere Bestimmung bedacht, so sind im Zweifel diejenigen, die zur Zeit des Erbfalls seine gesetzlichen Erben wären, als nach dem Verhältnis ihrer gesetzlichen Erbteile bedacht anzusehen (§§ 2066, 2067 BGB).

*b) Bedenkung von Kindern und Abkömmlingen des Erblassers*

332 Sind die Kinder des Erblassers ohne nähere Bestimmung bedacht und ist ein Kind vor der Errichtung der letztwilligen Verfügung mit Hinterlassung von Abkömmlingen gestorben, so ist im Zweifel anzunehmen, daß die Abkömmlinge insoweit bedacht sind, als sie bei der gesetzlichen Erbfolge an die Stelle des Kindes treten würden (§ 2068 BGB).

333 Fällt ein bedachter Abkömmling nach Errichtung der letztwilligen Verfügung weg, so ist im Zweifel davon auszugehen, daß dessen Abkömmlinge insoweit bedacht sind, als sie bei gesetzlicher Erbfolge an dessen Stelle treten würden (§ 2069 BGB)[249].

*c) Bedenkung von Abkömmlingen eines Dritten*

334 Hat der Erblasser die Abkömmlinge eines Dritten – beispielsweise eines guten Freundes – ohne nähere Bestimmung bedacht, so ist im Zweifel anzunehmen, daß nur diejenigen Abkömmlinge gemeint sind, die im Zeitpunkt des Erbfalls leben oder wenigstens schon erzeugt sind (§ 2070 BGB).

*d) Bedenkung von Gruppen*

335 Hat der Erblasser ohne nähere Bestimmung eine Klasse von Personen bedacht – z.B. „meine Angestellten" –, so sind im Zweifel diejenigen bedacht, welche zur Zeit des Erbfalls zu der bezeichneten Klasse gehören (§ 2071 BGB).

336 Im Falle der Bedenkung der „Armen" ohne nähere Bestimmung ist im Zweifel die Fürsorgebehörde der Gemeinde als bedacht anzusehen, in deren Bezirk der Erblasser seinen letzten Wohnsitz gehabt hat, verbunden mit der Auflage, das Zugewendete unter Arme zu verteilen (§ 2072 BGB).

337 Paßt eine Bedenkung auf mehrere Personen und läßt sich nicht ermitteln, welche von ihnen bedacht sein soll, so gelten die Personen als zu gleichen Teilen bedacht (§ 2073 BGB).

*e) Zuwendung unter einer Bedingung*

338 Bei Zuwendung unter einer aufschiebenden Bedingung ist im Zweifel anzunehmen, daß die Zuwendung nur gelten soll, wenn der Bedachte den Eintritt der Bedingung erlebt (§ 2074 BGB).

---

[249] Diese Auslegungsregel erstreckt sich nicht auf die Bindungswirkung wechselbezüglicher Verfügungen; dazu Staudinger/Otte [1996] § 2069 BGB Rz. 19; Baumann, ZEV 1994, 351; J. Mayer in Dittmann/Reimann/Bengel, § 2270 BGB Rz. 36.

Hat der Erblasser etwas unter der Bedingung zugewendet, daß der Bedachte während eines Zeitraums von unbestimmter Dauer etwas unterläßt oder fortgesetzt tut – z.B. eine Person pflegt –, so ist im Zweifel entgegengesetztes Verhalten des Bedachten als auflösende Bedingung anzusehen (§ 2075 BGB). *339*

Ist eine Zuwendung unter einer Bedingung angeordnet, die den Vorteil eines Dritten bezweckt, so gilt sie im Zweifel als eingetreten, wenn der Dritte die zum Eintritt der Bedingung erforderliche Mitwirkung verweigert, z.B. die Annahme einer ihm zu leistenden Zahlung ablehnt (§ 2076 BGB). Dritter ist jeder, der nicht Erblasser oder Bedachter ist. *340*

### 3. Auslegung bei Unwirksamkeit einzelner von mehreren Verfügungen

Ist eine einzelne von mehreren Verfügungen eines Testaments unwirksam, so wäre nach der allgemeinen Regelung des § 139 BGB im Zweifel das ganze Testament nichtig[250]. *341*

Dem beugt die Sondervorschrift des § 2085 BGB vor: Die Unwirksamkeit einer von mehreren in einem Testament enthaltenen Verfügungen hat die Unwirksamkeit der übrigen nur dann zur Folge, wenn anzunehmen ist, daß der Erblasser diese ohne die unwirksame Verfügung nicht getroffen hätte. Im Gegensatz zu § 139 BGB wird also angenommen, daß der Erblasser im Zweifel die Aufrechterhaltung der übrigen Verfügungen gewollt habe[251].

Dem Gesetzeszweck, letztwillige Verfügungen im Zweifel aufrechtzuerhalten, entspricht weiter die Auslegungsregel des § 2086 BGB: Ist einer letztwilligen Verfügung der Vorbehalt einer Ergänzung beigefügt, die Ergänzung aber unterblieben, so ist die Verfügung des Erblassers wirksam, sofern nicht anzunehmen ist, daß die Wirksamkeit von der Ergänzung abhängig sein sollte. *342*

### 4. Umdeutung

Ist eine letztwillige Verfügung unwirksam, so ist deren Umdeutung nach § 140 BGB zulässig. Entspricht die unwirksame Verfügung den Erfordernissen einer anderen Art letztwilliger Verfügungen, so kann eine solche gelten. So kann z.B. die Zuwendung des Eigentums an einer Sache in ein Vermächtnis, eine Pflegschaftsanordnung in die Anordnung der Testamentsvollstreckung, umgedeutet werden. *343*

---

250 Für wechselbezügliche gemeinschaftliche Testamente und gegenseitige erbvertragsmäßige Verfügungen s. §§ 2270 bzw. 2298 BGB; dazu unten ⇒ Rz. 350.

251 Staudinger/Otte [1996] § 2085 BGB Rz. 1.

## VII. Unwirksamkeit letztwilliger Verfügungen

### 1. Nachträgliche Unwirksamkeit

*a) Grundsätzliches*

*344* Die nachträgliche Unwirksamkeit einer letztwilligen Verfügung tritt im Falle der Bedenkung des Ehegatten ein, wenn die Ehe nichtig ist oder wenn sie vor dem Tod des Erblassers aufgelöst wird. Der Auflösung der Ehe steht es gleich, wenn zur Zeit des Todes des Erblassers die Voraussetzungen für die Scheidung der Ehe gegeben waren und der Erblasser Scheidung beantragt oder ihr zugestimmt hatte (§ 2077 Abs. 1 Satz 2 BGB). Das gleiche gilt, wenn der Erblasser auf Aufhebung der Ehe zu klagen berechtigt war und die Klage erhoben hatte (vgl. für die gesetzliche Ehegatten-Erbfolge § 1933 BGB[252]).

*345* Hat der Erblasser seinen Verlobten bedacht, so ist seine letztwillige Verfügung unwirksam, wenn das Verlöbnis vor dem Tod des Erblassers aufgelöst worden ist (§ 2077 Abs. 2 BGB).

*346* Die Unwirksamkeit der letztwilligen Verfügung tritt jedoch nicht ein, wenn anzunehmen ist, daß der Erblasser die letztwillige Verfügung auch für den Fall der Nichtigkeit oder Auflösung der Ehe oder des Verlöbnisses getroffen haben würde (§ 2077 Abs. 3 BGB).

*347* Die in § 2077 BGB bestimmte Unwirksamkeit letztwilliger Verfügungen, die zugunsten eines Ehegatten oder Verlobten getroffen worden sind, gilt auch für die Fälle des gemeinschaftlichen Testaments (§ 2268 BGB) und des Erbvertrages (§ 2279 BGB), jedoch mit gewissen Änderungen:

*b) Gemeinschaftliches Ehegattentestament*

*348* Ein gemeinschaftliches Ehegattentestament ist bei Auflösung der Ehe als gemeinschaftliches Testament stets seinem ganzen Inhalt nach unwirksam (§ 2268 Abs. 1 BGB).

Ob die Bestimmungen der Ehegatten in Einzeltestamente umgedeutet werden können, ist streitig[253]. Ist die Ehe nicht nichtig, wird sie vielmehr aufgehoben oder geschieden oder hatte der Erblasser z.Z. seines Todes Klage auf Aufhebung oder Antrag auf Scheidung der Ehe erhoben und wäre die Ehe geschieden worden, so bleiben die von dem Erblasser getroffenen letztwilligen Verfügungen insoweit wirksam, als anzunehmen ist, daß sie auch für diesen Fall getroffen sein würden (§ 2268 Abs. 2 BGB).

---

[252] Zur Wirksamkeit von Testamenten und Erbverträgen nach der Ehescheidung Battes, JZ 1978, 733ff.

[253] Staudinger/Kanzleiter § 2268 BGB Rz. 5; Palandt/Edenhofer, § 2268 BGB Rz. 1; für weitergehende Umdeutung Lange/Kuchinke, § 24 I 5 (S. 404); gegen jede Umdeutung Lutter, FamRZ 1959, 273ff.

*c) Erbvertrag*

Für den Erbvertrag, und zwar für **vertragsmäßige** Zuwendungen und Auflagen in einem Erbvertrag zwischen Ehegatten und Verlobten, gelten die oben schon für das einfache Testament erörterten Bestimmungen des § 2077 BGB entsprechend mit der Erweiterung, daß die Unwirksamkeit sich auch auf vertragsmäßige Zuwendungen und Auflagen an Dritte erstreckt (§ 2279 Abs. 2 BGB). *349*

*d) Sonstige Unwirksamkeit bei wechselbezüglichen (vertragsmäßigen) Verfügungen*

- Bei einem gemeinschaftlichen wechselbezüglichen Ehegattentestament hat die Nichtigkeit oder der Widerruf wechselbezüglicher Bestimmungen durch den einen Ehegatten die Unwirksamkeit der Verfügungen des anderen Ehegatten zur Folge (§ 2270 Abs. 1 BGB); *350*
- im Falle des gegenseitigen Erbvertrages (auch unter Nichtehegatten) hat die Nichtigkeit einer vertragsmäßigen Verfügung die Unwirksamkeit des ganzen Vertrages zur Folge (§ 2298 Abs. 1 BGB).

**2. Nichtigkeit**

*a) Nichtigkeit aus allgemeinen rechtlichen Gründen*

Auch für letztwillige Verfügungen gelten die Vorschriften des allgemeinen Teils des BGB über die Nichtigkeit von Willenserklärungen (§§ 116-118 BGB). *351*

Dabei muß unterschieden werden zwischen den nichtempfangsbedürftigen letztwilligen Verfügungen in Gestalt einseitiger Testamente und einseitiger, nicht wechselbezüglicher und nicht vertraglicher Verfügungen in gemeinschaftlichen Testamenten und Erbverträgen einerseits und empfangsbedürftigen letztwilligen Verfügungen – wechselbezüglichen Verfügungen in gemeinschaftlichen Testamenten und vertragsmäßigen Verfügungen in Erbverträgen – andererseits. *352*

aa) Mentalreservation, Scheingeschäft, mangelnde Ernstlichkeit

Bei einseitigen Verfügungen führt der geheime Vorbehalt, das Erklärte nicht zu wollen (Mentalreservation) nicht zur Nichtigkeit[254]. Eine solche Nichtigkeit tritt aber ein bei empfangsbedürftigen letztwilligen Verfügungen, wenn der Erklärungsgegner den Vorbehalt kennt. *353*

Nichtig sind auch letztwillige Erklärungen, die im Einverständnis mit dem Erklärungsgegner nur zum Schein abgegeben worden sind (§ 117 BGB). Da das Scheingeschäft einen Erklärungsgegner voraussetzt, kann Nichtigkeit wegen Scheingeschäfts nur bei empfangsbedürftigen Testaten eintreten[255]. *354*

Gemäß § 118 BGB sind nicht ernstlich gemeinte Willenserklärungen nichtig, die in der Erwartung abgegeben werden, daß der Mangel der Ernstlichkeit nicht *355*

---

[254] Soergel/Harder, § 2247 BGB Rz. 7; Staudinger/Baumann [1996], § 2247 BGB Rz. 21.

[255] OLG Frankfurt/M FamRZ 1993, 858 (860); Staudinger/Baumann [1996], § 2247 BGB Rz. 22.

verkannt werde. Diese Bestimmung findet auf alle letztwilligen Verfügungen Anwendung. Das nur zum Scherz niedergelegte Testament ist demnach nichtig[256].

bb) Nichtigkeit wegen Gesetzesverstoßes

*356* Eine Nichtigkeit wegen Gesetzesverstoßes (§ 134 BGB) wird nur selten in Betracht kommen[257].

cc) Nichtigkeit wegen Sittenwidrigkeit

*357* Nichtig sind sittenwidrige letztwillige Verfügungen[258]. Nach herrschender Meinung kommt es für die Beurteilung der Sittenwidrigkeit auf den Zeitpunkt der Errichtung der Verfügung von Todes wegen an[259]. Bei Änderung des sittlichen Maßstabs in der Zeit zwischen der Errichtung der letztwilligen Verfügung und der gerichtlichen Entscheidung über die Sittenwidrigkeit soll die Beurteilung im Zeitpunkt des Richterspruchs[260] oder – was überzeugender ist – die Beurteilung im Zeitpunkt des Erbfalls maßgebend sein[261].

*b) Formnichtigkeit*

*358* Letztwillige Verfügungen sind nichtig, wenn sie nicht in den vorgeschriebenen Formen errichtet worden sind. Diese strenge Rechtsfolge stellt keine auf Formalismus beruhende Härte dar, denn es wäre für Rechtsfrieden und Rechtssicherheit unerträglich, wenn durch zweifelhafte Erklärungen in die gesetzliche oder formwirksam erklärte gewillkürte Erbfolge eingegriffen werden könnte[262].

*359* Nichtig sind weiter diejenigen letztwilligen Verfügungen, die nicht vom Erblasser höchstpersönlich errichtet[263] oder bei denen die Grenzen der Testierfähigkeit überschritten worden sind[264].

Will der Erblasser ein nichtiges Testament bestätigen (vgl. § 141 BGB), so muß er ein neues Testament unter Vermeidung des früheren Nichtigkeitsgrundes errichten[265].

---

256 Soergel/Harder, § 2247 BGB Rz. 7; Staudinger/Baumann [1996], § 2247 Rz. 20.

257 Vgl. Lange/Kuchinke, § 35 II 3 a) (S. 771ff.); Otte, JA 1985, 192.

258 Smid, NJW 1990, 409.

259 BGHZ 20, 71 (73) = NJW 1956, 865; BGHZ 53, 369 (375); Lange/Kuchinke, § 35 IV 6b) (S. 783 f); Palandt/Edenhofer, § 1937 BGB Rz. 21.

260 BGH LM § 138 BGB Cd 6 mit Anm. Johannsen; v. Lübtow, Band I, S. 313.

261 BGB-RGRK/Johannsen, § 2078 BGB Rz. 14; Lange/Kuchinke, § 34 IV 6 (S. 784).

262 Staudinger/Baumann [1996], § 2231 BGB Rz. 18ff. und § 2247 BGB Rz. 10ff.

263 Vgl. ⇒ Rz. 218ff.

264 Vgl. ⇒ Rz. 211ff.

265 BGHZ 20, 71 (75); Staudinger/Otte [1996], Vorbem. zu §§ 2064ff. BGB Rz. 22; Staudinger/Baumann [1996], § 2231 Rz. 20; Palandt/Edenhofer, § 1937 BGB Rz. 27; **a.A.** Soergel/Harder § 2229 Rz. 12.

### 3. Anfechtbarkeit letztwilliger Verfügungen

#### *a) Allgemeines*

Die Anfechtung letztwilliger Verfügungen ist erbrechtlich in den §§ 2078ff. BGB gesondert und abschließend geregelt. Es gelten demnach nicht die allgemeinen Vorschriften der §§ 119ff. BGB. *360*

Die erbrechtlichen Anfechtungstatbestände sind in zweierlei Hinsicht abweichend von den allgemeinen Anfechtungstatbeständen geregelt: Für eine Anfechtung einseitiger testamentarischer Verfügungen zu Lebzeiten des Erblassers besteht kein Bedürfnis, da der Erblasser solche einseitigen letztwilligen Verfügungen widerrufen kann; erst nach seinem Tod können die Erbbeteiligten anfechten. Ausserdem sind die Irrtumstatbestände auf alle Fälle des Motivirrtums erweitert worden (§§ 2078 Abs. 2, 2079 BGB). *361*

Eine Einschränkung erfährt die Anfechtung durch den Grundsatz, daß die Auslegung einer letztwilligen Verfügung nach dem mutmaßlichen Willen des Erblassers (§ 2084 BGB) der Anfechtung immer vorgeht[266]. *362*

Bei gemeinschaftlichen, wechselbezüglichen Ehegattenverfügungen oder erbvertragsmäßigen Verfügungen, bei denen schon zu Lebzeiten des Erblassers die Bindungswirkungen eingetreten sind, besteht ein Bedürfnis zur Anfechtung schon zu Lebzeiten des Erblassers. Das sprechen die §§ 2281ff. BGB zwar nur für den Erbvertrag aus, die Bestimmungen gelten aber entsprechend auch für das gemeinschaftliche wechselbezügliche Ehegattentestament[267]. *363*

#### *b) Anfechtungsberechtigte*

Anfechtungsberechtigt ist derjenige, dem die Aufhebung der letztwilligen Verfügung unmittelbar zugutekommen würde (§ 2080 Abs. 1 BGB). *364*

So kann der gesetzliche Erbe die Erbeinsetzung anfechten, wenn bei Unwirksamkeit der Erbeinsetzung gesetzliche Erbfolge eintritt; liegt ein früheres Testament vor, so kann der in diesem eingesetzte Erbe die Erbeinsetzung aus dem jüngeren Testament anfechten. Der mit einem Vermächtnis Beschwerte kann das Vermächtnis anfechten.

§ 2080 Abs. 2 BGB schränkt die Anfechtungsberechtigung in persönlicher Hinsicht ein: Bezieht sich der die Anfechtung begründende Irrtum nur auf eine bestimmte Person und ist diese anfechtungsberechtigt oder wäre sie es, wenn sie zur Zeit des Erbfalls gelebt hätte, so ist ein anderer nicht zur Anfechtung berechtigt. Entsprechend ist bei irriger Übergehung eines Pflichtteilsberechtigten nur dieser zur Anfechtung befugt (§ 2080 Abs. 3 BGB). *365*

#### *c) Anfechtungstatbestände*

Die Anfechtung ist zulässig in vier Fällen: *366*

---

266 RGZ 70, 391 (392f.); BGH LM § 2100 BGB Nr. 1; OGHZ 1, 156 (157); KG NJW 1963, 766 (767); NJW 1971, 1992.

267 BGH FamRZ 1960, 145ff.; BGHZ 37, 331 (333).

aa) Inhalts-, Erklärungsirrtum

*367* Der Erblasser war über den Inhalt seiner Erklärung im Irrtum oder wollte eine Erklärung dieses Inhalts überhaupt nicht abgeben und es ist anzunehmen, daß er die Erklärung bei Kenntnis der Sachlage nicht abgegeben hätte (§ 2078 Abs. 1 BGB).

**Beispiele:**

Der Erblasser ordnet testamentarisch gesetzliche Erbfolge an in der irrigen Meinung, daß nach gesetzlicher Erbfolge vollbürtige Geschwister den halbbürtigen vorgingen[268].

Der Erblasser verschreibt sich im eigenhändigen Testament und beziffert den Betrag eines Vermächtnisses mit Euro 10.000,– statt Euro 1000,–.

bb) Irrige Annahme oder Erwartung

*368* Der Erblasser ist zu seiner letztwilligen Verfügung durch die irrige Annahme oder Erwartung des Eintritts oder Nichteintritts eines Umstandes bestimmt worden (Motivirrtum). Der Irrtum kann sich auf in der Vergangenheit, Gegenwart oder Zukunft liegende Umstände beziehen, auch auf solche, die zeitlich erst nach dem Erbfall eingetreten sind[269].

**Beispiel:**

Die Erwartung, daß künftige Unstimmigkeiten zwischen Erblasser und Bedachtem ausbleiben[270].

cc) Übergehen eines Pflichtteilsberechtigten

*369* Der Erblasser hat einen zur Zeit des Erbfalls vorhandenen Pflichtteilsberechtigten übergangen, dessen Vorhandensein ihm bei Errichtung der Verfügung nicht bekannt war oder der erst nach der Errichtung geboren oder pflichtteilsberechtigt geworden ist. Die Anfechtung ist aber ausgeschlossen, soweit anzunehmen ist, daß der Erblasser auch bei Kenntnis der Sachlage die Verfügung getroffen hätte (§ 2079 BGB).

**Beispiel:**

Der verwitwete Erblasser setzt seine Kinder zu Erben ein, heiratet aber später wieder; die zweite Ehefrau ist nach dem Inhalt der letztwilligen Verfügung von Todes wegen als Pflichtteilsberechtigte übergangen. Hier ist die zweite Ehefrau anfechtungsberechtigt.

dd) Drohung

*370* Der Erblasser ist zur letztwilligen Verfügung widerrechtlich durch Drohung bestimmt worden.

---

268 RGZ 70, 391ff.

269 BGH DB 1966, 379; Staudinger/Otte [1996] § 2078 BGB Rz. 16; Lange/Kuchinke § 36 III 2.b) (S. 792 S.) m.w.N.

270 BGH NJW 1963, 246ff.

**Beispiel:**

Ein Neffe droht dem Erblasser mit einer Anzeige wegen einer von diesem begangenen strafbaren Handlung und bewegt diesen zu einer Vermächtnisanordnung.

*d) Form der Anfechtung*

Die Anfechtung bedarf keiner besonderen Form. Soweit sie eine Erbeinsetzung, den Ausschluß eines gesetzlichen Erben von der Erbfolge, die Ernennung eines Testamentsvollstreckers betrifft, hat die Anfechtung durch Erklärung gegenüber dem Nachlaßgericht zu erfolgen (§ 2081 Abs. 1 BGB). Dasselbe gilt, wenn eine Auflage oder eine solche Verfügung angefochten wird, durch die ein Recht für einen anderen nicht begründet wird (Teilungsverbot, familienrechtliche Anordnungen). *371*

Die Anfechtung der Anordnung oder Aufhebung von Vermächtnissen, erfolgt gemäß § 143 BGB gegenüber dem Beschwerten. *372*

Beim Erbvertrag und beim wechselbezüglichen gemeinschaftlichen Testament bedarf die Anfechtungserklärung der notariellen Beurkundung. Die Anfechtung muß durch den Erblasser höchstpersönlich erfolgen; der beschränkt geschäftsfähige Erblasser bedarf nicht der Zustimmung seines gesetzlichen Vertreters. Für einen geschäftsunfähigen Erblasser kann sein gesetzlicher Vertreter anfechten, bedarf dazu aber der Genehmigung des Vormundschaftsgerichts (§ 2282 BGB). *373*

*e) Anfechtungsfrist*

Die Anfechtung kann nur innerhalb eines Jahres erfolgen, beginnend mit dem Zeitpunkt, in welchem der Anfechtungsberechtigte von dem Anfechtungsgrunde Kenntnis erlangt. Da das Anfechtungsrecht frühestens mit dem Erbfall entsteht, setzt der Beginn der Anfechtungsfrist sowohl die Kenntnis vom Erbfall als auch vom Berufungsgrund voraus. Die Anfechtung ist ausgeschlossen, wenn seit dem Erbfall dreißig Jahre verstrichen sind (§ 2082 BGB). *374*

Im Falle der Anfechtung wegen Drohung beginnt die Anfechtungsfrist mit dem Zeitpunkt, zu welchem die Zwangslage für den Erblasser aufhört. War das Anfechtungsrecht des Erblassers zur Zeit des Erbfalls erloschen, können die sonst anfechtungsberechtigten Personen ihrerseits nicht mehr anfechten. *375*

Auch beim Erbvertrag und gemeinschaftlichem Testament gilt die Jahresfrist. *376*

*f) Anfechtungswirkung*

Nach § 142 Abs. 1 BGB gilt die angefochtene Verfügung als von Anfang an nichtig. Die von der Anfechtung nicht betroffenen Verfügungen bleiben im Zweifel wirksam (§ 2085 BGB). *377*

Wird die gesamte Erbeinsetzung erfolgreich angefochten, so tritt entweder die gesetzliche Erbfolge ein oder es gilt die Erbregelung eines früheren, wieder auflebenden Testaments.

*g) Keine Schadensersatzpflicht des Anfechtenden*

378 Eine Schadensersatzpflicht des Anfechtenden (§ 122 BGB) schließt § 2078 Abs. 3 BGB ausdrücklich aus.

*h) Bestätigung eines anfechtbaren Erbvertrags*

379 Ein anfechtbarer Erbvertrag kann von dem Erblasser (höchstpersönlich) bestätigt werden. Eine Bestätigung ist ausgeschlossen, wenn der Erblasser in der Geschäftsfähigkeit beschränkt ist (§ 2284 BGB). Umstritten ist, ob die Bestätigung einer besonderen Form bedarf. Die herrschende Meinung hält formlose Bestätigung, sogar durch schlüssiges Handeln für zulässig (§ 144 Abs. 2 BGB)[271]. Dies ist deshalb berechtigt, weil die Anfechtbarkeit noch nicht zur Unwirksamkeit führt und auf die Anfechtung auch formlos verzichtet werden kann.

## VIII. Widerruf, Aufhebung und Rücktritt von letztwilligen Verfügungen

### 1. Einseitiges Testament

*a) Allgemeines*

380 Jedes einseitige Testament sowie jede einzelne in einem solchen Testament enthaltene Verfügung kann vom Erblasser jederzeit widerrufen werden (§ 2253 Abs. 1 BGB)[272].

*b) Widerrufstestament*

381 Der Widerruf kann als sog. Widerrufstestament ausdrücklich die Erklärung des Widerrufs des früheren Testaments enthalten.

*c) Widerruf durch spätere Verfügung von Todes wegen*

382 Ein Testament wird aber auch durch ein späteres aufgehoben, das zu ihm in Widerspruch steht (§ 2258 Abs. 1 BGB)[273]. Der Wille des Erblassers, das frühere Testament aufzuheben, braucht dabei nicht vorzuliegen. Der Erblasser kann vergessen haben, daß er bereits früher testiert hatte. Es gilt demnach bei sich widersprechenden Testamenten immer das zeitlich spätere, soweit der Widerspruch im

---

271 BayObLG NJW 1954, 1039; Staudinger/Kanzleiter [1998], § 2284 BGB Rz. 7; BGB-RGRK/Kregel, § 2284 BGB Rz. 1; Soergel/Wolf, § 2284 BGB Rz. 2; MünchKomm/Musielak, § 2284 BGB Rz. 6; Palandt/Edenhofer, § 2284 BGB Rz. 2.

272 Einzelheiten bei Soergel/Harder § 2253 BGB Rz. 2ff.; Staudinger/Baumann [1996], § 2253 BGB Rz. 6ff.

273 Erman/M. Schmidt, § 2258 BGB Rz. 1; Staudinger/Baumann [1996], § 2258 BGB Rz. 6ff.; Voit in Dittmann/Reimann/Bengel, § 2258 Rz. 3ff.

späteren Testament gegenüber dem Inhalt des früheren Testaments reicht[274]. Soweit mehrere Testamente einander nicht widersprechen, gelten sie nebeneinander.

Der Widerruf kann in jeder Testamentsform erfolgen, auch durch Nottesta- *383* ment, wenn dessen Voraussetzungen vorliegen. Verliert das Nottestament durch Zeitablauf seine Gültigkeit (§ 2252 Abs. 1 BGB), so tritt das widerrufene Testament wieder in Kraft[275].

Ein Testament kann auch durch einen späteren Erbvertrag aufgehoben werden, *384* soweit das frühere Testament das Recht des vertragsmäßig Bedachten beeinträchtigen würde (§ 2289 Abs. 1 Satz 1 BGB)[276]. Widerruf durch späteres widersprechendes Testament und Aufhebung durch späteren Erbvertrag sind jedoch nicht dasselbe: Der Widerruf durch späteres Testament beseitigt die Testate des früheren Testamentes nur im Umfang des Widerspruchs des späteren zum früheren Testament; dagegen entfällt beim Erbvertrag die frühere letztwillige Verfügung schon bei Beeinträchtigung des vertraglichen Rechtes des Bedachten.

Will der Erblasser gänzlich neu testieren, so ist zu empfehlen, in der neuen Ver- *385* fügung von Todes wegen den ausdrücklichen Widerruf aller früheren Testamente vorauszuschicken. Damit werden die Schwierigkeiten vermieden, die sich z.B. ergeben können, wenn frühere und spätere Testamente sich nur teilweise widersprechende Verfügungen enthalten.

*d) Widerruf durch Vernichtung oder Veränderungshandlungen*

Hat der Erblasser selbst die Testamentsurkunde in der Absicht vernichtet, das *386* Testament aufzuheben, so ist das Testament widerrufen (§ 2255 Satz 1 Alt. 1 BGB)[277].

Hat der Erblasser in Aufhebungsabsicht an der Testamentsurkunde Verände- *387* rungen vorgenommen, durch die der Wille, eine schriftliche Willenserklärung aufzuheben, ausgedrückt zu werden pflegt (z.B. das Testament zerrissen, Teile durchstrichen, ausradiert, eingeklammert, geschwärzt, durchkreuzt), so ist es auch in dieser Weise widerrufen (§ 2255 Satz 1 Alt. 2 BGB)[278].

Die Vernichtung oder Veränderungshandlungen müssen vom Erblasser selbst *388* vorgenommen werden[279].

Daß eine Vernichtung oder Veränderung eines Testaments vom Erblasser vor- *389* genommen worden ist, wird nicht vermutet. Steht aber die Vornahme einer solchen Handlung durch den Erblasser fest, so wird wegen ihrer typischen Bedeutung die Widerrufsabsicht des Erblassers vermutet (§ 2255 Satz 2 BGB)[280].

---

274 Soergel/Harder § 2258 BGB Rz. 2ff.; Staudinger/Baumann [1996], § 2258 BGB Rz. 14f.

275 Soergel/Harder § 2254 BGB Rz. 3; Staudinger/Baumann [1996], § 2254 BGB Rz. 5.

276 Staudinger/Kanzleiter § 2289 BGB Rz. 3ff.

277 Voit in Dittmann/Reimann/Bengel, § 2255 Rz. 7ff.

278 Soergel/Harder § 2255 BGB Rz. 8ff.; Staudinger/Baumann [1996], § 2255 BGB Rz. 7ff.

279 Staudinger/Baumann [1996] § 2255 BGB Rz. 16ff.

280 Erman/M. Schmidt § 2255 BGB Rz. 7; Staudinger/Baumann [1996] § 2255 BGB Rz. 27.

390 Durch unfreiwilligen Untergang der Testamentsurkunde vor oder nach dem Tod des Erblassers wird die Wirksamkeit des Testaments nicht berührt. Da der Erblasser bei der Vornahme seiner Handlungen die Absicht zum Widerruf gehabt haben muß, genügt es nicht, daß er etwa nachträglich ein vernichtendes Geschehen oder eine Veränderungshandlung eines anderen billigt[281].

*e) Widerruf durch Rücknahme aus der amtlichen Verwahrung*

391 Die Rücknahme des öffentlichen Testaments aus der amtlichen Verwahrung gilt als Widerruf (§ 2256 BGB), nicht dagegen des hinterlegten eigenhändigen Testaments, das auch nach Rücknahme weiter wirksam bleibt.

392 Die Rückgabe der Testamentsurkunde kann der Erblasser jederzeit verlangen. Das Testament darf nur an den Erblasser persönlich zurückgegeben werden.

393 Beim Widerruf durch Rücknahme kommt es auf einen Widerrufswillen des Erblassers nicht an. Selbst ein entgegenstehender Wille des Erblassers kann die Widerrufswirkung nicht verhindern[282].

*f) Widerruf des Widerrufs*

394 Ein Widerrufstestament kann widerrufen werden (§ 2257 BGB). In diesem Fall gilt im Zweifel das frühere Testament, wie wenn es nicht aufgehoben worden wäre (§§ 2257, 2258 Abs. 2 BGB). Hat das das Widerrufstestament widerrufende Testament einen eigenen positiven Inhalt, so tritt das erste Testament insoweit nicht wieder in Kraft, als die positiven Bestimmungen des neuen (dritten) Testaments dem ersten widersprechen[283].

**Beispiel:**

Im ersten Testament ist A zum alleinigen Erben eingesetzt, in einem zweiten B und in einem dritten nunmehr C. Es gilt die Erbeinsetzung von C.

395 Ist ein Testament durch Vernichtung oder Veränderung der Urkunde oder durch Rücknahme aus amtlicher Verwahrung widerrufen worden, so kann dieser Widerruf nicht widerrufen werden, vielmehr muß das Testament neu errichtet werden.

### 2. Widerruf eines gemeinschaftlichen Testaments

*a) Gemeinsamer Widerruf*

396 Ein gemeinschaftliches Testament kann von den Ehegatten gemeinsam widerrufen werden, nämlich durch ein neues gemeinschaftliches Testament oder einen Erbvertrag, bei eigenhändigem gemeinschaftlichen Testament durch Zerstörung

---

281 BGH JZ 1951, 591; BGB-RGRK/Kregel, § 2255 BGB Rz. 3; Soergel/Harder, § 2255 BGB Rz. 11; MünchKomm/Burkart, § 2255 BGB Rz. 12; Palandt/Edenhofer, § 2255 BGB Rz. 10; Lange/Kuchinke, § 23 II 2c) (S. 396); Kipp/Coing, § 31 II 2 (S. 210); Staudinger/Baumann [1996] § 2255 BGB Rz. 18.

282 Soergel/Harder, § 2256 Rz. 5; Staudinger/Baumann [1996] § 2256 BGB Rz. 3ff.

283 Staudinger/Baumann [1996] § 2258 BGB Rz. 14f., 18.

oder sonstiges Ungültigmachen der Erklärung auf gemeinsamen **Beschluß**, bei öffentlichen Testamenten auch durch **gemeinsame Rücknahme aus der** amtlichen Verwahrung. An einen einzelnen Ehegatten darf das verwahrte gemeinschaftliche Testament nicht herausgegeben werden (§ 2272 BGB).

Jeder Ehegatte kann seine Verfügungen, die nicht wechselbezüglich sind, durch ein neues Testament widerrufen. Bei wechselbezüglichen Verfügungen (§ 2270 BGB) unterliegt der Widerruf durch den einzelnen Ehegatten jedoch Beschränkungen. *397*

*b) Form*

Zu Lebzeiten des anderen Ehegatten muß der Widerruf wechselbezüglicher Verfügungen in der Form der gerichtlich oder notariell beurkundeten Erklärung gegenüber dem anderen Ehegatten erfolgen (§§ 2271 Abs. 1 Satz 1, 2296 Abs. 2 BGB). Außerdem muß die Erklärung gegenüber dem Nachlaßgericht höchstpersönlich, sie darf nicht durch einen Vertreter abgegeben werden. *398*

Der in der Geschäftsfähigkeit beschränkte Erblasser bedarf nicht der Zustimmung seines gesetzlichen Vertreters (§ 2296 Abs. 1 BGB). *399*

Da die Widerrufserklärung dem anderen Ehegatten gegenüber abzugeben ist, muß diesem eine Ausfertigung der Widerrufsurkunde zugestellt werden; Zustellung einer beglaubigten Abschrift genügt nicht[284]. *400*

Der Widerrufende kann nicht anordnen, daß die Widerrufserklärung dem anderen erst nach seinem eigenen Tode zugestellt werden soll – ein solcher Widerruf wäre unzulässig[285]. Widerruft ein Ehegatte bei wechselbezüglichen Verfügungen seine Verfügungen oder sind sie nichtig, so hat der Widerruf oder die Nichtigkeit auch die Unwirksamkeit der wechselbezüglichen Verfügungen des anderen Ehegatten zur Folge (§ 2270 Abs. 1 BGB). Nach dem Tode des anderen Ehegatten kann der Überlebende nicht mehr widerrufen. Er kann seine Verfügungen nur aufheben, wenn er das ihm Zugewendete ausschlägt (§ 2271 Abs. 2 BGB).

### 3. Aufhebung und Rücktritt beim Erbvertrag

*a) Allgemeines*

Einseitige Verfügungen in einem Erbvertrag können von jedem Erbvertragspartner jederzeit abgeändert werden[286]. Im Erbvertrag kann ein Änderungsvorbehalt an das Vorliegen bestimmter Voraussetzungen geknüpft werden[287]. *401*

---

284 BGHZ 31, 5 (7); 36, 201 (203); vgl. BGHZ 48, 374 (378) = JZ 1968, 185 (186).

285 BGHZ 9, 233 (235) = NJW 1953, 938 = JZ 1953, 602 (603); Kipp/Coing, § 35 III 3a) (S. 227); Lange/Kuchinke, § 24 VI 2b) Fn. 151 (S. 427); BGB-RGRK/Johannsen, § 2271 BGB Rz. 6; Soergel/Wolf, § 2271 BGB Rz. 9; MünchKomm/Musielak, § 2271 BGB Rz. 9; Palandt/Edenhofer, § 2271 BGB Rz. 7.

286 J. Mayer in Dittmann/Reimann/Bengel, § 2271 BGB Rz. 3ff.

287 Zu Änderungsvorbehalt und Vertragsmäßigkeit der erbvertraglichen Verfügung Weiler, DNotZ 1994, 427; zu Abänderungs- und Rücktrittsvorbehalt in Erbverträgen Herlitz, MittRhNotK 1996, 153.

**Beispiel:**
Der Überlebende behält sich das Recht vor, die Schlußerbeneinsetzung abzuändern, falls einer der Abkömmlinge beim Tode des erstversterbenden Ehegatten den Pflichtteil geltend macht.

*402* Von vertragsmäßig, d.h. mit bindender Wirkung getroffenen Verfügungen kann sich der Erblasser zu Lebzeiten des Vertragsgegners auf folgende Weise befreien:
- durch beiderseitige Aufhebung,
- durch Anfechtung
- durch Rücktritt aufgrund Rücktrittsvorbehalts,
- durch einseitigen Rücktritt kraft Gesetzes.

Nach dem Tode des Vertragsgegners tritt an die Stelle des Rücktritts die Aufhebung durch Testament.

*b) Aufhebung durch Vertrag*

*403* Entsprechend den Regeln allgemeinen Vertragsrechts können die Wirkungen des Erbvertrags insgesamt oder auch einzelner Bestimmungen durch einen Aufhebungsvertrag beseitigt werden[288]. Der Aufhebungsvertrag muß zwischen denselben Personen geschlossen werden, die den Erbvertrag errichtet haben (§ 2290 Abs. 1 BGB).

*404* Wie beim Abschluß eines Erbvertrages ist es auch beim Aufhebungsvertrag erforderlich, daß der Erblasser persönlich mitwirkt[289]; er kann sich also nicht vertreten lassen. Ist der Erblasser in der Geschäftsfähigkeit beschränkt, so bedarf er nicht der Zustimmung seines gesetzlichen Vertreters (§ 2290 Abs. 2 BGB).

*405* Steht der nicht testierende Vertragspartner unter elterlicher Gewalt oder Vormundschaft, oder ist die Aufhebung des Erbvertrages vom Aufgabenkreis eines Betreuers erfaßt, so bedarf der Aufhebungsvertrag der Genehmigung des Vormundschaftsgerichts. Das gilt auch, wenn der Vertragsgegner unter elterlicher Gewalt steht, außer in dem Fall, in welchem der Vertrag unter Ehegatten oder unter Verlobten geschlossen wird (§ 2290 Abs. 3 BGB).

*406* Der Aufhebungsvertrag muß regelmäßig in der Form des Erbvertrages geschlossen werden, bedarf also der notariellen Beurkundung (§ 2290 Abs. 4 BGB). Davon gibt es zwei Ausnahmen:

*407* Der zwischen Ehegatten geschlossene Erbvertrag kann auch durch gemeinschaftliches Ehegattentestament aufgehoben werden[290]. Steht der Ehegatte, der nicht Erblasser, sondern Vertragsgegner ist, unter Vormundschaft, so ist auch hier die vormundschaftsgerichtliche Genehmigung nötig[291].

*408* Ein vertragsmäßiges Vermächtnis oder eine vertragsmäßige Auflage kann der Erblasser in jeder Testamentsform aufheben, wenn der Vertragsgegner zu-

---

[288] J. Mayer in Dittmann/Reimann/Bengel, § 2290 BGB Rz. 15ff.
[289] J. Mayer in Dittmann/Reimann/Bengel, § 2290 BGB Rz. 16.
[290] J. Mayer in Dittmann/Reimann/Bengel, § 2292 BGB Rz. 4ff.
[291] BGH NJW 1987, 901f.

stimmt[292]. In diesem Falle bedarf die Zustimmungserklärung des Vertragsgegners der gerichtlichen oder notariellen Form; die Zustimmungserklärung wird wirksam und unwiderruflich mit ihrem Zugang beim Erblasser (§ 2291 BGB).

Ein unter Vormundschaft, Betreuung oder elterlicher Gewalt stehender Vertragspartner benötigt die vormundschaftsgerichtliche Genehmigung im selben Umfang wie beim Aufhebungsvertrag. *409*

*c) Anfechtung*

Der überlebende Ehegatte kann seine eigenen erbvertraglichen Verfügungen oder seine eigenen wechselbezüglichen Verfügungen in einem gemeinschaftlichen Testament nach dem Tode des anderen Ehegatten anfechten (Selbstanfechtung gem. §§ 2281, 2078, 2079 BGB)[293]. Einseitige Verfügungen kann er wegen der Widerrufsmöglichkeit nicht anfechten *410*

Die Anfechtung führt zur völligen Nichtigkeit der voneinander abhängigen Verfügungen (§ 2270 Abs. 1 BGB). Daher werden mit der Anfechtung auch die Verfügungen des Erstversterbenden nichtig. Nur wenn anzunehmen ist, daß die Verfügungen des Erstversterbenden ohne Rücksicht auf das Bestehen der Verfügungen des Überlebenden fortgelten sollten, bleiben sie wirksam. *411*

*d) Rücktritt*

aa) Rücktrittsvorbehalt

Hat der Erblasser sich im Erbvertrag den Rücktritt vorbehalten, so kann er einseitig den Rücktritt vom Erbvertrag erklären[294]. Der Rücktritt muß höchstpersönlich erklärt werden. Ist der Erblasser in der Geschäftsfähigkeit beschränkt, bedarf er nicht der Zustimmung seines gesetzlichen Vertreters. *412*

Die Rücktrittserklärung bedarf der notariellen Beurkundungsform und muß dem Vertragsgegner in Ausfertigung zugehen (§ 2296 BGB)[295]. *413*

Ein Rücktrittsvorbehalt ist dringend zu empfehlen bei Erbverträgen zwischen Nichtverheirateten. Zerbricht die Lebensgemeinschaft, Partnerschaft oder Freundschaft, so bleibt die erbvertragliche Bindung auch gegen den Willen eines der Erbvertragspartner bestehen, da die §§ 2279, 2077 BGB keine Anwendung finden. *414*

Das vorbehaltene Recht zum Rücktritt erlischt beim zweiseitigen Erbvertrag mit dem Tod des anderen Vertragsteils (§ 2298 Abs. 2 Satz 2 BGB). *415*

Entsprechend der Widerrufsregelung für wechselbezügliche gemeinschaftliche Ehegattentestamente in § 2271 Abs. 2 BGB kann jedoch der Überlebende seine vertraglichen Verfügungen dann einseitig aufheben, wenn er das ihm Zugewandte ausschlägt (§ 2298 Abs. 2 Satz 3 BGB). Ist nichts zugewandt, besitzt er diese Auf- *416*

---

292 J. Mayer in Dittmann/Reimann/Bengel, § 2291 BGB Rz. 4ff.

293 J. Mayer in Dittmann/Reimann/Bengel, § 2281 BGB Rz. 1ff.

294 Ausführlich dazu Herlitz, MittRhNotK 1996, 153.

295 J. Mayer in Dittmann/Reimann/Bengel, § 2296 BGB Rz. 7ff.

hebungsmöglichkeit nicht[296]. Zuwendungen aus nicht vertragsmäßigen, vielmehr einseitigen Verfügungen braucht der Überlebende nicht auszuschlagen[297].

bb) Gesetzliches Rücktrittsrecht

417 In zwei Fällen kann der Erblasser zu Lebzeiten des Vertragsgegners auch ohne Rücktrittsvorbehalt einseitig von einer vertragsmäßigen Verfügung zurücktreten:

- Wenn sich der Bedachte einer Verfehlung schuldig macht, die den Erblasser zur Pflichtteilsentziehung berechtigt, oder falls der Bedachte nicht zu den Pflichtteilsberechtigten gehört, zur Pflichtteilsentziehung berechtigen würde, wenn der Bedachte ein Abkömmling des Erblassers wäre (§ 2294 BGB)[298];
- wenn Grund für die vertragsmäßige Verfügung des Erblassers eine rechtsgeschäftliche Verpflichtung des Bedachten war, an den Erblasser für dessen Lebenszeit wiederkehrende Leistungen zu entrichten, insbesondere Unterhalt zu gewähren, und die Verpflichtung des Bedachten vor dem Tode des Erblassers aufgehoben wird (§ 2295 BGB)[299].

418 Auch der gesetzlich begründete Rücktritt muß durch notariell beurkundete Erklärung ausgeübt und dem Vertragspartner in Ausfertigung zugestellt werden.

cc) Rücktritt durch Testament

419 Nach dem Tode des Vertragsgegners kann der Erblasser seine vertragsmäßigen Verfügungen dann aufheben, wenn und soweit ihm zu Lebzeiten des Vertragsgegners ein Rücktrittsrecht zustand. Beruhte das Rücktrittsrecht auf einem Pflichtteilsentziehungsgrund, so müssen in dem Aufhebungstestament die Formen für die Pflichtteilsentziehung eingehalten werden (§ 2297 BGB; vgl. § 2336 BGB).

## IX. Erbeinsetzung

### 1. Vollerbeneinsetzung

*a) Bezeichnung des oder der Erben*

420 Jeder Erblasser hat – auch ohne entsprechende letztwillige Verfügung – einen oder mehrere Erben als Gesamtrechtsnachfolger. Wichtigstes Gestaltungsmittel einer Verfügung von Todes wegen ist die Bestimmung des oder der Erben. Aus notariell beurkundeten letztwilligen Verfügungen sollte sich bei sachgerechter Gestaltung immer eindeutig entnehmen lassen, ob eine Erbeinsetzung gewollt ist. Bei eigenhändigen Testamenten bestehen häufig Auslegungsprobleme, da viele Erblasser die Erbschaft bezüglich bestimmter Vermögensgegenstände anordnen,

[296] Staudinger/Kanzleiter, § 2298 BGB Rz. 17; BGB-RGRK/Kregel, § 2298 BGB Rz. 5; Palandt/Edenhofer, § 2298 BGB Rz. 4.

[297] Lange/Kuchinke, § 25 VII 5, Fn. 261 (S. 480).

[298] J. Mayer in Dittmann/Reimann/Bengel, § 2294 BGB Rz. 2ff.

[299] J. Mayer in Dittmann/Reimann/Bengel, § 2295 BGB Rz. 3ff.

weil sie nicht wissen, daß eine gegenständliche Erbeinsetzung mit dem Prinzip der Gesamtrechtsnachfolge nicht zu vereinbaren ist[300].

*b) Auslegungsregeln bei ungenauer Erbeinsetzung[301]*

aa) Zuwendung des ganzen Vermögens oder von Vermögensbruchteilen

Wendet der Erblasser sein ganzes Vermögen oder einen Vermögensbruchteil (Quote) und nicht bestimmte einzelne Gegenstände zu, so ist der Bedachte grundsätzlich als Erbe anzusehen, auch wenn er nicht als solcher bezeichnet ist (§ 2087 Abs. 1 BGB). Im Wege der Auslegung kann sich aber auch ergeben, daß der Erblasser dem Bedachten den Bruchteil nicht als Gesamtrechtsnachfolger, sondern über einen schuldrechtlichen Vermächtnisanspruch zuwenden wollte[302]. *421*

bb) Zuwendung einzelner Gegenstände

Wendet der Erblasser nur einzelne Gegenstände zu, so ist der Bedachte als Vermächtnisnehmer anzusehen (§ 2087 Abs. 2 BGB)[303]. Der Vermächtnisnehmer hat nur einen Anspruch auf Herausgabe der ihm zugewandten Nachlaßgegenstände gegen den Beschwerten. *422*

Wendet der Erblasser in seiner letztwilligen Verfügung zwar einzelne Vermögensgegenstände zu, machen diese aber nach seiner Vorstellung im Zeitpunkt der Testamentserrichtung praktisch sein gesamtes Vermögen aus, so liegt trotz Zuwendung einzelner Gegenstände Erbeinsetzung vor. Das gilt erst recht, wenn der Erblasser sein ganzes Vermögen nach Vermögensgruppen statt nach Bruchteilen verteilt hat. Die Bedachten sind dann nach dem Verhältnis der Werte der ihnen zugewandten Vermögensteile als Erben zu behandeln[304]. Problematisch ist, welcher Zeitpunkt für die Ermittlung der Werte, also die Ermittlung der Erbquote, zugrunde zu legen ist. In der Praxis werden i.d.R. die Werte im Zeitpunkt des Erbfalls ermittelt, obwohl – da auf den Willen des Erblassers im Zeitpunkt der Errichtung seiner Verfügung von Todes wegen abzustellen ist – für die Erbquotenermittlung grundsätzlich auf die Wertvorstellungen des Erblassers im Zeitpunkt der Errichtung seiner Verfügung von Todes wegen abzustellen ist. Die Zuwendung einzelner Vermögensgegenstände oder Vermögensgruppen bedeutet in *423*

[300] Dazu Otte, NJW 1987, 3164ff. Die Zweckmäßigkeit der Gesamtrechtsnachfolge kann in unserer Rechtsordnung nicht ernsthaft infrage gestellt werden, da die Zulassung einer gegenständlichen Erbeinsetzung die gesamte Erbrechtssystematik (z.B. Erbengemeinschaft, Haftung für Nachlaßverbindlichkeiten) verändern würde, ohne irgendwelche Vorteile für die Dogmatik, die Gestaltungspraxis oder die Rechtsanwendung zu bringen; daher völlig abwegig Schrader, NJW 1987, 117.

[301] Eine vollständige Zusammenstellung der gesetzlichen Auslegungsregeln für letztwillige Verfügungen von Todes wegen findet sich bei Staudinger/Otte [1996] Vorbem. zu §§ 2064ff. Rz. 117.

[302] Staudinger/Otte [1996] § 2087 BGB Rz. 2.

[303] Soergel/Loritz § 2087 BGB Rz. 17; Staudinger/Otte [1996] § 2087 BGB Rz. 18ff.

[304] OLG Köln DNotZ 1992, 133.

solchen Fällen grundsätzlich Teilungsanordnung, nur in Ausnahmefällen Vorausvermächtnis.

cc) Nicht erschöpfende Erbeinsetzung

424 Hat der Erblasser Erben eingesetzt, die Erbeinsetzung aber auf Bruchteile der Erbschaft beschränkt, welche die ganze Erbschaft nicht erschöpfen, so tritt hinsichtlich des nicht vergebenen Restes gesetzliche Erbfolge ein (§ 2088 BGB).

Das geschieht nicht, wenn in Wirklichkeit erweislich der Erblasser die eingesetzten Erben zu seinen Alleinerben berufen wollte. Läßt sich das feststellen, so erhöhen sich die das Ganze nicht erschöpfenden Bruchteile verhältnismäßig (§ 2089 BGB).

dd) Den Nachlaß übersteigende Vergabe

425 Übersteigen die Bruchteile der eingesetzten Erben das Ganze, so vermindern sich die Bruchteile verhältnismäßig (§ 2090 BGB).

ee) Unbestimmte Erbteile

426 Hat der Erblasser mehrere Erben eingesetzt, ohne die Erbteile zu bestimmen, so ist davon auszugehen, daß die Erben zu gleichen Teilen eingesetzt sind, sofern sich nicht aus den Auslegungsregeln über die Berufung gesetzlicher Erben, Verwandter, Kinder oder Abkömmlinge des Erblassers (§§ 2066–2069 BGB) etwas anderes ergibt.

ff) Teilweise Einsetzung auf Bruchteile

427 Sind einige Erben auf Bruchteile, andere ohne Bruchteile eingesetzt, so erhalten die Letzteren den Teil, der nach Abzug der bestimmten Bruchteile übrig bleibt. Erschöpfen in einem solchen Fall die bestimmten Bruchteile die Erbschaft, so tritt eine verhältnismäßige Minderung der Bruchteile in der Weise ein, daß jeder der ohne Bruchteile eingesetzten Erben soviel erhält wie der mit dem geringsten Bruchteil bedachte Erbe (§ 2092 BGB).

gg) Gemeinschaftlicher Erbteil

428 Sind mehrere Erben zusammen auf einen und denselben Bruchteil der Erbschaft eingesetzt, so folgt die Verteilung dieses Erbteils unter ihnen nach denselben Grundsätzen wie die Verteilung der Erbschaft unter mehreren Erben – die erörterten Vorschriften der §§ 2089-2092 BGB finden entsprechende Anwendung (§ 2093 BGB).

*c) Wegfall eines Erben*

429 Wollte der Erblasser seine gesamte Erbschaft nur an die von ihm eingesetzten Erben vergeben, so ist diesem Willen des Erblassers zu entnehmen, daß er bei Wegfall eines der eingesetzten Erben dessen Erbteil ebenfalls den übrigen zukommen lassen wollte. Dem trägt § 2094 BGB Rechnung, indem er bestimmt, daß der

Erbteil des Weggefallenen den übrigen eingesetzten Erben nach dem Verhältnis ihrer Erbteile anwächst. Sind mehrere Miterben auf einen gemeinschaftlichen Erbteil eingesetzt, so gilt das Anwachsungsprinzip auch unter ihnen, wenn einer von ihnen wegfällt. Hat der Erblasser nur einen Teil der Erbschaft vergeben, so tritt die Anwachsung beim Wegfall eines Miterben nur ein, wenn dieser mit den übrigen auf einen gemeinschaftlichen Erbteil eingesetzt ist (§ 2094 Abs. 2 BGB).

Der Erblasser kann die Anwachsung durch letztwillige Verfügung ausschließen *430* (§ 2094 Abs. 3 BGB); der Ausschluß kann sich auch durch Auslegung der letztwilligen Verfügung ergeben. Ist ein Ersatzerbe nicht bestimmt, so tritt für den freigewordenen Teil des Weggefallenen die gesetzliche Erbfolge ein.

Für die Frage der Annahme und Ausschlagung gelten der ursprüngliche Erbteil *431* und der angewachsene als ein Erbteil, für die Belastung mit Vermächtnissen und Auflagen und die Beschwerung mit Ausgleichspflichten werden sie dagegen als selbständige Erbteile behandelt (§ 2095 BGB; vgl. die entsprechende Regelung bei der gesetzlichen Erbfolge in § 1935 BGB).

Eine Anwachsung erfolgt nicht bei einer Ersatzerbenbestimmung, auch nicht *432* soweit die Ersatzerben mit Auslegungsregeln (§§ 2068, 2069 BGB) ermittelt werden. Das Recht des Ersatzerben geht dem Anwachsungsrecht vor (§ 2099 BGB).

**2. Ersatzerbenbestimmung**

Ein eingesetzter Erbe kann vor oder nach dem Eintritt des Erbfalls wegfal- *433* len[305], z.B. durch Vorversterben oder durch Ausschlagung der Erbschaft. Nach § 2096 BGB kann der Erblasser für den Fall, daß ein Erbe vor oder nach dem Eintritt des Erbfalls wegfällt, einen anderen ersatzweise als Erben einsetzen (den „Ersatzerben"). Ersatzerben können auch anstelle von wegfallenden Vor- und Nacherben[306] benannt werden.

Ist jemand für den Fall, daß der zunächst berufene Erbe nicht Erbe sein kann *434* (z.B. weil er vorverstorben ist) oder für den Fall, daß er nicht Erbe sein will (z.B. im Falle der Erbausschlagung), als Ersatzerbe eingesetzt, so ist anzunehmen, daß er für beide Fälle eingesetzt ist (§ 2097 BGB).

Sind mehrere Erben füreinander oder für einen Erben die anderen als Ersatz- *435* erben eingesetzt, so ist im Zweifel anzunehmen, daß die Ersatzerben als solche nach dem Verhältnis ihrer Erbteile eingesetzt sind (§ 2098 Abs. 1 BGB). Sind die Erben gegenseitig als Ersatzerben eingesetzt, so gehen Erben, die auf einen gemeinschaftlichen Erbteil eingesetzt sind, im Zweifel als Ersatzerben für diesen Erbteil den anderen vor (§ 2098 Abs. 2 BGB).

Hat der Erblasser Abkömmlinge zu Erben eingesetzt, so sind nach der gesetz- *436* lichen Auslegungsregel des § 2069 BGB deren Abkömmlinge im Zweifel Ersatzerben. Zumindest wenn der Erblasser keine Abkömmlinge zu Erben eingesetzt hat, sollte eine eindeutige Ersatzerbenbestimmung getroffen werden. Bei jeder

---

305 Dazu Nieder, ZEV 1996, 241, 242.

306 Erman/Schlüter, § 2096 BGB Rz. 5; J. Mayer, MittBayNot 1992, 111.

Ersatzerbenbestimmung bei der nicht die Abkömmlinge des weggefallenen Erben zu Ersatzerben bestimmt werden, sollte vorsorglich klargestellt werden, ob die Ersatzerbenbestimmung auch entgegen der Auslegungsregel des § 2069 BGB gilt[307].

### 3. Vor- und Nacherbeinsetzung

#### *a) Allgemeines*

*437* Die Vor- und Nacherbschaft wird in ihrer Kompliziertheit meist unterschätzt. Jede Gestaltung einer Vor- und Nacherbschaft setzt zumindest Kenntnisse über die gesetzlichen Regelungen zu den Verfügungsbefugnissen bzw. -beschränkungen und Befreiungsmöglichkeiten des Vorerben, der Lastenverteilung zwischen Vor- und Nacherben, der Nacherbenanwartschaften und der dinglichen Surrogation bei Verfügungen des Vorerben voraus. Damit sind nur die elementaren Grundfragen einer Vor- und Nacherbengestaltung angesprochen.

*438* Häufig wird der mit dem zu trennenden Nachlaß verbundene Verwaltungsaufwand des Vorerben nicht erkannt. Der juristische Laie meint mit Nacherbeneinsetzungen nach seinem Ehegatten oft bloße Schlußerbenbestimmungen des Längstlebenden.

*439* Für den sachkundigen Berater kann die Vor- und Nacherbschaft bei sorgfältiger Handhabung und entsprechender Interessenlage ein geeignetes Gestaltungsinstrument sein.

#### *b) Bedeutung der Vor- und Nacherbschaft*

*440* „Der Erblasser kann einen Erben in der Weise einsetzen, daß dieser erst Erbe wird, nachdem zunächst ein anderer Erbe geworden ist (Nacherbe)" (so § 2100 BGB). Der zunächst berufene Erbe ist damit der „Vorerbe"; derjenige, der nach ihm Erbe desselben Nachlasses wird, ist der „Nacherbe". Beide – Vor- und Nacherbe – sind demnach (auflösend oder aufschiebend bedingte oder befristete) Erben desselben Erblassers[308]; der Nacherbe ist also nicht etwa Erbe des Vorerben.

*441* Bei der Erbengemeinschaft stehen mehrere Erben (die „Miterben") **nebeneinander**; bei der Ersatzerbfolge ist **entweder** der eine **oder** der andere Erbe – der Ersatzerbe wird nur Erbe, wenn der zunächst Berufene nicht Erbe wird. Bei Vor- und Nacherbschaft sind beide Berufenen – Vorerbe und Nacherbe – Erben, sie folgen nur **nacheinander**. Der Vorerbe ist Erbe auf Zeit, gegebenenfalls auf Lebenszeit.

*442* Der Erblasser kann auch mehrere Vorerben oder mehrere Nacherben nebeneinander einsetzen[309].

---

[307] Dazu BayObLG ZEV 1995, 25; J. Mayer, MittBayNot 1994, 111, 112.

[308] Zawar, DNotZ 1986, 515.

[309] Vgl. dazu auch LG Köln MittRhNotK 1988, 21.

*c) Anordnung einer Vor- und Nacherbschaft*

Der Erblasser muß sowohl die Personen der Vor- und Nacherben als auch den Zeitpunkt des Nacherbfalls bestimmen. Die Bestimmung des Zeitpunkts des Nacherbfalls kann der Erblasser ebensowenig wie die Erbeinsetzung Dritten überlassen[310]. Hat der Erblasser den Zeitpunkt des Eintritts der Nacherbfolge nicht bestimmt, so wird nach § 2106 BGB vermutet, daß der Nacherbfall mit dem Tode des Vorerben eintreten soll. *443*

Es ist nicht erforderlich, daß der berufene Nacherbe z.Z. des Erbfalls bereits lebt oder erzeugt ist (vgl. § 2101 BGB); der Nacherbe muß nur z.Z. des **Nacherbfalls** bereits erzeugt sein (§§ 2108 Abs. 1, 1923 BGB). *444*

Das Gesetz beschränkt den Zeitraum, für welchen Nacherbfolge angeordnet werden kann, auf 30 Jahre. Ist 30 Jahre nach dem Erbfall der Nacherbfall nicht eingetreten, so wird die Nacherbeneinsetzung unwirksam (§ 2109 Abs. 1 Satz 1 BGB). Hierzu gelten zwei Ausnahmen: *445*

- Die Nacherbfolge ist für den Fall angeordnet, daß bei einer natürlichen Person als Vorerben oder als Nacherben ein bestimmtes Ereignis eintritt und derjenige, in dessen Person das Ereignis eintreten soll, zur Zeit des Erbfalls lebt (**Beispiele:** Tod des Vorerben, Wiederverheiratung des Vorerben, Ergreifung eines bestimmten Berufs, Erreichung eines gewissen Alters des Nacherben);
- Dem Vorerben oder einem Nacherben wird ein Bruder oder eine Schwester geboren, der bzw. die als Nacherbe bestimmt ist (§ 2109 Abs. 1 Satz 2 BGB).

In beiden Ausnahmefällen gilt die 30-Jahresfrist nicht. Damit gilt die zeitliche Beschränkung insbesondere nicht in dem in der Praxis wichtigsten Fall, daß der Vorerbe auf Lebenszeit eingesetzt ist.

Der Eintritt des Nacherbfalls kann durch eine Befristung oder Bedingung bestimmt sein. *446*

Bei einer Befristung hängt der Nacherbfall von einem Ereignis ab, dessen Eintritt sicher ist, auch wenn der Zeitpunkt noch unbekannt ist. Darunter fällt z.B. auch der Tod des Vorerben.

Bei einer Bedingung hängt der Nacherbfall von einem Ereignis ab, dessen Eintritt ungewiß ist
(**Beispiel**: Einsetzung des überlebenden Ehegatten zum Vorerben mit der Bestimmung, daß der Nacherbfall bei seiner Wiederverheiratung eintreten soll).

Der Erblasser kann auch mehrere hintereinandergeschaltete Nacherbfälle (gestaffelte Nacherbfolge) anordnen. *447*

Der Erblasser kann einen Ersatznacherben berufen für den Fall, daß der Nacherbe die Erbschaft nicht antreten kann oder will. *448*

---

[310] BGHZ 15, 199 (200).

*d) Auslegungsregeln*

aa) Allgemeines

449 Auch für Vor- und Nacherbschaft bestimmt das Gesetz Auslegungsregeln für den Fall, daß die Anordnungen des Erblassers unvollständig sind und sich ein anderweitiger Wille nicht ermitteln läßt.

bb) Nacherbe und Ersatzerbe

450 Die Einsetzung als Nacherbe enthält im Zweifel auch die Einsetzung als Ersatzerbe, nicht aber umgekehrt. Ist zweifelhaft, ob jemand als Ersatzerbe oder als Nacherbe berufen ist, so gilt er nur als Ersatzerbe (§ 2102 BGB).

cc) Fehlende Nacherbenbenennung

451 Hat der Erblasser nicht bestimmt, wer die Erbschaft als Dritter erhalten soll, so wird angenommen, daß diejenigen als Nacherben eingesetzt sind, welche die gesetzlichen Erben des Erblassers wären, wenn der Erblasser im Herausgabezeitpunkt gestorben wäre (§ 2104 BGB)[311].

dd) Fehlende Vorerbenbenennung

452 Die gesetzlichen Erben werden als Vorerben vermutet, wenn der Erblasser den Vorerben nicht benannt, sondern nur den Nacherben bestimmt hat (§ 2105 BGB).

ee) Fehlende Bestimmung des Eintritts des Nacherbfalls

453 Hat der Erblasser zwar einen Nacherben eingesetzt, aber nicht bestimmt, wann die Nacherbfolge eintreten soll, so gilt als Nacherbfall der Tod des Vorerben (§ 2106 Abs. 1 BGB).

ff) Einsetzung einer nicht erzeugten Person

454 Hat der Erblasser eine zur Zeit des Erbfalls noch nicht erzeugte Person als Erbe eingesetzt, so ist im Zweifel anzunehmen, daß sie als Nacherbe eingesetzt ist. Entspricht das nicht dem Willen des Erblassers, so ist die Erbeinsetzung unwirksam (§ 2101 BGB); entsprechendes gilt für die Einsetzung einer juristischen Person, die erst nach dem Erbfall zur Entstehung gelangt (§ 2101 Abs. 2 BGB).

Ist eine noch nicht erzeugte natürliche Person oder eine noch nicht entstandene juristische Person als Nacherbe anzusehen, so tritt der Nacherbfall ein, wenn die nicht erzeugte Person geboren wird bzw. die nicht entstandene juristische Person entsteht (§ 2106 Abs. 2 BGB).

---

[311] Über das Verhältnis des § 2104 BGB zu § 2142 Abs. 2 BGB Coing, NJW 1975, 521ff.; vgl. BGH JR 1986, 373ff. mit Anm. Damrau.

gg) Kinderloser Vorerbe

Setzt der Erblasser einen Abkömmling, der z.Z. der Errichtung der letztwilligen Verfügung seinerseits keinen Abkömmling hat oder von dem der Erblasser zu dieser Zeit nicht weiß, daß er einen Abkömmling hat, zum Vorerben ein mit der Maßgabe, daß der Nacherbfall mit dem Tod des Vorerben eintreten soll, so ist anzunehmen, daß der vom Erblasser eingesetzte Nacherbe nur für den Fall eingesetzt ist, daß der als Vorerbe eingesetzte Abkömmling ohne Nachkommenschaft stirbt (§ 2107 BGB). *455*

*e) Vererblichkeit der Nacherbenanwartschaftsrechte*

Mit dem Erbfall erlangt der Nacherbe ein Anwartschaftsrecht. Dieses ist aber nicht immer vererblich[312]. Das Gesetz unterscheidet die Fälle der Abhängigkeit des Eintritts der Nacherbfolge von einer Befristung (Ereignis, dessen Eintritt gewiß ist) oder von einer Bedingung (Ereignis, dessen Eintritt ungewiß ist). *456*

Ist der Eintritt der Nacherbfolge befristet, so ist die Nacherbenanwartschaft vererblich, wenn der Nacherbe den Erbfall erlebt, aber vor Eintritt des Nacherbfalls verstirbt (§ 2108 Abs. 2 Satz 1 BGB). Die Übertragbarkeit und die Vererblichkeit kann testamentarisch ausgeschlossen werden. *457*

Hängt der Nacherbfall vom Eintritt einer Bedingung ab (wie z.B. der Wiederverheiratung des überlebenden Ehegatten als Vorerben), so muß der Nacherbe auch den Eintritt des Nacherbfalls erleben; stirbt er vorher, so vererbt er seine Anwartschaft nicht; statt an seine Erben fällt sie evtl. Ersatznacherben zu (§§ 2108 Abs. 2 Satz 2, 2074 BGB). Auch hier kann der Erblasser Abweichendes bestimmen. *458*

Die Vererblichkeit der Nacherbenanwartschaft sollte – um Auslegungsprobleme zu vermeiden – immer ausdrücklich geregelt werden. In der Verfügung von Todes wegen kann entweder angeordnet werden: „Die Nacherbenanwartschaft ist nicht vererblich", oder: „Die Nacherbenanwartschaft ist nur vererblich an ... (z.B. Abkömmlinge des Nacherben)"[313]. *459*

*f) Wirkung der Vor- und Nacherbschaft*

aa) Allgemeines

Grundgedanke des Instituts der Vor- und Nacherbschaft ist, daß der Vorerbe auf die Dauer der Zeit der Vorerbschaft zwar Herr des Nachlasses ist und die Nutzungen daraus zieht, aber die Substanz des Nachlasses bei Eintritt des Nacherbfalls herausgeben muß; die bis dahin gezogenen Nutzungen behält der Vorerbe. *460*

Die Stellung des Vorerben ähnelt teilweise der eines Nießbrauchers[314]. Allerdings wird der Vorerbe Eigentümer, bzw. Rechtsinhaber der Nachlaßgegenstände

---

[312] Dazu Musielak, ZEV 1995, 5.

[313] J. Mayer, MittBayNot 1994, 111 (114).

[314] Ausführlich hierzu Schlieper, MittRhNotK 1995, 249ff.

und ist nach § 2112 BGB grundsätzlich auch zur Verfügung über die zur Vorerbschaft gehörenden Gegenstände befugt.

*461* Das Vermögen der Vorerbschaft bleibt aber ein vom Vermögen des Vorerben zu trennendes Sondervermögen, dessen Erhalt für den Nacherben durch die dingliche Surrogution gemäß § 2111 BGB und die Verfügungsbeschränkungen und Verwaltungspflichten (§§ 2113ff. BGB) geschützt wird.

*462* Das Vermögen der Vorerbschaft wird zugunsten der Nacherben gemäß § 2115 BGB, § 773 ZPO, § 83 Abs. 2 InsO vor Vollstreckungsmaßnahmen der Eigengläubiger des Vorerben wegen Geldforderungen, die gegen den Vorerben gerichtet sind, geschützt. Durch Pfändung und Beschlagnahme begründete Sicherungsrechte sind zwar zunächst wirksam, unterliegen aber einem Verwertungsverbot und werden mit Eintritt des Nacherbfalls unwirksam.

bb) Surrogation

*463* Zum Bestandschutz des Nachlasses gilt das Surrogationsprinzip: Zum Nachlaß gehört auch, was der Vorerbe aufgrund eines zum Nachlaß gehörenden Rechts oder als Ersatz für die Zerstörung, Beschädigung oder Entziehung eines Nachlaßgegenstandes erwirbt.

Weiterhin gehört zum Nachlaß, was der Vorerbe durch Rechtsgeschäft mit Mitteln des Nachlasses erwirbt (§ 2111 BGB). Erwirbt der Vorerbe Gegenstände teilweise mit Nachlaßmitteln, z.B. ein Hausgrundstück, dann gehört das Hausgrundstück anteilig zum Nachlaß[315].

*464* Diese „dingliche Surrogation“[316] kann vom Erblasser nicht abbedungen werden. Sie gilt insbesondere auch bei befreiter Vorerbschaft.

*465* Die Nutzungen des Nachlasses gehören dem Vorerben. Das mit Nutzungen Erworbene fällt also nicht unter die Surrogation.

Mieteinkünfte, Zinsen, Gewinnanteile eines zum Nachlaß gehörenden Unternehmens oder einer Unternehmensbeteiligung, Dividenden gebühren demnach dem Vorerben. Dagegen gehören Bezugsrechte auf neue Aktien, auch die neuen Anteilsrechte eines Aktionärs aufgrund einer Kapitalerhöhung aus Gesellschaftsmitteln zum Nachlaß[317].

Für die zeitliche Verteilung der Nutzungen beim Ende der Vorerbschaft gelten die allgemeinen Vorschriften des § 101 BGB.

cc) Kosten- und Lastentragung

*466* Da der Vorerbe die Nutzungen der Erbschaft zieht, fallen ihm auch die gewöhnlichen Kosten der Erhaltung der Nachlaßgegenstände zur Last (§ 2124

---

[315] BGH NJW 1977, 1631f. = JZ 1977, 649f.; m. krit. Anm. Peters, NJW 1977, 2075.

[316] Dazu Roggendorf, MittRhNotK 1981, 29ff.

[317] OLG Bremen, DB 1970, 1436; BGB-RGRK/Johannsen, § 2111 BGB Rz. 12; Staudinger/Behrends [1996], § 2111 BGB Rz. 39; MünchKomm/Grunsky, § 2111 BGB Rz. 19; Soergel/Harder, § 2111 BGB Rz. 13; Palandt/Edenhofer, § 2111 BGB Rz. 7.

Abs. 1 BGB). Außergewöhnliche Erhaltungskosten, die der Vorerbe den Umständen nach für erforderlich halten durfte, darf er aus der Erbschaft bestreiten; hat er sie aus seinem Vermögen getragen, so hat er im Falle des Eintritts der Nacherbfolge einen Ersatzanspruch gegen den Nacherben (§ 2124 Abs. 2 BGB).

Der Ersatz von Verwendungen, die nicht Erhaltungskosten sind, richtet sich nach den Vorschriften über die Geschäftsführung ohne Auftrag (§ 2125 Abs. 1 BGB).

Auch die Lasten des Nachlasses trägt im allgemeinen der Vorerbe für die Dauer seines Rechts. Dagegen werden außerordentliche Lasten, die auf den Stammwert der Erbschaftsgegenstände gelegt sind, wie außerordentliche Erhaltungskosten der Erbschaft behandelt (§ 2126 BGB). *467*

**Beispiele:**

Rückzahlung eines Hypothekendarlehns; Beiträge zum Straßenbau für Nachlaßgrundstücke.

Hat der Vorerbe zum Nachlaß gehörende Sachen mit einer Einrichtung versehen, so ist er berechtigt, die Einrichtung wegzunehmen (§ 2125 Abs. 2 BGB). *468*

dd) Rechtsstellung des Vorerben

(1) Grundsätzliches

Grundsätzlich kann der Vorerbe über die Nachlaßgegenstände verfügen (§ 2112 BGB). Damit der Vorerbe die Substanz des Nachlasses nicht beeinträchtigt, sieht das Gesetz Verfügungsbeschränkungen und Verwaltungspflichten des Vorerben und Mitverwaltungsrechte sowie Kontroll- und Sicherungsrechte des Nacherben vor. *469*

Von den meisten Beschränkungen kann der Erblasser den Vorerben befreien („befreite Vorerbschaft“)[318]. Der Erblasser kann aber auch dem Vorerben noch weitergehende Verfügungsbeschränkungen und Verpflichtungen auferlegen, als sie das Gesetz vorsieht. Insbesondere durch Anordnung einer Testamentsvollstreckung kann der Erblasser die Verwaltungs- und Verfügungsbefugnisse des Vorerben vollständig aufheben, so daß diesem nur die Nutzungen verbleiben. *470*

Sind aufgrund der nachstehend erörterten Beschränkungen Verfügungen des Vorerben unwirksam, ist die Unwirksamkeit eine absolute, d.h., jedermann kann sich auf die Unwirksamkeit berufen (nicht nur der Nacherbe). Die Verfügungen des Vorerben sind bzw. werden wirksam, wenn der Nacherbe zustimmt. *471*

(2) Unentgeltliche Verfügungen des Vorerben

Die wichtigste Verfügungsbeschränkung betrifft unentgeltliche Verfügungen[319]. Diese sind im Falle des Eintritts der Nacherbfolge unwirksam, soweit sie das Recht des Nacherben vereiteln oder beeinträchtigen würden (§ 2113 Abs. 2 *472*

[318] J. Mayer, ZEV 2000, 1ff.

[319] Zur Befugnis des Vorerben unentgeltlich über Nachlaßgegenstände zu verfügen Heider, ZEV 1995, 1.

Satz 1 BGB). Bezüglich unentgeltlicher Verfügungen kann der Erblasser den Vorerben nicht befreien.

Ausgenommen von dieser Verfügungsbeschränkung sind sogenannte Pflicht- und Anstandsschenkungen (§ 2113 Abs. 2 Satz 2 BGB).

Zu den dem Nacherben gegenüber unwirksamen Schenkungen gehören auch gemischte Schenkungen, bei denen zum Teil unentgeltlich zum Teil entgeltlich verfügt wird.

Der BGH hat bei der Veräußerung von Nachlaßgegenständen durch den Vorerben gegen eine Leibrente die Zulässigkeit bejaht[320].

Hat der Vorerbe als Gesellschafter einer Änderung des Gesellschaftsvertrages zugestimmt, so bedeutet die Mitwirkung an der Gesellschaftsvertragsänderung in der Regel keine unentgeltliche Verfügung, wenn die Vertragsänderung alle Gesellschafter gleichmäßig betrifft oder der Vorerbe zwar belastet wird, dies aber die Konzession für zusätzliche Leistungen der Mitgesellschafter im Sinne der Erhaltung oder Stärkung des Gesellschaftsunternehmens ist[321].

(3) Weitere Verfügungsbeschränkungen

*473* Die Verfügungen des Vorerben über ein zum Nachlaß gehörendes Grundstück oder Recht an einem Grundstück oder über ein zum Nachlaß gehörendes eingetragenes Schiff oder Schiffsbauwerk sind im Fall des Eintritts der Nacherbfolge insoweit unwirksam, als sie das Recht des Nacherben vereiteln oder beeinträchtigen würden (§ 2113 Abs. 1 BGB). Der Nacherbenvermerk wird zum Schutz gegen einen gutgläubigen Erwerb eines Dritten im Grundbuch eingetragen (§ 51 GBO).

*474* Kündigt der Vorerbe eine zum Nachlaß gehörende Hypothekenforderung oder Grundschuld und stimmt der Nacherbe einer Auszahlung des Kapitals an den Vorerben nicht zu, so kann der Vorerbe nur Hinterlegung für ihn und den Nacherben verlangen (§ 2114 BGB).

*475* Zum Nachlaß gehörende Inhaberpapiere oder Schuldverschreibungen auf den Inhaber hat der Vorerbe auf Verlangen des Nacherben zu hinterlegen. Er kann über die hinterlegten Papiere nur mit Zustimmung des Nacherben verfügen (§ 2116 BGB).

*476* Dauernd anzulegendes Geld darf der Vorerbe nur nach den für die Anlegung von Mündelgeld geltenden Vorschriften anlegen (§ 2119 BGB).

*477* Bei Buchforderungen gegen die Bundesrepublik oder ein Bundesland muß der Vorerbe im Schuldbuch den Vermerk eintragen lassen, daß er über die Forderungen nur mit Zustimmung des Nacherben verfügen kann (§ 2118 BGB).

*478* Auch Zwangsverfügungen von Eigengläubigern bzw. des Insolvenzverwalters gegen den Vorerben sind bei Eintritt der Nacherbfolge insoweit unwirksam, als sie das Recht des Nacherben vereiteln oder beeinträchtigen würden.

---

320 BGH NJW 1977, 1540f. = BB 1977, 1015 = JZ 1977, 559f. = DB 1977, 1404f.

321 BGH BB 1980, 1713 (1714) = DB 1980, 2384ff.; BGH NJW 1981, 1560ff.; Michalski, DB 1987 Beilage Nr. 16, 3ff.

Unbeschränkt wirksam sind Verfügungen in der Zwangsvollstreckung, wenn der Anspruch eines Nachlaßgläubigers (Anspruch gegen den Erblasser) geltend gemacht wird. Dasselbe gilt, wenn ein Recht an einem Nachlaßgegenstand geltend gemacht wird, welches auch gegenüber dem Nacherben wirksam ist (§ 2115 BGB).

(4) Sicherungspflichten des Vorerben

Schließlich treffen den Vorerben bestimmte Sicherungspflichten. Auf Verlangen des Nacherben hat der Vorerbe ein Nachlaßverzeichnis vorzulegen, zu dessen Aufnahme der Nacherbe zugezogen werden muß, wenn er es begehrt (im einzelnen s. § 2121 BGB). *479*

Sowohl der Vorerbe als auch der Nacherbe können jeweils auf ihre Kosten den Zustand der zum Nachlaß gehörenden Sachen durch Sachverständige feststellen lassen. *480*

Bei gewissen Nachlaßgegenständen, bei denen die Gefahr einer unwirtschaftlichen Ausnutzung gegeben ist (Wälder, Bergwerke, andere auf Gewinnung von Bodenbestandteilen gerichtete Anlagen) ist auf Verlangen des Nacherben ein Wirtschaftsplan festzustellen (§ 2123 BGB). *481*

Wenn Grund zur Annahme besteht, daß der Vorerbe durch seine Verwaltung die Rechte des Nacherben erheblich verletzt, hat der Vorerbe auf Verlangen des Nacherben Auskunft über den Bestand der Erbschaft zu erteilen (§ 2127 BGB). Gegebenenfalls ist durch den Vorerben Sicherheit zu leisten; dem Vorerben kann auch die Verwaltung des Nachlasses entzogen und diese Verwaltung einem vom Gericht zu bestellenden Verwalter übertragen werden (im einzelnen s. §§ 2128, 2129, 1052 BGB). *482*

(5) „Befreiung" des Vorerben

Der Erblasser kann den Vorerben von den meisten der vorgenannten Beschränkungen und Verpflichtungen befreien („befreite Vorerbschaft", § 2136 BGB)[322]. Eine Befreiung ist nicht möglich in Bezug auf *483*

- unentgeltliche Verfügungen des Vorerben ( § 2113 Abs. 2 BGB),
- die zugunsten des Nacherben eintretende Surrogation von mit Mitteln des Nachlasses erworbenen Gegenständen (§ 2111 BGB),
- den Vollstreckungsschutz des § 2115 BGB,
- die Verpflichtung zur Vorlage eines Nachlaßverzeichnisses (§ 2121 BGB).
- die Verpflichtung, den Zustand der Erbschaft durch einen Sachverständigen feststellen zu lassen (§ 2122 Satz 2 BGB),
- die Verpflichtung zur Leistung von Schadensersatz nach § 2138 BGB.

Als Befreiung des Vorerben gilt, wenn der Erblasser in der letztwilligen Verfügung den Nacherben nur auf den Überrest des Nachlasses eingesetzt hat, der bei Eintritt des Nacherbfalls noch vorhanden ist (§ 2137 BGB). *484*

---

322 J. Mayer, ZEV 2000, 1ff.

485 Die Befreiung kann nur für einzelne Beschränkungen erteilt werden. Sie kann auch bedingt oder befristet angeordnet werden. Darüber hinaus kann die Befreiung – bei mehreren Nacherben – nur gegenüber einzelnen Nacherben angeordnet werden.

486 Der befreite Vorerbe hat damit eine sehr weitgehende Verfügungsfreiheit, die rechtlich und wirtschaftlich die Nacherbenanwartschaft erheblich schwächt. Befreite Vorerbschaft sollte nur angeordnet werden, wenn dem Vorerben das Vertrauen entgegengebracht werden kann, daß er die Rechte des Nacherben nicht beeinträchtigen werde und der Erblasser bewußt die rechtliche und wirtschaftliche Stellung des Vorerben stärken will ohne Rücksicht auf die Möglichkeiten der Beeinträchtigung der Anwartschaft des Nacherben.

(6) Pflicht des Vorerben zur Verwaltung des Nachlasses

487 Der Vorerbe ist dem Nacherben gegenüber zur ordnungsgemäßen Verwaltung des Nachlasses verpflichtet. Andererseits ist der Vorerbe aber auch im Rahmen ordnungsgemäßer Verwaltung berechtigt, nach seinem Ermessen zu entscheiden. Der Nacherbe ist verpflichtet, in diesem Rahmen Verfügungen des Vorerben zuzustimmen und in die Eingehung von Verbindlichkeiten einzuwilligen (§ 2120 BGB).

488 Die Verwaltungsverpflichtung begründet ein gesetzliches Schuldverhältnis mit einigen Milderungen der Verantwortung des Vorerben: Dieser haftet nur für Sorgfalt in eigenen Angelegenheiten (§ 2131 BGB), seine Haftung kann nicht vor dem Nacherbfall geltend gemacht werden (§ 2130 BGB).

(7) Beseitigung der Nacherbschaft

489 Der Erblasser kann den Vorerben ermächtigen, durch letztwillige Verfügung die Nacherbschaft zu beseitigen und sich selbst zum Vollerben zu machen[323].

Inwieweit dies den Vorerben ermächtigt, vom Erblasser zur Auswahl gestellten Personen das Vermögen des Erblassers zuzuwenden oder die Erbquoten unter den Nacherben abzuändern, ist streitig[324]. Mangels gesicherter Rechtsprechung ist von derartigen Gestaltungen abzuraten.

Die von Grunsky vorgetragenen Bedenken, es verstoße gegen § 2065 Abs. 2 BGB, wenn dem Vorerben das Recht eingeräumt wird, die Person des Nacherben oder die Höhe seiner Erbanteile zu bestimmen, sind beachtlich. Rechtlich unbedenklich, dürfte aber eine bedingte Vor- und Nacherbeinsetzung sein unter der Bedingung, daß der Vorerbe selbst keine Verfügung von Todes wegen hinterläßt.

---

323 BGHZ 2, 35; 59, 220; BayObLG MittBayNot 1991, 262; J. Mayer, ZEV 1996, 104.

324 Vgl. MünchKomm/Grunsky, § 2100 BGB Fn. 39 und Rz. 13.

ee) Rechtsstellung des Nacherben

(1) Nacherbenanwartschaft

In der Zeit zwischen dem Erb- und Nacherbfall besteht für den Nacherben eine Anwartschaft auf Erwerb des Nachlasses. Der Nacherbe hat darüber hinaus eine Reihe von Einzelbefugnissen, die den oben erörterten Beschränkungen des Vorerben entsprechen (Zustimmungserfordernisse). *490*

Das Anwartschaftsrecht des Nacherben wird im Erbschein vermerkt (§ 2362 BGB). Es ist ein absolutes Recht, das den Deliktsschutz des § 823 Abs. 1 BGB genießt. Befinden sich Grundstücke im Nachlaß, so wird das Anwartschaftsrecht des Nacherben im Grundbuch eingetragen (§ 51 GBO). Dagegen kann der Nacherbenvermerk im Handelsregister nicht eingetragen werden. *491*

Das Anwartschaftsrecht des Nacherben ist übertragbar, soweit der Erblasser nichts anderes bestimmt hat[325]. Die Übertragung des Anwartschaftsrechts erfolgt analog § 2033 BGB durch notariell beurkundeten Vertrag. *492*

Das Anwartschaftsrecht ist im Zweifel vererblich[326], sofern der Eintritt der Nacherbschaft befristet ist (§ 2108 Abs. 2 Satz 1 BGB)[327]. Ist der Eintritt des Nacherbfalls vom Tod des Vorerben abhängig, so ist das Anwartschaftsrecht also im Zweifel vererblich. Ist der Nacherbfall vom Eintritt einer Bedingung abhängig, so ist die Anwartschaft im Zweifel nicht vererblich (§ 2108 Abs. 2 Satz 2 BGB). Der Erblasser kann Abweichendes anordnen. Die Übertragbarkeit und Vererblichkeit des Nacherbenanwartschaftsrechts sollte ausgeschlossen werden, wenn der Erblasser mit seiner Gestaltung die Familienbindung seines Vermögens bezweckt. *493*

(2) Wirkung des Eintritts der Nacherbfolge

Mit dem Eintritt des Nacherbfalls wird der Nacherbe unmittelbarer Erbe des Erblassers; ihm fällt die Erbschaft an (§ 2139 BGB). Der Nacherbe hat damit alle Rechte, die ein Erbe auch sonst hat. *494*

Der Rechtswechsel vom Vorerben zum Nacherben vollzieht sich von selbst; es bedarf mithin keiner Übertragung der Nachlaßgegenstände.

Damit der Nacherbe tatsächlich in den Besitz des Nachlasses gelangt, hat er den Anspruch auf Herausgabe des Nachlasses gegen den Vorerben, im Falle des Eintritts der Nacherbfolge durch den Tod des Vorerben gegen dessen Erben (§ 2130 BGB). *495*

Neben dem Anspruch auf Herausgabe stehen dem Nacherben gegebenenfalls gegen den Vorerben bzw. dessen Erben die Ansprüche zu, die sich aus der Verletzung der Verpflichtung des Vorerben zur ordnungsgemäßen Verwaltung des *496*

---

[325] BGHZ 37, 319 (326); RGZ 170, 163 (168); Staudinger/Behrends [1996], § 2100 BGB Rz. 57; Palandt/Edenhofer, § 2100 BGB Rz. 11; MünchKomm/Grunsky, § 2100 BGB Rz. 27.

[326] Zur Vererblichkeit Musielak, ZEV 1995, 5.

[327] Dazu oben ⇒ Rz. 457.

Nachlasses ergeben. Der Vorerbe ist zum Ersatz verpflichtet, soweit der Wert des Nachlasses hinter dem Wert zurückbleibt, den der Nachlaß bei ordnungsgemäßer Verwaltung haben müßte. Die mit dem Erbfall durch Vereinigung von Rechten und Verbindlichkeiten oder von Rechten oder Belastungen erloschenen Rechtsverhältnisse gelten als nicht erloschen. Hatte der Vorerbe dem Erblasser gegenüber Schulden, schuldet er diese nunmehr dem Nacherben; umgekehrt leben Forderungen des Vorerben wieder auf, die der Vorerbe gegen den Erblasser hatte (§ 2143 BGB).

*497* Der Herausgabeanspruch des Nacherben wird ergänzt durch seinen Anspruch auf Rechnungslegung durch den Vorerben (§ 2130 Abs. 2 BGB). Ohne Rechnungslegung durch den Vorerben wird sich der Nacherbe kein Bild darüber machen können, was ihm zusteht.

*498* Die Haftung des Vorerben bleibt für diejenigen Nachlaßverbindlichkeiten bestehen, welche im Verhältnis zwischen dem Vorerben und dem Nacherben dem Vorerben zur Last fallen (§ 2145 Abs. 1 BGB).

*499* Den Nachlaßgläubigern gegenüber ist der Vorerbe verpflichtet, den Eintritt der Nacherbfolge unverzüglich anzuzeigen, und zwar dem Nachlaßgericht. Die Anzeige des Vorerben wird durch die Anzeige des Nacherben ersetzt (§ 2146 BGB).

*g) Gestaltungsempfehlungen*

*500* Allgemein kann die Anordnung einer Vor- und Nacherbschaft zu empfehlen sein, um zu gewährleisten, daß das Vermögen des Erblassers in seiner Familie bleibt.

*501* So kann der Erblasser die Zielvorstellungen haben, seinen überlebenden Ehegatten abzusichern und gleichzeitig das Vermögen an seine Abkömmlinge weiterzuleiten. Wird der überlebende Ehegatte zum Vollerben eingesetzt, so wird die Erbschaft uneingeschränktes Vermögen des überlebenden Ehegatten, welches sich dann mit seinem schon vorhandenen Vermögen vermischt. Das kann insbesondere unerwünscht sein, wenn die Ehe kinderlos ist, der Erblasser aber Kinder aus früheren Ehen hat, denen er das Vermögen letztlich zuwenden will. Heiratet der überlebende Ehegatte wieder, so geht regelmäßig ein Teil des Vermögens des Erblassers auf den zweiten Ehepartner des überlebenden Ehegatten oder Abkömmlinge aus der neuen Ehe über. Ist diese Rechtsfolge nicht gewünscht, so kann sie mit der Anordnung von Vor- und Nacherbschaft (Wiederverheiratungsklausel)[328] ausgeschlossen werden.

*502* Dadurch daß die Vorerbschaft ein Sondervermögen bildet, kann der Erblasser durch Vor- und Nacherbeneinsetzung verhindern, daß sein Nachlaß durch gesetzliche Erb- oder Pflichtteilsansprüche gegenüber dem Vorerben an Personen (z.B. nichteheliche Enkelkinder, unbeliebte Schwiegerkinder, Kinder des Ehegat-

[328] Dazu ⇒ Rz. 721ff.

ten aus einer anderen Beziehung) fällt, denen nach seinem Willen nichts zufallen soll[329].

Ähnlich liegt die Interessenlage, wenn der Erblasser seine Kinder aus geschiedener Ehe zu Vorerben einsetzt und deren gesetzliche Erben – mit ausdrücklicher Ausnahme des geschiedenen Ehegatten – zu Nacherben. Auf diese Weise kann verhindert werden, daß beim Tode von Kindern, die selbst kinderlos versterben, der Nachlaß ganz oder teilweise dem geschiedenen Ehegatten zufällt. *503*

Weitere Gestaltungsmöglichkeiten durch Vor- und Nacherbfolge bestehen beim sogenannten Behindertentestament[330], zur Beschränkung der Zugriffsmöglichkeit auf den Nachlaß durch Eigengläubiger des (Vor-) Erben[331] und bei der Pflichtteilsbeschränkung in guter Absicht[332]. *504*

Die Vor- und Nacherbschaft kann auch ein Mittel sein, den Vorerben durch die auflösend bedingt angeordnete Nacherbschaft zu einem bestimmten Verhalten zu „zwingen". Erfüllt er die Verhaltenspflichten nicht, führt der Bedingungseintritt zum Anfall der Nacherbschaft. *505*

Die Anordnung einer Vor- und Nacherbschaft kann schließlich ein Mittel zur Substanzerhaltung des Nachlasses bei (Vor-)Erben sein, denen man eine unbeschränkte Verfügungsmacht aufgrund ihrer Fähigkeiten oder Charaktereigenschaften nicht zutraut. Ähnlich liegt die Interessenlage, wenn der Erbe überschuldet ist. In solchen Fällen ist die Kombination mit einer Testamentsvollstreckung zu empfehlen. Mit einer solchen Gestaltung kann sogar hinsichtlich der Nachlaßnutzungen der Gläubigerzugriff verwehrt werden[333]. *506*

Durch Vorausvermächtnisse einzelner Nachlaßgegenstände kann der Erblasser die Stellung des Vorerben stärken. Der Erblasser kann sogar die Wirkungen der Vor- und Nacherbschaft auf einen Einzelgegenstand, z.B. Grundbesitz (bei dem ein Nacherbenvermerk im Grundbuch zusätzliche Sicherheit schafft) erstrecken, indem er das gesamte übrige Vermögen nicht dem Vorerben sondern anderen Personen als Vermächtnisnehmern zuwendet. *507*

Der Erblasser kann die Vor- und Nacherbschaft dadurch in ihrem Anwendungsbereich erweitern, indem er die gesetzliche Stellung des Vorerben je nach dem Bedarf des Einzelfalls schwächt oder verstärkt. Die Kombination mit einer Testamentsvollstreckung verbreitert den Gestaltungsspielraum. *508*

Trotz dieses breiten Anwendungsspektrums muß vor einer leichtfertigen Anwendung der Vor- und Nacherbschaft gewarnt werden. Sie ist nur in der Hand des sachkundigen Rechtsberaters ein geeignetes Gestaltungsmittel. *509*

---

329 Staudinger/Behrends [1996], § 2100 BGB Rz. 41; Nieder (2. Aufl.), Rz. 587ff.

330 Dazu ⇒ Rz. 733.

331 Kessel, MittRhNotK 1991, 137.

332 Dazu ⇒ Rz. 682ff.

333 Baumann, ZEV 1996, 121 (124).

*h) Gestaltungsmöglichkeiten*

510 Die Vor- und Nacherbeneinsetzung kann unter aufschiebende oder auflösende Bedingungen gestellt werden oder befristet erfolgen. Damit kann der Erblasser bestimmte Zwecke (wie z.B. mit der Wiederverheiratungsklausel) verfolgen.

511 Die Nacherbfolge kann auch nur hinsichtlich eines Bruchteils des Nachlasses angeordnet werden. So kann der Erbe teils Vollerbe teils Vorerbe sein oder mehrere Nacherben haben. Im letzteren Fall können die Nacherbfälle zu unterschiedlichen Zeitpunkten angeordnet werden.

512 Die gesetzlichen Befugnisse des Vorerben können zu seinen Gunsten nach § 2136 BGB erweitert werden, soweit die Befreiung nicht durch Gesetz ausgeschlossen ist[334]. Außerdem kann der Vorerbe hinsichtlich bestimmter Nachlaßgegenstände zum Vorausvermächtnisnehmer eingesetzt werden und dadurch insoweit von allen Verfügungsbeschränkungen befreit werden. Auch die Einsetzung des Vorerben zum Testamentsvollstrecker kann seine Verwaltungs- und Verfügungsbefugnisse erheblich stärken.

513 Möglich ist auch die Befugnisse des Vorerben über die gesetzlichen Regelungen hinaus zu beschränken. Dies kann durch Anordnung von Vermächtnissen und Auflagen oder durch die Einsetzung eines Dritten zum Testamentsvollstrecker erfolgen.

514 Schließlich kann auch die Stellung des Nacherben gestärkt werden, indem zu seinen Gunsten Vermächtnisse angeordnet werden oder der Nacherbe zum Verwaltungstestamentsvollstrecker über das der Vorerbschaft unterliegende Vermögen eingesetzt wird.

## X. Enterbung

515 Der Erblasser kann in einer letztwilligen Verfügung lediglich anordnen, wer nicht Erbe werden soll (§ 1938 BGB). Sofern keine anderweitigen Verfügungen von Todes wegen vorliegen, tritt dann die gesetzliche Erbfolge ein. Daher ist zu beachten, daß bei einer Enterbung die Abkömmlinge des enterbten gesetzlichen Erben an seine Stelle treten, sofern nicht dieser oder einer neben ihr geltenden letztwilligen Verfügung ein anderweitiger Wille des Erblassers zu entnehmen ist. Bei jeder Enterbung ist darauf zu achten, daß die Verfügung eindeutig festlegt, ob sich die Enterbung nur auf die enterbte Person oder auf den gesamten entsprechenden Stamm bezieht. Weiterhin sind bei einer Enterbung etwaige Pflichtteilsrechte zu beachten, da der Pflichtteilsanspruch nur unter sehr engen Voraussetzungen entzogen oder beschränkt werden kann[335].

---

334 Dazu oben ⇒ Rz. 483.

335 Dazu unten XIV. ⇒ Rz. 676.

## XI. Vermächtnis

### 1. Begriff und rechtliche Natur[336]

Ein Vermächtnis liegt vor, wenn der Erblasser durch letztwillige Verfügung einem anderen einen Vermögensvorteil zuwendet, ohne ihn zum Erben einzusetzen (§ 1939 BGB). Da der Vermächtnisnehmer nicht Gesamtrechtsnachfolger des Erblassers ist, erlangt er mit dem Erbfall keine Herrschaftsrechte in Bezug auf den Nachlaß oder auf einzelne Nachlaßgegenstände. *516*

Der Vermächtnisnehmer hat lediglich einen schuldrechtlichen Anspruch gegen den mit dem Vermächtnis Beschwerten (§ 2174 BGB). Dies gilt für in Deutschland belegenen Grundbesitz selbst dann, wenn ausländisches Erbrecht Anwendung findet und das ausländische Erbrecht einem Vermächtnis unmittelbar dingliche Wirkung beilegt[337]. Erst mit Erfüllung des Vermächtnisses erlangt der Bedachte das ihm Zugewandte. *517*

Diese Rechtslage gilt nach dem Beschluß des Großen Senats des BFH vom 5. 7. 1990 zu den einkommensteuerlichen Rechtsfolgen von Erbfall und Erbauseinandersetzung[338] auch uneingeschränkt für die einkommensteuerliche Auswirkung von Vermächtniszuwendung und -erfüllung[339]. Der Vermächtnisnehmer erwirbt einkommensteuerrechtlich nicht unmittelbar vom Erblasser, sondern entsprechend dem Bürgerlichen Recht von dem oder den Beschwerten. Er erwirbt regelmäßig unentgeltlich und hat keine Anschaffungskosten. *518*

Die letztwillige Verfügung kann vorsehen, daß der Vermächtnisnehmer ein Entgelt für den Vermächtnisgegenstand zu zahlen hat. *519*

**Beispiel:**

Der Vermächtnisnehmer hat als Gegenleistung für die Übertragung eines Grundstücks einen Betrag von x an den Beschwerten zu zahlen. Dann handelt es sich um eine Gegenleistung, die beim Vermächtnisnehmer einkommensteuerrechtlich relevante AfA und Werbungskosten auslösen kann.

Zu vermeiden sind Schuldübernahmen, auch wenn es sich um auf dem Grundbesitz ruhende Belastungen handelt. Diese werden nicht als entgeltliche Gegenleistungen angesehen[340]. Der Erbe sollte daher in dem auf Vermächtniserfüllung *520*

---

336 Zawar, Das Vermächtnis in der Kautelarjurisprudenz (1983); Nieder, (2. Aufl.), Rz. 527ff.

337 BGH NJW 1995, 58.

338 BFH GrS 2/89, BStBl. 1990 II, 837ff. = NJW 1991, 249 ff = DB 1990, 2144ff.

339 Piltz, Das Vermächtnis als Instrument der Nachfolgeplanung, DStR 1991, 1108.

340 Zivilrechtlich ist diese Praxis der Finanzverwaltung nur begrenzt nachvollziehbar, weil die Schuldübernahme der Zahlung gleichkommt; wirtschaftspolitisch liegt die Praxis der Finanzverwaltung im Kreditgeberinteresse. Die steuerrechtlichen Folgen zwingen die Vermögensnachfolger dazu, Darlehen mit günstigen Konditionen zurückzuzahlen, unter Umständen sogar gegen Zahlung einer hohen Vorfälligkeitsentschädigung, um sodann zur Entgeltfinanzierung neue Darlehn mit schlechteren Konditionen aufzunehmen. Der Entgeltcharakter ist zivilrechtlich bei einer Schuldübernahme derselbe wie bei Zahlung. Die durch die Änderung der Rechtsprechung des BFH herbeigeführte Anpassung des Steuerrechts an das Zivilrecht hat insoweit zulasten der Verbraucher noch nicht stattgefunden.

gerichteten Vertrag zur Freistellung verpflichtet werden. Der Vermächtnisnehmer zahlt dann in dieser Höhe eine Gegenleistung.

521 Ist Gegenstand des Vermächtnisses die Zuwendung eines Wirtschaftsguts des Betriebsvermögens des Erblassers, welches beim Vermächtnisnehmer in dessen Privatvermögen übergeht, liegt eine zu versteuernde Entnahme des oder der Erben aus dem Betriebsvermögen vor. Diese unter Umständen sehr mißliche steuerliche Folge muß bei Anordnung von Vermächtnissen über Gegenstände, die Wirtschaftsgüter eines Betriebsvermögens sind, beachtet werden. Vor Sachvermächtnissen aus Betriebsvermögen ist daher zu warnen[341].

**2. Verhältnis zum Pflichtteilsberechtigten**

522 Werden Pflichtteilsberechtigte übergangen, so ist § 2318 BGB zu beachten. Der Vermächtnisnehmer trägt im Verhältnis zum Erben anteilig die Pflichtteilslast. Soll nur der Erbe die Pflichtteilslast tragen, so muß der Erblasser dies ausdrücklich anordnen.

**3. Die Beteiligten eines Vermächtnisses**

*a) Der Vermächtnisnehmer*

aa) Allgemeines

523 Mit einem Vermächtnis kann jede rechtsfähige Person bedacht sein. Der Vermächtnisnehmer muß aber den Erbfall erleben, sonst ist das Vermächtnis unwirksam (§ 2160 BGB).

Ein Vermächtnis kann zugunsten von Personen errichtet werden, die erst nach dem Erbfall zur Existenz kommen, z.B. zur Zeit des Erbfalls noch nicht erzeugt oder als juristische Person noch nicht entstanden sind (§ 2178 BGB), also anders als bei der Erbeinsetzung, die voraussetzt, daß der Erbe zur Zeit des Erbfalls lebt oder jedenfalls bereits erzeugt war (§ 1923 BGB). Damit bietet das Vermächtnis auch bezüglich des bedachten Personenkreises weitergehende Gestaltungsmöglichkeiten. So kann der Erblasser z.B. auch im Zeitpunkt des Erbfalls noch nicht gezeugte Enkel bedenken. Insoweit sind aber die zeitlichen Schranken der 30-Jahresfrist (§§ 2162, 2163 BGB) zu beachten.

524 Der Erblasser kann auch mehreren Personen einen unteilbaren Vermächtnisgegenstand zuwenden. In solchen Fällen sollte das Gemeinschaftsverhältnis der Vermächtnisnehmer mitgeregelt werden.

bb) Offengebliebene Bestimmung des Vermächtnisnehmers

525 Der Grundsatz, daß der Erblasser persönlich die Bestimmung des Bedachten vornehmen muß (§ 2065 BGB), ist bezüglich der Bestimmung der Person des Vermächtnisnehmers durch das Gesetz abgemildert. Der Erblasser kann die Auswahl des Vermächtnisnehmers dem mit dem Vermächtnis Beschwerten oder auch einem Dritten übertragen, wenn der Erblasser den Kreis der zur Auswahl stehen-

[341] Einzelheiten BStBl 1993 Teil I S. 62ff.

den Personen bestimmt hat (§ 2151 Abs. 1 BGB). Damit hat der Erblasser über eine Vermächtnisanordnung weitergehende Gestaltungsmöglichkeiten bezüglich der Auswahl eines Vermögensnachfolgers an Hand von Qualifikationsmerkmalen, wenn diese im Zeitpunkt seines Todes noch nicht feststehen.

Ist der Beschwerte bestimmungsberechtigt, so erfolgt die Erklärung gegenüber demjenigen, welcher das Vermächtnis erhalten soll; hat ein Dritter zu bestimmen, so hat dieser die Erklärung gegenüber dem Beschwerten abzugeben (§ 2151 Abs. 2 BGB).

Können die Bestimmungsberechtigten die Bestimmung nicht treffen oder hat das Nachlaßgericht ihnen fruchtlos eine Frist zur Bestimmung gesetzt, so sind die vom Erblasser als Bedachte zur Auswahl gestellten Personen Gesamtgläubiger (§ 2151 Abs. 3 BGB).

cc) Vorausvermächtnis

Ein Miterbe, Vor- oder Nacherbe kann zugleich Vermächtnisnehmer sein (Vorausvermächtnis, § 2150 BGB), der unbeschränkte Alleinerbe nur Nach- oder Untervermächtnisnehmer. *526*

Vom Vorausvermächtnis ist die Teilungsanordnung abzugrenzen, da eine Anordnung wegen der unterschiedlichen Rechtsfolgen nicht zugleich Teilungsanordnung und Vorausvermächtnis sein kann. Teilungsanordnung und Vorausvermächtnis unterscheiden sich dadurch, daß letzteres nicht auf den Erbteil angerechnet wird und unabhängig von der Erbeinsetzung gelten soll, während bei der Teilungsanordnung der zugeteilte Gegenstand auf den Erbteil des Begünstigten angerechnet wird. *527*

Das Vorausvermächtnis kann vom Begünstigten getrennt von der Erbschaft ausgeschlagen werden, während die Teilungsanordnung den Miterben zur Übernahme des zugeteilten Gegenstandes verpflichtet. *528*

Der Vorausvermächtnisgegenstand unterliegt im Unterschied zum Gegenstand der durch Teilungsanordnung zugewandt ist, bei Anordnung einer Vor- und Nacherbschaft nach § 2110 Abs. 2 BGB im Zweifel nicht der Nacherbenbeschränkung und scheidet mit Vermächtniserfüllung auch aus dem der Testamentsvollstreckung unterliegenden Nachlaß aus, soweit nicht Abweichendes bestimmt ist. *529*

Die Abgrenzung zwischen Teilungsanordnung und Vorausvermächtnis ist für die Bindungswirkung im Erbvertrag oder gemeinschaftlichen Ehegattentestament von Bedeutung. Die Teilungsanordnung kann nicht Gegenstand erbvertragsgemäßer oder wechselbezüglicher Verfügungen mit Bindungswirkung sein (§§ 2278 Abs. 2, 2270 Abs. 3 BGB). Dagegen kann jedes Vermächtnis, auch das Vorausvermächtnis der Bindungswirkung unterliegen. *530*

Für die Abgrenzung zwischen Teilungsanordnung und Vorausvermächtnis kommt es auf den Willen des Erblassers an: Hat der Erblasser vollen Wertausgleich angeordnet, so ist im Zweifel eine Teilungsanordnung gegeben, selbst wenn sich die Zuweisung an den Begünstigten aus anderen Gründen, z.B. wegen höherer Wertbeständigkeit, als vorteilhaft erweist. Hat der Erblasser den Wertausgleich *531* bewußt unter dem wahren Wert angesetzt, so liegt im Zweifel ein Vorausvermächtnis vor[342]. Daher kann ein Vorausvermächtnis auch vorliegen, wenn der Erblasser einem Miterben ein Recht zur Übernahme eines Nachlaßgegenstandes bewußt zu einem unter dem wahren Wert liegenden Preis einräumt, um den Miterben zu begünstigen.

dd) Ersatzvermächtnis

532 Der Erblasser kann einen oder mehrere Ersatzvermächtnisnehmer bestimmen. Die Vorschriften über die Ersatzerbfolge finden entsprechende Anwendung (§ 2190 BGB).

ee) Vor- und Nachvermächtnis

533 Der Erblasser kann denselben Gegenstand mehreren Personen zeitlich nacheinander vermachen (Nachvermächtnis)[343]. Dabei sind Gestaltungen möglich, wonach auf einen Vorvermächtnisnehmer mehrere Nachvermächtnisnehmer oder auf mehrere Vermächtnisnehmer nur ein – also für alle Vermächtnisnehmer derselbe – Nachvermächtnisnehmer folgt.

534 Einige Vorschriften über die Nacherbschaft finden auf das Nachvermächtnis entsprechende Anwendung (§ 2191 Abs. 2 BGB). Da der Nachvermächtnisnehmer anders als der Nacherbe – nur einen schuldrechtlichen Anspruch gegen den Vorvermächtnisnehmer erhält, ist der Schutz des Nachvermächtnisnehmers erheblich schwächer als der des Nacherben. So besteht weder ein Schutz gegen lebzeitige Verfügungen des Vorvermächtnisnehmers noch Vollstreckungsschutz gegen Eigengläubiger des Vorvermächtnisnehmers. Dieser Schutz kann durch gleichzeitige Anordnung einer Verwaltungstestamentsvollstreckung bezüglich des Vermächtnisgegenstandes hergestellt werden. Bei einem Grundstücksvermächtnis kann der Nachvermächtnisnehmer durch Anordnung der Bewilligung einer Vormerkung im Grundbuch gesichert werden.

*b) Der Vermächtnisbeschwerte*

aa) Beschwerter Erbe

535 Hat der Erblasser den Beschwerten nicht bestimmt, so gilt der Erbe als beschwert (§ 2147 Satz 2 BGB).

**Beispiel:**

Hat der Erblasser angeordnet „ich vermache dem XY einen Geldbetrag von Euro 500,–", so sind alle Erben des Erblassers mit diesem Vermächtnis beschwert, und zwar im Innen-

---

342 BGH NJW 1985, 51 (52); FamRZ 1987, 475 (476); BGHZ 36, 115 (118) = LM § 2048 BGB Nr. 4 mit Anm. v. Mattern; LM § 2048 BGB Nr. 5a; MünchKomm/Dütz, § 2048 BGB Rz. 16; Palandt/Edenhofer, § 2048 BGB Rz. 6; v. Lübtow, Band I, S. 379; Kipp/Coing, § 44 II 4 (S. 268); Lange/Kuchinke, § 44 III 4 e) γ) (S. 1089); kritisch Staudinger/Otte [1996], § 2150 BGB Rz. 9ff.; Loritz, NJW 1988, 2698.

343 Zum Vor- und Nachvermächtnis Bengel, NJW 1990, 1826ff.; Werkmüller, ZEV 1999, 343.

verhältnis nach dem Verhältnis ihrer Erbteile (§ 2148 BGB), dem Vermächtnisnehmer gegenüber haften sie als Gesamtschuldner (§ 2058 BGB).

Eine Beschwerung mit einem Vermächtnis kann jedem Erben, auch dem Nacherben und Ersatzerben (bedingtes Vermächtnis), auferlegt werden. Der Erblasser kann auch unter mehreren Miterben nur einen mit dem Vermächtnis oder etwa bei einem Geldvermächtnis mehrere Miterben in unterschiedlicher Höhe belasten. *536*

bb) Beschwerter Vermächtnisnehmer (Untervermächtnis)

Auch ein Vermächtnisnehmer kann mit einem Vermächtnis beschwert werden – „Untervermächtnis" (§ 2147 Satz 1 BGB). *537*

**Beispiel:**

Ich vermache A meine gesamte Briefmarkensammlung, B meine blaue Mauritius.

Hat der Erblasser mehrere Vermächtnisnehmer mit demselben Untervermächtnis beschwert, so haben die Vermächtnisnehmer das Untervermächtnis nach dem Verhältnis des Wertes ihrer Vermächtnisse zu tragen (§ 2148 BGB). *538*

### 4. Gegenstand eines Vermächtnisses

*a) Allgemeines*

Jeder Vermögensvorteil kann Gegenstand eines Vermächtnisses sein (§ 1939 BGB). Vermächtnisanordnungen bieten daher nicht nur personenbezogen, sondern auch gegenstandsbezogen umfassende Gestaltungsmöglichkeiten, so daß mit den erbrechtlich vorgegebenen Vermächtnistypen inhaltlich das gesamte Spektrum schuldrechtlicher Gestaltungsfreiheit genutzt werden kann. Gegenstand eines Vermächtnisses kann z.B. die Einräumung eines dinglichen Rechts, etwa eines Nießbrauchs, eines Wohnungsrechts, die Abtretung einer Forderung, der Erlaß einer Schuld oder die Einräumung schuldrechtlicher Ansprüche sein. *539*

*b) Vermächtnis von Nachlaßgegenständen*

aa) Stückvermächtnis

Wird ein bestimmter Gegenstand vermacht, so handelt es sich um ein Stückvermächtnis. *540*

bb) Gattungsvermächtnis

Hat der Erblasser den vermachten Gegenstand nur der Gattung nach bestimmt, so ist eine den Verhältnissen des Bedachten entsprechende Sache zu liefern (§ 2155 Abs. 1 BGB - Abweichung von § 243 Abs. 1 BGB). *541*

cc) Wahlvermächtnis

Zwar muß der Erblasser den Gegenstand des Vermächtnisses selbst bestimmen (§ 2065 BGB), jedoch kann er mehrere Nachlaßgegenstände zur Wahl stellen, indem er anordnet, daß der Vermächtnisnehmer einen von mehreren Gegenständen *542* erhalten soll, entweder nach seiner Wahl, nach Wahl des Beschwerten oder eines Dritten (§ 2154 BGB).

Die Vorschriften über das Wahlschuldverhältnis finden Anwendung (§§ 262ff. BGB).

Steht die Wahl einem Dritten zu, so erfolgt sie durch dessen Erklärung gegenüber dem Beschwerten. Kann der Dritte die Wahl nicht treffen, so geht das Wahlrecht auf den Beschwerten über (§ 2154 Abs. 1 Satz 2 und Abs. 2 BGB).

*c) Verschaffungsvermächtnis*

*543* Grundsätzlich ist gemäß § 2169 Abs. 1 BGB das Vermächtnis eines bestimmten Gegenstandes unwirksam, wenn dieser Gegenstand im Zeitpunkt des Erbfalls nicht zum Nachlaß gehört.

Ein Gegenstand gehört bereits dann nicht mehr zum Nachlaß, wenn der Erblasser verpflichtet war, ihn zu veräußern, z.B. weil er den Gegenstand verkauft, nur dem Käufer noch nicht übereignet hat (§ 2169 Abs. 4 BGB). In einem solchen Fall kann sich durch Testamentsauslegung ergeben, daß dem Vermächtnisnehmer statt des Gegenstandes der Erlös zufallen soll[344]. In einem notariellen Testament sollte ein solcher Erblasserwille durch eine Klausel, wonach Surrogate i.S.d. § 2041 BGB an die Stelle von Vermächtnisgegenständen treten, klargestellt werden.

*544* Der Erblasser kann aber auch nicht zum Nachlaß gehörende Gegenstände vermachen. In einem solchen Fall liegt ein sogenanntes Verschaffungsvermächtnis vor (§§ 2169 Abs. 1 HS 2, 2170 BGB). Ein derartiger Wille des Erblassers ist immer dann anzunehmen, wenn der Erblasser wußte, daß der vermachte Gegenstand ihm nicht gehört.

*545* Hatte der Erblasser nur den Besitz, nicht aber das Eigentum an der vermachten Sache, so gilt im Zweifel der Besitz als vermacht (§ 2169 Abs. 2 BGB).

*546* Liegt ein Verschaffungsvermächtnis vor, so muß der Beschwerte dem Bedachten den Gegenstand liefern, z.B. dem fremden Eigentümer die Sache abkaufen und sie dem Vermächtnisnehmer übereignen. Ist er dazu nicht in der Lage, so hat er den Wert des vermachten Gegenstandes an den Vermächtnisnehmer zu entrichten (§ 2170 Abs. 2 BGB).

*547* War der Erblasser nur Miteigentümer des Vermächtnisgegenstandes, so gilt nur der Miteigentumsteil als vermacht. Gehörte der Vermächtnisgegenstand zu einem Gesamthandsvermögen, an welchem der Erblasser beteiligt war, so ist der vermachte Gegenstand als nicht zum Nachlaß gehörig zu betrachten[345]. Dabei ist zu berücksichtigen, daß der Erblasserwille durch Auslegung zu ermitteln ist. Da dem Erblasser, der z.B. in ungeteilter Erbengemeinschaft an einem Mehrfamilienhaus beteiligt ist, oft nicht bewußt ist, daß er keinen Miteigentumsanteil übertragen

[344] BGHZ 22, 357 (360) = NJW 1957, 421; BGHZ 31, 13 (22); Mattern, BWNotZ 1961, 277 (282).

[345] RGZ 105, 246 (250); KG NJW 1964, 1808 (1809).

kann, wird in einem solchen Fall zu prüfen sein, ob nicht der schuldrechtliche Anspruch auf Auseinandersetzung und Herausgabe vermacht ist.

*d) Zweckvermächtnis*

Der Erblasser kann sich darauf beschränken, den Zweck des Vermächtnisses zu bestimmen und die Bestimmung der Leistung, die diesem Zweck dienen soll, dem billigen Ermessen des Beschwerten oder eines Dritten (nicht aber des Bedachten) überlassen. Auf ein solches Vermächtnis finden die Vorschriften der §§ 315–319 BGB betreffend die Bestimmung der Leistung durch eine Partei bzw. einen Dritten entsprechende Anwendung (§ 2156 BGB). 548

*e) Umfang des Vermächtnisses*

aa) Zubehör

Das Vermächtnis erstreckt sich im Zweifel auf das im Zeitpunkt des Erbfalls vorhandene Zubehör der vermachten Sache, ferner auf Wertersatzansprüche wegen einer nach der Anordnung des Vermächtnisses erfolgten Beschädigung der Sache (§ 2164 BGB). 549

bb) Belastungen

Ist der vermachte Gegenstand mit dem Recht eines Dritten belastet, so kann der Vermächtnisnehmer im Zweifel nicht die Beseitigung dieses Rechts von dem Beschwerten verlangen. Hatte der Erblasser gegen den Dritten einen Anspruch auf Beseitigung des belastenden Rechts, so gilt dieser Anspruch im Zweifel als mitvermacht (§ 2165 Abs. 1 BGB). 550

Für Hypotheken, Grund- und Rentenschulden gelten besondere Vorschriften (§§ 2166–2168 BGB). Im Zweifel ist der Vermächtnisnehmer verpflichtet, die zugrundeliegende persönliche Verbindlichkeit zu übernehmen und erfüllen[346]. Dies gilt bei Grundschulden dann nicht, wenn sie zur Absicherung von mit dem Grundbesitz in keiner Weise verbundenen Verbindlichkeiten dienen[347]. 551

**Beispiel:**

Grundpfandrecht auf einem Privatgrundstück zur Absicherung eines Geschäftskontokorrents.

*f) Sonderfälle*

aa) Allgemeines

Der Erblasser hat häufig den Wunsch, die Substanz seines Vermögens über seine Nachfolgegeneration hinaus zu erhalten. Gleichzeitig sollen seine Kinder oder andere Angehörige, z.B. sein Ehegatte, versorgt sein. In solchen Fällen besteht auch ein Interesse des Erblassers, dem zu versorgenden Angehörigen, der u.U. geschäftsungewandt und beeinflußbar ist, nicht die mit einer Erbeinsetzung ver- 552

---

[346] BGH NJW 1963, 1612.

[347] BGHZ 37, 246.

bundenen Herrschaftsrechte über den Nachlaß einzuräumen. Hier bietet sich die vermächtnisweise Einräumung eines Nießbrauchs an. Sie hat gegenüber der Vor- und Nacherbschaft den weiteren Vorteil, daß ein zweiter erbschaftsteuerpflichtiger Erbfall vermieden wird[348].

bb) Nießbrauchsvermächtnis[349]

(1) Allgemeines

*553* Der Erblasser kann einer Person durch Vermächtnis den Nießbrauch auf Lebenszeit, aber auch auf kürzere Zeit (z.B. bis zur Erreichung eines bestimmten Alters oder bis zur Wiederverheiratung) einräumen. Der Nießbrauch ist unübertragbar und unvererblich (§§ 1059, 1061 BGB). Nach § 1059 Satz 2 BGB kann der Nießbraucher die Ausübung des Nießbrauchs einem Dritten schuldrechtlich überlassen. Diese Überlassungsbefugnis kann mit dinglicher Wirkung ausgeschlossen werden.

*554* Der Nießbraucher ist berechtigt, aus einem fremden Gegenstand die Nutzungen zu ziehen. Der Nießbrauch kann an Sachen, Rechten und einem Vermögen bestehen (§§ 1030ff. BGB).

Der Nießbrauch an einem Vermögen kann allerdings nur in der Weise bestellt werden, daß der Nießbraucher den Nießbrauch an den einzelnen zu dem Vermögen gehörenden Gegenständen eingeräumt erhält (§ 1085 BGB)[350]. Der Nießbrauch an einer Erbschaft ist in § 1089 BGB ausdrücklich erwähnt.

*555* In seinen rechtlichen Wirkungen ähnelt der Nießbrauch je nach Ausgestaltung weitgehend der Vorerbschaft[351], obwohl sich eine ausdrückliche Bezugnahme auf die Nießbrauchsvorschriften nur in den §§ 2128, 2129, 2135 BGB findet[352]. Im Unterschied zum Vorerben wird der Nießbraucher aber nicht Eigentümer der Nachlaßgegenstände[353].

*556* Durch den Nießbrauch entsteht ein gesetzliches Schuldverhältnis, das den Nießbraucher verpflichtet, alle laufenden öffentlichen und privaten Lasten, einschließlich Versicherungen zu tragen (§§ 1045, 1047 BGB), den Nießbrauchsgegenstand ordnungsgemäß zu bewirtschaften und in seinem wirtschaftlichen Bestand zu erhalten (§§ 1036 Abs. 2, 1041 BGB) und hierzu Ausbesserungen und Erneuerungen vorzunehmen, die zu der gewöhnlichen Unterhaltung des Gegen-

---

[348] Schlieper, MittRhNotK 1995, 251ff. Allerdings ist gem. § 25 ErbStG im Verhältnis zwischen Erblasser und seinem überlebenden Partner die Abzugsmöglichkeit des kapitalisierten Nießbrauchs weggefallen; dazu ⇒ Buch II Rz. 263.

[349] Zur richtigen Gestaltungswahl zwischen Vor- und Nacherbschaft und Nießbrauchsvermächtnis Schlieper, MittRhNotK 1995, 249ff.

[350] Staudinger/Frank [1994] Vorbem. 3 zu §§ 1030 BGBff.

[351] Zur Abgrenzung Schlieper, MittRhNotK 1995, 249ff.

[352] Dazu Staudinger/Behrends [1996] 18f. Vorbem. zu §§ 2100 BGBff.; Schön, Der Nießbrauch an Sachen (1992), S. 101ff.

[353] Zur Abgrenzung und Testamentsauslegung Staudinger/Frank [1994] § 1089 BGB Rz. 3ff.

standes gehören (§ 1041 Satz 2 BGB). Zur Vornahme außergewöhnlicher Ausbesserungen und Erneuerungen ist der Nießbraucher nicht verpflichtet, aber berechtigt (§§ 1043, 1044, 1049 BGB). Er kann Ersatz seiner Ausgaben unter den Voraussetzungen einer Geschäftsführung ohne Auftrag verlangen (§ 1049 BGB). Dem Nießbraucher kann auferlegt werden, auch die außergewöhnlichen Ausbesserungen und Erneuerungen zu tragen.

(2) Umfang des Nießbrauchs

Soll der Nießbrauch am gesamten Nachlaß eingeräumt werden, so braucht er sich nicht auf alle Nutzungen zu erstrecken (§ 1030 Abs. 2 BGB). Einzelne Nutzungen können vom Nießbrauch ausgeschlossen werden. Dagegen kann der Nießbrauch nicht auf einzelne Nutzungsarten beschränkt werden; ebenso wenig soll der Ausschluß des Nießbrauchs an einem Mietgrundstück nur hinsichtlich einzelner Wohnungen möglich sein[354]. *557*

Vom Ausschluß einzelner Nutzungen sind Bruchteils- und Quotennießbrauch zu unterscheiden. Beim Bruchteilsnießbrauch ist der ideelle Bruchteil eines Gegenstandes (z.B. der 1/2 Anteil eines Grundstücks) mit dem Nießbrauch belastet. Beim Quotennießbrauch ist der gesamte Gegenstand belastet, der Berechtigte erhält aber aus den Nutzungen nur eine Quote. *558*

Der Nießbrauch braucht sich nicht auf den gesamten Nachlaß zu erstrecken; er kann auf einzelne Gegenstände beschränkt werden (auf Wertpapiere, Urheberrechte). *559*

(3) Bestellung des Nießbrauchs

Der Nießbrauch entsteht noch nicht durch die vermächtnisweise Zuwendung, vielmehr muß der Nießbrauch aufgrund des Vermächtnisses von dem Beschwerten an den belasteten Gegenständen rechtsgeschäftlich bestellt werden. Dazu bedarf es der Einhaltung der für die Nießbrauchsbestellung vorgeschriebenen Formen. *560*

Der Erblasser kann auch ein Nießbrauchsvermächtnis in der Weise zuwenden, daß er mit ihm den Erbteil nur eines einzelnen Erben oder die Erbteile mehrerer Erben beschwert. *561*

(4) Mehrere Nießbraucher

Das Nießbrauchsvermächtnis kann zugunsten mehrerer Personen nach Bruchteilen angeordnet werden, z.B. zugunsten beider Eltern zu je 1/2 , oder zugunsten des überlebenden Ehegatten und eines Abkömmlings nach festzusetzenden Bruchteilen. Es kann auch mehreren Personen als Gesamtberechtigten gemäß § 428 BGB eingeräumt werden[355]. *562*

---

[354] BayObLG Rpfleger 1980, 17; das ist zumindest dann nicht überzeugend, wenn z.B. bei diesen Wohnungen vorrangig ein Wohnungsrecht zugunsten einer anderen Person eingetragen ist.

[355] Staudinger/Frank [1994], § 1030 BGB Rz. 44ff.

(5) Verbindung mit Testamentsvollstreckung

*563* Die Benennung des Nießbrauchsvermächtnisnehmers zum Testamentsvollstrecker ist rechtlich zulässig und stärkt durch Einräumung von Verwaltungs- und Verfügungsbefugnissen seine Rechtsposition[356]. Diese Kombination kann insbesondere beim Versorgungsnießbrauch des überlebenden Ehegatten zu empfehlen sein.

(6) Erlöschen des Nießbrauchs

*564* Der Nießbrauch erlischt als höchstpersönliches, unübertragbares Recht (§ 1059 BGB) – wenn er nicht befristet oder auflösend bedingt bestellt ist – mit dem Tod des Nießbrauchers (§ 1061 BGB). Der Nießbrauch ist immer unvererblich.

Ist ein Nießbrauch zu Bruchteilen bestellt worden, so erlischt beim Tod eines Bruchteilsnießbrauchers stets nur dessen Recht, während das Recht des oder der anderen Nießbraucher(s) bis zu dessen Ableben fortbesteht. Bei Gesamtberechtigten bleibt der auf Lebenszeit bestellte Nießbrauch in voller Höhe bis zum Tod des Längstlebenden bestehen[357].

cc) Wohnungsrechtsvermächtnis

*565* Häufig besteht ein Interesse daran, vor allem dem überlebenden Ehegatten, gegebenenfalls aber auch einem Abkömmling, vermächtnisweise ein dingliches Wohnungsrecht an der bisherigen Ehewohnung oder anderen Wohnräumen auf dem Wohngrundstück des Erblassers einzuräumen.

*566* Das Wohnungsrecht ist eine beschränkte persönliche Dienstbarkeit (§ 1093 BGB). Mit dem dinglichen Wohnungsrecht wird das betreffende Grundstück belastet.

*567* Auch das vermächtnisweise zugewandte Wohnungsrecht entsteht nicht von selbst mit dem Erbfall, sondern muß in den gehörigen Formen von dem mit dem Vermächtnis Belasteten erfüllt werden. Das Wohnungsrecht ist grundsätzlich nicht übertragbar und nicht vererblich. Es erlischt mit dem Tod des Berechtigten. Während der Dauer des Wohnungsrechts kann seine Ausübung einem anderen nur überlassen werden, wenn die Überlassung nach dem Inhalt des Wohnungsrechts gestattet ist. Jedoch gehört es zum Inhalt des Wohnungsrechts, daß der Berechtigte befugt ist, seine Familien- und Hausstandsangehörigen mit in die Wohnung aufzunehmen (im einzelnen s. § 1093 BGB).

dd) Rentenvermächtnis

*568* Durch ein Rentenvermächtnis kann die Versorgung des bedachten Angehörigen gesichert werden. Im Gegensatz zum Nießbrauchsvermächtnis hängt das Rentenvermächtnis nicht von der Erzielung bestimmter Nutzungen ab, es muß gegebenenfalls aus der Substanz geleistet werden.

---

[356] Dazu Staudinger/Frank [1994], § 1089 BGB Rz. 6 m.w.N.

[357] Staudinger/Frank [1994], § 1061 BGB Rz. 5.

Bei Renten handelt es sich um wiederkehrende geldwerte Bezüge. Sie beruhen auf einem schuldrechtlichen Anspruch, können aber dinglich am Grundbesitz gesichert werden (Eintragung einer Reallast, §§ 1105ff.; einer Grundschuld, §§ 1191ff.; einer Rentenschuld, §§ 1199ff. BGB). *569*

Eine besondere Form ist die Leibrente (§§ 759-761 BGB). Ihr liegt ein einheitlich nutzbares sogenanntes Grund- oder Stammrecht zugrunde. *570*

Bei allen Rentenverpflichtungen als langfristigen Dauerschuldverhältnissen sollten Wertsicherungsklauseln vorgesehen sein (Anpassung an Lebenshaltungskostenindex, Tarif- oder Beamtengehalt)[358]. *571*

Die Rente kann auf Lebenszeit oder bis zu einem bestimmten Zeitpunkt oder Eintritt einer Bedingung (z.B. Verheiratung des Rentenberechtigten) vermacht werden. Sie erlischt dann mit dem Tode bzw. dem Ablauf der Frist oder dem Eintritt der Bedingung. *572*

### 5. Anfall, Annahme und Ausschlagung des Vermächtnisses[359]

*a) Anfall*

Die Forderung des Vermächtnisnehmers entsteht mit dem Erbfall (Anfall des Vermächtnisses; § 2176 BGB). *573*

Der Erblasser kann das Vermächtnis unter einer aufschiebenden Bedingung oder unter Bestimmung eines Anfangstermins anordnen; dann tritt der Vermächtnisanfall erst mit dem Eintritt der Bedingung oder des Termins ein (§ 2177 BGB). *574*

Ist der mit dem Vermächtnis Bedachte z.Z. des Erbfalls noch nicht erzeugt oder wird seine Persönlichkeit durch ein erst nach dem Erbfall eintretendes Ereignis bestimmt, so erfolgt der Anfall des Vermächtnisses im ersteren Fall mit der Geburt, im letzteren Fall mit dem Eintritt des Ereignisses (§ 2178 BGB).

Ist ein Vermächtnisnehmer mit einem Vermächtnis (Untervermächtnis) beschwert, so kann das Untervermächtnis erst erlangt werden, wenn das Hauptvermächtnis gefordert werden kann (§ 2186 BGB). *575*

Wie im Fall der Nacherbschaft kann der Erblasser den Anfall eines Vermächtnisses nicht zeitlich unbegrenzt hinausschieben. Grundsätzlich muß das Vermächtnis binnen dreißig Jahren nach dem Tod des Erblassers oder binnen der Lebenszeit einer natürlichen Person, die beim Tod des Erblassers mindestens bereits erzeugt ist, anfallen, sonst wird es unwirksam (§§ 2162, 2163 BGB). *576*

Verstirbt der Vermächtnisnehmer zwischen Erbfall und Vermächtniserfüllung, so geht der schuldrechtliche Vermächtnisanspruch auf die Erben des Vermächtnisnehmers über. Das gilt auch für bedingte oder von einem Terminbeginn abhängige Vermächtnisse. Eine solche Vermächtnisanwartschaft ist vererblich, wobei die Auslegungsregel des § 2074 BGB zu beachten ist, wonach eine letztwillige Zuwendung im Zweifel nur gelten soll, wenn der Bedachte den Eintritt der Bedingung erlebt. Auch ist zu prüfen, ob der Erblasser, für den Fall, daß der Bedachte *577*

---

[358] Dazu v. Oertzen, ZEV 1994, 160.

[359] Dazu van Venrooy, Annahme und Ausschlagung von Vermächtnissen (1990).

vor Termin- oder Bedingungseintritt verstirbt, einen Ersatzvermächtnisnehmer benannt hat. Bei bedingten oder befristeten Vermächtnisanordnungen, sollten zur Vermeidung von Auslegungsproblemen entweder Ersatzvermächtnisnehmer benannt werden oder es sollte die Vererblichkeit geregelt sein.

*b) Fälligkeit*

578 Vom Anfall des Vermächtnisses ist dessen Fälligkeit zu unterscheiden. Die Fälligkeit bestimmt den Zeitpunkt, zu dem das Vermächtnis zu erfüllen ist. Nach §§ 271, 2281 BGB ist das Vermächtnis grundsätzlich mit dem Anfall fällig. Der Erblasser kann die Fälligkeit des Vermächtnisses aber hinausschieben. Wird die Fälligkeit auf den Tod des Beschwerten hinausgeschoben, ist § 6 Abs. 4 ErbStG zu beachten; danach wird das Vermächtnis in diesem Fall wie eine Vor- und Nacherbschaft behandelt, also sowohl beim Beschwerten als auch beim Vermächtnisnehmer besteuert[360].

*c) Annahme*

579 Die Annahme des Vermächtnisses erfolgt durch Erklärung gegenüber dem Beschwerten. Das Vermächtnis kann erst nach Eintritt des Erbfalls und darf nicht unter einer Bedingung oder einer Zeitbestimmung angenommen werden (§ 2180 Abs. 2 BGB).

*d) Ausschlagung*

580 Die Ausschlagung eines Vermächtnisses richtet sich nach den Vorschriften über die Ausschlagung einer Erbschaft mit folgenden Besonderheiten:

aa) Form

581 Die Ausschlagung bedarf keiner Form, sie kann sogar stillschweigend erfolgen.

bb) Ausschlagungsgegner

582 Die Ausschlagung wird gegenüber dem Beschwerten erklärt (§ 2180 Abs. 2 BGB). Sie kann aber auch gegenüber einem Nachlaßpfleger (§§ 1960 Abs. 2, 1961 BGB) oder dem Testamentsvollstrecker (§ 2213 Abs. 1 BGB) ausgesprochen werden.

cc) Keine Ausschlagungsfrist

583 Es besteht keine Ausschlagungsfrist; dem pflichtteilsberechtigten Vermächtnisnehmer kann aber der mit dem Vermächtnis beschwerte Erbe eine angemessene Frist zur Erklärung über die Annahme des Vermächtnisses setzen, nach deren fruchtlosem Ablauf das Vermächtnis als ausgeschlagen gilt (§ 2307 Abs. 2 BGB).

---

360 Geck in Dittmann/Reimann/Bengel, Teil C Rz. 54ff.

### 6. Sicherung der Vermächtniserfüllung

Um die Erfüllung des nur schuldrechtlichen Vermächtnisanspruchs zu sichern, kann eine Testamentsvollstreckung zu empfehlen sein. Die Rechtsstellung des Vermächtnisnehmers wird besonders dann gestärkt, wenn er selbst zum Testamentsvollstrecker ernannt wird. Um die Kosten des Testamentsvollstreckerzeugnisses zu sparen, wird empfohlen, die Testamentsvollstreckung mit einer – durch eine Auflage als unwiderruflich gestalteten – postmortalen Vollmacht zu verknüpfen[361]. *584*

### 7. Gestaltungsempfehlungen

Gestaltungsempfehlungen für Vermächtnisse könnten den Umfang dieses Buches sprengen. Vermächtnisse eröffnen dem Erblasser den gesamten Spielraum des aufgrund der Privatautonomie in den Grenzen der §§ 134, 138 BGB (Gesetzes- und Sittenwidrigkeit) offenen Schuldrechts. Dem Erblasser bieten sich somit über den Standardfall des Vermächtnisses, der Zuwendung von Einzelgegenständen, hinaus sämtliche Gestaltungsmöglichkeiten des Schuldrechts: Möglich sind z.B. Vermächtnisse über Mietverhältnisse, gesellschaftsrechtliche Ansprüche (soweit die Rechte der Mitgesellschafter tangiert werden, muß der Gesellschaftsvertrag dies zulassen) oder dienst- oder werkvertragsrechtliche Ansprüche. *585*

Vermächtnisse bieten damit im Erbrecht den Gestaltungsfreiraum, den das Prinzip der Gesamtrechtsnachfolge einschränkt. Der Erblasser sollte sich bei Vermächtnisanordnungen aber über die Zusammensetzung des Nachlasses im Zeitpunkt seines Todes in besonderer Weise gewiß sein. *586*

**Beispiele:**

Der Vermächtnisgegenstand ist im Zeitpunkt des Erbfalls schon verbraucht. Das Wertpapiervermögen reicht nicht, um Vermächtnis und Pflichtteilsansprüche – aus liquider Nachlaßmasse – zu erfüllen.

Bei Grundstücksvermächtnissen sollten Regelungen bezüglich der eventuellen Übernahme von grundstücksbezogenen Verbindlichkeiten getroffen werden. *587*

Bei Geldvermächtnissen, insbesondere regelmäßig zu leistenden Zahlungsverpflichtungen, sind eventuell gewünschte Wertsicherungen zu bedenken. *588*

Die Kombination eines Vermächtnisses mit einer Testamentsvollstreckung kann zur erleichterten Durchsetzbarkeit zu empfehlen sein. *589*

---

[361] Langenfeld, Testamentsgestaltung (2. Aufl.) Rz. 204.

## XII. Auflage

### 1. Begriff

590 Die Auflage ist im Gegensatz zu Erbeinsetzung und Vermächtnis **keine Zuwendung**, sondern die Auferlegung einer Verpflichtung, der kein Bedachter als Forderungsberechtigter gegenübersteht (§ 1940 BGB)[362]. Der Leistungsverpflichtung des Beschwerten steht kein Erfüllungsanspruch gegenüber; selbst ein Auflagenbegünstigter hat keinen Anspruch auf Erfüllung.

### 2. Inhalt einer Auflage

591 Gegenstand einer Auflage können alle Zwecke sein, die dem Gesetz und den guten Sitten nicht widersprechen[363].

**Beispiele:**

Die Zwecke einer Auflage können höchstpersönlichen Interessen des Erblassers dienen (Gestaltung des Begräbnisses, der Grabstätte sowie deren Pflege), der Pflege von Nachlaßgegenständen (Pflege einer Kunstsammlung, Pflege von Tieren), der Förderung irgendwelcher Aufgaben (z.B. der wissenschaftlichen Forschung).

592 Die Auflage kann finanzielle Aufwendungen aus dem Nachlaß zum Gegenstand haben, aber auch persönliche Handlungen des Beschwerten. Sie braucht keinen Vermögenswert zu haben. Auch Unterlassungspflichten können Gegenstand einer Auflage sein (z.B. ein Kündigungsverbot, Veräußerungsverbot).

### 3. Anzuwendende Vorschriften

593 Auf die Auflage sind die Vorschriften über das Vermächtnis entsprechend anwendbar (§ 2192 BGB).

#### *a) Beschwerung*

594 Mit einer Auflage können dieselben Personen beschwert werden, die auch mit einem Vermächtnis belastet werden können (§§ 2192, 2147, 2148 BGB), also Erben und Vermächtnisnehmer, nicht aber Auflagenbegünstigte.

#### *b) Bestimmung des Leistungsempfängers*

595 Weitergehend als beim Vermächtnis kann der Erblasser die Bestimmung der Person, an welche die Leistung erfolgen soll, dem Beschwerten oder einem Dritten, insbesondere dem Testamentsvollstrecker überlassen, wenn er nur den Zweck der Auflage bestimmt hat (§ 2193 BGB).

#### *c) Keine zeitliche Begrenzung*

596 Eine Auflage ist nicht an Zeitgrenzen gebunden, nach deren Erreichung sie unwirksam wird (keine 30-Jahres-Frist).

---

362 Staudinger/Otte [2000] § 1940 Rz. 1ff.

363 Zum Inhalt Staudinger/Otte [2000] § 1940 Rz. 5f.

### 4. Vollziehungsberechtigter

Da der mit der Auflage begründeten Verpflichtung kein Gläubiger gegenübersteht, hat das Gesetz Bestimmungen darüber getroffen, wer die Vollziehung der Auflage verlangen kann. Gemäß § 2194 BGB kann die Vollziehung der Auflage verlangt werden von dem Erben, einem Miterben oder demjenigen, welchem der Wegfall des mit der Auflage zunächst Beschwerten unmittelbar zustatten kommen würde. Liegt die Vollziehung der Auflage im öffentlichen Interesse, so kann auch die zuständige Behörde die Vollziehung verlangen. Ist z.B. ein Erbe mit der Auflage beschwert, kann der zunächst hinter ihm zur Erbschaft Berufene die Vollziehung der Auflage beanspruchen, bei Beschwerung eines Vermächtnisnehmers ein anwachsungsberechtigter Mitvermächtnisnehmer oder ein Ersatzvermächtnisnehmer. Darüber hinaus ist der Testamentsvollstrecker oder ein vom Erblasser ausdrücklich zum Vollziehungsberechtigten Benannter zum Vollzug der Auflage berechtigt[364]. *597*

Wird die Erfüllung der Auflage durch Verschulden des mit ihr Beschwerten unmöglich oder verweigert er trotz Verurteilung die Erfüllung, so hat derjenige, welchem der Wegfall des zunächst Beschwerten unmittelbar zustatten käme, einen Bereicherungsanspruch gegen den Beschwerten (§ 2196 BGB). *598*

### 5. Bindungswirkung

Ein wesentlicher Vorzug der Auflage gegenüber Anordnungen der Testamentsvollstreckung und Teilungsanordnungen liegt darin, daß die Auflage Gegenstand wechselbezüglicher Bestimmungen in einem gemeinschaftlichen Ehegattentestament und erbvertragsmäßiger Verfügung sein kann, und damit die getroffenen Bestimmungen der Bindungswirkung eines gemeinschaftlichen Ehegattentestaments bzw. eines Erbvertrages unterworfen werden können. *599*

### 6. Gestaltungsempfehlung

Mit der Auflage kann der Erblasser wirtschaftliche und ideelle Ziele zeitlich unbegrenzt über seinen Tod hinaus verfolgen. Tatsächliche und zeitliche Grenzen setzt nur die beschränkte Möglichkeit Auflagen durchzusetzen. Der Erblasser kann den Erben oder Vermächtnisnehmern bis zur Grenze der Gesetzes- und Sittenwidrigkeit konkrete Verhaltenspflichten auferlegen. *600*

Vor der Anordung einer zeitlich unbegrenzten Auflage sollte der Erblasser grds. gewarnt werden. Den sich – nach derzeitiger Lebenserfahrung – beschleunigenden Veränderungen rechtlicher, wirtschaftlicher und allgemeiner Lebensverhältnisse, ist auch bei Anordnung einer Auflage Rechnung zu tragen. Daher soll der Erblasser bei einer Auflage von der Möglichkeit eine Bindungswirkung zu vereinbaren, nur sehr zurückhaltend Gebrauch machen. Der Berater sollte den Erblasser auf die Grenzen der Durchsetzbarkeit einer Auflage hinweisen.

---

[364] Nieder (1.Aufl.) Rz. 730 u. Hinw. a. Staudinger/Otte [1996] § 2194 BGB Rz. 5; Soergel/Dieckmann § 2194 BGB Rz. 6; MünchKomm/Skibbe (2. Aufl.) § 2194 Rz. 5.

*601* Um die Durchsetzbarkeit einer Auflage zu erhöhen, können Erbeinsetzungen oder Vermächtnisse unter die Bedingung des Vollzugs der Auflage gestellt werden. Um den Vollzug der Auflage dauerhaft zu sichern, sollte sie mit einer Verwaltungstestamentsvollstreckung kombiniert werden, deren Dauer aber beschränkt ist[365].

*602* Die Auflage ist die einzige Gestaltungsmöglichkeit, um nicht rechtsfähigen Personenverbänden oder Tieren Zuwendungen zukommen zu lassen, da bei der Auflage kein rechtsfähiger Begünstigter vorhanden sein muß[366].

## XIII. Testamentsvollstreckung

### 1. Anwendungsbereich der Testamentsvollstreckung

*603* Der Vollzug letztwilliger Verfügungen kann durch Anordnung der Testamentsvollstreckung sichergestellt werden. Mit der Testamentsvollstreckung kann der Erblasser seinem Willen noch weit über seinen Tod hinaus bei der Vermögensverwaltung bzw. -abwicklung Geltung verschaffen[367].

*604* Die Testamentsvollsteckung ist uneingeschränkt zur Regelung folgender Interessenlagen zu empfehlen:
- bei schwierigen Nachlaßverhältnissen;
- zur Überwachung der Nachlaßbeteiligten insbesondere bei fehlender Eignung der Erben bzw. Vermächtnisnehmer zur Vermögensverwaltung[368];
- um besondere Vorstellungen des Erblassers zu vollziehen.

Darüber hinaus kann die Testamentsvollstreckung dem Schutz des Nachlasses vor Eigengläubigern des Erben dienen, da diese – wenn sie nicht zugleich Nachlaßgläubiger sind – nicht in die der Verwaltung des Testamentsvollstreckers unterliegenden Gegenstände vollstrecken können (§ 2214 BGB).

*605* Dem Testamentsvollstrecker wird eine sehr weitgehende Rechtsmacht übertragen, für andere und für deren Rechnung und Risiko zu handeln. Auswahl der Personen und Aufgabenkreis des Testamentsvollstreckers sollte daher sorgfältig überlegt sein.

### 2. Aufgaben und rechtliche Stellung des Testamentsvollstreckers

*a) Testamentsvollstreckeramt*

*606* Der Testamentsvollstrecker leitet seine Rechte und Aufgaben aus der letztwilligen Verfügung des Erblassers ab. Er ist weder Vertreter des Erblassers noch der Erben, sondern Inhaber eines privatrechtlichen, ihm zugewiesenen Amts aus ei-

---

[365] ⇒ Rz. 609.

[366] ⇒ Rz. 590.

[367] Ausführlich Bengel/Reimann/Bengel, Testamentsvollstreckung (2. Aufl.), Kap. 1, S. 2ff.

[368] Zu den Auswirkungen des Testamentsvollstreckeramtes auf elterliche Sorge, Vormundschaft und Betreuung Damrau, ZEV 1994, 1.

genem Recht[369]. Der Testamentsvollstrecker untersteht nicht der Aufsicht des Nachlaßgerichts. Er kann nur aus wichtigem Grund auf Antrag eines Beteiligten vom Nachlaßgericht aus seinem Amt entlassen werden (§ 2227 BGB).

### *b) Aufgaben*

#### aa) Allgemeines

Aufgabe des Testamentsvollstreckers ist die Ausführung der letztwilligen Verfügungen des Erblassers (§ 2203 BGB). Sind mehrere Erben vorhanden, so hat der Testamentsvollstrecker die Auseinandersetzung unter ihnen zu bewirken (§ 2204 Abs. 1 BGB). Dem Testamentsvollstrecker kann die Verwaltung des Nachlasses obliegen (§ 2205 BGB). *607*

Ob der Testamentsvollstrecker alle ihm vom Gesetz zugewiesenen Aufgaben und Befugnisse hat oder diese beschränkt sind, hängt vom Inhalt der Anordnungen des Erblassers ab (§ 2208 BGB). Um künftige Streitigkeiten zu vermeiden, sollten der Aufgabenkreis und Rechtsstellung des Testamentsvollstreckers in der letztwilligen Verfügung genau festgelegt werden.

#### bb) Abwicklungsvollstreckung

Hat der Testamentsvollstrecker lediglich die Aufgabe, den Nachlaß gemäß den Anordnungen des Erblassers abzuwickeln, so hat er vor allem die Auseinandersetzung des Nachlasses unter mehreren Erben vorzunehmen, sowie Vermächtnisse und Auflagen zu erfüllen. Hat der Erblasser keine besonderen Bestimmungen getroffen, so umfaßt der Aufgabenkreis die Durchführung der letztwilligen Anordnungen des Erblassers (§ 2203 BGB) und die Auseinandersetzung unter den Miterben (§ 2204 Abs. 1 BGB). *608*

#### cc) Verwaltungsvollstreckung

Soll dem Testamentsvollstrecker die Verwaltung des Nachlasses übertragen werden, so bedarf es der Festlegung der Dauer der Verwaltung. Das Gesetz läßt eine Dauervollstreckung für längstens 30 Jahre zu (§ 2210 BGB). Der Erblasser kann jedoch die Dauervollstreckung bis zum Tode des Beschwerten oder des Testamentsvollstreckers erstrecken. Er kann auch das Amt bis zum Eintritt eines anderen Ereignisses in der Person des einen oder anderen fortdauern lassen (Erreichung der Volljährigkeit, Vollendung des 25sten Lebensjahres, Eheschließung eines Erben, Vollendung des 65sten Lebensjahres des Testamentsvollstreckers; § 2210 BGB). *609*

---

[369] Herrschende „Amtstheorie" BGHZ 13, 203 (205); Bengel/Reimann/Bengel, Testamentsvollstreckung (2. Aufl.), S. 4f.; MünchKomm/Brandner, vor § 2197 BGB Rz. 5; Staudinger/Reimann [1996] Vorbem. 14f. zu §§ 2197ff. BGB; BGB-RGRK/Kregel, vor § 2197 BGB Rz. 3; Lange/Kuchinke, § 31 III (S. 629ff.); v. Lübtow, Band II, S. 927f.; Kipp/Coing, § 66 III (S. 369).

dd) Beschränkungen durch den Erblasser

*610* Die Verfügungsbefugnis des Testamentsvollstreckers ist grundsätzlich unbeschränkt, mit Ausnahme unentgeltlicher Verfügungen (§ 2205 Satz 3 BGB). Durch Anordnungen des Erblassers kann die Verfügungsbefugnis weiter eingeschränkt werden (§ 2208 Abs. 1 Satz 1 BGB). Die Verwaltung durch den Testamentsvollstrecker kann auf einen Miterbenanteil oder auf einen ganz bestimmten Aufgabenkreis (z.B. die Führung des zum Nachlaß gehörenden Unternehmens, Verwaltung von Unternehmensbeteiligungen, von Wertpapieren oder Grundbesitz) beschränkt werden (§ 2208 Abs. 1 BGB)[370].

ee) Beschränkungen durch das Nachlaßgericht

*611* Bei langdauernden Verwaltungsvollstreckungen können Verwaltungsanordnungen des Erblassers zeitlich überholt sein und sogar zu einer Gefährdung des Nachlasses führen. Gefährdet die Befolgung solcher Anordnungen des Erblassers den Nachlaß, so können die Anordnungen vom Nachlaßgericht außer Kraft gesetzt werden (§ 2216 Abs. 2 BGB).

*c) Rechtliche Stellung des Testamentsvollstreckers*

aa) Allgemeines

*612* Durch die Testamentsvollstreckung ist dem Erben die Verfügungsmacht über den Nachlaß entzogen (§ 2211 BGB).

Ist der Aufgabenkreis des Testamentsvollstreckers beschränkt, so gilt die Entziehung der Verfügungsmacht des Erben im Rahmen dieses Aufgabenkreises. Die Verfügungsbeschränkungen des Erben bestehen bereits vom Erbfall an, treten also nicht etwa erst mit der Annahme des Testamentsvollstreckeramtes ein. So können die Befugnisse des Testamentsvollstreckers z.B. auf einzelne Nachlaßgegenstände beschränkt werden. Ein Mindestumfang ist für die Testamentsvollstreckung vom Gesetz nicht vorgeschrieben.

bb) Rechte des Testamentsvollstreckers

(1) Verfügungsrecht

*613* Der Testamentsvollstrecker ist berechtigt, über die der Testamentsvollstreckung unterliegenden Nachlaßgegenstände zu verfügen und den Nachlaß in Besitz zu nehmen (§ 2205 BGB). Die Verfügungsbefugnis des Testamentsvollstreckers ist grundsätzlich unbeschränkt. Jedoch kann der Testamentsvollstrecker keine unentgeltlichen Verfügungen vornehmen (§ 2205 Satz 3 BGB).

---

370 Staudinger/Reimann [1996] § 2208 BGB Rz. 6ff.; MünchKomm/Brandner, § 2208 BGB Rz. 11; Soergel/Damrau, § 2208 BGB Rz. 5; Palandt/Edenhofer, § 2208 BGB Rz. 1; Palandt/Edenhofer, vor § 2197 BGB Rz. 4; Haegele/Winkler (15. Aufl.), Rz. 143 (S. 88).

(2) Eingehung von Verbindlichkeiten

Der Testamentsvollstrecker ist befugt, Verbindlichkeiten für den Nachlaß einzugehen, soweit das zur ordnungsgemäßen Verwaltung erforderlich ist (§ 2206 BGB). 614

In vielen Fällen ist es zweckmäßig, vor allem bei größeren Nachlässen, deren Verwaltung selbständige Entscheidungen erfordert, dem Testamentsvollstrecker eine möglichst freie Stellung einzuräumen. Deshalb kann der Erblasser anordnen, daß der Testamentsvollstrecker in der Eingehung von Verbindlichkeiten für den Nachlaß nicht beschränkt sein soll (§ 2207 Satz 1 BGB).

Unentgeltliche Verfügungen darf der Testamentsvollstrecker jedoch nur vornehmen, soweit sie einer sittlichen Pflicht oder einer auf den Anstand zu nehmenden Rücksicht entsprechen (§§ 2205 Satz 3, 2207 Satz 2 BGB). Auch ein von dem Testamentsvollstrecker geschlossener Vergleich kann eine unentgeltliche Verfügung i.S.d. § 2205 Satz 3 BGB enthalten und daher unwirksam sein[371]. 615

(3) Prozeßführungslegitimation

Die Legitimation zur Prozeßführung ist für Nachlaßaktiva und -passiva unterschiedlich geregelt. 616

Ein der Verwaltung des Testamentsvollstreckers unterliegendes Recht kann nur der Testamentsvollstrecker selbst gerichtlich geltend machen (§ 2212 BGB).

Nachlaßverbindlichkeiten können dagegen sowohl gegen den Erben als auch gegen den Testamentsvollstrecker gerichtlich geltend gemacht werden. Ihre Geltendmachung ist nur gegen den Erben zulässig, wenn dem Testamentsvollstrecker die Verwaltung des Nachlasses nicht zusteht oder wenn es sich um einen Pflichtteilsanspruch handelt (§ 2213 BGB).

(4) Befreiung vom Selbstkontrahierungsverbot

Der Erblasser kann den Testamentsvollstrecker von den Beschränkungen des § 181 BGB befreien. Ist der Testamentsvollstrecker Miterbe, so liegt grundsätzlich eine stillschweigende Befreiung von § 181 BGB vor[372]. In notariellen Urkunden sollte dies gleichwohl klargestellt werden. 617

cc) Pflichten des Testamentsvollstreckers

(1) Nachlaßverzeichnis

Der Testamentsvollstrecker hat den Erben ein Verzeichnis aller der Testamentsvollstreckung unterliegenden Nachlaßgegenstände und ein Verzeichnis der bekannten Nachlaßverbindlichkeiten mitzuteilen. Dieser Pflicht muß der Testamentsvollstrecker unverzüglich nach der Annahme seines Amtes nachkommen (§ 2215 Abs. 1 BGB)[373]. 618

---

371 BGH DB 1991, 751 = BB 1991, 237.

372 BGHZ 30, 67 (69) = NJW 1959, 1429.

373 Sarres, ZEV 2000, 90, 92.

Der Testamentsvollstrecker muß das Verzeichnis mit der Angabe des Tages der Aufnahme versehen und unterzeichnen. Auf Verlangen hat der Testamentsvollstrecker die Unterzeichnung öffentlich beglaubigen zu lassen. Der Erbe kann verlangen, daß er bei der Aufnahme des Verzeichnisses zugezogen wird (§ 2215 Abs. 2 und 3 BGB).

(2) Ordnungsmäßige Verwaltung

*619* Der Testamentsvollstrecker ist verpflichtet, den Nachlaß ordnungsgemäß zu verwalten und Verwaltungsanordnungen des Erblassers zu befolgen (§ 2216 Abs. 1 und Abs. 2 Satz 1 BGB). Hoffnungen, Wünsche, Bitten des Erblassers sind grundsätzlich keine von dem Testamentsvollstrecker verbindlich zu erfüllende Anordnungen[374].

(3) Anwendung von Auftragsrecht

*620* Auf das Rechtsverhältnis zwischen Erben und Testamentsvollstrecker findet im wesentlichen Auftragsrecht Anwendung. Danach hat der Testamentsvollstrecker seine Aufgaben im Zweifel persönlich zu erfüllen, kann sie also nicht einem Dritten übertragen; er ist zur Auskunftserteilung verpflichtet[375].

(4) Jährliche Rechnungslegung

*621* Bei einer länger andauernden Verwaltung ist der Testamentsvollstrecker zu jährlicher Rechnungslegung verpflichtet (§ 2218 Abs. 2 BGB).

(5) Haftung für Verschulden

*622* Der Testamentsvollstrecker haftet für **jedes Verschulden**, also nicht nur für die Sorgfalt, die er in eigenen Angelegenheiten anwenden würde[376]. Bei schuldhafter Verletzung seiner Verpflichtungen ist der Testamentsvollstrecker uneingeschränkt zum Schadensersatz verpflichtet (§ 2219 BGB)[377].

*623* Von den Pflichten kann der Erblasser den Testamentsvollstrecker nicht befreien (§ 2220 BGB).

(6) Freigabe von Nachlaßgegenständen

*624* Gemäß § 2217 BGB hat der Testamentsvollstrecker solche Nachlaßgegenstände, deren er zur Erfüllung seiner Aufgaben offenbar nicht bedarf, dem Erben auf Verlangen zur freien Verfügung zu überlassen[378]. Die Freigabe kann von den Erben im Klageweg erzwungen werden, jedoch muß die Entbehrlichkeit des betreffenden Nachlaßgegenstandes offenbar sein. Der Testamentsvollstrecker kann aber auch unverlangt freigeben, vorbehaltlich seiner Haftung gegenüber Miterben oder

---

[374] BayObLG NJW 1976, 1692 (1694).

[375] Sarres, ZEV 2000, 90.

[376] Hierzu auch Klumpp, ZEV 1994, 65.

[377] Einzelheiten bei Muscheler, ZEV 1996, 401.

[378] Dazu Garlichs, ZEV 1996, 447.

Vermächtnisnehmern. Andererseits kann der Erblasser den Testamentsvollstrekker von der Freigabeverpflichtung des § 2217 BGB befreien (vgl. § 2220 BGB).

### 3. Auswahl des Testamentsvollstreckers

#### *a) Grundsätzliches*

Der Testamentsvollstrecker verfügt über fremdes Vermögen. Sein Amt ist eine Vertrauensstellung. Auch im zwischenmenschlichen Bereich stellt das Amt besondere Anforderungen, da der Erbe die Bevormundung durch einen Testamentsvollstrecker in der Regel ablehnt. Bei einer Erbenmehrheit ergeben sich nicht nur divergierende Interessen der Erben, sondern häufig auch Spannungen zwischen den Erben. *625*

Soll die Verwaltungstestamentsvollstreckung dem Schutz eines minderjährigen Kindes dienen, so kann es unzweckmäßig sein, Eltern oder Vormund zum Testamentsvollstrecker zu benennen. Diese können nämlich, insbesondere bei einer Erbauseinandersetzung u.U. daran gehindert sein, gleichzeitig als gesetzliche Vertreter des Kindes zu handeln, so daß zusätzlich ein Ergänzungspfleger zu bestellen wäre[379]. *626*

#### *b) Qualifikation*

Bei der Auswahl des Testamentsvollstreckers ist darauf zu achten, daß er vertrauenswürdig und zuverlässig ist und die zur Amtsführung erforderlichen Kenntnisse besitzt[380]; darüber hinaus sollte er eine Persönlichkeit sein, die auch mit menschlichen Schwierigkeiten fertig wird. Wünschenswert ist eine Person, die den Erben bekannt ist und von ihnen respektiert wird. *627*

Bei einer länger dauernden Testamentsvollstreckung sollte auch das Alter des Testamentsvollstreckers angemessen berücksichtigt werden.

Vorsorglich sollte ein geeigneter Ersatztestamentsvollstrecker vorgesehen werden. *628*

#### *c) Mehrere Testamentsvollstrecker*

Bei größeren Nachlässen ist meist zu raten, nicht nur einen, sondern mehrere Testamentsvollstrecker (zwei oder drei) zu ernennen[381]. *629*

Die Gründe können in der besonderen Verantwortung liegen, die das Amt und die Aufgaben mit sich bringen. Auch wenn der Nachlaß aus verschiedenartigen Vermögensmassen besteht (gewerbliche Unternehmungen einerseits, Grundvermögen oder Geldvermögen andererseits), kann die Aufteilung der Verwaltungsvollstreckung unter mehrere Testamentsvollstrecker zweckmäßig sein. Es kann

---

379 So OLG Hamm OLGZ 1993, 392; kritisch dazu Damrau ZEV 1994, 1ff.

380 Zur Verbesserung der Kontrolle des Testamentsvollstreckers durch Maßnahmen des Erblassers Reimann, FamRZ 1995, 588.

381 Dazu Bengel/Reimann/Reimann, Testamentsvollstreckung (2. Aufl.), Kap. 2 Rz. 194ff. (S. 81ff.).

sich bei großen Nachlässen empfehlen, mehrere fachlich verschieden vorgebildete Testamentsvollstrecker zu bestimmen (Unternehmer, Bankkaufmann, Wirtschaftsprüfer, Jurist).

*d) Juristische Personen als Testamentsvollstrecker*

630 Auch eine juristische Person (Wirtschaftsprüfungs-GmbH oder -AG; Treuhand-GmbH oder -AG) kann zum Testamentsvollstrecker berufen werden[382]. Regelmäßig ist Berufung einer juristischen Person deswegen unzweckmäßig, weil die Testamentsvollstreckung ein persönliches Vertrauensverhältnis zwischen Erblasser und Testamentsvollstrecker voraussetzt und die Persönlichkeit des Amtsträgers entscheidend dafür ist, ob der letzte Wille des Erblassers verwirklicht wird. Der Vorzug einer solchen Lösung liegt darin, daß regelmäßig keine Ungewißheiten durch Wegfall der Person des Testamentsvollstreckers entstehen können.

*e) Miterbe als Testamentsvollstrecker*

631 Testamentsvollstrecker kann auch ein Miterbe sein. Die Berufung eines Miterben ist grds. nicht zu empfehlen, weil Interessenkollisionen mit anderen Erben zu befürchten sind, welche die Amtsführung belasten.

Der Alleinerbe kann nicht alleiniger Testamentsvollstrecker sein; er kann allenfalls zum Mittestamentsvollstrecker bei gemeinschaftlicher Amtsführung ernannt werden. Auch der alleinige Vorerbe ist während der Dauer der Vorerbschaft als alleiniger Testamentsvollstrecker ausgeschlossen. Der Vorerbe kann auch nicht zum Testamentsvollstrecker eingesetzt werden, bis zum Eintritt der Nacherbfolge die Rechte des Nacherben auszuüben und dessen Pflichten zu erfüllen (vgl. § 2222 BGB); die Stellungen des Vorerben und des Testamentsvollstreckers sind in einem solchen Fall nicht miteinander vereinbar. Sind mehrere Personen Vorerben, so kann einer von ihnen Testamentsvollstrecker sein, wenn mehrere Testamentsvollstrecker berufen sind und die Testamentsvollstreckung durch ein Kollegium ausgeübt wird[383].

### 4. Ernennung des Testamentsvollstreckers

*a) Durch Erblasser*

632 Der Testamentsvollstrecker wird durch einseitige letztwillige Verfügung ernannt (§ 2197 Abs. 1 BGB). Für den Fall, daß der ernannte Testamentsvollstrekker vor oder nach der Annahme des Amts wegfällt, kann der Erblasser einen anderen Testamentsvollstrecker ernennen (Ersatztestamentsvollstrecker); es können auch mehrere Ersatztestamentsvollstrecker nacheinander in unbeschränkter Zahl bestellt werden.

---

[382] Zur Testamentsvollstreckung durch Banken Bork, WM 1995, 225; Schaub, FamRZ 1995, 845; Vortmann, WM 1995, 1745.

[383] BayObLG NJW 1976, 1692 (1693) (Leitsatz 4).

Die Ernennung eines Testamentsvollstreckers kann als einseitige Verfügung auch in einem Erbvertrag oder in einem gemeinschaftlichen Ehegattentestament enthalten sein. Die Anordnung der Testamentsvollstreckung gehört nicht zu den gesetzlich zugelassenen erbvertragsmäßigen (§ 2278 Abs. 2 BGB)[384] oder wechselbezüglichen (§ 2270 Abs. 3 BGB) Verfügungen eines gemeinschaftlichen Testaments. *633*

Da die Anordnung der Testamentsvollstreckung nicht erbvertraglich oder wechselbezüglich getroffen werden kann, ist die Bestellung des Testamentsvollstreckers nach den allgemeinen Vorschriften über Testamentswiderruf stets widerruflich.

Eine andere Frage ist, ob der Erblasser, der sich erbvertraglich oder wechselbezüglich gebunden hat, nachträglich noch eine Testamentsvollstreckung anordnen kann. Bei der nachträglichen Anordnung einer Testamentsvollstreckung handelt es sich um eine beeinträchtigende Verfügung i.S.d. §§ 2271, 2289 BGB. Sie ist daher unwirksam, wenn sich nicht aus dem Erbvertrag oder dem gemeinschaftlichen Testament ein Abänderungsvorbehalt ergibt[385]. Kommt die Anordnung einer Testamentsvollstreckung mangels Abänderungsvorbehalts nicht in Betracht, so bietet sich als Ersatzlösung eine trans- oder postmortale Vollmacht an[386].

*b) Durch Dritte*

Der Erblasser kann die Bestimmung der Person des Testamentsvollstreckers einem Dritten überlassen (§ 2198 BGB)[387], nicht jedoch die Entscheidung, ob überhaupt Testamentsvollstreckung eintreten soll. *634*

So kann die Ernennung des Testamentsvollstreckers einem Freund oder Berater der Familie, dem Präsidenten der zuständigen Wirtschaftsprüfer-, Steuerberater-, Notar- oder Anwaltskammer oder dem Nachlaßgericht überlassen werden (§ 2200 BGB)[388].

*c) Durch Testamentsvollstrecker*

Der Erblasser kann den Testamentsvollstrecker ermächtigen, einen oder mehrere Mitvollstrecker oder den Nachfolger des Testamentsvollstreckers zu ernennen (§ 2199 Abs. 1 und 2 BGB). *635*

Der Erblasser kann den ernannten Testamentsvollstrecker nicht nur ermächtigen, sondern auch verpflichten, einen oder zwei Mitvollstrecker zu berufen. Hat der Erblasser sich nicht klar ausgedrückt, so ist es Auslegungsfrage, ob der er-

---

384 OLG Düsseldorf MDR 1994, 1016.

385 Reithmann/Albrecht/Basty, Hdb. Vertragsgestaltung, Rz. 1229.

386 Dazu unten ⇒ Rz. 738ff.

387 Dazu Bengel/Reimann/Reimann (2. Aufl.), Kap. 2 Rz. 125ff. (S. 72ff.).

388 Vor letzterer Lösung ist regelmäßig, insbesondere bei rechtlich oder wirtschaftlich schwierigen Nachlässen abzuraten, da kein Einfluß auf die Qualifikation des Testamentsvollstreckers genommen werden kann.

nannte Testamentsvollstrecker zur Berufung eines Mitvollstreckers zugleich auch verpflichtet sein soll.

Die Ermächtigung des Testamentsvollstreckers seinen Nachfolger zu bestimmen, ist häufig zweckmäßig, wenn die Kontinuität einer Dauervollstreckung gesichert werden soll.

*d) Unwirksamkeit der Ernennung*

636 Die Ernennung zum Testamentsvollstrecker ist unwirksam, wenn er zu der Zeit, zu welcher er das Amt angetreten hat, geschäftsunfähig (§ 104 BGB) oder in der Geschäftsfähigkeit beschränkt ist (§ 106 BGB) oder wegen psychischer Krankheit oder körperlicher, geistiger oder seelischer Behinderung einen Betreuer erhalten hat (§§ 2201, 1896 BGB).

### 5. Annahme und Ablehnung des Amtes

*a) Annahme*

637 Die Annahme des Amtes eines Testamentsvollstreckers ist freiwillig. Das gilt auch dann, wenn die Ernennung durch das Nachlaßgericht erfolgt ist. Eine öffentlich-rechtliche Verpflichtung zur Annahme besteht nicht. Dagegen ist es möglich, den Testamentsvollstrecker schuldrechtlich zur Annahme des Amtes zu verpflichten.

638 Die Annahme muß gegenüber dem Nachlaßgericht erklärt werden, und zwar unbedingt und unbefristet[389]. Die Annahme ist unwiderruflich. Die Interessen der beteiligten Dritten (Erben, Vermächtnisnehmer) verlangen, daß eine endgültige, klare Rechtslage geschaffen wird.

639 Die Rechtsstellung des Testamentsvollstreckers erlangt der Ernannte erst mit der Annahme. Auf Antrag erhält er das Testamentsvollstreckerzeugnis. Der Beginn der Amtsstellung ist von der Erteilung des Testamentsvollstreckerzeugnisses nicht abhängig.

*b) Ablehnung*

640 Für die Erklärung der Ablehnung des Amtes gilt das gleiche. Auch sie erfolgt gegenüber dem Nachlaßgericht unbedingt, unbefristet und unwiderruflich (§ 2202 BGB).

### 6. Mehrere Testamentsvollstrecker

*a) Gemeinschaftliche Amtsführung*

641 Hat der Erblasser mehrere Testamentsvollstrecker berufen, so führen diese das Amt grundsätzlich gemeinschaftlich (§ 2224 Abs. 1 Satz 1 BGB).

Zu jeder Handlung ist die Übereinstimmung aller Testamentsvollstrecker erforderlich. Bei Meinungsverschiedenheiten entscheidet das Nachlaßgericht.

---

[389] Formulierungsvorschlag bei Bengel/Reimann/Reimann, Testamentsvollstreckung (2. Aufl.), Kap. 2 Rz. 222 (S. 85).

Die Testamentsvollstrecker können aber ihre Aufgabenbereiche aufteilen, unbeschadet ihrer gemeinschaftlichen Haftung. 642

Eine solche Aufteilung ist regelmäßig zur rationellen Nachlaßverwaltung empfehlenswert. Sind z.B. drei Testamentsvollstrecker ernannt, von denen der eine Kaufmann, der zweite Wirtschaftsprüfer, der dritte Rechtsanwalt ist, so ergibt sich mehr oder weniger von selbst, daß der Kaufmann Handelsentscheidungen und -dispositionen vorbereitet und bearbeitet, der Wirtschaftsprüfer Buchführung, Geldverwaltung und Steuerbearbeitung übernimmt und dem Rechtsanwalt die Besorgung der Rechtsangelegenheiten obliegt. Die Entscheidungen und erforderlichen Maßnahmen müssen jedoch gemeinschaftlich getroffen werden. Es ist aber auch die Bevollmächtigung eines Testamentsvollstreckers durch die anderen möglich.

Jeder Testamentsvollstrecker ist im übrigen berechtigt, ohne Zustimmung der anderen Testamentsvollstrecker diejenigen Maßnahmen zu treffen, welche zur Erhaltung eines der gemeinschaftlichen Verwaltung unterliegenden Nachlaßgegenstandes notwendig sind (§ 2224 Abs. 2 BGB). 643

Fällt einer der Testamentsvollstrecker weg oder ist er von der Mitwirkung ausgeschlossen, z.B. wegen Interessenwiderstreits (die §§ 181, 34 BGB sind entsprechend anwendbar), so führen die anderen Testamentsvollstrecker das Amt allein (§ 2224 Abs. 1 Satz 2 BGB). 644

*b) Abweichende Anordnungen des Erblassers*

Der Erblasser kann abweichende Anordnungen treffen (§ 2224 Abs. 1 Satz 3 BGB). 645

Er kann bestimmen, daß jeder Testamentsvollstrecker einen bestimmten Aufgabenbereich verwalten soll und insoweit allein zu handeln berechtigt ist.

Ebenso sind Anordnungen zulässig, wonach die Testamentsvollstrecker mit Mehrheit entscheiden. Auch hier wird die vom Erblasser mit der Einsetzung mehrerer Testamentsvollstrecker gewollte gegenseitige Kontrolle erreicht.

Von der Möglichkeit abweichender Anordnungen wird Gebrauch zu machen sein, wenn häufig schnelle Entscheidungen getroffen werden müssen, die durch Gesamtgeschäftsführung und -vertretung gehemmt oder erschwert würden. 646

## 7. Beendigung des Amtes

*a) Tod, Wegfall der Ernennungsvoraussetzungen*

Das Amt des Testamentsvollstreckers erlischt mit seinem Tod. Der Testamentsvollstrecker verliert sein Amt aber auch, wenn ein Fall eintritt, in welchem seine Ernennung unwirksam wäre (Eintritt der Geschäftsunfähigkeit, der beschränkten Geschäftsfähigkeit oder der Bestellung eines Betreuers für den Testamentsvollstrecker; §§ 2225, 2201 BGB). 647

*b) Kündigung*

648 Der Testamentsvollstrecker ist zur Kündigung seines Amts berechtigt. Die Kündigung ist durch Erklärung gegenüber dem Nachlaßgericht auszusprechen (§ 2226 Satz 1 und 2 BGB).

Die Kündigung darf nicht zur Unzeit erfolgen; andernfalls ist der Testamentsvollstrecker zum Schadenersatz verpflichtet (§§ 2226 Satz 3, 671 Abs. 2 BGB).

*c) Entlassung*

649 Eine Beendigung des Testamentsvollstreckeramts kann auch durch Entlassung des Testamentsvollstreckers herbeigeführt werden. Die Entlassung des Testamentsvollstreckers kann auf Antrag eines Beteiligten (Erben, Vermächtnisnehmers, Auflageberechtigten, Pflichtteilsberechtigten) ausgesprochen werden, wenn ein wichtiger Grund vorliegt (§ 2227 Abs. 1 BGB).

Als wichtige Gründe nennt das Gesetz insbesondere grobe Pflichtverletzung oder Unfähigkeit zur ordnungsgemäßen Geschäftsführung. Zu den wichtigen Gründen werden alle Umstände gehören, die objektiv die Fortsetzung des Testamentsvollstreckeramtes für die Beteiligten unzumutbar machen. Dazu genügen im allgemeinen nicht persönliche Spannungen zwischen dem Testamentsvollstrecker und einem der Miterben[390].

650 Für Fälle persönlicher Zerwürfnisse zwischen Testamentsvollstrecker und Erben ist bei der Annahme eines wichtigen Grundes für die Entlassung des Testamentsvollstreckers große Zurückhaltung geboten. Mit der Testamentsvollstrekkung hat der Erblasser dem Erben die Verfügungsmacht über den Nachlaß entzogen. Das allein führt zu Interessengegensätzen. Es ist auch möglich, daß der Erbe die Gegensätze bewußt vertieft in dem Bestreben, einen wichtigen Grund für die Entlassung des Testamentsvollstreckers geltend machen zu können. Würde man dem stattgeben, so würde dem Willen des Erblassers zuwider gehandelt.

651 Andererseits liegt dann ein wichtiger Grund zur Entlassung des Testamentsvollstreckers vor, wenn die Rechte eines Erben oder eines Nachlaßbeteiligten erheblich gefährdet werden, oder der Testamentsvollstrecker einzelne Erben vor den anderen bevorzugt oder eigene Interessen vor die des Erben stellt[391].

## 8. Vergütung[392]

*a) Allgemeines*

652 Der Testamentsvollstrecker hat Anspruch auf eine Vergütung, sofern der Erblasser nichts Anderes bestimmt hat (§ 2221 BGB). Außerdem steht dem Testa-

---

390 OLG Düsseldorf MittRhNotK 1995, 97.

391 BGHZ 25, 275 (283); OLG Celle OLGZ 78, 442ff.; OLG Köln OLGZ 88, 26ff.; OLG Hamm OLGZ 86, 1ff.

392 Ausführlich Bengel/Reimann/Eckelskemper, Testamentsvollstreckung (2. Aufl.), Kap. 10 (S. 535ff.); Haegele/Winkler (15. Aufl.), Rz. 570ff. (S. 255ff.); Glaser, DB 1979, 877ff.; Möhring, BB 1979, 868.

mentsvollstrecker Anspruch auf Ersatz seiner Aufwendungen wie einem Beauftragten zu (§§ 2218 Abs. 1, 670 BGB)[393].

Hat der Erblasser eine Vergütung des Testamentsvollstreckers ausgeschlossen, so kann der Testamentsvollstrecker die Annahme des Amtes ablehnen oder kündigen.

### *b) Höhe der Vergütung*

#### aa) Festsetzung der Vergütung durch den Erblasser

Der Erblasser kann die Höhe der Vergütung des Testamentsvollstreckers letzt- 653
willig festsetzen. Ist die festgesetzte Vergütung unangemessen hoch, so ist sie hinsichtlich der den angemessenen Betrag überschreitenden Summe als Vermächtnis zu behandeln.

#### bb) Gesetzliche Vergütung

##### (1) Allgemeines

Zur Höhe der Vergütung sagt das Gesetz lediglich, daß der Testamentsvoll- 654
strecker eine **angemessene** Vergütung beanspruchen kann (§ 2221 BGB). Hat der Erblasser die Vergütung in seiner letztwilligen Verfügung geregelt, so ist diese Anordnung selbst dann verbindlich, wenn sie nicht angemessen ist[394].

Eine gesetzliche Gebührenordnung für Testamentsvollstrecker gibt es nicht. Gesetzliche oder berufsübliche Gebührenordnungen sind nicht maßgebend (z.B. Bundesrechtsanwaltsgebührenordnung für einen Rechtsanwalt als Testamentsvollstrecker, Gebührenordnungen der Angehörigen der steuer- und wirtschaftsberatenden Berufe).

##### (2) Vergütungsmaßstäbe

Maßgebend für die Vergütung des Testamentsvollstreckers sind der ihm über- 655
tragene Pflichtenkreis, der Umfang der ihn treffenden Verantwortung und die von ihm geleistete Arbeit, wobei die Schwierigkeit der gelösten Aufgaben, die Dauer der Abwicklung oder der Verwaltung, die Verwertung besonderer Kenntnisse und Erfahrungen und auch Bewährung einer sich im Erfolg auswirkenden Geschicklichkeit zu berücksichtigen sind[395]. Die Höhe der Vergütung des Testamentsvollstreckers hängt demnach von den Umständen des Einzelfalles ab[396].

---

393 Dazu Bengel/Reimann/Eckelskemper, Testamentsvollstreckung (2. Aufl.), Kap. 10 Rz. 60ff. (S. 550f.).

394 BayObLGZ 1980, 152.

395 BGH WM 1972, 101 (102); DNotZ 1968, 355 (357); LM § 2221 BGB Nr. 2; Palandt/Edenhofer, § 2221 BGB Rz. 4.

396 Weitere Bemessungskriterien bei Bengel/Reimann/Eckelskemper, Testamentsvollstreckung (2. Aufl.), Kap. 10 Rz. 6 (S. 536).

(3) Abwicklungs-, Konstitutions-, Verwaltungsgebühr

656 Obliegt dem Testamentsvollstrecker nur die Abwicklung des Nachlasses, so erhält er dafür eine Gebühr (Abwicklungsgebühr). Ist dem Testamentsvollstrecker nicht nur die Abwicklung des Nachlasses, sondern nach Ordnung der Nachlaßverhältnisse eine Dauerverwaltung des Nachlasses übertragen, so kann er zweierlei Vergütungen in Anspruch nehmen: Eine Vergütung für die sogenannte Konstituierung des Nachlasses (Konstituierungsgebühr) und danach eine laufende Vergütung für die Dauer seiner weiteren Verwaltung.

Gerade die Ordnung des Nachlasses unmittelbar nach dem Erbfall bringt für den Testamentsvollstrecker besondere Aufgaben, Arbeit und Verantwortung mit sich. Er hat den Nachlaß in Besitz zu nehmen, das Nachlaßverzeichnis aufzustellen und die damit verbundene Sichtung aller Vermögensbestände und Verbindlichkeiten vorzunehmen, er hat die Schulden des Erblassers zu begleichen, die Erbschaftsteuern zu regulieren, Vermächtnisse und Auflagen auszuführen usw. Erst diese Konstituierung des Nachlasses und die mit ihr geschaffene Grundlage ermöglichen eine verantwortungsbewußte Dauerverwaltung[397].

(4) Vergütungsgrundsätze des Deutschen Notarvereins[398]

657 Der Deutsche Notarverein hat in Fortentwicklung der Rheinischen Tabelle vorgeschlagen, die Vergütung des Testamentsvollstreckers nach den folgenden Grundsätzen zu bemessen:

**„Vergütungsgrundbetrag**

Der Vergütungsgrundbetrag deckt die einfache Testamentsvollstreckung (normale Verhältnisse, glatte Abwicklung) ab, d.h. die Nachlaßverwaltung bis zur Abwicklung der erbschaftsteuerlichen Fragen, einschließlich der Überleitung des Nachlasses an die Erben. Die Bemessungsgrundlage für den Vergütungsgrundbetrag ist der am Todestag des Erblassers bestehende Bruttowert des Nachlasses. Verbindlichkeiten sind nur dann vom Bruttowert des Nachlasses abzuziehen, wenn der Testamentsvollstrecker nicht mit den Verbindlichkeiten befaßt ist.

Höhe des Vergütungsbetrages (vorbehaltlich einer zu gegebener Zeit vorzunehmenden Anpassung an die Preisentwicklung):

| | | | |
|---|---|---|---|
| bis | 250.000,– | Euro | 4,0 %, |
| bis | 500.000,– | Euro | 3,0 %, |
| bis | 2.500.000,– | Euro | 2,5 %, |
| bis | 5.000.000,– | Euro | 2,0 %, |
| über | 5.000.000,– | Euro | 1,5 %, |

mindestens aber der höchste Betrag der Vorstufe.

[397] RG JW 1936, 3388ff. mit zustimmender Anm. Plassmann; LG Hamburg MDR 1959, 761; Haegele/Winkler (15. Aufl.), Rz. 577ff. (S. 258ff.).

[398] Vgl. Der Notar 2000, 2ff.

**Beispiel:**

Bei einem Nachlaß von 260.000,– Euro beträgt der Grundbetrag nicht 7.800,– Euro (= 3,0 % aus 260.000,– Euro), sondern 10.000,– Euro (= 4 % aus 250.000,– Euro).

Bei Nacherbentestamentsvollstreckung oder bloß beaufsichtigender Testamentsvollstreckung erhält der Testamentsvollstrecker wegen der dann geringeren Belastung anstelle des vollen Grundbetrages 2/10 bis 5/10 des Grundbetrages.

Besteht die Aufgabe des Testamentsvollstreckers lediglich in der Erfüllung von Vermächtnissen, so erhält er nur den Vergütungsgrundbetrag, welcher sich nach dem Wert der Vermächtnisgegenstände bemißt.

Der Vergütungsgrundbetrag ist zur Hälfte nach Abschluß der Konstituierung und im Übrigen mit Abschluß der Erbschaftsteuerveranlagung bzw. Abschluß der Tätigkeit fällig.

**Zuschläge zum Vergütungsgrundbetrag bei Abwicklungsvollstreckung**

Die Entlastung des Testamentsvollstreckers durch die Hinzuziehung externer Sachverständiger (z.B. Rechtsanwälte, Steuerberater) ist bei Bemessung der Zuschläge angemessen zu berücksichtigen. Die Zuschläge sind, wenn nachfolgend nichts anderes vorgesehen ist, jeweils fällig, wenn die betreffende Tätigkeit beendet ist. Bei der Bemessung der Zuschläge ist mangels besonderer Anhaltspunkte vom Mittelwert der Spanne auszugehen.

*Aufwendige Grundtätigkeit*

Zuschlag von 2/10 bis 10/10 des Vergütungsgrundbetrages, wenn die Konstituierung des Nachlasses aufwendiger als im Normalfall ist, etwa durch besondere Maßnahmen zur Ermittlung, Sichtung und Inbesitznahme des Nachlasses, Erstellung eines Nachlaßverzeichnisses, Bewertung des Nachlasses, Regelung von Nachlaßverbindlichkeiten einschließlich inländischer Erbschaftsteuer. Normalfall: aus Bargeld, Wertpapierdepot oder Renditeimmobilie zusammengesetzter Nachlaß, der z.B. durch bloßes Einholen von Kontoauszügen, Grundbucheinsichten und Sichtung von Mietverträgen konstituiert ist.

*Auseinandersetzung*

Zuschlag von 2/10 bis 10/10 des Vergütungsgrundbetrages, wenn der Nachlaß auseinanderzusetzen ist (Aufstellung eines Teilungsplans und dessen Vollzug) oder Vermächtnisse zu erfüllen sind. Der Zuschlag ist mit der zweiten Hälfte des Vergütungsgrundbetrages fällig.

*Komplexe Nachlaßverwaltung*

Zuschlag von 2/10 bis 10/10 des Vergütungsgrundbetrages bei komplexem Nachlaß, d.h. für aus der Zusammensetzung des Nachlasses resultierende Schwierigkeiten seiner Verwaltung, z.B. bei Auslandsvermögen, Gesellschaftsbeteiligung, Beteiligung an Erbengemeinschaft, im Bau befindlicher oder anderer Problemimmobilie, hohen oder verstreuten Schulden, Rechtsstreitigkeiten, Besonderheiten im Hinblick auf die Beteiligten (z.B. Minderjährige, Pflichtteilsberechtigte, Erben mit Wohnsitz im Ausland). Zusammen mit dem Zuschlag für aufwendige oder schwierige Gestaltungsaufgaben in der Regel nicht mehr als 15/10 des Vergütungsgrundbetrages. Der Zuschlag ist mit der zweiten Hälfte des Vergütungsgrundbetrages fällig.

*Aufwendige oder schwierige Gestaltungsaufgaben*

Zuschlag von 2/10 bis 10/10 des Vergütungsgrundbetrages für aufwendige oder schwierige Gestaltungsaufgaben im Vollzug der Testamtensvollstreckung, die über die bloße Abwicklung hinausgehen, z.B. Umstrukturierung, Umschuldung, Verwertung („Versilbern des Nachlasses", Verkäufe). Zusammen mit dem Zuschlag für komplexe Nachlaßverwaltung in der Regel nicht mehr als 15/10 des Vergütungsgrundbetrages. Der Zuschlag ist mit der zweiten Hälfte des Vergütungsgrundbetrages fällig.

*Steuerangelegenheiten*

Für die Erledigung von Steuerangelegenheiten kommt ein Zuschlag von 2/10 bis 10/10 des Vergütungsgrundbetrages in Betracht. Der Zuschlag für aufwendige Grundtätigkeiten umfaßt nur die durch den Erbfall entstehenden inländischen Steuern (Erbschaftsteuer), nicht jedoch zuvor bereits entstandene oder danach entstehende Steuern oder ausländische Steuerangelegenheiten (z.B. nachträgliche Bereinigung von Steuerangelegenheiten, Einkommensteuererklärungen).

Bezieht sich die Steuerangelegenheit nur auf einzelne Nachlaßgegenstände, ermittelt sich der Zuschlag nach deren Wert aus dem für den Gesamtnachlaßwert einschlägigen Prozentsatz. Der Zuschlag ist bei Abschluß der Tätigkeit fällig.

Die Gesamtvergütung soll in der Regel insgesamt das Dreifache des Vergütungsgrundbetrages nicht überschreiten.

**Dauertestamentsvollstreckung**

Die Vergütung ist bei Dauervollstreckung zeitgleich in Teilbeträgen, die Dauer und Ausmaß der Tätigkeit entsprechen, fällig. Zusätzlich zum Vergütungsgrundbetrag und den Zuschlägen bei Abwicklungsvollstreckung wird folgende Dauertestamentsvollstreckungsvergütung geschuldet:

*Normalfall,*

d.h. Verwaltung über den Zeitpunkt der Erbschaftssteuerveranlagung hinaus: pro Jahr gegebenen Nachlaßbruttowerts oder – wenn höher – 2 bis 4 % des jährlichen Nachlaßbruttoertrags. Der Zusatzbetrag ist fällig nach Ablauf des üblichen Rechnungslegungszyklus, i.d.R. jährlich.

*Testamentsvollstreckung über Geschäftsbetrieb/Unternehmen*

– Übernahme und Ausübung der Unternehmensstellung bei Personengesellschaften, ggf. im Wege der Vollrechtstreuhand (Eintragung des Testamentsvollstreckers im Handelsregister): 10 % des jährlichen Reingewinns.

- Tätigkeit als Organ einer Kapitalgesellschaft, GmbH & Co KG, Stiftung & Co, bei Ermächtigungstreuhand oder Handeln als Bevollmächtigter der in ihre Rechte Eingesetzten: Branchenübliches Geschäftsführer- bzw. Vorstandsgehalt und branchenübliche Tantieme.
- Lediglich beaufsichtigende Tätigkeit (Aufsichtsratvorsitz, Beiratsvorsitz, Beteiligung mit Zwerganteil und der Bestimmung, daß der Testamentsvollstrecker nicht überstimmt werden darf, Weisungsunterwerfung der in ihre Rechte eingesetzten Erben): Branchenübliche Vergütung eines Aufsichtsratvorsitzenden bzw. Beiratsvorsitzenden. Die Vergütung ist mit branchenüblicher Fälligkeit solcher Zahlungen auszuzahlen.

*Berufsdienste*

(z.B. von Rechtsanwalt, Steuerberater, Wirtschaftsprüfer, Bank, Makler, Vermögensverwalter) werden gesondert vergütet.

*Auslagenersatz*

Auslagenersatz wird wie im Auftragsrecht erstattet.

**Umsatzsteuer**

Die Umsatzsteuer ist in den vorgenannten Beträgen nicht enthalten.

**Mehrere Testamentsvollstrecker**

*Parallele Tätigkeit*

- Bei gemeinschaftlicher Testamentsvollstreckung (ohne oder mit gleichwertiger Aufgabenverteilung im Innenverhältnis) ist die Vergütung nach Köpfen aufzuteilen.
- Bei gemeinsamer Verantwortung der Testamentsvollstrecker nach außen, aber nicht gleichwertiger Geschäftsverteilung im Innenverhältnis ist die Vergütung angemessen unter Berücksichtigung der Aufgabenbereiche aufzuteilen.
- Bei vom Erblasser angeordneter gegenständlicher Verteilung der Aufgaben im Außenverhältnis ist die Vergütung entsprechend der jeweiligen Verantwortung des Testamentsvollstreckers aufzuteilen.

*Sukzessive Tätigkeit*

- Bei sukzessiver Tätigkeit erhält der Nachfolger die Vergütung nur für die Tätigkeit, die nicht bereits der Vorgänger abgeschlossen hat.

  **Beispiel:**

  Ist die Erbschaftsteuerveranlagung bereits erfolgt, so erhält der Nachfolger keinen Vergütungsgrundbetrag.“

(5) Anspruchsberechtigung

658 Jeder Testamentsvollstrecker kann den ihm zustehenden Anspruch allein geltend machen[399]. Sind mehrere Testamentsvollstrecker tätig, so steht jedem nach Maßgabe seiner Tätigkeit ein Anspruch auf Vergütung zu[400].

*c) Fälligkeit der Testamentsvollstrecker-Vergütung*

659 Die Vergütung des Testamentsvollstreckers ist regelmäßig erst zum Schluß seiner Verwaltung fällig[401]. Ein Recht auf Vorschuß auf seine Vergütung und seine Aufwendungen hat der Testamentsvollstrecker nicht. Bei längerer Verwaltung, insbesondere einer Dauervollstreckung kann der Testamentsvollstrecker aber periodische Zahlungen, mindestens in jährlichen Abschnitten verlangen[402].

660 Bei Anordnung längerer Dauervollstreckung steht dem Testamentsvollstrecker der Anspruch auf Zahlung der Konstitutionsgebühr vorab nach Abschluß der Ordnung des Nachlasses zu[403]. Der Testamentsvollstrecker kann den zur Befriedigung seines Vergütungsanspruchs erforderlichen Betrag den von ihm vereinnahmten Nachlaßmitteln entnehmen[404].

*d) Vorzeitige Beendigung des Testamentsvollstreckeramts*

661 Bei vorzeitiger Beendigung durch Kündigung oder infolge Entlassung aus dem Amt, ist die Testamentsvollstreckungsvergütung entsprechend zu mindern, soweit die Konstitutionsgebühr nicht bereits verdient ist[405].

*e) Berufliche Sondertätigkeit des Testamentsvollstreckers*

662 Ist der Testamentsvollstrecker beruflich für den Nachlaß tätig, z.B. als Rechtsanwalt, Wirtschaftsprüfer, Steuerberater usw., so stehen ihm die beruflichen Gebühren gesondert zu[406].

---

399 BGH NJW 1967, 2400 (2401); Staudinger/Reimann [1996] § 2221 BGB Rz. 15; Palandt/Edenhofer, § 2221 BGB Rz. 2.

400 Bengel/Reimann/Eckelskemper, Testamentsvollstreckung (2. Aufl.), Kap. 10, Rz. 106 (S. 558).

401 Bengel/Reimann/Eckelskemper, Testamentsvollstreckung (2. Aufl), Kap. 10 Rz. 68 (S. 551).

402 BGH WM 1964, 950 (952); BayObLG 72, 380; Staudinger/Reimann [1996] § 2221 BGB Rz. 17; Palandt/Edenhofer, § 2221 BGB Rz. 11; Haegele/Winkler (15. Aufl.), Rz. 615 (S. 274).

403 RG JW 1936, 3388; Staudinger/Reimann [1996] § 2221 BGB Rz. 17.

404 BGH DB 1976, 1862 (1863 a.E.); Bengel/Reimann/Eckelskemper, Testamentsvollstreckung (2. Aufl.), Kap. 10 Rz. 70 (S. 552).

405 Staudinger/Reimann [1996] § 2221 BGB Rz. 4; Palandt/Edenhofer, § 2221 BGB Rz. 5.

406 Vgl. auch Henssler, Geschäftsmäßige Rechtsberatung durch Testamentsvollstrecker?, ZEV 1994, 261.

*f) Verjährung des Vergütungsanspruchs*

Der Vergütungsanspruch des Testamentsvollstreckers verjährt nach der regelmäßigen Verjährungsfrist von 30 Jahren (§ 195 BGB), auch wenn der Testamentsvollstrecker z.B. Notar[407], Rechtsanwalt oder Steuerberater ist[408]. 663

*g) Vergütungsvereinbarung*

Den Erben und sonstigen Nachlaßbeteiligten bleibt unbenommen, mit dem Testamentsvollstrecker eine andere Vergütung zu vereinbaren. Es empfiehlt sich, alsbald mit dem Erben die Höhe der Testamentsvollstreckungsvergütung abzustimmen und eine klare Vereinbarung zu treffen. 664

*h) Streitentscheidung durch Prozeßgericht*

Können sich die Beteiligten über die Höhe der Testamentsvollstreckervergütung nicht einigen, so entscheidet über die Höhe der angemessenen Vergütung nicht das Nachlaßgericht, sondern das Prozeßgericht. 665

*i) Steuerliche Fragen*[409]

Die Konstitutionsgebühr des Testamentsvollstreckers ist für den Erben steuerlich nur bei der Erbschaftsteuer als Nachlaßverbindlichkeit abzugsfähig; sie stellt steuerlich keine Betriebsausgaben oder Werbungskosten dar[410]. Die Dauerverwaltungsgebühren des Testamentsvollstreckers sind dagegen Werbungskosten, ggf. Betriebsausgaben des Erben. 666

Der Testamentsvollstrecker selbst hat die angemessene Vergütung regelmäßig unter den Einkünften aus selbständiger Arbeit (§ 18 Abs. 1 Nr. 3 EStG) zu versteuern[411]. 667

## 9. Testamentsvollstreckung an einem Unternehmen und an Unternehmensbeteiligungen[412]

Im Vordergrund der Wünsche eines unternehmerisch tätigen Erblassers steht die Erhaltung des Unternehmens. Insbesondere bei geschäftsunerfahrenen oder noch minderjährigen Erben bietet sich die Testamentsvollstreckung an. Bei geschäftsunerfahrenen Erben kann auch der Schutz des Unternehmens vor Eigengläubigern des Erben durch Anordnung einer Testamentsvollstreckung (§ 2214 BGB) eine wichtige Rolle spielen. Testamentsvollstreckungen, die dem Zweck 668

[407] Dazu Moritz, NJW 1992, 3215; Reimann, DNotZ 1994, 659.

[408] Staudinger/Reimann [1996] § 2221 BGB Rz. 24; Palandt/Edenhofer, § 2221 BGB Rz. 15; Haegele/Winkler (15. Aufl.), Rz. 646 (S. 283).

[409] Einzelheiten bei Bengel/Reimann/Piltz, Testamentsvollstreckung (2. Aufl.), Kap. 8 (S. 371ff.).

[410] BFH BB 1980, 816 = DB 1980, 1473 = BStBl. 1980 II, 351.

[411] Einzelheiten bei Bengel/Reimann/Eckelskemper, Testamentsvollstreckung (2. Aufl.), Kap. 10, Rz. 144ff., (S. 565ff.).

[412] Ausführlich Lorz, Testamentsvollstreckung und Unternehmensrecht (1995).

und der Aufgabe der Verwaltung von Unternehmen oder Unternehmensbeteiligungen dienen, werfen besondere Probleme auf[413].

**10. Gestaltungsempfehlungen**

669 Die Testamentsvollstreckung ist immer zu empfehlen, wenn geschäftsunfähige Erben oder Vermächtnisnehmer eingesetzt werden. Aber auch bei rechtlich oder wirtschaftlich unerfahrenen Erben und Vermächtnisnehmern kann die Testamentsvollstreckung ein geeignetes Mittel zur Unterstützung der Vermögensnachfolger sein.

670 Sind zahlreiche Erben oder Vermächtnisnehmer eingesetzt, kann die Abwicklungsvollstreckung das geeignete Mittel zur Nachlaßauseinandersetzung sein.

671 Wirtschaftlich leichtsinnige Vermögensnachfolger können durch eine Verwaltungstestamentsvollstreckung kontrolliert und in die wirtschaftliche oder gar unternehmerische Erfahrung hinein begleitet werden.

672 Schließlich kann die Verwaltungstestamentsvollstreckung den Nachlaß vor den Eigengläubigern des Vermögensnachfolgers schützen.

673 Große Sorgfalt sollte bei der Auswahl des Testamentsvollstreckers angewandt werden. Dieser muß nicht nur über die hinreichende rechtliche und wirtschaftliche Erfahrung verfügen[414], sondern sollte auch auf der menschlichen Ebene mit den Vermögensnachfolgern harmonieren und über die für das Testamentsvollstreckeramt notwendige Integrität verfügen.

674 Bei gemeinschaftlichen Testamenten und Erbverträgen ist zu beachten, daß die Testamentsvollstreckung nicht wechselbezüglich oder vertragsmäßig vereinbart werden kann, sondern jederzeit einseitig widerruflich ist (§§ 2270 Abs. 3, 2278 Abs. 2 BGB). Bei gemeinschaftlichen Testamenten und Erbverträgen sollte ausdrücklich klargestellt werden, ob die Testamentsvollstreckung nur im Fall des Letztversterbens oder auch im Fall des Erstversterbens angeordnet sein soll.

675 Zu beachten sind die Grenzen des § 2306 BGB, wonach die Ernennung eines Testamentsvollstreckers als nicht angeordnet gilt, wenn der durch die Testamentsvollstreckung in seinen Verfügungsrechten beschränkte pflichtteilsberechtigte Erbe nicht mehr als die Hälfte seines gesetzlichen Erbteils erhält.

---

413 Einzelheiten s. unten 4. Kapitel ⇒ Rz. 1508ff.

414 Zur persönlichen Haftung des Testamentsvollstreckers bei Pflichtverletzungen Garlichs, ZEV 1996, 447.

## XIV. Pflichtteilsentziehung, -beschränkung[415]

### 1. Allgemeines

Unter sehr engen Voraussetzungen kann der Erblasser dem Pflichtteilsberechtigten den Pflichtteil entziehen oder den Pflichtteilsanspruch beschränken. Solche Maßnahmen haben durch letztwillige Verfügung zu erfolgen; die Gründe müssen im Zeitpunkt der Errichtung der letztwilligen Verfügung bestehen und in der letztwilligen Verfügung angegeben werden (§ 2336 Abs. 1 und 2 BGB). *676*

### 2. Pflichtteilsentziehung

Die Entziehung des Pflichtteils ist nur zulässig bei Vorliegen der im Gesetz erschöpfend aufgezählten Entziehungsgründe: *677*

Die Entziehung des Pflichtteils eines **Abkömmlings** ist zulässig (§ 2333 BGB),
- wenn der Abkömmling dem Erblasser, dem Ehegatten oder einem anderen Abkömmling des Erblassers nach dem Leben trachtet (Ziffer 1),
- wenn der Abkömmling sich einer vorsätzlichen körperlichen Mißhandlung des Erblassers oder des Ehegatten des Erblassers schuldig macht (Ziffer 2),
- wenn der Abkömmling sich eines Verbrechens oder eines schweren vorsätzlichen Vergehens gegen den Erblasser oder dessen Ehegatten schuldig macht (Ziffer 3),
- wenn der Abkömmling die ihm dem Erblasser gegenüber gesetzlich obliegende Unterhaltspflicht böswillig verletzt (Ziffer 4),
- wenn der Abkömmling einen ehrlosen oder unsittlichen Lebenswandel wider den Willen des Erblassers führt (Ziffer 5).

Den **Eltern** kann der Pflichtteil entzogen werden in den vorbezeichneten Fällen Ziffern 1, 3 und 4 (§ 2334 BGB). *678*

Dem **Ehegatten** kann der Erblasser den Pflichtteil in nachstehenden vier Fällen entziehen (§ 2335 Ziffern 1–4 BGB): *679*
- wenn der Ehegatte dem Erblasser oder einem Abkömmling des Erblassers nach dem Leben trachtet,
- wenn der Ehegatte sich einer vorsätzlichen körperlichen Mißhandlung des Erblassers schuldig macht,
- wenn der Ehegatte ein Verbrechen oder schweres vorsätzliches Vergehen gegen den Erblasser begeht,
- wenn der Ehegatte die ihm dem Erblasser gegenüber gesetzlich obliegende Unterhaltspflicht böswillig verletzt.

Das Recht zur Entziehung des Pflichtteils erlischt stets durch Verzeihung. Diese kann durch den Erblasser formlos erklärt werden, sogar durch schlüssige Handlung erfolgen (§ 2337 BGB). Eine bereits testamentarisch ausgesprochene Pflichtteilsentziehung wird mit der späteren Verzeihung unwirksam. *680*

---

[415] Grundlegende Gestaltungsempfehlungen bei v. Dickhuth-Harrach, Festschr. Rheinisches Notariat (1998) S. 185.

*681* In der Praxis dürfte die Pflichtteilsentziehung vor allem gegenüber Elternteilen, die ihre gesetzliche Unterhaltspflicht gegenüber ihren Kindern böswillig verletzt haben, von praktischer Bedeutung sein.

### 3. Pflichtteilsbeschränkung bei verschwenderischen oder überschuldeten Abkömmlingen

*682* Das Pflichtteilsrecht kann gem. § 2338 BGB in „guter Absicht" beschränkt werden[416], um das als Pflichtteil einem Abkömmling zwingend zu übertragende Vermögen bei Verschwendungssucht oder Überschuldung dieses Abkömmlings dessen gesetzlichen Erben zu erhalten. Nur das Pflichtteilsrecht eines Abkömmlings ist in diesem Sinne beschränkbar.

Die Beschränkung ist zulässig, wenn sich ein Abkömmling in einem solchen Maß der Verschwendung ergeben hat oder er in einem solchen Maß überschuldet ist, daß sein späterer Erwerb erheblich gefährdet wird. In diesem Fall kann der Erblasser anordnen:

- Daß der betreffende zum Erben berufene oder mit einem Vermächtnis bedachte Abkömmling nur Vorerbe bzw. Vorvermächtnisnehmer sein soll und nach dem Tod des Abkömmlings dessen gesetzlichen Erben Nacherben bzw. Nachvermächtnisnehmer sein sollen;
- daß im Fall der Enterbung des pflichtteilsberechtigten Abkömmlings auch hinsichtlich des Pflichtteilsanspruchs die gesetzlichen Erben des Abkömmlings Nachvermächtnisnehmer sein sollen;
- daß das dem Abkömmling als Erbteil, Vermächtnis oder Pflichtteil Zufallende der Verwaltung durch einen Testamentsvollstrecker unterliegen soll (§ 2338 Abs. 1 BGB).

*683* Bei der Nachberufung der gesetzlichen Erben darf der Erblasser keinen von diesen gesetzlichen Erben zurücksetzen. Er muß die gesetzliche Erbfolge unverändert lassen. Im Falle der Anordnung der Testamentsvollstreckung hat der in seinem Pflichtteilsrecht beschränkte Abkömmling nur Anspruch auf den jährlichen Reinertrag.

*684* Die Beschränkungsanordnungen werden unwirksam, wenn der betreffende Abkömmling sich zur Zeit des Erbfalls dauernd von dem verschwenderischen Leben abgewendet hat oder die den Grund der Beschränkungsanordnung bildende Überschuldung nicht mehr besteht (§ 2338 Abs. 2 BGB).

---

[416] Einzelheiten bei Baumann, ZEV 1996, 121.

## XV. Sonstige Anordnungen

### 1. Familienrechtliche Verfügungen

*a) Testamentarische Benennung eines Vormunds oder Pflegers*

Eltern haben regelmäßig ein Interesse, für den Fall ihres Todes die gesetzliche Vertretung ihrer minderjährigen Kinder geklärt zu wissen. Steht ihnen zur Zeit ihres Todes das elterliche Sorgerecht zu (§ 1777 Abs. 1 BGB), können sie durch letztwillige Verfügung (§ 1777 Abs. 3 BGB) einen Vormund für ihre minderjährigen Kinder benennen (§ 1776 Abs. 1 BGB) oder jemanden als Vormund ausschließen (§ 1782 BGB). Auch die Benennung eines Ersatzvormunds ist zulässig. Die Benennung kann nicht einem Dritten überlassen werden, es muß eine bestimmte Person benannt sein. Haben beide Elternteile verschiedene Personen zum Vormund benannt, so gilt die Verfügung des zuletzt verstorbenen Elternteils (§ 1776 Abs. 2 BGB). Die Benennung eines Vormunds kann nicht mit der Bindungswirkung eines gemeinschaftlichen Testaments oder Erbvertrags vereinbart werden; daher kann der überlebende Elternteil einen anderen Vormund benennen. *685*

Die Eltern können den Vormund von bestimmten gesetzlichen Beschränkungen befreien (§§ 1852ff. BGB). Sie können besondere Anordnungen über die Führung der Vormundschaft durch mehrere von ihnen benannte Vormünder treffen (§ 1797 Abs. 3 BGB). Gemäß § 1803 BGB kann der Erblasser in einer letztwilligen Verfügung an den Vormund gerichtete Verwaltungsanordnungen hinsichtlich des Vermögens treffen. *686*

*b) Ausschluß der Vermögensverwaltung*

Ein Erblasser kann bei Zuwendungen an ein unter gesetzlicher Vertretung stehendes Kind oder Mündel die Vermögensverwaltung des Vertreters, also auch der Eltern, ausschließen (§§ 1638, 1909 BGB). Ist nur einem Elternteil die Verwaltungsbefugnis entzogen, kann der andere Elternteil das Vermögen für das minderjährige Kind allein verwalten (§ 1638 Abs. 3 BGB). Ist die Verwaltungsbefugnis für alle gesetzlichen Vertreter ausgeschlossen, so erhält das Kind oder Mündel einen Ergänzungspfleger, den der Erblasser durch letztwillige Verfügung benennen kann (§ 1917 BGB). Gemäß §§ 1915, 1917 Abs. 3 BGB können auch für den Pfleger Verwaltungsanordnungen getroffen werden. *687*

### 2. Beschränkung und Ausschluß der Auseinandersetzung

*a) Allgemeines*

Die Erbauseinandersetzung im Rahmen einer Erbengemeinschaft erfolgt grundsätzlich sachbezogen durch eine Realteilung des Nachlasses. Bei unteilbaren Nachlaßgegenständen, die nicht einzelnen Miterben zugewiesen werden sollen, kann eine Zuweisung von Bruchteilseigentum erfolgen: *688*

**Beispiel:**

Grundbesitz der Erbengemeinschaft wird den drei Miterben entsprechend ihren Erbquoten durch Erbauseinandersetzung jedem Miterben zu Bruchteilseigentum zugewiesen. Eine Auflassung ist notwendig.

*689* Möglich ist auch, eine personelle Auseinandersetzung unter den Miterben. Diese kann durch einfache Ausscheidensvereinbarung erfolgen. Der Erbanteil des – mit oder ohne Abfindung – ausscheidenden Erben wächst dann den übrigen Erben im Verhältnis ihrer Erbbeteiligung an.

*690* Weiterhin möglich ist eine personelle Auseinandersetzung durch eine entgeltliche oder unentgeltliche Erbanteilsübertragung des ausscheidenden Miterben auf einzelne oder mehrere Miterben oder auf Dritte[417] (§§ 2042, 749ff. BGB).

*b) Auseinandersetzungsverbot*[418]

*691* Jeder Miterbe kann jederzeit die Erbauseinandersetzung verlangen (§ 2042 BGB), soweit sie nicht vom Erblasser nach den Bestimmungen der §§ 2042 Abs. 2, 2043–2045 BGB zeitlich ausgeschlossen ist. Sind alle Miterben einverstanden, können sie sich über das Auseinandersetzungsverbot hinwegsetzen[419], sofern nicht Verwaltungstestamentsvollstreckung angeordnet ist und der Testamentsvollstrecker widerspricht.

*692* Da Nachlaßauseinandersetzungen häufig zu übereilten Veräußerungen von Nachlaßgegenständen führen, bei denen der wirkliche Wert nicht erzielt werden kann (z.B. weil nur ein beschränkter Markt für bestimmte Nachlaßgegenstände vorhanden ist oder konjunkturelle Gründe eine Rolle spielen), ist in solchen Fällen ein Auseinandersetzungsverbot zu empfehlen. Ein solches kann z.B. auch sinnvoll sein, um eine voreilige Veräußerung von Nachlaßgegenständen zu verhindern oder um eine ertragsteuerlich optimierte Erbauseinandersetzung zu ermöglichen.

**Beispiele:**

Für bestimmte Grundstücke des Nachlasses sind erhebliche Wertsteigerungen zu erwarten. Zum Nachlaß gehören verschiedene Unternehmen, die wirtschaftlich zusammenhängen, wie z.B. bei einer Betriebsaufspaltung (Besitzunternehmen/Betriebsunternehmen, Zuliefererunternehmen/Weiterverarbeitungsunternehmen). Zum Nachlaß gehört Betriebsvermögen, das ohne Entnahmetatbestände auseinandergesetzt werden soll.

*693* In den genannten Beispielsfällen kann der Erblasser seine wirtschaftlichen Zielsetzungen durch die Anordnung des Ausschlusses der Auseinandersetzung erreichen (§ 2044 Abs. 1 BGB). Will der Erblasser ein seinem Willen widersprechendes Zusammenwirken der Erben verhindern, so sollte er zusätzlich eine Verwaltungs-

---

417 Zu den unterschiedlichen steuerrechtlichen Folgen ⇒ Buch II Rz. 540.

418 Dazu Bengel, ZEV 1995, 178.

419 BGHZ 40, 115.

testamentsvollstreckung anordnen. Er kann die Einhaltung seines Auseinandersetzungsverbots zudem mit Verwirkungs- oder Strafklauseln[420] sichern.

*c) Beschränkungen des Auseinandersetzungsausschlusses*

aa) Gegenständliche Beschränkungen

Die Anordnung des Ausschlusses der Auseinandersetzung braucht sich nicht auf den gesamten Nachlaß zu erstrecken, sondern kann sich auf einzelne Nachlaßgegenstände, z.B. Grundbesitz beschränken. *694*

bb) Zeitliche Beschränkung

Der Erblasser kann den Ausschluß der Auseinandersetzung befristen. Die Frist sollte nicht zu lang gewählt werden; die Veränderung der wirtschaftlichen Verhältnisse läßt langdauernde Auseinandersetzungsbeschränkungen häufig zu einer Belastung für die Erben werden. *695*

Unsere Rechtsordnung begrenzt in § 2044 Abs. 2 BGB die Wirkung einer Beschränkung oder Ausschließung der Auseinandersetzung auf 30 Jahre. Allerdings kann der Erblasser anordnen, daß die Auseinandersetzungsbeschränkung oder das -verbot bis zum Eintritt eines bestimmten Ereignisses in der Person eines Miterben, bis zum Eintritt der Nacherbfolge oder bis zum Anfall eines Vermächtnisses gelten soll. *696*

cc) Abhängigkeit von Kündigung

Die Beschränkung der Auseinandersetzung kann auch beinhalten, daß der Erblasser die Auseinandersetzung von einer Kündigung und der Einhaltung einer Kündigungsfrist abhängig macht, z.B. anordnet, daß die Auseinandersetzung erst dann vorgenommen werden darf, wenn ein Miterbe unter Innehaltung einer vom Erblasser festgelegten Kündigungsfrist die Erbengemeinschaft aufkündigt. *697*

*d) Bindungswirkung*

Sollen Auseinandersetzungsausschluß oder -beschränkung der Bindungswirkung unterworfen werden, so müssen sie Vermächtnis- oder Auflagencharakter haben, da der Bindungswirkung eines Erbvertrages oder eines wechselbezüglichen Ehegattentestaments nur Erbeinsetzungen, Vermächtnisse und Auflagen unterliegen können. *698*

Vermächtnischarakter haben Auseinandersetzungsausschluß oder -beschränkung, wenn sie verhindern sollen, daß der einzelne Miterbe gegen den Willen der anderen Miterben Auseinandersetzung verlangt[421]. *699*

---

420 Dazu unten ⇒ Rz. 713ff.

421 Staudinger/Werner [1996] § 2044 BGB Rz. 6; BGB-RGRK/Kregel, § 2044 BGB Rz. 2; Lange/Kuchinke, § 44 II 3 a) Fn. 67 (S. 1081); Palandt/Edenhofer, § 2044 BGB Rz. 2.

700 Eine Auflage zu Lasten jeden Miterben[422] ist anzunehmen, wenn sich die Beschränkung oder das Auseinandersetzungsverbot gegen den Willen aller Miterben durchsetzen soll.

### 3. Teilungsanordnungen

*a) Allgemeines*

701 Hat der Erblasser mehrere Erben zu gleichen oder unterschiedlichen Bruchteilen eingesetzt, entsteht mit dem Erbfall eine Erbengemeinschaft. Gemäß § 2048 BGB kann der Erblasser durch letztwillige Verfügung „Anordnungen für die Auseinandersetzung" der Erbengemeinschaft treffen und darin bestimmte Nachlaßgegenstände bestimmten Erben zuweisen. Solche „Teilungsanordnungen" sind ein wichtiges Instrument zur Vermeidung von Streitigkeiten zwischen Erben und zur gezielten Zuweisung von Vermögensgegenständen. Auch über Teilungsanordnungen können die Erben sich einvernehmlich hinwegsetzen, wenn der Erblasser die Erfüllung nicht durch Auflagen oder Testamentsvollstreckung absichert.

702 Von der Teilungsanordnung ist das Vorausvermächtnis abzugrenzen[423]. Um Teilungsanordnungen handelt es sich nur, wenn der betreffende Nachlaßgegenstand voll auf den Miterbenanteil angerechnet werden soll[424]. Mit einer Teilungsanordnung wird kein Miterbe wertmäßig bevorzugt. Erhält der Erbe aufgrund Teilungsanordnung wertmäßig mehr als seiner Erbquote entspricht, so ist er im Unterschied zum Vorausvermächtnis zur Ausgleichung verpflichtet. Beim Vorausvermächtnis erhält der Begünstigte den Vermögensgegenstand zusätzlich zu seinem Erbteil.

703 Teilungsanordnungen können nicht mit erbvertraglicher Bindung vereinbart werden. Möglich ist dies aber, indem eine bestimmte Teilung den Erben zur Auflage gemacht wird, da die Auflage bindungsfähig ist.

704 Die Teilungsanordnung gehört zu den Beschränkungen und Beschwerungen, die in den Fällen des § 2306 Abs. 1 BGB einen pflichtteilsberechtigten Erben zur Ausschlagung des Erbteils und zur Geltendmachung des Pflichtteils berechtigten[425].

*b) Gründe für Teilungsanordnungen*

705 Hauptmotiv für Teilungsanordnungen ist regelmäßig der Wunsch des Erblassers, Auseinandersetzungsstreit zu verhüten. Darüber hinaus bieten Teilungsanordnungen die Möglichkeit, die Zerschlagung langfristig gewachsener Vermögenswerte zu verhindern[426] und die Vermögensgegenstände denjenigen Erben zuzuweisen, die daran interessiert oder zur entsprechenden Vermögensverwaltung

---

[422] Staudinger/Werner, § 2044 BGB Rz. 8; BGB-RGRK/Kregel, § 2044 BGB Rz. 3.
[423] Einzelheiten oben ⇒ Rz. 526ff.
[424] BGHZ 82, 274, 279.
[425] Dazu oben ⇒ Rz. 147ff.
[426] Ebenroth, Rz. 389.

geeignet sind, ohne die anderen Miterben zu benachteiligen. Daneben können persönliche wie wirtschaftliche Zielvorstellungen für bestimmte Teilungsanordnungen sprechen.

**Beispiel** für persönliche Motive: Familienschmuck soll Töchtern zugewandt werden. Ist der Schmuck wertvoll und sollen die Töchter mit der Zuwendung nicht gegenüber den Söhnen begünstigt werden, was durch Vorausvermächtnis geschehen könnte, sondern sich den Wert auf ihr Erbteil anrechnen lassen, ist eine Teilungsanordnung angebracht.

**Beispiele** für wirtschaftliche Motive: Zuweisung von zum Nachlaß gehörigem Wertpapiervermögen an einen Bankkaufmann-Miterben. Zuweisung von Baugrundstücken an einen Erben, der Architekt oder Bauunternehmer ist.

Vorsicht bei Unternehmen und Unternehmensbeteiligungen, die dem befähigten Unternehmensnachfolger zufallen sollen![427]

*c) Wirkung von Teilungsanordnungen*

Teilungsanordnungen haben nur schuldrechtliche, keine dingliche Wirkung. *706*
Eigentümer bzw. Rechtsinhaber der von einer Teilungsanordnung erfaßten Gegenstände wird zunächst die Erbengemeinschaft. Zur Ausführung der Teilungsanordnungen hat eine sachbezogene (Teil-) Erbauseinandersetzung stattzufinden.

In steuerrechtlicher Hinsicht sind die Rechtsfolgen von Erbauseinandersetzun- *707*
gen seit dem Grundsatzurteil des BFH (Großer Senat)[428] grundlegend geändert: Während früher jede Erbauseinandersetzung steuerlich als ein mit dem Erbfall einheitlicher rechtlicher Vorgang angesehen wurde, können sich nunmehr bei Erbauseinandersetzungen, auch wenn sie auf Teilungsanordnungen des Erblassers beruhen, erhebliche einkommensteuerliche Folgen ergeben[429].

Erbfall und Erbauseinandersetzung sind zivilrechtlich zwei verschiedene *708*
Rechtsvorgänge, die auch steuerlich getrennt zu beurteilen sind. Die steuerlichen Auswirkungen lassen sich wie folgt zusammenfassen[430]:

- Die einkommensteuerlichen Probleme entstehen bei allen Nachlässen, die Vermögenswerte enthalten, die Einkunftsquellen darstellen, beispielsweise landwirtschaftliche oder gewerbliche Betriebe, Mietgrundstücke.
- Soweit die Erbauseinandersetzung (z.B. gemäß Teilungsanordnung) zu einer Realteilung ohne Spitzenausgleich führt, ergeben sich keine einkommensteuerlichen Folgen.
- Wenn und soweit Abfindungen oder Ausgleichszahlungen von Miterben geleistet werden, die gewerbliches Vermögen in einer Größenordnung über ihre eigene Erbquote hinaus behalten und weichende Miterben abfinden, haben die

427 Dazu ⇒ Rz. 707.

428 BFH Großer Senat, Beschluß v. 5.7.1990 GrS 2/89, BStBl. 1990 II, 837 bis 847 = DB 1990, 2144ff. = NJW 1991, 249ff.; dazu Felix, BB 1990, 2058; Groh, DB 1990, 2135ff.; Söffing, DB 1991, 773 (776ff.) u. 828 (829ff.); Meincke, NJW 1991, 198ff.; Märkle/Franz, Beilage 5 zu BB 1991, 1 (16ff.); Flume, DB 1990, 2390; Felix, BB 1990, 2085.

429 Hierzu auch Esch, BB 1994, 1651.

430 Einzelheiten ⇒ Buch II Rz. 283ff.

zahlungsverpflichteten Erben einkommensteuerlich relevante Anschaffungskosten, die weichenden Erben entsprechenden steuerpflichtigen Veräußerungsgewinn. Risiken bestehen also beim Betriebsvermögen für die weichenden Erben, die nicht im Unternehmen bleiben.

Im Privatvermögen kann durch unsachgemäße Gestaltung bei der Auseinandersetzung von Mietimmobilien die Chance verpaßt werden, durch einkommensteuerlich relevante Anschaffungskosten die Einkommensteuer mindernde AfA geltend machen zu können.

709 Die steuerlichen Wirkungen sind bei der zivilrechtlichen Gestaltung zu beachten.

- Es besteht bei Betriebsvermögen ein Interesse daran bei einer Realteilung Anschaffungskosten der Erben zu vermeiden, um steuerpflichtige Veräußerungsgewinne nicht entstehen zu lassen.
- Es kann bei Auseinandersetzung im Privatvermögen ein Interesse an Anschaffungskosten gegeben sein, damit Abschreibungen steuermindernd geltend gemacht werden können.

*d) Bestimmung durch Dritte*

710 Gemäß § 2048 Satz 2 BGB kann der Erblasser anordnen, daß die Auseinandersetzung durch einen Dritten nach dessen billigem Ermessen vorgenommen werden soll. Dieser „Dritte" kann auch einer der Miterben sein[431]. Ist der Dritte nicht zugleich Testamentsvollstrecker, kann er die Auseinandersetzung nicht selbst vornehmen, sondern einen Auseinandersetzungsplan aufstellen, an den die Erben grds. gebunden sind[432]. Die von dem Dritten getroffene Auseinandersetzungsbestimmung ist für die Erben nicht verbindlich, wenn sie offenbar unbillig ist; in diesem Fall erfolgt die Bestimmung durch gerichtliches Urteil.

711 In der Regel ist es unzweckmäßig, die Auseinandersetzung dem billigen Ermessen eines Dritten, insbesondere eines Miterben zu überlassen. Lassen sich die Vermögensverhältnisse im Erbfall einigermaßen übersehen, so ist es zweckmäßiger, wenn der Erblasser die Teilungsanordnungen selbst trifft.

Anders ist es, wenn der Testator mit weiter zeitlicher Hinausschiebung des Erbfalles rechnet und erhebliche Veränderungen seines Vermögens zu erwarten sind. In einem solchen Fall erweisen sich Teilungsanordnungen vielfach als zeitlich überholt und nicht mehr durchführbar, wenn der Erbfall eintritt. Auch in einem solchen Fall sollte von der Möglichkeit, die Auseinandersetzung dem billigen Ermessen eines Dritten zu überlassen, möglichst zurückhaltend Gebrauch gemacht werden. Soll ein Dritter zur Streitvermeidung eingesetzt werden, ist es zweckmäßiger ihn zum Testamentsvollstrecker zu bestimmen.

---

431 RGZ 110, 270 (274).

432 Staudinger/Werner [1996] § 2048 BGB Rz. 12; MünchKomm/Dietz (2. Aufl.), § 2048 BGB Rz. 18.

### 4. Übernahmerecht

Mit einem Übernahmerecht kann der Erblasser dem begünstigten Miterben die Entscheidung darüber belassen, ob er den zugewandten Gegenstand übernehmen will[433], während er bei der Teilungsanordnung den Gegenstand übernehmen muß. Das Übernahmerecht ist dogmatisch ein Vermächtnis, das grds. auf den Erbteil anzurechnen ist. Legt der Erblasser den Übernahmewert fest und unterschreitet dieser den Verkehrswert, so liegt in der Zuwendung des Mehrwertes ein Vorausvermächtnis. *712*

### 5. Verwirkungsklauseln

#### *a) Allgemeines*

Der Erblasser kann durch die Anordnung, daß ein Bedachter, der sich in bestimmter Weise verhält oder nicht verhält, das ihm Zugewendete nicht erhalten oder auf den Pflichtteil gesetzt sein soll. Derartige Verwirkungsklauseln können Sanktionen gegen genau festgelegte Verhaltensregeln anordnen (besondere Verwirkungsklauseln) oder Sanktionen für den Fall anordnen, daß der Bedachte sich in irgendeiner Weise den Anordnungen des Bedachten widersetzt. *713*

#### *b) Besondere Verwirkungsklauseln*

Die gebräuchlichen Verwirkungsklauseln sind Pflichtteilsstrafklauseln (**Beispiel**: Der Abkömmling, der nach dem Tod des Erstversterbenden den Pflichtteil geltend macht, soll nach dem Tod des Längstlebenden auch nur den Pflichtteil erhalten), Wiederverheiratungsklauseln und Klauseln zur Sicherung des Vollzugs von Auflagen (in beiden Fällen könnte z.B. eine bedingte Nacherbeinsetzung angeordnet werden; die Nacherbschaft würde mit Bedingungseintritt anfallen, dadurch hätte der zunächst Bedachte sein Erbrecht verwirkt). *714*

#### *c) Allgemeine Verwirkungsklauseln*

Die üblichen Formulierungen lauten „wer mein Testament anficht, soll nur den Pflichtteil erhalten", oder „sollte einer meiner Erben meine Anordnungen nicht anerkennen, oder sich meinem Willen widersetzen, so soll er nicht Erbe werden". *715*

Solche Formulierungen lassen offen, welche Handlungen im einzelnen von der Verwirkungsklausel getroffen werden. Unstreitig ist, daß bloße, sich gegen das Testament richtende Meinungs- und Willensäußerungen nicht genügen, die Verwirkung auszulösen; es bedarf rechtlich wirksamer Maßnahmen gegen die Ausführung des Testaments. Nur rechtliche Versuche, die letztwillige Verfügung oder einzelne ihrer Bestimmungen zu Fall zu bringen, vor allem ergebnislose Klagen, lösen den Verwirkungsfall aus[434].

---

433 Langenfeld, Testamentsgestaltung (2. Aufl.) Rz. 188.

434 Zur Verwirkung der Schlußerbfolge beim Berliner Testament durch Geltendmachung des Pflichtteils Lübbert, NJW 1988, 2706ff.

Umstritten ist dagegen, ob die Anfechtung des Testaments wegen Irrtums, die Geltendmachung der Fälschung des Testaments oder Auslegungsstreitigkeiten unter die Verwirkungsklausel fallen.

Die herrschende Meinung stellt auf den Einzelfall und damit die Auslegung der Klausel ab: Wollte der Erblasser jeden Streit verhindern, dann lösen auch die Angriffe gegen die letztwillige Verfügung die Verwirkung aus. Wollte der Erblasser nur leichtfertige Angriffe gegen seine letztwillige Verfügung unterbinden, dann sind Anfechtungen des Testaments wegen Irrtums, Fälschungsbehauptungen usw. nicht betroffen[435].

*d) Rechtsfolgen*

716 Jede Verwirkungsklausel beinhaltet eine Erbeinsetzung bzw. ein Vermächtnis unter einer auflösenden Bedingung. Wird der Verwirkungstatbestand erfüllt, ist der Bedachte nicht mehr Erbe oder Vermächtnisnehmer. An seine Stelle tritt ein Ersatz- oder Nacherbe oder Ersatz- oder Nachvermächtnisnehmer.

717 Fraglich ist, ob sich die Verwirkung auch auf die Abkömmlinge des Bedachten erstreckt. Das wird regelmäßig angenommen werden müssen; die Vermutung des § 2069 BGB kann daher nicht gelten[436].

718 Eine erfolgreiche Anfechtung des Testaments oder die Feststellung seiner Nichtigkeit führt auch zur Unwirksamkeit der Verwirkungsklausel.

*e) Gestaltungsempfehlung*

719 Aus den dargelegten Gründen sind Verwirkungsklauseln so klar wie möglich zu fassen, die zur Verwirkung führenden Handlungen eines Erben genau zu bestimmen und die Rechtsfolgen der Verwirkung festzulegen. Allgemeine Verwirkungsklauseln sind zu vermeiden.

**6. Strafklauseln, Sanktionen**

720 Will der Erblasser seine Erben oder Vermächtnisnehmer zu einem bestimmten Verhalten veranlassen, so kann er dies durch bedingte Auflagen erzwingen, deren Einhaltung ein Testamentsvollstrecker überwacht.

**7. Wiederverheiratungsklauseln**[437]

*a) Interessenlage*

721 Heiratet der zum Vollerben eingesetzte überlebende Ehegatte nach dem Tod des Erblassers erneut und verstirbt er sodann vor seinem zweiten Ehegatten, so

---

[435] RG JW 1924, 1717f.; 1937, 2201ff.; OLG Stuttgart OLGZ 79, 52ff.; Kipp/Coing, § 80 I 3b) (S. 435); Palandt/Edenhofer, § 2074 BGB Rz. 6 m.w.N.

[436] MünchKomm/Leipold, § 2074 BGB Rz. 30; Palandt/Edenhofer, § 2074 BGB Rz. 7; Kipp/Coing, § 80 I 4 (S. 436).

[437] Dazu Buchholz, Erbfolge und Wiederverheiratung (1986); Otte, AcP 187, 603; Leipold, FamRZ 1988, 352; Wilhelm, NJW 1990, 2857.

geht das vom Erblasser stammende vererbte Vermögen ganz oder teilweise in eine fremde Familie über. Dies gilt insbesondere auch, wenn aus der zweiten Ehe Kinder hervorgehen. Um solche Rechtsfolgen auszuschließen, kann eine Wiederverheiratungsklausel zu empfehlen sein.

*b) Inhalt*

Der Inhalt einer Wiederverheiratungsklausel geht regelmäßig *722*

- entweder dahin, daß im Falle der Wiederverheiratung des überlebenden Ehegatten der ihm zugefallene Nachlaß an andere Personen, Abkömmlinge oder sonstige Verwandte des Erblassers fallen soll,
- oder dahin, daß der überlebende Ehegatte sich im Wiederverheiratungsfall mit Verwandten des Erblassers, insbesondere mit den gemeinsamen Abkömmlingen in bestimmter Weise, evtl. nach den Regeln der gesetzlichen Erbfolge auseinandersetzen soll.

*c) Lösungsmöglichkeiten*

aa) Vorerbschaftslösung

Regelmäßig liegt einer Wiederverheiratungsklausel eine Vor- und Nacherbenregelung zugrunde. *723*

Die herrschende Meinung geht von einer auflösend bedingten Vollerbeneinsetzung aus, verbunden mit einer aufschiebend bedingten Einsetzung des Ehegatten als Vorerben[438]. Richtiger erscheint es, den unter Beifügung einer Wiederverheiratungsklausel zum Erben eingesetzten Ehegatten nur als Vorerben anzusehen. Dafür spricht insbesondere, daß die Wirkungen der Wiederverheiratungsklausel umgangen werden könnten, wenn der Ehegatte bis zur Wiederverheiratung als Vollerbe anzusehen wäre. Heiratet der überlebende Ehegatte nicht wieder, so tritt der Nacherbfall nicht ein und es stellt sich nachträglich heraus, daß der überlebende Ehegatte Vollerbe gewesen ist[439].

Enthält die letztwillige Verfügung keine abweichende Regelung, so ist als Erblasserwille anzusehen, daß der überlebende Ehegatte befreiter Vorerbe sein soll[440]. Der Erblasser kann den Vorerben nicht von der Beschränkung des § 2113 Abs. 2 Satz 1 BGB befreien (§ 2136 BGB). Unentgeltliche Verfügungen des überlebenden Ehegatten sind im Falle seiner Wiederverheiratung unwirksam; sie sind und bleiben nur wirksam, wenn er sich nicht wieder verheiratet und deshalb der Nacherbfall nicht eintritt[441]. *724*

---

438 BGH NJW 1988, 59; dazu Zawar, NJW 1988, 16ff.; MünchKomm/Musielak, § 2269 BGB Rz. 52ff.; Staudinger/Kanzleiter, § 2269 BGB Rz. 41; Palandt/Edenhofer, § 2269 BGB Rz. 17; Kipp/Coing, § 79 IV 1 (S. 430).

439 v. Lübtow, Band II, S. 918ff.; Lange/Kuchinke, § 24 IV 3c (S. 418).

440 KG NJW 1957, 1073 (1074); FamRZ 1968, 331 (332); BayObLGZ 1961, 204f.; 1966, 232f.; OLG Hamm DNotZ 1972, 96 (97f.).

441 Wilhelm, NJW 1990, 2857 (2863).

bb) Vermächtnis-Lösung

725 Die Wiederverheiratungsklausel kann auch in der Weise vorgesehen sein, daß die letztwillige Verfügung für den Fall der Wiederverheiratung des überlebenden Ehegatten diesen verpflichtet, gemeinsamen Abkömmlingen bestimmte Vermächtnisse zu erfüllen. Dadurch können zumindest die Pflichtteilsansprüche der Abkömmlinge nach dem Tode des Erstversterbenden gesichert werden. Der Vorzug aber auch der Nachteil der Vermächtnislösung liegt darin, daß der überlebende Ehegatte in seiner Verfügungsbefugnis im Unterschied zur Vorerbschaftslösung nicht beschränkt ist.

*d) Gestaltungsempfehlung*

726 Um die lebzeitige Verfügungsfreiheit des überlebenden Ehegatten zu beschränken, sollte ausdrücklich Vor- und Nacherbschaft angeordnet und als Nacherbfall die Wiederverheiratung des überlebenden Ehegatten bestimmt werden[442]. Dabei sollte in der Regel eine befreite Vorerbschaft vorgesehen werden.

727 Ist die Wiederverheiratungsklausel in einem gemeinschaftlichen Testament[443] oder Erbvertrag enthalten, so sollten auch die Rechtsfolgen für die Verfügungen des überlebenden Ehegatten geregelt werden. Zwar wird nach herrschender Meinung der überlebende Ehegatte von der Bindung an seine eigenen letztwilligen Verfügungen im gemeinschaftlichen Testament frei. Diese Rechtsfolge ist aber umstritten[444]. Um Unsicherheiten zu vermeiden, sollte im gemeinschaftlichen Testament oder Erbvertrag klargestellt werden[445], daß der überlebende Ehegatte im Fall der Wiederverheiratung zu abweichenden Verfügungen berechtigt ist[446]. Da die Verfügungen nicht von selbst gegenstandslos werden, muß er formgerecht eine neue letztwillige Verfügung treffen[447].

728 Die Wiederverheiratungsklausel darf nicht durch einen pönalen Sanktionscharakter gegenüber dem überlebenden Ehegatten geprägt sein. Derartige Klauseln dürften als moderne „Keuschheitsgürtel" oder Eingriff in die Eheentschließungsfreiheit regelmäßig sittenwidrig sein[448]. Legitim ist aber das Interesse des Erblas-

---

442 Die Einstellung der Ehepartner zu möglichen Wiederverheiratungen des Überlebenden hat sich geändert. Der „Sanktionscharakter" einer Wiederverheiratungsklausel ist kaum noch zeitgemäß. Soweit die Sicherung des Nachlasses zugunsten der gemeinsamen Abkömmlinge gewollt ist, ist die Vor- und Nacherbschaft als Regelung vorzuziehen.

443 Dazu Meier-Krant, NJW 1992, 143.

444 Lange/Kuchinke, § 24 IV 3d) (S. 421 mit dortigen Fußnoten); Kipp/Coing, § 79 IV 1 (S. 430); v. Lübtow, Band II, S. 918ff.; Brox, Rz. 189 (S. 132); Staudinger/Kanzleiter, § 2269 BGB Rz. 38ff.

445 Ebenso Reithmann/Albrecht/Basty, Hdb. Vertragsgestaltungen, Rz. 1241.

446 Langenfeld, NJW 1987, 1577f.

447 KG FamRZ 1968, 331 (332); einschränkend Staudinger/Kanzleiter § 2271 BGB Rz. 33; weitergehend KG NJW 1957, 1073.

448 Otte, AcP 187 (1987), 603f.; Staudinger/Otte [1996], § 2047 Rz. 343.

sers, die Vermögensnachfolge zugunsten seiner Abkömmlinge zu sichern. Daher sollten in der letztwilligen Verfügung diese Beweggründe angedeutet werden[449].

### 8. Erbrechtliche Schiedsklauseln

Der Erblasser kann gemäß § 1066 ZPO, durch letztwillige Verfügung[450] für die *729* Entscheidung von erbrechtlichen Streitigkeiten ein Schiedsgericht einsetzen[451]. Die Einsetzung des Schiedsgerichts kann im notariellen Testament oder Erbvertrag erfolgen (§ 1029 Abs. 2 ZPO) und braucht nicht in eine separate Urkunde aufgenommen zu werden.

Da jedes Schiedsgericht so gut ist, wie der oder die Schiedsrichter qualifiziert *730* sind, muß die Hauptsorge der Berufung neutraler, qualifizierter Schiedsrichter gelten[452].

Alle Fragen zur Geltung oder zum Inhalt einer letztwilligen Verfügung, die *731* von den ordentlichen Gerichten zu entscheiden sind, können einem Schiedsgericht zur Entscheidung übertragen werden. Das Schiedsgericht kann daher insbesondere über Rechtsfragen entscheiden, welche die Gültigkeit oder die Auslegung einer letztwilligen Verfügung betreffen, da die schiedsrichterliche Entscheidung Rechtsanwendung ist[453]. Das Schiedsgericht darf seine Entscheidungen nicht unter Umgehung des § 2065 BGB anstelle des Erblassers treffen.

Vom Schiedsrichter ist der Schiedsgutachter zu unterscheiden. Sollen lediglich *732* tatsächliche Feststellungen, z.B. Wertfestsetzungen, erfolgen, so handelt es sich um eine schiedsgutachterliche Tätigkeit nach §§ 315ff. BGB, auf die die Vorschriften der ZPO über Schiedsgerichtsverfahren nicht anwendbar sind. Der Erblasser kann für bestimmte Tatsachenentscheidungen (z.B. für die Auswahl des zur Unternehmensnachfolge Geeignetsten oder für Bewertungsfragen) einen oder mehrere Schiedsgutachter benennen. Auch hier sind aber die erbrechtlichen Grenzen des § 2065 BGB zu beachten.

---

449 Ebenso Reithmann/Albrecht/Basty, Hdb. Vertragsgestaltung, Rz. 1239.

450 Muster bei Nieder (2. Aufl.), Rz. 1019.

451 Otte, Festschr. Rheinisches Notariat (1998) S. 241ff.; Staudinger/Otte [2000] Vorbem. zu §§ 1937ff. BGB Rz. 6ff.; Walter MittRhNotK 1984, 69ff.; Schiffer BB 1995, Beil. 5, S. 2ff.

452 Vgl. z.B. den Schlichtungs- und Schiedsgerichtshof deutscher Notare – SGH – mit dem Sitz in 10117 Berlin, Kronenstr. 73/74, dessen Spruchkörper neben Notaren – je nach zu entscheidenden Streitfragen – aufgrund seiner Statuten auch Experten anderer Fachgebiete (z.B. Steuerberater, Wirtschaftsprüfer, Architekten, Techniker usw.) angehören können, damit hinreichende Sachkunde gewährleistet ist.

453 Staudinger/Otte [2000] Vorbem. zu §§ 1937ff. BGB Rz. 9f.; Voit in Dittmann/Reimann/Bengel vor § 2229 BGB Rz. 21.

## XVI. Sondergestaltungen

### 1. Letztwillige Verfügungen zugunsten geistig behinderter Pflichtteilsberechtigter[454]

733 Eine besondere Gestaltung erfordern Vermögensnachfolgeregelungen zugunsten geistig behinderter Pflichtteilsberechtigter, um den sofortigen Zugriff des Sozialhilfeträgers auf das Vermögen des Pflichtteilsberechtigten zu verhindern[455]. Die Gestaltungsmöglichkeiten sind durch das Pflichtteilsrecht, insbesondere § 2306 BGB begrenzt. Daher sind zunächst, sofern der Gestaltungszeitraum reicht, pflichtteilsreduzierende Maßnahmen im Wege vorweggenommener Erbfolge auf die gewünschten Vermögensnachfolger zu empfehlen[456]. Zum Schutz des geistig behinderten Pflichtteilsberechtigten ist in jedem Fall Verwaltungstestamentsvollstreckung anzuordnen, weil dieser seine wirtschaftlichen Interessen nicht selbst wahrzunehmen vermag. Daneben sollte eine quotale Erbeinsetzung über der Pflichtteilshöhe erfolgen, damit die Rechtsfolgen des § 2306 BGB nicht eintreten. Eine Teilungsanordnung sollte die vom Testamentsvollstrecker vorzunehmende Erbauseinandersetzung erleichtern. Der Testamentsvollstrecker ist durch eine – mangels Anspruchs nicht auf den Sozialhilfeträger überleitbare – Auflage anzuweisen, aus den Erträgnissen des Erbteils dem geistig Behinderten regelmäßige Zuwendungen in einem Umfang zukommen zu lassen, die nach § 88 BSHG von der Inanspruchnahme durch den Sozialhilfeträger ausgeschlossen sind. Neben den in § 88 BSHG zugelassenen Leistungen (insbesondere angemessener Wohnraum und Hausrat) dürfen einem Behinderten derzeit gem. §§ 27ff. BSHG Barbeträge bis DM 4.500,– jährlich zur Verfügung gestellt werden[457]. Um auch die Vermögensnachfolge nach dem geistig Behinderten zu gestalten, sollte dieser zum Vorerben[458] bzw. Vorvermächtnisnehmer und etwaige weitere Abkömmlinge bzw. die gewünschten Vermögensnachfolger zu Nacherben bzw. Nachvermächtnisnehmern eingesetzt werden. Die Nacherben haften nicht nach § 92 c BSHG, da sie nicht Erben des Vorerben, sondern des Erblassers sind. Der Sozialhilfeträger kann bei dieser Konstruktion den Pflichtteil nicht geltend machen; dazu wäre eine Ausschlagung des geistig Behinderten erforderlich. Das Ausschlagungsrecht ist aber als höchstpersönliches Gestaltungsrecht nicht nach

---

[454] Ausführlich zu dieser erbrechtlichen Sondergestaltung Bengel in Dittmann/Reimann/Bengel, Teil E, Rz. 203ff.

[455] Bengel in Dittmann/Reimann/Bengel, Teil E, Rz. 203; Karpen MittRhNotK 1988, 131 (148ff.); van de Loo, Die Gestaltung der Verfügung von Todes wegen zugunsten des betroffenen Behinderten, MittRhNotK 1989, 233; ders. NJW 1990, 2852; Otte, JZ 1990, 1029; Pieroth, NJW 1993, 173; J. Mayer, DNotZ 1994, 347; Nieder, NJW 1994, 1264.

[456] Zu pflichtteilsreduzierenden Maßnahmen v. Dickhuth-Harrach, Festschr. Rheinisches Notariat (1998), S. 185ff.

[457] Bengel in Dittmann/Reimann/Bengel, Teil E, Rz. 203.

[458] Bengel ZEV 1994, 29; mit Vorbehalten J. Mayer DNotZ 1994, 347.

§ 90 BSHG überleitbar[459]. Aufgrund der Vorerbeneinsetzung und der Verwaltungstestamentsvollstreckung ist der Erbanteil des Behinderten nicht pfändbar. Eine solche Gestaltung ist nicht etwa deswegen sittenwidrig[460], weil sie zulasten des Sozialhilfeträgers und damit der Allgemeinheit geht. Unsere Rechtsordnung gebietet nicht, einem Hilfsbedürftigen über den Pflichtteil hinaus Vermögenssubstanz zu überlassen, um dem Sozialhilfeträger einen Zugriff darauf zu ermöglichen[461].

**2. Patientenverfügung und Patiententestament**

Die „Patientenverfügung" ist eine an behandelnde Ärzte, Betreuer oder Bevoll- *734*
mächtigte gerichtete Anweisung zur Vornahme oder zur Unterlassung bestimmter medizinischer Maßnahmen[462]. Die rechtliche Befugnis, ärztliche Handlungen zu untersagen, beruht auf dem allgemeinen Persönlichkeitsrecht (Art. 1, 2 GG), das jedem Menschen den Schutz seines Selbstbestimmungsrecht gewährleisten soll. Die Aufnahme der Patientenverfügung in eine Verfügung von Todes wegen ist nicht zu empfehlen, weil letztere erst nach dem Tode eröffnet – also Dritten mitgeteilt – wird[463], während sich die Patientenverfügung regelmäßig an die noch zu Lebzeiten behandelnden Ärzte richtet. Die Patientenverfügung bedarf keiner besonderen Form[464]. Der behandelnde Arzt hat solche Erklärungen zu respektieren[465], wenn der Wille des Erklärenden auch im Zeitpunkt der Behandlung noch feststeht[466].

Von einem Patiententestament kann gesprochen werden, soweit die Erklärun- *735*
gen sich auf postmortale Maßnahmen beziehen, z.B. Organentnahmen. Auch solche Erklärungen sollten – wegen des zu späten Eröffnungsverfahrens – nicht in einer letztwilligen Verfügung von Todes wegen, sondern in einer separaten Organspendeerklärung bzw. einer entsprechenden Negativerklärung abgegeben werden. Wegen der Bedeutung und der Sicherung der Ausstelleridentität werden solche Erklärungen regelmäßig notariell beglaubigt, obwohl Formvorschriften nicht bestehen.

---

459 So zutreffend Reithmann/Albrecht/Basty, Rz. 1243 Fn. 213; Bengel in Dittmann/Reimann/Bengel, Teils E, Rz. 216; **a.A.** van de Loo MittRhNotK 1989, 233 (249), der die höchstpersönliche Natur des Ausschlagungsrechts verkennt.

460 BGHZ 111, 36 m.Anm. Otte JZ 1990, 1027.

461 BGHZ 111, 36 (41) = JZ 1990, 1025 m. Anm. Otte = MittBayNot 1990, 245 m. Anm. Reimann = DNotZ 1992, m. Anm. Reimann; BGH NJW 1994, 248; Krampe, AcP 191, 526ff.; Bengel ZEV 1994, 29.

462 Baumann/Hartmann, DNotZ 2000, 594.

463 Ebenso Reithmann/Albrecht/Basty, Hdb. Vertragsgestaltung, Rz. 1245.

464 Uhlenbruck, AcP 193, 487 (491); Lange/Kuchinke, § 35 IV 4 (S. 782).

465 Richtlinien der Bundesärztekammer zur ärztlichen Sterbebegleitung, NJW 1998, 3406.

466 Einzelheiten bei Baumann/Hartmann, DNotZ 2000, 594 m.w.N.

3. KAPITEL

# Die Vermögensnachfolge vorbereitende Gestaltungsmaßnahmen

## 1. Abschnitt Generelle Maßnahmen

### I. Allgemeines

Vermögensnachfolge erfordert regelmäßig vorbereitende Maßnahmen rechtlicher oder tatsächlicher Art, vornehmlich bei umfangreichem Vermögen oder komplizierten Familienverhältnissen[1]. 736

In den Nachlaß fällt das Vermögen des Erblassers in derjenigen Gestalt, wie es zum Zeitpunkt des Todes des Erblassers besteht, also auch mit allen rechtlichen Bindungen, denen der Erblasser sein Vermögen zu Lebzeiten unterworfen hat. 737

### II. Trans- und postmortale Vollmachten

Ein bedeutsames Hilfsmittel zum Vollzug der Vermögensnachfolge, ist die Erteilung einer über den Tod hinaus wirkenden („transmortalen") oder für die Zeit ab dem Todesfall geltenden („postmortalen") Vollmacht. Mit dem Tod des Vollmachtgebers erlischt gemäß § 168 Satz 1 BGB weder die Vollmacht noch gemäß §§ 672 Satz 1, 675 BGB das zugrundeliegende Kausalverhältnis, der Auftrag. Dennoch sollte, um Auslegungsprobleme zu vermeiden, das Fortbestehen der Vollmacht nach dem Tod ausdrücklich angeordnet werden. 738

Üblicherweise werden die trans- und postmortale Spezial- oder Generalvollmacht als Rechtsgeschäft unter Lebenden erteilt. Sie können aber auch in einer Verfügung von Todes wegen enthalten sein[2]. Zweckmäßig ist, wegen der formgebundenen Beweiswirkungen, aber auch für Grundbuch- und Registerzwecke sie als isolierte Vollmachten notariell beglaubigen oder beurkunden zu lassen[3]. 739

Der Bevollmächtigte ist nach Eintritt des Todesfalles des Vollmachtgebers Vertreter der Erben. Die Vollmacht kann daher von jedem Erben, dem Testamentsvollstrecker oder vom Nachlaßverwalter widerrufen werden, selbst wenn sie un- 740

---

1 Dazu Reimann, ZEV 1997, 129ff.

2 RGZ 170, 380 (383).

3 Bengel/Reimann/Bengel, Testamentsvollstreckung, Kap. 1 Rz. 47 (S. 11); Baumann, NJW 1996, 2418.

widerruflich erteilt ist. Dennoch sind die trans- und postmortalen Vollmachten schon deshalb empfehlenswert, weil sie den Zeitraum bis zum Vorliegen von Erbnachweisen (Eröffnungsprotokoll notarieller Testamente und Erbverträge, Erbschein) überbrücken können. In jedem Fall erlischt die Vollmacht mit dem Grundverhältnis (§ 168 BGB), regelmäßig einem Auftrag des Erblassers[4].

741 Um den Erben einen sofortigen Zugriff auf liquide Mittel zu geben, sollten Bank-, Safe- oder Kontovollmachten zu Lebzeiten erteilt werden[5]. Deren Anwendbarkeit kann als postmortale Vollmacht von der Vorlage einer Sterbeurkunde abhängig gemacht werden. Die Banken haben bei Vorlage einer trans- oder postmortalen Vollmacht keine Sicherungspflichten gegenüber dem Nachlaß bzw. den der Erben[6].

## III. Vorsorgevollmacht

742 Unter „Vorsorgevollmachten"[7] werden solche rechtsgeschäftlichen Vollmachten (§§ 164ff. BGB) verstanden, die insbesondere auch für den Fall einer dauerhaften Beeinträchtigung der Geschäftsfähigkeit gelten sollen[8]. Die mit den modernen Medizintechniken verbundenen lebensverlängernden Maßnahmen erhöhen das Risiko einer Altersgeschäftsunfähigkeit. Seit dem 1. Januar 1992 ist die Entmündigung (§ 6 BGB) abgeschafft und durch das Institut der Betreuung ersetzt[9]. Die Vollmacht kann den Vollmachtgeber jedoch nicht mit Sicherheit vor einer Betreuerbestellung bewahren. Nach § 1896 Abs. 3 BGB ist ein Betreuer zu bestellen, wenn der Vollmachtgeber den Bevollmächtigten nicht mehr ordnungsgemäß überwachen kann[10].

743 Grundsätzlich bedarf eine Vollmacht auch als Generalvollmacht keiner besonderen Form (§ 167 Abs. 2 BGB), abweichendes kann sich jedoch aus besonderen Formvorschriften ergeben (vgl. z.B. §§ 1484 Abs. 2, 1945 Abs. 3 Satz 1, 1955 BGB, § 12 Abs. 2 HGB, § 2 Abs. 2 GmbHG, § 29 Abs. 1 Satz 1 GBO). Daher ist die notarielle Beurkundung einer Generalvollmacht immer zu empfehlen, zumal der Notar sich im Beurkundungsverfahren Gewißheit über die vorhandene Geschäftsfähigkeit des Erklärenden zu verschaffen hat.

---

4 Lange/Kuchinke § 33 III 3 b) (S. 713).

5 Dazu Kuchinke, FamRZ 1984, 109; zu Bankvollmachten und Testamentsvollstreckung Werkmüller, ZEV 2000, 305.

6 Dazu BGH ZEV 1995, 187.

7 Perau, MittRhNot 1996, 285 (292ff.); Langenfeld/Langenfeld, ZEV 1996, 339; Baumann, MittRhNotK 1998, 1ff.; Walter ZEV 2000, 353.

8 Vgl. Uhlenbruck, NJW 1996, 1583, mit kritischen Anmerkungen von Wolfsteiner, NJW, 1996, 2417; Baumann NJW 1996, 2418; Weise, NJW 1996, 2418.

9 Zu den Auswirkungen des Betreuungsrechts auf das Erbrecht Hahn, FamRZ 1991, 27.

10 Dazu Ritz-Mütz, MittBayNot 1991, 238.

## IV. Betreuungsverfügung

Soll der Handlungsrahmen des Betreuers festgelegt werden, so kann dies in einer Betreuungsverfügung erfolgen[11]. Nach § 1901 BGB hat der Betreuer den Wünschen des Betreuten zu entsprechen, auch wenn sie vor seiner Bestellung geäußert worden sind. Eine besondere Form für solche „Betreuungsverfügungen" schreibt unsere Rechtsordnung nicht vor. Gleichwohl ist nicht nur aus Beweissicherungsgründen, sondern auch wegen der umfassenden Prüfungs- und Belehrungspflichten des Notars und der durch ihn vorzunehmenden Überprüfung der Geschäftsfähigkeit die notarielle Beurkundung zu empfehlen. Inhalt der Betreuungsverfügung kann die Bestimmung der Person des Betreuers und seiner Vergütung sein. Daneben kann z.B. festgelegt werden, wie die Unterbringung des Betreuten, die Auflösung seiner Wohnung oder die Erledigung laufender Geschäfte zu erfolgen hat[12]. Der später Betreute kann somit dem Betreuer auch Anweisungen zur Vermögensverwaltung geben und damit auch für die Übergangszeit einer etwaigen Geschäftsunfähigkeit seine Vermögensnachfolge vorbereiten. *744*

## V. Vorbereitende Vermögensbildung

### 1. Sachverhalte, Interessenlagen

Die Vorstellungen jedes Vermögensinhabers über seine Vermögensnachfolge beziehen sich auf drei Fragen: Die Personen der Vermögensnachfolger, das nachzulassende Vermögen und die Art und Weise der Zuweisung dieses Vermögens. *745*

Gestaltungsprobleme stellen sich nicht, wenn nur ein Vermögensnachfolger in Betracht kommt und keine (weiteren) Pflichtteilsberechtigten vorhanden sind. Probleme der Zuweisung des Vermögens entstehen bei mehreren Vermögensnachfolgern. Werden diese nebeneinander zu Erben eingesetzt, entsteht eine Erbengemeinschaft. Grundsätzlich ist jede Erbengemeinschaft auf Auseinandersetzung unter den Erben angelegt. Da Erbauseinandersetzungen häufig zu Streitigkeiten führen, wird der Erblasser versuchen, den Streit durch vorsorgende Rechtsgestaltung weitgehend auszuschließen. *746*

Die erbrechtlichen Gestaltungsmittel sind ein befristetes Auseinandersetzungsverbot und danach Vorgaben für die Auseinandersetzung durch Teilungsanordnungen oder die Einräumung von Übernahmerechten. Teilungsanordnungen und Übernahmerechte kommen dann nicht in Betracht, wenn der Nachlaß im wesentlichen aus einem nicht teilbaren Vermögensgegenstand besteht wie z.B. Grundbesitz, einem Unternehmen oder einer Unternehmensbeteiligung. *747*

---

[11] Perau, MittRhNotK 1996, 285ff., m.w.N; Baumann/Hartmann, DNotZ 2000, 594.

[12] Dazu Cypionka, DNotZ 1991, 587.

### 2. Lösungen

748 Der Erblasser kann auf tatsächlicher Ebene Vorsorge für eine reibungslose Erbauseinandersetzung treffen, indem er selbständige Vermögensmassen schafft, die aufgrund Teilungsanordnungen jeweils verschiedenen Erben zugewiesen werden. Das gilt insbesondere für den Unternehmer, der ausreichendes Privatvermögen zur Abfindung der weichenden Erben schaffen sollte[13]. Damit wird der Zerschlagung von wirtschaftlichen Einheiten durch eine Erbauseinandersetzung vorgebeugt.

**Beispiel:**

Der Erblasser ist Inhaber eines Handelsgeschäfts. Er hat zwei Kinder: einen kaufmännisch ausgebildeten Sohn A und einen als Arzt tätigen Sohn B.

Es liegt nahe, dem Sohn A das Handelsgeschäft des Erblassers zuzuweisen. Soll der Sohn A nicht mit die unternehmerische Liquidität belastenden und u.U. einkommensteuerrechtlich relevanten Abfindungsverpflichtungen belastet werden, so muß der Erblasser zur Vorbereitung der späteren Erbauseinandersetzung Privatvermögen bilden, um beide Kinder möglichst gleichmäßig bedenken zu können.

749 Zur Vorbereitung einer Erbauseinandersetzung ist daher zu empfehlen, mindestens in einem gewissen Umfang Geldvermögen, einschließlich Wertpapiervermögen, zu bilden, welches im Auseinandersetzungsfall zum Wertspitzenausgleich verwendet werden kann, wenn mehrere Erben vorhanden sind, die gleichwertig behandelt werden sollen.

750 Bei der Gestaltung ist darauf zu achten, welche Vermögensarten den jeweiligen Erben unter zweckmäßigen Gesichtspunkten zugewiesen werden.

**Beispiele:**

Ein Abkömmling, der einen freien Beruf anstrebt, braucht Geldvermögen zur Einrichtung einer Praxis. Einer verheirateten, in gesicherten Vermögensverhältnissen lebenden Tochter ist mit wertbeständigem Grundvermögen oder anderen Sachwerten gedient.

## 2. Abschnitt
## Familienrechtliche Maßnahmen

### I. Allgemeines

751 Auch durch familienrechtliche Rechtsgeschäfte läßt sich die Vermögensnachfolge beeinflussen. Das gilt namentlich für Güterstandsvereinbarungen.

752 Bei der nichtehelichen Lebensgemeinschaft kann auch für das Erbrecht – mit den Schranken des Pflichtteilsrechts – die Gestaltungsfreiheit des Schuldrechts

[13] Ebenroth/Lorz, WiB 1995, 609 (610).

ausgenutzt werden. An die schuldrechtlichen Vereinbarungen sind die Erben gebunden[14].

Ein ebenfalls wichtiges familienrechtliches Gestaltungsmittel der Vermögensnachfolge kann eine Adoption sein. *753*

## II. Güterstandsvereinbarungen[15]

### 1. Begriff und Bedeutung des Güterstandes

Das eheliche Güterrecht (§§ 1363–1563 BGB) regelt die Rechtsverhältnisse zwischen den Ehegatten bezüglich des Vermögens, welches die Ehegatten bei Eheschließung besitzen und/oder im Laufe der Ehe hinzuerwerben. *754*

Das Gesetz stellt bestimmte Ordnungen des ehelichen Güterrechtsverhältnisses zur Verfügung, die Güterstände. Der „gesetzliche" Güterstand gilt, wenn Ehegatten nicht durch Ehevertrag Abweichendes vereinbart haben. *755*

Gesetzlicher Güterstand ist die sog. Zugewinngemeinschaft (§§ 1363–1390 BGB). Als vertragliche Güterstände stellt das BGB die Gütertrennung und die Gütergemeinschaft zur Verfügung (§§ 1414, 1415ff. BGB). *756*

Die Frage des Güterstandes, ist für die Vermögensnachfolge von erheblicher Bedeutung, weil *757*

- ehevertragliche Güterstandsvereinbarungen den Nachlaß wie andere rechtsgeschäftliche Vereinbarungen unter Lebenden binden,
- der gesetzliche Güterstand der Zugewinngemeinschaft mit der erbrechtlichen Lösung des Zugewinnausgleichs die Erbteils- und Pflichtteilsgröße unmittelbar beeinflußt.

Die Erbfolge läßt sich daher durch Güterstandsvereinbarungen und deren erbrechtliche Auswirkungen unmittelbar beeinflussen. Der Vertragsfreiheit sind Grenzen gesetzt (§§ 1408, 1409 BGB). Der Ehevertrag bedarf notarieller Beurkundung (§ 1410 BGB). *758*

### 2. Die Güterstände

*a) Zugewinngemeinschaft*

Gesetzlicher Güterstand ist die sog. Zugewinngemeinschaft (besser: Zugewinnausgleichsgemeinschaft)[16]. Die Bezeichnung „Zugewinngemeinschaft" ist irreführend, weil auch durch Zugewinn nicht automatisch gemeinsames Ehegattenvermögen entsteht. Das spricht § 1363 Abs. 2 Satz 1 BGB ausdrücklich aus. Die Vermögen beider Ehegatten sind und bleiben getrennt. Kein Ehegatte haftet den *759*

---

14 Zur nichtehelichen Lebensgemeinschaft vgl. Grziwotz, Partnerschaftvertrag für die nichteheliche Lebensgemeinschaft.

15 Weiterführend hierzu Brambring, Der Ehevertrag; Langenfeld, Handbuch der Eheverträge und Scheidungsvereinbarungen.

16 Zur Entwicklung der Güterstände oben ⇒ Rz. 114ff.

Gläubigern aufgrund des gesetzlichen Güterstandes für die Schulden des anderen Ehegatten.

*760* Bei Beendigung der Zugewinngemeinschaft wird der in der Ehe erzielte Zugewinn unter den Ehegatten wertmäßig ausgeglichen (§ 1363 Abs. 2 Satz 2 BGB).

*761* Für die Vermögensnachfolge ist die erbrechtliche Folge des gesetzlichen Güterstandes von Bedeutung: Wird die Ehe durch Tod aufgelöst, so erfolgt der Ausgleich des Zugewinns dadurch, daß sich der gesetzliche Erbteil des überlebenden Ehegatten um 1/4 der Erbschaft erhöht. Für diesen pauschalen gesetzlichen Zugewinnausgleich ist unerheblich, ob die Ehegatten tatsächlich einen Zugewinn erzielt haben (§ 1371 Abs. 1 BGB). Die Erhöhung des gesetzlichen Erbteils des Ehegatten hat zur mittelbaren Folge, daß sich die Erbquoten der anderen gesetzlichen Erben und auch die Pflichtteilsansprüche vermindern.

*762* Für die Vermögensnachfolge ist die in der heutigen Praxis am häufigsten vereinbarte Güterstandsregelung der modifizierten Zugewinngemeinschaft ohne erbrechtliche Auswirkungen, da sie nur Regelungen für den Scheidungsfall enthält.

*b) Gütertrennung*

*763* Leben die Ehegatten im vertraglichen Güterstand der Gütertrennung, verbleibt es bei der gesetzlichen Ehegattenerbfolge. Der überlebende Ehegatte erbt gemäß § 1931 BGB neben Abkömmlingen grundsätzlich 1/4. Sind neben dem überlebenden Ehegatten nur ein oder zwei Kinder des Erblassers als Erben berufen, so erben der überlebende Ehegatte und jedes Kind zu gleichen Teilen.

*764* **Beispiele:**

Hat der Erblasser ein Kind, so erben Kind und Ehegatte zu je 1/2.

Hat der Erblasser zwei Kinder, so erben Kinder und Ehegatte zu je 1/3.

Hat der Erblasser drei Kinder, so erben Ehegatte und Kinder zu je 1/4 (§§ 1931 Abs. 1 Satz 1, 1924 BGB).

Hat der Erblasser vier oder mehr Kinder, so erbt der Ehegatte 1/4, während auf die vier (oder mehr) Kinder 3/4 des Nachlasses entfällt.

Bei Geltung des gesetzlichen Güterstandes der Zugewinngemeinschaft beträgt der Erbteil des überlebenden Ehegatten immer 1/2, während den Kindern – mehreren zu gleichen Anteilen – die andere Hälfte zufällt.

*c) Gütergemeinschaft*

*765* Bei der Gütergemeinschaft (§§ 1415ff. BGB) werden das Vermögen sowohl des Mannes als auch der Frau gemeinschaftliches Vermögen beider Ehegatten (Gesamtgut). Zum Gesamtgut gehört auch das während der Gütergemeinschaft erworbene Vermögen (§ 1416 BGB). Daneben gibt es Sondergut (§ 1417 BGB) und Vorbehaltsgut (§ 1418 BGB) der Ehegatten. Die Gütergemeinschaft ist Gesamthandsgemeinschaft. Sie begründet im Unterschied zur Zugewinngemeinschaft eine Haftungsgemeinschaft der Ehegatten. Jeder Gläubiger eines der Ehegatten kann in das Gesamtgut vollstrecken. Kein Ehegatte kann über seinen Anteil am

Gesamtgut und an den einzelnen Gegenständen verfügen. Er ist auch nicht berechtigt, Teilung zu verlangen (§ 1419 BGB).

Die ehevertragliche Begründung des Güterstandes der Gütergemeinschaft ist keine Schenkung[17]. 766

Für die Vermögensnachfolge interessieren in erster Linie die erbrechtlichen Konsequenzen: Ist die Fortsetzung der Gütergemeinschaft im Ehevertrag nicht vereinbart, so wird die Gütergemeinschaft mit dem Tode eines Ehegatten beendet und auseinandergesetzt (§ 1471 BGB). Der Anteil des verstorbenen Ehegatten am Gesamtgut gehört zum Nachlaß (§ 1482 BGB). Es gelten die allgemeinen erbrechtlichen Bestimmungen der §§ 1922ff. BGB. Hat der verstorbene Ehegatte eine letztwillige Verfügung nicht hinterlassen und ist gesetzliche Erbfolge eingetreten, so erhält der überlebende Ehegatte seinen gesetzlichen Erbteil auch in Bezug auf den Anteil des verstorbenen Ehegatten am Gesamtgut. 767

Ist die Fortsetzung der Gütergemeinschaft im Ehevertrag vereinbart, so gehört der Anteil des verstorbenen Ehegatten nicht zu seinem Nachlaß; die Gütergemeinschaft wird zwischen dem überlebenden Ehegatten und den gemeinschaftlichen Abkömmlingen fortgesetzt (§ 1483 Abs. 1, insbesondere Satz 3 BGB). 768

### *d) DDR-Recht*

Für jeden Ehegatten, als dessen Güterstand bis zum 3. 10. 1990 der DDR-Güterstand der Eigentums- und Vermögensgemeinschaft des Familiengesetzbuchs der früheren DDR galt, bestand nach Art. 234 § 4 Abs. 2 EGBGB die befristete Möglichkeit, den Güterstand der Zugewinngemeinschaft des BGB einseitig abzuwählen. 769

## 3. Anwendungsbereich

Jede Änderung eines Güterstandes muß durch notariell beurkundeten Ehevertrag erfolgen. Der Vertrag muß bei gleichzeitiger Anwesenheit beider Parteien geschlossen werden (§ 1410 BGB). Vereinbaren die Ehegatten ohne Einschränkung den Ausschluß des Zugewinnausgleichs, so tritt Gütertrennung ein (§ 1414 Satz 2 BGB). Der Ausschluß des Zugewinnausgleichs kann in das Güterrechtsregister eingetragen werden[18]. Die Eintragung ist keine Wirksamkeitsvoraussetzung. 770

Soll die Erbfolge beeinflußt werden, so kommt grds. nur die Wahl zwischen den Güterständen der Zugewinngemeinschaft und der Gütertrennung in Betracht. Die detaillierten Vorschriften über die Gütergemeinschaft, ihre Verwaltung und Auseinandersetzung, die Notwendigkeit des Auseinanderhaltens der verschiedenen Vermögensmassen, bringen so viele praktische Erschwernisse mit sich, daß die Vereinbarung des Güterstandes der Gütergemeinschaft aus nur erbrechtlichen Gestaltungsmotiven in der Regel unzweckmäßig ist. Die Vereinbarung ei- 771

---

17 In schenkungsrechtlicher Hinsicht s. aber § 7 Abs. 1 Ziffer 4 ErbStG 1974; dazu ⇒ Buch II Rz. 10.

18 BGH NJW 1976, 1741 (1742).

ner Gütergemeinschaft kann jedoch als Maßnahme zur Pflichtteilsreduzierung in Einzelfällen von Interesse sein[19].

772 Nachdem die ehebedingte Zuwendung im Erb- und Steuerrecht nicht anerkannt wird, kann bei hohem Zugewinn eines Ehegatten, die Vereinbarung einer Gütertrennung mit dem gesetzlichen Ausgleichsanspruch des anderen Ehegatten, eine sinnvolle Gestaltungsmöglichkeit sein[20].

773 Daneben können Güterstandsvereinbarungen auch zur Pflichtteilsreduzierung eingesetzt werden. Soll der Pflichtteil des Ehegatten reduziert werden, so läßt sich diese Rechtsfolge durch einen (ggf. teilweisen) Pflichtteilsverzichtsvertrag erreichen. In Einzelfällen kann der Ehevertrag aber zur Pflichtteilsreduzierung gegenüber Abkömmlingen eingesetzt werden[21].

## III. Adoption

### 1. Grundsätzliches

774 Unsere Rechtsordnung spricht statt von „Adoption", von der „Annahme an Kindes Statt" (§§ 1741ff. BGB).

Mit der Adoption wird ein Eltern-Kindschafts-Verhältnis durch die Rechtsordnung hergestellt. Die Adoption ermöglicht, aufgrund der durch Gesetz hergestellten familienrechtlichen Verbindung Elternvermögen an das adoptierte Mitglied der jüngeren Generation zu vererben und den Fortbestand des Namens im Generationsgang zu sichern.

775 Mit der Adoption wird das Adoptivkind rechtlich wie ein leibliches Kind des Annehmenden in dessen Familie aufgenommen. Die bisherigen Verwandtschaftsverhältnisse erlöschen (sog. Volladoption). Die Adoption erfolgt durch gerichtlichen Ausspruch (Dekretsystem).

776 Nach § 1741 BGB ist die Annahme als Kind zulässig,
- wenn sie dem Wohl des Kindes dient,
- und zu erwarten ist, daß zwischen dem Annehmenden und dem Kind ein Eltern-Kind-Verhältnis entsteht.

Nach § 1744 BGB soll die Annahme in der Regel erst ausgesprochen werden, wenn der Annehmende das Kind eine angemessene Zeit lang in Pflege gehabt hat. Die Probezeit soll die Beteiligten vor Fehlentscheidungen bewahren und dem Gericht eine Grundlage für die Feststellung der Adoptionsvoraussetzungen verschaffen.

777 Das Gesetz geht in § 1741 Abs. 2 Satz 1 BGB vom Regelfall der gemeinschaftlichen Annahme eines Kindes durch ein Ehepaar aus. Auch eine Einzelperson, die nicht verheiratet ist, kann ein Kind annehmen. Will ein einzelner, der verheiratet

---

19 Dazu v. Dickhuth-Harrach, Festschr. Rheinisches Notariat (1998), S. 185ff.
20 Brambring, ZEV 1996, 248 (254).
21 Einzelheiten bei Wegmann, ZEV 1996, 202ff.

ist, ein Kind annehmen, so kann das nur unter besonderen erschwerten Voraussetzungen geschehen, nämlich, wenn es sich um sein eigenes nichteheliches Kind oder um ein Kind seines Ehegatten handelt oder wenn der andere Ehegatte nicht unbeschränkt geschäftsfähig und deshalb nicht in der Lage ist, ein Kind anzunehmen (§ 1741 Abs. 2 Satz 2 und 3 BGB).

### 2. Minderjährigen-/Volljährigenadoption

Das Gesetz geht grundsätzlich von der Adoption Minderjähriger aus (§§ 1741– 778
1766 BGB).

Für die Gestaltung der Vermögensnachfolge kann aber auch die Annahme eines 779
Volljährigen von besonderem Interesse sein. Voraussetzung für eine Volljährigenadoption ist gemäß § 1767 Abs. 1 BGB, daß die Annahme als Kind „sittlich gerechtfertigt ist". Das ist nach dem Gesetzeswortlaut „insbesondere anzunehmen, wenn zwischen dem Annehmenden und dem Anzunehmenden ein Eltern-Kind-Verhältnis bereits entstanden ist".

Gedacht ist dabei an zwischenzeitlich volljährig gewordene Pflegekinder, ferner an Geschwister, von denen ein Teil minderjährig, ein Teil volljährig ist (vgl. § 1772 BGB). Wichtig ist in unserem Zusammenhang, daß auch die familiäre Bindung eines Unternehmensnachfolgers anzuerkennen ist[22]. Der notariell zu beurkundende Adoptionsantrag hat das Eltern-Kind Verhältnis zu begründen.

### 3. Rechtliche Wirkungen

*a) Familienrechtliche Stellung des Adoptierten*

aa) Minderjährigenadoption

Durch die Annahme als Kind erlangt der Adoptierte die rechtliche Stellung ei- 780
nes ehelichen Kindes des Annehmenden (§ 1754 BGB). Das angenommene Kind wird rechtlich aus seinem bisherigen Familienverband gelöst und in einen neuen Familienverband eingefügt. Gemäß § 1755 BGB erlöschen das Verwandtschaftsverhältnis des Kindes und seiner Abkömmlinge zu den bisherigen Verwandten und alle sich aus ihm ergebenden Rechte und Pflichten, also insbesondere Unterhalts- und erbrechtliche Ansprüche.

bb) Volljährigenadoption

Die Wirkungen der Adoption eines Volljährigen sind schwächer: Sie erstrecken 781
sich nicht auf die Verwandten des Annehmenden; die Rechte und Pflichten aus dem Verwandtschaftsverhältnis des Angenommenen und seiner Abkömmlinge zu ihren Verwandten werden grundsätzlich durch die Adoption nicht berührt, § 1770 Abs. 1 und 2 BGB. Durch Anträge des Annehmenden und des Anzunehmenden kann auch die Volljährigenadoption mit starken Wirkungen erfolgen (§ 1772 BGB), nämlich bei Annahme des eigenen, nichtehelichen Kindes, der

22 Palandt/Diederichsen (59. Aufl.) § 1767 BGB Rz. 5.

Stiefkindadoption, der Geschwisteradoption und der nachgeholten Minderjährigenadoption. Die sittliche Rechtfertigung der Volladoption ist zu begründen[23].

*b) Familienname des Adoptierten*

782 Das adoptierte Kind erhält als Geburtsnamen den Familiennamen des Annehmenden (§ 1757 Abs. 1 Satz 1 BGB). Das gilt auch für einen als Kind angenommenen Erwachsenen (§ 1767 Abs. 2 BGB). Der Namenswechsel darf nach gegenwärtigem Recht nicht Leitmotiv der Adoption sein. Gleichwohl sollte in unserer Rechtsordnung der Wunsch kinderloser Erblasser stärker respektiert werden, einem Vermögensnachfolger auch den Namen „vererben" zu können. Es ist zu erwarten, daß die fortschreitende Liberalisierung des Namensrechts künftig auch insoweit Nachfolgegestaltungen ermöglichen wird[24].

*c) Erbrechtliche Wirkungen*

aa) Erbrecht des Adoptierten

783 Der Adoptierte ist gesetzlicher Erbe und Pflichtteilsberechtigter des Annehmenden. Ein Ausschluß des gesetzlichen Erb- oder Pflichtteilsrechts des Adoptierten ist nur durch Erb- und Pflichtteilsverzichtsvertrag möglich.

784 Alle Kinder des Adoptierten werden Enkel des Annehmenden, auch solche, die im Zeitpunkt der Annahme schon geboren waren.

785 Bei einer Volljährigenadoption ist als Einschränkung § 1770 BGB zu beachten, wonach sich die Wirkung der Adoption nicht auf die Verwandten des Annehmenden erstreckt.

bb) Erbrecht des Annehmenden

786 Der Annehmende ist beim Tod des Adoptierten gesetzlicher Erbe. Da das adoptierte Kind die rechtliche Stellung eines ehelichen Kindes des Annehmenden erhält, wird es nach den allgemeinen erbrechtlichen Regeln vom Annehmenden und seinen Verwandten beerbt.

787 Etwas anders gilt es im Fall der Volljährigenadoption: Wegen der Bestimmung des § 1770 BGB, wonach sich die Wirkungen der Annahme nicht auf die Verwandten des Annehmenden erstrecken und die Rechte und Pflichten aus dem Verwandtschaftsverhältnis des Angenommenen und seiner Abkömmlinge zu ihren Verwandten durch die Annahme grundsätzlich nicht berührt werden, erben die Verwandten des Annehmenden vom Angenommenen nicht. Verstirbt der Adoptierte kinderlos, so sind seine Erben der zweiten Ordnung seine Adoptiveltern und seine leiblichen Eltern nebeneinander.

---

23 BayObLG NJW-RR 1995, 1287 (1288).

24 Die zahlreichen Beispiele von Personen des öffentlichen – insbesondere auch politischen – Lebens, die ihren Namen gewechselt haben, sollen hier nicht als Beleg aufgeführt werden.

*d) Erstreckung der Adoptionswirkungen*

aa) Abkömmlinge des Adoptierten

Die Adoptionswirkungen erstrecken sich uneingeschränkt auf die Abkömmlinge des Angenommenen, unabhängig davon, ob sie im Zeitpunkt der Annahme schon geboren sind. *788*

bb) Verwandte

Da bei der Minderjährigenadoption das Kind voll in die Familie des Annehmenden eintritt, erstrecken sich die Wirkungen der Adoption grundsätzlich auf die Verwandten. Einschränkungen ergeben sich aus § 1756 BGB, falls die Annehmenden mit dem Kind im zweiten oder dritten Grad verwandt oder verschwägert sind oder ein Ehegatte das eheliche Kind seines Ehegatten annimmt, dessen frühere Ehe durch Tod aufgelöst ist. *789*

Bei der Volljährigenadoption ergeben sich die schon erwähnten Beschränkungen des § 1770 BGB. *790*

**4. Bedeutung für die Erbfolgegestaltung**

*a) In privatrechtlicher Hinsicht*

Ein erbrechtliches Interesse an einer Adoption besteht für einen Vermögensinhaber der kinderlos ist und der z.B. einen ihm besonders nahestehenden Neffen oder ein Patenkind durch Adoption als Kind – eventuell auch als Namensträger – zum Vermögensnachfolger einsetzen will. *791*

Darüber hinaus kann die Vermögens- und Unternehmenssicherung ein Motiv für eine Adoption sein: Hat der kinderlose Erblasser zu einem nahen Verwandten der nächsten Generation oder zu einem bewährten Mitarbeiter besonderes Vertrauen gefaßt, so kann sich daraus der Wunsch ergeben, zu ihm ein Eltern-Kind-Verhältnis herzustellen und ihm als künftigen Erben über eine Adoption das zu hinterlassende Vermögen, insbesondere ein Unternehmen oder eine Unternehmensbeteiligung, anzuvertrauen. Dabei kann auch die mit der Adoption verbundene Fortführung des Familiennamens und dessen Erhalt eine wesentliche Rolle spielen. *792*

In solchen Fällen geht es häufig gerade um die Annahme eines Volljährigen und nicht eines Minderjährigen. Die Annahme eines Volljährigen ist möglich, wenn ein wirkliches Eltern-Kind-Verhältnis besteht. Die Volljährigenadoption nach § 1767 Abs. 1 BGB setzt eine sittliche Rechtfertigung der Annahme des Volljährigen als Kind voraus. Die sittliche Rechtfertigung wird verneint, wenn die Adoption nur oder überwiegend wirtschaftlich begründet wird. *793*

*b) In steuerlicher Hinsicht*

In erbschaftsteuerlicher Hinsicht bietet die Adoption beträchtliche Vorteile. Die Adoptionswirkungen erstrecken sich auf die Steuerklassen des Erbschaftsteuergesetzes (§ 15 ErbStG). Adoptierte und Annehmende fallen jeweils im Verhält- *794* nis zueinander in Steuerklasse I, wobei der Adoptierte als Kind des Annehmenden einen Freibetrag von DM 400.000,–, der Annehmende als Erbe des Adoptierten einen Freibetrag von DM 100.000,– hat. Entsprechend ist nach dem durch Adoption geschaffenen Verwandtschaftsverhältnis die Steuerklasseneinordnung zu den jeweiligen Verwandten vorzunehmen.

### 5. Gesetzliche Voraussetzungen der Adoption

*a) Adoption durch vormundschaftsgerichtlichen Beschluß*

795 Die Adoption wird durch Beschluß des Vormundschaftsgerichts ausgesprochen (Dekretsystem, § 1752 BGB).

*b) Antrag des Annehmenden*

796 Der Beschluß des Vormundschaftsgerichts setzt einen notariell beurkundeten Antrag des Annehmenden voraus.

*c) Persönliche Erfordernisse der Annehmenden*

797 Gesetzlicher Regelfall der Adoption ist die gemeinschaftliche Annahme eines minderjährigen Kindes durch ein Ehepaar. Die Annahme durch eine Einzelperson ist möglich, jedoch beschränkt, wenn der Annehmende verheiratet ist. Dann kann er ein Kind nur annehmen, wenn es sich um sein eigenes nichteheliches Kind oder um ein Kind seines Ehegatten handelt oder wenn der andere Ehegatte nicht unbeschränkt geschäftsfähig und deshalb nicht in der Lage ist, ein Kind anzunehmen (§ 1741 Abs. 2 Satz 2 und 3 BGB).

Bei der Annahme durch ein Ehepaar muß ein Ehegatte das 25. Lebensjahr, der andere Ehegatte das 21. Lebensjahr vollendet haben. Ein einzelner Annehmender muß das 25. Lebensjahr vollendet haben. Der Annehmende muß unbeschränkt geschäftsfähig sein (§ 1743 BGB).

798 Da das Gesetz grundsätzlich von der Minderjährigenadoption ausgeht, ist die Einwilligung des Kindes zur Annahme erforderlich (§ 1746 BGB), außerdem die Einwilligung seiner Eltern (§ 1747 BGB).

### 6. Aufhebung des Adoptionsverhältnisses

799 Die Aufhebung des Kindesannahmeverhältnisses ist nur in Ausnahmefällen durch gerichtliche Entscheidung mit der Wirkung für die Zukunft möglich.

# 3. Abschnitt
# Maßnahmen vorweggenommener Erbfolge

## I. Allgemeines

### 1. Begriff

Unter „vorweggenommener Erbfolge" werden Vermögensübertragungen zu Lebzeiten des Erblassers auf einen oder mehrere zukünftige Erben verstanden, die im Vorgriff auf die Erbfolge vorgenommen werden[25]. Es handelt sich um lebzeitige, nicht um Verfügungen von Todes wegen. *800*

Die vorweggenommene Erfolge erweitert den Gestaltungsspielraum der Vermögensnachfolge. Sie ermöglicht dem Erblasser z.B., den Vermögensnachfolger durch schuldrechtliche Verpflichtungen in die gewünschten Bahnen zu lenken. *801*

Da die vorweggenommene Erbfolge nicht einseitig angeordnet werden kann, setzt sie den Konsens zwischen Erblasser und Erben voraus. *802*

### 2. Gestaltungskriterien der vorweggenommenen Erbfolge

#### *a) Motive des Erblassers*

Der wesentliche Vorteil für den Erblasser liegt in der von ihm kontrollierbaren Wirkung vorweggenommener Erbfolgeregelungen: Der bedachte Erbe erhält genau den Vermögensteil oder -gegenstand, den er im Falle der Beerbung kraft Teilungsanordnung oder (Voraus-) Vermächtnis erhalten soll. Das Risiko der Erbausschlagung wegen Beschränkungen und Beschwerungen und des Pflichtteilsverlangens ist ausgeschaltet. Die Übertragung des Vermögens in Etappen kann zu einer schrittweisen Einbindung der Nachfolgegeneration in die Verantwortung führen. Die Nachfolger werden besser als beim Erbfall auf ihre Vermögensverpflichtungen vorbereitet. Die vorweggenommene Erbfolge ist insofern ein in besonderer Weise geeignetes Planungs- und Gestaltungsinstrumentarium der Vermögensnachfolge[26]. *803*

Nimmt der Erblasser durch Rechtsgeschäft unter Lebenden z.B. seinen Sohn in sein Unternehmen auf oder errichtet er für seinen Grundbesitz mit seinen Kindern eine Grundstücksgesellschaft bürgerlichen Rechts, so kann er durch Gesellschaftsvertrag Verpflichtungen auferlegen. Er kann auf der Gesellschafterebene noch Einfluß auf den Vermögensnachfolger nehmen und so die Verantwortung stufenweise übertragen. Durch Schenkungen im Wege vorweggenommener Erb- *804*

---

[25] BGH DNotZ 1992, 32 (33); Eccher, Antizipierte Erbfolge, 1980; Olzen, Die vorweggenommene Erbfolge, 1984; Weirich DNotZ 1986, 5; Kollhosser, AcP 194, 231; J. Mayer DNotZ 1996; der Urtyp dürfte der Hofübergabevertrag (vgl. §§ 7, 17 HöfeO NW) sein, der auf eine lange Tradition zurückblickt; so Kollhosser AcP 194, 231. Inzwischen wird die vorweggenommene Erbfolge in allen Lebensbereichen, insbesondere bei der Unternehmensnachfolge praktiziert.

[26] Dazu Kollhosser, AcP 194, 231 (235ff.)

folge können auch Pflichtteilsansprüche solcher Berechtigten gemindert werden, die möglichst gering oder gar nicht am Nachlaß beteiligt werden sollen. Allerdings stehen diesen gem. § 2325 BGB Pflichtteilsergänzungsansprüche zu, wenn zur Zeit des Erbfalls noch keine 10 Jahre seit der Leistung des geschenkten Gegenstandes verstrichen sind[27]. Damit bietet die 10-Jahresfrist die Möglichkeit mehrfacher Ausnutzung der Gestaltung zur Pflichtteilsminderung[28].

805 Vorteile können auch im Interesse der Steuerersparnis der Familie liegen. Vor allem bei größeren Unternehmen und Unternehmensbeteiligungen stellen sowohl die laufenden Ertragsteuern als auch die Erbschaftsteuern eine beträchtliche Liquiditätsbelastung dar, zumal der Zeitpunkt ihres Entstehens ungewiß ist und in Zeiträume fallen kann, in denen die Liquiditätsbelastung besonders fühlbar ist, z.B. nach einer Phase größerer notwendiger Investitionen oder im Zeitpunkt schwacher Konjunktur. Auch steuerlich ist die 10-Jahresfrist für die mehrfache Ausnutzung der Schenkung- bzw. Erbschaftsteuerfreibeträge von Interesse[29].

*b) Motive der Erben*

806 Die Erben können bereits vor dem Erbfall über Vermögen und Rechtsstellungen verfügen, die ihnen sonst erst nach dem Tode des Erblassers zukommen.

Erhalten die Erben auch die Nutzungen des ihnen zugewandten Vermögens, so sind sie in der Lage, selbst eigenes Vermögen aufzubauen. In aller Regel sind damit auch steuerliche Vorteile verbunden: Der Erblasser hat die Einkünfte zu versteuern. Was er vom versteuerten Rest nicht aufbraucht, fällt in sein erbschaftsteuerliches Vermögen. Meist kommt hinzu, daß die Einkünfte des Erblassers in einer höheren Progressionsstufe der Einkommensteuer besteuert werden, so daß sich bei Zuwachs des Vermögens in der Person der Erben nicht nur die Ersparung der Erbschaftsteuer, sondern auch ggf. ein nicht unerheblicher Ertragsteuervorteil ergibt. Bei der Erbschaft- und Schenkungsteuer lassen sich im Zehn-Jahres-Turnus die Freibeträge ausschöpfen und bei hohen Vermögenswerten die Progressionen vermindern[30].

*c) Risiken*

807 Das Risiko vorweggenommener Erbfolgelösungen liegt beim Erblasser. Dieser gibt sein Vermögen endgültig aus der Hand, über das er ohne die Vermögensübertragung bis zu seinem Tode uneingeschränkt verfügen könnte. Entwickelt sich der Vermögensnachfolger in eine unerwünschte Richtung, so kann das überlassene Vermögen schon zu Lebzeiten des Erblassers verloren gehen.

---

27 Zum Schutz der Pflichtteilsberechtigten gegen Aushöhlung seiner Ansprüche Kollhosser, AcP 194, 231 (258ff.).

28 Daneben können auch die Schenkung- und Erbschaftsteuerfreibeträge, die ebenfalls an die 10-Jahresfrist gebunden sind, mehrfach ausgenutzt werden.

29 Dazu ⇒ Buch II Rz. 235ff.

30 Dazu ⇒ Buch II Rz. 235, 239, 243.

Ohne Vorbehalte kann eine Vermögensübertragung im Wege vorweggenommener Erbfolge nur bei Grundbesitz empfohlen werden. Hier läßt sich durch entsprechende Gestaltung im Übertragungsvertrag sicherstellen, daß der übertragene Vermögensgegenstand zu Lebzeiten des Erblassers nicht verloren gehen kann. Für besondere Lebenslagen des Erwerbers (Konkurs, Zwangsvollstreckung in den Grundbesitz, Veräußerung und Belastung des Grundbesitzes oder Vorversterben des Erwerbers) wird ein Rücktrittsrecht vereinbart, das durch Eintragung einer Rückübertragungsvormerkung im Grundbuch dinglich gesichert werden kann[31]. *808*

*d) Steuerliche Folgen*[32]

Der Beschluß des Großen Senats des BFH vom 5. 7. 1990 hat für Regelungen vorweggenommener Erbfolge einkommensteuerlich neue Rechtswirkungen geschaffen[33]. Überträgt ein Vermögensinhaber der Einkünfteerzielung dienendes Vermögen im Wege vorweggenommener Erbfolge, so stellen vom Vermögensübernehmer zugesagte Versorgungsleistungen weder Veräußerungsentgelt des Übertragenden noch Anschaffungskosten des Übernehmenden dar. Die Leistung von Gleichstellungsgeldern des Übernehmers an Angehörige führt zu Veräußerungsentgelt des Übergebers und zu Anschaffungskosten des Übernehmers[34]. Neben den Gleichstellungsgeldern werden bei der vorweggenommenen Erbfolge – im Unterschied zur Erbauseinandersetzung – auch Schuldübernahmen im Privatvermögen als Gegenleistungen angesehen. Diese stellen daher Anschaffungskosten dar[35]. *809*

Bei Übertragung von Betriebsvermögen stellt die Übernahme betrieblich verursachter Verbindlichkeiten kein Entgelt für das übernommene Betriebsvermögen dar, da dieses auf den Erwerber mit allen Aktiven und Passiven übergeht[36]. *810*

---

31 Dazu Rachuy, MittRhNotK 1993, 81.

32 Im einzelnen ⇒ Buch II Rz. 798ff.

33 BFH Großer Senat, Beschluß v. 5. 7. 1990 GrS 4 – 6/89, BStBl. 1990 II, 847 = DB 1990, 2196ff. = NJW 1991, 254; Groh, DB 1990, 2187ff.; Felix, Kölner Steuerdialog 1990, 8265 und BB 1990, 2085; Meincke, NJW 1991, 198; Söffing, DB 1991, 773 (776) u. 828ff.; Märkle/Franz, Beilage 5 zu BB 1991, 1 (16ff.); Priester, DNotZ 1991, 507ff.

34 Einzelheiten s. Erlaß des Bundesministers der Finanzen vom 11. Januar 1993, BStBl 1993, Teil 1, S. 62ff.

35 Dazu ⇒ Buch II Rz. 902, 904.

36 Dazu ⇒ Buch II Rz. 945.

## II. Zulässigkeit und Grenzen von Verfügungen unter Lebenden

### 1. Grundsätzliches

811 Die Freiheit des Erblassers, über sein Vermögen unter Lebenden zu verfügen, ist grundsätzlich unbeschränkt (§ 2286 BGB)[37].

Das gilt auch nach Testaten in den Formen des gemeinschaftlichen wechselbezüglichen Ehegattentestaments und des Erbvertrages. Für den Erbvertrag spricht dies § 2286 BGB ausdrücklich aus, der entsprechend auch für wechselbezügliche Verfügungen in einem gemeinschaftlichen Ehegattentestament gilt. Daher erlangen die mit Bindungswirkung Eingesetzten grundsätzlich keine gesicherte Rechtsposition bezüglich des Erblasservermögens, schon gar nicht bezüglich einzelner Vermögensgegenstände.

### 2. Erbrechtlicher Schutz gegen beeinträchtigende Verfügungen unter Lebenden

812 Den einzigen erbrechtlichen Schutz gegen Beeinträchtigungen von Vertragserben oder Bedachten bieten die §§ 2287 und 2288 BGB. Sie stehen im BGB unter dem Abschnitt der Vorschriften über den Erbvertrag, gelten aber entsprechend auch für wechselbezügliche gemeinschaftliche Testamente[38].

813 Die Schutzvorschriften der §§ 2287, 2288 BGB setzen die „Absicht" des Erblassers voraus, den Vertragserben bzw. Bedachten „zu beeinträchtigen". Direkter Vorsatz und erst recht bedingter Vorsatz des Erblassers genügen nicht, das Tatbestandsmerkmal der „Absicht" in §§ 2287 und 2288 BGB zu erfüllen – es ist der Nachweis erforderlich, daß die Beeinträchtigungsabsicht ein den Erblasser bestimmender, wenn auch nicht der leitende Beweggrund für die von dem Erblasser durch Rechtsgeschäfte unter Lebenden vorgenommene Benachteiligung des Vertragserben oder Bedachten gewesen ist[39]. Ein billigenswertes lebzeitiges Eigeninteresse des Erblassers an der Schenkung kann die Beeinträchtigungsabsicht aus-

---

[37] Dazu BGHZ 108, 73 (77); DB 1974, 523 (524).

[38] BGH DNotZ 1951, 344 (345); WM 1976, 320 (321); NJW 1976, 749 (751); WM 1977, 201 (202); OGHZ 1, 161 (163) = NJW 1947/48, 690; OGHZ 2, 160 (162) = NJW 1949, 581; Staudinger/Kanzleiter, § 2287 BGB Rz. 2, § 2288 BGB Rz. 6; § 2271 BGB Rz. 81-85; BGB-RGRK/Johannsen, § 2271 BGB Rz. 14; BGB-RGRK/Kregel, § 2287 BGB Rz. 3, § 2288 BGB Rz. 2; Palandt/Edenhofer, § 2287 BGB Rz. 3, § 2288 BGB Rz. 1; MünchKomm/Musielak, § 2287 BGB Rz. 2.

[39] BGHZ 59, 343 (LS. 2) (349) = NJW 1973, 240 (241) unter Aufgabe der früher einschränkenden Rechtsprechung; Palandt/Edenhofer, § 2287 BGB Rz. 6; Schlüter, § 25 V 3 a) aa) (S. 158); zustimmend, aber kritisch Staudinger/Kanzleiter, § 2287 BGB Rz. 9–13; MünchKomm/Musielak, § 2287 BGB Rz. 9; vgl. weiter BGB-RGRK/Kregel, § 2287 BGB Rz. 4; v. Lübtow, Band I, S. 436; Brox, Rz. 158 (S. 112).

schließen[40]. Schon die Anforderungen, die danach an den Nachweis des subjektiven Tatbestandes der §§ 2287, 2288 BGB gestellt werden, relativieren den Schutz des Vertragserben bzw. Bedachten sehr.

Selbst wenn die Schutzbestimmungen der §§ 2287 Abs. 1 und 2288 BGB eingreifen, ergeben sich Ansprüche des Vertragserben bzw. Bedachten erst nach dem Tode des Erblassers. Zu Lebzeiten des Erblassers kann ein Anspruch des Benachteiligten nicht durch Arrest oder einstweilige Verfügung gesichert werden[41]. Der Beschenkte ist nicht einmal zur Auskunftserteilung verpflichtet[42]. *814*

Liegt der Tatbestand der böslichen Schenkung zum Nachteil des Vertragserben im Sinne des § 2287 BGB vor, so kann der Vertragserbe nach Erbanfall von dem Beschenkten die Herausgabe des Geschenkes nach den Vorschriften über die ungerechtfertigte Bereicherung fordern. Der Anspruch verjährt in drei Jahren vom Anfall der Erbschaft an (§ 2287 Abs. 2 BGB). *815*

Der Schutz des Vermächtnisnehmers im Falle der Zerstörung, des Beiseiteschaffens oder Beschädigens des Vermächtnisgegenstandes im Sinne des § 2288 Abs. 1 BGB hat zum Inhalt den Anspruch gegen den oder die Erben auf Wiederherstellung oder Wiederbeschaffung, soweit der oder die Erben dazu imstande sind, andernfalls auf Ersatz des Verkehrswertes des Vermächtnisgegenstandes. In den Fällen der Benachteiligung des Bedachten durch Veräußerung oder Belastung des Vermächtnisgegenstandes (§ 2288 Abs. 2 BGB) ist der Erbe verpflichtet, dem Bedachten den Vermächtnisgegenstand zu verschaffen oder die Belastung zu beseitigen. Ist der Erbe hierzu außerstande, so besteht Anspruch auf Wertersatz. Bei schenkweiser Beeinträchtigung im Sinne des § 2288 Abs. 2 BGB haftet hilfsweise auch der Beschenkte aus ungerechtfertigter Bereicherung wie im Falle des § 2287 BGB. *816*

### 3. Schutz aus Gründen der Sittenwidrigkeit

Die Anwendung der §§ 138, 826 BGB kommt nur in Betracht, wenn sittenwidriges Zusammenwirken beider Parteien des beanstandeten lebzeitigen Beeinträchtigungsgeschäfts vorliegt[43]. *817*

Die Nichtigkeit ist nicht schon deshalb gegeben, weil den Vertragserben oder Bedachten das erwartete Erbgut entzogen wird[44].

---

40 BGHZ 66, 8 (15f.) = DB 1976, 667 (668); DB 1977, 1505; NJW 1980, 2307 (2308) = DB 1980, 2185 (2186); BGHZ 83, 44 (45); BGH NJW 1984, 731 (732); Palandt/Edenhofer, § 2287 BGB Rz. 6; Soergel/Wolf, § 2287 BGB Rz. 13.

41 BayObLG 1952, 290; Lange/Kuchinke, § 25 V 11 a) (S. 467); Staudinger/Kanzleiter, § 2287 BGB Rz. 18; BGB-RGRK/Kregel, § 2287 BGB Rz. 8; Palandt/Edenhofer, § 2287 BGB Rz. 17; Kipp/Coing, § 38 IV 2 a), Fn. 28 (S. 245).

42 BGHZ 18, 67 (69); Staudinger/Kanzleiter, § 2287 BGB Rz. 18; BGB-RGRK/Kregel, § 2287 BGB Rz. 10; Palandt/Edenhofer, § 2287 BGB Rz. 14.

43 BGHZ 59, 343 (348); BGHZ 108, 73 (79).

44 BGHZ 59, 343 (LS. 1).

### 4. Schuldrechtliche Verpflichtung des Erblassers

818 Der Erblasser kann sich durch schuldrechtlichen Vertrag mit dem Bedachten formlos und unter Umständen sogar stillschweigend wirksam verpflichten, eine Verfügung unter Lebenden zu unterlassen[45]. An den Nachweis einer solchen schuldrechtlichen Vereinbarung, insbesondere einer stillschweigenden, sind strenge Anforderungen zu stellen[46]. Die Vertragsverletzung führt zu Schadensersatzansprüchen gegen den Erblasser oder seine Erben[47].

Die Zulassung eines solchen Vertrages tangiert nicht die Testierfreiheit gemäß § 2302 BGB, da sie – wie jedes Schuldverhältnis – zwar wirtschaftliche Folgen hat, aber nicht in die erbrechtliche Gestaltungsfreiheit eingreift.

## III. Ausstattungen

### 1. Begriff

819 Wird von den Eltern oder einem Elternteil einem Kind
- mit Rücksicht auf seine Verheiratung oder
- zur Erlangung einer selbständigen Lebensstellung zur Begründung oder Erhaltung seiner wirtschaftlichen Existenz eine Zuwendung gegeben, so handelt es sich um eine Ausstattung (§ 1624 BGB). Eine Rechtspflicht zur Ausstattung besteht nicht.

Unter den Begriff der Ausstattung fällt auch die „Aussteuer", auf die nach früherem Recht eine Tochter Anspruch hatte.

### 2. Keine Schenkung

820 Die Ausstattung gilt nicht als Schenkung, obwohl sie ohne Gegenleistung und ohne rechtliche Verpflichtung geleistet wird. Das Ausstattungsversprechen bedarf daher nicht der Form des § 518 BGB. Auch kann der Ausstattende weder die Einrede des Notbedarfs (§§ 519, 528 BGB) noch die Ansprüche des Widerrufs aus § 530 BGB geltend machen. Da es sich bei der Ausstattung um keine Schenkung handelt, ist auch die Gläubigeranfechtung nach § 4 AnfG §§ 134, 39 Ziff. 4 InsO ausgeschlossen. Eine Schenkung liegt nur dann vor, wenn die als Ausstattung bezeichnete oder gewollte Zuwendung das den Umständen, insbesondere den Ver-

---

45 BGHZ 31, 13 (18f.); BGH NJW 1963, 1602 (1603); BGH FamRZ 1964, 429 (430); BGH LM § 2288 BGB Nr. 2; BGH FamRZ 1967, 470 (471); DNotZ 1969, 759 (760); Staudinger/Kanzleiter, § 2286 BGB Rz. 16; BGB-RGRK/Kregel, § 2286 BGB Rz. 1; MünchKomm/Musielak, § 2286 BGB Rz. 10; Soergel/Wolf, § 2286 BGB Rz. 4; Palandt/Edenhofer, § 2286 BGB Rz. 2; v. Lübtow, Band I, S. 430; Kipp/Coing, § 38 IV 4 (S. 249); Lange/Kuchinke, § 25 V 2, Fn. 63 (S. 449).

46 BGH DNotZ 1969, 759 (760).

47 BGH NJW 1964, 547 (549).

mögensverhältnissen der Eltern im Zeitpunkt der Zuwendung entsprechende Maß übersteigt (§ 1624 Abs. 1 letzter Halbsatz BGB)[48].

### 3. Gegenstand der Ausstattung

Gegenstand einer Ausstattung können alle übertragbaren Sachen und Rechte sein. So können Grundstücke als Ausstattung zugewendet werden, ferner Grundstücksnutzungsrechte, u.U. auch die Einräumung einer stillen Teilhaberschaft[49]. Während die ältere Reichsgerichtsrechtsprechung den Anwendungsbereich eher weit gefaßt hat, tendiert die BGH-Rechtsprechung zu Einschränkungen des Anwendungsbereichs[50]. *821*

### 4. Korrespondierende Ausgleichungspflicht

Der Charakter der Ausstattung als Maßnahme der vorweggenommenen Erbfolge hat in den Bestimmungen des Erbrechts über die Ausgleichungspflicht unter Abkömmlingen (§ 2050 Abs. 1 BGB) einen gesetzlichen Niederschlag gefunden. Zum Nachteil eines Pflichtberechtigten kann die Ausgleichungspflicht nicht ausgeschlossen werden (§ 2316 Abs. 3 BGB). *822*

## IV. Unentgeltliche Zuwendungen

### 1. Schenkung

*a) Bedeutung*

Hauptgegenstand vorweggenommener Erbfolgeregelungen sind Schenkungen[51]. *823*

Die Schenkung beinhaltet zwei Merkmale: *824*

- objektiv: die Bereicherung des Beschenkten durch den Schenker aus dessen Vermögen,
- subjektiv: die Einigung zwischen Schenker und Beschenktem über die Unentgeltlichkeit der Zuwendung (§ 516 Abs. 1 BGB). Für eine Schenkung genügt nicht, daß zwischen Leistung und Gegenleistung ein objektives Mißverhältnis besteht[52].

---

48 Gernhuber/Coester-Waltjen, Familienrecht, § 56 I 6 (S. 852).

49 RGZ 121, 11 (13); RG JW 1938, 2971.

50 BGH DNotZ 1988, 436.

51 Aus steuerlichen Gründen von besonderem Interesse können – auch nach Wegfall der Einheitswerte – Grundstücksschenkungen oder sog. mittelbare Grundstücksschenkungen sein. Dazu ⇒ Buch II Rz. 815ff.

52 BGH NJW 1961, 604 (605).

825 Schenkungen zu Lebzeiten ermöglichen die mehrfache Ausnutzung der Schenkung- und Erbschaftsteuerfreibeträge (10-Jahresfrist)[53]. Dabei kann auch eine mehrfache Zuwendung im Generationensprung ausgenutzt werden.

*b) Unentgeltlichkeit*

826 Objektiv wie subjektiv muß Unentgeltlichkeit vorliegen. Der Zuwendung darf keine Gegenleistung gegenüberstehen. Eine Gegenleistung liegt vor, wenn Entgeltlichkeit in einem Austauschvertrag versprochen ist und ebenfalls, wenn eine Gegenleistung Bedingung der Leistung ist oder wenn sie unmittelbar als Zweck der Leistung vereinbart wird[54]. Auch nachträgliche Belohnungen für geleistete Dienste werden als entgeltliche Leistungen, nicht als Schenkungen behandelt[55].

827 Für Zuwendungen innerhalb einer Familie ist auf den Begriff der verschleierten Schenkung hinzuweisen. Es handelt sich um Zuwendungen, die in Wirklichkeit Schenkungen sind, die aber nach außen hin in ein scheinbar entgeltliches Geschäft eingekleidet werden. Wird z.B. ein hoher Geldbetrag zugewandt zum Zwecke der Vergütung angeblich geleisteter Dienste, die in Wirklichkeit nicht geleistet worden sind, so liegt eine verschleierte Schenkung vor[56], auf die Schenkungsrecht Anwendung findet.

*c) Vertretungsbeschränkungen*

aa) Vertragsschluß des gesetzlichen Vertreters mit sich selbst

828 Bei Schenkungen von Eltern auf ihre Kinder sind die gesetzlichen Vertretungsbeschränkungen zu beachten. Handelt es sich um eine Schenkung an ein mindestens siebenjähriges, minderjähriges Kind, so erübrigt sich eine Vertretung durch die Eltern, da das Kind den Schenkungsvertrag selbst wirksam schließen kann (§ 107 BGB), wenn es durch den Schenkungsvertrag lediglich einen rechtlichen Vorteil erlangt. Für die Vorteilsbeurteilung kommt es nicht auf eine wirtschaftliche Bewertung, sondern allein auf die rechtlichen Folgen des Geschäfts an. Sind mit der Schenkung zusätzliche rechtliche Verpflichtungen verbunden, liegt ein rechtlicher Vorteil nicht vor, der die Vertretung durch die Eltern erübrigt. Die Rechtsprechung ist zunehmend kritischer geworden[57].

---

[53] Dazu ⇒ Buch II Rz. 235.

[54] RGZ 163, 348 (356); BGH NJW 1982, 436.

[55] RGZ 94, 321 (324).

[56] RG JW 1936, 2919; s.w. RGZ 29, 265 (266); 87, 301 (304); 98, 124 (127); BGHZ 7, 174ff.; OLG Nürnberg BB 1960, 307; Staudinger/Cremer [1996] § 516 BGB Rz. 53; MünchKomm/Kollhosser, § 516 BGB Rz. 25.

[57] Nicht lediglich rechtlich vorteilhaft: Schenkung einer Kommanditeinlage, LG Köln Rpfleger 1970, 245 (vgl. dazu BGH NJW 1977, 1339 (1341); stille Beteiligung, BFH DB 1974, 365; eines Erbbaurechts, BGH NJW 1979, 102 (103); einer Eigentumswohnung, BGH DB 1980, 2234f.; Nießbrauch zugunsten minderjähriger Kinder, BFH DB 1980, 2268f. = BB 1980, 1562).

Hat das minderjährige Kind das siebente Lebensjahr noch nicht vollendet, oder ist das Rechtsgeschäft nicht lediglich vorteilhaft, so muß es von den Eltern vertreten werden. Unproblematisch ist die Vertretung, wenn das Rechtsgeschäft zwischen den Kindern und Dritten, die mit dem Kind nicht in gerader Linie verwandt sind, abgeschlossen wird. *829*

Gemäß § 181 BGB kann ein Vertragsschließender nicht als Vertreter eines anderen ein Rechtsgeschäft mit sich selbst abschließen (es sei denn, das Rechtsgeschäft besteht ausschließlich in der Erfüllung einer Verbindlichkeit). Normalerweise sind beide Eltern gemeinschaftlich Inhaber der elterlichen Gewalt und gesetzliche Vertreter ihrer Kinder. *830*

bb) Pflegerbestellung

Die Vertretung des Kindes durch die Eltern ist weiter eingeschränkt durch die §§ 1629 Abs. 2 Satz 1, 1795 BGB. Für vorweggenommene Erbfolgen wichtig ist vor allem der Ausschluß der Vertretung bei Rechtsgeschäften mit Verwandten gerader Linie. Auch bei gemeinschaftlicher Vertretungsmacht steht dem Abschluß eines Schenkungsvertrags die Bestimmung des § 181 BGB (§§ 1629, 1795 BGB) entgegen. Zur Durchführung des Schenkungsgeschäfts ist die Bestellung eines Pflegers für das Kind erforderlich (§ 1909 BGB). Sollen mehrere Kinder schenkweise in ein Erwerbsgeschäft als Gesellschafter aufgenommen werden, so muß wegen § 181 BGB für jedes einzelne Kind ein Pfleger bestellt werden. *831*

cc) Vormundschaftsgerichtliche Genehmigung

In besonderen Fällen bedarf der Schenkungsvertrag auch noch der vormundschaftsgerichtlichen Genehmigung gemäß § 1643 Abs. 1 BGB. Es handelt sich um die Fälle der Schenkung unter einer Auflage, wenn die Auflage gemäß §§ 1821 Abs. 1 Ziff. 1-4 und Abs. 2, 1822 Ziff. 1, 3, 5, 8–11 BGB genehmigungspflichtige Rechtsgeschäfte betrifft; vor allem ist dabei der Fall der schenkweisen Aufnahme des Kindes in ein Erwerbsgeschäft als Gesellschafter wichtig (§§ 1643 Abs. 1, 1822 Ziff. 3 BGB). *832*

*d) Rückforderung, Widerruf der Schenkung*

Grundsätzlich sind Schenkungen endgültige Vermögensverfügungen. In bestimmten Fällen kann der Schenker – auch ohne vertraglich vorbehaltenen Rücktritt – die Rückgabe des Schenkungsgegenstandes verlangen. *833*

aa) Rückforderung wegen Bedürftigkeit

Gerät der Schenker nach Vollziehung der Schenkung in Not, so kann er von dem Beschenkten die Herausgabe des Geschenks nach den Vorschriften über die Herausgabe einer ungerechtfertigten Bereicherung fordern. Voraussetzung ist, daß der Schenker seinen eigenen angemessenen Unterhalt nicht mehr bestreiten und die ihm seinen Verwandten, seinem Ehegatten, auch dem früheren Ehegatten *834*

gegenüber gesetzlich obliegende Unterhaltspflicht nicht mehr erfüllen kann (§ 528 BGB). Dieser Herausgabeanspruch ist in drei Fällen ausgeschlossen:
- wenn der Schenker seine Bedürftigkeit selbst vorsätzlich oder grob fahrlässig verschuldet hat;
- wenn zur Zeit des Eintritts der Bedürftigkeit des Schenkers zehn Jahre seit der Leistung des geschenkten Gegenstandes verstrichen sind;
- bei Bedürftigkeit des Beschenkten (§ 529 Abs. 1 und 2 BGB).

*835* Der Rückforderungsanspruch kann vom Sozialleistungsträger nach § 90 BSHG bzw. für Kriegsopferfürsorgeleistungen nach § 27g BVG und für Arbeitslosenhilfe nach § 140 Abs. 1 AFG übergeleitet werden. Die Überleitung ist allerdings rechtswidrig, wenn es sich bei dem übertragenen Gegenstand in der Hand des Sozialhilfeempfängers um pfändungsfreies Vermögen oder Schonvermögen gehandelt hätte[58].

bb) Widerruf

*836* Der Widerruf der Schenkung ist zulässig, wenn sich der Beschenkte durch eine schwere Verfehlung gegen den Schenker oder einen nahen Angehörigen des Schenkers groben Undanks schuldig macht (§ 530 BGB).

*837* Im Falle des Widerrufs einer gemischten Grundstücksschenkung ist der Rückforderungsanspruch des Schenkers eingeschränkt. Er kann – auch ohne Erhebung einer Einrede – nur Zug um Zug gegen Wertausgleich des entgeltlichen Teils der gemischten Schenkung das Grundstück zurückfordern[59].

*838* Der Widerruf ist ausgeschlossen bei Verzeihung, nach Ablauf eines Jahres seit Kenntnis der Widerrufsvoraussetzungen und nach dem Tod des Beschenkten (§ 532 BGB).

*e) Anrechnung*

*839* Der Pflichtteilsberechtigte hat sich anrechnen zu lassen, was ihm von dem Erblasser unter Lebenden zugewendet worden ist, wenn der Erblasser spätestens im Zeitpunkt der Zuwendung die Anrechnung bestimmt hat (§ 2315 Abs. 1 BGB)[60]. Anrechnung heißt: Berücksichtigung des Vorausempfangs zu Lasten des **Pflichtteils**. Dagegen kann eine „Anrechnungsbestimmung" auf den gesetzlichen Erbteil auch zu einem späteren Zeitpunkt erfolgen; nur wenn die Anrechnung dazu führt, daß der Pflichtteil unterschritten wird, bedarf es der Voraussetzungen einer Anrechnungsbestimmung gemäß § 2315 Abs. 1 BGB[61].

*840* Die Anrechnung erfolgt in der Weise, daß der Wert der Zuwendung z.Z. ihrer Vornahme dem Nachlaß zugerechnet, danach nach dem erhöhten Nachlaßwert

---

[58] Einzelheiten auch zu den Gestaltungsmöglichkeiten bei Krauß, MittBayNot 1992, 77ff.

[59] BGH NJW 1989, 2122; zum Widerruf der Schenkung einer Kommanditbeteiligung, BGH DB 1990, 1656 = BB 1990, 1507.

[60] OLG Düsseldorf ZEV 1994, 173 m. Anm. Baumann.

[61] Zur Anrechnung auf Erb- und Pflichtteil Wolfsteiner, MittBayNot 1982, 61.

der Pflichtteil berechnet und von ihm der Wert der Zuwendung wieder abgezogen wird (§ 2315 Abs. 2 BGB).

### *f) Ausgleichung*

Abkömmlinge sind im Falle gesetzlicher Erbfolge auch bezüglich lebzeitiger Vorausempfänge untereinander ausgleichungspflichtig[62]. Da sich der Pflichtteil nach der Höhe des gesetzlichen Erbteils bestimmt, ist eine Ausgleichung rechnerisch auch bei der Ermittlung des Pflichtteils eines Abkömmlings vorzunehmen. Im Gegensatz zur Anrechnung erfolgt die Berücksichtigung des ausgleichungspflichtigen Vorausempfangs beim Erbteil, der dem Pflichtteil zugrunde liegt. Es werden dem Nachlaß die gesamten ausgleichungspflichtigen Zuwendungen zugerechnet und einzeln vom Erbteil des einzelnen Empfängers abgezogen[63]. Der Pflichtteil ergibt sich aus der Hälfte des so ermittelten Erbteils (§ 2316 Abs. 1 BGB). *841*

Der Erblasser kann im Gegensatz zur Regelung der Ausgleichung unter Abkömmlingen für die Pflichtteilsberechnung Ausstattungen und nach herrschender Meinung auch ausgleichungspflichtige Einkunftszuschüsse und Berufsausbildungskosten nicht ausschließen[64] (§ 2316 Abs. 3 BGB). Treffen Anrechnungspflicht und Ausgleichungspflicht zusammen, so ist zur Vermeidung einer doppelten Berücksichtigung die Anrechnung nur zur Hälfte des Werts der Zuwendung vorzunehmen (§ 2316 Abs. 4 BGB). *842*

## 2. Gemischte Schenkung

Zwischen den Vertragsparteien kann Einigkeit bestehen, daß ein Rechtsgeschäft teilweise entgeltlich und teilweise unentgeltlich ist (gemischte Schenkung[65]). *843*

Die gemischte Schenkung hat eine erhebliche Bedeutung im Bereich familiärer Zuwendungen. Verkauft ein Vater seiner Tochter ein Grundstück zu einem wesentlich unter dem Verkehrswert liegenden Preis, so kann eine gemischte Schenkung vorliegen. Ein objektives Mißverhältnis zwischen Leistung und Gegenleistung genügt noch nicht zur Annahme einer Schenkung, vielmehr muß die Zuwendung mindestens teilweise unentgeltlich sein und über die Unentgeltlichkeit Einigkeit zwischen den Parteien bestehen.

Die Judikatur legt als Abgrenzungskriterium die vom Reichsgericht entwickelte Trennungstheorie zugrunde. Danach ist im Fall einer gemischten Schenkung das Rechtsgeschäft in zwei Bestandteile, den entgeltlichen und den unentgeltlichen Teil, zu zerlegen. Für jeden der beiden Teile sind die jeweils geltenden Vor- *844*

---

62 Zur Unterscheidung zwischen Anrechnungs- und Ausgleichungspflicht Sostmann, MittRhNotK 1976, 479 (493); Peter, BWNotZ 1986, 28.

63 Wegen des Sonderfalls der Ausgleichung wegen besonderer Leistungen eines Abkömmlings (§ 2057a BGB) s. oben ⇒ Rz. 103.

64 Staudinger/Haas [1998] § 2316 BGB Rz. 26; BGB-RGRK/Johannsen, § 2316 BGB Rz. 16; Kipp/Coing, § 11 II 5 (S. 82); Lange/Kuchinke, § 37 VI 9 b) α) (S. 865).

65 BGH NJW-RR 1996, 754; Palandt/Putzo, § 516 BGB Rz. 13ff.

schriften anzuwenden. Bei der Trennung der beiden Teile ist nicht das objektive Wert- und Gegenwertverhältnis maßgebend, sondern die erkennbare Vorstellung der Vertragsparteien[66]. Das wirft schwierige Probleme, insbesondere bei der Anwendung des Widerrufsrechts des Schenkers auf. Nach der Trennungstheorie kann sich das Widerrufsrecht nur auf den Schenkungsteil der gemischten Schenkung erstrecken. Ist Gegenstand der gemischten Schenkung ein einheitlicher Gegenstand, beispielsweise ein Grundstück, so kommt es darauf an, ob der Schenkungscharakter bei der gemischten Schenkung überwiegt[67].

### 3. Unterlassener Vermögenserwerb keine Schenkung

*845* Das Unterlassen eines Vermögenserwerbs z.B. durch Erbverzicht, Ausschlagung einer Erbschaft oder eines Vermächtnisses zum Vorteil eines anderen ist keine Schenkung (§ 517 BGB). Dies kann auch für erbschaft- und schenkungsteuerliche Gestaltungen genutzt werden. Bei solchen Gestaltungen ist ein besonderes Augenmerk darauf zu legen, ob der Erblasser Ersatzerben oder -vermächtnisnehmer bestimmt hat. Anderenfalls sind die Rechtsfolgen des jeweils unterlassenen Vermögenserwerbs nach den Regeln der gesetzlichen Erbfolge zu beachten.

### 4. Pflicht- und Anstandsschenkungen

*846* Schenkungen, die einer sittlichen Pflicht (Unterstützung naher Verwandter) oder einer auf den Anstand zu nehmenden Rücksicht entspringen (Gelegenheitsgeschenke zu Geburts- oder Festtagen) sind von der Ergänzungspflicht gemäß §§ 2325, 2329 BGB ausgenommen. Für die sittliche Pflicht genügt es nicht, wenn die Schenkung bloß sittlich gerechtfertigt ist, sie muß vielmehr sittlich geboten sein. Dabei steht allein ein hoher Wert des Schenkungsgegenstandes einer Pflichtschenkung – anders bei der Anstandsschenkung – nicht entgegen[68].

### 5. Vermeidung von Pflichtteilsergänzungsansprüchen

*847* Da Pflichtteilsansprüche sich nach dem Wert des Nachlasses im Zeitpunkt des Erbfalls richten (§ 2311 BGB), soll der Pflichtteilsberechtigte nicht dadurch benachteiligt werden, daß der Erblasser das Vermögen bereits zu Lebzeiten schmälert. Nach §§ 2325ff. BGB wird durch den Pflichtteilsergänzungsanspruch ein Ausgleich geschaffen[69]. Um Pflichtteilsergänzungsansprüche so weit wie möglich zu vermeiden, können im zulässigen Umfang die Gestaltungsmöglichkeiten von Ausstattungen, Pflicht- und Anstandsschenkungen und der freien Bewertbarkeit von Gegenleistungen ausgenutzt werden[70].

---

[66] RGZ 163, 257 (259); 148, 236 (240); gemilderte Trennungstheorie oder Zweckwürdigungstheorie s. MünchKomm/Kollhosser, § 516 BGB Rz. 31.

[67] BGHZ 30, 120 (122).

[68] BGH WM 1981, 909; NJW 1984, 2939.

[69] Dazu oben ⇒ Rz. 185ff.

[70] Zu den Grenzen Kollhosser, AcP 194, 231 (258ff.).

### 6. Schenkungsversprechen

*a) Vertrag*

Von der Schenkung zu unterscheiden ist das Schenkungsversprechen (§ 518 BGB). Mit dem Schenkungsversprechen verpflichtet sich der Schenker eine unentgeltliche Zuwendung zu erbringen. Das Schenkungsversprechen ist ein Vertrag. *848*

*b) Formbedürftigkeit*

Das Versprechen des Schenkers – nicht die Annahme des Empfängers – bedarf der notariellen Beurkundung (§ 518 Abs. 1 BGB). Auch ein schenkweise erteiltes Schuldversprechen oder Schuldanerkenntnis (§§ 780, 781 BGB) erfordert zu seiner Wirksamkeit notarieller Beurkundung (§ 518 Abs. 1 Satz 2 BGB)[71]. *849*

Wird das formunwirksame Schenkungsversprechen vollzogen oder das formunwirksam erteilte schenkweise Schuldversprechen oder Schuldanerkenntnis erfüllt, so wird der Mangel der Form damit geheilt (§ 518 Abs. 2 BGB). *850*

Vollzug der Schenkung liegt vor bei Übereignung beweglicher Sachen, aber auch bei der Abtretung einer Forderung. Für die Erfüllung des Begriffs des „Vollzuges" im Sinne der Bewirkung der Leistung ist andererseits nicht erforderlich, daß auch der Leistungserfolg schon eingetreten ist, wenn nur der Schenker alles getan hat, was er für einen Vollzug tun muß, so daß ein bedingter oder befristeter Vollzug genügt[72]. *851*

*c) Schenkungsversprechen unter Lebenden auf den Todesfall*

aa) Allgemeines

Wird ein Schenkungsversprechen unter der Bedingung erteilt, daß der Beschenkte den Schenker überlebt, so finden gemäß § 2301 Abs. 1 Satz 1 BGB die Vorschriften über Verfügungen von Todes wegen Anwendung. Gleiches gilt für unter dieser Bedingung erteilte schenkweise Schuldversprechen oder -anerkenntnisse (§ 2301 Abs. 1 Satz 2 BGB). *852*

Nach herrschender Meinung muß zur Wirksamkeit eines nicht vollzogenen Schenkungsversprechens im Sinne des § 2301 Abs. 1 BGB die Form des Erbvertrages eingehalten werden[73]. Ist die Form des öffentlichen Testamentes gewahrt, so wird nach einer weitergehenden Meinung das Schenkungsversprechen als Testament aufrechterhalten[74]. Noch weiter geht die Ansicht, ein in der Form des privatschriftlichen Testaments niedergelegtes Schenkungsversprechen als eigenhändiges Testament aufrechtzuerhalten, nämlich im Wege der Umdeutung nach *853*

---

[71] Baumann, Das Schuldanerkenntnis, S. 214ff.

[72] BGH NJW 1970, 1638 (1639), Palandt/Putzo, § 518 BGB Rz. 9.

[73] v. Lübtow, Band II, S. 1225; Kipp/Coing, § 81 III 2 a) (S. 448); Staudinger/Kanzleiter [1998], § 2301 BGB Rz. 4.

[74] RGZ 83, 223 (227); v. Lübtow, Band II, S. 1225; Lange/Kuchinke, § 33 II 1 a) Fn. 45 u. 46 (S. 701); MünchKomm/Musielack § 2301 Rz. 13.

§ 140 BGB[75]. Da nach der herrschenden Meinung auf das Schenkungsversprechen im Sinne des § 2301 Abs. 1 BGB Erbvertragsregeln Anwendung finden, kann das Schenkungsversprechen nicht nach Schenkungsrecht (§ 530 BGB) widerrufen werden, vielmehr sind wie beim Erbvertrag nur Anfechtung, Aufhebung und Rücktritt zulässig.

*854* Die Schenkung darf zu Lebzeiten des Schenkers von diesem nicht vollzogen sein. Auf die zu Lebzeiten vollzogene Schenkung finden die Vorschriften über Schenkungen unter Lebenden Anwendung (§ 2301 Abs. 2 BGB).

Für Schenkungen auf den Todesfall sind die Vorschriften des Erbrechts maßgebend unter folgenden drei Voraussetzungen:

bb) Vertrag

*855* Es muß ein Schenkungsversprechen im Sinne des Schuldrechts vorliegen. Jede Schenkung erfordert einen Vertrag zwischen Schenker und Beschenktem. Beim Schenkungsversprechen ist Inhalt dieses Vertrages sowohl die Einigung über Unentgeltlichkeit als auch die Einigung über die vom Schenker zugesagte Leistung. Eine einseitige, vom Beschenkten nicht angenommene Erklärung des Schenkers genügt nicht.

cc) Überlebensbedingung

*856* Die Schenkung muß unter der Bedingung stehen, daß der Beschenkte den Schenker überlebt. Eine Überlebensbedingung ist nicht vereinbart, wenn der Schenker sich zur Leistung des Geschenks bedingungslos verpflichtet, unabhängig davon, ob der Beschenkte oder seine Erben es erhalten. In notariellen Verträgen muß eine gewollte Überlebensbedingung ausdrücklich vereinbart werden.

*857* § 2301 BGB findet keine Anwendung, wenn das Schenkungsversprechen zwar erst mit dem Tod des Schenkers vollzogen werden soll, aber nicht davon abhängig ist, daß der Versprechensempfänger den Schenker überlebt. Dann ist ein unbedingter Vertrag geschlossen, dessen Erfüllung nur bis zum Tod des Schenkers hinausgeschoben ist. Auf ein solches Schenkungsversprechen findet nicht § 2301 BGB, sondern § 518 BGB Anwendung. Stirbt der Versprechensempfänger vor dem Schenker, so geht der Anspruch aus dem Schenkungsversprechen auf die Erben des Versprechensempfängers über.

dd) Unvollzogene Schenkung

*858* Ist das Schenkungsversprechen zu Lebzeiten des Schenkers vollzogen, findet § 2301 Abs. 1 BGB ebenfalls keine Anwendung. Die Frage, wann eine Schenkung vollzogen ist, hat die Rechtsprechung vielfach beschäftigt. Das liegt daran, daß das Vollziehungs-(Verfügungs-)Geschäft in vielen Fällen nur eine Einigung über den Rechtsübergang enthält, diese Einigung aber häufig nicht zweifelsfrei erkennbar ist. Kernfrage ist regelmäßig, ob der Schenker selbst schon ein Vermögensop-

---

75 BGB-RGRK/Kregel, § 2301 BGB Rz. 7.

fer bringt oder erbracht hat, oder ob ein solches Opfer erst dem Erben zur Last fällt, indem er die eingegangene Verpflichtung erfüllen soll. Hat der Schenker noch kein Opfer aus seinem Vermögen erbracht, sondern nur das Schenkungsversprechen erteilt, so bedeuten auch sonstige von ihm vorgenommene Maßnahmen wie Auftragserteilung oder Bevollmächtigung nur Vorbereitungshandlungen zur späteren Erfüllung. Es kommt darauf an, daß der Tatbestand des Verfügungs-(Vollzugs-)Geschäfts durch den Schenker vollendet ist[76]. Allerdings sind die Anforderungen an den Vollzug der Leistung herabgesetzt, da von der h.M. eine gesicherte Erwerbsanwartschaft als genügend angesehen wird[77]. Daher genügen bei einem Schenkungsversprechen eines Grundstücks, das unter eine ausdrückliche Überlebensbedingung des Versprechensempfängers gestellt ist, für den Vollzug die Beurkundung der Auflassung und der an den Notar gerichtete Vollzugsauftrag, eine Vormerkung zu beantragen[78]. Da der Notar als öffentlicher Amtsträger in das Grundbuchvorverfahren eingebunden ist, haben die Beteiligten mit der Beauftragung des Notars alle erforderlichen Vollzugserklärungen abgegeben.

Für die Gestaltungspraxis ist die Schenkung von Todes wegen nicht zu emp- *859*
fehlen, da sie zur entsprechenden Anwendung der Verfügungen von Todes wegen führt. Entweder sollten Verfügungen von Todes wegen gewählt werden oder es ist eine lebzeitige Zuwendung zu empfehlen.

### 7. Ehegattenzuwendungen, Ehegatteninnengesellschaften

Ein Sonderfall sind unentgeltliche Zuwendungen unter Ehegatten. Die Rechts- *860*
praxis und die Rechtsprechung haben die sog. „ehebedingte, unbenannte Zuwendung" zwischen Ehegatten geschaffen[79].

Für das Erbrecht hat der BGH[80] klargestellt, daß sog. „unbenannte Zuwendungen" unter Ehegatten als Schenkungen gelten und die Schutzvorschriften zugunsten benachteiligter Dritter durchgreifen (§§ 2113, 2205, 2325 und 2287, 2288 BGB)[81].

---

[76] Staudinger/Kanzleiter [1998], § 2301 BGB Rz. 23; Kipp/Coing, § 81 III 1 c) (S. 447); BGB-RGRK/Kregel, § 2301 BGB Rz. 9–11; Palandt/Edenhofer, § 2301 BGB Rz. 9.

[77] Lange/Kuchinke § 33 II 1 b) α) (S. 702); zu den Grenzen der Ausdehnung des Vollzugsbegriffs Lange/Kuchinke § 33 IV 2 (S. 716 ff).

[78] (Streit.) wie hier Baumann, MittRhNotK 1999, 299 m.w.N.; ähnlich Preuß, DNotZ 1998, 602; Nieder (2. Aufl.), Rz. 353ff.

[79] Kritisch zu ehebedingten, unbenannten Zuwendungen Sandweg, NJW 1989, 1965; Schotten, NJW 1990, 2841f.; Brambring, ZEV 1997, 7f.

[80] BGHZ 116, 167 = NJW 1992, 564; dazu Draschke, DNotZ 1993, 100ff.; Kollhosser, NJW 1994, 2313; Langenfeld, ZEV 1994, 129; ders. NJW 1994, 2133; Brambring, ZEV 1996, 248.

[81] Kritisch dazu Lange/Kuchinke § 37 IX 2 a) β) (1) (S. 883) und § 25 V 5 a) (S. 453), der mit Recht darauf hinweist, daß auch unbenannte Zuwendungen entgeltliche Geschäfte sein können.

*861* Im Erbschaftsteuerrecht werden unbenannte Zuwendungen selbst dann als Schenkungen qualifiziert, wenn sie bürgerlich-rechtlich nicht als Schenkungen anzusehen sind[82].

*862* Auch für den gesetzlichen Güterstand der Zugewinngemeinschaft hat die ehebedingte Zuwendung keine Auswirkung, da der Schenkungsgegenstand nicht dem Anfangsvermögen zugerechnet wird. Daher wird der Schenkungsgegenstand bei der Berechnung des Zugewinns wertmäßig berücksichtigt, so daß er – je nach Zugewinnhöhe beider Ehegatten – die Ausgleichsansprüche oder Verpflichtungen des Zuwendungsempfängers mindert[83]. Bei hohem Zugewinn eines Ehegatten kann die Gütertrennung mit der Folge des gesetzlichen Zugewinnausgleichsanspruchs eine erwägenswerte Gestaltungsalternative sein[84].

*863* Besondere Gestaltungsmöglichkeiten bieten die von der Rechtsprechung[85] anerkannten Ehegatteninnengesellschaften[86].

### 8. Schenkung unter einer Auflage

*864* Eine Schenkung kann auch unter einer Auflage an den Beschenkten vorgenommen werden (§ 525 BGB). Gegenstand der Auflage kann jedes Tun oder Unterlassen sein. Die Auflage kann im Interesse des Schenkers oder eines Dritten, aber auch des Beschenkten selbst liegen. Vom entgeltlichen Vertrag unterscheidet sich die Schenkung unter Auflage danach, ob nach dem Parteiwillen Leistung und Gegenleistung in einem solchen Verhältnis stehen sollen, daß die Auflage nur Einschränkung der Leistung ist, oder ob Leistung und Gegenleistung gleichstehen sollen. Bei der gemischten Schenkung wird, in einen entgeltlichen und einen unentgeltlichen Teil getrennt, während bei der Schenkung unter Auflage der Gegenstand insgesamt geschenkt ist.

Die Schenkung beispielsweise eines Grundstücks unter Einräumung eines Wohnrechts an Angehörige des Schenkers, die Schenkung eines Handelsgeschäfts unter Verpflichtung des Beschenkten zur Abfindung seiner Geschwister sind im Zweifel Schenkungen unter einer Auflage[87].

*865* Von der Schenkung unter einer Auflage zu unterscheiden ist die Schenkung unter Beifügung lediglich eines Rates, Wunsches oder einer Empfehlung, z.B. Schenkung von Geld zum Kauf eines Grundstücks, eines Kraftwagens oder für eine Erholungsreise.

---

[82] BFH DStR 1994, 615 = NJW 1994, 2044; dazu Albrecht ZEV 1994, 149; Dötsch, DStR 1994, 638; Söffing/Dötsch, DStR 1994, 1185; vgl. auch den koordinierten Ländererlaß der Finanzverwaltung v. 26. 4. 1994 (BStBl. I, S. 297); dazu ⇒ Buch II Rz. 11f.

[83] BGHZ 115, 132 (137); = NJW 1989, 1986.

[84] Ebenso Brambring, ZEV 1996, 248 (254).

[85] BGH ZEV 1999, 398.

[86] Langenfeld, ZEV 2000, 14; dazu unten ⇒ Rz. 979.

[87] OGH NJW 1949, 260 (261); OLG Bamberg NJW 1949, 788; BayObLG NJW 1974, 1142; Staudinger/Reuss, § 525 BGB Rz. 15; Soergel/Mühl, § 525 BGB Rz. 6; sehr weitgehend BGH NJW 1970, 941; kritisch dazu Reinicke, NJW 1970, 1447.

Seit der Rechtsprechung des BFH zu den einkommensteuerlichen Folgen vorweggenommener Erbfolgeregelungen[88] ist für Schenkungen von Vermögensgegenständen, die der Einkunftserzielung dienen, auf folgendes hinzuweisen[89]: *866*

- Bedingt sich der Schenker bei der gemischten Schenkung Versorgungsleistungen des Beschenkten aus oder behält er sich den Nießbrauch am geschenkten Gegenstand vor, so stellen Versorgungs- oder Nießbrauchsleistungen des Beschenkten bei diesem weder steuerliche Anschaffungskosten noch beim Schenker Veräußerungsentgelt dar (Leitsatz 1 des Beschlusses GrS 4 – 6/89).
- Erteilt der Schenker dem Beschenkten die Auflage, an andere Angehörige, z.B. Geschwister Ausgleichszahlungen oder sogenannte „Gleichstellungsgelder“ zu leisten, so bedeuten die Leistungen Anschaffungskosten des Beschenkten und Veräußerungsentgelt - und das ist das Bedeutsame - des Schenkers (Leitsatz 2 des Beschlusses GrS 4 – 6/89).

Der Anspruch auf Vollziehung der Auflage steht in erster Linie dem Schenker oder seinen Rechtsnachfolgern zu, allerdings unter der aufschiebenden Bedingung, daß der Schenker geleistet hat (§ 525 Abs. 1 BGB). Im Zweifel erwirbt aber auch der Begünstigte ein eigenes Gläubigerrecht gemäß § 330 Satz 2 BGB. Insoweit besteht eine gewisse Entsprechung zum Vermächtnis. Zweckmäßigerweise wird im Schenkungsvertrag die Begründung eines eigenen Anspruchs des durch die Auflage Begünstigten klargestellt. *867*

### 9. Schenkung unter Nießbrauchsvorbehalt

Mit der Schenkung unter Vorbehalt des Nießbrauchs gibt der Schenker im Wege vorweggenommener Erbfolge einerseits die entsprechenden Vermögenssubstanz weg, behält sich aber andererseits die Nutzungen in vertraglich festgelegtem Umfang vor[90]. Diese Gestaltung ist besonders bei Grundstücksübertragungen von Interesse, weil der Nießbraucher durch Eintragung im Grundbuch dinglich gesichert werden kann. *868*

### 10. Vertrag zugunsten Dritter auf den Todesfall

#### *a) Allgemeines*

Einer Abgrenzung bedarf es zwischen dem Schenkungsversprechen von Todes wegen (§ 2301 BGB)[91] und den Verträgen zugunsten Dritter auf den Todesfall (§§ 330, 331 BGB), die eine erhebliche praktische Bedeutung haben[92]. *869*

---

[88] Großer Senat des BFH, Beschluß v. 5. 7. 1990 GrS 4 – 6/89, BStBl. 1990 II, 847. Zur Abgrenzung von gemischter Schenkung und Auflagenschenkung in der höchstrichterlichen Rechtsprechung Ebeling, BB 1989, 2368.

[89] Im einzelnen ⇒ Buch II Rz. 837ff.; 904ff.; 943ff.

[90] Zum Nießbrauch ⇒ oben Rz. 553ff.; Buch II Rz. 826, 829, 841.

[91] Dazu oben ⇒ Rz. 852.

[92] BGH NJW 1987, 840; Liessem, MittRhNotK 1988, 29; Muscheler, WM 1994, 921.

870 Die in § 330 BGB erwähnten Lebensversicherungs-, Leibrenten-, Vermögens- und Gutsübernahmeverträge gelten als Schenkungen unter Lebenden, fallen also nicht unter § 2301 BGB.

871 Umstritten ist dagegen, ob und in welchem Umfang andere Verträge zugunsten Dritter auf den Todesfall im Hinblick auf § 2301 BGB nichtige Umgehungsgeschäfte sind. Die herrschende Meinung nimmt an, daß der Vertrag zugunsten Dritter auf den Todesfall gem. § 331 BGB ein zulässiges Mittel an die Hand gibt, die für letztwillige Verfügungen gegebene Form zu ersparen[93].

872 Zu beachten ist aber, daß es in jedem Fall auch zum Schenkungsvertrag zwischen Zuwendendem und beschenktem, begünstigtem Dritten kommen muß[94], weil im Valutaverhältnis nur die Schenkung als Kausalverhältnis das Recht des Begünstigten begründet, den zugewandten Vermögensgegenstand behalten zu dürfen. Ausreichend ist, wenn die Einigung über die Unentgeltlichkeit der Zuwendung erst nach dem Tode des Schenkers zustande kommt[95]. Bis zum Vollzug kann die Schenkung widerrufen werden, wozu auch die Erben berechtigt sind[96]. Hat der Erblasser aber auf das Widerrufsrecht verzichtet, so sind an diesen Verzicht auch die Erben als Gesamtrechtsnachfolger gebunden. Der Erblasser verliert aber durch einen solchen Verzicht seine Verfügungsbefugnis zu Lebzeiten.

*b) Lebensversicherungsverträge*

873 Für die Praxis wichtig sind vor allem Lebensversicherungsverträge. Ist im Lebensversicherungsvertrag kein Bezugsberechtigter angegeben, so fällt der Anspruch auf die Versicherungssumme in den Nachlaß[97].

874 Ist ein Dritter als Bezugsberechtigter bezeichnet (§ 166 VVG), so fällt der Anspruch auf die Versicherungssumme, ohne in den Nachlaß zu gelangen, unmittelbar an ihn[98]. In diesem Fall können z.B. Nachlaßgläubiger keinen Zugriff auf die Versicherungssumme nehmen. Das gibt selbst dann, wenn der Bezugsberechtigte gleichzeitig der Alleinerbe des Erblassers ist. Der Erbe kann daher z.B. die Erbschaft ausschlagen, ohne den Anspruch auf Auszahlung der Versicherungssumme zu verlieren. Die angefallene Lebensversicherungssumme unterliegt der Schenkungsteuer; ist der Bezugsberechtigte zugleich Erbe werden die steuerpflichtigen

[93] BGHZ 46, 198 (203f.); 41, 95 (96) = NJW 1964, 1124f. = LM § 2301 BGB Nr. 2 mit Anm. Mattern; BGHZ 8, 23 (31f.); RGZ 106, 1 (2); BGH NJW 1975, 382 (384), NJW 1976, 749 (750); Staudinger/Kanzleiter [1998], § 2301 BGB Rz. 42; v. Lübtow, Band II, S. 1230, 1234f.

[94] Dazu BGH NJW 1975, 382 (383); Bühler, NJW 1976, 1727.

[95] BGH NJW 1984, 480.

[96] Muscheler, WM 1994, 921.

[97] BGH FamRZ 1993, 1059 = LM Nr. 9 zu § 331 m. Anm. Langenfeld.

[98] BGHZ 32, 47; Staudinger/Marotzke [2000], § 1922 BGB Rz. 287; v. Lübtow, Band II, S. 1236; Lange/Kuchinke, § 33 II 2 a) (S. 705); BGB-RGRK/Kregel, § 2301 BGB Rz. 17; **a.A.** Kipp/Coing, § 81 IV, V (S. 449ff.).

Beträge zusammengerechnet[99]. Die im Lebensversicherungsvertrag als Bezugsberechtigte benannte Ehefrau bleibt auch nach Scheidung der Ehe anspruchsberechtigt[100]. Da die Kapitallebensversicherungssumme bei Benennung eines Bezugsberechtigten nicht in den Nachlaß fällt, bleibt sie auch bei der Berechnung der gesetzlichen Erbquoten und bei Pflichtteilsansprüchen außer Ansatz.

Der Versicherte kann den Bezugsberechtigten auch in einer Verfügung von Todes wegen bestimmen, wenn er sich die Befugnis vorbehalten hat, ohne Zustimmung des Versicherers den Bezugsberechtigten auszuwechseln. Bei Unwiderruflichkeit der Bezugsberechtigung liegt im Zweifel bereits zu Lebzeiten eine vollzogene Schenkung gem. § 330 BGB an den Bezugsberechtigten vor[101]. Das Valutaverhältnis im Vertrag zugunsten Dritten kann aber auch ein erbrechtliches Rechtsgeschäft sein. Der Vorzug bei einem erbrechtlichen Valutaverhältnis liegt darin, daß die Erben die durch Vertrag zugunsten Dritter erfolgte Zuwendung dann nicht durch einen Widerruf nach § 130 Abs. 1 Satz 2 BGB vereiteln können[102]. Allerdings fällt die Lebenversicherung bei einem erbrechtlichen Valutaverhältnis in den Nachlaß. *875*

*c) Wertpapierdepot*

Der BGH[103] hielt es für zulässig, daß der Inhaber eines Wertpapierdepots auf den Zeitpunkt seines Todes durch Vertrag mit seiner Bank zugunsten eines Dritten für diesen einen schuldrechtlichen Anspruch gegen die Bank auf Übereignung der Wertpapiere begründete[104]. Der Dritte erwirbt beim Tod des Schenkers einen Anspruch gegen das Kreditinstitut auf Übereignung der Wertpapiere. *876*

*d) Sparbuch*

Ebenso hat der BGH eine rechtswirksame Zuwendung auf den Todesfall gemäß § 331 BGB für möglich gehalten, wenn eine Großmutter ein Sparbuch auf den Namen ihrer Enkelin anlegt, das Sparbuch aber im Eigenbesitz behält – ein Vorgang, der in der Regel die Enkelin nicht schon mit der Anlegung des Sparbuchs zur Inhaberin des Guthabens macht[105]. Der dem Begünstigten zustehende Anspruch aus dem Sparkonto erstreckt sich auch auf einen nachträglich erworbenen Sparbrief, der aus Mitteln des Sparkontos erworben worden ist und bei dessen Erwerb mit der Bank vereinbart wurde, daß Zinsen und Kapital dem Sparbuch gutgeschrieben werden sollen[106]. *877*

---

[99] Geck in Dittmann/Reimann/Bengel, Teil C Rz. 38 u. Hinw. a. BFH BStBl. II 1977, 420.

[100] BGH DB 1975, 2274; BGH DNotZ 1987, 771; Tappmeier, DNotZ 1987, 715.

[101] Bengel in Dittmann/Reimann/Bengel, Teil E Rz. 272.

[102] Vollkommer, ZEV 2000, 10, 13.

[103] BGHZ 41, 95ff.

[104] BGHZ 46, 198ff.

[105] Zum Widerrufsrecht des Erben bei einem Konto oder Depot zugunsten Dritter auf den Todesfall Kümpel, WM 1993, 825.

[106] OLG Köln ZEV 1996, 434.

*e) Bausparvertrag*

878 Schließlich hat der BGH es als regelmäßig schenkweise Zuwendung angesehen, wenn in einem Bausparvertrag für den Todesfall des Bausparers ein Dritter unentgeltlich begünstigt wird[107].

*f) Scheck*

879 Eine Schenkung durch Hingabe eines Schecks kann nach dem Tod des Ausstellers durch Einlösung des Schecks vollzogen und damit wirksam werden, auch wenn die Erben von der Begebung und Einlösung des Schecks keine Kenntnis haben[108].

### 11. Erbschaftsvertrag[109]

880 Nach § 312 Abs. 1 Satz 1 BGB ist ein Vertrag über den Nachlaß eines noch lebenden Dritten nichtig. Das gleiche gilt über einen Vertrag über den Pflichtteil oder ein Vermächtnis aus dem Nachlaß eines noch lebenden Dritten. Dagegen gilt die Rechtsfolge der Nichtigkeit gemäß § 312 Abs. 2 BGB nicht für einen Vertrag unter künftigen Erben über den gesetzlichen Erbteil oder über den Pflichtteil eines von ihnen.

Die Rechtsprechung hat den Anwendungsbereich des Abs. 2 auch auf solche Erbteile ausgedehnt, die aufgrund letztwilliger Verfügung zugewandt werden[110], so daß auch insoweit eine wirksame Vereinbarung getroffen werden kann, sofern die Vereinbarung nicht über den gesetzlichen Anteil hinausgeht. Erbschaftsverträge haben nur schuldrechtliche Wirkung.

881 Erbschaftsbeträge bedürfen nach § 312 Abs. 2 Satz 2 BGB der notariellen Beurkundung. Die notarielle Beurkundungsform gilt auch für eine Vertragsgestaltung, bei der der Erblasser dem Erbschaftsvertrag zustimmt[111].

## V. Entgeltliche Zuwendungen

### 1. Interessenlagen

882 Da die vorweggenommene Erbfolge das Vermögen des Erblassers bereits zu Lebzeiten mindert, hat er ein berechtigtes Sicherungsinteresse, daß seine Altersversorgung gewährleistet bleibt. Weiterhin können Gegenleistungen zur Abfindung nicht bedachter Erben, insbesondere Geschwister des Zuwendungsempfängers eingesetzt werden. Oft sollen vereinbarte Gegenleistungen, insbesondere

---

[107] BGH NJW 1965, 1913f.; dazu v. Hippel, NJW 1966, 867f.; BGH NJW 1976, 749 (750f.).

[108] BGH NJW 1978, 2027 = BB 1978, 781 = DB 1978, 1927 (1928).

[109] Limmer, DNotZ 1998, 927.

[110] BGHZ 104, 279= JZ 1990, 599 m. Anm. Kuchinke.

[111] BGH ZEV 1995, 142.

Schuldübernahmen, den Erblasser an seinem Lebensabend nur von Restverbindlichkeiten freistellen.

### 2. Abfindungen zugunsten Dritter

883 Regelmäßig will der Erblasser seine Kinder wirtschaftlich gleich bedenken. Dies läßt sich verwirklichen, indem in der Zuwendungsvereinbarung mit einem seiner Kinder eine Verpflichtung zur Abfindungszahlung an die Geschwister aufgenommen wird. Eine solche Vereinbarung begründet als Vertrag zugunsten Dritter gemäß § 328 BGB einen unmittelbaren Anspruch der Geschwister. Der Anspruch kann sofort oder erst mit dem Tod des Erblassers fällig werden. Im letzteren Fall sollte eine angemessene Verzinsung vorgesehen sein. Der Anspruch kann durch Eintragung einer Sicherungshypothek für die Begünstigten im Grundbuch dinglich gesichert werden.

884 Bei Übertragung von Betriebsvermögen, ist zu beachten, daß die Vereinbarung von Abfindungszahlungen zugunsten Dritter einen steuerpflichtigen Veräußerungsvorgang darstellt, der regelmäßig unerwünschte Folgen hat[112].

885 Bei Übertragung eines vermieteten oder verpachteten Gebäudes entstehen dagegen Anschaffungskosten, die dem Erwerber steuerlich erwünschte Abschreibunsmöglichkeiten eröffnen[113].

### 3. Schuldübernahmen

886 Häufig will der Erblasser mit der Zuwendung, insbesondere bei Grundbesitzübertragungen, gleichzeitig von seinen Restschulden befreit werden. In solchen Fällen bietet sich entweder die Vereinbarung einer Gegenleistung an, mit der die Restschulden getilgt werden oder mit Zustimmung des Gläubigers kann – bei Vermögensübertragungen im Wege vorweggenommener Erbfolge – eine Schuldübernahme vereinbart werden.

### 4. Versorgungszahlungen[114]

#### *a) Leibrente*

887 Als Entgelt der lebzeitigen Vermögensübertragung kann eine Leibrente nach § 759 BGB vereinbart werden. Diese sollte – wenn sie über einen längeren Zeitraum, z.B. Lebenszeit des Veräußerers, vereinbart wird – wertgesichert sein. Üblicherweise werden regelmäßig wiederkehrende Zahlungsverpflichtungen an einen Lebenshaltungskostenindex gekoppelt. Derartige Wertsicherungsvereinbarungen bedürfen nach § 2 PreisG der Genehmigung durch das Bundesamt für Wirtschaft.

---

[112] Dazu ⇒ Buch II Rz. 539.

[113] Dazu ⇒ Buch II Rz. 522, 526, 529.

[114] Vgl. hierzu BMF-Erlaß IV B 3-52257-54/96, wonach Versorgungsleistungen für Schenkungen nach dem 1. Januar 1997 nur noch dann steuerlich wirksam sein sollen, wenn das übertragende Vermögen die zu zahlende Versorgungsleistung wenigstens teilweise erwirtschaften kann.

*b) Dauernde Last*

888 Aus steuerlichen Gründen wird zwischen den Beteiligten häufig eine dauernde Last vereinbart[115]. Auch die dauernde Last kann wertgesichert werden. Zur zivilrechtlichen Vereinbarung einer dauernden Last gehört zwingend die Abänderbarkeit der Leistungspflicht unter ausdrücklicher Bezugnahme auf § 323 ZPO. Damit birgt die dauernde Last zivilrechtlich für bei Beteiligten Unwägbarkeiten und Risiken, da die Höhe der Leistungspflicht sowohl von der Bedürftigkeit des Berechtigten als auch von der Leistungsfähigkeit des Verpflichteten abhängig bleibt. Ist die dauernde Last bei einem Mietobjekt im Grundbuch dinglich gesichert, so besteht das Risiko vornehmlich beim Erwerber, der jeden erhöhten Bedarf des Veräußerers, z.B. bei Krankheit, zu tragen hat.

*c) Dingliche Absicherung*

889 Leibrente und dauernde Last können durch Eintragung einer Reallast (§ 1105 BGB) im Grundbuch gesichert werden. Da die Höhe der Leistung nicht festgelegt, sondern nur bestimmbar sein muß, kann die Reallast auch eine automatische Anpassung (Wertsicherungsklausel) mitabsichern, selbst wenn die Erhöhung von einem Gläubigerverlangen abhängig ist[116]. Dagegen kann ein schuldrechtlicher Anpassungsanspruch nur durch Eintragung einer Vormerkung gesichert werden[117].

890 Die Abänderbarkeit der durch die Reallast gesicherten Leistung gem. § 323 ZPO kann gegen das grundbuchliche Bestimmtheitserfordernis verstoßen[118]. Daher ist zu empfehlen, die Abänderbarkeit nur schuldrechtlich zu vereinbaren[119], was allerdings die Sicherheit des Berechtigten verringert.

### 5. Tatsächliche Versorgungsleistungen

891 Der Erwerber kann sich zur Erbringung tatsächlicher Versorgungsleistungen verpflichten, insbesondere zur Haushaltsführung, Verköstigung[120] oder zu Pflegediensten. Auch Naturalleistungen können als regelmäßig wiederkehrende Leistungspflichten durch Eintragung von Reallasten im Grundbuch dinglich gesichert werden.

---

115 Zu den steuerlichen Vorteilen ⇒ Buch II Rz. 418ff.
116 BGHZ 111, 324.
117 Palandt/Bassenge § 1105 BGB Rz. 7.
118 BayObLG MittBayNot 1993, 290f.
119 Reithmann/Albrecht/Basty, Hdb. Vertragsgestaltung, Rz. 644.
120 Dazu Reithmann/Albrecht/Basty, Hdb. Vertragsgestaltung, Rz. 654.

## 4. Abschnitt
## Vorbereitende erbrechtliche Maßnahmen außerhalb letztwilliger Verfügungen

### I. Ausgleichsanordnung

Bei einer lebzeitigen Vermögenszuwendung gegenüber einem Abkömmling *892* kann der Erblasser eine Ausgleichung[121] des Wertes des Vorausempfangs im Verhältnis zu seinen übrigen Abkömmlingen anordnen (§ 2050 Abs. 3 BGB)[122]. Die Anordnung muß spätestens mit der lebzeitigen Zuwendung dem Bedachten zur Kenntnis gelangen, damit dieser durch die Annahme sein – zumindest – konkludentes Einverständnis erklären kann[123]. Eine einseitige Abänderung oder Aufhebung der Ausgleichsanordnung durch den Erblasser ist zwar möglich, findet ihre Schranken aber dort, wo durch die nachträgliche Aufhebung oder Abänderung der Ausgleichung Pflichtteilsansprüche geschmälert werden[124]. Möglich ist auch ein Erbschaftsvertrag nach § 312 Abs. 2 BGB zwischen den künftigen gesetzlichen Erben über die Ausgleichspflicht bzw. ein Erlaßvertrag zwischen Ausgleichsberechtigten und den Ausgleichsverpflichteten[125].

### II. Anrechnungsanordnung

Der Erblasser kann bei einer lebzeitigen Schenkung an einen Pflichtteilsberech- *893* tigten nach § 2315 Abs. 1 BGB auch bestimmen, daß dieser sich den Wert der Zuwendung auf seinen Pflichtteil anrechnen lassen muß[126]. Die Anrechnungsanordnung begrenzt damit den schuldrechtlichen Pflichtteilsanspruch gegen den Erben. Daher kann die Anrechnungsanordnung formlos aufgehoben werden[127].

---

[121] Dazu oben ⇒ Rz. 93ff.

[122] Sostmann, MittRhNotK 1976, 479ff.; Wolfsteiner, MittBayNot 1982, 61; Kasper, Anrechnung und Ausgleichung im Pflichtteilsrecht (1999).

[123] Zur Durchführung und Berechnung der Ausgleichung Thubauville, MittRhNotK 1992, 289, 298ff.

[124] J. Mayer, ZEV 1996, 441, 442f. m.w.N.

[125] J. Mayer, ZEV 1996, 441, 444f.

[126] Sostmann, MittRhNotK 1976, 479ff.; Kasper, Anrechnung und Ausgleichung im Pflichtteilsrecht (1999); zur Anrechnung oben ⇒ Rz. 839 f.

[127] (Streit.) Wie hier J. Mayer, ZEV 1996, 441, 446; **a.A.** Staudinger/Ferid Cieslar (12. Aufl.) § 2315 Rz. 40; Sostmann, MittRhNotK 1976, 484; Soergel/Dieckmann (12. Aufl.) § 2315 Rz. 6.

## III. Erbverzicht, Pflichtteilsverzicht

### 1. Allgemeines

894 Gesetzliche Erben (ausgenommen der Fiskus) können zu Lebzeiten des Erblassers mit diesem einen Erbverzichtsvertrag schließen, wonach sie auf ihr – auch nur potentielles – gesetzliches Erbrecht verzichten (§ 2346 Abs. 1 BGB). Der Verzicht auf das gesetzliche Erbrecht umfaßt auch das Pflichtteilsrecht (§ 2346 Abs. 2 Satz 2 BGB). Der Verzicht kann auf das Pflichtteilsrecht beschränkt werden (§ 2346 Abs. 2 BGB).

Der Erbverzicht ist ein erbrechtliches abstraktes Verfügungsgeschäft[128], da er unmittelbar auf die Erbfolge einwirkt. Der Erbverzicht ist keine Verfügung von Todes wegen, da der Erblasser nicht letztwillig über sein Vermögen verfügt.

895 Rechtlich zulässig ist auch ein schuldrechtlicher Vertrag, in dem sich ein künftiger Erbe gegenüber dem Erblasser zur Ausschlagung verpflichtet. Da sich dieselben Rechtsfolgen durch eine entsprechende Gestaltung eines Erbverzichtsvertrages erzielen lassen, ist von einer solchen Gestaltung abzuraten[129].

### 2. Gestaltungsmöglichkeiten

*a) Verzicht auf gesetzliches Erbrecht*

896 In Betracht kommt zunächst der Verzicht auf das gesetzliche Erbrecht der Verwandten sowie des Ehegatten des Erblassers (§ 2346 Abs. 1 Satz 1 BGB). Auch der Verlobte als künftiger Ehegatte kann verzichten (§ 2347 Abs. 1 HS 2 BGB).

897 Der Verzicht auf das gesetzliche Erbrecht schließt grundsätzlich den Pflichtteilsanspruch aus (§ 2346 Abs. 1 Satz 2 letzter Halbsatz BGB). Möglich ist aber ein Verzicht auf das gesetzliche Erbrecht, ohne daß auf den Pflichtteil verzichtet wird.

*b) Verzicht auf Bruchteil der gesetzlichen Erbquote*

898 Der Erbverzicht kann auch auf einen Bruchteil des gesetzlichen Erbquote beschränkt werden. Der Erbverzicht in Bezug auf einen einzelnen Nachlaßgegenstand ist nicht möglich, da der Erbe Gesamtrechtsnachfolger und nicht Nachfolger in bestimmte einzelne Gegenstände ist (vgl. auch § 2033 Abs. 2 BGB).

*c) Erbverzicht zugunsten eines anderen*

899 Grundlage eines Erbverzichtsvertrages kann sein, daß der Verzichtende zugunsten einer oder mehrerer bestimmter Personen (z.B. seiner Abkömmlinge) verzichtet[130].

---

128 BGHZ 37, 319 (327); Schlüter, § 5 II 2 (S. 21); zum dem Verfügungsgeschäft zugrundeliegenden Verpflichtungsgeschäft vgl. Lange/Kuchinke, § 7 I 4 a) (S. 157).

129 Zu den Problemen Damrau, ZEV 1995, 425.

130 Dazu unten ⇒ Rz. 920f.

#### *d) Zuwendungsverzicht*

Auch auf ein testamentarisches oder erbvertragliches Erbrecht oder Vermächt- *900*
nis kann verzichtet werden (§ 2352 BGB)[131]. Bei Erbeinsetzungen kann auch auf die Zuwendung eines Bruchteils, bei Vermächtnissen auch auf die Zuwendung nur eines von mehreren Gegenständen eines Vermächtnisses verzichtet werden[132].

Da Testamente frei widerrufen (§§ 2253ff. BGB) und Erbverträge durch die *901*
Vertragschließenden jederzeit aufgehoben werden können (§ 2290 BGB), hat der Zuwendungsverzicht nur in drei Fällen Bedeutung:
- der Erblasser wird nachträglich testierunfähig,
- die wechselbezügliche Verfügung des Erblassers ist in einem gemeinschaftlichen Ehegattentestament oder die erbvertragliche Verfügung durch den Tod des anderen Teils ist unabänderlich geworden,
- der Vertragspartner stimmt der Aufhebung nicht zu. Der Erblasser kann dann mit dem Dritten einen Erbverzichtsvertrag abschließen, dem der Erbvertragspartner nicht zuzustimmen braucht. Erbvertragliche Bestimmungen, die nicht die Zuwendung an den Dritten berühren, bleiben dann bestehen.

Umstritten ist, ob trotz der Aufhebungsmöglichkeit auch der bedachte Erbver- *902*
tragspartner selbst mit dem Erblasser einen Erbverzichtsvertrag schließen kann[133]. Ist der Erbvertrag zwischen mehr als zwei Personen geschlossen worden, so kann auch ein bedachter Vertragsteil einen Erbverzichtsvertrag mit dem Erblasser abschließen[134].

Ist der Erblasser nachträglich testierunfähig geworden, so kann sein Betreuer *903*
zwar nicht die letztwillige Verfügung aufheben, aber mit dem Bedachten einen Zuwendungsverzichtsvertrag schließen.

Soll der Zuwendungsverzichtsvertrag bestimmten Personen zugute kommen, *904*
sind bei der Gestaltung zuerst Ersatzerbenbestimmungen, wenn solche fehlen, die gesetzlichen Auslegungsregeln zur Ersatzerbfolge und falls diese keine Anwendung finden, die Regeln der gesetzlichen Erbfolge zu beachten.

#### *e) Pflichtteilsverzicht*

##### aa) Allgemeiner Pflichtteilsverzicht

Der Verzicht kann auf das Pflichtteilsrecht beschränkt werden (§ 2346 Abs. 2 *905*
BGB).

Ziel des bloßen Pflichtteilsverzichts ist regelmäßig die Sicherstellung einer be- *906*
stimmten gewillkürten Erbfolge. Der Erblasser wird in seinen Gestaltungsmög-

---

[131] Kornexl, Der Zuwendungsverzicht (1998); Schotten, ZEV 1997, 1ff.

[132] J. Mayer ZEV 1996, 128.

[133] Verneinend BayObLG JW 1925, 2791; OLG Celle NJW 1959, 1923; Palandt/Edenhofer, § 2352 BGB Rz. 7; Kipp/Coing, § 82 II 2 d) (S. 457); bejahend Staudinger/Ferid/Cieslar, § 2352 BGB RZ. 14; BGB-RGRK/Johannsen, § 2352 BGB Rz. 4; MünchKomm/Strobel, § 2352 BGB Rz. 9; Lange/Kuchinke, § 7 II 4 b) (S. 164).

[134] BayObLG NJW 1965, 1552; MünchKomm/Strobel, § 2352 BGB Rz. 9.

lichkeiten frei, ohne befürchten zu müssen, daß seine Vermögensnachfolger mit Pflichtteilsansprüchen belastet werden. Der auf den Pflichtteil Verzichtende wird entweder durch lebzeitige oder letztwillige Zuwendungen entschädigt; der Pflichtteilsverzicht hindert den Erblasser nicht daran, den Verzichtenden letztwillig zum Erben oder Vermächtnisnehmer einzusetzen. Eine Sicherstellung letztwilliger Zuwendungen ist nur gegeben, wenn die Zuwendungen als Erbeinsetzung oder Vermächtnis der erbvertraglichen Bindungswirkung unterworfen werden. Daher sollte der Pflichtteilsverzicht entweder in derselben Urkunde wie der Erbvertrag oder als bedingter Pflichtteilsverzicht – abhängig von der Erb- oder Vermächtniseinsetzung des Verzichtenden – erklärt werden.

bb) Beschränkter Pflichtteilsverzicht[135]

(1) Teilweiser Pflichtteilsverzicht

*907* Der Pflichtteilsverzicht kann bruchteilsmäßig beschränkt werden oder sich allein auf Pflichtteilsergänzungsansprüche beziehen[136].

(2) Gegenständlich beschränkter Pflichtteilsverzicht

*908* Von der h.M. wird auch ein auf bestimmte Nachlaßgegenstände beschränkter Pflichtteilsverzicht für zulässig gehalten[137]. Im Unterschied zum Erbverzicht ist eine solche Beschränkung beim Pflichtteilsverzicht deshalb möglich, weil der Pflichtteilsberechtigte nicht Gesamtrechtsnachfolger wird und daher auch auf den anteiligen Wert einzelner Gegenstände verzichten kann. Der gegenständlich beschränkte Pflichtteilsverzicht ist im Rahmen vorweggenommener Erbfolge dann zu empfehlen, wenn dem Bedachten der lebzeitige Vermögenserwerb auch im Hinblick auf den späteren Erbfall gesichert werden soll[138]. Der gegenständlich beschränkte Pflichtteilsverzicht kann insbesondere zur Sicherung der Unternehmensnachfolge zu empfehlen sein, um durch auf das Unternehmen beschränkten gegenständlichen Pflichtteilsverzicht hohe Liquiditätsbelastungen vom Unternehmensnachfolger fernzuhalten. Da ein solcher Pflichtteilsverzicht in der Regel vom Verzichtenden nur gegen eine Abfindung[139] abgegeben wird, das Privatvermögen aber nur in seltenen Fällen ausreichende Liquiditätsreserven bietet, können Ausgleiche durch stille Beteiligungen an Einzelunternehmen[140] oder Unterbeteiligun-

---

[135] Weitere Gestaltungsmöglichkeiten bei J. Mayer, ZEV 2000, 263, der auch einen Überblick über alle Arten des beschränkten Pflichtteilsverzicht bietet.

[136] Wieser, MittBayNot 1972, 106 (111).

[137] Staudinger/Ferid/Cieslar, § 2346 BGB Rz. 36; Dittmann/Reimann/Bengel, Anh. A Rz. 65; Soergel/Damrau § 2346 BGB Rz. 6; MünchKomm/Strobel, § 2346 BGB Rz. 20; Cremer, MittRhNotK 1978, 169; Weirich, DNotZ 1986, 5 (11).

[138] Ebenroth/Fuhrmann, BB 1989, 2409.

[139] Dazu ⇒ Rz. 927ff.

[140] Dazu ⇒ Rz. 1221ff.

gen an Gesellschaftsanteilen[141], deren Erträge erst nach dem Tod des Erblassers fließen sollen, geschaffen werden.

### 3. Form

#### *a) Notarielle Beurkundung*

Der Erb- und/oder Pflichtteilsverzichtsvertrag bedarf der notariellen Beurkundung (§ 2348 BGB). Gleichzeitige Anwesenheit der Vertragspartner ist nicht erforderlich; Angebot und Annahme können auch getrennt beurkundet werden. *909*

In einem von Ehegatten notariell beurkundeten gemeinschaftlichen Testament kann ein konkludenter Erb- oder Pflichtteilsverzicht des einen Ehegatten und die Annahme des Verzichts durch den anderen Ehegatten enthalten sein[142]. *910*

#### *b) Persönlicher Abschluß durch den Erblasser*

Der Erblasser muß den Erbverzichtsvertrag persönlich schließen. Eine rechtsgeschäftliche Vertretung des Erblassers ist unzulässig (§ 2347 Abs. 2 Satz 1 HS 1 BGB). *911*

Ist der Erblasser geschäftsunfähig, kann der Vertrag durch seinen gesetzlichen Vertreter geschlossen werden. Es bedarf in diesen Fällen sowie dann, wenn für den Erblasser Betreuung angeordnet ist, der vormundschaftsgerichtlichen Genehmigung, es sei denn, daß der Erblasser unter elterlicher Gewalt steht und der Erbverzichtsvertrag unter Ehegatten oder unter Verlobten geschlossen wird. *912*

Ist der Erblasser in der Geschäftsfähigkeit beschränkt, so bedarf er nicht der Zustimmung seines gesetzlichen Vertreters; er kann wie der voll Geschäftsfähige den Erbverzichtsvertrag persönlich schließen (§ 2347 Abs. 2 Satz 1 HS 2 BGB). *913*

#### *c) Vertretung des Verzichtenden*

Der Verzichtende kann sich durch einen vollmachtlosen Vertreter oder Bevollmächtigten vertreten lassen. Daher kann der Erblasser den Erbverzichtsvertrag als vollmachtloser Vertreter für den Verzichtenden sogar allein beurkunden. Die Genehmigung des vollmachtlos vertretenden Verzichtenden muß bis zum Tod des Erblassers[143] erfolgen. *914*

Da der Erbverzicht für den Verzichtenden rechtlich nachteilig ist, bedarf dieser, wenn er beschränkt geschäftsfähig ist, der Zustimmung seines gesetzlichen Vertreters. Außerdem ist die Genehmigung des Vormundschaftsgerichts erforderlich, wenn der gesetzliche Vertreter ein Vormund ist. Sind die Eltern gesetzliche Vertreter, so ist die Genehmigung des Vormundschaftsgerichtes dann nicht erforderlich, wenn der Verzichtsvertrag unter Ehegatten oder Verlobten geschlossen wird *915*

---

141 Dazu ⇒ Rz. 1263ff.

142 BGHZ 22, 364ff.; BGH NJW 1977, 1728f.; Schlüter, § 5 II 5 (S. 23); Palandt/Edenhofer, § 2348 BGB Rz. 3. Verzichtswirkung auf Abkömmlinge auch in diesem Fall Lange/Kuchinke, § 7 III 1 b) (S. 165 f).

143 BGH NJW 1978, 1159 = LM § 1829 BGB Nr. 5.

(§ 2347 Abs. 1 BGB). Einer Genehmigung des Vormundschaftsgerichts bedarf es auch, wenn für den Verzichtenden Betreuung angeordnet ist und der Betreuer den Verzicht erklärt.

### 4. Rechtliche Wirkungen

#### *a) Verzicht auf gesetzliches Erbrecht*

*916* Wer auf sein gesetzliches Erbrecht verzichtet hat, ist von der gesetzlichen Erbfolge und grds. vom Pflichtteil ausgeschlossen, es sei denn, der Pflichtteilsanspruch bleibt ausdrücklich aufrechterhalten. Er kann durch Verfügung von Todes wegen Erbe oder Vermächtnisnehmer werden.

*917* Verzichtet ein Abkömmling oder ein Seitenverwandter des Erblassers auf das gesetzliche Erbrecht, so erstreckt sich die Wirkung des Verzichts auch auf seine Abkömmlinge, sofern nicht ein Anderes bestimmt wird (§ 2349 BGB). Der Zustimmung der Abkömmlinge bedarf der Verzichtende nicht. Auf diese Rechtsfolge muß bei Vereinbarung eines Erbverzichts hingewiesen werden.

*918* Zu beachten ist, daß sich die Erbquoten der übrigen gesetzlichen Erben aufgrund eines solchen Verzichts erhöhen, also auch deren Pflichtteilsansprüche. Will der Erblasser mit mehreren pflichtteilsberechtigten Abkömmlingen über Erbverzichte bestimmte Ergebnisse erzielen, so muß gewährleistet sein, daß alle betroffenen Abkömmlinge den Erbverzicht oder zumindest den Pflichtteilsverzicht erklären. Eine gemeinsame Beurkundung ist aus der Sicht des Erblassers zu empfehlen.

#### *b) Verzicht auf Erbersatzanspruch*

*919* Rechtsfolge eines Verzichts auf den Erbersatzanspruch ist, daß weder ein Erbersatz- noch ein Pflichtteilsanspruch entsteht[144], der Anspruch auf vorzeitigen Erbausgleich dagegen bestehen blieb[145]. Dieser entfiel nur beim Erb- und/oder Pflichtteilsverzicht des nichtehelichen Kindes[146].

#### *c) Erbverzicht zugunsten eines anderen*

*920* Der Erbverzicht zugunsten eines anderen ist im Zweifel unwirksam, wenn der Begünstigte nicht Erbe wird (§ 2350 Abs. 1 BGB), weil der Erblasser z.B. abweichend testiert hat.

*921* Verzichtet ein Abkömmling des Erblassers auf sein gesetzliches Erbrecht, so wird vermutet, daß der Verzicht nur zugunsten der anderen Abkömmlinge und des Ehegatten des Erblassers gelten soll (§ 2350 Abs. 2 BGB). Eine unbeabsichtigte Begünstigung der Verwandten aufsteigender oder der Seitenlinie soll vermieden werden.

---

[144] Staudinger/Ferid/Cieslar, § 2346 BGB Rz. 55.
[145] Staudiger/Ferid/Cieslar, § 2346 BGB Rz. 58.
[146] Wirner MittBayNot 1984, 13.

*d) Zuwendungsverzicht*

Beim Verzicht auf letztwillige Zuwendungen gemäß § 2352 BGB gelten die vorgenannten Regelungen nicht, da sich der Verzicht auf die Zuwendung selbst beschränkt. § 2352 Abs. 1 Satz 3 BGB erwähnt weder § 2346 BGB noch §§ 2349, 2350 BGB. *922*

Der Verzicht auf letztwillige Zuwendungen nach § 2352 BGB enthält grundsätzlich nicht den Verzicht auf das gesetzliche Erbrecht. Der Verzicht auf Zuwendungen nach § 2352 BGB kann aber zugleich auf das gesetzliche Erbrecht erstreckt werden. *923*

Im Gegensatz zum Erb- und Pflichtteilsverzicht soll sich die Wirkung des Zuwendungsverzichts grundsätzlich nicht auf die Abkömmlinge des Verzichtenden und nicht auf ausdrücklich zu Ersatzerben oder Ersatzvermächtnisnehmern Berufene erstrecken[147]. Ist eine Änderung der letztwilligen Verfügung aufgrund Eintritts einer Bindungswirkung nicht mehr möglich, so muß daher der Zuwendungsverzicht mit allen vorhandenen Ersatzerben und/oder Ersatzvermächtnisnehmern geschlossen werden[148]. *924*

Aufgrund des Inhalts der letztwilligen Verfügung kann problematisch sein, ob sich ein Verzicht auf letztwillige Zuwendungen nach § 2352 BGB auf die Abkömmlinge des Verzichtenden erstreckt. Insoweit kommt es auf eine Auslegung der letztwilligen Verfügung an[149]. Die herrschende Meinung schließt die Erstreckung des Zuwendungsverzichts auf Abkömmlinge aus, wenn die Abkömmlinge des Verzichtenden ausdrücklich als Ersatzerben eingesetzt sind[150]. Die gesetzliche Ersatzberufung der Abkömmlinge nach § 2069 BGB soll im Fall des Verzichts auf gewillkürte Zuwendungen nur dann gelten, wenn zu ihren Gunsten verzichtet worden war. Die Begründungen heben im wesentlichen auf die Umstände des Falles ab, nämlich die Frage, ob – wie häufig – für den Erbverzicht eine vollentgeltliche Abfindung gewährt worden ist. In diesem Fall spricht vieles für die Erstreckung des Zuwendungsverzichts auch auf die Abkömmlinge. *925*

---

147 Entgegen der Rechtsprechung und der h.M. sollte auf den Zuwendungsverzicht aber § 2349 BGB analog angewendet werden; so mit zutreffender Begründung Schotten, ZEV 1997, 1, 4f. Bei der Gestaltung des Zuwendungsverzichts sollte der sicherste Weg gegangen werden: Entweder wirken die Abkömmlinge mit oder – falls gewollt – wird ausdrücklich vereinbart, daß der Zuwendungsverzicht sich nicht auf die Abkömmlinge erstrecken soll.

148 Nieder (2. Aufl.), Rz. 1161.

149 Lange/Kuchinke § 7 III 2 b) (S. 167ff.).

150 OLG Stuttgart NJW 1958, 347 (348); BGB-RGRK/Johannsen, § 2352 BGB Rz. 6; Palandt/Edenhofer, § 2352 BGB Rz. 6; MünchKomm/Strobel, § 2352 BGB Rz. 15; **a.A.** Staudiger/Schotten [1996] § 2352 BGB Rz. 38ff.

*e) Pflichtteilsverzicht*

*926* Für den Pflichtteilsverzicht gemäß § 2346 Abs. 2 BGB gilt wiederum auch § 2349 BGB: Er erstreckt sich auch auf Abkömmlinge des Verzichtenden[151]. Wird der Verzichtende aufgrund gesetzlicher oder gewillkürter Erbfolge zum (Mit-) Erben, so entfaltet der bloße Pflichtteilsverzicht keine Wirkungen.

**5. Abfindungsvereinbarungen**

*a) Abstrakte Natur des Verzichts*

*927* In aller Regel wird für einen Erb- oder Pflichtteilsverzicht eine Gegenleistung gewährt, die in einer Abfindung, aber auch in erbvertraglichen Zuwendungen bestehen kann. Da der Erbverzicht ein abstraktes erbrechtliches Verfügungsgeschäft ist[152], ist seine Wirksamkeit von einer zugrundeliegenden Kausalvereinbarung, insbesondere der Vereinbarung einer Gegenleistung grundsätzlich unabhängig.

*928* Der Erb- oder Pflichtteilsverzicht kann auch unentgeltlich erfolgen. Er ist in diesem Fall keine Schenkung und kann nicht von Gläubigern angefochten werden.

*b) Abhängigkeit von einer Gegenleistung*

aa) Allgemeines

*929* Da der Erbverzichtsvertrag abstraktes Verfügungsgeschäft ist, steht dem Verzichtenden bei Nichterlangung der vereinbarten Abfindung weder die Einrede des nicht erfüllten Vertrages noch ein gesetzliches Rücktrittsrecht zu. Der Verzichtende kann lediglich auf Leistung der Abfindung oder Schadenersatz wegen Nichterfüllung klagen. Durch sachgerechte Gestaltung sollte gesichert werden, daß der Verzicht wirksam bleibt, obgleich der Verzichtende seine Gegenleistung nicht erlangt[153].

bb) Bedingter Verzicht

*930* Verzicht und Gegenleistung können durch Bedingungen verknüpft werden. Die Verknüpfung kann durch eine aufschiebende Bedingung erfolgen, wonach der Erbverzicht erst mit Zahlung z.B. einer bestimmten Abfindung wirksam wird, oder durch eine auflösende Bedingung, wonach der Verzicht unwirksam wird, wenn die vereinbarte Gegenleistung bis zu einem bestimmten Termin nicht erbracht wird[154].

---

[151] Staudinger/Schotten [1997], § 2349 BGB Rz. 11; BGB-RGRK/Johannsen, § 2949 BGB Rz. 2; Kipp/Coing, § 82 II 5 a.E. (S. 458).

[152] Edenfeld, ZEV 1997, 134, 136.

[153] Dazu Edenfeld, ZEV 1997, 134ff.

[154] BGH NJW 1962, 1910 (1912); MünchKomm/Strobel, § 2346 BGB Rz. 25; v. Lübtow, Band I, S. 537f.; Kipp/Coing, § 82 VI (S. 461f.).

cc) Nichtigkeit bei einheitlicher Beurkundung

Werden Verzichts- und Abfindungsvertrag in einer Urkunde zusammengefaßt, kommt bei Unwirksamkeit des Abfindungsversprechens die Nichtigkeit des Erbverzichts gemäß § 139 BGB in Betracht[155]. *931*

Der Erbverzicht kann mit einem Vermächtnis zugunsten des Verzichtenden in einer notariellen Urkunde verbunden werden. Die Verbindung spricht für ein einheitliches Rechtsgeschäft i.S.v. § 139 BGB[156]. *932*

dd) Rückforderung wegen ungerechtfertigter Bereicherung

Zu erwägen ist schließlich ein Rückforderungsanspruch des Verzichtenden aus ungerechtfertigter Bereicherung wegen Zweckverfehlung, wenn die zugesagte Gegenleistung des Erblassers nicht erbracht wird[157]. Richtiger scheint eine sachgemäße Lösung über den Weg der §§ 320ff. BGB.[158] Zwar bilden das Abfindungsversprechen als schuldrechtlich-verpflichtende Vereinbarung und der Erbverzicht als abstraktes Verfügungsgeschäft miteinander keinen gegenseitigen Vertrag. Die zugrundeliegenden Verpflichtungen bilden aber regelmäßig ein einheitliches obligatorisches Gebilde, welches die Voraussetzungen des gegenseitigen Vertrags erfüllt. Dann sind die §§ 320ff. BGB anwendbar. Bei Nichterfüllung der Abfindungsverpflichtung kommt es über §§ 323–326 BGB ebenfalls zum Wegfall des Erbverzichts, sei es über den Schadensersatzanspruch, sei es über die Rückgewährungsverpflichtung nach Rücktritt[159]. *933*

ee) Gestaltungshinweis

Wegen der geschilderten rechtlichen Unklarheiten ist zu empfehlen, Vereinbarungen eines Erbverzichts gegen Gegenleistung in ein Bedingungsverhältnis zu stellen. *934*

### 6. Gestaltungsempfehlungen

*a) Pflichtteilsverzicht*

Der Pflichtteilsverzicht ist dem Erblasser zu empfehlen, wenn dieser seine erbrechtliche Handlungsfreiheit gewinnen, insbesondere das Risiko von Pflichtteilsansprüchen ausschließen will. Kann aufgrund der besonderen Gestaltung der letztwilligen Verfügung, der Zusammensetzung des Nachlasses oder der Person des Pflichtteilsberechtigten mit der Geltendmachung von Pflichtteilsansprüchen gerechnet werden, so sollte ein Pflichtteilsverzicht vereinbart werden. *935*

---

[155] MünchKomm/Strobel, § 2346 BGB Rz. 27; BGB-RGRK/Johannsen, § 2348 BGB Rz. 3; v. Lübtow, Band I, S. 535; Kipp/Coing, § 82 VI b) (S. 461).

[156] BGH, NJW 1989, 2885.

[157] Dafür MünchKomm/Strobel, § 2346 BGB Rz. 24; Kipp/Coing, § 82 VI d) (S. 462); Lange/Kuchinke, § 7 V 2 b) (S. 174); BGB-RGRK/Johannsen, § 2346 BGB Rz. 6.

[158] Ebenso Spiegelberger Rz. 359 m.w.N.

[159] MünchKomm/Strobel, § 2346 BGB Rz. 23.

**Beispiele:**

Der Erblasser ist Unternehmer. Er hat zwei Söhne. Der eine ist schon im Unternehmen des Erblassers tätig und zur Unternehmensleitung qualifiziert. Der andere ist Arzt. Der Erblasser bezahlt dem Arzt gegen Pflichtteilsverzicht die Einrichtung der Praxis.

Unter mehreren Abkömmlingen des Erblassers befindet sich ein Außenseiter, der mit seinen Geschwistern in Streit lebt. Ein Pflichtteilsverzicht gegen Abfindung ist das Mittel, künftige Erbauseinandersetzungsstreitigkeiten unter den Geschwistern auszuschließen.

*936* Beschränkungen und Beschwerungen im Sinne des § 2306 BGB (z.B. Testamentsvollstreckung, Vermächtnisse) bergen die Gefahr, daß ein als Erbe berufener Pflichtteilsberechtigter die Erbschaft ausschlägt und den Pflichtteil verlangt. Zwar beträgt der Wert des Pflichtteils nur die Hälfte des gesetzlichen Erbteils, jedoch ist er ein Geldanspruch. Besteht der Nachlaß überwiegend in illiquiden, wenn auch hohen Vermögenswerten, erbringen diese aber für den pflichtteilsberechtigten Erben keine interessante Rendite oder ist er von der Verfügung über Nachlaßgegenstände ausgeschlossen, so besteht die Gefahr, daß der zum Erben berufene Pflichtteilsberechtigte in der Geltendmachung seines Pflichtteilsanspruchs einen wesentlich größeren Vorteil sieht als in der Annahme der Erbschaft.

*937* Bei großen Nachlässen, die in illiquiden Vermögenswerten bestehen wie Grundbesitz, Unternehmungen, Unternehmensbeteiligungen, können Pflichtteilsansprüche, ggf. mehrerer Pflichtteilsberechtigter, die Verwirklichung einer letztwilligen Erbfolgegestaltung wirtschaftlich unmöglich machen.

In diesem Zusammenhang ist auch an die sogenannten „Berliner Testamente" zwischen Ehegatten zu denken, nach denen diese sich gegenseitig zu Erben und Kinder zu Erben des Letztlebenden einsetzen (§ 2269 BGB).

**Beispiele:**

Besteht zwischen der überlebenden Mutter und den Kindern nicht volles Einvernehmen oder trauen die Kinder der Mutter eine ordnungsgemäße Nachlaßverwaltung, insbesondere eine erfolgreiche Unternehmensführung nicht zu, muß mit Pflichtteilsansprüchen gerechnet werden. Dies gilt erst recht, wenn bei einem Berliner Testament die zur Alleinerbin berufene Ehefrau, die zweite Ehefrau des Erblassers, möglicherweise sehr viel jünger als der Erblasser ist, die Schlußerben aber die Kinder des Erblassers aus seiner vorhergehenden Ehe sind.

*938* Will der Erblasser bei umfangreicheren Nachlässen, die zum großen Teil aus Grundbesitz oder Unternehmenswerten bestehen, eine Erbfolgegestaltung sicherstellen, die Beschränkungen und Beschwerungen im Sinne des § 2306 BGB enthält, so muß er Pflichtteilsverzichte anstreben.

*939* Dem Verzichtenden kann ein Pflichtteilsverzicht nur empfohlen werden, wenn er zu Lebzeiten ausreichend abgefunden wird.

### *b) Erbverzicht*

*940* Ein Erbverzicht sollte grds. nur dann vereinbart werden, wenn alle Pflichtteilsberechtigten den Erbverzichtsvertrag abschließen[160]. Der Erbverzichtsvertrag

[160] Ebenso Nieder (2. Aufl.) Rz. 1168.

kann auch unter der Bedingung geschlossen werden, daß alle Pflichtteilsberechtigten einen wirksamen Erbverzicht leisten.

941 Darüber hinaus kann ein Erbverzicht das geeignete Gestaltungsmittel sein, um die nicht mehr aufhebbare Bindungswirkung von in gemeinschaftlichen Testamenten oder Erbverträgen getroffenen Verfügungen zu beseitigen und damit dem Erblasser Gestaltungsfreiheiten zu eröffnen

*c) Vorteile des Pflichtteilsverzichts gegenüber Erbverzicht*

942 Der Pflichtteilsverzicht eines Berechtigten erweitert den Gestaltungsspielraum des Erblassers. Nach § 2310 BGB bleibt ein Pflichtteilsverzicht bei der Berechnung der Pflichtteilsquoten der anderen Pflichtteilsberechtigten außer Betracht. Daher verändert ein Pflichtteilsverzicht die Pflichtteilsquoten der anderen nicht, während ein Erbverzicht die Pflichtteilsquoten der anderen Pflichtteilsberechtigten erhöht.

**Beispiel:**

Witwer V hat zwei Kinder S und T. Die Pflichtteilsquote beträgt je 1/4. Verzichtet S auf seinen Pflichtteil, kann V über 3/4 des Nachlasses frei verfügen, leistet S einen Erbverzicht, erhöht sich der Pflichtteil von T auf 1/2 und V kann nur über 1/2 frei verfügen.

4. KAPITEL

# Unternehmensnachfolge

## 1. Abschnitt
## Einführung

### I. Unternehmensnachfolge als Sonderfall der Vermögensnachfolge

Ist der Testator Unternehmer, sei es als Einzelunternehmer, Mitunternehmer oder als bloßer Kapitaleigner, so stellen sich die Fragen nach Maßnahmen der Vermögensnachfolge für ihn mit besonderer Dringlichkeit[1]. Der Erhalt des erarbeiteten, in dem Unternehmen oder der Unternehmensbeteiligung angelegten Vermögens zwingt zu Überlegungen nicht nur über die künftige Erbfolge und ihre Gestaltung, sondern auch über ihre vorbereitende Sicherung durch rechtsgeschäftliche Vereinbarungen unter Lebenden, vor allem durch Festlegung der Rechtsform, in der das Unternehmen künftig betrieben werden soll. Hinzu kommt die bedeutsame Frage der Sicherstellung qualifizierter Nachfolge in der Unternehmensleitung. *943*

Soll das Risiko ausgeschaltet werden, welches in der Beschränkung einer Rechtsnachfolgegestaltung auf das Mittel der letztwilligen Verfügung liegt (Gefahr der Ausschlagung und des Pflichtteilsverlangens), will der Testator die Vorteile der präjudiziellen Wirkung vorweggenommener Erbfolgeregelungen wahrnehmen, so gibt es dafür das Mittel der lebzeitigen gesellschaftsvertraglichen Aufnahme der künftigen Erben oder der Unternehmernachfolger unter ihnen in das zum Vermögen des Testators gehörende Unternehmen. Mit der Errichtung einer Gesellschaft mit seinen Vermögensnachfolgern, regelmäßig einer Familiengesellschaft, unterwirft sich der Testator selbst seinerseits rechtlichen Bindungen und entäußert sich eines Teils seines Vermögens, seiner Verfügungsfreiheit und regelmäßig seiner unternehmerischen Entscheidungsfreiheit. Jedoch bedeutet die *944*

---

[1] Dazu auch Crezelius, Unternehmenserbrecht; Hennerkes, Unternehmenshandbuch Familiengesellschaften; Müller/Ohland, Gestaltung der Erb- und Unternehmensnachfolge in der Praxis; Luckey, Unternehmensnachfolge; Claussen/Krüger, Optimale Unternehmensnachfolge; Fromm, Unternehmensnachfolge; Ehlers, Unternehmensnachfolge und Erbauseinandersetzung; Kirst/Bieler, Unternehmensnachfolge; Pietsch/Tehler, Betriebsaufgabe und Unternehmensnachfolge; Riedel, Unternehmensnachfolge regeln; Schoor, Unternehmensnachfolge in der Praxis; Spiegelberger, Rz. 680ff.; Sudhoff, Handbuch der Unternehmensnachfolge; Vogt/Jansen, Unternehmensnachfolge; Wollny, Unternehmens- und Praxisübertragungen.

von ihm eingegangene Bindung zu Lasten seines Vermögens zugleich die Bindung, Vorbereitung und Einarbeitung des künftigen Unternehmensnachfolgers.

945 Die vorbereitende Unternehmensnachfolge hat vier Ziele, die je nach Lage des Einzelfalls unterschiedliches Gewicht haben:

- Sicherung der Erhaltung des Unternehmensvermögens[2],
- Sicherung der Unternehmernachfolge,
- Befriedigung von Versorgungsnotwendigkeiten für Angehörige,
- steuergünstigste Gestaltung.

## II. Ziele der Unternehmensnachfolge

### 1. Erhaltung des Unternehmensvermögens durch Rechtsformwahl

946 Die Sicherung des Unternehmensvermögens und damit die Zukunftssicherung des Unternehmens bedarf der geeigneten rechtlichen Rahmenbedingungen. Diese beginnen mit der Wahl der richtigen Rechtsform und der entsprechenden Ausgestaltung des Gesellschaftsvertrages. Dabei sind die Gestaltungsspielräume je nach Wahl der Rechtsform unterschiedlich begrenzt.

947 Die Unternehmensformen des Gesellschaftsrechts lassen sich in zwei Gruppen gliedern, die Personengesellschaften und die Körperschaften. Daneben gibt es noch Mischformen wie die GmbH & Co. KG, die der Form nach zwar Personengesellschaft, aufgrund ihrer materiell-rechtlichen Ausgestaltung aber oft als Kapitalgesellschaft organisiert ist.

948 In vielen Fällen der Vermögensnachfolge stellt sich das Problem der Wahl der richtigen Rechtsform mit Eintritt der Rechtsnachfolger neu. Insbesondere die gestiegenen Haftungsrisiken (Produkthaftung, Haftung für Umweltschäden, Sozialplanrisiko) werden die Wahl der Unternehmensform beeinflussen. Dabei kann es keine generellen Empfehlungen zur richtigen Rechtsformwahl geben. Vielmehr ist die Wahl der Rechsform schon eine unternehmerische Entscheidung.

949 Das gesetzliche Leitbild der Personengesellschaften geht von einer kleinen Zahl von Gesellschaftern aus. Daher nehmen die Gesellschafter die Geschäftsführung nach der gesetzlichen Regelung grds. selbst wahr (Prinzip der Selbstorganschaft). Da das Gesellschaftsvermögen Gesamthandsvermögen ist, das allen Gesellschaftern gemeinsam zugewiesen ist, kann kein Gesellschafter über seinen Anteil an einzelnen Gegenständen verfügen. Die Gesellschafter sind durch eine besondere Treuepflicht miteinander verbunden. Mindestens ein Gesellschafter muß den Gläubigern gegenüber unbeschränkt haften.

---

2 Die sozialen Gesichtspunkte der Unternehmensnachfolge, wie z. B. Erhaltung der Arbeitsplätze, werden nach der Zielsetzung dieses Buches nicht angesprochen, obwohl sie in den Überlegungen jedes verantwortungsbewußten Unternehmers eine zentrale Rolle spielen.

Die Körperschaften hingegen sind auf eine Vielzahl von Mitgliedern angelegt. Jede Körperschaft hat mindestens zwei Organe, nämlich die Gesellschafterversammlung und die Geschäftsführung (Vorstand). Die Geschäftsführung kann von Nichtgesellschaftern wahrgenommen werden (Prinzip der Drittorganschaft). Da die Gesellschafter nur kapitalmäßig miteinander verbunden sind, ist die Treuepflicht nicht so ausgeprägt wie bei der Personengesellschaft. Die Haftung der Körperschaften ist auf das einzuzahlende Haftungskapital beschränkt. Die Körperschaft erlangt ihre Rechtsfähigkeit mit Eintragung im Handelsregister. 950

## 2. Unternehmernachfolge

Der zentrale Gesichtspunkt ist die Sicherung und Gewährleistung *qualifizierter* Unternehmernachfolge. Insoweit hat die Erbfolgegestaltung außer der Vermögensseite eine bedeutsame personelle Rückseite. In der Vielzahl der Fälle steht bei Überlegungen der Rechtsnachfolge die personelle Unternehmernachfolge nicht ohne weiteres fest. Die Person des oder der geeigneten Unternehmernachfolger(s) läßt sich noch nicht überblicken, die notwendigen Qualifikationen sind nicht bekannt. Aber selbst wenn die Person des Unternehmernachfolgers und seine Qualifikation feststehen, bedarf die Sicherung der Unternehmernachfolge und der Reibungslosigkeit des Verhältnisses zu Miterben einer Lösung, die sich am besten durch einen lebzeitigen Gesellschaftsvertrag treffen läßt. 951

Läßt sich aus dem Kreis der Erben und nächsten Familienangehörigen kein qualifizierter Unternehmensnachfolger finden, so muß eine Unternehmensgestaltung gesucht werden, die eine qualifizierte Unternehmensführung durch familienfremde Dritte im Wege sogenannter „Fremdorganschaft" ermöglicht. Dabei taucht die Frage geeigneter Überwachungsorgane (Aufsichtsrat, Beirat) auf, um zu verhindern, daß familienfremde, am Unternehmen nicht beteiligte Unternehmensleiter leichtfertig mit dem ihnen anvertrauten Unternehmensvermögen wirtschaften. 952

In der Regel ist es für einen Unternehmer wie für eine Unternehmergemeinschaft (Gesellschaft) ein kaum zu verantwortendes Risiko, die Entscheidung über die Unternehmernachfolge ausschließlich einer letztwilligen Verfügung zu überlassen, die ihre Wirksamkeit erst zu einem zukünftigen ungewissen Zeitpunkt entfaltet und deren Verwirklichung in fremden Händen liegt. 953

Die Frage, wie die Unternehmernachfolge zweckmäßig gesellschaftsrechtlich gesichert wird, ist damit auch eine Frage der Gesellschaftsform. 954

## 3. Versorgungsnotwendigkeiten

Häufig ist das gesamte oder überwiegende Vermögen eines Unternehmers im Unternehmen gebunden. Die Rechtsnachfolgegestaltung muß sicherstellen, daß nicht nur das Vermögen wie vom Unternehmer gewünscht auf seine Rechtsnachfolger übergeht und in ihren Händen erhalten bleibt, sondern auch über die Gewinne des Unternehmens die Versorgungsbedürfnisse der Erben sichergestellt werden. 955

Dies führt zur Notwendigkeit, bei den in Betracht stehenden Gesellschaftsgestaltungen Mindest-Gewinnausschüttungen und -entnahmen sicherzustellen, ohne den Erben, die auf die Unternehmensleitung keinen Einfluß ausüben können, Haftungsrisiken aufzubürden.

### 4. Steuerliche Gesichtspunkte[3]

956 Bei der zu wählenden Gesellschaftsgestaltung muß jede vermeidbare Steuerbelastung ausgeschlossen werden[4]. Das gilt für Erbschaftsteuern ebenso wie für Ertragsteuern. Hauptfrage ist regelmäßig die Wahl zwischen Personengesellschaft oder Kapitalgesellschaft.

Bereits seit der KSt-Reform 1977 ist die Doppelbelastung von Gewinnen mit Einkommen-/Körperschaftsteuer beseitigt. Mit Wegfall der Vermögensteuer aufgrund des Jahressteuergesetzes 1997 ist auch insoweit die doppelte Belastung weggefallen.

957 Die Kapitalgesellschaft kann gewerbeertragsteuerlich erhebliche Vorteile haben, wenn mehrere Familiengesellschafter Geschäftsführer oder Angestellte der Gesellschaft sind; ihre Bezüge stellen steuerlich Betriebsausgaben der Kapitalgesellschaft dar, im Gegensatz zur Behandlung bei der Personengesellschaft. In jedem Fall sollte vom Steuerberater ein steuerlicher Belastungsvergleich vorgenommen werden.

## 2. Abschnitt
## Einzelunternehmen

### I. Kaufmännisches Einzelunternehmen

#### 1. Haftung der Vermögensnachfolger

*a) Allgemeines*

958 Bei Vererbung eines kaufmännischen Einzelunternehmens ist zu beachten, daß über die allgemeine Erbenhaftung hinaus die firmenrechtliche Vollhaftung der das Unternehmen fortführenden Erben eintritt, wenn die Erben nicht nur das Unternehmen als solches, sondern auch die bisherige Firma fortführen (§§ 27, 25 HGB). Die sich aus § 25 Abs. 1 HGB ergebende Haftung ist grundsätzlich nicht auf den Nachlaß beschränkt. Der Grund für die Haftung liegt in der Unternehmenskontinuität, die durch die Fortführung der Firma nach außen in Erscheinung tritt[5].

---

3 Einzelheiten ⇒ Buch II Rz. 831 ff.; 933 ff.; 1003 ff.

4 Zu den einzelnen Planungsschritten unter steuerlichen Gesichtspunkten Flick, DStR 1993, 929.

5 BGH NJW 1992, 911.

Die unbeschränkte Haftung tritt dann nicht ein, wenn die Erben die Fortführung des Geschäftes vor dem Ablauf von drei Monaten nach dem Zeitpunkt einstellen, in welchem sie von dem Erbanfall Kenntnis erlangt haben (§ 27 Abs. 2 Satz 1 HGB)[6]. Nach der Einstellung des Geschäfts haften die Erben nach den allgemeinen Regeln der §§ 1967ff. BGB unbeschränkt mit der Möglichkeit, die beschränkte Erbenhaftung geltend zu machen. Erforderlich für die Enthaftung ist die völlige Einstellung der unternehmerischen Tätigkeit[7]. *959*

Umstritten ist, ob die Erben, die das ererbte Unternehmen mit der bisherigen Firma fortführen wollen, sich von der unbeschränkten firmenrechtlichen Haftung befreien können, indem sie in entsprechender Anwendung des § 25 Abs. 2 HGB bekannt machen oder in das Handelsregister eintragen lassen, nur nach erbrechtlichen Grundsätzen haften zu wollen[8]. Da § 27 Abs. 1 HGB uneingeschränkt auf die Vorschriften des § 25 HGB verweist, dürfte auch § 25 Abs. 2 HGB entsprechend anwendbar sein. Allerdings ist zu beachten, daß nach § 25 Abs. 2 HGB die Anmeldung der beschränkten Erbenhaftung unverzüglich zur Eintragung in das Handelsregister anzumelden ist. *960*

Nach § 25 Abs. 1 Satz 2 HGB gelten die in dem Betriebe begründeten Forderungen den Schuldnern gegenüber als auf den Erwerber übergegangen, falls der bisherige Inhaber oder seine Erben in die Fortführung der Firma eingewilligt haben. Die Vorschrift bezweckt, daß auch die Forderungen mit dem übertragenen Unternehmen übergehen, sofern der Übergang nicht nach § 25 Abs. 2 HGB ausgeschlossen ist[9]. *961*

### *b) Beschränkung der Minderjährigenhaftung*

Werden Minderjährige als Vermögensnachfolger Inhaber eines einzelkaufmännischen Unternehmens, so ergeben sich von Ihnen nicht beeinflußbare wirtschaftliche Haftungsrisiken. Nachdem das Bundesverfassungsgericht[10] die unbeschränkte Haftung des Minderjährigen zu Recht als Verletzung des allgemeinen Persönlichkeitsrechts angesehen hat, hat der Gesetzgeber dem Minderjährigen für das Handeln seines gesetzlichen Vertreters eine Haftungsbeschränkungsmöglichkeit und bei Personengesellschaftsbeteiligungen ein Sonderkündigungsrecht eingeräumt. *962*

Gemäß § 1629a BGB beschränkt sich die Haftung für Verbindlichkeiten, die vertretungsberechtigte Personen im Rahmen ihrer Vertretungsmacht für den Minderjährigen begründet haben, auf den Bestand des bei Eintritt der Volljährig- *963*

---

[6] Baumbach/Hopt, § 27 HGB, Rz. 5ff.

[7] Ebenroth, Rz. 850.

[8] Dafür KG DR 1940, 2007 (2008f.); Großkomm. HGB/Hüffer, § 27 HGB Rz. 35ff.; Baumbach/Hopt, § 27 HGB Rz. 8; Heymann/Emmerich, § 27 HGB Rz. 14; Ebenroth, Rz. 851; dagegen Schlegelberger/Hildebrandt, § 27 HGB Rz. 14.

[9] Karsten Schmidt, AcP 198, 529.

[10] BVerfG NJW 1998, 1859.

keit vorhandenen Vermögens des Minderjährigen[11]. Stellt der volljährig gewordene Inhaber eines einzelkaufmännischen Unternehmens dieses nicht binnen drei Monaten nach Eintritt der Volljährigkeit ein, so ist im Zweifel anzunehmen, daß die Unternehmensverbindlichkeiten erst nach dem Eintritt der Volljährigkeit entstanden sind.

### 2. Mehrere Erben

*964* Nach ständiger Rechtsprechung kann ein kaufmännisches Einzelunternehmen von mehreren Erben in Erbengemeinschaft[12] fortgesetzt werden[13]. Eine zugunsten eines Miterben bestehende Prokura erlischt mit dem Erbfall nicht[14].

*965* Die Fortsetzung des Unternehmens durch eine Erbengemeinschaft als Unternehmensträger ist indessen wenig empfehlenswert[15]. Nach handelsrechtlichen Bestimmungen kann eine Erbengemeinschaft kein Einzelunternehmen errichten oder unter Lebenden erwerben. Dennoch bleibt die Erbengemeinschaft bis zur Erbauseinandersetzung Inhaberin des Handelsgeschäfts. Wird das vererbte kaufmännische Unternehmen von einer Erbengemeinschaft fortgeführt, so wird diese als Inhaberin im Handelsregister eingetragen. Die Erbengemeinschaft wird durch gemeinschaftliche Fortführung des Unternehmens nicht zur offenen Handelsgesellschaft, es werden aber auf die Rechtsbeziehungen der Miterben untereinander einzelne Bestimmungen des Rechts der offenen Handelsgesellschaft angewendet[16].

Da die Erbengemeinschaft eine auf Auseinandersetzung angelegte Gesamthandsgemeinschaft ohne eigene Rechtsfähigkeit ist, ergeben sich daraus schwierige Folgeprobleme bezüglich der Vertretung, Verwaltung und Haftung beim in Erbengemeinschaft fortgeführten Einzelunternehmen[17].

*966* Wegen der auftretenden Probleme bei Beteiligungen einer Erbengemeinschaft ist dringend die Umwandlung des auf die Erbengemeinschaft übergegangenen Einzelunternehmens zu empfehlen[18]. Zwar hat die Fortführung des Einzelunternehmens über die Dreimonatsfrist des § 27 Abs. 2 HGB hinaus keine zwangswei-

---

11 Christmann, ZEV 2000, 45.

12 Ausführlich hierzu Hahn, Mehrere Erben als Rechtsträger des einzelkaufmännischen Unternehmens, Diss. Würzburg (1992).

13 BGHZ 92, 259 (262); 32, 60 (67); 30, 391 (394f.); 17, 299 (302); BFH BB 1988, 43 (44); BFHE 118, 304f.; Großkomm. HGB/Hüffer, vor § 22 HGB Rz. 71ff.; Heil, MittRhNotK 1999, 148.

14 Karsten Schmidt, NJW 2000, 2427, 2428 m.w.N.; **a.A.** BGHZ 30, 391. Der BGH verkennt hier noch – entsprechend der älteren Doktrin – die Rechtsträgerschaft der Erbengemeinschaft.

15 Großkomm. HGB/Hüffer, vor § 22 HGB Rz. 73.

16 BGHZ 17, 299 (302).

17 Zu den Problemen bei Erbteilsveräußerung KG MittRhNotK 1999, 156 m. Anm. Heil, MittRhNotK 1999, 148.

18 Dazu Karsten Schmidt, NJW 1985, 2785.

se Umwandlung[19] zur Folge[20]; jedoch besteht für die Mitglieder der Erbengemeinschaft die Gefahr, daß die Fortführung des Einzelunternehmens als konkludenter Gesellschaftsvertrag einer BGB-Gesellschaft oder OHG angesehen wird. Deswegen ist nach dem Erbfall eine zeitnahe Lösung zu suchen, bei der die Vor- und Nachteile der nachstehend dargelegten gesellschaftsrechtlichen Lösungen abzuwägen sind.

Wollen die Erben das Unternehmen in der Rechtsform der offenen Handelsgesellschaft fortführen, so setzt das den Abschluß eines Gesellschaftsvertrages voraus, der ggf. auch stillschweigend zustande kommen kann. Zu beachten ist, daß der Abschluß dieses Gesellschaftsvertrages der vormundschaftlichen Genehmigung bedarf, wenn Minderjährige unter den Erben sind (§§ 1643 Abs. 1, 1822 Nr. 3 BGB) und daß ein Pfleger für jedes Kind bestellt werden muß, wenn an der Erbengemeinschaft und/oder der Gesellschaft auch die Eltern oder der Vormund beteiligt sind (§§ 181, 1629 Abs. 2, 1795 Abs. 2 BGB). Außerdem sind die Rechte der Haftungsbeschränkung und der Sonderkündigung des Minderjährigen zu beachten, die ihm mit Eintritt der Volljährigkeit zufallen. *967*

### II. Nichtkaufmännisches Unternehmen

Daß ein kaufmännisches Unternehmen vererblich ist, ergibt sich schon aus § 22 HGB. Auch nicht vollkaufmännische Unternehmen zum Beispiel Handwerksbetriebe, sind als vom Inhaber gelöste real existierende wirtschaftliche Organisationseinheiten vererblich[21], unabhängig davon, ob sie als Einzelunternehmen oder als Verband organisiert sind[22]. *968*

Die Erben, die ein gewerbliches Unternehmen fortführen, welches nicht Handelsunternehmen ist, haften nicht nach handelsrechtlichen, sondern nur nach erbrechtlichen Vorschriften. *969*

## 3. Abschnitt
## Grundsätzliches zu den Gesellschaftsformen

### I. Allgemeines

Die mit der Vermögensnachfolge verbundene Zukunftssicherung eines Familienunternehmens ist ohne geeignete rechtliche Unternehmensgestaltung nicht *970*

---

19 So aber Fischer, ZHR 144 (1981), 1 (13).

20 BGHZ 92, 259 (263); Staudinger/Marotzke, § 2032 BGB Rz. 18; Karsten Schmidt, NJW 1985, 2785 (2787).

21 BGH LM Nr. 1 und Nr. 7 zu § 1922 BGB; Kipp/Coing, § 91 IV 9 d) (S. 512); Palandt/Edenhofer, § 1922 BGB Rz. 14.

22 Im letzteren Fall sind die Beteiligungen vererblich.

möglich. Hierzu gehört zunächst die richtige Wahl der Gesellschaftsform. Diese gibt den Rahmen vor, innerhalb dessen die konkreten Erfordernisse durch eine detaillierte Ausgestaltung des Gesellschaftsvertrages geregelt werden müssen. Die nachfolgenden Ausführungen können nach der Zielsetzung dieses Buches und dem zur Verfügung stehenden Raum keine vollständige Darstellung des Gesellschaftsrechts sein. Sie sollen lediglich eine Übersicht über die zur Verfügung stehenden Gestaltungsmittel verschaffen, um die Auswahl bei Gestaltungen zur Vermögensnachfolge zu erleichtern.

## II. Personengesellschaften

### 1. Allgemeines

971 Das Personengesellschaftsrecht beruht auf den Regelungen des Grundtyps der BGB-Gesellschaft (Gesellschaft bürgerlichen Rechts). Der Gesetzgeber hat in den §§ 705ff. BGB sowohl reine Schuldverhältnisse (Gelegenheitsgesellschaften, wie z.B. Fahrgemeinschaften) als auch verbandsrechtlich strukturierte Personenvereinigungen erfaßt. Unter dieser Vermischung leidet die dogmatische Durchdringung der BGB-Gesellschaft bis heute. Geboten ist die Unterscheidung zwischen bloßen Gelegenheitsgesellschaften und Gesellschaften mit Gesamthandsvermögen. Gelegenheitsgesellschaften erschöpfen sich in rein schuldrechtlichen Beziehungen (z.B. Fahrgemeinschaften), sind nicht auf Dauer angelegt, haben regelmäßig kein eigenes Vermögen und spielen daher für die Vermögensnachfolge regelmäßig keine Rolle. Bei den Gesellschaften mit Gesamthandsvermögen kann zwischen Außen- und Innengesellschaften unterschieden werden[23].

### 2. Außengesellschaften

972 Die Grundprinzipien des Personengesellschaftsrechts sind:
- Gesellschaftsgegenstand ist die Erreichung eines gemeinsamen Zwecks (§ 705 BGB);
- die unbeschränkte persönliche Haftung wenigstens eines Gesellschafters;
- die Selbstorganschaft, d.h. die zwingende Vertretung durch einen persönlich unbeschränkt haftenden Gesellschafter;
- die grundsätzliche Unübertragbarkeit der Gesellschaftsbeteiligung (§§ 717, 719 BGB).

973 Darüber hinaus sind die Personengesellschaften – BGB-Gesellschaft, OHG, KG – Gesamthandsgemeinschaften im Gegensatz zur Bruchteilsgemeinschaft. Das Gesellschaftsvermögen steht den Gesellschaftern in „gesamthänderischer" Bindung zu. Gemäß § 719 Abs. 1 BGB kann kein Gesellschafter über seinen Anteil am Gesellschaftsvermögen oder an Gesellschaftgsgegenständen verfügen.

[23] Karsten Schmidt, Gesellschaftsrecht (3. Aufl.), § 43 II 3. und 4.

Kein Gesellschafter ist berechtigt, Teilung der Gesellschaftsvermögensgegenstände zu verlangen. Die neuere Doktrin – basierend auf der von Flume begründeten Gruppenlehre[24] – sieht die Gesamthand als rechtsfähig an[25].

### 3. Innengesellschaften

*a) Allgemeines*

Als Innengesellschaften werden Personengesellschaften bezeichnet, die im Rechtsverkehr nicht als solche auftreten. Die gesellschaftsrechtlichen Vereinbarungen gelten nicht gegenüber Dritten, sondern ausschließlich zwischen den Gesellschaftern. Nach außen tritt der eine Gesellschafter als Alleininhaber des dem Gesellschaftszweck dienenden Vermögens auf. Nur im Innenverhältnis ist der andere beteiligt. *974*

Typische Fälle solcher Innengesellschaften sind die Stille Gesellschaft des Handelsrechts (§§ 230ff. HGB) und die Unterbeteiligung. *975*

Da diese Gesellschaften nur im Innenverhältnis zwischen den Gesellschaftern bestehen, im Rechtsverkehr nur der Außengesellschafter auftritt, ist Träger aller Rechte und Pflichten und Inhaber aller Rechtspositionen nur der Außengesellschafter. *976*

Da die Innengesellschaft Dritten gegenüber nicht in Erscheinung tritt, gibt es keine Außenvertretung im Namen der Gesellschaft und keine Außenhaftung des Innengesellschafters. *977*

Zwischen den Gesellschaftern können die Rechtsbeziehungen wie bei einer Außengesellschaft vereinbart werden, sofern dies nicht durch die Natur der Innengesellschaft ausgeschlossen ist (kein Gesamthandsvermögen, keine Außenvertretung). Der Gesellschaftsvertrag kann bestimmen, daß im Innenverhältnis das dinglich nur dem Außengesellschafter gehörende, der Gesellschaft gewidmete Vermögen obligatorisch den Gesellschaftern insgesamt zustehen soll, der stille Gesellschafter also auch an den stillen Reserven oder am Grundbesitz beteiligt ist, obwohl er nicht im Grundbuch eingetragen ist. Es kann weiter dem Stillen auf der Geschäftsführungsebene – also im Innenverhältnis – Einfluß auf die Geschäftsführung der Gesellschaft eingeräumt werden. *978*

In solchen Fällen handelt es sich um sogenannte atypische Innengesellschaften. Auf dem Gebiete der Besteuerung sind sie als Mitunternehmerschaften im Sinne des § 15 Abs. 1 Ziff. 2 EStG zu behandeln.

---

[24] Flume, ZHR 136, 177; ders., Die Personengesellschaft (1977), S. 50ff., 68ff.

[25] Z.B. BGHZ 136, 254 (Scheckfähigkeit der BGB-Gesellschaft); BGH NJW 1998, 376 (Mitgliedschaft in einer GbR); weitere Nachweise bei Baumann, BB 1998, 225ff.

*b) Ehegatteninnengesellschaften*

979 Besondere Gestaltungsmöglichkeiten können die von der Rechtsprechung[26] anerkannten Ehegatteninnengesellschaften bieten[27]. Solche können angenommen werden, wenn die Ehegatten über die typisch ehebezogenen Zwecke hinausgehend gemeinsame Zwecke verfolgen, aber z.B. aus Haftungsgründen nach außen nur ein Ehegatte als Rechtsinhaber auftritt. Ehegatteninnengesellschaften können im Rahmen der gesellschaftsrechtlichen Gestaltungsräume in gleicher Weise wie andere Innengesellschaften für die Vermögensnachfolge genutzt werden.

## III. Kapitalgesellschaften

980 Zu den Kapitalgesellschaften zählen die Gesellschaft mit beschränkter Haftung, die Aktiengesellschaft und die Kommanditgesellschaft auf Aktien. Die wesentlichen Merkmale der Kapitalgesellschaft sind:

- sie haben eigene Rechtspersönlichkeit und sind als „juristische Personen" selbst Rechtssubjekt[28] (§§ 1 Abs. 1 Satz 1, 278 Abs. 1 AktG, § 13 Abs. 1 GmbHG);
- für Gesellschaftsverbindlichkeiten haften die Gesellschafter selbst nicht; es haftet nur das Gesellschaftsvermögen (§ 1 Abs. 1 Satz 2 AktG, § 13 Abs. 2 GmbHG; nur Kommanditaktionäre § 278 Abs. 1 AktG - als persönlich haftende Gesellschafter der KGaA haften unbeschränkt, § 278 Abs. 1 AktG);
- für die Vertretung der Kapitalgesellschaft besteht die Möglichkeit der „Fremdorganschaft"; Organvertreter der Gesellschaften – Vorstand, Geschäftsführer – müssen nicht Gesellschafter sein (Ausnahme bei der KGaA s. §§ 282, 283 AktG);
- die Gesellschaftsbeteiligungen (Aktien, Geschäftsanteile) sind vererblich und übertragbar (§§ 10 Abs. 1, 68 AktG, § 15 GmbHG);
- es gilt der Grundsatz der Erhaltung des Gesellschaftskapitals (Grundkapitals, Stammkapitals) und des Verbots von Rückzahlungen an die Gesellschafter (§ 62 AktG, §§ 30, 31 GmbHG).

---

26 BGH ZEV 1999, 398.

27 Dazu Langenfeld, ZEV 2000, 14.

28 Auch „Nichtjuristische Personen" wie die Personengesellschaften können teilrechtsfähig sein (vgl. §§ 1059a Abs. 2, 1059e, 1061 S. 2, 1092 Abs. 3, 1098 Abs. 3 BGB).

## IV. Vor- und Nachteile der Gesellschaftsformen

### 1. Personengesellschaften

*a) Vorteile der Personengesellschaften*

aa) Einfache Errichtung

Die Errichtung einer Personengesellschaft ist einfach und kostengünstig, da der Personengesellschaftsvertrag grundsätzlich[29] keiner besonderen Form bedarf, also auch mündlich oder konkludent geschlossen werden kann. *981*

bb) Dispositionsfreiheit

Die gesetzlichen Regelungen über die Personengesellschaften enthalten überwiegend nachgiebiges Recht. Die Gesellschafter können ihre Gesellschaftsverhältnisse weitgehend frei gestalten. So können sie z.B. das Gesellschaftsverhältnis auch kapitalistisch organisieren, etwa für persönlich haftende Gesellschafter feste Vermögenseinlagen bestimmen, das Stimmrecht nach der Höhe von Kapitalkonten festlegen, Gesellschafterversammlungen wie bei Kapitalgesellschaften postulieren, ähnlich dem Aufsichtsrat einer AG ein Überwachungsorgan wie Verwaltungsrat oder Beirat einsetzen. Weitergehend als bei der Kapitalgesellschaft kann ein Gesellschafter ohne Kapitalbeteiligung die volle Haftung übernehmen. Bei Familiengesellschaften bietet sich – insbesondere bei Vermögensnachfolgen ohne geeigneten Unternehmensnachfolger – an, einen fähigen Manager als persönlich haftenden Gesellschafter ohne Kapital- aber gegen angemessene Gewinnbeteiligung mit Risikovergütung einzustellen. *982*

cc) Personale Bindung

Die grundsätzliche Unübertragbarkeit der Gesellschaftsbeteiligungen führt zu einer engen personalen Bindung der Gesellschafter. Dies kann gesellschaftsvertraglich gelockert oder beseitigt werden. *983*

Bei großer personeller Aufsplitterung durch mehrere Erbgänge, kann die Übertragbarkeit der Gesellschaftsbeteiligungen zur Last werden. Zu empfehlen sind gesellschaftsvertragliche Regelungen, die eine Aufsplitterung und Vermehrung der Zahl der Gesellschafter verhindern, indem z.B. die regelmäßig notwendige Nachfolgeklausel auf Abkömmlinge, ggf. bestimmte Abkömmlinge, beschränkt wird. *984*

[29] Ausnahmen bei Einbringung von Grundbesitz oder GmbH-Geschäftsanteilen; vgl. § 313 BGB, § 15 GmbHG.

*b) Nachteile der Personengesellschaften*

aa) Selbstorganschaft

985 Personengesellschaften können grundsätzlich nur durch einen Gesellschafter, nicht durch einen Dritten, gesetzlich vertreten werden (Selbstorganschaft)[30]. Ist ein unternehmerisch qualifizierter Gesellschafter nicht vorhanden, so ist die Gesellschaft auf ein Fremdmanagement angewiesen.

986 Zu unterscheiden ist zwischen Geschäftsführung (Innenverhältnis) und Vertretung (Außenverhältnis). Judikatur und Schrifttum lassen es zu, die Geschäftsführung (Innenverhältnis) auch einem Fremden zu übertragen, der aber nicht organschaftlicher, gesetzlicher Vertreter werden kann, sondern zur Vertretung der Gesellschaft einer rechtsgeschäftlichen Vollmacht (Prokura) bedarf. Aufgrund des Prinzips der Selbstorganschaft muß mindestens ein persönlich haftender Gesellschafter vorhanden sein und die Vertretungsmacht innehaben.

Da die Vertretungsmacht im Innenverhältnis durch unternehmerische Qualifikation ausgefüllt sein muß, kann das Unternehmen nicht dauerhaft nach Außen durch unqualifizierte persönlich haftende Gesellschafter, die sich bevollmächtigter „Geschäftsführer" bedienen, vertreten werden.

987 Eine Lösung hat die Praxis mit der GmbH & Co. KG gefunden. In dieser Gesellschaftsform verbleibt es beim Prinzip der Selbstorganschaft: Die persönlich haftende GmbH (selten AG) ist Organvertreterin der KG – sie übt allerdings die Vertretungsmacht durch ihre Organe (Geschäftsführer, Vorstand) aus, die kapitalmäßig nicht beteiligt sein müssen. Die GmbH & Co. KG ist allerdings auch publizitätspflichtig.

bb) Persönliche Haftung

988 Bei der Personengesellschaft muß mindestens ein Gesellschafter die unbeschränkte persönliche Haftung für die Gesellschaftsverbindlichkeiten übernehmen. Alle Gesellschafter einer Gesellschaft bürgerlichen Rechts oder einer offenen Handelsgesellschaft haften unbeschränkt mit ihrem gesamten Vermögen, auch dem Privatvermögen. Bei der Gesellschaft bürgerlichen Rechts kann die Haftung der Gesellschafter durch eine mit den Vertragspartnern vereinbarte Beschränkung auf das Vermögen der Gesellschaft begrenzt werden[31]. Die Kommanditgesellschaft erfordert mindestens einen unbeschränkt haftenden Gesellschafter.

---

[30] BGHZ 26, 330 (333); 33, 105 (108); 41, 367 (369); 51, 198 (200); BGH NJW 1982, 1817; Karsten Schmidt, Gesellschaftsrecht, § 14 II 2 a) (S. 333f.); Kübler, Gesellschaftsrecht, § 3 I 2 (S. 19); Großkomm. HGB/Ulmer, § 109 HGB Rz. 34; Hueck, § 20 I (S. 277f.); Schlegelberger/Geßler, § 125 HGB Rz. 11; Baumbach/Hopt, § 125 HGB Rz. 5; s. aber Helm/Wagner, BB 1979, 225ff.

[31] Dazu im einzelnen unten ⇒ Rz. 1031f.

## 2. Kapitalgesellschaften

### a) Vorteile der Kapitalgesellschaften

aa) Haftungsbeschränkung der Gesellschafter

Gesellschafter einer Kapitalgesellschaft haften für die Gesellschaftsverbindlichkeiten nicht persönlich. Sie haften der Gesellschaft gegenüber nur für die Einbringung des Stammkapitals. 989

bb) Fremdorganschaft

Die Vertretungsorgane müssen nicht am Kapital der Gesellschaft beteiligt sein. Daher ist die organschaftliche, gesetzliche Vertretung nicht abhängig von der unternehmerischen Eignung der Gesellschafter. Findet sich im Kreis der Vermögensnachfolger des Gesellschafters keine Unternehmerpersönlichkeit mit der Qualifikation zur Unternehmensleitung, so ist die Kapitalgesellschaftsform zu erwägen. 990

Gerade in Fällen langfristiger Fremdorganschaft wächst das Gewicht des Ausschlusses der persönlichen Haftung der Gesellschafter für Gesellschaftsverbindlichkeiten: Von Fremdmanagement dirigierte Gesellschafter sind daran interessiert, nicht persönlich mit ihrem Vermögen zu haften.

cc) Kapitalistische Struktur

Das personale Band zwischen den Gesellschaftern, die gegenseitigen Gesellschaftertreueverpflichtungen, sind bei einer Kapitalgesellschaft gelockert. Allerdings kann auch eine Kapitalgesellschaft durch Gesellschaftsvertrag (Satzung) weitgehend personalistisch organisiert werden. Die kapitalistischen Strukturen der Kapitalgesellschaft (Kapitalstimmrecht, grundsätzliche Übertragbarkeit der Beteiligungen, Fremdorganschaft) bilden weitere Vorteile. Die Gesellschafter können sich grundsätzlich leichter von ihrer Beteiligung trennen, ohne der Gesellschaft Abfindungsverpflichtungen aufzunötigen. Die mögliche Anonymität ermöglicht leichter wirtschaftlich leistungsfähige neue Gesellschafter zu gewinnen. 991

### b) Nachteile der Kapitalgesellschaften

aa) Errichtungsaufwand

Die Errichtung von Kapitalgesellschaften erfordert bis zur Entstehung zusätzlichen Aufwand. 992

Dieser besteht nicht nur in Kosten (Beurkundungs- und Handelsregister-Eintragungsgebühren), sondern auch in der notwendigen Vorbereitungsarbeit und -zeit. Das gilt insbesondere für die Gründung einer AG oder KGaA, bei der Gründerbericht und Gründungsprüfung hinzukommen.

bb) Publizitätspflichten

Die Kapitalgesellschaften unterliegen den Publizitätsvorschriften der §§ 325ff. HGB. Zwar gibt es größenabhängige Erleichterungen für kleine Kapitalgesell- 993 schaften und auch mittelgroße Kapitalgesellschaften (§§ 326, 327 HGB), jedoch ist die Publizitätspflicht gerade für Familiengesellschaften unangenehm, weil sie einem unbegrenzten Kreis von Interessenten, auch der Konkurrenz, Einblick in die eigenen Zahlen gewährt.

*994* § 267 HGB teilt die Kapitalgesellschaften in drei Größenklassen ein:

Kleine, mittelgroße und große Kapitalgesellschaften. Kleine Kapitalgesellschaften sind solche, die zwei der nachstehenden Merkmale nicht überschreiten:

– 3,9 Mio. DM Bilanzsumme, 8 Mio. DM Jahresumsatz, 50 Arbeitnehmer.

Eine Kapitalgesellschaft ist mittelgroß, wenn sie mindestens zwei der vorstehend bezeichneten Merkmale überschreitet und jeweils mindestens zwei der nachstehenden Merkmale nicht überschreitet:

– 15,5 Mio. DM Bilanzsumme, 32 Mio. DM Jahresumsatz, 250 Arbeitnehmer.

Große Kapitalgesellschaften sind diejenigen, die mindestens zwei der vorgenannten Merkmale überschreiten.

Selbst kleine Kapitalgesellschaften müssen dem Registergericht Bilanz und Bilanzanhang einreichen. Soweit sich das Jahresergebnis, der Vorschlag über dessen Verwendung und der Beschluß über die Verwendung des Jahresergebnisses aus Bilanz und Anhang nicht ergeben, müssen sogar Vorschlag und Beschluß über Ergebnisverwendung dem Registergericht mitgeteilt werden (§ 326 HGB).

*995* Für kleine Kapitalgesellschaften entfällt die Pflicht zur Prüfung des Jahresabschlusses und des Lageberichts durch einen Abschlußprüfer, § 316 Abs. 1 HGB, und die Veröffentlichung im Bundesanzeiger (§ 326 HGB).

Für mittelgroße Kapitalgesellschaften gibt es die Erleichterung der Einreichung einer nur verkürzten Bilanz im Sinne des § 266 Abs. 1 Satz 3 HGB mit zusätzlichen gesonderten Angaben (§ 327 HGB).

*996* Die mit dem Bilanzrichtliniengesetz vom 19. 12. 1985[32] eingeführten Vorschriften des HGB schreiben Fristen zur Errichtung, Prüfung und Offenlegung des Jahresabschlusses vor. Der Jahresabschluß ist in den ersten drei Monaten nach Ablauf des Geschäftsjahres aufzustellen. Kleine Kapitalgesellschaften dürfen Jahresabschluß und Lagebericht später aufstellen, sofern dies einem ordnungsgemässen Geschäftsgang entspricht, jedoch muß die Frist von sechs Monaten eingehalten werden (§ 264 Abs. 1 HGB).

*997* Die mittelgroßen und großen Kapitalgesellschaften müssen den Jahresabschluß durch einen Abschlußprüfer prüfen und mit einem Bestätigungsvermerk versehen lassen (§§ 316, 321, 322 HGB). Der geprüfte Jahresabschluß ist spätestens vor Ablauf des neunten Monats nach Abschlußstichtag zum Handelsregister einzureichen (§ 325 HGB). Kleine Kapitalgesellschaften haben Jahresbilanz und Anhang innerhalb von 12 Monaten seit Bilanzstichtag dem Registergericht einzureichen (§ 326 HGB).

---

32 BGBl. 1985 I, 2355.

cc) Beschränkte Mitgliedschaftsrechte

Bei den Kapitalgesellschaften nehmen die Gesellschafter ihre Rechte grundsätzlich (nur) in den Gesellschafterversammlungen wahr (§§ 46, 48 GmbHG; §§ 118–120 AktG). *998*

Das Stimmrecht richtet sich grundsätzlich nach Kapitalmehrheiten, wobei in der Regel die einfache Mehrheit entscheidet und qualifizierte Mehrheit nur in Sonderfällen erforderlich ist (§ 47 Abs. 1 GmbHG; § 133 AktG). Die Minderheit ist auf diese Weise häufig ohne Einfluß.

dd) Betriebliche Mitbestimmung

Weitere Nachteile der Kapitalgesellschaftsform können bestehen, wenn die Vorschriften des Betriebsverfassungsgesetzes oder Mitbestimmungsgesetzes eingreifen. Das Montan-Mitbestimmungsgesetz vom 21. 5. 1951 kann hier außer Betracht bleiben. *999*

Gemäß § 76 BetrVG muß der Aufsichtsrat einer AktG oder einer KGaA zu einem Drittel aus Vertretern der Arbeitnehmer bestehen. Nach § 76 Abs. 6 BetrVG besteht keine Mitbestimmungspflicht für alle seit dem 10. August 1994 eingetragenen Aktiengesellschaften, die weniger als fünfhundert Arbeitnehmer beschäftigen, darüber hinaus für ältere Aktiengesellschaften dann nicht, wenn sie das Merkmal der Familiengesellschft erfüllen. Nach der zwingenden Vorschrift des § 77 BetrVG muß auch eine GmbH, die regelmäßig mehr als 500 Arbeitnehmer beschäftigt, einen Aufsichtsrat haben, der zu einem Drittel aus Vertretern der Arbeitnehmer besteht. *1000*

Für Kapitalgesellschaften, die in der Regel mehr als 2000 Arbeitnehmer beschäftigen, gilt darüber hinaus das MitbestG. Es schreibt einen Aufsichtsrat vor, der in seiner Zusammensetzung zur Hälfte aus Arbeitnehmervertretern bestehen muß. *1001*

Das MitbestG gilt nicht nur für die Kapitalgesellschaften, sondern gem. § 4 MitbestG auch für die GmbH & Co. KG, sofern die Mehrheit der Kommanditisten zugleich auch die Mehrheit in der persönlich haftenden GmbH inne hat und die persönlich haftende GmbH nicht einen eigenen Geschäftsbetrieb mit regelmäßig mehr als 500 Arbeitnehmern betreibt. Dagegen gilt das MitbestG nicht für die Stifung & Co[33]. *1002*

---

[33] Dazu unten ⇒ Rz. 1220.

## V. Formvorschriften für die Gesellschaftsverträge

### 1. Personengesellschaften

*a) Formfreiheit*

1003 Der Gesellschaftsvertrag einer Personengesellschaft bedarf grundsätzlich keiner besonderen Form. Er kann, muß aber nicht notariell oder schriftlich geschlossen werden; ein mündlicher Abschluß, selbst ein Abschluß durch konkludentes Handeln genügt. Es muß sich nur ergeben, daß sich mehrere Personen willentlich zur Erreichung eines gemeinsamen Zwecks verbinden.

1004 Der Abschluß eines Gesellschaftsvertrages in wenigstens schriftlicher Form ist dringend zu empfehlen, um die gesellschaftsrechtlichen Ansprüche und Verpflichtungen der Gesellschafter zu präzisieren.

1005 Für das Entstehen einer Personengesellschaft ist ein Gesellschaftsvertrag unverzichtbar, in welcher Form er auch zustande gekommen sein mag. Auch die früher als „faktische" Gesellschaft bezeichnete Gesellschaft setzte einen, wenn auch fehlerhaften Vertrag voraus. Um das klarzustellen, hat der BGH die Bezeichnung „faktische Gesellschaft" fallengelassen, um die in dem Wort „faktisch" liegende Irreführung auszuschließen, und den zutreffenderen Begriff der „fehlerhaften Gesellschaft" geprägt[34].

*b) Streitige Formpflicht bei schenkweiser Aufnahme eines Gesellschafters*

1006 Wird einem Mitgesellschafter eine Personengesellschaftsbeteiligung schenkweise eingeräumt, so ist streitig, ob insoweit Formpflicht besteht[35].

*c) Formpflicht bei Grundstückseinbringung*

1007 Wird ein Grundstück eines Gesellschafters der Gesellschaft nicht nur zur Nutzung überlassen, sondern in das Gesellschaftsvermögen eingebracht, so ist die Formvorschrift des § 313 BGB zu beachten. In diesem Falle bedarf der Gesellschaftsvertrag insgesamt der notariellen Beurkundungsform, denn die Einbringung des Grundstücks in die Gesellschaft ist Gegenstand der gesellschaftsrechtlichen Beitragsleistung und damit des Gesellschaftsvertrages selbst.

1008 Auch wenn ein Unternehmen, zu welchem Grundbesitz gehört, zunächst von einer Erbengemeinschaft fortgesetzt, später aber in eine Personengesellschaft umgewandelt wird, gilt die Formpflicht des § 313 BGB, ist also notarielle Beurkundung erforderlich[36].

1009 Die Erfahrungen der Praxis lehren, daß in diesen Punkten viel gesündigt wird, weil die steuerliche Betrachtung und Behandlung die Überhand gewonnen hat.

---

34 BGHZ 11, 190 (191); Großkomm. HGB/Ulmer, § 105 HGB Rz. 327ff.; Heymann/Emmerich, § 105 HGB Rz. 69ff.; Baumbach/Hopt, § 105 HGB Rz. 77; Hueck, § 7 (S. 74, Fußnote 6); Westermann, Handbuch I, Rz. 5 und 76.

35 Dazu ⇒ Rz. 1590f.

36 KG DR 1940, 977; Palandt/Heinrichs, § 313 BGB Rz. 4.

Da Betriebsgrundstücke als notwendiges Betriebsvermögen zwangsläufig in die Steuerbilanz eingebucht werden, häufig bei kleineren und mittleren Gesellschaften aber nur steuerlich bilanziert wird, glaubt man, mit der steuerbilanzmäßigen Erfassung genug getan zu haben. Vielfach stellt sich erst nach Jahren bei Auseinandersetzungsstreitigkeiten heraus, daß in den Gesellschaftsbilanzen verzeichnete Grundstücke in Wirklichkeit der Gesellschaft gar nicht gehören und zivilrechtlich nie in das Gesellschaftsvermögen eingebracht worden sind, gleichwohl steuerlich als zum Betriebsvermögen gehörend behandelt werden.

Die Formpflicht gilt nach der Rechtsprechung und herrschenden Rechtsmei- *1010*
nung nicht bei Eintritt in eine Gesellschaft oder Ausscheiden aus einer Gesellschaft und dem damit verbundenen Abwachsen bzw. Anwachsen des Gesellschaftsvermögens[37].

*d) Formpflicht bei Einbringung eines GmbH-Geschäftsanteils*

§ 15 Abs. 3, 4 GmbHG schreibt notarielle Beurkundungsform für die Veräu- *1011*
ßerung von Geschäftsanteilen vor. Ist Gegenstand der personengesellschaftsvertraglichen Beitragsleistung ein GmbH-Geschäftsanteil, so muß der Personengesellschaftsvertrag daher notariell beurkundet werden.

*e) Einbringung des gegenwärtigen Vermögens*

Bedeutet die Beitragsleistung eines Gesellschafters nach dem Vertragswillen der *1012*
Vertragspartner die Einbringung des gegenwärtigen Vermögens des Gesellschafters oder eines Bruchteils davon, so ist nach § 311 BGB notarielle Beurkundung erforderlich. Es ist dabei darauf hinzuweisen, daß das BGB unter „Vermögen" nur die Aktiva versteht. Die Formpflicht des § 311 BGB gilt andererseits nicht, wenn Einbringungsgegenstand ein Sondervermögen ist, z.B. ein Unternehmen.

**2. Kapitalgesellschaften**

*a) GmbH*

Der Gesellschaftsvertrag einer GmbH bedarf immer der notariellen Beurkun- *1013*
dung. Er muß von sämtlichen Gesellschaftern unterzeichnet werden; Bevollmächtigte benötigen eine notariell beurkundete oder beglaubigte Vollmacht (§ 2 GmbHG).

Die Gesellschaft entsteht nicht schon mit Abschluß des Gesellschaftsvertrages, *1014*
sondern erst mit Eintragung im Handelsregister (§ 11 GmbHG).

Die Eintragung der errichteten GmbH im Handelsregister erfolgt, nachdem die *1015*
firmenrechtliche Unbedenklichkeitserklärung der zuständigen Industrie- und Handelskammer vorliegt. Bei einer GmbH mit handwerklichen Tätigkeiten ist zusätzlich die Stellungnahme der Handwerkskammer erforderlich, in den Fällen

[37] RGZ 82, 160; BGH MDR 1957, 733; BGHZ 32, 307 (315); BGH NJW 1966, 827 (828); Palandt/Heinrichs, § 313 BGB Rz. 5.

des § 34c GewO ferner die entsprechende gewerberechtliche Erlaubnis. Das Verfahren bis zum Entstehen einer GmbH kann langwierig sein.

*b) Aktiengesellschaft, KGaA*

*1016* Die Errichtung einer Aktiengesellschaft unterliegt ebenfalls besonderen Formvorschriften. Die Feststellung der Satzung bedarf der notariellen Beurkundung. Bevollmächtigte benötigen eine notariell beurkundete oder beglaubigte Vollmacht (§ 23 AktG). Der oder die Gründer haben einen schriftlichen Gründungsbericht zu erstatten (§ 32 AktG). Es hat eine Gründungsprüfung stattzufinden (§ 33 AktG). Auch die Aktiengesellschaft entsteht erst mit der Eintragung im Handelsregister (§ 41 Abs. 1 Satz 1 AktG).

## 4. Abschnitt
## Die Gesellschaftsformen im einzelnen

### I. Personengesellschaften

#### 1. Die (Außen-)Gesellschaft bürgerlichen Rechts

*a) Grundsätzliches*

*1017* Die Gesellschaft bürgerlichen Rechts gemäß §§ 705ff. BGB ist der Grundtyp aller Personengesellschaften. In ihrer Grundform ist sie als Personenverband eine nach außen in Erscheinung tretende Gesamthandsgemeinschaft.

*b) Anwendungsbereiche*

aa) Kleingewerbe

*1018* Im Rahmen von Familienunternehmen liegt die Bedeutung der Gesellschaft bürgerlichen Rechts vor allem bei kleingewerblichen Unternehmen (z.B. Handwerksbetriebe).

**Beispiele:**

Betreiben zwei Maurermeister ein Baugeschäft oder drei Friseure ein Haarstudio, so bietet sich als Personengesellschaft die Rechtsform der Gesellschaft bürgerlichen Rechts an („GbR" oder „BGB-Gesellschaft").

bb) Grundstücksgesellschaften

*1019* Eine erhebliche Bedeutung hat die Gesellschaft bürgerlichen Rechts für Personenvereinigungen, die Grundvermögen innehalten und verwalten. Die Rechtsform der reinen Bruchteilsgemeinschaft (§§ 741ff. BGB) ist regelmäßig ungeeignet, schon wegen des grundsätzlichen Anspruchs jedes Teilhabers auf jederzeitige Aufhebung der Gemeinschaft (§ 749 Abs. 1 BGB) und ggf. Teilungsversteigerung (§ 180 ZVG).

*1020* Hat ein Erblasser Grundvermögen, dessen Erhalt in der Familie gesichert und dessen Veräußerung durch die Erben zum Zwecke von Auseinandersetzung oder dessen Teilungsversteigerung verhindert werden soll, so kann zu empfehlen sein, im Wege einer vorweggenommenen Erbfolgeregelung mit den zukünftigen Erben eine Gesellschaft bürgerlichen Rechts zu errichten, deren Gesellschaftsvertrag die Liquidation des Grundbesitzes weitgehend ausschließt. Die Errichtung des Gesellschaftsvertrages einer Grundstücksgesellschaft bedarf der notariellen Beurkundung (§ 313 BGB). Die Aufnahme von Abkömmlingen als Gesellschafter ist grunderwerbsteuerfrei (§ 3 Ziff. 7 GrEStG).

Wichtig ist bei solchen Gesellschaften, bei denen Eltern ihre Kinder stufenweise beteiligen können, die Regelung des Stimmrechts und der Geschäftsführung. So können die Vermögensnachfolger zunächst von der Geschäftsführung ausgeschlossen werden. Durch regelmäßige Anpassung der Vertragsgestaltung können die Kinder schrittweise in die wirtschaftliche Verantwortung geführt werden (sog. Familienpool). *1021*

Von besonderer Bedeutung kann diese Gestaltungsmöglichkeit auch bei größeren Unternehmensvermögen im Falle der sogenannten Betriebsaufspaltung in eine Grundstücks-Besitzgesellschaft und eine Unternehmensbetriebsgesellschaft sein[38]. *1022*

cc) Freiberufliche Verbindungen

Freiberuflern stehen die Personenhandelsgesellschaften nicht zur Verfügung, weil sie kein kaufmännisches oder anderweitiges Gewerbe betreiben (Architekten, Wirtschaftsprüfer, Steuerberater, Rechtsanwälte, Ärzte). Bei ihnen müssen außerdem die standesrechtlichen Beschränkungen beachtet werden, die Zusammenschlüsse mit Nichtberufsangehörigen ausschließen. *1023*

Ein Anwalt kann eine GbR (Sozietät) nur mit einem Anwalt, Wirtschaftsprüfer oder Steuerberater eingehen. Der Erblasser, der Anwalt ist, kann zum Erhalt seiner Praxis seinen Sohn oder seine Tochter als Gesellschafter aufnehmen, sofern diese Anwälte (oder Wirtschaftsprüfer, Steuerberater) sind. Er kann ihm nahestehende Personen dann nicht beteiligen, wenn diese nicht über die entsprechende berufliche Qualifikation verfügen.

dd) Land- und Forstwirte

Auch Land- und Forstwirten stehen die Personenhandelsgesellschaften nach Maßgabe des § 3 HGB zur Verfügung, da sie kein kaufmännisches Gewerbe betreiben. *1024*

ee) Kapitalgesellschaftsbeteiligungen

Gegenstand einer GbR kann auch die gemeinschaftliche Innehaltung und Verwaltung von Wertpapiervermögen, Geschäftsanteilen an einer GmbH oder Aktien einer AG sein. Mit der Errichtung einer solchen GbR kann der Beteiligungs- *1025*

---

[38] S. unten ⇒ Rz. 1551 ff.

besitz an einer Kapitalgesellschaft im Familieninteresse gebunden werden, z.B. um im Interesse der Familie das Gewicht des Beteiligungspakets zu erhalten.

*c) Vertragsfreiheit*

1026 Für gesellschaftsrechtliche Zusammenschlüsse nichtkaufmännischer Unternehmen bietet die Rechtsform der GbR ein hohes Maß an vertraglicher Gestaltungsfreiheit an. Da die gesetzlichen Bestimmungen der §§ 705ff. BGB überwiegend nachgiebiges Recht enthalten[39], kann die Gestaltung weitgehend den individuellen Wünschen angepaßt werden.

*d) Keine Firma*

1027 Gesellschaften bürgerlichen Rechts können keine Firma im Rechtssinne führen (§ 4 Abs. 1 HGB), sondern nur eine Etikettbezeichnung. Insbesondere können sie nicht wie die Personenhandelsgesellschaften unter gemeinsamer Firma Träger von Rechten und Pflichten sein (vgl. § 124 HGB).

In der Praxis wird von der GbR häufig eine gemeinsame, firmenartige Bezeichnung geführt. Diese ist als Geschäftsbezeichnung zulässig, jedoch handelt es sich nicht um eine „Firma" im Rechtssinne. Der Erwerb von Rechten und die Eingehung von Verpflichtungen müssen unter den bürgerlichen Namen der Gesellschafter erfolgen; auch im Grundbuch können als Eigentümer nur die Gesellschafter unter ihrem Namen im Beteiligungsverhältnis „in Gesellschaft bürgerlichen Rechts" eingetragen werden[40].

*e) Geschäftsführung und Vertretung*

1028 Bei den Personengesellschaften ist das Innenverhältnis zwischen den Gesellschaftern und das Außenverhältnis zu Dritten zu unterscheiden. Die Geschäftsführung betrifft das Innenverhältnis der Gesellschafter zueinander (§ 709 BGB), die Vertretung das Außenverhältnis (§ 714 BGB).

1029 Eine „gesetzliche" oder „organschaftliche" Vertretung der GbR sieht unsere Rechtsordnung nicht vor. Grundsätzlich steht die Führung der Geschäfte der Gesellschaft den Gesellschaftern gemeinschaftlich zu; für jedes Geschäft ist die Zustimmung aller Gesellschafter erforderlich (§ 709 Abs. 1 BGB). Jedoch kann der Gesellschaftsvertrag die Geschäftsführung einem oder mehreren Gesellschaftern übertragen (§ 710 BGB). Ist das geschehen, so sind die zur Geschäftsführung befugten Gesellschafter im Zweifel auch ermächtigt, die anderen Gesellschafter Dritten gegenüber zu vertreten (§ 714 BGB). Es handelt sich bei dieser Vertretungsmacht aber um eine rechtsgeschäftliche, durch den Gesellschaftsvertrag geschaffene Vollmacht. Die Vertretungshandlung muß – mangels Zulässigkeit des Handelns unter gemeinsamer Firma – im Namen aller Gesellschafter erfolgen.

---

39 Oben ⇒ Rz. 982.

40 OLG Stuttgart NJW 1987, 1709; Karsten Schmidt, DB 1987, 1181ff.; Bokelmann, NJW 1987, 1683ff.

*f) Haftung der Gesellschafter*

Für die im Namen einer GbR begründeten Verpflichtungen haften die Gesellschafter kraft Gesetzes auch persönlich[41]. 1030

Die Haftung der Gesellschafter einer GbR kann gesellschaftsvertraglich unter 1031
bestimmten Bedingungen auf das Gesellschaftsvermögen beschränkt, demnach die unbeschränkte persönliche Haftung der Gesellschafter für Verbindlichkeiten der Gesellschaft ausgeschlossen werden. Voraussetzung ist zweierlei:

- Die Beschränkung der rechtsgeschäftlichen Vertretungsmacht der vertretungsberechtigten Gesellschafter auf Verpflichtung nur des Gesellschaftsvermögens;
- eine Vereinbarung dieser Beschränkung der Vertretungsmacht mit den Vertragspartnern. Eine allgemeine Kenntlichmachung, wie ein haftungsbeschränkender Namenszusatz oder ein allgemeiner Hinweis reichen zur Haftungsbeschränkung nicht aus. Vielmehr muß die persönliche Haftung der Gesellschafter durch eine individualvertragliche Vereinbarung ausgeschlossen werden[42].

Eine solche Haftungsbeschränkung gilt nicht für Steuerforderungen, da diese 1032
auf Gesetz und nicht auf Rechtsgeschäften der geschäftsführenden, vertretungsberechtigten Gesellschafter beruhen[43].

Scheidet ein Gesellschafter aus der Gesellschaft bürgerlichen Rechts aus, so gel- 1033
ten nach § 736 Abs. 2 BGB die für Personenhandelsgesellschaften geltenden Regelungen über die Begrenzung der Nachhaftung sinngemäß. Nach § 160 Abs. 1 HGB haftet ein Gesellschafter, der aus der Gesellschaft aussscheidet, für alle bis bis dahin begründeten Gesellschaftsschulden, wenn sie vor Ablauf von fünf Jahren nach dem Ausscheiden fällig geworden und die Ansprüche gegen ihn gerichtlich geltend gemacht worden sind. Da das Ausscheiden eines BGB-Gesellschafters in keinem Register veröffentlicht wird, kann man als Zeitpunkt nur auf die Kenntnis des einzelnen Gläubigers vom Ausscheiden des BGB-Gesellschafters abstellen[44]. Dies führt zu dem mißlichen Ergebnis, daß die Ausschlußfristen bei allen Gläubigern zu unterschiedlichen Zeiten beginnen[45].

*g) Gesellschafterwechsel*

Der BGB-Gesellschaftsanteil ist grds. nicht frei übertragbar. Ein Gesellschaf- 1034
terwechsel kann durch Abtretung von dem Altgesellschafter auf den Neugesellschafter dann erfolgen[46], wenn der Gesellschaftsvertrag dies zuläßt oder alle übrigen Gesellschafter der Übertragung zustimmen[47]. Der Eintretende haftet mit

---

41 „Akzessorietätslehre", vgl. Karsten Schmidt, Gesellschaftsrecht (3. Aufl.), § 49 II 3.; jetzt auch Ulmer, ZIP 1999, 554 m.w.N.

42 BGHZ 142, 315.

43 BFH BStBl. 1990 II, 939 = NJW 1990, 3294 (abweichend Vorinstanz FG Bremen EFG 1989, 153).

44 BGH DB 1992, 982 = GmbHR 1992, 613.

45 Dazu Seibert DB 1994, 461, 464.

46 RG DNotZ 1944, 195.

47 MünchHdb. GesR I/Piehler § 13 Rz. 59ff.

seinem privaten Vermögen grds. nicht für die bei Eintritt bestehenden Verbindlichkeiten, da in den §§ 705ff. BGB eine dem § 130 HGB entsprechende Vorschrift fehlt[48].

*h) Kündigung*

1035 Nach der (nachgiebigen) Regelung des § 723 BGB kann jeder Gesellschafter die GbR **jederzeit** kündigen. Die gesetzlichen Kündigungsrechte sind in der Regel untragbar. Vertragsdauer und Kündigungsfristen müssen gesellschaftsvertraglich bestimmt werden.

1036 Zwingend ist die Vorschrift des § 723 Abs. 3 BGB, nach welcher das Kündigungsrecht nicht ausgeschlossen oder unzulässig beschränkt werden darf. Unzulässige Beschränkungen können in Belastungen mit Austritts-, Abfindungszahlungen, Vertragsstrafen, auch ungenügender Abfindung im Fall des Ausscheidens liegen[49].

1037 Eine Personengesellschaft kann nicht auf Lebenszeit eines Gesellschafters eingegangen werden. Bei Vorliegen einer solchen Regelung gilt die Gesellschaft als für unbestimmte Zeit geschlossen (§ 724 BGB, § 134 HGB). Die Vorschrift des § 724 BGB ist zwingend.

1038 Ein Hinauskündigungsrecht ohne sachlichen Grund kann im Gesellschaftsvertrag nicht vereinbart werden[50].

*i) Tod eines Gesellschafters*

aa) Allgemeines

1039 Da der Erbe oder die Erben in die Rechtsposition des Erblassers einrücken, müssen sie diese Rechtsposition mit allen bestehenden Bindungen, Beschränkungen und Verpflichtungen hinnehmen, die der Gesellschaftsvertrag vorschreibt[51]. Daher richtet sich die Vererblichkeit eines BGB-Gesellschaftsanteils zunächst nach dem Gesellschaftsvertrag und dem Gesellschaftsrecht.

1040 Die Erben haften wie der Erblasser gesamtschuldnerisch für die Schulden der Gesellschaft. Die Erben können ihre Haftung aber für alle Verbindlichkeiten nach den allgemeinen erbrechtlichen Regeln beschränken (§§ 1967, 1975 BGB).

bb) Gesetzliche Folgen des Todes eines Gesellschafters

1041 Das Gesetz hat die Rechtsfolgen beim Tod eines GbR-Gesellschafters nicht im Verbandsinteresse der Gesellschaft, sondern im persönlichen Beteiligungsinteres-

[48] MünchHdb. GesR I/Gummert § 12 Rz. 37.

[49] RGZ 162, 388 (393); BGH NJW 1973, 651 (652); WM 1984, 1506; OLG Hamburg DB 1993, 1667.

[50] BGHZ 81, 263; 105, 213; 107, 351.

[51] Insofern ist die These Marotzkes zutreffend, daß die Mitgliedschaft in einer OHG vererblich ist; vgl. Staudinger/Marotzke [1994] § 1922 Rz. 169ff. m.w.N. auch der Gegenansichten.

se der Gesellschafter gelöst[52]. Die Mitgliedschaft einer BGB-Gesellschaft ist nach § 727 BGB grds. nicht vererblich. Die gesetzlichen Bestimmungen des BGB sehen vor, daß die Gesellschaft beim Tod eines Gesellschafters aufgelöst wird, sofern sich nicht aus dem Gesellschaftsvertrag etwas anderes ergibt (§ 727 BGB). Diese – gesellschaftsvertraglich abdingbare – Auflösung erfolgt automatisch mit dem Tode, ohne daß es irgendwelcher Erklärungen der Mitgesellschafter oder Erben bedarf. Mit der kraft Todesfalls eines Gesellschafters eintretenden Auflösung wird die Gesellschaft zur Liquidationsgesellschaft. Da mit der Auflösung der Gesellschaft deren bisheriger werbender Zweck endet und der Gesellschaftszweck nunmehr nur noch auf Liquidation gerichtet ist, könnte es bei der erbrechtlichen Folge verbleiben, daß der Alleinerbe oder mehrere Erben in Erbengemeinschaft Teilhaber der Liquidationsgesellschaft werden[53]. Die Liquidationsgesellschafter haben das Gesellschaftsvermögen nach Maßgabe der §§ 730ff. BGB auseinanderzusetzen. Die vermögensmäßige Beteiligung des Erblassers an der BGB-Gesellschaft geht daher auf seine Erben über[54].

Der Erbe wird mit dem Erbanfall Liquidationsgesellschafter (§§ 727ff. BGB). *1042* Bei mehreren Erben ist die Erbengemeinschaft Liquidationsgesellschafter[55]. Der Gesellschaftsanteil des verstorbenen Gesellschafters bleibt in der Liquidationsgesellschaft ungeteilt. Die Miterben haben zur Ausübung ihrer Rechte einen gemeinsamen Vertreter zu bestellen.

Die Liquidationsgesellschafter können – einstimmig – die Fortsetzung der Ge- *1043* sellschaft beschließen[56]. Damit hängt die Fortsetzung aber vom Wohlwollen jedes einzelnen Gesellschafters ab.

cc) Gesellschaftsvertraglich geregelte Folgen des Todes eines Gesellschafters

(1) Allgemeines

Das gesetzliche Modell ist nicht interessengerecht, wenn der Gesellschafts- *1044* zweck über den Tod eines Gesellschafters hinaus fortgesetzt werden soll oder umfangreiches Gesellschaftsvermögen vorhanden ist. Zahlreiche BGB-Gesellschaften verfügen über umfangreiches Vermögen und/oder sind auf einen dauerhaften Zweck angelegt, der nicht vom mehr oder weniger zufälligen Tod eines Gesellschafters abhängig sein soll. Das Verbandsinteresse wird von den beteiligten Gesellschaftern höher eingestuft als das potentielle Abfindungsinteresse der Vermögensnachfolger eines Gesellschafters. Als Lösungen sind in der Praxis eine Reihe von Gestaltungsmöglichkeiten entwickelt worden, die wegen der jeweils

52 Kritisch Karsten Schmidt, DB 1998, 61, 65.

53 RGZ 106, 63 (65); Großkommentar zum HGB/Ulmer, § 131 HGB Rz. 92f.; Schlegelberger/Geßler, § 131 HGB Rz. 23; Westermann, Handbuch I Rz. 612; Heymann/Emmerich, § 131 HGB Rz. 19; Baumbach/Hopt, § 131 HGB Rz. 19; Hueck, § 23 II 4 (S. 345); Lange/Kuchinke, § 5 VI 2 (S. 119); Kipp/Coing, § 91 IV 8 a) (S. 507).

54 Mayr, ZEV 1996, 321, 322; Langenfeld, Die Gesellschaft bürgerlichen Rechts, 39.

55 BGH NJW 1982, 170f.; MünchHdb. GesR I/Klein § 14 Rz. 6.

56 Zöller, MittRhNotK 1999, 121, 124.

notwendigen Abstimmung zwischen Erbrecht und Gesellschaftsrecht nur von beider Rechtsmaterien kundigen Beratern formuliert werden sollten.

(2) Fortsetzungsklausel unter Ausschluß der Erben ohne Abfindung

*1045* Im Gesellschaftsvertrag kann vereinbart werden, daß die Gesellschaft beim Tod eines Gesellschafters nicht aufgelöst, sondern von den überlebenden Gesellschaftern unter Ausschluß und ohne Abfindung der Erben fortgeführt wird (einfache Fortsetzungsklausel)[57]. Eine solche Fortsetzungsklausel läßt das Gesetz (§ 736 BGB) ausdrücklich zu. Rechtsfolge einer einfachen Fortsetzungsklausel ist, daß der Gesellschaftsanteil des verstorbenen Gesellschafters den übrigen Gesellschaftern anwächst (§ 738 Abs. 1 Satz 1 BGB), aufgrund gesellschaftsvertraglicher Vereinbarung, nicht aufgrund einer Erbfolge. Die verbleibenden Gesellschafter werden – am Erbrecht vorbei – Rechtsnachfolger des Gesellschaftsanteils. Die Erben haben nach § 738 Abs. 1 Satz 2 BGB einen Anspruch auf Befreiung von den Gesellschaftsverbindlichkeiten.

*1046* Fehlt eine entsprechende Fortsetzungsklausel, so können alle Gesellschafter der Liquidationsgesellschaft – also alle Erben im Namen der Erbengemeinschaft – durch einstimmigen Beschluß die Gesellschaft fortsetzen, solange die Liquidation noch nicht abgeschlossen ist. Dadurch wird die Liquidationsgesellschaft wieder in eine werbende Gesellschaft umgewandelt. Die Erben werden dann jedoch jeweils einzeln, nicht als Erbengemeinschaft, Gesellschafter dieser werbenden Personengesellschaft[58].

*1047* Ist eine solche Vereinbarung zu Gunsten und zu Lasten aller Gesellschafter getroffen, so liegt grundsätzlich ein synallagmatisches Rechtsgeschäft, mit gegenseitiger Leistungsverpflichtung vor, dem ein aleatorisches Element innewohnt (es hängt vom Zufall ab, welcher Gesellschafter zuerst verstirbt). Die gegenseitige Leistungsverpflichtung wird nur bei besonderen Umständen abzulehnen sein (z.B. tödliche Krankheit eines Gesellschafters im Zeitpunkt des Vertragsabschlusses). Daß es sich um ein synallagmatisches, entgeltliches Rechtsgeschäft handelt, hat zivilrechtliche Folgen. Die Entgeltlichkeit ist im Hinblick auf Pflichtteilsergänzungsansprüche von Bedeutung, die nur bei unentgeltlichen Verfügungen des Erblassers entstehen.

*1048* Eine Fortsetzungsklausel ohne Abfindung der Erben ist regelmäßig nur bei Gesellschaften mit geringer Eigenkapitalquote zu empfehlen, z.B. wenn das „Gesellschaftskapital“ in erster Linie im „Know-How“, in den Kenntnissen und Fähigkeiten der Gesellschafter besteht. Der Nachteil der einfachen Fortsetzungsklausel liegt darin, daß sie zur Reduzierung des Gesellschafterbestandes und damit letztlich zur Einpersonengesellschaft[59] führt.

---

57 BGHZ 22, 186, 194; 98, 48, 56.
58 Großkomm. HGB/Ulmer § 131 Rz. 94.
59 Dazu Baumann, BB 1998, 225ff.

(3) Fortsetzungsklausel unter Ausschluß der Erben mit Abfindung

Der Gesellschaftsvertrag kann bestimmen, daß die Gesellschaft beim Tod eines Gesellschafters zwar nur mit den verbleibenden Gesellschaftern fortgesetzt wird, den Erben aber ein Abfindungsanspruch zusteht. Eine solche gesellschaftsvertragliche Regelung entspricht den seit dem 1. 7. 1998 geltenden gesetzlichen Bestimmungen zur OHG[60]. Der kraft Gesetzes entstehende Abfindungsanspruch fällt in den Nachlaß und steht im Falle einer Erbenmehrheit der Erbengemeinschaft zu. Auch insoweit ergeben sich aus dem Gesellschaftsrecht gegenüber den erbrechtlichen Folgen keine Besonderheiten. Eine vollwertige Abfindung der weichenden Erben richtet sich nach §§ 738ff. BGB. Im Gesellschaftsvertrag kann aber eine geringere Abfindung vereinbart werden. Die Regelung der Höhe der Abfindung der weichenden Erben unterliegt nicht denselben gesellschaftsrechtlichen Schranken wie die Abfindungsregelungen bei Kündigung eines Gesellschafters[61], da es jedem Gesellschafter freistehen muß, im Falle seines Todes auf Abfindungsansprüche zu Lasten seiner Erben und zu Gunsten der Gesellschaft zu verzichten[62]. 1049

(4) Gesellschaftsvertragliche Nachfolgeklauseln[63]

§ 727 BGB läßt ausdrücklich zu, daß der Gesellschaftsvertrag entgegen der gesetzlichen Regelung Nachfolgeklauseln enthält, womit gesellschaftsrechtlich Einfluß auf die Auswahl der Nachfolger genommen werden kann. 1050

*j) Ausscheiden eines Gesellschafters*

Folge der Kündigung, des Todes, wie auch der Insolvenz eines Gesellschafters (§ 728 BGB) ist grundsätzlich die Auflösung der Gesellschaft. § 736 BGB ermöglicht die Verhinderung der Auflösung durch die gesellschaftsvertragliche Vereinbarung, daß ein Gesellschafter, der kündigt, stirbt oder insolvent wird, aus der Gesellschaft ausscheidet, und die übrigen Gesellschafter die Gesellschaft fortsetzen (Fortsetzungsklausel im Gesellschaftsvertrag). 1051

Die Fortsetzungsklausel ist auch möglich für eine aus nur zwei Gesellschaftern bestehende GbR. Die Gesellschaft wird dann zwar aufgelöst, da die Gesellschaft zwei Gesellschafter voraussetzt. Die gesellschaftsvertragliche Ausscheidensregelung bedeutet die Vereinbarung eines Übernahmerechts durch den verbleibenden Gesellschafter. Seine Ausübung beendet die Gesellschaft ohne Liquidation. Das Gesellschaftsvermögen wächst dem Übernehmenden gemäß § 738 BGB an[64]. 1052

---

60 Dazu ⇒ Rz. 1103.

61 Vgl. dazu auch Reimann, DNotZ 1992, 472, 487.

62 Ebenso Reimann, ZEV 1994, 7ff.

63 Einzelheiten unten ⇒ Rz. 1104.

64 OLG Celle, MDR 1978, 846; vgl. BGH 32, 307 (317); NJW 1966, 827; MünchKomm/Ulmer, § 736 BGB Rz. 6; Palandt/Thomas, § 736 BGB Rz. 3.

*k) Abfindung der Erben*

1053 Scheiden die Erben mit dem Tod eines Gesellschafters aus der Gesellschaft aus, so richtet sich – sofern eine Abfindung nicht ausgeschlossen ist oder eine anderweitige Abfindung gesellschaftsvertraglich vereinbart ist – der Abfindungsanspruch nach der Höhe des wirklichen Wertes der Beteiligung unter Berücksichtigung aller schwebenden Geschäfte, der stillen Reserven und eines eventuellen Firmenwertes.

*l) Abfindung eines ausscheidenden Gesellschafters*

1054 Die Vorschriften der §§ 738–740 BGB sehen eine vollwertige Abfindung ausscheidender Gesellschafter vor, also unter Berücksichtigung aller stillen Reserven und unter Beteiligung am Ergebnis schwebender Geschäfte. Von gemeinschaftlichen Verpflichtungen ist der ausscheidende Gesellschafter zu befreien; soweit sie noch nicht fällig sind, kann statt Befreiung Sicherheit geleistet werden.

Diese Regelungen, die mit seinem Eintritt auch für den Vermögensnachfolger gelten, sind unpraktikabel. Im Gesellschaftsvertrag müssen genauere Abfindungsbestimmungen[65] getroffen werden, sowohl was die Höhe der Abfindung, die Beteiligung am Ergebnis schwebender Geschäfte, die Schuldenbefreiung und Sicherheitsleistung als auch die Zahlungsmodalitäten angeht[66].

## 2. Offene Handelsgesellschaft

*a) Begriff, Gegenstand*

1055 Die offene Handelsgesellschaft (OHG) setzt wie die GbR die Personenverbindung zur Verfolgung eines gemeinsamen Zwecks voraus.

1056 Dieser gemeinsame Zweck muß der „Betrieb eines Handelsgewerbes“ sein, also eines vollkaufmännischen Unternehmens im Sinne der Vornahme von Geschäften gleicher Art in planmäßig fortgesetztem Zusammenhang.

Die OHG ist niemals Gelegenheitsgesellschaft; das unterscheidet sie ebenfalls von der GbR[67].

1057 Zum Wesen der OHG gehört weiter, daß der Betrieb des Handelsgewerbes „unter gemeinschaftlicher Firma“ erfolgt. Firma ist der Name, unter dem die Gesellschaft ihre Geschäfte betreibt und auftritt[68].

1058 Ein weiteres zwingendes Merkmal der OHG ist, daß die Haftung gegenüber den Gesellschaftsgläubigern bei keinem der Gesellschafter beschränkt sein darf; alle Gesellschafter müssen also unbeschränkt mit ihrem gesamten – auch privaten – Vermögen haften (§ 105 Abs. 1 HGB) .

1059 Die OHG kann aus einer GbR entstehen und sich auch umgekehrt in eine GbR verwandeln, ohne daß die Identität der Gesellschaft verändert wird und ohne daß

---

65 Ausführlich dazu Sigle, ZGR 1999, 659; Zöller, MittRhNotK 1999, 121, 128ff.

66 Dazu D. Mayer, MittBayNot 1992, 1ff., 3ff. und unten ⇒ Rz. 1124ff.

67 Großkomm. HGB/Ulmer, § 105 HGB Rz. 46.

68 Im einzelnen ⇒ Rz. 1066.

es einer Umwandlung der Gesellschaftsform bedarf. Es ist nicht einmal notwendig, daß die Gesellschafter die Gesellschaft als OHG bezeichnen. Die Personengesellschaft ist bereits dann OHG, wenn sie die gesetzlichen Merkmale der OHG erfüllt. Ist das betriebene Gewerbe nur ein minderkaufmännisches, so kann die Gesellschaft nur GbR sein. Erreicht der Geschäftsumfang den eines vollkaufmännischen Handelsgewerbes, so wird die Gesellschaft OHG. Sinkt der Geschäftsumfang der OHG vom vollkaufmännischen Handelsgewerbe wieder zu einem minderkaufmännischen Gewerbe herab, so wird aus der OHG erneut eine GbR.

*b) Anwendungsbereich*

Der Betrieb eines Handelsgewerbes unter gemeinsamer Firma im Rahmen einer auf Dauer angelegten Gesellschaft, bei der alle Gesellschafter unbeschränkt haften, setzt ein enges Vertrauen zwischen den Gesellschaftern voraus. In keiner Gesellschaftsform kommt es in einem solchen Maß auf die Vertrauensgrundlage zwischen den Gesellschaftern an wie bei der OHG[69]. Der BGH bezeichnet die OHG in ihrem gesetzlichen Typus als „Arbeits- und Haftungsgemeinschaft"[70]. Die enge personale Verknüpfung der Gesellschafter in Verbindung mit ihrer unbeschränkten persönlichen Haftung zieht dem Anwendungsbereich der OHG Grenzen. Sachgerecht ist die Anwendung der Rechtsform der OHG nur, wenn 1060

- der Kreis der Gesellschafter klein ist und dementsprechend das personale Band zwischen den Gesellschaftern eng sein kann,
- alle Gesellschafter, wenn auch möglicherweise in unterschiedlichem Umfang, aktiv an der Verwirklichung des gemeinsamen Zwecks der Gesellschaft – dem Betrieb des Handelsgewerbes – mitwirken. Das bedeutet nicht, daß alle Gesellschafter Geschäftsführer und Vertreter der Gesellschaft sein müssen. Der nicht an Geschäftsführung und Vertretung der Gesellschaft beteiligte Gesellschafter sollte aber nicht nur Kapitalgeber sein, sondern, aktiv an der Förderung des Gesellschaftszwecks beteiligt sein, und sei es auch nur, indem er mit der unbeschränkten Haftung den Kredit der Gesellschaft erweitert.

Soll ein Gesellschafter von Geschäftsführung und Vertretung ausgeschlossen sein und nur eine Kapitaleinlage zur Verfügung stellen, ist es grds. unangemessen, ihn unbeschränkt haften zu lassen. In einem solchen Fall ist nicht die OHG, sondern die Rechtsform der Kommanditgesellschaft zu empfehlen. Dasselbe gilt bei einem großem Kreis von Gesellschaftern, die nicht alle an der Geschäftsführung und Vertretung der Gesellschaft beteiligt sein können. 1061

*c) Gesellschafter*

Gesellschafter der OHG können sowohl natürliche als auch juristische Personen (Kapitalgesellschaften) sein. Daher kann auch in einer OHG, die Haftung einer natürlichen Person ausgeschlossen sein. 1062

---

69 BGHZ 4, 108 (113); Großkomm. HGB/Ulmer, § 105 HGB Rz. 39.
70 BGHZ 38, 306 (312).

**Beispiel:**
Zwei GmbH gründen eine OHG.

Auch Personenhandelsgesellschaften (OHG, KG) (vgl. § 130a HGB) sind als Gesellschafter einer OHG zulässig[71]. Es spricht vieles dafür, daß sich auch eine GbR an einer Personengesellschaft als Gesellschafter beteiligen kann.

1063 Gesellschafter einer OHG können nicht sein eine Stille Gesellschaft (da sie Innengesellschaft ist und nur der Außengesellschafter in Erscheinung tritt), eine Erbengemeinschaft, ein nicht rechtsfähiger Verein, eine allgemeine oder fortgesetzte Gütergemeinschaft[72].

1064 Andererseits kann ein Gesellschafter Treuhänder für einen oder mehrere Treugeber sein. Allein der Treuhänder ist in diesem Fall Gesellschafter und Träger aller Rechte und Pflichten aus dem Gesellschaftsvertrag. Der Treuhänder handelt auch nicht als Vertreter des Treugebers, also nicht in dessen Namen, sondern nur nach seinen Weisungen auf seine Rechnung[73].

1065 Ein Minderjähriger bedarf zum Abschluß eines Gesellschaftsvertrages der vormundschaftsgerichtlichen Genehmigung (§ 1822 Ziff. 3 BGB), und zwar auch dann, wenn er durch seine Eltern vertreten wird (§ 1643 Abs. 1 BGB)[74].

*d) Firma*

1066 Die Firma einer OHG muß – auch wenn sie neu gegründet wird – nicht mehr den Namen wenigstens eines der Gesellschafter enthalten. Nach § 18 HGB muß die Firma zur Kennzeichnung geeignet sein und darf keine irreführenden Angaben enthalten. Die Firma muß, auch wenn sie nach den §§ 21, 22, 24 HGB oder nach anderen gesetzlichen Vorschriften fortgeführt wird, gem. § 19 Abs. 1 Ziff. 2 HGB die Bezeichnung „offene Handelsgesellschaft“ oder eine allgemein verständliche Abkürzung dieser Bezeichnung enthalten.

*e) Wettbewerbsverbot*

1067 Die Gesellschafter der OHG unterliegen dem gesetzlichen Wettbewerbsverbot des § 112 HGB. Dieses Wettbewerbsverbot steht nicht im Widerspruch zur zwingenden kartellrechtlichen Vorschrift des § 1 GWB[75].

---

[71] Großkomm. HGB/Ulmer, § 105 HGB Rz. 94; Hueck, § 2 3 a) (S. 22); Schlegelberger/Geßler, § 105 HGB Rz. 27; Heymann/Emmerich, § 105 HGB Rz. 45; Baumbach/Hopt, § 105 HGB Rz. 28; Westermann, Handbuch I, Rz. 118.

[72] Großkomm. HGB/Ulmer, § 105 HGB Rz. 96ff.; Heymann/Emmerich, § 105 HGB Rz. 46; Hueck, a.a.O., § 2 3 b)–e) (S. 23f.); Westermann, Handbuch I, Rz. 119ff.; Baumbach/Hopt, § 105 HGB Rz. 29; für Erbengemeinschaft BGHZ 22, 186 (192); 58, 316 (317); BGH NJW 1983, 2376 (2377).

[73] BGHZ 10, 44 (49); Großkomm. HGB/Ulmer, § 105 HGB Rz. 102ff.; Heymann/Emmerich, § 105 HGB Rz. 47ff.; Hueck a.a.O., § 2 4 (S. 25); Westermann, a.a.O., Rz. 113ff.; Schlegelberger/Geßler, § 105 HGB Rz. 23; Baumbach/Hopt, § 105 HGB Rz. 31.

[74] Zur Vertretungsverhinderung der Eltern oder des Vormunds, wenn diese selbst Gesellschafter sind, s. oben ⇒ Rz. 828ff.

[75] BGH WM 1978, 320 (321f.).

*f) Geschäftsführung*

Bei den Personengesellschaften ist das Innenverhältnis zwischen den Gesellschaftern und das Außenverhältnis zu Dritten zu unterscheiden. 1068

Die Geschäftsführung betrifft das Innenverhältnis der Gesellschafter zueinander. Grundsätzlich sind gemäß § 114 HGB alle Gesellschafter zur Geschäftsführung berechtigt und verpflichtet. Einzelne Gesellschafter können von der Geschäftsführung ausgeschlossen sein (§ 114 Abs. 2 HGB).

Grundsätzlich besteht Einzelgeschäftsführungsbefugnis mit Widerspruchsrecht der anderen geschäftsführenden Gesellschafter (§ 115 Abs. 1 HGB). Jedoch kann Gesamtgeschäftsführung gesellschaftsvertraglich vereinbart werden (§ 115 Abs. 2 HGB). 1069

Die Geschäftsführungsbefugnis deckt nur die gewöhnlichen Handelsgeschäfte der Gesellschaft; außergewöhnliche Geschäfte bedürfen eines Gesellschafterbeschlusses (§ 116 Abs. 1, 2 HGB)[76]. 1070

*g) Vertretung*

Zur Vertretung der Gesellschaft ist grundsätzlich jeder Gesellschafter berechtigt, sofern er nicht durch Gesellschaftsvertrag von der Vertretung ausgeschlossen ist. Die gesetzliche Regelung sieht Einzelvertretungsmacht vor (§ 125 Abs. 1 HGB). Gesamtvertretung kann gesellschaftsvertraglich vereinbart werden (§ 125 Abs. 2 HGB). 1071

Die Vertretungsmacht erstreckt sich auf alle gerichtlichen und außergerichtlichen Geschäfte und Rechtshandlungen. Diese gesetzliche Vertretungsmacht kann Dritten gegenüber nicht beschränkt werden (§ 126 Abs. 1, 2 HGB). 1072

Die gesetzliche Regelung entspricht der regelmäßigen Interessenlage. Da die OHG eine auf einem engen Vertrauensverhältnis der Gesellschafter beruhende Arbeits- und Haftungsgemeinschaft ist, sollte sie als Rechtsform nur verwandt werden, wenn alle Gesellschafter auch an Geschäftsführung und Vertretung mitwirken. Die notwendige Beweglichkeit in Geschäftsführung und Vertretung läßt regelmäßig die Einzelgeschäftsführung und -vertretung als zweckmäßig erscheinen. Sollen einzelne Gesellschafter von Geschäftsführung und Vertretung ausgeschlossen sein und stellt ihre unbeschränkte persönliche Haftung nicht einen wesentlichen Beitrag zur Förderung des Gesellschaftszwecks dar, so ist für sie die Rechtsstellung eines Kommanditisten angemessener. Grundsätzlich ist es unzumutbar, einen an Geschäftsführung und Vertretung nicht beteiligten Gesellschafter für Geschäftsführungs- und Vertretungshandlungen der anderen unbeschränkt haften zu lassen. 1073

*h) Gesellschafterbeschlüsse*

Grundsätzlich müssen an der Beschlußfassung alle Gesellschafter mitwirken. Die wirksame Beschlußfassung bedarf der Einstimmigkeit (§ 119 Abs. 1 HGB). 1074

---

[76] Dazu unten ⇒ Rz. 1074ff.

An dieser gesetzlichen Bestimmung zeigt sich die enge personale Vertrauensgrundlage der OHG.

1075 Der Gesellschaftsvertrag kann aber in Abweichung von der gesetzlichen Regelung die Beschlußfassung durch Stimmenmehrheit zulassen. Die Mehrheit der Stimmen wird im Zweifel nicht nach Kapitalanteilen, sondern nach der Zahl der Gesellschafter berechnet (§ 119 Abs. 2 HGB).

1076 Werden gesellschaftsvertraglich Mehrheitsbeschlußfassungen zugelassen, so kann auch bestimmt werden, daß der Gesellschaftsvertrag mit Stimmenmehrheit geändert werden kann. Die Ermöglichung von Gesellschaftsvertragsänderungen hat Grenzen:

- Es darf kein Eingriff in den „Kernbereich" der Gesellschafterpositionen[77], insbesondere kein rückwirkender Entzug erworbener Rechte erfolgen,
- bei Vertragsänderungen mit ungewöhnlichem Inhalt muß sich der Beschlußgegenstand unzweideutig aus dem Gesellschaftsvertrag ergeben (Bestimmtheitsgrundsatz)[78].

1077 Die gesetzliche Regelung des § 119 HGB erweist sich in der Praxis als zu schwerfällig und unpraktikabel. Das gilt sowohl für das Prinzip der Einstimmigkeit als auch die Berechnung der Mehrheit der Stimmen nach Köpfen. Daher wird meist vom Einstimmigkeitsprinzip abgewichen und die Berechnung der Stimmenmehrheit nach Kapitalanteilen bestimmt, wobei die Kapitalanteile fixiert werden. Das Einstimmigkeitspostulat kann die Gesellschaft in notwendigen, wenn auch außergewöhnlichen Entscheidungen lähmen. Wie weit man bei der Auflockerung des Einstimmigkeitsprinzips gehen kann, ist eine Frage der Interessenlage des Einzelfalls und auch des vorhandenen Vertrauens. Wenn sich auch meist das Abgehen vom Einstimmigkeitsprinzip als notwendig und zweckmäßig erweist, so muß die Handhabung der Möglichkeit des Überstimmens einer Minderheit wegen des Erhalts des notwendigen Vertrauens doch sehr behutsam erfolgen.

1078 Gesellschafterbeschlüsse innerhalb der OHG haben vor allem die Vornahme außergewöhnlicher Geschäfte zum Gegenstand (§ 116 Abs. 2 HGB). Der Beschlußfassung der Gesellschafter unterliegen aber auch Änderungen des Gesellschaftsvertrages sowie die Auflösung der Gesellschaft (§ 131 Ziff. 2 HGB).

*i) Buchführung und Jahresabschluß*

1079 Für die OHG gelten die Bestimmungen des Ersten Abschnitts (§§ 238 bis 263 HGB), denen alle Kaufleute unterliegen. Diese enthalten genauere Vorschriften über Buchführung, Jahresabschluß, Bewertung und Aufbewahrung von Unterlagen.

1080 § 238 HGB schreibt für die OHG wie für jeden Kaufmann Buchführung derart vor, daß aus den Büchern die Handelsgeschäfte und die Vermögenslage ersichtlich sind. Dabei bezieht sich § 238 Abs. 1 HGB auf die „Grundsätze ordnungsmäßiger

---

[77] Vgl. dazu BGH NJW 1994, 194 = JZ 1995, 311 m. Anm. Karsten Schmidt.

[78] BGH NJW 1985, 974; BGHZ 85, 350 (356); Baumbach/Hopt, § 119 HGB Rz. 37.

Buchführung" (GoB), denen damit zentrale Bedeutung zukommt. Über die GoB im einzelnen spricht sich das Gesetz nicht aus. Jedenfalls ist heute doppelte Buchführung erforderlich; einfache Buchführung kann für kaufmännische Unternehmen nicht genügen[79].

§ 242 HGB ordnet ausdrücklich die Aufstellung eines aus Bilanz und Erfolgs- *1081*
rechnung bestehenden Jahresabschlusses an. Das Postulat der Bilanzklarheit ist in § 243 Abs. 2 HGB gesetzlich verankert. Eine Frist zur Aufstellung des Jahresabschlusses schreibt das Gesetz für Personenunternehmen nicht vor. § 243 Abs. 3 HGB besagt nur, daß der Jahresabschluß innerhalb der einem ordnungsgemäßen Geschäftsgang entsprechenden Zeit aufzustellen sei. Es dürfte die für „kleine" Kapitalgesellschaften laut § 264 Abs. 1 Satz 3 HGB bestimmte Sechsmonatsfrist entsprechend gelten[80].

Für die Bilanzierung gilt nicht nur das schon erwähnte Postulat der Bilanzwahrheit und -klarheit, § 243 Abs. 2 HGB. § 246 HGB enthält das Gebot der Vollständigkeit der Bilanzansätze und das Verbot der Verrechnung von Posten der Aktivseite mit Posten der Passivseite der Bilanz, von Aufwendungen mit Erträgen in der Erfolgsrechnung und von Grundstücksrechten mit Grundstückslasten.

Nach § 247 Abs. 3 HGB dürfen der steuerlich „für Zwecke der Steuern vom *1082*
Einkommen und vom Ertrag" zulässige Passivposten auch in der Handelsbilanz gebildet werden; dort sind sie als „Sonderposten mit Rücklageanteil" auszuweisen. Es soll insoweit die Gleichheit mit der Steuerbilanz ermöglicht werden.

Neben bestimmten Bilanzierungsverboten und Vorschriften über Rückstellun- *1083*
gen und Rechnungsabgrenzungsposten ordnet § 251 HGB an, daß unter der Bilanz nicht bilanzierte Eventualverbindlichkeiten aus Wechseln, Bürgschaften, Gewährleistungsverträgen oder Sicherheitsleistungen zu vermerken sind.

§ 252 HGB legt allgemeine Bewertungsgrundsätze fest, die für ordnungsgemäs- *1084*
se Bilanzierung gelten:
- Bei der Bewertung ist von der Fortführung der Unternehmenstätigkeit auszugehen (sog. Going-concern-Prinzip, Abs. 1 Nr. 2).
- Es gilt das Prinzip der Bilanzkontinuität. Wertansätze zu Beginn des neuen Geschäftsjahres müssen mit denen der Schlußbilanz des vorangegangenen Geschäftsjahres übereinstimmen (Abs. 1 Nr. 1). Die Bewertungsmethoden sollen beibehalten werden (Abs. 1 Nr. 6).
- Es ist vorsichtig zu bewerten (Abs. 1 Nr. 4). Das bedeutet insbesondere die Anwendung des sog. Imparitätsprinzips[81], d.h.: Der Ausweis nichtrealisierter Gewinne ist nicht zulässig, dagegen muß der Ausweis nicht realisierter Verluste erfolgen.
- Schließlich gilt der Grundsatz der Einzelbewertung der Vermögensgegenstände und Schulden (Abs. 1 Nr. 3).

---

79 Baumbach/Hopt, § 238 HGB Rz. 12.
80 Baumbach/Hopt, § 243 HGB Rz. 10.
81 Baumbach/Hopt, § 252 HGB Rz. 11.

Gemäß § 255 HGB sind in der Bilanz die Vermögensgegenstände nach Anschaffungs- und Herstellungskosten zu bewerten. § 254 HGB ermöglicht es, Abschreibungen auf Vermögensgegenstände des Anlage- oder Umlaufvermögens auch vorzunehmen, wenn diese Abschreibungen nur steuerrechtlich zulässig sind. Auch insoweit soll die Gleichheit zwischen Handelsbilanz und Steuerbilanz gewährleistet werden.

*1085* Ein selbst geschaffener „originärer" Firmen- oder Geschäftswert darf nie aktiviert werden[82]. Nach § 255 Abs. 4 HGB darf ein erworbener „derivativer" Firmen- oder Geschäftswert aktiviert werden. Er ist innerhalb von fünf Jahren (in jedem folgenden Geschäftsjahr zu mindestens einem Viertel) abzuschreiben. Laut § 255 Abs. 4 Satz 3 HGB kann die Abschreibung aber auch planmäßig auf den voraussichtlichen Nutzungszeitraum verteilt werden.

Steuerrechtlich beträgt die gewöhnliche Nutzungsdauer des Geschäfts- oder Firmenwerts 15 Jahre (§ 7 Abs. 1 Satz 3 EStG)[83].

*j) Errichtung und Feststellung des Jahresabschlusses*

*1086* Im Zusammenhang mit dem Jahresabschluß ist stets zwischen seiner „Errichtung" oder „Aufstellung" einerseits und seiner Feststellung andererseits zu unterscheiden. Die Aufstellung des Jahresabschlusses bedeutet seine Vorbereitung bis zur Feststellungsreife. Sie gehört in den Kreis der gewöhnlichen Geschäftsführer-Aufgaben[84]. Dagegen betrifft die Feststellung des Jahresabschlusses im Hinblick auf die unbeschränkte persönliche Haftung aller Gesellschafter in der OHG (anders in der normalen KG) das Gesellschaftsverhältnis („Grundlagengeschäft"), welches einen Beschluß sämtlicher Gesellschafter erfordert[85].

*1087* Nach § 245 Satz 2 HGB haben alle persönlich haftenden Gesellschafter den Jahresabschluß zu unterzeichnen. Dies bedeutet aber nur eine öffentlich-rechtliche Pflicht. Die Unterschrift aller persönlich haftender Gesellschafter ist nicht Voraussetzung für die Wirksamkeit des festgestellten Jahresabschlusses.

*1088* In vielen Personengesellschaftsverträgen wird bestimmt, daß die Handelsbilanz mit der Steuerbilanz übereinstimmen soll und daß Änderungen der Steuerbilanz, insbesondere aufgrund einer steuerlichen Außenprüfung, automatisch Berichtigungen der Handelsbilanz darstellen. Eine solche Kopplungsvorschrift ist nur im Einzelfall sinnvoll und häufig zweifelhaft: Es kann ein begründetes Interesse daran bestehen, grundsätzlich nur eine Handelsbilanz zu erstellen. Steuerlich vorgeschriebene Zurechnungen und Abrechnungen sind dann gesondert auszuweisen. Nur in der Steuerbilanz zugerechnetes notwendiges Betriebsvermögen einzelner Gesellschafter hat in der Handelsbilanz nichts zu suchen. Die steuerlichen Vorschriften lassen Sonderrechtsverhältnisse zwischen Gesellschaft und den einzelnen Gesellschaftern außer Acht: Geschäftsführungsvergütungen, von der Gesell-

---

[82] H.L., s. Baumbach/Hopt, § 255 HGB Rz. 23.

[83] Dazu ⇒ Buch II Rz. 490.

[84] Baumbach/Hopt, § 116 HGB Rz. 1.

[85] BGHZ 76, 338 (342); Baumbach/Hopt, § 116 HGB Rz. 3.

schaft an Gesellschafter geschuldete Darlehenszinsen, Mieten, werden dem steuerlichen Gewinn zugerechnet und der Anspruch des berechtigten Gesellschafters nur bei der Gewinnverteilung berücksichtigt. Im handelsrechtlichen Jahresabschluß sollten die Vergütungen als Aufwand berücksichtigt sein. Auch aus betriebsverfassungsrechtlichen Gründen (vgl. §§ 106, 108 BetrVG) kann die Trennung der Handelsbilanz von der Steuerbilanz zweckmäßig und geboten sein, um nicht Jahresergebnisse ausweisen und erläutern zu müssen, deren Höhe sich nur aus steuerlichen Zurechnungsvorschriften ergibt, der wirklichen wirtschaftlichen Lage aber nicht Rechnung trägt.

Zwar führt die getrennte Bilanzierung zu gewissem Mehraufwand, der kleineren Unternehmen häufig lästig ist (steuerliche Ergänzungsbilanzen und ggf. Erfolgsrechnungen). Aus den dargelegten Gründen ist eine Erörterung dieser Frage und ihre Klärung mit dem Steuerberater der Gesellschaft aber für jeden Einzelfall geboten.

*k) Verteilung von Gewinn und Verlust, Entnahmen*

Gemäß § 121 HGB stehen jedem Gesellschafter vorab vom Jahresgewinn, sofern dieser reicht, 4 % seines Kapitalanteils zu. Mit diesem Vorzugsgewinnanteil wird den Gesellschaftern eine besondere Vergütung für ihre Kapitalbeteiligung gewährt[86]. Der Restgewinn wird gemäß § 121 Abs. 3 HGB unter die Gesellschafter nach Köpfen verteilt. § 120 HGB schreibt vor, daß der den Gesellschaftern gebührende Gewinnanteil ihren jeweiligen Kapitalanteilen zugeschrieben wird. *1089*

Die gesetzlichen Bestimmungen sind in der Regel unzweckmäßig. Es empfiehlt sich die Kapitalbeteiligung (Vermögenseinlagen) der Gesellschafter zu fixieren. Die Festsetzung sollte nach dem betriebswirtschaftlich benötigten Eigenkapital der Gesellschaft erfolgen. Gewinn- und Verlustanteile wie Entnahmen sollten auf Sonderkonten verbucht werden. Die Ergebnisverteilung sollte derart erfolgen, daß zu Lasten des Aufwandes der Gesellschaft Geschäftsführungsvergütungen und Sonderkonten-(Darlehenskonten-)Zinsen dotiert werden; der danach verbleibende eigentliche Gewinn oder Verlust sollte auf die Gesellschafter nach dem Verhältnis ihrer Vermögenseinlagen (Kapitalkonten) zueinander entfallen. *1090*

Nach § 122 Abs. 1 HGB können die Gesellschafter der Gesellschaftskasse jeweils 4 % ihrer für das letzte Geschäftsjahr festgestellten Kapitalanteile entnehmen. Im übrigen sind sie zur Entnahme ihrer Gewinnanteile befugt, „soweit es nicht zum offenbaren Schaden der Gesellschaft gereicht". *1091*

Auch diese Vorschrift ist unter heutigen Verhältnissen unzureichend. Kein Unternehmen kann es sich betriebswirtschaftlich leisten, die nach dem Jahresabschluß erwirtschafteten Gewinne voll auszuschütten. Über die Frage, was der Gesellschaft zu „offenbarem Schaden" gereicht, wird es regelmäßig Meinungsverschiedenheiten geben.

[86] Heymann/Emmerich, § 121 Rz. 2.

Aus diesem Grunde sollten die Bestimmungen über die Entnahmen der Gesellschafter im Gesellschaftsvertrag klar gefaßt sein. Auch sollte sichergestellt werden, daß ein bestimmter Anteil des Gewinns der Gesellschaft verbleibt.

*l) Dauer der Gesellschaft, Kündigung*

*1092* Eine Personenhandelsgesellschaft ist grds. auf Dauer angelegt. Das Gesetz (HGB und BGB) enthält keine besonderen Bestimmungen über die Gesellschaftsdauer. Den §§ 131 ff. HGB und §§ 723 ff. BGB ist nur zu entnehmen, daß die Gesellschaft auf bestimmte und auf unbestimmte Zeit vereinbart werden kann.

*1093* Bei einer Personenhandelsgesellschaft empfiehlt es sich, eine gewisse bestimmte Gesellschaftsdauer durch Ausschluß vorheriger Kündigungen vorzusehen. Der Anlauf eines Gesellschaftsunternehmens muß in Ruhe erfolgen können. In der Anlaufzeit darf über der Gesellschaft nicht das Damokles-Schwert einer Gesellschafterkündigung hängen. Auch für die Folgezeit ist zu überlegen, ob nicht Vertragsperioden vereinbart werden sollten.

Andererseits sollten die Vertragsperioden nicht zu sehr ausgedehnt werden. So erscheint eine zehnjährige Vertragsperiode – auch als Anfangszeit – zu lang, weil sich in zehn Jahren veränderte Situationen ergeben können, die eine Kündigung als geboten erscheinen lassen können.

*1094* Die Vorschriften des BGB über die GbR sehen „jederzeitige" Kündigung vor (§ 723 Abs. 1 Satz 1 BGB). Das ist für eine Personengesellschaft als Dauergesellschaft untragbar. Für die Personenhandelsgesellschaften bestimmt § 132 HGB, daß bei einer auf unbestimmte Zeit vereinbarten Gesellschaft zum Schluß eines jeden Geschäftsjahres unter Innehaltung einer Kündigungsfrist von sechs Monaten gekündigt werden kann.

Ob zum Schluß eines jeden Geschäftsjahres gekündigt werden kann, ist eine Frage der Gesellschaftsdauer. Die Zulässigkeit einer Kündigung nur zum Schluß eines Geschäftsjahres ist zwar nicht zwingend, aber zweckmäßig. Zu regeln ist die Kündigungsfrist. In aller Regel ist die vom Gesetz vorgesehene sechsmonatige Kündigungsfrist zu kurz. Die unten noch zu erörternden Kündigungsfolgen zwingen die verbleibenden Gesellschafter und die Geschäftsführung der Gesellschaft zu überaus wichtigen Überlegungen und Entscheidungen, regelmäßig insbesondere bezüglich der Weiterfinanzierung des Gesellschaftsgeschäfts. In der Regel sollten Kündigungsfristen von einem Jahr, jedenfalls nicht unter neun Monaten vorgesehen werden.

*1095* Über die Form der Kündigung spricht sich das HGB nicht aus. Eine Kündigung kann demnach formfrei, auch mündlich, erfolgen. Auch diese Regelung ist für die Praxis nicht tragbar, und zwar nicht nur aus Beweisgründen, sondern auch aus Gründen der Rechtsicherheit. Es kommt vor, daß bei der Diskussion von (gelegentlich unvermeidbaren) Meinungsverschiedenheiten Äußerungen fallen, die von den Erklärungsempfängern als Kündigung interpretiert werden, aber in diesem Sinne gar nicht gemeint sind.

Es sollte deshalb im Gesellschaftsvertrag stets mindestens schriftliche Kündigung vorgeschrieben werden. Die Schriftform schützt darüber hinaus den Erklärenden vor spontanen Äußerungen. Da es für den Zeitpunkt der Kündigung auf deren Zugang ankommt, ist die Bestimmung zweckmäßig, daß die Kündigung durch Einschreiben gegen Rückschein erfolgen muß.

Die Kündigung ist an die anderen Gesellschafter, nicht an die Gesellschaft zu 1096 richten. Abweichendes kann allerdings vereinbart werden. Das ist insbesondere dann zweckmäßig, wenn die Gesellschaft aus einer großen Anzahl von Gesellschaftern besteht, denen allen einzeln zu kündigen unverhältnismäßigen Aufwand bedeutet und das Risiko höchst unterschiedlicher Zugangszeiten beinhaltet.

Wie im Falle der GbR gilt eine auf Lebenszeit eines Gesellschafters eingegan- 1097 gene Gesellschaft als auf unbestimmte Zeit vereinbart (§ 134 HGB, § 724 BGB).

Bei Auflösung der Gesellschaft ist § 159 HGB, bei Ausscheiden § 160 HGB zu 1098 beachten. Die Vorschriften regeln die Nachhaftung der Gesellschafter, die nach § 159 HGB fünf Jahre nach Eintragung im Handelsregister verjährt und nach § 160 HGB fünf Jahre nach Eintragung des Ausscheidens endet[87].

### *m) Rechtsfolgen von Kündigung oder Insolvenz eines Gesellschafters*

Kündigung oder Insolvenz eines Gesellschafters führten bis zum 30.6.1998 ge- 1099 mäß § 131 Ziff. 4–6 HGB a.F. zur Auflösung der Gesellschaft[88].

Die gesetzliche Auflösungsfolge war abdingbar (vgl. § 138 HGB)[89].

Seit dem 1.7.1998 führen Kündigung oder Insolvenz eines Gesellschafters nach 1100 § 131 Abs. 3 Ziff. 2 und 3 HGB nicht mehr zur Auflösung der Gesellschaft, sondern nur noch zum Ausscheiden dieses Gesellschafters[90].

### *n) Gesetzliche Rechtsfolgen beim Tod eines Gesellschafters*

aa) Bis zum 30.6.1998 geltende Rechtslage

§ 131 Nr. 4 HGB a.F. ordnete beim Tod eines Gesellschafters die Auflösung 1101 der OHG an. Diese Rechtsfolge entsprach den Regelungen bei der GbR (§ 727, 730 BGB)[91]. Mit der gesetzlich angeordneten Auflösung entstand eine Liquidationsgesellschaft gem. §§ 145ff. HGB. Diese Rechtsfolge konnte durch Vereinbarung einer Fortsetzungsklausel ausgeschlossen werden[92].

---

87 Dazu Seibert DB 1994, 481.

88 Seit Inkrafttreten des Handelsrechtsreformgesetzes ist dieser Grundsatz umgekehrt worden. Die Gesellschaft wird also festgesetzt, sofern der Gesellschaftsvertrag nichts Abweichendes regelt oder die Gesellschafter einen Auflösungsbeschluß fassen.

89 Einzelheiten Baumann in Voraufl. ⇒ Buch I Rz. 971ff.

90 Siehe ⇒ Rz. 1103.

91 Kritisch zur Fortgeltung alten Rechts bei der BGB-Gesellschaft Karsten Schmidt, DB 1998, 61, 65.

92 Einzelheiten Baumann in Voraufl. Buch I Rz. 972ff. und 1028ff.

bb) Übergangsregelung bis zum 31. 12. 2001

1102 Nach Art. 41 EGHGB (Art. 4 Nr. 3 HRefG) sind, soweit nichts Abweichendes vereinbart ist, die bis zum 30. 6. 1998 geltenden Vorschriften anzuwenden, wenn dies ein Gesellschafter bis zum 31. 12. 2001 vor dem Vorliegen eines Auflösungs- bzw. Ausscheidungsgrundes gegenüber der Gesellschaft verlangt und dieses Verlangen nicht durch Gesellschafterbeschluß zurückgewiesen wird.

cc) Seit dem 1. 7. 1998 geltende Rechtslage

1103 Seit Inkrafttreten des Handelsrechtsreformgesetzes (1. 7. 1998) wird die OHG mit dem Tod eines Gesellschafters nicht mehr aufgelöst; vielmehr sieht § 131 Abs. 2 HGB jetzt vor, daß der Tod eines Gesellschafters zu seinem Ausscheiden aus der Gesellschaft führt, die Gesellschaft also mit den verbleibenden Gesellschaftern fortgesetzt wird. Der verstorbene Gesellschafter scheidet mit seinem Tod aus der Gesellschaft aus (§ 131 Abs. 2 Satz 2 HGB). Der Anteil des verstorbenen Gesellschafters geht nicht auf seine Erben über. Die Erben des verstorbenen Gesellschafters haben jedoch einen Abfindungsanspruch nach § 738 Abs. 1 Satz 2 HGB i.V.m. § 105 Abs. 2, § 138 HGB gegen die Gesellschaft. Der Gesellschaftsvertrag kann von dieser gesetzlichen Regelung Abweichendes regeln. Eine abweichende Regelung mit der Möglichkeit, Erben oder Vermächtnisnehmer in die Gesellschafterstellung einrücken zu lassen, kann schon deswegen zu empfehlen sein, damit die Kontinuität der Gesellschaft auch beim Tod mehrerer Gesellschafter gewährleistet bleibt; die gesetzlich vorgesehene Fortsetzung der Gesellschaft unter den verbleibenden Gesellschaftern würde, sofern keine Neuaufnahme zu Lebzeiten erfolgt, unweigerlich zur Reduzierung auf einen Gesellschafter und damit zum Ende der Gesellschaft führen, weil die Fortsetzung grundsätzlich mindestens zwei verbleibende Gesellschafter voraussetzt[93]. Verbleibt nur ein Gesellschafter, so wächst diesem der Gesellschaftsanteil des verstorbenen Gesellschafters im Wege der gesellschaftrechtlichen Gesamtrechtsnachfolge[94] an (es bedarf keiner Übertragung der Einzelgegenstände) und er kann die bisherige OHG als Einzelunternehmen fortführen. Für die bisherigen Verbindlichkeiten der Gesellschaft haftet er ohne Haftungsbeschränkungsmöglichkeit weiterhin persönlich.

*o) Gesellschaftsvertraglich vereinbarte Rechtsfolgen beim Tod eines Gesellschafters*

aa) Auflösungsklausel

1104 Die Gesellschafter können auch künftig den früheren gesetzlichen Tatbestand der Auflösung herbeiführen, indem sie die Auflösung der Gesellschaft für den

93 Zu den Möglichkeiten einer fortbestehenden Einmann-Personengesellschaft zumindest in besonderen Fällen, etwa bei einem Nießbrauch an einer Gesellschaftsbeteiligung, Baumann, BB 1998, 225 ff.

94 BGHZ 113, 132, 133.

Fall des Todes eines Gesellschafters vertraglich vereinbaren. Eine solche Auflösungsklausel dürfte jedoch wegen der Automatisierung der Rechtsfolge immer unzweckmäßig sein. Die verbleibenden Gesellschafter können übereinstimmend immer die Auflösung der Gesellschaft beschließen, wenn die Fortsetzung ohne den ausgeschiedenen Gesellschafter nicht mehr sinnvoll erscheint.

bb) Allgemeines zu Nachfolgeklauseln

Die gesetzliche Rechtsfolge des Ausscheidens der Erben beim Tod eines Gesellschafters ist häufig nicht sachgerecht. §§ 139, 131 Abs. 3 HGB lassen daher („mangels abweichender vertraglicher Bestimmungen") zu, daß der Gesellschaftsvertrag Nachfolgeklauseln enthält. Gesellschaftsvertragliche Nachfolgeklauseln sind im Zweifel dahin auszulegen, daß sie die gesellschaftsrechtliche Nachfolge mit Erben oder Vermächtnisnehmern ermöglichen[95]. Sie werden als „erbrechtliche" Nachfolgeklauseln bezeichnet[96]. Nachfolgeklauseln, mit denen die rechtsgeschäftliche Zuwendung des Gesellschaftsanteils an einen Dritten gewollt ist, sind, wenn der Dritte an der Vereinbarung nicht selbst beteiligt ist, unwirksam und ggf. in eine Eintrittsklausel umzudeuten. *1105*

Die zwingende, nicht abdingbare Vorschrift des § 139 Abs. 1 HGB gewährt dem Erben eines verstorbenen persönlich haftenden Gesellschafters das Recht, sein Verbleiben in der Gesellschaft davon abhängig zu machen, daß ihm die Rechtsstellung eines Kommanditisten eingeräumt wird. Nehmen die verbleibenden Gesellschafter einen dahingehenden Antrag des Erben nicht an, so kann dieser ohne Einhaltung einer Kündigungsfrist sein Ausscheiden aus der Gesellschaft erklären (§ 139 Abs. 2 HGB). *1106*

Nehmen die verbleibenden Gesellschafter den Antrag des Erben an, so wandelt sich die OHG in eine KG um. Gleiches geschieht, wenn schon der Gesellschaftsvertrag vorsieht, daß die Erben eines persönlich haftenden Gesellschafters Kommanditisten werden, sich die Komplementärstellung also mit dem Tode in eine Kommanditistenstellung umwandelt. Um die Frage der Geltendmachung des Rechts der Erben zu § 139 HGB zu klären, ist eine dahingehende Bestimmung des Gesellschaftsvertrages in der Regel zweckmäßig[97]. Es muß dabei bedacht werden, daß aber auch eine Kommanditgesellschaft nur weiterbestehen kann, wenn wenigstens ein persönlich haftender Gesellschafter verbleibt. Besteht das Risiko, daß die Beerbung der Gesellschafter in engen Zeiträumen eintreten kann, z.B. weil nur wenige Gesellschafter vorhanden sind, die alle im gleichen Alter stehen, sollte eine Regelung vorgesehen werden, die die Zwangsauflösung einer entstehenden oder entstandenen KG wegen Fehlens eines persönlich haftenden Gesellschafters verhindert, z.B. durch rechtzeitige Gründung einer GmbH, die als persönlich haftende Gesellschafterin eintreten kann. *1107*

---

95 Siegmann NJW 1995, 481 (484).

96 Zu den Pflichtteilsrechten bei gesellschaftsvertraglichen Nachfolgeregelungen MünchHdb. GesR I/Klein § 74 Rz. 26ff.

97 Dazu auch Karsten Schmidt, BB 1989, 1702.

cc) Einfache Nachfolgeklauseln

*1108* Die einfachste Nachfolgeklausel ist die Bestimmung im Gesellschaftsvertrag, daß die Gesellschaft im Falle des Todes eines Gesellschafters mit dem oder den, d.h. allen Erben eines Gesellschafters fortgesetzt wird. Mit einer solchen Gesellschaftsvertragsregelung wird die Mitgliedschaft in der werbenden Gesellschaft abweichend von der gesetzlichen Regelung vererblich dargestellt. Eine solche Klausel entspricht der gesetzlichen Regelung beim Tode eines Kommanditisten (§ 177 HGB). Die einfache Nachfolgeklausel beläßt dem Erblasser-Gesellschafter den größten Gestaltungsfreiraum und läßt den übrigen Gesellschaftern die geringsten Einflußmöglichkeiten auf die Gesellschafternachfolge.

*1109* Sind mehrere Erben Vermögensnachfolger eines Personengesellschafters, so besteht ein bedeutsamer Unterschied zum erbrechtlichen Gesamthandprinzip des Erwerbs durch eine Erbengemeinschaft (§ 2032 Abs. 1 BGB). Treten beim Tod eines Personengesellschafters mehrere Erben an seine Stelle, so wird neuer Gesellschafter nicht die gesamthänderisch verbundene Erbengemeinschaft, sondern jeder einzelne Erbe als Einzelrechtsnachfolger in Höhe seines Erbteils[98]. Die Gesellschaftsbeteiligung des verstorbenen Gesellschafters wird also ohne vertragliche Erbauseinandersetzung entsprechend den Erbquoten auf die einzelnen Erben aufgespaltet. Es handelt sich um eine kraft Gesetzes eintretende Sonderzuordnung der Gesellschaftsbeteiligungen.

*1110* Wegen der inzwischen unstreitigen Sonderzuordnung im Personengesellschaftsrecht war früher lange Zeit umstritten, ob vererbte Personengesellschaftsbeteiligungen überhaupt noch zum Nachlaß gehören. Die Frage dürfte inzwischen entschieden sein[99]: Werden im Rahmen gesellschaftsvertraglicher Nachfolgeklauseln Personengesellschaftsbeteiligungen vererblich gestellt, was Kommanditbeteiligungen gemäß § 177 HGB ohnehin sind, so ist der Erwerb der Personengesellschaftsanteile ein erbrechtlicher und nicht ein gesellschaftsrechtlicher: Die Nachfolgeklauseln ermöglichen nur gesellschaftsrechtlich den Erwerb aufgrund Erbrechts. Dann kann kein Zweifel daran bestehen, daß die vererbten Personengesellschaftsanteile als Teil des Erblasservermögens zu seinem Nachlaß gehören[100]. Die Nachlaßbeteiligung wird trotz der Sonderzuordnung einheitlich er-

---

[98] Unstreit. seit der Grundsatzentscheidung BGH 22, 186. Ob allerdings die Begründung tragfähig ist, eine Erbengemeinschaft erfordere zwingend aus organisations- und haftungsrechtlichen Gründen diese Aufspaltung, erscheint zweifelhaft.

[99] BGH NJW 1983, 2376 (2377) (IV. [Erbrechts-]Zivilsenat); NJW 1986, 2431 (2432); BGHZ 108, 187 (II. [Gesellschaftsrechts-] Zivilsenat); Karsten Schmidt, Gesellschaftsrecht, § 45 V 3 c) (S. 1104f.); Esch, NJW 1984, 339ff.; Damrau, NJW 1984, 2785 (2787); Siegmann, NJW 1995, 481 (484); **a.A.** noch: BGHZ 1987, 880 (II. [Gesellschaftsrechts-] Zivilsenat); Ulmer, NJW 1984, 1496 (1497ff.); Baumbach/Hopt, § 139 HGB Rz. 14.

[100] BGHZ 98, 48 (51) = NJW 1986, 2431 (2432); BGHZ 91, 132 (136); BGH NJW 1983, 2376 (2377); Staudinger/Marotzke [1994] § 1922 Rz. 169f.; Karsten Schmidt, Gesellschaftsrecht, § 45 V 3 c) (S. 1105); Esch, NJW 1984, 339ff.; Damrau, NJW 1984, 2785 (2787); wohl auch Kübler, Gesellschaftsrecht, § 7 VII 4 (S. 86); Ebenroth, Rz. 867; **a.A.:** Ulmer, NJW 1984, 1496 (1497ff.); Baumbach/Hopt, § 139 HGB Rz. 14.

worben und kann daher z.B. nicht getrennt für die Gesellschaftsbeteiligung und den Restnachlaß, sondern nur einheitlich ausgeschlagen werden.

dd) Qualifizierte Nachfolgeklauseln

Eine qualifizierte Nachfolgeklausel liegt vor, wenn die gesellschaftsvertragliche Regelung vorsieht, daß die Gesellschaftsbeteiligung des Erblassers nur auf einen oder einzelne von mehreren Miterben übergehen soll. *1111*

Nach der Rechtsprechung des BGH geht die Gesellschaftsbeteiligung unmittelbar auf den oder die begünstigten Erben über[101]. Damit bleibt für eine gesellschaftsrechtliche Abfindung der nicht begünstigten Erben kein Raum. Die Gesellschaftsbeteiligung wechselt nur ihren Rechtsträger. Nur gegen den begünstigten Erben selbst können sich Ansprüche richten. Dies können nur erbrechtliche Ausgleichsansprüche sein[102]. *1112*

Solche erbrechtlichen Ausgleichsansprüche werden in Rechtsprechung und überwiegender Literatur bejaht[103]. Das ist in doppelter Hinsicht mißlich und für eine Erbfolgegestaltung sorgfältig zu beachten. Einerseits scheidet die Anwendung gesellschaftsvertraglicher Bewertungsregeln für die Abfindung (den Ausgleich) aus; zum anderen führt die Abfindungsnotwendigkeit als solche möglicherweise für den oder die begünstigten Miterben zu einer nicht tragbaren Liquiditätsbelastung.

Will der Erblasser die Belastung seines Gesellschaftsnachfolgers mit Ausgleichsansprüchen vermeiden, so muß er diesen zum Alleinerben einsetzen oder wenigstens in Höhe einer Erbquote, die dem Wert der Gesellschaftsbeteiligung im Verhältnis zum Gesamtnachlaß entspricht[104].

Der durch eine qualifizierte Nachfolgeklausel begünstigte Miterbe erwirbt die Gesellschaftsbeteiligung unmittelbar vom verstorbenen Gesellschafter-Erblasser mit dessen Tod. Eine rechtsgeschäftliche Erbauseinandersetzung über den Wert der ererbten Gesellschaftsauseinandersetzung findet nicht statt, wenn auch der begünstigte Miterbe den Erwerb im Rahmen einer Erbauseinandersetzung seinen Miterben gegenüber ausgleichen muß. *1113*

---

[101] BGHZ 68, 225ff.; 22, 186ff.; BayObLG DB 1980, 2028 f; zustimmend die insoweit einhellige Literatur: z.B. Karsten Schmidt, Gesellschaftsrecht, § 45 V 4 b) (S. 1106f.); Kübler, Gesellschaftsrecht, § 7 VII 3 b) (S. 85); Schlegelberger/Karsten Schmidt § 177 HGB Rz. 12; Großkomm. HGB/Schilling, § 177 HGB Anm. 15; Baumbach/Hopt, § 139 HGB Rz. 14; Ulmer, BB 1977, 805ff.; Tiedau, MDR 1978, 353ff.

[102] Einzelheiten in MünchHdb. GesR I/Klein § 74 Rz. 34ff.

[103] Karsten Schmidt, Gesellschaftsrecht, § 45 V 4 c) (S. 1107f.); Kübler, Gesellschaftsrecht, § 7 VII b) cc) (S. 85); Ulmer, ZGR 1972, 195ff., 324ff.; Anm. Hueck, JZ 1957, 220 (223); Schlegelberger/Geßler, § 139 HGB Rz. 25 b; Westermann, Handbuch I Rz. 536, 538, insbesondere 539ff.; Heymann/Emmerich, § 139 HGB Rz. 33; Baumbach/Hopt, § 139 HGB Rz. 18.

[104] MünchHdb. GesR I/Klein § 73 Rz. 10.

1114 Zivilrechtlich ist die qualifizierte Nachfolgeklausel mit dem Risiko behaftet, daß sie dann ins Leere geht, wenn die gesellschaftsvertraglichen Vereinbarungen und die erbrechtlichen Anordnungen nicht aufeinander abgestimmt sind. Daher sollte der Gesellschaftsvertrag bei einer qualifizierten Nachfolgeklausel vorsorgende Regelungen enthalten, falls der Erblasser andere als die „qualifizierten Nachfolger" zu Erben oder Vermächtnisnehmern einsetzt.

1115 Auch steuerlich sind mit qualifizierten Nachfolgeklauseln Risiken verbunden. Steuerlich ist der Beteiligungserwerb aufgrund einer qualifizierten Nachfolgeklausel genauso zu behandeln, als hätte der begünstigte Miterbe die Gesellschaftsbeteiligung nach Maßgabe einer Teilungsanordnung des Erblassers oder aufgrund sonstiger Auseinandersetzungsvereinbarungen mit seinen Miterben erworben[105]. Daher ist vor der unüberlegten Anwendung qualifizierter Nachfolgeklauseln zu warnen[106]. Sie können bei Sonderbetriebsvermögen zur Aufdeckung stiller Reserven führen und dann erhebliche Steuerbelastungen nach sich ziehen[107].

ee) Eintrittsklausel

1116 Der Gesellschaftsvertrag kann sich darauf beschränken, dem oder den Erben lediglich das Recht zum Eintritt in die Gesellschafterstellung des verstorbenen Gesellschafters einzuräumen, ohne einen automatischen Beteiligungsübergang vorzusehen. Auch einem Dritten, der nicht Erbe oder Vermächtnisnehmer des verstorbenen Gesellschafters ist, kann im Gesellschaftsvertrag die Nachfolge eines verstorbenen Gesellschafters zugesagt werden. In diesen Fällen gesellschaftsvertraglicher Bestimmung der Nachfolge handelt es sich um sog. Eintrittsklauseln. Rechtlich unwirksame Nachfolgeklauseln mit dem Inhalt der Zuwendung des Gesellschaftsanteils eines verstorbenen Gesellschafters an einen Dritten können in Eintrittsklauseln umgedeutet werden[108]. Wird von dem Eintrittsrecht kein Gebrauch gemacht, so wird die Gesellschaft unter den übrigen Gesellschaftern mit Ausscheiden des verstorbenen Gesellschafters fortgeführt. Wird dagegen das Eintrittsrecht geltend gemacht, wie es die Regel sein dürfte, so wird die Gesellschaft mit dem Eingetretenen fortgesetzt[109].

ff) Rechtsgeschäftliche Nachfolgeklauseln

1117 Im Gesellschaftsvertrag kann vorgesehen sein, daß eine bestimmte Person mit dem Tode eines Gesellschafters oder auch bei dessen sonstigem Ausscheiden aus Krankheits- oder Altersgründen usw. – als dessen Nachfolger die Gesellschafts-

---

105 BFH Grs 2/89, Beschluß v. 5.7.1990, BStBl. 1990 II, 837ff.

106 Dazu Menges/Stähle, BB 1994, 2122.

107 Einzelheiten ⇒ Buch II Rz. 698 ff; 731ff.

108 BGHZ 68, 225 (233); BGH NJW 1978, 264 (265); OLG Frankfurt NJW-RR 1988, 1251 (1252).

109 Im einzelnen zu Eintrittsklauseln Karsten Schmidt, Gesellschaftsrecht, § 45 V 5 (S. 1108ff.); Kübler, Gesellschaftsrecht, § 7 VII 4 (S. 86); für einen Sonderfall BGH DB 1987, 2089 = BB 1987, 1555 (1556).

beteiligung übernehmen kann. Eine solche rechtsgeschäftliche Nachfolgeklausel bedarf der vertraglichen Mitwirkung des Rechtsnachfolgers, weil eine Vereinbarung ohne seine Mitwirkung eine unwirksame Verfügung zugunsten eines Dritten und gleichzeitig ein unwirksames Verpflichtungsgeschäft zulasten eines Dritten wäre. Die Mitgliedschaft an der Personengesellschaft geht als selbständiger Verfügungsgegenstand mit der Übertragung auf den Vermögensnachfolger über. Ohne Mitwirkung des Nachfolgers kann eine solche Vertragsbestimmung jedoch als Eintrittsklausel wirksam bleiben, wenn der Gesellschaftsvertrag eine solche Auslegung zuläßt.

gg) Verhältnis zwischen Gesellschaftsrecht und Erbrecht

Bei Vererbung einer Personengesellschaftsbeteiligung sind immer zunächst die gesellschaftsvertraglichen Vereinbarungen und die gesetzlichen Bestimmungen des Gesellschaftsrechts zu beachten. Die unter Lebenden eingegangenen gesellschaftsvertraglichen Bindungen und ihre Rechtsfolgen können mit erbrechtlichen Mitteln nicht beseitigt oder geändert werden. Gleichwohl kann nicht vereinfachend von einem Vorrang des Gesellschaftsrechts gesprochen werden. Vielmehr vollzieht sich die Vermögensnachfolge von Todes wegen auch bei Personengesellschaftsbeteiligungen vorrangig nach erbrechtlichen Grundsätzen, nur ist der gesellschaftsrechtliche Gestaltungsspielraum zu beachten. Deshalb kann ein Spannungsverhältnis zwischen Gesellschaftsrecht und Erbrecht auftreten. *1118*

Sieht der Gesellschaftsvertrag nicht vor, daß im Falle des Todes eines Gesellschafters dessen Erben an seiner Stelle die Gesellschaft fortsetzen können, so scheidet der Gesellschafter mit seinem Tod aus der Gesellschaft nach § 131 Abs. 3 Ziff. 1 HGB aus (anders für Kommanditisten und stille Gesellschafter gemäß §§ 177, 234 Abs. 2 HGB). Die Gesellschaft wird zwar fortgesetzt, aber ohne die Vermögensnachfolger des Erblassers. Wird die Gesellschaft danach nur von den übrigen Gesellschaftern fortgesetzt und scheiden die Erben eines verstorbenen Gesellschafters aus der Gesellschaft aus, so kann der Erblasser nicht durch letztwillige Verfügung die Fortsetzung der Gesellschaft mit seinen Erben oder einzelnen seiner Erben anordnen. Eine solche Nachfolgeklausel muß gesellschaftsvertraglich vereinbart sein (§ 139 Abs. 1 HGB). *1119*

Erbrechtlichen Gestaltungsspielraum hat jeder Gesellschafter nur, soweit der Gesellschaftsvertrag ihm einen solchen läßt. Beschränken sich die Regelungen des Gesellschaftsvertrages auf die einfache Nachfolgeklausel, so kann der Erblasser diese durch sein Testat, ggf. eine Teilungsanordnung ausfüllen. *1120*

Wegen der Möglichkeit des Auseinanderfallens der gesellschafts- und der erbrechtlichen Nachfolgebestimmung sowie wegen des außergewöhnlichen Gewichts der Folgen einer fehlenden Übereinstimmung ist bei der Nachfolgegestaltung sorgfältig auf die Abstimmung zwischen gesellschafts- und erbrechtlicher Nachfolgeregelungen zu achten. Ist der Gesellschaftsvertrag geschlossen und nicht änderbar, so müssen bei Errichtung einer letztwilligen Verfügung die durch den Gesellschaftsvertrag gesetzten Gestaltungsgrenzen beachtet werden. *1121*

### *p) Abfindung ausscheidender Gesellschafter*

aa) Gesetzliche Regelung

1122 Die gesetzlichen Bestimmungen des HGB regeln die Abfindung ausscheidender Gesellschafter nicht. Gemäß § 105 Abs. 3 HGB gelten insoweit die Vorschriften der §§ 738–740 BGB. Diese sehen eine mit dem Ausscheiden fällige vollwertige Abfindung des ausscheidenden Gesellschafters vor. Diese Vorschriften können aber durch Gesellschaftsvertrag – insbesondere beim Tod eines Gesellschafters[110] – abbedungen werden. Dagegen wird der Abfindungsausschluß bei lebzeitigem Ausscheiden als grundsätzlich unwirksam angesehen. Streitig ist, bis zu welchen Grenzen eine vertragliche Reduzierung der Abfindungsleistungen zulässig ist.

1123 Zur gesetzlich vorgesehenen Vollabfindung gehört die Berücksichtigung stiller Reserven, eines Firmenwerts („good will") und von sonstigen Immaterialgüterrechten.

bb) Gesellschaftsvertragliche Regelungen

(1) Allgemeines

1124 Die notwendige gesellschaftsvertragliche Regelung[111] muß sowohl Bewertungs- als auch Fälligkeitsregelungen beinhalten.

Die Bewertung von Unternehmen und Unternehmensbeteiligungen ist außerordentlich schwierig und kann zu erheblichen Streitigkeiten führen. Hinzu kommt für die verbleibenden Gesellschafter und die Gesellschaft das Finanzierungs- und Liquiditätsproblem, mit welchem sie bei der Abfindung eines ausscheidenden Gesellschafters konfrontiert werden.

(2) Schwebende Geschäfte

1125 Nach § 740 BGB ist der ausscheidende Gesellschafter am Ergebnis von z.Z. seines Ausscheidens schwebenden Geschäften beteiligt. Diese Rechtsfolgen sollten regelmäßig abbedungen werden. § 740 Abs. 2 BGB sieht vor, daß dem Ausgeschiedenen am Schluß jedes folgenden Geschäftsjahres Rechenschaft über die zwischenzeitlich beendigten Geschäfte zu erteilen, ihm sein Anteil auszuzahlen und ihm schließlich Auskunft über den Stand der noch weiter schwebenden Geschäfte zu geben ist. Die Beteiligung an schwebenden Geschäften kann – insbesondere bei einer Vermögensnachfolge – zur Quelle von Meinungsverschiedenheiten werden, die sich aus dem Interessengegensatz der verbleibenden Gesellschafter einerseits und des ausscheidenden Gesellschafters andererseits ergeben.

(3) Ausschluß der Abfindung

1126 Die Abfindung kann für besondere Fälle, insbesondere den Tod eines Gesellschafters, ausgeschlossen werden. Voraussetzung für die Wirksamkeit ist aber, daß

---

[110] BGHZ 22, 186, 194; 98, 48, 56.

[111] Hierzu MünchHdb. GesR I/Piehler § 13 Rz. 46ff.; Sigle, ZGR 1999, 659.

sie für den Fall des Eintritts der Abfindungsvoraussetzungen nicht nur einen einzelnen Gesellschafter, sondern jeden Gesellschafter trifft und durch sie das Kündigungsrecht der Gesellschafter nicht unzulässig beschränkt wird[112]. Dann bedeutet der Ausschluß der Abfindung auch keine Schenkung[113].

(4) Höhe einer vereinbarten Abfindung

Die Höhe der Abfindung sollte im Gesellschaftsvertrag festgesetzt werden. Am gebräuchlichsten ist die Vereinbarung einer Abfindung zu Buchwerten oder zu Werten nach dem Stuttgarter Verfahren (bisheriger Vermögensteuerwert). *1127*

Die Abfindung nach Buchwerten ist in der Regel rechtlich unbedenklich[114]. *1128*
Unter drei rechtlichen Gesichtspunkten können sie unwirksam sein:

- wenn sie die Kündigung eines Gesellschafters im Sinne des § 723 Abs. 3 BGB unzulässig beschränken[115];
- wenn ein krasses Mißverhältnis zwischen Buchwert und wirklichem Wert besteht und sich danach eine Sittenwidrigkeit gemäß § 138 BGB ergibt[116];
- wenn sie nur vereinbart werden, um Dritte zu benachteiligen[117].

**Beispiel:**

Einziehung nur bei Gesellschafterinsolvenz oder Zwangsvollstreckung in das Vermögen eines Gesellschafters.

Unwirksam ist eine vertraglich vereinbarte beträchtliche Kürzung des Buchwertanteils. Diese Einschränkungen sollen nicht gelten bei Gesellschaften, die nur einen ideellen Zweck verfolgen[118]. Hingegen rechtfertigt der Umstand, daß dem ausscheidenden Gesellschafter die Einlage vom „herrschenden" Gesellschafter geschenkt worden ist, eine besondere Abfindungskürzung nicht. Eine solche Abfindungskürzung ist auch nicht bei Ausschließung aus wichtigem Grunde hinzunehmen. *1129*

Werden die Grenzen der unzulässigen Kündigungsbeschränkung oder der guten Sitten nicht überschritten und die Rechte Dritter nicht tangiert, so bleibt die *1130*

112 BGH NJW 1973, 651, 652; NJW 1985, 192.

113 BGHZ 22, 186 (194); BGH LM Nr. 3 zu § 516 BGB; WM 1971, 1339; Karsten Schmidt, Gesellschaftsrecht, § 50 IV 2 c) (S. 1223); Kübler, Gesellschaftsrecht, § 7 VIII 3 c) (S. 88); Baumbach/Hopt, § 138 HGB Rz. 34.

114 BGHZ 17, 130 (136); BGH NJW 1979, 104; NJW 1985, 192 (193); Karsten Schmidt, Gesellschaftsrecht, § 50 IV 2 (S. 1220ff.) mit eingehenden Literaturnachweisen; Kübler, Gesellschaftsrecht, § 7 VIII 3 (S. 88); D. Mayer, MittBayNot 1992, 3ff.

115 So vor allem die Rechtsprechung: BGH NJW 1985, 192 (193); NJW 1983, 192ff.; NJW 1973, 651 (652); Bedenken gegen diese Lösung Karsten Schmidt, Gesellschaftsrecht, § 50 IV 2 c) cc) (S. 1225); Kübler, Gesellschaftsrecht, § 7 VIII 4 b) (S. 89); MünchHdb. GesR I/Piehler § 13 Rz. 52.

116 Vgl. BGH NJW 1985, 192 (193); Karsten Schmidt, Gesellschaftsrecht, § 50 IV 2 c) aa) (S. 1223); Kübler, Gesellschaftsrecht, § 7 VIII 4 c) (S. 89).

117 BGHZ 65, 22 (28).

118 Vgl. aber BGHZ 135, 387 = DStR 1997, 1377 m. Anm. Goette = JZ 1997, 1064 m. Anm. Grunewald.

Buchwertabfindungsklausel grds. zulässig, kann aber wegen Verstoßes gegen den Grundsatz von Treu und Glauben bei individuellen Ungerechtigkeiten einer Anpassung unterliegen[119].

*1131* Es gibt gesellschaftsvertragliche Regelungen, die vorsehen, daß bestimmte Gesellschafter anderen Mitgesellschaftern mit der Folge kündigen können, daß diese aus der Gesellschaft ausscheiden, und zwar auch ohne Vorliegen eines wichtigen Grundes. Für solche Regelungen kann ein Bedürfnis bestehen.

**Beispiele:**

- In einer eng personenbezogenen Familiengesellschaft treten aufgrund Erbfolge Familienfremde als Kommanditisten ein. Die Familiengesellschafter sollen sich gegebenenfalls von diesen trennen können.
- Altgesellschafter wollen ihr Unternehmen leitenden Mitarbeitern überlassen, die den Kaufpreis nicht sofort bezahlen können. Die Neugesellschafter treten zunächst mit geringerer Einlage als Gesellschafter ein, mit dem Recht, die Altgesellschafter später „hinauskündigen" zu können.

Solchen Ausschließungsrechten hat der BGH enge Grenzen gezogen. Grundsätzlich ist die Ausschließungskündigung ohne wichtigen Grund unzulässig[120]. Nur bei außergewöhnlichen Umständen läßt die Rechtsprechung eine Ausschliessungskündigung ohne wichtigen Grund zu[121]. Über die Frage, welche außergewöhnlichen Umstände eine sachliche Rechtfertigung der Hinauskündigung zulassen, hat sich der BGH nicht ausgesprochen. Der Kautelarjurist befindet sich insoweit auf unsicherem Boden[122].

Selbst wenn eine Hinauskündigung ohne wichtigen Grund zulässig ist, stellt sich die Frage der Wirksamkeit einer gesellschaftsvertraglichen Abfindungsbestimmung, die den Vollwert der Beteiligung des „hinausgekündigten" Gesellschafters unterschreitet. Der BGH hat für den Fall der Ausschließungskündigung ohne wichtigen Grund Vollwertabfindung verlangt[123]. Die Entscheidung des BGH war offenbar von dem fallbezogenen Umstand beeinflußt, daß die Ausschließungskündigung ungerechtfertigt gewesen wäre, der Ausgeschlossene sie aber hingenommen hatte[124]. Ist die Ausschließungskündigung zulässig, kann gegen eine allgemein im Gesellschaftsvertrag vereinbarte Abfindungsbestimmung nichts eingewendet werden, die den sogenannten Vollwert unterschreitet.

*1132* Bei höheren Werten kann es geboten sein, die Bewertungsmaßstäbe festzusetzen, ggf. nach betriebswirtschaftlich begründeten Bewertungsformeln. Das Risiko

---

119 BGH NJW 1992, 892; 1993, 2101; 1993, 3193; BB 1994, 807; dazu MünchHdb. GesR I/Piehler § 13 Rz. 53ff.; Mecklenbrauck, BB 2000, 2001.

120 BGHZ 81, 263; 105, 213; 107, 351.

121 BGH NJW 1985, 2421 (2422) = JZ 1985, 1105 (1107f.) m. Anm. Flume; BGHZ 81, 263 (269); 68, 212 (215).

122 Karsten Schmidt, Gesellschaftsrecht, § 50 III 4 (S. 1211f.).

123 BGH NJW 1979, 104; dazu kritisch Flume, NJW 1979, 902 (904); Esch, NJW 1979, 1390 (1392f.); Hirtz, BB 1981, 761 (764f.).

124 Karsten Schmidt, Gesellschaftsrecht, § 50 IV 2 c) bb) (S. 1224f.).

solcher Festlegungen liegt darin, daß sie nach langer Zeit den dann veränderten wirtschaftlichen Verhältnissen nicht mehr entsprechen.

Für die Vertragsgestaltung ist zu empfehlen, bezüglich der Abfindung nach 1133
dem Grund des Ausscheidens zu differenzieren. Bei einem Ausscheiden durch Ausschließung ohne wichtigen Grund oder Eigenkündigung des Gesellschafters kann die Buchwertabfindung problematisch sein. Dagegen dürfte die Buchwertklausel bei einem Ausschluß des Gesellschafters aus wichtigem Grund immer zulässig sein, wobei der wichtige Grund als Unterfälle auch die Insolvenz oder die Pfändung in den Geschäftsanteil umfassen kann.

(5) Fälligkeit

Eine sofortige Auszahlung der Abfindung ist für die verbleibenden Gesell- 1134
schafter regelmäßig wirtschaftlich nicht tragbar. Daher sollten gesellschaftsvertraglich Ratenzahlungen vereinbart werden. Noch nicht fällige Raten müssen verzinst werden.

Wird die Ratenzahlung über einen zu langen Zeitraum erstreckt (z.B. zwanzig Jahre) so ist eine solche Vereinbarung als unzulässige Kündigungserschwerung unwirksam[125]. Je nach den Verhältnissen des Einzelfalls dürften sich Auszahlungszeiträume zwischen drei bis sieben Jahren empfehlen.

(6) Verfallklausel

Bei Ratenzahlungsvereinbarungen sollte eine Verfallklausel vereinbart werden. 1135
Danach werden die restlichen Ratenzahlungsbeträge sofort fällig, wenn die verbleibenden Gesellschafter bzw. die Gesellschaft nicht fristgerecht zahlen. Dabei sollte eine Schonfrist vereinbart sein (z.B. ein Monat), nach deren fruchtlosem Ablauf die Fälligkeit des restlichen Abfindungsguthabens eintritt.

(7) Sicherheitsleistung

Schließlich wird § 738 Abs. 1 Satz 3 BGB regelmäßig abbedungen werden müs- 1136
sen, wonach für noch nicht fällige Gesellschaftsverbindlichkeiten dem ausscheidenden Gesellschafter Sicherheit zu leisten ist, statt ihn von den Gesellschaftsverbindlichkeiten zu befreien. Diese Vertragsklausel wird so zu fassen sein, daß der Ausscheidende nur im Innenverhältnis der Gesellschafter zueinander von den Gesellschaftsverbindlichkeiten befreit ist und ihm Sicherheit nicht geleistet zu werden braucht. Der Sicherheitsanspruch belastet in aller Regel die Kreditmöglichkeiten der Gesellschaft unzumutbar.

*q) Weitere Regelungen*

Insbesondere bei größeren Gesellschaften sind im Gesellschaftsvertrag weitere 1137
Regelungen geboten, die zwar auch Wirkungen auf die Vermögensnachfolge haben können, hier aber wegen der beschränkten Thematik nicht im einzelnen dar-

[125] BGH NJW 1989, 2685; Baumbach/Hopt, § 138 HGB Rz. 40.

gestellt werden können, nämlich z.B. Rücklagen, Kapitalsonderkonten, Darlehenskonten, Privatkonten der Gesellschafter; genauere Umschreibung des Gegenstandes des Gesellschaftsunternehmens; Substantiierung außergewöhnlicher Geschäfte; Festsetzung von Geschäftsführungsvergütungen und evtl. Versorgungsbezügen; Regelung der Kontrollrechte der von der Geschäftsführung ausgeschlossenen Gesellschafter; salvatorische Klauseln für den Fall der Nichtigkeit einzelner Vertragsbestimmungen, Vertragslücken usf.

### 3. Kommanditgesellschaft

#### *a) Allgemeines*

*1138* Für die Kommanditgesellschaft gelten gemäß § 161 Abs. 2 HGB grundsätzlich die Bestimmungen über die OHG.

Die Kommanditgesellschaft unterscheidet sich von der OHG darin, daß bei einem oder mehreren Gesellschaftern die Haftung gegenüber den Gesellschaftsgläubigern auf den Betrag einer bestimmten Vermögenseinlage beschränkt ist (§ 161 Abs. 1 HGB).

#### *b) Anwendungsbereich*

*1139* Die Personengesellschaftsform der KG ist als Personengesellschaft zu empfehlen, wenn einzelne Gesellschafter aus sachlichen oder persönlichen Gründen nicht in der Lage sind, aktiv an der Geschäftsführung der Gesellschaft mitzuwirken.

*1140* Eine KG kann aus einer OHG beim Tode eines Gesellschafters und Vorliegen einer Fortsetzungsklausel entstehen, wenn die Erben eines persönlich haftenden Gesellschafters von ihrem Recht aus § 139 HGB Gebrauch machen oder der Gesellschaftsvertrag vorsieht, daß Erben eines persönlich haftenden Gesellschafters Kommanditisten werden.

*1141* Aufgrund der Gestaltungsfreiheit, die im Personengesellschaftsrecht besteht, läßt sich die KG weitgehend kapitalistisch organisieren. Das Gesellschaftskapital kann ausschließlich von den Kommanditisten gestellt werden. Der persönlich haftende Gesellschafter muß keine eigene Vermögenseinlage leisten. In solchen Fällen sind die Kommanditisten die Inhaber des Gesellschaftsunternehmens, während der persönlich haftende Gesellschafter nur ausführendes Organ ist. Man spricht in solchen Fällen von der „kapitalistischen" Kommanditgesellschaft.

*1142* Es können aber auch andere Sachgründe für eine kapitalistisch organisierte KG vorliegen. Wollen z.B. die wirtschaftlichen Inhaber aufgrund ihrer anderweitigen beruflichen Stellung nicht in der Geschäftsführung hervortreten, so können sie das Geschäft in der Form der kapitalistischen KG betreiben, indem sie einen Dritten oder (leitenden) Angestellten zum persönlich haftenden Gesellschafter einsetzen, der auch der Firma seinen Namen zur Verfügung stellen kann.

#### *c) Kommanditeinlage, Haftsumme, Haftung der Kommanditisten*

*1143* Nach § 161 Abs. 1 HGB ist die Haftung des Kommanditisten auf den Betrag einer bestimmten Vermögenseinlage beschränkt. § 171 Abs. 1 HGB besagt, daß der Kommanditist den Gesellschaftsgläubigern bis zur Höhe seiner Einlage unmittelbar haftet.

Es wird meist summarisch von „Kommanditeinlage“ gesprochen, jedoch ist eine Differenzierung wichtig: *1144*

Es ist zwischen dem Außenverhältnis zu Gesellschaftsgläubigern und dem Innenverhältnis der Gesellschafter zueinander zu unterscheiden. Was die §§ 161ff. HGB mit „Einlage“ meinen, ist die sog. **Haftsumme**. Sie wird dem Sprachgebrauch entsprechend nachstehend mit „Kommanditeinlage“ bezeichnet. Diese muß in einem Geldbetrag angegeben werden und ist im Handelsregister einzutragen (§ 162 Abs. 1 HGB). Sie allein bestimmt die Höhe der Haftung des Kommanditisten[126].

Von der Haftsumme/Kommanditeinlage zu unterscheiden ist die „Pflichteinlage“. Sie braucht mit der Haftsumme nicht übereinzustimmen und ist sogar manchmal höher. Die Pflichteinlage bestimmt denjenigen Betrag, den im Innenverhältnis der Gesellschafter zueinander der Kommanditist in der Gesellschaft zu unterhalten hat. Dazu gehören auch kraft Gesellschaftsvertrags zu thesaurierende Gewinnanteile des Kommanditisten, soweit sie nicht einer Rücklage der Gesellschaft selbst zuzuführen sind. Die Pflichteinlage wird nur gesellschaftsvertraglich vereinbart; das Gesetz verpflichtet den Gesellschafter nicht zur Einbringung von Vermögensgegenständen, sondern nur zur Förderung des Gesellschaftszwecks. *1145*

Zum Zeitpunkt der Gesellschaftserrichtung stimmen Kommanditeinlage und Pflichteinlage häufig überein. Im Laufe der Zeit, vor allem bei Gewinnthesaurierung, können sie voneinander abweichen. § 172 Abs. 2 HGB bestimmt, daß sich Gläubiger auf eine nicht eingetragene Hafteinlagenerhöhung nicht oder vielmehr nur dann berufen können, wenn die Erhöhung in handelsüblicher Weise kundgemacht oder ihnen von der Gesellschaft mitgeteilt worden ist. Letzteres ist regelmäßig nicht der Fall, so daß Gläubiger nicht auf den Mehrbetrag der Pflichteinlage über den Kommanditeinlagenbetrag hinaus zugreifen können. *1146*

Buchungs- und bilanztechnisch sollte der die Haftsumme/Kommanditeinlage übersteigende Betrag der Pflichteinlage gesondert ausgewiesen werden, z.B. auf einem „Kapitalkonto II“ oder „Einlagenkonto II“, um jeweils gesondert haftendes Kapital und Einlagenkapital ersichtlich zu machen. Auf dem Kapitalkonto wird der jeweilige Stand des Kapitalanteils festgehalten. Sind aufgrund Gesellschaftsvertrags – in Abweichung vom Gesetz – feste Kapitalanteile vorgesehen, so muß neben dem Festkonto (Kapitalkonto I) ein weiteres variables Konto für jeden Gesellschafter eingerichtet werden (Kapitalkonto II), auf dem die Gewinn- und Verlustanteile sowie seine Entnahmen gebucht werden.

---

[126] Zur Sacheinlage eines Kommanditisten Karsten Schmidt, DB 1977, 2313 zu BGH DB 1977, 1249; Karsten Schmidt, Gesellschaftsrecht, § 54 I 2 (S. 1301ff.); Baumbach/Hopt, § 171 HGB Rz. 1.

*1147* Der Kommanditist haftet mithin den Gläubigern persönlich nicht über den Betrag seiner Haftsumme/Kommanditeinlage hinaus; hat er sie geleistet, so ist seine persönliche Haftung ausgeschlossen.

*1148* Es sind aber folgende Einschränkungen zu beachten[127]:

Nimmt die Gesellschaft mit Zustimmung des Kommanditisten ihre Geschäfte auf, bevor die Haftungsbeschränkung des Kommanditisten im Handelsregister eingetragen ist, so haftet der Kommanditist wie ein persönlich haftender Gesellschafter unbeschränkt, es sei denn, daß seine kommanditistische Beteiligung dem einzelnen Gläubiger bekannt war (§ 176 Abs. 1 HGB).

Rückzahlungen auf die Kommanditeinlage brauchen die Gläubiger sich nicht entgegenhalten zu lassen. Als Rückzahlung gelten auch Entnahmen des Kommanditisten in der Zeit, in der seine Kommanditeinlage durch Verlust unter den ausbedungenen Betrag herabgemindert ist (§ 172 Abs. 4 HGB). Wichtig ist darauf hinzuweisen, daß auch die Auszahlung des Auseinandersetzungsguthabens an den ausgeschiedenen Kommanditisten als Rückzahlung der Einlage gilt.

Eine vereinbarte Herabsetzung der Kommanditeinlage ist den Gesellschaftsgläubigern gegenüber unwirksam, solange sie nicht im Handelsregister eingetragen ist (§ 174 HGB).

Ein Erlaß oder die Stundung der Kommanditeinlage ist den Gesellschaftsgläubigern gegenüber ebenfalls unwirksam (§ 172 Abs. 3 HGB).

*1149* Eine Haftung des Kommanditisten tritt nicht ein, wenn die Kommanditeinlage durch Verluste gemindert worden ist, nachdem sie voll geleistet worden war. Allerdings müssen neu anfallende Gewinnanteile dann zunächst zur Wiederauffüllung der Kommanditeinlage verwendet werden; sie dürfen also bei Vermeidung des Eintretens der Haftung insoweit nicht entnommen werden (§§ 171 Abs. 1, 172 Abs. 4 HGB).

*1150* Wird ein Kommanditanteil, dessen Haftsumme vom Rechtsvorgänger eingezahlt ist, durch Abtretung erworben, so haftet der Rechtsnachfolger auch dann den Gesellschaftsgläubigern gegenüber nicht, wenn im Handelsregister kein auf die Rechtsnachfolge hinweisender Vermerk eingetragen ist[128].

*1151* Gerade in Familiengesellschaften ist der Fall nicht selten, daß ein Kommanditist (beispielsweise Ehefrau oder Sohn) den unbeschränkt persönlich haftenden Komplementär (Ehemann oder Vater) beerbt[129]. Wird das Unternehmen unter seiner bisherigen Firma von dem Kommanditistenerben fortgeführt, gilt § 27 HGB[130].

*1152* Häufig wird in KG-Verträgen vereinbart, daß Verluste auf getrennten Darlehens- oder Sonderkonten der Kommanditisten verbucht werden. Eine solche Re-

---

[127] Zu den gesetzlich nicht geregelten Sonderproblemen der Durchgriffshaftung und der Haftung nach Rechtsscheingrundsätzen vgl. MünchHdb. KG/Neubauer, § 27 Rz. 108ff.

[128] BGHZ 81, 82.

[129] Dazu Marotzke, ZHR 1992, 17ff.

[130] § 25 HGB findet entsprechende Anwendung.

gelung ist unzweckmäßig, weil sie den Kommanditisten einer zusätzlichen Haftung unterwirft, die für ihn gesetzlich nicht besteht. Bei Guthaben auf dem Einlagenkonto (Kapitalkonto II) stellt er diese unnötig zur Haftung zur Verfügung. Werden die Sonderkonten durch Verlustbuchung debitorisch, so tritt eine unmittelbare Gläubigerhaftung des Kommanditisten ein. Bei der Abfassung des Gesellschaftsvertrages sollte darauf geachtet werden, daß es bei der gesetzlichen Regelung verbleibt, nach der Verlustanteile der Kommanditeinlage des Kommanditisten belastet werden, künftige Gewinnanteile aber zunächst zur Wiederauffüllung der Kommanditeinlage zu verwenden sind.

*d) Firma*

Nach § 18 HGB muß die Firma zur Kennzeichnung geeignet sein und darf keine irreführenden Angaben enthalten. Ein persönlich haftender Gesellschafter muß nicht mehr namentlich genannt sein. Die Firma muß, auch wenn sie nach den §§ 21, 22, 24 HGB oder nach anderen gesetzlichen Vorschriften fortgeführt wird, gem. § 19 Abs. 1 Ziff. 3 HGB die Bezeichnung „Kommanditgesellschaft„ oder eine allgemein verständliche Abkürzung dieser Bezeichnung (z.B. „KommGes", „KG") enthalten. *1153*

*e) Geschäftsführung und Vertretung*

Gemäß § 164 Satz 1 HS 1 HGB sind die Kommanditisten von der Geschäftsführung der Gesellschaft ausgeschlossen. Die Kommanditisten sind allein aufgrund ihrer Gesellschafterstellung nicht berechtigt, die Gesellschaft zu vertreten (§ 170 HGB). *1154*

Der Ausschluß der Kommanditisten von der Geschäftsführung, die das Innenverhältnis der Gesellschaft zueinander betrifft, kann abbedungen werden. Den Kommanditisten kann also (im Innenverhältnis) Geschäftsführungsbefugnis, auch Einzelgeschäftsführungsbefugnis eingeräumt werden. Das geschieht insbesondere in den atypischen Fällen, in denen die eigentlichen Inhaber des Gesellschaftsunternehmens die Kommanditisten sind. *1155*

Dagegen kann Kommanditisten keine organschaftliche Vertretungsmacht gewährt werden; die Vorschrift des § 170 HGB ist zwingend. *1156*

Eine evtl. benötigte Vertretungsmacht kann nur rechtsgeschäftlich durch Generalvollmacht[131], Einzelvollmacht, Erteilung von Prokura oder (Handlungs)Vollmacht hergestellt werden. Die Vollmacht kann auch im Gesellschaftsvertrag eingeräumt werden[132].

Die Kommanditisten können einer Handlung der persönlich haftenden Gesellschafter nicht widersprechen, soweit die Handlung nicht über den gewöhnlichen Betrieb des Handelsgewerbes der Gesellschaft hinausgeht. Außergewöhnliche Geschäfte bedürfen eines Gesellschafterbeschlusses (§ 164 HGB, vgl. § 116 Abs. 2 *1157*

---

131 BGH BB 1972, 726.
132 MünchHdb. KG/Wirth, § 5 Rz. 31ff.

HGB). Die Erteilung einer Prokura erfolgt nur durch die geschäftsführenden Gesellschafter ohne Mitwirkung der Kommanditisten (§§ 164 Satz 2, 116 Abs. 3 HGB).

*f) Gesellschafterbeschlüsse*

*1158* Das Gesetz enthält keine Vorschriften über das Zustandekommen von Gesellschaftsbeschlüssen, mit Ausnahme des dispositiven § 119 HGB. Dieser regelt nur die zur Beschlußfassung erforderliche Mehrheit. Beschlüsse bedürfen keiner besonderen Form, sofern der Gesellschaftsvertrag nicht Abweichendes vorschreibt.

*1159* Die wichtigsten Gesellschafterbeschlüsse betreffen sog. außergewöhnliche Geschäftshandlungen (§§ 164, 116 Abs. 2 HGB). Auf die Ausführungen zur OHG kann verwiesen werden.

*1160* Umstritten ist, ob bei der KG die Feststellung des Jahresabschlusses zu den außergewöhnlichen Geschäften gehört, bei denen die Kommanditisten im Wege der Beschlußfassung mitzuwirken haben[133]. Daher ist eine Regelung im Gesellschaftsvertrag zu empfehlen.

*1161* Gerade in Fällen einer kapitalistischen KG, vornehmlich einer GmbH & Co. KG kann es zweckmäßig und notwendig sein, die Feststellung des Jahresabschlusses einem Beschluß aller Gesellschafter zu unterwerfen. In einem solchen Fall wird aber gesellschaftsvertraglich vom Grundsatz der Einstimmigkeit bei Beschlußfassungen (§ 119 Abs. 1 HGB) abgewichen werden und Mehrheitsbeschlußfassung vorgesehen werden müssen.

*1162* Im Gesellschaftsvertrag sollte geregelt sein, welche Geschäfte als außergewöhnliche Geschäfte anzusehen sind. Jedenfalls bei größeren Kommanditgesellschaften oder bei einer Vielzahl von Gesellschaftern sollte grundsätzlich Mehrheitsbeschlußfassung vorgesehen werden, um die Durchführung notwendiger auch außergewöhnlicher Geschäfte nicht am Widerspruch eines einzelnen Kommanditisten scheitern zu lassen.

Kommanditisten sind leicht geneigt, höheren Sach- und Personalinvestitionen zu widersprechen. Sachinvestitionen führen in der Zukunft über Anlageabschreibungen zu höherem Aufwand, Personalinvestitionen stellen unmittelbar erhöhten Aufwand dar. Im Rahmen der Beschlußfassung über außergewöhnliche Geschäfte muß jedenfalls die Gesellschaftermehrheit in der Lage sein, notwendige Sach- und

[133] Für ein der Gesellschafterbeschlußfassung unterliegendes außergewöhnliches Geschäft: Ulmer, in: FS für Hefermehl 1976, S. 207ff.; Karsten Schmidt, Gesellschaftsrecht, § 53 III 2 c) (S. 1278); Schlegelberger/Martens, § 167 HGB Rz. 6; Schulze-Osterloh, BB 1980, 1402 (1404); beiläufig wohl auch BGHZ 76, 338 (342) (diese Entscheidung betrifft die Bestellung eines Abschlußprüfers bei einer größeren, dem Publizitätsgesetz unterliegenden KG). Nach der Gegenmeinung kann der Jahresabschluß allein von den persönlich haftenden Gesellschaftern festgestellt werden; Westermann, Handbuch I. Rz. 870; Großkomm. zum HGB/Schilling, § 167 HGB Anm. 3; Huber, Vermögensanteil, § 144 4 e) (S. 341).

Personalinvestitionen, Produktionsumstellungen, Errichtung von Zweigniederlassungen oder Tochtergesellschaften u.a.m. durchsetzen zu können.

*g) Informations- und Kontrollrechte der Kommanditisten*

Den gesetzlich an Geschäftsführung und Vertretung nicht beteiligten Kom- *1163*
manditisten steht das Kontrollrecht des § 166 HGB zu[134]. Die Kommanditisten sind danach berechtigt, die abschriftliche Mitteilung der Jahresbilanz zu verlangen und deren Richtigkeit unter Einsicht der Bücher und Papiere der Gesellschaft zu überprüfen.

Das dem von der Geschäftsführung ausgeschlossenen persönlich haftenden Ge- *1164*
sellschafter gemäß § 118 HGB gewährte weitere Überwachungsrecht, sich auch sonst von den Angelegenheiten der Gesellschaft persönlich zu unterrichten, steht dem Kommanditisten nicht zu (§ 166 Abs. 2 HGB).

Die Bestimmungen des § 166 Abs. 1 und 2 HGB sind abdingbar. Von der Mög- *1165*
lichkeit abweichender Vereinbarung wird in aller Regel Gebrauch zu machen sein.

Haben Kommanditisten eine beherrschende Stellung, weil sie die eigentlichen Kapitalgeber sind oder die Gesellschaft wesentlich den Interessen der Kommanditisten dient, so wird das Kontrollrecht zu erweitern sein, z.B. im Sinne des § 118 HGB.

Im Normalfall oder bei untergeordneten Kommanditbeteiligungen kann aber schon das Kontrollrecht des § 166 HGB lästig sein und zu an die Grenze des Mißbrauchs reichender Ausnutzung führen. Das Kontrollrecht des § 166 HGB ist persönlich auszuüben, die Zuziehung von Sachverständigen ist aber grds zulässig.

Unter der Voraussetzung, daß der Gesellschaftsvertrag die Kommanditisten vor mißbräuchlichen außergewöhnlichen Geschäften der Geschäftsführer schützt und der Gesellschaftsvertrag präzise Vorschriften über den Jahresabschluß, insbesondere die Bewertung der Bilanzposten liefert, ist es vielfach zweckmäßig, gesellschaftsvertraglich die Prüfung des Jahresabschlusses durch einen Wirtschaftsprüfer vorzusehen und das Recht der Kommanditisten zur eigenen Einsicht der Bücher und Papiere der Gesellschaft auszuschließen, wenn der Wirtschaftsprüfer den Jahresabschluß mit einem uneingeschränkten Testat versieht.

Wird ein Gesellschafter durch mehrere Erben, die Kommanditisten werden, *1166*
beerbt, und splittern sich dadurch Gesellschaftsbeteiligungen auf, so empfiehlt es sich in der Regel, im Gesellschaftsvertrag vorzuschreiben, daß die Kommanditisten-Erben sich in der Wahrnehmung ihrer Mitgliedschaftsrechte durch einen gemeinsamen Vertreter vertreten lassen müssen[135]. Eine solche Bestimmung be-

---

[134] Zur persönlichen Wahrnehmung des Einsichtsrechts eines Kommanditisten nach § 166 HGB, wenn er Wettbewerber der Gesellschaft ist, s. BGH WM 1979, 1061f.

[135] MünchHdb. KG/Klein, § 44 Rz. 72, 131, Weitere Gestaltungsvorschläge bei Michalski, Gesellschaftsrechtliche Gestaltungsmöglichkeiten zur Perpetuierung von Unternehmen (1980), S. 162ff. (Stimmrechtsregelung), 171ff. (Vertreterklausel), 182ff. (Verwaltungstreuhand).

schränkt aber nicht das Recht eines jeden Kommanditisten zur Geltendmachung seiner Rechte im Prozeß; auch darf sie nicht zu einer unzulässigen Majorisierung einzelner Kommanditisten führen[136].

*1167* Zwingend ist die Vorschrift des § 166 Abs. 3 HGB: Auf Antrag eines Kommanditisten kann das (Register-)Gericht „die Mitteilung einer Bilanz oder sonstiger Aufklärungen sowie die Vorlegung der Bücher und Papiere jederzeit anordnen", wenn dafür „wichtige Gründe" vorliegen. Wichtiger Grund ist z.B. der begründete Verdacht nicht ordnungsmäßiger Geschäfts- oder Buchführung.

*h) Ergebnisverteilung*

*1168* Die gesetzlichen Bestimmungen (vgl. § 168 HGB) zur Verteilung von Gewinn und Verlust sowie zu den Entnahmerechten sind unzureichend[137].

*1169* Der einem Kommanditisten zufallende Gewinnanteil wird seinem Kapitalanteil (seiner Kommanditeinlage) nur so lange zugeschrieben, als die Kommanditeinlage nicht aufgefüllt ist (§ 167 Abs. 2 HGB). Gewinnanteile eines Kommanditisten müssen mithin, wenn die Kommanditeinlage voll geleistet ist, einem anderen Konto des Kommanditisten gutgeschrieben werden, wenn und soweit sie nicht einer Rücklage der Gesellschaft zugeführt werden.

Bei der Gewinnverteilung erhält nach der gesetzlichen Vorschrift des § 168 Abs. 1 HGB auch der Kommanditist zunächst 4 % seiner Kommanditeinlage, soweit der Gewinn dazu reicht. Im übrigen wird der Gewinn im Zweifel im „angemessenen Verhältnis" verteilt (§ 168 Abs. 2 HGB). Nach § 167 Abs. 3 HGB ist der Kommanditist am Verlust nur bis zum Betrag seines Kapitalanteils und seiner noch rückständigen Einlage beteiligt.

*1170* Die gesellschaftsvertraglich notwendige Fixierung des Gewinn- und Verlustbeteiligungsschlüssels muß nicht nur die Verzinsung von Sonder- oder Darlehenskonten der Gesellschafter und die Geschäftsführungsvergütung berücksichtigen – beides sollte als Gesellschaftsaufwand vereinbart werden –, dem Haftungsrisiko des persönlich haftenden Gesellschafters muß ebenfalls Rechnung getragen werden. Den persönlich haftenden Gesellschaftern sollte eine Haftungsdividende eingeräumt werden. Die Höhe muß sich nach den Verhältnissen sowohl der Gesellschaft als auch der Gesellschafter richten.

*i) Entnahmerechte*

*1171* Kommanditisten haben kein Recht zu teilweiser Vorausentnahme auf den laufenden Gewinn (§ 169 HGB). Sie haben nur Anspruch auf Auszahlung der ihnen zukommenden Gewinnanteile nach Feststellung des Jahresabschlusses. Insoweit können Kommanditisten den Gewinn grundsätzlich aber uneingeschränkt entnehmen; für sie gilt also nicht die Beschränkung, daß die Entnahme nicht zum

---

[136] BGHZ 46, 291 (294, 297, 300); BGH NJW 1973, 1602; Übersicht Karsten Schmidt, ZHR 146 (1982), 525ff.

[137] BGH WM 1956, 1062; MünchHdb. KG/v. Falkenhausen, § 21 Rz. 18ff.

„offenbaren Schaden der Gesellschaft gereichen" darf (§ 122 Abs. 1 HGB). Auch diese Entnahmeregeln bedürfen gesellschaftsvertraglicher Klarstellung[138].

Einerseits ist es wirtschaftlich nicht tragbar, die Vollentnahme der Gewinnanteile uneingeschränkt zuzulassen. Daher ist im Gesellschaftsvertrag vorzuschreiben, daß ein gewisser Prozentsatz des verteilbaren Gewinns in der Gesellschaft thesauriert wird, sei es auf einem Rücklagekonto der Gesellschaft, sei es auf einem Sonderkonto der Gesellschafter (Kommanditisten) – häufig als „Kapitalreservekonto" oder „Kapitalkonto II" bezeichnet. Darüber hinaus sollte vereinbart werden, daß bei Erreichung einer gewissen Höhe der thesaurierten Gewinnanteile die Kommanditeinlagen entsprechend erhöht werden, wobei auf Gleichbleiben des Verhältnisses der Kapitalkonten zu achten ist. *1172*

Die verbleibenden Gewinnanteile sollten dann aber auch entnommen oder nach Wahl der Gesellschafter auf einem gesonderten Darlehenskonto stehen bleiben können. Solche Darlehenskonten wären dann betriebswirtschaftlich und bilanzrechtlich als echtes Fremdkapital anzusehen.

Andererseits sind Kommanditisten häufig auf laufende Bezüge im Sinne der Vorwegentnahme laufenden Gewinns angewiesen, jedenfalls in Höhe der ihnen obliegenden Steuervorauszahlungen auf erwartete Gewinnanteile und auf ihr in der Gesellschaft angelegtes Vermögen. Daher ist die Regelung von Steuerentnahmerechten zu empfehlen[139]. Denkbar sind aber auch Lösungen, die laufende Entnahmen ausschließen, dafür den Kommanditisten den Anspruch zu geben, ihre Gewinnanteile nach Abzug einer Thesaurierungsquote voll zu entnehmen. Die Kommanditisten müssen dann ihre laufenden Bedürfnisse einschließlich ihrer Steuerverpflichtungen aus den festgestellten Gewinnanteilen abzüglich der Thesaurierungsquote decken und hier notfalls private Rücklagen bilden. Bei einer solchen Regelung weiß die Geschäftsführung, über welche Mittel sie verfügen kann. *1173*

Um außergewöhnliche Finanzierungsbedürfnisse der Gesellschaft aus dem weiteren Gewinn wenigstens teilweise befriedigen zu können, sollte vorgesehen werden, daß die Entnahmefreiheit von Fall zu Fall durch einen Gesellschafterbeschluß beschränkt werden kann. *1174*

### *j) Kein Wettbewerbsverbot für Kommanditisten*

Obwohl das Wettbewerbsverbot des § 112 HGB nicht für Kommanditisten gilt (§ 165 HGB), kann sich aus der allgemeinen Gesellschaftertreuepflicht[140] auch für Kommanditisten ein Wettbewerbsverbot ergeben. Das gilt besonders dann, wenn die Kommanditisten in atypischer Form die Gesellschaft beherrschen, insbesondere Geschäftsführungsbefugnisse innehaben, vornehmlich bei einer GmbH & Co. KG, bei der die betreffenden Kommanditisten zugleich Geschäftsführer der Komplementär-GmbH sind[141]. *1175*

---

138 MünchHdb. KG/v. Falkenhausen, § 22 Rz. 48ff.

139 MünchHdb. KG/v. Falkenhausen, § 22 Rz. 59ff.

140 Zur gesellschaftsrechtlichen Treuepflicht MünchHdb. KG/Weipert, § 13 Rz. 1ff.

141 MünchHdb. KG/Mattfeld, § 12 Rz. 25ff.

*k) Tod eines Gesellschafters*

aa) Tod eines persönlich haftenden Gesellschafters (Komplementärs)

*1176* Beim Tod eines persönlich haftenden Gesellschafters einer KG gelten dieselben Regelungen, die beim Tod eines persönlich haftenden Gesellschafters einer OHG Anwendung finden[142].

bb) Tod eines Kommanditisten

*1177* Anders als beim Tod eines persönlich haftenden Gesellschafters führt der Tod eines Kommanditisten somit nicht zum Ausscheiden, sondern die Gesellschaft wird mit den Erben des Kommanditisten fortgeführt, sofern nichts abweichendes vereinbart ist (§ 177 HGB)[143]. Die Kommanditbeteiligung ist somit unbeschränkt in vollem Umfang vererblich[144]. Die Rechtsnachfolge richtet sich ausschließlich nach den Vorschriften des Erbrechts und folgt entweder den Regeln der gesetzlichen oder der gewillkürten Erbfolge. Enthält der Gesellschaftsvertrag keine abweichende Regelung, so geht der Kommanditanteil mit dem Tod des Kommanditisten unmittelbar auf dessen Erben über[145], ohne daß es irgendeiner weiteren Rechtshandlung, insbesondere einer Eintrittserklärung, bedarf. Die Gesellschafterstellung geht insgesamt mit allen Rechten und Pflichten auf den oder die Erben über, soweit es sich nicht um dem Erblasser persönlich als Kommanditisten eingeräumte Sonderrechte und -pflichten handelt[146].

*1178* Geht die Kommanditbeteiligung auf mehrere Erben über, so findet nach h.M.[147] eine Sondernachfolge in die Gesellschaftsbeteiligung statt: Die Kommanditbeteiligung geht entsprechend den Erbquoten der Miterben geteilt unmittelbar auf die Kommanditistenmiterben über.

**Beispiel:**

E ist Kommanditist mit einer Kommanditeinlage von DM 100.000,–. Er hat 3 Erben: A (50 %), B (30 %), C (20 %). Kommanditisten werden A mit einer Kommanditeinlage von DM 50.000,–, B mit DM 30.000,–, C mit DM 20.000,–, ohne daß es einer Erbauseinandersetzung bedarf.

*1179* Wird die Kommanditbeteiligung im Wege des Vermächtnisses zugewandt, so geht diese zunächst auf den oder die Erben über. Der Vermächtnisnehmer hat nur einen schuldrechtlichen Anspruch auf Herausgabe.

*1180* Bei Familiengesellschaften ist der Vermögensnachfolger, dem eine Kommanditbeteiligung zufällt, oft bereits Mitgesellschafter. Ist der Vermögensnachfolger, dem eine Kommanditeinlage zufällt, bereits Komplementär, so verbleibt es im

---

142 Dazu oben ⇒ Rz. 1101 ff.

143 MünchHdb. KG/Klein, § 42 Rz. 1ff. und § 43 Rz. 19ff.

144 MünchHdb. KG/Klein § 43 Rz. 19.

145 Schlegelberger/Karsten Schmidt, § 177 HGB Rz. 9; MünchHdb. KG/Klein, § 43 Rz. 19.

146 MünchHdb. KG/Klein, § 43 Rz. 30ff.

147 BGH NJW 1983, 2376; 1986, 2431; 1989, 3152; Großkomm. HGB/Schilling § 177 Anm. 15ff. m.w.N.

Außenverhältnis bei seiner Stellung als unbeschränkt haftender Gesellschafter[148]. Die im Handelsregister eingetragene Haftsumme des Kommanditkapitals ist herabzusetzen[149]. Im Innenverhältnis kann der Kapitalanteil des Kommanditisten mangels abweichender gesellschaftsvertraglicher Vereinbarung dann mit allen auf ihn entfallenden Rechten und Pflichten bestehen bleiben, wenn für ihn besondere gesellschaftsvertraglich festgelegte Bestimmungen gelten, z.B. bezüglich Verzinsung oder Gewinn- oder Verlustbeteiligung[150].

Die Rechtsnachfolger treten auch in die Verpflichtung zur Leistung der noch *1181* ausstehenden Haftsumme an die Gesellschaft ein. Diese Verpflichtung ist erbrechtlich nicht beschränkbar[151].

Die Rechtsnachfolge muß zum Handelsregister angemeldet werden (§§ 161 *1182* Abs. 2, 143 Abs. 2, 107 HGB). Anmeldepflichtig sind alle Gesellschafter und alle Erben, auch wenn sie nicht Gesellschafter geworden sind[152]. Gesetzliche Vertreter eines minderjährigen Kommanditistennachfolgers können die Anmeldung auch dann vornehmen, wenn sie Mitgesellschafter sind[153]. Ist Testamentsvollstreckung angeordnet, so muß der Testamentsvollstrecker ebenfalls die Handelsregisteranmeldung unterschreiben[154]. Die Testentsvollstreckung wird aber nicht zum Handelsregister angemeldet bzw. dort eingetragen[155].

### *l) Gesellschaftsdauer, Kündigung, Abfindung ausscheidender Gesellschafter*

Es gelten die Ausführungen zur offenen Handelsgesellschaft entsprechend. *1183* Nach der Rechtsprechung des BGH ist bei einer KG eine gesellschaftsvertragliche Kündigungsklausel nichtig, die einem Gesellschafter das Recht einräumt, die Gesellschaft nach freiem Ermessen mit der Wirkung zu kündigen, daß die das gemeinsame Unternehmen mittragenden Gesellschafter ausscheiden und das Geschäft ohne Liquidation mit Aktiven und Passiven auf ihn übergeht[156].

---

148 BGH BB 1963, 1076f.; ob er daneben noch Kommanditist bleiben kann, richtet sich nach dem Inhalt des Gesellschaftsvertrages bzw. danach, ob der Kommanditanteil dinglich belastet ist. Dazu Baumann BB 1998, 255ff.; Peters, Der gesellschaftsrechtliche Grundsatz der Einheitlichkeit der Mitgliedschaft. Die noch h.M. lehnt eine Mehrfachbeteiligung zwar ab, kann aber dogmatisch nicht zufriedenstellend erklären, welches Schicksal Beschränkungen und dingliche Belastungen bei Vereinigung der Anteile in einer Hand erfahren.

149 Münch Hdb KG/Klein § 43 Rz. 27 m.w.N.

150 Großkomm. HGB/Schilling § 177 Anm. 19; Dittmann/Reimann/Bengel Rz. A 68; Münch Hdb. KG/Klein § 43 Rz. 27.

151 OLG Hamburg DB 1994, 208 m.w.N.

152 BayObLG DB 1979, 86; 1993, 474.

153 BGH BB 1970, 940.

154 BGH NJW 1989, 3152 (3153).

155 KG WM 1995, 1890.

156 BGHZ 81, 263ff.; BGH DNotZ 1986, 42 (43ff.).

### 4. Sonderfall GmbH & Co. KG

*a) Allgemeines*

1184 Die GmbH & Co. KG ist eine Kommanditgesellschaft, mit einer GmbH als persönlich haftendem Gesellschafter. Diese GmbH (nachfolgend Komplementär-GmbH genannt) muß nicht der einzige persönlich haftende Gesellschafter der KG sein, ist es aber typischer Weise.

1185 Statt einer GmbH kann auch eine AG („AG & Co. KG“) oder Stiftung („Stiftung & Co. KG“) Komplementär sein.

1186 Eine GmbH kann sich auch an anderen Personengesellschaften (BGB-Gesellschaft, OHG) beteiligen.

1187 Bei einer GmbH & Co. KG sind zwei Gesellschaften miteinander verbunden: Die Kapitalgesellschaft als persönlich haftende Gesellschafterin der weiteren Gesellschaft (OHG, KG). Daher sind zwei Gesellschaftsverhältnisse zu regeln.

1188 Unter bestimmten Voraussetzungen kann die GmbH & Co. KG auch der Mitbestimmung der Arbeitnehmer gemäß dem Gesetz vom 7. 5. 1976[157] unterliegen. Das gilt nach § 4 des Mitbestimmungsgesetzes dann, wenn die Mehrheit der Kommanditisten der GmbH & Co. KG auch die Mehrheit in der Komplementär-GmbH inne hat. Dann werden die bei der GmbH & Co. KG beschäftigten Arbeitnehmer den Arbeitnehmern der Komplementär-GmbH zugerechnet. Wird dann der Schwellenwert des § 1 Abs. 1 Nr. 2 des Mitbestimmungsgesetzes – Beschäftigung von in der Regel mehr als 2000 Arbeitnehmern – erreicht und hat die Komplementär-GmbH keinen eigenen Geschäftsbetrieb mit in der Regel mehr als 500 Arbeitnehmern, so ist die GmbH & Co. KG mitbestimmungspflichtig.

Dieser Fall wird im Bereich der hier erörterten Familiengesellschaften selten sein. Im übrigen läßt sich ihm durch Gestaltungen begegnen[158].

*b) Anwendungsbereich*

1189 Die entscheidenden Vorteile der GmbH & Co. KG sind
- die Ermöglichung der „Fremdorganschaft“,
- die Beschränkung der Haftung,
- eine Komplementär-GmbH kann nicht durch Tod wegfallen und damit eine KG vor das Auflösungsproblem stellen.

1190 Die Wahrnehmung der Geschäftsführungsfunktionen durch einen angestellten, an der KG nicht beteiligten Geschäftsführer der GmbH stellt keine Durchbrechung des für eine KG als Personengesellschaft geltenden Prinzips der Selbstorganschaft dar. Die KG wird auch bei der GmbH & Co. KG durch einen Gesellschafter vertreten, nämlich die Komplementär-GmbH.

1191 Die Haftungsbeschränkung der Gesellschafter ist im übrigen eine kommanditistische, d.h. die unmittelbare persönliche Gesellschafterhaftung besteht wie bei jeder Kommanditgesellschaft.

---

[157] BGBl. 1976 I, 1153; Hennerkes/Binz, Die GmbH & Co., I. Teil XVI 1 b) (S. 242).
[158] Hennerkes/Binz, Die GmbH & Co., I. Teil XVI 4 b) (S. 254 ff).

Nach §§ 129 a, 172 Abs. 6, 172 a HGB haften bei der GmbH & Co. KG die eigenkapitalersetzenden Kommanditistendarlehen wie die entsprechenden Gesellschaftsdarlehen von GmbH-Gesellschaftern nach §§ 32 a, 32 b GmbHG. In haftungsrechtlicher Hinsicht sind somit die Kapitalverhältnisse der GmbH & Co. KG denen bei der GmbH gleichgestellt. *1192*

Die Vorteile der Fremdorganschaft und der Haftungsbeschränkung sind gerade für Familienunternehmen und deren Vermögensnachfolgegestaltungen von entscheidender Bedeutung: Ist ein qualifizierter Unternehmernachfolger nicht in Sicht oder bedarf das Unternehmen nicht nur eines, sondern mehrerer qualifizierter Unternehmensleiter, die aus der Unternehmerfamilie nicht gestellt werden können, so ist der oder sind die Unternehmer-Gesellschafter auf die Möglichkeit einer Fremdorganschaft angewiesen. *1193*

Der Vorzug der Haftungsbeschränkung ist kein spezifischer der GmbH & Co. KG, sondern der KG allgemein. Für Vermögensnachfolgegestaltungen geht es darum, auch die nicht zu unternehmerischer Leitung befähigten Vermögensnachfolger am Unternehmen zu beteiligen. Da solche Vermögensnachfolger mangels Qualifikation von Geschäftsführung und Vertretung auszuschließen sind, ist ihnen eine unbeschränkte Haftung nicht zuzumuten. *1194*

Die Rechtsform der GmbH & Co. KG ermöglicht eine lebzeitige Vorsorgegestaltung auch derart, daß der Erblasser sein unternehmerisches Vermögen umorganisiert, ohne schon künftige Erben zu beteiligen: Er kann eine Komplementär-GmbH errichten, deren alleiniger Gesellschafter er wird („Ein-Mann-GmbH") und diese in sein bisheriges Einzelunternehmen als Gesellschafter aufnehmen. Die Aufnahme der Komplementär-GmbH kann als persönlich haftender Gesellschafter oder als Kommanditist erfolgen; der bisherige Einzelunternehmer kann persönlich haftender Gesellschafter bleiben oder in die Rechtsstellung eines Kommanditisten übertreten. *1195*

Wird die aufzunehmende GmbH nur Kommanditistin, so liegt keine eigentliche GmbH & Co. KG vor. Wird sie neben dem bisherigen Einzelunternehmer persönlich haftende Gesellschafterin, so besteht eine GmbH & Co. OHG. Eine GmbH und Co. KG ist gegeben, wenn die GmbH alleinige persönlich haftende Gesellschafterin wird. Jedoch kann auch für die beiden vorerörterten Formen ein Interesse bestehen: Aus Kreditgründen oder zur Vermeidung von Publizitätspflichten kann der bisherige Einzelunternehmer Wert darauf legen, die persönliche Haftung zu behalten. Der Gesellschaftsvertrag sieht dann vor, daß im Falle seines Ablebens seine Erben Kommanditisten werden, die GmbH alleinige persönlich haftende Gesellschafterin bleibt oder wird, um durch ihre Organe im Wege der Fremdorganschaft Geschäftsführung und Vertretung der Gesellschaft ausüben zu können. *1196*

*c) Gesellschaftsverträge*

Die Errichtung einer GmbH & Co. KG erfolgt durch Abschluß des Gesellschaftsvertrages der Kommanditgesellschaft. Da persönlich haftender Gesell- *1197* schafter die GmbH ist, muß die GmbH rechtlich entstanden und handlungsfähig sein.

*1198* Eine GmbH entsteht erst mit Eintragung im Handelsregister. Um die GmbH & Co. KG errichten zu können, muß also zunächst die Eintragung der errichteten GmbH im Handelsregister erfolgt sein. Eine gleichzeitige Anmeldung beider Gesellschaften zum Handelsregister ist gleichwohl möglich, wenn in den Anmeldungen zum A- und B-Register jeweils auf die andere Anmeldung verwiesen wird und als Zeitpunkt des Beginns der Geschäftstätigkeit der KG die Eintragung der GmbH angemeldet wird.

*1199* Nehmen die Gründer einer GmbH & Co. KG deren Geschäfte schon vor Entstehung der Komplementär-GmbH und der GmbH & Co. KG vor, so tritt das Problem der unbeschränkten Haftung der Gesellschaftsgründer auf. Schließen die Gründer im Namen der noch nicht entstandenen GmbH & Co. KG einen Vertrag mit Dritten ab, so haften sie entsprechend § 179 Abs. 1 BGB unbeschränkt auf Erfüllung, wenn die Gesellschaft nicht existent wird oder den Vertrag nach ihrer Entstehung nicht genehmigt. Das gilt selbst dann, wenn der Dritte bei Vertragsabschluß weiß, daß die Gesellschaft noch nicht besteht[159]. Entsteht die Gesellschaft, so wird sie Schuldnerin der ursprünglich für die Vorgesellschaft und die Gründer begründeten Verbindlichkeiten[160], ohne daß die Haftung der Gründer erlischt.

*1200* Da die GmbH ihrer Zweckbestimmung nach Gesellschafter der GmbH & Co. KG ist, muß ihr Gesellschaftsvertrag auf diese Funktion abgestimmt sein. Das Gesamtkonzept, d.h. auch der KG-Vertrag, muß mithin zum Zeitpunkt der Beurkundung des Gesellschaftsvertrages der GmbH vorliegen, und zwar mit solchem Inhalt, wie ihn alle Gesellschafter billigen. Die Abstimmung der Gesellschaftsverträge der Komplementär-GmbH und der GmbH & Co. KG ist einer der wichtigsten Regelungspunkte bei der Gründung einer GmbH & Co. KG.

*1201* Zur notwendigen Abstimmung zählt auch die Festlegung des Unternehmensgegenstandes der GmbH. Es ist streitig, ob die Formulierung ausreichend ist „Gegenstand des Unternehmens ist die Übernahme der Stellung eines persönlich haftenden Gesellschafters in der Kommanditgesellschaft unter der Firma A". Die Rechtsprechung verlangt eine weitergehende Individualisierung, wonach auch die Angabe des Unternehmensgegenstandes der KG anzugeben sein soll[161]. Das

---

159 BGHZ 80, 129 (130ff.); BGH NJW 1974, 1905f.; Baumbach/Hopt, Anh. zu § 177a HGB Rz. 15.

160 BGHZ 69, 95 (97f.); WM 1980, 524; im übrigen zur Gründerhaftung auch der Kommanditisten nach § 176 Abs. 1 HGB: BGH WM 1979, 1057 = GmbHRdsch 1979, 223f.; DB 1980, 74; NJW 1980, 1630 (1631); Karsten Schmidt, ZHR 144 (1980), 192 (202); Priester, BB 1980, 911 (913); Hennerkes/Binz, Die GmbH & Co., I. Teil III 3 b) (S. 28ff.).

161 BayObLG NJW 1976, 1694 = DB 1976, 287; GmbHRdsch 1968, 118f.; Sachs, DNotZ 1976, 355ff.

Schrifttum hält dies mit Recht für unrichtig[162], weil Gegenstand der GmbH allein die Übernahme der Stellung des persönlich haftenden Gesellschafters der KG ist. Um lästige Auseinandersetzungen mit dem Registergericht zu vermeiden, ist zu empfehlen, der unrichtigen Rechtsprechung zu folgen und bei der Angabe des Unternehmensgegenstandes der Komplementär-GmbH auch den Unternehmensgegenstand der KG zu bezeichnen.

*d) Gesellschafterbeteiligung*

aa) Grundform

Bei der typischen GmbH & Co. KG sind die Gesellschafter der Komplemen- 1202
tär-GmbH gleichzeitig die Kommanditisten und zwar im selben Beteiligungsverhältnis. Diese Kongruenz der Beteiligungen sowohl an der GmbH & Co. KG als auch der Komplementär-GmbH ist wünschenswert, weil jede abweichende Beteiligung Interessengegensätze heraufbeschwört. Zu beachten ist, daß auf die Beteiligungen an GmbH und KG im Falle des Todes des Anteilsinhabers in wesentlichen Punkten unterschiedliche gesetzliche Regelungen und vertragliche Gestaltungsmöglichkeiten anwendbar sind. So zerfällt bei mehreren Erben die Kommanditbeteiligung in Einzelbeteiligungen, während der GmbH-Geschäftsanteil ungeteilt in das Gesamthandsvermögen der Erbengemeinschaft fällt. Nach § 18 Abs. 1 GmbHG können die Miterben ihre Rechte aus dem Geschäftsanteil nur einheitlich ausüben, wenn jeder Miterbe seine eigenen Rechte aus der ihm zugefallenen (Teil-)Kommanditbeteiligung hat.

Ziel der Vertragsgestaltung sollte sein, die Kongruenz der Beteiligungen an 1203
Komplementär-GmbH einerseits und GmbH & Co. KG andererseits auf Dauer – also auch bei Vermögensnachfolge – sicherzustellen. Eine entsprechende Verklammerung der Gesellschaftsverträge muß in den jeweiligen Satzungen erfolgen. Im Gesellschaftsvertrag der GmbH ist zu regeln, daß im Falle der Verminderung der Kommanditeinlage eines Gesellschafters oder seines Ausscheidens aus der KG sein Geschäftsanteil an der Komplementär-GmbH (entsprechend teilweise) eingezogen oder von der GmbH die Zwangsabtretung verlangt werden kann. Im Gesellschaftsvertrag der KG ist zu vereinbaren, daß ein Kommanditist insoweit ausscheidet, wie er (ganz oder teilweise) einen Geschäftsanteil an der GmbH verliert.

Bei Vermögensnachfolge zu Lebzeiten kann beim Unternehmer ein Interesse 1204
bestehen, von der Kongruenz der Beteiligungen abzusehen. Der bisherige Einzelunternehmer, der seine unternehmerische Nachfolge durch vorweggenommene Erbfolge regeln will, kann wünschen, zunächst allein Gesellschafter der Komplementär-GmbH zu bleiben oder nur einen solchen Abkömmling oder Erben zum Mitgesellschafter der Komplementär-GmbH zu machen, der später auch als Un-

[162] Scholz/Emmerich, § 3 GmbHG Rz. 13; Baumbach/Hueck, § 3 GmbHG Rz. 11; Baumbach/Hopt, Anh. zu § 177a Rz. 13; Hennerkes/Binz, Die GmbH & Co., I. Teil IV 1 b) bb) (S. 37).

ternehmensleiter die Geschäftsführung übernehmen soll. In einem solchen Fall reden in der Komplementär-GmbH nicht solche Gesellschafter mit, die zwar als Kommanditisten am Unternehmen der GmbH & Co. KG substanz- und ergebnismäßig beteiligt werden sollen, die aber keinen Einfluß auf die Komplementär-GmbH haben sollen.

Im Regelfall ist eine derartige Lösung nicht zu empfehlen. Sie beschwört Interessengegensätze und Meinungsverschiedenheiten in der Gesamtgesellschaft herauf, die vermieden werden sollten.

*1205* Eine weitere Frage ist, wie die Komplementär-GmbH an der GmbH & Co. KG beteiligt werden soll. Besteht die Aufgabe der Komplementär-GmbH nur darin, persönlich haftende Gesellschafterin der KG zu sein und deren Geschäftsführung und Vertretung zu übernehmen, so ist es nicht erforderlich, sie am Gesellschaftsvermögen der KG durch Leistung einer eigenen Einlage zu beteiligen. Der gesellschaftsrechtliche Beitrag der Komplementär-GmbH kann sich darauf beschränken, der KG als persönlich haftende, geschäftsführungs- und vertretungsberechtigte Gesellschafterin Dienst zu leisten. Diese Lösung ist regelmäßig zu empfehlen, zumal die Beteiligung der GmbH an der KG auch steuerliche Nachteile haben kann.

bb) Einheitsgesellschaft

*1206* Eine dauerhafte Verklammerung und somit eine einheitliche Vermögensnachfolge gewährleistet die sogenannte „Einheitsgesellschaft". Hier werden die Geschäftsanteile der Komplementär-GmbH an die Kommanditgesellschaft (GmbH & Co. KG) selbst abgetreten, so daß die Kommanditgesellschaft alleinige Gesellschafterin der GmbH ist. Diese Lösung ist gesetzlich aufgrund des mit der GmbH-Novelle vom 4. 7. 1980 in das Gesetz eingefügten § 172 Abs. 6 HGB mittelbar anerkannt[163].

Diese Rechtsform erfordert Sonderregelungen der Geschäftsführung und Vertretung: Ist die GmbH & Co. KG selbst die Gesellschafterin ihrer Komplementär-GmbH, so wird sie in der Gesellschafterversammlung der Komplementär-GmbH durch diese, nämlich deren Geschäftsführer, vertreten. Es wären die Geschäftsführer, die mithin fortgesetzt über sich und ihre Rechtsstellung verfügten; mindestens die Beschlußfassung über Bestellung und Abberufung von Geschäftsführern muß in die Hände der Kommanditisten selbst durch Einrichtung eines besonderen Gesellschaftsorgans (Aufsichtsrat, Beirat) mit entsprechenden satzungsmäßiger Kompetenzen gelegt werden[164]. Eine andere Lösung ist die Erteilung von Vollmachten zur Ausübung des Stimmrechts an die Kommanditisten[165].

---

[163] Hennerkes/Binz, Die GmbH & Co., I. Teil XIV 1 (S. 216); Baumbach/Hopt, Anh. zu § 177a HGB Rz. 8.

[164] Scholz/Karsten Schmidt, Anh. zu § 45 GmbHG Rz. 3ff.; Hennerkes/Binz, Die GmbH & Co., I. Teil XIV 2 (S. 216); Übersicht: Bülow, DB 1982, 527 (528ff.).

[165] Karsten Schmidt, Gesellschaftsrecht, § 56 II 3 e) m.w.N.

Im Falle gewollter dauerhafter Gesellschafteridentität ist die Rechtsform der GmbH & Co. KG als „Einheitsgesellschaft“[166] zu empfehlen.

### *e) Firma*

Wird ein Unternehmen von Vermögensnachfolgern in der Rechtsform einer GmbH & Co. KG fortgeführt, so kann es grds. die bisherige Firma beibehalten („abgeleitete Firma“). *1207*

Nach § 19 Abs. 2 HGB muß auch eine abgeleitete Firma einen die Haftungsbeschränkung kennzeichnenden Firmenzusatz wie „GmbH & Co. KG“ erhalten, wenn keine natürliche Person persönlich haftender Gesellschafter ist[167].

Wird eine GmbH & Co. KG neu gegründet, so tritt das Problem der notwendigen Unterscheidbarkeit der Firma der Komplementär-GmbH von der Firma der GmbH & Co. KG auf (§ 30 Abs. 1 HGB). Ist einziger persönlich haftender Gesellschafter eine GmbH, müssen sich die Firmen der Komplementär-GmbH und der KG gemäß § 30 HGB voneinander unterscheiden, wenn beide am selben Ort ihren Sitz haben[168]. Zur Unterscheidung reicht aus, wenn die GmbH als „XY-Verwaltungs-GmbH“ oder „XY-Betriebs GmbH“ bezeichnet wird. Nach neuem Firmenrecht kann die Problematik jedoch auch durch völlig unterschiedliche Namen gelöst werden, da die KG nicht mehr den Namen eines persönlich haftenden Gesellschafters führen muß. *1208*

### *f) Wettbewerbsverbot*

Gemäß § 112 HGB darf die Komplementär-GmbH ohne Einwilligung der anderen Gesellschafter nicht in Wettbewerb zur GmbH & Co. KG treten. Von größerer praktischer Bedeutung ist ein mögliches Wettbewerbsverbot der Kommanditisten. Gesetzlich unterliegen Kommanditisten keinem Wettbewerbsverbot, da § 112 HGB auf sie keine Anwendung findet. *1209*

Ein Wettbewerbsverbot kann für Kommanditisten aber aus der Gesellschaftertreuepflicht entstehen, vor allem, wenn sie Geschäftsführungsbefugnisse haben.

Zwar soll die GmbH & Co. KG Fremdorganschaft ermöglichen, jedoch wird bei Familienunternehmen regelmäßig ein Kommanditist Geschäftsführer der Komplementär-GmbH sein, solange ein entsprechend befähigter Kommanditist vorhanden ist. Insbesondere wird der bisherige Einzelunternehmer bzw. werden die bisherigen Gesellschafter, die eine Umgründung in eine GmbH & Co. KG vornehmen, zunächst selbst Geschäftsführer der Komplementär-GmbH bleiben wollen. In einem solchen Fall wird aus der Gesellschaftertreuepflicht oder auch aus analoger Anwendung des § 112 HGB ein Wettbewerbsverbot für die Ge-

---

[166] Karsten Schmidt, Gesellschaftsrecht, § 56 II 3 e); Esch, BB 1991, 1129ff.

[167] Grundlegend BGHZ 62, 216.

[168] BGHZ 46, 7 (10); OLG Frankfurt BB 1963, 108; OLG Karlsruhe BB 1965, 806; BayObLG, NJW 1980, 129; BB 1990, 2065 = DB 1990, 2013.

schäftsführer-Kommanditisten anzunehmen sein[169]. Es ist zu empfehlen, die Wettbewerbsverbotsfrage gesellschaftsvertraglich zu regeln.

*g) Geschäftsführung und Vertretung*

1210 Die Geschäftsführung und Vertretung der Gesellschaft hat nur die Komplementär-GmbH inne. Sind Gesellschafter als Kommanditisten zugleich Geschäftsführer der Komplementär-GmbH, tritt das Problem des gemäß § 181 BGB unzulässigen „Selbstkontrahierens" auf.

1211 Das Problem ergibt sich schon bei der GmbH selbst: Der Gesellschafter-Geschäftsführer kommt in die Lage, mit sich selbst z.B. einen Dienstvertrag, einen Versorgungsvertrag oder sonstige Vereinbarungen abschließen zu müssen. Die GmbH ihrerseits muß mit der KG, an der sie beteiligt ist, kontrahieren, aber auch mit den einzelnen Gesellschaftern, z.B. beim Abschluß des Gesellschaftsvertrages oder bei späteren Vertragsänderungen.

1212 Aus diesen Gründen ist es unentbehrlich, im Gesellschaftsvertrag der GmbH die Geschäftsführer, sofern sie Gesellschafter sind, von dem Verbot des Selbstkontrahierens aus § 181 BGB freizustellen, und im Gesellschaftsvertrag der Kommanditgesellschaft die Komplementär-GmbH.

Ob das generell und umfassend oder auf bestimmte Geschäfte oder Gruppen von Geschäften eingeschränkt zu geschehen hat, ist eine Frage des Einzelfalls.

*h) Verteilung von Gewinn und Verlust, Entnahmen*

1213 Schon aus Gründen steuerlicher Anerkennung muß bei der Gewinnverteilung dem Umstand Rechnung getragen werden, daß die Komplementär-GmbH als (meist einzige) persönlich haftende Gesellschafterin für die Gesellschaftsverbindlichkeiten unbeschränkt haftet. Ihr muß deshalb eine Haftungsprämie zugebilligt werden.

1214 Die Höhe der Haftungsprämie sollte sich nach der Haftungsgrundlage richten, die die GmbH zu bieten hat. In aller Regel wird ein angemessener Gewinnprozentsatz bestimmt, höchstens als Obergrenze eine prozentuale Verzinsung des Reinvermögens der GmbH (Stammkapital zuzüglich bilanzmäßiger offener Rücklagen und Gewinnvorträge abzüglich von Verlustvorträgen).

1215 Bei der Verlustverteilung muß beachtet werden, daß Überschuldung der GmbH für diese Insolvenzgrund ist (§ 64 Abs. 1 Satz 1 HS 2 GmbHG). Deshalb sollte die Verlustbeteiligung der Komplementär-GmbH ausgeschlossen werden. Dagegen empfiehlt sich nicht, die Komplementär-GmbH gesellschaftsvertraglich von ihrer Haftung freizustellen, weil das zu einer unbegrenzten Haftung der

[169] BGHZ 89, 162 (165f.); BGH NJW 1980, 231f.; Baumbach/Hopt, Anh. zu § 177a HGB Rz. 23; ders. § 165 HGB Rz. 1.

Kommanditisten führen würde, die zu vermeiden auch ein Motiv für die Wahl der GmbH & Co. KG ist[170].

Was die Kommanditistenhaftung für Entnahmen einschließlich der Entnahme kapitalersetzender Darlehen betrifft, muß auf §§ 172, 172a HGB (§§ 32a, 32b GmbHG) verwiesen werden[171]. 1216

*i) Publizitätspflichten*

Nach §§ 125a, 177a HGB gelten für Personengesellschaften, bei denen kein Gesellschafter eine natürliche Person ist, also vor allem die GmbH & Co. KG, gewisse Publizitätspflichten. 1217

Danach muß die GmbH & Co. KG auf ihren Geschäftsbriefen ihre Rechtsform, den Sitz der Gesellschaft, das Registergericht des Sitzes der Gesellschaft und die Handelsregisternummer angeben. Ferner müssen für die persönlich haftenden Kapitalgesellschafter die Angaben laut § 35a GmbHG bzw. § 80 AktG gemacht werden.

*j) Informationsrechte der Kommanditisten*

Wenn auch die GmbH & Co. KG Kommanditgesellschaft bleibt, so ist sie doch aufgrund der Verzahnung mit einer Komplementär-GmbH dem Recht der Kapitalgesellschaft, im Falle der GmbH & Co. KG der GmbH, angenähert. Das hat rechtliche Folgen: 1218

Die Kommanditisten haben, soweit sie gleichzeitig Gesellschafter der Komplementär-GmbH sind, weit über die kommanditistischen Informationsrechte des § 166 HGB hinaus in der Komplementär-GmbH die Informationsrechte nach § 51a GmbHG[172].

Bei Abstimmungen in der GmbH & Co. KG gelten die Stimmverbote des § 47 Abs. 4 GmbHG[173].

## 5. Stiftung & Co. KG

Als selbständiger Rechtsträger (juristische Person) kann eine Stiftung[174] persönlich haftender Gesellschafter einer Kommanditgesellschaft sein[175]. Damit ist die unbeschränkte Haftung natürlicher Personen genauso ausgeschlossen wie bei der GmbH & Co. KG. Ein weiterer Vorzug ist, daß keine Gesellschafter vorhanden sind, die auf die Komplementärin Einfluß nehmen können. Die Stiftung wird allein durch ihren Vorstand vertreten, dessen Bestellung und Abberufung sich aus 1219

[170] Verlustausschluß und Haftungsfreistellung von Kommanditisten sind streng zu unterscheiden. So richtig Hennerkes/Binz, Die GmbH & Co., I. Teil VII 2 c) (S. 91).

[171] S. oben ⇒ Rz. 1148.

[172] OLG Düsseldorf BB 1990, 1998; OLG Hamburg GmbHR 1985, 120f.; OLG Hamm WM 1986, 740f.= DB 1986, 580; Baumbach/Hueck/Zöllner, § 51a GmbHG Rz. 10b.

[173] Weinhardt, DB 1989, 2417.

[174] Dazu unten ⇒ Rz.1465ff.

[175] Dazu auch Schiffer, ZEV 1999, 424; Rawert, ZEV 1999, 426.

der Stiftungsverfassung ergibt. Die Mitgliedschaftsrechte der Kommanditisten bleiben unberührt.

1220 Der wesentliche Vorteil der „Stiftung & Co. KG“ liegt darin, daß ein solches Unternehmen unabhängig von der Zahl der beschäftigten Mitarbeiter nicht der Mitbestimmung nach dem Mitbestimmungsgesetz unterliegt.

### 6. Stille Gesellschaft

#### *a) Begriff*

1221 Unter „Stiller Gesellschaft“ wird die Stille Gesellschaft des Handelsrechts (§§ 230ff. HGB) verstanden.

§ 230 HGB definiert den Begriff der Stillen Gesellschaft nicht, sondern setzt ihn voraus. Der Tatbestand des § 230 Abs. 1 HGB besagt, daß derjenige, der sich als stiller Gesellschafter an einem Handelsgewerbe eines anderen mit einer Vermögenseinlage beteiligt, diese Einlage so zu leisten hat, daß sie in das Vermögen des Inhabers des Handelsgeschäfts übergeht. § 230 Abs. 2 HGB klärt, daß aus den in dem Handelsgewerbe geschlossenen Geschäften der Inhaber allein berechtigt und verpflichtet wird.

1222 Die Stille Gesellschaft ist eine Innengesellschaft: Das bestehende Gesellschaftsverhältnis tritt nach außen – Dritten und Geschäftspartnern gegenüber – nicht hervor, vielmehr erscheint der Inhaber des Handelsgeschäfts nach außen als Alleininhaber.

Nach § 230 HGB Abs. 1 und 2 muß die Einlage des stillen Gesellschafters in das Vermögen des nach außen als Alleininhaber auftretenden Gesellschafters übergehen. Nur dieser wird aus den Gesellschaftsgeschäften berechtigt und verpflichtet, weil er im Geschäftsverkehr der Alleininhaber des Geschäfts ist.

1223 Die Stille Gesellschaft kann mithin kein dinglich-gemeinschaftliches Vermögen im Sinne des Gesamthandsvermögens einer Außengesellschaft haben[176]; eine Außenvertretung im Namen der stillen Gesellschaft gibt es nicht. Der nach außen hin allein auftretende Gesellschafter handelt im eigenen Namen.

1224 Das Verhältnis zwischen den Parteien darf sich nicht auf ein Austauschverhältnis (Überlassung von Geld oder vertretbaren Sachen gegen Vergütung) beschränken, sondern muß sich auf die gewollte Förderung eines gemeinsamen Zwecks, des Betriebs des Handelsgewerbes, erstrecken. Die Stille Gesellschaft ist damit modifizierte Gesellschaft bürgerlichen Rechts im Sinne der Innengesellschaft ohne Gesamthandsvermögen[177].

1225 Die Stille Gesellschaft im Sinne der §§ 230ff. HGB setzt ein „Handelsgewerbe“ voraus, welches dem Geschäftsinhaber (Außengesellschafter) gehört. Der Außengesellschafter = Geschäftsinhaber muß Kaufmann, auch Minderkaufmann sein. Als Geschäftsinhaber kommen auch Handelsgesellschaften in Betracht (OHG, KG, GmbH, AG, KGaA).

---

176 Schlegelberger/Karsten Schmidt § 230 HGB Anm. 9.

177 Karsten Schmidt, Gesellschaftsrecht § 62 I 1 c).

Dagegen fällt unter die Stille Gesellschaft im Sinne der §§ 230ff. HGB nicht die stille Beteiligung an einem Nichthandelsgewerbe, z.B. einem landwirtschaftlichen Betrieb oder einem freien Beruf. Auf solche stillen Beteiligungen dürften aber die Vorschriften der §§ 230ff. HGB in der Regel entsprechend anwendbar sein[178]. *1226*

*b) Typische und atypische Stille Gesellschaft*

Die gesetzlich in §§ 230ff. HGB geregelte typische Stille Gesellschaft ist reine Ergebnisbeteiligung, d.h. der Stille ist nur am Gewinn und Verlust, nicht aber an der Substanz des Geschäfts beteiligt, welches den Gegenstand der Gesellschaft bildet. *1227*

Geschäftsführungsbefugnisse stehen dem Stillen nicht zu.

Diese Merkmale der typischen Stillen Gesellschaft können vertraglich geändert werden, da die §§ 230ff. HGB weitgehend dispositiv sind[179]. So kann vereinbart werden, daß der Stille im Innenverhältnis der Gesellschafter zueinander (also nur schuldrechtlich) am Geschäftsvermögen wie ein Gesellschafter einer OHG oder KG, insbesondere voll an den stillen Reserven beteiligt sein soll. Außerdem kann ihm im Innenverhältnis (volle) Geschäftsführungsbefugnis eingeräumt werden. Die Übertragung gesellschaftsrechtlicher Vertretungsmacht ist wegen der Natur der Stillen Gesellschaft als Innengesellschaft unmöglich; eine Vertretungsbefugnis läßt sich nur durch rechtsgeschäftliche Vollmacht (ggf. Prokura) herstellen, die der Geschäftsinhaber zu erteilen hat; eine Verpflichtung dazu kann aber im Gesellschaftsvertrag begründet werden. *1228*

In derartigen Fällen liegt eine sogenannte atypische Stille Gesellschaft vor, die sich auch steuerlich, als Mitunternehmerschaft im Sinne des § 15 Abs. 1 Ziff. 2 EStG auswirkt[180]. *1229*

Für die Wahl einer atypischen Stillen Gesellschaft gibt es zahlreiche Motive: Kann oder will sich ein Unternehmen oder ein Unternehmer nicht offen an einem anderen Unternehmen beteiligen, andererseits aber finanziell und geschäftlich das betreffende Unternehmen entscheidend mittragen, sei es, daß es sich bei dem betreffenden Unternehmen um einen Abnehmer des still beteiligten Unternehmers oder Unternehmens handelt, und dieses Abnehmerunternehmen in Konkurrenz zu anderen Kunden des still beteiligten Unternehmers oder Unternehmens steht, sei es auch nur, daß der Stille wegen der Höhe seiner Beteiligung und seines Einflusses Wert auf eine – wenn auch nur schuldrechtliche – Sachwertbeteiligung legt[181]. *1230*

---

178 Baumbach/Hopt, § 230 HGB Rz. 1.

179 Zu den vielfältigen Gestaltungsmöglichkeiten MünchHdb. StG/Bezzenberger § 2 Rz. 1ff.

180 Zu den atypischen Gesellschaftsformen MünchHdb. StG/Bezzenberger § 2 Rz. 4ff.

181 Paulick/Blaurock, Handbuch der Stillen Gesellschaft, § 2 (S. 14ff.).

*c) Gesellschafter*

1231 Als Stille können sich alle natürlichen Personen, alle juristischen Personen des bürgerlichen und des Handelsrechts und die handelsrechtlichen Personengesellschaften beteiligen. Die Rechtsprechung hat selbst nichtrechtsfähigen Verbänden die Fähigkeit, stiller Gesellschafter zu sein, zuerkannt, z.B. nicht rechtsfähigen Vereinen, der GbR und der Erbengemeinschaft[182]. Wird nicht nur eine Person als stiller Gesellschafter aufgenommen, sondern mehrere, so liegen regelmäßig so viele einzelne Gesellschaftsverhältnisse vor wie stille Gesellschafter vorhanden sind. In diesen Fällen bestehen zwischen den stillen Gesellschaftern untereinander keine Rechtsbeziehungen[183]. Das muß aber nicht sein: Werden in einem einzigen Vertrage mehrere stille Gesellschafter gleichzeitig aufgenommen, so wird in der Regel ein mehrgliedriges stilles Gesellschaftsverhältnis vorliegen, bei dem auch die mehreren Stillen untereinander in gesellschaftsrechtlichen vertraglichen Beziehungen stehen[184]. Die Stillen können aber auch unter sich eine GbR bilden, die ihrerseits stiller Gesellschafter ist.

*d) Anwendungsbereich*

1232 Es wird behauptet, daß die Stille Gesellschaft sich für Familiengesellschaften und Regelungen vorweggenommener Erbfolge besonders eigne[185]. Dies erscheint kaum begründet. Die Stille Gesellschaft ist dann die richtige Gesellschaftsform, wenn Gesellschaftsverhältnisse im Sinne einer reinen Ergebnisbeteiligung geschaffen werdem sollen. Ansonsten bietet sich für Familiengesellschaften und vorweggenommene Erbfolgen als Lösung eher eine Kommanditgesellschaft an.

1233 Die gesetzlichen Informationsrechte eines Kommanditisten und eines stillen Gesellschafters sind gleich (§§ 166, 233 HGB). Die nur schuldrechtliche Einlagenbeteiligung eines stillen Gesellschafters ist vermögensmäßig wesentlich schwächer als die eines Kommanditisten. Regelmäßig will ein Erblasser bei einer vorweggenommenen Erbfolgelösung zwar das gesellschaftsrechtliche Verhältnis zwischen seinen künftigen Erben ordnen, insbesondere die Unternehmernachfolge klarstellen, nicht aber die zukünftigen Erben ungleich behandeln, indem er dem einen eine Geschäftsinhaberstellung einräumt, dem oder den anderen aber nur eine schuldrechtliche Einlagen- und Ergebnisbeteiligung.

---

[182] Paulick/Blaurock, Handbuch der Stillen Gesellschaft, § 5 II 1 (S. 69f.); Baumbach/Hopt, § 230 HGB Rz. 5; RGZ 126, 386 (390) für Erbengemeinschaft.

[183] Paulick/Blaurock, Handbuch der Stillen Gesellschaft, § 5 II 3 (S. 71); Langenfeld/Gail, I Rz. 50; Großkommentar zum HGB/Schilling, § 335 HGB a.F. Anm. 71f.; Schlegelberger/Karsten Schmidt, § 230 HGB n.F. Rz. 73; Heymann/Horn, § 230 HGB Rz. 8; vgl. Schmidt, DB 1976, 1705.

[184] Schlegelberger/Karsten Schmidt, § 230 HGB n.F. Rz. 73f.; vgl. BGH BB 1980, 958; NJW 1972, 338f.; Blaurock dazu NJW 1972, 1119; Großkommentar zum HGB/Schilling, § 335 HGB a.F. Anm. 72.

[185] Langenfeld/Gail, Handbuch der Familienunternehmen, I Rz. 54; Paulick/Blaurock, Handbuch der Stillen Gesellschaft, § 2 III (S. 19ff.).

Bei nur stiller Aufnahme zukünftiger Erben, also nach außen und dinglich verbleibender Alleininhaberschaft des Erblassers bleibt die Rechtsnachfolge im Außenverhältnis ungelöst. Sie kann zwar letztwillig oder im Gesellschaftsvertrag der Stillen Gesellschaft geregelt werden, eine vollkommene Lösung ist das aber nicht. Die letztwillige Regelung läßt die Risiken aus Ausschlagung der Erbschaft und Pflichtteilsbegehren bestehen. Eine gesellschaftsvertragliche Regelung konfrontiert die künftigen Erben mit unterschiedlichen gesellschaftsrechtlichen Rechtsstellungen. 1234

In manchen Fällen, wenn auch sehr selten im Rahmen vorweggenommener Erbfolge, soll die Beteiligung des Stillen atypisch gestaltet werden: Der Stille Gesellschafter oder einer von mehreren soll auch an der Substanz des Vermögens des Geschäfts beteiligt, und es soll ihm im Innenverhältnis Geschäftsführungsbefugnis eingeräumt werden. Solche Gestaltungen sind ohne weiteres möglich. Eine Vertretungsbefugnis kann allerdings nur eingeräumt werden auf rechtsgeschäftlichem Wege (Erteilung von Prokura, Handlungsvollmacht, Vollmacht). Will ein Testator und Einzelunternehmer seine Kinder in sein Geschäft aufnehmen und zieht er eine Stille Gesellschaft einer KG vor, so kann er z.B. den schon im Geschäft tätigen Sohn als atypischen, andere Kinder als typische Gesellschafter beteiligen. 1235

Von Interesse bleibt die Stille Gesellschaft dort, wo es sich nicht um Handelsgewerbe, sondern z.B. um landwirtschaftliche Betriebe oder freie Berufe handelt, die von einem Nichtberufsangehörigen nicht betrieben werden können, bei denen aber mangels kaufmännischen Unternehmensgegenständen auch die Errichtung einer KG nicht möglich ist[186]. 1236

*e) Vertragsschluß*

Der Gesellschaftsvertrag der Stillen Gesellschaft bedarf keiner besonderen Form. Er kann selbst durch konkludentes Handeln geschlossen werden. Schriftform ist zu empfehlen, um die Bedingungen des Gesellschaftsverhältnisses klarzustellen und einem Streit zu entziehen. 1237

Soll der Stille seine Vermögenseinlage durch Übertragung eines Grundstücks oder eines Geschäftsanteils an einer GmbH leisten, so bedarf es der für das Übertragungsgeschäft gesetzlich vorgeschriebenen Formen gem. § 313 BGB, § 15 GmbHG. 1238

Ein Minderjähriger bedarf zum Eintritt als stiller Gesellschafter zwar grundsätzlich der vormundschaftsgerichtlichen Genehmigung (§§ 1643 Abs. 1, 1822 1239

[186] Laut §§ 8, 12 Apothekengesetz ist z.B. die früher übliche stille Beteiligung an einer Apotheke nichtig.

Nr. 3 BGB)[187]. Der vormundschaftlichen Genehmigung bedarf es aber nicht, wenn die Kapitalbeteiligung dem Minderjährigen unentgeltlich zugewandt wird, eine Nachschußpflicht nicht besteht und die Haftung vom Verlust ausgeschlossen ist[188].

*f) Geschäftsführung, Vertretung, Kontrollrechte*

1240 Die Rechte des stillen Gesellschafters entsprechen weitgehend denen des Kommanditisten. Der Außengesellschafter (Geschäftsinhaber) ist allein zur Geschäftsführung und Vertretung berechtigt; dem Stillen steht nur das Kontrollrecht des § 233 HGB zu, welches dem des Kommanditisten aus § 166 HGB entspricht.

1241 Da die gesetzlichen Bestimmungen der Stillen Gesellschaft über Geschäftsführung und Vertretung schweigen, ist gerade über diese Punkte eine überlegte Vertragsgestaltung erforderlich. Die Vertretungsmacht des Außengesellschafters, der Alleininhaber des Geschäfts ist, kann nicht entzogen oder beschränkt werden. Bezüglich seiner Geschäftsführungsbefugnis sind aber klarstellende Vereinbarungen geboten, insbesondere was Zustimmungserfordernisse für außergewöhnliche Geschäfte angeht.

1242 Das Kontrollrecht des Stillen kann wie das Kontrollrecht eines Kommanditisten erweitert werden.

*g) Wettbewerbsverbot*

1243 Der stille Gesellschafter unterliegt grundsätzlich ebenso wenig einem Wettbewerbsverbot wie der Kommanditist. Hat er aber in atypischer Weise Geschäftsführungsbefugnis oder wesentlichen Einfluß auf die Geschäfte, so kann sich für ihn ein Wettbewerbsverbot in entsprechender Anwendung des § 112 HGB oder aufgrund der auch für ihn bestehenden Gesellschaftertreuepflicht ergeben. Im übrigen kann ein Wettbewerbsverbot vertraglich vereinbart werden.

*h) Verteilung von Gewinn und Verlust, Entnahmen*

1244 Die Beteiligung eines stillen Gesellschafter am Gewinn kann nicht ausgeschlossen werden (§ 231 Abs. 2 HS 2 HGB). Dagegen kann gesellschaftsvertraglich bestimmt werden, daß der Stille nicht am Verlust beteiligt sein soll. Die Ermittlung von Gewinn und Verlust erfolgt auch für die Stille Gesellschaft zum Schluß eines jeden Geschäftsjahres (§ 232 Abs. 1 HGB) aufgrund eines Jahresabschlusses.

---

187 OLG Hamm BB 1974, 294; LG Bielefeld NJW 1969, 753 (754); Großkomm. zum HGB/Schilling, § 335 HGB a.F. Anm. 35 (Genehmigungspflicht in jedem Fall); Baumbach/Hopt, § 230 HGB Rz. 8; Palandt/Diederichsen, § 1822 BGB Rz. 14; differenzierend Schlegelberger/Karsten Schmidt, § 230 HGB n.F. Rz. 92; Heymann/Horn, § 230 HGB Rz. 23.

188 BGH JZ 1957, 382; grundsätzlich keine Genehmigungspflicht Paulick/Blaurock, Handbuch der Stillen Gesellschaft, § 10 II 1 b) (S. 143f.).

Gemäß § 231 Abs. 1 HGB gilt mangels besonderer vertraglicher Bestimmung für die Beteiligung des Stillen „ein den Umständen nach angemessener Anteil" als bedungen. 1245

Die Höhe der Ergebnisbeteiligung des Stillen wird in jedem Fall vertraglich festzulegen sein. Da die typische Stille Gesellschaft reine Ergebnisbeteiligung ist, ist der Stille bei der typischen Beteiligung an stillen Reserven des Geschäftsvermögens nicht beteiligt.

Wie grundsätzlich gesetzlich der Kommanditist, so hat auch der Stille kein Recht zur Entnahme unabhängig vom Gewinn; er kann nur die Auszahlung seines Gewinnanteils fordern, soweit dieser nicht zur Deckung eines ihm früher belasteten Verlusts benötigt wird (§ 232 Abs. 1 und Abs. 2 Satz 2 HS 2 HGB). Der nicht von dem Stillen entnommene Gewinn erhöht seine Einlage nicht (§ 232 Abs. 3 HGB, vgl. für den Kommanditisten § 167 Abs. 2 HGB). 1246

### i) Gesellschaftsdauer, Auflösungsgründe

Die Gesellschaftsdauer wird durch den Gesellschaftsvertrag bestimmt. Ist die Gesellschaftsdauer nicht geregelt, so läuft das Gesellschaftsverhältnis auf unbestimmte Zeit. 1247

Das Gesellschaftsverhältnis kann durch Kündigung eines Gesellschafters oder durch Kündigung eines Gläubigers des stillen Gesellschafters aufgelöst werden. Die Vorschriften für die OHG (§§ 132, 134, 135 HGB) finden entsprechende Anwendung (§ 234 HGB). Für die Kündigung seitens des Gläubigers des Geschäftsinhabers besteht kein Bedürfnis, da der Gläubiger des Geschäftsinhabers ungehindert in das Geschäftsvermögen vollstrecken und dort seine Befriedigung suchen kann. 1248

### j) Tod eines Gesellschafters

Der Tod des Geschäftsinhabers löst im Zweifel die Stille Gesellschaft auf (§ 727 Abs. 1 BGB). Die Fortsetzung kann durch eine vertragliche Regelung getroffen werden (§ 727 Abs. 1 BGB)[189]. Es können auch die im Personengesellschaftsrecht möglichen Nachfolgeklauseln vereinbart werden. 1249

Der Tod des Stillen löst die Gesellschaft nicht auf (§ 234 Abs. 2 HGB). 1250

Wird ein stiller Gesellschafter durch mehrere Erben beerbt (§ 234 Abs. 2 HGB), so soll nach der wohl herrschenden Meinung im Gegensatz zu den oben erörterten Außengesellschaftsformen eine Erbengemeinschaft als Gesamthandgemeinschaft die stille Beteiligung fortsetzen können[190]. Die Richtigkeit dieser Auffassung ist zu bezweifeln. Auch für die Gesellschaft bürgerlichen Rechts (GbR) gilt der Grundsatz, daß im Falle einer einfachen Nachfolgeklausel und der Beerbung eines Gesellschafters durch mehrere Erben jeder dieser Erben für sich allein 1251

[189] Einzelheiten bei Schlegelberger/Karsten Schmidt § 234 HGB Rz. 22ff.

[190] Schlegelberger/Karsten Schmidt, § 234 HGB Rz. 5; Großkomm. HGB/Schilling, § 339 HGB a.F. Anm. 34.

und nicht eine Miterbengemeinschaft Gesellschafter wird[191]. Zwar handelt es sich bei einer Innengesellschaft wie einer stillen Gesellschaft um schuldrechtliche Rechtsbeziehungen des stillen Gesellschafters zum Geschäftsinhaber. Die stille Gesellschaft ist aber eine Gesellschaft mit gesellschaftsrechtlichen Mitgliedschaftsrechten. Sie kann sogar atypisch mit weitreichenden Einflußmöglichkeiten des stillen Gesellschafters ausgestaltet sein kann. So kann vereinbart werden, daß das Geschäftsvermögen zwischen den Gesellschaftern wie gemeinschaftliches Gesamthandsvermögen behandelt werden soll, der Stille (schuldrechtlich) an Wertsteigerungen wie -minderungen des Geschäftsvermögens beteiligt ist. Dem Stillen können im Innenverhältnis Geschäftsführungs- und Mitgliedschaftsrechte wie einem Außengesellschafter eingeräumt werden. Nach den Vereinbarungen im Innenverhältnis kann der Stille der eigentlich maßgebliche Gesellschafter sein. Es kann vereinbart sein, daß er im Innenverhältnis wie ein Außengesellschafter haftet. Damit reduzieren sich die Unterschiede zur Außengesellschaft – dinglich fehlendes Gesamthandsvermögen, Außenhaftungsfragen – auf ein theoretisches Minimum. Es ist nicht einzusehen, weshalb bei der stillen Gesellschaft für die sich im Innenverhältnis zwischen den Gesellschaftern aufgrund Beerbung vollziehende Änderung der Gesellschaft etwas anderes gelten soll als bei der GbR.

*1252* Der Gesellschaftsvertrag kann festlegen, daß die stille Beteiligung nur mit bestimmten Erben fortgeführt wird[192].

*1253* Die Stille Beteiligung kann der Testamentsvollstreckung unterworfen werden, sofern gesellschaftsrechtliche Regelungen nicht entgegenstehen[193].

*k) Insolvenz des Geschäftsinhabers*

*1254* Auch die Eröffnung des Insolvenzverfahrens über das Vermögen des Geschäftsinhabers ist Auflösungsgrund (§ 728 BGB). Im Falle der Insolvenz des Geschäftsinhabers ist der Stille Insolvenzgläubiger ohne Absonderungsrechte, da seine Beteiligung eine lediglich schuldrechtliche ist (§ 236 HGB).

*l) Auseinandersetzung, Abfindung*

*1255* Im Falle der Auflösung der Stillen Gesellschaft findet eine Auseinandersetzung mit dem stillen Gesellschafter dahin statt, daß dessen Guthaben auszuzahlen ist (§ 235 Abs. 1 HGB). Der stille Gesellschafter nimmt am Ergebnis noch schwebender Geschäfte teil und kann am Schluß jeden Geschäftsjahres Rechnungslegung und Auszahlung sowie Auskunft über den Stand noch weiter schwebender Geschäfte verlangen (§ 235 Abs. 2 und 3 HGB, vgl. § 740 BGB).

---

191 MünchKomm/Ulmer, § 727 BGB Rz. 26; Karsten Schmidt, Gesellschaftsrecht, § 45 V 3 a) (S. 1101 f.); Staudinger/Keßler, § 727 BGB Rz. 22; Staudinger/Werner, Vorbem. 24 zu §§ 2032ff. BGB; Soergel/Hadding, § 727 BGB Rz. 20ff.; BGB-RGRK/v. Gamm, § 727 BGB Rz. 9.

192 Paulick/Blaurock, Handbuch der Stillen Gesellschaft, § 16 II 9.

193 Palandt/Edenhofer § 2205 BGB Rz. 23.

Die Auseinandersetzungsbewertung erfolgt bei der typischen Stillen Gesellschaft als reiner Ergebnisbeteiligung aufgrund einer normalen Handelsbilanz und nicht einer besonderen Auseinandersetzungsbilanz, in welcher die vollen, wirklichen Werte des Geschäfts anzusetzen sind. *1256*

Anders ist es in den Fällen der atypischen Stillen Gesellschaft, bei der im Innenverhältnis zwischen den Gesellschaftern vereinbart ist, daß der Stille wie ein Gesellschafter einer OHG oder KG auch an der Substanz des Geschäfts und ihren Reserven beteiligt sein soll[194]. In diesen Fällen ist eine besondere Auseinandersetzungsbilanz wie bei Außengesellschaften mit Gesamthandsvermögen aufzustellen. In solchen Fällen atypischer stiller Gesellschaften ist eine gesellschaftsvertragliche Regelung der Auseinandersetzungsbilanz unverzichtbar. *1257*

## 7. GmbH & Still

Aus steuerlichen Gründen wurde die „GmbH & Still" entwickelt[195]. Es handelt sich um eine Stille Gesellschaft, bei der die stille Beteiligung an einer GmbH erfolgt. *1258*

Die steuerlichen Gründe für eine „GmbH & Still" sind: Von der GmbH ausgeschüttete Gewinne werden im Wege stiller Einlagen (nach Abzug der Einkommensteuern der Gesellschafter unter Berücksichtigung der Körperschaftsteuergutschrift) der GmbH als der Unternehmerin wieder zur Verfügung gestellt. Zu beachten ist, daß eine Entnahme einer solchen stillen Beteiligung ohne Verstoß gegen die Kapitalerhaltungsbestimmungen der GmbH nur erfolgen darf, wenn sie keinen eigenkapitalersetzenden Charakter hat oder das Verfahren der Kapitalherabsetzung durchgeführt wird. *1259*

Die gewünschten steuerlichen Ziele lassen sich genauso in den geläufigen Rechtsformen der GmbH & Co. KG oder der GmbH selbst – u.U. mit Treuhandlösungen – erzielen. *1260*

Die „GmbH & Still" kann wie jede Stille Gesellschaft als typische oder atypische Stille Gesellschaft konstruiert werden. *1261*

Die Nachfolge beurteilt sich bei der GmbH nach GmbH-Recht, bei der Stillen Gesellschaft nach § 234 Abs. 2 HGB, wonach die Gesellschaft beim Tod des Stillen nicht aufgelöst wird. Die stille Beteiligung geht auf den oder die Erben über[196]. *1262*

## 8. Unterbeteiligung

### *a) Allgemeines*

Eine Unterbeteiligung (UB) liegt vor, wenn an einer Gesellschaftsbeteiligung eines Gesellschafters („Hauptbeteiligten") schuldrechtlich ein anderer im Innen- *1263*

---

194 BGHZ 7, 174 (178), 378 (379).

195 Tillmann/Hesselmann, Handbuch der GmbH & Co., Rz. 90 (S. 41); Schulze zur Wiesche, GmbHRdsch. 1979, 33ff., 62ff.; ders., GmbH & Still, 3. Aufl. (1997).

196 Dazu oben ⇒ Rz. 1250ff.

verhältnis beteiligt ist („Unterbeteiligter")[197]. Die UB ist also „Beteiligung an einer Beteiligung". Die Unterbeteiligung ist in Rechtslehre und Rechtsprechung auch für den Bereich des Steuerrechts anerkannt[198].

*1264* Die UB kann an einer Personengesellschaftsbeteiligung, aber auch an einer Kapitalgesellschaftsbeteiligung bestehen. Das Bedürfnis ist für den Bereich der Personengesellschaften aber größer wegen des dort geltenden Prinzips der grundsätzlichen Unübertragbarkeit der Gesellschaftsbeteiligungen.

*1265* Das Rechtsverhältnis einer Unterbeteiligung ist gesetzlich nicht geregelt, jedoch besteht über Begriff und Wesen Einigkeit: Da der Unterbeteiligte nur im Innenverhältnis zum Hauptbeteiligten an dessen Gesellschaftsbeteiligung schuldrechtlich beteiligt ist, handelt es sich bei der UB um eine Innengesellschaft, die als solche zwangsläufig kein Gesellschaftsvermögen im Sinne eines Gesamthandsvermögens haben kann.

*1266* Im Unterbeteiligungsfall liegen zwei verschiedene Gesellschaftsverhältnisse vor:

Die Hauptgesellschaft einerseits und die Unterbeteiligungsgesellschaft andererseits. Der Unterbeteiligte steht mit der Hauptgesellschaft und deren Gesellschaftern (außer dem Hauptbeteiligten) in keinerlei Rechtsbeziehung[199].

*1267* Die UB ist eine GbR in der Form der Innengesellschaft. Auf sie finden, wie für alle Personengesellschaften, die Vorschriften der §§ 705ff. BGB Anwendung, soweit nicht speziellere Vorschriften vorgehen.

*1268* Der Gesetzgeber hat eine Innengesellschaft gesetzlich geregelt: Die Stille Gesellschaft. Wie die Stille Gesellschaft ist die Unterbeteiligung regelmäßig Dauergesellschaft und nicht Gelegenheitsgesellschaft. Die Unterbeteiligung bezieht sich im übrigen praktisch nahezu ausschließlich auf Beteiligungen an Personengesellschaften des Handelsrechts.

*1269* Stellt man die (dispositiven) Vorschriften über die GbR den spezielleren Vorschriften über die Stille Gesellschaft gegenüber, so ergibt sich, daß nur die Vorschriften über die Stille Gesellschaft für die UB eine angemessene Lösung bedeuten, soweit nicht ohnehin für beide Gesellschaftsformen die Bestimmungen über die GbR maßgeblich bleiben. Es sind danach auf die UB in erster Linie die Vorschriften über die Stille Gesellschaft und erst hilfsweise die Bestimmungen über die GbR anzuwenden[200].

---

[197] Zur Abgrenzung zwischen Treuhand und Unterbeteiligung vgl. BGH BB 1994, 1597.

[198] BGHZ 50, 316 (319ff.) = NJW 1968, 2003ff. = BB 1968, 973f.; Karsten Schmidt, Gesellschaftsrecht, § 63 (S. 1565ff.); Schlegelberger/Karsten Schmidt, § 230 HGB n.F. Rz. 182ff.; Wendelstein, BB 1970, 735ff.; BFH (GrS) BFHE 112, 1 (3) = BStBl 1974 II, 414 (415).

[199] Esch, NJW 1964, 902 (903); Karsten Schmidt, Gesellschaftsrecht, § 63 IV 1 (S. 1570); Paulick, ZGR 1974, 253 (257).

[200] Esch, NJW 1964, 902 (904); Schneider, in: FS für Möhring 1965, 115ff.; Karsten Schmidt, Gesellschaftsrecht, § 63 II 1 (S. 1567); Baumbach/Hopt, § 230 HGB Rz. 4.

1270 Die Geschäftsführung der Unterbeteiligungsgesellschaft steht dem Hauptbeteiligten als dem alleinigen Inhaber des Gesellschaftsvermögens – der Gesellschaftsbeteiligung – zu. In der atypischen Form kann allerdings dem Unterbeteiligten Einfluß auf die Geschäftsführung, insbesondere können ihm erweiterte Mitgliedschaftsrechte eingeräumt werden. Eine Vertretung der Unterbeteiligungsgesellschaft durch den Unterbeteiligten ist ausgeschlossen, eine Vertretungsbefugnis könnte hergestellt werden durch rechtsgeschäftliche Vollmachterteilung seitens des Hauptbeteiligten, ihre Ausübung innerhalb der Hauptgesellschaft hängt aber von der Zulässigkeit gemäß den Bestimmungen des Gesellschaftsvertrages der Hauptgesellschaft ab.

1271 Das Kontrollrecht des Unterbeteiligten bestimmt sich entsprechend § 233 HGB. Dabei ist darauf hinzuweisen, daß sich das Informations- und Kontrollrecht nur auf die Unterbeteiligungsgesellschaft bezieht und nicht beinhaltet Einblick in die Verhältnisse der Hauptgesellschaft, insbesondere nicht in ihre Jahresabschlüsse. Der Unterbeteiligte steht mit der Hauptgesellschaft und deren Gesellschaftern in keiner Rechtsbeziehung und schuldet den Hauptgesellschaftern keine Gesellschaftertreupflicht[201].

1272 Für die Kündigung der Gesellschaft gilt nicht § 723 Abs. 1 Satz 1 BGB, sondern § 234 Abs. 1 HGB. Eine Kündigung ist danach entsprechend den Vorschriften über die Personenhandelsgesellschaft zum Ende eines jeden Geschäftsjahres unter Einhaltung einer Kündigungsfrist von sechs Monaten zulässig. Eine auf Lebenszeit eingegangene Unterbeteiligung steht einer für unbestimmte Zeit eingegangenen Unterbeteiligung gleich[202]. Die vielfach vertretene These, daß eine Unterbeteiligung auf die Dauer der Hauptgesellschaft laufe, trifft nicht zu. Das Unterbeteiligungsverhältnis ist ein vom Hauptgesellschaftsverhältnis unabhängiges Gesellschaftsverhältnis, das gesondert beurteilt werden muß. Ist über eine Vertragsdauer nichts gesagt, so gilt das Unterbeteiligungsverhältnis als auf unbestimmte Zeit geschlossen[203].

1273 Für die Rechtsfolgen des Todes der Gesellschafter der Unterbeteiligungsgesellschaft gilt das gleiche wie für die Stille Gesellschaft, insbesondere § 234 Abs. 2 HGB entsprechend. Gleichwohl sollte – wegen der nicht unstreitigen dogmatischen Einordnung der im Gesetz nicht geregelten Unterbeteiligung – die Nachfolge der UB vertraglich ausdrücklich geregelt werden.

1274 Für die Auseinandersetzung der aufgelösten Unterbeteiligungsgesellschaft sind die Rechtsgrundsätze der Stillen Gesellschaft entsprechend anzuwenden.

### *b) Typische und atypische Unterbeteiligung*

1275 Wie bei der Stillen Gesellschaft als Innengesellschaft gibt es auch bei der UB die Formen der typischen und der atypischen UB. Die Unterschiede sind diesel-

201 BGHZ 50, 316 (323f.); Esch, NJW 1964, 902 (905).
202 BGHZ 50, 316 (321).
203 BGHZ 50, 316 (321f.); Esch, NJW 1964, 902 (906).

ben wie bei typischer/atypischer Stiller Gesellschaft. Eine typische UB liegt vor, wenn es sich bei ihr um eine reine Ergebnisbeteiligung handelt; von einer atypischen UB spricht man, wenn der Unterbeteiligte auch an der Substanz der Hauptbeteiligung, also auch den stillen Reserven wertmäßig beteiligt ist und mitgliedschaftsrechtlich Einfluß auf die Ausübung der Mitgliedschaftsrechte des Hauptbeteiligten in der Hauptgesellschaft hat.

*1276* Steuerlich wirkt sich das wie bei der Stillen Gesellschaft dahin aus, daß der Unterbeteiligte im Falle typischer UB Einkünfte aus Kapitalvermögen bezieht (§ 20 Abs. 1 Ziff. 2 EStG), während er bei atypischer UB gewerbliche Einkünfte als Mitunternehmer im Sinne des § 15 Abs. 1 Ziff. 2 EStG hat[204].

*c) Anwendungsbereich*

*1277* Der Anwendungsbereich der UB ist gerade auf dem Gebiet der Erbfolgegestaltungen groß. Das gilt sowohl für letztwillige Verfügungen als auch für Vorsorgegestaltungen[205]. Ist der Erblasser Gesellschafter einer Personengesellschaft, so ist ihm regelmäßig eine nur teilweise Übertragung seiner Beteiligung nicht gestattet, weil Personengesellschaftsbeteiligungen grundsätzlich nicht übertragbar sind (§ 717 BGB). Ist die Personengesellschaftsbeteiligung vererblich, sei es bei der OHG auf Grund einer Nachfolgeklausel, sei es als kommanditistische Beteiligung gemäß § 177 HGB, so kommt es auf den Inhalt gesellschaftsvertraglicher Nachfolgeklauseln an: Häufig ist gesellschaftsvertraglich nur ein Erbe eines Gesellschafters (meist ein Abkömmling) zur Gesellschafternachfolge zugelassen. In diesem Fall müssen andere Miterben abgefunden werden. Ist die Liquidität dazu nicht vorhanden, bietet sich an, andere Miterben an der nur auf einen Erben übergehenden Hauptbeteiligung unterzubeteiligen.

*1278* **Beispiel**[206]:

Der Erblasser hatte testamentarisch seine Erben zur Rechtsnachfolge auch in seine Gesellschaftsbeteiligung berufen, während der Gesellschaftsvertrag nur einen bestimmten Erben zur Rechtsnachfolge zuließ. Berufungsgericht und BGH deuteten die Erbeinsetzung in die Verpflichtung des zur gesellschaftsrechtlichen Nachfolge berechtigten Miterben zur Unterbeteiligung der anderen Erben um.

*1279* Auch wenn gesellschaftsvertraglich alle Erben zur Rechtsnachfolge in die Gesellschaftsbeteiligung zugelassen sind oder die Gesellschaftsbeteiligung übertragbar gestaltet ist, besteht häufig ein Interesse an einer Unterbeteiligungslösung: Es kann der Wunsch und Wille des Gesellschafter-Testators sein, seine Beteiligung in der Person eines seiner Erben zusammengefaßt zu erhalten, z.B. in der Person desjenigen seiner Erben, der in der Gesellschaft auch geschäftsführend tätig sein kann und soll oder sonst als am qualifiziertesten erscheint, die Rechte aus einer Gesellschaftsbeteiligung wahrzunehmen.

---

204 Esch, NJW 1964, 2044 (2045).

205 Wendelstein, BB 1970, 735ff.; Bilsdorfer, NJW 1980, 2785ff.; Langenfeld/Gail, Handbuch der Familienunternehmen, I Rz. 152.

206 BGHZ 50, 316ff.

Diese Interessenlage kann auch bestehen, wenn es sich bei Gesellschaftsbeteiligung um eine Beteiligung an einer Kapitalgesellschaft handelt. 1280

Bei GmbH-Beteiligungen wird die gesetzlich vorgesehene Übertragbarkeit oft weitgehend eingeschränkt. Dann besteht eine der Rechtslage bei Personengesellschaften ähnliche Situation. Selbst wenn keine Einschränkungen der Übertragbarkeit des Geschäftsanteils bestehen, kann es wichtig sein, den Geschäftsanteil des Erblassers einem einzigen Erben zuzuweisen und die anderen unterzubeteiligen, um dem betreffenden Erben eine starke Position in der Gesellschaft zu verschaffen, auf die er ggf., auch den anderen Mitgesellschaftern gegenüber, angewiesen ist.

Auch für Vorwegnahmen von Erbfolgeregelungen hat die UB ihre Bedeutung: 1281
Wegen der regelmäßig gegebenen Unübertragbarkeit der Gesellschaftsbeteiligung unter Lebenden ist einerseits der Testator gehindert, seine künftigen Erben als Gesellschafter in die Hauptgesellschaft aufzunehmen; andererseits hat er vielfach das Interesse, sie schon zu seinen Lebzeiten wirtschaftlich für die Gesellschaft zu interessieren, ihnen anteilig einen Teil seines in der Gesellschaft gebundenen Vermögens zu übertragen, wobei er sich regelmäßig aber die alleinige mitgliedschaftsrechtliche Einflußnahme in der Hauptgesellschaft vorbehalten möchte. Derartige Interessenlagen lassen sich mit einer Unterbeteiligung befriedigen.

Eine mitunternehmerisch ausgestaltete Unterbeteiligung eines Minderjährigen 1282
am Kommanditanteil seines Vaters ist auch dann anzuerkennen, wenn die Unterbeteiligung dem Kind vom Vater geschenkt worden ist. Dabei hindert auch ein dinglich gesicherter Rückübertragungsanspruch für den Fall, daß der Minderjährige ohne Hinterlassung von Abkömmlingen vor seinem Vater verstirbt, nicht die steuerliche Anerkennung[207].

### *d) Gesellschafter, Vertragsschluß*

Gesellschafter der UB-Gesellschaft sind der Hauptgesellschafter (Hauptbetei- 1283
ligte) einerseits und der oder die Unterbeteiligten andererseits. An der Unterbeteiligungsgesellschaft sind die Mitgesellschafter des Hauptbeteiligten in der Hauptgesellschaft nicht beteiligt; ebensowenig stehen die Unterbeteiligten in irgendwelchen Rechtsbeziehungen zu den anderen Hauptgesellschaftern.

Die Begründung einer Unterbeteiligung als Gesellschaft erfordert wie jede Er- 1284
richtung von Gesellschaftsverhältnissen einen Vertrag. Dieser Vertrag kann formlos abgeschlossen werden. Im Falle der Begründung einer Unterbeteiligung ist die schriftliche Abfassung des Gesellschaftsvertrages von besonderer Wichtigkeit. Da es für die Unterbeteiligung keine gesetzliche Regelung gibt, müssen die Einzelheiten der Unterbeteiligungsregelung klar bestimmt werden.

Im Fall vorweggenommener Erbfolgeregelungen wird die Unterbeteiligung 1285
künftigen Erben in der Weise eingeräumt, daß der Erblasser schenkweise im In-

[207] BFH BB 1994, 1483.

nenverhältnis Teile seiner Hauptbeteiligung als Vermögenseinlage zuwendet[208]. Die Unterbeteiligten erwerben einen schuldrechtlichen Anspruch gegenüber dem Erblasser.

*1286* Unterbeteiligungen ergeben sich häufig auch aus anderen Notwendigkeiten: Ist in einer Hauptgesellschaft eine Erhöhung der Gesellschaftereinlagen erforderlich und kann ein Gesellschafter die anteilige Kapitalerhöhung mangels Liquidität nicht erfüllen, kann er sich die benötigten Mittel dadurch verschaffen, daß er einen Geldgeber an der (erhöhten) Hauptbeteiligung unterbeteiligt. Der Geldgeber hat den Vorteil, anteilig an den Gewinnen beteiligt und nicht auf eine Verzinsung beschränkt zu sein. Er trägt allerdings das Risiko auf der Gesellschafterebene keinen unmittelbaren Einfluß auf die unternehmerischen Entscheidungen nehmen zu können.

*1287* Das Eingehen eines Unterbeteiligungsverhältnisses durch einen Hauptgesellschafter bedarf der Zustimmung der anderen Hauptgesellschafter nicht. Die Unterbeteiligung kann geheim bleiben.

### 9. Europäische Wirtschaftliche Interessenvereinigung (EWIV)

*1288* Zu den Personengesellschaften zählt auch die für den Bereich der Europäischen Union geschaffene EWIV[209]. Zweck der EWIV ist die grenzüberschreitende Zusammenarbeit von Unternehmen oder Angehörigen freier Berufe. Die EWIV gilt als Handelsgesellschaft. Zu ihrer Entstehung bedarf es außer dem Vertragsschluß auch der Eintragung im Handelsregister.

*1289* Die inländische EWIV steht weitgehend der OHG gleich. Nach § 1 EWIV-AG[210] gelten, soweit die EG-VO Nr. 2137/85 nichts Abweichendes regelt, für die EWIV die Regelungen der OHG (§§ 105ff. HGB) entsprechend. Auch bei ihr haften die Mitglieder unbeschränkt und gesamtschuldnerisch für die gemeinschaftlichen Schulden. Ein wesentlicher Unterschied besteht naturgemäß darin, daß die EWIV auch unter Mitgliedern freier Berufe geschlossen werden kann. Sie ist damit ein geeignetes Instrument für die europäisch-internationale Zusammenarbeit zwischen Anwälten, Wirtschaftsprüfern und Steuerberatern. Notare – auch solche, die hauptberuflich Rechtsanwälte sind – dürfen sich als Träger eines öffentlichen, privater Disposition entzogenen Amtes grds. nicht an einer EWIV mit wirtschaftlicher Zielsetzung beteiligen. Die EWIV führt eine eigene Firma, die auch reine Sachfirma sein kann[211].

*1290* Der Tod eines EWIV-Mitglieds führt nach § 28 Abs. 1 EWIV-VO nicht zur Auflösung der EWIV, sondern zur Beendigung der Mitgliedschaft. Nach § 28

[208] Der BFH verlangt in Anlehnung an die Rechtsprechung des BGH zur steuerlichen Anerkennung notarielle Beurkundung der schenkweisen Aufnahme: BFH DB 1979, 2160 (2161).

[209] VO v. 25.7.1985, Amtsblatt EG Nr. L 199 v. 31.7.1985, S. 1ff., vgl. Großkomm. HGB/Ulmer, vor § 105 HGB Rz. 37f.

[210] BGBl. 1988 I 514.

[211] LG Frankfurt BB 1991, 496; Müller-Gugenberger, BB 1989, 1922ff.

Abs. 2 EWIV-VO ist eine vertragliche Vereinbarung dahingehend zulässig, daß die EWIV mit den Erben des verstorbenen Mitglieds fortgesetzt wird. Auch wenn eine derartige Vertragsklausel fehlt, kann die EWIV mit den Erben forgesetzt werden, wenn die verbleibenden Mitglieder mit den Erben die Fortsetzung nachträglich einstimmig beschließen.

### 10. Partnerschaft

#### *a) Allgemeines*

Die mit dem Partnerschaftsgesellschaftsgesetz[212] geschaffene Partnerschaft ist keine Handelsgesellschaft und betreibt kein kaufmännisches Unternehmen. Sie ist eine besondere, auf die Bedürfnisse der freien Berufe zugeschnittene Organisationsform.[213] Die Partnerschaft steht allen freien Berufen als Rechtsform zur Verfügung, ohne daß ihnen die Wahl einer anderen Rechtsform verschlossen ist, soweit eine solche berufsrechtlich zulässig ist (z.B. Wirtschaftsprüfungs-, Aktiengesellschaft, Steuerberatungs-GmbH). *1291*

Notaren steht die „Partnerschaft“ als Rechtsform nicht zur Verfügung, da diese ein öffentliches Amt bekleiden, dessen Zugang und Ausübung von staatlichen Stellen gesteuert und überwacht wird. Das personengebundene öffentliche Amt des Notars ist nicht übertragbar und kann daher auch nicht in eine Gesellschaft eingebracht werden[214]. Insbesondere widersprechen auch die Vertretungs- und Haftungsregeln der Partnerschaft dem öffentlichen Amt des Notars. *1292*

Die Partnerschaft ist eine Personengesellschaft. Als Gesamthandsgemeinschaft ist sie zwar keine juristische Person, hat aber nach § 7 Abs. 2 PartGG die Fähigkeit, im eigenen Namen Träger von Rechten und Pflichten zu sein. Insofern ist die Partnerschaft der offenen Handelsgesellschaft angenähert. *1293*

#### *b) Errichtung einer Partnerschaft*

Die Errichtung einer Partnerschaft setzt einen Partnerschaftsvertrag und die Eintragung in das neu geschaffene Partnerschaftsregister voraus. Für den Partnerschaftsvertrag genügt die Schriftform. Die Eintragung im Partnerschaftsregister erfordert die Anmeldung durch alle Partner in notariell beglaubigter Form. Die Eintragung im Partnerschaftsregister hat konstitutive Wirkung. *1294*

#### *c) Name der Partnerschaft*

Die Partnerschaft ist namensrechtsfähig. Der Name muß den Namen mindestens eines Partners, den Zusatz „Partnerschaft“ oder „und Partner“ sowie die Berufsbezeichnungen aller in der Partnerschaft vertretenen Berufe enthalten. Ist *1295*

---

212 BGBl. 1994 I, S. 1744

213 Lenz, MDR 1994, 1741; Karsten Schmidt, NJW 1995, 1; Böhringer, BWNotZ 1995, 1; Das Gesetz ist am 1. Juli 1995 in Kraft getreten.

214 Römer, Notariatsverfassung und Grundgesetz, S. 13ff.; Baumann, Das Amt des Notars, MittRhNotK 1996, 1 (13f.).

der Namensträger aus der Partnerschaft ausgeschieden, so kann der Name – sofern der Ausgeschiedene sich im Gesellschaftsvertrag damit einverstanden erklärt hat – zeitlich unbegrenzt fortgeführt werden.

*d) Geschäftsführung, Vertretung*

1296 Jeder Partner ist geschäftsführungsbefugt. Nach § 7 Abs. 3 PartGG ist das Vertretungsrecht der OHG entsprechend anwendbar. Daher ist jeder Partner befugt, die Partnerschaft allein zu vertreten. Die Erteilung einer Prokura ist nicht möglich.

*e) Kapital, Haftung*

1297 Ein bestimmtes Gründungskapital ist nicht erforderlich. Alle Partner haften nach § 8 Abs. 1 PartGG grundsätzlich gesamtschuldnerisch. Nach § 8 Abs. 2 PartGG haften aber dann, wenn nur einzelne Partner mit der Bearbeitung eines Auftrags von einer gewissen Bedeutung befaßt sind, nur diese persönlich neben der Partnerschaft für berufliche Fehler.

*f) Tod eines Partners*

1298 Beim Tod eines Partners wird die Partnerschaft nicht aufgelöst, sondern grundsätzlich fortgesetzt. Der Partnerschaftsanteil ist grds. nicht vererblich (§ 9 Abs. 4 Satz 1 PartGG). Er wächst kraft Gesetzes (§ 738 Abs. 1 Satz 1 BGB) mit dem Tode den verbleibenden Gesellschaftern zu[215].

1299 Der Partnerschaftsvertrag kann die Vererblichkeit des Partnerschaftsanteils zulassen, wenn die Erben oder Vermächtnisnehmer[216] selbst partnerschaftsfähig sind. Der Kreis der Nachfolger kann durch eine qualifizierte Nachfolgeklausel beschränkt werden[217]. Nach § 9 Abs. 4 Satz 3 PartGG ist § 139 HGB insoweit anzuwenden, als der Erbe befugt ist, seinen Austritt aus der Partnerschaft zu erklären.

1300 Geschäftsführungs- und Vertretungsbefugnis sind immer unvererblich.

---

215 Lenz, MDR 1994, 744.

216 Für Vermächtnisnehmer ist dies streitig. Vgl. dazu MünchHdb. GesR I/Salger § 38 Rz. 43, der die Vererblichkeit zu Recht auch auf Vermächtnisnehmer erstreckt, ohne daß entsprechend qualifizierte Erben vorhanden sind.

217 Zu den steuerlichen Risiken Menges/Stähle, BB 1994, 2122; und ⇒ Buch II Rz. 698ff., 731ff.

## II. Kapitalgesellschaften

### 1. Gesellschaft mit beschränkter Haftung

*a) Allgemeines*

Die GmbH ist ein Personenverband mit eigener Rechtspersönlichkeit (juristische Person). Nach § 13 Abs. 1 GmbHG hat die Gesellschaft selbst Rechte und Pflichten; sie kann Rechte erwerben, vor Gericht klagen und verklagt werden[218]. Die GmbH gilt als Handelsgesellschaft im Sinne des HGB (§ 13 Abs. 3 GmbHG). *1301*

Die Gesellschafter einer GmbH selbst haften nicht persönlich für Gesellschaftsverbindlichkeiten[219]; ihre Haftung beschränkt sich auf die Erbringung ihrer Einlagen und ggf. vereinbarter Nachschüsse. Für die Gesellschaftsverbindlichkeiten haftet den Gläubigern grds. nur das Gesellschaftsvermögen (§ 13 Abs. 2 GmbHG). *1302*

*b) Anwendungsbereich*

Die Rechtsform der GmbH ist zu empfehlen, wenn die Vorteile der Kapitalgesellschaft genutzt werden sollen, nämlich Ausschluß der Haftung der Gesellschafter, Möglichkeit der Fremdorganschaft, kapitalistische Gesellschaftsstruktur. Unter dem Aspekt der künftigen Vermögensnachfolge erleichtert die GmbH als Kapitalgesellschaft Nachfolgeregelungen. *1303*

Gegenüber der AG besitzt die GmbH als Kapitalgesellschaft den Vorzug, daß sie den Gesellschaftern bei der Gestaltung des Gesellschaftsverhältnisses mehr Dispositionsfreiheit läßt[220]. *1304*

Die in § 5 Abs. 1 GmbHG geforderte Mindesthöhe des Stammkapitals ist mit 25.000,– Euro verhältnismäßig niedrig. Damit steht diese Gesellschaftsform auch kleineren und mittleren Unternehmen als rechtliche Organisationsform zur Verfügung. Die GmbH läßt sich gesellschaftsvertraglich sogar personalistisch organisieren. *1305*

Über Treuhandverhältnisse kann im Rechtsverkehr die Anonymität der Gesellschafter gewahrt werden. Daher eignet sich die GmbH auch zur Verfolgung unternehmerischer Zwecke, die z.B. Mitbewerbern nicht bekannt werden sollen. *1306*

Der Vorteil der freien Firmenwahl kann z.B. in der Werbewirksamkeit eines Phantasienamens oder einer schlagwortartigen Bezeichnung des Unternehmensgegenstandes liegen. *1307*

Der Gegenstand des Unternehmens kann jedem gesetzlich zulässigen Zweck dienen. Die GmbH muß kein Handelsgewerbe betreiben. Gegenstand des Unternehmens kann eine Vermögensverwaltung, die Tätigkeit des Wirtschaftsprüfers *1308*

---

[218] Lutter/Hommelhoff, § 13 GmbHG, Rz. 2.

[219] Ausnahme: Durchgriff s. Lutter/Hommelhoff, § 13 GmbHG, Rz. 11 m.w.N.

[220] Zur Bedeutung der Rechtsformwahl Beck GmbH-HB/Nonnenmacher § 1 Rz. 7ff. und 73ff.

oder Steuerberaters, die Erfüllung mildtätiger oder altruistischer Zwecke sein. Die GmbH gilt in jedem Fall als Handelsgesellschaft im Sinne des HGB (§ 13 Abs. 3 GmbHG).

*1309* Vielfach dient die GmbH unternehmerischen Zwecken im Rahmen eines größeren Unternehmensverbandes, z.B. als Haftungsgesellschaft bei einer GmbH & Co. KG. Die GmbH kann darüber hinaus als Organgesellschaft eines Mutterunternehmens dienen oder im Rahmen einer Betriebsaufspaltung als Betriebs- oder Vertriebsunternehmen tätig sein.

*c) Errichtung, Entstehung der GmbH*

*1310* Die GmbH wird durch Gesellschaftsvertrag errichtet. Dieser bedarf der notariellen Beurkundungsform (§ 2 GmbHG).

Auch ein Vorvertrag, der allein oder in Verbindung mit anderem Inhalt zur Gründung einer GmbH verpflichtet, bedarf der Form des § 2 GmbHG[221].

*1311* Mit der Beurkundung des Gesellschaftsvertrages und der Unterzeichnung durch alle Gesellschafter ist die GmbH noch nicht entstanden; sie entsteht erst mit ihrer Eintragung im Handelsregister (§ 11 Abs. 1 GmbHG).

*1312* Das Registergericht hat vor Eintragung der GmbH im Handelsregister zu prüfen, ob der Gesellschaftsvertrag den zwingenden gesetzlichen Vorschriften entspricht. Dazu kann z.B. das Vorliegen gewerberechtlicher Erlaubnisse gehören.

*d) Gründer*

*1313* Zulässig ist die Errichtung einer GmbH durch eine (§ 1 GmbHG) oder mehrere Personen.

Die „Ein-Mann"-Gründung und die Alleingesellschafterstellung sind mit Erschwerungen versehen:

- Bei der „Ein-Mann"-Gründung muß der alleinige Gründergesellschafter für das nicht eingezahlte Stammkapital Sicherheit leisten (§ 7 Abs. 2 Satz 3 GmbHG).
- Faßt der Alleingesellschafter „Gesellschafter"-Beschlüsse, so muß er sie „unverzüglich" protokollieren (§ 48 Abs. 3 GmbHG).
- Gemäß § 35 Abs. 4 GmbHG gilt für Rechtsgeschäfte des Alleingesellschafters mit der GmbH § 181 BGB. Die satzungsrechtliche Befreiung vom Verbot des § 181 BGB ist damit unentbehrlich.

*1314* Als Gründer kann eine natürliche oder juristische Person auftreten, auch Personenhandelsgesellschaften wie OHG und KG, die gemäß §§ 124, 161 Abs. 2 HGB unter ihrer Firma Rechtsträger sein können. Streitig ist, ob Gesamthands-

[221] Ständige Rspr. RGZ 66, 116 (120); 149, 385 (395); 156, 129 (138); BGH WM 1973, 67 (68); DB 1988, 223; OLG München GmbHRdsch 1958, 195; ausführlich Hachenburg/Ulmer, § 2 GmbHG Rz. 43ff.; Scholz/Emmerich, § 2 GmbHG Rz. 78; Rowedder/Rittner, § 2 GmbHG Rz. 74; Baumbach/Hueck, § 2 GmbHG Rz. 29; Lutter/Hommelhoff, § 2 GmbHG Rz. 21; Roth, § 2 GmbHG Anm. 7.1.

gemeinschaften – wie eine Erbengemeinschaft, eine GbR oder ein nicht rechtsfähiger Verein – als Gründer mitwirken können. Die heute überwiegende Meinung hat die früheren Bedenken gegen die Rechtsfähigkeit von Gesamthandsgemeinschaften fallen lassen[222]; jede Gesamthandsgemeinschaft kann als Personenverband selbst Träger von Rechten und Pflichten sein[223].

Ein Minderjähriger bedarf zum Abschluß des Gesellschaftsvertrages einer GmbH der vormundschaftsgerichtlichen Genehmigung[224]. 1315

*e) Vorgründungsgesellschaft, Vorgesellschaft*

Ist der Gesellschaftsvertrag der GmbH noch nicht beurkundet, haben sich aber die Gründer über die Errichtung der GmbH und ihren Betrieb bereits geeinigt, so spricht man von einer Vorgründungsgesellschaft[225]. 1316

Nach Beurkundung des GmbH-Gesellschaftsvertrages und vor Eintragung der GmbH ins Handelsregister besteht unter den Gründern eine Vorgesellschaft[226]. 1317

Die Betreiber einer Vorgründungsgesellschaft sowie gemäß § 11 Abs. 2 GmbHG die Handelnden einer Vorgesellschaft haften aus im Namen der Gesellschaft abgeschlossenen Rechtsgeschäften persönlich, im Falle des Handelns für eine Vorgründungsgesellschaft unbeschränkt[227], im Falle des Handelns für eine Vorgesellschaft nach Maßgabe des § 11 Abs. 2 GmbHG[228]. 1318

Außerdem kann sich der Geschäftsführer mit seiner dem Gericht gegenüber abgegebenen Versicherung, daß das Gesellschaftsvermögen mit Ausnahme des Gründungsaufwands unbelastet zur freien Verfügung steht, strafbar machen. 1319

---

222 BGHZ 78, 311 (312) (für GbR); OLG Hamm, DB 1975, 394 (f. Erbengemeinschaft); Scholz/Emmerich, § 2 GmbHG Rz. 51ff.; Hachenburg/Ulmer, § 2 GmbHG Rz. 80ff.; Rowedder/Rittner, § 2 GmbHG Rz. 20; Baumbach/Hueck, § 1 GmbHG Rz. 32ff.; Lutter/Hommelhoff, § 2 GmbHG Rz. 5; Roth, § 1 GmbHG Anm. 4.2.4; Eder, Handbuch der GmbH I, Rz. 59; Beck GmbH-HB/Schwaiger § 2 Rz. 45.

223 Baumann BB 1998, 225ff. m.w.N.

224 Scholz/Emmerich, § 2 GmbHG Rz. 43; Hachenburg/Ulmer, § 2 GmbHG Rz. 73; Rowedder/Rittner, § 2 GmbHG Rz. 13; Lutter/Hommelhoff, § 2 GmbHG Rz. 4; Eder, Handbuch der GmbH I, Rz. 58.

225 Karsten Schmidt, Gesellschaftsrecht, § 34 III 2 (S. 843ff.).

226 BGH NJW 1983, 2822; Karsten Schmidt, Gesellschaftsrecht, § 34 III 3 (S. 848ff.).

227 BGHZ 134, 333 = NJW 1997, 1507 m. Anm. Altmeppen; Beck GmbH-HB/Schwaiger § 2 Rz. 31.

228 BGHZ 45, 338 (343, 347); 53, 210 (214, 216); 80, 129 (132ff.) = NJW 1981, 1373 (1374) = GmbHRdsch 1981, 114ff. (Aufgabe des früheren sog. Vorbelastungsverbots); BGHZ 91, 148 (152) = NJW 1984, 2164f. = BB 1984, 1315 (1316) = GmbHRdsch 1984, 316 (317); WM 1985, 479; BGHZ 134, 333 (unbeschränkte Haftung auch vor Eintragung); Scholz/Karsten Schmidt, § 11 GmbHG Rz. 78ff.; Hachenburg/Ulmer, § 11 GmbH Rz. 96ff.; Rowedder/Rittner, § 2 GmbHG Rz. 77, § 11 GmbHG Rz. 99ff.; Baumbach/Hueck, § 11 GmbHG Rz. 22; Lutter/Hommelhoff, § 11 GmbHG Rz. 17ff.

*f) Vertragsinhalt*

1320 § 3 Abs. 1 GmbHG verlangt zwingend die Aufnahme folgender Angaben im Gesellschaftsvertrag:

aa) Firma

1321 Gemäß dem in seiner Neufassung am 4.7.1998 in Kraft getretenen § 4 GmbHG ist die Firmierung der GmbH grundsätzlich freigestellt. Für die Firmenbildung gelten die allgemeinen Grundsätze. Nach § 18 Abs. 1 HGB muß die Firma zur Kennzeichnung geeignet sein, Unterscheidungskraft besitzen und darf nicht irreführend sein[229]. Die Firma kann daher weiterhin als Personenfirma, Sachfirma oder gemischte Firma gebildet werden. Zulässig sind jetzt aber auch reine Phantasienamen ohne Bezug zum Unternehmensgegenstand. Seit dem 1.7.1995 darf eine neu gegründete GmbH nicht mehr den Zusatz „und Partner" enthalten, da dieser nach § 11 Abs. 1 PartGG allein von einer Partnerschaft geführt werden kann[230].

1322 Die Firma muß stets auf die Gesellschaftsform „Gesellschaft mit beschränkter Haftung" („GmbH") hinweisen (§ 4 GmbHG).

1323 Um spätere Streitigkeiten mangels Unterscheidbarkeit zu vermeiden, sollte die Firma vor der Beurkundung mit der zuständigen Industrie- und Handelskammer abgestimmt werden.

bb) Sitz

1324 Die GmbH kann ihren Sitz frei wählen. In jedem Fall muß der Sitz in der Bundesrepublik Deutschland sein, da die GmbH in ein deutsches Handelsregister eingetragen werden muß; wobei die postalische Erreichbarkeit im Inland genügt[231]. Der Sitz kann sich an dem Ort befinden, an dem entweder ein Betrieb der GmbH oder die Geschäftsleitung oder die Verwaltung geführt wird. Ein fiktiver Sitz ist rechtsmißbräuchlich und führt zur Nichtigkeit dieser Satzungsbestimmung[232].

cc) Gegenstand des Unternehmens

1325 Der Gegenstand des Unternehmens ist die Beschreibung der Tätigkeit, welche die Gesellschaft entfalten soll.

Der Gegenstand des Unternehmens muß so konkret gefaßt sein, daß für die beteiligten Wirtschaftskreise der Schwerpunkt der Geschäftstätigkeit hinreichend erkennbar wird. Die allgemeine Aussage „kaufmännische Geschäfte" oder „Handelsgeschäfte" genügt nicht. Sinn des gesetzlichen Zwangs, den Gegenstand des Unternehmens zu individualisieren, ist nicht nur, die Erlaubtheit des Zwecks der

---

229 Frenz, ZNotP 1998, 2; Müther, GmbHR 1998, 1058.

230 Auch nicht von einer Tochtergesellschaft einer Alt-GmbH, vgl. dazu GmbHR 1997, 644.

231 BayObLG MittBayNot 1987, 262.

232 OLG Stuttgart GmbHR 1991, 316.

Gesellschaft nachzuprüfen, sondern auch, die Gesellschafter vor willkürlicher Änderung des Gegenstands des Unternehmens durch Geschäftsführer zu schützen[233].

1326 Der Gegenstand beschränkt die Geschäftsführer nur im Innenverhältnis (§ 37 Abs. 1 GmbHG). Im Außenverhältnis wirken alle rechtsgeschäftlichen Erklärungen des Geschäftsführers für und gegen die GmbH, auch wenn sie über den Gegenstand des Unternehmens hinausgehen[234].

1327 Soll die Gesellschaft zur Vorbereitung einer späteren Vermögensnachfolgeregelung – etwa für den Eintritt als persönlich haftender Gesellschafter – auf Vorrat gegründet werden, so darf kein fingierter Unternehmensgegenstand in die Satzung aufgenommen werden. Zulässig ist eine offene Vorratsgründung mit dem Gegenstand „Verwaltung eigenen Vermögens“[235].

dd) Stammkapital

1328 Das Stammkapital ist die dem Rechtsverkehr und den Gläubigern offenbarte Kapitalbasis der Gesellschaft, da dieses nach § 42 Abs. 1 GmbHG in der Bilanz als „gezeichnetes Kapital“ auszuweisen ist. Das Stammkapital muß mindestens 25.000,– Euro betragen (§ 5 Abs. 1 GmbHG). Bis zur Währungsumstellung am 1. 1. 2002 besteht nach § 86 Abs. 2 Satz 1 GmbHG zwar grundsätzlich Wahlfreiheit zwischen DM und Euro; da die Stammeinlagen jeweils durch 50,– Euro teilbar sein müssen, empfiehlt sich auch in der Übergangsphase bis zum 31. 12. 2001 die Gründung mit Euro-Stammkapital.

ee) Stammeinlagen, Geschäftsanteile

(1) Allgemeines

1329 Der Gesellschaftsvertrag muß angeben, welchen Betrag jeder Gesellschafter auf das Stammkapital leistet (Stammeinlage). Jeder Gesellschafter muß und kann bei Errichtung der Gesellschaft nur eine Stammeinlage übernehmen (§ 5 Abs. 2 GmbHG). Die Stammeinlagen können für jeden Gesellschafter verschieden hoch sein, müssen aber mindestens 250,– Euro betragen und auf volle 50,– Euro-Beträge lauten.

1330 Gemäß § 7 Abs. 2 GmbHG darf die Anmeldung der Gesellschaft zur Eintragung in das Handelsregister erst erfolgen, wenn ein Viertel auf jede Stammeinlage, soweit nicht Sacheinlagen vereinbart sind, eingezahlt ist, mindestens muß ein Wert des Stammkapitals von 12.500,– Euro gedeckt sein. Erreicht der Wert einer Sacheinlage im Zeitpunkt der Anmeldung der Gesellschaft zur Eintragung in das

---

233 BayObLG DNotZ 1994, 114f.

234 Die im anglo-amerikanischen Rechtskreis verbreitete ultra-vires Lehre gilt in der deutschen Rechtsordnung nicht.

235 Priester DB 1983, 2298; BGHZ 117, 323 (v. 16. 3. 1992); Ebenroth/Müller DNotZ 1994, 75.

Handelsregister nicht den Nominalbetrag, so tritt eine Differenzhaftung ein (§ 9 GmbHG; zur Gründerhaftung § 9a GmbHG).

1331 In der Höhe der übernommenen **Stammeinlage** steht jedem Gründer ein **Geschäftsanteil** an der GmbH zu (§ 14 GmbHG). Bei der Gründung kann jeder Gesellschafter nur einen Geschäftsanteil erwerben. Später können durch Geschäftsanteilsabtretungen weitere Geschäftsanteile dazuerworben werden.

(2) Geldeinlagen

1332 Die vollwertige Einzahlung der Einlagen und die Verfügungsmacht der Gesellschaft über die Einlagen sind gesetzlich abgesichert. Soll die Einzahlung auf ein debitorisches Bankkonto der Gesellschaft erfolgen, muß die Gesellschaft das Recht der Disposition haben, die Kreditlinie also unverändert zur Verfügung stehen[236].

Bei Einforderung der Stammeinlage kann jeder Gesellschafter mitstimmen, auch wenn er eine Sperrminorität innehält[237].

(3) Sacheinlagen

1333 Will ein Erblasser im Wege vorweggenommener Erbfolge sein Unternehmen umgründen, so geschieht das häufig im Wege der Sachgründung.

Bei der Sachgründung leistet ein Gesellschafter seine Stammeinlage nicht in Geld, sondern in anderen Vermögenswerten (Einbringung eines Unternehmens, eines Teilbetriebes, von Unternehmensbeteiligungen, von Erfinder-, Urheber-, Lizenzrechten, Herstellungsverfahren).

1334 Im Falle der Sachgründung müssen der Gegenstand der Sacheinlage und der Betrag der Stammeinlage, auf die sich die Sacheinlage bezieht, im Gesellschaftsvertrag festgesetzt werden. Außerdem haben die Gesellschafter einen Sachgründungsbericht zu erstatten, in welchem sie die wesentlichen Umstände für die Angemessenheit der Leistungen für Sacheinlagen darzulegen haben. Wird ein Unternehmen als Sacheinlage auf die neuerrichtete GmbH eingebracht, sind die Jahresergebnisse der beiden letzten Geschäftsjahre anzugeben (§ 5 Abs. 4 GmbHG).

1335 Übersteigt der Wert der geleisteten Sacheinlage den Betrag der geschuldeten Stammeinlage, so wird der Wert der eingebrachten Gegenstände, soweit er den Betrag der Stammeinlage übersteigt, dem Sacheinleger gutgebracht[238], z.B. durch Einräumung eines Darlehnsanspruchs.

(4) Verdeckte Sacheinlagen[239]

1336 Die Sachgründungsvorschriften werden häufig als lästig empfunden. Daher werden von den Gesellschaften formal Bareinlagen vereinbart. Mit diesen Barein-

---

236 BGH BB 1990, 2282 (2283); ergänzend BGH BB 1991, 436.

237 BGH BB 1990, 1923f. = DB 1990, 1958f.

238 Hachenburg/Ulmer § 5 Anm. 105ff.

239 Langenfeld GmbHR 1981, 53; D. Mayer NJW 1990, 2593.

lagen werden dann von den Gesellschaftern Vermögensgegenstände für die GmbH erworben. Vor einem solchen Verfahren („verdeckte" oder „verschleierte" Sacheinlage), das den Beteiligten sogar von vereinzelten Beratern empfohlen wird, muß gewarnt werden. Bei der sog. „verdeckten Sachgründung" handelt es sich um eine Umgehung der Sachgründungsvorschriften und des Aufrechnungsverbots aus § 19 Abs. 2 GmbHG[240]. Unerheblich ist, ob der Kaufpreis angemessen ist[241]. Ein zu hoher Kaufpreis kann zusätzlich zu einer verdeckten Gewinnausschüttung führen. Verdeckte Sacheinlagen setzen objektiv allein einen sachlichen und zeitlichen Zusammenhang zwischen der Erfüllung der Geldeinlagepflicht und dem Umsatzgeschäft voraus. Hierbei dürfte ein Zeitraum bis zu sechs Monaten kritisch sein, ein Zeitraum von über einem Jahr hingegen unkritisch sein[242]. Subjektiv erfordert die verdeckte Sacheinlage eine Abrede des Einlageschuldners mit den Mitgesellschaftern bzw. den Geschäftsführern, die den wirtschaftlichen Erfolg der Sacheinlage umfaßt[243].

Rechtsfolge der verdeckten Sacheinlage ist, daß die Bareinlagepflicht in voller *1337*
Höhe bestehen bleibt. Die Zahlungspflicht trifft sowohl den Einleger als auch einen späteren Erwerber des Geschäftsanteils[244]. Die eingebrachten Sachgegenstände können zwar vom Einleger als ungerechtfertigte Bereicherung herausverlangt werden, gehen aber im Insolvenzfall zusätzlich verloren. Darüber hinaus haften die Mitgesellschafter subsidiär und auch der Geschäftsführer, da er eine unrichtige Versicherung über die Einzahlung einer Bareinlage abgegeben hat. Schließlich haften die rechtlichen Berater, denen eine solche Verfahrensweise bei der Einlagenerbringung bekannt war. Damit muß bei verdeckten Sacheinlagen mit vollwertiger Kapitaldeckung ohne zulässigen Gegenbeweis im Insolvenzfall eine Doppelzahlung erbracht werden[245].

Um Vermögensnachfolger vor den Folgen verdeckter Sacheinlagen zu schüt- *1338*
zen, sollte die Einlageerbringung durch Umwidmung der Einlagendeckung geheilt werden[246]. Dies erfordert einen Umwidmungsbeschluß, einen Umwidmungsbericht, eine testierte Werthaltigkeitsprüfung und eine Handelsregisteranmeldung mit Einbringungsversicherung der Geschäftsführer[247].

---

240 BGHZ 110, 47 = NJW 1990, 982; BGHZ 113, 335ff. = GmbHR 1991, 255 = NJW 1991, 1754; BGHZ 118, 83 = NJW 1992, 2222; BGH NJW 1996, 1473; Hachenburg/Ulmer, § 5 GmbHG Rz. 143ff.; Grunewald in Festschr. f. Rowedder (1994), S. 111; Volhard, ZGR 1995, 286; Lutter/Zöllner, ZGR 1996, 164.

241 OLG Düsseldorf GmbHR 1996, 855.

242 Lutter/Hommelhoff § 5 Rz. 41; Beck GmbH-HB/Schwaiger § 2 Rz. 110.

243 BGH GmbHR 1996, 283 (284 f). Es bleibt abzuwarten, welche konkreten Anforderungen die Rechtsprechung künftig an diese aus der Literatur übernommene Voraussetzung der verdeckten Sacheinlage stellt.

244 Scholz/Schneider § 19 Rz. 144.

245 BGHZ 113, 335.

246 Dazu BGHZ 132, 141 = GmbHR 1996, 351.

247 Einzelheiten bei Groß, GmbHR 1996, 721ff.; D. Mayer, MittBayNot 1996, 164.

Ein anderer Lösungsweg sieht die Heilung in der Weise vor, daß der Gesellschafter seinen Bereicherungsanspruch gegen die Gesellschaft einbringt[248]. Dieser Weg kann aber nur beschritten werden, wenn der Bereicherungsanspruch noch vollwertig ist. Die Einbringung der Forderung erfolgt als Sacheinlage. Um Haftungsrisiken ganz auszuschließen wird die Kombination mit einer Kapitalherabsetzung nach § 58 GmbHG empfohlen, so daß nach Ablauf des Sperrjahres eine Herauszahlung an den Gesellschafter erfolgen kann[249]. Die vorgeschlagenen Lösungswege können jedoch nur bei einer solventen Gesellschaft eingeschlagen werden.

(5) Mischeinlage

*1339* Möglich ist auch die Stammeinlage zum Teil als Bar-, zum Teil als Sacheinlage einzubringen. Für jede der Teileinlagen müssen die entsprechenden gesetzlichen Voraussetzungen erfüllt sein.

### *g) Übertragbarkeit der Geschäftsanteile*

aa) Allgemeines

*1340* Die Regelungen im Gesellschaftsvertrag bezüglich der Übertragbarkeit und Vererblichkeit von Gesellschaftsanteilen sind für die Unternehmensnachfolge von herausragender Bedeutung. Gemäß § 15 Abs. 1 GmbHG sind die Geschäftsanteile an einer GmbH immer vererblich und auch veräußerlich. Das ist ein wesentlicher Unterschied gegenüber den Personengesellschaften, bei denen die Gesellschaftsbeteiligungen grundsätzlich unübertragbar sind (§ 717 BGB, §§ 105 Abs. 2, 161 Abs. 2 HGB).

bb) Übertragbarkeit

*1341* Die Übertragung und Abtretung von Geschäftsanteilen kann in jeder Weise beschränkt und sogar völlig ausgeschlossen werden[250]. Ist die Abtretbarkeit ausgeschlossen, steht dem Gesellschafter als Notrecht ein Austrittsrecht zu, das durch die Satzung nicht ausgeschlossen oder beschränkt werden kann[251].

*1342* Die rechtsgeschäftliche Übertragung von Geschäftsanteilen bedarf zu ihrer Wirksamkeit der Beurkundung vor einem deutschen Notar, und zwar sowohl das Verpflichtungsgeschäft als auch das Erfüllungsgeschäft, die Abtretung.

Vor der Beurkundung von Geschäftsanteilsabtretungen vor ausländischen Notaren muß eindringlich gewarnt werden. Zwar wurde in einzelnen Entscheidungen eine solche Auslandsbeurkundung unter bestimmten Voraussetzungen als

---

[248] Reithmann/Albrecht/Basty, Hdb. Vertragsgestaltung, Rz. 1345.

[249] Priester, DB 1990, 1753; Wegmann, BB 1991, 1008; Breiken, MittRhNotK 1994, 269; Reithmann/Albrecht/Basty, Hdb. Vertragsgestaltung, Rz. 1345; umfassende Darstellung der Heilungsmöglichkeiten bei Lenz, Die Heilung verdeckter Sacheinlagen bei Kapitalgesellschaften (1996).

[250] Lutter/Hommelhoff, § 15 GmbHG, Rz. 38.

[251] Lutter/Hommelhoff, § 34 GmbHG, Rz. 44.

wirksam angesehen[252]. Es ist aber nicht zu erwarten, daß diese Rechtsprechung bei sorgfältiger Bewertung der Rechtspflegefunktionen des Notars auf Dauer aufrechterhalten bleibt[253]. Der Notar nimmt als Träger eines öffentlichen Amtes hoheitliche, staatliche, von der deutschen Rechtsordnung festgelegte Aufgaben wahr[254]. Schreibt der deutsche Gesetzgeber die notarielle Beurkundung vor, so kann diese Voraussetzung schon formal nur von einem deutschen Notar als Amtsträger erfüllt werden. Darüber hinaus sprechen die Prüfungs- und Belehrungsfunktionen des Notars in der deutschen Rechtsordnung gegen eine Auslandsbeurkundung, die solche Funktionen nicht gewährleisten kann. Welcher ausländische Notar kann über die Haftungsrisiken des Erwerbers eines Geschäftsanteils, der als verdeckte Sacheinlage eingebracht wurde, belehren? Hierzu wäre eine umfassende Kenntnis der deutschen Rechtsprechung erforderlich. Schließlich ist zu beachten, daß die Abtretung von Geschäftsanteilen in keinem öffentlichen Register eingetragen wird, sondern sich der Nachweis der Gesellschafterstellung in einer deutschen GmbH allein durch eine lückenlose Kette von beglaubigten Abschriften beurkundeter Abtretungserklärungen erbringen läßt. Auch hat insbesondere die Amtshaftungsrechtsprechung des BGH immer wieder bestätigt, daß der Notar im gesamten Spektrum seiner beruflichen Tätigkeiten hoheitliche, aus der judikativen Staatsgewalt abgeleitete Funktionen wahrnimmt. Diese durch unsere Rechtsordnung zugewiesenen Funktionen können aber nur dann von ausländischen Hoheitsträgern wahrgenommen und in Deutschland als gleichwertig anerkannt werden, wenn und soweit zwischenstaatliche (bi- oder multilaterale) Abkommen zur gegenseitigen Anerkennung ausländischer Urkunden vorhanden sind[255]. Fehlen bi- oder multilaterale Abkommen zur Anerkennung fremdstaatlicher Urkunden, so kann eine öffentliche Urkunde außerhalb ihres staatlichen Geltungsbereichs keine Gültigkeit beanspruchen. Daher werden z.B. in den Niederlanden nur von einem niederländischen Notar beurkundete Geschäftsanteilsabtretungen an einer BV als wirksam anerkannt. Auch kann ein deutscher Notar nicht wirksam im Ausland beurkunden, da seine hoheitlichen Beurkundungsfunktionen auf den staatlichen Geltungsbereich der Bundesrepublik Deutschlands beschränkt sind. Im Ausland kann jedoch ein deutscher Konsul die Geschäftsanteilsabtretung von GmbH-Anteilen wirksam beurkunden. Somit erfüllen ausländische Urkunden nicht den Legitimationszweck des Nachweises einer lückenlosen Kette von Abtretungserklärungen.

---

252 BGH RiW 1989, 649; kritisch dazu Heckschen, DB 1990, 161 (163f.) m.w.N.; Scholz/Priester § 53 Anm. 69ff.

253 A.A. Beck GmbH-HB/Schacht § 12 S. 690 Rz. 3.

254 Römer, Notariatsverfassung und Grundgesetz, S. 13ff.; Baumann, MittRhNotK 1996, 1ff.

255 So z.B. das Haager Übereinkommen vom 5. Oktober 1961 zur Befreiung ausländischer öffentlicher Urkunden von der Legalisation.

*1343* Der Mangel der Form des Verpflichtungsgeschäfts wird durch eine formgültige Abtretung, also durch eine Beurkundung der Abtretung vor einem deutschen Notar, geheilt (§ 15 Abs. 3, 4 GmbHG).

*1344* Jeder einmal begründete Geschäftsanteil bleibt rechtlich selbständig, auch wenn sich durch Vererbung oder Übertragung unter Lebenden mehrere oder gar alle Geschäftsanteile in einer Hand vereinigen (§ 15 Abs. 2 GmbHG). Befinden sich voll eingezahlte Geschäftsanteile in einer Hand, so kann die Gesellschafterversammlung deren Zusammenlegung zu einem Geschäftsanteil beschließen.

*1345* Gemäß § 15 Abs. 5 GmbHG kann die Abtretung von Geschäftsanteilen gesellschaftsvertraglich von weiteren Voraussetzungen abhängig gemacht werden, insbesondere von der Genehmigung der Gesellschaft. Von dieser gesetzlichen Möglichkeit wird bei der GmbH regelmäßig Gebrauch gemacht und zu machen sein. Die uneingeschränkte Übertragbarkeit entspricht selbst bei einer kapitalistisch organisierten GmbH selten den Vorstellungen der Gesellschafter. Die Gesellschafter müßten sich ihnen unbekannte Dritte als Mitgesellschafter aufdrängen lassen. Bei personenbezogenen Gesellschaften, insbesondere Familiengesellschaften, ist die unbeschränkte Verfügbarkeit über Geschäftsanteile regelmäßig unerwünscht. Die Übertragbarkeit der Geschäftsanteile kann im Gesellschaftsvertrag beschränkt werden. Insbesondere Vermögensnachfolger können auf diese Weise an die Gesellschaft gebunden werden bzw. kann die Beteiligung von Dritten, etwa Konkurrenzunternehmen, verhindert werden.

*1346* Für die Einschränkung der Übertragbarkeit gewährt das Gesetz Dispositionsfreiheit. Das Gesetz selbst erwähnt die Möglichkeit, die Übertragung von Geschäftsanteilen von der Genehmigung der Gesellschaft abhängig zu machen (§ 15 Abs. 5 GmbHG). Für Familiengesellschaften ist das unzureichend. Daher sollte in diesen Fällen die Übertragbarkeit an die Zustimmung der Gesellschafter, ggf. mit einfacher oder qualifizierter Mehrheit, gebunden werden.

*1347* Ein Geschäftsanteil kann auch geteilt werden, um Teile von Geschäftsanteilen zu übertragen. Die Teilung kann aber nicht als „Vorratsteilung“ in der Hand eines Gesellschafters erfolgen, sondern nur im unmittelbaren Zusammenhang mit einer Geschäftsanteilsabtretung.

§ 17 GmbHG bestimmt zwingend, daß die Veräußerung von Teilen eines Geschäftsanteils nur mit Genehmigung der Gesellschaft zulässig ist; die Genehmigung bedarf der schriftlichen Form (Abs. 1 und 2). Der geteilte Geschäftsanteil darf nicht unter 250,– Euro absinken und muß auf einen vollen 50,- Euro-Betrag lauten (Abs. 4 i.V.m. § 5 Abs. 1 und 3 GmbHG). Die gleichzeitige Übertragung mehrerer Teile eines Geschäftsanteiles an denselben Erwerber ist unzulässig (Abs. 5).

*1348* Eine Ausnahme von der zwingenden Vorschrift des § 17 Abs. 1 GmbHG kann gesellschaftsvertraglich dahingehend vereinbart werden, daß für die Veräußerung von Teilen eines Geschäftsanteils an andere Gesellschafter sowie für die Teilung von Geschäftsanteilen verstorbener Gesellschafter unter deren Erben eine Genehmigung der Gesellschaft nicht erforderlich ist (Abs. 3). Von dieser Möglichkeit sollte bei Familiengesellschaften regelmäßig Gebrauch gemacht werden.

Wird die Übertragung eines GmbH-Geschäftsanteils erfolgreich angefochten, z.B. wegen Irrtums oder arglistiger Täuschung, so führt dies zur Nichtigkeit des Übertragungsgeschäfts entsprechend den allgemeinen Regeln des BGB. Die Grundsätze der fehlerhaften Gesellschaft sind nicht anzuwenden[256].

### *h) Nießbrauchsbestellung an Geschäftsanteilen zur vorweggenommenen Erbfolge*

Ist die Übertragbarkeit der Geschäftsanteile nach dem Gesellschaftsvertrag *1349* nicht beschränkt oder ausgeschlossen, so können die Geschäftsanteile auch mit einem Nießbrauch belastet werden (§§ 1068, 1069 BGB)[257]. Gemäß § 1069 Abs. 1 BGB gelten für die Bestellung des Nießbrauchs die für die Übertragung des zu belastenden Rechts geltenden Vorschriften. Daher muß auch zur Bestellung eines Nießbrauchs die notarielle Beurkundungsform gemäß § 15 Abs. 3 GmbHG eingehalten werden. Möglich ist sowohl ein Vorbehaltsnießbrauch als auch ein Zuwendungsnießbrauch. Bei Bestellung eines Vorbehaltsnießbrauch überträgt der Gesellschafter seinen Geschäftsanteil auf den Vermögensnachfolger, behält sich aber den Nießbrauch weiterhin vor. Bei Bestellung eines Zuwendungsnießbrauchs behält der Gesellschafter seinen Geschäftsanteil, räumt dem Vermögensnachfolger aber ein Nießbrauchsrecht an dem Geschäftsanteil ein.

Dem Nießbraucher stehen die Nutzungen (§§ 1030, 100 BGB) an dem Ge- *1350* schäftsanteil zu, nicht aber an Surrogaten des Gesellschaftsanteils, sofern dies nicht ausdrücklich vereinbart ist. Nutzungen sind die zur Ausschüttung gem. § 29 GmbH freigegebenen Gewinnansprüche. Surrogate sind die Gesellschaftsanteile aus einer Kapitalerhöhung aus Gesellschaftsmitteln oder die Liquidationsquote. Soll sich der Nießbrauch auch hierauf erstrecken, so muß dies ausdrücklich vereinbart werden.

Die Verwaltungsrechte, insbesondere das Stimmrecht, stehen dem Gesellschaf- *1351* ter zu[258], sofern die Ausübung des Stimmrechts nicht ausdrücklich dem Nießbraucher überlassen wird[259].

### *i) Vererblichkeit von Geschäftsanteilen*

#### aa) Freie Vererblichkeit

GmbH-Geschäftsanteile sind frei vererblich. Ihre Vererblichkeit kann nicht *1352* durch die Satzung ausgeschlossen werden[260]. Insbesondere ist eine automatische

---

256 BGH BB 1990, 508 (510) (Abweichung von früherer Senatsrechtsprechung).

257 Schön, ZHR 1994, 229.

258 BGH ZIP 1999, 68; Karsten Schmidt, ZGR 1999, 601.

259 Streitig ob dies zulässig ist, vgl. Lutter/Hommelhoff § 15 GmbHG Rz. 50, die sich zu Recht dafür aussprechen.

260 Lutter/Hommelhoff, § 15 GmbH, Rz. 2; Buchholz, MittRhNotK 1991, 37 (40ff.) auch zu den Gestaltungsmöglichkeiten.

Einziehung unzulässig[261]. Daher sind gelegentlich anzutreffende Satzungsregelungen, die GmbH werde beim Tod des Gesellschafters fortgesetzt, unsinnig[262]. Mit dem Tod eines Gesellschafters geht dessen Geschäftsanteil gem. § 1922 BGB unmittelbar auf den oder die Erben über. Die Geschäftsanteile fallen in den Nachlaß. Auf eine Erbengemeinschaft geht der Geschäftsanteil ungeteilt über. Eine Sondererbfolge – wie im Personengesellschaftsrecht – findet nicht statt und kann auch nicht durch Satzungsbestimmungen angeordnet werden. Nach § 18 Abs. 1 GmbHG können die Miterben die Rechte aus dem Geschäftsanteil, insbesondere auch die Stimmrechte, nur gemeinschaftlich ausüben. Die Miterben können nach § 18 Abs. 2 GmbHG hierzu einen gemeinsamen Vertreter bestellen. Die Willensbildung innerhalb der Erbengemeinschaft muß bei Verfügungen über den Geschäftsanteil (z.B. Veräußerung, Verpfändung, Nießbrauchsbestellung, Veränderung des Geschäftsanteils) gemäß § 2040 BGB einstimmig erfolgen. Beschlüsse über Verwaltungsmaßnahmen (z.B. Beschlüsse über den Geschäftsbetrieb) können innerhalb der Erbengemeinschaft mit Stimmenmehrheit, bemessen nach den Erbquoten (§§ 2038 Abs. 2, 745 BGB) gefaßt werden; das innerhalb der Erbengemeinschaft durch interne Mehrheitsentscheidung festgelegte Ergebnis muß aber für den Geschäftsanteil in der Gesellschafterversammlung einheitlich vertreten werden. Eine Sonderrechtsnachfolge, wonach der Geschäftsanteil unmittelbar auf einen Dritten oder auf die GmbH übergeht, kann in einer GmbH-Satzung nicht bestimmt werden[263].

bb) Erbauseinandersetzung

*1353* Die Erbengemeinschaft kann sich über den Geschäftsanteil durch Teilung unter den Miterben auseinandersetzen. Zur Teilung des Geschäftsanteils ist nach § 17 Abs. 1 GmbHG die Zustimmung der Gesellschaft erforderlich, sofern der Gesellschaftsvertrag nicht etwas anderes bestimmt (§ 17 Abs. 3 GmbHG). Die Erbengemeinschaft kann sich aber auch dahingehend auseinandersetzen, daß ein Miterbe den Geschäftsanteil übernimmt oder der Geschäftsanteil von der Erbengemeinschaft – an einen Mitgesellschafter oder an einen außenstehenden Dritten – übertragen wird. Der Gesellschaftsvertrag kann die Folgen der Erbauseinandersetzungen von Zustimmungserfordernissen der Gesellschaft und/oder der Gesellschaft abhängig machen und z.B. beim Erwerb durch Dritte Vorkaufsrechte zugunsten der Gesellschafter oder eines Dritten vorsehen. Enthält die Satzung allgemeine Beschränkungen bei der Veräußerung von Geschäftsanteilen, so gelten diese auch bei einer Erbauseinandersetzung. Zulässig ist das gesellschaftsvertrag-

[261] Hachenburg/Zutt, § 15 GmbHG, Rz. 5f.; streitig, zum Streitstand Staudinger/Marotzke [1994] § 1922 Rz. 58 m.w.N.

[262] Es handelt sich um eine aus dem Personengesellschaftsrecht übernommene „Fortsetzungsklausel“, die seit Inkrafttreten des HRefG nur noch bei der BGB-Gesellschaft zu vereinbaren ist.

[263] BFH GmbHR 1993, 309.

liche Recht zur Einziehung[264] (Amortisation) oder Zwangsabtretung beim Tod eines Gesellschafters. Die Zwangsabtretung kann an die Gesellschaft selbst, an Mitgesellschafter oder an von der Gesellschaft zu bestimmende Dritte erfolgen.

cc) Vorbeilenkung am Nachlaß

Obwohl die Gesellschafter die Vererblichkeit der Geschäftsanteile nicht aus- *1354* schließen können, besteht die Möglichkeit die Geschäftsanteile am Nachlaß vorbeizulenken und dadurch die Vererbung zu verhindern. Durch einen aufschiebend bedingten Übertragungsvertrag kann der Geschäftsanteil mit dem Tod des Erblassers aus dessen Vermögen ausscheiden. Dadurch können bereits zu Lebzeiten des Erblassers die Weichen für die Unternehmensnachfolge gestellt werden. Zu beachten ist aber § 2301 BGB.

dd) Gesellschaftsvertragliche Lenkung

Auch die gesellschaftsvertragliche Lenkung der Vermögensnachfolge ist mög- *1355* lich[265]. So kann der Gesellschaftsvertrag bestimmen, daß die Einziehung oder Zwangsabtretung an Dritte dann stattzufinden hat, wenn nicht vorgesehene Personen oder Personengruppen Rechtsnachfolger werden. Eine weitere Gestaltungsmöglichkeit ist die gesellschaftsvertragliche Festlegung einer Andienungspflicht, die solchen Vermögensnachfolgern auferlegt wird, die nicht Gesellschafter werden sollen. Den übrigen Gesellschaftern steht aufgrund dieser Andienungspflicht ein Erwerbsrecht am Geschäftsanteil des verstorbenen Gesellschafters zu[266].

Möglich ist auch eine Regelung im Gesellschaftsvertrag, wonach der Geschäfts- *1356* anteil mit dem Tod des Gesellschafters auf den in der Satzung bestimmten Vermögensnachfolger übergehen soll. Eine solche Satzungsregelung setzt voraus, daß der Vermögensnachfolger bei der Beurkundung der Satzungsbestimmung mitwirkt[267]. Es handelt sich um eine aufschiebend auf den Tod des Gesellschafters bedingte Übertragung des Geschäftsanteils. Der Vorteil dieser Gestaltung ist, daß der Geschäftsanteil nicht in den Nachlaß fällt und die Nachlaßgläubiger daher grds. keinen Zugriff auf den Geschäftsanteil nehmen können[268].

Ohne Mitwirkung des Vermögensnachfolgers kann die Satzung diesem ein Er- *1357* werbsrecht nach dem Tode des Erblassers an dem Geschäftsanteil einräumen[269]. Der in der Satzung bestimmte Nachfolger hat aufgrund dieser Satzungsklausel

---

264 Zur unentgeltlichen Einziehung beim Tod eines GmbH-Gesellschafters vgl. Habersack, ZIP 1990, 625ff.

265 Zu Nachfolgeklauseln in GmbH-Verträgen Priester GmbHR 1981, 206.

266 Muster hierzu in Münchener Vertragshandbuch, Bd. 1 IV. 22 § 26 (Heidenhain/Meister). Die gesellschaftsvertraglich eingeräumte Möglichkeit einer Zwangseinziehung erscheint in der Durchführung einfacher und ist deshalb vorzugsweise zu empfehlen.

267 Beck GmbH-HB/Schacht § 12 Rz. 193.

268 Liessem, BB 1989, 862 (864).

269 BGHZ 92, 386.

das Recht, als Gesellschafter in die GmbH einzutreten. Der GmbH-Geschäftsanteil fällt dann zunächst in den Nachlaß und ist aufgrund der gesellschaftsvertraglichen Verpflichtung auf den satzungsmäßig bestimmten Nachfolger zu übertragen[270]. Das Entgelt für die Übertragung des Geschäftsanteils kann entweder in der Satzung oder in der letztwilligen Verfügung festgelegt werden, wobei die Satzungsbestimmung aufgrund ihrer schuldrechtlichen Wirkung grundsätzlich Vorrang hat. Weicht die letztwillige Verfügung von Todes wegen hinsichtlich der Höhe des Entgelts von der Satzung ab, so kann eine solche Abweichung nur Wirkung entfalten, wenn der Geschäftsanteilsnachfolger Miterbe ist.

ee) Mehrere Erben

*1358* Fällt ein Geschäftsanteil mehreren Erben an, so wird die Erbengemeinschaft, nicht jeder einzelne Erbe Gesellschafter. Nach § 18 Abs. 1 GmbHG können die Miterben ihre Rechte aus dem Geschäftsanteil nur gemeinschaftlich ausüben. Sie können hierzu nach § 18 Abs. 2 GmbHG einen gemeinsamen Vertreter bestellen. Innerhalb der Erbengemeinschaft können Verwaltungsmaßnahmen hinsichtlich des Geschäftsanteils mit einfacher Stimmenmehrheit (§§ 2038 Abs. 2, 745 BGB), Verfügungen über den Geschäftsanteil nur einstimmig beschlossen werden. Die Auseinandersetzung bezüglich des von der Erbengemeinschaft gehaltenen Geschäftsanteils kann durch Tilgung unter den Miterben und durch Übertragung auf einen Miterben oder auf einen Dritten erfolgen. Schränkt die Satzung die Übertragbarkeit von Geschäftsanteilen ein, so gelten diese Beschränkungen auch für die Veräußerung im Rahmen einer Erbauseinandersetzung. Daneben ist zur Teilung eines Geschäftsanteils die Genehmigung der Gesellschaft nach § 17 Abs. 1 GmbHG erforderlich, sofern der Gesellschaftsvertrag nichts Abweichendes bestimmt.

ff) Testamentsvollstreckung

*1359* Die Testamentsvollstreckung an GmbH-Geschäftsanteilen ist unbeschränkt zulässig, sofern die Satzung die Ausübung der Verwaltungsrechte durch einen Testamentsvollstrecker nicht ausdrücklich ausschließt. Die Satzung kann nur die Abwicklungs- oder nur die Verwaltungsvollstreckung (was in der Praxis bedeutsamer sein dürfte) ausschließen. Die höchstpersönlichen Rechte eines Gesellschafters (z.B. Sonderrechte bzgl. der Geschäftsführung) können nicht vom Testamentsvollstrecker wahrgenommen werden.

*j) Organe*

aa) Geschäftsführung

*1360* Notwendiges Organ der GmbH sind ein oder mehrere Geschäftsführer (§ 6 Abs. 1 GmbHG).

---

[270] OLG Koblenz GmbHR 1995, 586.

Der Begriff „Geschäftsführer“ ist im GmbH-Recht ein weiterer als im Personengesellschaftsrecht: „Geschäftsführung“ umfaßt nicht nur das Innenverhältnis, die innergesellschaftliche Geschäftstätigkeit, sondern auch die Vertretung der GmbH nach außen. Der Geschäftsführer ist Vertretungsorgan der Gesellschaft. Geschäftsführer werden durch eine gesellschaftsvertragliche Vereinbarung oder in der Regel durch Gesellschafterbeschluß bestellt. Die Organstellung des Geschäftsführers ist nicht vererblich. Selbst wenn der Gesellschaftsvertrag vorsieht, daß sämtliche Gesellschafter zur Geschäftsführung berechtigt sein sollen, gelten nach § 6 Abs. 4 GmbHG nur die Personen zu Geschäftsführern bestellt, die bei Festsetzung dieser Bestimmung Gesellschafter waren.

Zu Geschäftsführern können Gesellschafter oder andere Personen bestellt werden (§ 6 Abs. 2 Satz 1 GmbHG). § 6 Abs. 2 Satz 1 GmbHG läßt auch Nichtgesellschafter als Organvertreter der GmbH zu, räumt also den für die Vermögensnachfolge wichtigen Vorteil der „Fremdorganschaft“ ein. *1361*

Die Bestellung des oder der Geschäftsführer kann im Gesellschaftsvertrag oder durch gesonderten Mehrheitsbeschluß der Gesellschafter erfolgen (§§ 6 Abs. 2 Satz 2, 46 Ziff. 5 GmbHG). Ist der zu Bestellende Gesellschafter, so darf er mitstimmen[271]. *1362*

Gesellschaftern kann im Gesellschaftsvertrag das Recht auf Geschäftsführung eingeräumt werden, und zwar in verschiedener Form: Es kann sich um das Sonderrecht handeln zu verlangen, durch Gesellschafterbeschluß zum Geschäftsführer bestellt zu werden oder von ihm benannte Personen zu Geschäftsführern zu bestimmen. Es kann weitergehend aber auch im Gesellschaftsvertrag selbst das Sonderrecht an einen Gesellschafter verliehen werden, Geschäftsführer zu sein[272]. *1363*

Die Bestellung zum Geschäftsführer kann aus wichtigem Grund widerrufen werden (§ 38 Abs. 2 GmbHG), auch wenn sie durch Sonderrecht im Gesellschaftsvertrag eingeräumt ist. *1364*

Von der Organstellung des Geschäftsführers ist sein Dienstverhältnis zur Gesellschaft zu unterscheiden[273], das durch Anstellungsvertrag geregelt wird. Gegenstand des Anstellungsvertrages ist auch die Vergütung des Geschäftsführers. *1365*

Für Bestellung und Abberufung von Geschäftsführern sowie für den Abschluß von Geschäftsführerdienstverträgen ist die Gesellschafterversammlung der GmbH als deren oberstes Organ zuständig. Alle Änderungen der Geschäftsführerdienstverträge fallen ebenfalls in die Zuständigkeit der Gesellschafterversammlung[274]. *1366*

---

271 Einhellige Meinung seit KGJ 40, 73 (76).

272 RGZ 170, 358 (368, 371); Scholz/Schneider, § 6 GmbHG Rz. 30; Baumbach/Hueck, § 6 GmbHG Rz. 15.

273 Einhellige Meinung (Trennungstheorie): BGHZ 78, 82 (85); 79, 38 (41); Scholz/Schneider, § 35 GmbHG Rz. 150ff.; Hachenburg/Mertens, § 35 GmbHG Rz. 41; Baumbach/Hueck/Zöllner, § 35 GmbHG Rz. 9f., 92ff.; Roth, § 6 GmbHG Anm. 4.1.

274 BGH DB 1991, 1065 (1066).

Diese Zuständigkeiten können gesellschaftsvertraglich anderen zugewiesen werden, z.B. einem Aufsichtsrat oder Beirat, einem Gesellschafter oder einem Dritten (§ 45 Abs. 2 GmbHG).

*1367* Zur Regelung der Vermögensnachfolge können Sonderrechte in der Geschäftsführung für Gesellschafterabkömmlinge vorgesehen werden. Im Gesellschaftsvertrag sollte die Bestellung davon abhängig gemacht werden, daß sie über eine hinreichende Qualifikation verfügen (z.B. entsprechende kaufmännische Ausbildung, Diplom-Kaufmann usw.). Wird ohnehin ein Beirat oder Aufsichtsrat gesellschaftsvertraglich eingeführt, so kann es sich als zweckmäßig erweisen, diesem die Bestellung qualifizierter Geschäftsführer zu übertragen.

*1368* Im **Innenverhältnis** kann die Geschäftsführung durch einen Katalog von (durch Beirat oder Gesellschafterversammlung) zustimmungsbedürftigen Handlungen und Rechtsgeschäften beschränkt werden. Den Gesellschaftern ist ein weitgehender Gestaltungsspielraum eröffnet, da die §§ 35–38 und 43 GmbHG nur den Kernbereich des Organisationsrechts der GmbH regeln. Unzweckmäßig ist, die Beschränkungen der Geschäftsführung in die Satzung aufzunehmen. Eine Wirkung der Vertretungsbeschränkung gegenüber Vertragspartnern der GmbH wird durch Aufnahme in die Satzung nicht erreicht. Der einzige Effekt einer solchen Satzungsregelung besteht darin, daß jede Änderung der Beschränkungen als Satzungsänderung einer erneuten notariellen Beurkundung bedarf. Statt dessen sollte der Gesellschaftsvertrag vorsehen, daß die Gesellschafter eine Geschäftsordnung zu beschließen haben. Diese Geschäftsordnung kann einen Katalog von Tätigkeiten und Aufgaben enthalten, die einer besonderen Zustimmung der Gesellschaftsversammlung bedürfen. Derartige Geschäftsordnungen sind vor allem bei Fremdorganschaften wichtig. Auch ein Aufsichtsrat oder Beirat kann gesellschaftsvertraglich oder durch Gesellschafterbeschluß zu Weisungen berechtigt werden.

*1369* Im **Außenverhältnis** kann die Vertretungsmacht nicht beschränkt werden. Soll auch im Außenverhältnis eine die Vertretungsmacht beschränkende Kontrolle jedes einzelnen Geschäftsführers stattfinden, so ist dies nur über die satzungsmäßige Festlegung einer Gesamtvertretung möglich. Die Satzung muß in diesem Fall vorschreiben, daß die Gesellschaft mindestens zwei Geschäftsführer hat. Die Gesamtvertretung kann auch in der Weise ausgeübt werden, daß ein gesamtvertretungsberechtigter Geschäftsführer und ein gesamtvertretungsberechtigter Prokurist die GmbH gemeinsam vertreten[275].

*1370* Einschränkungen der Geschäftsführungs- und Vertretungsmacht der Geschäftsführer wirken nur im Innenverhältnis zur Gesellschaft und zu den Gesellschaftern, nicht gegenüber Dritten. Nach außen ist jede Beschränkung der Vertretungsbefugnis des Geschäftsführers unwirksam (§ 37 GmbHG).

---

[275] BGHZ 99, 76.

Befreiungen der Geschäftsführer vom Vertretungshindernis des § 181 BGB bedürfen der Eintragung im Handelsregister[276]. Ist ein Geschäftsführer einer Mehrpersonen – GmbH von den Beschränkungen des § 181 BGB befreit, so erlischt diese Befreiung nicht dadurch, daß er durch Erwerb der Geschäftsanteile Alleingesellschafter wird[277]. *1371*

Gemäß § 6 Abs. 2 GmbHG können bestimmte Personen nicht zu Geschäftsführern bestellt werden, nämlich nach rechtskräftiger Verurteilung gemäß §§ 283–283 d StGB und bei bestimmten Berufs- oder Gewerbeverboten. Das gilt auch für Liquidatoren, §§ 66 Abs. 4, 67 Abs. 3 GmbHG. *1372*

Die Geschäftsführung im ganzen kann wegen ihrer gesetzlichen Organstellung selbst bei Zustimmung aller Gesellschafter nicht im Wege einer Generalvollmacht an einen Dritten übertragen werden[278]. Zulässig ist aber eine umfassende (fast General-)Vollmacht, in der einzelne Tätigkeiten (z.B. Anmeldungen zum Handelsregister) von der Generalvollmacht ausgenommen sind, weil hier nicht die Organstellung als solche übertragen wird. *1373*

bb) Gesellschafterversammlung

Oberstes und zweites notwendiges Organ der GmbH ist die Gesamtheit der Gesellschafter. Die Gesellschafter fassen ihre Beschlüsse grundsätzlich in einer Gesellschafterversammlung (§ 48 GmbHG). Die Satzung kann bestimmen, daß die Gesellschafter ihre Beschlüsse auch außerhalb einer Gesellschafterversammlung beschließen können, z.B. fernmündlich, fernschriftlich oder elektronisch. *1374*

Die Rechte und Zuständigkeiten der Gesellschafterversammlung bestimmen sich nach §§ 46-51 GmbHG (§ 45 GmbHG). Abweichendes kann im Gesellschaftsvertrag geregelt werden. Dagegen sollte der Gesellschaftsvertrag keine Wiederholungen des Gesetzestextes enthalten, schon um Auslegungsprobleme zu vermeiden, die auftreten, wenn nur Teile des Gesetzes wiedergegeben werden (z.B. die Auslegungsfrage: Sollen die anderen disponiblen Vorschriften dann nicht gelten?). *1375*

In die Zuständigkeit der Gesellschafterversammlung fallen gesetzlich insbesondere *1376*
- die Feststellung des Jahresabschlusses der Gesellschaft,
- die Ergebnisverwendung,
- die Bestellung und Abberufung von Geschäftsführern sowie deren Entlastung, Abschluß der Dienstverträge mit Geschäftsführern und deren Änderung,

---

276 BGHZ 87, 59 (61f.); BayObLG DB 1984, 1517; DB 1982, 689 (690); DB 1979, 1933; OLG Köln DB 1980, 1390.

277 BGH DNotZ 1991, 614; **a.A.** BayObLG MittBayNot 1987, 208.

278 BGH WM 1976, 1246; WM 1978, 1047 (1048); Scholz/Schneider, § 35 GmbHG Rz. 13; Hachenburg/Mertens, § 35 GmbHG Rz. 17, 211, 216, 270; Baumbach/Hueck/Zöllner, § 35 GmbHG Rz. 2; Roth, § 35 GmbHG Anm. 2.1.1; Lutter/Hommelhoff, § 35 GmbHG Rz. 1.

– die Geltendmachung von Ersatzansprüchen gegen Geschäftsführer (vgl. § 46 GmbHG).

cc) Gesellschafterausschuß

1377 Die Gesellschafter können – insbesondere wenn die Zahl der Gesellschafter durch Erbfolgen mit zahlreichen Erben sehr hoch geworden ist – zur erleichterten Willensbildung einen oder mehrere Ausschüsse bilden und diesen in der Satzung oder durch ad-hoc-Beschluß Kompetenzen der Gesellschafterversammlung übertragen[279].

dd) Aufsichtsrat, Beirat

1378 Für die GmbH schreibt unsere Rechtsordnung nur in besonderen Fällen einen Aufsichtsrat vor[280], der im Rahmen von Vermögensnachfolgeregelungen besondere Bedeutung gewinnen kann[281]. Wird eine Familiengesellschaft von den Vermögensnachfolgern durch fremdes Management im Wege der Fremdorganschaft geführt, so erweist sich ein Aufsichtsrat als überwachendes und weisungsbefugtes Gesellschaftsorgan oft als unentbehrlich. Für die Vermögensnachfolge mit geschäftsunerfahrenen künftigen Gesellschaftern ist daher die rechtzeitige Einsetzung eines Aufsichtsrates als Lenkungsinstrument zu empfehlen. Der Aufsichtsrat kann vor allem als Organ mit Ausgleichsfunktionen zwischen verschiedenen Familienstämmen, die in die Vermögensnachfolge eintreten, Bedeutung gewinnen.

1379 § 52 GmbHG läßt daher die Errichtung eines Aufsichtsrats fakultativ zu. Auf den fakultativen Aufsichtsrat sind die in § 52 Abs. 1 GmbHG genannten Vorschriften des AktG über den Aufsichtsrat entsprechend anzuwenden, soweit nicht im Gesellschaftsvertrag etwas anderes bestimmt ist[282]. Die Gestaltungsfreiheit ist begrenzt. Zwingende Kompetenzen der Gesellschafterversammlung (z.B. Satzungsänderung) oder Geschäftsführung (z.B. Passivvertretung, Buchführung, Aufstellung des Jahresabschlusses) können dem Aufsichtsrat nicht übertragen werden[283].

---

[279] Einzelheiten s. Beck GmbH-HB/Müller § 6 Rz. 23.

[280] Für Kapitalanlagegesellschaften vgl. § 3 KapitalanlagegesellschaftenG; für Wohnungsunternehmen vgl. § 1 Durchführungsverordnung zum Gesetz über die Gemeinnützigkeit im Wohnungswesen; ferner die Mitbestimmung nach §§ 76 Abs. 1, 77 BetrVG bei mehr als 500 Arbeitnehmern (ein Drittel der Aufsichtsratsmitglieder als Arbeitnehmervertreter); nach §§ 1, 6 Abs. 1, 7 MitbestG bei mehr als 2000 Arbeitnehmern (die Hälfte der Aufsichtsratsmitglieder als Arbeitnehmervertreter) und nach dem Montan-Mitbestimmungsgesetz wäre bei mehr als 1000 Arbeitnehmern ein Aufsichtsrat erforderlich.

[281] Dazu ausführlich Sudhoff/Froning § 49.

[282] Zu den in der Praxis sinnvollen Regelungsmöglichkeiten Hennerkes/Kirchdörfer, Unternehmenshandbuch Familiengesellschaften, S. 68ff.

[283] Beck GmbH-HB/Müller § 6 Rz. 8.

Der „Aufsichtsrat" kann auch als „Beirat" oder „Verwaltungsrat" bezeichnet werden.

*k) Jahresabschluß*

Nach den § 264 Abs. 1 Satz 1 HGB i.V.m. § 35 Abs. 1 GmbHG ist der Jahresabschluß, bestehend aus Bilanz, GuV-Rechnung und Anhang sowie der Lagebericht innerhalb der gesetzlichen Fristen aufzustellen. Bei der großen und mittelgroßen GmbH beträgt die Frist drei Monate, bei der kleinen GmbH sechs Monate. 1380

Der Jahresabschluß beinhaltet als Geschäftsergebnis den Jahresüberschuß. Aus diesem sind vorab erforderliche Rücklagen zu bilden. Der danach verbleibende Gewinn unterliegt einem zu fassenden Ergebnisverwendungsbeschluß. 1381

*l) Ergebnisverwendung*

In der GmbH hat der einzelne Gesellschafter kein Entnahmerecht; ein solches entsteht erst aufgrund eines Ergebnisverwendungsbeschlusses. 1382

Gemäß § 29 Abs. 1 GmbH haben die Gesellschafter Anspruch auf den Jahresüberschuß zuzüglich eines Gewinnvortrags und abzüglich eines Verlustvortrags, soweit das Jahresergebnis nicht nach Gesetz, Gesellschaftsvertrag oder Gesellschafterbeschluß von der Gewinnverteilung ausgeschlossen ist. § 29 Abs. 2 GmbHG besagt ausdrücklich, daß die Gesellschafter, wenn der Gesellschaftsvertrag nichts anderes bestimmt, durch Gesellschafterbeschluß Beträge des Jahresüberschusses in Rücklagen einstellen oder als Gewinn vortragen können. 1383

Bei den Beziehern der Ausschüttungen erfolgt eine Anrechnung der von der GmbH gezahlten Körperschaftsteuer auf die Einkommensteuer (§ 36 Abs. 2 Nr. 3 EStG) bzw. Körperschaftsteuer (§ 49 Abs. 1 KStG). Dadurch wird eine Doppelbesteuerung vermieden. 1384

Die Feststellung des Jahresabschlusses und die Verteilung des Ergebnisses obliegt grundsätzlich der Gesellschafterversammlung (§ 46 Ziff. 1 GmbHG), kann aber auch einem Aufsichtsrat, Beirat oder Verwaltungsrat zugewiesen werden (§ 45 GmbHG). 1385

*m) Haftungsfragen*

aa) Bedeutung für Vermögensnachfolger

Haftungsfragen sind für diie Vermögensnachfolger aus zwei Gründen von Bedeutung. Zunächst ist der Umfang der eigenen Haftung der Erben oder Vermächtnisnehmer von Interesse, wenn sie in die Gesellschafterstellung nachrücken und eventuell zusätzlich in die Geschäftsführung eintreten. Darüber hinaus gehen in der Person des Erblassers entstandene Haftungsansprüche – auch wenn sie noch nicht geltend gemacht worden sind, auf die Erben als Gesamtrechtsnachfolger über. 1386

bb) Gesellschafterhaftung

(1) Stammeinlagen

1387 Gemäß § 30 Abs. 1 GmbHG darf „das zur Erhaltung des Stammkapitals erforderliche Vermögen der Gesellschaft" an die Gesellschafter nicht ausgezahlt werden.

1388 Da § 30 GmbHG einen der wichtigsten Grundsätze des GmbH-Rechts enthält, ist die Vorschrift streng auszulegen; sie erfaßt auch alle Umgehungsversuche. Alle Leistungen an Gesellschafter oder an Dritte zugunsten von Gesellschaftern, die der Sache nach eine Auszahlung von Teilen des Stammkapitals bedeuten, sind unzulässig. Unzulässig sind nicht nur Geldauszahlungen, sondern alle Rechtsgeschäfte, die wirtschaftlich eine Minderung des buchmäßigen Stammkapitals herbeiführen[284].

1389 Sind unter Verletzung des § 30 Abs. 1 GmbHG Zahlungen erfolgt, so sind sie der Gesellschaft zu erstatten (§ 31 Abs. 1 GmbHG). Ist die Erstattung von dem Empfänger nicht zu erlangen, so haften die Gesellschafter nach dem Verhältnis ihrer Geschäftsanteile (§ 31 Abs. 3 GmbHG).

1390 Der Umfang der Haftung ist verschieden: Der bösgläubige Zahlungsempfänger haftet voll; der gutgläubige Empfänger haftet nur insoweit, als die Rückzahlung zur Befriedigung der Gesellschaftsgläubiger erforderlich ist (§ 31 Abs. 2 GmbHG). Auch die gemeinschaftliche Haftung der Gesellschafter (§ 31 Abs. 3 GmbHG) beschränkt sich auf den erstattungspflichtigen Betrag, soweit dieser zur Befriedigung der Gesellschaftsgläubiger benötigt wird. Auch ein sog. „mittelbarer" Gesellschafter, der als Hintermann eines Gesellschafters die Gesellschaft beherrscht, haftet nach § 30 GmbHG[285].

1391 Die erörterten Ansprüche der Gesellschaft verjähren in fünf Jahren. Bei „böslicher Handlungsweise" des Zahlungsverpflichteten beträgt die Verjährungsfrist 30 Jahre (§ 31 Abs. 5 GmbHG).

(2) Kapitalersetzende Darlehen

1392 Eine besondere Haftung der Gesellschafter ergibt sich für die sog. „kapitalersetzenden" Darlehen. Gesellschafterdarlehen werden dann als kapitalersetzend angesehen, wenn die Gesellschafter als ordentliche Kaufleute anstelle der Darlehen Eigenkapital hätten zuführen müssen (§ 32a Abs. 1 Satz 1 GmbHG). Die Rechtsprechungsgrundsätze über kapitalersetzende Darlehn finden in der Judikatur neben den durch die GmbH-Novelle von 1980 in Kraft getretenen gesetzlichen Regelungen weiterhin Anwendung[286]. Dem Darlehen eines Gesellschafters wird das durch einen Gesellschafter gesicherte Darlehen eines Dritten gleichgestellt (§ 32a Abs. 2 GmbHG). Der Darlehnshingabe werden andere der GmbH zur Verfügung gestellte Vermögenswerte, etwa Nutzungsüberlassungen, gleichge-

[284] BGHZ 31, 258 (276).
[285] BGH NJW 1991, 357 (358) = BB 1990, 2210 (2211).
[286] BGHZ 90, 370.

stellt[287]. An die Rechtsfolgen der kapitalersetzenden Gesellschafterdarlehn sind auch Vermögensfolger des Gesellschafters gebunden.

§ 32a GmbHG bestimmt, daß der Darlehensrückzahlungsanspruch im Insolvenzverfahren der Gesellschaft nicht geltend gemacht werden kann. Gesetzlich privilegiert werden Zwerg- (§ 32a Abs. 3 Satz 2 GmbHG) und Sanierungsbeteiligungen (§ 32a Abs. 3 Satz 3 GmbHG). § 32b GmbHG begründet die Haftung des Gesellschafters, der Sicherheiten für das rückgezahlte kapitalersetzende Darlehen eines Dritten geleistet hatte[288]. *1393*

Andererseits bestimmt § 32 GmbHG, daß Gesellschafter in keinem Fall verpflichtet sind, gutgläubig erhaltene Gewinnanteile zurückzuzahlen, wenn die Voraussetzungen des § 31 Abs. 1 GmbHG (Verstoß gegen § 30 GmbHG) nicht vorliegen. *1394*

(3) Erweiterte Haftung im qualifiziert faktischen Konzern[289]

Die jüngere, höchstrichterliche Judikatur hat durch richterliche Rechtsfortbildung eine Haftungserweiterung der Gesellschafter im sogenannten „qualifiziert faktischen Konzern“ entwickelt[290]. Der faktische Konzern unterscheidet sich vom Vertragskonzern dadurch, daß die einheitliche Leitung nicht durch einen Beherrschungsvertrag, sondern durch faktische Wirkungen bestimmt wird[291]. Damit ist eine unerwünschte Rechtsunsicherheit eingetreten, da eine allgemein anerkannte Definition der „faktischen Wirkungen“ und damit des „qualifiziert faktischen Konzerns“ bis heute nicht existiert[292]. Im qualifiziert faktischen Konzern haftet der eine GmbH beherrschende Unternehmer (juristische oder natürliche Person) entsprechend §§ 302, 303 AktG, wenn er im Konzerninteresse Leitungsmacht zum Nachteil der GmbH ausübt, ohne daß sich der zugefügte Nachteil durch Einzelausgleichsmaßnahmen kompensieren läßt[293]. *1395*

Da es sich um einen bloß **faktischen** Konzern handelt, darf kein Unternehmensbeherrschungsvertrag geschlossen sein[294]. Im übrigen wird die Abhängigkeit von einem anderen Unternehmen und die Ausübung von Direktionsmacht ver- *1396*

---

287 BGHZ 109, 55; 121, 31; 127, 1; 127, 17.

288 Vgl. Mayer, BB 1990, 1935 (1936f.).

289 Unter Konzernrecht ist das Recht der Unternehmensverbindungen zu verstehen. Ein gesetzlich geregeltes Konzernrecht gibt es nur im Aktienrecht (§§ 15ff., 291ff. AktG). Allein die Rechnungslegung des Konzerns ist rechtsformübergreifend in §§ 290ff. HGB geregelt. Zur GmbH als verbundenes Unternehmen Lutter/Hommelhoff Anhang § 13 GmbHG m.w.N.

290 BGHZ 95, 330ff. = NJW 1986, 188ff. (Autokran); BGHZ 107, 7ff. = NJW 1989, 1800ff. (Tiefbau); BGHZ 115, 187ff. = NJW 1991, 3142ff. (Video); DB 1993, 825 (TBB-Urteil); dazu Limmer MittBayNot 1992, 20ff.

291 Deilmann, Die Entstehung des qualifizierten Konzern, 1990, S. 58.

292 Ausführlich zur dogmatischen Einordnung Altmeppen, DB 1993, 1912.

293 BGH DB 1993, 825 (TBB-Urteil).

294 Sonst gilt unmittelbare Konzernhaftung.

langt. Abhängigkeit wird entsprechend § 17 Abs. 2 AktG vermutet, wenn das Unternehmen im Mehrheitsbesitz eines anderen Unternehmens ist.

Die Ausübung von Direktionsmacht wird angenommen, wenn die rechtlich selbständigen Unternehmensträger unter einer einheitlichen Leitung stehen[295]. Innerhalb des qualifiziert faktischen Konzerns besteht eine Verlustausgleichspflicht entsprechend der Konzernhaftung gem. §§ 311–318 AktG. Die Haftung setzt aber voraus, daß

- die Direktionsmacht dauerhaft und umfassend ist,
- die Ausübung der Direktionsmacht einen objektiven Mißbrauch der beherrschenden Gesellschafterstellung darstellt,
- der Verlust sich nicht durch Einzelausgleichsmaßnahmen kompensieren läßt.

*1397* Der faktische Konzern begründet nach der bisherigen Rechtsprechung keine konzernspezifische Haftung, sondern führt nur dazu, daß bei schädigenden Eingriffen im Einzelfall von dem „Herrschenden" Schadensersatz zu leisten ist. Allerdings kann das herrschende Unternehmen analog § 302 AktG zu einem Verlustausgleich verpflichtet sein[296].

*1398* Eine Vermeidung der Haftung ist zunächst auf der Ebene des Verhaltens der Entscheidungsträger des herrschenden Unternehmens möglich[297], da der BGH die Haftung vom objektiven Mißbrauch des herrschenden Unternehmens abhängig gemacht hat[298]. Darüber hinaus sind als Lösungen in den Satzungen festgelegte Leitungsautonomien[299], die Einschaltung zusätzlicher Kontroll- und Überwachungsinstanzen (Aufsichtsrat, Beirat mit entsprechenden Kompetenzen)[300] oder die Einschaltung einer gesonderten Holding-Gesellschaft[301], die aufgrund der Beteiligungsverhältnisse nicht zur Anwendung des Konzernrechts führen darf, empfohlen worden.

cc) Geschäftsführerhaftung

(1) Haftung gegenüber der Gesellschaft

*1399* Verletzen die Geschäftsführer ihre Pflichten, so haften sie der Gesellschaft gesamtschuldnerisch für den entstandenen Schaden (§ 43 Abs. 2 GmbHG).

*1400* Die Haftung der Geschäftsführer bestimmt sich nach den Sorgfaltspflichten „eines ordentlichen Geschäftsmannes" (§ 43 Abs. 1 GmbHG). Dabei ist gleichgültig, ob ein Geschäftsführer gleichzeitig Gesellschafter ist. Ein Gesellschafter-Geschäftsführer kann sich nicht auf den Sorgfaltsmaßstab des § 708 BGB berufen,

---

295 BGHZ 95, 330 (337f.) „Autokran".
296 Hennerkes/Noack, Unternehmenshandbuch Familiengesellschaften, S. 374f.
297 Goette, DStR 1993, 568.
298 BGH DB 1993, 825 (TBB-Urteil).
299 Baader BB 1992, 1009, 1014; Hommelhoff in Hommelhoff/Stimpel/Ulmer, S. 257f.
300 Kleindiek GmbHR 1992, 578.
301 Priester in Hommelhoff/Stimpel/Ulmer S. 223, 229ff.

nach welchem ein Gesellschafter nur für diejenige Sorgfalt einzustehen hat, die er in eigenen Angelegenheiten anzuwenden pflegt.

Umstritten ist, ob der Gesellschaftsvertrag den Haftungsmaßstab mildern, z.B. die Haftung für Fahrlässigkeit erlassen kann[302]. Vor einer solchen Satzungsbestimmung ist – wenn man sie für zulässig erachtet – zu warnen. Dem Geschäftsführer sollte die „Sorgfalt eines ordentlichen Geschäftsmannes" nach objektiven Maßstäben abverlangt werden. Im übrigen spricht das Interesse des Rechtsverkehrs gegen die Abdingbarkeit des gesetzlichen Haftungsmaßstabs. *1401*

Die Geschäftsführer haften in zwei Fällen zum Schutz des Stammkapitals verschärft: Bei Zahlungen an die Gesellschafter entgegen § 30 GmbHG; sowie im Falle des Erwerbs von Geschäftsanteilen durch die Gesellschaft, wenn auf diese Geschäftsanteile die Stammeinlage noch nicht vollständig eingezahlt war (§ 33 GmbHG). *1402*

Eine Haftung gegenüber den Gesellschaftern besteht dann, wenn entgegen der zwingenden Vorschrift des § 30 GmbHG unzulässige Zahlungen aus dem Stammkapital der Gesellschaft erfolgt sind, die Gesellschafter nach § 31 Abs. 3 GmbHG Erstattung leisten mußten, und den Geschäftsführern bei der unzulässigen Zahlung ein Verschulden zur Last fällt (§ 31 Abs. 6 GmbHG). *1403*

(2) Haftung gegenüber Dritten

Eine persönliche Haftung der Geschäftsführer gegenüber Dritten kann bereits vor Eintragung der Gesellschaft nach § 11 Abs. 2 GmbHG („Handelndenhaftung") entstehen. Daneben haftet der Geschäftsführer Dritten gegenüber, wenn er im Geschäftsverkehr besonderes Vertrauen des Dritten in Anspruch genommen hat[303] oder ein eigenes wirtschaftliches Interesse an dem Rechtsgeschäft hat[304]. *1404*

Außerhalb des GmbH-Rechts können Geschäftsführer Dritten, z.B. für Delikte nach §§ 823ff. BGB haften. *1405*

Im übrigen kann sich eine Haftung der Geschäftsführer aus der Verletzung weiterer Bestimmungen des GmbH-Rechts ergeben (vgl. § 9 Abs. 1 [Haftung für Handelsregisteranmeldungen], § 64 [Insolvenzantragspflicht] GmbHG). *1406*

(3) Verjährung

Die Ersatzansprüche gegen Geschäftsführer verjähren in fünf Jahren (§ 43 Abs. 4 GmbHG, mit Ausnahme des vorstehend erörterten Anspruchs aus § 31 Abs. 6 GmbHG); dieser Ersatzanspruch unterliegt keiner kurzen Verjährung. *1407*

---

302 Hachenburg/Mertens, § 43 GmbHG Rz. 12; Rowedder/Koppensteiner, § 43 GmbHG Rz. 4; Lutter/Hommelhoff, § 43 GmbHG Rz. 2; umstritten: Differenzierend Scholz/Schneider, § 43 GmbHG Rz. 184f.; Baumbach/Hueck/Zöllner, § 43 GmbHG Rz. 6.

303 BGHZ 56, 81; 87, 27.

304 BGH GmbHR 1986, 43; 1988, 257.

*n) Gesellschafterrechte*

1408 Gemäß §§ 51a und 51b GmbHG haben die Gesellschafter sehr weitgehende Informationsrechte, die sogar über die Kontrollrechte eines Kommanditisten hinausgehen. Die Geschäftsführer haben jedem Gesellschafter auf Verlangen unverzüglich Auskunft über die Angelegenheiten der Gesellschaft zu geben und ihm die Einsicht der Bücher und Schriften der Gesellschaft zu gestatten. Auskunft und Einsicht dürfen nur verweigert werden, wenn zu besorgen ist, daß der Gesellschafter sie zu gesellschaftsfremden Zwecken verwendet und dadurch der Gesellschaft ein nicht unerheblicher Nachteil zugefügt wird. Zur Verweigerung bedarf es eines Gesellschafterbeschlusses.

Die Informationsrechte der Gesellschafter werden manchen Unternehmer von der Wahl der Rechtsform der GmbH abhalten, weil in höherem Umfang als bei einer Personengesellschaft Informationsstreitigkeiten provoziert werden, die gerade in Familiengesellschaften vermieden werden müssen[305].

*o) Änderungen des Gesellschaftsvertrags, insbesondere Kapitalerhöhung*

1409 Vermögensnachfolger haben oft ein Interesse an einer Neufassung des Gesellschaftsvertrages, sofern der Erblasser diesen nicht entweder allgemein gefaßt oder schon auf die Bedürfnisse seiner Nachfolger zugeschnitten hat. Alle Änderungen des Gesellschaftsvertrags (der Satzung) der GmbH bedürfen zu ihrer Wirksamkeit notarieller Beurkundung und der Eintragung im Handelsregister (§ 53 GmbHG). Zu diesen Änderungen gehören auch Kapitalerhöhungen (§ 55 GmbHG) und -herabsetzungen (§ 58 GmbHG).

1410 Bei Kapitalerhöhungen die nicht aus Gesellschaftsmitteln, sondern durch neue Einlagen erfolgen, gelten die Vorschriften über Sachgründungen und Sacheinlagen entsprechend. Auch die Einbringung einer Forderung eines Gesellschafters gegen die Gesellschaft ist Sacheinlage, §§ 55, 56 Abs. 2 GmbHG. Bei Anwendung des Ausschüttungs-Rückhol-Verfahrens und Umwandlung der Sacheinlagen in neues Stammkapital handelt es sich um Sachgründung mit den Konsequenzen aus den gesetzlichen Bestimmungen[306].

*p) Ausscheiden, Kündigung, Ausschluß aus der GmbH*

1411 Für das Ausscheiden eines Gesellschafters kommen folgende Möglichkeiten in Betracht

- Ausscheiden durch Tod (§ 15 Abs. 1 GmbHG)
- freiwillige Abtretung an Gesellschafter (§§ 15 Abs. 2, 17 Abs. 3 GmbHG) Dritte oder die Gesellschaft
- Zwangsabtretung an Gesellschafter oder die Gesellschaft
- freiwillige Einziehung
- Zwangseinziehung

---

305 Dazu Binz/Freudenberg/Sorg, BB 1991, 785ff.

306 BGH DB 1991, 1060 (1061); OLG Köln BB 1990, 1594ff.; Wegmann, BB 1991, 1006ff.

- Kündigung des Gesellschafters
- Ausschluß des Gesellschafters
- Zur Verfügungstellung eines Geschäftsanteils bei unbeschränkter Nachschußpflicht (§ 27 GmbHG).

Bei der GmbH kollidiert die Möglichkeit einfachen Ausscheidens und der 1412
Rückzahlung der Einlage (des Auseinandersetzungsguthabens) mit dem grundlegenden Prinzip der Erhaltung des Gesellschaftskapitals.

Andererseits besteht ein Ventil in Gestalt der grundsätzlichen Übertragbarkeit 1413
der GmbH-Geschäftsanteile (§ 15 Abs. 1 GmbHG). Der Gesellschafter ist auf die Möglichkeit des Ausscheidens aus der Gesellschaft durch Rückzahlung seiner Beteiligung nicht angewiesen, weil er sich grundsätzlich von seiner Gesellschaftsbeteiligung durch Veräußerung befreien kann.

Wird – wie regelmäßig in der GmbH-Satzung – die Übertragbarkeit der Ge- 1414
schäftsanteile eingeschränkt, so stellt sich die Frage, ob und unter welchen Voraussetzungen ein Gesellschafter anderweitig aus der Gesellschaft ausscheiden kann. Zwei Fälle sind zu unterscheiden:

- Ausscheiden ohne wichtigen Grund;
- Ausscheiden aus wichtigem Grunde wegen Unzumutbarkeit der Beibehaltung der Gesellschafterstellung.

Ob der erstere Fall einer gesellschaftsvertraglichen Lösung bedarf, muß nach 1415
den jeweiligen konkreten Gegebenheiten entschieden werden. Es kommt darauf an, welche Möglichkeiten der Abtretung des Geschäftsanteils nach dem Gesellschaftsvertrag dem Gesellschafter verbleiben und ob überhaupt eine Möglichkeit geschaffen werden soll, daß ein Gesellschafter aus der Gesellschaft ohne wichtigen Grund ausscheidet. Im allgemeinen ist das zu verneinen. Besteht aber eine Notwendigkeit, kann und muß der Gesellschafter auf die Übertragung des Geschäftsanteils verwiesen werden, ohne daß das Stammkapital vermindert werden darf. Den anderen Gesellschaftern oder der Gesellschaft kann in der Satzung ein Vorkaufsrecht eingeräumt werden. Auch kann eine Anbietungspflicht eines ausscheidungswilligen Gesellschafters gegenüber den Mitgesellschaftern bzw. der Gesellschaft begründet werden.

Schließlich kann der Gesellschaftsvertrag ein Kündigungsrecht vorsehen. Mit 1416
einer Kündigungsklausel wird in den meisten Fällen nicht das Ziel verfolgt, die Gesellschaft aufzulösen. Vielmehr soll die Kündigungsklausel regelmäßig nur dazu dienen, dem kündigungsberechtigten Gesellschafter zu ermöglichen, sich von der Gesellschaftsbeteiligung zu befreien.

Eine weitergehende Frage ist, ob und inwieweit es bei der GmbH ein Ausschei- 1417
den (einen Austritt) oder gar einen Ausschluß eines Gesellschafters aus wichtigem Grunde, etwa entsprechend den Regelungen bei der Personenhandelsgesellschaft (§§ 140, 142 HGB) gibt.

1418 Nach heute einhelliger Meinung[307], kann ein Gesellschafter einer GmbH bei Unzumutbarkeit der Beibehaltung seiner Gesellschafterstellung aus wichtigem Grund aus der Gesellschaft austreten oder ausgeschlossen werden[308]. Da über Einzelfragen keine allseitige Einigkeit besteht, sind im Gesellschaftsvertrag Regelungen für den Fall des Ausschlusses eines Gesellschafters zu empfehlen.

1419 Möglich ist die Bestimmung der Zwangseinziehung eines Geschäftsanteils; diese Lösung ist indessen regelmäßig wenig empfehlenswert, weil der eingezogene Geschäftsanteil untergeht und die Summe der Nominalwerte der verbleibenden Geschäftsanteile nicht mehr dem Betrag des Stammkapitals entspricht. Deshalb ist eine Regelung vorzugswürdig, wonach der ausscheidende Gesellschafter seinen Geschäftsanteil an die Gesellschaft, an Mitgesellschafter oder einen Dritten abzutreten hat (Zwangsabtretung).

1420 Eine gesellschaftsvertragliche Vereinbarung, die einem Gesellschafter das Recht einräumt, die Gesellschafterstellung eines Mitgesellschafters nach freiem Ermessen zu beenden, ist auch im GmbH-Recht nichtig, es sei denn, daß eine solche Regelung wegen der besonderen Umstände sachlich gerechtfertigt ist. Das Ausschließungsrecht kann ausnahmsweise gerechtfertigt sein, wenn der Berechtigte wegen enger persönlicher Beziehungen zu seinem Mitgesellschafter die volle Finanzierung der Gesellschaft übernimmt und diesem eine Mehrheitsbeteiligung sowie die alleinige Geschäftsführungsbefugnis eingeräumt wird[309].

1421 Der Ausgleich des aus der Gesellschaft ausscheidende Gesellschafters sollte durch Abfindungsklauseln geregelt werden[310].

### *q) Auflösung der GmbH*

1422 Die GmbH wird aufgelöst in den in § 60 Abs. 1 GmbHG genannten Fällen (Zeitablauf, Gesellschafterbeschluß, Urteil oder Verwaltungsentscheidung, Gesellschaftsinsolvenz, Registergerichtsentscheidung wegen Satzungsmangels (§ 144a, b FGG), ferner bei Ablehnung der Eröffnung des Insolvenzverfahrens mangels Masse.

1423 Gemäß § 60 Abs. 2 GmbHG können im Gesellschaftsvertrag weitere Auflösungsgründe festgesetzt werden, deren Vorliegen ohne weitere Beschlußfassung zur automatischen Auflösung führt.

Ist eine Kündigung im Gesellschaftsvertrag vorgesehen, so soll nach Auffassung des Reichsgerichts die Kündigung die Auflösung der Gesellschaft zur Folge

---

[307] Grundlegend Scholz, „Ausschließung und Austritt aus der GmbH", 3. Auflage 1950.

[308] Grundlegend BGHZ 9, 157 (162ff.); 16, 317 (322); 80, 346 (349); BGH BB 1990, 652f.; Scholz/Winter, § 15 GmbHG Rz. 114ff.; Hachenburg/Ulmer, Anh. zu § 34 GmbHG Rz. 8ff., 44ff.; Rowedder, § 34 GmbHG Rz. 39ff.; Baumbach/Hueck, Anh. zu § 34 GmbHG Rz. 2ff., 15ff.; Lutter/Hommelhoff, § 34 GmbHG Rz. 26ff., 44ff.; Esch, GmbHRdsch 1981, 25ff.

[309] BGHZ 68, 212ff.; 81, 263ff.; BGH BB 1990, 1578ff.

[310] Einzelheiten bei Haibt, MittRhNotK 1998, 261.

haben[311]. Die Auflösung dürfte indessen nur in den seltensten Fällen dem Willen der Gesellschafter entsprechen. In aller Regel soll das gesellschaftsvertragliche Kündigungsrecht nur die Möglichkeit geben, sich von der Gesellschaftsbeteiligung zu befreien. Dagegen wird es weder Absicht noch Vorstellung der Gesellschafter sein, die Gesellschaft zu zerschlagen. Daher sollte man eine in den Gesellschaftsvertrag aufgenommene Kündigungsklausel – sofern nichts Gegenteiliges geregelt ist – als Austrittsklausel auslegen[312].

Wird eine Kündigungsklausel in den Gesellschaftsvertrag aufgenommen, so sind die Rechtswirkungen der Kündigung zu regeln. Ist ausnahmsweise die Auflösung der Gesellschaft gewollt, so muß das im Gesellschaftsvertrag bestimmt werden. Ist dagegen nur der Austritt gewollt, so sollte der Gesellschaftsvertrag regeln, was mit dem Geschäftsanteil des kündigenden Gesellschafters geschieht, ob der Geschäftsanteil von der Gesellschaft, den übrigen Gesellschaftern oder einem Dritten übernommen oder aber, mit oder ohne Kapitalherabsetzung, eingezogen wird. 1424

## 2. Aktiengesellschaft

### *a) Allgemeines*

Die Aktiengesellschaft ist als reine Kapitalgesellschaft eine Gesellschaft mit eigener Rechtspersönlichkeit. Sie hat ein bestimmtes Gesellschaftskapital, das Grundkapital, welches in Aktien zerlegt ist. Für die Verbindlichkeiten der Gesellschaft haftet nur das Gesellschaftsvermögen (§ 1 AktG). 1425

Die Beziehungen der Aktionäre zur Gesellschaft oder gar untereinander sind nach der gesetzlichen Regelung im wesentlichen auf die Kapitalbeteiligung beschränkt. Der Einfluß der Aktionäre auf die Geschäftsleitung ist gering, es sei denn, es handelt sich um Großaktionäre. 1426

Wie die GmbH gilt die Aktiengesellschaft kraft Rechtsform als Handelsgesellschaft, selbst wenn sie kein Handelsgewerbe betreibt (§ 3 AktG). 1427

Am 10. 8. 1994 ist das Aktiengesetz durch das Gesetz für kleine Aktiengesellschaften und zur Deregulierung des Aktienrechts[313] geändert worden[314]. Damit sollte die Rechtsform der Aktiengesellschaft für eine größere Zahl von Anwendern attraktiv werden. Ziel des Gesetzes sollte sein, auch mittelständische Unternehmen in die Rechtsform der AG umzulenken[315]. 1428

---

[311] RGZ 93, 326 (327); 95, 39 (40); 113, 147 (149); Hachenburg/Ulmer, § 60 GmbHG Rz. 66; Baumbach/Hueck/Schulze-Osterloh, § 60 GmbHG Rz. 46.

[312] Heute überwiegende Meinung: Scholz/Karsten Schmidt, § 60 GmbHG Rz. 41; Rowedder/Rasner, § 60 GmbHG Rz. 37; Lutter/Hommelhoff, § 60 GmbHG Rz. 28.

[313] BGBl. I, 1961.

[314] Dazu Hahn, DB 1994, 1659; Blanke, BB 1994, 1505; Seibert/Köster, Die kleine AG.

[315] Presseerklärung des Bundesjustizministeriums, Recht 7/94 v. 26. 1. 1994.

1429 Möglich ist nach § 2 AktG auch die Einmann-Gründung einer Aktiengesellschaft. Im übrigen kann sich vielfach der Weg über die Umwandlung in eine Aktiengesellschaft anbieten[316].

1430 Für die Gestaltungen im Aktienrecht ist der gem. § 23 Abs. 5 AktG geltende Grundsatz der Satzungsstrenge zu beachten. Was durch das Gesetz nicht ausdrücklich erlaubt ist, ist verboten. Selbst ergänzende Bestimmungen der Satzung sind nur zulässig, soweit das Gesetz nicht eine abschließende Regelung enthält[317]. Damit sind die Gestaltungsmöglichkeiten bei der Aktiengesellschaft sehr eingeschränkt.

*b) Anwendungsbereich*

1431 Die Aktiengesellschaft kann in Einzelfällen auch für Familienunternehmen zur Regelung der Vermögensnachfolge eine sinnvolle Rechtsformalternative sein. Selbst die nicht börsennotierte AG bietet typische Vorteile gegenüber anderen Rechtsformen. Die Aktie ist leichter fungibel. Die Übertragung auf Vermögensnachfolger kann zu Lebzeiten in regelmäßigen kleinen Raten erfolgen. Insofern ist die AG für vorweggenommene Erbfolgelösungen besonders geeignet. Darüber hinaus können die als geschäftsführende Unternehmensnachfolger ungeeigneten Familienmitglieder kapitalmäßig angemessen beteiligt werden. Ist das Wachstum des Unternehmens durch eine in ihren Möglichkeiten beengte Innenfinanzierung behindert, so öffnet der Börsengang zusätzliche Wege der Kapitalbeschaffung. Der Kapitalfluß zur börsennotierten Aktiengesellschaft ist größer als bei allen anderen Gesellschaftsformen, weil diese Gesellschaftsform insbesondere auch für Investoren interessant ist, die sich nur in geringem Umfang oder kurzfristig unternehmerisch beteiligen wollen.

1432 Mit der Änderung von § 76 Abs. 6 BetrVG, wonach jetzt für Aktiengesellschaften mit weniger als 500 Arbeitnehmern keine Mitbestimmungspflicht mehr gilt, sollte diese Rechtsform interessant für zahlreiche mittlere Gesellschaften (z.B. Steuerberater- und Wirtschaftsprüfungsgesellschaften) werden.

*c) Errichtung, Entstehung der AG*

1433 Das Grundkapital der AG beträgt mindestens 50.000,– Euro (§ 7 AktG).

1434 An der Errichtung einer AG durch Gesellschaftsvertrag (Satzung)[318] müssen sich eine oder mehrere Personen beteiligen, die Aktien gegen Einlagen übernehmen (§ 2 AktG). Der früher übliche Umweg über Strohmann-Gründungen, um eine „Einmann-AG" zu errichten, ist nicht mehr notwendig.

1435 Der Gesellschaftsvertrag – die Satzung – bedarf wie der Gesellschaftsvertrag der GmbH der notariellen Beurkundung (§ 23 Abs. 1 AktG). Die Satzung muß

---

316 Dazu unten ⇒ Rz. 1641 ff.

317 Hüffer (2. Aufl.) § 23 AktG, Rz. 37.

318 Mustersatzungen bei Happ/Brunkhorst/Zimmermann, Aktienrecht S. 3, 51, 56; Münchener Vertragshandbuch, Bd. 1, V. (Hölters).

einen bestimmten Mindestinhalt haben, der dem Mindestinhalt des Gesellschaftsvertrages einer GmbH entspricht. Zusätzlich muß bestimmt sein, ob die Aktien auf den Inhaber oder auf den Namen lauten und wie viele Mitglieder der Vorstand hat (§ 23 Abs. 3 AktG).

Die Gründer haben einen Gründungsbericht zu erstatten (§ 32 AktG). Es hat *1436* eine Gründungsprüfung stattzufinden (§§ 33–35 AktG).

Wie die GmbH entsteht die AG erst mit ihrer Eintragung im Handelsregister *1437* (§ 41 Abs. 1 AktG).

*d) Nachgründung*

Eine zentrale Vorschrift zur Kontrolle der Kapitalaufbringung und Verhinde- *1438* rung seiner Aushöhlung ist § 52 AktG. Danach unterliegen alle schuldrechtlichen Verträge, welche die Gesellschaft innerhalb von zwei Jahren nach ihrer Eintragung im Handelsregister abschließt, dann einer gesonderten Nachgründungsprüfung, wenn diese Verträge jeweils 10 % des Grundkapitals übersteigen[319]. Die Nachgründungsprüfung gilt insbesondere auch für Sachkapitalerhöhungen, die innerhalb von zwei Jahren nach Eintragung der Aktiengesellschaft beschlossen werden. Die Nachgründung ist mit den erforderlichen Unterlagen (Nachgründungsvertrag, Nachgründungsbericht des Aufsichtsrats, Bericht des Gründungsprüfers, Hauptversammlungsbeschluß, ggf. Unterlagen für Sachkapitalerhöhung) zum Handelsregister anzumelden.

*e) Aktien*

Das Grundkapital ist eingeteilt in Aktien. Der Nennwert einer Aktie muß min- *1439* destens 1,– Euro betragen. Höhere Aktiennennbeträge müssen auf volle Euro lauten (§ 8 Abs. 1 und Abs. 2 AktG).

Die Aktien können als „Inhaber"- oder „Namens"-Aktien ausgegeben werden *1440* (§ 10 Abs. 1 AktG). In beiden Fällen stellen die Aktien Wertpapiere dar, d.h. die Geltendmachung der Mitgliedschaftsrechte ist an die Innehabung der Aktienurkunde gebunden. Die Inhaberaktie ist Inhaberpapier, die Namensaktie ist Orderpapier, d.h. sie kann durch Indossament übertragen werden. Für reine Familien-Aktiengesellschaften ist grundsätzlich die Ausgabe von Namensaktien zu empfehlen.

Die Verbriefung der Gesellschaftsbeteiligung in Aktien und deren leichte *1441* Übertragbarkeit, auch schon die weitgehende Stückelung des Grundkapitals in Aktien bedeuten einen Vorzug der Rechtsform der AG, wenn es auf die Möglichkeit der Streuung der Beteiligung ankommt, z.B. bei weit verzweigten Familienverbänden.

Die Aktien können leicht übertragen werden: die Inhaberaktie durch Einigung *1442* und Übergabe der Aktienurkunde. Die damit verbundene Anonymität des Inha-

[319] Zum Regelungszweck und den einzelnen Voraussetzungen Hüffer (2. Aufl.) § 52 AktG, Rz. 1ff.

bers bietet weitere Vorteile. Die Namensaktie wird durch Indossament (§ 68 Abs. 1 AktG) übertragen.

1443 Bei Namensaktien kann die Satzung die Übertragung an die Zustimmung der Gesellschaft binden (§ 68 Abs. 2 AktG). Bei Familiengesellschaften wird davon regelmäßig Gebrauch gemacht und Gebrauch zu machen sein, um einerseits eine Überfremdung zu verhindern, andererseits den Aktionärswechsel unter Kontrolle zu haben.

*f) Gesellschaftsorgane*

aa) Vorstand

1444 Die Geschäftsleitung der AG liegt in den Händen des Vorstands (§§ 76ff. AktG), dessen Befugnisse im Vergleich zur Geschäftsführung der GmbH deutlich ausgebaut sind. Der Vorstand wird nicht durch die Gesellschafterversammlung (Hauptversammlung) bestellt oder abberufen, sondern durch den Aufsichtsrat der Gesellschaft. Die Bestellung des Vorstands kann jeweils auf höchstens fünf Jahre erfolgen (§ 84 AktG).

bb) Aufsichtsrat

(1) Zusammensetzung

1445 Außer dem Vorstand hat die AG obligatorisch einen Aufsichtsrat. Dieser besteht aus mindestens drei Mitgliedern. Eine in der Satzung festgelegte höhere Zahl von Aufsichtsratsmitgliedern muß durch drei teilbar sein (§ 95 AktG). Die Mitglieder des Aufsichtsrats werden von der Hauptversammlung gewählt und abberufen, soweit sie nicht in den Aufsichtsrat zu entsenden oder als Aufsichtsratsmitglieder der Arbeitnehmer nach dem BetrVerfG oder den Mitbestimmungsgesetzen zu wählen sind (§§ 95, 96, 101, 103 AktG).

1446 Der Aufsichtsrat hat die Geschäftsführung zu überwachen (§ 111 AktG). Im deutschen Aktienrecht gilt das dualistische Prinzip der Trennung zwischen geschäftsleitendem Vorstand und überwachendem Aufsichtsrat. Deshalb ist die gleichzeitige Zugehörigkeit zum Vorstand und zum Aufsichtsrat unzulässig (§ 105 AktG).

(2) Mitbestimmung

1447 Für die Aktiengesellschaft gilt grundsätzlich das Betriebsverfassungsgesetz. Danach muß sich der Aufsichtsrat einer AG oder einer KGaA zu einem Drittel aus Vertretern der Arbeitnehmer zusammensetzen.

1448 Um die Attraktivität der Rechtsform Aktiengesellschaft auch für mittelständische Familienunternehmen zu steigern, befreite der Gesetzgeber durch Änderung des § 76 Abs. 6 BetrVG alle Familienunternehmen mit weniger als fünfhundert Arbeitnehmern von der Mitbestimmungspflicht im Aufsichtsrat[320]. Als Familiengesellschaften werden vom Gesetz solche definiert, deren Aktionäre untereinan-

---

[320] Dazu Seibert/Köster, S. 124ff.

der im Sinne von § 15 Abs. 1 Nr. 2 bis 8, Abs. 2 AO verwandt oder verschwägert sind.

Da sich die Beschränkung auf Familiengesellschaften als zu eng erwies, hat der Gesetzgeber mit Wirkung zum 10. 8. 1994 dieses Erfordernis fallen lassen. Daher besteht keine Mitbestimmungspflicht für alle seit dem 10. 8. 1994 eingetragenen Aktiengesellschaften, die weniger als fünfhundert Arbeitnehmer beschäftigen, darüber hinaus für ältere Aktiengesellschaften dann nicht, wenn sie das Merkmal der Familiengesellschaft erfüllen. *1449*

Bei Beschäftigung von in der Regel mehr als 2000 Arbeitnehmern greift das Mitbestimmungsgesetz ein (vgl. § 96 AktG). *1450*

(3) Hauptversammlung

Die Gesellschafterversammlung der AG („Hauptversammlung") entscheidet gemäß § 119 AktG vor allem über die Bestellung der Mitglieder des Aufsichtsrats, die Verwendung des Bilanzgewinns, die Entlastung von Vorstand und Aufsichtsrat, die Bestellung von Abschlußprüfern, Satzungsänderungen, die Auflösung der Gesellschaft (im einzelnen s. § 119 AktG). *1451*

*g) Rechnungslegung*

Für Buchführung, Jahresabschluß und Rechnungslegung sowie Publizität gelten die allgemeinen Vorschriften des HGB (§§ 238 bis 339, insbesondere §§ 264 ff.). Für Konzerne ist überdies auf die Vorschriften der §§ 290 ff. HGB hinzuweisen. *1452*

Für Jahresabschluß und Lagebericht der AG besteht Prüfungspflicht (§§ 316, 317 HGB). Die Prüfung erfolgt durch Abschlußprüfer, der oder die von der Hauptversammlung bestellt oder abberufen werden (§ 318 HGB). *1453*

Der Jahresabschluß der AG unterliegt den Publizitätsvorschriften der §§ 325 ff. HGB, und zwar unter Berücksichtigung der verschiedenen Größenklassen mit Erleichterungen für mittelgroße und kleine Kapitalgesellschaften. Jahresabschluß, Lagebericht, Bericht des Aufsichtsrats, Ergebnisverwendungsvorschlag oder -beschluß sind dem Handelsregister einzureichen. Der Vorstand hat unverzüglich nach Einreichung im Bundesanzeiger bekanntzumachen, bei welchem Handelsregister unter welcher HRB-Nummer die Unterlagen eingereicht worden sind. Große Kapitalgesellschaften haben die Unterlagen zunächst im Bundesanzeiger bekanntzumachen (§ 325 HGB). *1454*

*h) Haftungsfragen*

Für die AG gilt wie für alle Kapitalgesellschaften der Grundsatz der Erhaltung des Gesellschaftskapitals. Das AktG sichert von Gründung der AG an sowohl die Aufbringung des Grundkapitals als auch die Erhaltung eines dem Grundkapital entsprechenden Gesellschaftsvermögens. *1455*

Daraus ergibt sich eine strenge Haftung sowohl des Vorstands als auch des Aufsichtsrats der AG: *1456*

Gemäß § 93 Abs. 1 und 2 AktG haften die Mitglieder des Vorstands für die Sorgfalt eines ordentlichen und gewissenhaften Geschäftsleiters. Wichtig ist die gesetzliche Verteilung der Beweislast: Ist die Einhaltung der Sorgfaltspflicht streitig, müssen die Vorstandsmitglieder die Erfüllung ihrer Sorgfaltspflicht beweisen (§ 93 Abs. 2 Satz 2 AktG, zur Schadensersatzpflicht im übrigen insbesondere Abs. 3).

Die Mitglieder des Aufsichtsrats trifft eine hohe Verantwortlichkeit und Haftung. § 116 AktG schreibt vor, daß für die Sorgfaltspflicht und Verantwortlichkeit der Aufsichtsratsmitglieder § 93 AktG sinngemäß gilt. Auch die Aufsichtsratsmitglieder haben demnach die Beweislast für die Erfüllung ihrer Sorgfaltspflichten, wenn diese streitig ist. Arbeitnehmervertreter im Aufsichtsrat haften grundsätzlich in gleicher Weise wie andere Aufsichtsratsmitglieder.

*i) Vererblichkeit der Aktien*

1457 Aktien sind frei vererblich. Dies gilt selbst für vinkulierte Namensaktien. Eine Eintragung im Aktienbuch gem. § 67 Abs. 2 AktG ist für den wirksamen Erwerb von Todes wegen nicht erforderlich. Die Satzung kann die Vererblichkeit nicht ausschließen, aber für den Fall des Todes die Zwangseinziehung nach § 237 AktG zulassen[321]. Dadurch kann auch bei Familien-Aktiengesellschaften die Gesellschafternachfolge gesteuert werden.

1458 Fällt der Nachlaß an eine Erbengemeinschaft, wird jede Aktie gesamthänderisches Vermögen aller Miterben, d.h. die Erbengemeinschaft wird Aktionär[322].

1459 Mit der Aktie gehen die verbundenen Nebenrechte, soweit sie nicht höchstpersönlicher Natur sind, auf die Erben über. Dem Aktionär zugewiesene Bezugsrechte sind grds. vererblich, wenn sie nicht ausdrücklich auf die Person des gesellschaftsvertraglich festgelegten Berechtigten beschränkt sind[323].

### 3. Kommanditgesellschaft auf Aktien

*a) Begriff*

1460 Zu den Kapitalgesellschaften, die mit eigener Rechtspersönlichkeit ausgestattet sind, gehört die Kommanditgesellschaft auf Aktien (KGaA)[324]. Die KGaA nähert sich in einem Punkt der KG: Sie hat mindestens einen Gesellschafter, der den Gesellschaftsgläubigern persönlich unbeschränkt haftet, während die übrigen Gesellschafter an dem in Aktien zerlegten Grundkapital als sog. Kommanditaktionäre beteiligt sind (§ 278 AktG). Da die KGaA juristische Person ist und nach den Vorschriften des Ersten Buchs über die Aktiengesellschaft errichtet wird, kann sie

321 Schaub, ZEV 1995, 84.

322 Zur Rechtsfähigkeit der Erbengemeinschaft Grunewald AcP 197, 305, 315.

323 RGZ 65, 21ff.

324 Mustersatzung bei Happ/Brunkhorst/Zimmermann, Aktienrecht, S. 69.

auch als Einmann-KGaA bestehen, soll aber nach h.M. gem. § 280 Abs. 1 AktG nur von 5 Personen gegründet werden können[325].

Die Annäherung an die KG hat in § 278 Abs. 2 AktG ihren Ausdruck gefunden, der bestimmt, daß sich das Rechtsverhältnis der persönlich haftenden Gesellschafter untereinander sowie gegenüber der Gesamtheit der Kommanditaktionäre wie schließlich gegenüber Dritten nach den Vorschriften des HGB über die KG richtet. Im übrigen gelten für die KGaA die Vorschriften des Ersten Buches des AktG entsprechend (§ 278 Abs. 3 AktG). 1461

*b) Anwendungsbereich*

Der Anwendungsbereich der KGaA auf Familiengesellschaften, insbesondere als Gestaltung für vorweggenommene Erbfolgeregelungen ist begrenzt. Die Rechtsform der KGaA kann interessant sein, wenn einerseits dem geschäftsführenden Gesellschafter eine starke Stellung eingeräumt werden soll, ihm aber andererseits derzeit oder in naher Zukunft eine hohe Zahl von Gesellschaftern gegenüberstehen, die nur kapitalistische Interessen haben und bei denen es darüber hinaus auf leichte Übertragbarkeit und Teilbarkeit der Gesellschaftsbeteiligung ankommt. 1462

*c) Anzuwendende Vorschriften*

Es gelten die Vorschriften über die AG mit der Maßgabe, daß für die persönlich haftenden Gesellschafter sinngemäß die für den Vorstand der AG geltenden Vorschriften anzuwenden sind (§§ 278 Abs. 3, 283 AktG). Die Organisationsform und die geringe Dispositionsfreiheit bei Gestaltung der Satzung gelten auch für die KGaA. 1463

*d) Tod eines Gesellschafters*

Die KGaA wird – sofern in der Satzung nichts Abweichendes bestimmt ist – beim Tode eines Komplementärs aufgelöst (§ 131 Nr. 4 HGB, § 289 Abs. 1 AktG), nicht aber beim Tod eines Kommanditaktionärs (§ 177 HGB, § 289 Abs. 1 AktG). Im übrigen wird die Stellung eines Komplementärs wie die eines persönlich haftenden Gesellschafters einer OHG, die Stellung der Kommanditaktionäre nach aktienrechtlichen Grundsätzen vererbt. 1464

### 4. Stiftung

*a) Allgemeines*

Das BGB behandelt die Stiftung in den §§ 80-88 BGB unter dem Titel der juristischen Personen[326]. Im Gesetz sind nur die rechtsfähigen Stiftungen des Pri- 1465

---

325 Dazu auch Hüffer (2. Aufl.) § 278 AktG, Rz. 5.

326 Vertiefend Seifert/v. Campenhausen (Hrsg.), Handbuch des Stiftungsrechts, 2. Aufl. (1999); Wochner, MittRhNotK 1994, 90; ders., ZEV 1999, 125; zu neueren Entwicklungen im Stiftungs- und Stiftungssteuerrecht Schauhoff, ZEV 1999, 121.

vatrechts, weder die Stiftung des öffentlichen Rechts noch die sog. unselbständigen Stiftungen ohne eigene Rechtspersönlichkeit geregelt. In den jeweiligen Stiftungsgesetzen[327] der Länder sind die Genehmigungsverfahren, die Stiftungsaufsicht, die Gestaltung der Satzung und die Verwaltung der Stiftung geregelt.

1466 Für die Gestaltung der Vermögensnachfolge ist die Stiftung des öffentlichen Rechts nicht von Interesse. Die rechtsfähige Stiftung des Privatrechts bildet ein rechtlich verselbständigtes Sondervermögen, welches einem bestimmten Zweck dient und diesem Zweck durch den Willen des Stifters gewidmet ist. Die Stiftung ist daher von natürlichen oder juristischen Personen als Träger gelöst. Sie ist eine reine Verwaltungsorganisation zur Verfolgung eines bestimmten Zwecks[328]. Stiftungszweck kann auch der Betrieb eines Unternehmens sein. Der Stiftungszweck kann nur durch den Stifter bestimmt werden[329].

*b) Arten der rechtsfähigen Stiftung des Privatrechts*

aa) Familienstiftung

1467 Eine Unterart ist die Familienstiftung[330]. Das ihr gewidmete Sondervermögen dient den Interessen und der Nutzung einer oder mehrerer Familien. Die Einflußnahme des Stifters und der Stifterfamilie kann in der Stiftungsverfassung gesichert bleiben. Allerdings sind Verfügungsrechte der Familienmitglieder über das Stiftungsvermögen ausgeschlossen.

bb) Gemeinnützige Stiftung

1468 Die Stiftung kann gemeinnützigen öffentlichen Zwecken dienen. Als solche gelten nach den jeweiligen Landesgesetzen die der Religion, der Wissenschaft, der Forschung, der Bildung, des Unterrichts, der Erziehung, der Kunst, der Denkmalpflege, der Brauchtums- und Heimatpflege, des Naturschutzes, sowie alle dem Gemeinwohl und sozialen Belangen dienende Zwecke. Als gemeinnützig anerkannte Stiftungen werden von der Erbschaft- und Schenkungsteuer, der Körperschaft- und Gewerbesteuer befreit. Die gemeinnützige Stiftung eignet sich als Vermögensnachfolger, wenn der Erblasser dauerhaft bestimmte gemeinnützige Zwecke verfolgen will. Insbesondere bei Erblassern ohne Familienangehörige ist die gemeinnützige Stiftung ein geeignetes Gestaltungsinstrument, um seinem Lebenswerk über den Tod hinaus Wirkung zu verleihen.

*c) Rechtsfähige Stiftung*

aa) Entstehung

1469 Zur Entstehung einer rechtsfähigen Stiftung ist die Genehmigung des jeweiligen Landes erforderlich.

---

327 Übersicht bei Seifert/v. Campenhausen § 3 Rz. 7; Damrau/Wehinger, ZEV 1998, 179.
328 BGHZ 99, 344 (350).
329 Staudinger/Rawert § 80 BGB Rz. 13.
330 Hierzu Hennerkes/Schiffer BB 1992, 1940; Turner, ZEV 1995, 206.

bb) Stiftungsgeschäft

Das Stiftungsgeschäft kann unter Lebenden (§ 81 BGB) oder durch letztwillige Verfügung (§ 83 BGB) vorgenommen werden[331]. 1470

Bei Errichtung einer Stiftung unter Lebenden ist Schriftform des Stiftungsgeschäfts vorgeschrieben (§ 81 Abs. 1 BGB)[332]. 1471

Das Stiftungsgeschäft unter Lebenden kann Pflichtteilsergänzungsansprüche auslösen, da die Errichtung einer Stiftung als Schenkung gilt. Der Wert des Stiftungsvermögens wird somit dem Nachlaß zugerechnet. Der Pflichtteilsergänzungsanspruch richtet sich gegen den Erben. Steht diesem die Einrede der Verletzung seines eigenen Pflichtteils zu, hat die Stiftung als Beschenkte den Pflichtteilsergänzungsanspruch zu erfüllen. 1472

Die Stiftung von Todes wegen muß durch letztwillige Verfügung (Testament, Erbvertrag[333]) erfolgen[334]. Möglich ist auch, das Stiftungsgeschäft als Erbeinsetzung, Vermächtnis oder Auflage mit erbvertraglich bindender Wirkung anzuordnen. 1473

cc) Stiftungsvermögen

Begriffsnotwendige Voraussetzung der Stiftung ist das Stiftungsvermögen. Erfolgt das Stiftungsgeschäft durch Verfügung von Todes wegen, so muß es selbst die Zuwendung des Stiftungsvermögens enthalten. Beim Stiftungsgeschäft unter Lebenden ist ausreichend, daß der Stifter den Weg beschreibt, auf welchem die Stiftung die zur Durchführung ihrer Zwecke erforderlichen Mittel erlangt[335]. 1474

dd) Anzuwendendes Recht

Für die Verfassung einer Stiftung gilt zwingendes Bundesrecht, vor allem die Verweisung auf Vereinsrecht in § 86 BGB, danach zwingendes Landesrecht[336], sodann die Stiftungsverfassung. 1475

ee) Stiftungsverfassung

Der Vermögensinhaber kann ein Sondervermögen bilden, mit ihm eine Stiftung errichten und den Stiftungszweck bestimmen. Die Stiftung kann jede Art von Vermögen umfassen: Geld-, Wertpapier-, Grund- und Unternehmensvermögen. Auch ein gewerbliches Unternehmen kann als Stiftung verselbständigt werden. 1476

Da die Stiftung selbst Rechtsträger des Stiftungsvermögens ist, gibt es keine Gesellschafter, Teilhaber oder Miteigentümer, die als solche über das Stiftungsvermögen bestimmen und verfügen könnten. Wer die Herrschaftsrechte über das 1477

331 Hierzu ausführlich Wochner, MittRhNotK 1994, 89 (96ff.)
332 Muster in Münchener Vertragshandbuch, Bd. 1 VII. 1. (Hof).
333 BGHZ 70, 313.
334 Muster in Münchener Vertragshandbuch, Bd. 1 VII. 2. (Hof).
335 Staudinger/Rawert Vorbem. zu §§ 80 ff BGB Rz. 15ff.
336 Nachweise bei Wochner, MittRhNotK 1994, 89 (99).

Stiftungsvermögen hat, bestimmt die Stiftungsverfassung. Die Stiftungsverfassung hat die Organe der Stiftung zu bezeichnen, z.B. den Stiftungsvorstand, der die Geschäftsführung innehat, und den Stiftungsrat, der ähnlich einem Aufsichtsrat einer Aktiengesellschaft die Aufsicht führt.

1478 Die Stiftungsverfassung bestimmt auch darüber, ob und unter welchen Voraussetzungen die Genußberechtigten („Destinatäre") Leistungen erhalten, und ob sie einen Rechtsanspruch auf Leistungen bekommen sollen.

In der Regel ist es Inhalt eines Stiftungsgeschäfts und Gegenstand der Stiftungsverfassung, bestimmten Destinatären unter bestimmten Voraussetzungen Zuwendungen zu machen, insbesondere bei einer Familienstiftung Zahlungen an Familienmitglieder zu leisten, vor allem zu deren Versorgung.

*d) Anwendungsbereich*

1479 Die Errichtung einer Stiftung ist vor allem dann zu empfehlen, wenn es dem Stifter darum geht, ein bestimmtes Sondervermögen geschützt vor den Eingriffen beteiligter Interessenten für die Zukunft zu erhalten. Muß damit gerechnet werden, daß zahlreiche Erben vorhanden sind, die nach Wohnort, Alter, Beruf usw. sehr heterogen sind und unter denen sich mit hoher Wahrscheinlichkeit starke Interessengegensätze ergeben, soll andererseits das Sondervermögen als Versorgungsquelle dienen, kann eine Stiftung sinnvoll sein. Unter den angeführten Gesichtspunkten kann auch vieles für die Verselbständigung eines Unternehmens in der Rechtsform der Stiftung sprechen, vor allem, wenn es dem Stifter auch um die Erhaltung der Arbeitsplätze treuer Mitarbeiter geht.

1480 Der Nachteil der Stiftung liegt darin, daß die Stiftungsvermögenssubstanz aus dem Familienvermögen ausscheidet und auf sie kein unmittelbarer Einfluß mehr besteht. Die Stiftung ist eine andere Rechtsperson als der Stifter und die Stifterfamilie.

1481 Es kommen erhebliche steuerliche Nachteile der Stiftungserrichtung, des Stiftungsbetriebs und der Bezüge aus Stiftungen hinzu. Die Zuwendungen an Stiftungen sind voll erbschaft- und schenkungsteuerpflichtig (§§ 3 Abs. 2 Ziff. 1, 7 Abs. 1 Ziff. 8 ErbStG), und zwar regelmäßig in der ungünstigsten Steuerklasse III – bei Familienstiftungen richtet sich die Steuerklasse nach dem Verwandtschaftsverhältnis des nach der Stiftungsurkunde entferntest Berechtigten zum Erblasser oder Schenker (§ 15 Abs. 2 ErbStG). Als selbständige Körperschaft ist die Stiftung mit ihren Gewinnen körperschaftsteuerpflichtig (§ 1 Abs. 1 Ziff. 4 KStG). Die Bezüge aus Stiftungen, also die Empfänger der Destinatäre sind bei diesen einkommensteuerpflichtig, wenn es sich um wiederkehrende Bezüge, insbesondere Renten, handelt, auf die ein Rechtsanspruch besteht (§ 22 Ziff. 1 EStG), sonst schenkungsteuerpflichtig. Außerdem ordnet § 1 Abs. 1 Ziff. 4 ErbStG an, daß Familienstiftungsvermögen in Zeitabständen von je 30 Jahren der Erbschaftsteuer (Schenkungsteuer) unterliegt[337].

---

337 Im einzelnen ⇒ Buch II Rz. 77 und 1277.

Ein besonderer Anwendungsfall ist die Errichtung einer Stiftung als persönlich haftende Gesellschafterin einer Kommanditgesellschaft (Stiftung & Co. KG)[338]. *1482*

*e) Unselbständige Stiftung*

Bei der unselbständigen Stiftung ist Rechtsträger des Stiftungsvermögens eine andere Person, oft eine GmbH, die bei der Verwaltung des Stiftungsvermögens treuhänderisch an den Stiftungszweck gebunden ist. Die unselbständige Stiftung ist daher ein zweckgebundenes Treuhandvermögen, das einem Dritten übertragen wird. Daher entfallen staatliche Genehmigung und Stiftungsaufsicht[339]. *1483*

Die unselbständige Stiftung kann unter Lebenden durch Treuhandvertrag, Auftrag, Geschäftsbesorgungsvertrag oder Schenkung unter Auflage vereinbart werden[340]. *1484*

Von Todes wegen kann die unselbständige Stiftung vom Erblasser als Auflage angeordnet werden. Möglich ist auch eine Erbeinsetzung[341] oder Vermächtnisanordnung[342] zugunsten einer künftigen Stiftung. *1485*

## 5. Abschnitt
## Unternehmensnachfolgeregelungen in Verfügungen von Todes wegen

### I. Vor- und Nacherbschaft bei Unternehmen und Unternehmensbeteiligungen

#### 1. Unternehmer- und Gesellschafterstellung

Der Vorerbe tritt für die Zeit seiner Vorerbschaft in die Rechtsstellung des Erblassers ein. Führt er ein zum Nachlaß gehörendes Unternehmen fort, so ist er der Kaufmann und der Unternehmer, der im Handelsregister eingetragen wird (ohne Nacherbenvermerk). Ihn treffen die sich aus dem Handelsrecht ergebenden Verpflichtungen. Er kann das Unternehmen in eine mit Dritten neu gegründete Gesellschaft einbringen. *1486*

Gehören Beteiligungen an einem Unternehmen zum Nachlaß, so kann der Vorerbe in den Grenzen des Gesellschaftsvertrages die Beteiligungen kündigen, er kann Umgründungsverträge schließen, aus der Gesellschaft ausscheiden, den Gesellschaftsanteil veräußern, der Aufnahme eines neuen Gesellschafters zustim- *1487*

338 Dazu oben ⇒ Rz. 1219 f.
339 Muster zur unselbständigen Stiftung in Münchener Vertragshandbuch Bd. 1 VII. 5.
340 Wochner, MittRhNotK 1994, 89 (104ff.).
341 Wochner, MittRhNotK 1994, 89 (96).
342 Wochner, MittRhNotK 1994, 89 (97).

men, die Auflösung der Gesellschaft mitbeschließen[343]. War der Erblasser persönlich haftender Gesellschafter einer Personengesellschaft, so steht dem Vorerben das Recht aus § 139 HGB zu, die Einräumung der Stellung eines Kommanditisten zu verlangen.

*1488* Dagegen kann der Vorerbe keine, auch nicht teilweise unentgeltlichen Verfügungen vornehmen (§ 2113 Abs. 2 BGB). Die Notwendigkeit der Entgeltlichkeit bedeutet das Erfordernis vollwertiger Gegenleistung. Innergesellschaftsrechtliche Maßnahmen müssen ordnungsgemäßer Verwaltung entsprechen, Gesellschaftsvertragsänderungen für alle Gesellschafter gleichmäßig gelten[344].

*1489* Die notwendigen Anmeldungen zum Handelsregister erfolgen durch den Vorerben und die übrigen Gesellschafter ohne Mitwirkung des Nacherben.

*1490* Der Nacherbe haftet nach Eintritt des Nacherbfalls für die Verbindlichkeiten, die der Vorerbe eingegangen ist, nach § 27 HGB ohne Rücksicht darauf, ob der Vorerbe im Rahmen ordnungsgemäßer Verwaltung gehandelt hat.

## 2. Verfügungsbeschränkungen des Vorerben

*1491* Diese weitgehenden Befugnisse hat der Vorerbe aber nur, soweit ihnen nicht die Anordnungen des Erblassers in seiner letztwilligen Verfügung und die erörterten gesetzliche Verfügungsbeschränkungen[345] entgegenstehen. Unentgeltliche Verfügung über das Unternehmen oder Unternehmensbeteiligungen sind demnach unzulässig. Es gilt weiterhin das Surrogationsprinzip: Was der Vorerbe durch seine Verfügungen mit Mitteln des Nachlasses erwirbt, wird Nachlaßbestandteil.

*1492* Dem Vorerben stehen wie einem Nießbraucher die entnahmefähigen, ausgeschütteten Gewinne zu, nicht dagegen die stillen Reserven[346]. Fraglich ist, wem nach Eintritt des Nacherbfalls die Gewinnanteile zustehen, wenn der Vorerbe diese in der Personengesellschaft stehen läßt, weil gesellschaftsvertraglich Entnahmebeschränkungen bestehen oder aber weil die wirtschaftlichen Verhältnisse dies gebieten. Die Frage verschärft sich, wenn die dem Vorerben zustehenden Gewinnanteile auf dem Kapitalkonto des Vorerben und nicht auf einem Darlehens-, Sonder- oder Privatkonto gebucht werden.

Man wird zu unterscheiden haben: Bestehen gesellschaftsvertragliche Entnahmebeschränkungen oder Kapitalthesaurierungspflichten, so liegen Bindungen der Erbschaft durch Rechtsgeschäfte unter Lebenden vor, welche die Erben – Vorerbe und Nacherbe – gegen sich gelten lassen müssen. Geht der Vorerbe solche Bindungen ein, so beeinträchtigt das nicht die Rechtsstellung des Nacherben, sondern die des Vorerben selbst. Nicht entnommene oder thesaurierte Gewinne sind

---

343 Großkomm. HGB/Ulmer, § 139 HGB Anm. 40, 104, 106; Petzold, BB 1975 Beilage Nr. 6, 2ff.

344 BGH NJW 1984, 362ff.; NJW 1981, 1560ff.; BGHZ 69, 47ff.; Hefermehl, Festschrift Westermann 1974, 223ff.; Lutter, ZGR 1982, 108ff.; Paschke, ZIP 1985, 129 (134ff.).

345 Vgl. oben ⇒ Rz. 472ff.

346 BGH DNotZ 1981, 760 (765).

dann keine Nutzungen, die dem Vorerben zufallen. Gleiches gilt, wenn Gewinne auf Darlehens-, Sonder- oder Rücklagekonten verbucht werden. Die entsprechenden gesellschaftsvertraglichen Vorschriften dienen der (wirtschaftlich notwendigen) Verstärkung der Eigenmittel des Unternehmens, gleichgültig, ob sie in der Außenhaftung (gegenüber den Gläubigern) Fremdkapital darstellen. Eine spätere Verwendung thesaurierter Gewinne zu Einlagenerhöhungen dokumentiert nur die Werterhöhung der Gesellschaftsbeteiligung. Es liegt eine gleichartige Sach- und Interessenlage vor wie im Falle der Kapitalerhöhung aus Gesellschaftsmitteln bei Kapitalgesellschaften und der Neuausgabe junger Aktien oder Geschäftsanteile.

Anders ist es, wenn der Vorerbe freiwillig, ohne gesellschaftsrechtliche Ver- *1493*
pflichtung, sei es auch nur unter dem Druck wirtschaftlicher Verhältnisse, Gewinnanteile auf seinem Privatkonto stehen läßt, mögen diese auch später zu Einlagenerhöhungen verwendet werden. In diesem Falle stehen dem Vorerben gegen den Nacherben Ersatzansprüche nach §§ 2124, 2125 BGB zu[347].

Die Pflicht des Vorerben zur ordnungsgemäßen Verwaltung kann im übrigen *1494*
bei einem Familienunternehmen beinhalten, daß der Vorerbe nicht einen familienfremden Dritten als Gesellschafter aufnehmen darf, außer wenn das zwingend zum Wohl des Unternehmens erforderlich ist.

### 3. Gestaltungsempfehlung

Bei größeren Vermögen und wenn – aufgrund des Generationenabstands – *1495*
kurzfristig mehrere Erbfolgen zu erwarten sind, ist die Vor- und Nacherbschaft aus steuerlichen Gründen nicht zu empfehlen. Sinnvoll kann ein Generationensprung sein, mit unmittelbarer Erbeinsetzung der „Nacherbengeneration". Eine derartige Gestaltung hat aber durch geeignete Mittel (Testamentsvollstreckung) zu verhindern, daß zur Unternehmensführung noch ungeeignete Vermögensnachfolger mangels Erfahrung Schaden anrichten. Die unmittelbare Nachfolgegeneration kann z.B. durch Nießbrauchsrechte gesichert werden. Die Nießbrauchslösung ist grundsätzlich steuerlich gegenüber der Vor- und Nacherbschaft vorzugwürdig.

## II. Vermächtnisse zur Unternehmensnachfolge

### 1. Drittbestimmung des Unternehmensnachfolgers

*a) Problematik*

Der Erblasser weiß bis zu seinem Tode häufig noch nicht, welcher von seinen *1496*
Abkömmlingen der geeignetste Unternehmensnachfolger sein kann. Die Zeit zwischen Erbfall und Entscheidung über den Unternehmensnachfolger kann durch eine Verwaltungstestamentsvollstreckung überbrückt werden. Die Aus-

---

[347] Vgl. oben ⇒ Rz. 440f. 466f.

wahl des Unternehmensnachfolgers kann unabhängigen Dritten (Beirat, Mitgesellschaftern, Testamentsvollstrecker) übertragen werden. Dabei sind jedoch die Gestaltungsgrenzen des § 2065 Abs. 2 BGB zu beachten, wonach die Bestimmung der Person, die eine Zuwendung durch Verfügung von Todes wegen erhalten soll, nicht einem Dritten überlassen werden darf.

*b) Lösung*

1497 Einen weiteren Gestaltungsspielraum bietet § 2151 BGB bei Vermächtnisanordnungen. Danach kann der Erblasser den Kreis der zur Auswahl stehenden Personen bestimmen und es entweder dem Beschwerten oder einem Dritten überlassen, endgültig festzulegen, wer aus dem benannten Personenkreis das Vermächtnis erhalten soll. § 2152 BGB ergänzt diese Gestaltungsmöglichkeit um die alternative Benennung mehrerer Vermächtnisnehmer. Die Gestaltungsschranken des § 2065 Abs. 2 BGB gelten hier also nicht.

**2. Vermächtnis einer Unterbeteiligung**

*a) Allgemeines*

1498 Besteht der wesentliche Teil des Nachlasses in einer unübertragbaren Personengesellschaftsbeteiligung, so stehen einer Versorgung durch Zuwendung eines Nießbrauchsvermächtnisses die unten dargelegten rechtlichen Schwierigkeiten entgegen[348]. Eine Rentenvermächtnislösung begegnet häufig dem Bedenken, daß die Aufbringung einer betragsmäßig fixierten, ggf. noch wertgesicherten Rente den Leistungsmöglichkeiten des Gesellschaftererben bei zurückgehenden Gewinnen nicht Rechnung trägt. Eine Ausweichlösung ist das Vermächtnis einer Unterbeteiligung[349]. Sinnvoll ist dies vor allem für Beteiligungen an Personengesellschaften, die grundsätzlich nicht übertragbar sind[350].

*b) Gestaltung*

1499 In der letztwilligen Verfügung des Erblassers, die das Vermächtnis einer Unterbeteiligung vorsieht, muß das Unterbeteiligungsverhältnis rechtlich eindeutig vorgeschrieben werden. Insbesondere muß festgelegt werden, ob es sich um eine typische oder atypische Unterbeteiligung handeln soll, wie die gegenseitigen Rechte und Pflichten zwischen den Beteiligten der Unterbeteiligungsgesellschaft geregelt werden sollen, wann, wie und mit welchen Rechtsfolgen das Unterbeteiligungsverhältnis aufgekündigt werden kann u.s.f.[351]

---

348 Vgl. ⇒ Rz. 1601ff.

349 Wendelstein, BB 1970, 735ff.; zum Begriff und zur rechtlichen Natur der Unterbeteiligung unten Rz. 1186ff.

350 Ausführlich Karsten Schmidt, Gesellschaftsrecht, § 63 (S. 1565ff.); Schlegelberger/Karsten Schmidt, § 230 HGB Rz. 182ff.; Paulick, ZGR 1974, 253ff.; Westermann, Handbuch I, RZ. 951ff.

351 Einzelheiten zu den Regelungsmöglichkeiten ⇒ Rz. 1263ff.

Weiterhin muß bedacht werden, daß die Unterbeteiligung nicht nur wie der Nießbrauch die Nutzungen, sondern auch einen Kapitalwert umfaßt, mag dieser auch je nach Einräumung einer typischen oder atypischen Unterbeteiligung unterschiedlich hoch sein. *1500*

### III. Auflagen zur Unternehmensfortführung oder -umgründung

#### 1. Auflagen zur Fortführung eines Unternehmens

Die testamentarische Auflage eignet sich, den Erben zur Fortführung des Unternehmens Anweisungen zu geben. *1501*

**Beispiele:**

Bestimmten Betriebsgrundbesitz nicht zu veräußern; benachbarten Grundbesitz bei nächster sich bietender Gelegenheit zu erwerben; eine Betriebsaufspaltung in Besitz- und Betriebsunternehmen vorzunehmen; bestimmte Beteiligungen, z.B. an einer Einkaufsgesellschaft oder an einer sonstigen Kooperationsgesellschaft nicht zu kündigen (außer aus wichtigem Grunde); einen technischen Betriebsleiter mit Berufserfahrung in einer bestimmten Sparte einzustellen; einen bestimmten Prozentsatz des Jahresgewinns regelmäßig für technische Entwicklung zu investieren; die Firma, ein Warenzeichen, eine bestimmte Ausstattung nicht zu ändern.

Derartige Anweisungen dürfen, wenn sie langfristige Wirkungen haben, nicht die unternehmerische Flexibilität behindern.

Ist der Testator an einer Personengesellschaft beteiligt, die nach dem Gesellschaftsvertrag mit seinen Erben fortgesetzt werden soll, so kann er den Erben oder einzelnen Erben die Verpflichtung auferlegen, die Gesellschaftsbeteiligung auf eine bestimmte Zeit oder auch auf Lebenszeit nicht zu kündigen. *1502*

Erteilt ein Erblasser-Gesellschafter seinen die Gesellschaft fortsetzenden Erben Auflagen zur Änderung des Gesellschaftsvertrages in bestimmten, ihm wünschenswert erscheinenden Punkten, so können die Änderungen – selbstverständlich – nur mit Zustimmung der Mitgesellschafter beschlossen werden[352]. *1503*

#### 2. Auflagen zur Umgründung eines Unternehmens

Der Erblasser kann seinen Erben im Wege der Auflage ein bestimmtes Gesellschaftsverhältnis genau umrissenen Inhalts vorschreiben. Das ist deshalb wichtig, weil sich Miterben nach eingetretenem Erbfall häufig nicht über die Unternehmensform einigen können. *1504*

Will der Erblasser Auflagen zur Umgründung seines Unternehmens erteilen, so ist dringend zu empfehlen, den notwendigen Gesellschaftsvertrag in seinen wesentlichen Teilen detailliert vorzuschreiben. *1505*

Ist die unternehmerische Eignung der Erben nicht zu übersehen oder spielt die Haftungsbeschränkung eine entscheidende Rolle, so ist an die Auflage der Um- *1506*

---

352 BGH DB 1990, 2314.

gründung des Unternehmens in eine Kapitalgesellschaft oder eine GmbH & Co. KG zu denken. Im Falle der Auflage der Umgründung in eine GmbH & Co. KG ist zu beachten, daß die Verträge beider Gesellschaften (GmbH und KG) vorgeschrieben werden.

*1507* Gegen die Auflage zur Umgründung des Nachlaßunternehmens in eine Handelsgesellschaft sind rechtliche Bedenken nicht zu erheben, wenn die angeordnete Gesellschaftsform die persönliche Inanspruchnahme der Erben mit ihrem Privatvermögen für Gesellschaftsverbindlichkeiten ausschließt. Die Rechtsprechung läßt aber auch Auflagen zur Umgründung in Personengesellschaftsformen zu, die eine persönliche Haftung des Erben zur Folge haben[353]. In der Rechtslehre sind Bedenken geäußert worden[354].

Die Bedenken sind jedenfalls für den Fall unbegründet, in welchem eine Rechtsform gewählt wird, die die Haftung des Erben mit seinem eigenen privaten Vermögen ausschließt.

## IV. Testamentsvollstreckung an einem Unternehmen und an Unternehmensbeteiligungen[355]

### 1. Testamentsvollstreckung an einem gewerblichen Unternehmen[356]

*a) Allgemeines*

*1508* Die Verwaltungstestamentsvollstreckung an einem gewerblichen Einzelunternehmen oder einer unbeschränkten Personengesellschaftsbeteiligung stößt auf den Widerspruch zwischen der auf den Nachlaß beschränkten Verpflichtungsmacht des Testamentsvollstreckers (§§ 2206, 2207 BGB) und der unbeschränkten Haftung des Einzelkaufmanns[357]. Der Testamentsvollstrecker kann die Erben nur mit dem Nachlaß verpflichten[358]. Könnte der Testamentsvollstrecker das zum Nachlaß gehörende Einzelunternehmen weiterführen, so liefe das auf eine nach Handelsrecht unzulässige Einzelunternehmung mit beschränkter Haftung (auf den Nachlaß) hinaus. Daher ist die Verwaltungstestamentsvollstreckung an einem

353 BGHZ 12, 100 (103).

354 Hueck, § 28 II 5, Fn. 51 (S. 417); Siebert, Festschrift für Hueck, 1959, 321 (333); Schilling, Festschrift für Walter Schmidt, 1959, 208 (215).

355 Lorz, Testamentsvollstreckung und Unternehmensrecht (1995).

356 Im einzelnen Bengel/Reimann/Mayer, Testamentsvollstreckung, S. 190ff.; Haegele/Winkler, Rz. 297ff. (S. 100ff.).

357 Lorz, S. 33ff. Entsprechendes gilt für die unbeschränkte Haftung eines persönlich haftenden Gesellschafters.

358 Die darauf basierende Lösung von Baur, Festschr. Dölle (1963), 249ff., den Testamentsvollstrecker das Einzelunternehmen als Sondervermögen mit erbrechtlichen Beschränkungen – ausschließlicher Eingehung von Nachlaßverbindlichkeiten – fortführen zu lassen, ist im Handelsverkehr unpraktikabel.

Einzelunternehmen wie auch an der persönlich haftenden Beteiligung an einer Personengesellschaft[359] grds. unzulässig[360].

Soll der Testamentsvollstrecker das zum Nachlaß gehörende Unternehmen weiterführen, so ist das nur mittels von Judikatur und Schrifttum entwickelten Ersatzkonstruktionen möglich und zwar entweder mit der unbeschränkten persönlichen Haftung des Testamentsvollstreckers (Treuhandlösung) oder der unbeschränkten persönlichen Haftung des oder der Erben (Vollmachtlösung). Letztere setzt das Einverständnis des oder der Erben voraus[361]. *1509*

### *b) Treuhänderische Unternehmensführung im eigenen Namen*

Der Testamentsvollstrecker kann ein zum Nachlaß gehörendes Unternehmen im eigenen Namen als Treuhänder für Rechnung der Erben führen[362]. In diesem Fall muß er selbst auch als Inhaber des Unternehmens im Handelsregister eingetragen werden[363]. Der Testamentsvollstrecker selbst haftet dann den Geschäftsgläubigern unbeschränkt mit seinem gesamten Vermögen. Er kann aber seine persönliche Haftung für Verbindlichkeiten des Erblassers durch eine Anmeldung nach § 25 Abs. 2 HGB ausschließen. Der Testamentsvollstrecker hat darüber hinaus im Rückgriff gegenüber den Erben den Anspruch auf Befreiung von seiner unbeschränkten Haftung sowohl für die vom Erblasser stammenden als auch für die neubegründeten Geschäftsverbindlichkeiten. *1510*

### *c) Unternehmensfortführung als Bevollmächtigter der Erben*

Der Testamentsvollstrecker kann das Unternehmen im Namen der Erben als deren Bevollmächtigter und unter deren persönlicher Haftung fortführen. In diesem Fall werden die Erben im Handelsregister als Inhaber eingetragen[364]. Zu einer solchen Lösung bedarf es des Einverständnisses der Erben, da diese persönlich unbeschränkt für das fremde Handeln des Testamentsvollstreckers unmittelbar haften. Der Testamentsvollstrecker benötigt in diesem Fall eine Vollmacht der Erben, die ihn nach außen hin legitimiert. Der Erblasser kann aber durch letztwillige Verfügung im Sinne einer Auflage den Erben zur Einräumung der Vertretungsmacht verpflichten[365]. Da die Erben für das Handeln des Bevollmächtigten unbeschränkt – über den Nachlaß hinaus haften – kann eine Auflage den Erben dieses weitergehende Haftungsrisiko nicht auferlegen. Die Erben sind jederzeit *1511*

---

359 Dazu noch ⇒ Rz. 1517ff.

360 RGZ 132, 138, 144; BGHZ 12, 100; 24, 106, 113; BGH NJW 1989, 3154.

361 Staudinger/Reimann [1996] § 2205 Rz. 98.

362 Lorz, S. 72ff.

363 RGZ 132, 138 (142 f); BGHZ 12, 100 (102); 24, 106 (112); 35, 13 (15f.); KG NJW 1959, 1086 (1087); DB 1974, 2197 (2198) = NJW 1975, 54.

364 Die Testamentsvollstreckung wird nicht im Handelsregister eingetragen, vgl. KG Rpfleger 1996, 30; **a.A.** LG Konstanz, DB 1990, 726.

365 BGHZ 12, 100 (103); BayObLG 69, 138.

berechtigt, selbst tätig zu werden. Eine unwiderrufliche[366], die Erben verdrängende Vollmacht kann diesen nicht zur Auflage gemacht werden[367].

*d) Umgründung*

1512 Schließlich kann der Testamentsvollstrecker das zum Nachlaß gehörende Unternehmen in eine geeignete Rechtsform umgründen, um es dann unter seiner Verantwortung leiten zu lassen oder selbst zu leiten. Diese Lösung kann der Erblasser durch letztwillige Anweisungen an den Testamentsvollstrecker sicherstellen.

1513 Die Umgründung sollte im Einverständnis mit den Erben als den wirtschaftlichen Inhabern erfolgen. Soll deren Einverständnis gesichert werden, so bedarf es einer entsprechenden Auflage des Erblassers in seiner letztwilligen Verfügung.

1514 Sind vom Erblasser Auflagen nicht erteilt worden, ist andererseits aber dem Testamentsvollstrecker gerade die Unternehmensfortführung unter seiner Verwaltung übertragen worden, so muß der Testamentsvollstrecker als legitimiert angesehen werden, das bisherige Einzelunternehmen auch in eine Gesellschaft mit beschränkter Haftung umzugründen. Wird das Einzelunternehmen in der Rechtsform der GmbH weitergeführt, so entstehen Haftungsprobleme weder zu Lasten der Erben noch des Testamentsvollstreckers, soweit es sich um deren privates Vermögen handelt. Die Umgründung des Einzelunternehmens kann durch Einbringung im Wege der Sacheinlage erfolgen.

## 2. Testamentsvollstreckung an Personengesellschaftsbeteiligungen

*a) Zulässigkeit*

1515 Erbrechtlich ergeben sich keine Einwendungen gegen die generelle Zulässigkeit der Testamentsvollstreckung an Personengesellschaftsbeteiligungen. Bedenken werden aus gesellschaftsrechtlichen Gründen erhoben, früher unter dem Hinweis auf die in Rechtsprechung und Rechtslehre anerkannte „Sondererbfolge" bei Personengesellschaftsbeteiligungen[368]. Geltend gemacht wurde insbesondere, aufgrund der „Sondererbfolge" in hinterlassene Personengesellschaftsbeteiligungen gehörten diese nicht zum Nachlaß; mangels Nachlaßzugehörigkeit sei demzufolge grundsätzlich eine Testamentsvollstreckung an Personengesellschaftsbeteiligungen ausgeschlossen[369].

Diese Auffassung ist überholt. Sie verstößt gegen den erbrechtlichen Grundsatz, daß alles, was ein Erblasser hinterläßt, in seinem Nachlaß fällt[370]. Die aufgrund Personengesellschaftsrechts eintretende „Sondererbfolge" kann nicht dazu

[366] Lorz, S. 48ff.
[367] Vgl. Ulmer ZHR 146, 555; Lorz S. 51ff.
[368] Schmellenkamp, MittRhNotK 1986, 181 (183).
[369] So vor allem Ulmer, NJW 1984, 1496 (1498); MünchKomm/Ulmer, § 705 BGB Rz. 88; MünchKomm/Brandner, § 2205 BGB Rz. 28.
[370] Eingehend Esch, NJW 1981, 2222ff.; ders., NJW 1984, 339 (340); Marotzke, JZ 1986, 457 (458ff.)

führen, daß die Personengesellschaftsbeteiligung nicht zum Nachlaß gehört[371]. Der BGH hat schon in seinem Beschluß des Gesellschaftsrechtssenats vom 3. Juli 1989[372] deutlich gemacht, daß die Testamentsvollstreckung nicht wegen der Sondererbfolge, sondern wegen der Besonderheiten der bei Personengesellschaften bestehenden Arbeits- und Haftungsgemeinschaft unzulässig sei[373].

Die personalistische Ausformung der Personengesellschaft, die auf der persön- *1516* lichen Haftung der Gesellschafter und der grundsätzlichen Unübertragbarkeit der Gesellschaftsbeteiligungen (§ 717 BGB) beruht, läßt eine Testamentsvollstreckung an Personengesellschaftsbeteiligungen nur mit Einschränkungen zu.

### *b) Testamentsvollstreckung an Beteiligung eines unbeschränkt haftenden Gesellschafters*

#### aa) Grundsätzliches

Die Zulassung der Testamentsvollstreckung an der Beteiligung eines unbe- *1517* schränkt haftenden Gesellschafters begegnet denselben Haftungsbedenken wie im Falle der Fortführung eines zum Nachlaß gehörenden Einzelunternehmens durch den Testamentsvollstrecker. Die Rechtsprechung und die herrschende Lehre halten es grds. für unzulässig, die Beteiligung eines unbeschränkt haftenden Gesellschafters mit Wirkungen auf der Gesellschaftsebene einer Verwaltungstestamentsvollstreckung zu unterstellen[374].

Unproblematisch ist die Testamentsvollstreckung lediglich dann, wenn die Ge- *1518* sellschaft mit dem Tode des Gesellschafters aufgelöst wird. Der Testamentsvollstrecker kann sämtliche Liquidationsansprüche für die Erben geltend machen. Ebenso kann er Abschichtungsansprüche der weichenden Erben durchsetzen, falls die Gesellschaft nur mit den verbleibenden Gesellschaftern fortgesetzt wird.

Der Testamentsvollstrecker ist – sofern Einschränkungen nicht ausdrücklich *1519* angeordnet sind – auch berechtigt, die Unternehmensform umzuwandeln. Er kann daher auch bei einer Unternehmensumwandlung an einer Gesellschaft mitwirken, deren Anteile sich im Nachlaß befinden[375].

---

371 BGHZ 98, 48 (51) = NJW 1986, 2431 (2432); BGHZ 91, 132 (136); BGH NJW 1983, 2376 (2377); Karsten Schmidt, Gesellschaftsrecht, § 45 V 3 c) (S. 1105); Schlegelberger/Karsten Schmidt, § 177 HGB Rz. 29; Großkomm. HGB/Schilling, § 177 HGB Rz. 12; Esch, NJW 1984, 339 (342); Damrau, NJW 1984, 2785 (2787); Baumbach/Hopt, § 139 HGB HGB Rz. 14; Staudinger/Marotzke [1994] § 1922 Rz. 186ff.

372 BGHZ 108, 187.

373 BGH BB 1996, 1128 (1129) = ZEV 1996, 110 m. Anm. Lorz.

374 RGZ 170, 392 (394); 172, 199 (203); BGHZ 24, 106 (112f.); BGHZ 68, 225 (239) = BB 1977, 809 (810) = DB 1977, 1129 (1132); BGH BB 1969, 773; DB 1981, 366; DNotZ 1985, 561; 1987, 116; 1990, 183; ZEV 1996, 110; Ulmer, BB 1977, 805 (808); Hueck, § 28 II 5 (S. 416); Westermann, Handbuch I, Rz. 506; Staudinger/Reimann, § 2205 [1996] BGB Rz. 90f.

375 LG Mannheim ZEV 1999, 443.

bb) Gestaltungsmöglichkeiten

(1) Testamentsvollstreckung

1520 Läßt der Gesellschaftsvertag eine Testamentsvollstreckung zu oder stimmen die übrigen Gesellschafter ausdrücklich der Testamentsvollstreckung zu, dann kann der Testamentsvollstrecker für die Erben in der Gesellschaft mitwirken[376]. Bedenken bestehen dann noch insoweit, als der Testamentsvollstrecker die Erben nur mit dem Nachlaß verpflichten kann, nicht aber unbeschränkt, wie dies die Beteiligung eines unbeschränkt haftenden Gesellschafters einer Personengesellschaft erfordert. Daher kann eine Testamentsvollstreckung an der Beteiligung eines persönlich haftenden Gesellschafters sich nur auf die (Außen-) Aufsicht des Erben beschränken. Der Testamentsvollstrecker kann den Erben nicht durch Beschlüsse auf Gesellschafterebene mit unbeschränkten Haftungsfolgen über den Nachlaß hinaus verpflichten.

1521 Diesen Grundsätzen entsprechend hat der BGH[377] in jüngerer Rechtsprechung die Testamentsvollstreckung an einem Anteil einer Gesellschaft bürgerlichen Rechts (Grundstücksgesellschaft) insoweit für zulässig gehalten, als die Geschäftsführung und alle zur Haftung der Gesellschaft führenden Handlungen unberührt bleiben. Dem Testamentsvollstrecker verbleibt damit die (Außen-)Aufsicht über den Erben. Insbesondere kann der Testamentsvollstrecker Verfügungen des Erben über den Gesellschaftsanteil verhindern und Handlungen vornehmen, die zur Wahrung und Erhaltung des Gesellschaftsanteils dienen[378]. Diese erbrechtliche Aufsichtsbefugnis des Testamentsvollstreckers kann durch gesellschaftsvertragliche Regelungen nicht ausgeschlossen werden[379].

(2) Treuhandlösung

1522 Die Mitgliedschaftsrechte werden nicht abgespalten, wenn dem Testamentsvollstrecker der Gesellschaftsanteil treuhänderisch übertragen wird[380]. Entsprechend der Möglichkeit der treuhänderischen Unternehmensfortführung durch den Testamentsvollstrecker wird die treuhänderische Übernahme der Personengesellschaftsbeteiligung durch den Testamentsvollstrecker zugelassen[381]. Der Testamentsvollstrecker hat die persönliche Haftung zu tragen. Umstritten ist, wie weit ihm Ersatzansprüche gegen den Erben zustehen können, insbesondere ob die Erben ihre Haftung auf den Nachlaß beschränken können. Es erscheint sach-

---

[376] BGH DNotZ 1985, 561; 1987, 116; 1990, 183; Reimann, DNotZ 1990, 192; Lorz, ZEV 1996, 112.

[377] BGH BB 1996, 1128 = ZEV 1996, 110 m. Anm. Lorz.

[378] Vgl. dazu BGH BB 1996, 1128 (1129) = ZEV 1996, 110 m. Anm. Lorz.

[379] Darüber hinaus bietet die Testamentsvollstreckung des Schutz des § 2214 BGB. Eigengläubiger der Erben können nicht in die Beteiligung vollstrecken. Dazu Weidlich ZEV 1994, 208.

[380] Staudinger/Reimann [1996] § 2205 Rz. 108.

[381] Seit RGZ 132, 138 (142); BGHZ 12, 100 (102); 24, 106 (112); 35, 13 (15); Schmellenkamp, MittRhNotK 1986, 181 (187f.); Lorz, S. 72ff. m.w.N.

gerecht, den Erben die Möglichkeit einzuräumen, den Ansprüchen des als Treuhänder handelnden Testamentsvollstreckers aus §§ 2218, 670 BGB, die Beschränkung der Haftung auf den Nachlaß entgegenzuhalten[382]. Die Treuhandlösung kann dem Testamentsvollstrecker wegen der Haftungsrisiken nur empfohlen werden, wenn dieser ein gesteigertes Interesse an der Verwaltung des Nachlasses hat.

**Beispiel:**
Der kinderlose A hat seine Neffen/Nichten zu Unternehmensnachfolgern eingesetzt. Testamentsvollstrecker ist der Vater der Erben.

Läßt der Gesellschaftsvertrag[383] einer Personengesellschaft die Übertragung der Mitgliedschaft der Gesellschafter nicht zu (wie es dem Grundsatz des § 717 BGB entspricht) und erteilen die Mitgesellschafter auch nachträglich nicht ihre Zustimmung, so ist die Verwaltungstestamentsvollstreckung mit Wahrnehmung von Geschäftsführungsaufgaben an der Gesellschaftsbeteiligung über eine Treuhandlösung nicht möglich[384]. *1523*

Im Schrifttum wird teilweise die Auffassung vertreten, daß gesellschaftsvertragliche Nachfolgeklauseln schon die Zustimmung der Mitgesellschafter zu einer Übertragung auf den Testamentsvollstrecker beinhalten können. Dies soll insbesondere bei generellen (einfachen) Nachfolgeklauseln der Fall sein. In der generellen Zulassung der Fortsetzung der Beteiligung mit Erben sei auch das Einverständnis mit der Zulassung einer Übertragung auf den Testamentsvollstrecker zu sehen. In einem solchen Fall hätten sich die Mitgesellschafter mit jedem denkbaren Erben einverstanden erklärt und damit die personalistische Bindung so gelockert, daß kein vernünftiger Grund einzusehen sei, einen Testamentsvollstrecker als Treuhänder zurückzuweisen[385]. Eine Übertragung auf den Testamentsvollstrecker über eine Gesellschaftsbeteiligung ist aber mit deren Vererblichkeit nicht gleichzusetzen. Daher kann in einer Gesellschaftsvertragsklausel, die eine Vererblichkeit vorsieht, nicht die Zustimmung zu einer Übertragung auf den Testamentsvollstrecker gesehen werden[386]. *1524*

(3) Vollmachtlösung

Der Testamentsvollstrecker soll entweder aufgrund einer postmortalen Vollmacht des Erblassers oder aufgrund einer Vollmacht des Erben handeln, zu deren *1525*

---

382 BGHZ 24, 106 (112); Soergel/Hadding, § 727 BGB Rz. 45; Schlegelberger/Karsten Schmidt, § 139 HGB Rz. 52; Staudinger/Reimann, § 2205 BGB Rz. 95; zweifelnd Hueck, § 28 II 5 (S. 418); Westermann, Handbuch I, Rz. 511.

383 Ausführlich dazu Marotzke, JZ 1986, 457 ff.

384 BGHZ 98, 48 (55); Soergel/Hadding, § 727 BGB Rz. 44; MünchKomm/Ulmer, § 705 BGB Rz. 87; BayObLG WM 1983, 1092 (1093); Hueck, § 28 II 5 (S. 416); Westermann, Handbuch I, Rz. 505; Schlegelberger/Karsten Schmidt, § 139 HGB Rz. 51 a.

385 Kipp/Coing, § 68 III 3 b) (S. 382 f.); wohl auch Westermann, Handbuch I, Rz. 505; **a. A.:** Hueck, § 28 II 5 (S. 416); Schlegelberger/Karsten Schmidt, § 139 HGB Rz. 51 a; Wiedemann, § 13 III 1 (S. 336).

386 Bengel/Reimann/Mayer, Testamentsvollstreckung, Kap. 5 Rz. 167 (S. 202).

Erteilung der Erbe durch Auflage verpflichtet ist[387]. Die Vollmachtlösung kann nicht das eigene Tätigwerden des Erblassers verhindern, da unsere Rechtsordnung keine verdrängende Vollmacht kennt[388].

(4) Weisungsgeberlösung

1526 Der Erblasser kann den Testamentsvollstrecker ermächtigen, dem Erben auf der Grundlage von § 2208 Abs. 2 BGB Weisungen zu erteilen. Der Erbe ist Gesellschafter und nimmt alle Gesellschafterfunktionen selbst wahr. Er wird aber ggf. durch Auflagen des Erblassers „gezwungen", den Weisungen des Testamentsvollstreckers Folge zu leisten. Der Testamentsvollstrecker bleibt bei dieser Lösung außerhalb aller Gesellschafterfunktionen, kann aber durch seine erbrechtliche Aufsicht den Erben als Gesellschafter lenken. Die Weisungsgeberlösung ähnelt der neueren BGH-Rechtsprechung zur Testamentsvollstreckung an Personengesellschaftsanteilen, geht aber insoweit noch darüber hinaus, als mit Auflagen das Verhalten des Erben gesteuert werden kann.

cc) Änderung der Rechtsform

1527 Will der Erblasser zu einer unproblematischen Testamentsvollstreckungslösung kommen, so sollte er eine gesellschaftsvertragliche Regelung dahin anstreben, daß seine Beteiligung mit seinem Tod eine kommanditistische wird. Eine andere Lösung ist die formwechselnde Umwandlung, z.B. in eine GmbH, bei welcher der Testamentsvollstrecker Geschäftsführer werden könnte[389]. Diese Lösungen werden in der Regel an dem fehlenden Einverständnis der Mitgesellschafter scheitern.

*c) Testamentsvollstreckung an Kommanditbeteiligung*

1528 Die Verwaltungstestamentsvollstreckung an einem Kommanditanteil ist zulässig, sofern die übrigen Gesellschafter entweder generell im Gesellschaftsvertrag oder konkret der Testamentsvollstreckung zugestimmt haben[390]. Fehlt diese Zustimmung, so beschränkt sich die erbrechtliche Testamentsvollstreckung auf die Aufsichtsbefugnis über den Gesellschaftsanteil[391]. Der Testamentsvollstrecker kann dann verhindern, daß der Erbe über den Gesellschaftsanteil verfügt. Dagegen kann er nicht die gesellschaftsrechtlichen Pflichten des Erben erweitern.

1529 Ist Dauertestamentsvollstreckung angeordnet, so kann der Testamentsvollstrecker grundsätzlich die mit der Beteiligung verbundenen Mitgliedschaftsrechte ausüben[392]. Der Testamentsvollstrecker ist nicht befugt, den Erben persönlich zu

---

387 Lorz, S. 37ff.; Staudinger/Reimann [1996] § 2205 Rz. 109.

388 Ulmer ZHR 146, 555; Staudinger/Reimann [1996] § 2205 Rz. 98.

389 Reithmann/Albrecht/Basty, Hdb. Vertragsgestaltung, Rz. 1238.

390 BGHZ 108, 187 = DNotZ 1990, 183 m. Anm. Reimann; Flume, NJW 1988, 161; Quack, BB 1989, 2271; Ulmer, NJW 1990, 73; D. Mayer, ZIP 1990, 976; ders. MittBayNot 1992, 5ff.

391 Ebenso Reimann FamRZ 1992, 117; **a.A.** OLG Hamm FamRZ 1992, 113.

392 BGHZ 108, 187.

verpflichten[393]. Ebensowenig ist der Testamentsvollstrecker berechtigt, die Mitgliedschaftsrechte der Erben zu verändern[394].

1530 Denkbare Haftungsfälle, insbesondere aus § 172 Abs. 4 HGB (Rückzahlung der Einlage, Überentnahmen) hat der Testamentsvollstrecker zu vertreten.

1531 Ist im Gesellschaftsvertrag bestimmt, daß die Erben eines Gesellschafters aus der Gesellschaft gegen Abfindung (Auseinandersetzungsguthaben) ausscheiden, so unterliegt die Liquidation des Auseinandersetzungsguthabens und dessen Verwaltung uneingeschränkt der Testamentsvollstreckung[395].

1532 Den durch die Vererbung eines Kommanditanteils eintretenden Gesellschafterwechsel hat der Testamentsvollstrecker zum Handelsregister anzumelden[396].

1533 Ist über den Nachlaß eines verstorbenen Personengesellschafters zwar Testamentsvollstreckung angeordnet, beschränkt sich diese aber auf die Erbauseinandersetzung, so ist der Testamentsvollstrecker nicht befugt, das Ausscheiden des verstorbenen Gesellschafters und die Fortsetzung der Gesellschaft mit den Erben zum Handelsregister anzumelden[397].

*d) Stille Gesellschaft*

1534 Die Beteiligung eines stillen Gesellschafters kann uneingeschränkt der Verwaltungsvollstreckung unterworfen werden[398], weil die geschilderten Haftungsdivergenzen zwischen Erb- und Gesellschaftsrecht nicht bestehen.

### 3. Testamentsvollstreckung an Kapitalgesellschaftsbeteiligungen

1535 An einer Kapitalgesellschaftsbeteiligung[399] ist die Verwaltungstestamentsvollstreckung möglich. Die Testamentsvollstreckung bedarf nicht der Zustimmung der Mitgesellschafter. Der Testamentsvollstrecker nimmt die Rechte des Erben an dessen Geschäftsanteilen kraft eigenen Rechts in vollem Umfang wahr. Ausgeschlossen von den Befugnissen des Testamentsvollstreckers sind die sog. Kernrechte des Gesellschafters, insbesondere auf Erweiterung von Gesellschafterpflichten[400].

---

393 BGHZ 108, 187ff. = NJW 1989, 3152 (3154) = DB 1989, 1915 (1917) = BB 1989, 1840 (1842) = DNotZ 1990, 183; Karsten Schmidt, Gesellschaftsrecht, § 45 V 7b) (S. 1114) m.w.N.

394 Reithmann/Albrecht/Basty, Hdb. Vertragsgestaltung, Rz. 1235 m.w.N.

395 BGH NJW 1985, 1953 (1954).

396 BGH 108, 187 ff = NJW 1989, 3152 (3154).

397 KG DB 1991, 1066 (1067).

398 BGH WM 1962, 1084 (1085); Schlegelberger/Karsten Schmidt, § 339 HGB § 234 HGB n.F. Rz. 7; MünchKomm/Brandner, § 2205 BGB Rz. 40; Staudinger/Reimann, § 2205 [1996] BGB Rz. 137; Paulick/Blaurock, § 16 II 9 (S. 298)

399 BGHZ 24, 106; NJW 1959, 1820; BGHZ 51, 209.

400 Reimann, DNotZ 1990, 190.

# 6. Abschnitt
# Unternehmensnachfolge durch Regelungen unter Lebenden

## I. Vorbereitende Maßnahmen

1536 Neben den allgemeinen Gestaltungsempfehlungen, die auf jeden Vermögensinhaber zutreffen, sind dem Unternehmer die nachfolgenden unternehmensspezifischen Gestaltungsvorschläge zu geben.

### 1. Gütertrennung

1537 Entgegen manchem gutgemeinten Rat[401] ist dem Unternehmer eine Gütertrennung grundsätzlich nicht zu empfehlen[402]. Durch eine Gütertrennung werden dem überlebenden Ehegatten die Vorteile des erbschaftsteuerfreien Zugewinnausgleichs genommen. Zahlreiche Ehepaare haben in Unkenntnis der rechtlichen Wirkungen des gesetzlichen Güterstandes aus der irrigen Vorstellung, die Haftung des nichtunternehmerischen Ehepartners müsse beschränkt werden, in der Vergangenheit Gütertrennung vereinbart. Diese fehlerhaften Gütertrennungsverträge können und sollten zivilrechtlich rückwirkend aufgehoben werden.

1538 Der vom Bundesfinanzhof[403] auch erbschaftsteuerlich anerkannten Rückwirkung einer Aufhebung der Gütertrennung hat der Gesetzgeber mit Wirkung seit dem 22.12.1993 durch Einfügung des Satzes 4 in § 5 Abs. 1 ErbStG einen Riegel vorgeschoben. Zu empfehlen ist in diesen Fällen als letzte Lösung nach Aufklärung durch den Rechtsberater eine sofortige notariell beurkundete Anfechtung des Gütertrennungsvertrages wegen Inhaltsirrtums nach § 119 Abs. 1 Fall 1 BGB, die immer dann zur rückwirkenden Nichtigkeit des Gütertrennungsvertrages führen kann, wenn die Beteiligten bei Vertragsabschluß falsche Vorstellungen über Inhalt und Bedeutung einer Gütertrennung hatten.

1539 Die vertragliche Gütertrennung kann auch deswegen ein Gestaltungsfehler sein, weil die Pflichtteilsansprüche der Abkömmlinge erhöht werden[404]. Zwar wird der Pflichtteilsanspruch des überlebenden Ehegatten gekürzt. Ist dieses Ergebnis gewünscht, so läßt es sich aber auch durch einen (teilweisen) Pflichtteilsverzicht des Ehegatten erreichen. Der verzichtende Ehegatte kann durch vertragsmäßige Erb- oder Vermächtniseinsetzung in das Privatvermögen gesichert werden.

---

401 Hennerkes/Löffler/Löffler, Unternehmenshandbuch Familiengesellschaften, S. 470 u. Hinw. a. „Langenfeld Rn. 228“: „Güterstand für aufgeklärte und wache Eheleute“.

402 Ebenso Brambring in „Handelsblatt“ v. 13.1.1997 S. 21: Das richtige Testament spart Erbschaftsteuer. „Steuerfalle Gütertrennung“.

403 BFH BStBl. 1989 II 897; DStR 1993, 1064.

404 Dazu Spiegelberger, Rz. 697ff.

Der Güterstand des Unternehmers sollte daher grundsätzlich nur modifiziert werden[405]. 1540

Eine Modifizierung der Zugewinngemeinschaft[406] für den Tod des Unternehmers kann sinnvoll sein, wenn der Gesellschaftsvertrag im Fall des Ausscheidens eines Gesellschafters auch für den Todesfall eine Bestimmung enthält, die den Abfindungsanspruch entweder beschränkt oder ausschließt. Sollen Beschränkungen oder Ausschluß auch gegenüber dem überlebenden Ehegatten gelten, so ist nach der Rechtsprechung des BGH für die Berechnung der Zugewinnausgleichsforderung gegen die Erben der wirkliche Wert der Gesellschaftsbeteiligung und nicht der Wert des Abfindungsanspruchs maßgebend[407]. Insoweit läßt sich die Erbfolge aber auch durch Erb- und Pflichtteilsverzicht des Ehegatten gestalten. 1541

Eine Modifizierung ist für den Unternehmer vor allem sinnvoll, um die Verfügungsbeschränkungen der §§ 1365–1369 BGB abzubedingen. Insbesondere die Verfügungsbeschränkung des § 1365 BGB, (wonach jeder Ehegatte, der im gesetzlichen Güterstand lebt, nicht über sein wesentliches Vermögen ohne Zustimmung des anderen Ehegatten verfügen kann) beschränkt die unternehmerische Freiheit. 1542

Auch eine Modifizierung der gesetzlichen Zugewinn(ausgleichs)-gemeinschaft im Hinblick auf eine etwaige Scheidung (notariell beurkundete Scheidungsfolgenvereinbarung) kann sinnvoll sein, um das Unternehmen - und damit nicht nur die Existenz des Unternehmers, sondern auch die seiner Mitarbeiter – von extremen Liquiditätsbelastungen freizuhalten, zu denen eine Zugewinnausgleichsforderung führen kann. 1543

### 2. Errichtung einer »Ein-Mann-Gesellschaft«

#### *a) Problematik*

Ist der Erblasser Einzelunternehmer, so stellt sich bei mehreren Erben die Frage, wie sein Einzelunternehmen vom Vermögensnachfolger fortgeführt werden kann[408]: Will der Erblasser zu Lebzeiten noch kein Opfer durch eine vorweggenommene Erbfolgeregelung bringen, bietet sich die Gründung einer „Ein-Mann-Gesellschaft“ an. 1544

---

[405] Ebenso Ebenroth/Lorz WiB 1995, 609 (615f.).

[406] Dazu Plate, Die modifizierte Zugewinngemeinschaft im Ehevertrag von Unternehmern, MittRhNotK 1999, 257ff.; Stenger, Güterstand bei Unternehmerehen – Die Zugewinngemeinschaft, ZEV 2000, 51.

[407] BGH NJW 1980, 2229; NJW 1987, 321.

[408] Zur Problematik der Fortführung eines vererbten Einzelunternehmens durch eine Erbengemeinschaft vgl. ⇒ Rz. 964ff. Zur Frage der an den Erben zu erteilenden Auflagen zur Unternehmensfortführung oder -umgründung vgl. ⇒ Rz. 1501ff. Zur Testamentsvollstreckung an einem Unternehmen vgl. ⇒ Rz. 1508ff.

*b) Kapitalgesellschaft*

1545 Das GmbHG und das AktG lassen ausdrücklich die Errichtung einer „Ein-Mann-Kapitalgesellschaft" zu. Unsere Rechtsordnung kommt insofern einer vorbereitenden Erbfolgeregelung entgegen.

1546 Jedes Unternehmen läßt sich nach dem Tod eines Erblassers als GmbH oder AG ohne rechtliche Schwierigkeiten fortführen. Wegen der grundsätzlichen Übertragbarkeit und Teilbarkeit der Geschäftsanteile an einer GmbH und der noch leichteren Teilbarkeit des Aktienkapitals einer AG ist eine Teilungsanordnung unproblematisch. Mit der Umgründung werden die Vorteile der Kapitalgesellschaft ausgenutzt (Haftungsbeschränkung, Fremdorganschaft, Übertragbarkeit und Vererbbarkeit, Testamentsvollstreckung, Nießbrauchsbestellung an Kapitalgesellschaftsbeteiligungen).

1547 Mit einer Umgründung eines Einzelunternehmens in eine „Ein-Mann-Kapitalgesellschaft" können die Bindungswirkungen von Rechtsgeschäften unter Lebenden zu Lasten des Nachlasses genutzt werden. Die Erben finden den Nachlaß so vor, wie ihn der Erblasser vermögensmäßig und rechtlich zu Lebzeiten gestaltet hat, also auch mit den gesellschaftsvertraglichen Bindungen, die der Erblasser in dem Gesellschaftsvertrag der Kapitalgesellschaft bestimmt hat. Im Hinblick auf die Vermögensnachfolge sollte der Gesellschaftsvertrag der Einmann-Kapitalgesellschaft alle Regelungen enthalten, die bei unterschiedlichen Gesellschafterinteressen der Nachfolger geboten sind; insbesondere ist auf die Auseinandersetzung des Geschäftsanteils innerhalb der Erbengemeinschaft und die danach folgende Gesellschaftermehrheit zu achten.

1548 Zwar können die Erben als Gesellschafter Satzungsänderungen beschließen, sofern nicht letztwillige Anordnungen des Erblassers (z.B. Auflagen, Auseinandersetzungsausschluß) entgegenstehen. Auch insoweit kann der Erblasser durch gesellschaftsvertragliche Einschränkungen die Vermögensnachfolge regeln, z.B. durch entsprechend hohe Mehrheiten für die Zulässigkeit von Satzungsanordnungen. Für die Mehrheitsfragen sind die Zahl der Erben und ihre jeweiligen Beteiligungsquoten von entscheidender Bedeutung.

*c) „Ein-Mann-GmbH & Co. KG"*

1549 Der Erblasser kann ein Interesse daran haben, den auch nur mittelbaren Einfluß solcher Erben auf Geschäftsführung und Vertretung seines Unternehmens auszuschalten, die nur kapitalistisch beteiligt werden sollen. Solche Erben sind als Kommanditisten – und bei regelmäßig zu empfehlender Verknüpfung der Gesellschaften – als GmbH-Gesellschafter zu beteiligen, während die geschäftserfahrenen Erben die Geschäftsführer der Komplementär-GmbH werden. Die Nachfolgeregelungen sind testamentarisch durch Teilungsanordnungen und Auflagen zu treffen.

1550 In diesen Fällen der Errichtung einer Ein-Mann-GmbH & Co. KG wird regelmäßig die GmbH mit dem geringstmöglichen Stammkapital auszustatten und möglichst nicht am Vermögen der Gesellschaft zu beteiligen sein.

### 3. Betriebsaufspaltung

*a) Definition*[409]

Bei der Betriebsaufspaltung[410] handelt es sich um die Teilung eines Unternehmens in zwei rechtlich („aufgespaltene") verselbständigte Unternehmensteile. Die Teilung findet regelmäßig in „vertikaler" Richtung nach Betriebsstufen statt. Als untere Stufe ist meist ein Personenunternehmen (Einzelunternehmen, GbR, Personenhandelsgesellschaft), als obere Stufe eine Kapitalgesellschaft beteiligt (meist GmbH). In diesem Sinne kann „aufgespalten" werden 1551
- in ein Besitzunternehmen in der unteren Stufe und eine Betriebs-Kapitalgesellschaft in der oberen Stufe,
- in ein Besitz- und Betriebsunternehmen in der unteren Stufe und eine Vertriebs-Kapitalgesellschaft in der oberen Stufe.

Entscheidendes Merkmal der Betriebsaufspaltung ist, daß alle haftungsträchtigen unternehmerischen Aktivitäten auf der Ebene der Kapitalgesellschaft durchgeführt werden, während die Personengesellschaft der mit dem notwendigen Mindestkapital ausgestatteten Kapitalgesellschaft die zum Betrieb notwendigen Produktionsmittel zur Verfügung stellt. 1552

*b) Formen*

aa) „Echte" Betriebsaufspaltung

Bei einer echten oder typischen Betriebsaufspaltung werden von einer Besitzpersonengesellschaft für die Betriebsgrundlage wesentliche Anlagegüter an eine Betriebskapitalgesellschaft vermietet oder verpachtet. Zweites notwendiges Merkmal der echten Betriebsaufspaltung ist ein einheitlicher geschäftlicher Betätigungswille bei Besitz- und Betriebsunternehmen. 1553

bb) „Unechte" Betriebsaufspaltung

Von einer unechten Betriebsaufspaltung spricht man, wenn die Betriebs-Kapitalgesellschaft wesentliche Anlagegüter, die im Eigentum mehrheitlich beteiligter Gesellschafter stehen, nutzt, ohne daß ein Pachtvertrag geschlossen ist[411]. Steuerlich werden nach der Rechtsprechung echte und unechte Betriebsaufspaltung gleich behandelt[412].

---

409 Brandmüller, Die Betriebsaufspaltung nach Handels- und Steuerrecht; Bentler, Das Gesellschaftsrecht der Betriebsaufspaltung; Spiegelberger, Rz. 465ff.

410 Zu den verschiedenen Formen der Betriebsaufspaltung vgl. Schmidt § 15 EStG Anm. 141.

411 Spiegelberger, Rz. 470f.

412 Brandmüller, S. 29.

*c) Anwendungsbereich, Interessenlage*

aa) Vor- und Nachteile

(1) Haftungsbeschränkung

1554 Die Betriebsaufspaltung ermöglicht die Beschränkung des Unternehmerrisikos, das in der oberen Betriebsteilungsstufe der Kapitalgesellschaft abgefangen wird.

**Beispiel:**

Ein Produktionsunternehmen wird geteilt („aufgespalten") in ein Besitz-Personenunternehmen, welches den Betriebsgrundbesitz mit Gebäuden und das bewegliche Anlagevermögen (Maschinen, Betriebseinrichtung, Betriebsausstattung) behält, und eine Betriebs-GmbH, die das Umlaufvermögen (Warenvorräte, Forderungen, Geldbestände) übernimmt. Die Betriebs-GmbH führt die Produktion und den Vertrieb fort. Zwischen ihr und dem Besitzunternehmen wird ein Pachtvertrag geschlossen, aufgrund dessen die Betriebs-GmbH an das Besitzunternehmen einen näher bestimmten Pachtpreis (monatlich, vierteljährlich oder jährlich) bezahlt.

1555 Die Betriebs-GmbH trägt allein das wirtschaftliche Unternehmensrisiko. Die Unternehmenshaftung schlägt nicht durch auf das Besitzunternehmen. Dieses bleibt dem Gläubigerzugriff entzogen.

1556 Problematisch kann die Haftungslage trotz Betriebsaufspaltung im Hinblick auf die neuere BGH-Rechtsprechung[413] zum qualifiziert faktischen Konzern werden[414].

1557 Auch für Investitionsdarlehn wird von den Kreditinstituten regelmäßig das Besitzunternehmen als Sicherungsgeber herangezogen. Doch bleibt es insofern bei einer Haftungsbeschränkung, weil das Besitzunternehmen nicht für alle Unternehmensverbindlichkeiten, insbesondere z.B. nicht für Produktfehler oder Umwelthaftungsrisiken, sondern nur für den Investitionskredit gegenüber dem Kreditinstitut haftet.

1558 Die Haftungsbeschränkung gilt nicht, wenn die Überlassung von Grundstükken eigenkapitalherabsetzenden Charakter hat. Zutreffend hat der BGH nur die Nutzungen für die Restlaufzeit der Gebrauchsüberlassung in die Haftung einbezogen[415].

(2) Sicherung von Einkünften

1559 Dem Inhaber oder den Gesellschaftern des Besitzunternehmens fließen laufend gleichmäßige Einkünfte zu, über die sie disponieren können. Das kann gerade in den Fällen normaler oder vorweggenommener Erbfolge von Bedeutung sein, weil auf diese Weise über die Einkünfte des Besitzunternehmens die Versorgungsbedürfnisse befriedigt werden können.

---

[413] BGHZ 95, 330ff. = NJW 1986, 188ff. (Autokran); BGHZ 107, 7ff. = NJW 1989, 1800ff. (Tiefbau); BGHZ 115, 187ff. = NJW 1991, 3142ff. (Video); DB 1993, 825 (TBB-Urteil).

[414] Dazu ⇒ Rz. 1395ff.

[415] BGH NJW 1994, 2349ff. und 2760ff.

(3) Fremdorganschaft

Mit der Betriebskapitalgesellschaft, in der Regel einer GmbH, kann der Vorteil der Fremdorganschaft genutzt werden. Gleichzeitig werden die typischen Risiken der Fremdorganschaft weitgehend abgeschirmt, weil die Geschäftshandlungen des familienfremden Managements nicht auf das Besitzunternehmen durchschlagen. Die Geschäftsführung und Vertretung des Besitzunternehmens kann in den Händen der Familienangehörigen verbleiben, die keine geschäftliche Qualifikation benötigen, sondern nur den Verwaltungsaufgaben gewachsen sein müssen. *1560*

(4) Steuern

Steuerlich hat die Betriebsaufspaltung Vorteile. Gegenüber der GmbH & Co. KG bestehen diese in der gewerbeertragsteuerlichen Abzugsfähigkeit von Gesellschafter-Geschäftsführervergütungen bei der Betriebs-GmbH. Ein weiterer Vorteil ist die Möglichkeit der Bildung körperschaftsteuermindernder Rückstellungen für Pensionsanwartschaften und laufende Pensionen für Gesellschafter-Geschäftsführer bei der Betriebs-GmbH[416]. *1561*

(5) Verträge

Die Betriebsaufspaltung erfordert den Abschluß von drei aufeinander abgestimmten Verträgen, *1562*
- Gesellschaftsvertrag des Besitzunternehmens (GbR, OHG, KG),
- Gesellschaftsvertrag der Betriebs-GmbH,
- Pachtvertrag zwischen Besitz- und Betriebsgesellschaft.

bb) Betriebsaufspaltung zur Vorbereitung der Erbfolge

Ist der Erblasser Einzelunternehmer, so kann er eine Betriebsaufspaltung zur Vorbereitung der Erbfolge ohne Vermögensopfer zu Lebzeiten vornehmen, indem er das Anlagevermögen seines Unternehmens als Besitzunternehmen zurückbehält und den Betrieb seines Unternehmens mittels einer von ihm errichteten „Ein-Mann-GmbH" ausgründet. *1563*

Will er eine vorweggenommene Erbfolgeregelung vornehmen, so kann er modifizieren: Er kann seine künftigen Erben sowohl nur entweder an der Betriebs-GmbH oder dem Besitzunternehmen beteiligen als auch in beide Unternehmen seine künftigen Erben als Gesellschafter aufnehmen. *1564*

Ist der Erblasser an einer Personengesellschaft beteiligt, so müssen grds. alle Gesellschafter der Betriebsaufspaltung zur Vorbereitung der Vermögensnachfolge zustimmen. *1565*

Die Betriebsaufspaltung kann auch durch die Spaltung des bisherigen Rechtsträgers nach §§ 123ff. UmwG herbeigeführt werden[417]. *1566*

---

[416] Vgl im einzelnen ⇒ Buch II Rz. 1142ff., insbesondere 1170.
[417] Dazu unten ⇒ Rz. 1665ff.

*d) Vertragsgestaltung*[418]

aa) Gesellschaftsverträge

*1567* Die vertragliche Gestaltung einer Betriebsaufspaltung bedarf besonderer Sorgfalt. Insbesondere muß das Besitz-Personenunternehmen steuerlich gewerbliches Unternehmen verbleiben, wenn Entnahmefolgen verhindert werden sollen. In bürgerlich-rechtlicher Hinsicht muß überlegt werden, wie die Beteiligungsverhältnisse und die Mitgliedschaftsrechte der Gesellschafter gestaltet werden sollen. In der Regel wird gleichartige Beteiligung sowohl am Besitzunternehmen als auch an der Betriebsgesellschaft vorzusehen sein. Dagegen können die mitgliedschaftsrechtlichen Regelungen unterschiedlich erfolgen.

*1568* Für das Besitzunternehmen muß überlegt werden, ob ihm ein vollkaufmännischer Zweck vorbehalten bleiben muß. Soll das Besitzunternehmen OHG oder KG sein, muß sein Zweck auf den Betrieb eines vollkaufmännischen Geschäfts gerichtet sein. Unterhält das Besitzunternehmen keinen vollkaufmännischen Geschäftsbetrieb, so wird es zu einer Gesellschaft bürgerlichen Rechts[419]. Bleibt es im Handelsregister als Personenhandelsgesellschaft eingetragen, gilt es für den Rechtsverkehr weiter als Personenhandelsgesellschaft[420].

*1569* Bei Übertragung auf Vermögensnachfolger bzw. im Erbfall muß sichergestellt werden, daß die Anteile an beiden Gesellschaften auf dieselben Personen übergehen.

bb) Pachtvertrag

*1570* Besonderer Sorgfalt bedarf die Ausgestaltung des Pachtvertrages zwischen den aufgespalteten Unternehmen. Dabei muß insbesondere geregelt werden, wem nicht nur der Erhaltungsaufwand, sondern auch der Erneuerungsaufwand hinsichtlich der verpachteten abnutzbaren Wirtschaftsgüter zur Last fallen soll. Diese Regelungen im Pachtvertrag sind gerade in Bezug auf die steuerlichen Folgen von erheblicher Bedeutung[421].

*e) Betriebsverfassungsrecht, Mitbestimmung*

*1571* Die Betriebsaufspaltung ist keine Betriebsänderung im Sinne des § 111 BetrVerfG[422].

Eine Mitbestimmung nach dem Mitbestimmungsgesetz dürfte für den Kreis mittlerer Familiengesellschaften wegen Nichterreichens der Schwellenwerte (ins-

---

418 Bentler, Das Gesellschaftsrecht der Betriebsaufspaltung.

419 BAG BB 1988, 409 (410).

420 OLG München DB 1988, 902 (903) = NJW 1988, 1036; Karsten Schmidt, DB 1988, 897; Gäbelein, BB 1989, 1420 (1421 ff.); Weilbach, BB 1990, 829 (832).

421 Dazu ⇒ Buch II Rz. 1161.

422 BAG DB 1981, 1190 (1191); BB 1988, 2039; vgl. BB 1987, 1603 (1604); BB 1987, 972; Bork, BB 1989, 2181 (2186); **a. A.** LAG Baden-Württemberg DB 1979, 114.

besondere mehr als 2000 Arbeitnehmer) ausscheiden, so daß hier von einer Erörterung abgesehen werden kann.

## 4. Organschaft

### *a) Begriff – handelsrechtlich*

Eine Organschaft setzt die Existenz von mindestens zwei Unternehmen voraus. *1572* Davon ist das eine eine Kapitalgesellschaft, die aber ihrerseits nach dem Gesamtbild der tatsächlichen Verhältnisse finanziell, wirtschaftlich und organisatorisch in das andere Unternehmen, den sog. Organträger oder das Mutterunternehmen, eingegliedert ist. Die eingegliederte Kapitalgesellschaft – sog. Organgesellschaft – ist gewissermaßen nur eine abhängige Betriebsabteilung des Mutterunternehmens. Sie gehört dem Mutterunternehmen, ist in dessen wirtschaftlichen Betatigungsbereich eingebunden und hat seinen Weisungen zu folgen. Regelmäßig ist mit dem Organverhältnis ein Ergebnisabführungsvertrag verbunden, nach welchem die Organgesellschaft ihren Gewinn an den Organträger abzuführen hat, der andererseits verpflichtet ist, den Verlust der Organgesellschaft zu übernehmen.

Das Recht der Organschaft ist gesetzlich nur fragmentarisch geregelt. Das *1573* AktG regelt in § 291 den sog. Beherrschungsvertrag und den Gewinnabführungsvertrag. Der Beherrschungsvertrag setzt nicht voraus, daß das herrschende Unternehmen an der abhängigen Organgesellschaft beteiligt ist. Es muß aber eine organisatorische Eingliederung vorliegen. In §§ 319ff. AktG ist die sog. Eingliederung geregelt, die voraussetzt, daß sich das Gesellschaftskapital der einzugliedernden Gesellschaft in der Hand des Mutterunternehmens befindet. Für diese Unternehmensverträge sind bestimmte Formvorschriften vorgeschrieben, vornehmlich Gesellschafter-(Hauptversammlungs-) Beschlüsse und die Eintragung im Handelsregister, §§ 293, 294, 319 AktG.

Für das Recht der GmbH fehlen handelsrechtliche Vorschriften. Gesetzliche *1574* Vorschriften bestehen nur für die körperschaftsteuerrechtliche Organschaft, §§ 14 bis 19 KStG. Danach wird eine organschaftliche Ergebnisabführung einer Kapitalgesellschaft bei einer GmbH anerkannt, wenn finanzielle, wirtschaftliche und organisatorische Eingliederung der Organ-Kapitalgesellschaft in den Organträger vorliegen, der Ergebnisabführungsvertrag auf mindestens 5 Jahre abgeschlossen und während dieser Zeit durchgeführt wird und im Falle der GmbH als Organgesellschaft

- der Ergebnisabführungsvertrag in schriftlicher Form abgeschlossen wird,
- die Gesellschafter der Organgesellschaft dem Vertrag mit einer Mehrheit von 3/4 der abgegebenen Stimmen zustimmen,
- eine Verlustübernahme gemäß § 302 AktG vereinbart wird und
- die Abführung von Erträgen aus der Auflösung von freien vorvertraglichen Rücklagen ausgeschlossen wird.

Als Organträger oder Mutterunternehmen kann ein Einzelunternehmen, eine *1575* Personengesellschaft (beispielsweise auch eine GmbH & Co. KG) wie auch eine Kapitalgesellschaft auftreten.

Der Abschluß von Unternehmensverträgen (Organschaftsbegründungen) bedarf zustimmender Gesellschafterbeschlüsse sowohl der beherrschten als auch der herrschenden Gesellschaft[423].

Der Zustimmungsbeschluß der herrschenden Gesellschaft bedarf mindestens 3/4 der bei der Beschlußfassung abgegebenen Stimmen. Welche Stimmenmehrheit bei der beherrschten Gesellschaft erforderlich ist, hat der BGH offen gelassen. Da der Organschaftsvertrag bei der beherrschten Gesellschaft satzungsändernden Charakter hat, sollte die für eine Satzungsänderung erforderliche Mehrheit beachtet werden.

Der Zustimmungsbeschluß der Gesellschafter der beherrschten Gesellschaft muß notariell beurkundet werden. Für den Zustimmungsbeschluß der herrschenden Gesellschaft genügt einfache Schriftform.

*1576* Der Unternehmensvertrag bedarf der Eintragung im Handelsregister der beherrschten Gesellschaft[424].

Diese in der Rechtsprechung des BGH bestimmten Formerfordernisse müssen beachtet werden, damit die Organschaft zivil- und steuerrechtlich anerkannt wird.

*1577* Gewerbesteuerrechtlich gilt die Organgesellschaft als Betriebsstätte des Organträgers (§ 2 Abs. 2 Ziff. 2 Satz 2 GewStG). Ein Gewinnabführungsvertrag ist nicht erforderlich[425].

Für die Umsatzbesteuerung ist § 2 Abs. 2 Nr. 2 UStG maßgebend. Liegt die finanzielle, wirtschaftliche und organisatorische Eingliederung der Organ-Kapitalgesellschaft in das Trägerunternehmen vor, so ist die Organgesellschaft umsatzsteuerlich eine unselbständige Betriebsabteilung des übergeordneten Organträgers. Die Folge ist, daß Lieferungen und Leistungen zwischen Organträger und Organgesellschaft als sog. Innenumsätze keiner Umsatzbesteuerung unterliegen.

*b) Anwendungsbereich*

aa) Gewinnabführung bei Arbeitsteilung

*1578* Die Organschaft eignet sich besonders für eine arbeitsteilige Organisation eines Unternehmens. Im Rahmen der Organgesellschaft wird eine Unternehmensabteilung rechtlich verselbständigt.

**Beispiele:**

Der Export (die Zulieferung, Forschung, Entwicklung) wird einer Organgesellschaft zugewiesen, die in rechtlich selbständiger Form diese Aufgaben wahrnimmt.

bb) Vorbereitende Erbfolge

*1579* Die Organschaft kann für Unternehmensnachfolgegestaltungen insofern von Interesse sein, als die arbeitsteilige Ausgründung einer Organgesellschaft ermög-

---

[423] BGHZ 105, 324 (332ff.).

[424] Lutter/Hommelhoff, Anh. zu § 13 GmbHG Rz. 41.

[425] Birkholz, BB 1974, 1341.

licht, einem Unternehmensnachfolger ein eigenverantwortliches Tätigkeitsgebiet innerhalb einer rechtlich selbständigen Unternehmung (Organgesellschaft) zuzuweisen.

## II. Lebzeitige Einräumung einer Unternehmensbeteiligung

### 1. Allgemeines

1580 Unternehmensnachfolgeregelungen können durch Rechtsgeschäfte unter Lebenden getroffen werden. Der Vorzug solcher lebzeitigen Regelungen liegt darin, daß der Unternehmensnachfolger auf seine Aufgaben schrittweise vorbereitet werden kann und durch schuldrechtliche Regelungen auch die späteren Erben gebunden werden können[426].

**Beispiel:**

Der Erblasser ist Einzelunternehmer. Der einzige Sohn, der bereits im Unternehmen tätig ist, soll Unternehmensnachfolger werden. Der Erblasser kann zu seinen Lebzeiten den Sohn als Gesellschafter in das Unternehmen aufnehmen. Die Bedingungen der Geschäftsführung und Vertretung sowie die Mitgliedschaftsrechte können durch Gesellschaftsvertrag vereinbart werden. Die Erben sind an die gesellschaftsvertraglichen Bestimmungen gebunden, weil in den Nachlaß beim Tod des Erblassers nur noch die Beteiligung mit allen gesellschaftsvertraglich unter Lebenden eingegangenen Verpflichtungen fällt.

### 2. Schenkung einer Unternehmensbeteiligung

*a) Schenkung oder Ausstattung*

aa) Allgemeines

1581 Nach der Rechtsprechung des BGH liegt eine Schenkung grundsätzlich nicht vor, wenn ein Unternehmer einen Angehörigen an einer offenen Handelsgesellschaft beteiligt, ohne daß der Angehörige eine Vermögenseinlage zu leisten hat[427]. Die Unentgeltlichkeit wird abgelehnt, weil der Angehörige mit dem Eintritt in die offene Handelsgesellschaft Verpflichtungen übernehme, welche die Unentgeltlichkeit der Aufnahme in das Unternehmen ausschließen (Übernahme von Geschäftsführungsverpflichtungen und der Haftung für die Gesellschaftsverbindlichkeiten). Dieser Auffassung kann nicht uneingeschränkt beigetreten werden. Es ist im Einzelfall zu prüfen, ob und in welchem Umfang Unentgeltlichkeit oder Entgeltlichkeit bei der Aufnahme eines Angehörigen in ein Unternehmen als persönlich haftender Gesellschafter vorliegt, und weiterhin ob der subjektive Tatbestand der Schenkung, die Einigung über die Unentgeltlichkeit der Aufnahme in die Gesellschaft, gegeben ist. Außerdem ist nach der Gesellschaftsform zu differenzieren.

---

[426] Zur Beteiligung von Kindern als Kommanditisten, stillen Gesellschaftern und Unterbeteiligten Hübner-Weingarten, ZEV 1999, 81 und 95.

[427] BGH LM § 516 BGB Nr. 3; BB 1965, 472; Hueck, § 27 I 1 a) Fn. 2a (S. 389).

bb) Offene Handelsgesellschaft und Gesellschaft bürgerlichen Rechts

1582 Ein als persönlich haftender Gesellschafter Aufgenommener übernimmt, auch wenn er keine Einlage leistet, Verpflichtungen. Er haftet insbesondere für die Gesellschaftsverbindlichkeiten.

1583 Damit ist aber noch nicht gesagt, daß er sich bei der Übernahme solcher Verpflichtungen, wie sie mit der Aufnahme als persönlich haftender Gesellschafter verbunden sind, um eine Gegenleistung handelt, welche die Unentgeltlichkeit einer solchen Zuwendung ausschließt. Die Beantwortung der Frage hängt von objektiven wie subjektiven Umständen ab.

**Beispiele:**

Nimmt die Mutter ihre Tochter in ihr Unternehmen auf, welches ganz überwiegend von der persönlichen Arbeitsleistung der Gesellschafter abhängt, so wird man eine unentgeltliche Zuwendung regelmäßig verneinen können. Betreibt die Mutter z.B. ein Handelsvertreterunternehmen, dessen Existenz und Fortführung von aktiver Akquisitionstätigkeit abhängt, hat die Tochter neben der Mutter den entsprechenden Arbeitseinsatz zu leisten, so könnte eine unentgeltliche Zuwendung allenfalls in der der Tochter gebotenen Existenzchance liegen. Einer solchen Zuwendung steht das mitunternehmerische Risiko der Tochter gegenüber. Der Erfolg des Unternehmens hängt wesentlich von der Erfüllung der Gesellschaftsverpflichtungen ab.

Nimmt ein Anwalt seinen Anwaltssohn in seine Praxis auf, so wird das gleiche zu gelten haben.

Für solche Fälle trifft die erwähnte Auffassung des BGH und der ihm folgenden Literatur zu, wonach die Aufnahme in das Unternehmen bzw. die Praxis keine Schenkung ist. Das dürfte für alle Fälle gelten, in denen die Gesellschaft dem Typus einer „Arbeits- und Haftungsgemeinschaft“ entspricht.

1584 Für die Vermögensnachfolge wesentlich, sind aber die Gesellschaften, bei denen auch der Kapitaleinsatz und das Gesellschaftsvermögen eine wesentliche Grundlage der Gesellschaft sind. Hier ist mit der Aufnahme eines Angehörigen in das Unternehmen des (zukünftigen) Erblassers eine Übertragung einer Vermögenseinlage vom Kapitalkonto des Erblassers verbunden. Zum Wert des Unternehmens gehören regelmäßig auch stille Reserven, die mit der Übertragung eines Teils des Buchkapitals auf den aufzunehmenden Angehörigen an diesen übergehen.

In diesen Fällen kann eine Zuwendung an den Aufzunehmenden nicht verneint werden. Es handelt sich auch um eine unentgeltliche Zuwendung. Soweit der Aufzunehmende seinerseits Verpflichtungen übernimmt, wie Geschäftsführungsverpflichtungen und persönliche Haftung, sind diese das Substrat der Gesellschafterstellung. Sie mindern nicht den Wert der Zuwendung auf den Aufnahmestichtag. Im übrigen wäre eine Bewertung vorzunehmen, die aber die Unentgeltlichkeit der Zuwendung nicht beseitigt: Es läge ggf. eine gemischte Schenkung vor[428].

---

[428] BGH WM 1981, 623 (624); auch BGH WM 1977, 862 (864); Staudinger/Reuss, § 516 BGB Rz. 47; Baumbach/Hopt, § 105 HGB Rz. 56.

Allerdings erfordert die Schenkung das subjektive Tatbestandsmerkmal der Einigung zwischen Schenker und Beschenktem über die Unentgeltlichkeit der Zuwendung. Der Erblasser und der aufzunehmende Angehörige müssen sich bewußt und einig darüber sein, daß die Aufnahme in das Unternehmen (bei gemischter Schenkung wenigstens teilweise) unentgeltlich erfolgt. Regelmäßig ist das bei Aufnahme von Kindern durch die Eltern in deren Unternehmen der Fall. *1585*

**Beispiel:**

Betreibt der Unternehmer ein Unternehmen mit einem buchmäßigen Kapital von Euro 1 Mio., und nimmt er einen seiner Abkömmlinge als geschäftsführenden, persönlich haftenden Gesellschafter auf, indem er ihm gleichzeitig 1/2 seines buchmäßigen Kapitals = Euro 500000 überträgt, so handelt es sich insoweit um eine unentgeltliche Zuwendung.

Wird ein Angehöriger in das Unternehmen des Erblassers im Wege der vorweggenommenen Erbfolge ohne eigene Einlagenleistungen aufgenommen, so sollte vertraglich der Schenkungscharakter ausdrücklich klargestellt werden. *1586*

Die Schenkung von Gesellschaftsanteilen kann nach §§ 530ff. BGB wegen groben Undanks zurückgefordert werden[429]. Auch kann die Schenkung unter einen Widerrufsvorbehalt gestellt werden[430], wobei ein voraussetzungsloses Widerrufsrecht jedoch regelmäßig die steuerliche Anerkennung der Schenkung gefährdet. *1587*

cc) Kommanditgesellschaft, stille Gesellschaft, Unterbeteiligung

Bei Aufnahme naher Angehöriger, insbesondere eines Abkömmlings, als Kommanditist, stiller Gesellschafter oder Unterbeteiligter ohne Einlageverpflichtung entfallen die Verpflichtungen, die den BGH zur Annahme einer Gegenleistung veranlaßt haben. In solchen Fällen müssen vom Unternehmer Vermögensübertragungen von seinem buchmäßigen Kapitalkonto erfolgen. Auch die Einigung über die Unentgeltlichkeit der Beteiligungsübertragung wird regelmäßig vorliegen. In diesen Fällen ist der Schenkungscharakter des Geschäfts eindeutig. *1588*

Die unentgeltliche Zuwendung einer Kommanditbeteiligung ist daher grds. eine Schenkung[431]. Wird die Schenkung wirksam widerrufen, hat der Beschenkte den Kommanditanteil auf den Schenker zurückzuübertragen, sofern nicht gesellschaftsrechtliche Hindernisse (z.B. erforderliche, aber nicht zu erlangende Zustimmung etwaiger weiterer Gesellschafter) im Wege stehen[432].

dd) Ausstattung

Die Aufnahme eines Sohnes oder einer Tochter in das väterliche Geschäft kann Ausstattung sein[433], nämlich der Erlangung einer selbständigen Lebensstellung oder der Begründung einer wirtschaftlichen Existenz dienen. Das dürfte sogar bei *1589*

---

429 BGHZ 112, 40.

430 Karsten Schmidt, BB 1990, 1992; ders. NJW 2000, 2930.

431 BGH DB 1990, 1656 = BB 1990, 1507 (Leitsatz a); Karsten Schmidt, BB 1990, 1992 (1993).

432 BGH DB 1990, 1656 = BB 1990, 1507, Leitsatz b.

433 Vgl. ⇒ Rz. 819.

der Aufnahme von Kindern, die in ihrer Ausbildung auf die Tätigkeit im väterlichen Geschäft vorbereitet worden sind, die Regel sein. Die Ausstattung ist nicht Schenkung; sie ist Schenkung nur in Bezug auf das Übermaß der Zuwendung[434].

*b) Einzuhaltende Form*

1590 Die nicht sofort vollzogene Schenkung, die Verpflichtung zur Vornahme einer noch zu vollziehenden Zuwendung, ist Schenkungsversprechen. Dieses bedarf zur Wirksamkeit der notariellen Beurkundung; allerdings heilt der Vollzug den Mangel der Form (§ 518 BGB).

**Beispiel:**

Die Aufnahme eines Angehörigen, insbesondere eines Abkömmlings in das Unternehmen des (zukünftigen) Erblassers erfolgt durch Abschluß eines Gesellschaftsvertrages. Wird der Angehörige in eine Personengesellschaft aufgenommen, an der der Erblasser beteiligt ist, indem ihm ein Teil dieser Beteiligung übertragen wird, so bedarf die Übertragung auch der Zustimmung der Mitgesellschafter; allerdings kann deren Zustimmung im Gesellschaftsvertrag mit dem Erblasser schon vorweggenommen sein, indem diesem (bzw. allen Gesellschaftern) das Recht zur Aufnahme eines Angehörigen zu Lasten seines Kapitalkontos gestattet ist.

1591 Der BGH hat die Frage aufgeworfen, ob die gesellschaftsvertragliche Aufnahme des Angehörigen unter Zuwendung eines Teils der Kapitalbeteiligung des Erblassers schon den Vollzug einer Schenkung darstelle. Falls man diese Frage verneinen sollte, bedürfte der Gesellschaftsvertrag über die Aufnahme des Angehörigen der notariellen Form des § 518 Abs. 1 BGB.

aa) Innengesellschaft

1592 Der BGH hat in einem grundsätzlichen Urteil vom 29. 10. 1952 ausgesprochen, daß in Fällen der Begründung einer Innengesellschaft mit dem Aufzunehmenden als Innengesellschafter, das sind vornehmlich die Fälle der Aufnahme als Stiller Gesellschafter oder Unterbeteiligter, der Gesellschaftsvertrag der Innengesellschaft der notariellen Form des § 518 BGB bedürfe[435]. Der BGH hat ausdrücklich verneint, daß die Ab- oder Umbuchung des zugewandten Kapitalkontos schon eine Vollziehung der Zuwendung darstelle.

1593 Der Auffassung des BGH ist in der Literatur widersprochen worden[436].

---

434 Vgl. ⇒ Rz. 820.

435 BGHZ 7, 378 (380) = NJW 1953, 138 (139) = BB 1952, 901; BGHZ 7, 174 (179) = NJW 1952, 1412 = BB 1952, 869 = MDR 1953, 34; BGH DB 1967, 1258.

436 Hueck, Anm. NJW 1953, 138; Würdinger, Anm. JZ 1953, 225 (227); Schneider, BB 1954, 513; Hueck, DB 1966, 1043ff.; Staudinger/Reuss, § 518 BGB Rz. 19; Paulick/Blaurock, Handbuch der Stillen Gesellschaft, § 6 II 2 b) bb) (S. 84); Klamroth, BB 1975, 525; MünchKomm/Kollhosser, § 518 BGB Rz. 27, der Vollzug der Schenkung schon im Abschluß des Gesellschaftsvertrags mit dem Stillen sieht; jetzt auch Baumbach/Hopt, § 230 HGB Rz. 10.

Wird ein Innengesellschaftsvertrag abgeschlossen, so wird allein im Vertragsabschluß ein Vollzug der Zuwendung an den Innengesellschafter noch nicht vorliegen. Wird ihm aber gleichzeitig, wenn auch nur im Innenverhältnis, der zugewandte stille Gesellschaftsanteil abgetreten und ihm die Verfügungsmacht darüber eingeräumt, wie das in der Regel schon im Gesellschaftsvertrag geschieht, werden ihm Kontrollrechte, Entnahmerechte, Kündigungsrechte eingeräumt, so geht das wesentlich über ein obligatorisches Verpflichtungsverhältnis hinaus; es wird ein gesellschaftsrechtliches Verfügungsgeschäft vorgenommen. Das gilt erst recht, wenn in den Büchern der Gesellschaft wie im Falle der Stillen Gesellschaft oder der offenbarten Unterbeteiligung die Abtretung förmlich verbucht wird. Dann läßt sich eine Vollziehung der Zuwendung durch das Verfügungsgeschäft der Abtretung nicht leugnen.

Angesichts der Rechtsprechung des BGH wie auch des BFH[437] ist dringend zu *1594* empfehlen, unentgeltliche Zuwendungen von stillen Beteiligungen notariell beurkunden zu lassen.

bb) Außengesellschaft

Handelt es sich um Außengesellschaften wie offene Handelsgesellschaft und *1595* Kommanditgesellschaft oder auch eine Gesellschaft bürgerlichen Rechts als Außengesellschaft, so kann die für Innengesellschaften vertretene Meinung des BGH keine Geltung beanspruchen. Die schenkweise Einräumung einer Außengesellschaftsbeteiligung durch gesellschaftsvertragliche Vereinbarung und Umbuchung in den Büchern der Gesellschaft bedeutet eine unmittelbare Herstellung einer selbständigen Rechtsposition durch ein dingliches Verfügungsgeschäft, nämlich die Übertragung (Abtretung) der Gesellschaftsbeteiligung[438]. Der schenkweise in das Unternehmen als Gesellschafter oder in die Gesellschaft Aufgenommene übernimmt die Außenhaftung, und zwar auch im Falle seiner Kommanditbeteiligung, insoweit mit der ihm abgetretenen Kommanditeinlage. Bei Aufnahme als persönlich haftender Gesellschafter hat der BGH wegen der Übernahme von Außenhaftung und Geschäftsführungsverpflichtungen grundsätzlich sogar eine Schenkung verneint; erst recht kann nicht ein Schenkungsversprechen bejaht werden.

Dabei kommt es auf die nur deklaratorisch wirkende Eintragung der schenkweise Aufgenommenen in das Handelsregister nicht an. Maßgebend ist der Vollzug der Schenkung, der in gesellschaftsvertraglicher Übertragung (Abtretung) der Beteiligung und Umbuchung liegt.

*c) Hinweis Schenkung- und Ertragsteuer*

Bei vorweggenommener Erbfolge durch Übertragung von Vermögensgegen- *1596* ständen des Betriebsvermögens sind die ertragsteuerlichen Risiken zu beachten,

---

437 BFH BB 1975, 166.

438 MünchKomm/Kollhosser, § 518 BGB Rz. 27; Staudinger/Reuss, § 518 BGB Rz. 19.

die sich aus der Anwendung der Rechtsprechung des Großen Senats des Bundesfinanzhofes[439] ergeben[440].

## 7. Abschnitt
## Sonderlösungen im Rahmen der Unternehmensnachfolge

### I. Nießbrauch an Unternehmen

#### 1. Allgemeines

*1597* Der Nießbrauch[441] bietet im Rahmen vorweggenommener Erbfolgeregelungen für den Unternehmensinhaber weitgehende Dispositionsmöglichkeiten, insbesondere Gesellschaftsbeteiligungen im Vorgriff auf eine Erbfolge schon unter Lebenden an die zukünftigen Erben zu verschenken, sich aber die Nutzungen vorzubehalten. Darüber hinaus kann einem Familienangehörigen der Nießbrauch, z.B. aus Versorgungsgründen zugewandt werden. Eine solche Zuwendung kann sowohl im Wege der vorweggenommenen Erbfolge als auch durch Verfügung von Todes wegen (Vermächtnisnießbrauch) erfolgen[442]. Ein solcher Vorbehalts- oder Zuwendungsmißbrauch ist bei einem Einzelunternehmen, bei einer Personengesellschaftsbeteiligung, aber auch bei einer Kapitalgesellschaftsbeteiligung möglich.

#### 2. Nießbrauch an Einzelunternehmen

*a) Allgemeines*

*1598* Der Nießbrauch an einem Einzelunternehmen kann als Vollrechtsnießbrauch oder als Ertragsnießbrauch bestellt werden. Beide Nießbrauchsarten können entweder in der Weise bestellt werden, daß der Unternehmer sich selbst den Nießbrauch bestellt (Vorbehaltnießbrauch) und das Eigentum an der Unternehmenssubstanz überträgt, oder sich selbst das Eigentum an der Unternehmersubstanz vorbehält und den Nießbrauch zugunsten eines Dritten bestellt (Zuwendungsnießbrauch). Weiterhin kann der Nießbrauch sich auf das gesamte Unternehmen oder einen Bruchteil (Quotennießbrauch) erstrecken. Der Ertragsquotennießbrauch ist unproblematisch. Beim Vollrechtsquotennießbrauch sind grundsätzlich verschiedene Lösungen denkbar.

---

439 Beschluß v. 5. Juli 1990, BStBl II S. 847.

440 Zur ertragsteuerlichen Behandlung der vorweggenommenen Erbfolge vgl. BMF-Schreiben v. 13.1.1993 (BStBl. I S. 80) und ⇒ Buch II Rz. 887ff. Zur Schenkungssteuer bei Aufnahme in eine Personengesellschaft vgl ⇒ Buch II Rz. 846ff.; insbes. auch den Fall der Schenkung einer überhöhten Gewinnbeteiligung gemäß § 7 Abs. 6 ErbStG 1974; hierzu Schulze zur Wiesche, DStR 1974, 698f.

441 Zum Nießbrauch s.o. ⇒ Rz. 553ff., 868.

442 Zum Vermächtnisnießbrauch oben ⇒ Rz. 553ff.

*b) Vollrechtsnießbrauch*

Beim Vollrechtsnießbrauch wird der Nießbrauch an der Sachgesamtheit „Unternehmen" dadurch bestellt, daß die Unternehmerstellung übertragen wird. Der Nießbraucher führt das Unternehmen auf eigene Rechnung fort (vgl. § 22 Abs. 2 HGB) und ist bei einem Handelsgeschäft im Handelsregister einzutragen, obwohl er nicht Eigentümer der Unternehmenssubstanz ist. Problematisch ist die Bestellung eines Vollrechtsquotennießbrauchs, weil dann das bisherige Einzelunternehmen von zwei Unternehmern fortgeführt wird. Beim Vollrechtsquotennießbrauch kann – je nach Ausgestaltung – entweder eine stille Beteiligung des Bestellers oder des Nießbrauchers[443] oder aber auch die Begründung einer Außengesellschaft gewollt sein. *1599*

*c) Ertragsnießbrauch*

Beim Ertragsnießbrauch führt der Unternehmensinhaber das Unternehmen auf sein eigenes Risiko. Der Nießbraucher hat einen schuldrechtlichen Anspruch auf Auszahlung des Gewinns bzw. der Gewinnanteile. *1600*

### 3. Nießbrauch an einer Personengesellschaftsbeteiligung[444]

*a) Zulässigkeit*

Die Bestellung eines Nießbrauchs an einer Personengesellschaftsbeteiligung (Vollrechtsnießbrauch) setzt die gesellschaftsvertraglich vereinbarte Übertragbarkeit der Gesellschaftsbeteiligung oder die Zustimmung aller Mitgesellschafter voraus (§§ 1069 Abs. 2, 719 Abs. 1 BGB). Personengesellschaftsbeteiligungen sind grundsätzlich nicht übertragbar, ausgenommen die aus ihnen fließenden Gewinnansprüche, die Ansprüche auf Ersatz von Geschäftsführungsauslagen sowie auf das Auseinandersetzungsguthaben (§§ 717 Satz 1, 719 Abs. 1 BGB). Nur wenn der Gesellschaftsvertrag die Übertragung der Gesellschaftsbeteiligung oder zumindest ihre Belastung durch Nießbrauch ausdrücklich zuläßt, ist die Bestellung eines Nießbrauchs an der Gesellschaftsbeteiligung möglich. Will ein Gesellschafter einem Dritten (z.B. einem Familienangehörigen) den Nießbrauch an seiner Gesellschaftsbeteiligung einräumen, so muß entweder gesellschaftsvertraglich seine Gesellschaftsbeteiligung übertragbar sein oder die Mitgesellschafter müssen gesellschaftsvertraglich einer Nießbraucheinräumung zugestimmt haben oder dem konkreten Nießbrauch zustimmen[445]. Die schenkweise Abtretung der Personengesellschaftsbeteiligung unter Nießbrauchsvorbehalt setzt ebenfalls das Einverständnis aller Mitgesellschafter voraus. *1601*

---

443 BayObLG DNotZ 1974, 243.

444 Schulze zur Wiesche, DB 1970, 171ff.; Teichmann, ZGR 1972, 1ff.; Grunsky, BB 1972, 585ff.; Kreifels in Freundesgabe für Hans Hengeler 1972, S. 158ff.; Nieder (2. Aufl.), Rz. 703ff.; Spiegelberger, Rz. 383ff.; Petzoldt, DStR 1992, 1171.

445 Dazu Staudinger/Frank [1994] Anh. 52 zu § 1068ff. BGB.

*1602* Ist die Personengesellschaftsbeteiligung nicht übertragbar, so bleibt die Einräumung eines Nießbrauchs möglich, der sich auf die laufenden Gewinnanteile und das Auseinandersetzungsguthaben beschränkt (Ertragsnießbrauch). In einem solchen Fall bleiben die gesellschaftsrechtlichen Mitgliedschaftsrechte beim Nießbrauchsbesteller[446].

Besteht der Nießbrauch lediglich an den aus der Gesellschaftsbeteiligung fließenden vermögensrechtlichen Bezügen, so hat der Nießbraucher Anspruch auf den Gewinnanteil, wie ihn der Gesellschafter hat. Wie der Gesellschafter ist er an gesellschaftsvertragliche Entnahmebeschränkungen gebunden.

*1603* Fraglich ist, ob in einer gesellschaftsvertraglichen Nachfolgeklausel auf den Todesfall nicht konkludent das gesellschaftsvertraglich erklärte Einverständnis der Mitgesellschafter zugunsten des oder der durch die Nachfolgeklausel Begünstigten erteilt ist. Es ist jedoch ein Unterschied, ob die Mitgesellschafter jederzeit – auch zu Lebzeiten des Gesellschafters – mit einem neuen Gesellschafter oder einem Nießbraucher konfrontiert werden oder erst mit dessen Ableben, weil sie sich z.B. mit der Nachfolgeklausel nur deshalb einverstanden erklärt haben, um Abfindungsnotwendigkeiten zu vermeiden.

Die Frage sollte differenziert beantwortet werden: Die einfache Nachfolgeklausel regelt die Gesellschafternachfolge von Todes wegen. Sie deckt weder eine Abtretung (unter Nießbrauchsvorbehalt), noch die Bestellung des Nießbrauchs an der Gesellschaftsbeteiligung unter Lebenden. Sie deckt aber eine vermächtnisweise Nießbrauchszuwendung von Todes wegen.

Ausnahmsweise kann eine unter Lebenden erfolgende Abtretung unter Nießbrauchsvorbehalt oder eine Nießbrauchsbestellung durch eine qualifizierte Nachfolgeklausel gedeckt sein, deren Sinn darin besteht, bestimmte künftige Erben im Gesellschafterinteresse als Gesellschafter zuzulassen.

**Beispiel:**

Im Gesellschaftsvertrag ist vereinbart, daß die Gesellschaft im Todesfall eines Gesellschafters mit jeweils einem für die Geschäftsführung der Gesellschaft beruflich qualifizierten Abkömmling der Gesellschafter fortgesetzt wird. Aufgrund einer solchen Nachfolgeklausel wird es als zulässig und besonderer Zustimmung der Mitgesellschafter nicht bedürftig angesehen werden müssen, wenn der Gesellschafter seine Gesellschaftsbeteiligung im Wege vorweggenommener Erbfolge ganz oder teilweise unter Nießbrauchsvorbehalt an den zur Nachfolge berufenen Abkömmling abtritt oder dem Abkömmling einen (ggf. begrenzten) Nießbrauch an der eigenen Gesellschaftsbeteiligung einräumt.

*1604* Eine Ausnahme von der grundsätzlichen Unübertragbarkeit personengesellschaftsrechtlicher Ansprüche gilt gemäß § 717 Satz 2 BGB für die Gewinn- und Auseinandersetzungsansprüche. Daraus ist zu folgern, daß der Nießbrauch an einer Personengesellschaftsbeteiligung ohne Zustimmung der Mitgesellschafter ausschließlich an den vermögensrechtlichen Bezügen aus der Gesellschaftsbeteili-

---

[446] Schulze zur Wiesche, DB 1970, 171ff.; Grunsky, BB 1972, 585ff.; Palandt/Bassenge, § 1068 BGB Rz. 4.

gung bestellt werden kann[447] (Ertragsnießbrauch). Ist eine Nießbrauchsbestellung ohne Zustimmung der Mitgesellschafter erfolgt, so kann sie ggf. umgedeutet werden in den der Zustimmung nicht bedürftigen Nießbrauch an den vermögensrechtlichen Bezügen des Gesellschafters.

Die Bestellung des Nießbrauchs an einem Recht erfolgt gemäß § 1069 Abs. 1 BGB nach den für die Übertragung des Rechts geltenden Vorschriften. Ist eine Personengesellschaftsbeteiligung übertragbar, so erfolgt die Übertragung durch Abtretung. Demgemäß muß auch die Nießbrauchsbestellung durch Abtretung an den Nießbraucher vorgenommen werden[448]. *1605*

*b) Vollrechtsnießbrauch*

Ist der Nießbrauch an einer Personengesellschaftsbeteiligung ohne Einschränkung begründet worden, so ist der **Nießbraucher als Gesellschafter im Handelsregister** einzutragen. Der Nießbraucher ist damit „Gesellschafter auf Zeit"[449]. Der Nießbraucher haftet insbesondere – wie jeder Gesellschafter – für die Verbindlichkeiten der Gesellschaft. *1606*

Soll der Nießbrauch an einem Teil der Personengesellschaftsbeteiligung bestellt werden, so gilt das vorstehend Ausgeführte für diesen Teil: Mit dem dem Nießbrauch unterliegenden Teil der Personengesellschaftsbeteiligung tritt der Nießbraucher als „Gesellschafter auf Zeit" in die Gesellschaft ein. Ist er Vollrechtsnießbraucher an einem Teil der Kommanditbeteiligung, wird er mit dem entsprechenden Teil der Haftsumme des Kommanditisten-Nießbrauchsbestellers selbst als Kommanditist im Handelsregister eingetragen. Im Innenverhältnis hält der Nießbraucher den Gesellschaftsanteil als Treuhänder. *1607*

Der Nießbrauch soll sich nicht auf einen während der Nießbrauchsdauer entstehenden erhöhten Kapitalanteil erstrecken, sofern nicht abweichendes geregelt ist[450]. *1608*

Das hätte die Konsequenz, daß mit dem Kapitalkonten-Erhöhungsbetrag der Nießbrauchsbesteller wieder als unbeschränkter Gesellschafter in die Gesellschaft einträte, nachdem er wegen des Vollnießbrauchs „auf Zeit" aus der Gesellschaf-

---

447 Soergel/Stürner, § 1068 BGB Rz. 7a, 7b; Teichmann, ZGR 1973, 24 (40); Palandt/Bassenge, § 1068 BGB Rz. 4; eingehend zum Ertragsnießbrauch und Nießbrauch an einem Gewinnstammrecht Staudinger/Frank, Anh. zu §§ 1068, 1069 BGB Rz. 75; ablehnend MünchKomm/Petzoldt mit u.E. unzutreffender Begründung, § 1068 BGB Rz. 24.

448 Bei einer Grundbesitzgesellschaft bürgerlichen Rechts kann der Nießbrauch an einer Gesellschaftsbeteiligung im Wege der Grundbuchberichtigung im Grundbuch eingetragen werden, OLG Hamm, DB 1977, 579 (580).

449 BGHZ 58, 316 (318); DNotZ 1975, 735ff.; MünchKomm/Petzoldt, § 1068 BGB Rz. 14, 17; Petzoldt, BB 1975, Beilage 6/1975, 2ff.; Hueck, Das Recht der OHG, § 27 II 8 (S. 401); Großkomm. HGB/Ulmer, § 105 HGB Rz. 114ff.; Westermann, Handbuch I, Rz. 335; Rohlff, NJW 1971, 1337 (1338f.); kritisch Staudinger/Frank, Anh. zu §§ 1068, 1069 BGB Rz. 70.

450 BGH GmbHR 1983, 148.

terposition ausgeschieden ist. Außerdem und vor allem würde aber das Nutzungsrecht des Nießbrauchers durch eine Kapitalkontenerhöhung quotenmäßig verkürzt.

*1609* Zutreffend dürfte sein, den Nießbraucher nicht an der aus Gewinnrücklagen gebildeten Substanz zu beteiligen, wohl aber an den aus dem erhöhten Kapitalanteil fließenden Erträgen und somit den Nießbrauch auch auf die neu gebildete Substanz zu erstrecken. Da durch Einlagenerhöhungen sich der relative Wert der Gesellschaftsbeteiligung im Verhältnis zum Gesamtkapital erheblich reduzieren kann und sich somit auch die Beteiligungsquote am Gewinn reduziert, muß vorsorglich insoweit zumindest über eine Regelung nachgedacht werden.

*1610* Ob der Besteller bzw. dessen Rechtsnachfolger nach Beendigung des Nießbrauchs wieder automatisch in seine Gesellschafterstellung einrückt oder ob es eines Übertragungsaktes bedarf, ist gesetzlich nicht geregelt und daher ungeklärt[451]. Vorsorglich ist daher eine Rückübertragungsvereinbarung, die auch bedingt auf die Beendigung des Nießbrauchs getroffen werden kann, zu empfehlen.

*1611* In den meisten praktischen Fällen ist ein Vollrechtsnießbrauch, sei es an der ganzen Gesellschaftsbeteiligung, sei es an einem Teil, nicht gewollt. Soll der Nießbrauch Versorgungszwecken dienen, so reicht ein eingeschränkter Ertragsnießbrauch.

*c) Ertragsnießbrauch*

*1612* Der Nießbrauch kann ausschließlich an den vermögensrechtlichen Bezügen (Ertragsnießbrauch) bestellt werden[452]. Dann stehen dem Nießbraucher die gesellschaftsrechtlichen Mitgliedschaftsrechte nicht zu. Diese, insbesondere das Stimmrecht[453], die Informations- und Kontrollrechte, verbleiben beim Nießbrauchsbesteller. Der Gesellschafter als Nießbrauchsbesteller bleibt im Handelsregister eingetragen und nimmt die Gesellschafterrechte wahr[454].

*1613* Der Nießbraucher hat keinen Einfluß auf die Gesellschaftsbeteiligung, insbesondere wirkt er bei Jahresabschluß und Gewinnfeststellung nicht mit. Er hat Anspruch auf den Gewinn, der auf die Gesellschaftsbeteiligung des Nießbrauchsbestellers entfällt.

---

451 MünchKomm/Petzold § 1068 BGB Rz. 20.

452 Zum früheren Meinungsstand Nieder (2. Aufl.) Rz. 704.

453 Hachenburg/Zutt, Anh. zu § 15 GmbHG Rz. 61; Scholz/Winter, § 15 GmbHG Rz. 192; Rowedder, § 15 GmbHG Rz. 37; Baumbach/Hueck, § 15 GmbHG Rz. 52; Lutter/Hommelhoff, § 15 GmbHG Rz. 49; Roth, § 15 GmbHG Anm. 4.2; Erman/Michalski, § 1081 BGB Rz. 7; BGB-RGRK/Rothe, § 1069 BGB Rz. 11; – für Stimmrecht des Nießbrauchers betreffend Kapitalgesellschaftsbeteiligungen: MünchKomm/Petzoldt, § 1068 BGB Rz. 36; Palandt/Bassenge, § 1068 BGB Rz. 3; für gemeinschaftliche Stimmrechtsausübung Soergel/Stürner, § 1068 BGB Rz. 9a; Staudinger/Frank, Anh. zu §§ 1068, 1069 BGB Rz. 69ff.

454 Palandt/Bassenge, § 1068 BGB Rz. 4.

*d) Zwischenlösungen*

Ob eine Nießbrauchs-Zwischenlösung möglich ist, die einerseits nicht Vollnießbrauch unter vorübergehendem Verlust der Gesellschafterstellung des Nießbrauchsbestellers, andererseits nicht auf die vermögensrechtlichen Bezüge beschränkten Nießbrauch ohne Mitgliedschaftsrechte des Nießbrauchers bedeutet, ist streitig. Sie hätte zum Inhalt, daß der Nießbrauchsbesteller Gesellschafter bleibt, dem Nießbraucher zwar nicht alle, aber einige Mitgliedschaftsrechte eingeräumt werden, z.B. das Recht auf Mitwirkung bei der Feststellung des Jahresabschlusses bzw. die Kontrollrechte der §§ 118, 166 HGB. Dem Nießbrauchsbesteller würde z.B. das Stimmrecht bei außergewöhnlichen Geschäften, das Recht der Kündigung der Gesellschaft das Stimmrecht bei Beschlußfassung über die Auflösung der Gesellschaft verbleiben. *1614*

Solche Lösungen laufen auf eine Abspaltung oder Aufspaltung der Mitgliedschaftsrechte hinaus, die gesellschaftsrechtlich unzulässig ist[455].

In der Literatur ist eine Zwischenform für möglich gehalten worden: der „Nießbrauch am Gewinnstammrecht“. Ein Bedürfnis für einen solchen Nießbrauch ist angesichts der Möglichkeit des „Nießbrauchs ausschließlich an den vermögensrechtlichen Bezügen aus der Gesellschaftsbeteiligung“ nicht zu ersehen. Darüber hinaus bestehen gegen einen solchen Nießbrauch am Gewinnstammrecht grundsätzliche Bedenken, vor allem wegen der erörterten unzulässigen Abspaltung von Mitgliedschaftsrechten, sofern der Nießbrauch am Gewinnstammrecht Mitgliedschaftsrechte zum Inhalt haben soll[456]. *1615*

*e) Vermögensrechtliche Wirkungen*

aa) Problematik der Gewinnrücklagen und stillen Reserven

Sowohl beim Vollnießbrauch als auch beim Ertragsnießbrauch stellt sich die Frage, was dem Nießbraucher rechtlich zusteht, insbesondere, ob der Nießbraucher an solchen Gewinnen der Gesellschaft zu beteiligen ist, die nicht an die Gesellschafter ausgeschüttet werden (nicht entnommen werden dürfen), z.B. an bei der Gesellschaft oder auf Gesellschafterkonten gebildeten offenen Rücklagen oder an in der Nießbrauchszeit gebildeten stillen Reserven. *1616*

bb) Vollrechtsnießbrauch

Beim Vollrechtsnießbrauch rückt zwar der Nießbraucher in die Gesellschafterstellung des Nießbrauchsbestellers voll ein. Andererseits bleibt es aber Inhalt des Nießbrauchs, lediglich die Nutzungen des nießbrauchsbelasteten Gegenstandes zu ziehen. Nutzungen sind gemäß § 100 BGB die Früchte und Gebrauchsvorteile *1617*

455 MünchKomm/Petzoldt, § 1068 BGB Rz. 14.

456 BGH GmbHRdsch 1975, 59f.; Staudinger/Frank, Anh. 77 zu §§ 1068, 1069 BGB; MünchKomm/Petzoldt, § 1068 BGB Rz. 24; Teichmann, ZGR 1972, 1 (21); Petzoldt, BB 1975, Beilage 6/1975, 2ff.; Petzoldt, GmbHRdsch 1980, 197f.

der Gesellschaftsbeteiligung. „Früchte" eines Rechts sind gemäß § 99 Abs. 2 BGB die „Erträge, welche das Recht seiner Bestimmung gemäß gewährt".

Daraus hat die ganz herrschende Meinung gefolgert, daß dem Nießbraucher nur diejenigen Gewinnanteile zustehen, „die der Gesellschafter im Rahmen von Gesetz, Gesellschaftsvertrag und festgestelltem Jahresabschluß zu entnehmen berechtigt ist"[457].

*1618* Dem Nießbraucher stehen also Gewinnanteile insoweit nicht zu, als sie zwar bilanzmäßig festgestellt sind, aber nach dem Gesellschaftsvertrag nicht zur Entnahme zur Verfügung stehen, also zur Stärkung der Gesellschaftsmittel zu thesaurieren sind, sei es auf einem Rücklagenkonto der Gesellschaft, sei es auf Kapital- oder Darlehenskonten der Gesellschafter.

Das ist deshalb mißlich, weil sich einerseits steuerliche Schwierigkeiten ergeben, andererseits eine getrennte Kontenführung notwendig ist: Steuerlich ist nicht nur der entnahmefähige, sondern der ganze Gewinn zu versteuern. Muß nun der Nießbraucher auch die Steuern auf solche Gewinnanteile tragen, die ihm nicht zustehen, weil er sie nicht entnehmen darf?

Diese Frage ist zu verneinen. Sie wirft aber für den Nießbrauchsbesteller das Problem auf, aus welchen Mitteln er die Steuern aufbringen soll, die auf nicht entnahmefähige steuerpflichtige Gewinnanteile entfallen. Insoweit ist eine regelnde Vereinbarung oder Bestimmung im Nießbrauchsvertrag oder in der Nießbrauchsanordnung dringend geboten. Die anteiligen Personensteuern müssen ebenfalls vom Nießbrauch freigestellt werden, wobei weiter geregelt werden muß, ob das nach den persönlichen Besteuerungsmerkmalen des Nießbrauchsbestellers oder abstrakt zu geschehen hat.

Auch auf die gesellschaftsvertragliche Abstimmung ist zu achten: In aller Regel enthalten Gesellschaftsverträge eine Steuerentnahmeklausel dahin, daß die Gesellschafter die auf sie entfallenden, auf der Gesellschaftsbeteiligung beruhenden Personensteuern entnehmen dürfen. Dann bietet die Entnahme durch den Nießbrauchsbesteller keine grundsätzlichen Schwierigkeiten. Hängt die Entnahme von jeweils zu fassenden Gesellschafterbeschlüssen ab, so gilt dasselbe: Alle Gesellschafter werden ihre Steuern entnehmen wollen und müssen, auch soweit die Steuern auf zu thesaurierende Gewinnanteile entfallen. Auch der Nießbrauchsbesteller muß danach zur Entnahme berechtigt sein; das folgt aus dem das Gesellschaftsrecht beherrschenden Grundsatz der Gleichbehandlung aller Gesellschafter.

Das Problem reduziert sich danach in der Tat auf die notwendige Regelung des Verhältnisses Nießbrauchsbesteller-Nießbraucher dahin, daß die auf zu thesaurierende Gewinnanteile entfallenden Personensteuern vom Nießbrauch freigegeben werden.

---

[457] BGHZ 58, 316 (320); BGH DNotZ 1975, 735; Staudinger/Frank [1994] Anh. 81ff. zu §§ 1068f. BGB; Sudhoff/Stenger § 34 Rz. 22 m.w.N.

In der Kontenführung wird aus den dargelegten Gründen bei der Beteiligung des Nießbrauchsbestellers getrennt werden müssen: Die nicht entnahmefähigen Gewinnanteile sind von den entnahmefähigen Gewinnanteilen getrennt zu buchen. *1619*

Da dem Nießbraucher nicht entnahmefähige Gewinnanteile und erst recht stille Reserven nicht zustehen, hat er auch nicht Anspruch auf Erhöhung der Beteiligungen, die aus thesaurierten Gewinnen vorgenommen werden, erst recht nicht auf solche Beteiligungserhöhungen, die durch Zuzahlung der Gesellschafter, einschließlich des Gesellschafters dessen Anteil mit einem Nießbrauch belastet ist, erfolgen. Kapitalkontenerhöhungen stehen dem Nießbrauchsbesteller zu[458]. *1620*

Ist der Nießbrauch beendet, hat der Nießbraucher die nicht entnahmefähigen Gewinnanteile mit dem bisherigen Kapitalkonto an den Nießbrauchsbesteller herauszugeben. *1621*

cc) Ertragsnießbrauch

Dasselbe gilt beim Ertragsnießbrauch. Gerade bei diesem stehen dem Nießbraucher nur und lediglich die entnahmefähigen Gewinnanteile zu.

*f) Gestaltungsempfehlung*

Die rechtlichen Auseinandersetzungen über den Nießbrauch an Personengesellschaftsbeteiligungen bleiben im Fluß[459]. *1622*

Soll ein Nießbrauch an einer Personengesellschaftsbeteiligung eingeräumt werden, so ist bei der Gestaltung[460] ein besonders sorgfältiges Augenmerk auf folgende Punkte zu richten: Die Prüfung muß mit der Frage der gesellschaftsvertraglichen Zulässigkeit des Nießbrauchs beginnen. Nach dem erstrebten Zweck muß entschieden werden, welche Form des Nießbrauchs gewählt werden soll; dabei muß beachtet werden, welche rechtliche Stellung der Nießbraucher erhalten kann. Die Frage, ob sich der Nießbrauch auf erhöhte Kapitalanteile erstrecken soll, ist ebenso zu regeln wie die steuerrechtlichen Fragen bei thesaurierten Gewinnen.

Der Nießbrauch sollte klar abgrenzbar entweder als Vollrechtsnießbrauch oder als Ertragsnießbrauch ausgestaltet werden. Zwischenlösungen sollten angesichts des Fehlens höchstrichterlicher Rechtsprechung und der zahlreichen Unklarheiten und Meinungsstreite im Schrifttum vermieden werden. *1623*

---

[458] BGHZ 58, 316 (319); BGH DNotZ 1975, 735ff. – h.M., vgl. Staudinger/Frank [1994] Anh. zu § 1068f. BGB Rz. 83.

[459] Einzelheiten bei Staudinger/Frank, Anh. zu §§ 1068, 1069 BGB Rz. 51ff.

[460] Nieder (2. Aufl.) Rz. 709f.; Spiegelberger, Rz. 383ff.; Petzoldt, DStR 1992, 1171

### 4. Nießbrauch an einer Kapitalgesellschaftsbeteiligung[461]

*a) Zulässigkeit*

1624 Im Gegensatz zur Beteiligung an einer Personengesellschaft sind Geschäftsanteile an einer GmbH grundsätzlich frei übertragbar (§ 15 Abs. 1 GmbHG). An GmbH-Geschäftsanteilen kann demnach ein Nießbrauch bestellt werden, sofern die Satzung dies nicht ausschließt oder einschränkt.

Die Satzung der GmbH kann die Unübertragbarkeit der Geschäftsanteile regeln. Dann kann die Bestellung eines Nießbrauchs am Geschäftsanteil ebenso eingeschränkt sein wie im Fall einer Personengesellschaftsbeteiligung.

Regelmäßig enthalten GmbH-Satzungen die Bestimmung, daß zur Abtretung von Geschäftsanteilen eine Zustimmung der Gesellschaft oder der Gesellschafter erforderlich ist. In diesem Fall bedarf es dieser Zustimmung auch für eine Nießbrauchsbestellung.

1625 Ein Nießbrauch kann auch an Aktien bestellt werden. Eine Einschränkung besteht bei Namensaktien, wenn die Satzung die Übertragbarkeit der Aktien gemäß § 68 Abs. 2 AktG an die Zustimmung der Gesellschaft gebunden hat. In diesem Fall bedarf auch die Nießbrauchsbestellung der Zustimmung.

1626 Die Bestellung des Nießbrauchs an GmbH-Geschäftsanteilen oder an Aktien erfolgt nach den Vorschriften, die für die Übertragung eines GmbH-Geschäftsanteils bzw. von Aktien gelten (§ 1069 Abs. 1 BGB). Der Nießbrauch an GmbH-Geschäftsanteilen muß demnach in notarieller Beurkundungsform bestellt werden (§ 1069 Abs. 1 BGB, § 15 Abs. 3 und 4 GmbHG). Bei Inhaberaktien erfolgt die Bestellung des Nießbrauchs durch Einigung und Aktienübergabe (oder Übergabesurrogate, vgl. §§ 929 Satz 2, 930, 931 BGB) oder Mitbesitzeinräumung (§ 1081 Abs. 2 BGB), bei Namensaktien durch Indossament, Einigung über Nießbrauchsbestellung und Aktienübergabe (oder Übergabesurrogate).

*b) Mitgliedschaftsrechte*

1627 Zweifelhaft und streitig ist, wem beim Vollrechtsnießbrauch an einer Kapitalgesellschaftsbeteiligung die Mitgliedschaftsrechte zustehen sollen.

Im Schrifttum werden hierzu sehr unterschiedliche Meinungen vertreten[462]. Als herrschende Meinung kann die Auffassung bezeichnet werden, daß die Mitglied-

[461] Teichmann, ZGR 1972, 1ff. und ZGR 1973, 24ff.; Staudinger/Frank [1994] Anh. 93ff., 105ff. zu §§ 1068f. BGB; MünchKomm/Petzoldt, § 1068 BGB Rz. 33 ff; Spiegelberger, Rz. 394ff.

[462] Einzelheiten bei Staudinger/Frank [1994] Anh. 99ff., 113ff. zu §§ 1068f. BGB; Teichmann, ZGR 1972, 1 (10).

schaftsrechte beim Gesellschafter und Nießbrauchsbesteller verbleiben[463]. Begründet wird dies mit dem Abspaltungsverbot der Mitgliedschaftsrechte von der Person des Gesellschafters[464]. Bei der Einräumung eines Vollrechtsnießbrauchs handelt es sich aber – entsprechend dem Vollrechtsnießbrauch an Personengesellschaftsanteilen – um ein Folgeproblem der rechtlichen Zulässigkeit des Nießbrauchs an einer Gesellschaftsbeteiligung[465]. Ist der Vollrechtsnießbrauch an einem Kapitalgesellschaftsanteil zulässig, so wäre es eine bloße petitio principii darauf zu beharren, daß die Mitgliedschaftsrechte beim Nießbrauchbesteller verbleiben müssen. Dies liefe im Ergebnis darauf hinaus, daß es bei Kapitalgesellschaftsanteilen nur einen Ertragsnießbrauch gäbe. Die Mindermeinung[466], die die Mitgliedschaftsrechte dem Vollrechtsnießbraucher einräumt, ist daher vorzugswürdig.

*c) Vermögensrechtliche Wirkungen*

Dem Nießbraucher stehen als Nutzungen die Gewinnanteile zu, die auf den *1628* nießbrauchsbelasteten Gesellschaftsanteil entfallen.

Die Notwendigkeit der Abgrenzung zwischen entnahmefähigem und nicht ent- *1629* nahmefähigem Gewinn und die daraus erwachsenden Schwierigkeiten bestehen beim Nießbrauch an einer Kapitalgesellschaftsbeteiligung im Unterschied zur Personengesellschaft nicht. Der Bilanzgewinn der Kapitalgesellschaft entsteht bei dieser und nicht wie bei den Personengesellschaften zugunsten der Gesellschafter. Welcher Gewinn auf die Gesellschafter entfällt, richtet sich nach einem satzungsmäßig zu fassenden Gesellschafterbeschluß (§ 46 Ziff. 1 GmbHG, § 174 AktG). Dem Nießbraucher gebührt nur derjenige Gewinn, der auf die nießbrauchsbelastete Beteiligung ausgeschüttet wird. Was als Gewinn auf neue Rechnung vorgetragen oder in Rücklage eingestellt wird, verbleibt der Gesellschaft und erhöht lediglich den Substanzwert der Geschäftsanteile bzw. Aktien[467].

Dem Nießbraucher an einer Kapitalgesellschaftsbeteiligung stehen nicht ausge- *1630* schüttete Gewinne, offene oder stille Reserven oder aus einer Kapitalerhöhung hervorgehende junge Geschäftsanteile oder Aktien nicht zu.

---

[463] Staudinger/Frank, Anh. 100, 118 zu §§ 1068, 1069 BGB; Soergel/Stürner, § 1068 BGB Rz. 8; BGB-RGRK/Rothe, § 1069 BGB Rz. 11; Erman/Michalski, § 1081 BGB Rz. 7; Scholz/Winter, § 15 GmbHG Rz. 192; Hachenburg/Zutt, Anh. zu § 15 GmbHG Rz. 61; Rowedder, § 15 GmbHG Rz. 37; Baumbach/Hueck, § 15 GmbHG Rz. 52; Bökelmann, S. 239; Sudhoff/Stenger § 34 Rz. 26; **a.A.** MünchKomm/Petzoldt, § 1068 BGB Rz. 36; Spiegelberger, Rz. 394.

[464] Ausführlich dazu Karsten Schmidt, Gesellschaftsrecht (3. Aufl.) § 19 III 4.

[465] Ebenso Karsten Schmidt, Gesellschaftsrecht (3. Aufl.) § 19 III 4 b).

[466] MünchKomm/Petzoldt, § 1068 BGB Rz. 36; Spiegelberger, Rz. 394.

[467] Scholz/Winter, § 15 GmbHG Rz. 190; Hachenburg/Zutt, Anh. zu § 15 GmbHG Rz. 63; Baumbach/Hueck, § 15 GmbHG Rz. 53; Bökelmann, S. 239; **a.A.** für Kapitalerhöhungen aus Gesellschaftsmitteln Rowedder, § 15 GmbHG Rz. 36.

*d) Gestaltungshinweis*

1631 Der Nießbrauch an Kapitalgesellschaftsbeteiligungen ist unproblematischer als der Nießbrauch an Personengesellschaftsbeteiligungen. Gleichwohl muß bei der Bestellung eines Nießbrauchs an einer Kapitalgesellschaftsbeteiligung auf die inhaltliche Übereinstimmung der Regelung des Nießbrauchsverhältnisses mit den einschlägigen Satzungsbestimmungen geachtet werden.

## II. Versorgungsrenten

### 1. Allgemeines

1632 Will der Unternehmer die Versorgung seiner Angehörigen absichern, insbesondere einer überlebenden Ehefrau, so bietet sich eine vertragliche Versorgungsrentenregelung an. Sie kann gesellschaftsvertraglicher oder dienstvertraglicher Natur sein. Diese kann mit der Geschäftsführungstätigkeit des Gesellschafters in Zusammenhang stehen, aber auch der Abfindung für das Ausscheiden aus der Gesellschaft dienen.

### 2. Personengesellschaften

1633 Bei der Personengesellschaft beruht die Geschäftsführungstätigkeit des Gesellschafters regelmäßig auf Gesellschaftsvertrag und nicht auf einem besonderen Dienst- oder Anstellungsvertrag. Ein solcher kann aber auch bei einer Personengesellschaft geschlossen werden.

Geschäftsführende Gesellschafter können sich für den Fall ihres Todes eine Versorgungsrente zugunsten ihrer Witwen und/oder unterhaltsbedürftigen Angehörigen ausbedingen. Ebenso kann einem geschäftsführenden Gesellschafter ein Rentenanspruch bei Erreichung einer bestimmten Altersgrenze und/oder Eintritt der Invalidität eingeräumt werden. Solche Regelungen können den Übergang auf die nächste Generation erleichtern.

1634 Versorgungsrentenlösungen fallen nicht in den Nachlaß des versterbenden Gesellschafter-Geschäftsführers. Der Anspruch auf die Versorgungsbezüge besteht aufgrund schuldrechtlicher, gesellschaftsvertraglicher Vereinbarungen außerhalb des Nachlasses. Es handelt sich um Ansprüche aus einem Vertrag unter Lebenden zugunsten eines Dritten (§ 331 BGB).

1635 Steuerlich sind Versorgungsrenten zugunsten von Gesellschaftern oder Gesellschafterangehörigen kein Betriebsaufwand. Sie gelten steuerlich als Modalität der Gewinnverteilung. Beim versorgungsberechtigten Nichtgesellschafter handelt es sich um nachträgliche Einkünfte aus Gewerbebetrieb.

1636 Eine Versorgungsrente kann zur Versorgung eines ausscheidenden Gesellschafters und/oder seiner Angehörigen auch vereinbart werden, indem ein Auseinandersetzungsguthaben kapitalisiert wird.

1637 Steuerlich muß bei einer solchen Lösung zwischen Veräußerungs- und (regelmäßig betrieblicher) Versorgungsrente unterschieden werden. Eine steuerliche

Veräußerungsrente liegt vor, wenn die Abfindung (das Auseinandersetzungsguthaben) bewertet und verrentet wird; eine Versorgungsrente ist gegeben, wenn sich die Rente in ihrem Kapitalwert nicht nach der Höhe eines Auseinandersetzungsguthabens, sondern davon unabhängig nach dem Versorgungsbedürfnis der zu versorgenden Personen richtet[468].

**3. Kapitalgesellschaften**

Bei Kapitalgesellschaften sind Versorgungsrentenregelungen in der Praxis häufiger als bei Personengesellschaften, vornehmlich aus zwei Gründen: *1638*

- Bei der Kapitalgesellschaft leistet der Geschäftsführer (Vorstand) seine Geschäftsführungstätigkeit regelmäßig aufgrund besonderen Dienstvertrages. Im Dienstvertrag kann auch eine Pensionsregelung vereinbart werden. Häufig werden Pensionszusagen bei der GmbH auch durch Gesellschafterbeschluß getroffen. Auch in diesem Falle betreffen sie aber die dienstvertragliche Seite der Geschäftsführerstellung. Eine gesellschaftsvertragliche Regelung ist selten, bedeutet im Ergebnis aber auch nichts anderes als die Aufnahme dienstvertraglicher Rechtsbeziehungen in das Gesellschaftsverhältnis.
- Versorgungsrentenregelungen haben bei der Kapitalgesellschaft den Vorzug, daß sie grundsätzlich zu Lasten des steuerpflichtigen Gewinns der Kapitalgesellschaft rückstellungsfähig und im Zahlungsfall Betriebsausgaben sind. Die Höhe der Versorgungsrente muß allerdings angemessen sein, um nicht die Annahme steuerlich relevanter verdeckter Gewinnausschüttungen auszulösen. Außerdem bestehen nach der Rechtsprechung Einschränkungen in den Fällen sog. beherrschender Gesellschafter-Geschäftsführer.

Abfindungsverrentungen sind bei der Kapitalgesellschaft kaum praktikabel durchführbar. Wegen des Grundsatzes des Erhalts des Gesellschaftskapitals ist ein einfaches Ausscheiden aus der Kapitalgesellschaft wie bei einer Personengesellschaft nicht möglich. Der GmbH-Geschäftsanteil bzw. die Aktien des „ausscheidenden“ Gesellschafters können wegen des Grundsatzes des Erhalts des Gesellschaftskapitals nicht einfach verschwinden. *1639*

**4. Wertsicherung**

Bei allen Versorgungsrentenlösungen sollte an eine Wertsicherung gedacht werden. Regelmäßig werden Versorgungsrenten entweder an einen Lebenshaltungskostenindex, ein Beamtengehalt oder ein Tarifgehalt angepaßt. Auf die Genehmigungsbedürftigkeit von Wertsicherungsvereinbarungen nach § 2 Preisangaben- und Preisklauselgesetz ist zu achten[469]. Genehmigungsbehörde ist das *1640*

---

[468] Im einzelnen ⇒ Buch II Rz. 416ff., 525, 937ff., 944.

[469] Vgl. die dazu erlassene Preisklauselverordnung v. 23. 9. 1998, BGBl. 1998 I S. 3043.

Bundesamt für Wirtschaft[470]. Genehmigungsfrei sind Leistungsvorbehaltsklauseln, Spannungsklauseln und sachwertabhängige Zahlungsverpflichtungen[471].

## III. Gestaltung der Unternehmensnachfolge durch Umwandlung

### 1. Allgemeines

1641 Das Umwandlungsrecht[472] bietet Gestaltungsmöglichkeiten zur rechtlichen Anpassung der Unternehmensform an die den jeweiligen Marktverhältnissen entsprechende betriebliche Organisationsform[473]. Daher können die Gestaltungsmöglichkeiten der Unternehmensumwandlung zur Vorbereitung und zur Regelung einer Unternehmensnachfolge in besonderer Weise geeignet sein. Insbesondere kann die Unternehmensform vor oder mit dem Erbfall durch Umwandlung den Qualifikationen und wirtschaftlichen Interessen der Vermögensnachfolger angepaßt werden. Zur Unternehmensführung ungeeignete Nachfolger können durch geeignete Umwandlungsmaßnahmen geschützt werden, was gleichzeitig im Interesse des Unternehmens liegt. Durch die Umwandlung der Unternehmensform kann z.B. ein Drittmanagement zur Entlastung der zur Unternehmensführung ungeeigneten Erben ermöglicht werden.

1642 Nach § 1 UmwG bestehen vier grundsätzliche Möglichkeiten der Umwandlung, nämlich Verschmelzung, Spaltung, Vermögensübertragung und Formwechsel. Nur diese im Gesetz genannten Umwandlungsformen sind möglich[474]. Entsprechende wirtschaftliche Ziele lassen sich häufig aber auch außerhalb des Umwandlungsrechts durchführen, etwa durch Anwachsung oder durch entsprechende Einzelübertragungsvorgänge. Im Unterschied zum Instrumentarium des Umwandlungsrechts sind hiermit aber oft zivilrechtliche Nachteile (z.B. Zustimmungserfordernisse von Gläubigern bei Überleitung von Verbindlichkeiten) und steuerrechtliche Risiken verbunden, wenn die Vorteile des UmwStG nicht zur Anwendung kommen.

1643 Von den vier Grundformen der Umwandlung ist die im Vierten Buch (§§ 174–189 UmwG) geregelte Vermögensübertragung für die hier behandelte Vermö-

---

[470] Bundesamt für Wirtschaft, 65760 Eschborn, Frankfurter Straße 29–31 (Tel.: 06196/404-479; Fax.: 06196/94226; e-mail: bundesamt@bawi.de).

[471] Dazu Beck'sches Notarhandbuch/Jerschke AV Rz. 168ff.

[472] Zu Gestaltungsmöglichkeiten der Unternehmensnachfolge durch Umwandlung D. Mayer, DNotZ 1998, Sonderheft 25. Deutscher Notartag, S. 159ff.; Sudhoff/Berenbrok S. 951ff.

[473] Zu den damit verbundenen arbeitsrechtlichen Fragen Willemsen/Hohenstatt/Schweibert, Umstrukturierung und Übertragung von Unternehmen (1999).

[474] Eine Zusammenstellung sämtlicher Umwandlungsmöglichkeiten in zivil- und steuerrechtlicher Hinsicht in alphabetischer Reihenfolge findet sich bei Schwedhelm, Die Unternehmensumwandlung (2. Aufl., 1996); tabellarische Übersichten bei Sagasser/Bula/Brünger Umwandlungen, S. 7ff. (B 18ff.).

gensnachfolge von Privatpersonen ohne Interesse, da die genannten Vorschriften nur bei Beteiligung bestimmter Versicherungsunternehmen oder der öffentlichen Hand als Rechtsträger Anwendung finden.

Eine Umwandlung zur Vorbereitung oder Regelung einer Vermögensnachfolge[475] kann aufgrund des Umwandlungssteuergesetzes zu ertragsteuerlichen Vorteilen führen[476]. *1644*

Seit Inkrafttreten des Gesetzes zur zeitlichen Begrenzung der Nachhaftung von Gesellschaftern (NachhBG) vom 18. 4. 1994[477] ist für die Einzelfirma bei Veräußerung in § 26 HGB, die BGB-Gesellschaft in § 736 Abs. 2 BGB bzw. bei fortgesetzter Beteiligung als Kommanditist in § 28 Abs. 3 HGB sowie bei Ausscheiden bzw. bei fortgesetzter Beteiligung als Kommandist einer früheren persönlich haftenden Beteiligung in § 160 HGB die Nachhaftung einheitlich zeitlich auf fünf Jahre begrenzt. Diese zeitliche Begrenzung der Nachhaftung – keine Verjährung – gilt nach §§ 45, 49 Abs. 4, 56, 56 f Abs. 2, 65 a UmwG auch bei Umwandlung einer Personenhandelsgesellschaft oder eines einzelkaufmännischen Unternehmens in eine Kapitalgesellschaft. *1645*

Die Erbengemeinschaft wird nach h. M. unter Hinweis auf § 1 Abs. 2 UmwG als nicht umwandlungsfähig angesehen[478]. Möglich ist jedoch sämtliche Erbanteile auf einen Rechtsträger anderer Rechtsform einzubringen[479]. *1646*

Internationale, grenzüberschreitende Umwandlungen von Unternehmen die ihren Sitz außerhalb Deutschlands haben, sind nach geltendem Recht nicht geregelt[480]. Läßt die ausländische Rechtsordnung deutsche Zweigniederlassungen zu, so ist nach deutschem Recht eine Einbringung des ausländischen Unternehmens im Wege der Kapitalerhöhung möglich. Auch können deutsche Tochtergesellschaften nach ausländischen Rechtsordnungen mit Ergebnisabführungsverträgen – unter Beachtung der steuerlichen Wirkungen – gegründet werden. *1647*

## 2. Grundlagen der Unternehmensumwandlung

Das Umwandlungsgesetz zerlegt den Umwandlungsvorgang in drei Phasen. Die Vorbereitungsphase ist durch Publizitätspflichten, Berichtspflichten und Prüfungen zum Schutz aller Anteilseigner und der Arbeitnehmer gekennzeichnet. Die Beschlußphase sichert durch das notarielle Beurkundungsverfahren die rechtliche Aufklärung der beteiligten Rechtsträger. In der Durchführungsphase wird die Handelsregisteranmeldung und -eintragung der Umwandlung vollzogen. *1648*

---

475 Dazu Lüdicke, ZEV 1995, 132; Kallmeyer DB 1996, 28.

476 Zu den ertragsteuerlichen Begünstigungen und Steuerbefreiungen aufgrund Umwandlungsteuergesetzes ⇒ Buch II Rz. 1043 ff.

477 BGBl. 1994 I 560.

478 Zu Recht kritsch Sagasser/Bula/Brünger S. 6 (B 15).

479 Ebenso Sagasser/Bula/Brünger S. 6 (B 15).

480 Zu den gesetzlich nicht geregelten internationalen Umwandlungen Lutter/Lutter, § 1 UmwG Rz. 6 ff.; Beck GmbH-HB/Orth § 14 Rz. 20 ff.

1649 Grundlage der Umwandlung ist bei der Verschmelzung und der Vermögensübertragung ein notariell zu beurkundender Umwandlungsvertrag[481], bei der Spaltung durch Neugründung ein Spaltungsplan, beim Formwechsel ein Umwandlungsbeschluß. Diese in den vorbezeichneten Grundlagen enthaltenen rechtsgeschäftlichen Erklärungen müssen mindestens die an der Umwandlung beteiligten Rechtsträger, die betroffenen Vermögenswerte, die Art der Umwandlung, eventuell vereinbarte Gegenleistungen - wie Mitgliederrechte, den Zeitpunkt der Umwandlung und des Gewinnbezugsrechtes, die Begründung von Sonderrechten und die Rechtsfolgen der Umwandlung für die Arbeitnehmer angeben. Die rechtsgeschäftlichen Erklärungen bedürfen immer der notariellen Beurkundung.

1650 Zweitens müssen Umwandlungsberichte und Umwandlungsprüfung vorliegen, soweit das Gesetz sie vorschreibt und auf sie nicht in notariell beurkundeter Form verzichtet wurde.

1651 Drittens müssen die Anteilsinhaber aller beteiligten Rechtsträger dem Umwandlungsvertrag, Spaltungsplan oder Umwandlungsbeschluß durch notariell beurkundeten Beschluß zustimmen.

1652 Viertens hat zum Vollzug der Umwandlung die Anmeldung in notarieller Beglaubigungsform zu den Registern der jeweiligen Rechtsträger zu erfolgen. Mit der Eintragung im Register ist die Umwandlung erfolgt.

### 3. Verschmelzung

#### *a) Allgemeines*

1653 Durch eine Verschmelzung können verschiedene Unternehmen zu einer Organisationseinheit zusammengeführt werden. Zur Gestaltung einer Vermögensnachfolge oder ihrer Auseinandersetzung kann die Verschmelzung vor allem die Umstrukturierung von Unternehmen zur Vermögensnachfolge vorbereiten, um z.B. Personengesellschaften mit Körperschaften zusammenzuführen.

1654 Die Verschmelzung durch Aufnahme, bietet für die Vermögensnachfolge besonders interessante Gestaltungsmöglichkeiten, weil weder Personenidentität der Gesellschafter, noch Beteiligungsidentität erforderlich sind.

#### *b) Verschmelzungsarten*

1655 § 2 UmwG definiert die Verschmelzung als Übertragung des gesamten Vermögens eines Rechtsträgers oder mehrerer Rechtsträger auf einen anderen schon bestehenden Rechtsträger (Verschmelzung durch Aufnahme) oder einen mit der

---

[481] Zur notwendigen Beurkundungsform nach deutschem Recht vgl. Goette, Festschr. Boujong (1995), 142; ders. DStR 1996, 709; ders. MittRhNotK 1997, 5; LG Augsburg DB 1996, 1666; OLG Hamburg WM 1993, 1186; OLG Hamm NJW 1974, 1054 = BB 1974, 38 m. zust. Anm. van Randenborgh; Staudinger/Großfeld, I GesR [1998] Rz. 403; Barz, Großkomm AktG (3. Aufl.) § 121 Rz. 15; Henn, Hdb. AktR (6. Aufl.) Rz. 761, 768f.; Winkler, NJW 1974, 1032; Heckschen, DB 1990, 161ff. dazu auch oben ⇒ Rz. 1342.

Umwandlung neu gegründeten Rechtsträger (Verschmelzung durch Neugründung).

Eine Verschmelzung durch Neugründung ist möglich von einer juristischen Person auf eine andere, mit der Verschmelzung neu gegründete juristische Person, von einer juristischen Person auf eine neu gegründete Personengesellschaft, nicht aber von einer Personenhandelsgesellschaft auf eine mit der Umwandlung neu gegründete juristische Person. Um eine Personengesellschaft in eine neu zu gründende Kapitalgesellschaft umzuwandeln, ist eine formwechselnde Umwandlung nötig. *1656*

### c) *Verschmelzungsfähige Rechtsträger*

Die verschmelzungsfähigen Rechtsträger sind in den § 3 Abs. 1 und 2 UmwG abschließend aufgeführt. Danach können an einer Verschmelzung beteiligt sein: *1657*

- Personenhandelsgesellschaften (OHG, KG), (§§ 39–45 UmwG),
- Kapitalgesellschaften GmbH (§§ 46-59 UmwG), AG (§§ 60–77 UmwG), KGaA (§ 78 UmwG),
- eingetragene Genossenschaften (§§ 79–98 UmwG),
- eingetragene Vereine,
- genossenschaftliche Prüfungsverbände,
- Versicherungsvereine auf Gegenseitigkeit.

Nur als übertragende Rechtsträger können wirtschaftliche Vereine (§ 22 BGB), nur als übernehmende Rechtsträger natürliche Personen, wenn sie als Alleingesellschafter einer Kapitalgesellschaft deren Vermögen übernehmen, beteiligt sein. *1658*

Somit kann eine Einmann-AG, -GmbH, oder -KGaA auf deren Alleingesellschafter verschmolzen werden[482]. Daneben liegen in der Praxis die Hauptanwendungsfälle der Verschmelzung bei Umwandlungen von Personen- in Kapitalgesellschaften und von Kapital- in Personengesellschaften. Bei der Verschmelzung auf Kapitalgesellschaften, sollte zunächst ein vertikales Beteiligungsverhältnis der beteiligten Rechtsträger geschaffen werden, damit die – bei den Handelsregistern[483] umstrittene[484] Notwendigkeit einer – Kapitalerhöhung bei Verschmelzung von Schwesterngesellschaften vermieden wird. *1659*

---

[482] Streitig ist, ob eine Verschmelzung auf einen Minderkaufmann möglich ist; ablehnend OLG Zweibrücken ZIP 1996, 460, weil dieser nicht im Handelsregister eingetragen werden kann; vgl. dazu aber Heckschen ZIP 1996, 450, der überzeugend dargelegt hat, daß auch die Verschmelzung auf den Nichtkaufmann und den Minderkaufmann zulässig ist.

[483] Die Notwendigkeit einer Kapitalerhöhung bei Verschmelzung von Schwesterngesellschaften zu Recht ablehnend LG München I BB 1998, 2331 = GmbHR 1999, 35 = NJW-RR 1993, 398; Lutter/Winter (2. Aufl.) § 54 Rz. 18ff.; Priester, DNotZ 1995, 427, 441; Bayer, ZIP 1997, 1613, 1615; Heckschen, DB 1998, 1385, 1389; Baumann BB 1998, 2321; **a.A.** Lutter/Lutter, (2. Aufl.) § 5 Rz. 82 m.w.N.

[484] Umstritten ist bei den Befürwortern einer Kapitalerhöhungspflicht insbesondere auch deren Höhe.

*d) Zustimmungserfordernis*

1660 Sind Personengesellschaften beteiligt, so bedarf die Verschmelzung der Zustimmung aller Gesellschafter, sofern der Gesellschaftsvertrag nicht ausdrücklich Abweichendes regelt.

1661 Wird eine Personengesellschaft auf eine GmbH verschmolzen, so gelten neben dem Allgemeinen Teil des UmwG als besondere Vorschriften die §§ 39ff. UmwG für die übertragende Personengesellschaft und die §§ 46ff. UmwG für die aufnehmende GmbH.

*e) Personenidentität*

1662 Bei der Verschmelzung durch Aufnahme braucht keine Personenidentität der Gesellschafter, schon gar nicht eine Beteiligungsidentität an den beteiligten Rechtsträgern zu bestehen. Dies kann zur Regelung der Vermögensnachfolge unter den Erben genutzt werden. So kann z.B. eine Kapitalgesellschaft auf eine GmbH & Co. KG verschmolzen werden, mit der Folge, daß die (erhöhten) Kommanditeinlagen den Gesellschaftern der Kapitalgesellschaft zustehen. Umgekehrt kann eine Personengesellschaft auf eine Kapitalgesellschaft verschmolzen werden gegen Gewährung von Geschäftsanteilen oder Aktien. Von der Verschmelzung auf eine GmbH & Co. KG, deren Komplementär-GmbH noch nicht im Handelsregister eingetragen ist, ist aus Haftungsgründen abzuraten. Die Eintragung der GmbH im B-Handelsregister sollte abgewartet werden.

*f) Rechtsfolge*

1663 Mit der Verschmelzung geht das Vermögen einschließlich der Verbindlichkeiten des übertragenden Rechtsträgers im Wege der Gesamtrechtsnachfolge auf den übernehmenden Rechtsträger über. Der Übergang der Verbindlichkeiten bedarf nicht der Zustimmung der Gläubiger. Den Anteilsinhabern des übertragenen Rechtsträgers werden im Wege des Anteilstausches Anteile an dem übernehmenden oder neuen Rechtsträger gewährt.

*g) Anwendungsbereich für die Vermögensnachfolge*

1664 Im Bereich der Vermögensnachfolge wird der Hauptanwendungsfall der Verschmelzung bei Umwandlungen von Personen- auf Kapitalgesellschaften liegen, um die persönliche Haftung der Vermögensnachfolger auszuschließen. Daneben eignet sich die Verschmelzung z.B. zur Verbesserung der betrieblichen Organsiation im Konzern, zur Umgehung einer Liquidation, zur Übernahme eines Unternehmens, zur Konzentration oder zur Vorbereitung eines Börsengangs.

### 4. Spaltung

#### *a) Allgemeines*

Als neue Umwandlungsform ist mit der Novellierung des Umwandlungsrechts in den §§ 123ff. UmwG die „Spaltung" eines Rechtsträgers in die deutsche Rechtsordnung neu eingeführt worden[485]. *1665*

Durch die Spaltung wird das Gesellschaftsvermögen vollständig oder teilweise auf eine oder mehrere andere Gesellschaften aufgeteilt[486]. Da aufgrund der Spaltung eine Sonderrechtsnachfolge eintritt[487], entfällt die Notwendigkeit von Einzelübertragungsakten der Vermögensgegenstände[488]. *1666*

Die Spaltung kann sehr unterschiedlichen wirtschaftlichen Zielen dienen, die auch für die Interessen der Vermögensnachfolger von Bedeutung sein können: z.B. Schaffung kleinerer, am Markt selbständig auftretender Einheiten; Vorbereitung der Veräußerung von Unternehmensteilen; Aufteilung von Haftungsrisiken; Vermeidung der Mitbestimmung durch kleinere Unternehmenseinheiten; Betriebsaufspaltungen[489]; Holding-Konstruktionen; Trennung von operativem und nicht betriebsnotwendigem Vermögen; Auseinandersetzung von Familienstämmen; Umgliederungen von Konzernen; Rückgängigmachung von fehlerhaften Verschmelzungen; Entflechtungsmaßnahmen und insbesondere auch Erbauseinandersetzungen[490]. *1667*

#### *b) Anwendungsbereich für die Vermögensnachfolge*

Zur Gestaltung der Vermögensnachfolge eröffnet die Spaltung von Rechtsträgern neue Möglichkeiten. Ist der Erblasser Inhaber einer Gesellschaft, die z.B. verschiedene Unternehmenszweige hat, unterschiedliche Produktionen betreibt oder neben der Produktion und dem Vertrieb der eigenen Erzeugnisse, den Handel mit Fremderzeugnissen unterhält, so kann die Spaltung als vorbereitendes Mittel der Vermögensnachfolge eingesetzt werden, um den Nachlaß später unter mehreren Erben real zu teilen. Mehrere Erben können mit rechtlich selbständigen Unternehmen eines Produktions-, Vertriebs- oder Dienstleistungsbereichs ausgestattet werden. *1668*

Nach dem Erbfall kann die Spaltung zur Auseinandersetzung unter mehreren Erben genutzt werden. Zivilrechtlich nach dem Umwandlungsgesetz und umwandlungssteuerrechtlich (vgl. § 2 UmwStG) kann die Spaltung bis zu acht Monaten rückwirkend vorgenommen werden, so daß die Erbengemeinschaft selbst auf dem vom Gesetzgeber im Umwandlungsrecht aufgezeigten Wege durch Neustrukturierung des Unternehmens ihre Auseinandersetzung – gem. § 128 UmwG *1669*

---

485 Dazu D. Mayer, DB 1995, 861.
486 Zur Spaltung auf eine GmbH vgl. Beck GmbH-HB/Orth § 14 Rz. 150ff.
487 Heidenhain, ZIP 1995, 801.
488 Lutter/Teichmann (2. Aufl.), § 123 UmwG Rz. 8.
489 Limmer in Neye/Limmer/Frenz/Harnacke, Hdb. d. Unternehmensumwandlung, RZ. 982; Sagasser/Bula/Brünger, Umwandlungen, S. 438ff. (N 94ff.); Patt, DStR 1994, 1383.
490 BR-Drs 75/94 S. 74.

sogar unter Verschiebung der Beteiligungsverhältnisse[491] – vorbereiten könnte, wobei der Gläubigerschutz gem. § 133 UmwG gewährleistet bleibt[492].

*c) Spaltungsformen*

1670 § 123 UmwG definiert drei verschiedene Arten der Spaltung, nämlich Aufspaltung, Abspaltung und Ausgliederung[493].

aa) Aufspaltung

1671 Bei der Aufspaltung erlischt der übertragende Rechtsträger ohne Liquidation. Der Gläubigerschutz ist durch eine gesamtschuldnerische Haftung der neuen Rechtsträger gewährleistet (zur Begrenzung durch die Fünfjahresfrist vgl. § 133 Abs. 3 UmwG). Das Vermögen geht auf die neuen Rechtsträger im Wege der partiellen Gesamtrechtsnachfolge gegen Gewährung von Anteilen an die Anteilsinhaber des übertragenden Rechtsträgers über. Die Aufspaltung kann auf zwei oder mehr Rechtsträger erfolgen, die bereits bestehen (Aufspaltung durch Aufnahme) oder neu gegründet (Aufspaltung durch Neugründung) werden.

bb) Abspaltung

1672 Bei der Abspaltung wird der übertragende Rechtsträger nicht aufgelöst, sondern spaltet lediglich einen Teil seines Vermögens auf einen oder mehrere andere erwerbende Rechtsträger ab. Eine Abspaltung zur Aufnahme und zur Neugründung ist möglich. Die Anteilsinhaber sind dann grundsätzlich an beiden Rechtsträgern direkt beteiligt.

cc) Ausgliederung

1673 Bei der Ausgliederung kann der Rechtsträger Teile seines Vermögens auf eine oder mehrere Tochtergesellschaften ausgliedern. Die Ausgliederung kann zur Aufnahme und zur Neugründung erfolgen. Die Anteile an der Tochtergesellschaft werden nicht in das Vermögen der eigenen Anteilsinhaber übertragen, sondern bleiben im Vermögen des übertragenden Rechtsträgers. Durch die Ausgliederung entsteht ein Mutter-Tochter-Konzernverhältnis. Daher eignet sich die Ausgliederung zur Schaffung von Holding-Strukturen. Bezweckt der Unternehmer eine Unternehmensnachfolge mit einheitlicher Konzernleitung aber unterschiedlichen Kompetenzbereichen (z.B. um mehreren Abkömmlingen jeweils eigene unternehmerische Verantwortungsbereiche zu übergeben), so bietet sich als vorbereitende Maßnahme eine Ausgliederung der jeweiligen Unternehmensteile an. Da übertragender Rechtsträger auch ein Einzelkaufmann sein kann, kann die Umwandlung durch Ausgliederung eines einzelkaufmännischen Unternehmens in eine Kapitalgesellschaft vorgenommen werden. Bei vorweggenommener Erbfolge

[491] Dazu Lutter/Priester (2. Aufl.), § 128 UmwG Rz. 8ff.
[492] Zu den erbschafts- und ertragssteuerlichen Folgen ⇒ Buch II Rz. 520.
[493] Vgl. dazu die Schemata bei Sagasser/Bula/Brünger, Umwandlungen, S. 399ff. (N 4ff.).

ist eine Beteiligung der Vermögensnachfolger an der Kapitalgesellschaft möglich, indem diese sich durch Bareinlagen beteiligen, während das ausgegliederte Einzelunternehmen Sacheinlage ist.

dd) Kombination der Spaltungsformen

Obwohl im Gesetz nicht geregelt, wird eine Kombination der Spaltungsformen Abspaltung und Ausgliederung, für die ein praktisches Bedürfnis spricht[494], für zulässig erachtet. Eine Kombination zwischen Aufpaltung und Ausgliederung, die zu einer Gewährung von Anteilen an dem übertragenden Rechtsträger führt, wird als unzulässig angesehen, da der übertragende Rechtsträger nach § 131 Abs. 1 Nr. 2 UmwG zwingend mit der Eintragung der Aufspaltung im Handelsregister erlöschen würde[495]. *1674*

*d) Spaltungsfähige Rechtsträger, Vermögen, Haftung*

Die drei Spaltungsformen können sowohl auf einen bestehenden Rechtsträger als auch auf einen neu zu gründenden Rechtsträger erfolgen[496]. *1675*

Bezüglich der Vermögensgegenstände, die von der Spaltung betroffen werden, sieht das Gesetz keine Einschränkungen vor. Daher kann sogar ein einzelner Vermögensgegenstand, z.B. ein Betriebsgrundstück, im Wege einer Spaltung aus dem Unternehmensvermögen ausgegliedert werden. Bei einer solchen Ausgliederung von einzelnen Vermögensgegenständen darf der Gläubigerschutz nicht unterlaufen werden. *1676*

Nach § 133 UmwG sollen für Verbindlichkeiten des übertragenden Rechtsträgers, die vor dem Wirksamwerden der Spaltung begründet worden sind, die an der Spaltung beteiligten Rechtsträger als Gesamtschuldner haften. Die gesamtschuldnerische Haftung wird für denjenigen Rechtsträger, der nach dem Spaltungsplan nicht der originäre Schuldner ist, auf einen Fünfjahreszeitraum begrenzt. Die gesamtschuldnerische Haftung tritt für alle Verbindlichkeiten ein, sofern sie vor dem Wirksamwerden der Spaltung begründet waren. *1677*

An einer Spaltung können als übertragende, übernehmende oder neue Rechtsträger beteiligt sein: Personengesellschaften (OHG, KG), Kapitalgesellschaften (GmbH, AG, KGaA), eingetragene Genossenschaften, eingetragene Vereine, genossenschaftliche Prüfungsverbände, Versicherungsvereine auf Gegenseitigkeit. Nur als übertragende Rechtsträger können wirtschaftliche Vereine beteiligt sein. Darüberhinaus können als übertragende Rechtsträger an einer Ausgliederung beteiligt sein: Einzelkaufleute, Stiftungen, Gebietskörperschaften, Zusammenschlüsse von Gebietskörperschaften, die nicht Gebietskörperschaften sind. *1678*

Die praktischen Schwierigkeiten und letztlich wirtschaftlichen Probleme bei der Spaltung können bei der Zuordnung der Vermögensgegenstände auftreten. *1679*

---

[494] Kallmeyer, DB 1995, 81.

[495] **A.A.**: Kallmeyer, DB 1995, 82f.

[496] Peter/Crezelius/Limmer, Rz. 74, 75.

Hierbei ist eine Zuordnung der sächlichen und personellen Betriebsmittel notwendig. Dabei kann die Festlegung des Umtauschverhältnisses der Anteile bei der Auf- und Abspaltung in der Praxis Probleme bereiten und zu Streit führen.

*1680* Will der Erblasser die Auf- oder Abspaltung zum Zwecke der Erbauseinandersetzung, so sind daher genaue Vorgaben in der letztwilligen Verfügung zu empfehlen. Vorzugswürdig sind aber Spaltungen als die Erbfolge vorbereitende Maßnahmen. Insbesondere ist eine möglichst weitgehende Verselbständigung der zu trennenden Betriebseinheiten herbeizuführen. Dadurch können unnötige Streitigkeiten, die das Unternehmen belasten, vermieden werden.

*e) Spaltungsvertrag, Spaltungsplan*[497]

*1681* Die Spaltung wird nach § 126 UmwG durch den Spaltungs- und Übernahmevertrag, bei der Spaltung zur Neugründung durch den Spaltungsplan gem. § 136 UmwG geregelt. Danach ist den Beteiligten eine weitgehende Vertragsfreiheit für die Teilung des Aktiv- und Passiv-Vermögens eingeräumt. Auch die Aufteilung der Anteile oder Mitgliedschaften jedes der beteiligten Rechtsträger auf die Anteilsinhaber sowie der Maßstab der Aufteilung unterliegen privatautonomer Gestaltungsfreiheit. Da jedenfalls bei Kapitalgesellschaften die Spaltung durch Mehrheitsbeschluß herbeigeführt werden kann, ist nach § 128 UmwG die Zustimmungspflicht aller Anteilsinhaber des übertragenen Rechtsträgers und die der nicht Erschienenen (§ 13 Abs. 3 UmwG) vorgeschrieben.

*1682* Sowohl der Spaltungsvertrag als auch der Spaltungsplan[498] bedürfen der notariellen Beurkundung.

*1683* Der Mindestinhalt eines Spaltungs- und Übernahmevertrages wird durch § 126 Abs. 1 UmwG festgesetzt:

- Name oder Firma und Sitz der an der Spaltung beteiligten Gesellschaften,
- Vereinbarung über die Übertragung der Teile des Vermögens des übertragenden Rechtsträgers jeweils als Gesamtheit gegen Gewährung von Anteilen oder Mitgliedschaften an die übernehmenden Rechtsträger,
- nur bei Aufspaltung und Abspaltung: das Umtauschverhältnis der Anteile und gegebenenfalls die Höhe der baren Zuzahlung oder Angaben über die Mitgliedschaft bei den übernehmenden Rechtsträgern,
- nur bei Aufspaltung und Abspaltung: die Einzelheiten für die Übertragung der Anteile der übernehmenden Gesellschaft oder über den Erwerb der Mitgliedschaft bei den übernehmenden Gesellschaftern,
- Angabe des Zeitpunktes, von dem ab die Anteile oder die Mitgliedschaft einen Anspruch auf einen Anteil am Bilanzgewinn gewähren, sowie alle besonderen Regelungen bezüglich dieses Anspruchs,

---

[497] Heidenhain, NJW 1995, 2873.
[498] Lutter/Priester (2. Aufl.), § 136 UmwG, Rz. 6.

- Festlegung des Zeitpunkts von dem an die Handlungen des übertragenden Rechtsträgers als für Rechnung jedes der übernehmenden Rechtsträger vorgenommen werden sollen (Spaltungsstichtag),
- Angabe der Rechte, welche die übernehmenden Gesellschaften einzelnen Gesellschaftern sowie den Inhabern besonderer Rechte wie Anteile ohne Stimmrecht, Vorzugsaktien, Mehrstimmrechtsaktien, Schuldverschreibungen, Genußrechte, gewähren, oder die für diese Personen vorgesehenen Maßnahmen,
- Angabe aller Vorteile, welche einem Mitglied eines Vertretungsorgangs oder eines Aufsichtsorgans an der Spaltung beteiligter Gesellschaften, einem geschäftsführenden Gesellschafter, einem Abschlußprüfer oder einem Spaltungsprüfer gewährt werden,
- genaue Bezeichnung der Aufstellung der Gegenstände des Aktiv- und Passivvermögens, die an jeden der übernehmenden Rechtsträger übertragen werden sowie der übergehenden Betriebe und Betriebsteile unter Zuordnung zu den übernehmenden Rechtsträgern. Hierbei sind die sachenrechtlichen Bestimmtheitsgrundsätze einzuhalten. Auf Urkunden wie Bilanz und Inventarverzeichnisse kann Bezug genommen werden, sofern deren Inhalt eine Zuweisung des einzelnen Gegenstandes ermöglicht. Die Urkunden müssen im Spaltungs- und Übernahmevertrag als Anlagen beigefügt und mitbeurkundet werden.
- Nur bei Aufspaltung und Abspaltung muß die Aufteilung der Anteile oder Mitgliedschaften jedes der übernehmenden Rechtsträger auf die Anteilsinhaber des übertragenden Rechtsträgers sowie der Maßstab für die Aufteilung angegeben werden.
- Die Folgen der Spaltung für die Arbeitnehmer und ihre Vertretungen sowie die insoweit vorgesehenen Maßnahmen müssen enthalten sein.

Erfolgt eine Spaltung zur Neugründung, so müssen die Gründungsvorschriften des jeweiligen Gesellschaftsrechts beachtet werden[499]. Der Spaltungs- und Übernahmevertrag werden bei Neugründung einer Kapitalgesellschaft durch den Spaltungsplan ersetzt, da mit den erst noch zu gründenden Kapitalgesellschaften ein Spaltungs- und Übernahmevertrag nicht abgeschlossen werden kann. Für den Spaltungsplan gilt § 126 UmwG entsprechend. *1684*

### *f) Spaltungsbericht*

Nach § 127 UmwG haben die Vertretungsorgane der an der Spaltung beteiligten Gesellschaften für die Gesellschafter zur rechtlichen und wirtschaftlichen Erläuterung einen umfassenden schriftlichen Spaltungsbericht zu erstellen[500]. Der Spaltungsbericht soll einer möglichst umfassenden Information der Gesellschafter dienen[501]. Nach § 8 Abs. 3 i.V.m. § 125 UmwG ist der Spaltungsbericht nicht er- *1685*

---

[499] Peter/Crezelius/Limmer Rz. 2490.
[500] Lutter/Hommelhoff (2. Aufl.), § 127 UmwG, Rz. 16ff.
[501] Lutter/Hommelhoff (2. Aufl.), § 127 UmwG, Rz. 4.

forderlich, wenn alle Gesellschafter der beteiligten Gesellschaften in notariell beurkundeten Verzichtserklärungen auf die Erstellung verzichten[502].

*g) Spaltungsprüfung*

1686 Der Spaltungsvertrag bzw. der Spaltungsplan oder sein Entwurf müssen nach § 9 Abs. 1 i.V.m. § 125 UmwG durch einen oder mehrere sachverständige Prüfer geprüft werden. Der Prüfungsbericht ist schriftlich zu erstatten und mit einem Prüfungsvermerk zu versehen (§ 12 i.V.m. § 125 UmwG). Auf die Spaltungsprüfung kann durch notarielle Zustimmungserklärung aller Anteilsinhaber aller beteiligten Rechtsträger einstimmig verzichtet werden.

*h) Zustimmungsbeschlüsse*

1687 Nach § 13 Abs. 1 i.V.m. § 125 UmwG müssen die Gesellschafter aller beteiligten Gesellschaften dem Spaltungs- und Übertragungsvertrag zustimmen. Der Beschluß ist in einer Gesellschafter- oder Hauptversammlung zu fassen und bedarf der notariellen Beurkundung. Bei der GmbH bedarf der Beschluß einer Dreiviertelmehrheit der abgegebenen Stimmen, bei der Aktiengesellschaft einer Dreiviertelmehrheit des bei der Beschlußfassung vertretenen Grundkapitals. Eine übertragende Aktiengesellschaft darf die Spaltung nur beschließen, wenn Sie mindestens seit zwei Jahren im Handelsregister eingetragen ist.

1688 Damit Minderheitengesellschafter nicht übergangen werden können, bestimmt § 128 UmwG, daß bei der verhältniswahrenden Spaltung alle Gesellschafter der übertragenden Gesellschaft zustimmen müssen. Der Zustimmungsbeschluß bedarf nach § 13 Abs. 3 UmwG der notariellen Beurkundung. Nicht erschienene Gesellschafter können durch notariell beurkundete Zustimmungserklärung nachträglich zustimmen. Vor einer Auslandsbeurkundung, die von einzelnen Autoren im Schrifttum – wenn auch mit Einschränkungen[503] – für möglich gehalten wird, ist wegen der damit verbundenen Unwirksamkeitsrisiken[504] zu warnen.

1689 Nach § 138 UmwG ist bei Beteiligung einer GmbH ein Sachgründungsbericht erforderlich[505].

1690 Die Spaltung kann bei der übernehmenden Gesellschaft zu einer Kapitalerhöhung führen. Die übernehmende Gesellschaft ist jedoch nicht verpflichtet, eine Kapitalerhöhung durchzuführen. Wird eine Kapitalerhöhung durchgeführt, so handelt es sich um eine Kapitalerhöhung gegen Sacheinlage.

1691 Die Abspaltung kann eine Herabsetzung des Stammkapitals erfordern. Wird das Kapital herabgesetzt, so darf die Abspaltung oder Ausgliederung erst eingetragen werden, nachdem die Herabsetzung des Stammkapitals im Handelsregister eingetragen ist (§§ 139 Satz 2, 145 Satz 2 UmwG).

---

502 Lutter/Lutter (2. Aufl.), § 8 UmwG, Rz. 45ff.

503 Lutter/Lutter (2. Aufl.), § 13 UmwG, Rz. 13.

504 Dazu oben ⇒ Rz. 1342 und Rz. 1649 Fn. 481.

505 Lutter/Priester (2. Aufl.), § 138 Rz. 4ff.

*i) Registeranmeldung*

Die Spaltung ist durch die Vertretungsorgange jedes der an der Spaltung beteiligten Rechtsträger zur Eintragung in das jeweilige Handelsregister anzumelden. Mit der Handelsregisteranmeldung ist die Versicherung der Vertretungsorgange zu verbinden, daß eine Klage gegen die Wirksamkeit des Spaltungsbeschlusses nicht oder nicht fristgemäß erhoben oder eine solche Klage rechtskräftig abgewiesen oder zurückgenommen worden ist (§ 16 Abs. 2 UmwG). *1692*

Der Anmeldung sind beizufügen *1693*

- notariell beglaubigte Abschrift des Spaltungsvertrages,
- notariell beglaubigte Abschrift der Niederschrift über die Gesellschafterversammlung, in der die Zustimmungserklärungen beschlossen wurden,
- notariell beglaubigte Abschriften notwendiger Zustimmungserklärungen nicht erschienener Gesellschafter,
- Abschrift des Spaltungsberichtes,
- Abschrift des Prüfungsberichtes oder notariell beurkundete Verzichtserklärungen,
- Schlußbilanz des übertragenden Rechtsträgers (§ 17 Abs. 2 UmwG),
- Nachweis über die rechtzeitige Zuleitung des Spaltungsvertrages oder seines Entwurfes an den zuständigen Betriebsrat etwa durch Vorlage der Empfangsbestätigung des Vorsitzenden des jeweiligen Betriebsrats.

*j) Wirksamwerden der Spaltung*

Die Spaltung wird mit der Eintragung in das Handelsregister der übertragenden Gesellschaft wirksam[506]. Da aufgrund der Spaltung die Vermögensgegenstände im Wege der partiellen Gesamtrechtsnachfolge auf die an der Spaltung beteiligten Rechtsträger übergehen, bedarf es keiner Einzelübertragung der Vermögensgegenstände. *1694*

## 5. Formwechsel

*a) Allgemeines*

Nach § 190 Abs. 1 UmwG kann ein Rechtsträger durch Formwechsel eine andere Rechtsform erhalten. Die Identität des Rechtsträgers wird durch den Formwechsel nicht berührt, auch wenn eine Personengesellschaft in eine Kapitalgesellschaft oder umgekehrt umgewandelt wird. Allerdings kann mit Zustimmung aller Anteilsinhaber von der Identität der Beteiligungsverhältnisse der Anteilseigner abgewichen werden (sog. nicht verhältniswahrender Formwechsel). Durch den Formwechsel wird die rechtliche Organisationsform eines Rechtsträgers geändert.[507] Nach § 202 Abs. 1 Ziff. 1 UmwG besteht der formwechselnde Rechtsträger in der den Umwandlungsbeschluß bestimmenden Rechtsform weiter. *1695*

---

[506] Lutter/Teichmann (2. Aufl.) Anh. § 137, Rz. 11.

[507] Begründung zum Regierungsentwurf, BR-Drs. 75/94, S. 136; Karsten Schmidt ZIP 1995, 1385, 1387.

1696 Die formwechselnde Umwandlung bietet sich bei der Unternehmensnachfolge dann an, wenn z.B. die Erben das Unternehmen nicht in der Form einer Personengesellschaft fortführen wollen oder können. Hierbei können zur Auseinandersetzung einer Erbengemeinschaft auch die Möglichkeiten eines nicht verhältniswahrenden Formwechsels genutzt werden.

1697 In Einzelfällen kann für die Unternehmensnachfolge aber auch eine Umwandlung einer Kapitalgesellschaft in eine Personengesellschaft von Interesse sein, insbesondere einer GmbH in eine GmbH & Co KG.[508]

1698 Der Formwechsel eignet sich auch zur Vorbereitung einer Vermögensnachfolge. Sind die Vermögensnachfolger selbst zur Leitung des Unternehmens nicht in der Lage, so empfiehlt sich bereits zu Lebzeiten, das Unternehmen durch Formwechsel rechtlich so umstrukturieren, daß die späteren Erben als reine Kapitaleigner beteiligt werden können.

*b) Möglichkeiten des Formwechsels*

1699 Folgende formwechselnden Umwandlungen können vorgenommen werden:
- Personenhandelsgesellschaft in Kapitalgesellschaft oder eingetragene Genossenschaft (§ 214 UmwG),
- Kapitalgesellschaft in BGB-Gesellschaft, Personenhandelsgesellschaft, eine andere Kapitalgesellschaft oder eingetragene Genossenschaft (§ 226 UmwG),
- eingetragene Genossenschaft in Kapitalgesellschaft (§ 258 UmwG),
- rechtsfähiger Verein in Kapitalgesellschaft oder eingetragene Genossenschaft (§ 272 UmwG),
- Körperschaft oder Anstalt des öffentlichen Rechts in Kapitalgesellschaft (§ 301 UmwG).

*c) Umwandlungsbericht*

1700 Grundsätzlich ist ein Umwandlungsbericht erforderlich, der den Formwechsel und die künftige Beteiligung der Anteilsinhaber rechtlich und wirtschaftlich erläutert. Nach § 192 Abs. 3 UmwG ist ein Umwandlungsbericht dann nicht erforderlich, wenn es sich um eine Einmann-Gesellschaft handelt oder wenn alle Anteilsinhaber in notariell beurkundeter Verzichtserklärung auf die Berichterstattung verzichten[509]. Wird ein Umwandlungsbericht erstellt, so hat dieser nach § 192 Abs. 1 Satz 3 UmwG auch einen Entwurf des Umwandlungsbeschlusses zu enthalten.

1701 Eine Umwandlungsbilanz wie nach altem Recht ist nicht erforderlich. Erforderlich ist vielmehr eine Vermögensaufstellung, die eine detaillierte Prüfung der Vermögenslage ermöglicht[510]. Auf diese Vermögensaufstellung kann nach § 192 Abs. 3 UmwG ebenfalls verzichtet werden, da die Aufstellung nach § 192 Abs. 2

[508] Dazu D. Mayer, DNotZ 1998, Sonderheft 25. Deutscher Notartag, S. 159, 177ff.
[509] Sagasser/Bula/Brünger, Umwandlungen (2. Aufl.) S. 624 (R 48).
[510] Lutter/Decher (2. Aufl.), § 192 UmwG, Rz. 30ff.

Satz 2 UmwG Bestandteil des Berichtes ist. Außerdem ist nach § 215 UmwG eine Vermögensaufstellung bei einer formwechselnden Umwandlung einer Personenhandelsgesellschaft in eine Kapitalgesellschaft dann nicht erforderlich, wenn alle Gesellschafter geschäftsführungsbefugt sind[511].

*d) Umwandlungsbeschluß*

aa) Allgemeines

Die für den Umwandlungsbeschluß erforderlichen Unterrichtungspflichten sind je nach Gesellschaftsform des betroffenen Rechtsträgers unterschiedlich. 1702

Bei Personenhandelsgesellschaften hat nach § 216 UmwG das Vertretungsorgan allen von der Geschäftsführung ausgeschlossenen Gesellschaftern spätestens mit der Einberufung der Gesellschafterversammlung den Formwechsel als Gegenstand der Beschlußfassung schriftlich anzukündigen, den erforderlichen Umwandlungsbericht sowie ein Abfindungsgebot nach § 107 UmwG zu übersenden[512]. 1703

Der Umwandlungsbeschluß bedarf der Zustimmung aller anwesenden Gesellschafter zuzüglich der Zustimmung aller nicht erschienenen Gesellschafter, sofern der Gesellschaftsvertrag nicht eine Mehrheitsentscheidung vorsieht, mindestens jedoch einer Dreiviertelmehrheit aller Gesellschafter.

Bei Kapitalgesellschaften haben nach §§ 230, 231 UmwG die Geschäftsführer der formwechselnden GmbH allen Gesellschaftern spätestens mit der Einberufung der Gesellschafterversammlung den Formwechsel als Gegenstand der Beschlußfassung schriftlich anzukündigen und den Umwandlungsbericht zu übersenden. Bei einer Aktiengesellschaft oder KGaA ist der Umwandlungsbericht von der Einberufung der Hauptversammlung an in den Geschäftsräumen der Gesellschaft zur Einsicht auszulegen. Jeder Aktionär hat das Recht, kostenlos eine Abschrift des Umwandlungsberichts zu verlangen. Darüberhinaus muß den Aktionären ein Abfindungsgebot nach § 207 UmwG übersandt werden oder im Bundesanzeiger oder den sonst bestimmten Gesellschaftsblättern bekannt gemacht werden. 1704

bb) Zustimmungserfordernis

Der Umwandlungsbeschluß bedarf nach § 233 Abs. 1 UmwG der Zustimmung aller Gesellschafter bei Umwandlung in eine BGB-Gesellschaft oder OHG, einer Dreiviertelmehrheit bei Umwandlung in eine KG, gem. § 240 UmwG einer Dreiviertelmehrheit bei Umwandlung in eine Kapitalgesellschaft. 1705

cc) Inhalt

Der Umwandlungsbeschluß muß nach § 194 UmwG folgenden Inhalt haben: 1706
– Angabe der Rechtsform, in die der Formwechsel erfolgen soll,

---

511 Lutter/Joost (2. Aufl.), § 215 UmwG, Rz. 2ff.

512 Sagasser/Bula/Brünger, Umwandlungen (2. Aufl.) S. 624 (R 49).

- Name oder Firma des neuen formgewechselten Rechtsträgers, Beteiligung der bisherigen Anteilsinhaber an dem neuen formgewechselten Rechtsträger nach den für die neue Rechtsform geltenden Vorschriften. Eine Ausnahmeregelung gilt nur für Komplementäre einer formwechselnden Kommanditgesellschaft auf Aktien, für die im 5. Buch ein Ausscheiden vorgesehen ist, sowie für den ebenfalls vorgesehenen Ausschluß bestimmter Mitglieder eines formwechselnden Versicherungsvereins auf Gegenseitigkeit von der Beteiligung an der Aktiengesellschaft.
- Zahl, Art und Umfang der Anteile oder der Mitgliedschaften, welche die Anteilsinhaber durch den Formwechsel erlangen sollen oder die einen beitretenden persönlich haftenden Gesellschafter eingeräumt werden sollen. Angabe aller Sonderrechte, die einzelnen Anteilsinhabern sowie den Inhabern besonderer Rechte, wie Anteile ohne Stimmrecht, Vorzugsaktien, Mehrstimmrechtsaktien, Schuldverschreibungen und Genußrechte, gewährt werden sollen oder Maßnahmen, die für solche Personen vorgesehen sind.
- Abfindungsgebot nach § 207 UmwG, sofern der Umwandlungsbeschluß für seine Wirksamkeit nicht der Zustimmung aller Anteilsinhaber bedarf oder an den formwechselnden Rechtsträgern nur ein Anteilsinhaber beteiligt ist.
- Folgen des Formwechsels für die Arbeitnehmer und ihre Vertretungen sowie die insoweit vorgesehenen Maßnahmen.

*e) Gründungsvorschriften des neuen Rechtsträgers*

*1707* Nach § 197 UmwG sind auf den Formwechsel die für den neuen Rechtsträger geltenden Gründungsvorschriften anzuwenden, soweit sich nichts Abweichendes aus dem Umwandlungsgesetz ergibt. Hierdurch soll vermieden werden, daß die für den Rechtsträger neuer Rechtsform maßgebenden Gründungsvorschriften umgangen werden können. So ist insbesondere nach § 220 Abs. 2 UmwG beim Formwechsel in eine GmbH im Sachgründungsbericht und beim Formwechsel in eine Aktiengesellschaft im Gründungsbericht der bisherige Geschäftsverlauf und die Lage der formwechselnden Gesellschaft darzulegen.

*f) Registeranmeldung*

*1708* Die formwechselnde Umwandlung ist grundsätzlich bei dem Registergericht in notariell beglaubigter Form anzumelden, in dem der formwechselnde Rechtsträger bisher eingetragen ist. Ändert sich die Art des Registers (Vereins-, Handels-, Genossenschaftsregister) durch den Formwechsel oder wird der Sitz des Rechtsträgers mit dem Formwechsel verlegt, so ist bei beiden Registern anzumelden. War der bisherige Rechtsträger in keinem Register eingetragen (§ 198 Abs. 2 Satz 1 UmwG), so ist beim künftig zuständigen Registergericht anzumelden. Gegenstand der Anmeldung ist nicht der Umwandlungsbeschluß, sondern die neue Rechtsform des Rechtsträgers. Die Niederschrift des Umwandlungsbeschlusses ist der Anmeldung nur als Anlage beizufügen.

*1709* Der Anmeldung sind im einzelnen beizufügen:

- beglaubigte Abschrift der notariellen Niederschrift des Umwandlungsbeschlusses,
- beglaubigte Abschrift der erforderlichen Zustimmungserklärung der Anteilsinhaber,
- Urschrift oder Abschrift des Umwandlungsberichtes bzw. beglaubigte Abschrift der notariellen Erklärungen über den Verzicht auf seine Erstellung,
- gegebenenfalls Nachweis über die Zuleitung des Umwandlungsberichtes an den Betriebsrat,
- Genehmigungsurkunden.

Die Registeranmeldung ist zu unterzeichnen *1710*

- bei Formwechsel von einer Personenhandelsgesellschaft in eine Kapitalgesellschaft durch alle Mitglieder des künftigen Vertretungsorgans sowie eventueller Aufsichtsratsmitglieder,
- bei Umwandlung einer Kapitalgesellschaft in eine Personengesellschaft durch das Vertretungsorgan der formwechselnden Gesellschaft (§ 235 UmwG),
- bei Umwandlung einer Kapitalgesellschaft in eine andere Kapitalgesellschaft ebenfalls durch das Vertretungsorgan der formwechselnden Gesellschaft, wobei zugleich mit der neuen Rechtsform die Vertretungsorgane des Rechtsträgers neuer Rechtsform anzumelden sind.

ZWEITES BUCH

# Die Steuerfolgen der Erbfolgegestaltung

1. KAPITEL

# Die Steuerfolgen im Erbfall

## 1. Abschnitt
## Erbschaftsteuer

### I. Allgemeiner Überblick[1]

#### 1. Gegenstand der Erbschaftsteuer und ihre Einordnung in das Gesamtsteuersystem

Gemäß § 1 Erbschaftsteuergesetz (ErbStG) unterliegen der Erbschaftsteuer 1

1. der Erwerb von Todes wegen,
2. die Schenkungen unter Lebenden,
3. die Zweckzuwendungen,
4. das Vermögen einer Stiftung im Zeitabstand von je 30 Jahren.

Die Erbschaftsteuer wird von dem Vermögen erhoben, das bei Tod einer natürlichen Person oder Aufhebung eines Zweckvermögens (Stiftung) auf einen Dritten übergeht. Es handelt sich hier um den Grundtatbestand. Der unentgeltliche Vermögensübergang unter Lebenden (Schenkung) ist ein Ersatztatbestand. Durch diese Ergänzung soll vermieden werden, daß die Erbschaftsteuer infolge einer Schenkung zu Lebzeiten des Erblassers umgangen wird. Als Schenkungsteuer ist sie eine Unterart der Erbschaftsteuer[2].

Die Belastung des Vermögens mit der Erbschaftsteuer bedeutet für den Bürger einen der stärksten Eingriffe in seine Eigentumsrechte. Der Staat wird auf diese Weise gleichsam zum Miterben. 2

Für die Höhe der Steuer ist der Verwandtschaftsgrad des Erblassers und die Höhe des Erbanfalls maßgebend. Die 3 Steuerklassen sind am Verwandtschaftsgrad orientiert. Betriebsvermögen hingegen wird stets nach Steuerklasse I besteuert. 3

---

1 Literaturhinweise: Haas-Schumacher, Erbschaftsteuer/Schenkungsteuer; Hofmann, Erbschaft- und Schenkungsteuer; Jahrmarkt, Vorteilhafte Unternehmensnachfolge; Kapp/Ebeling, Handbuch der Erbengemeinschaft; Kapp, Komm. zum Erbschaftsteuer- und Schenkungsteuergesetz; Meincke, Komm. zum Erbschaftsteuergesetz, 12. Aufl. 1999; Moench, Erbschaftsteuer und Schenkungsteuer, Loseblatt; Petzoldt, Erbschaftsteuer-/Schenkungsteuergesetz; Schulz, Erbschaftsteuer/Schenkungsteuer, 5. Aufl. 1995; Schulze zur Wiesche, Erbschaftsteuer, 4. Aufl. 1997; Troll/Gebel/Jülicher, Erbschaftsteuer- und Schenkungsteuergesetz.

2 Troll/Gebel/Jülicher ErbStG, Einl. 1; Kapp, ErbStG, Einl. Rz. 6; Meincke § 1 ErbStG, RdNr. 6.

4 Die Erbschaftsteuer ist keine Nachlaßsteuer, wie im angelsächsischen Recht, sondern eine Erbanfallsteuer. Sie erfaßt die Bereicherung, die dem einzelnen Erwerber aufgrund der Erbschaft und der Schenkung zufließt[3].

Sie wird daher auch als Bereicherungsteuer bezeichnet. Eine Verteilung des Nachlasses auf möglichst viele Erben mindert daher die erbschaftsteuerliche Gesamtbelastung. Sie ist als Erbanfallsteuer eine Verkehrsteuer; denn sie besteuert den Vermögensübergang vom Erblasser bzw. Schenker auf den Erben bzw. den Beschenkten. Deshalb schließen sich Erbschaftsteuer und die übrigen Verkehrsteuern wie Grunderwerbsteuer und Umsatzsteuer in der Regel aus[4], nicht jedoch Erbschaftsteuer und die Besitzsteuern[5].

**Beispiel:**

Die unentgeltliche Bestellung eines Nießbrauchs unterliegt der Erbschaftsteuer mit ihrem Kapitalwert[6], die einzelnen Einkünfte jedoch aus dem Nießbrauch sind einkommensteuerpflichtig.

## 2. Grundsatz der Maßgeblichkeit des bürgerlichen Rechts

5 Die gesetzlichen Tatbestände, die die Erbschaftsteuer auslösen, sind Vorgänge des bürgerlichen Rechts[7]. Die erbschaftsteuerlichen Vorgänge sind daher grundsätzlich nach bürgerlichem Recht zu beurteilen[8].

Für die Anwendung der im Steuerrecht sonst gebotenen wirtschaftlichen Betrachtungsweise, die insbesondere für das Ertragsteuerrecht gilt, ist bei der Erbschaftsteuer als Verkehrsteuer wenig Raum[9]. Sie ist daher im Erbschaftsteuerrecht nur begrenzt anwendbar[10], wohl hingegen sind auch § 41 Abs. 2 AO (Scheinge-

---

3 Vgl. § 10 Abs. 1 ErbStG; Meincke, Einführung 1, § 1 ErbStG, RdNr. 2; Troll, ErbStG, Einl. 1; Kapp, ErbStG, Einl. Rz. 4; vgl. auch BFH v. 29. 11. 1961, BStBl. II 1962, 323, allerdings BFH v. 22. 2. 1961, BStBl. III 1961, 234. Thiel, Die neue Erbschaft- und Schenkungsteuer, DB 1997, 64.

4 Meincke, Einführung, RdNrn. 3, 4; anderer Ansicht Troll, § 3 ErbStG, 95ff.

5 Vgl. Crezelius, Zusammentreffen von Einkommensteuer und Erbschaftsteuer, BB 1979, 1342. Hierzu auch Schulz, S. 26; Geck, Die Einkommensteuer und Erbschaftsteuer – die Crux der Doppelbelastung und ihre Milderung durch das EStG, ZEV 1996, 376.

6 Kapp, ErbStG, Einl. Rz. 14ff.; Petzoldt, ErbStG, Einl. Rz. 6.

7 Kapp, § 1 ErbStG, Anm. 6ff.; Meincke, § 3 ErbStG, RdNr. 4; Troll, § 1 ErbStG, Anm. 6c; BFH v. 30. 6. 1960, BStBl. III 1960, 348; v. 15. 6. 1966, BStBl. III 1966, 507.

8 BFH v. 13. 1. 1959, BStBl. III, 197; v. 17. 7. 1959, BStBl. III, 345; v. 19. 12. 1959, BStBl. III 1960, 68; v. 21. 8. 1962, BStBl. III 1963, 178; v. 24. 2. 1961, BStBl. III 1961, 188; v. 30. 6. 1966, BStBl. III 1966, 348; Troll, Nachlaß und Erbe, S. 120; Kapp, § 1 ErbStG, Rz. 6; Crezelius, Erbschaftsteuer und Schenkungsteuer in zivilrechtlicher Sicht, S. 37ff.; BFH v. 19. 10. 1977, BStBl. II 1978, 2217; Pawlowski, BB 1977, 253; Gebel, Wirtchaftliches Eigentum im Erbschaft- und Schenkungsteuerrecht, BB 2000, 557

9 BFH v. 21. 8. 1962, BStBl. III 1963, 178; Troll, § 1 ErbStG, Anm. 6ff., § 1 Abs. 2 und 3 StAnpG a.F.

10 Vgl. Troll, § 1 ErbStG, Anm. 7; Meincke, Einführung, RdNrn. 7, 8.

schäft und verdecktes Geschäft) und § 42 AO (Mißbrauch von Formen und Gestaltungsmöglichkeiten) auch für die Erbschaftsteuer von Bedeutung.

Grundsätzlich ist davon auszugehen, daß ein unwirksames Testament auch erbschaftsteuerlich keine Beachtung findet; ein formwirksames Vermächtnis kann der Besteuerung nur dann zugrunde gelegt werden, wenn feststeht, daß - vom Formmangel abgesehen - eine Anordnung des Erblassers von Todes wegen vorliegt und der Beschwerte dem Begünstigten das diesem zugedachte Vermögen überträgt, um dadurch den Willen des Erblassers zu vollziehen[11].

**Beispiel:**

A schenkt seinem Sohn B einen Geldbetrag von Euro 400.000,–, damit dieser an seinem Unternehmen A eine Beteiligung von nominal Euro 400.000,– erwirbt, deren Verkehrswert aber Euro 600.000,– beträgt. Bürgerlich-rechtlich sind hier zwei Rechtsgeschäfte anzunehmen, einmal die Schenkung des Geldbetrages von Euro 400.000,– und der Erwerb der Beteiligung. Wirtschaftlich gesehen hingegen handelt es sich um eine einheitliche Schenkung des Anteils.

Beide Vorgänge sind bei der Schenkungsteuer getrennt zu behandeln[12].

Diese formaljuristische Betrachtungsweise kann auch, was die anderen Steuerarten anbetrifft, zu einer unterschiedlichen Behandlung führen. So gilt bei der Einkommensteuer als Ertragsteuer wegen der Gleichmäßigkeit der Besteuerung der Grundsatz der wirtschaftlichen Betrachtungsweise. Insbesondere hat im Einkommensteuerrecht der Begriff „wirtschaftliches Eigentum" besondere Bedeutung gefunden. Trotz Fehlens des bürgerlich-rechtlichen Eigentums wird dieses angenommen, wenn ein formal-rechtlicher Nichteigentümer über Wirtschaftsgüter wie ein Eigentümer verfügen kann[13]. Bleibt der Schenker wirtschaftlicher Eigentümer, steht dies der Ausführung der Zuwendung nicht entgegen[14].

**Beispiel:**

A schenkt seinem minderjährigen Sohn Wertpapiere im Werte von Euro 500.000,– und behält sich den Nießbrauch und die volle Verfügungsgewalt, insbesondere das Recht der Beleihung vor. In diesem Falle wird man weiterhin A als wirtschaftlichen Eigentümer ansehen müssen, obwohl er die Wertpapiere seinem Sohn geschenkt hat. Rein bürgerlich-rechtlich liegt eine Schenkung vor, somit unterliegt dieser Vorgang der Erbschaft- bzw. Schenkungssteuer. Einkommensteuerlich hingegen wird A weiterhin als Eigentümer betrachtet. Die Erträge aus diesen Wertpapieren werden ihm weiterhin als Einkünfte zugerechnet. Besondere Bedeutung hat dies für den Grundbesitz; A hätte weiterhin die Abschreibungsvergünstigung, da er als wirtschaftlicher Eigentümer auch den Wertverzehr zu tragen hat.

Für die Frage, ob Rückzahlungsansprüche aus zwischen dem Erblasser und seinen Kindern vereinbarten Darlehen erbschaftsteuerrechtlich als Nachlaßverbindlichkeiten geltend gemacht werden können, sind die einkommensteuerrechtlichen Grundsätze des sog. Fremd-

---

11 BFH v. 15.3.2000, DStR 2000, 1179.

12 BFH v. 29.1.1959, BStBl. III 1959, 55.

13 § 39 Abs. 2 AO.

14 BFH v. 22.9.1982, BStBl. II 1983, 179.

vergleichs bei Darlehensverträgen zwischen nahen Angehörigen nicht entsprechend anwendbar[15].

6 Insbesondere bei Familiengesellschaften ist es nicht selten, daß die Mitunternehmerschaften einkommensteuerlich nicht anerkannt werden[16]. Dies ist z.B. dann der Fall, wenn Eltern ihren Kindern Anteile an einer Personengesellschaft geschenkt haben, weiterhin aber noch die volle Verfügungsgewalt über den Anteil an dem Unternehmen haben. Die Schenkungsteuer jedoch wird in der Regel erhoben werden, allerdings unter der Voraussetzung, daß die Schenkung wirklich vollzogen wurde. Ist der Anteil jedoch den Abkömmlingen nur formal geschenkt worden, und bleibt es tatsächlich beim alten, so ist es fraglich, ob die Schenkung als vollzogen angesehen werden kann.

7 Testamente, die von einem Ausländer errichtet worden sind, sind grundsätzlich nach ausländischem Recht auszulegen[17]. Wenn jedoch Rechtsformen ausländischen Rechts, die vom deutschen Erbrecht abweichen, wie z.B. die Rechtsform eines britischen Trust, zu beurteilen sind, so sind der Sinn und Zweck der deutschen Besteuerungsvorschrift maßgebend[18]. Daher ist in einem solchen Falle anhand des deutschen ErbStG zu prüfen, ob und inwieweit jene ausländischen Rechtsformen als von der deutschen Besteuerung betroffen anzusehen sind[19].

Die Rechtsprechung zur Familiengesellschaft im Ertragsteuerrecht läßt es wegen der einheitlichen Beurteilung von bürgerlich-rechtlichen Sachverhalten im Steuerrecht als fraglich erscheinen, ob die schenkungsteuerlichen Folgen aufrechterhalten werden können, wenn im Einkommensteuerrecht die Anteilsschenkung lediglich als ein Schenkungsversprechen angesehen wird.

### 3. Die Gesamtrechtsnachfolge

8 Der Grundsatz der Gesamtrechtsnachfolge (⇒ Buch I Rz. 8) wird auch im Steuerrecht anerkannt[20]. Im Gegensatz zum bürgerlichen Recht geht das Vermögen bei einer Mehrheit von Erben nicht als ungeteiltes Ganzes (§ 2032 BGB) auf die Erben über, da das Steuerrecht Gesamthandsvermögen als Sondervermögen nicht kennt[21].

---

15 BFH v. 25. 10. 1995, DStR 1996, 60.

16 Hier insbesondere BFH v. 13. 12. 1963, BStBl. III 1964, 155; v. 20. 8. 1964, DB 1964, 1796; v. 6. 11. 1964, BStBl. III 1965, 52; v. 22. 1. 1970, BStBl. II 1970, 413; v. 22. 1. 1970, BStBl. II 1970, 416; vgl. auch Schulze zur Wiesche, DB 1970, 1893 (1896ff.); derselbe in DB 1972, 1797.

17 Meincke/Michel, § 2 ErbStG, RdNr. 3a; BFH v. 20. 12. 1957, BStBl. III 1958, 79.

18 BFH v. 20. 12. 1957, BStBl. III 1958, 79; v. 19. 10. 1958, BStBl. III 1956, 363.

19 BFH v. 20. 12. 1957, a.a.O.; ferner v. 31. 5. 1961, BStBl. III 1961, 312; v. 25. 5. 1964, BStBl. III 1964, 408; v. 21. 2. 1962, HFR 1962, 164; v. 20. 7. 1971, BStBl. II 1972, 170.

20 Troll, § 3 ErbStG, Anm. 9; Schulz, S. 43ff.

21 Troll, § 3 ErbStG, Anm. 26; Kapp, § 3 ErbStG, Anm. 116, 117.

Steuerlich wird gemäß § 39 Abs. 2 Nr. 2 AO jeder Erbe so behandelt, als ob er an dem Vermögen nach Bruchteilen berechtigt sei[22]. Maßgebend für die Zurechnung des Vermögens ist das, was der einzelne Erbe erhalten würde, wenn am Stichtag die Gesamthandsgemeinschaft aufgelöst und die Auseinandersetzung vorgenommen worden wären. Die Höhe des Anteils richtet sich nach den bürgerlich-rechtlichen Bestimmungen.

Erben i.S. des Gesetzes können nicht nur natürliche Personen, sondern auch juristische Personen sein. Fällt jedoch einer Gesamthandsgemeinschaft durch Erbanfall oder Schenkung Vermögen zu, sind unabhängig von der Frage, ob zivilrechtlich ggf. die Gesamthand Erbin oder Beschenkte ist, für die Erbschaft- und Schenkungsteuer die Gesamthänder als vermögensmäßig bereichert anzusehen. Erwerber und damit Steuerschuldner i.S. des § 20 ErbStG sind in einem solchen Falle nicht die Gesamthand, sondern die Gesamthänder[23].

## II. Güterrechtliche Vereinbarungen

Bei den güterrechtlichen Vereinbarungen (⇒ Buch I Rz. 754) zwischen den Ehepartnern sind zu unterscheiden die Vereinbarungen hinsichtlich des Vermögens beider Ehepartner bei der Eingehung der Ehe, Rechtsgeschäfte während der Ehe und die güterrechtlichen Vereinbarungen bei Auflösung der Ehe infolge Scheidung oder Todes. Neben diese Vereinbarungen treten auch noch die Schenkungen an den anderen Ehepartner während des Bestehens der Ehe. Wird der Güterstand der Zugewinngemeinschaft durch Ehevertrag vereinbart, gilt als Zeitpunkt des Eintritts des Güterstandes § 1374 Abs. 1 BGB der Tag des Vertragsabschlusses. Eine zivilrechtliche Rückwirkung gilt steuerlich nicht (§ 5 Abs. 1 Satz 4 ErbStG)[24]. *9*

### 1. Die Vereinbarung einer allgemeinen Gütergemeinschaft

Gemäß § 7 Abs. 1 Nr. 4 ErbStG fällt auch die Bereicherung, die ein Ehegatte bei Vereinbarung der Gütergemeinschaft (§ 1415 BGB) erfährt, unter die Schenkungsteuer[25]. Nach altem Recht wurde in der Vereinbarung der Gütergemeinschaft (§ 1415 BGB) keine steuerpflichtige Zuwendung erblickt. Sie ist bürgerlich-rechtlich keine Schenkung (⇒ Buch I Rz. 765). Lediglich für den Fall, daß die Ehepartner mit der Vereinbarung der allgemeinen Gütergemeinschaft gleichzeitig eine erbrechtliche Regelung verfolgen, oder bei Vorliegen außergewöhnlicher Umstände, wurde nach herrschender Rechtsprechung eine steuerpflichtige *10*

[22] Troll, § 3 ErbStG, Anm. 26.

[23] BFH v. 14. 9. 1994, BStBl. II 1995, 81.

[24] BFH v. 28. 6. 1989, BStBl. II 1989, 897; a.A. gleichlautender Ländererlaß v. 10. 11. 1989, BStBl. I 1989, 429.

[25] Vgl. hierzu Kapp, BB 1975, 738; Keuk, DB 1974, 982; vgl. auch Bopp, DB 1975, 1000; vgl. Petzoldt, § 7 ErbStG, Rz. 69ff.

Schenkung angenommen[26]. Außergewöhnliche Umstände nahm man z.B. an, wenn ein reicher Ehegatte den anderen Ehepartner, der nichts mit in die Ehe gebracht hatte, durch Vereinbarung der allgemeinen Gütergemeinschaft zum Miteigentümer seines ganzen Vermögens gemacht hat. Das gleiche galt für den Fall, daß die allgemeine Gütergemeinschaft kurz vor dem Ableben des vermögenden Ehepartners vereinbart wurde. Wurde jedoch die allgemeine Gütergemeinschaft gleich bei Eingehung der Ehe vereinbart, so wurde ein schenkungsteuerpflichtiger Vorgang nicht angenommen, weil die Vermutung dafür sprach, daß die Partner hierfür eine erbrechtliche Lösung noch nicht treffen wollten (⇒ auch Buch I Rz. 765).

### 2. Schenkungen zwischen Ehepartnern innerhalb einer bestehenden Ehe

11 Unentgeltliche Vermögensverschiebungen zwischen Ehegatten während der Ehe unterliegen grundsätzlich der Schenkungsteuer[27]. Allerdings ist hier zu beachten, daß der erhöhte Freibetrag zum Zuge kommt. Dieser kann jedesmal in Anspruch genommen werden, soweit die Schenkungen nicht innerhalb von 10 Jahren erfolgt sind und aus diesem Grunde zusammengerechnet werden müssen (§ 14 ErbStG).

Nach der Rechtsprechung der Zivilgerichte[28] (⇒ Buch I Rz. 772) sind unbenannte Zuwendungen nicht als Schenkungen i.S. von § 516ff. BGB anzusehen. Dem war auch der BFH[29] gefolgt. Nach dem Urteil des BFH[30] erfüllt auch die unbenannte Zuwendung unter Eheleuten objektiv den Tatbestand des § 7 Abs. 1 Nr. 1 ErbStG. Nach dieser Bestimmung gilt als Schenkung unter Lebenden, soweit der Bedachte durch sie auf Kosten des Zuwendenden bereichert ist. Der objektive Tatbestand der freigebigen Zuwendung verlangt daher, daß die Leistung zu einer Bereicherung des Bedachten auf Kosten des Zuwendenden führt. Sie muß objektiv unentgeltlich sein. Das Bewußtsein der Schenkung ist nicht erforderlich.

Eine Gegenleistung in diesem Sinne kann nicht mit der Erwägung begründet werden, daß der Ehepartner (Ehefrau) in Zukunft weiterhin unentgeltlich den gemeinsamen Haushalt führt, die gemeinsamen Kinder betreut und ihren Ehemann bei den geschäftlichen Aktivitäten unterstützt. Es kann eine Gegenleistung für eine Zuwendung auch nicht darin gesehen werden, daß der Ehepartner die unentgeltlichen Leistungen für die Vergangenheit erbracht hat.

12 Unbenannte Zuwendungen unter Eheleuten sind auch dann nicht als entgeltlich anzusehen, wenn sie einen vorzeitigen Zugewinnausgleich bewirken sollen.

---

[26] Vgl. Kapp, § 3 ErbStG, Anm. 265, 272 und die dort zitierte Rechtsprechung, insbesondere BFH v. 28.11.1967, BStBl. II 1968, 239.

[27] Schwedhelm/Olbing, Schenkungsteuerzugriff auf Vermögensverschiebungen in der Ehe, BB 1995, 1717.

[28] BGH v. 24.3.1993, BGHZ 87, 145; v. 5.10.1988, FamRZ 1989, 147.

[29] BFH v. 28.11.1984, BStBl. II 1985, 159.

[30] BFH v. 2.3.1994, DB 1994, 865.

Dieser Anspruch entsteht erst mit der Beendigung des gesetzlichen Güterstandes (§ 1363 Abs. 2 BGB). Eine Entgeltlichkeit einer unbenannten Zuwendung kann auch nicht auf die Verpflichtung zum Vorsorgeunterhalt gestützt werden.

Ehebedingte Zuwendungen erfüllen grundsätzlich den Tatbestand des § 7 Abs. 1 ErbStG.

Nach § 13 Abs. 1 Nr. 4a ErbStG sind jedoch Zuwendungen unter Lebenden, mit denen ein Ehegatte dem anderen Ehegatten Eigentum oder Miteigentum an einem im Inland belegenen, zu eigenen Wohnzwecken genutzten Haus oder einer im Inland belegenen, zu eigenen Wohnzwecken genutzten Eigentumswohnung (Familienwohnheim) verschafft oder den anderen Ehegatten von eingegangenen Verpflichtungen im Zusammenhang mit der Anschaffung oder Herstellung des Familienwohnheims freistellt, erbschaft- oder schenkungsteuerbefreit. Entsprechendes gilt, wenn ein Ehegatte nachträglichen Herstellungs- oder Erhaltungsaufwand für ein Familienwohnheim trägt, das im gemeinsamen Eigentum der Ehegatten oder im Eigentum des anderen Ehegatten steht.

Es besteht hier keine wertmäßige Begrenzung nach oben. Gegenstand der Zuwendung kann jedoch nur ein Objekt sein, welches als gemeinsames Familienwohnheim dient oder dienen soll.

**Beispiel:**

A erwirbt ein Familieneigentum zu Euro 600.000,– und läßt es auf den Namen beider Eheleute im Grundbuch eintragen.

Die Zuwendung in Höhe von Euro 300.000,– an die Ehefrau ist steuerfrei.

**Beispiel:**

A erwirbt ein Mehrfamilienhaus und läßt die Ehefrau als Miteigentümerin eintragen.

Nicht steuerfrei

**Beispiel:**

A erwirbt ein Grundstück für Euro 100.000,– und läßt dieses auf den Namen der Ehefrau als Alleineigentümerin eintragen. Im Anschluß errichtet er aus eigenen Mitteln ein Einfamilienhaus (Herstellungskosten Euro 400.000,–). Das Einfamilienhaus soll Familienwohnsitz werden.

Steuerfrei

**Beispiel:**

A kauft an der Ostsee (Mecklenburg-Vorpommern) eine Ferienwohnung und läßt seine Ehefrau als Alleineigentümerin eintragen.

Nicht steuerbefreit, da die Ferienwohnung nicht als Familienwohnsitz dient.

**Beispiel:**

A baut das Dachgeschoß in dem Einfamilienhaus, das im Alleineigentum der Ehefrau steht, aus. Baukosten Euro 80.000,–. Die zusätzlichen Räume dienen als Kinderzimmer.

Steuerbefreit

### 3. Die güterrechtliche Auseinandersetzung bei Auflösung der Ehe durch Scheidung

*13* Macht ein Ehegatte im Falle der Scheidung den Zugewinnausgleich geltend (§ 1373 BGB), so unterliegt dieser Zugewinnausgleich nicht der Schenkungsteuer. Aber auch bei sonstigen Vermögensübertragungen im Falle der Scheidung wird diese Leistung im Zweifel nicht unentgeltlich sein, weil hiermit unterhaltsrechtliche und vermögensrechtliche Ansprüche abgegolten werden sollen[31]. Auch für den Fall, daß durch diese Zuwendung die Einwilligung zur Scheidung erst erreicht werden soll, wird man nicht von unentgeltlichen Zuwendungen sprechen können, da der Vermögen übertragende Ehepartner eine nach seiner Vorstellung gleichwertige Leistung, nämlich die Entlassung aus dieser Ehe, erhält. Das trifft insbesondere für den Unterhaltsvergleich zu.

### 4. Die güterrechtliche Auseinandersetzung beim Tode eines Ehegatten

*14* Die güterrechtliche Auseinandersetzung im Falle des Todes eines Ehegatten wird nicht als eine unentgeltliche Zuwendung im Sinne des ErbStG angesehen[32].

Allerdings gilt die Vorschrift des § 5 ErbStG nur für den Fall des gesetzlichen Güterstandes der Zugewinngemeinschaft.

Hat der überlebende Ehegatte vor Beendigung des Güterstandes der gesetzlichen Zugewinngemeinschaft unentgeltlich Zuwendungen von dem anderen Ehegatten erhalten, so ist die hierfür entrichtete Steuer insoweit zu erstatten, als diese unentgeltlichen Zuwendungen auf die Ausgleichsforderungen angerechnet werden (§ 1380 BGB).

Wird der Güterstand der Zugewinngemeinschaft dadurch beendet, daß der überlebende Ehegatte unter Ausschlagung der Erbschaft und Geltendmachung des kleinen Pflichtteils (⇒ Buch I Rz. 159) den Zugewinnausgleich gegenüber den Erben geltend macht, so unterliegt dieser Zugewinnausgleich nicht der Erbschaftsteuer, sondern nur der Pflichtteilanspruch.

Wird der Güterstand der Zugewinngemeinschaft (§ 1363 BGB) durch den Tod eines Ehegatten beendet und der Zugewinn nicht nach § 1371 Abs. 2 BGB ausgeglichen, so gilt dennoch beim überlebenden Ehegatten der Betrag, den er im Falle des § 1371 Abs. 2 BGB als Ausgleichsforderungen geltend machen könnte, nicht als Erwerb im Sinne des § 3 ErbStG[33]. Dieser fiktive Ausgleichsanspruch ist steuerfrei.

*15* Haben also die Ehegatten im Güterstand der Zugewinngemeinschaft gelebt, so ist zu Erbschaftsteuerzwecken der Zugewinnausgleich zu errechnen und der Wert des Nachlasses um diesen Wert zu mindern. Als Ausgleichsforderung kann jedoch höchstens der dem Steuerwert des Nachlasses entsprechende Betrag steuer-

---

[31] BFH v. 13. 1. 1970, BStBl. II 1970, 400.

[32] Vgl. Beschluß v. 26. 1. 1971, BStBl. II 1971, 184; BFH v. 3. 6. 1971, BStBl. II 1972, 43. Vgl. hierzu Schulz, S. 141ff.; vgl. Mayer, ZEV 1997, 280

[33] Vgl. auch BFH v. 8. 2. 1984, BStBl. II 1984, 438; David, ErbStG, 2000, 121.

frei sein. Das gilt insbesondere für die Fälle, in denen der Steuerwert des Nachlasses unter dem Verkehrswert liegt, so wenn sich erhebliches Grundvermögen im Nachlaß befindet[34].

Zur Frage, inwieweit auch Ruhegehaltsbezüge in die Ausgleichsforderungen miteinzubeziehen sind, vgl. die Entscheidung des BFH vom 12. 4. 1978[35]. 16

**Beispiel:**

A hinterließ seiner Ehefrau und seinem Sohn ein Vermögen von Euro 1.000.000,–. Der für die Erbschaftsteuer maßgebliche Wert betrug Euro 800.000,–. Der Zugewinn des Verstorbenen während der Ehe betrug Euro 500.000,–. Somit hätte der überlebende Ehegatte einen Ausgleichsanspruch gem. § 1371 Abs. 2 BGB in Höhe von Euro 250.000,–. Die fiktive Ausgleichsforderung kann jedoch lediglich im Verhältnis zum Steuerwert = 4/5 = Euro 200.000,– von dem ihr zustehenden Anteil des Reinnachlasses abgezogen werden.

Ist kein Zugewinnausgleich vorhanden, so steht dem überlebenden Ehegatten kein Ausgleichsanspruch zu.

## 5. Vereinbarungen über die Berechnung des fiktiven Zugewinnausgleichs

§ 5 Abs. 1 Sätze 2 bis 4 ErbStG sieht vor, daß ehevertragliche Vereinbarungen über die Berechnungsgrößen des fiktiven Zugewinnausgleichs, die zivilrechtlich zulässig von den im BGB festgelegten Berechnungsgrößen abweichen und dadurch eine Erhöhung der nur für steuerliche Zwecke zu ermittelnden fiktiven steuerfreien Ausgleichsforderung bewirken, für erbschaftsteuerliche Zwecke nicht berücksichtigt werden. Gleichfalls wird für die Ermittlung der fiktiven steuerfreien Ausgleichsforderung die Anwendung des § 1377 Abs. 3 BGB ausgeschlossen, wonach das Endvermögen, soweit kein Verzeichnis aufgenommen, als Zugewinn eines Ehegatten gilt. Für Erbschaftsteuerzwecke ist stets das Anfangsvermögen zu ermitteln[36]. 17

Durch die Änderung wird klargestellt, daß der Gesetzgeber nur die Zugewinnausgleichsforderung erbschaftsteuerfrei stellen wollte, die entsprechend den bürgerlich-rechtlichen Vorschriften der §§ 1373 bis 1383 und 1390 BGB ermittelt wird. Davon abweichende ehevertragliche Vereinbarungen über die Berechnungsgrößen des fiktiven Zugewinnausgleichs, die zivilrechtlich zulässig sind, sind für die Erbschaftsteuer unbeachtlich (FinMin Baden-Württemberg[37]).

Ist zur Berechnung der fiktiven Ausgleichsforderung (§ 5 Abs. 1 Satz 1 ErbStG 1974) nach zivilrechtlichen Grundsätzen das zum Nachlaß gehörende Endvermögen des Erblassers mit höheren Werten angesetzt als bei der nach steuerlichen Vorschriften erfolgten Bewertung des Nachlasses, so ist zur Ermittlung des Ab-

---

34 Vgl. FinMin. Baden-Württemberg v. 20. 12. 1974 S 3715 – 1/74, gemeinsamer Ländererlaß II; vgl. auch Bopp, DB 1975, 1 000; Petzoldt, § 5 ErbStG, Rz. 27ff.

35 BStBl. II 1978, 400.

36 Kuhlmann/Jebens, Mißbrauchsbekämpfungs- und Steuerbereinigungsgesetz, Die Behandlung des rückwirkend begründeten Zugewinnausgleichsanspruchs nach der Änderung des § 5 ErbStG, DB 1994, 1156; vgl. auch R 11 Abs. 1 bis 3 ErbStR.

37 Erlaß v. 28. 1. 1994 S – 3730/5, BB 1994, 348.

zugsbetrages die Ausgleichsforderung entsprechend dem Verhältnis des Steuerwerts des zum Nachlaß gehörenden Endvermögens zu dessen höherem Wert zu kürzen. Die in § 5 Abs. 1 ErbStG zur Ermittlung des Abzugsbetrags vorgegebene Verhältnisrechnung ist auch dann durchzuführen, wenn der Steuerwert des Nachlasses negativ ist und sich deshalb rechnerisch ein negativer Abzugsbetrag ergibt, der im Rahmen des § 5 Abs. 1 ErbStG mit 0 Euro anzusetzen ist[38]. Gegenstände des Endvermögens, die von der Erbschaftsteuer befreit sind, sind dabei in die Berechnung miteinzubeziehen [39].

### 6. Unzulässige rückwirkende Vereinbarung

*18* In dem Fall, in dem der Güterstand der Zugewinngemeinschaft durch Ehevertrag vereinbart wird, soll dieser Güterstand erst ab dem Tag des Vertragsabschlusses gelten. Dadurch wird sichergestellt, daß nur der Zugewinn, den die Eheleute während der tatsächlichen Dauer der Zugewinngemeinschaft erzielt haben, erbschaftsteuerfrei belassen wird.

Mit dieser Gesetzesänderung ist der Streit zwischen Rechtsprechung[40] und Verwaltung[41] durch den Gesetzgeber im Sinne der Verwaltung entschieden worden.

### 7. Der Verzicht auf Zugewinnausgleich

*19* Verzichtet der Ehegatte bei Beendigung der Ehe durch Vertrag auf den Zugewinnausgleich, so ist in diesem Verzicht eine Schenkung zu erblicken[42].

### 8. Die fortgesetzte Gütergemeinschaft

*20* Wird die eheliche Gütergemeinschaft beim Tode eines Ehegatten fortgesetzt (§§ 1483 ff. BGB, Artikel 200 des Einführungsgesetzes zum BGB), so wird dessen Anteil am Gesamtgut so behandelt, wie wenn er ausschließlich den anteilsberechtigten Abkömmlingen zugefallen wäre (⇒ Buch I Rz. 768).

Beim Tode eines anteilsberechtigten Abkömmlings gehört dessen Anteil am Gesamtgut zu seinem Nachlaß. Als Erwerber des Anteils gelten diejenigen, denen der Anteil nach § 1490 Satz 2 und 3 BGB zufällt.

## III. Erwerb von Todes wegen

*21* Der Erwerb von Todes wegen ist nach dem ErbStG nicht auf den Erbfall (§ 1922 BGB), nicht auf den Erbersatzanspruch (§§ 1934 a ff. BGB) noch auf das

[38] BFH v. 30. 7. 1996, BFH/NV 1997, 29.

[39] BFH v. 10. 3. 1993, BStBl. II, 510; hinsichtlich der Berechnung R 11 Abs. 5 ErbStG und Beispiel H 11 (3) ErbStH.

[40] BFH v. 28. 6. 1989, BStBl. II, 897; v. 12. 5. 1993, BStBl. II, 736.

[41] Nichtanwendungserlaß v. 10. 11. 1989, BStBl. I, 429.

[42] A. A. Kapp, 4. Auflage, § 6 ErbStG, Anm. 26, 5. Auflage, § 5 ErbStG, Anm. 45.

Vermächtnis (§§ 2147ff. BGB) beschränkt. Bei den hier genannten Tatbeständen handelt es sich um die erbrechtlichen Vermögensübergänge des BGB. Die übrigen Tatbestände sind im wesentlichen Ersatztatbestände, die, wirtschaftlich gesehen, dem Erbfall gleichkommen und als Erwerb von Todes wegen die erbrechtlichen Bestimmungen ergänzen.

### 1. Der Erbanfall (§ 3 Abs. 1 Nr. 1 ErbStG)[43]

Unter Erbanfall ist der Vermögensübergang zu verstehen, der aufgrund gesetzlicher Erbfolge oder letztwilliger Verfügung erfolgt ist (näheres hierzu ⇒ Buch I Rz. 18ff.). 22

Erbanfall ist die infolge Erbgangs eingetretene Nachfolge in das Vermögen eines Verstorbenen[44]. 23

Die aufgrund der gesetzlichen Erbfolge (⇒ Buch I Rz. 61) eines Testaments (⇒ Buch I Rz. 30, 210ff., 247ff.) oder eines Erbvertrages (⇒ Buch I Rz. 307, 308, 312) erlangte Zuwendung gilt als steuerpflichtiger Erwerb von Todes wegen[45].

Auf eine Bereicherung und den Bereicherungswillen des Erblassers kommt es hierbei nicht an[46].

Ein Erwerb liegt aber nur insoweit bei den Erben oder Vermächtnisnehmern vor, als auch tatsächlich zum Nachlaß gehörende Vermögensgegenstände auf dieselben übergehen[47]. 24

Beim Erwerb durch Erbanfall besteht grundsätzlich Identität zwischen dem, was der Erblasser im Todeszeitpunkt hatte und demjenigen, was auf den Erben im Wege der Gesamtrechtsnachfolge (§ 1922 BGB) übergeht. 25

Erwirbt deshalb der Erbe nach Eintritt des Erbfalls unter Verwendung von Mitteln, die er geerbt hat, ein Grundstück, so kann dieses nicht Gegenstand des Erwerbs von Todes wegen und somit Besteuerungsgegenstand sein, weil sich das Grundstück im Zeitpunkt des Erbfalls nicht im Vermögen des Erblassers befunden hatte. Das gilt auch, soweit es einem gemeinsamen Plan von Erblaser und Erbe entsprach, das Grundstück zu erwerben[48].

Ein Formmangel der letztwilligen Verfügung ist nicht beachtlich, wenn es das ernstliche Verlangen des Erblassers war, mit dem Nachlaß so zu verfahren, wie es die Erben tatsächlich getan haben[49]. 26

---

43 Literaturhinweise: Flume, DB 1983, 2271; Moench, DStR 1985, 551, 592.

44 Troll, § ErbStG, Anm. 19.

45 Kapp, § 3 ErbStG, Rz. 2.

46 RFH v. 21.5.1931, RStBl. 1931, 560; BFH v. 22.2.1961, BStBl. III 1961, 243; Petzoldt, § 3 ErbStG, Rz. 4.

47 Megow, § 2 ErbstG, Anm. I; BFH v. 29.3.1957, BStBl. III 1957, 211.

48 BFH v. 10.7.1996, BFH/NV 1997, 28.

49 Troll, § 3 ErbStG, Anm. 34; BFH v. 2.12.1969, BStBl. II 1970, 119; vgl. auch BFH v. 30.1.1968, BStBl. II 1968, 371; Kapp, § 3 ErbStG, Rz. 119; vgl. Pezoldt, § 3 ErbStG, Rz. 24.

27 Die Frage, wer und in welchem Umfange Erbe ist, wird im allgemeinen durch das Nachlaßgericht geprüft und im Erbschein festgestellt (§ 2353 BGB). Er begründet die widerlegbare Rechtsvermutung der Richtigkeit und der Vollständigkeit (⇒ Buch I Rz. 56). Der Erbschein ist für die Finanzbehörden grundsätzlich bindend[50].

28 Grundlage für die Zurechnung des Nachlasses ist die im Erbschein oder Testament ausgewiesene Quote. Gemäß § 39 Abs. 2 AO wird der Nachlaß entsprechend der Quote aufgeteilt.

Für die Berechnung der Erbschaftsteuer ist grundsätzlich die im Erbschein oder Testament ausgewiesene Quote maßgeblich. Die spätere Erbauseinandersetzung der Erben untereinander ist daher für die Berechnung der Erbschaftsteuer unbeachtlich[51].

29 Die nach dem Erbfall unter Miterben stattfindende Erbauseinandersetzung (vgl. §§ 2042ff., 732ff. BGB) ist für die Erbschaftsteuer i.d.R. ohne Bedeutung. Dies gilt nicht nur dann, wenn die Erben den Nachlaß „frei", d.h. ohne insoweit an letztwillige Verfügungen des Erblassers gebunden zu sein, unter sich aufteilen, sondern auch für den Fall, daß die Miterben bei der Auseinandersetzung lediglich den verbindlichen Teilungsanordnungen des Erblassers Rechnung tragen[52]. Sonderfälle der Teilungsanordnung sind qualifizierte Nachfolgeklauseln im Gesellschaftsvertrag[53].

Erhält ein Erbe mehr, als ihm nach dem Testament zusteht, so kann evtl. eine weitere Schenkung der übrigen Erben an diesen vorliegen. Jedoch ist nicht bei jeder disquotalen Erbauseinandersetzung von einer weiteren freigebigen Zuwendung auszugehen[54]. Bestand jedoch Streit hinsichtlich der Erbeinsetzung, so ist ein im Anschluß an ein gerichtliches Verfahren abgeschlossener Vergleich für die steuerliche Aufteilung des Erbnachlasses maßgeblich[55].

Aber auch dann, wenn sich die Erben wegen einer Unklarheit hinsichtlich der Erbeinsetzung einigen, wird man diese Einigung zur Grundlage für die Erbschaftsteuer heranziehen müssen[56].

Einigen sich die Anspruchsberechtigten mit dem Hoferben (§ 18 Höfeordnung) über die Verteilung des zu erwartenden Verkaufserlöses, ist die Einigung für die Besteuerung nach § 3 Abs. 1 Nr. 1 ErbStG maßgebend[57]. Grundsätzlich sind jedoch Teilungsanordnungen des Erblassers für die Besteuerung des Erban-

---

50 BFH v. 22.11.1995, BStBl. II 1996, 242.

51 Aber nach BFH v. 10.11.1982, BStBl. II 1983, 329, fraglich.

52 BFH v. 5.2.1992, BFH/NV 1993, 100; vgl. auch R 5 Abs. 2 ErbStR vgl. Beispiel H 5 (2) ErbStH

53 R 5 Abs. 3 ErbStR.

54 BStBl. II 1982, 714; Kapp/Ebeling, ErbStG, § 3 k 118; Moench, ErbStG, § 3 Rz. 64f.

55 Meincke/Michel, § 3 ErbStG, RdNrn. 16ff.; Petzoldt, § 3 ErbStG, Rz. 36.

56 Vgl. Meincke/Michel, § 3 ErbStG, RdNrn. 16ff.; Petzoldt, § 3 ErbStG, Rz. 30; RFH v. 23.5.1939, RStBl. 1939, 835.

57 BFH v. 23.3.1977, BStBl. II 1977, 730. Siehe auch BFH v. 16.3.1977, BStBl. 1977, 640.

falls des einzelnen Erben ohne Bedeutung, auch wenn zum Gesamtnachlaß ein Hof im Sinne der Höfeordnung gehört[58].

Hat der Erblasser besondere Teilungsanordnungen für die Erbauseinandersetzung getroffen, so berührt dies die steuerliche Aufteilung des Nachlasses in der Regel ebensowenig wie eine Auseinandersetzungsvereinbarung der Erben[59]. Weicht eine Erbauseinandersetzung von der Erbquote ab, kann darin eine gemischte freigebige Zuwendung liegen[60]. Das gilt jedoch nicht für Betriebsvermögen i.S. des § 13 a Abs. 4 ErbStG, wenn der Erblasser durch Teilungsanordnung die Übernahme des Betriebes durch einen bestimmten Erben angeordnet hat. 30

Das Urteil des BFH vom 16. 3. 1977[61], wonach eine Teilungsanordnung des Erblassers (§ 2048 Satz 1 BGB), die einen Nachlaßgegenstand einem Miterben unmittelbar zuweist, für die erbschaftsteuerliche Bemessung des Vermögensanfalls an diesen Erben zu berücksichtigen ist, ist durch das Urteil vom 10. 11. 1982 gegenstandslos geworden.

Gehören zum Nachlaß Wirtschaftsgüter, für die bei den einzelnen Miterben aufgrund verschiedener Steuerklassen unterschiedliche sachliche Freibeträge (§ 13 ErbStG) gewährt werden – z.B. der Erblasser hat seinen Sohn (**Steuerklasse** 1) und seine **Schwester** (**Steuerklasse** 2) als Erben eingesetzt –, so bedarf es einer besonderen Ermittlung der steuerlich maßgebenden Quoten[62]. 31

**Beispiel:**

Im Nachlaß des A befinden sich ein bebautes Grundstück (Wert nach § 12 Abs. 3 ErbStG Euro 240.000,–), Wertpapiere Wert Euro 400.000,–, Hausrat Wert Euro 200.000,–, Sonstige bewegl. Wirtschaftsgüger Wert Euro 400 000,–

Erben sind die Ehefrau (E) und die Nichte (N) zu je 1/2..

| | | |
|---|---|---|
| **a) Ehefrau (E)** | | |
| 1/2 Grundbesitz | 120.000,– | = 120.000,– |
| 1/2 Wertpapiere | 200.000,– | = 200.000,– |
| 1/2 Hausrat | 100.000,– | |
| . /. Freibetrag | 41.000,– | = 59.000,– |
| sonst. beweg. WG | 200.000,– | |
| 1/2 Kunstgegenstände | ./. 10.300,– | = 189.700,– |
| | | = 568.700,- |
| **b) Nichte (N)** | | |
| 1/2 Grundbesitz | 120.000,– | = 120.000,– |
| 1/2 Wertpapiere | 200.000,– | = 200.000,– |
| 1/2 Hausrat | 100.000,– | |
| 1/2 sonstige bew. Vermögen | 200.000,– | |
| . /. Freibetrag § 13 Abs. 1 Nr. 1 c ErbStG | ./. 10.300,– | = 289.700,– |
| | | = 609.700,– |

58 BFH v. 1. 4. 1992, BStBl. II 1992, 669; hierzu auch Esch, BB 1994, 1651.

59 Troll, § 3 ErbStG, Anm. 29; Petzoldt, § 3 ErbStG, Rz. 33; Meincke/Michel, § 3 ErbStG, Anm. 19; BFH v. 10. 11. 1982, BStBl. II 1983, 329; Erl. FinMin Niedersachsen, BB 1983, 1778.

60 BFH v. 14. 7. 1982, BStBl. II 1982, 714.

61 BStBl. II 1977, 640.

62 Troll, § 3 ErbStG, Anm. 30.

32 Hat die testamentarische Anordnung ein Vorausvermächtnis (⇒ Buch I Rz. 526) zum Inhalt, so wird dieses Vermächtnis nicht auf die Quote angerechnet, sondern dem Erbteil hinzugerechnet.

33 Wird die Erbschaft innerhalb der gesetzlichen Frist ausgeschlagen, so liegt kein Erbfall vor. Das gleiche gilt, wenn in der Folgezeit Umstände eintreten, die den Erbfall unwirksam machen. Das wäre z.B. beim Auffinden eines zeitlich späteren Testaments, eines Testaments überhaupt, bei der Unwirksamkeit eines Testaments oder Anfechtung eines solchen der Fall.

34 Ist jedoch bereits eine Erbschaftsteuerveranlagung erfolgt, so ist diese Veranlagung entweder aufzuheben oder zu berichtigen.

### 2. Das Vermächtnis[63]

35 Als Erwerb von Todes wegen gilt im Gegensatz zum bürgerlichen Recht (⇒ Buch I Rz. 516) erbschaftsteuerlich die Bereicherung aufgrund eines Vermächtnisses vom Erblasser als unmittelbar zugewandt. Maßgeblich ist nicht der Wert des Anspruchs, sondern der Wert des vermachten Gegenstandes selbst.

Hat z.B. das vermachte Haus einen Wert von Euro 400.000,–, aber nur einen steuerlichen Wert von Euro 200.000,– nach BewG, so ist dieser Wert maßgebend, obwohl nach dem Bewertungsrecht der Anspruch auf Auflassung nicht mit dem Grundbesitzwert, sondern mit dem gemeinen Wert zu bewerten ist[64].

36 Wird jedoch ein dem Stpfl. vom Erblasser ausgesetztes Geldvermächtnis durch Übertragung von Grundstücken an Erfüllungs Statt erfüllt, so ist Besteuerungsgrundlage bei der Erbschaftsteuerfestsetzung der Nominalwert der Geldforderung und nicht der Steuerwert der übertragenen Grundstücke[65].

Ist dem Stpfl. vom Erblasser ein Geldvermächtnis ausgesetzt worden und erwirbt der Stpfl. von dem Erben ein zum Nachlaß gehörendes Grundstück, wobei er einen Teilbetrag einer Kaufpreisforderung durch Aufrechnung mit seiner Vermächtnisforderung tilgt, so ist Gegenstand des Vermächtniserwerbs nicht der anteilige Steuerwert des Kaufgrundstücks, sondern die durch Vermächtnis begründete Geldforderung[66].

37 Ein Vermächtnis zugunsten einer Kapitalgesellschaft, deren (mittelbarer) Alleingesellschafter der Erblasser war, unterliegt der Erbschaftsteuer auch dann, wenn auf den mit dem Vermächtnis belasteten Alleinerben im Wege der Gesamtrechtsnachfolge auch die mittelbare Alleingesellschafterstellung des Erblassers übergegangen ist[67].

---

63 Schuhmann, Das Vermächtnis und Erbschaftsteuer, UVR 12/1999, 430; Kreft, Vermächtnisse und Auflagen zur Erbschaftsteuerminimierung, ErbStG 2000, 115

64 Troll, § 3 ErbStG, Anm. 44.

65 BFH v. 25.10.1995, BStBl. II 1996, 97.

66 BFH v. 21.6.1995, DStR 1995, 1674.

67 BFH v. 17.4.1996, BB 1996, 1754.

**Beispiel:**

Der Erblasser war alleiniger Gesellschafter der X-GmbH (Betriebs-Gesellschaft). Diese hielt 80 v.H. der Geschäftsanteile der Y-GmbH, die restlichen 20 v.H. hielt der Erblasser. Unmittelbar im Eigentum des Erblassers standen zahlreiche Grundstücke, die an die X-GmbH (Betriebsgesellschaft) verpachtet waren. Alleininhaber war eine vom Erblaser vorher errichtete Stiftung. Der Y-GmbH wurden die Grundstücke vermacht. Der Erwerb des Vermächtnisses unterliegt der ErbSt.

Beim sogenannten **Verschaffungsvermächtnis** (⇒ Buch I Rz. 543 ff.), bei dem der Vermächtnisgegenstand noch aus den Mitteln des Nachlasses erworben werden muß, kommt es darauf an, was der Erblasser vermachen wollte, den Geldbetrag oder das Grundstück. In letzterem Falle wäre der Steuerwert des Grundstükkes als Wert des Vermächtnisses anzusetzen. *38*

Wie bereits eingangs dargelegt wurde, richtet sich der Gegenstand des Vermächtnisses nach bürgerlichem Recht. Demnach können Sachen und Rechte Gegenstand des Vermächtnisses sein. (Zur Abgrenzung Teilungsanordnung, Vorausvermächtnis ⇒ Buch I Rz. 526). Die Bereicherung des Bedachten ist nicht notwendig, auch nicht die Unentgeltlichkeit[68]. Dies gilt nicht nur für das Vermächtnis unter einer Auflage, sondern auch für sogenannte **Kaufrechtsvermächtnisse** (⇒ Buch I Rz. 526). Dies ist der Fall, wenn der Erblasser jemandem das Recht vermacht hat, einen Gegenstand zu einem bestimmten Preis zu erwerben[69]. Soweit der Steuerwert des Gegenstandes den festgesetzten Preis übersteigt, ist der Bedachte durch den Vermächtnisfall bereichert und deshalb erbschaftsteuerpflichtig. Vielfach sind auch der Nießbrauch und die Leibrente Gegenstand eines Vermächtnisses. *39*

Wird der Erbe mit einem Vermächtnis beschwert, wonach er ein Nachlaßgrundstück an den Vermächtnisnehmer zu übertragen habe, jedoch mit einer aufzunehmenden Belastung des Grundstücks, dessen Geldbetrag dem Erben zustehen solle, so handelt es sich dabei um ein **Sachvermächtnis unter einer Auflage** (⇒ Buch I Rz. 526) und nicht um ein Kaufrechtsvermächtnis[70].

Ein Rentenvermächtnis (⇒ Buch I Rz. 568), das einer Person ausgesetzt worden ist, die dem Erblasser den Haushalt geführt und ihn versorgt hat, unterliegt dann nicht der Erbschaftsteuer, wenn die Haushaltsführung im Rahmen eines Dienstverhältnisses erfolgte und als Entgelt für die Haushaltsführung ein Ruhegehalt vereinbart worden ist, das durch die letztwillige Verfügung nur noch bestätigt wurde[71]. *40*

Der Erwerb eines Vermächtnisses durch Erbvertrag zwischen Ehegatten ist auch dann erbschaftsteuerpflichtig, wenn mit dem Vermächtnis die Scheidungsbe- *41*

---

[68] Troll, § 3 ErbStG, Anm. 44.

[69] Petzoldt, NWB Fach 10, 375.

[70] FG München (rkr) v. 23.6.1999, EFG 1999, 1088.

[71] BFH v. 24.10.1984, BStBl. II 1985, 137.

reitschaft des bedachten Ehegatten abgegolten werden soll und die Ehe dann geschieden wird[72].

### 3. Der Pflichtteilsanspruch (§§ 2303 ff. BGB)

42 Der Pflichtteilsanspruch (⇒ Buch I Rz. 163 ff.) ist in jedem Falle als Kapitalforderung zu behandeln, auch wenn der Pflichtteilsberechtigte später von den Erben mit einem Nachlaßgegenstand abgefunden wird[73].

So kann z.B. bei der Abfindung des Pflichtteils mit einem Grundstück nicht der Steuerwert des Grundvermögens als Bemessungsgrundlage dienen. Es besteht auch keine Steuerfreiheit, wenn ihm z.B. anstelle des Geldanspruchs Haushaltsgegenstände im Rahmen der Freibeträge übereignet werden. Die geltend gemachte Pflichtteilsverbindlichkeit ist beim Erben auch dann mit dem Nennwert als Nachlaß betrieblich abzuziehen, wenn sie durch Übertragung eines Nachlaßgrundstücks an Erfüllungs Statt erfüllt wird[74].

Wird Betriebsvermögen durch den Erben an den Pflichtteilsberechtigten oder Geldvermächtnisnehmer an Erfüllungs Statt übertragen büßt der Erbe auch die Vergünstigung des § 13a ein, § 13a Abs. 5 ErbStG. Abfindungen für die Ausschlagung eines Erbschaft- oder Pflichtteilsanspruchs erfolgen nicht an Erfüllungs Statt. Der Erbschaftsteuer unterliegt die Abfindung, diese ist beim pflichtteilsberechtigten Erwerber mit dem Steuerwert anzusetzen.

### 4. Schenkung auf den Todesfall (§ 3 Abs. 1 Nr. 2 ErbStG)

43 Als Schenkung auf den Todesfall wird die Schenkung bezeichnet, die nur unter der Bedingung wirksam werden soll, daß der Bedachte den Schenker überlebt (zum Begriff ⇒ Buch I Rz. 852). Auf eine solche Schenkung finden die bürgerlich-rechtlichen Vorschriften über letztwillige Verfügungen (Erbvertrag) Anwendung (§ 2301 BGB). Aber auch steuerlich wird eine Schenkung auf den Todesfall als ein Erwerb von Todes wegen behandelt.

44 Als Schenkung auf den Todesfall gilt auch der auf einem Gesellschaftsvertrag beruhende Übergang des Anteils oder des Teils eines Anteils eines Gesellschafters an einer Personen- oder Kapitalgesellschaft bei dessen Tod auf die anderen Gesellschafter oder die Gesellschaft, soweit der Wert, der sich für seinen Anteil zur Zeit seines Todes nach § 12 ErbStG ergibt, Abfindungsansprüche Dritter übersteigt.

Die unentgeltliche Anwachsung eines Anteils wurde nach altem Recht nicht als eine unentgeltliche Vermögensübertragung angesehen. Da diese vertragliche Vereinbarung alle Gesellschafter gleichmäßig betraf, hatte man eine Schenkungsabsicht verneint. Das galt auch für den Fall, daß jede Abfindung ausgeschlossen war. Nunmehr soll die Bereicherung, die die überlebenden Gesellschafter dadurch er-

---

[72] BFH v. 31. 10. 1984, BStBl. II 1985, 59.

[73] Vernekohl, Das Erbschaftsteuer ABC des Pflichtteils, ErbStG, 2000, 580.

[74] FH v. 7. 10. 1998, FR 1999, 663.

fahren, daß die an die Erben des verstorbenen Gesellschafters gezahlte Abfindung geringer ist als der Wert des Anspruchs, von der Erbschaftsteuer erfaßt werden.

Hinsichtlich weiterer Einzelheiten vgl. die Ausführungen zur betagten und bedingten Schenkung und zur Abfindung zum Buchwert beim Ausscheiden eines Gesellschafters (⇒ Rz. 851 ff.)

**5. Erwerbe gemäß § 3 Abs. 1 Nr. 3 ErbStG**

Steuerpflichtig sind auch die sonstigen Erwerbe, auf die die für Vermächtnisse geltenden Vorschriften des bürgerlichen Rechts Anwendung finden. Diese Vorschrift ergänzt lediglich Nr. 1. *45*

**6. Erwerb von Todes wegen**

Als Erwerb von Todes wegen gilt auch der Erwerb von Vermögensvorteilen, der aufgrund eines vom Erblasser geschlossenen Vertrages unter Lebenden mit dem Tode des Erblassers von einem Dritten unmittelbar verfolgt wird (§ 3 Abs. 1 Nr. 4 ErbStG). Hierunter sind Verträge zugunsten Dritter (§ 328 BGB) zu verstehen, und zwar in den Fällen, in denen die Leistung an den Dritten mit der Wirkung bedungen wird, daß dieser das Recht, die Leistung zu fordern, erst mit dem Tode des Versprechensempfängers erwerben soll (§ 331 BGB). Ebenso wie eine Schenkung durch Vertrag zugunsten Dritter im Verhältnis zwischen Versprechensempfänger (Gläubiger) und Dritten (sog. Valutaverhältnis) nur vorläufig, wenn der zugewendete Gegenstand aus dem Vermögen des Versprechensempfängers stammt, wenn also die Bereicherung des Dritten auf einer Entreicherung des Versprechensempfängers beruht, setzt § 5 Abs. 1 Nr. 4 ErbStG eine Bereicherung des Begünstigten voraus, die aus dem Vermögen des Erblassers herrührt[75]. Hinsichtlich der Ausschlagung eines Versicherungsanspruchs und Benennung eines Dritten vgl. die Entscheidung des BFH vom 17. 1. 1990[76]. *46*

Hauptanwendungsfall dieser Vorschrift sind die Lebens- und Rentenversicherungsverträge zugunsten eines Dritten (⇒ Buch I Rz. 873 ff.). Wenn durch den Tod eines Versicherten eine Lebensversicherung anfällt, so unterliegt dieser Erwerb in jedem Falle der Erbschaftsteuer. Gehört die Versicherungssumme zum Nachlaß, so liegt ein Erwerb durch Erbfall vor. Fällt im Falle des Todes die Versicherungssumme einem besonders benannten Begünstigten zu, dann erwirbt der Begünstigte[77] einen unmittelbaren Anspruch auf die Versicherungssumme. Dieser Vorgang fällt unter die Vorschriften des § 3 Abs. 1 Nr. 4 ErbStG. Nicht hierunter fallen jedoch die Renten, die aus der Sozialversicherung und einer sonstigen gesetzlichen Zwangsversicherung geleistet werden, z. B. die Witwenpension eines Beamten oder die Rente einer Witwe aus der Sozialversicherung des Ehemannes. *47*

---

[75] BFH v. 13. 5. 1998, BFH/NV 1998, 1485.

[76] BFH v. 17. 1. 1990, DB 1990, 1269.

[77] BFH v. 11. 7. 1952, BStBl. III 1952, 240; v. 12. 6. 1953, BStBl. III 1953, 247.

48 Ruhegehälter und ähnliche Zuwendungen, die ohne rechtliche Verpflichtung früheren oder jetzigen Angestellten oder Bediensteten gewährt werden, sind nicht mehr steuerfrei.

Von der Besteuerung sind nicht mehr ausgenommen Lebensversicherungen, die mit der Bestimmung abgeschlossen sind, daß die Versicherungssumme zur Bezahlung der Erbschaftsteuer und zur Ablösung von Lasten, Ausgleichsabgaben oder zu einer der beiden zu verwenden und nach dem Tode des Versicherungsnehmers an das Finanzamt abzuführen ist.

Räumt ein Versicherungsnehmer einem Dritten unwiderruflich das Bezugsrecht aus einer Kapitallebensversicherung ein und erhält der Begünstigte bei Eintritt des Versicherungsfalles die Versicherungsleistungen, unterliegt die Einräumung des Bezugsrechts als solche nicht de Schenkungsteuer. Zuwendungsgegenstand ist in diesen Fällen vielmehr (erst) die zur Auszahlung gelangende Versicherungsleistung[78].

49 Zu den Versicherungsverträgen sind auch die Pensionsverträge zu zählen, die zwischen Gesellschaftern einer Personengesellschaft oder einer freiberuflichen Sozietät für den Fall des Todes eines Gesellschafters geschlossen worden sind. Die vereinbarte Rente fällt im Zweifel nicht in den Nachlaß, sondern steht der Witwe als Begünstigten unmittelbar zu. Diese Leistungen unterliegen der Erbschaftsteuer, unabhängig davon, daß sie als wiederkehrende Leistungen bzw. Bezüge der Einkommensteuer zu unterwerfen sind.

Die Witwenrente eines Gesellschafter-Geschäftsführers einer GmbH unterliegt nur dann nicht der Erbschaftsteuer, wenn dieser wie ein Nichtgesellschafter als abhängiger Geschäftsführer anzusehen ist. Der Erbschaftsteuer unterliegt ebenfalls die Versorgungsrente, die von einer freiberuflichen Sozietät an die Witwe eines verstorbenen Partners gezahlt wird[79]. Die Rentenbezüge der Witwe eines persönlich haftenden Gesellschafters einer Personengesellschaft, die sie aufgrund Vertrages nach dessen Tod erhält, unterliegen nicht der Erbschaftsteuer, wenn die Würdigung des Vertrages ergibt, daß der persönlich haftende Gesellschafter im Innenverhältnis wie ein Angestellter gegenüber den die Gesellschaft beherrschenden anderen Gesellschaftern (Kommanditisten) gebunden war.

**7. Anordnung einer Stiftung**

50 Der Übergang vom Vermögen auf eine vom Erblasser angeordnete Stiftung wird in einem besonderen Abschnitt behandelt werden (⇒ Rz. 1252ff.).

Der Stiftung ist eine Vermögensmasse ausländischen Rechts gleichgestellt.

---

[78] BFH v. 30.6.1999, DB 1990, 2395.

[79] BFH v. 13.12.1989, BStBl. II 1990, 323; v. 13.12.1989, BStBl. II 1990, 325; v. 13.12.1989, BStBl. II 1990, 332; R 8 ErbStR in H 8 ErbStH.

### 8. Zuwendung aufgrund einer Auflage[80] (⇒ Buch I Rz. 590 ff.)

Es kann auch jemand infolge Vollziehung einer vom Erblasser angeordneten Auflage (§ 1940 BGB) oder infolge Erfüllung einer vom Erblasser gesetzten Bedingung erwerben (§ 3 Abs. 2 Nr. 2 ErbStG). Dieser Erwerb unterliegt keiner besonderen Behandlung, wenn eine einheitliche Zweckzuwendung vorliegt[81]. Der Erwerb infolge Auflage oder Bedingung unterscheidet sich dadurch vom Vermächtnis, daß der Begünstigte keinen schuldrechtlichen Anspruch auf die Leistung erhält (⇒ Buch I Rz. 590 ff.). Mit der Vollziehung der Auflage bzw. Erfüllung der Bedingung entsteht die Steuerpflicht des Begünstigten (§ 9 Abs. 1 Nr. 1 ErbStG). 51

### 9. Erwerbe, die von einer staatlichen Genehmigung abhängig sind

Der Erwerb von Todes wegen kann einer staatlichen Genehmigung bedürfen, wenn der Erwerber eine juristische Person ist und es sich um einen Gegenstand im Werte von mehr als Euro 5.000,– handelt (EG BGB Artikel 86, 87). 52

Wird eine solche Genehmigung davon abhängig gemacht, daß bestimmte Leistungen an Dritte entrichtet werden, oder erfolgen zur Erlangung der Genehmigung freiwillig solche Leistungen, so ist dieser Anfall erbschaftsteuerpflichtig.

### 10. Abfindung für Erbverzichte

Als vom Erblasser zugewendet gilt auch die Abfindung für einen Verzicht auf den entstandenen Pflichtteilsanspruch oder für die Ausschlagung einer Erbschaft oder eines Vermächtnisses, das von dritter Seite gewährt wird (§ 3 Abs. 2 Nr. 4 ErbStG). 53

Der Verzicht selbst ist für den hierdurch Begünstigten keine Schenkung (vgl. § 13 Abs. 1 Nr. 11 ErbStG). In der Abfindung ist eine Gegenleistung für den Verzicht zu erblicken. Ist aber der Pflichtteil bereits geltend gemacht worden, so ist die Steuerschuld bereits entstanden (§ 9 Abs. 1 Nr. 1b ErbStG). In diesem Falle wäre der Verzicht gegen Entgelt erbschaftsteuerlich unbeachtlich.

### 11. Entgelte für die Übertragung von Anwartschaften (§ 3 Abs. 2 Nr. 5 ErbStG)

Als vom Erblasser zugewendet gilt auch das, was als Entgelt für die Übertragung der Anwartschaft eines Nacherben gewährt wird. Verzichtet also der Nacherbe nach Eintritt der Vorerbschaft gegen ein Entgelt gegenüber den Vorerben auf sein Nacherbenrecht, so unterliegt diese Abfindung des Nacherbenanspruchs der Erbschaftsteuer[82]. Zahlungen des Vorerben zur Ablösung des Nacherben des 54

[80] Darngan, DStR 1999, 393.
[81] Meincke, § 3 ErbStG, RdNr. 53.
[82] Vgl. auch BFH v. 30. 10. 1979, BStBl. II 1980, 46.

Nacherbenrechts sind nicht als Nachlaßverbindlichkeiten bei dem Erwerb des Vorerben abzugsfähig[83].

Als vom Erblasser zugewendet gilt auch, was als Entgelt für die Übertragung der Anwartschaft eines Nacherben gewährt wird (§ 3 Abs. 2 Nr. 6 ErbStG).

Gibt der Nachvermächtnisnehmer durch Zustimmung zu einem Grundstückskaufvertrag gegen Entgelt seine Aussicht auf das Nachvermächtnis zugunsten des Vermächtnisnehmers auf, gilt das Entgelt als vom Erblasser zugewendet. Besteuerungsgrundlage ist das Entgelt, nicht ein anteiliger Steuerwert am verkauften Grundstück[84].

### 12. Abfindung für ein aufschiebend bedingtes, betagtes oder befristetes Vermächtnis (§ 3 Abs. 2 Nr. 6 ErbStG)

55 Als vom Erblasser zugewendet gilt auch das, was als Abfindung für ein aufschiebend bedingtes, betagtes oder befristetes Vermächtnis, für das die Ausschlagungsfrist abgelaufen ist, vor dem Zeitpunkt des Eintritts der Bedingung oder des Ereignisses gewährt wird. (⇒ Buch I Rz. 374 ff.) Diese Bestimmung wurde mit dem ErbStG 1974 eingeführt. Sie stellt eine Ergänzung der Vorschrift des Abs. 2 Nr. 4 dar, nach der unter anderem auch das vom Erblasser als zugewendet gilt, was als Abfindung für die Ausschlagung eines Vermächtnisses gewährt wird.

Diese Regelung erfaßt dem Wortlaut nach nicht die Fälle, in denen jemand auf ein aufschiebend bedingtes, betagtes oder befristetes Vermächtnis, das er nicht ausgeschlagen hat, vor dem Zeitpunkt des Eintritts der Bedingung oder des Ereignisses gegen eine Abfindung verzichtet. Zwar hat die Rechtsprechung solche Abfindungen im Wege der Gesetzesauslegung den erbschaftsteuerpflichtigen Tatbeständen zugeordnet[85]. Es erschien dem Gesetzgeber jedoch angebracht, diese Abfindungen nunmehr auch ausdrücklich als steuerpflichtigen Tatbestand in die Vorschrift über den Erwerb von Todes wegen aufzunehmen.

### 13. Erwerb eines Vertragserben (§ 3 Abs. 2 Nr. 7 ErbStG)

56 Als vom Erblasser zugewendet gilt auch, was ein Vertragserbe aufgrund beeinträchtigender Schenkungen des Erblassers (§ 2287 BGB) von dem Beschenkten nach den Vorschriften über die ungerechtfertigte Bereicherung (§ 812 BGB) erlangt. Nach der Rechtsprechung des BFH[86] stellte der Erwerb eines „Vertragserben" aufgrund eines Herausgabeanspruchs nach § 2287 BGB keinen steuerpflichtigen Erwerb von Todes wegen i.S. des § 3 Abs. 1 Nr. 1 ErbStG dar. Der Anspruch entsteht in dem Zeitpunkt, in dem der Anspruch geltend gemacht wird, § 9 Abs. 1 Nr. 1 Buchst. j ErbStG n.F.

[83] BFH v. 23.8.1995, BStBl. II 1996, 137.

[84] BFH v. 19.4.1989, BB 1989, 154.

[85] Hierzu Troll, DStZ 1979, 403f.

[86] BFH v. 6.3.1991, BStBl. II, 412.

## IV. Vor- und Nacherbschaft (§ 6 ErbStG)

### 1. Die Vorerbschaft[87]

Der Vorerbe gilt als Erbe (⇒ Buch I Rz. 440). Er hat daher den Nachlaß voll zu versteuern, gleichgültig, ob der Nacherbfall im Zeitpunkt seines Todes oder zu einem anderen vom Erblasser bestimmten Zeitpunkt eintritt, z.B. bei Wiederverheiratung des überlebenden Ehegatten. *57*

Es ist hinsichtlich der Besteuerung des Vorerben gleichgültig, ob er über den Nachlaß frei verfügen darf (befreite Vorerbschaft) (⇒ Buch I Rz. 483) oder ob er hinsichtlich seiner Verfügungsbefugnis beschränkt ist (nicht befreite Vorerbschaft) (⇒ Buch I Rz. 469 ff.). In beiden Fällen ist der Vorerbe insoweit beschränkt, als er das Anwartschaftsrecht des Nacherben nicht beeinträchtigen darf. Dem nicht befreiten Vorerben stehen lediglich die Nutzungen zu. Wirtschaftlich gesehen, besteht zwischen ihm und dem Nießbraucher am Nachlaß kein Unterschied. Da es aber, wie eingangs ausgeführt wurde, allein auf die bürgerlich-rechtliche Gestaltung ankommt, ist der Vorerbe Gesamtrechtsnachfolger. Er wird daher dementsprechend behandelt, obwohl er, wirtschaftlich gesehen, lediglich Nießbraucher des Vermögens ist. Auch wird das Anwartschaftsrecht des Nacherben beim Vorerben nicht als Belastung behandelt. Der Vorerbe hat daher, gleichgültig, ob er befreiter oder nicht befreiter Vorerbe ist, den gesamten Nachlaß zu versteuern. Er unterscheidet sich hierin nicht vom Vollerben. *58*

### 2. Die Nacherbschaft

Mit dem Erbfall hat der Nacherbe bereits ein dingliches Anwartschaftsrecht erhalten, über das er, wenn keine Beschränkungen vorliegen, auch verfügen darf. Obwohl dieses Anwartschaftsrecht ein Wirtschaftsgut darstellt, unterliegt dieses nicht der Erbschaftsteuer. Verwertet jedoch der Nacherbe dieses Anwartschaftsrecht, indem er es einem Dritten überträgt, so gilt dieses Entgelt als vom Erblasser zugewendet (§ 3 Abs. 2 Nr. 5 ErbStG). Der Veräußerungspreis unterliegt daher der Erbschaftsteuer. Gibt der Vorerbe an den Nacherben mit Rücksicht auf die angeordnete Nacherbschaft vor ihrem Eintritt etwas heraus, so wird diese Zuwendung als Schenkung des Vorerben behandelt. *59*

Auf Antrag kann allerdings bei der Besteuerung das Verhältnis des Nacherben zum Erblasser zugrundegelegt werden. Die vorzeitige Herausgabe der Erbschaft wird wirtschaftlich und auch steuerlich dem Eintritt der Erbschaft bzw. der Nacherbschaft gleichgestellt. Gegenstand der Schenkung ist nicht die zwischenzeitliche Nutzung bis zum Eintritt der Nacherbschaft, sondern die gesamte vorzeitig überlassene Erbschaft. *60*

Beim Eintritt des Nacherbfalles haben diejenigen, auf die das Vermögen übergeht, den Erwerb als vom Vorerben stammend zu versteuern (§ 6 Abs. 2 ErbStG). Allerdings ist auf Antrag des Nacherben der Versteuerung das Verhältnis des *61*

---

[87] Vgl. RFH v. 27. 8. 1935, RStBl. 1935, 1304. Vgl. auch Schulz, S. 151 ff.

Nacherben zum Erblasser zugrundezulegen, was zweckmäßig erscheint, wenn das verwandtschaftliche Verhältnis zum Erblasser günstiger ist als das zum Vorerben. Dies ist z.B. der Fall, wenn der Erblasser zunächst seine Geschwister zu Vorerben eingesetzt hat, zu Nacherben jedoch seine eigenen Abkömmlinge.

Hinsichtlich der Versteuerung von Vermächtnissen an die Nacherben beim Tode des Erstversterbenden, die jedoch erst beim Fall des Letztversterbenden wirksam werden sollen vgl. R 13 Satz 2 und 3 ErbStR.

### 3. Zusammentreffen von Erbfall und Nacherbschaft

*62* Geht für den Fall, dass die Nacherben den Antrag gestellt haben, nach der Steuerklasse des Erben versteuert zu werden auch eigenes Vermögen des Vorerben auf den Nacherben über, so sind beide Vermögensanfälle hinsichtlich der Steuerklasse getrennt zu behandeln. In diesem Falle sind bei beiden Vermögensanfällen die jeweils für sie maßgeblichen persönlichen Freibeträge zu berücksichtigen. Der Abzug der für das eigene Vermögen des Vorerben zu gewährenden Freibeträge ist jedoch nur insoweit zulässig, als der Freibetrag für das der Nacherbfolge unterliegende Vermögen nicht verbraucht ist[88]. Die Steuer ist für jeden Erwerb jeweils nach dem Steuersatz zu erheben, der für den gesamten Erwerb gelten würde. Nach dieser ergänzenden Vorschrift, die mit dem ErbStG 1974 eingefügt wurde, sind zunächst die beiden Vermögensmassen des Gesamterwerbs nach ihrer Herkunft zu trennen. Auf jede dieser Vermögensmassen ist dann die ihrer Herkunft entsprechende Steuerklasse anzuwenden. Damit sich hieraus für den Nacherben jedoch keine ungerechtfertigten Vorteile hinsichtlich des Freibetrages ergeben, wird weiter bestimmt, daß dem Nacherben nicht für jede Vermögensmasse des Gesamterwerbs gesondert ein Freibetrag zusteht, sondern ihm insgesamt nur der Freibetrag zu gewähren ist, der für sein günstigeres Verwandtschaftsverhältnis zum Erblasser maßgebend ist. Für das zusätzlich anfallende Vermögen des Vorerben soll der für diese Steuerklasse maßgebende Freibetrag nur noch gewährt werden, wenn bzw. soweit der höhere nach Verwandtschaftsverhältnis zum Erblasser maßgebende Freibetrag durch den Anfall des Nacherbschaftsvermögens nicht verbraucht ist. Damit die Aufgliederung des Gesamtvermögens in zwei Vermögensteile für den Nacherben keinen Progressionsvorteil hat, wird weiter bestimmt, daß die Steuer für jeden Vermögensteil nach dem Steuersatz zu erheben ist, der für den gesamten Erwerb gelten würde.

*63* Tritt der Fall der Nacherbfolge nicht durch den Tod des Vorerben ein, so gilt die Nacherbfolge als aufschiebend bedingter Anfall. In diesem Falle ist dem Nacherben die vom Vorerben entrichtete Steuer abzüglich desjenigen Steuerbetrages anzurechnen, welcher der tatsächlichen Bereicherung des Vorerben entspricht (§ 6 Abs. 3 ErbStG).

Eine Erstattung jedoch kommt nicht in Betracht, wenn die Steuer des Vorerben die des Nacherben übersteigt.

---

[88] BFH v. 2.12.1998, DB 1999, 465.

**4. Berliner Testament**[89] (⇒ Buch I Rz. 235)

Haben Ehegatten in einem gemeinschaftlichen Testament, (⇒ Buch I Rz. 311, 318), durch das sie sich gegenseitig als Erben einsetzen (Berliner Testament), dem überlebenden Ehegatten das Recht eingeräumt, die Schlußerbenfolge sowie die Verteilung des Nachlasses zu ändern, so bleibt § 15 Abs. 3 ErbStG zugunsten des Schlußerben insoweit anwendbar, als der überlebende Ehegatte durch eine spätere Verfügung von Todes wegen die Erbquote des Schlußerben nicht verändert hat. 64

Macht der überlebende Ehegatte von seinem Recht auf Änderung dadurch Gebrauch, dass er abweichend vom gemeinschaftlichen Testament einem Schlußerben, dessen Erbquote als solche unverändert bestehen bleibt, ein Vorausvermächtnis ausgesetzt, kann für diesen Vermächtniserwerb § 15 Abs. 3 ErbStG nicht angewandt werden[90].

## V. Stiftung und Zweckzuwendung

### 1. Stiftung

Stiftung im Sinne des ErbStG ist die rechtsfähige Stiftung im Sinne der §§ 80ff. BGB. Sie muß mit eigener Rechtsfähigkeit ausgestattet sein[91] (⇒ Buch I Rz. 1465 ff.). Macht der Erblasser eine unselbständige Stiftung, so liegt eine Zweckzuwendung im Sinne des § 8 ErbStG vor[92]. Es kann sich bei der Anordnung der Stiftung durch den Stifter nur um eine Stiftung des privaten Rechts handeln. Voraussetzung für die steuerliche Anerkennung einer Stiftung ist, daß die vom Gesetz verlangten Voraussetzungen wie Schriftform (§ 81 BGB), die gültige testamentarische Anordnung (§ 83 BGB) und die behördliche Genehmigung vorliegen (⇒ Buch I Rz. 1470 ff., insbesondere 1469). 65

*a) Übergang von Vermögen auf eine vom Erblasser angeordnete Stiftung*

Ein Formmangel kann hier nicht geheilt werden. Ist jedoch die Stiftung tatsächlich durchgeführt worden, ist sie evtl. in eine Zweckzuwendung im Sinne des § 8 ErbStG umzudeuten. Voraussetzung ist jedoch, daß sie einem unpersönlichen Zweck dient und einen unbestimmten Personenkreis begünstigt, was jedoch bei einer verunglückten Stiftung im Zweifel nicht der Fall ist. 66

Der Übergang von Vermögen auf eine vom Erblasser angeordnete Stiftung unterliegt der Erbschaftsteuer (§ 3 Abs. 2 Nr. 1 ErbStG). Sie gilt als ein Erwerb von Todes wegen. Die Stiftung muß vom Erblasser selbst testamentarisch angeordnet sein. 67

---

89 Ebeling, ZEV 2000, 88; Mayer, ZEV 1998, 50.

90 BFH v. 16. 6. 1999, DB 1999, 2346.

91 Troll/Gebel/Jülicher, § 3 ErbStG, Anm. 78; Meincke, § 3 ErbStG, RdNr. 52; vgl. auch Turner/Poppstadt, Die Stiftung – eine Möglichkeit individueller Nachfolgegestaltung, DStR 1996, 1448.

92 Troll/Gebel/Jülicher, § 8 ErbStG, Anm. 2; Meincke, § 3 ErbStG, RdNr. 52.

68 Möglich ist aber auch, daß der Erblasser den Erben mittels einer Bedingung oder Auflage bestimmt, die Stiftung zu errichten[93]. Es handelt sich hierbei um eine Erbeinsetzung unter Auflage im Sinne des § 3 Abs. 2 Nr. 2 ErbStG. In diesem Falle ist der Erblasser als Schenker, der Erbe als Stifter zu behandeln. Übertragung des Vermögens auf die Stiftung wird in diesem Falle erbschaftsteuerlich so behandelt, als habe die Stiftung das Vermögen vom Erblasser unmittelbar erworben, obwohl, bürgerlich-rechtlich gesehen, der Erbe Durchgangserwerber war[94].

69 Setzt der Erblasser eine von ihm angeordnete (rechtsfähige) Stiftung zur (Allein-)Erbin ein, so unterliegt gem. § 11 ErbStG i.V.m. § 9 Abs. 1 Nr. 1 Halbsatz 2 Buchstabe c und § 3 Abs. 2 Nr. 1 ErbStG der Erbschaftsteuer auch der Vermögenszuwachs, der sich im Nachlaß zwischen dem Tag des Todes des Erblassers und dem Tag der Genehmigung der Stiftung vollzogen hat. § 3 Abs. 2 Nr. 1 ErbStG erfaßt alle Fälle, in denen Vermögen auf eine vom Erblasser angeordnete Stiftung übergeht. Darunter fallen nicht nur die Sachverhalte, in denen der Erblasser einen Erben oder Vermächtnisnehmer mit der Auflage beschwert, seinerseits eine Stiftung durch Rechtsgeschäft (unter Lebenden) zu errichten, sondern auch die Fälle, in denen der Erblasser eine von ihm angeordnete Stiftung zur Erbin (oder Vermächtnisnehmerin) einsetzt[95].

70 Ordnet der Erblasser testamentarisch eine Vermögensübertragung entweder in der Form der Erbeinsetzung oder eines Vermächtnisses an eine bereits bestehende Stiftung an, so liegt ein Erbanfall bzw. eine Vermächtnisaussetzung im Sinne des § 3 Abs. 1 Nr. 1 ErbStG vor[96]. Im ersteren Falle wäre die Stiftung Erbe im Sinne des Erbrechts und erwürbe unmittelbar vom Erblasser aufgrund des Erbanfalls. Dieser Fall ist ebenso zu behandeln wie die Erbeinsetzung einer sonstigen juristischen Person.

### *b) Vermögensübertragungen auf einen Trust*

71 Keine Stiftung im Sinne des ErbStG ist die Vermögensübertragung im amerikanischen Recht auf einen Trust[97] oder im englischen Recht auf einen Trust[98]. Der Nachlaß ist hier zwar ein Sondervermögen, aber er hat keine eigene Rechtsfähigkeit.

72 Als Schenkung gilt auch die Stiftungserrichtung unter Lebenden (§ 7 Abs. 1 Nr. 8 ErbStG). Die bloße Forderung auf Übertragung der zugewandten Vermö-

---

93 Troll/Gebel/Jülicher, § 3 ErbStG, Anm. 80.

94 Hinsichtlich der Erstausstattung einer Stiftung mit Stiftungskapital (Grundstücksvermögen) im Wege einer Durchlaufspende siehe OFD Frankfurt a.M., Vfg. v. 28.11.1997, ZEV 1998, 95.

95 BFH v. 25.10.1995, BStBl. II 1996, 99; vgl. auch Ebeling ZEV 1998, 93.

96 Troll/Gebel/Jülicher, § 3 ErbStG, Anm. 80.

97 Meincke, § 3 ErbStG, RdNr. 25; Troll, § 3 ErbStG, Anm. 82; BFH v. 31.5.1961, BStBl. III 1961, 312; v. 2.2.1977, BStBl. II 1977, 425.

98 Troll/Ebel/Jülicher, § 3 ErbStG, Anm. 80; BFH v. 20.12.1957, BStBl. 1958, 79.

gensgegenstände, die mit der staatlichen Genehmigung des Stiftungsgeschäfts entsteht, begründet selbst noch keine Steuerpflicht. Die Forderung entsteht erst mit der Ausführung der Zuwendung.

*c) Stiftung unter Lebenden*

Spätere Zuwendungen des Stifters werden als gewöhnliche Schenkungen im Sinne des § 7 Abs. 1 Nr. 1 ErbStG behandelt. Satzungsmäßige Zuwendungen der Stiftungen selbst sind keine Schenkung. Es fehlt hier das Tatbestandsmerkmal der Freiwilligkeit[99]. Das Stiftungsgeschäft unter Lebenden wird nach § 7 Abs. 1 Nr. 8 ErbStG als Schenkung behandelt. *73*

Gemäß § 7 Abs. 1 Nr. 9 ErbStG gilt auch das als Schenkung, was bei Aufhebung der Stiftung erworben wird. Die Stiftung muß vollständig aufgehoben werden[100]. *74*

Bei der Aufhebung der Stiftung ist Zuwendender die Stiftung, nicht der Stifter. Das auch dann, wenn zu Lebzeiten des Stifters das Stiftungsvermögen an diesen zurückfällt[101].

Bei Teilausschüttungen, sofern sie das Wesen der Stiftung nicht verändern und den Fortbestand nicht in Frage stellen[102], liegt keine Aufhebung im Sinne des § 7 Abs. 1 ErbStG vor. Unter Umständen jedoch kommt eine Schenkung in Betracht.

Gemäß § 15 Abs. 2 ErbStG gilt im Fall der Auflösung der Stiftung als Schenker der Stifter oder derjenige, der das Vermögen auf den Verein übertragen hat. Hinsichtlich der Höhe der Erbschaftsteuer kommt es daher auf das persönliche Verhältnis zum zuletzt Bezugsberechtigten an.

*d) Stiftungszweck*

Auf den Stiftungszweck selbst kommt es nicht an. Dient die vom Erblasser errichtete Stiftung ausschließlich gemeinnützigen oder kirchlichen Zwecken, so bleiben die Zuwendungen steuerfrei. Allerdings müssen der Zweck und die richtige Verwendung der Mittel sichergestellt sein (§ 13 Abs. 1 Nr. 16 ErbStG). Bei den übrigen Stiftungen tritt keine Steuerfreiheit ein. Bei den sogenannten Familienstiftungen gemäß § 15 Abs. 2 ErbStG ist für die Besteuerung das Verwandtschaftsverhältnis des in der Stiftungsurkunde entferntest Berechtigten zu dem Erblasser oder Schenker zugrunde zu legen. *75*

## 2. Die Zweckzuwendung

Die Zweckzuwendung unterscheidet sich dadurch von der freiwilligen Zuwendung, daß bei der Zweckzuwendung ein Vermögen mit der Verpflichtung zugewandt wird, dieses nicht für eigene, sondern für einen dem Empfänger fremden *76*

---

99 Troll/Ebel/Jülicher, § 7 ErbStG, Anm. 55.

100 Troll/Ebel/Jülicher, § 7 ErbStG, Anm. 56.

101 BFH v. 25.11.1992, BStBl. II 1993, 238; auch Binz/Sorg, DStR 1994, 229.

102 Troll/Ebel/Jülicher, § 7 ErbStG, Anm. 56.

Zweck oder einen unbestimmten Personenkreis zu verwenden[103]. Mit der Zweckzuwendung wird ein Sondervermögen zur Erfüllung eines bestimmten Zweckes geschaffen. Der Bedachte bzw. Beschenkte nimmt die Funktion eines Treuhänders wahr. Die Zweckzuwendung unterscheidet sich im wesentlichen dadurch von der Stiftung, daß das Sondervermögen nicht zu einer selbständigen juristischen Person wird. Während die Stiftung einen bestimmten Personenkreis begünstigen kann, z.B. Familienangehörige, ist das bei der Zweckzuwendung nicht möglich.

Verfolgt die Zweckzuwendung einen gemeinnützigen Zweck, ist sie von der Erbschaftsteuer befreit (§ 13 Abs. 1 Nr. 16 ErbStG).

### 3. Die Erbersatzsteuer der Stiftung

*77* Neben der Besteuerung des Erwerbs bei der Errichtung werden Stiftungen nunmehr alle 30 Jahre der Erbschaftsteuer unterworfen, sofern sie wesentlich im Interesse einer Familie oder bestimmter Familien errichtet sind (§ 1 Abs. 1 Nr. 4 ErbStG).

Das gleiche gilt für Vereine, deren Zweck wesentlich im Interesse einer Familie oder bestimmter Familien auf die Bindung von Vermögen gerichtet ist[104]. Ausgenommen von dieser Vorschrift sind die gemeinnützigen Stiftungen.

Unter den wesentlichen Familieninteressen sind Vermögensinteressen im weitesten Sinne zu verstehen. Dazu gehören nicht nur Bezugs- und Anfallsrechte, sondern alle Vermögensvorteile, die die begünstigten Familien und ihre Mitglieder aus dem Stiftungsvermögen ziehen. Hierzu rechnen insbesondere Nutzung stiftungseigener Immobilien zu Wohnzwecken, Leistungen durch Stiftungspersonal, Nutzung von Stiftungskulturbesitz[105].

Nach Ansicht des Gesetzgebers soll durch diese Bestimmung verhindert werden, daß über die Bindung von Vermögen in Form einer Stiftung zugunsten von Familienangehörigen künftig eine Erbschaftsteuerbefreiung eintritt.

Diese Bestimmung verstößt u.E. gegen das Erbschaftsteuersystem[106]. Hier wird nicht der Vermögensübergang auf einen neuen Rechtsträger versteuert, sondern es handelt sich um eine Vermögensteuer, die ganz aus dem Rahmen fällt. Somit ist die Periodenbesteuerung der Stiftung systemwidrig. Es muß hierbei berücksichtigt werden, daß die Stiftung außerdem noch der Körperschaftsteuer und für den Fall, daß sie ein Gewerbe betreibt, der Gewerbesteuer unterliegt.

*78* Bei der Berechnung der Steuer wird in den Fällen des § 1 Abs. 1 Nr. 4 ErbStG der doppelte Freibetrag nach § 16 Abs. 1 Nr. 2 ErbStG gewährt. Die Steuer ist nach dem Vomhundertsatz der Steuerklasse I zu berechnen, der für die Hälfte des stpfl. Vermögens gelten würde.

---

[103] Troll, § 8 ErbStG, Anm. 2; BFH v. 13.3.1953, BStBl. III 1953, 144.

[104] Siehe R 2 Abs. 2 und Abs. 3 ErbStR.

[105] R 2 Abs. 3 ErbStR.

[106] Sie ist aber vom BVerfG als verfassungskonform anerkannt, vgl. BVerfG v. 8.3.1983, BStBl. II 1983, 779.

**Beispiel:**

| | | |
|---|---|---|
| Steuerpflichtiges Vermögen | Euro | 4.000.000,– |
| abzüglich Freibeträge nach § 16 Abs. 1 Nr. 2 | Euro | 410.000,– |
| | Euro | 3.590.000,– |
| 1/2 Ansatz | Euro | 1.795.000,– |
| 19 v.H. | Euro | 341.050,– |

Die Vorschrift gilt nur für die inländische Stiftung, also für die, welche Geschäftsleitung oder Sitz im Inland hat (§ 2 Abs. 1 Nr. 2 ErbStG)[107].

Ausländische Stiftungen werden nicht der unbeschränkten Steuerpflicht unterworfen, wenn der Begünstigte ein Inländer ist.

Fraglich ist jedoch, ob eine ausländische Stiftung mit ihrem inländischen Vermögen auch der Periodenbesteuerung unterliegt[108]. Nach dem Wortlaut des § 2 Abs. 1 Nr. 3 ErbStG dürften ausländische Stiftungen mit ihrem inländischen Vermögen nicht der beschränkten Steuerpflicht hinsichtlich der Steuer nach § 1 Abs. 1 Nr. 4 ErbStG unterliegen. Bei der beschränkten Steuerpflicht i.S. des § 2 Abs. 1 Nr. 3 ErbStG wird auf den Vermögensanfall abgestellt. Bei der Periodenbesteuerung wird kein Vermögensanfall besteuert.

Wegen der einkommensteuerlichen Wirkungen ist es jedoch nicht zweckmäßig, einen Betrieb auf eine Stiftung zu übertragen, soweit es sich um Betriebsvermögen und wesentliche Beteiligungen handelt.

Von der Periodenbesteuerung sind gemeinnützige Stiftungen ausgenommen. Es 79
fragt sich jedoch, wie Stiftungen zu behandeln sind, die sowohl gemeinnützige Ziele als auch Familieninteressen verfolgen. Der Gesetzeswortlaut „wesentlich im Interesse einer Familie" ist dehnbar. Klar wäre die Rechtslage, wenn ein „überwiegendes Interesse" verlangt würde. „Wesentlich" wird aber vielfach auch wie „nicht unerheblich" verstanden. Bei einer Beteiligung von mehr als 25 v.H. spricht man von einer wesentlichen Beteiligung. Hiernach müßte man schon eine Verfolgung wesentlicher Familieninteressen annehmen, wenn mehr als 25 v.H. der Erträge der Stiftung Familienangehörigen des Stifters zugewandt würden[109]. Sie darf höchstens ein Drittel des Überschusses der Einnahmen über die Unkosten der Vermögensverwaltung und darüber hinaus 10 v.H. ihrer sonstigen Mittel einer freien Rücklage zuführen[110]. Nach überwiegender Literaturmeinung muß die Stiftung mehr als zu 50 v.H. den Angehörigen des Stifters zugute kommen[111].

Nach § 58 Nr. 5 AO wird die Steuervergünstigung der Gemeinnützigkeit nicht 80
dadurch ausgeschlossen, daß eine Stiftung diesen Teil, jedoch höchstens ein Drit-

---

[107] Vgl. auch Petzoldt, § 1 ErbStG, Anm. 6. Sitzverlegung ins Ausland ist wegen § 15 AStG nicht anzuraten. BFH v. 6.12.1989, BStBl. II 1990, 221.

[108] Vgl. Michel, DVR 1974, 50ff.

[109] RZ Abs. 2 Satz 2 ErbStR.

[110] § 58 Nr. 7 Buchstabe a) AO in der Fassung des Gesetzes zur weiteren steuerlichen Förderung von Stiftungen , BGBl. v. 25.7.2000, BStBl. I 2000, 1192.

[111] Petzoldt, § 1 ErbStG, Rz. 78; Meincke/Michel, § 15 ErbStG, RdNr. 17; Kapp, § 1 ErbStG, Anm. 59.

tel ihres Einkommens dazu verwendet, um in angemessener Weise den Stifter und seine nächsten Angehörigen zu unterhalten, ihre Gräber zu pflegen und ihr Andenken zu ehren.

*81* Nach dem Anwendungserlaß zur AO[112] enthält § 58 Nr. 5 AO eine Ausnahmeregelung zu § 55 Abs. 1 Nr. 1 AO für Stiftungen. Diese ist nur anzuwenden, wenn eine Stiftung Leistungen erbringt, die dem Grunde nach gegen § 55 Abs. 1 Nr. 1 AO verstoßen, also z.B. freiwillige Zuwendungen an den in § 58 Nr. 5 AO genannten Personenkreis leistet oder für die Erfüllung von Ansprüchen dieses Personenkreises aus der Übertragung von Vermögen **nicht** das belastete oder anderes zulässiges Vermögen, sondern Erträge einzieht. Im Unterschied zu anderen Körperschaften kann eine Stiftung unter den Voraussetzungen des § 58 Nr. 5 AO auch dann einen Teil ihres Einkommens für die Erfüllung solcher Ansprüche verwenden, wenn ihr dafür ausreichende flüssige Vermögensmittel zur Verfügung stehen. Der Grundsatz, daß der wesentliche Teil des Einkommens für die Verwirklichung der steuerbegünstigten Zwecke verbleiben muß, gilt aber auch für Stiftungen. Daraus folgt, daß eine Stiftung insgesamt höchstens ein Drittel ihres Einkommens für unter § 58 Nr. 5 AO fallende Leistungen und für die Erfüllung von anderen durch die Übertragung[113] von belastetem Vermögen begründeten Ansprüche verwenden darf.

*82* Nach § 15 Abs. 2 AStG sind Familienstiftungen solche Stiftungen, bei denen der Stifter, seine Angehörigen und deren Abkömmlinge zu mehr als der Hälfte bezugsberechtigt oder anfallsberechtigt sind[114].

*83* Wegen dieser Rechtsunsicherheit ist es zweckmäßig, wenn man das Ziel verfolgt, das Unternehmen in seiner wesentlichen Substanz zu erhalten und gleichzeitig seinen Familienangehörigen etwas zukommen zu lassen, zwei getrennte Vermögensübertragungen vorzunehmen, und zwar zum einen an die Stiftung und zum anderen an die Angehörigen. Hierzu eignet sich am besten die Gesellschaftsform der Kommanditgesellschaft. Die Stiftung wird Kommanditist, die Erben Komplementäre bzw. ebenfalls Kommanditisten. Allerdings ist hier zu beachten, daß die Gewinnverteilung zwischen Stiftung und den übrigen Gesellschaftern angemessen sein muß.

Möglich wäre jedoch auch, einen Teil des Stiftungsvermögens mit einem Nießbrauch zugunsten der Familienmitglieder zu belasten. Allerdings ist hier zu beachten, daß der Nießbrauch mit dem Tode einer Person endet und daher nur für eine Generation bestellt werden kann. Eine stille Beteiligung am Unternehmen der Stiftung wäre ebenfalls denkbar.

---

[112] BdF v. 8. 1. 1996 IV B 7 – S 0170 – 118/95, BStBl. I 1996, 74.

[113] Hierzu Schauhoff, Die gemeinnützige Stiftung und Versorgung des Stifters und seiner Nachkommen, DB 1996, 1693.

[114] Vgl. hierzu auch Troll, § 15 ErbStG, Anm. 28, FinMin BW v. 28. 10. 1983, StEK § 1 ErbStG, Nr. 5, wenn sie zu mehr als 25 v.H. Angehörigen des Stifters zugute kommt und zusätzliche Merkmale für ein weiteres Familieninteresse sprechen. Vgl. auch Moench, § 1 ErbStG, RdNr. 10; BFH v. 10. 12. 1997, BStBl. II 1998, 114.

Die Änderung des Stiftungscharakters einer Familienstiftung durch Satzungsänderung, gleichgültig ob sie zu Lebzeiten oder erst nach dem Tode des Stifters erfolgt ist, ist steuerlich als Aufteilung der Familienstiftung und Errichtung einer neuen Stiftung anzusehen, deren Erwerb grundsätzlich der Besteuerung nach Steuerklasse II unterliegt (§ 7 Abs. 1 Nr. 9 i.V.m. § 15 Abs. 1 ErbStG)[115].

### 4. Erhebung der Erbersatzsteuer

Gem. § 24 ErbStG kann die steuerpflichtige Stiftung verlangen, daß die Erbersatzsteuer nach § 1 Abs. Nr. 4 ErbStG in 30 gleichen jährlichen Teilbeträgen (Jahresbeträgen) zu entrichten ist. Die Summe der Jahresbeträge umfaßt die Tilgung und die Verzinsung der Steuer; dabei ist von einem Zinssatz von 5,5 v.H. auszugehen. Es ist hierbei jedoch zu berücksichtigen, daß die Erbersatzsteuer als Erbschaftsteuer eine sonstige Personensteuer i.S.d. § 10 Nr. 2 KStG darstellt. Das gilt auch für die gemäß § 24 ErbStG in Jahresbeträgen erhobene Erbersatzsteuer. § 10 Nr. 2 KStG ist auch insoweit anzuwenden, als die Jahresbeträge einen Zinsanteil enthalten. § 35 EStG ist im Bereich der Körperschaftsteuer nicht anwendbar[116]. *84*

## VI. Das Nießbrauchsvermächtnis

### 1. Allgemeines

Der Nießbrauch kann nur in Form eines Vermächtnisses ausgesetzt werden. Er entsteht erst mit der Bestellung durch den Erben (hinsichtlich der bürgerlichen Auswirkungen ⇒ Buch I Rz. 553 ff.).

Vielfach wird jedoch der Nießbrauch auch im Zusammenhang mit der vorweggenommenen Regelung der Erbfolge bestellt, indem sich der Schenker an dem übertragenen Vermögen den Nießbrauch vorbehält (⇒ Rz. 826 f.). Möglich wäre auch eine Nießbraucheinräumung im Zusammenhang mit der Erbauseinandersetzung unter den Miterben. *85*

Im Falle einer Schenkung unter Nießbrauchvorbehalt ist der zurückbehaltene Nießbrauch nicht als Bereicherung des Schenkers zu bewerten. Es ist lediglich zu untersuchen, inwieweit der Nießbrauch den steuerpflichtigen Erwerb als Belastung mindert. Hier wurde im § 25 ErbStG eine Neuregelung geschaffen, auf die noch eingegangen wird.

Wenn ein Nießbrauchsrecht durch die Erben aufgrund einer testamentarischen Anordnung bestellt wird, so unterliegt die Bereicherung des Nießbrauchers der Erbschaftsteuer. Hinsichtlich der Belastung der Erben mit dem Nießbrauch gilt die Regelung des § 25 ErbStG[117].

---

[115] RZ Abs. 4 Satz 1 ErbStR.

[116] BFH v. 14. 9. 1994, DStR 1995, 370.

[117] Vgl. Petzoldt, § 25 ErbStG, Rz. 26ff.; Troll, DB 1974, 1785; Petzoldt, BB 1975, 41ff.; Kapp, BB 1975, 1589; Mayr-Sigloch, BB 1975, 919.

**2. Die Zuwendung des Nießbrauchs**

86 Bei der Zuwendung dieses Vermächtnisses handelt es sich ebenfalls um einen erbschaftsteuerpflichtigen Erwerb (§ 3 Abs. 1 Nr. 3 ErbStG).

Das Nießbrauchsvermächtnis ist für die Bemessung der Erbschaftsteuer mit dem Kapitalwert des Nießbrauchs (§§ 14, 16 BewG) zu bewerten.

87 Gemäß §§ 15 und 16 BewG ist der Nießbrauch mit dem Kapitalwert anzusetzen. Nähere Einzelheiten ⇒ Rz. 184ff.

Der Nießbraucher kann aber, da er die Zuwendung nicht auf einmal erhält, sondern ihm die Einnahmen laufend zufließen, entweder die Steuer in einem Betrag vom Kapitalwert entrichten oder aber jährlich im voraus vom Jahreswert des Nießbrauchs. Die Steuer wird jedoch im letzteren Falle nach dem Steuersatz erhoben, der sich nach § 19 ErbStG für den gesamten Erwerb einschließlich des Kapitalwertes der Nutzungen (Nießbrauch) ergibt. Hat der Erwerber außer dem Nießbrauchsvermächtnis weitere Nachlaßgegenstände als Vermächtnis oder auch als Erbe erhalten, sind diese Werte in die Bemessungsgrundlage mit einzubeziehen.

88 Es ist jedoch bei einem Ehegatten zu beachten, daß ihm gemäß § 16 ErbStG ein Freibetrag von Euro 307.000,– und unter gewissen Voraussetzungen gemäß § 17 ErbStG ein weiterer Versorgungsfreibetrag von Euro 256.000,– zusteht. Haben die Eheleute im Güterstand der Zugewinngemeinschaft gelebt, so erhält der überlebende Ehegatte auch das steuerfrei, was ihm zustehen würde, wenn er die Erbschaft ausschlagen würde und den Zugewinnausgleich verlangen würde. Da diese Beträge vielfach den Wert des kapitalisierten Nießbrauchs übersteigen werden, ist der überlebende Ehegatte, soweit er mit einem Nießbrauchsvermächtnis bedacht worden ist, steuerfrei. Der Wegfall des Nießbrauchs unterliegt nicht gemäß § 3 ErbStG der Erbschaftsteuer.

89 Der Erwerber hat das Recht, die Jahressteuer zum jeweils nächsten Fälligkeitstermin mit ihrem Kapitalwert abzulösen. Der Kapitalwert des Nießbrauchs im Zeitpunkt der Ablösung ist nach den Vorschriften des BewG (§§ 13, 14 BewG) zu ermitteln.

Der Antrag auf Ablösung der Jahressteuer ist spätestens bis zum Beginn des Monats zu stellen, der dem Monat vorausgeht, in dem die nächste Jahressteuer fällig wird.

Diese Erfassung des Nießbrauchs auch bei dem Vermächtnisnehmer führt dazu, daß der Erwerb zweimal erfaßt wird. Einmal bei dem mit dem Nießbrauch belasteten Erwerber, zum anderen beim Vermächtnisnehmer. Doppelt wird jedoch nur der Kapitalwert des Nießbrauchs erfaßt, im Gegensatz zur Vor- und Nacherbfolge, bei der grundsätzlich der volle Nachlaß zweimal erfaßt wird (§ 6 ErbStG).

**3. Die Behandlung der Nießbrauchslast**

90 Nach der ab dem 30. 8. 1980 geltenden Fassung des § 25 ErbStG erfolgt beim Erwerb von Vermögen, dessen Nutzungen dem Schenker oder dem Ehegatten des

Erblassers (Schenker) zustehen oder das mit einer Rentenverpflichtung oder mit der Verpflichtung zu sonstigen wiederkehrenden Leistungen zugunsten dieser Personen belastet ist, eine Besteuerung ohne Berücksichtigung dieser Belastungen. Die Steuer, die auf den Kapitalwert dieser Belastungen entfällt, ist jedoch bis zu deren Erlöschen zinslos zu stunden. Die gestundete Steuer kann auf Antrag des Erwerbers jederzeit mit ihrem Barwert nach § 12 Abs. 3 BewG abgelöst werden.

Die Neufassung gilt nur für Erwerbe, die mit einem Nießbrauch, einem Dauerwohnrecht oder einer Rentenverpflichtung zugunsten des überlebenden Ehegatten belastet sind.

Ist der Erwerb zugunsten anderer Personen belastet, ist der Kapitalwert dieser Belastung als Nachlaßverbindlichkeit beim Wert des Erwerbs zu berücksichtigen.

§ 25 ErbStG gilt nicht mehr für Schenkungen, seit der Steuerwert der an sich unter die Vorschriften fallenden Schenkungen nach einer besonderen, die Anwendung des § 25 ErbStG ausschließenden Wertermittlungsmethode zu ermitteln ist[118].

## VII. Die persönliche Steuerpflicht

### 1. Die unbeschränkte Steuerpflicht[119]

Ist der Erblasser zur Zeit des Todes oder der Erwerber zur Zeit der Entstehung *91*
der Steuerpflicht Inländer, tritt die Steuerpflicht für den gesamten Erbfall ein (§ 18 ErbStG).

Ist der Erblasser Inländer, so unterliegt der gesamte Nachlaß der deutschen Erbschaftsteuer. Ist das der Fall, so ist es gleichgültig, ob auch der Erbe Inländer ist. Die Staatsangehörigkeit des Erblassers und auch des Erben kann außer Betracht bleiben. Lediglich bei Doppelbesteuerungsabkommen kann es hier auch unter Umständen darauf ankommen. Ist der Erblasser nicht als Inländer im Sinne dieser Vorschrift anzusehen, jedoch der Erbe, so unterliegt das von ihm im Wege der Erbschaft erworbene Vermögen der deutschen Versteuerung. In diesem Falle umfaßt die Erbschaftsteuer nicht das ganze Vermögen des Erblassers, sondern nur das, was der inländische Erbe erworben hat. Als Inländer gelten:

a) Natürliche Personen, die im Inland einen Wohnsitz oder gewöhnlichen Aufenthaltsort haben.

b) Deutsche Staatsangehörige, die sich nicht länger als fünf Jahre im Ausland aufgehalten haben, ohne im Inland einen Wohnsitz zu haben.

c) Unabhängig von der Fünfjahresfrist deutsche Staatsangehörige, die *92*

[118] Meincke/Michel, § 25 ErbStG, RdNr. 3; Erl. v. 10. 2. 1983, BStBl. I 1983, 238; BFH, BStBl. II 1980, 260, BStBl. II 1982, 83, BStBl. II 1982, 714.

[119] Hierzu Hartmann, FR 1975, 565; R 3 ErbStR.

(1) weder einen Wohnsitz noch ihren gewöhnlichen Aufenthalt im Inland haben,

(2) zu einer inländischen juristischen Person des öffentlichen Rechts in einem Dienstverhältnis stehen und dafür Arbeitslohn aus einer inländischen öffentlichen Kasse beziehen (Auslandsbeamter, Botschaftsangehöriger usw.)

Die unbeschränkte Steuerpflicht erstreckt sich auch auf die zu deren Haushalt gehörenden Angehörigen, soweit sie die deutsche Staatsangehörigkeit besitzen. Voraussetzung ist, daß deren Nachlaß oder Ewerb in dem Staat, in dem sie ihren Wohnsitz oder ihren gewöhnlichen Aufenthalt haben, lediglich mit dem dortigen Vermögen zu einer Nachlaßsteuer oder Erbanfallsteuer herangezogen werden.

93 d) Körperschaften, Personenvereinigungen und Vermögensmassen, die ihre Geschäftsleitung oder ihren Sitz im Inland haben.

### 2. Bedeutung der Doppelbesteuerungsabkommen[120]

94 Die Vorschrift des § 2 Abs. 1 Nr. 1 Buchst. b ErbStG findet im Verhältnis zu Staaten, mit denen ein Doppelbesteuerungsabkommen besteht, keine Anwendung. Das ist z.Zt. gegenüber Griechenland[121], Schweden[122], Österreich[123], der Schweiz[124], den USA[125] und Israel[126] der Fall.

### 3. Die beschränkte Steuerpflicht

95 Im übrigen beschränkt sich die Erbschaftsteuer auf den Vermögensanfall der in Inlandsvermögen i.S. des § 121 BewG besteht.

Es handelt sich hier um im Inland belegenes land- und forstwirtschaftliches Vermögen (Nr. 1), Grundvermögen (Nr. 2), Betriebsvermögen (Nr. 4), Beteiligung am Grund und Stammkapital von Kapitalgesellschaften von mind. 10 v.H. Erfindungen, die nicht zu einem inländischen Betriebsvermögen, soweit sie in ein inländisches Buch oder Register eingetragen sind (Nr. 5) (z.B. Deutsches Patentamt) oder einem inländischen Gewerbebetrieb überlassen sind (Nr. 6), an inländischem Grundbesitz gesicherte Rechte (Nr. 7), stille Beteiligung an einem inländischen Handelsgewerbe (Nr. 8) und Nutzungsrechte (Nr. 9).

Bei Beteiligungen an inländischen Kapitalgesellschaften ist es ausreichend, wenn der Erblasser zur Zeit seines Todes oder der Schenker zur Zeit der Ausführung der Schenkung mit mindestens 10 v.H. beteiligt ist. Wird nur ein Teil einer solchen Beteiligungsschenkung zugewendet, so gelten die weiteren Erwerbe aus

---

[120] Lethaus, Die internationale Besteuerung bei Erbschaften und Schenkungen, IWB Fach 3, Deutschland Gruppe 9, S. 62.

[121] RGBl. 1912, 173, BGBl. II 1953, 525.

[122] RGBl. II 1935, 860, BGBl. II 1951, 151.

[123] BGBl. II 1955, 756, 891.

[124] BGBl. II 1980, 594.

[125] BGBl. II 1982, 846; II 1986, 860.

[126] BGBl. II 1985, 394; II 1985, 1117.

der Beteiligung, soweit die Voraussetzungen des § 14 ErbStG erfüllt sind, auch dann als Erwerb von Inlandsvermögen, wenn im Zeitpunkt ihres Erwerbs die Beteiligung des Erblassers oder Schenkers weniger als ein Zehntel des Grund- oder Stammkapitals der Gesellschaft beträgt.

### 4. Das Erbschaftsteuerabkommen mit der Schweiz

#### *a) Grundsätze*

Das Abkommen vom 30. 11. 1978 zwischen der Bundesrepublik Deutschland und der Schweizerischen Eidgenossenschaft zur Vermeidung der Doppelbesteuerung auf dem Gebiet der Nachlaß- und Erbschaftsteuern[127] hat die Besteuerung des Nachlasses neu geregelt. Das Abkommen regelt die Nachlaßbesteuerung für Personen, die entweder in der Schweiz oder in der Bundesrepublik bzw. in beiden Staaten ihren Wohnsitz haben. Gegenstand des Abkommens ist die Erbschaft- und Schenkungsteuer in der Bundesrepublik Deutschland und in der Schweiz die von den Kantonen, Bezirken und Kreisen und Gemeinden erhobenen Erbschaftsteuern (Erbanfall- und Nachlaßsteuern). Das Abkommen stellt im wesentlichen auf den Wohnsitz, nicht auf die Staatsangehörigkeit ab. 96

Das Abkommen räumt vom Grundsatz her dem Wohnsitzstaat, also dem Staat, in dem der Erblasser seinen Wohnsitz hatte, das Besteuerungsrecht ein. Unabhängig hiervon kann jedoch die Bundesrepublik Deutschland das Nachlaßvermögen versteuern, wenn der Erwerber im Zeitpunkt des Todes des Erblassers in der Bundesrepublik Deutschland über eine ständige Wohnstätte verfügte oder dort seinen gewöhnlichen Aufenthalt hatte. 97

Der Wohnsitzbegriff ist in Art. 4 DBA Schweiz definiert. Hat der Erblasser in beiden Staaten einen Wohnsitz, wird ein Wohnsitz fingiert. Hiernach hat der Staat das Besteuerungsrecht, in welchem der Erblasser den Mittelpunkt seiner Lebensinteressen hatte. Läßt sich der Mittelpunkt der Lebensinteressen nicht ermitteln, ist entscheidend, wessen Staatsangehöriger der Erblasser war. Sollte jedoch der Erblasser die Staatsangehörigkeit beider Staaten oder keiner der beiden Staaten besitzen, findet ein sogenanntes Verständigungsverfahren statt. 98

#### *b) Zusätzliches Besteuerungsrecht in Wohnsitzfällen (Art. 4 Abs. 3 DBA Schweiz)*

Im Gegensatz zum früheren Abkommen läßt das neue DBA unter bestimmten Voraussetzungen auch bei Doppelwohnsitzfällen ein subsidiäres Besteuerungsrecht der Bundesrepublik zu. Hatte der Erblasser neben seinem Wohnsitz in der Schweiz im Zeitpunkt seines Todes seit mindestens 5 Jahren ebenfalls eine ständige Wohnstätte in der Bundesrepublik, so kann das Nachlaßvermögen ungeachtet der Art. 5 bis 8 Abs. 1 DBA Schweiz auch nach deutschem Recht besteuert werden. Allerdings ist nach Art. 10 Abs. 1 DBA Schweiz die schweizerische Steuer auf die deutsche Steuer anzurechnen, sofern es sich nicht um die Besteuerung von 99

---

[127] Kempermann, FR 1979, 450; Michel, Inf. 1979, 515, DStR 1981, 73.

Grundvermögen in der Schweiz handelt und der Erblasser schweizerischer Staatsangehöriger ist. Im letztgenannten Falle wird das in der Schweiz gelegene unbewegliche Vermögen unter Progressionsvorbehalt von der deutschen Besteuerung ausgenommen.

### c) *Zusätzliches Besteuerungsrecht der Bundesrepublik Deutschland in Wegzugsfällen*

100 Die Bundesrepublik Deutschland hat ein subsidiäres Besteuerungsrecht, wenn der Erblasser in den letzten Jahren vor seinem Tod in die Schweiz verzogen ist, ohne in Deutschland eine ständige Wohnstätte behalten zu haben (Art. 4 Abs. 4 DBA Schweiz). Jedoch müssen folgende Voraussetzungen erfüllt sein:

Der Erblasser mit Wohnsitz in der Schweiz muß

- vor seinem Tod über eine ständige Wohnstätte in der Bundesrepublik verfügt haben,
- im Todesjahr oder in den vorangegangenen fünf Jahren,
- während mindestens fünf Jahren, nicht notwendigerweise zusammenhängend, aber in den letzten 10 Jahren vor Aufgabe der letzten deutschen Wohnstätte.

Trotz Vorliegen dieser Voraussetzungen greift jedoch Art. 4 Abs. 1 DBA Schweiz nicht ein, wenn

- der Wohnsitz in der Schweiz zum Zwecke der Aufnahme einer unselbständigen Tätigkeit bei einem dem Erblasser nicht nahestehenden Arbeitgeber oder der Heirat mit einer schweizerischen Staatsangehörigen begründet war oder
- der Erblasser im Zeitpunkt der Aufgabe der letzten Wohnstätte in der Bundesrepublik die schweizerische Staatsangehörigkeit besaß.

### d) *Zuteilung der Besteuerungsrechte*

#### aa) Unbewegliches Vermögen

101 Unbewegliches Vermögen, das ein Erblasser, der im Zeitpunkt des Todes seinen Wohnsitz in einem der Vertragstaaten hatte, im anderen Staat besaß, kann in dem anderen Staat besteuert werden. Der Begriff unbewegliches Vermögen ist in Art. 5 Abs. 2 und 3 DBA Schweiz näher definiert.

Hiernach haben sowohl der Wohnsitzstaat als auch der Belegenheitsstaat das Besteuerungsrecht.

#### bb) Betriebsvermögen

102 Vermögen, das Betriebsvermögen einer Betriebsstätte ist, kann mit Ausnahme von Schiffen und Flugzeugen sowie des Grundvermögens im Betriebsstättenstaat besteuert werden. Der Wohnsitzstaat behält sein Besteuerungsrecht und vermeidet die Doppelbesteuerung in der in Art. 10 DBA Schweiz vorgesehenen Weise. Ist die Schweiz Wohnsitzstaat, nimmt sie das von der Bundesrepublik besteuerte Betriebsvermögen unter Progressionsvorbehalt von ihrer Besteuerung aus. Ist die Bundesrepublik Deutschland Wohnsitzstaat, rechnet sie die auf das schweizeri-

sche Betriebsvermögen entfallende schweizerische Steuer auf ihre Steuer an. Der Begriff der Betriebsstätte ist in Art. 6 Abs. 2 und 3 und 4 DBA Schweiz geregelt.

cc) Sonstiges Vermögen

Das sonstige Vermögen kann grundsätzlich nur im Wohnsitzstaat besteuert werden (Art. 8 Abs. 1 DBA Schweiz). *103*

dd) Schuldenabzug

Schulden, die mit einem bestimmten Vermögensgegenstand in wirtschaftlichem Zusammenhang stehen, werden vom Wert dieses Vermögens abgezogen (Art. 9 Abs. 1 DBA Schweiz). Der wirtschaftliche Zusammenhang ist immer dann gegeben, wenn die Schulden durch den Erwerb oder die Erhaltung des betreffenden Wirtschaftsgutes veranlaßt sind. *104*

Unabhängig davon, ob die Schulden durch Erwerb oder Instandhaltung des Vermögens bedingt sind, sind Schulden, die grundpfandlich gesichert sind, immer vom Wert des haftenden Grundstücks abzuziehen.

Soweit ein wirtschaftlicher Zusammenhang zwischen Schulden und Aktivwerten nicht besteht, hat der Wohnsitzstaat den Schuldenabzug vorzunehmen (Art. 9 Abs. 2 Satz 1 DBA Schweiz). Übersteigt eine Schuld den Wert des Vermögens, von dem sie nach dem o.a. abzuziehen ist, muß der Staat, der das Besteuerungsrecht für die entsprechenden Vermögensteile hat, die Restschuld zunächst vom Wert der anderen von ihm besteuerten Vermögensgegenstände abziehen (Art. 9 Abs. 3 DBA Schweiz). Erst wenn diesem Staat keine aktiven Vermögensteile mehr zur Besteuerung verbleiben, muß der andere Staat die Restschulden zum Abzug von den seiner Besteuerung unterworfenen Vermögensteilen zulassen.

*e) Die Vermeidung der Doppelbesteuerung*

Hatte der Erblasser im Zeitpunkt des Todes seinen Wohnsitz in der Bundesrepublik Deutschland, nimmt diese in der Schweiz belegenes unbewegliches Vermögen i.S. des Art. 5 Abs. 2 DBA Schweiz von der Besteuerung aus, wenn der Erblasser im Zeitpunkt seines Todes schweizerischer Staatsangehöriger war. Sie kann aber bei der Festsetzung der Steuer für das Vermögen, für das sie das Besteuerungsrecht behält, den Steuersatz anwenden, der anzuwenden wäre, wenn das unbewegliche Vermögen nicht von der Besteuerung ausgenommen wäre. In anderen Fällen rechnet die Bundesrepublik Deutschland nach Maßgabe der Vorschriften des deutschen Rechts für die Anrechnung ausländischer Steuern auf die nach ihrem Recht festgesetzte Steuer die Steuer an, die in der Schweiz für das Vermögen gezahlt wird, das nach dem Abkommen in der Schweiz besteuert werden kann. Der anzurechnende Betrag darf jedoch den Teil der vor der Anrechnung ermittelten Steuer nicht übersteigen, der auf das Vermögen entfällt, das in der Schweiz besteuert werden kann. *105*

### 5. Einfluß des Außensteuergesetzes auf die Besteuerung des Erbfalles

Verlegt der Erblasser seinen Wohnsitz in ein sog. Steueroasenland, so besteht nach Ablauf des Fünfjahreszeitraums für die unbeschränkte Steuerpflicht für weitere fünf Jahre eine erweiterte beschränkte Erbschaftsteuerpflicht (§ 4 AStG).

106 Im Zusammenhang mit der Erbschaftsteuerreform ist auch § 5 Abs. 1 AStG geändert worden. Es ist nunmehr klargestellt, daß das von einer Zwischengesellschaft gehaltene Vermögen des Erblassers im Falle der unbeschränkten Steuerpflicht der erweiterten beschränkten Erbschaft- bzw. Schenkungsteuerpflicht unterliegt. Es handelt sich hier um Zwischengesellschaften i.S. des § 8 AStG.

Nach der Neufassung des § 4 Abs. 1 AStG ist die erweiterte beschränkte Steuerpflicht gegeben, wenn bei einem Erblasser oder Schenker zur Zeit der Entstehung der Erbschaftsteuer § 2 Abs. 1 Satz 1 AStG anzuwenden war. Die inländische Besteuerung ist nicht mehr davon abhängig, ob der Erblasser gleichzeitig Einkünfte hatte, die der erweiterten beschränkten Steuerpflicht unterlagen[128].

### 6. Anrechnung ausländischer Steuern

107 Gemäß § 21 ErbStG ist die ausländische Steuer bei Erwerbern, die in einem ausländischen Staat mit ihrem Auslandsvermögen zu einer der deutschen Erbschaftsteuer entsprechenden Steuer herangezogen werden, sofern zwischen den Staaten kein Doppelbesteuerungsabkommen besteht, anzurechnen. Der Erwerber muß jedoch einen Antrag stellen. Hinsichtlich weiterer Einzelheiten wird auf § 21 ErbStG Bezug genommen. Die Anrechenbarkeit bezieht sich nicht nur auf Erbanfallsteuern. Eine ausländische Steuer entspricht der deutschen Erbschaftsteuer, wenn sie auf den Übergang des Nachlasses gelegt ist, sei es als Erbanfallsteuer, sei es als Nachlaßsteuer. Die Nachsteuer ist, soweit sie anteilig auf die von dem Erbbegünstigten erworbene Rechtsposition entfällt, auf die deutsche Steuer anzurechnen[129].

## VIII. Die Entstehung der Steuerschuld

108 Die Vorschrift des § 9 ErbStG bestimmt den jeweiligen Zeitpunkt, an dem bei Erwerben von Todes wegen, bei Schenkungen und Zweckzuwendungen unter Lebenden die Steuerschuld im Einzelfall als entstanden gilt. Dieser Zeitpunkt ist einmal maßgebend für den Wert der Bereicherung. Spätere Wertsteigerungen sind unerheblich. Ferner sind auch die persönlichen Verhältnisse des Erben bzw. Erblassers während dieses Zeitpunktes maßgebend. Hat der Erbe z.B. im Zeitpunkt

---

[128] Vgl. Michel, DVR 1974, 50ff. Hinsichtlich der Doppelbesteuerungsabkommen vgl. Troll, § 2 ErbStG, Anm. 2. Zur Schweiz: Wingert, DB 1974, 2124; ders., Das deutsch-schweizerische Erbschaftsteuerabkommen v. 30. 11. 1978, IWB Fach 5, Schweiz Gruppe 2, S. 225.

[129] BFH v. 6. 3. 1990, BB 1990, 1471; hierzu auch Jülicher, Die anrechenbare Steuer im Sinne des § 21 ErbStG, ZEV 1996, 295.

der Entstehung der Steuerschuld seinen Wohnsitz oder gewöhnlichen Aufenthaltsort mehr als fünf Jahre nicht im Inland, so gilt er als beschränkt steuerpflichtig.

### 1. Die Entstehung der Steuerschuld bei Erwerben von Todes wegen

*a) Erwerb durch Erbfall*

Beim Erwerb durch Erbanfall oder Vermächtnis entsteht die Steuerschuld mit dem Tode des Erblassers. *109*

*b) Erwerb unter einer aufschiebenden Bedingung*

Hängt der Erwerb von einer aufschiebenden Bedingung ab oder von einer Betagung oder Befristung, so entsteht die Steuerschuld erst mit dem Zeitpunkt des Eintritts der Bedingung oder des Ereignisses. *110*

Das gleiche gilt für zu einem Erwerb gehörende aufschiebend bedingte, betagte oder befristete Ansprüche.

Ist der Nachlaß im Falle der Anwendung englischen oder amerikanischen Rechts auf einen Trust oder einen Trustee übergegangen, so ist der Treuhänder nach deutschem Recht nicht als Erwerber anzusehen[130]. Erwerber sind die Bedachten, also diejenigen, auf die der Nachlaß zuletzt übergehen soll. Da die Begünstigten die Bereicherung aufgrund des Erbanfalls erst nach Abwicklung des Treuhandverhältnisses erwerben, wird der Übergang auf dieses Rechtsinstitut nach deutschem Recht wie eine Erbschaft unter einer aufschiebenden Bedingung behandelt[131]. Bei Bestellung eines Administrators entsteht die für den in den USA belegenen Nachlaß zu erhebende Erbschaftsteuer sofort[132]. *111*

*c) Erwerb des Pflichtteils*

Beim Pflichtteilsanspruch entsteht die Steuerschuld nicht bereits im Zeitpunkt der Entstehung dieses Anspruchs, sondern erst im Zeitpunkt der Geltendmachung des Pflichtteilsanspruchs durch den Berechtigten. *112*

*d) Erwerb durch Stiftung*

Ordnet der Erblasser testamentarisch eine Stiftung an, auf die Vermögen übertragen werden soll, so entsteht die Erbschaftsteuerschuld zum Zeitpunkt der Genehmigung der Stiftung[133]. *113*

*e) Erwerb infolge Auflage*

Erhält ein Begünstigter etwas infolge Vollziehung einer vom Erblasser angeordneten Auflage oder infolge Erfüllung einer vom Erblasser gesetzten Bedingung, *114*

---

130 Vgl. Troll, § 9 ErbStG, Anm. 5.

131 Vgl. Troll, § 9 ErbStG, Anm. 5; BFH v. 15. 5. 1964, BStBl. III 1964, 408.

132 BFH v. 2. 2. 1977, BStBl. II 1977, 425.

133 H 24 ErbStH.

so entsteht die Steuerschuld mit dem Zeitpunkt der Vollziehung der Auflage oder Erfüllung der Bedingung.

*f) Genehmigungspflichtige Erwerbe*

115 Ist der Erwerb von einer Genehmigung abhängig, so entsteht die Steuerschuld erst mit dem Zeitpunkt der Genehmigung.

*g) Abfindungen für Erbverzicht*

116 Für Abfindungen, die ein Erbe aufgrund eines Erbverzichtes oder einer Erbausschlagung erhält, gilt als Zeitpunkt für die Entstehung der Steuerschuld der Zeitpunkt des Verzichtes oder der Ausschlagung.

*h) Veräußerung von Anwartschaftsrechten*

117 Veräußert der Nacherbe sein Anwartsrecht, so entsteht die Steuerschuld für die Gegenleistung mit dem Zeitpunkt der Übertragung der Anwartschaft.

*i) Erwerb im Nacherbfall*

118 Die Steuerschuld entsteht für den Erwerb des Nacherben mit dem Zeitpunkt des Eintritts des Nacherbfalles.

*j) Abfindungsvereinbarungen bei Vermächtnissen*

119 Im Falle einer Abfindung für ein aufschiebend bedingtes, betagtes oder befristetes Vermächtnis, für das die Ausschlagungsfrist abgelaufen ist und die vor dem Zeitpunkt des Eintritts der Bedingung oder des Ereignisses gewährt wird, entsteht die Steuer mit dem Zeitpunkt der Vereinbarung über die Abfindung.

**2. Die Schenkung unter Lebenden**

120 Bei Schenkungen unter Lebenden kommt es nicht auf den Vertragszeitpunkt an, sondern auf den Zeitpunkt der Ausführung der Zuwendung. Bei der Schenkung eines Kapitalanteils an einer Personengesellschaft ist der Vertragsabschluß[134] der Zeitpunkt für die Entstehung der Steuerschuld.

Die Schenkung eines Grundstücks ist ausgeführt, wenn die Vertragspartner des notariell beurkundeten Grundstücksvertrags die Auflassung des Grundstücks erklärt haben, eine Auflassungsvormerkung im Grundbuch eingetragen ist und die Anträge zur Eintragung des Eigentumswechsels im Grundbuch notariell beurkundet ist, nicht jedoch schon mit der Erteilung von Auflassungsvollmachten durch den Bürovorsteher des Notars[135]. Dies gilt auch dann, wenn der Notar die Umschreibung des Grundstücks im Grundbuch erst beim Tode des Veräußerers oder vorher auf dessen besondere Anweisung veranlassen darf[136]. Wird eine

[134] BFH v. 22. 8. 1962, BStBl. III 1962, 502; v. 24. 7. 1963, BStBl. III 1963, 442.
[135] RZ 3 Abs. 1 Satz 1 ErbStR.
[136] BFH v. 20. 2. 1980, BStBl. II 1980, 307.

Schenkung erst nach dem Tod des Schenkers ausgeführt, so bleibt für die Festsetzung der Schenkungsteuer gleichwohl das Verhältnis des Schenkers zum Beschenkten maßgebend[137].

Handelt es sich hierbei jedoch um eine stille Einlage, so kommt es u.E. nicht auf den Zeitpunkt des Vertrages, sondern auf den Zeitpunkt seiner Durchführung an, also auf die Verbuchung der stillen Einlage auf ein Konto. *121*

Ist Gegenstand der Schenkung die Übertragung einer Forderung, ist diese mit Übertragung ausgeführt, d.h. mit Abschluß des Vertrages und mit der Unterwerfung unter die sofortige Zwangsvollstreckung[138].

### 3. Zweckzuwendungen

Bei Zweckzuwendungen kommt es auf den Zeitpunkt des Eintritts der Verpflichtung des Beschwerten an. *122*

In den Fällen der Aussetzung der Versteuerung nach § 25 ErbStG gilt die Steuer für den Erwerb des belasteten Vermögens zu dem Zeitpunkt des Erlöschens des Nutzungsrechts als entstanden. *123*

## IX. Die Wertermittlung

### 1. Die Grundsätze für die Wertermittlung

Das Bundesverfassungsgericht hat mit den beiden am 18.8.1995 veröffentlichten Beschlüssen vom 22.6.1995[139] mit dem Gleichheitsgrundsatz für unvereinbar erklärt, daß ein einheitswertgebundener Grundbesitz und nicht einheitswertgebundenes Vermögen bei der Vermögen- und Erbschaftsteuer unterschiedlich belastet werden. Hinsichtlich der Erbschaftsteuer war der Gesetzgeber verpflichtet, bis spätestens zum 31.12.1996 eine Neuregelung zu treffen. Das bisherige Erbschaftsteuerrecht war bis zum 31.12.1995 anwendbar. Ab diesem Zeitpunkt war vorläufig zu veranlagen (§ 165 Abs. 1 Satz 2 Nr. 2 AO). *124*

Das neue Erbschaft- und Schenkungsteuergesetz vom 20.12.1996 gilt rückwirkend ab 1.1.1996.

Das neue Erbschaftsteuergesetz geht bei der Bewertung des Grundvermögens nicht mehr von Einheitswerten aus, sondern sieht für den Vermögensanfall durch Erbschaft oder Schenkung eine Bedarfsbewertung vor[140]. Vorgabe des Bundesverfassungsgerichts war, daß sich die Werte nach dem Verkehrswert orientieren. Dennoch hat man für die Bewertung nicht das Sachwertverfahren zugrunde gelegt, sondern das Ertragswertverfahren vorgeschrieben (§ 146 BewG). Ausgangswert ist die Nettokaltmiete. Diese unterscheidet sich von der Jahresrohmiete da- *125*

[137] BFH v. 14.7.1982, BStBl. II 1983, 19.
[138] BFH v. 22.12.1980, BB 1981, 169.
[139] 2 BvL 37/91 u. 2 BvR 552/91, DB 1995, 1740, 1745.
[140] Stöckel, DStZ 2000, 165.

durch, daß neben den Heizungskosten die anderen Betriebskosten (z.B. Grundsteuer, Wasserversorgung, Müllabfuhr, Lift, Hausmeister) außer Ansatz bleiben.

Der Jahresrohmietwert, der den Durchschnitt der letzten 3 Jahre darstellt, ist mit dem Faktor 12,5 zu multiplizieren. Vom Kapitalwert ist ein Bewertungsabschlag von 0,5 pro Jahr, höchstens 25 v.H. vorzunehmen. Dieser ermittelte Wert wird in der Regel knapp über 50 v.H. der Verkehrswerte betragen. Ob das den Vorgaben des BVerfG entspricht, dürfte bezweifelt werden.

### *a) Die Bereicherung als Bemessungsmaßstab*

*126* Als steuerpflichtiger Erwerb gilt die Bereicherung des Erwerbers, soweit sie nicht steuerfrei ist, § 10 Abs. 1 Satz 1 ErbStG. Die Steuerbefreiungen ergeben sich aus den Vorschriften §§ 5, 13, 13a, 16, 17 und 18 ErbStG. In den Fällen einer Verfügung von Todes wegen (§ 3 ErbStG) gilt als Bereicherung der Betrag, der sich ergibt, wenn von dem nach § 12 ErbStG zu ermittelnden Wert des gesamten Vermögensanfalls, soweit er der Besteuerung nach diesem Gesetz unterliegt, die nach den Absätzen 3 und 9 abzugsfähigen Nachlaß-Verbindlichkeiten mit ihrem nach § 12 ErbStG zu ermittelnden Wert abgezogen werden. Ist Gegenstand des Erwerbes der Anteil einer Personengesellschaft, ist Gegenstand des Erwerbs nicht der Anteil, sondern der Bruchteil an den einzelnen Wirtschaftsgütern, § 10 Abs. 1 Satz 4 ErbStG. Bei der Zweckzuwendung tritt an die Stelle des Vermögensanfalls die Verpflichtung des Beschwerten. Der steuerpflichtige Erwerb wird auf volle Euro 100,– nach unten abgerundet.

Hat der Erblasser die Entrichtung der von dem Erwerber geschuldeten Steuer einem anderen auferlegt oder hat der Schenker die Entrichtung der vom Beschenkten geschuldeten Steuern selbst übernommen oder einem anderen auferlegt, so gilt als Erwerb der Betrag, der sich bei einer Zusammenrechnung des steuerpflichtigen Erwerbs mit der aus ihm errechneten Steuer ergibt.

Es wird also zunächst einmal der Wert des aktiven Vermögens ermittelt, und von diesem werden die Nachlaßverbindlichkeiten, soweit sie abzugsfähig sind, abgezogen. Dieser Wert stellt den Reinnachlaß dar, der Bemessungsmaßstab für die Erbschaftsteuer ist.

### *b) Zeitpunkt für die Wertermittlung*

*127* Für die Wertermittlung ist, soweit in diesem Gesetz nichts anderes bestimmt ist, der Zeitpunkt der Entstehung der Steuerschuld maßgebend (§ 11 ErbStG). Beim Erbfall ist das der Tod des Erblassers, bei der Schenkung der Zeitpunkt der Ausführung der Schenkung. Im einzelnen wird hier auf die Ausführungen zu § 9 ErbStG verwiesen (⇒ Rz. 108).

*128* Grundsätzlich hat daher bei Erwerb von Todes wegen und auch im Falle der Schenkung eine Bewertung des Erwerbes zum Zeitpunkt des Todes bzw. der Schenkung bzw. der anderen Entstehungszeitpunkte zu erfolgen (vgl. § 9 ErbStG) (⇒ Rz. 108–123). Gem. § 11 ErbStG ist für die nach § 10 Abs. 1 Satz 2, § 11

ErbStG vorzunehmende Wertermittlung der Zeitpunkt der Entstehung der Steuer maßgebend. Wertveränderungen nach diesem Stichtag sind nicht zu berücksichtigen. Die strikte Beachtung des Stichtagsprinzips gilt auch für den Fall, in dem das Verfügungsrecht des Erben (z.B. infolge Testamentsvollstreckung) beschränkt ist[141].

*c) Anzuwendende Bewertungsvorschriften*

Gemäß § 12 Abs. 1 ErbStG richtet sich die Bewertung, soweit sich aus den Absätzen 2 bis 6 nicht etwas anderes ergibt, nach den Vorschriften des ersten Teils des BewG (allgemeine Bewertungsvorschriften). Es handelt sich hierbei um die §§ 1 bis 16 BewG. *129*

Diese Vorschriften sind hier uneingeschränkt anwendbar[142].

Allerdings muß bei der Anwendung der Vorschriften §§ 4 bis 8 BewG beachtet werden, daß bei einem aufschiebenden bedingten Erwerb die Steuerschuld erst mit dem Eintritt der Bedingung entsteht (§ 9 Abs. 1 Nr. 1a ErbStG).

Sonderregelungen enthalten § 12 Abs. 2 bis 6 ErbStG.

Nach § 12 Abs. 2 ErbStG ist bei Anteilen an einer Kapitalgesellschaft der gemeine Wert unter Beücksichtigung des Vermögens (Substanzwert und Ertragsaussichten) zu schätzen, § 11 Abs. 2 Satz 2 BewG. Hierbei ist das Vermögen mit dem Wert im Zeitpunkt der Entstehung der Steuer (§ 9 ErbStG) anzusetzen. In die Wertermittlung sind der Geschäfts- und Firmenwert und die Werte von firmenwertähnlichen Wirtschaftsgütern nicht einzubeziehen. *130*

Grundbesitz (§ 19 BewG) ist mit dem Grundbesitzwert nach den Vorschriften des § 138ff. BewG anzusetzen (§ 12 Abs. 3 ErbStG). Es erfolgt keine neue Hauptfeststellung für die Einheitswerte des Grundbesitzes. Eine neue Wertfestsetzung von Grundbesitzwerten wird nur für den Fall angeordnet, daß der Grundstückswert für den einzelnen Steuerwert benötigt wird (Bedarfsbewertung). *131*

§ 138 BewG enthält die allgemeinen Verfahrensvorschriften für die Feststellung der Grundbesitzwerte. Hiernach sind die neuen Grundstückswerte in einen selbständigen Feststellungsbescheid durch die örtlichen Finanzämter (Lage-FA) festzustellen. Für diese Feststellungen gelten die Vorschriften der AO über die Feststellung von Einheitswerten des Grundbesitzes sinngemäß. Die Feststellungsbescheide sind Grundlagenbescheide, die gesondert angefochten werden müssen. Sie können nicht mehr im Veranlagungsverfahren zur ErbSt durch Einspruch gegen den Erbschaftsteuerbescheid angefochten werden. *132*

Grundlage für die Feststellungen sind die Wertverhältnisse zum 1. 1. 1996. Diese behalten bis zum 31. 12. 2001 Gültigkeit. Die Festlegung der Wertverhältnisse auf den 1. 1. 1996 betrifft jedoch nur die Richtwerte der unbebauten Grundstücke. Für bebaute Grundstücke erfolgt eine Bedarfsbewertung zum Zeitpunkt des Erwerbes nach dem Sachwertverfahren.

---

141 BFH v. 22. 9. 1999, BFH/NV 2000, 320.

142 Vgl. Troll, § 12 ErbStG, Anm. 2.

Für das land- und forstwirtschaftliche Vermögen gelten die §§ 140–144 BewG. Die Festlegung der Wertverhältnisse auf den 1. 1. 1996 betrifft die Ertragswerte.

*133* Bodenschätze, die nicht zum Betriebsvermögen gehören, werden angesetzt, wenn für sie Absetzungen für Substanzverringerung bei der Einkunftsermittlung vorzunehmen sind. Sie werden mit ihren ertragsteuerlichen Werten angesetzt.

*134* Für Bewertung des Betriebsvermögens, mit Ausnahme der Bewertung der Betriebsgrundstücke (§ 12 Abs. 3 ErbStG), sind die Verhältnisse zur Zeit der Entstehung der Steuer maßgebend. Die Vorschriften der §§ 95 bis 99, 103 und 104 sowie 109 Abs. 1 und 2 und 137 BewG sind entsprechend anzuwenden.

*135* Ausländischer Grundbesitz und ausländisches Betriebsvermögen werden nach § 31 BewG bewertet.

Es sind die gemeinen Werte (sowie die Verkehrswerte) mit dem Zeitpunkt des Todes anzusetzen. Da bisher wenige Doppelbesteuerungsabkommen hinsichtlich der Erbschaft- und Schenkungsteuer bestehen, kommt diese Vorschrift in der Regel zur Anwendung.

Es ist davon auszugehen, daß die Grundlagen für die Bewertung des Grundbesitzes zum 1. 1. 2002 angehoben werden, die Werte also die Verkehrswerte angeglichen werden, was zu einer erheblich höheren Erbschaftsteuerbelastung führen dürfte. Daher sind Übertragungen im Wege der vorweggenommenen Erbfolge angebracht[143]. Insbesondere sollen die Grundbesitzwerte von derzeit 50 v.H. auf 80 v.H. der Verkehrswerte angehoben werden[144].

**2. Einzelfälle**

*a) Allgemeines*

*136* Für die Bewertung des Grundbesitzes für Erbschaft- und Schenkungsteuerzwecke enthält das BewG 1996 in den §§ 138ff. BewG eigene Regelungen. Die Bewertung unbebauter inländischer Grundstücke richtet sich nach § 145 BewG, die bebauter Grundstücke nach §§ 146–150 BewG.

*b) Bewertung des Grundbesitzes*[145]

aa) Unbebaute Grundstücke, § 145 BewG[146]

*137* Der Wert unbebauter Grundstücke bestimmt sich nach ihrer Fläche und den um 20 v.H. ermäßigten Bodenrichtwerten (§ 196 Bundesbaugesetz). Diese sind von den Gutachterausschüssen nach dem Baugesetzbuch auf den 1. 1. 1996 zu ermitteln und den Finanzämtern mitzuteilen. Weist der Stpfl. jedoch nach, daß der

---

143 R 161 ErbStG.

144 Halaczinsky, BB 2000, 1597, 1649.

145 Hierzu Thiel, Die neue Erbschaft- und Schenkungsteuer, DB 1997, 64; Halaczinsky, Änderungen des Erbschaftsteuerrechts durch das Jahressteuergesetz 1997, NWB Fach 10; Salzmann DStR 1999, 345; Graf/Medhoff BB 1997, 1765.

146 R 159 ErbStG.

gemeine Wert des unbebauten Grundstücks niedriger als der um 20 v.H. geminderte Richtwert ist, ist der gemeine Wert festzustellen[147].

**Beispiel:**

E hat dem A ein Grundstück von 1000 qm geschenkt. Der Bodenrichtwert beträgt 80 Euro/qm.

Der für die Schenkung anzusetzende Wert ermittelt sich wie folgt:

| | |
|---|---|
| 1000 qm x 80 Euro | Euro 80 000,– |
| ./. 20 v.H. = | Euro 16 000,– |
| anzusetzender Wert | Euro 64 000,– |

bb) Bebaute Grundstücke, § 146 BewG[148]

Die bebauten Grundstücke werden, abgesehen von Ausnahmefällen, wie Fabrikgrundstücke, Grundstücke im Zustand der Bebauung, im Ertragswertverfahren[149] ermittelt, § 146 Abs. 2 BewG. Ausgangspunkt ist die jährliche Nettokaltmiete[150]. Die Nettokaltmiete unterschiedet sich von der Jahresrohmiete dadurch, daß neben den Mietkosten die anderen Betriebskosten (z.B. Grundsteuer, Wasserversorgung, Müllabfuhr, u.U. Hausmeister) außer Ansatz bleiben[151]. 138

Die Kaltmiete, die aus dem Durchschnitt der letzten 3 Jahre zu ermitteln ist, ist mit dem 12,5fachen anzusetzen[152].

Hierbei ist eine Wertminderung wegen Alters des Gebäudes von 0,5 v.H. pro Jahr seit Bezugsfertigkeit des Gebäudes vorzunehmen, höchstens jedoch 25 v.H.

Eine getrennte Wertermittlung von Grund und Boden und Gebäude erfolgt nicht. Der nach § 146 BewG ermittelte Ertragswert umfaßt den Grund und Boden mit.

Enthält ein bebautes Grundstück, das ausschließlich Wohnzwecken dient, nicht mehr als 2 Wohnungen, ist der ermittelte Wert um 20 v.H. zu erhöhen.

**Ertragswertverfahren**
**Jahresmiete = Nettokaltmiete**
**x**
**Vervielfältiger 12,5**
**./.**
**Alterswertminderung = 0,5 v.H. pro Jahr, max. 25 v.H.**
**+ Zuschläge 20 v.H. für Ein- und Zweifamilienhaus**
**= Grundstückswert**

147 R 162, hinsichtlich der Nachweise des niedrigeren Verkehrswertes R 163 ErbStR.

148 R 164 ErbStR; Christoffel, DB 1999, 551.

149 R 166 ErbStR Ertragswertverfahren Allgemeines ErbStR; Eisele, ZEV 2000, 139.

150 R 167 Jahresmiete.

151 R 168 ErbStR Betriebskosten.

152 R 170 ErbStR Durchschnittliche Jahresmiete; R 171, 172 ErbStR Ansatz der üblichen Miete.

**Beispiel 1:**

E schenkt seinem Sohn A ein Mehrfamilienhaus mit 4 Mietwohnungen (Verkehrswert Euro 800.000,–), durchschnittliche Nettokaltmiete Euro 36.000,–. Nutzungsdauer bis zum Zeitpunkt der Schenkung 20 Jahre.

| | |
|---|---|
| Jahresnettomiete 36 000 x 12,5 = | Euro 450.000,– |
| Alterswertminderungen 20 x 0,5 = | Euro 45.000,– |
| Grundstückswert | Euro 405.000,– |

**Beispiel 2:**

E schenkt seinem Sohn A ein Zweifamilienhaus.

Jahresnettomietwert 24.000 Euro, Alter 20 Jahre.

| | |
|---|---|
| Jahresnettokaltmiete 24.000 x 12,5 | Euro 300.000,– |
| Alterswertminderung 20 x 0,5 | ./. Euro 30.000,– |
| | Euro 270.000,– |
| Zuschlag für Ein- oder Zweifamilienhaus 20 v.H. | Euro 54.000,– |
| | Euro 324.000,– |

Bei unentgeltlicher Nutzung durch den Schenker oder anderer Personen ist der Mietwert zu schätzen, § 146 Abs. 3 BewG.

Mindestwert ist der Wertansatz für das unbebaute Grundstück (§§ 146 Abs. 6 i.V.m. § 145 Abs. 1 BewG).

Dieses Verfahren gilt grds. auch für Eigentumswohnungen, Geschäftsgrundstücke und andere Grundstücke.

cc) Betriebsgrundstücke[153]

139 **Beispiel:**

E überträgt auf seinen Sohn das Betriebsgrundstück. Buchwert Grund und Boden Euro 40.000,–, Buchwert des Gebäudes (Bilanzwert) Euro 360.000,–. Für das Grundstück (2.000 qm) ist der Bodenrichtwert auf Euro 50/qm festgestellt.

Es handelt sich um ein Betriebsgrundstück, für das eine übliche Miete nicht zu ermitteln ist (§ 147 Abs. 1 BewG).

Aus diesem Grunde ist der Wert des Grund und Bodens gem. § 145 BewG mit der Maßgabe zu ermitteln, daß an die Stelle des in § 145 Abs. 3 BewG vorgesehenen Abschlags von 20 v.H. ein solcher von 30 v.H. tritt. Der Wert der Gebäude bestimmt sich nach den ertragsteuerlichen Bewertungsvorschriften, maßgeblich ist der Wert im Besteuerungszeitpunkt.

| | |
|---|---|
| 2000 qm x 50 = | Euro 100.000,– |
| Abschlag 30 v.H. = | Euro 30.000,– |
| Wert Grund u. Boden = | Euro 70.000,– |
| Wert Gebäude (Bilanzwert) = | Euro 360.000,– |
| Wert des Grundstücks | Euro 430.000,– |

153 Halaczinsky, a.a.O., S. 737; R 178 H ErbStR, Sonderfälle bebauter Grundstücke.

Der Wert des Fabrikgrundstücks ist grundsätzlich nach dem Ertragswertverfahren nach § 146 BewG zu ermitteln. Läßt sich ein Mietwert nicht ermitteln, was bei der individuellen Gestaltung der Fabrikhallen regelmäßig der Fall ist, erfolgt nach § 147 Abs. 2 BewG eine getrennte Ermittlung für den Grund und Boden und das Gebäude. Beim Grund und Boden sind die Richtwerte (§ 145 BewG) zugrunde zu legen mit einem Wertabschlag von 30 v.H. Betriebsgrundstücke erfahren also auch hier eine Besserstellung.

Gebäude sind grundsätzlich mit den Bilanzwerten anzusetzen.

*c) Land- und forstwirtschaftliches Vermögen*[154]

aa) Begriff

Der Begriff der wirtschaftlichen Einheit und der Umfang des land- und forstwirtschaftlichen Vermögens richten sich nach §§ 140, 33 BewG. § 140 Abs. 1 Satz 2 BewG stellt klar, daß auch immaterielle Wirtschaftsgüter wie Braurechte, Milchlieferungsrechte, Jagdrechte und Zuckerrübenrechte, soweit sie einem Betrieb der Land- und Forstwirtschaft dauernd zu dienen bestimmt sind, Bestandteil des land- und forstwirtschaftlichen Vermögens sind. *140*

Zu den Geldschulden i.S. des § 33 Abs. 3 Nr. 2 BewG gehören auch Pensionsverpflichtungen, § 140 Abs. 2 BewG. Diese Klarstellung bewirkt, daß anders als bisher die Pensionsverpflichtungen mit ihrem Kapitalwert vom Wert des Betriebsteils der Land- und Forstwirtschaft abgezogen werden können[155].

bb) Umfang des land- und forstwirtschaftlichen Vermögens

Zum land- und forstwirtschaftlichen Vermögen gehören alle Wirtschaftsgüter, die einem Betrieb der Land- und Forstwirtschaft dauernd zu dienen bestimmt sind. Der Betrieb der Land- und Forstwirtschaft ist die wirtschaftliche Einheit des land- und forstwirtschaftlichen Vermögens (§ 33 Abs. 1 BewG). Der Umfang ergibt sich aus § 33 Abs. 2 und 3 und § 140 BewG. *141*

Der Betrieb der Land- und Forstwirtschaft umfaßt

1. den Betriebsteil
2. die Betriebswohnungen
2. den Wohnteil

Diese 3 Teilgliederungen sind getrennt zu bewerten.

Der Betriebsteil umfaßt den Wirtschaftsteil eines Betriebs der Land- und Forstwirtschaft (§ 34 Abs. 2 BewG), jedoch ohne die Betriebswohnungen.

Betriebswohnungen sind Wohnungen einschl. des dazu gehörigen Grund und Bodens, die einem Betrieb der Land- und Forstwirtschaft zu dienen bestimmt sind, aber nicht dem Wohnteil zuzurechnen sind.

---

[154] Thiel ebenda; Halaczinsky, Änderungen des Erbschaftsteuerrechts durch das Jahressteuergesetz 1997, NWB Fach 10, 371; R 125ff. ErbStR.

[155] Halaczinsky, Änderungen des Erbschaftsteuerrechts durch das Jahressteuergesetz 1997, NWB Fach 10, 371.

Der Wohnteil umfaßt die Gebäude und Gebäudeteile i.S. des § 34 Abs. 3 BewG und des dazugehörigen Grund und Bodens. Der Wohnteil betrifft die Wohnungen des Land- und Forstwirtes und der zum Haushalt gehörenden Familienangehörigen sowie die Altenteilswohnung.

cc) Wertermittlung

*142* Die Ermittlung des Ertragswerts des Betriebsteils erfolgt nach dem Ertragswertverfahren. Grundlage ist der Reinertrag, der unter sinngemäßer Anwendung der §§ 35 und 36 Abs. 1 und 2, der §§ 42, 43 und 44 Abs. 1 und der §§ 45, 48a, 49, 51, 51a, 53, 54, 56, 59 und 62 Abs. 1 BewG zu ermitteln ist.

Dieser Reinertrag ist mit dem 18,6fachen zu multiplizieren.

Der Betriebswert setzt sich zusammen aus den Einzelertragswerten für die Nebenbetriebe (§ 42), dem Abbauland (§ 45), der gemeinschaftlichen Tierhaltung (§ 51a) und den sonstigen land- und forstwirtschaftlichen Nutzungen und den in § 2 Nrn. 1 bis 6 BewG genannten Ertragswerten.

*143* Der Reinertrag berechnet sich nach dem gesetzlich vorgegebenen Ertragswertverfahren (§ 142 Abs. 2 BewG). Der Ertragswert für die allgemeine landwirtschaftliche Nutzung beträgt Euro 0,35 je Ertragsmeßzahl.

**Beispiel:**

A bewirtschaftet einen Hof mit 40 ha Ackerland bei einer Ertragsmeßzahl von 45/ar.

Der Ertragswert des Betriebsteils errechnet sich wie folgt:

50 x 5000 x 0,35 = Euro 87.500,–.

Für besondere Nutzungen, Hopfenanbau, Weizenanbau und Gartenbau sind Ertragswerte in § 142 Abs. 2 Nr. 1 Buchstabe b und c bis Nr. 6 BewG gesetzlich vorgegeben.

Die Ertragswerte der landwirtschaftlichen Nutzung, der forstwirtschaftlichen und der weinbaulichen Nutzung ergeben zusammen den Betriebswert des land- und forstwirtschaftlichen Betriebs.

Den Betriebswerten werden hinzugerechnet: der Wert der Betriebswohnungen und der Wohnteil des Betriebsinhabers/Altenteilers.

*144* Der Wert der Betriebswohnungen und der Wert des Wohnteils sind nach den Vorschriften zu ermitteln, die beim Grundvermögen für die Bewertung von Wohngrundstücken gelten (§ 143 BewG). Bei der Ermittlung des Mindestwerts bebauter Betriebs- oder Wohngrundstücke ist bei räumlicher Nähe zum Betrieb um 15 v.H. zu ermäßigen.

Bei der Ermittlung des Mindestwerts bebauter Betriebs- oder Wohngrundstükke ist bei räumlicher Nähe zum Betrieb der Bodenwert auf das 5fache der bebauten Fläche begrenzt.

**Beispiel:**

A betreibt eine Gärtnerei (Gemüseanbau). Die landwirtschaftlich genutzte Fläche beträgt 4 ha Freiland und 2000 qm unter Glas. Der Nutzungswert der Wohnung beträgt Euro 9.000,–. Das Gebäude ist 30 Jahre alt.

| | |
|---|---|
| **Betriebsteil** | |
| Freiland 4 ha (40 000 qm) = 400 ar x 55 = | Euro 22.000,– |
| Glas 2000 qm = 20 ar x 500 = | Euro 10.000,– |
| Betriebsteil | Euro 32.000,– |
| Wohnteil | |
| 9000 x 18,5 = | Euro 166.500,– |
| Wertminderung 30 x 0,5 = | Euro 24.975,– |
| | Euro 141.525,– |
| Bewertungsabschlag nach § 143 Abs. 3 15 v.H. | Euro 21.229,– |
| Wohnteil | Euro 120.296,– |
| land- und forstwirtschaftlicher Grundbesitzwert | Euro 152.296,– |

Der Betriebswert, der Wert der Betriebswohnungen und der Wert des Wohnteils sind dann zu einem einheitlichen land- und forstwirtschaftlichen Grundbesitzwert zusammenzurechnen. 145

*d) Das Betriebsvermögen (gewerbliches), § 12 Abs. 5 ErbStG*[156]

Was als Betriebsvermögen zu erfassen und welcher Wert dem einzelnen Wirtschaftsgut zuzuweisen ist, richtet sich weitestgehend nach dem BewG. Dies bedeutet, daß das Betriebsvermögen vom Bilanzierenden für die ErbSt und SchenkSt mit den Steuerbilanzwerten anzusetzen ist. Dies hat i.d.R. einen erheblichen Entlastungseffekt zur Folge (vgl. R 114 ErbStR). 146

aa) Bewertungsgrundsätze

Für die Wertansätze der aktiven Wirtschaftsgüter und Schulden kommt es auf die Verhältnisse des Erwerbszeitpunkts an. In der Regel sind diese durch Inventur zu ermitteln. Der Bestand an Aktiven und Passiven bildet die Grundlage für die im Erwerbszeitpunkt aufzustellende Bilanz. 147

bb) Ansatz dem Grunde nach

Die Wertansätze der Steuerbilanz sind mit Ausnahme des Eigenkapitals dem Grunde nach für die Ermittlung der ErbSt und SchenkSt zu übernehmen, jedoch mit folgenden Ausnahmen: 148

(1) Betriebsgrundstück

§ 99 BewG (§ 12 Abs. 5 Satz 1 ErbStG) bestimmt, welcher Grundbesitz bei der Ermittlung des Betriebsvermögens zu berücksichtigen ist. Ein Grundstück ist dem Betriebsvermögen zuzurechnen, wenn es zu mehr als der Hälfte seines Wertes dem Gewerbebetrieb dient. Ein Grundstück gehört nur dann zum Betriebsvermögen, wenn es Betriebsgrundstück ist (§ 12 Abs. 5 ErbStG, § 99 BewG). Ist ein Betriebsinhaber nicht Alleineigentümer eines Grundstücks, das dem Gewerbebetrieb dient, sondern hat sein nicht mitunternehmerisch tätiger Ehegatte Mit- 149

[156] Seer, GmbHR 1999, 64; Christoffel, GmbHR 1997, 517.

eigentum daran, ist es insgesamt kein Betriebsgrundstück (§ 99 Abs. 2 Satz 3 BewG). § 26 BewG ist bei der Erbschaft- und Schenkungsteuer nicht anwendbar[157]. Grundstücke einer Personengesellschaft sind – unabhängig von deren Nutzung – stets als Betriebsgrundstücke zu behandeln. Der Einheitswert eines Betriebsgrundstücks umfaßt den Grund und Boden, das Gebäude, das Zubehör und die Außenanlagen. Soweit diese Grundstücksbestandteile in der Steuerbilanz gesondert ausgewiesen werden, sind sie durch den Ansatz des Steuerwerts dem Grunde und der Höhe nach abgegolten. Das gilt grds. auch für Betriebsvorrichtungen. Sie sind nicht im Steuerwert des Betriebsgrundstücks berücksichtigt (§ 68 Abs. 2 BewG). Nicht zum Betriebsvermögen gehören solche Grundstücke, die sich im Miteigentum Dritter befinden.

(2) Erbbauzinsansprüche

*150* Der Erbbauzinsanspruch wird nicht in der Steuerbilanz ausgewiesen. Bei der erbschaft- und schenkungsteuerlichen Ermittlung des Betriebsvermögens sind die Erbbauzinsansprüche zusätzlich zu den Steuerbilanzposten anzusetzen (§ 12 Abs. 5 Satz 2 i. V. mit § 95 Abs. 1 Satz 1 zweiter Halbs., 92 Abs. 5 BewG).

Soweit jedoch in der Steuerbilanz Erbbauzinsen passiv abgegrenzt und sie für einen bestimmten Zeitraum vorausgezahlt sind, kann der Rechnungsabgrenzungsposten nicht in die Bemessungsgrundlage „Betriebsvermögen" einbezogen werden.

(3) Ausgleichsposten im Falle der Organschaft

*151* Ausgleichsposten, die in der Bilanz des Organträgers gebildet werden, können nach § 12 Abs. 5 Satz 2 ErbStG i. V. mit § 95 Abs. 1 Satz 2 BewG nicht bei der Wertermittlung des Betriebsvermögens berücksichtigt werden.

(4) Sonderposten aus der DM-Eröffnungsbilanz

*152* Bestimmte Sonderposten aus der DM-Eröffnungsbilanz zum 1. 7. 1990 in den neuen Bundesländern sind bei der Wertermittlung des Betriebsvermögens für erbschaft- und schenkungsteuerliche Zwecke auszuscheiden.

*153* Die auf der Passivseite ausgewiesenen Steuerbilanzausgleichsposten, soweit sie nicht dem Eigenkapital zuzurechnen sind, sind dem Grunde nach für die Ermittlung des Einheitswertes zu übernehmen, insbes. Rückstellungen.

*154* Für den Schuldzinsenabzug ab 1993 kommt es darauf an, daß die Schulden in der Steuerbilanz ausgewiesen sind, ein Zusammenhang zwischen der Schuld und dem Gewerbebetrieb oder einzelnen Wirtschaftsgütern des Gewerbebetriebs besteht und kein Zusammenhang mit steuerfreien Wirtschaftsgütern oder sonstigen bei der Wertermittlung des Betriebsvermögens außer Ansatz bleibenden Wirtschaftsgütern gegeben ist.

---

[157] Vgl. auch R 117 Abs. 2 Satz 3 ErbStR; FinMin Baden-Württemberg, Erl. v. 19. 7. 1999, BB 1999, 1802.

(5) Rücklagen

Nach § 12 Abs. 5 Satz 2 ERbStG i. V. mit § 103 Abs. 3 BewG dürfen Rücklagen grds. nicht vom Roh-Betriebsvermögen abgezogen werden; das gilt insbesondere für die Rücklage nach § 6b EStG und die Rücklage für Ersatzbeschaffungen. *155*

Ausnahmen gelten für Rücklagen nach dem EntwLStG.

(6) Abzug bei einer beherrschenden Kapitalgesellschaft

Die beherrschende Kapitalgesellschaft kann im Falle von Gewinnabführungsverträgen nach § 103 Abs. 2 BewG in Höhe der in der Steuerbilanz des beherrschenden Gesellschafters ausgewiesenen Gewinnansprüche eine Schuld von ihrem Rohvermögen abziehen. *156*

(7) Erbbauzinsverpflichtung

Der Kapitalwert einer Erbbauzinsverpflichtung ist ab dem 1. 1. 1993 zusätzlich zu den Passivposten der Steuerbilanz als Schuldposten bei der Ermittlung des Betriebsvermögens zu berücksichtigen.

cc) Übernahme der Steuerbilanzwerte der Höhe nach

Grundsätze Steuerbilanzwerte *157*

Die aus der Steuerbilanz zu übernehmenden Wirtschaftsgüter, sonstigen aktiven Ansätze, Schulden und sonstigen passiven Ansätze sind bei der Ermittlung des Betriebsvermögens grds. mit ihren Steuerbilanzwerten anzusetzen (§ 12 Abs. 5 Satz 2 ErbStG i. V. mit § 109 Abs. 1 BewG). Er ist auch maßgebend, wenn für einzelne Wirtschaftsgüter Absetzungen und Sonderabschreibungen in Anspruch genommen worden sind. Das gilt auch bei geringwertigen Wirtschaftsgütern, die nach § 6 Abs. 2 EStG im Jahr der Anschaffung oder Herstellung sofort abgesetzt werden. Verluste und Vorratsvermögen sind mit den Steuerbilanzwerten anzusetzen.

Ausnahmen gelten für Betriebsgrundstücke (§ 12 Abs. 2 ErbStG), diese sind in der Regel nach § 147 BewG zu bewerten.

Für Beteiligungen an Gesellschaften im Betriebsvermögen gilt der anteilige Steuerwert. Das aufzuteilende Betriebsvermögen ist nach der Sonderregelung zu ermitteln, § 97 Abs. 1 a BewG.

Für Wertpapiere mit Ausnahme der Kapitalanteile im Betriebsvermögen gelten die Ausführungen zu Rz. 163 ff. Erbbauzinsansprüche und Erbbauzinsverpflichtungen, die in der Steuerbilanz nicht berücksichtigt werden, sind bei der Ermittlung des Betriebsvermögens mit ihrem kapitalisierten Jahreswert nach §§ 13 bis 15 BewG zu erfassen (§ 12 Abs. 5 Satz 2 i. V. mit § 109 Abs. 4 Satz 2 BewG).

### *e) Anteile an einer Personengesellschaft*[158]

158 Eine besondere Bewertung des Anteils an einer Personengesellschaft ist dem Bewertungsgesetz unbekannt. Vielmehr wird der Steuerwert des Betriebsvermögens einer Personengesellschaft gemäß § 180 AO gesondert festgestellt. Diese gesonderten Feststellungen werden einheitlich getroffen[159], wenn an dem Gegenstand mehrere beteiligt sind (§ 180 AO). Gemäß § 97 Abs. 1 BewG ist das Vermögen einer Personengesellschaft stets und in vollem Umfang Betriebsvermögen, und zwar auch insoweit, als die Wirtschaftsgüter dem eigentlichen Gewerbebetrieb nicht dienen[160]. Das Betriebsvermögen selbst wird durch Einzelbewertung aller das Betriebsvermögen bildenden Wirtschaftsgüter ermittelt (§ 109 Abs. 4 BewG).

159 aa) Werden für einzelne Gesellschafter **Ergänzungsbilanzen** zur Einkommensteuerbilanz geführt, so können diese Grundlage für die Wertermittlung der einzelnen Wirtschaftsgüter sein[161]. Allerdings muß der betreffende Gesellschafter den Anteil zu marktgerechten Bedingungen erworben haben. Auch für den Ansatz eines Firmenwertes bei der Bewertung des Betriebsvermögens kann die Ergänzungsbilanz von Bedeutung sein[162]. Ist nämlich in einer solchen ein Firmenwert angesetzt, so ist er nicht nur in Höhe der tatsächlichen Leistung durch den betreffenden Gesellschafter, sondern in voller Höhe bezogen auf die Gesamtheit der Anteile auszuweisen, vorausgesetzt jedoch, daß für die Höhe des Entgelts nicht besondere Umstände maßgebend waren.

160 bb) In der Handelsbilanz ist das Vermögen der Personengesellschaft auszuweisen. Einen Gewerbebetrieb bilden alle Wirtschaftsgüter der Gesellschaften i.S. des § 15 Abs. 1 Satz 1 Nr. 2 und Abs. 3 EStG. Dabei ist die für die Einkommensteuer getroffene Entscheidung, ob eine Gesllschaft i.S. des § 15 Abs. 1 Satz 1 Nr. 2 und Abs. 3 EStG vorliegt, zu übernehmen (Abschnitt 30 VStÄR 1995).

Befinden sich Grundstücke im Sonderbetriebsvermögen, sind im Zweifel für das Gebäude nicht die Bilanzwerte anzusetzen, sondern ist der Ertragswert nach § 146 BewG anzusetzen, der sich aus den vereinbarten Miet- und Pachtzahlungen ergibt, sofern diese angemessen sind. Es gilt insofern das Ertragsteuerrecht. Bei der sogenannten qualifizierten Nachfolgeklausel ist zu beachten, daß der Anteil vom Sonderbetriebsvermögen, soweit es auf die nicht qualifizierten entfällt, vom Erblasser entnommen worden ist und dabei als Privatvermögen auf die Erben übergegangen ist. Was u.E. dazu führt, daß sie als unbebaute Grundstücke zu be-

---

[158] R 115 ErbStR.

[159] Fichtelmann, DStR 1969, 225ff.; Schulze zur Wiesche, DStR 1971, 362ff.; Rössler-Troll, § 97 BewG, Anm. 14; BFH v. 14.3.1969, BStBl. II 1961, 480; Hübner, DStR 1995, 1.

[160] Vgl. aber BFH v. 6.6.1973, BStBl. II 1973, 705, allerdings zum Ertragsteuerrecht ergangen.

[161] Vgl. Schulze zur Wiesche, DStR 1971, 362ff.

[162] Abschnitt 53 VStR; vgl. auch BFH v. 26.3.1965, BStBl. III 1965, 344; OFD Düsseldorf, Verf. v. 14.4.1970 S 3230 A St 213.

werten sind und somit im Falle unbebauter Grundstücke nur ein Bewertungsabschlag von 20 v.H. zu gewähren ist.

Ausstehende Einlagen werden bei der Ermittlung des Betriebsvermögens ab 1. 1. 1993 nur dann berücksichtigt, wenn sie im Erwerbszeitpunkt bereits angefordert sind; unerheblich ist die bilanzielle Behandlung.

Hinsichtlich der Abgrenzung vom Eigenkapital und Darlehen von Sonderbetriebsvermögen vgl. BFH vom 3. 11. 1993[163].

Bei der Beteiligung an der Personengesellschaft folgt das Erbschaft- und Schenkungsteuerrecht in bezug auf das Sonderbetriebsvermögen der ertragsteuerlichen Beurteilung (§ 97 Abs. 1 Nr. 5 Satz 2 BewG).

Dies gilt auch für Forderungen des Gesellschafters gegenüber der Personengesellschaft, wobei sich dann allerdings die im Gesamthandsvermögen ausgewiesene Schuld und die im Sonderbetriebsvermögen ausgewiesene Forderung ausgleichen und somit weder bei dem Gesellschafter noch bei der Personengesellschaft zu einem Wertansatz führen (§ 97 Abs. 1 Nr. 5 Satz 3 BewG). Nach § 97 Abs. 1 Nr. 5 Satz 3 BewG sind Forderungen und Schulden zwischen der Personengesellschaft und ihren Gesellschaftern – abgesehen vom regelmäßigen Geschäftsverkehr und von der kurzfristigen Überlassung von Geldbeträgen – bei der Ermittlung des Betriebsvermögens nicht angesetzt worden (ab 1. 1. 1993 rückwirkend). *161*

Hinsichtlich der Feststellung siehe im einzelnen Abschn. 31 VStÄR 1995.

cc) Aufteilung des Betriebsvermögens[164]

Neu hingegen sind die Vorschriften über die Aufteilung des Betriebsvermögens auf die Gesellschafter. Die Aufteilung hat in § 97 Abs. 1a BewG eine gesetzliche Regelung enthalten. *162*

Hiernach ist der Wert des Betriebsvermögens, der jeweils für den Bedarfsfall (Erbfall, Schenkung) zu ermitteln ist, wie folgt aufzuteilen:

1. Das Sonderbetriebsvermögen und die Schulden sind dem jeweiligen Gesellschafter vorab mit dem Wert, mit dem diese im Steuerwert enthalten sind, zuzurechnen.

   Das Kapitalkonto des Gesellschafters aus der Steuerbilanz (Gesamtbilanz) ist um das auf die ihm vorweg zuzurechnenden Wirtschaftsgüter (Sonderbetriebsvermögen) entfallende Kapital aus der Sonderbilanz zu bereinigen.
2. Das um die Sonderbilanz bereinigte Kapital ist dem jeweiligen Gesellschafter vorweg zuzurechnen.
3. Der hiernach verbleibende Wert des Betriebsvermögens ist nach dem für die Gesellschaft maßgebenden Gewinnverteilungsschlüssel auf die Gesellschafter aufzuteilen.

---

[163] BStBl. II 1994, 88.

[164] R 116 ErbStR.

4. Die Summe aus den Vorwegzurechnungen (Nr. 1 und 2) und dem anteiligen Unterschiedsbetrag (Nr. 3) ergibt für jeden Gesellschafter den Anteil am Wert des Betriebsvermögens.

**Beispiel:**

E ist verstorben. Erbe ist sein Sohn A. Im Nachlaß befindet sich ein KG-Anteil, der auf A übergeht.

A ist mit 33 1/3 v.H. an der Gesellschaft beteiligt (Gewinnbeteiligung und Beteiligung am Auseinandersetzungsguthaben).

Der Wert des Betriebsvermögens beträgt Euro 1.100.000,–. Das HB-Kapitalkonto beträgt Euro 250.000,–. A hat der Gesellschaft ein Grundstück überlassen, Buchwert Euro 100.000,–, Steuerwert Euro 200.000,–.

Der Wert des Anteils ermittelt sich wie folgt:

| | | C | D | E |
|---|---|---|---|---|
| Wert des BV | 1.100.000 | | | |
| SonderBV | ./. 200.000 | – | – | 200.000 |
| Kapital | ./. 750.000 | 250.000 | 250.000 | 250.000 |
| Rest | ./. 150.000 | 50.000 | 50.000 | 50.000 |
| | ./. 1.100.000 | 300.000 | 300.000 | 500.000 |

Der Wert der Beteiligung (anteiliger Wert) ist für Erbschaftsteuerzwecke mit Euro 500.000,– anzusetzen.

### *f) Bewertung von Kapitalanteilen*

163 Ab 1.1.1996 ist auch für Kapitalanteile für Zwecke Erbschaft- und Schenkungsteuer eine Bedarfsbewertung durchzuführen (§ 12 Abs. 2 ErbStG)[165].

Die Bewertung nicht notierter Anteile an Kapitalgesellschaften, insbesondere von GmbH-Anteilen, in Verb. mit R 95ff. ErbStR, sofern der gemeine Wert nicht aus Verkäufen abgeleitet werden kann, erfolgt durch Schätzung unter Berücksichtigung des Vermögens und der Ertragsaussichten, § 11 Abs. 2 Satz 2 BewG. Für die Schätzung sind die Verhältnisse im Besteuerungszeitpunkt maßgebend (R 96 Abs. 1 ErbStR).

Der Wert eines Kapitalanteils wird nicht durch die Bewertung der einzelnen Wirtschaftsgüter, die der Kapitalgesellschaft gehören, ermittelt[166]. Hier kommt es auf den Wert des Anteils selbst an. Maßgebend ist hier der gemeine Wert. Gemäß § 9 Abs. 2 BewG wird der gemeine Wert durch den Preis bestimmt, der im gewöhnlichen Geschäftsverkehr nach der Beschaffenheit des Wirtschaftsguts bei einer Veräußerung zu erzielen wäre.

164 Dabei sind alle Umstände, die den Preis beeinflussen, zu berücksichtigen. Ungewöhnliche oder persönliche Verhältnisse sind unbeachtet zu lassen. Wie die folgenden Ausführungen zeigen, ergeben sich gegenüber der Bewertung eines Anteils an einer Personengesellschaft erhebliche Unterschiede. Würde der Anteil an einer Personengesellschaft unter den gleichen Bedingungen bewertet wie der An-

---

[165] Halaczinsky, NWB Fach 10, 731.

[166] Hier Christoffel, GmbHR 1994, 850.

teil einer Kapitalgesellschaft, so läge der steuerliche Wert erheblich höher. So werden bei der Kapitalgesellschaft im Gegensatz zur Personengesellschaft auch die Ertragsaussichten berücksichtigt.

aa) Kapitalanteile, die am Stichtag an einer deutschen Börse zum Handel zu- *165*
gelassen sind, werden mit den niedrigsten am Stichtag für sie im amtlichen Handel notierten Kursen angesetzt[167]. Befinden sich also im Nachlaß Wertpapiere, insbesondere Aktien, so ist der amtliche Tageskurs zum Zeitpunkt des Todes bzw. der Schenkung für den Wert maßgebend. Das gleiche gilt für Wertpapiere, die nur in den geregelten Freiverkehr einbezogen sind.

Wertpapiere, die Rechte der Einleger (Anteilinhaber) gegen eine Kapitalanlage- *166*
gesellschaft oder einen sonstigen Fonds verbriefen (Anteilscheine), sind mit dem Rücknahmepreis anzusetzen[168].

Ist der gemeine Wert einer Anzahl von Anteilen an einer Kapitalgesellschaft, *167*
die einer Person gehören, infolge besonderer Umstände, weil die Höhe der Beteiligung die Beherrschung der Kapitalgesellschaft ermöglicht, höher als der Wert, der sich aufgrund der Kurswerte für die einzelnen Anteile insgesamt ergibt, so ist der gemeine Wert der Beteiligung maßgebend[169]. Nach der Verwaltungspraxis (R 95 Abs. 6 ErbtR) ist zum Kurswert ein Paketzuschlag dann zu machen, wenn ein Steuerpflichtiger mehr als 25 v.H. des Nennkapitals einer Aktiengesellschaft besitzt. Als Paketzuschlag soll je nach Umfang der zu bewertenden Beteiligung im allgemeinen ein Zuschlag bis zu 25 v.H. zum Kurswert in Betracht kommen.

bb) Handelt es sich nicht um an der Börse gehandelte Wertpapiere, insbeson- *168*
dere um GmbH-Anteile, ist der gemeine Wert aus zeitnahen Verkäufen zu ermitteln[170]. Die Verkäufe müssen allerdings zu marktgerechten Bedingungen erfolgt sein. Die Werte können also nur übernommen werden, wenn nicht besondere Gründe zum Verkauf des Anteils führten, z.B. ein Notverkauf im Wege eines Kaduzierungsverfahrens oder im Rahmen einer Gesellschaftsauseinandersetzung. Handelt es sich bei der Kapitalgesellschaft um eine Familiengesellschaft mit einem kleinen Kreis von Anteilseignern, so sind evtl. Anteilsverkäufe kein Wertmaßstab für den tatsächlichen Verkehrswert[171].

cc) Kann der gemeine Wert eines Anteils aus Verkäufen nicht ermittelt werden, *169*
so erfolgt die Wertermittlung aufgrund eines besonderen Verfahrens. Zur Wertermittlung wird seit 1953 das sogenannte Stuttgarter Verfahren angewandt[172]. Nach der nunmehrigen ständigen Rechtsprechung des BFH[173] ist dieses Verfahren für

---

[167] § 11 Abs. 1 BewG.

[168] § 11 Abs. 4 BewG.

[169] § 11 Abs. 3 BewG; BFH v. 12. 3. 1971, BStBl. II 1971, 419; vgl. auch BFH v. 7. 12. 1979, BStBl. II 1980, 234.

[170] BFH v. 20. 12. 1968, BStBl. II 1969, 373; R 95 Abs. 3 ErbStR.

[171] BFH v. 5. 7. 1968, BStBl. II 1968, 734; v. 14. 2. 1969, BStBl. II 1969, 395; v. 23. 7. 1971, BStBl. II 1972, 4; v. 16. 12. 1971, BStBl. II 1972, 313.

[172] R 96ff. ErbStR

[173] BFH v. 20. 12. 1968, BStBl. II 1969, 373.

die Bewertung geeignet.[174]. Dieses Stuttgarter Verfahren geht zwar von dem Vermögenswert der Gesellschaft aus, berücksichtigt aber auch die Ertragslage und Ertragsaussichten (R 97 ErbStR)

**Ermittlung des Vermögenswerts**

170 Es handelt sich hierbei um ein gemischtes Substanzwertverfahren, das auch die Ertragsaussichten der Gesellschaft berücksichtigt.

Zunächst wird der Substanzwert des Unternehmens ermittelt. Bei der Ermittlung des Vermögenswerts ist das Vermögen der Kapitalgesellschaft mit dem Wert im Besteuerungszeitpunkt (§§ 9, 11 ErbStG) zugrunde zu legen, der sich bei Anwendung des § 12 Abs. 2, 5 und 6 ErbStG ergibt.

171 **Ermittlung des Ertragsvomhundertsatzes**

Für Anteile an ausländischen Kapitalgesellschaften sowie für ausländischen Grundbesitz und ausländisches Betriebsvermögen können die Steuerwerte übernommen werden, sofern dies im Einzelfall nicht zu unangemessenen Ergebnissen führt und deshalb eine besondere Wertermittlung nach § 12 Abs. 2, 5 u. 6 ErbStG vorzunehmen ist.

Der Geschäfts- oder Firmenwert sowie Werte von firmenähnlichen Wirtschaftsgütern sind nicht in die Ermittlung des Vermögens einzubeziehen.

Entsteht die Steuer nicht zum Bilanzstichtag und erstellt die Kapitalgesellschaft keinen Zwischenabschluß, kann aus Vereinfachungsgründen der Wert des Vermögens der Kapitalgesellschaften zum Besteuerungszeitpunkt aus der auf den Schluß des letzten vor dem Besteuerungszeitpunkt endenden Wirtschaftsjahres erstellten Steuerbilanz abgeleitet werden.

Dabei ist zunächst von den Bilanzansätzen der Kapitalgesellschaft (Ausgangswert) auszugehen.

Betriebsgrundstücke sind mit dem Grundbesitzwert im Besteuerungszeitpunkt, §§ 138 ff. BewG, zum Betriebsvermögen gehörende Wertpapier-Anteile und Genußscheine an inländischen Kapitalgesellschaften und Beteiligungen an inländischen Personengesellschaften sind mit dem Wert im Besteuerungszeitpunkt anzusetzen (R 98 Abs. 1 und 2 ErbStR).

Aus dem Ausgangswert ist der Wert des Vermögens der Kapitalgesellschaft auf den Besteuerungszeitpunkt unter vereinfachter Berücksichtigung der im Vermögen der Kapitalgesellschaft bis zum Besteuerungszeitpunkt eingetretenen Veränderungen abzuleiten.

Als Korrekturen kommen insbesondere in Betracht:

- Hinzurechnung des Gewinns bzw. Abrechnung des Verlusts, der auf den Zeitraum vom letzten Bilanzstichtag vor dem Besteuerungszeitpunkt bis zum Besteuerungszeitpunkt entfällt. Hinsichtlich der Gewinn/Verlustkorrekturen vgl. R 98 Abs. 3 Satz 2 Nr. 1 Satz 3 u. 4.

---

[174] BFH v. 3. 9. 1964, HFR 1965, 218.

- Berücksichtigung von Vermögensänderungen infolge Veräußerung und Erwerb
- Vermögensabfluß durch Gewinnausschüttungen
- Vermögenszuführungen oder Abflüsse von Kapitalerhöhungen oder Kapitalherabsetzungen
- Vermögenszuführungen durch verdeckte Einlagen.

Der auf diesen Werten ermittelte Wert des Vermögens der Kapitalgesellschaften am Besteuerungszeitpunkt ist mit dem Nennkapital der Gesellschaft zu vergleichen. Der sich ergebende v.H.-Satz stellt den Vermögenswert der Kapitalgesellschaft dar, er ist den weiteren Berechnungen zugrunde zu legen.

Die Ertragsaussichten sind möglichst aus dem Jahresdurchschnitt der Jahreserträge der letzten drei Jahre herzuleiten. Auszugehen ist dabei vom jeweiligen zu versteuernden Einkommen nach §§ 7, 8 KStG. 172

Hierbei sind folgende Hinzurechnungen zu berücksichtigen:

a) Sonderabschreibungen oder erhöhte Absetzungen, Bewertungsabschläge, Zuführungen zu steuerfreien Rücklagen sowie Teilwertabschreibungen. Es sind nur die normalen Abschreibungen zu berücksichtigen
b) Absetzungen auf den Geschäfts- oder Firmenwert oder auf firmenwertähnliche Wirtschaftsgüter
c) ein Verlustabzug (Verlustrücktrag oder -vortrag), auch wenn er in einem Jahr außerhalb der für die Ermittlung des Durchschnittsertrags maßgebenden Zeit entstanden ist,
e) einmaliger Veräußerungsverlust
e) steuerfreie Vermögensmehrungen
f) Investitionszulagen.

Abzuziehen sind

a) einmalige Veräußerungsgewinne sowie gewinnerhöhende Auflösungsbeträge steuerfreier Rücklagen.
b) die übrigen nichtabziehbaren Ausgaben – ausschließlich des Solidaritätszuschlages – mit Ausnahme der Körperschaftsteuer, Aufsichtsratsvergütungen sind zur Hälfte aufzuteilen.
c) Die Tarifbelastung auf die nichtabziehbaren Ausgaben i.S. des Buchstaben b und c in Höhe der Tarifbelastung bestimmt sich nach der Gleichung

$$\frac{\text{Steuersatz in vH}}{\text{100-Steuersatz in vH}} \times 100 \text{ vH}$$

Die einzelnen Betriebsergebnisse sind gesondert zu berechnen.

Ist der Ertrag von der persönlichen Tätigkeit des Geschäftsführers abhängig, kann ein Abschlag von 30 v.H. als Betriebsergebnis erfolgen.

Die gegebenenfalls um den Abschlag von 30 v.H. gekürzten Betriebsergebnisse sind für die weiteren Berechnungen wie folgt zu gewichten.

- das Betriebsergebnis des letzten Wirtschaftsjahres vor dem Besteuerungszeitpunkt ist mit dem Faktor 3

- das Betriebsergebnis des vorletzten Wirtschaftsjahres vor dem Besteuerungszeitpunkt ist mit dem Faktor 2 und
- das Betriebsergebnis des vorletzten Wirtschaftsjahres vor dem Besteuerungszeitpunkt ist mit dem Faktor 1

zu qualifizieren. Die Summe der vervielfachten Betriebsergebnisse ist durch 6 zu dividieren und ergibt den Durchschnittsertrag. Das Ergebnis stellt den Jahresertrag dar (R 99 Abs. 3 ErbStR).

Der Jahresertrag ist mit dem Nennkapital der Gesellschaft zu vergleichen. Der sich ergebende Hundertsatz ist der Ertragshundertsatz, der für die weiteren Berechnungen maßgeblich ist, R 99 Abs. 4 ErbStR.

Für die Ermittlung des gemeinen Wertes wird ein durchschnittlicher Ertrag von 9 v.H. zugrundegelegt (im einzelnen R 100 Abs. 1 ErbStR).

*173* Der gemeine Wert des Anteils wird nach folgender Formel ermittelt.

$$x = \frac{68}{100} x (V + [5 E])$$

Beispiel A H 100 Abs. 2 ErbStH.
Stammkapital 90.000,–

| | | |
|---|---|---|
| Vermögen (EW + Korrektur) | | 120.000,– |
| Vermögenswert | $\frac{120.000}{90.000}$ | 133,33 v.H. |
| bezogen auf das Stammkapital | | |
| Jahresertrag 9.000,– | | |
| ErtragsvH-Satz | $\frac{9.000}{90.000}$ | 10 v.H. |
| Gemeiner Wert | $\frac{68}{100}$ | x (133,33 + [5 10]) = |
| | $\frac{68}{100}$ | x 183,33 = 124,66 v.H. |
| abgerundet | | 124 v.H. |

*174* dd) Anhand eines Beispiels wird nunmehr die unterschiedliche Bewertung hinsichtlich eines Kapitalanteils und eines Anteils am Betriebsvermögen demonstriert:

Ein Unternehmen mit gleichen Beteiligungs- und Vermögensverhältnissen wird 1. als Personengesellschaft und 2. als GmbH vorgestellt.

1. Die Ermittlung des Steuerwertes der Personengesellschaft und die anschließende Aufteilung auf die Gesellschafter:

| Bilanzwerte: | Euro | Euro |
|---|---|---|
| Grundvermögen | 100.000,– | A 100.000,– |
| ber. Anlagevermögen | 100.000,– | B 100.000,– |
| Umlaufvermögen | 100.000,– | C 100.000,– |
| | 300.000,– | A 300.000,- |

Gewinn- und Verlustbeteiligung in gleichen Teilen. Steuerwert des Grundvermögens beträgt Euro 70.000,–. Im Anlagevermögen sind stille Reserven von Euro 30.000,– enthalten.

Der Gewinn der letzten drei Jahre betrug jeweils Euro 120.000,–. Firmenwert ist nicht aktiviert.

1. Ermittlung des Wertes eines Anteils an einer Personengesellschaft

| | |
|---|---|
| Steuerwert des Betriebsvermögens: | |
| Grundvermögen | Euro 70.000,– |
| Anlagevermögen | Euro 100.000,– |
| Umlaufvermögen | Euro 100.000,– |
| Steuerwert | Euro 270.000,– |

| Gesellschafter | Kapitalkonten der HB | aufzuteilender Unterschiedsbetrag | Steuerwert |
|---|---|---|---|
| A | 100.000,– | ./. 10.000,– | 90.000,– |
| B | 100.000,– | ./. 10.000,– | 90.000,– |
| C | 100.000,– | ./. 10.000,– | 90.000,– |
| | Euro 300.000,– | ./. 30.000,– | 270.000,– |

2. Die Ermittlung des Kapitalanteils einer GmbH:

Es wird zunächst einmal vom Steuerwert Euro 270.000,– ausgegangen.

| | | |
|---|---|---|
| Steuerlicher Vermögenswert | Euro 270.000,– | |
| Stammkapital | 300.000,– | |
| Verhältnis 9:10 | 90 v.H. | |
| Vermögenswert | | 90 v.H. |
| Jahresertrag | 120.000,– | |
| Ertragshundertsatz | $\frac{120.000,–}{300.000,–}$ | = 40 v.H. |

Gemeiner Wert:

$$\frac{68}{100} \times (90 + [5 \times 40]) =$$

$$\frac{68}{100} \times 290 = 197{,}2 \text{ v.H.}$$

Der einzelne Anteil in Höhe von Euro 100.000,– würde einen Wert von Euro 197.200,– aufweisen.

Somit besteht zwischen beiden Rechtsformen folgende Differenz:

| | |
|---|---|
| Anteil Personengesellschaft | 90.000,– |
| GmbH | 197.200,– |
| Unterschied je Anteil | + 107.200,– |

Aus Vereinfachungsgründen ist die Körperschaftsteuer herausgelassen worden.

Hinsichtlich besonderer Umstände, die für die Bewertung der Anteile von besonderer Bedeutung sein können, siehe R 100 Abs. 3 - R 108.

*g) Sonstige Vermögensrechte*

aa) Sonstige Kapitalforderungen

175 **Darlehen** werden mit dem Nominalwert angesetzt (§ 12 BewG). Allerdings ist Voraussetzung, daß sie zum üblichen Zinssatz verzinst werden. Über den Nennwert ist eine Forderung anzusetzen, wenn die Verzinsung über 9 % liegt und die Rückzahlung noch für mind. 4 Jahre ausgeschlossen ist (R 109 Abs. 2 ErbStR) Entsprechendes gilt, wenn der Zinssatz unter 3 % liegt (R 109 Abs. 2 ErbStR). Der Wert unverzinslicher befristeter Forderungen oder Schulden ist der Betrag, der vom Nennwert nach Abzug von Zwischenzinsen unter Berücksichtigung von Zinseszinsen verbleibt (§ 12 Abs. 3 BewG).

Dabei ist von einem Zinssatz von 5,5 v.H. auszugehen.

176 Unter die **Kapitalforderungen** fallen insbesondere die Abfindungsansprüche eines ausscheidenden Gesellschafters. Ist im Gesellschaftsvertrag vereinbart, daß die Gesellschaft nicht mit den Erben fortgeführt wird, so ist der verstorbene Gesellschafter mit seinem Tode aus der Gesellschaft ausgeschieden. Die Erben haben lediglich einen Auseinandersetzungsanspruch. Dieser Abfindungsanspruch wird bewertungsrechtlich als eine Kapitalforderung behandelt. Forderungen, die uneinbringlich sind, bleiben außer Ansatz.

177 Eine **stille Beteiligung** wird nach den allgemeinen Grundsätzen wie eine Forderung bewertet, hierbei ist vom Durchschnittsgewinn der letzten Jahre auszugehen[175].

178 Die Einlage des stillen Gesellschafters ist wie eine Kapitalforderung i.S. des § 110 Abs. 1 Nr. 1 BewG zu behandeln (R 112). Sie ist grundsätzlich mit dem Nennwert anzusetzen.

Ist die Kündigung der Einlage am Bewertungsstichtag für längere Zeit ausgeschlossen und liegt der Durchschnittsertrag über 9 v.H., ist der Nennwert der Vermögenseinlage um den fünffachen Unterschiedsbetrag zwischen Durchschnittsertrag und der Verzinsung von 9 v.H. zu erhöhen.

Entsprechendes gilt bei einem Durchschnittsertrag von unter 3 v.H. bzw. ist der Nennbetrag entsprechend zu mindern

[175] Vgl. auch BFH v. 7.5.1971, BStBl. II 1971, 642, Abschnitt 61 Abs. 1.

**Beispiel (H 112 ErbStH):**

| | | |
|---|---|---|
| Nennwert Einlage | | Euro 40.000,– |
| Durchschnittsertrag | | Euro 7.000,– |
| Verzinsung der Einlage | $\frac{7.000}{40.000}$ | 17,5 v.H. |
| Wert der stillen Beteiligung | | |
| 100 v.H. + 5 x (17,5 v.H. – 9 v.H.) = | | 142,5 v.H. |
| Bezogen auf den Wert der Einlage von Euro 40.000,– | | Euro 57.000,– |

Der Durchschnittsertrag ist möglichst aus den Gewinnanteilen der letzten drei vor dem Besteuerungszeitpunkt endenden Wirtschaftsjahre herzuleiten. Ein Abschlag wegen Unwägbarkeiten kommt dabei nicht in Betracht. Die Kündbarkeit ist für längere Zeit ausgeschlossen, wenn das Gesellschaftsverhältnis im Besteuerungszeitpunkt noch mehr als 5 Jahre währen wird (R 112 Sätze 4 - 6 ErbStR).

bb) Renten und sonstige wiederkehrende Leistungen und Nutzungen

Das Bewertungsrecht unterscheidet nicht zwischen Renten und dauernden Lasten wie das Einkommensteuerrecht[176]. Renten, Nutzungen und Leistungen werden, soweit es den Vervielfältiger betrifft, grundsätzlich gleich behandelt. Lediglich hinsichtlich der Ermittlung des Jahreswertes bestehen Unterschiede. *179*

Renten sind laufende Bezüge an Geld oder Geldeswert aufgrund eines Stammrechts, auf die der Empfänger für eine gewisse Zeitdauer einen Anspruch hat[177]. Ob eine Rentenzahlung oder Ratenzahlung vorliegt, ist nicht immer einfach zu beurteilen, insbesondere dann nicht, wenn eine Rente auf Zeit zur Diskussion steht. Man wird hier immer auf den Einzelfall abstellen müssen. Ist bei der Ratenzahlung keine Verzinsung vereinbart, wird auch hier, vgl. § 12 BewG, eine Verzinsung von 5,5 % zugrunde gelegt, so daß der kapitalisierte Wert der Ratenforderung für Stammrecht nicht abweichen dürfte. Im übrigen handelt es sich um Nutzungen und Leistungen, wenn der Jahresbetrag nicht gleich ist. Allerdings ist die Vereinbarung einer Preisindexklausel, wie die Bindung an eine Gehaltsgruppe, einer Rente nicht abträglich[178]. Der Jahresbetrag der Nutzung einer Geldsumme ist, wenn kein anderer Wert feststeht, mit 5,5 v.H. anzunehmen. *180*

Nutzungen oder Leistungen, die nicht in Geld bestehen (Wohnung, Kost, Waren und sonstige Sachbezüge), sind mit den üblichen Mittelpreisen des Verbrauchsortes einzusetzen[179]. *181*

Bei Nutzungen oder Leistungen, die in ihrem Betrag ungewiß sind oder schwanken, ist als Jahreswert der Betrag zugrunde zu legen, der in Zukunft im Durchschnitt der Jahre voraussichtlich erreicht werden wird (§ 15 BewG).

---

176 Vgl. auch BFH v. 28. 11. 1969, BStBl. II 1970, 171.

177 BFH v. 21. 11. 1969, BStBl. II 1970, 368; s. Wertkauf, § 13, 14 BewG; RFH v. 30. 1. 1929, RStBl. 1929, 326; Troll, BewG, § 13 Anm. 2.

178 ⇒ Rz. 420.

179 BFH v. 5. 11. 1955, BStBl. III 1955, 199; v. 12. 9. 1969, BStBl. II 1969, 727.

Auf die vergangenen Jahre darf daher nicht allein abgestellt werden[180].

Nicht gleichbleibende wiederkehrende Leistungen liegen vor, wenn diese ertrags- oder umsatzabhängig sind oder die Höhe an sonstige Voraussetzungen geknüpft ist, wie der Eigenverdienst des Berechtigten usw. [181].

*182* Hängt die Laufzeit einer Rente vom Tode des Berechtigten oder des Verpflichteten ab, bestimmt sich der Wert der Rente nach dem Lebensalter dieser Person, vgl. Tabelle Anlage 9 zu § 14 BewG. Diese und Tabelle Anlage 9a haben sich geändert. Anlage 9a zu § 13 BewG geht nur von Laufzeiten aus, die auf volle Jahre lauten. Es wird auch nicht mehr zwischen vorschüssigen und nachschüssigen Leistungen unterschieden.

Hat eine nach Abs. 2 bewertete Nutzung oder Leistung nicht mehr als die dort angegebenen Jahre (vgl. § 14 Abs. 3 BewG) bestanden und beruht der Wegfall auf dem Tod des Berechtigten oder Verpflichteten, so ist die Festsetzung der nicht laufend veranlagten Steuern auf Antrag nach der wirklichen Dauer der Nutzung oder Leistung zu berichtigen.

*183* Bei Renten, Nutzungen und Leistungen, die auf eine bestimmte Zeit beschränkt sind, ist deren Gesamtwert die Summe der einzelnen Jahreswerte abzüglich Zwischenzinsen (§ 13 BewG). Dabei ist, wie bereits erwähnt, von einem Zinssatz von 5,5 v.H. auszugehen. Allerdings darf der Gesamtwert das Achtzehnfache des Jahreswertes nicht übersteigen. Die Begrenzung liegt somit bei einer Dauer von 53 Jahren.

Der Kapitalwert dieser Nutzungen und Leistungen läßt sich aus der Tabelle zu § 13 Abs. 1 BewG ablesen, bei der die Zwischenzinsen und Zinseszinsen mit 5,5 v.H. angesetzt worden sind (vgl. Hilfstafel 2 VStR zu § 13 Abs. 1 BewG).

cc) Der Nießbrauch

*184* Der Nießbrauch unterscheidet sich von den sonstigen wiederkehrenden Leistungen insbesondere dadurch, daß dem Nießbraucher ein eigenes dingliches Recht auf Nutzung bzw. Fruchtziehung eingeräumt wird[182]. Die sonstigen Leistungen werden immer aus dem Vermögen des Verpflichteten erworben, auch wenn die Leistung vom Ertrag oder vom Umsatz eines Gewerbebetriebes abhängig ist. Für den Nießbrauch gilt grundsätzlich auch die Vorschrift des § 15 BewG. Der durchschnittliche Jahreswert ist maßgebend[183].

*185* Allerdings ist dieser Nutzungswert durch die Vorschrift des § 16 BewG erheblich begrenzt. So ist bei der Ermittlung des Kapitalwertes der Nutzungen eines Wirtschaftsgutes der Jahreswert dieser Nutzungen nicht mit mehr als dem achtzehnten Teil des Wertes anzusetzen, der sich nach den Vorschriften des BewG für

---

180 Vgl. auch BFH v. 26.1.1972, BStBl. II 1972, 467; v. 5.6.1970, BStBl. II 1970, 594.

181 BFH v. 28.11.1969, BStBl. II 1969, 171.

182 ⇒ Rz. 360.

183 BFH v. 12.9.1969, BStBl. II 1969, 727; v. 21.11.1969, BStBl. II 1970, 368 (ertragslose Teile sind auszusondern). BFH v. 11.8.1976, BStBl. II 1977, 2.

das genutzte Wirtschaftsgut ergibt. Hat der Nießbraucher eines Grundstücks gemäß § 1047 BGB Zinsen auf Grundpfandrechte zu tragen, so führt das nicht zu einer Ermäßigung dieses Höchstwertes[184].

Zwar hat der BFH im Urteil vom 24. 4. 1970[185] den Standpunkt vertreten, daß sich bei obligatorischen Nutzungsrechten Einschränkungen ergeben können. Es dürfe sich nicht um darüber hinausgehende Ansprüche auf Leistung handeln, die der Nutzungsberechtigte gegen den Verpflichteten auch persönlich geltend machen könnte, wenn das Wirtschaftsgut z.B. nicht die erwartete oder keine Nutzung gebracht hat. Der Anspruch müsse sich also auf die Nutzungen des Wirtschaftsgutes beschränken. Sudhoff[186] folgert aus diesem Urteil, daß bei sogenanntem leistungsbezogenen Nießbrauch (Nießbrauch an einem Unternehmen oder an einer Beteiligung, wo der Nießbraucher alle Gesellschaftsrechte wahrnimmt) § 16 BewG keine Anwendung findet. In der Literatur wird jedoch überwiegend die Ansicht vertreten, daß § 16 BewG auch auf den sog. leistungsbezogenen Nießbrauch, wo es sich nicht lediglich um eine kapitalmäßig sachbezogene Nutzung handelt, Anwendung findet[187]. *186*

Die Vorschrift des § 16 BewG gilt sowohl für die Nutzungsberechtigten als auch für den Nutzungsverpflichteten[188]. Hiernach ist § 16 Abs. 1 BewG bei der Bewertung der Belastung auch dann, wenn ein nichtgeschäftsführender Gesellschafter bei Übertragung seines Gesellschaftsanteils auf einen Mitgesellschafter sich den Nießbrauch vorbehält, anzuwenden. Dies gilt auch dann, wenn der vorbehaltene Nießbrauch nur schuldrechtlich wirksam sein sollte. Es ist hierbei gleichgültig, ob es sich um ein obligatorisches oder dingliches Nutzungsrecht handelt[189]. *187*

Allerdings muß bei der Feststellung des Jahreswerts des Nießbrauchs der Gewinnanteil des Nießbrauchs, der voraussichtlich auf Grund der eigenen Arbeitsleistung erzielt werden wird, außer Ansatz bleiben. Bei der Einräumung eines Nießbrauchs an einem Unternehmen oder an der Beteiligung muß also das Ergebnis auf Grund eigener Arbeitsleistung bewertet werden und darf nicht in die Bewertung des Nießbrauchs mit einbezogen werden[190]. *188*

Hinsichtlich der Bewertung des Nießbrauchs beim Gesellschaftsanteil vgl. BFH v. 11. 8. 1976[191].

---

184 BFH v. 23. 7. 1980, BStBl. II 1980, 748.

185 BStBl. II 1970, 591.

186 DB 1971, 1930.

187 Rössler-Troll, Anm. 4 zu § 15, Anm. 2 und 4 zu § 16 BewG; Fichtelmann, DStR 1974, 304; Petzoldt, § 12 ErbStG, Rz. 138; BFH v. 20. 1. 1978 III R 120/75, BStBl. II 1978, 257; Meincke/Michel, § 12 ErbStG, RdNr. 106.

188 BFH v. 20. 1. 1978, a.a.O.; vgl. auch BFH v. 4. 6. 1980, BStBl. II 1980, 608; v. 27. 7. 1983, BStBl. II 1983, 740.

189 Vgl. auch BFH v. 24. 4. 1970 III R 36/47, BStBl. II 1970, 591.

190 Vgl. hierzu Rössler-Troll, Anm. 2 zu § 16 BewG, Fichtelmann, DStR 1974, 304.

191 BStBl. II 1977, 2.

189 Ein auf Lebenszeit eingeräumtes Nießbrauchsrecht an einem Gesellschaftsanteil ist nicht deshalb schon mit 0 Euro zu bewerten, weil die Gesellschaft mehrere Jahre keinen Gewinn erwirtschaftet hat[192].

**Beispiel:**

A hat seinem Sohn B ein Haus vererbt. Steuerwert Euro 40.000,–, die jährlichen Mieteinnahmen Euro 12.000,–. Seiner Witwe C (61 Jahre) hat er ein Nießbrauchsverhältnis ausgesetzt.

Jahresnutzungswert beträgt nicht Euro 12.000,–, sondern

$$\frac{150.000}{18{,}6} = \text{Euro } 8.064,\text{–}.$$

Gemäß Anlage 9 zu § 14 Abs. 2 BewG beträgt der Vervielfältiger 11,763. Damit ist der Nießbrauch an dem Haus mit Euro 94.856,– zu bewerten.

190 Ist bei der Übertragung oder Vererbung eines gewerblichen Unternehmens die Ertragskraft sehr groß, so ist es nicht zweckmäßig, dem überlebenden Ehegatten ein Nießbrauchsvermächtnis auszusetzen.

Es ist zweckmäßiger, die Unterhaltsverpflichtung der Erben in eine Rente oder sonstige wiederkehrende Leistung zu kleiden.

Die Auswirkung soll an folgendem Beispiel gezeigt werden:

A hinterläßt einen Gewerbebetrieb: Steuerwert Euro 450.000,–. Der jährliche Ertrag beträgt Euro 100.000,–. Euro 50.000,– sind entnahmefähig. Sohn A, der den Betrieb geerbt hat, erhält nur ein Geschäftsführergehalt, seine Mutter C (61 Jahre) den vollen Nießbrauch.

Der Wert des Nießbrauchs beträgt $\frac{\text{Euro } 450.000,\text{–}}{18{,}6}$

= Euro 24.194,– x 11,763 = Euro 284.594,–.

Würde der Sohn Rente von Euro 50.000,– jährlich leisten, betrüge der Kapitalwert der Rente Euro 588.150,–.

Welche Form des Vermächtnisses günstiger ist, hängt u.U. auch vom Verwandtschaftsverhältnis ab[193].

191 Bei der ErbSt und SchenkSt haben sich durch die neuen Anlagen 9 und 9a zum BewG die Kapitalwertermittlung von Forderungen und Schulden sowie von Ansprüchen und Verpflichtungen auf wiederkehrende Nutzungen und Leistungen als auch die Beteuerung lebenslänglicher Nutzungen und Lasten nach § 23 ErbStG geändert.

192 Für Erwerbe nach dem 31.12.1992 gilt auch für § 12 Abs. 1 ErbStG i.V. mit § 13 BewG für die Bewertung unverzinslicher Kapitalforderungen und Schulden, die in laufenden Raten getilgt werden, die neue Anlage 9a zum BewG. Bei dem ausgewie-

[192] BFH v. 3.11.1976 II R 65/67, BStBl. II 1977, 397. Hierzu auch Sigloch, DStZ A 1977, 179ff.

[193] Hinsichtlich des Nießbrauches an GmbH-Anteilen vgl. BFH v. 19.6.1980, BB 1980, 1510. Auch hier ist § 16 Abs. 1 BewG anwendbar.

senen Kapitalwert ist ein Zinssatz von 5,5 v.H. zugrunde gelegt worden. Die Hauptänderung besteht jedoch darin, daß der Mittelwert zwischen dem Kapitalwert für jährlich vorschüssige Zahlungen und jährlich nachschüssige Zahlungen zugrunde gelegt worden ist. Es macht also keinen Unterschied mehr, ob die Leistungen vorschüssig oder nachschüssig gezahlt werden.

Die Begrenzung des Vervielfältigers für zeitlich befristete Renten und andere *193*
wiederkehrende Nutzungen und Leistungen auf 18,6 gilt nicht für in Raten fällige unverzinsliche Kapitalforderungen und Schulden.

Für die Bewertung von wiederkehrenden Nutzungen und Leistungen, die auf *194*
bestimmte Zeit beschränkt sind (Zeitrenten, Erbbauzins und zeitlich befristete Nutzungsrechte), gilt ebenfalls Anlage 9a zu § 13 BewG. Hier ergibt sich eine nachteilige Auswirkung, Anlage 9a geht nur von Laufzeiten aus, die über volle Jahre lauten. Endet die Laufzeit im Laufe eines Kalenderjahres, so ist der Vervielfältiger durch Interpolation zu ermitteln.

### 3. Nachlaßverbindlichkeiten

Die Abzugsfähigkeit der Nachlaßverbindlichkeiten ergibt sich aus § 10 ErbStG. *195*

Man unterscheidet zwischen Verbindlichkeiten des Erblassers, die auf die Erben als Gesamtrechtsnachfolger übergehen, den Anfallschulden und den Schulden der Erben.

#### *a) Verbindlichkeiten des Erblassers*

Verbindlichkeiten des Erblassers sind diejenigen, die zu Lebzeiten des Erblas- *196*
sers entstanden sind. Hierunter zählen alle Verbindlichkeiten, die nicht mit dem Tode des Erblassers erlöschen. Es handelt sich hierbei um alle persönlichen Verpflichtungen des Erblassers und auch um die Verpflichtungen, die auf dem Vermögen des Erblassers lasten, wie z.B. Hypothekenschulden auf dem Grundvermögen des Erblassers. Aber auch noch nicht gezahlte Steuerschulden sind Verbindlichkeiten des Erblassers, jedoch nur die persönlichen Steuerschulden wie Einkommensteuer. Es muß hierbei berücksichtigt werden, daß die Steuerpflicht des Erblassers mit seinem Tode endet. Die späteren Einkünfte aus dem Vermögen des Erblassers werden den Erben zugerechnet. Die hierauf entfallende Einkommensteuer ist eine Verbindlichkeit der Erben.

Hatte sich der Erblasser zu seinen Lebzeiten zur Bestellung von Erbbaurechten *197*
gegen Zahlung von Erbbauzinsen verpflichtet und waren im Zeitpunkt seines Todes die Erbbaurechte noch nicht entstanden und auch die Voraussetzungen für den Beginn der Zahlung von Erbbauzinsen noch nicht erfüllt, so sind die aus diesen Verträgen herrührenden Ansprüche und Verpflichtungen als gleichwertig bei der Festsetzung der Erbschaftsteuer nicht zu berücksichtigen. Die Verpflichtung zum Grundstücksübergang bzw. der Bestellung des Erbbaurechts ist nicht anders zu bewerten als der Kaufpreisanspruch bzw. der Anspruch auf Erbbauzinsen. Der

Anspruch auf Bestellung des Erbbaurechts ist nicht mit dem Einheitswert zu bewerten[194].

198 Pflegedienste aufgrund einer nichtehelichen Lebensgemeinschaft begründen keine Erblasserschuld, die die Bereicherung des Erwerbs mindert[195].

*b) Erbanfallsverbindlichkeiten*

199 Unter Erbanfallsverbindlichkeiten versteht man die Verbindlichkeiten, die unmittelbar durch den Tod des Erblassers ausgelöst werden.

Hierbei handelt es sich hauptsächlich um die testamentarischen Anordnungen.

200 aa) Die vom Erblasser ausgesetzten Vermächtnisse sind Verbindlichkeiten der Erben. Der Wert des Vermächtnisses richtet sich nach dem des vermachten Gegenstandes. Hat der Vermächtnisnehmer einen obligatorischen Anspruch auf Übereignung eines Grundstückes, wird dem Vermächtnis nicht der Wert dieses obligatorischen Anspruches zugrundegelegt, sondern der niedrigere Einheitswert des Grundstücks[196]. Vielfach werden auch Nießbrauch und Rentenvermächtnisse ausgesetzt. Der Wertansatz bei der Verbindlichkeit entspricht dem beim Recht selbst. Es wird daher auf die Ausführungen zur Bewertung eines Nießbrauch- und Rentenrechts verwiesen (⇒ Rz. 179ff.).

201 bb) **Pflichtteile** können als Verbindlichkeiten nur in Ansatz gebracht werden, wenn der Pflichtteilsanspruch tatsächlich vom Pflichtteilsberechtigten geltend gemacht worden ist[197]. Der Pflichtteilsanspruch ist auf einen Geldbetrag gerichtet. Er wird daher auch steuerlich als eine Kapitalforderung behandelt und auch dementsprechend bewertet. Das gilt auch dann, wenn der Pflichtteilsberechtigte Gegenstände aus dem Nachlaß erhält, z.B. ein Grundstück oder Hausratsgegenstände, die bis zu einem gewissen Betrag steuerfrei sind. Diese Steuerbefreiung kann der Pflichtteilsberechtigte nicht in Anspruch nehmen.

202 cc) **Als Nachlaßverbindlichkeiten** gelten ebenfalls die vom Erblasser angeordneten Auflagen und Bedingungen. Voraussetzung ist allerdings, daß die Auflage in Geld veranschlagt werden kann[198]. Die Zuwendung selbst, die unter einer Auflage erfolgt, ist nur insoweit steuerpflichtig, als sie den Wert der Leistung des Beschwerten übersteigt, es sei denn, daß die Leistung dem Zweck der Zuwendung dient.

203 dd) Keine Belastungen sind jedoch die vom Erblasser angeordneten **Beschränkungen**. So gehört das Anwartschaftsrecht des Nacherben nicht zum Nachlaß (§ 10 Abs. 4 ErbStG). Die angeordnete Nacherbschaft kann somit den Wert der Erbschaft beim Vorerben nicht mindern, obwohl dieser in seiner Verfügungsmacht erheblich eingeengt ist.

---

[194] BFH v. 6. 12. 1989, BB 1990, 1050.
[195] BFH v. 15. 6. 1988, DB 1988, 2546.
[196] BFH v. 30. 6. 1960, BStBl. III 1960, 348; v. 23. 8. 1961, BStBl. III 1961, 504.
[197] BFH v. 24. 1. 1958, BStBl. III 1958, 134.
[198] Vgl. BFH v. 18. 11. 1963, HFR 1964, 83.

Auch alle übrigen testamentarisch angeordneten Verfügungsbeschränkungen sind nach herrschender Ansicht[199] keine wertmindernde Belastung der Erbschaft. Das betrifft insbesondere die Testamentsvollstreckung, auch dann, wenn diese sich über einen langen Zeitraum, z.B. 30 Jahre, erstreckt mit der Folge, daß die Erben über den Nachlaß, also die Bereicherung, nicht verfügen können. Desgleichen wirken sich auch Entnahmebeschränkungen bei einem ererbten Unternehmen nicht wertmindernd aus. *204*

ee) Abzugsfähig sind ferner gemäß § 10 Abs. 5 ErbStG: *205*

1. die vom Erblasser herrührenden Schulden, soweit sie nicht mit einem zum Erwerb gehörenden gewerblichen Betrieb (Anteil an einem Betrieb) in wirtschaftlichem Zusammenhang stehen und bereits nach § 12 Abs. 5 und 6 ErbStG berücksichtigt worden sind;
2. Verbindlichkeiten aus Vermächtnissen, Auflagen und geltend gemachten Pflichtteilen und Erbersatzansprüchen;
3. die Kosten der Bestattung des Erblassers, die Kosten für ein angemessenes Grabdenkmal, die Kosten für die übliche Grabpflege mit ihrem Kapitalwert für eine unbestimmte Dauer sowie die Kosten, die dem Erwerber unmittelbar im Zusammenhang mit der Abwicklung, Regelung oder Verteilung des Nachlasses oder mit der Erlangung des Erwerbs entstehen. Für diese Kosten wird insgesamt ein Betrag von Euro 10.300,– ohne Nachweis abgezogen. Kosten für die Verwaltung des Nachlasses sind nicht abzugsfähig.

ff) Erlöschen infolge Erbanfalls durch **Vereinigung von Recht und Verbindlichkeit** oder von Recht und Belastung Rechtsverhältnisse, so gelten sie erbschaftsteuerlich als nicht erloschen. *206*

gg) **Schulden und Lasten**, die in wirtschaftlicher Beziehung zu nicht steuerbaren Teilen des Erwerbs stehen, sind nicht abzuziehen. Beschränkt sich die Besteuerung auf einzelne Vermögensgegenstände (§ 10 Abs. 6 ErbStG), so sind nur die in einer wirtschaftlichen Beziehung zu diesem Teil des Erwerbes stehenden Schulden und Lasten abzugsfähig. Bei beschränkt steuerpflichtigen Miterben hat die Rechtsprechung den vollen Abzug der Nachlaßverbindlichkeiten beim Inlandsnachlaß abgelehnt[200]. *207*

So betreffen Beerdigungskosten, Vermächtnisse, Pflichtteilsansprüche nur den Nachlaß allgemein und nicht den einzelnen Nachlaßgegenstand. Der beschränkt Steuerpflichtige kann daher diese Verbindlichkeiten nicht von dem im Inland liegenden Vermögen des Erbanfalls abziehen, denn sie stehen nicht im wirtschaftlichen Zusammenhang mit dem steuerbaren Erwerb. Unmittelbar im Zusammenhang stehen z.B. bei Grundvermögen die Hypotheken und Grundschulden. Das Verbot des Schuldenabzugs gilt unabhängig davon, ob noch weiteres Nachlaßvermögen im Ausland vorhanden ist. *208*

---

[199] Troll, § 12 ErbStG, Anm. 20; BFH v. 25.10.1951, BStBl. III 1951, 229.
[200] BFH v. 10.8.1961, HFR 1961, 248; v. 9.5.1958, BStBl. III 1959, 271.

Kosten, die dem Erben im Zusammenhang mit der Erfüllung eines vom Erblasser angeordneten Vermächtnisses entstehen, sind als Nachlaßverbindlichkeiten abzugsfähig[201].

209 hh) Keine Nachlaßverbindlichkeit ist die Erbschaftsteuerschuld. Diese betrifft die Bereicherung beim Erben. Sie ist daher eine Verbindlichkeit des einzelnen Erben selbst und nicht abziehbar (vgl. § 10 Abs. 8 ErbStG).

Keine Nachlaßverbindlichkeit ist eine drohende Einkommensteuerbelastung durch Auflösung eventueller stiller Reserven[202].

*c) Verbindlichkeiten des Erben*

210 Kosten, die im Zusammenhang mit der späteren Verwaltung des Nachlasses anfallen, sind keine Nachlaßverbindlichkeiten. Sie sind evtl. Werbungskosten, die im Zusammenhang mit den Einkünften aus dem Nachlaß bei den einzelnen Miterben abzugsfähig sind. Sie mindern nicht den Wert des Nachlasses. Das gilt nicht nur für die Kosten der Testamentsvollstreckung, sondern auch für Rechtsstreitigkeiten im Zusammenhang mit einzelnen Nachlaßgegenständen.

Auch die bei den einzelnen Erben anfallenden Steuern infolge des Erbanfalls, z.B. die Einkommensteuer für die Erträgnisse aus dem Nachlaß, sind keine Nachlaßverbindlichkeiten[203].

Ebenfalls Zahlungen des Vorerben an den Nacherben nicht als Nachlaßverbindlichkeiten abzugsfähig[204].

### 4. Steuerbefreiung[205]

211 Freibetrag für Hausrat und sonstiges bewegliches Vermögen

Für Erwerber der Steuerklasse I ist der Freibetrag für Hausrat auf Euro 41.000,–, der für andere bewegliche körperliche Gegenstände ist bis zu einem Betrag von Euro 10.300,– aufgestockt worden. Der Freibetrag steht jedem Erwerber der Steuerklasse I zu.

Erwerbern der Steuerklasse II und III steht insgesamt nur eine Befreiung bis zu Euro 10.300,– zu.

Die Befreiung gilt nur für Gegenstände des Privatvermögens, nicht jedoch für Zahlungsmittel, Wertpapiere, Münzen, Edelmetalle, Edelsteine, Perlen.

212 Grundbesitz und Teile vom Grundbesitz, Kunstgegenstände, Kunstsammlungen, wissenschaftliche Sammlungen, Bibliotheken und Archive sind mit 60 v.H. ihres Wertes steuerfrei, wenn die Erhaltung dieser Gegenstände wegen ihrer Bedeutung für Kunst, Geschichte oder Wissenschaft im öffentlichen Interesse liegt und die jährlichen Kosten die in der Regel erzielten Einnahmen übersteigen. Die

---

[201] BFH v. 28.6.1995, DStR 1995, 1673.
[202] BFH v. 5.7.1978, BStBl. II 1979, 23.
[203] BFH v. 5.7.1978, BStBl. II 1979, 23.
[204] BFH v. 25.10.1995, BStBl. II 1996, 97.
[205] Tiedtke, ZEV 2000, 19; Jülicher, ZEV 2000, 94.

genannten Gegenstände sind sogar im vollen Umfange steuerfrei, wenn die in § 13 Abs. 1 Nr. 2a–b ErbStG genannten Voraussetzungen erfüllt sind.

Grundbesitz und Teile von Grundbesitz sind ebenfalls steuerbefreit, wenn sie für Zwecke der Volkswohlfahrt der Allgemeinheit zur Benutzung zugänglich gemacht sind und wenn deren Erhaltung im öffentlichen Interesse liegt und die jährlichen Kosten in der Regel die erzielten Einnahmen übersteigen. *213*

Befreit ist ferner der Erwerb nach § 1969 BGB. *214*

Die Befreiung von einer Schuld gegenüber dem Erblasser ist ebenfalls steuerfrei, und zwar dann, wenn die Schuld durch Gewährung von Mitteln zum Zwekke des angemessenen Lebensunterhalts oder zur Ausbildung des Bedachten begründet ist, oder aber wenn der Erblasser die Befreiung mit Rücksicht auf die Notlage des Schuldners angeordnet hat und diese trotzdem weiterhin besteht. *215*

Die Steuerbefreiung entfällt jedoch, soweit die Steuer aus der Hälfte einer neben der erlassenen Schuld bedachten anfallenden Zuwendung gedeckt werden kann.

Steuerbefreit ist ein Erwerb der Eltern, Adoptiveltern oder Großeltern des Erblassers, sofern der Erwerb zusammen mit dem übrigen Vermögen des Erwerbers Euro 41.000,– nicht übersteigt und der Erwerber infolge körperlicher oder geistiger Gebrechen und unter Berücksichtigung seiner bisherigen Lebensstellung als erwerbsunfähig anzusehen ist oder durch die Führung eines gemeinsamen Hausstands mit Erwerbsunfähigen oder in der Ausbildung befindlichen Abkömmlingen an der Ausübung einer Erwerbstätigkeit gehindert ist. Übersteigt der Wert des Erwerbs zusammen mit dem übrigen Vermögen des Erwerbers den Betrag von Euro 41.000,–, so wird die Steuer nur insoweit erhoben, als sie aus der Hälfte des die Wertgrenze übersteigenden Betrags gedeckt werden kann. *216*

Die übrigen Befreiungen betreffen Lastenausgleichsansprüche, Ansprüche nach dem allgemeinen Kriegsfolgengesetz, Kriegsgefangenenentschädigungen, Wiedergutmachungsansprüche. Steuerbefreit sind ferner Vermögensgegenstände, die Eltern oder Voreltern ihren Abkömmlingen durch Schenkung oder Übergabevertrag zugewandt haben und die an diese Person von Todes wegen zurückfallen. Nicht steuerbefreit sind jedoch aus Entschädigungen angesparte Guthaben[206]. *217*

Auch Zuwendungen unter Lebenden zum Zwecke des angemessenen Unterhalts oder zur Ausbildung sind steuerfrei. Unter diesen Voraussetzungen sind auch Zuwendungen an Religionsgesellschaften, inländische Körperschaften und politische Parteien steuerbefreit. Hinsichtlich näherer Einzelheiten wird auf § 13 Abs. 1 Nr. 7 bis 17 ErbStG verwiesen. *218*

Die Steuerbefreiung nach § 13 Abs. 1 Nr. 10 ErbStG (Rückfall) setzt die Identität des zugewandten mit dem rückgefallenen Gegenstand voraus[207].

Vermächtnisse und Auflagen zugunsten von Personen, die dem Erblasser unentgeltlich oder gegen unzureichendes Entgelt Pflege und Unterhalt gewährt ha- *219*

---

[206] BFH v. 17. 4. 1996, DB 1996, 1707.

[207] BFH v. 22. 6. 1994, BB 1994, 1691; BFH v. 22. 6. 1994, BB 1994, 1992.

ben, sind bis zur Höhe von Euro 5.200,– ebenfalls nicht als stpfl. Erwerb anzusehen.

### 5. Ansatz von Betriebsvermögen, von Betrieben der Land- und Forstwirtschaft und Anteilen von Kapitalgesellschaften, § 13 a ErbStG

#### a) *Vorbemerkung*

220 Mit der Entlastung des Betriebsvermögens bei der Erbschaft- und Schenkungssteuer trägt der Gesetzgeber der Rechtsprechung des Bundesverfassungsgerichtes Rechnung. Die Erbschaftsteuer wird für Betriebsvermögen, land- und forstwirtschaftliche Vermögen, Beteiligungen an Kapitalgesellschaften praktisch teilweise durch den Freibetrag von Euro 256.000,– und den Bewertungsabschlag von 40 v.H. erlassen.

#### b) *Freibetrag von Euro 256.000,–*[208]

221 Für Vermögen i.S. des § 13 a Abs. 4 ErbStG wird ein Freibetrag von Euro 256.000,– gewährt.

Der Freibetrag unterscheidet sich von den übrigen Freibeträgen des § 13 ErbStG dadurch, daß er nicht auf den Erwerber bezogen ist. Er ist nachlaßbezogen bzw. schenkungsvermögensbezogen. Während die Erbschaftsteuer im übrigen eine Bereicherungssteuer ist, paßt der Betriebsvermögensfreibetrag nicht in das System der Nachlaßsteuer.

**Beispiel:**

E ist verstorben. Im Nachlaß befindet sich ein Gewerbebetrieb. Steuerwert 1 Mio. Euro, übriger Nachlaß 1 Mio. Euro. Erben sind dessen Ehefrau und seine beiden Söhne. Der Betriebsvermögensfreibetrag wird nur einmal in Höhe von Euro 256.000,– gewährt. Er ist auf die einzelnen Erben, sofern der Erblasser schriftlich keine andere Aufteilung verfügt hat, entsprechend der Erbquote aufzuteilen.

#### c) *Bewertungsabschlag*

222 Soweit das Vermögen i.S. des § 13a Abs. 4 ErbStG den Freibetrag übersteigt, ist es mit 60 v.H. anzusetzen. Das bedeutet, daß ein Bewertungsabschlag vorzunehmen ist. Gegenstand der Übertragung muß inländisches Betriebsvermögen sein (§ 12 Abs. 5 ErbStG), nicht ausländisches (§ 12 Abs. 6 ErbStG).

**Beispiel:**

E ist verstorben. Seine Erben sind seine Enkel A und B zu je 1/2 (deren Eltern leben noch). Der Nachlaß besteht aus Betriebsvermögen, Verkehrswert 1 Mio. Euro, Steuerwert Euro

---

[208] Schulze zur Wiesche, WPg 1994, 574; Söffing, BB 1994, 1686; Hübner, DStR 1995, 197; Felix, KöSDi 7/94, 98 78; Stephan, DB 1995, 293; gleichlautender Ländererlaß v. 9.11.1994, BStBl. I 1994, 905; Christoffel, ErbStG 2000, 100; Dorgan, DStR 2000, 272ff.; Kowallik, DStR 1999, 1834; Schulze zur Wiesche, UVR 1997, 158; Köhler, DStR 1997, 1553; Moench, ZEV 19979, 268; BdF v. 17.6.1997, Zweifelsfragen bei der Anwendung des § 13a und des § 19a ErbStG, ZEV 1997, 287.

800.000,– und Grundvermögen im Wert von 1 Mio. Euro (Steuerwert Euro 300.000,–). Aufgrund einer Teilungsanordnung des Erblassers soll A den Betrieb, B das Wertpapiervermögen übernehmen:

| | |
|---|---|
| Steuerwert des Nachlasses | Euro 1.106.000,– |
| abzüglich Freibetrag (§ 13 Abs. 2a) | ./. Euro 256.000,– |
| Bewertungsabschlag 40 v.H. | ./. Euro 340.000,– |
| steuerpflichtiger Erwerb | Euro 510.000,– |
| A und B jeweils | Euro 255.000,– |
| abzüglich Freibetrag § 16 Nr. 3 | ./. Euro 51.200,– |
| Bemessungsgrundlage für Erbschaftsteuer für A und B jeweils | Euro 203.800,– |

### *d) Erwerb von Todes wegen*

Der Freibetrag beschränkte sich ursprünglich nur auf den Erben, was zur Folge hatte, daß er Vermächtnisnehmer, der Pflichtteilsberechtigte und derjenige, der aufgrund einer vom Erblasser angeordneten Auflage erworben hatte, nicht Berechtigter war. 223

Seit dem 1. 1. 1996 wird der Freibetrag generell beim Erwerb von Todes wegen gewährt, d.h. es kann auch der Vermächtnisnehmer und auch der aufgrund einer vom Erblasser verfügten Auflage Erwerbende den Freibetrag beanspruchen. Er gilt für alle Erwerbe von Todes wegen i.S. von § 3 ErbStG, soweit sie Vermögen i.S. des § 13a Abs. 4 ErbStG zum Gegenstand haben. Erwerber in diesem Sinne kann auch eine vom Erblasser eingesetzte Stiftung sein. Besteht das Stiftungsvermögen ganz oder teilweise aus Betriebsvermögen, wesentlichen Beteiligungen i.S. von Abs. 4 Nr. 3, ist auch bei der Erbersatzsteuer nach § 1 Abs. 1 Nr. 4 ErbStG der Freibetrag zu gewähren. Allerdings kann die Stiftung auf den Freibetrag verzichten.

§ 13a gilt nur für Erwerbe von Todeswegen im Sinne des § 3 Abs. 1 ErbStG und nicht für solche des § 3 Abs. 2 ErbStG.

### *e) Freibetrag bei mehreren Anspruchsberechtigten*

Bei Erwerb durch mehrere Erwerber ist für jeden Erwerber ein Teilbetrag von Euro 256.000,– entsprechend einer vom Erblasser schriftlich verfügten Aufteilung des Freibetrages maßgebend. Hat der Erblasser keine Aufteilung verfügt, steht der Freibetrag, wenn nur Erben Vermögen im Sinne des Abs. 4 erwerben, jedem Erben entsprechend seinem Erbanteil und sonst den Erwerbern zu gleichen Teilen zu. 224

Ein Erwerber kann den Freibetrag und auch den Bewertungsabschlag nicht in Anspruch nehmen, soweit er erworbenes Vermögen i.S. des Abs. 4 aufgrund einer letztwilligen Verfügung des Erblassers oder einer rechtsgeschäftlichen Verfügung des Erblassers oder Schenkers auf einen Dritten überträgt. Der bei ihm anfallende Freibetrag oder Freibetragsanteil geht auf den Dritten über, bei mehreren Dritten zu gleichen Teilen. 225

Nach dem Gesetzeswortlaut geht nur der Freibetrag auf den Dritten über, nicht der Wertabschlag, was jedoch nicht die gewollte Absicht des Gesetzgebers sein kann (vgl. auch H 61 Abs. 3 Beispiel 1 ErbStH).

226 Wird ein Freibetrag bei einer Schenkung unter Lebenden im Wege der vorweggenommenen Erbfolge gewährt, kann für weiteres, innerhalb von 10 Jahren nach dem Erwerb von derselben Person anfallendes begünstigtes Vermögen ein Freibetrag weder vom Bedachten noch von anderen Erwerbern in Anspruch genommen werden.

**Beispiel:**

E hat im Jahre 01 A einen Teilbetrieb übertragen. Für diesen Erwerb wurde der Freibetrag von Euro 256.000,– in Anspruch genommen. Im Jahre 04 schenkt er B ebenfalls einen Teilbetrag.

Für den Erwerb im Jahre 04 kann ein Freibetrag nicht in Anspruch genommen werden.

*f) Begünstigtes Vermögen*

227 Der Freibetrag und der verminderte Wertansatz gilt für

1. inländisches gewerbliches und selbständiges (freiberufliches) Betriebsvermögen, wenn Gegenstand des Erwerbes
   - ein ganzer Betrieb
   - ein Teilbetrieb
   - ein Mitunternehmeranteil i.S. des § 15 Abs. 1 Nr. 2 und Abs. 3 oder Abs. 4 EStG ist,
   - ein Anteil eines persönlich haftenden Gesellschafters einer KG a.A. ist.
2. inländisches land- und forstwirtschaftliches Vermögen i.S. des § 141 Abs. 1 Nr. 1 und 2 BewG (R 52 ErbStR).

   bei Erwerb eines ganzen Betriebs, Teilbetriebs oder Anteils daran allerdings unter der Voraussetzung, daß das Vermögen ertragsteuerlich zum Betriebsvermögen eines Betriebs der Land- und Forstwirtschaft gehört[209].
3. Anteile an einer inländischen Kapitalgesellschaft, wenn der Erblasser oder Schenker zu mehr als 25 v.H. unmittelbar beteiligt war (R 53 ErbStR).

Es muß sich um Betriebsvermögen i.S. des Ertragsteuerrechts handeln. Wird eine Beteiligung an einer Personengesellschaft unter freiem Widerrufsvorbehalt geschenkt, wird nach den Grundsätzen des Ertragsteuerrechts der Beschenkte wegen des Widerrufsvorbehalts nicht Mitunternehmer der Personengesellschaft[210].

Der Beschenkte erwirbt kein Betriebsvermögen, so daß § 13a ErbStG nicht anwendbar ist (R 51 Abs. 1 ErbStG, H 51 Abs. 1 ErbStH).

*g) Verwirkung des Freibetrages und des verminderten Wertansatzes*

228 Der Freibetrag (Abs. 1) und der verminderte Freibetrag fallen mit Wirkung für die Vergangenheit weg, soweit der Erwerber innerhalb von 5 Jahren nach dem Er-

[209] Eisele, NWB 2000, 1994, Fach 921.

[210] BFH v. 13.5.1989, BStBl. II 1989, 877.

werb das entlastete Vermögen insgesamt oder Teile davon veräußert. Die Veräußerung der wesentlichen Grundlagen steht der Veräußerung des Betriebs, Teilbetriebs oder Mitunternehmeranteils gleich (R 63 Abs. 2 ErbStR).

Der Veräußerung steht die Überführung der wesentlichen Grundlagen in das Privatvermögen oder der Zufluß zu anderen Zwecken gleich (R 63 Abs. 2 ErbStR).

§ 13a Abs. 5 ErbStG ist u.E. auch dann anwendbar, wenn einer der Miterben, der den Freibetrag ganz oder teilweise in Anspruch genommen hat, bei der Erbauseinandersetzung auf einen Anteil am Vermögen i.S. des § 13a Abs. 4 ErbStG im Rahmen einer Realteilung oder gegen Zahlung eines Spitzenausgleichs verzichtet. Die Unternehmensnachfolge sollte daher stets durch Teilungsanordnung oder Vermächtnis testamentarisch geregelt werden. Ein Verstoß gegen die Behaltensregeln liegt **nicht** vor, wenn begünstigtes Vermögen

1. im Weg der vorweggenommenen Erbfolge weiter übertragen wird. Geschieht dies durch gemischte Schenkung oder Schenkung unter Leistungsauflage, gilt **das** nur hinsichtlich des unentgeltlichen Teils der Zuwendung. Der entgeltliche Teil der Zuwendung stellt einen Verstoß gegen die Behaltensregeln dar.
2. im Rahmen der Erbauseinandersetzung auf einen oder mehrere Miterben übertragen wird, auch wenn dabei zum Wertausgleich eine Abfindung gezahlt wird.
3. auf Grund der Erfüllung von Weitergabeverpflichtungen i.S. des § 13a Abs. 3 ErbStG übertragen wird.
4. als Abfindung nach § 3 Abs. 2 Nr. 4 übertragen wird.

Hat der Erwerber oder der Rechtsnachfolger Vermögen im Sinne des Abs. 4 in eine Kapitalgesellschaft (§ 20 UmwStG) oder eine Personengesellschaft (§ 24 UmwStG) eingebracht, und veräußert er die Anteile an dieser Gesellschaft innerhalb von 5 Jahren nach dem Erbfall oder Erwerb, so treten die gleichen Folgen ein (R 63 Abs. 3 ErbStR). *229*

Dies gilt nicht nur für gewerbliches Betriebsvermögen, sondern auch für land- und forstwirtschaftliches Vermögen entsprechend (R 64 ErbStR).

Ein besonderer Pferdefuß sind die Entnahmebeschränkungen. Die Entnahmen des Erwerbers dürfen bis zum letzten Ende der 5-Jahresfrist die Summe der Einlagen und der ihm zuzurechnenden Gewinne nicht um mehr als Euro 52.000,– übersteigen, R 65 ErbStR. Die Entnahmebegrenzung gilt nicht für Stpfl., die ihren Gewinn nach § 4 Abs. 3 EStG ermitteln (R 65 Abs. 6 ErbStR). *230*

Das gilt u. E. auch für sogenannte verdeckte Entnahmen. Ist ein vereinbartes Geschäftsführergehalt unangemessen hoch, so wird der unangemessene Teil den Entnahmen zugerechnet.

Sind Gegenstand des Erwerbs Anteile an Kapitalgesellschaften, steht auch eine verdeckte Einlage der Anteile in eine Kapitalgesellschaft einer Veräußerung gleich. Gleiches gilt, wenn eine Kapitalgesellschaft innerhalb der Fünfjahresfrist aufgestockt oder ihr Nennkapital herabgesetzt wird oder wenn diese wesentliche Grundlagen veräußern oder das Vermögen an die Gesellschafter verteilt wird oder das Vermögen der Kapitalgesellschaft durch Umwandlungsvorgänge übertragen *231* wird.[211] Vermögensminderungen durch verdeckte Gewinnausschüttungen werden ebenfalls schädlich sein (R 66 ErbStR).

Es ist an dieser Stelle schon darauf hinzuweisen, daß die rückwirkende Verwirkung des Freibetrages von Euro 256.000,– und des Bewertungsabschlages ebenfalls die Verwirkung der Steuerklasse I nach sich zieht, mit der Folge, daß die Erbschaftsteuer für die Steuerklasse II bzw. III nachzuerheben ist.

*h) Option zum Verzicht der Entlastungen nach § 13 a ErbStG*

232 § 13a Abs. 6 ErbStG enthält für Erwerber von land- und forstwirtschaftlichem Vermögen oder Beteiligungen eine Option, auf die vorgenannten Entlastungen zu verzichten. Diese Option steht im Zusammenhang mit einer Schuldenbegrenzung nach § 10 Abs. 6 ErbStG. Danach sind insbesondere, soweit land- und forstwirtschaftliche Vermögen und Anteile an Kapitalgesellschaften aufgrund des § 13a ErbStG steuerfrei bleiben, Schulden, die in wirtschaftlichem Zusammenhang mit steuerfreien oder teilweise steuerfreien Vermögen stehen, ganz oder teilweise vom Abzug ausgeschlossen (R 68 ErbStR).

233 Ist jedoch der Steuerwert der Schulden und Lasten höher als der Steuerwert des befreiten Vermögens, würde sich der Vorteil der Steuerbefreiung durch völligen oder teilweisen Ausschluß des Schuldenabzugs vermindern bzw. ganz aufheben.

234 Nach § 10 Abs. 6 ErbStG sind lediglich Schulden und Lasten, die mit dem nach § 13a ErbStG befreiten Betriebsvermögen in wirtschaftlichem Zusammenhang stehen, in vollem Umfange abzugsfähig. Das gilt jedoch nicht für Schulden und Lasten, die mit dem nach § 13a ErbStG befreiten Vermögen eines Betriebs der Land- und Forstwirtschaft oder mit den nach § 13a ErbStG befreiten Anteilen an Kapitalgesellschaften in wirtschaftlichem Zusammenhang stehen. Diese Schulden und Lasten sind nur mit dem Betrag abzugsfähig, der dem Verhältnis des nach Anwendung des § 13a ErbStG anzusetzenden Werts dieses Vermögens zu dem Wert vor Anwendung des § 13a ErbStG entspricht.

| | |
|---|---|
| Steuerwert des LuF Betriebs | 1.006.000 |
| Schulden | 2.000.000 |
| Steuerwert des LuF BV | 1.006.000 |
| abzügl. Freibetrag § 13 a Abs. 1 ErbStG | 256.000 |
| Zwischenwert | 750.000 |
| Bewertungsabschlag 40 v.H. | 300.000 |
| Wert | 450.000 |

Verhältnis 450.000 zu 1.006.000 = 45 : 106
Schulden sind nur mit 45/106 = Euro 849.056 zu berücksichtigen.
Bei Verzicht ergäbe sich ein

| | |
|---|---|
| Steuerwert | 1.000.000 |
| Schulden | 2.000.000 |
| negativer Wert | 1.000.000 |

[211] Jülicher, DStR 1997, 1949; ders. DStR 1999, 825, Weiher, ZEV 1999, 388.

## X. Berechnung der Steuer[212]

### 1. Berücksichtigung früherer Erwerbe (§ 14 ErbStG)[213]

Mehrere innerhalb von 10 Jahren von derselben Person anfallende Vermögensvorteile werden in der Weise zusammengerechnet, daß dem letzten Erwerb die früheren Erwerbe nach ihrem früheren Wert zugerechnet werden und von der Steuer für den Gesamtbetrag die Steuer abgezogen wird, welche für die früheren Erwerbe zur Zeit des letzten Erwerbs zu erheben gewesen wäre. *235*

Bei der Berechnung der ErbSt gem. § 14 ErbStG sind mehrere Vermögensvorteile, die innerhalb von zehn Jahren von derselben Person dadurch anfallen, daß jemand zunächst das Recht auf unentgeltliche Nutzung eines Gegenstandes und danach den der Nutzung unterliegenden Gegenstand selbst erwirbt, bei der Zusammenrechnung der Erwerbe mit den ihnen jeweils zukommenden Werten auch dann anzusetzen, wenn die Summe der Werte höher ist als der Wert des Gegenstandes[214].

Wie bisher werden mehrere innerhalb von zehn Jahren von derselben Person anfallende Vermögensübertragungen in der Weise zusammengerechnet, daß dem letzten Erwerb die früheren Erwerbe nach ihrem früheren Wert zugerechnet werden. Von der Steuer für den Gesamtbetrag wird die Steuer abgezogen, die für die früheren Erwerbe nach den persönlichen Verhältnissen des Erwerbers und auf der Grundlage der geltenden Vorschriften zur Zeit des letzten Erwerbs zu erheben gewesen wäre. Anstelle der fiktiven Steuer ist die tatsächlich für die in die Zusammenrechnung einbezogenen Erwerbe zu entrichtende Steuer abzuziehen, wenn diese höher ist.

**Beispiel:**

E hat seinem Sohn A in 01 Vermögen zum damaligen Steuerwert von Euro 300.000,– geschenkt. In 05 hat er diesem Vermögen von Euro 400.000,– geschenkt. Die Steuer für den Erwerb in 01 betrug Euro 12.600,–.

Für den letzten Erwerb sind zugrunde zu legen:

| | |
|---|---|
| Schenkung 01 | Euro 300.000,– |
| Schenkung 05 | Euro 400.000,– |
| | Euro 700.000,– |
| Freibetrag | Euro 205.000,– |
| stpfl. Erwerb | Euro 495.000,– |
| 15 v.H. | Euro 74.250,– |
| abzüglich Steuer für Erwerb 01 | Euro 12.600,– |
| Steuer für Erwerb 05 | Euro 61.650,– |

212 Jülicher, ZEV 1997, 275.

213 Vgl. auch BFH v. 30. 10. 1979, BStBl. II 1980, 46; v. 17. 11. 1977, BStBl. II 1978, 220; vgl. Brodesser, BB 1978, 356; Petzoldt, BB 1976, 928; Koretzkij, Der Steuerberater 2000, 253; R 71 ErbStR.

214 BFH v. 7. 10. 1998, BStBl. II 1999, 25.

Die Steuer für den Erwerb 01 wäre unter den Voraussetzungen 05 = Freibetrag v. Euro 205.000,– = 10.450,–. Es ist aber mindestens die für 01 tatsächlich erhobene Steuer abzuziehen.

Erwerbe, für die sich nach den steuerlichen Bewertungsgrundsätzen kein positiver Wert ergeben hat, bleiben unberücksichtigt.

Hinsichtlich der Berücksichtigung früherer Erwerbe bei Zusammentreffen mit Entlastungen nach §3 13a, 19a ErbStG siehe R 71 ErbStR und H 71 (2) ErbStH H 71 (3).

## 2. Steuerklassen

### *a) Allgemeines*

236 Die Steuerklassen sind von 4 auf 3 vermindert worden. Nach dem persönlichen Verhältnis des Erwerbers, Erblassers oder Schenkers werden 3 Steuerklassen unterschieden:

| | |
|---|---|
| Steuerklasse I | 1. der Ehegatte |
| | 2. die Kinder und Stiefkinder |
| | 3. die Enkel und Stiefenkel |
| | 4. Eltern und Voreltern (jedoch nur bei Erwerben von Todes wegen) |
| Steuerklasse II | 1. Eltern, Stiefeltern, bei Erwerben unter Lebenden |
| | 2. die Geschwister |
| | 3. Kinder von Geschwistern |
| | 4. Stiefeltern |
| | 5. Schwiegerkinder |
| | 6. Schwiegereltern |
| | 7. der geschiedene Ehegatte |
| Steuerklasse III | Alle übrigen Erwerbe |
| | siehe H 72 ErbStH |

### *b) Sonderregelung für die Stiftung (⇒ Rz. 65ff.)*

237 Beim Übergang von Vermögen auf eine vom Erblasser angeordnete Stiftung (§ 3 Abs. 2 Nr. 1 ErbStG) und auch im Falle des Übergangs von Vermögen aufgrund eines Stiftungsgeschäfts unter Lebenden (§ 7 Abs. 1 Nr. 8 ErbStG) ist der Besteuerung das Verwandtschaftsverhältnis des nach der Stiftungsurkunde entferntesten Berechtigten zu dem Erblasser oder Schenker zugrunde zu legen, sofern die Stiftung wesentlich im Interesse einer Familie oder bestimmter Familien im Inland errichtet ist. Steuerklasse I kommt nur in Betracht, wenn neben dem Stifter lediglich die Kinder sowie die Abkömmlinge von Kindern bezugsberechtigt sind[215]. Im Fall der Aufhebung einer Stiftung oder Auflösung eines Vereins gilt als Schenker der Stifter oder derjenige, der das Vermögen auf den Verein übertragen hat. Nach dem BFH[216] ist bei der Aufhebung einer Stiftung (§ 7 Abs. 1

[215] FinMin NRW, Erl. v. 31.12.1992, DB 1992, 451; Kritisch Binz/Sorg, DStR 1994, 289.
[216] BFH v. 25.11.1992, BStBl. II 1993, 238.

Nr. 9 ErbStG) Zuwendender die Stiftung, nicht der Stifter. § 15 Abs. 2 Satz 2 1. Halbsatz ErbStG trifft keine andere Bestimmung des Zuwendenden. Aus dieser Vorschrift ergibt sich lediglich, daß abweichend von der Grundregel des § 15 Abs. 1 ErbStG für die Bestimmung der Steuerklasse und damit für die Berechnung der Schenkungsteuer nicht das Verhältnis des Erwerbs (des Anfallsberechtigten) zum Zuwendenden (zur Hälfte) sondern desjenigen zum Stifter gilt (vgl. R 79 ErbStR).

In den Fällen der Erbersatzsteuer wird der doppelte Freibetrag nach § 16 Abs. 1 Nr. 2 ErbStG = 2 x Euro 205.000,– = Euro 410.000,– gewährt.

Die Steuer ist nach dem v.H. -Satz der Steuerklasse I zu berechnen, der für die Hälfte des stpfl. Vermögens gelten würde.

Erfolgt die Errichtung der Familienstiftung nur allgemein zugunsten der Familie der Stifter und ihren Angehörigen, ist für die Besteuerung die Steuerklasse III i.V.m. § 16 Abs. 1 Nr. 5 ErbStG maßgebend (H 73 ErbStH).

*c) Berliner Testament (⇒ Buch I Rz. 235)*

Im Falle des Berliner Testaments ist § 2269 BGB anzuwenden, und, soweit der überlebende Ehegatte an die Verfügung gebunden ist, sind die mit dem verstorbenen Ehegatten näher verwandten Erben und Vermächtnisnehmer als seine Erben anzusehen, soweit sein Vermögen beim Tode des überlebenden Ehegatten noch vorhanden ist. *238*

§ 15 Abs. 3 ErbStG findet jedoch keine Anwendung, wenn der zuletzt verstorbene Ehegatte testamentarisch berechtigt war, über den Nachlaß frei zu verfügen und durch letztwillige Verfügung die Erbfolge teilweise neu regelt[217].

### 3. Persönlicher Freibetrag

Die Freibeträge betragen bei *239*

| | | |
|---|---|---|
| Steuerklasse I | 1. Ehegatten | Euro 307.000,– |
| | 2. Kinder und Kinder verstorbener Kinder | Euro 205.000,– |
| | 3. alle übrigen Erwerbe der Steuerklasse I | Euro 51.200,– |
| Steuerklasse II | | Euro 10.300,– |
| Steuerklasse III | | Euro 5.200,– |

Bei beschränkter Steuerpflicht beträgt der Freibetrag Euro 1.100,–.

§ 19 Abs. 3 ErbStG enthält eine Billigkeitsregelung für Erwerbe, die eine Wertgrenze überstiegen haben. Hiernach wird der Unterschied zwischen der Steuer, die sich bei Anwendungen des Abs. 1 (nämlich der Tabelle) ergibt, und der Steuer, die sich berechnen würde, wenn der Erwerb die letztvorhergehende Wertgrenze nicht überstiegen hätte, nur insoweit erhoben, als er *240*

[217] BFH v. 26.9.1990, BB 1990, 2394; allerdings BFH v. 16.6.1999, BStBl. II 1999, 789, Rz 64ff.

a) bei einem Steuersatz bis zu 30 v.H. aus der Hälfte,
b) bei einem Steuersatz über 30 v.H. aus 3/4
des die Wertgrenze übersteigenden Betrages gedeckt werden kann.

### 4. Der besondere Versorgungsfreibetrag (§ 17 ErbStG)

*241* Dem überlebenden Ehegatten wird neben dem Freibetrag nach § 16 Abs. 1 Nr. 2 ErbStG ein besonderer Versorgungsfreibetrag von Euro 256.000,– gewährt. Allerdings steht dieser Freibetrag dem Ehegatten nur dann voll zu, wenn er nicht der Erbschaftsteuer unterliegende Versorgungsbezüge hat. Der Freibetrag ist nämlich für den Fall, daß ihm steuerfreie Versorgungsbezüge zustehen, um den nach § 14 BewG zu ermittelnden Kapitalwert dieser Versorgungsbezüge zu kürzen[218].

Neben diesem Freibetrag wird ebenfalls für jedes Kind ein besonderer Versorgungsfreibetrag gewährt, und zwar in folgender Höhe:

1. Bei einem Alter bis zu 5 Jahren in Höhe von Euro 52.000,–;
2. bei einem Alter von mehr als 5 bis zu 10 Jahren in Höhe von Euro 41.000,–;
3. bei einem Alter von mehr als 10 bis zu 15 Jahren in Höhe von Euro 30.700,–;
4. bei einem Alter von mehr als 15 bis zu 20 Jahren in Höhe von Euro 20.500,–;
5. bei einem Alter von mehr als 20 Jahren bis zur Vollendung des 27. Lebensjahres in Höhe von Euro 10.300,–.

*242* Stehen dem Kind aus Anlaß des Todes des Erblassers nicht der Erbschaftsteuer unterliegende Versorgungsbezüge zu, so wird der Freibetrag um den nach § 13 Abs. 1 BewG zu ermittelnden Kapitalwert dieser Versorgungsbezüge gekürzt.

Bei der Berechnung des Kapitalwerts ist von der nach den Verhältnissen am Stichtag (§ 11 ErbStG) voraussichtlichen Dauer der Bezüge auszugehen.

Siehe auch R 74 ErbStR.

### 5. Tarif (§ 19 ErbStG)

*243* Abgesehen von der Reduzierung der Steuerklassen enthält der Tarif nur noch 7 Stufen:

| Wert des steuerpflichtigen Erwerbs (§ 10 ErbStG) bis einschließlich Euro | v.H.-Satz | | |
|---|---|---|---|
| | I | II | III |
| 52.000 | 7 | 12 | 17 |
| 256.000 | 11 | 17 | 23 |
| 512.000 | 15 | 22 | 29 |
| 5.113.000 | 19 | 27 | 35 |
| 12.783.000 | 23 | 32 | 41 |
| 25.565.000 | 27 | 37 | 47 |
| darüber | 30 | 40 | 50 |

218 Hinsichtlich der Kürzung des besonderen Freibetrags siehe BFH v. 2.7.1997, BStBl. II 1997, 623.

**Beispiel:**

A ist verstorben, der Steuerwert des Nachlasses ohne Berücksichtigung der persönlichen Freibeträge beträgt Euro 500.000,–. Erbe ist

a) die Ehefrau, der aus Anlaß des Todes keine Versorgungsrente zusteht

b) ein Abkömmling

c) ein Enkel, dessen Eltern nicht verstorben sind

d) ein Angehöriger der Steuerklasse II

e) ein Angehöriger der Steuerklasse III

**Lösung**

| | a | b | c | d | e |
|---|---|---|---|---|---|
| Erwerb | 500.000 | 500.000 | 500.000 | 500.000 | 500.000 |
| Freibetrag | 307.000 | 205.000 | 51.200 | 10.300 | 5.200 |
| Versorgungsfreibetrag | 256.000 | – | – | – | – |
| stpfl. Erwerb | 0 | 295.000 | 448.800 | 489.700 | 494.800 |
| Steuersatz | – | 15 v.H. | 15 v.H. | 22 v.H. | 29 v.H. |
| Steuer | – | 44.250 | 67.320 | 107.734 | 143.492 |

Ist im Falle des § 2 Abs. 1 Nr. 1 ErbStG ein Teil des Vermögens der inländischen Besteuerung aufgrund eines Abkommens zur Vermeidung der Doppelbesteuerung entzogen, so ist die Steuer nach dem Steuersatz zu erheben, der für den gesamten Erwerb gelten würde. *244*

Der Unterschiedsbetrag zwischen der Steuer, die sich bei Anwendung des Abs. 1 ergibt, und der Steuer, die sich berechnen würde, wenn der Erwerb die letztvorhergehende Wertgrenze nicht überstiegen hätte, wird nur insoweit erhoben, als er *245*

a) bei einem Steuersatz bis zu 30 v.H. aus der Hälfte,

b) bei einem Steuersatz über 30 v.H. aus 3/4

des die Wertgrenze übersteigenden Betrages gedeckt werden kann.

**Beispiel:**

| | |
|---|---|
| Der stpfl. Erwerb beträgt in der Steuerklasse I Euro 517.000,– | Euro |
| 517.000 Steuer = 19 v.H. = | 98.230 |
| 512.000 Steuer = 15 v.H. = | 76.800 |
| Unterschied | 21.430 |
| Steuer bei 512.000 = 15 v.H. | 76.800 |
| Mehrbetrag 5.000 50 v.H. | 2.500 |
| Steuer | 79.300 |

siehe auch H 75 (Härteausgleich) ErbStR.

## 6. Tarifbegrenzung bei Erwerb von Betriebsvermögen

Betriebsvermögen ist unabhängig von der Steuerklasse der Erwerber stets nach Steuerklasse I zu versteuern. *246*

Der Begriff des Betriebsvermögens i.S. des § 19 a Abs. 2 ErbStG ist identisch mit § 13a Abs. 4 ErbStG. Auch die Verfallbestimmungen wegen Mißbrauchs

(Veräußerungen innerhalb von 5 Jahren, § 19 a Abs. 5 ErbStG) sind identisch mit § 13a Abs. 5 ErbStG.

247 Die Tarifbegrenzung erfolgt in der Weise, daß von der tariflichen Erbschaftsteuer ein Entlastungsbetrag abgezogen wird.

Der auf das Betriebsvermögen entfallende Anteil an der tariflichen Erbschaftsteuer bemißt sich nach dem Verhältnis des Werts dieses Vermögens nach Anwendung des § 13a ErbStG zum Wert des gesamten Vermögensanfalls.

Zur Ermittlung des Entlastungsbetrages ist für den stpfl. Erwerb zunächst die Steuer nach der tatsächlichen Steuerklasse des Erwerbes zu berechnen und im Verhältnis des begünstigten Vermögens zum gesamten Vermögensanfall aufzuteilen. Für den steuerpflichtigen Erwerb ist dann die Steuer nach der Steuerklasse I zu berechnen und im Verhältnis des begünstigten Vermögens zum Gesamtvermögensanfall aufzuteilen. Der Entlastungsbetrag ergibt sich aus dem Unterschiedsbetrag zwischen der auf das begünstigte Vermögen entfallenden Steuer nach tatsächlicher Steuerklasse und der Steuerklasse I.

**Beispiel:**

E ist verstorben. Im Nachlaß befindet sich ein Gewerbebetrieb. Steuerwert Euro 1.006.000,–, Steuerwert des übrigen Nachlasses Euro 1.350.000,–. Alleinerbe ist der Neffe A (Steuerklasse II).

| | Euro |
|---|---|
| Wertansatz des Betriebsvermögens | 1.006.000 |
| Freibetrag nach § 13 a ErbStG | 256.000 |
| | 750.000 |
| Bewertungsabschlag 40 v.H. | ./. 300.000 |
| | 450.000 |
| übriger Nachlaß | 1.350.000 |
| gesamter Vermögensanfall | 1.800.000 |
| BV = 25 v.H. vom gesamten Erwerb. | |
| Gesamtnachlaß | 1.800.000 |
| Freibetrag Steuerklasse II | 10.300 |
| Steuer 27 v.H. | 483.219 |
| davon 25 v. H auf Betriebsvermögen | 120.804 |
| 1.789.700 x 17 (Steuerklasse I) | 340.043 |
| davon 25 v.H. | 85.010 |
| Anteile BV Steuerklasse II | 120.804 |
| Anteile BV Steuerklasse I | 85.010 |
| Unterschiedsbetrag = Entlastungsbetrag | 35.793 |

Liegt ein Tatbestand des § 19a Abs. 5 ErbStG vor, z.B. Veräußerung des begünstigten Betriebsvermögens innerhalb von 5 Jahren, ist die Erbschaftsteuer, die anstelle der Steuerklasse I zu erheben gewesen wäre, nachzuerheben.

## XI. Steuerfestsetzung und Erhebung

Es kann, um die Progression zu mildern, zweckmäßig sein, möglichst viele zu Erben einzusetzen oder in Form von Vermächtnissen zu bedenken. 248

Der Erblasser sollte daher auch seine Enkel bedenken, zumindest in Höhe des für die Steuerklasse I gültigen Freibetrages von Euro 51.200,–. Ist das Vermögen sehr umfangreich, kann auch eine Steuerersparnis eintreten, wenn die Enkelkinder über den Freibetrag hinaus bedacht werden. Oft können durch die Zuwendung an die Enkel gewisse Spitzen gekappt werden.

**Zwei Beispiele:**

1. Erblasser A hinterläßt ein Vermogen: Steuerwert Euro 555.000,–. Er setzt lediglich seinen Sohn zum Erben ein: Die Erbschaftsteuer errechnet sich wie folgt:

| | |
|---|---|
| Gesamtwert | Euro 555.000,– |
| – Freibetrag | Euro 205.000,– |
| steuerpflichtiger Erwerb | Euro 350.000,– |
| Erbschaftsteuer 15 v.H. | Euro 52.500,– |

2. Erblasser A hinterläßt ein Vermögen: Steuerwert Euro 555.000,–.

| | |
|---|---|
| Er hinterläßt seinem Sohn | Euro 505.000,– |
| seinem Enkel | Euro 50.000,– |

Die Zuwendung an den Enkel ist steuerfrei, weil sie sich im Rahmen der Freibeträge hält. Der Sohn hat folgenden Vermögenszuwachs zu versteuern:

| | |
|---|---|
| Erwerb | Euro 505.000,– |
| – Freibetrag | Euro 205.000,– |
| steuerpflichtiger Erwerb | Euro 300.000,– |
| Erbschaftsteuer 10 v.H. | Euro 45.000,– |
| Steuerersparnis | Euro 7.500,– |

### 1. Der Steuerschuldner

Steuerschuldner ist grundsätzlich der Erwerber. Im Erbfall ist es jeder, der etwas von Todes wegen erhalten hat, z.B. der Vermächtnisnehmer, Pflichtteilsberechtigte usw. 249

Bei der Schenkung schuldet neben dem Beschenkten auch der Schenker die Steuer. Nach der Rechtsprechung des BFH[219] hat sich die Verwaltung jedoch zunächst an den Erwerber zu halten.

Bei der Zweckzuwendung ist Steuerschuldner der mit der Ausführung der Zuwendung Beschwerte.

Es schuldet jeder Erwerber die Steuer, die sich nach dem Wert des Empfangenen bemißt. Hinsichtlich weiterer Einzelheiten vgl. § 20 ErbStG.

### 2. Die Haftungsschuld

Neben den Erwerbern haften auch noch die gesetzlichen Vertreter, bevollmächtigte Erben, Erbschaftsbesitzer, Testamentsvollstrecker, Nachlaßpfleger und Nachlaßverwalter für die Entrichtung der Steuer. Ist Nachlaßverwaltung ange- 250

[219] BFH v. 29.11.1961, BStBl. III 1962, 323.

ordnet, so hat der Nachlaßverwalter vor der Verteilung des Nachlasses an die Berechtigten dafür zu sorgen, daß die anfallende Erbschaftsteuer abzuführen ist. Kommt er dieser Verpflichtung nicht nach, so haftet er in Höhe der abzuführenden Steuer auch mit seinem Privatvermögen (⇒ Rz. 664ff.).

### 3. Mehrfacher Erwerb desselben Vermögens

251 Fällt bei Personen der Steuerklasse I von Todes wegen Vermögen an, das in den letzten Jahren vor dem Erwerb bereits von Personen dieser Steuerklassen erworben worden ist und für das nach dem ErbStG eine Steuer zu erheben war, so ermäßigt sich die Steuer zwischen 10 v.H. und 50 v.H. (vgl. im einzelnen Tabelle § 27 Abs. 1 ErbStG).

252 Die Vergünstigung trifft nur auf Personen der Steuerklassen I zu. Das bedeutet eine Einschränkung gegenüber früher. Allerdings darf die Ermäßigung nicht den Betrag überschreiten, der sich bei Anwendung des in Abs. 1 genannten Vomhundertsatzes auf die Steuer ergibt, die der Vorerwerber für den Erwerb desselben Vermögens entrichtet hat.

**Beispiel:**

B hat von ihrem Ehemann ein Vermögen von Euro 250.000,– (Steuerwert) ererbt. Daneben erhält sie eine Pension, Kapitalwert Euro 125.000,–. In dem ererbten Vermögen befanden sich Wertpapiere im Werte von Euro 150.000,–, die der Verstorbene von seinem Vater vor 8 Jahren geerbt hatte.

253 Die Steuerermäßigung tritt nur noch ein, wenn Personen der Steuerklasse I Vermögen von Todes wegen anfällt, das in den letzten 10 Jahren vor dem Erwerb bereits von Personen dieser Steuerklasse erworben worden ist und für das eine Erbschaft- bzw. Schenkungsteuer zu erheben war.

Die Berechnung der Steuerermäßigung bei mehrfachem Erwerb desselben Vermögens wurde insofern grundlegend vereinfacht, als auf die bisherige Berücksichtigung des Erwerbsfreibetrags bei der Ermittlung des begünstigten Vermögens verzichtet wird[220].

**Beispiel**

A hat von seiner Mutter, die am 1.10.04 verstorben war, als Alleinerbe den Nachlaß zum Steuerwert von Euro 505.000,– geerbt. In dem Nachlaß sind Nachlaßgegenstände Steuerwert Euro 252.500,– enthalten, die A wiederum am 1.8.01 von ihrem Vater geerbt hat, hierfür hatte sie Euro 8.000,– Erbschaftsteuer entrichtet.

| | |
|---|---|
| Begünstigtes Vermögen 50 v.H. des Gesamterwerbs | |
| Wert des erworbenen Vermögens | Euro 505.000,– |
| Freibetrag § 16 Abs. 1 Nr. 2 ErbStG | Euro 205.000,– |
| Wert des stpfl. Erwerbs | Euro 300.000,– |
| Steuer 15 v.H. | Euro 45.000,– |
| auf das begünstigte Vermögen entfallende Steuer | |
| 22.500 Euro Erm. 35 v.H. | Euro 7.875,– |
| Ermäßigungsbetrag nicht höher als die Steuer des Vorerwerbs | Euro 37.125,– |

[220] BT-Drucksache B/5359 zu Nr. 10 S. 30.

**4. Anmeldung des Erwerbs (§ 30 ErbStG)**

Der Erwerber hat den der Erbschaftsteuer unterliegenden Erwerb binnen drei Monaten nach erlangter Kenntnis von dem Anfall oder von dem Eintritt der Verpflichtung beim zuständigen Finanzamt anzumelden. *254*

Erfolgt der steuerpflichtige Erwerb durch ein Rechtsgeschäft unter Lebenden, so ist zur Anmeldung auch derjenige verpflichtet, aus dessen Vermögen der Erwerb stammt. Zur Anmeldung verpflichtet sich also stets der Erwerber, bei Erwerb unter Lebenden auch der Schenker. *255*

Einer Anmeldung bedarf es jedoch nicht, wenn der Erwerb auf einer von einem deutschen Gericht oder einem deutschen Notar eröffneten Verfügung von Todes wegen beruht und sich aus der Verfügung das Verhältnis des Erwerbers zum Erblasser unzweifelhaft ergibt. Das gleiche gilt, wenn eine Schenkung unter Lebenden oder eine Zweckzuwendung gerichtlich oder notariell beurkundet wird[221]. *256*

Die Verpflichtung des Testamentsvollstreckers zur Abgabe einer ErbSt-Erklärung gem. § 31 Abs. 5 ErbStG setzt nicht voraus, daß die Erben gem. § 31 Abs. 1 ErbStG aufgefordert worden sind, eine Erklärung abzugeben. Die nicht rechtzeitige Abgabe der ErbSt-Erklärung durch den Testamentsvollstrecker hemmt den Ablauf der Frist für die Festsetzung der ErbSt gegenüber dem Erben[222].

Ist Nachlaßverwaltung des Testaments angeordnet worden oder sind die Erben in ihrer Verfügungsbeschränkung beengt, so sind die Testamentsvollstrecker, die gesetzlichen Vertreter und Nachlaßverwalter sowie Vorstände und Geschäftsführer anmeldepflichtig[223]. *257*

Neben den Erwerbern sind noch folgende Personen und Behörden anzeigepflichtig (§§ 33, 34 ErbStG): *258*

1. Vermögensverwahrer und Vermögensverwalter (§ 5 ErbStDV), insbesondere Banken,
2. Gesellschaften, die auf den Namen lautende Aktien oder Schuldverschreibungen ausgegeben haben (§ 6 ErbStDV),
3. Versicherungsunternehmen (§ 7 ErbStDV),
4. die Standesämter (§ 9 ErbStDV),
5. die Auslandsstellen, insbesondere diplomatische Vertretungen und Konsulate (§ 10 ErbStDV),
6. Gerichte, Notare und sonstige Urkundspersonen (§ 11-13 ErbStDV),
7. die Genehmigungsbehörden bei Stiftungen und Zuwendungen von Todes wegen und unter Lebenden an juristische Personen und dergl. (§ 14 ErbStDV).

Die Standesämter haben für jeden Kalendermonat eine Totenliste nach einem bestimmten Muster aufzustellen. Diese Totenliste hat das Standesamt binnen 10 Tagen nach dem Ablauf des Zeitraums, für den sie aufgestellt ist, an das für die Verwaltung der Erbschaftsteuer zuständige Finanzamt einzureichen. *259*

---

221 Hartmann, UVR 2000, 91.
222 BFH v. 7. 12. 1999, DB 2000, 554.
223 BFH v. 9. 6. 1999, BStBl. II 1999, 529.

260 Die Zuständigkeit der Finanzämter für die Erbschaftsteuer ergibt sich aus §§ 18, 19 AO. Hiernach ist zunächst der Wohnsitz oder der gewöhnliche Aufenthalt des Erblassers oder Schenkers maßgebend. Dann werden der Wohnsitz oder der gewöhnliche Aufenthalt des Erwerbers und erst zuletzt die Lage des Vermögens maßgebend. Die Erbschaftsteuer wird jedoch nicht bei allen Finanzämtern verwaltet, sondern in bestimmten Finanzämtern innerhalb der einzelnen Oberfinanzbezirke.

Das Finanzamt kann von den zur Anmeldung Verpflichteten innerhalb einer von ihm zu bestimmenden Frist die Abgabe einer Steuererklärung verlangen. Die Frist muß mindestens einen Monat betragen.

Bei Vorhandensein mehrerer Erben und weiterer Erwerber ist eine gemeinsame Erklärung abzugeben (H 87 ErbStH).

Die Erklärung hat ein Verzeichnis der zum Nachlaß gehörenden Gegenstände und die sonstigen für die Feststellung des Gegenstands und des Werts des Erwerbes erforderlichen Angaben zu enthalten.

### 5. Die Steuerfestsetzung

261 Aufgrund der Steuererklärung (§ 31 ErbStG) ist der ihr entsprechende Betrag der Steuer als vorläufige Zahlung zu entrichten. Das Finanzamt setzt die vorläufige Zahlung fest: Sie ist binnen eines Monats nach der Zustellung des Steuerbescheides fällig. Kann nämlich die Steuer nicht sofort endgültig festgesetzt werden, so soll das Finanzamt aufgrund der Angaben in der Steuererklärung die Steuer vorläufig festsetzen. Das Steuerermittlungsverfahren selbst ist in den §§ 85ff. AO geregelt. Für den endgültigen Steuerbescheid gelten §§ 155ff. AO.

### 6. Die Rentenbesteuerung (§ 23 ErbStG)

262 Steuern, die von dem Kapitalwert von Renten oder anderen wiederkehrenden Nutzungen und Leistungen zu entrichten sind, können nach Wahl des Steuerpflichtigen statt vom Kapitalwert jährlich im voraus von dem Jahreswert entrichtet werden. Die Steuer wird in diesem Fall nach dem Hundertsatz erhoben, der sich nach § 11 ErbStG für den gesamten Kapitalbetrag ergibt. Die einzelnen Raten werden somit nach dem Steuersatz des gesamten Erbanfalls besteuert.

### 7. Die Aussetzung der Versteuerung (§ 25 ErbStG)

263 Beim Erwerb von Vermögen, dessen Nutzung einem anderen als dem Steuerpflichtigen zusteht, kann der Steuerpflichtige nicht mehr zwischen Aussetzung und Sofortversteuerung wählen. Der Erwerb von Vermögen, dessen Nutzungen dem Ehegatten des Erblassers zustehen oder das mit einer Rentenverpflichtung oder mit der Verpflichtung zu sonstigen wiederkehrenden Leistungen zugunsten dieser Personen belastet ist, wird ohne Berücksichtigung dieser Belastung besteuert. Jedoch kann die Steuer, die auf den Kapitalwert dieser Belastungen entfällt, gestundet werden (⇒ Nießbrauch Rz. 85ff.). Für die Berechnung der nach § 25 Abs. 1 Satz 2 ErbStG zinslos gestundeten Steuer kann der unter Beachtung des

§ 16 BewG ermittelte Kapitalwert einer Nutzungs- oder Duldungsauflage nur in Höhe des auf den freigebigen Teil der Zuwendung entfallenden Anteils als Last vom Erwerb abgezogen werden[224]. Vgl. im einzelnen R 85 ErbStR H 85 (3) (Berechnung des Stundungsbetrages ErbStH).

### 8. Die Fälligkeit der Erbschaftsteuer

Die Erbschaftsteuer ist grundsätzlich einen Monat nach der Zustellung des Steuerbescheides fällig, und zwar in Höhe des ganzen Betrages. *264*

Gehört zum Erwerb Betriebsvermögen oder land- und forstwirtschaftliches Vermögen, so ist dem Erwerber die darauf entfallende Erbschaftsteuer auf Antrag bis zu 7 Jahren insoweit zu stunden, als dies zur Erhaltung des Betriebes notwendig ist (§ 26 ErbStG).

### 9. Erlöschen der Steuer in besonderen Fällen

Die Steuer erlischt mit Wirkung für die Vergangenheit (vgl. § 29 ErbStG), *265*

- soweit ein Geschenk wegen eines Rückforderungsrechtes herausgegeben werden mußte,
- soweit die Herausgabe gemäß § 528 Abs. 1 Satz 2 BGB abgewiesen worden ist und
- soweit in den Fällen des § 5 Abs. 2 ErbStG unentgeltliche Zuwendungen auf die Ausgleichsforderung angerechnet worden sind, § 1380 Abs. 1 BGB.

Der Erwerber ist für den Zeitraum, für den ihm die Nutzungen des zugewendeten Vermögens zugestanden haben, wie ein Nießbraucher zu behandeln.

Hinsichtlich der Unwirksamkeit von testamentarischen Verfügungen ⇒ Rz. 33.

**266–274**
(enthielten bis zur Vorauflage Sondervorschriften aus Anlaß
der Deutschen Einheit – nicht mehr belegt)

# 2. Abschnitt
# Einkommensteuer

## I. Die Einkommensteuer des Erblassers

Die Einkommensteuerpflicht des Erblassers erlischt grundsätzlich mit dessen Tod. Alle Einkünfte des Erblassers, die bis zu diesem Zeitpunkt angefallen sind, werden ihm zugerechnet. *275*

[224] BFH v. 14. 12. 1995, BB 1996, 1423.

### 1. Ermittlungsgrundsätze

276 Die Gewinnermittlungseinkünfte (aus Land- und Forstwirtschaft, Gewerbebetrieb und selbständiger [freiberuflicher] Tätigkeit), die grundsätzlich für ein Wirtschaftsjahr (Kalenderjahr) festgestellt sind, sind entsprechend aufzuteilen. Hat der Erblasser Einkünfte aus Gewerbebetrieb, ist grundsätzlich eine Zwischenbilanz zu erstellen. Es wird jedoch nicht beanstandet, wenn der Erbe einen anderen Aufteilungsmaßstab findet. Es besteht die Möglichkeit, im Schätzungsweg den Gewinn entweder zeitanteilig oder im Verhältnis zu den Umsätzen aufzuteilen. Eine fehlende Zwischenbilanz hat jedoch nicht zur Folge, daß die Buchführung des Erblassers nicht ordnungsgemäß ist[225].

277 Befindet sich im Nachlaß ein landwirtschaftlicher Betrieb, so muß grundsätzlich für den Erblasser bis zum Zeitpunkt des Todes ein Endrumpfwirtschaftsjahr und für den erbenden Landwirt von demselben Zeitpunkt an ein Anfangsrumpfwirtschaftsjahr gebildet werden. Für jedes der beiden Rumpfwirtschaftsjahre ist der Gewinn, ohne Rücksicht auf die Art der Gewinnermittlung, getrennt zu ermitteln[226].

Auch bei der Gewinnermittlung nach § 4 Abs. 3 EStG ist grundsätzlich zeitanteilig aufzuteilen. Bei den Überschußeinkünften kommt es im wesentlichen für die Frage, wem die Einkünfte zuzurechnen sind, darauf an, ob die Einkünfte noch zu Lebzeiten des Erblassers oder erst nach dessen Tode zugeflossen sind. Der Zeitraum der wirtschaftlichen Zugehörigkeit ist hierbei gleichgültig[227]. Für die Betriebsausgaben, Werbungskosten, Sonderausgaben, außergewöhnlichen Belastungen kommt es entsprechend auf den Abfluß an.

### 2. Veranlagung des Erblassers

278 War der Erblasser im Zeitpunkt des Todes verheiratet und lebte er auch von seinem Ehegatten nicht dauernd getrennt und lagen auch die sonstigen Voraussetzungen der Ehegattenveranlagung wie unbeschränkte Steuerpflicht beider Ehegatten im Veranlagungsjahr vor, so hat der überlebende Ehegatte die Wahl zwischen Zusammenveranlagung oder getrennter Veranlagung (§ 26 EStG). Eine Einzelveranlagung kommt also nicht in Betracht, es sei denn, der überlebende Ehegatte hat im Veranlagungszeitraum wieder geheiratet und erfüllt mit dem neuen Ehegatten die Voraussetzungen der Ehegatten-Veranlagung. Eine Zusammenveranlagung ist im letzteren Falle nicht möglich. Eine Zusammenveranlagung mit dem Verstorbenen ist jedoch dann möglich, wenn der überlebende Ehegatte die besondere Veranlagung im Jahr der Eheschließung wählt, § 26c EStG.

279 Trotz der Einzelveranlagung steht dem verstorbenen Ehegatten bei Wiederverheiratung des überlebenden Ehegatten der Splitting-Tarif zu (§ 32a Abs. 5 Nr. 2

[225] Vgl. BFH v. 9.12.1976, BStBl. II 1977, 241.
[226] Vgl. BFH v. 23.8.1979, DB 1979, 2462.
[227] BFH v. 11.8.1971, BStBl. II 1972, 55.

EStG). Voraussetzung ist, daß in irgendeinem Zeitpunkt des Kalenderjahres die Voraussetzungen für eine Ehegattenveranlagung gegeben waren.

Schlägt ein Ehegatte die Erbschaft nach dem verstorbenen anderen Ehegatten aus, so ist zur Zusammenveranlagung im Todesjahr die Zustimmung der Erben erforderlich[228]. Das gleiche gilt, wenn der überlebende Ehegatte nicht der Erbe ist.

Der überlebende Ehegatte wird im Jahr des Todes grundsätzlich je nach Wahl mit dem Verstorbenen zusammenveranlagt oder getrennt veranlagt. Bei Wiederverheiratung wird er grundsätzlich mit dem neuen Ehegatten, wenn die Ehegatten die Voraussetzungen der Ehegattenveranlagung erfüllen, veranlagt.

Ist der überlebende Ehegatte in dem Kalenderjahr, das dem Tode folgt, noch 280
verwitwet, so wird ihm in diesem Jahr trotz Einzelveranlagung noch der Splitting-Tarif gewährt (§ 32a Abs. 6 Nr. 1 EStG). Leben im Haushalt des Überlebenden noch Personen, für die er einen Kinderfreibetrag erhält, kann neben dem Splitting nicht noch der Haushaltsfreibetrag von z.Z. Euro 2.916,– gewährt werden, § 32 Abs. 7 EStG.

Erst in den folgenden Jahren steht dem überlebenden Ehegatten, wenn er einen 281
Kinderfreibetrag für mindestens ein Kind erhält, das in seiner Wohnung gemeldet ist, der Haushaltsfreibetrag zu.

## II. Die Einkommensteuer des Erben

### 1. Allgemeine Grundsätze

*a) Der Grundsatz der Gesamtrechtsnachfolge*

Zivilrechtlich ist der Erbe Gesamtrechtsnachfolger des Erblassers (⇒ Buch I 282
Rz. 8). Dieser bürgerlich-rechtliche Grundsatz ist, da steuerlich nichts Abweichendes bestimmt ist, auch auf das Einkommensteuerrecht anzuwenden[229].

Der Erbe setzt somit nicht nur zivilrechtlich, sondern auch einkommensteuerlich die Person des Erblassers fort. Er tritt in jeder Beziehung in dessen Rechtsstellung ein und ist wie der Rechtsvorgänger zu behandeln[230]. Jedoch gilt die Gesamtrechtsnachfolge nicht in höchstpersönliche Umstände z.B. bei gewerblichem Grundstückshandel[231].

*b) Der Vermögenserwerb durch die Erben*

Mit dem Tode geht der Nachlaß unmittelbar auf den Erben bzw. die Erben 283
über. Sind mehrere Erben vorhanden, geht der Nachlaß auf diese zur gesamten Hand über (⇒ Buch I Rz. 8). Nach § 39 Abs. 2 AO sind die Nachlaßgegenstände

---

[228] BFH v. 13.11.1979, BStBl. II 1980, 188.
[229] Söffing, DB 1991, 773.
[230] Söffing, DB 1991, 773.
[231] BFH v. 15.3.2000, DB 2000, 1378.

den einzelnen Erben entsprechend ihrer Erbquote zuzurechnen. Der BFH hat mit dem Beschluß des Großen Senates endgültig die These von der Einheitlichkeit des Erbanfalls und der Erbauseinandersetzung sowohl im Bereich des Betriebsvermögens als auch im Bereich des Privatvermögens aufgegeben. Somit sind der Erbanfall und die Erbauseinandersetzung als zwei steuerlich voneinander unabhängige Rechtsvorgänge zu behandeln. Damit ist auch die These von dem unmittelbaren Erwerb der Erben vom Erblasser im Rahmen einer Erbauseinandersetzung aufgegeben worden. Bei mehreren Erben erwirbt die Erbengemeinschaft unmittelbar. Der Erwerb im Rahmen der Erbauseinandersetzung erfolgt von der Erbengemeinschaft. Der Erwerb von der Erbengemeinschaft kann entgeltlich erfolgen, wenn Erbanteile veräußert werden, das Ausscheiden aus der Erbengemeinschaft gegen Abfindung und bei einer Realteilung gegen Zahlung eines Spitzenausgleichs erfolgt. Der Erwerb von der Erbengemeinschaft ist unentgeltlich, wenn und soweit der Nachlaß real geteilt worden ist. Werden im Zusammenhang mit der Erbauseinandersetzung Wirtschaftsgüter eines Betriebsvermögens in das Privatvermögen überführt, ist der Entnahmegewinn dem Erben zuzurechnen, der den Entnahmetatbestand verwirklicht hat[232]. Der Entnahmegewinn ist nach §§ 16 Abs. 4, 34 Abs. 3 EStG steuerbegünstigt, wenn damit die Beendigung der gewerblichen Tätigkeit für den Erben verbunden ist.

284 Ein Entnahmegewinn kann nicht mehr dadurch vermieden werden, daß die Wirtschaftsgüter, die ein Erbe erhalten hat, einem anderen Betriebsvermögen des Erben zugeführt werden[233], es sei denn, dass der Betrieb des Erblasers sich in Teilbetriebe gliedern läßt. § 16 Abs. 3 Satz 2 behandelt die Realteilung von Betriebsvermögen grundsätzlich als Betriebsaufgabe bzw. Aufgabe eines Anteils einer PersG.

285 Auf die Erben gehen grundsätzlich die Verbindlichkeiten des Erblassers und die durch den Erbfall begründeten Verbindlichkeiten über, der Pflichtteilsanspruch und auch vom Erblasser angeordnete Auflagen und Vermächtnisse. Es handelt sich hierbei auch ertragsteuerlich um Verbindlichkeiten der Erben. Nach der bisherigen Rechtsprechung waren der Erbe und der Vermächtnisnehmer gleichgestellt[234]. Derjenige, der aufgrund eines Vermächtnisses erworben hatte, hatte diesen Gegenstand vom Erblasser erworben. Hatte der Erblasser einen Gegenstand des Betriebsvermögens vermacht, so war die Entnahme dem Vermächtnisnehmer zuzurechnen. Nach dem Beschluß des Großen Senates[235] erfüllen die Erben das Vermächtnis als Nachlaßverbindlichkeit und hat der Vermächtnisnehmer die Gegenstände des Vermächtnisses nicht vom Erblasser, sondern von den Erben erworben.

---

232 Anders wohl die herrschende Meinung, die annimmt, daß alle Miterben den Entnahmetatbestand verwirklichen; vgl. Söffing, DB 1990, 828.

233 BFH v. 5.7.1990 GrS 2/89, BStBl. II 1990, 837.

234 BFH v. 18.7.1972, BStBl. II 1972, 877, und v. 5.8.1971, BStBl. II 1971, 114.

235 BFH v. 5.7.1990 GrS 2/89, BStBl. II 1990, 837.

*c) Die Einkommensteuerpflicht des Erwerbers von Todes wegen*

Der Erbanfall selbst ist bei den Miterben nicht einkommensteuerpflichtig.

Dieser Vorgang ist grundsätzlich keiner der sieben Einkunftsarten zuzurechnen. Die hierdurch eingetretene Vermögensmehrung fällt in der Regel nur unter die Erbschaftsteuer. 286

Trotzdem können jedoch einzelne Anordnungen einkommensteuerliche Folgen auslösen. Zum Beispiel die Anordnung, daß ein Betriebsgrundstück an einen Erben übergehen soll, der nicht Mitunternehmer ist[236], oder die Vereinbarung in einem Gesellschaftsvertrag, daß die Gesellschaft nach dem Tode eines Gesellschafters fortbestehen, aber nicht mit dem Erben des Gesellschafters fortgesetzt werden soll; hier scheidet der Erblasser mit seinem Tode aus der Gesellschaft aus[237].

## 2. Die Einkünfte des Erben

Die bei den Erben anfallenden Einkünfte ändern ihren Charakter nicht, sofern die Erben die Voraussetzungen, die an eine Einkunftsart geknüpft sind, erfüllen[238]. Daher können die Erben nur freiberufliche Einkünfte haben, wenn sie selbst die Voraussetzungen des § 18 EStG erfüllen. Nachträgliche Einkünfte in der Einkunftsart des Erblassers sind nur gegeben, soweit die Erben lediglich vom Erblasser bezogene Erträge vereinnahmen. 287

*a) Einkünfte aus Land- und Forstwirtschaft*

Der Erbe hat als Rechtsnachfolger auch bei einem land- und forstwirtschaftlichen Betrieb die Buchwerte bzw. die Anschaffungswerte fortzuführen. 288

Als Anschaffungskosten für die Berechnung des Veräußerungsgewinnes sind daher die Werte dieses Stichtages anzusetzen. Hinsichtlich der Einzelheiten der Ermittlung der Anschaffung wird auf die §§ 52, 55 EStG und auf das Schreiben des BdF vom 29.2.1972[239] verwiesen.

Der Erbe hat grundsätzlich wie der Erblasser Einkünfte aus Land- und Forstwirtschaft. Parzelliert jedoch der Erbe den Hof und veräußert das Grundvermögen, kann evtl. eine gewerbliche Tätigkeit vorliegen[240].

*b) Einkünfte aus Gewerbebetrieb*

Der Erbe hat Einkünfte aus Gewerbebetrieb, soweit diese Einkünfte noch aus der Tätigkeit des Erblassers herrühren. Z.B.: Der Erblasser hat ein Unternehmen gegen Zeitrente oder Mindestleibrente veräußert, diese ist aber im Zeitpunkt des 289

---

[236] BFH v. 29.5.1969, BStBl. II 1969, 614; nunmehr BFH v. 5.7.1990 GrS 2/89, BStBl. II 1990, 837.

[237] Vgl. Herrmann-Heuer-Raupach, § 16 EStG, Anm. 19 E; L. Schmidt, § 16, RdNr. 129.

[238] BFH v. 5.7.1990 GrS 2/89, BStBl. II 1990, 837.

[239] F-IV S 2000 V-72, BStBl. I 1972, 102.

[240] Vgl. BFH v. 14.11.1972, BStBl. II 1973, 239; v. 7.2.1973, BStBl. II 1973, 642; v. 29.3.1973, BStBl. II 1973, 682; v. 29.8.1973, BStBl. II 1974, 6.

Erbfalles noch nicht ausgelaufen. Bei diesen weiteren Rentenzahlungen handelt es sich um nachträgliche Einkünfte aus Gewerbebetrieb.

Dem Erben als Gesamtrechtsnachfolger werden selbst dann die Einkünfte zugerechnet, wenn er diese aufgrund eines Vermächtnisses einem Dritten überlassen hat[241].

*290* Befindet sich im Nachlaß ein Gewerbebetrieb, so sind die Einkünfte hieraus nach dem Erbfall Einkünfte des Erben. Hinsichtlich der gewerblichen Tätigkeit von Miterben ist zu beachten: Die Einkünfte sind dem Erben nicht als Rechtsnachfolger (§ 24 Nr. 2 EStG), sondern als eigene Einkünfte zuzurechnen, denn ab dem Erbfall führt er den Betrieb auf eigene Rechnung und Gefahr. Auch Aufgabe des Betriebs und Veräußerung sind eigene unternehmerische Entscheidungen.

Der Erwerb des Gewerbebetriebs durch Erbfall ist ein unentgeltlicher Vorgang[242]. Der Erbe hat somit als Erwerber die Buchwerte des Erblassers fortzuführen[243].

*291* Ermittelt der Erbe den Gewinn aus einem im Erbgang auf ihn übergegangenen Gewerbebetrieb wie sein Rechtsvorgänger nach § 4 Abs. 3 EStG, so sind bei einem Wechsel der Gewinnermittlungsart für die notwendige Gewinnkorrektur die Verhältnisse während der Besitzzeit seines Rechtsvorgängers maßgebend zu berücksichtigen[244].

Mit dem Erbfall ist der Erbe Unternehmer, auch wenn er nicht die Absicht hat, den Betrieb fortzuführen[245].

*292* Selbst der Gewinn oder Verlust aus dem sofortigen Verkauf eines ererbten Gewerbebetriebes ist beim Erben Gewinn oder Verlust aus Gewerbebetrieb.

*293* Verpachtet der Erbe den Gewerbebetrieb an einen Dritten, so liegt hierin nicht ohne weiteres eine Betriebsaufgabe. Nach der neueren Rechtsprechung[246] muß eine Betriebsaufgabe eindeutig gegenüber dem Finanzamt erklärt werden. Solange diese Erklärung nicht abgegeben ist, gilt der Gewerbebetrieb trotz der Verpachtung als weiter bestehend. Die verpachteten Wirtschaftsgüter bleiben somit weiterhin Betriebsvermögen, die stillen Reserven brauchen daher nicht aufgelöst zu werden. Voraussetzung ist allerdings, daß ein geschlossener Betrieb verpachtet wird und nicht lediglich einzelne Wirtschaftsgüter[247]. Die Pachteinnahmen werden als Betriebseinnahmen behandelt.

---

241 BFH v. 24. 1. 1996, BStBl. II 1996, 287.

242 Vgl. Littmann/Bitz/Hellwig, § 6 EStG, RdNr. 201f.; vgl. auch BFH v. 18. 7. 1972, BStBl. II 1972, 876.

243 Littmann, Inf. 1966, 342; BFH v. 9. 6. 1964, BStBl. III 1965, 48.

244 BFH v. 1. 4. 1971, BStBl. II 1971, 526.

245 **A. A.** Theiß, Der Erbe im Einkommensteuerrecht, S. 22.

246 Hierzu BFH v. 3. 12. 1964, HFR 1965, 214; v. 13. 11. 1963, BStBl. III 1964, 124; v. 4. 11. 1965, BStBl. III 1966, 49; v. 17. 2. 1971, BStBl. II 1971, 484.

247 BFH v. 16. 11. 1967, BStBl. II 1968, 78; v. 12. 12. 1973, BStBl. II 1974, 208; v. 26. 6. 1973, BStBl. II 1973, 885.

Das trifft auch in dem Falle zu, in dem der Erbe gar nicht die Absicht hat, den Betrieb selber weiterzuführen, sondern ihn sofort an einen Dritten verpachtet. Er bleibt, so lange er die Betriebsaufgabe nicht erklärt hat, Unternehmer.

Veräußert der Erbe den Betrieb, hat er den Veräußerungsgewinn zu versteu- 294
ern[248]. Es ist hierbei gleichgültig, ob der Erbe den Betrieb zunächst weiterführt oder ob er ihn sofort nach dem Erbanfall veräußert. Unter die Betriebsveräußerung fällt nicht nur die Veräußerung des lebenden gewerblichen Betriebs, sondern auch die Versilberung der einzelnen Wirtschaftsgüter.

Werden jedoch nur einzelne Wirtschaftsgüter unter Fortführung des Restbe- 295
triebes veräußert, so handelt es sich um **laufenden Gewinn**.

Lediglich wenn der Erbe einen **Teilbetrieb**[249] veräußert, d.h. einen Organis- 296
mus, der allein lebensfähig ist und auch bisher getrennt geführt wurde, liegt eine Veräußerung eines Teilgewerbebetriebes im Sinne des § 16 EStG vor.

Auch die **Entnahme einzelner Wirtschaftsgüter** in das Privatvermögen fällt 297
nicht unter die Betriebsveräußerung. Das gilt insbesondere für die Fälle, in denen der Erblasser eine Entnahme von Wirtschaftsgütern durch Vermächtnisse angeordnet hat. Die Entnahme und daher der Entnahmegewinn sind ihm zuzurechnen[250]. Der Vermächtnisnehmer hat unentgeltlich von dem Erben erworben.

Veräußert der Erbe den Betrieb als lebendigen Organismus, so liegt die Veräußerung eines Gewerbebetriebes vor. Gemäß § 16 Abs. 1 EStG handelt es sich auch hier um Einkünfte aus Gewerbebetrieb.

Dieser Veräußerungsgewinn ist jedoch bis zu Euro 51.500,– befreit (§ 16 Abs. 4 EStG), wenn der Veräußerer das 55. Lebensjahr vollendet hat (ab 1. 1. 2001).

**Beispiel:**

Der Erbe A (40 Jahre alt) veräußert den Betrieb des Erblassers an B. Der Veräußerungsgewinn beträgt Euro 120.000,–. Kein Freibetrag.

Soweit der Veräußerungsgewinn nicht steuerfrei ist, ist er, wenn die Voraussetzungen des § 34 Abs. 3 EStG vorliegen, tarifbegünstigt, d.h. die auf diesen Betrag entfallende Steuer wird ab 1.1.2001 nur zur Hälfte erhoben, mindestens jedoch der Eingangssteuersatz. Es muß allerdings ein Antrag gestellt werden. Im übrigen gilt § 34 Abs. 1 EStG (rechnerische Verteilung auf 5 Jahre).

Ebenso wie die Veräußerung eines Gewerbebetriebes wird auch die Betriebs- 298
aufgabe behandelt. Von einer Betriebsaufgabe spricht man dann, wenn die Wirtschaftsgüter eines Betriebsvermögens im wesentlichen in einem wirtschaftlich einheitlichen Vorgang veräußert werden und der Betrieb hierdurch völlig oder Teilbetriebe völlig zum Erliegen kommen. Auch eine Realteilung des Betriebs unter den Erben wird als Betriebsaufgabe behandelt, sofern nicht jeder Miterbe ei-

---

248 BFH v. 21. 12. 1965, BStBl. III 1966, 195; Littmann, Inf. 1966, 341.

249 Hinsichtlich der Voraussetzungen eines Teilbetriebes vgl. insbes. BFH v. 4. 7. 1973, BStBl. II 1973, 838; v. 5. 6. 1976, BStBl. II 1977, 42; v. 2. 8. 1978, BB 1979, 47; v. 26. 6. 1978, BB 1978, 1503.

250 BFH GrS v. 5. 7. 1990, BStBl. II 1990, 837; v. 7. 12. 1990, BB 1991, 529.

nen Teilbetrieb erhält. Die Rechtsprechung hat einen wirtschaftlich einheitlichen Vorgang bei einer Abwicklungsdauer von einem halben Jahr noch angenommen[251].

Der Aufgabegewinn wird in gleicher Weise begünstigt wie der Veräußerungsgewinn. Nur hinsichtlich der Gewinnermittlung bestehen Unterschiede. Während bei der Entnahme die Teilwerte zugrundegelegt werden, ist hier der gemeine Wert Bemessungsgrundlage.

*299* Bei der Veräußerung sind Maßstab für die Berechnung des Veräußerungsgewinnes die vom Erblasser übernommenen Buchwerte. Es ist hierbei unerheblich, ob der Betrieb gegen eine Rente[252], Kaufpreisraten oder einen einmaligen Barbetrag veräußert wird.

*300* Bringt der Erbe das Unternehmen in eine Personengesellschaft (oHG oder KG) ein, indem er einen Fachmann als Teilhaber aufnimmt, so liegt in diesem Vorgang keine Veräußerung, sofern die Buchwerte fortgeführt werden (§§ 24 UmwStG)[253].

Verluste bei beschränkter Haftung (§ 15a EStG)[254]:

*301* Bei Kommanditgesellschaften darf der einem Kommanditisten zuzurechnende Anteil am Verlust der Kommanditgesellschaft weder mit anderen Einkünften aus Gewerbebetrieb noch mit Einkünften aus anderen Einkunftsarten ausgeglichen werden, soweit ein negatives Kapitalkonto des Kommanditisten entsteht oder sich erhöht. Das gilt nicht für Verluste im Bereich des Sonderbetriebsvermögens. Das negative Kapitalkonto ergibt sich aus der Gesellschaftsbilanz, einschließlich der Ergänzungsbilanzen, nicht jedoch für das Sonderbetriebsvermögen, sowohl für das negative als auch für das positive Sonderbetriebsvermögen. Darlehnsaufnahmen mindern das Kapitalkonto nicht, ebenso ist ein negatives Kapitalkonto nicht mit positivem Sonderbetriebsvermögen auszugleichen. Gesellschafterdarlehen gelten als Sonderbetriebsvermögen[255]. Es darf insoweit auch nicht nach § 10d EStG abgezogen werden.

Das gilt jedoch nicht, soweit der Kommanditist seine Einlage noch nicht geleistet hat oder diese wegen Rückzahlung als nicht geleistet gilt und er daher den Gläubigern der Gesellschaft insoweit persönlich haftet.

Soweit der Verlust nicht ausgeglichen werden bzw. abgezogen werden darf, mindert er die Gewinne, die dem Kommanditisten in späteren Wirtschaftsjahren

---

251 BFH v. 25.6.1970, BStBl. II 1970, 719. In Einzelfällen wird man einen wirtschaftlich einheitlichen Vorgang bis zu einem Jahr annehmen können.

252 ⇒ Rz. 432ff.

253 ⇒ Rz. 1062ff.

254 Bordewin, FR 1980, 612; Mittelsteiner, DStR 1980, 610; Wallenhorst, NSt von A–Z, Nr. 21/1980, S. 35; Rautenberg, DB 1980, 1959; Danckmeyer, DB 1980, 1910, Jakob, DB 1980, 2554; Bordewin, DB 1980, 1033; Knobbe-Keuk, NJW 1980, 2557.

255 BFH v. 8.9.1992, DB 1993, 207; v. 30.3.1993, BB 1993, 1699; v. 28.5.1993, DB 1993, 1607; BdF v. 15.12.1993, IV B 2 – SZ 241a – S 7/93, BStBl. I 1993, 976; v. 24.11.1993 IV B 2 – S 2241a – 51/93, BStBl. I 1993, 934; Brandenburg, DB 1993, 2301.

aus seiner Beteiligung an der Kommanditgesellschaft zuzurechnen sind. Eine Verrechnung mit Sonderbetriebseinnahmen erfolgt nicht.

Der nicht ausgleichsfähige oder abzugsfähige Verlust ist jährlich fortzuschreiben und gesondert festzustellen.

Der nicht ausgleichsfähige Verlust geht auch auf die Erben über. Der nicht aus- 302
geglichene, vom Erblasser übernommene Verlust mindert den Gewinn des Erben aus der geerbten Beteiligung.

Bei einer Mehrheit von Erben geht der nach § 15a EStG nicht ausgeglichene Verlust grundsätzlich auf die Erben entsprechend der Erbquote über.

Setzen sich jedoch die Erben dahingehend auseinander, daß nur einer der Erben oder einzelne Erben den Anteil des Verstorbenen übernehmen, so geht der nicht verrechenbare Verlust auf diesen oder auf diese im Verhältnis der übernommenen Beteiligung über. Abweichende Vereinbarungen unter den Erben sind n.v. nicht möglich.

*c) Die Veräußerung einer wesentlichen Beteiligung*

Gemäß § 17 EStG wird die Veräußerung einer wesentlichen Beteiligung der ei- 303
nes Gewerbebetriebes gleichbehandelt. Obwohl es sich hierbei um Kapitaleinkünfte handelt, werden bei der Veräußerung einer wesentlichen Beteiligung an einer Kapitalgesellschaft gewerbliche Einkünfte fingiert[256].

Eine Beteiligung wird als wesentlich angesehen, wenn der Anteilseigner zumindest 1 v.H. des Grund- bzw. Stammkapitals der Gesellschaft hält. Die Beteiligung gilt noch als wesentliche, wenn der Anteilseigner innerhalb von 5 Jahren 1 v.H. des Gesellschaftskapitals besessen hat.

Da der Erbe Rechtsnachfolger des Erblassers ist und somit dessen rechtliche Stellung einnimmt, gilt für ihn auch die Fünfjahresfrist des § 17 EStG. Während der Besitzzeit des Erblassers und des Erben darf die Beteiligung fünf Jahre lang keine wesentliche Beteiligung mehr im Sinne des EStG gewesen sein.

Veräußert der Erbe die Beteiligung innerhalb dieser Fünfjahresfrist, so ist der 304
Mehrgewinn gegenüber den Anschaffungskosten zu versteuern.

War zum Beispiel der Erblasser zwei Jahre vor seinem Tode an einer Kapitalgesellschaft noch wesentlich beteiligt, so kann der Erbe erst nach weiteren drei Jahren die Beteiligung einkommensteuerfrei veräußern.

Befindet sich im Nachlaß eine wesentliche Beteiligung und wird diese Beteili- 305
gung auf mehrere Erben aufgeteilt mit der Folge, daß die Beteiligung eines jeden einzelnen unter 1 v.H. Stammkapital der Gesellschaft sinkt, so wird die Beteiligung eines jeden Erben noch fünf Jahre lang als eine wesentliche behandelt. Die Veräußerung dieser Beteiligung durch den jeweiligen Erben ist also in diesem Falle noch 5 Jahre lang steuerschädlich.

---

256 Schulze zur Wiesche, BB 1984, 1612; Zenthöfer/Schulze zur Wiesche, ESt-Lehrbuch, S. 592.

306 Der Veräußerungsgewinn ist der Verkaufserlös abzüglich der Anschaffungskosten und der Werbungskosten. Den Erben sind die Anschaffungskosten des Erblassers zugrundezulegen. Der Veräußerungsgewinn gemäß §§ 17 Abs. 3 wird in der Weise ermittelt, daß der Veräußerungspreis und die Anschaffungskosten nur zur Hälfte angesetzt werden, § 3 Nr. 4a EStG.

*d) Einkünfte aus freiberuflicher Tätigkeit*

307 Das Ableben eines Freiberuflers führt weder zu einer Betriebsaufgabe[257] noch geht das der freiberuflichen Tätigkeit dienende Betriebsvermögen durch den Erbfall in das Privatvermögen der Erben über.

Die Erben beziehen, sofern nicht lediglich Entgelte für im Rahmen der ehemaligen freiberuflichen Tätigkeit erbrachte Leistungen bezogen werden, keine Einkünfte aus einer ehemaligen Tätigkeit des Erblassers i.S. von § 24 Nr. 2 EStG, sondern kraft vollständiger eigenen Verwirklichung des Einkünftetatbestandes.

308 Für die Einordnung der Einkünfte unter eine Einkunftsart kommt es jedoch darauf an, ob die Erben die Tätigkeit als solche fortsetzen oder lediglich die freiberufliche Tätigkeit abwickeln. Wird die freiberufliche Tätigkeit von berufsfremden Erben durch einen qualifizierten Angestellten oder einen Vertreter kraft Auftrags oder kraft Geschäftsbesorgung fortgeführt, haben die Erben Einkünfte aus Gewerbebetrieb[258].

309 Erzielen die Erben lediglich Einkünfte aus der Abwicklung der freiberuflichen Tätigkeit des Erblassers, liegt weiterhin eine freiberufliche Tätigkeit vor[259].

Die Erbin eines verstorbenen Kunstmalers erzielt durch Veräußerung der zum Nachlaß gehörenden Bilder nachträgliche Einkünfte aus künstlerischer Tätigkeit[260].

310 In vielen Fällen ist der Erbe nicht in der Lage, die freiberufliche Tätigkeit des Erblassers fortzuführen. Übte der Erblasser eine freiberufliche Tätigkeit als Arzt oder Rechtsanwalt aus, so kann der Erbe diese Tätigkeit nicht fortführen, wenn er nicht seine Abschlußexamen als Arzt oder Volljurist abgelegt hat. Jedoch sind die vom Erben eingezogenen Honorare aus der Tätigkeit des Erblassers als Arzt oder Rechtsanwalt für den Erben Einkünfte aus freiberuflicher Tätigkeit (§ 24 Nr. 2 EStG)[261]. Gleiches gilt, wenn der Erbe oder die Erben die freiberufliche Tätigkeit abwickeln, indem die Praxiseinrichtung einzeln veräußert oder die Praxis an einen Berufsträger als ganzes einschließlich Praxiswert veräußert wird[262].

---

[257] BFH v. 12. 3. 1992, BStBl. II 1993, 36; v. 29. 4. 1993, BStBl. II 1993, 716; v. 14. 12. 1993, BStBl. II 1994, 922.

[258] BFH v. 14. 12. 1993, BStBl. II 1994, 922.

[259] BFH v. 29. 4. 1993, BStBl. II 1993, 716.

[260] BFH v. 29. 4. 1993, BStBl. II 1993, 716.

[261] Littmann, § 18 EStG, Rd. 390; BFH v. 22. 1. 1963, BStBl. III 1963, 189.

[262] BFH v. 14. 12. 1993, BStBl. II 1994, 922; v. 29. 4. 1993, BStBl II 1993, 716; v. 30. 3. 1989, BStBl. II 1989, 509.

Hier kommt es nicht darauf an, ob der Erbe die Voraussetzungen für eine freiberufliche Tätigkeit mitbringt. Alle Einkünfte, die mit der Abwicklung der freiberuflichen Tätigkeit in Zusammenhang stehen, sind beim Erben ebenfalls freiberufliche Einkünfte.

Mit dem Tode geht der Betrieb des Erblassers auf die Erben als Rechtsnachfolger über, d.h. die Wirtschaftsgüter des der freien Berufstätigkeit dienenden Vermögens[263]. Solange diese den Betrieb nicht aufgeben oder veräußern (§ 18 Abs. 3 i.V.m. § 16 Abs. 1 Nr. 3 EStG) kann sich noch eine mit dem bisherigen Beruf des verstorbenen Stpfl. zusammenhängende, allerdings zeitlich begrenzte Abwicklungstätigkeit ergeben. Aufwendungen hierfür können betrieblich veranlaßt sein (§ 4 Abs. 4 EStG)[264]. 311

Beauftragt z.B. der überlebende Ehegatte oder ein anderer Erbe einen Arztvertreter gegen eine Vergütung mit der Ausübung der Tätigkeit, so sind die Einkünfte hieraus nicht der freiberuflichen sondern der gewerblichen zuzurechnen, auch wenn das Ziel die Abwicklung ist. 312

Hat der Erblasser z.B. ein wissenschaftliches Werk nicht vollendet und führt der Erbe dieses fort, so hat der Erbe eigene freiberufliche Einkünfte, auch soweit es die nicht abgeschlossene Arbeit des Erblassers betrifft, sofern die Honorareingänge nach dem Tode erfolgen. Aber auch für den Fall, daß der Erblasser das Werk vollendet hat, sind die noch eingehenden Honorare Einkünfte aus freiberuflicher Tätigkeit des Erben, sofern der Honoraranspruch erst nach dem Tode des Erblassers entstanden ist. 313

War der Erblasser Inhaber von Urheberrechten und Patenten, so sind die nachträglich eingehenden Lizenzzahlungen Einkünfte aus freiberuflicher Tätigkeit bei den Erben. Für die Frage, ob freiberufliche Einkünfte vorliegen, kommt es nicht auf die persönlichen Voraussetzungen der Erben, sondern auf die des Erblassers an. Hatte der Erblasser Einkünfte aus selbständiger freiberuflicher Tätigkeit oder war seine Tätigkeit, von der die nachträglichen Einkünfte herrühren, eine freiberufliche, so sind die Einkünfte auch bei den Erben freiberuflicher Art. 314

Gehört ein Urheberrecht zum Betriebsvermögen eines Freiberuflers und wird der Betrieb durch Tod des Freiberuflers nicht aufgegeben, so bleibt die Betriebsvermögenseigenschaft auch bei den Erben bestehen. Allerdings wird allgemein angenommen, daß die zeitlich begrenzte Überlassung von Rechten, etwa von künstlerischen und gewerblichen Urheberrechten, durch den Erben des Urhebers den Hauptanwendungsfall des § 21 Abs. 1 Nr. 3 EStG bilden[265]. Das gilt jedoch nur, wenn das Urheberrecht zum Privatvermögen des Erben gehört. Auch beim 315

[263] BFH v. 19.5.1981, BStBl. II 1981 II, 665.

[264] BFH v. 30.3.1989, DB 1989, 1267.

[265] Stephan in Littmann/Bitz/Meincke, EStG § 21 RdNr. 82; Blümich-Stuhrmann, EStG § 21 RdNr. 63; Bordewin in Lademann/Söffing/Brockhoff, EStG § 21 RdNr. 169; Schmidt-Seeger, EStG § 24 Anm. 8d; Herrmann/Heuer/Raupach, EStG und KStG Komm. § 21 EStG Anm. 14.

Erben gehört das Urheberrecht nur dann zum Privatvermögen, wenn es entnommen worden ist[266].

316 Verpachten nichtqualifizierte Erben die freiberufliche Praxis des Erblassers, so wird das im Erbwege übergegangene freiberufliche Betriebsvermögen in gewerbliches Betriebsvermögen umgewandelt[267]. Die von den Erben erzielten Einkünfte stellen solche aus gewerblicher Tätigkeit dar. Ein etwa vorhandener Praxiswert besteht als solcher nicht fort, sondern wandelt sich ebenfalls in einen Geschäftswert um[268].

317 Die Umqualifizierung von der freiberuflichen zur gewerblichen Tätigkeit führt nicht zur Aufdeckung der stillen Reserven. Der erbbedingte Übergang von einer freiberuflichen zur gewerblichen Tätigkeit führt nicht zu einer zwangsweisen Betriebsaufgabe[269].

Eine Betriebsaufgabe erfolgt erst, wenn der Verpächter bzw. die Verpächter die Betriebsaufgabe gegenüber dem Finanzamt erklären oder wenn auf den Pächter nicht alle wesentlichen Grundlagen des bisherigen Betriebes übergegangen sind oder freiberufliche Betriebe derart in der Struktur ändert, daß er von dem Verpächter nicht mehr fortgeführt werden kann. Haben die Erben hinsichtlich des verpachteten freiberuflichen Betriebs die Betriebsaufgabe erklärt, haben sie das Betriebsvermögen in das Privatvermögen überführt. Der Aufgabegewinn ist bei ihnen zu erfassen. Der Freibetrag von Euro 51.500,– nach § 16 Abs. 4 EStG ist bei ihnen nur zu gewähren, wenn der Erbe die besonderen Voraussetzungen erfüllt. Die Verpachtung nur für einen zeitlich überschaubaren begrenzten Zeitraum führt nicht zur Umqualifizierung der Einkünfte in solche aus Gewerbebetrieb, wenn dies dazu dienen soll, einem Erben nach Erlangung der beruflichen Voraussetzungen die Fortführung der Praxis des Erblassers zu ermöglichen[270].

318 Bringt der Erbe die fachlichen Voraussetzungen für die freiberufliche Tätigkeit mit, so hat er auch freiberufliche Einkünfte. Läßt jedoch der Erbe die freiberufliche Tätigkeit, sofern es standesrechtlich möglich ist, durch einen Dritten ausüben, so hat er keine freiberuflichen Einkünfte. Die freiberufliche Tätigkeit setzt nämlich begrifflich voraus, daß der Freiberufler selbst die Voraussetzungen mitbringt[271]. Ein Freiberufler kann zwar mehrere Angestellte beschäftigen, aber er muß selbst in der Lage sein, die Tätigkeit auszuüben. Außerdem müssen die entscheidenden Anregungen von ihm ausgehen. Das ist nicht der Fall, wenn der Erbe den Betrieb durch einen Dritten auf seine Rechnung fortführen läßt. Läßt zum Beispiel der überlebende Ehegatte als Erbe eine Arztpraxis durch einen Vertreter

---

266 BFH v. 27. 11. 1992, BFH/NV 1993, 471.

267 BFH v. 29. 4. 1993, BStBl. II 1993, 76; v. 14. 12. 1993, BStBl. II 1994, 922.

268 BFH v. 28. 9. 1993, BStBl. II 1994, 449; v. 13. 3. 1991, BStBl. II 1991, 595; v. 14. 12. 1993, BStBl. II 1994, 922.

269 BFH v. 12. 3. 1992, BStBl. II 1993, 36.

270 BFH v. 12. 3. 1992, BStBl. II 1993, 36.

271 Theis, Der Erbe im Einkommensteuerrecht, S. 65; BFH v. 11. 9. 1968, BStBl. II 1968, 820; v. 15. 4. 1975, BStBl. II 1977, 539.

für einen längeren Zeitraum fortführen, bis der Sohn die fachlichen Voraussetzungen für die Arzttätigkeit erlangt hat, so liegt für den Zwischenzeitraum bei der Witwe keine freiberufliche Tätigkeit vor. Unabhängig von der standesrechtlichen Frage, ob die Fortführung über einen längeren Zeitraum zulässig ist, ist u.E. eine gewerbliche Tätigkeit anzunehmen[272].

Eine Ausnahme nimmt die Rechtsprechung dann an, wenn die Ausübung des Berufs nur vorübergehend durch einen Dritten erfolgt, um einem Erben der zur Zeit des Erbfalls die notwendige Ausbildung noch nicht abgeschlossen hat, die spätere Übernahme zu ermöglichen[273]. 319

Wird ein freiberuflicher Betrieb gegen einen Kapitalbetrag, Ratenzahlungen oder eine Leibrente veräußert, so liegen, soweit der Veräußerungspreis die Buchwerte (Anschaffungskosten abzüglich AfA) übersteigt, Einkünfte aus einer freiberuflichen Tätigkeit vor[274], und zwar in der Form der Veräußerung eines freiberuflichen Betriebes. Auch die gewährte Leibrente ist als eine betriebliche Veräußerungsrente anzusehen. Anders liegt der Fall, wenn der Versorgungscharakter im Vordergrund steht, z.B. wenn die Arztpraxis an einen jüngeren Neffen, der gerade sein Studium beendet hat, übertragen wird, wobei die Rente mehr auf die Bedürfnisse des Überlebenden abgestellt wird als auf den Wert der Praxis. Das gleiche trifft zu, wenn einer Witwe aufgrund eines Pensionsvertrages von den übrigen Partnern einer Sozietät eine Rente bezahlt wird aufgrund des Sozietätsvertrages. Die Rente bedeutet kein Entgelt für das Ausscheiden des verstorbenen Partners, sondern sie hat reinen Versorgungscharakter. 320

Es liegt im letzteren Fall eine private Versorgungsrente vor, die nach § 22 Abs. 1 EStG zu versteuern ist (⇒ im einzelnen Rz. 427ff.). Im Falle einer Kapitalabfindung ist der Veräußerungsgewinn unter bestimmten Voraussetzungen begünstigt: § 18 Abs. 3 i.V.m. § 16 Abs. 4 EStG.

*e) Einkünfte aus nichtselbständiger Tätigkeit*

Ein Anstellungsverhältnis endet grundsätzlich mit dem Tode. Man kann daher grundsätzlich ein Arbeitsverhältnis nicht fortführen. Einkünfte aus unselbständiger Tätigkeit des Erben aus dem Nachlaß können sich daher nur auf nachträgliche Bezüge aus dem Arbeitsverhältnis des Erblassers beziehen, z.B. das Restgehalt oder die noch nicht abgerechnete Tantieme. Gemäß § 24 Nr. 2 EStG sind Einkünfte, die der Erbe als Rechtsnachfolger des Erblassers bezieht, der gleichen Einkunftsart beim Erblasser zuzurechnen. Danach kann ein Erbe, der sonst nur Einkünfte aus unselbständiger Tätigkeit hat, durch den Erbfall Einkünfte aus selbständiger Tätigkeit erhalten und auch umgekehrt[275]. 321

[272] BFH v. 19.5.1981, BStBl. II 1981, 665.
[273] BFH v. 12.3.1992, BStBl. II 1993, 36.
[274] BFH v. 7.10.1965, BStBl. III 1965, 666.
[275] BFH v. 29.7.1960, BStBl. III 1960, 404.

### *f) Einkünfte aus Kapitalvermögen*

322 Zinszahlungen und Dividenden, die nach dem Erbfall zufließen, sind Einkünfte des Erben, auch wenn sie einen Zeitraum betreffen, zu welchem der Erblasser noch lebte[276]. Diese Einkünfte sind grundsätzlich auch beim Erben Einkünfte aus Kapitalvermögen. Eine Ausnahme jedoch liegt dann vor, wenn die Beteiligung an der Kapitalgesellschaft beim Erben zum notwendigen, aber nicht gewillkürten Betriebsvermögen gehört. Z.B.: Der Erbe ist Einzelkaufmann, im Betriebsvermögen befindet sich ein Anteil an einer GmbH, an der der Erblasser ebenfalls beteiligt war. Ist die Beteiligung an der GmbH für den Erben notwendiges Betriebsvermögen, so fällt die weitere Beteiligung durch den Erbfall auch in das Betriebsvermögen, denn der Erbe wird im Zweifel auch diese Beteiligung nicht außerhalb seines Betriebes halten können. Allerdings ist der Erbe nicht an die Anschaffungswerte des Erblassers gebunden, wenn dieser die Beteiligung bereits drei Jahre im Privatvermögen gehalten hat.

### *g) Einkünfte aus Vermietung und Verpachtung*

323 Mieten, die nach dem Tode des Erblassers gezahlt werden, werden dem Erben zugerechnet.

324 Der Erbe hat die Anschaffungs- bzw. Herstellungskosten des Erblassers zu übernehmen. Da er unentgeltlich erwirbt, hat er die Werte des Erblassers fortzuführen[277].

325 Hat das Grundvermögen dem Erblasser bereits im Zeitpunkt der Währungsreform gehört (21.6.1948), so kann der Erbe nur vom Einheitswert (Wert 1.1.1935) seine AfA vornehmen, auch wenn er mit dem Grundstück eine höhere Hypothek übernommen hat, anders bei der vorweggenommenen Erbfolge. Die Übernahme der Last erfolgt aufgrund Erbfalls und ist daher unentgeltlich.

326 Der Erbe kann, da er die Person des Erblassers als Rechtsnachfolger fortsetzt, alle seine Reparaturaufwendungen im Jahr der Aufwendung als Werbungskosten absetzen.

Er ist nicht verpflichtet, die Reparaturaufwendungen, wenn diese ein gewisses Übermaß übersteigen, als anschaffungsnahen Aufwand zu aktivieren[278]. Dies wäre aber der Fall, wenn der Erblasser viele Jahre vor dem Tode nicht mehr investiert hatte und der Erbe alle Reparaturen nachholen müßte.

327 Hypothekenzinsen sind nur als Werbungskosten abziehbar, wenn die Hypothekendarlehen mit dem Hausbau in einem wirtschaftlichen Zusammenhang stehen. Hat der Erblasser später eine Hypothek später auf das Grundstück aufgenommen aus Gründen, die nicht mit den Einkünften aus Vermietung und Verpachtung in Zusammenhang stehen, sind die Zinsen nicht bei den Einkünften

---

276 BFH v. 11.8.1971, BStBl. II 1972, 55.

277 Anschaffungsnaher Aufwand; Littmann, Inf. 1966, 341ff.; Beschluß BFH v. 18.3.1966, BStBl. III 1966, 218; v. 2.3.1961, BStBl. III 1961, 458.

278 BFH v. 2.3.1961, BStBl. III 1961, 458; Littmann, § 6 EStG, Rd. 110ff.

aus Vermietung und Verpachtung als Werbungskosten zu berücksichtigen. Das gleiche gilt auch für den Erben, der die Hypothek übernommen hat. Soweit die Hypothekenzinsen nicht mit den Herstellungs- und Anschaffungskosten beim Erblasser in Zusammenhang gestanden haben, sind sie auch nicht beim Erben zu berücksichtigen.

*h) Sonstige Einkünfte der Erben*

aa) Renten

Geht eine Versorgungsrente auf den Erben über, so kommt es auf die persön- 328
lichen Verhältnisse des Erben an. Erhält der überlebende Ehegatte z.B. eine Rente bis zum Tode weiter, so wird der Ertragsanteil der Rente, der der Einkommensteuer unterliegt, neu nach dem Lebensalter des überlebenden Ehegatten berechnet, soweit nicht auch der überlebende Ehegatte von Anbeginn Rentenberechtigter war.

Im Falle einer Veräußerungsrente kommt es darauf an, ob es sich um eine be- 329
triebliche oder private Rente handelt (⇒ hierzu Rz. 429). Wird eine betriebliche Veräußerungsrente, die dem Erblasser zustand, im Wege des Erbfalles auf den Erben übertragen, so tritt der Erbe in die Rechtsstellung des Erblassers ein. Hat der Erblasser bereits die kapitalisierte Rente gemäß § 16 EStG versteuert, so hat der Erbe lediglich den Zinsanteil zu versteuern. Hat jedoch der Erblasser bei der betrieblichen Veräußerungsrente nicht die Sofortversteuerung der Rente gewählt, so wird die Rente nur insoweit versteuert, als sie den Buchwert der gewerblichen Betätigung des Erblassers übersteigt. Hat also der Erblasser im Zeitpunkt des Todes bereits den Buchwert seiner Beteiligung bzw. seines Gewerbebetriebes erhalten, so hat der Erbe die Rente voll zu versteuern. Soweit jedoch der Erblasser sein Buchkapital noch nicht erhalten hat, tritt eine Versteuerung der Rente bei dem Erben erst ein, wenn die Rente den Buchwert des Kapitals erreicht hat. Von dem Zeitpunkt an sind die einzelnen Rentenzahlungen voll zu versteuern. Und zwar handelt es sich hier um nachträgliche Einkünfte aus Gewerbebetrieb gemäß § 24 Nr. 2 EStG. Bei der privaten Veräußerungsrente jedoch wird der Ertragsanteil dieser Rente nach dem Lebensalter des überlebenden Ehegatten berechnet. Hinsichtlich weiterer Einzelheiten ⇒ Rz. 429ff. verwiesen.

bb) Abfindungen

Abfindungen, die der Erblasser für eine Tätigkeit zu beanspruchen hat, sind 330
beim Erben ebenfalls Einkünfte aus der ehemaligen Tätigkeit im Sinne des § 2 Abs. 3 Nr. 1–4 EStG oder aus einem früheren Rechtsverhältnis im Sinne des § 2 Abs. 3 Nr. 5–7 EStG, und zwar auch dann, wenn sie dem Steuerpflichtigen als Rechtsnachfolger zufließen.

cc) Spekulationsgeschäfte

Bei den Spekulationsgeschäften kommt es auf den Anschaffungszeitpunkt des 331
Erblassers an. Die Spekulationsfrist beginnt mit der Anschaffung des veräußerten

Gegenstandes durch den Erblasser. Veräußert der Erbe innerhalb dieser Frist den Gegenstand, so liegt ein Spekulationsgeschäft vor[279].

332 Bei Grundstücken beträgt die Frist 10 Jahre. Hat der Erblasser z.B. 4 Jahre vor seinem Tod ein Grundstück angeschafft, so ist eine Veräußerung seitens des Erben innerhalb von 6 Jahren nach dem Erbfall als Spekulationsgeschäft steuerpflichtig.

333 Bei Wertpapieren und sonstigen beweglichen Vermögen beträgt die Frist 12 Monate. Erblasser und Erbe müssen die Wertpapiere zusammen 12 Monate besessen haben. Sollte das nicht der Fall sein, so wird die Veräußerung der Wertpapiere als Spekulationsgeschäft behandelt.

**3. Sonderausgaben**

*a) Der Verlustvortrag*

334 Werden Verluste des Erblassers im Jahre des Todes bei dessen Veranlagung nicht ausgeglichen, so findet nach der Rechtsprechung des BFH[280] im Rahmen der Veranlagung des Erben ein Verlustausgleich statt. Allerdings sind auch hier Einschränkungen des Verlustausgleichs (§ 2 Abs. 3 Satz 2ff. EStG) und des Verlustabzugs (§ 10d Abs. 1 Satz 2ff. EStG) zu beachten. Soweit der Verlust in dem Veranlagungsjahr des Erbfalls nicht ausgeglichen werden kann, muß er beim Erben vorgetragen werden. Voraussetzung für die Übernahme des Verlustabzugs ist jedoch, daß der Erbe den Verlust auch tatsächlich trägt. Der Erbe kann Verluste des Erblassers nur dann abziehen, wenn er durch sie wirtschaftlich belastet ist[281]. Absprachen über die Aufteilung des Verlustvortrags bei mehreren Erben sind nicht möglich. Der Verlustvortrag geht auf den einzelnen Erben entsprechend seiner Quote am Nachlaß über. Haftet jedoch der Erbe infolge Nachlaßverwaltung oder Nachlaßkonkurses nur beschränkt, kann der Verlust beim Erben nicht berücksichtigt werden[282]. Hat der Erblasser im Jahr seines Todes den Verlust erlitten, ist dieser zunächst einmal bei seinen übrigen Einkünften auszugleichen. Soweit ein Ausgleich nicht möglich ist, wird er in das Vorjahr vorgetragen. Soweit der Verlust durch Ausgleich und Rücktrag beim Erblasser nicht ausgeglichen werden konnte, übernimmt ihn der Erbe. Der sich hieraus ergebende Steuererstattungsanspruch fällt in den Nachlaß. Die dem Zeitpunkt des Verlusts vorangegangene Veranlagung des Erblassers ist zu berichtigen und im Rahmen dieser Berichtigung der Verlust wie Sonderausgaben vom Gesamtbetrag der Einkünfte abzuziehen. Der Erstattungsanspruch fällt dann in den Nachlaß.

335 Soweit ein Verlustausgleich beim Erblasser nicht möglich ist, geht er auf den Erben als Rechtsnachfolger über. Der Verlust ist zunächst im Rahmen der Einkommensermittlung des Erben für das Jahr des Todes des Erblassers auszuglei-

279 BFH v. 18. 9. 1964, BStBl. III 1964, 647; Littmann, Inf. 1966, 340.
280 BFH v. 17. 5. 1972, BStBl. II 1970, 621.
281 BFH v. 5. 5. 1999, BStBl. II 1999, 653.
282 BFH v. 17. 5. 1972, BStBl. II 1970, 621.

chen. Soweit ein Ausgleich nicht erfolgt, ist er beim Erben auf das vorangegangene Jahr rückzutragen. Nur soweit ein Ausgleich dann noch nicht erfolgt ist, ist der Verlust vorzutragen.

Ist der Verlust bereits beim Erblasser in den Vorjahren entstanden, so hat der Erbe den Verlust, soweit er durch Abzug beim Erblasser noch nicht verbraucht ist, zu übernehmen. Jedoch steht der Verlustabzug beim Erben auf dem Prüfstand. Der I. Senat will von diesem Grundsatz abweichen und hat beim IV., VIII. und XI. Senat angefragt, ob sie an dem bisherigen Grundsatz festhalten wollen[283]. 336

Ist dem Erben ein mit einem Nießbrauch belastetes Unternehmen vererbt worden, steht der Abzug eines während des Nießbrauchs eintretenden Verlustes nach § 10d EStG diesem nur zu, wenn er selbst den Verlust als Unternehmer erlitten hat[284].

Verluste des einen Ehegatten in den Vorjahren können in den Folgejahren nicht zum Abzug zugelassen werden, soweit im Falle der Zusammenveranlagung der Eheleute ein Ausgleich oder Abzug der Verluste möglich war[285]. 337

*b) Weitere Sonderausgaben*

Inwieweit der Erbe weitere Sonderausgaben anläßlich des Erbfalls geltend machen kann, hängt vom Einzelfall ab.

Hat der Erbe eine Hypothek übernommen, die nicht mit den Einkünften aus Vermietung und Verpachtung im Zusammenhang steht, so kann er die Hypothekenzinsen nicht als Sonderausgaben voll absetzen. Hat der Erbe mit der Übernahme der Erbschaft Auflagen und Verbindlichkeiten übernommen (⇒ Buch I Rz. 590ff.), so kann er die Leistungen hieraus nicht als Sonderausgaben geltend machen. Diese Leistungen berühren lediglich die Vermögenssphäre. Soweit im Zusammenhang mit der Erbauseinandersetzung Zinsen anfallen, sind diese nicht mehr als Sonderausgaben zu behandeln. Wenn z.B. ein Erbe an eine Schwester eine Kapitalabfindung zu leisten hat in Höhe von Euro 50.000,–, zahlbar in 10 Jahren, Verzinsung 5 %, so können diese Zinsen nicht als Sonderausgaben abgesetzt werden. 338

Es können aber im Zusammenhang mit einer Rentenlast oder einer dauernden Last Sonderausgaben entstehen. Die Rentenvermächtnisse und Vereinbarungen werden aber an gesonderter Stelle behandelt werden (⇒ Rz. 416ff.).

---

283 BFH v. 29.3.2000 I R 76/99, Lexinform Dokumenten Nr. 0553959.

284 BFH v. 10.4.1973, BStBl. II 1973, 679.

285 BFH v. 13.11.1979, BStBl. II 1980, 188.

### 4. Steuerbegünstigung der zu eigenen Wohnzwecken genutzten Wohnung im eigenen Haus

339 Es soll hier nicht auf den Anwendungsbereich des § 10e EStG im einzelnen eingegangen werden[286].

340 Das Gesetz zur Neuregelung der steuerlichen Wohnungseigentumsförderung[287] hat auf den Erbfall und die Erbauseinandersetzung keinen Einfluß, soweit der Erwerb unentgeltlich erfolgt (hier wird der Erbe als Gesamtrechtsnachfolger u.U. die Grundförderung, soweit sie noch nicht verbraucht ist, fortführen); soweit jedoch durch Erwerb eines Erbanteils oder Zahlung eines Spitzenausgleiches der Erwerb entgeltlich erfolgt, tritt an die Stelle des Sonderausgabenabzugs gem. § 10e EStG die Eigenheimzulage.

341 Der Sonderausgabenabzug nach § 10e EStG ist grundsätzlich nicht auf Dritte übertragbar. Jedoch ist in der Rechtsprechung anerkannt, daß der Sonderausgabenabzug nach § 10d EStG auf den Erben als Gesamtrechtsnachfolger übergeht. Gleiches wird in der Literatur auch für den Übergang der Grundförderung auf den Gesamtrechtsnachfolger vertreten[288]. Jedoch ist die Grundförderung nicht auf den Einzelrechtsnachfolger übertragbar. Hierzu zählt auch der Vermächtnisnehmer. Der Vermächtnisnehmer, der vom Erblasser ein Einfamilienhaus erhält, kann für dieses Objekt nicht die Grundförderung nach § 10e EStG beanspruchen, einmal weil er selbst das Objekt nicht entgeltlich erworben hat, zum anderen, weil er nicht Gesamtrechtsnachfolger, sondern nur Einzelrechtsnachfolger ist. Der Erbe kann jedoch die Grundförderung des Erblassers nur fortsetzen, wenn bei ihm kein Objektverbrauch eingetreten ist und er die Voraussetzung der Selbstnutzung erfüllt. Ist beim Erblasser Objektverbrauch eingetreten und nutzt der einzige Erbe das Objekt während des Abzugszeitraums selbst, kann er die Grundförderung nach § 10e in Ansporuch nehmen[289].

342 Im Jahre des Todes können sowohl der Erblasser als auch der Erbe die Grundförderung geltend machen. Sind im Jahre des Todes die Voraussetzungen der Grundförderung für den Erblasser erstmals eingetreten, kann der Erbe für den Erblasser den Antrag auf Grundförderung stellen.

343 Erwirbt ein Ehegatte infolge Erbfalls einen Miteigentumsanteil des anderen Ehegatten an der Wohnung hinzu, so kann er die auf diesen Anteil entfallenden Abzugsbeträge nach § 10e Abs. 1 und 2 EStG neben den ihm bereits zuvor zustehenden bis zum Ende des Abzugszeitraums in der bisherigen Höhe abziehen (§ 10e Abs. 5 Satz 3 EStG). Jedoch ist für die Fortführung des Sonderausgabenabzugs nach § 10e Abs. 5 Satz 3 EStG erforderlich, daß bis zum Tod des Ehegatten die Voraussetzungen des § 26 Abs. 1 EStG vorgelegen haben. Es genügt, daß

---

[286] Literaturhinweis: Stephan, Neuregelung der Besteuerung des selbstgenutzten Wohnungseigentums; vgl. auch Stephan, DB 1990, 1038, 1090.

[287] BGBl. I 1996, 113.

[288] BFH v. 4.12.1991, BStBl. II 1992, 295.

[289] BFH v. 4.9.1990, BStBl. II 1992, 69; Wackers, BB 1994, 977; BFH v. 22.10.1993, BStBl. I 1993, 827.

der überlebende Ehegatte „einen" Miteigentumsanteil an der Wohnung hinzuerwirbt. Es ist also nicht notwendig, daß der Ehegatte infolge Erbfalls Alleineigentümer wird.

### 5. Die außergewöhnliche Belastung

Die Anerkennung einer außergewöhnlichen Belastung setzt voraus, daß das laufende Einkommen durch eine unvorhergesehene, zwangsläufige außergewöhnliche Ausgabe belastet ist. Die mit dem Erbfall zusammenhängenden Lasten sind grundsätzlich aus der Erbmasse zu zahlen[290]. Das trifft insbesondere auf Beerdigungskosten zu. Auch die Bewirtung von Trauergästen ist nicht zwangsläufig[291]. *344*

Können diese Auslagen aus der Erbmasse nicht gedeckt werden, so kann der Erbe diese Lasten lediglich in Höhe der zumutbaren Eigenbelastung geltend machen (§ 33 Abs. 3 EStG). Jedoch sind Leistungen aus einer Lebensversicherung, die dem Stpfl. anläßlich des Todes eines nahen Angehörigen außerhalb des Nachlasses zufließen, auf die als außergewöhnlich anzuerkennenden Bestattungskosten anzurechnen[292]. *345*

Zahlungen, die ein Vater in Erfüllung eines auf vorzeitigen Erbausgleich gerichteten Verlangens seines nichtehelichen Kindes leistet, sind jedenfalls dann keine aus rechtlichen Gründen zwangsläufigen Aufwendungen i.S. des § 33 Abs. 2 Satz 1 EStG, wenn weder die nach § 1934d Abs. 4 Satz 1 BGB vorgesehene notariell beurkundete Vereinbarung durchgeführt wird noch eine gerichtliche Entscheidung über den Anspruch ergeht[293]. *346*

Die Übernahme der Verbindlichkeiten der Mutter kann eine außergewöhnliche Belastung darstellen[294].

### 6. Der Tarif

Wickelt der Erbe ein Unternehmen des Erblassers ab, so steht ihm ebenso hinsichtlich des Veräußerungsgewinns der begünstigte Tarif des § 34 Abs. 1 EStG zu. Der den Buchwert übersteigende Gewinn ist soweit ab 1. 1. 2002 mit dem halben Steuersatz zu versteuern, wenn der Erbe die Voraussetzungen des § 34 Abs. 3 EStG erfüllt. Das setzt allerdings voraus, daß der Gewerbebetrieb innerhalb einer wirtschaftlich angemessenen Frist abgewickelt wird. Erstreckt sich die Liquidation über einen großen Zeitraum von Jahren, so ist die Vorschrift des § 34 EStG nicht anwendbar; denn durch den längeren Abwicklungszeitraum wird durch die Verteilung des Gewinns auf mehrere Jahre die Steuerbelastung vermindert. *347*

Der Erhöhungsbetrag steht ihm jedoch nicht zu, wenn er selbst die Voraussetzungen nicht erfüllt. *348*

---

[290] BFH v. 24. 7. 1987, BStBl. II 1987, 715.
[291] BFH v. 17. 9. 1987, BStBl. II 1988, 130.
[292] BFH v. 22. 2. 1996, BStBl. II 1996, 413.
[293] BFH v. 23. 10. 1987, DB 1988, 631.
[294] BFH v. 24. 7. 1987, DB 1987, 2549.

## III. Behandlung von Vermächtnissen und Auflagen

### 1. Grundsätze

349 Das Vermächtnis stellt eine vom Erblasser angeordnete Verbindlichkeit dar (hinsichtlich der bürgerlich-rechtlichen Behandlung ⇒ Buch I Rz. 516ff.).

#### *a) Behandlung beim Erben*

350 Derjenige Erbe, der einen Nachlaßgegenstand belastet mit einem Vermächtnis erworben hat, hat diesen unentgeltlich erworben. Die Erfüllung des Vermächtnisses stellt kein Entgelt für den Erwerb des Nachlaßgegenstandes dar. Das gilt auch dann, wenn der Erbe das Vermächtnis nicht aus Mitteln des Nachlasses, sondern aus eigenen Mitteln erfüllt. Nimmt der Erbe einen Kredit auf, um das Vermächtnis zu erfüllen und dient die Erfüllung des Vermächtnisses dazu, dem Erben eine Einkunftsquelle zu sichern, so stellen die Kreditzinsen seit Änderung der Rechtsprechung weder Betriebsausgaben oder Werbungskosten dar[295].

351 Erhält ein Erbe neben seinem Erbteil ein **Vorausvermächtnis** (⇒ Buch I Rz. 526), so erhält er gegen die Erbengemeinschaft und damit, soweit er an der Erbengemeinschaft beteiligt ist, einen schuldrechtlichen Anspruch gegen sich selbst. Werden Wirtschaftsgüter zur Erfüllung des Vorausvermächtnisses aus dem Betriebsvermögen entnommen, ist auch ihm der Entnahmegewinn im Verhältnis zur Erbquote zuzurechnen. Das gilt auch dann, wenn er das Wirtschaftsgut aus dem Betrieb in ein anderes Betriebsvermögen überführt (§ 6 Abs. 5 Satz 4 EStG). Das wird auch künftig nicht ändern, da lediglich die unentgeltliche Übertragung aus dem Gesamthandsvermögen in ein anderes Betriebsvermögen steuerneutral erfolgt.

#### *b) Behandlung beim Vermächtnisnehmer*

352 Der Vermächtnisnehmer ist ertragsteuerlich seit dem Beschluß des Großen Senates[296] nicht mehr einem Erben gleich zu behandeln. Er erhält das vom Erblasser angeordnete Vermächtnis nicht mehr als vom Erblasser, sondern als vom Erben zugewandt. Er tritt als Einzelrechtsnachfolger in die Rechtsposition des Erben ein (⇒ Buch I Rz. 516f.).

### 2. Geldvermächtnis

353 Hat der Erblasser ein Geldvermächtnis ausgesetzt, so hat der Erbe grundsätzlich den Nachlaß belastet mit diesem Vermächtnis erworben.

---

[295] Bisher bejaht Kreditzinsenabzug: BFH v. 23.4.1985, BB 1985, 2655; v. 19.5.1983, BStBl. II 1983, 390; nach Beschl. v. 5.7.1990 GrS 2/89, BStBl. II 1990, 837, nunmehr BFH v. 14.4.1992, DB 1993, 565; Schreiben BdF v. 11.1.1993, BStBl. I 1993, 61.

[296] BFH v. 5.7.1990 GrS 2/89, BStBl. II 1990, 837; vgl. auch BFH v. 7.12.1990, BB 1991, 529.

**Beispiel:**

E hat mit Testament angeordnet, daß der Erbe A den Betrieb übernehmen soll, mit der Maßgabe, daß er an den Nichterben B eine Abfindung von Euro 100.000,– zahlen soll.

A hat den Betrieb unentgeltlich vom Erblasser erworben mit der Belastung, an einen Dritten Euro 100.000,– zu zahlen. Es handelt sich hier um eine durch den Erbfall begründete Verbindlichkeit. Die Erfüllung des Vermächtnisses stellt kein Entgelt für die Anschaffung des Betriebes dar. Nimmt der Erbe einen Kredit auf, um die Verbindlichkeit zu erfüllen, so stellt dieses Darlehen keine betriebliche Verbindlichkeit dar, die erfolgsneutral vom Kapitalkonto abzubuchen ist. Die Kreditzinsen stellen keine Betriebsausgaben dar.

Entsprechendes muß gelten, wenn der Erbe Privatvermögen (als nichtbetrieblich) erwirbt, jedoch belastet mit einem Vermächtnis oder einer Auflage des Erblassers.

Der Vermächtnisnehmer hat den aufgrund des Vermächtnisses ausgesetzten Barbetrag vom Erben erworben.

### 3. Sachvermächtnis

*a) Grundsätze*

Hat der Erblasser ein Sachvermächtnis (⇒ Buch I Rz. 540) angeordnet, hat der Erbe als Gesamtrechtsnachfolger grundsätzlich auch diesen Gegenstand erworben. Durch die Anordnung des Sachvermächtnisses ist eine Nachlaßverbindlichkeit begründet worden, die der Erbe zu erfüllen hat. Der Vermächtnisnehmer erwirbt daher vom Erben und nicht vom Erblasser. Durch das Vermächtnis ist daher zweimal ein unentgeltlicher Erwerb erfolgt. Bis zum Beschluß des Großen Senats ging die Rechtsprechung von einem unmittelbaren Erwerb vom Erblasser aus. Der Vermächtnisnehmer ist daher im Unterschied zum Erben nicht Gesamtrechtsnachfolger, sondern lediglich Einzelrechtsnachfolger[297]. *354*

*b) Vermächtnis im Bereich des Privatvermögens*

aa) Behandlung des Erben

Steuerlich wird der Erbe grundsätzlich bis zu Erfüllung des Vermächtnisses als Eigentümer des Vermächtnisgegenstandes angesehen. Dient der Vermächtnisgegenstand Einkünften (Vermietung und Verpachtung, § 21 EStG, oder Kapitalvermögen), sind die Einkünfte bis zur Erfüllung des Vermächtnisses grundsätzlich den Erben zuzurechnen. Unterliegt der Gegenstand des Vermächtnisses der Abnutzung z.B. bei Gebäude, kann der Erbe als Rechtsnachfolger nach § 11d EStDV für seine Besitzzeit die AfA beanspruchen[298]. *355*

bb) Behandlung des Vermächtnisnehmers

Der Vermächtnisnehmer hat wiederum den Gegenstand des Vemächtnisses unentgeltlich vom Erben erworben[299]. Als unentgeltlicher Erwerber kann er die *356*

---

[297] BFH v. 7. 12. 1990, BB 1991, 529.

[298] BFH v. 7. 12. 1990, BB 1991, 529.

[299] BFH v. 7. 12. 1990, BB 1991, 529; vgl. Märkle/Franz, BB Beilage 5 zu Heft 5/1991, S. 10.

AfA des **Erben** fortsetzen (§ 11d EStDV). Er kann daher grundsätzlich eine vom Erblasser und Erben in Anspruch genommene degressive AfA fortsetzen. Er ist jedoch nicht Gesamtrechtsnachfolger und kann daher nicht eine vom Erblasser beanspruchte Eigenheimzulage fortsetzen. Besteht das Vermächtnis in einem Anteil an einer Kapitalgesellschaft, so hat der Vermächtnisnehmer im Falle einer wesentlichen Beteiligung die Anschaffungskosten desjenigen Rechtsvorgängers zu übernehmen, der die Beteiligung entgeltlich erworben hat. Hinsichtlich der 5-Jahresfrist wird dem Vermächtnisnehmer die Besitzzeit des Erblassers und des Erben (§ 17 Abs. 1 EStG) angerechnet.

*c) Erfüllung eines Vermächtnisses aus dem Betriebsvermögen*

357 Nachlaßverbindlichkeiten sind in der Regel private Verbindlichkeiten. Eine betriebliche Verbindlichkeit liegt nicht vor. Hat der Erblasser ein Vermächtnis angeordnet, das aus dem Betriebsvermögen zu erbringen ist, liegt eine private Verbindlichkeit vor. Wird ein Vermächtnis aus einem Betriebsvermögen erfüllt, liegt eine Entnahme des Erben vor[300]. Der Entnahmegewinn ist den Erben entsprechend der Erbquote zuzurechnen. Das gilt auch dann, wenn der Vermächtnisnehmer den Gegenstand in ein Betriebsvermögen überführt (Tz. 67). Der gemeine Wert gilt in diesem Falle für das aufnehmende Betriebsvermögen als Anschaffungskosten.

358 Besteht das Vermächtnis in einer Sache, die sich in einem Betriebsvermögen befindet, so tätigt grundsätzlich der Erbe eine Entnahme, wenn er einen Gegenstand des Betriebsvermögen dazu verwendet, um eine Nachlaßverbindlichkeit, hier in Form eines Vermächtnisses, zu erfüllen[301].

**Beispiel:**

A ist Alleinerbe des E. Im Nachlaß befindet sich ein Betrieb, Buchwert Euro 400.000,–, Vekehrswert Euro 700.000,–. E hat an seinem Betriebsgrundstück, Wert Euro 200.000,- (Buchwert Euro 120.000,–), ein Vermächtnis zugunsten des B erstellt. A erfüllt dieses Vermächtnis an B.

A hat das Grundstück zum Teilwert von Euro 200.000,– entnommen. Den Unterschiedsbetrag zwischen dem Teilwert und dem Buchwert (Euro 200.000,– – Euro 120.000,– = Euro 80.000,–) hat er als Entnahmegewinn (laufenden Gewinn) zu versteuern.

Das gilt auch dann, wenn der Vermächtnisnehmer den Vermächtnisgegenstand in einem Betriebsvermögen verwendet (§ 6 Abs. 4 EStG).

*d) Der Gewerbebetrieb oder eine Beteiligung an einer Personengesellschaft als Gegenstand eines Vermächtnisses.*

359 Hat der Erblasser hinsichtlich des von ihm geführten Gewerbebetriebes bzw. hinsichtlich einer Beteiligung an einer Personengesellschaft ein Vermächtnis angeordnet, so ist der Erbe bzw. sind die Erben als Gesamtrechtsnachfolger Unter-

[300] BFH v. 5.7.1990, BStBl. II 1990, 837.
[301] BFH v. 5.7.1990, BStBl. II 1990, 837.

nehmer bzw. Mitunternehmer geworden (Durchgangserwerb der Erbengemeinschaft)[302]. Sie haben grundsätzlich die Buchwerte des Erblassers zu übernehmen. Ihnen steht daher die AfA hinsichtlich des abnutzbaren Anlagevermögens vom Erbfall bis zur Erfüllung des Vermächtnisses zu. Die Erfüllung des Vermächtnisses ist grundsätzlich als unentgeltliche Betriebs- oder Anteilsübertragung zu qualifizieren, die beim Übertragenden nicht zu einer Auflösung der stillen Reserven führt. Der Vermächtnisnehmer ist verpflichtet, die Buchwerte der mit dem Vermächtnis belasteten Erben fortzuführen, nicht jedoch die des Erblassers.

Da als Zeitpunkt der Übertragung aufgrund des Vermächtnisses der Tag der Erfüllung gilt, also der Zeitpunkt des wirtschaftlichen Übergangs, wird den Erben bzw. der Erbengemeinschaft der Gewinn bis zur Übergabe an den Vermächtnisnehmer zeitanteilig zugerechnet. Abweichend von diesem Grundsatz sind jedoch den Vermächtnisnehmer die Einkünfte zwischen Erbfall und Vollziehung des Vermächtnisses zuzurechnen, wenn dieser schon vor Erfüllung des Vermächtnisses als Inhaber des Gewerbebetriebes anzusehen ist.

### 4. Nießbrauchsvermächtnis

#### *a) Grundsätze*

360 Hat der Erblasser ein Nießbrauchsvermächtnis angeordnet, geht der Nachlaß belastet mit diesem Vermächtnis auf den Erben über. Die Erben haben belastetes Eigentum erworben (⇒ Buch I Rz. 553ff.). Die Erfüllung des Nießbrauchsvermächtnisses ist insoweit als Begleichung einer vom Erblasser begründeten Schuld zu behandeln (⇒ Buch I Rz. 560). Erfüllt ein Erbe im Zusammenhang mit dem Erwerb von Einkunftsquellen aus dem Nachlaß ein Nießbrauchsvermächtnis, so ist insoweit kein entgeltlicher Vorgang (Leistungsaustausch) gegeben.

361 Der Erbe hat den Nachlaßgegenstand belastet mit dem Nießbrauchvermächtnis erworben. Der Erbe erwirbt den Nachlaß mit der Verpflichtung (Vermächtnis), aus den Mitteln des Nachlasses eine Leistung zu erbringen. Besteht das Vermächtnis in der Einräumung eines Nießbrauchs, so ist der Erbe verpflichtet, den Nießbrauch zu bestellen. Dem Nießbraucher wird daher das Vermächtnis unmittelbar vom Erben zugewandt. Der vom Erben zugewandte Nießbrauch ist daher seit dem Beschluß des Großen Senates als Zuwendungsvermächtnis zu behandeln.

#### *b) Nießbrauch an der gesamten Erbschaft*

362 Ist der Nießbrauch am gesamten Nachlaß bestellt, so fallen dem Nießbraucher alle Einkünfte, die der Nachlaß erbringt, zu (⇒ Buch I Rz. 557). Der Nießbraucher tritt insoweit an die Stelle des Erblassers und hat die Einkünfte, wie sie beim Erblasser angefallen wären, zu versteuern. Der Erbe selbst hat in der Regel keinerlei Einkünfte aus dem Nachlaß. Er kann Einkünfte nur insoweit haben, soweit ihm die Früchte[303] zufallen. Einkünfte können beim Erben nur vorliegen, wenn

---

302 BFH v. 7. 12. 1990, BB 1991, 529.

303 BFH v. 21. 11. 1969, BStBl. II 1970, 368.

Nachlaßgegenstände durch andere ersetzt werden und hierdurch Veräußerungsgewinne entstehen. Da das ersetzte Gut dem Nießbrauchbesteller zufällt, hat er den evtl. Veräußerungsgewinn zu versteuern. Das ist der Fall, wenn sich der Gegenstand des Nießbrauchs in einem Betriebsvermögen befand oder wenn der veräußerte Gegenstand innerhalb der Spekulationsfrist veräußert worden ist. Der Erbe muß sich aber hierüber im klaren sein, daß er den Veräußerungsgewinn aus seinem Privatvermögen zu zahlen hat. Der reine Vermögensnießbrauch ist durch den BFH[304] in Frage gestellt.

*c) Nießbrauch am Betriebsvermögen*

aa) Nießbrauch am Einzelunternehmen

(1) Grundsätze

*363* Der Nießbraucher hat nur dann Einkünfte aus Gewerbebetrieb, wenn er selbst die Voraussetzungen, die an eine gewerbliche Tätigkeit geknüpft sind, erfüllt. (⇒ Buch I Rz. 1598). Ist der Nießbrauch an einem Einzelunternehmen bestellt worden, hat der Nießbraucher nur dann gewerbliche Einkünfte, wenn er selbst als Unternehmer bzw. beim quotenmäßigen Nießbrauch als Mitunternehmer anzusehen ist.

Man unterscheidet hier zwischen einem Unternehmensnießbrauch und einem Ertragsnießbrauch. Während beim Unternehmensnießbrauch der Nießbraucher das Unternehmen selbst führt, stehen beim Ertragsnießbrauch dem Nießbraucher lediglich die Erträge in vollem Umfange oder quotenmäßig zu, ohne daß er selbst zur Einkommenserzielung etwas beigetragen hat.

*(2) Unternehmensnießbrauch*

*364* Ein Unternehmensnießbrauch liegt vor, wenn der Nießbraucher das Unternehmen selbst auf eigene Rechnung und Gefahr führt. Ihm sind daher grundsätzlich alle Einkünfte aus dem Unternehmen zuzurechnen[305] (⇒ Buch I Rz. 1606ff.)

Nach dem Urteil des BFH vom 26. 2. 1987[306] liegen im Falle der Nießbrauchsbestellung zwei Betriebe vor, ein ruhender in der Hand des Eigentümers und Nießbrauchsverpflichteten und ein wirtschaftender in der Hand des Nießbrauchsberechtigten. Solange der Eigentümer und Nießbrauchsverpflichtete die Betriebsaufgabe nicht ausdrücklich erklärt, ist er Inhaber eines Gewerbebetriebes.

*365* Wird der Nießbrauch an einem verpachteten Betrieb bestellt[307], sind dem Nießbraucher als Unternehmer die Einkünfte zuzurechnen, wenn der Nießbraucher dem Pächter gegenüber als der Überlassende auftritt, nicht jedoch wenn die Verpachtung weiterhin durch den Eigentümer erfolgt, der Nießbraucher lediglich

---

304 BFH v. 21. 11. 1969, BStBl. II 1970, 368.

305 Vgl. Biergans, DStR 1985, 329; Paus, BB 1990, 1675; Walter, BB 1983, 1151; Scholz, FR 1983, 573; L. Schmidt, § 15 EStG, RdNr. 31 b.

306 BStBl. II 1987, 772.

307 BFH v. 14. 11. 1979.

Anspruch auf die Pachterträge hat. Der Nießbraucher muß Berechtigter und Verpflichteter des Pachtverhältnisses geworden sein, zumindest die Stellung eines Mitverpächters haben.

(3) Zurechnung der Einkünfte

Hat der Nießbraucher die Einkünfte erzielt, sind diesem grundsätzlich die Einkünfte zuzurechnen. Ihm steht grundsätzlich der gesamte Gewinn zu, den er aufgrund einer ordnungsgemäßen Wirtschaftsführung erzielt hat. Es handelt sich hier um den laufenden Gewinn. Nicht jedoch steht dem Nießbraucher der Gewinn zu, den er aus Anlageabgängen erzielt hat. Dieser Gewinn steht ihm nicht zur freien Verfügung, sondern er muß diesen wieder reinvestieren, weil für ihn die Substanzerhaltungsverpflichtung besteht. Soweit gegenüber dem Nießbrauchsverpflichteten Verbindlichkeiten bestehen, liegen Betriebsausgaben vor. 366

(4) AfA-Berechtigung

Der Nießbraucher ist grundsätzlich nicht AfA-berechtigt, da er nicht als Eigentümer und in der Regel auch nicht als wirtschaftlicher Eigentümer des Betriebsvermögens anzusehen ist. Er ist nicht berechtigt, AfA auf Anschaffungs- oder Herstellungskosten des Erblassers in Anspruch zu nehmen[308]. 367

Der Nießbrauchsbesteller und Eigentümer des Betriebsvermögens ist zwar AfA-berechtigt, er ist aber mangels Einkunftserzielungsabsicht nicht zum Betriebsausgabenabzug berechtigt, es sei denn, die Nießbrauchsbestellung war entgeltlich, was bei einem Nießbrauchsvermächtnis in der Regel nicht der Fall ist. 368

*(5) Ertragsnießbrauch am Unternehmen*

Ein Ertragsnießbrauch an einem Unternehmen liegt dann vor, wenn der Nießbraucher nicht berechtigt ist, das Unternehmen selbst zu führen, sondern lediglich berechtigt, die Gewinne zu beanspruchen (⇒ Buch I Rz. 1612). Der Ertragsnießbraucher betreibt daher kein Gewerbe und hat somit keine Einkünfte aus Gewerbebetrieb. Auch der Vermächtnisnehmer übt selbst keine gewerbliche Tätigkeit aus. Der Vermächtnisnehmer tritt jedoch als Rechtsnachfolger in die Rechtsstellung des Erblassers ein. Hat der bisherige Betriebsinhaber einen Betrieb unter Nießbrauchsvorbehalt übertragen, stellt die Nießbrauchsbestellung kein Entgelt für die Betriebsübertragung dar. Vielmehr hat dieser einen Betrieb übertragen mit dem Rückbehalt des Nutzungsrechtes. Werden dem bisherigen Eigentümer Einkünfte aufgrund des Nießbrauchs überlassen, sind die Gewinnanteile Früchte der früheren gewerblichen Tätigkeit mit der Folge, daß der Gewinn, den er aufgrund des rückbehaltenen Nießbrauchs beanspruchen kann, bei ihm als nachträgliche Einkünfte aus Gewerbebetrieb zu behandeln sind[309]. 369

---

308 BFH v. 28. 9. 1995, BStBl. II 1996, 440.

309 Vgl. BFH v. 26. 2. 1987, BStBl. II 1987, 772, allerdings zur Land- und Forstwirtschaft ergangen.

370 Die Einkünfte, soweit sie dem früheren Eigentümer zustehen, scheiden daher beim Erwerber des Betriebes aus. Der Nießbrauch auf Grund eines Vermächtnisses ist nicht als Vorbehaltsnießbrauch, sondern als Zuwendungsnießbrauch zu behandeln. Die Gewinnüberlassungsverpflichtung bei dem mit dem Nießbrauch belasteten Erben ist zwar keine Betriebsausgabe, weil diese Verpflichtung nicht im innerbetrieblichen Bereich entstanden ist, sie ist jedoch als dauernde Last als Sonderausgaben § 10 Abs. 1 Nr. 1a EStG voll abzugsfähig, da es sich hier nicht um eine freiwillig begründete Rechtspflicht handelt, und ist insoweit beim Empfänger als sonstige Einkünfte i.S. des § 22 Nr. 1 EStG in voller Höhe anzusetzen.

371 Liegt dem Ertragsnießbrauch kein Vermächtnis, sondern eine unentgeltliche Zuwendung zugrunde, wäre sie beim Überlassenden weder als Betriebsausgabe noch als Sonderausgabe abzugsfähig, da es sich hier um eine nichtabzugsfähige Einkommensverwendung handeln.

(6) Quotennießbrauch an einem Unternehmen

372 Der Nießbrauch am Unternehmen kann auch quotenmäßig begrenzt werden, was zweckmäßig ist, insbesondere dann, wenn der Erbe und nicht der Nießbraucher das Unternehmen führt (⇒ Buch I Rz. 1598). In diesem Falle ist lediglich der Erbe Gewerbetreibender. Der Gewinn ist ihm voll zuzurechnen.

373 Ist jedoch der Quotennießbraucher an der Unternehmensführung beteiligt, so ist durch die Einräumung des Nießbrauches zumindest ein einer Gesellschaft ähnliches Gemeinschaftsverhältnis begründet worden, das als Mitunternehmerschaft i.S. des § 15 Abs. 1 Nr. 2 EStG zu behandeln ist[310]. In diesem Falle sind die Einkünfte für beide gemeinsam gesondert zu ermitteln.

bb) Nießbrauch am Gesellschaftsanteil[311]

374 Grundsätzlich kann nach Ansicht der Rechtsprechung des BFH[312] nur derjenige Einkünfte aus Gewerbebetrieb haben, der selbst ein Gewerbe betreibt. Daher kann der Nießbraucher nur Einkünfte nach dieser Rechtsprechung haben, wenn er selbst Gewerbetreibender ist bzw. im Falle einer Mitunternehmerschaft selbst Mitunternehmer ist (⇒ Buch I Rz. 1601).

(1) Nießbraucher als Mitunternehmer

375 Für die Frage, ob der Nießbraucher als Mitunternehmer anzusehen ist, ist es gleichgültig, ob der Nießbrauch am Gesellschaftsanteil selbst, am Gewinnstamm-

---

310 Vgl. BFH v. 26.6.1984, BStBl. II 1984, 751.

311 Bender, DB 1979, 1445; Hoyer, BB 1978, 1459; Biergans, DStR 1985, 379; Schulze zur Wiesche, DStR 1980, 222, DB 1983, 2538, RWP S. 65.2, S. 1047ff.; L. Schmidt, § 15 EStG, RdNr. 53; Balke, FR 1987, 129; Bitz, DB 1987, 1506; Petzoldt, GmbHR 1987, 381; Lohr, Der Nießbrauch an Unternehmen und Unternehmensanteilen, 1989; Petzoldt, DStR 1992, 117; Haas, FS L. Schmidt, S. 316ff.

312 BFH v. 5.7.1978, BStBl. II 1979, 45; v. 13.10.1972, BStBl. II 1973, 209; v. 26.1.1978, BStBl. II, 299; v. 1.3.1994, DB 1994, 2423; v. 9.4.1991, BB 19991, 1690.

recht oder an einzelnen Gewinnansprüchen bestellt worden ist. Der Nießbraucher ist grundsätzlich als Mitunternehmer anzusehen, wenn er während der Zeit des Nießbrauchs alle Rechte des Gesellschafters wahrnimmt. Das betrifft nicht nur das Stimmrecht in der Gesellschafterversammlung, auch die Zustimmungsrechte und Kontrollrechte müssen von ihm wahrgenommen werden. Gleichgültig hierbei ist es, ob er am Gewinn und Verlust oder lediglich am Gewinn beteiligt ist. Als Gewerbetreibendem ist ihm daher der gesamte Gewinn aus der Beteiligung zuzurechnen, unabhängig davon, ob er ihm bürgerlich-rechtlich verbleibt oder nicht. Das Betriebsvermögen ist ihm insoweit in vollem Umfang zuzurechnen. Die Rückgabeverpflichtung an den ursprünglichen Eigentümer hat er zu passivieren. Die jeweiligen Erhöhungen der Verpflichtung, weil das Betriebsvermögen sich durch die nicht entnahmefähigen Gewinnanteile erhöht hat, stellen bei ihm Betriebsausgaben dar[313] (⇒ Buch I Rz. 1616).

Neben dem Nießbraucher ist weiterhin der Anteilseigner als Mitunternehmer *376*
anzusehen[314]. Dieser behält einen hinreichenden Bestand an vermögensrechtlicher Substanz des nießbrauchsbelasteten Gesellschaftsanteils und einen hinreichenden Bestand an gesellschaftsrechtlichen Mitwirkungsrechten zurück, die seine bisherige Stellung als Gesellschafter und Mitunternehmer aufrechterhalten. Er trägt auch nach Bestellung des Nießbrauchs weiterhin ein Unternehmerrisiko und er kann auch weiterhin Unternehmerinitiative ausüben[315].

Wird gleichzeitig am Sonderbetriebsvermögen der Nießbrauch bestellt, behält *377*
dieses den Charakter als Sonderbetriebsvermögen. Gleiches gilt, wenn die Gesellschaft den Nießbrauch auf den Gesellschaftsanteil beschränkt, weil er Mitunternehmer geblieben ist[316].

(2) Nießbrauch am Gewinnstammrecht

Ist der Nießbrauch lediglich am Gewinnstammrecht bestellt worden, so ist *378*
nach Ansicht des BFH[317] die Nießbrauchbestellung wirtschaftlich gesehen einer Abtretung der Gewinnansprüche gleichzusetzen (⇒ Buch I Rz. 1615). Im Falle einer Forderungsabtretung wird der ursprüngliche Forderungsinhaber weiterhin als der Einkommensbezieher behandelt, mit der Folge, daß er auch künftig diese Einkünfte bezieht. Inwieweit auch der Nießbraucher Einkünfte hat, richtet sich jedoch nach dem Innenverhältnis. Der Gewinn ist mit dem Zufluß dem Nießbraucher zuzurechnen als sonstige Einkünfte i.S. des § 22 Nr. 1 EStG, soweit er bei dem Nießbrauchbesteller abzugsfähig ist, daher nicht unter das Abzugsverbot des § 12 Nr. 2 EStG fällt. Hiernach dürfen Zuwendungen (unentgeltliche Übertragungen aufgrund einer freiwillig begründeten Rechtspflicht) das Einkommen

313 Vgl. Schulze zur Wiesche, DStR 1980, 222.

314 BFH v. 1.3.1994, DB 1994, 2423.

315 Hinsichtlich weiterer Einzelheiten BFH v. 1.3.1994, DB 1994, 2423.

316 Hierzu BFH v. 1.3.1994, DB 1994, 2423.

317 BFH v. 13.5.1976, BStBl. II 1976, 592; hierzu auch L. Schmidt, § 15 EStG, RdNr. 55; BFH v. 22.8.1990, DB 1991, 312; v. 9.4.1991, BB 1991, 1690.

nicht mindern. Ist jedoch der Nießbrauchbesteller aufgrund einer testamentarischen Anordnung verpflichtet, den Nießbrauch zu bestellen, handelt es sich bei ihm nicht um eine freiwillig begründete Rechtspflicht, mit der Folge, daß der Nießbraucher sonstige Einkünfte i.S. des § 22 Nr. 1a EStG hat und beim Nießbrauchbesteller die überlassenen Einkünfte als dauernde Last i.S. des § 10 Abs. 1 Nr. 1a EStG in voller Höhe abzugsfähig sind. Das gleiche dürfte zutreffen, wenn der Nießbrauch im Rahmen einer Erbauseinandersetzung zur Abfindung weichender Erben eingeräumt worden ist.

*d) Nießbrauch am Kapitalvermögen* (⇒ Buch I Rz. 1624 ff.)

379 Nach dem Urteil des BFH vom 17. 12. 1976[318] wird die unentgeltliche Bestellung eines Nießbrauchs an Wertpapieren mit steuerlicher Wirkung nicht anerkannt. Nach Ansicht des BFH handelt es sich auch hier um die Abtretung einzelner Gewinnansprüche, die als Einkünfte dem Wertpapierinhaber zuzurechnen sind. Nach dem Nießbraucherlaß vom 23. 11. 1983[319] ist beim Nießbrauch zwischen Vorbehaltsnießbrauch, Vermächtnisnießbrauch und Zuwendungsnießbrauch zu unterscheiden.

380 Ein Vorbehaltsnießbrauch liegt vor, wenn bei der Übertragung einer Beteiligung gleichzeitig ein Nießbrauchsrecht für den bisherigen Eigentümer an dieser bestellt wird. Die Bestellung des Nießbrauchs ist keine Gegenleistung des Erwerbers[320]. Von einem Zuwendungsnießbrauch spricht man nach Rz. 6 des Nießbraucherlasses dann, wenn dieser vom Eigentümer dem Berechtigten bestellt worden ist. Ein Vermächtnisnießbrauch liegt vor, wenn aufgrund einer letztwilligen Verfügung des Eigentümers durch dessen Erben einem Dritten der Nießbrauch an dem Gegenstand eingeräumt worden ist. Nach Rz. 51 des Nießbraucherlasses wird der Vermächtnisnießbrauch dem Vorbehaltsnießbrauch gleich behandelt.

381 Im Falle des Vorbehaltsnießbrauchs sind die Einnahmen dem Nießbraucher zuzurechnen. Ein Anspruch auf Anrechnung der Körperschaftsteuer steht dem Nießbraucher zu (vgl. § 20 Abs. 2 Nr. 2 Satz 3 EStG). Der Anrechnungsbetrag ist daher nach Rz. 55 des Nießbraucherlasses von diesem zu versteuern (§ 20 Abs. 1 Nr. 3 EStG).

Beim Zuwendungsnießbrauch ist zwischen einem entgeltlichen und einem unentgeltlichen Nießbrauch zu unterscheiden. Der Vermächtnisnießbrauch ist steuerlich wie ein Zuwendungsnießbrauch zu behandeln.

382 Liegt ein entgeltlicher Nießbrauch vor, hat der Nießbrauchbesteller das hierfür erhaltene Entgelt als Einkünfte aus Kapitalvermögen nach § 20 Abs. 2 Nr. 2 EStG zu versteuern. Entsprechend zieht der Nießbraucher lediglich eine Forderung ein, so daß die Kapitalerträge bei ihm nicht zu besteuern sind[321].

---

318 BStBl. II 1977, 115.
319 BStBl. I 1983, 508, Rz. 55 ff.
320 BFH v. 28. 7. 1981, BStBl. II 1982, 378; Erlaß, Rz. 36.
321 Vgl. BFH v. 12. 12. 1969, BStBl. II 1970, 212.

Die Anrechnung von Körperschaftsteuer kommt nur bei dem Nießbrauchbesteller in Betracht. Anzurechnen sind 3/7 des Entgelts für die Nießbrauchsbestellung, höchstens jedoch 3/7 des Betrags, der auf die nießbrauchsbelasteten Ansprüche ausgeschüttet wird. Die Anrechnung wird nur gewährt, soweit die in § 20 Abs. 1 Nr. 1 und 2 EStG bezeichneten nießbrauchsbelasteten Ansprüche spätestens in dem Kalenderjahr fällig werden, das auf das Jahr des Zuflusses des Entgelts für die Nießbrauchbestellung folgt. Für die weitere Laufzeit des Nießbrauchs ist die Körperschaftsteuer nicht anzurechnen (§ 36 Abs. 2 Nr. 3 Buchstabe d EStG; Anrechnung erfolgt letztmalig in 2001). *383*

Bei unentgeltlicher Bestellung eines Nießbrauchs sind die Einnahmen dem Nießbrauchbesteller zuzurechnen, auch wenn sie dem Nießbraucher zufließen[322]. Der Vermächtnisnehmer erwirbt unentgeltlich. Ein Anspruch auf Anrechnung der Körperschaftsteuer steht dem Nießbrauchbesteller zu. Der Anrechnungsbetrag ist daher von diesem zu versteuern (§ 20 Abs. 1 Nr. 3 EStG). *384*

*e) Nießbrauch am Grundvermögen*[323] (⇒ Buch I Rz. 868).

aa) Grundsätze

Die steuerliche Behandlung des Nießbrauchs am Grundvermögen hängt davon ab, ob es sich um einen Vorbehaltsnießbrauch, einen Zuwendungsnießbrauch oder einen Vermächtnisnießbrauch handelt. Unabhängig von dieser Unterscheidung sind dem Nießbraucher die Einkünfte zuzurechnen, wenn er selbst in seiner Person die Voraussetzungen des § 21 Abs. 1 Nr. 1 EStG erfüllt. Er erfüllt die Voraussetzungen, wenn er im Verhältnis zum Mieter die Stellung eines Vermieters einnimmt. *385*

bb) Entgeltlicher und unentgeltlicher Nießbrauch

Ein entgeltlich bestellter Nießbrauch liegt vor, wenn der Wert der Nutzungsüberlassung und der Wert der Gegenleistung nach wirtschaftlichen Gesichtspunkten gegeneinander abgewogen sind. Beim Vergleich von Leistung und Gegenleistung sind die von den Vertragsparteien jeweils zu erbringenden Leistungen gegenüberzustellen. Es ist davon auszugehen, daß ein zwischen Fremden vereinbarter Nießbrauch entgeltlich bestellt worden ist, wenn Leistung und Gegenleistung nicht in einem deutlichen Mißverhältnis zueinander stehen. *386*

Sind der Wert des Nießbrauchs und der Wert der Gegenleistung nicht nach wirtschaftlichen Gesichtspunkten abgewogen, ist von einem teilweise entgeltlichen Nießbrauch auszugehen. Der Vorgang ist in einen entgeltlichen und in einen unentgeltlichen Teil aufzuteilen. Dabei berechnen sich der entgeltlich und der un-

322 BFH v. 14.12.1976, BStBl. II 1977, 115.

323 Literaturhinweise: Ley, Besteuerung des Nießbrauchs an Betriebsgrundstücken, Privatgrundstücken und Wertpapieren, 1986; vgl. Mittelbach/Richter/Boveleth, Nießbrauch – Zivilrecht, Steuerrecht, 8. Aufl.; Petzoldt, Grundstücksübertragung unter Nießbrauchsvorbehalt, 4. Aufl.; BMF v. 24.7.1998 IV B 3 – S 2253 – 59/98, BStBl 1998 I 914.

entgeltlich erworbene Teil des Nießbrauchs nach dem Verhältnis des Entgelts zu dem Kapitalwert des Nießbrauchs (Tz. 12).

Ist der Wert der Gegenleistung im Verhältnis zum Wert des Nießbrauchs so bemessen, dass bei Zugrundelegung einer zwischen Fremden üblichen Gestaltung nicht mehr von einer Gegenleistung ausgegangen werden kann (weniger als 10 v.H. des Werts des Nießbrauchs) liegt ein unentgeltlich bestellter Nießbrauch vor (Tz. 13).

cc) Zuwendungsnießbrauch

*387* Der Zuwendungsnießbrauch kann grundsätzlich entgeltlich, aber auch unentgeltlich sein. Ein Zuwendungsnießbrauch liegt vor, wenn der Eigentümer eines Grundstücks an diesem einen Nießbrauch in der Weise bestellt, daß er einem anderen die Nutzungen hieraus ganz oder teilweise überläßt. Überläßt er die Nutzungen teilweise, spricht man von einem Quotennießbrauch. Aufgrund des Nießbrauchs ist der Nießbraucher berechtigt, das Objekt entweder durch Vermietung zu nutzen oder selbst zu nutzen (Tz. 16).

(1) Fremdvermietung

*388* Wie bereits ausgeführt werden die Einkünfte dem Nießbraucher bei Fremdvermietung zugerechnet, wenn er im Verhältnis zum Mieter als der Vermieter anzusehen ist. Der Nießbraucher ist als Vermieter anzusehen, wenn er berechtigt ist, selbständig Mietverträge abzuschließen, und den Mietern gegenüber aus dem Mietvertrag als der Überlassende verpflichtet ist. Es ist hierbei unerheblich, ob ein Brutto- oder ein Nettonießbrauch bestellt worden ist. Ein Bruttonießbrauch liegt dann vor, wenn dem Nießbraucher die vollen Einnahmen ungemindert um die Werbungskosten und sonstigen Aufwendungen zustehen. Ein Nettonießbrauch ist gegeben, wenn dem Nießbraucher nur die Einkünfte nach Abzug der Erhaltungsaufwendungen usw. zustehen. Ein Bruttonießbrauch ist dann unschädlich, wenn den Mietern gegenüber der Nießbraucher für die Instandhaltung verantwortlich ist, der Nießbrauchbesteller sich jedoch im Innenverhältnis verpflichtet hat, die Aufwendungen zu tragen. Bei der Durchführung des Erhaltungsaufwandes insbesondere der Reparaturarbeiten ist in diesem Falle der Nießbrauchbesteller lediglich Erfüllungsgehilfe des Nießbrauchers den Mietern gegenüber[324]. Insbesondere müssen nach der Bestellung des Nießbrauchs neue Mietverträge durch den Nießbraucher abgeschlossen werden. Der Eintritt in bestehende Mietverträge ist den Mietern anzuzeigen[325]. Unbare Mietzahlungen sind auf Konten des Nießbrauchers zu leisten. Vertreten Eltern ihre minderjährigen Kinder, müssen die Willenserklärungen im Namen der Kinder abgegeben werden[326]. Zum Werbungskostenabzug ist der Nießbraucher berechtigt, soweit er den Erhaltungsaufwand und die normalen Grundstücksaufwendungen zu tragen hat. Trägt der Nießbrau-

---

[324] Vgl. BFH v. 13.5.1980, BStBl. II 1981, 299.
[325] BFH v. 26.4.1983, BStBl. II 1983, 502.
[326] BFH v. 13.5.1980, BStBl. II 1981, 295.

cher mehr als den normalen Erhaltungsaufwand, so sind diese nur durch die Einkünfte aus Vermietung und Verpachtung veranlaßt, wenn eine klare vertragliche Vereinbarung hierüber vorliegt.

Ist der Nießbrauch an dem fremdvermieteten Objekt in vollem Umfang bestellt worden, hat der Nießbrauchbesteller und Eigentümer keine Einkünfte aus Vermietung und Verpachtung, soweit der Nießbrauch unentgeltlich bestellt ist. Ist der Nießbrauch jedoch entgeltlich bestellt, muß der Nießbrauchbesteller und Eigentümer das Entgelt als Einkünfte aus Vermietung und Verpachtung versteuern. Grundsätzlich ist das Entgelt bei Zufluß zu versteuern. Besteht das Entgelt in laufenden Zahlungen, so hat der Nießbraucher diese laufenden Zahlungen bei Eingang zu erfassen. Besteht jedoch das Entgelt für die Überlassung des Nießbrauchs in einer einmaligen Zahlung, kann dieses Entgelt nach Rz. 29 des Nießbraucherlasses auf Antrag aus Billigkeitsgründen auf 10 Jahre verteilt werden. *389*

Zahlungen zur Ablösung des Nießbrauchs sind beim Eigentümer im Jahr der Zahlung als negative Einnahmen bei den Einkünften aus Vermietung und Verpachtung zu erfassen. Ist das für die Bestellung des Nießbrauchs gezahlte Entgelt auf mehrere Jahre verteilt worden, ist der noch nicht versteuerte Restbetrag beim Eigentümer als Einnahme aus Vermietung und Verpachtung zu erfassen. Bei Abfindung in wiederkehrenden Leistungen sind diese jeweils im Jahr der Zahlung als negative Einnahmen anzusetzen. Der Nießbraucher hat die Ablösungszahlungen als Einkünfte nach § 22 Nr. 3 EStG zu versteuern, soweit die Ablösungszahlungen die noch nicht durch die AfA berücksichtigten Anschaffungskosten des Nießbrauchsrechts im Zeitpunkt der Ablösung übersteigen. Hat der Eigentümer gewisse Verpflichtungen gegenüber dem Nießbraucher übernommen, so kann er die Aufwendungen hierfür im Falle des entgeltlichen Nießbrauchs als Werbungskosten absetzen. *390*

Ist jedoch der Nießbrauch unentgeltlich bestellt worden, hat der Eigentümer keine Einkünfte aus Vermietung und Verpachtung; mangels Einkünfte kann der Nießbrauchbesteller auch keine Werbungskosten geltend machen, auch dann nicht, wenn er sich zu Aufwendungen gegenüber dem Nießbraucher verpflichtet hat[327]. Zahlungen zur Ablösung eines unentgeltlich eingeräumten Zuwendungsnießbrauchs sind als Zuwendungen i.S. des § 12 Nr. 2 EStG zu beurteilen. Sie gehören daher beim Nießbraucher nicht zu den Einkünften aus Vermietung und Verpachtung. Der Eigentümer kann sie nicht als Werbungskosten abziehen. *391*

Die Ablösung eines Vorbehaltsnießbrauchs kann eine unentgeltliche Vermögensübergabe sein mit der Folge, daß im sachlichen Zusammenhang hiermit vereinbarte – auf die Lebenszeit des Berechtigten gezahlte – abänderbare Versorgungsleistungen als sonstige Bezüge aus wiederkehrenden Leistungen (§ 22 Nr. 1 Satz 1 EStG) steuerbar sind. *392*

Sind ebensolche Leistungen – weil „nach kaufmännischen Gesichtspunkten bemessen“ Gegenleistung für den Verzicht auf den Nießbrauch, so ist dieser nur mit *393*

---

[327] Vgl. BFH v. 13.5.1980, BStBl. II 1981, 299.

dem Zinsanteil steuerbar. Der Zinsanteil ist grundsätzlich finanzmathematisch unter Verwendung eines Rechnungszinsfußes von 5,5 v.H. zu berechnen. Die voraussichtliche Laufzeit der wiederkehrenden Bezüge ist nach biometrischen Durchschnittswerten der allgemeinen Deutschen Sterbetafel (VStR Anhang 3) anzusetzen[328]. Allerdings wendet die jüngste BFH-Rechtsprechung bei im Rahmen eines Entgeltes gewährten sonstigen wiederkehrenden Leistungen/dauernden Lasten die Tabelle zu § 22 EStG an[329].

394 Überläßt der Nießbrauchsberechtigte die Ausübung des Nießbrauchs dem Eigentümer gegen wiederkehrende Leistungen in Höhe der vereinnahmten Miete, sind diese „Aufwendungen" weder als Werbungskosten noch als Sonderausgaben abziehbar[330].

(2) Selbstnutzung durch den Nießbraucher

395 Benutzt der Nießbraucher ein Einfamilienhaus oder in einem Mietshaus eine Wohnung selbst, richtet sich die steuerliche Behandlung danach, ob der Nießbrauch entgeltlich oder unentgeltlich bestellt worden ist.

Entgeltliche Selbstnutzung:

396 Soweit der Nießbraucher aufgrund des Nießbrauchs ein Haus oder eine Wohnung selbst nutzt, ist bei ihm kein Nutzungswert der Wohnung anzusetzen[331]. Ein Mietwert ist beim Nießbraucher auch insoweit nicht zu erfassen, als er das Gebäude einer unterhaltsberechtigten Person oder freiwillig oder aufgrund freiwillig begründeter Rechtspflicht einer nicht unterhaltsberechtigten Person zur Nutzung entgeltlich überläßt.

397 Mangels Einnahmen ist der Nießbraucher im Falle der Selbstnutzung auch nicht zum Werbungskostenabzug berechtigt. Hat der Nießbraucher im Falle der Selbstnutzung ein einmaliges Entgelt geleistet, kann er die Anschaffungskosten für dieses Recht auch nicht wegen der AfA als Werbungskosten geltend machen.

398 Im Falle der entgeltlichen Bestellung des Nießbrauchs hat der Eigentümer das gezahlte Entgelt als Einkünfte aus Vermietung und Verpachtung zu versteuern (siehe Fremdvermietung) und ist insoweit auch zum Werbungskostenabzug berechtigt.

(3) AfA-Berechtigung

399 AfA-berechtigt ist grundsätzlich nur der Eigentümer, also derjenige, der den wirtschaftlichen Verzehr des Objektes zu tragen hat. Es kommt hierbei auf das wirtschaftliche Eigentum an. In der Regel ist der Nießbraucher nicht als der wirt-

328 BFH v. 25. 11. 1992, DB 1993, 816.
329 BFH v. 9. 2. 1994, DB 1994, 2321.
330 BFH v. 3. 6. 1992, BFH/NV 1992, 807.
331 BFH v. 27. 6. 1978, BStBl. II 1979, 332.

schaftliche Eigentümer anzusehen. Daher ist grundsätzlich der Nießbraucher hinsichtlich des Nießbrauchsobjektes nicht selbst AfA-berechtigt.

Soweit jedoch der Nießbraucher das Nutzungsrecht entgeltlich erworben hat, kann er diese Anschaffungskosten im Wege der AfA auf die Dauer des Nutzungsrechtes verteilen. Ist der Nießbrauch lebenslänglich bestellt worden, ist als Nutzungsdauer die mittlere Lebenserwartung zugrunde zu legen[332]. Leistet jedoch der Nießbraucher als Gegenleistung für die Einräumung des Nießbrauchs ausschließlich gleichmäßig laufende Zahlungen, ist es nach Rz. 28 des Nießbraucherlasses aus Vereinfachungsgründen nicht zu beanstanden, wenn nur die laufend gezahlten Beträge als Werbungskosten abgesetzt werden. 400

Hinsichtlich des Nießbrauchobjektes bleibt grundsätzlich der Eigentümer AfA-berechtigt. Er kann jedoch nur die AfA als Werbungskosten geltend machen, wenn er auch Einkünfte hat. Ist der Nießbrauch entgeltlich bestellt worden, hat er Einkünfte und kann daher die Gebäude-AfA im Rahmen der Werbungskosten geltend machen. Ist hingegen der Nießbrauch unentgeltlich bestellt worden, ist weder der Nießbraucher mangels Eigentum noch der Eigentümer mangels Einnahmen AfA-berechtigt. 401

dd) Steuerliche Behandlung des Vorbehaltsnießbrauchs

(1) Grundsätze

Ein Vorbehaltsnießbrauch ist dann gegeben, wenn der Schenker sich im Rahmen der Schenkung den Nießbrauch an dem geschenkten Gegenstand vorbehält. Der Schenker schenkt somit die Substanz, aber hält die Nutzungen zurück. 402

**Beispiel:**

A ist Eigentümer eines Einfamilienhauses. Er überträgt dieses auf seinen Sohn durch Schenkung. Gleichzeitig bestellt der Sohn jedoch seinem Vater den Nießbrauch, der auch im Grundbuch eingetragen wird.

Behält sich der Vater im Rahmen einer Schenkung den Nießbrauch vor, so ist er in der Regel nicht als wirtschaftlicher Eigentümer anzusehen. Die Bestellung des Nießbrauchs ist in diesem Falle keine Gegenleistung des Erwerbers[333]. Das Grundstück wird mit dieser Beschränkung übertragen. 403

(2) Fremdvermietung

Ist das mit dem Vorbehaltsnießbrauch belastete Grundstück vermietet, hat der Vorbehaltsnießbraucher Einkünfte aus Vermietung und Verpachtung. Hatte der Nießbraucher das Grundstück für eigene Wohnzwecke genutzt, hat er den Nutzungswert nach § 21 Abs. 2 1. Alternative EStG bis zum 31.12.1986[334] zu versteuern, kann er weiterhin bis zum Jahre 1998 den Nutzungswert versteuern. 404

[332] Vgl. BFH v. 25.1.1979, BStBl. II 1979, 369.
[333] BFH v. 28.7.1981, BStBl. II 1982, 378.
[334] Vgl. BFH v. 7.12.1982, BStBl. II 1983, 627.

Der Vorbehaltsnießbraucher kann die von ihm getragenen Aufwendungen auf das Grundstück als Werbungskosten abziehen, soweit er sie vertraglich übernommen hat.

(3) Vorbehaltsnießbraucher als AfA-Berechtigter

405 Der Vorbehaltsnießbraucher kann weiterhin die AfA von den von ihm getragenen Anschaffungs- und Herstellungskosten für das Gebäude in Anspruch nehmen[335], denn AfA kann grundsätzlich derjenige geltend machen, der Anschaffungs- oder Herstellungskosten gehabt hat, um Einkünfte zu erzielen. Das trifft beim Vorbehaltsnießbraucher zu. Ist das Grundstück unter Vorbehalt des Nießbrauchs entgeltlich übertragen worden, ist die Bemessungsgrundlage für die AfA nicht um die Gegenleistung des Erwerbers zu kürzen.

(4) Behandlung des Erwerbers

406 Der Erwerber des mit dem Nießbrauch belasteten Grundstücks hat i.d.R. keine Einnahmen. Er kann daher auch nicht die Aufwendungen auf das Grundstück, die er aufgrund des Nießbrauchsvertrages zu tragen hat, als Werbungskosten abziehen. Er kann diese Aufwendungen auch nicht als dauernde Lasten geltend machen. Dem Eigentümer steht für die Zeit des Nießbrauchs grundsätzlich die AfA auf das Gebäude nicht zu. Das gilt auch dann, wenn er eigene zusätzliche Herstellungskosten aufgewandt hat. Eine Ausnahme gilt nur dann, wenn der Eigentümer sich durch einen Erweiterungsbau oder Ausbau eine eigene Wohnung geschaffen hat, dessen Nutzungswert er zu versteuern hat. In diesem Falle ist er auch hinsichtlich seiner Herstellungskosten zur AfA berechtigt.

407 Nach Erlöschen des Nießbrauchs stehen dem Eigentümer die AfA auf das Gebäude zu. Ist das Gebäude entgeltlich unter Vorbehalt des Nießbrauchs übertragen worden, bemessen sich die AfA nach den Anschaffungskosten des Eigentümers. Der Kapitalwert des Nießbrauchs gehört nicht zu den Anschaffungskosten. Die AfA-Bemessungsgrundlage erhöht sich um die zusätzlichen Herstellungskosten, die der Eigentümer zu tragen hat. Das AfA-Volumen ist um die AfA-Beträge zu kürzen, die von den Anschaffungskosten des Eigentümers auf den Zeitraum zwischen Anschaffung des Grundstücks und dem Erlöschen des Nießbrauchs entfallen.

408 Ist das Grundstück unentgeltlich unter Vorbehalt des Nießbrauchs übertragen worden, ist das AfA-Volumen um die AfA zu kürzen, die der Vorbehaltsnießbraucher während des Bestehens des Vorbehaltsnießbrauchs in Anspruch genommen hat.

409 Für die Ermittlung der Bemessungsgrundlage für die AfA ist § 11d EStDV maßgebend.

---

[335] BFH v. 28.7.1981, BStBl. II 1982, 380; v. 27.7.1982, BStBl. II 1983, 6; vgl. auch BFH v. 15.5.1990, DB 1991, 22.

(5) Selbstnutzung durch den Vorbehaltsnießbraucher

Die Selbstnutzung stellt keine Einnahme dar. 410

ee) Vermächtnisnießbrauch

Ein Vermächtnisnießbrauch liegt vor wenn aufgrund einer letztwilligen Verfügung des Grundstückseigentümers durch dessen Erben einem Dritten der Nießbrauch an dem Grundstück eingeräumt worden ist. 411

Der Vermächtnisnießbrauch wird wie ein Zuwendungsnießbrauch behandelt. Der Vermächtnisnehmer ist nicht berechtigt, die AfA für das vom Erblasser hinterlassene Gebäude in Anspruch zu nehmen[336]. 412

ff) Dingliche und obligatorische Nutzungsrechte

Für dingliche und obligatorische Nutzungsrechte kann auf die vorangegangenen Ausführungen verwiesen werden. 413

gg) Nießbraucher als wirtschaftlicher Eigentümer

Der Nießbraucher ist als wirtschaftlicher Eigentümer anzusehen, wenn er nicht nur die Nutznießung, sondern auch das Verfügungsrecht über das Grundstück hat. Er ist als wirtschaftlicher Eigentümer anzusehen, wenn er sich bei der Schenkung unter Nießbrauchvorbehalt vorbehalten hat, das Grundstück jederzeit wieder zurückzunehmen, also die Schenkung zu widerrufen. Ebenfalls ist er als wirtschaftlicher Eigentümer anzusehen, wenn er das Recht hat, während des Nießbrauchs auch das Grundstück zu belasten. Wird das Grundstück wirtschaftlich unverändert von dem früheren Eigentümer aufgrund des Nießbrauchs genutzt, trägt er weiterhin Tilgung und Verzinsung der auf dem Grundstück ruhenden Verbindlichkeiten, so sind dem Nießbraucher die Einkünfte aus der Nutzung des nießbrauchbelasteten Grundstücks zuzurechnen. In diesem Falle ist der Nießbraucher regelmäßig als wirtschaftlicher Eigentümer des nießbrauchbelasteten Grundstücks anzusehen[337]. Als wirtschaftlicher Eigentümer ist der Nießbraucher ebenfalls AfA-berechtigt. Ist der Nießbrauch an einem unbebauten Grundstück bestellt worden und baut der Nießbraucher aufgrund des Nießbrauchs auf diesem Grundstück ein Gebäude, das er selbst nutzt, ist er nach § 95 BGB sogar als rechtlicher Eigentümer des Gebäudes anzusehen. 414

*f) Behandlung der Übernahme von Steuerschulden als dauernde Lasten*

Wie bereits ausgeführt, erkennt die Rechtsprechung die Übernahme insbesondere persönlicher Steuerschulden des Nießbrauchbestellers, soweit sie auf den Gegenstand des Nießbrauchs entfällt, durch den Nießbraucher entgegen der überwiegenden Literaturmeinung nicht an. 415

---

336 BFH v. 28. 9. 1993, BStBl. II 1994, 319.

337 Vgl. BFH v. 8. 3. 1977, BStBl. II 1977, 629; v. 21. 6. 1977, BStBl. II 1978, 303.

Als Sonderausgaben sind sie beim Nießbraucher als dauernde Last nur abziehbar, wenn die Voraussetzungen hierfür vorliegen. Der BFH[338] hat diese Frage jedoch offengelassen, weil die Voraussetzungen in dem vorliegenden Sachverhalt offensichtlich nicht gegeben waren.

U. E. bestehen keine Bedenken, bei der Übernahmeverpflichtung von Steuern durch den Nießbraucher bei diesem eine dauernde Last anzunehmen.

Es handelt sich hier um Aufwendungen, die der Nießbraucher dem Nießbrauchbesteller aufgrund einer vertraglichen Verpflichtung in Geld zu entrichten hat[339].

Ebenfalls dürfte das Merkmal „für längere Zeit" hier gegeben sein. Soweit es sich hier um eine Zuwendung, was bei der Übernahme von Steuern ohne Zweifel gegeben ist, an Unterhaltsberechtigte handelt, wird § 12 Nr. 2 EStG, § 10 Abs. 1 Nr. 1 EStG im Wege stehen. Der Zuwendung wird in der Regel keine gleichwertige Gegenleistung gegenüberstehen.

Ob hier die Vereinbarung einer Steuerklausel Abhilfe schafft, ist zweifelhaft.

### 5. Rentenvermächtnis[340]

#### *a) Grundsätze* (⇒ Buch I Rz. 568)

416 Renten können auch Gegenstand eines Vermächtnisses sein. Hat der Erblasser eine Rente durch Vermächtnis angeordnet, wird die Rente in Erfüllung einer Nachlaßverbindlichkeit vom Erben bestellt. Der Erwerb des Rentenstammrechts durch den Vermächtnisnehmer erfolgt daher im Rahmen eines Vermächtnisses stets unentgeltlich. Für den Verpflichteten stellt sie eine Nachlaßverbindlichkeit dar, die nicht durch einen Leistungsaustausch begründet ist. In der Regel ist jedoch davon auszugehen, daß sie aus dem von Todes wegen erworbenen Vermögen erbracht werden kann.

417 Renten werden steuerlich nicht einheitlich behandelt, sie werden bei dem Rentenempfänger als sonstige Bezüge i.S. des § 22 Nr. 1 EStG erfaßt, falls die Zahlungen nicht unter eine andere Einkunftsart fallen. Der Verpflichtete (Erbe) kann die Rentenzahlungen als Sonderausgaben absetzen, sofern diese nicht mit einer Einkunftsart im Zusammenhang stehen (§ 10 Abs. 1 Nr. 1a EStG) und nicht unter das Abzugsverbot des § 12 Nr. 2 EStG fallen.

418 Man unterscheidet bei den wiederkehrenden Bezügen zwischen Renten und dauernden Lasten. Die Unterscheidung ist insofern von Bedeutung, als dauernde

338 BFH v. 11.7.1969, BStBl. II, 650.

339 Böger-Jech, DStR 1970, 755 mit weiteren Hinweisen.

340 Jansen/Wrede, Renten, Raten, Dauernde Lasten, 11. Aufl. 1994; Richter, Handbuch der Rentenbesteuerung; Biergans/von Stotzingen, Raten, Renten, andere wiederkehrende Zahlungen, 4. Aufl. 1993; Bader/Lammsfuß/Rinne, Die Besteuerung der Renten, 2. Aufl.; Fischer in Kirchhof/Söhn, § 22 EStG; Ehlers, Besteuerung wiederkehrender Bezüge, 1990; Fischer, Wiederkehrende Bezüge und Leistungen, 1994; Stephan, DB 1996, 2149.

Lasten beim Empfänger und Verpflichteten voll angesetzt bzw. voll abgesetzt werden, Leibrenten jedoch sowohl beim Berechtigten als auch beim Verpflichteten lediglich mit dem Ertragsanteil (Tabelle § 22 Nr. 1 EStG) angesetzt werden.

Vom Inhalt her unterscheidet man zwischen einer Unterhaltsrente, Versor- 419
gungsrente und einer Veräußerungsrente.

Für die Besteuerung ist ebenfalls von Bedeutung, ob sich die Rentenverpflichtung im betrieblichen oder im privaten Bereich vollzieht.

Der Veräußerungsrente liegt immer ein Leistungsaustausch zugrunde, wobei nach der neuesten Rechtsprechung[341] der Austausch nicht mehr ausgewogen zu sein braucht. Bei den Vermächtnisrenten handelt es sich nicht um Veräußerungsrenten, da ihnen kein Leistungsaustausch zugrunde liegt, es handelt sich grundsätzlich um private Renten, die auf einer freiwillig begründeten Rechtspflicht beruhen und daher nach § 12 Nr. 2 EStG nicht abzugsfähig sind (⇒ auch Buch I Rz. 1637).

*b) Rente, dauernde Last*

Die Rente ist eine Unterart der wiederkehrenden Bezüge[342]. Unter ihr versteht 420
man eine über einen längeren Zeitraum sich erstreckende gleichbleibende wiederkehrende, auf einem Stammrecht beruhende Zahlungsverpflichtung[343].

Die Verpflichtung muß auf eine Geldleistung oder auf vertretbare Sachen lauten. Sie ist entweder zeitlich begrenzt (Mindestlaufzeit 10 Jahre) oder sind vom Ableben entweder des Verpflichteten oder Berechtigten abhängig (Leibrenten). Die Vereinbarung einer Indexklausel oder Sachwertklausel ist für die Annahme einer Rente nicht schädlich. Eine Währungsklausel hat der BFH[344] ausdrücklich zugelassen. So ist es vielfach üblich, die Höhe der Rentenzahlungen an ein Beamtengehalt zu koppeln.

Bei Vermögensübertragungen gegen Versorgungsleistungen ist auch ohne Verweisung auf § 323 ZPO in der Regel von einer Abänderbarkeit auszugehen[345].

---

341 BFH v. 7.10.1980, BStBl. II 1981, 157.

342 Theis, Die einkommensteuerliche Behandlung der Renten, DB, Beilage Nr. 1/1973 zu Heft Nr. 3, S. 5; BFH v. 29.3.1962, BStBl. III 1962, 304; Stephan in Littmann/Bitz/Meincke, § 22 EStG, RdNr. 14ff.

343 Theis, a.a.O., S. 5; Stephan in Littmann/Bitz/Meincke, § 22 EStG, RdNr. 50ff.; BFH v. 24.4.1970, BStBl. II 1970, 541.

344 BFH v. 2.12.1966, BStBl. III 1967, 179; v. 11.8.1967, BStBl. III 1967, 699; v. 29.11.1983, BB 1984, 320; v. 5.12.1980, BB 1981, 282.

345 BFH v. 15.7.1992, BB 1992, 2134; v. 3.6.1992, BB 1992, 2485; v. 7.4.1992, FR 1992, 624; v. 17.12.1991; v. 25.3.1992, DB 1992, 2422; v. 25.3.1992, BB 1992, 1657; v. 11.3.1992, FR 1992, 333; v. 15.7.1991 GrS, BB 1991, 2281.

Ist jedoch eine Abänderungsklage gemäß § 323 ZPO zulässig wegen veränderter Umstände, so kann in der Regel keine Rente angenommen werden[346]. Es handelt sich in diesem Falle um eine dauernde Last. Ist eine wiederkehrende Leistung ertrags- oder umsatzabhängig, so liegt ebenfalls eine dauernde Last vor[347].

421 Ist die Leistung jedoch nicht der Höhe nach bestimmt oder liegen keine gleichmäßigen Leistungen vor und beruht die Leistung nicht auf einem Stammrecht, so liegt keine Rente, sondern eine dauernde Last vor. Vielfach beruht auch die dauernde Last auf einem Stammrecht. Insbesondere ist dann eine dauernde Last anzunehmen, wenn die Leistungen schwankend sind.

Ein gleicher Zeitabschnitt braucht auch nicht vorzuliegen.

Wie bereits erwähnt, liegt eine dauernde Last vor, wenn die Leistungen gewinn- oder umsatzabhängig sind[348].

Besteht eine Leistung aus einer Rente und einer Gewinnbeteiligung, so ist aufzuteilen[349].

422 Im Unterschied zum Nießbrauch hat der Berechtigte keinen Anspruch auf die Früchte und auf das Nutzungsrecht. Er hat lediglich gegen den Verpflichteten einen Anspruch auf Geld oder Geldeswert, der sich allerdings nach der Höhe des Gewinns oder des Umsatzes bemißt. Der Umsatz bzw. der Gewinn, soweit er auf die dauernde Last entfällt, ist daher immer dem Verpflichteten zuzurechnen. Ob er die Leistungen gewinn- oder einkommensmindernd absetzen kann, hängt von dem Innenverhältnis ab, je nachdem, ob der betriebliche oder der private Bereich berührt wird oder es sich um eine Unterhaltsverpflichtung handelt.

423 Liegt eine Rente vor, so kann der Verpflichtete lediglich den auf die Rentenverpflichtung entfallenden Ertragsanteil entweder gewinnmindernd bzw. einkunftsmindernd (§ 9 EStG) oder einkommensmindernd (§ 10 Abs. 1 Nr. 1a EStG) absetzen. Steht die Rente mit einer Einkunftsart im Zusammenhang, handelt es sich um Betriebsausgaben bzw. Werbungskosten. Z.B.: A erwirbt ein Haus gegen Rente.

Der Empfänger der Zahlung hat lediglich den Ertragsanteil zu versteuern.

424 Liegt eine dauernde Last vor, so kann der Verpflichtete diese entweder als Sonderausgabe oder als Werbungs- bzw. Betriebsausgaben voll von seinen Einkünften bzw. Einkommen absetzen. Wenn man ferner berücksichtigt, daß Schuldzinsen nicht mehr als Sonderausgaben abzugsfähig sind, der Ertragsanteil der Rente

---

346 BFH v. 7. 12. 1966, BStBl. III 1967, 245; v. 3. 12. 1964, BStBl. III 1965, 166; v. 27. 9. 1973, BStBl. II 1974, 103; v. 20. 5. 1980, BStBl. II 1980, 573; v. 19. 9. 1980, BStBl. II 1981, 26; v. 22. 9. 1982, BStBl. II 1983, 99; v. 30. 10. 1984, BB 1985, 2289; v. 28. 1. 1986, BStBl. II 1986, 348; v. 15. 7. 1991 GrS 1/90, BStBl. II 1992, 76.

347 BFH v. 27. 9. 1973, BStBl. II 1974, 103; v. 30. 5. 1980, BStBl. II 1980, 575; v. 18. 3. 1980, BStBl. II 1980, 501.

348 BFH v. 10. 10. 1963, BStBl. III 1963, 592.

349 BFH v. 2. 12. 1966, BStBl. III 1966, 243; v. 1. 8. 1975, BStBl. II 1975, 881; v. 2. 12. 1980, BStBl. II 1981, 263; v. 28. 7. 1983, DB 1984, 808; v. 30. 5. 1980, BStBl. II 1980, 575; v. 18. 3. 1980, BStBl. II 1980, 501.

dennoch, obwohl der Ertragsanteil den Charakter von Schuldzinsen besitzt, wird man künftig der Rentenvereinbarung gegenüber der Kreditaufnahme, wenn kein betrieblicher Zusammenhang gegeben ist, den Vorzug geben. Bei dauernden Lasten, die im Zusammenhang mit einem Leistungsaustausch begründet worden sind und im Zusammenhang mit Einkünften stehen, ist nach der neuesten Rechtsprechung jede Leistung in Leistungen auf das Stammrecht und in einen Zinsanteil aufzuteilen[350].

*c) Unterhaltsrente*

Als Unterhaltsrenten bezeichnet man solche Renten, die unterhaltsberechtigten 425
Angehörigen ohne Gegenleistung gewährt werden[351]. Gegenleistung ist hier nicht gleichzusetzen mit entgeltlich. Von einem entgeltlichen Geschäft spricht man, wenn Leistung und Gegenleistung in einem ausgewogenen Verhältnis zueinander stehen.

Unterhaltsrenten unterliegen jedoch dem steuerlichen Abzugsverbot (§ 12 Nr. 2 EStG). Ein abgewogenes Verhältnis läge vor, wenn die Höhe der Rentenzahlung nach dem Wert des hingegebenen Gegenstandes bemessen wird. Das ist aber bei einem Rechtsgeschäft mit unterhaltsberechtigten Angehörigen nicht erforderlich, um die Unentgeltlichkeit hier zu verneinen. Es ist für die Abzugsfähigkeit der Renten lediglich erforderlich, daß die Rente nicht ohne Gegenleistung gewährt wird.

Eine Gegenleistung wird verneint, wenn der gemeine Wert des hingegebenen Gegenstandes bei großzügiger und überschlägiger Berechnung weniger als 50 v.H. des Rentenbarwertes (kapitalisierte Rente) beträgt[352].

**Beispiel:**

A überträgt auf B ein Grundstück im Werte von Euro 100.000,– und erhält dafür eine Rente, deren Barwert Euro 160.000,– beträgt. Hier handelt es sich um eine Versorgungsrente im Gegensatz zur Unterhaltsrente.

Es fragt sich jedoch, wie die testamentarisch angeordneten Renten zu behan- 426
deln sind, wenn diese an eine für den Erblasser oder dem Rentenverpflichteten gegenüber unterhaltsberechtigten Person gewährt werden.

Soweit die Erben eine Rentenverpflichtung des Erblassers übernehmen, die bei diesem unter das Abzugsverbot des § 12 Nr. 2 EStG fallen würde, können sie diese ebenfalls als Rechtsnachfolger nicht als unbeschränkte Sonderausgaben einkommensmindernd mit dem Ertragsteil ansetzen.

Gehört jedoch umgekehrt der Berechtigte nur gegenüber dem Erben zu den in § 12 Nr. 2 EStG genannten Personen, leistet der Erbe aber aufgrund einer ererb-

[350] BFH v. 9. 2. 1994, DB 1994, 2321.
[351] BFH v. 28. 7. 1983, DB 1984, 808.
[352] BFH v. 7. 4. 1992, BStBl. II 1992, 809; BFH v. 25. 4. 1990, BStBl. II 1990, 625.

ten Verpflichtung des Erblassers, so steht einer etwaigen Abzugsfähigkeit der Zahlungen in § 12 Nr. 2 EStG nichts entgegen[353].

*d) Die private Versorgungsrente* (⇒ Buch I Rz. 1632 ff.)

*427* Eine Versorgungsrente liegt dann vor, wenn für die Höhe der Rente nicht der Wert der Gegenleistung, sondern andere Maßstäbe wie der Versorgungsgedanke im Vordergrund stand[354]. Werden Renten oder Versorgungszusagen in einem Leistungsaustausch begründet, nimmt die Rechtsprechung einen Leistungsaustausch an, auch wenn die gegenseitigen Leistungen nicht ausgeglichen sind, somit liegt zumindest soweit sich beide Leistungen wertmäßig decken, ein Leistungsaustausch vor[355].

*428* Ausgenommen hiervon sind Renten und Versorgungszusagen, die im Zusammenhang mit einer vorweggenommenen Erbregelung begründet worden sind[356]. Auch Versorgungsleistungen können auf Verfügungen von Todes wegen beruhen[357]. Das setzt voraus, daß existenzsichernde Vermögen auf einen künftigen Erben übertragen worden ist, aus dem der Vermögensübernehmer die Versorgungsleistungen zu erbringen hat. Der Übertragende hat hier gewissermaßen die zur Versorgung notwendigen Erträge zurückbehalten[358]. Renten, die im Zusammenhang mit einer Erbauseinandersetzung vereinbart werden, sind im Zweifel Veräußerungsrenten. Fraglich ist jedoch die steuerliche Behandlung, wenn die Renten nicht aus den Erträgen des übernommenen Vermögens gedeckt werden können.[359]

Der Rentenverpflichtete hat die Gegenstände unentgeltlich erworben. Er ist verpflichtet, die Buchwerte bzw. bei privatem Grundvermögen und wesentlichen Beteiligungen im Privatvermögen die Anschaffungskosten des Erblassers fortzuführen (nähere Einzelheiten siehe Erbauseinandersetzung ⇒ Rz. 503 ff., 510). Die Rentenzahlungen stellen daher für den Verpflichteten keine Anschaffungskosten dar. Der Ertragsanteil der Rente ist nicht als Werbungskosten bzw. Betriebsausgaben zu behandeln. Er ist lediglich als Sonderausgabe abzugsfähig. In der Regel wird von einer dauernden Last auszugehen sein. Diese wäre im vollen Umfang

---

353 Hermann-Heuer-Raupach, § 12 EStG, RdNrn. 9–10.

354 Sauerland/Went/Schmidt/Schulz, Rentenbesteuerung, S. 46 ff.; Theis, Die einkommensteuerliche Behandlung der Renten, DB, Beilage Nr. 1/1973 zu Heft Nr. 3, S. 6; Bader/Lammsfuß/Rinne, Die Besteuerung der Renten, 2. Aufl., Rz. 109 ff.; vgl. auch Stephan, DB 1996, 2149; Schr. BMF v. 23. 12. 1996, BStBl. I 1996, 1508.

355 BFH v. 27. 2. 1992, BB 1992, 1331.

356 BFH v. 15. 7. 1991 GrS 1/90, BStBl. II 1992, 78.

357 Schr. BMF v. 23. 12. 1996, BStBl. I 1996, 1508 Tz. 2, 28.

358 BFH v. 11. 3. 1992, BB 1992, 1115; v. 23. 1. 1992, BB 1992, 1120; v. 25. 3. 1992, DB 1992, 2422, v. 23. 3. 1993, BFH/NV 1993, 717; v. 18. 2. 1993, BFH/NV 1994, 14; v. 20. 5. 1992, BFH/NV 1992, 805; v. 15. 7. 1992, BFH/NV 1992, 816; v. 15. 1. 1992, BFH/NV 1992, 817; Seithel, BB 1993, 473; Stephan, DB 1993, 194; Stephan, DB 1994, 2307.

359 BFH Vorlagebeschluß v. 10. 11. 1999, DStR 2000, 420; Spiegelberger, DStR 2000, 1073.

abzugsfähig. Beim Empfänger handelt es sich hinsichtlich des Ertragsanteils um sonstige Bezüge (⇒ auch Buch I Rz. 1635, 1637).

### e) Die private Veräußerungsrente

Eine private Veräußerungsrente ist dann gegeben, wenn Leistung und Gegen- 429
leistung wertmäßig in einem ausgewogenen Verhältnis zueinander stehen[360]. Das ist der Fall, wenn die Rente den Kaufpreis für den empfangenen Gegenstand darstellt. Wie bereits ausgeführt, wird die Erbauseinandersetzung nicht als Veräußerungsgeschäft angesehen. Eine Ausnahme liegt lediglich dann vor, wenn die Erbauseinandersetzung wirtschaftlich betrachtet nicht mehr als eine solche, sondern als Veräußerung eines Miteigentumsanteils an einem Gegenstand angesehen wird (⇒ Ausführungen zur Erbauseinandersetzung Rz. 510, 533). Ist das der Fall, so liegt eine Veräußerungsrente vor. Handelt es sich bei dem Erwerb um einen Gegenstand des Privatvermögens, so ist eine private Veräußerungsrente gegeben.

Der Rentenbarwert stellt für den Rentenverpflichteten Anschaffungskosten für 430
den Erwerb des Miteigentumsanteils an dem Nachlaßgegenstand dar.

**Beispiel:**

In der Erbengemeinschaft befindet sich ein Grundstück, das den Erben A und B je zur Hälfte gehört. Anschaffungskosten des Erblassers Euro 100.000,–. 3 Jahre nach dem Erbfall vereinbaren A und B, daß A den Miteigentumsanteil des A für eine monatliche Rente von Euro 900,– übernimmt (Rentenbarwert Euro 100.000,–). Der Rentenbarwert stellt sich für A als Anschaffungskosten dar. Er kann daher von einem Wert Euro 50.000,– + Euro 100.000,– = Euro 150.000,– bei der Berechnung der jährlichen AfA ausgehen. Die Zahlungen auf den Ertragsanteil sind bei ihm Werbungskosten aus Vermietung und Verpachtung.

Der Rentenempfänger hat hinsichtlich des Ertragsanteils sonstige Einkünfte. 431

Werden anläßlich einer auf die Lebenszeit einer Bezugsperson zeitlich gestrekken entgeltlichen privaten Vermögensumschichtung gleichbleibende wiederkehrende Leistungen vereinbart, ist deren Ertragsanteil (Zinsanteil), da dieser Entgelt für die Überlassung von Kapital ist und private Schuldzinsen nicht abgezogen werden dürfen, bei verfassungskonformer Auslegung **nicht** als Sonderausgaben abziehbar[361].

### f) Die betriebliche Veräußerungsrente

Eine betriebliche Veräußerungsrente liegt dann vor, wenn ein Unternehmen, 432
ein Teilbetrieb oder ein Anteil an einem Unternehmen gegen eine Rente veräußert wird. Das ist aber unter Erben nur der Fall, wenn neben der Erbauseinandersetzung gleichzeitig eine mitunternehmerische vollzogen wird (⇒ hierzu aber

[360] Bader/Lammsfuß/Rinne, Die Besteuerung der Renten, 2. Auflage, S. 158; vgl. BFH v. 16.7.1969, BStBl. II 1970, 56; v. 6.3.1975, BStBl. II 1975, 600; v. 23.1.1964, BStBl. II 1964, 422; v. 24.10.1978, BStBl. II 1973, 135; v. 28.7.1983, BStBl. II 1984, 97; v. 22.9.1982, BStBl. II 1983, 99; v. 12.11.1985; vgl. Schr. BMF v. 23. 12. 1996, BStBl. I 1996, 1508, Tz. 42ff.

[361] BFH v. 27.2.1992, BStBl. II 1992, 609; v. 25.11.1992, FR 1993, 268.

Rz. 539ff.). Voraussetzung für die Annahme einer betrieblichen Veräußerungsrente ist, daß Leistung und Gegenleistung wertmäßig aufeinander abgestimmt sind und somit die Rente ein Entgelt für die Übertragung des Betriebes darstellt. Es muß daher die Rente wertmäßig dem Wert des Betriebes entsprechen. Entscheidend ist hier das Verhältnis der Verkehrswerte[362].

*433* In diesem Falle haben die weichenden Erben die Abfindung, soweit sie den Buchwert der Beteiligung übersteigt, abzüglich der Kosten und des laufenden Gewinns, als Veräußerungsgewinn zu versteuern. Bei der Vereinbarung einer Rente ergeben sich aber gegenüber der Bar- bzw. Ratenzahlung folgende Abweichungen:

Der Veräußerer kann wählen, ob er den Veräußerungsgewinn erst nach Zufluß versteuern will oder sofort[363].

*434* Wählt der Veräußerer die **Sofortversteuerung,** so gilt der nach versicherungsmathematischen Grundsätzen errechnete **Rentenbarwert** als der **Veräußerungspreis.**

Von diesem ist der Buchwert der Beteiligung, der laufende Gewinn und die Kosten mindernd abzusetzen. Der laufende Gewinn unterliegt der Tarifbesteuerung.

*435* Hinsichtlich des auf diese Weise festgestellten Veräußerungsgewinns gilt folgendes:

Soweit die altersmäßigen Voraussetzungen nicht gegeben sind, wird der Veräußerungsgewinn rechnerisch nach § 34 Abs. 1 EStG auf 5 Jahre verteilt. Sind die altersmäßigen Voraussetzungen gegeben wird unter den in § 16 Abs. 4 EStG genannten Voraussetzungen ein Freibetrag von Euro 51.500,– und darüber der halbe Steuersatz nach § 34 Abs. 4 EStG, mindestens jedoch der Eingangssteuersatz.

**Beispiel:**

A (60 Jahre alt) veräußert seinen Anteil (50 v.H.) an einer Personengesellschaft für Euro 90.000,–. Der Buchwert des Anteils beträgt Euro 50.000,–. Der Veräußerungsgewinn beträgt Euro 40.000,–, der jedoch wegen Unterschreitens des Freibetrags von Euro 51.500,- steuerfrei ist..

Der verbleibende Veräußerungsgewinn ist nach § 34 Abs. 3 EStG begünstigt, und zwar zum halben Tarif. Mit der Sofortversteuerung fällt der Rentenanspruch in das Privatvermögen. Der Ertragsanteil der Rente ist als sonstige Bezüge zu versteuern.

*436* Wählt der Rentenempfänger die **Versteuerung bei Zufluß,** so hat er die einzelnen Rentenzahlungen erst bei Zufluß zu versteuern, aber erst, soweit sie den

---

362 Vgl. hierzu BFH v. 26. 1. 1978, BStBl. II 1978, 301; v. 24. 12. 1978, BStBl. II 1979, 135; v. 12. 11. 1985, BB 1986, 176; v. 22. 9. 1982, BStBl. II 1983, 99; hierzu auch Richter, DStR 1988, 148; Bader/Lammsfuß/Rinne, Die Besteuerung der Renten, 2. Auflage, RdNr. 197ff.; BFH v. 29. 1. 1992, BB 1992, 1117.

363 Sauerland/Wendt/Schmidt/Schulz, Rentenbesteuerung, S. 82ff.; Theis, Die einkommensteuerliche Behandlung der Renten, DB, Beilage Nr. 1/1973 zu Heft Nr. 3, S. 8ff.

Buchwert seiner Beteiligung übersteigen. Die Rentenzahlungen werden also erst mit dem Buchwert seiner Beteiligung verrechnet, wenn das Kapitalkonto ausgeglichen ist. Er hat nachträgliche Einkünfte aus Gewerbebetrieb (§ 24 Nr. 2 EStG). Es handelt sich hier jedoch um laufende nachträgliche Einkünfte, die nicht begünstigt sind. Es wird daher in den meisten Fällen zweckmäßig sein, die Sofortversteuerung zu wählen, insbesondere dann, wenn der Veräußerer noch den **Freibetrag** beanspruchen kann.

Bei dem Erwerber des Anteils und Rentenverpflichteten handelt es sich bei dem nach versicherungsmathematischen Grundsätzen ermittelten Rentenbarwert um Anschaffungskosten[364]. Die Rentenverpflichtung hat er mit dem **Barwert** als Verbindlichkeit auszuweisen. Dieser ist zu jedem Bilanzstichtag neu zu ermitteln. Die Minderung des Barwertes ist Ertrag. Die laufenden Rentenzahlungen sind für ihn Betriebsausgaben. 437

*g) Vermächtnisrenten*

Ist eine Rente im Rahmen eines Vermächtnisses an einen Dritten angeordnet, so liegt in der Erfüllung der Rentenverpflichtung kein Entgelt für den Erwerb des Nachlasses. Vielmehr hat der Erbe den Nachlaß mit dieser Belastung erworben. Soweit es sich bei dem erworbenen Nachlaß um Einkunftsquellen handelt, stellen die Rentenzahlungen aus dieser Rentenlast keine Aufwendungen dar, die im Zusammenhang mit einer Einkunftsart stehen, soweit sind die Zahlungen weder als Betriebsausgaben noch als Werbungskosten abzugsfähig. Leistungen aufgrund einer Vermächtnisrente sind beim Erben als Sonderausgaben abzugsfähig, beim Vermächtnisnehmer als sonstige Einkünfte i.S. des § 22 Nr. 1a EStG abzugsfähig, sofern die Zahlungen nicht unter das Abzugsverbot des § 12 Nr. 2 EStG fallen[365]. 438

aa) Behandlung des Rentenvermächtnisses beim Berechtigten

Der Berechtigte hat grundsätzlich wiederkehrende Bezüge im Sinne des § 22 Nr. 1 EStG. Besteht das Rentenvermächtnis in einer Leibrente, so unterliegt die Rente einer in Höhe des Ertragsanteils der sich aus der Tabelle in § 22 EStG ergibt, der Einkommensteuer. 439

Besteht die Rente in einer abänderbaren Versorgungszusage, ist grundsätzlich der sonstige wiederkehrende Bezug in voller Höhe zu erfassen. Das gilt jedoch nicht, wenn das Rentenvermächtnis Abgeltungscharakter hat. 440

Erhält ein pflichtteilsberechtigter Erbe aufgrund letztwilliger Verfügung des Erblassers vom Erben unter Anrechnung auf seinen Pflichtteil für die Dauer von 15 Jahren wiederkehrende Leistungen in schwankender Höhe, sind diese nicht mit ihrem vollen Betrag als Einkünfte der wiederkehrenden Bezüge des § 22 Nr. 1 441

[364] BFH v. 5.2.1969, BStBl. II 1969, 334; v. 20.11.1969, BStBl. II 1970, 309; v. 31.1.1980, BStBl. II 1980, 491.

[365] Hierzu Schulze zur Wiesche, BB 1986, 1134; vgl. Schr. BMF v. 23. 12. 1996, BStBl. I 1996, 1508 Tz. 28, 29.

Satz 1 EStG, sondern nur mit ihrem Zinsanteil nach § 20 Abs. 1 Nr. 7 EStG steuerbar[366].

bb) Der rentenverpflichtete Erbe oder Vermächtnisnehmer

442 Wiederkehrende Leistungen (Renten, dauernde Lasten), die der Erbe auf Grund eines Vermächtnisses an einen Dritten zu zahlen hat, sind mit dem Wert des empfangenen Vermögens zu verrechnen. Sie sind mangels wirtschaftlicher Belastung des Erben nicht als Sonderausgaben nach § 10 Abs. 1 Nr. 1 a EStG abziehbar[367].

**Beispiel:**

A ist Erbe des E. A hat zugunsten seiner Hausangestellten ein Rentenvermächtnis ausgesetzt.

A kann die Rentenzahlungen nicht als Sonderausgaben abziehen, da er nicht belastet ist.

Als Sonderausgaben abziehbar sind in der Regel nur Versorgungsleistungen zugunsten des Vermögensübergebers, dessen Ehegatten und neben dem Übernehmer vorhandene erbberechtigte Abkömmlinge (gesetzliche) wenn sie bei einer Vermögensübergabe im Wege der vorweggenommenen Erbfolge zu Lebzeiten des Erblassers als Versorgungsleistungen zu beurteilen wären.

Hiervon ist insbesondere dann auszugehen, wenn das nach gesetzlichem Erbrecht an sich dem überlebenden Ehegatten zumindest zum Teil zustehende Vermögen auf den Übernehmer übergeht.

443 Wiederkehrende Leistungen an nicht erbberechtigte Personen sind dagegen nicht abziehbar. Als Sonderausgaben abziehbare Versorgungsleistungen können ihren Entstehungsgrund statt in einer Vereinbarung zu Lebzeiten auch in einer letztwilligen Verfügung (z.B. Vermächtnis) haben. Das trifft dann zu, wenn ein überlebender Ehegatte oder ein neben dem Übernehmer des gesamten Vermögens erbberechtigter Abkömmling des Erblassers, statt des Erblassers statt seines gesetzlichen Erbteils lediglich Versorgungslasten aus dem ihm an sich zustehenden Vermögen erhält.

444 Wird dafür Vermögen unter Vorbehalt eines Teils der Erträge in Form von Versorgungsleistungen übertragen, ist der Entstehungsgrund (vorweggenommene Erbfolge oder Erbeinsetzung und Vermächtnis) unbeachtlich. Dabei ist vorausgesetzt, daß die Erträge solchen Wirtschaftseinheiten vorbehalten werden, die dem mit Versorgungsleistungen bedachten Berechtigten auf Grund gesetzlicher Erbfolge zumindest anteilig zustehen würde. Berechtigter in diesem Sinne ist insbesondere der überlebende Ehegatte, nicht aber auch neben dem Übernehmer (Erben) des gesamten Vermögens erbberechtigte Geschwister[368].

445 Insbesondere können, wenn der Erbe oder Vermächtnisnehmer von Todes wegen existenzsicherndes Vermögen erhalten hat, die Leistungen, die er an die Wit-

---

366 BFH v. 26. 11. 1992, DB 1993, 763.

367 BFH v. 27. 2. 1992, BStBl. II 1992, 612.

368 BFH v. 5. 7. 1990 BStBl. II 1990, 842.

we des Erblassers zu erbringen hat, Sonderausgaben sein[369]. Geht das nach dem gesetzlichen Erbrecht „an sich" dem überlebenden Ehegatten zustehende Vermögen auf Kinder über, sind die im sachlichen Zusammenhang hiermit letztwillig angeordneten wiederkehrenden Leistungen „eine besondere Art von Versorgungsleistungen", die durch die Vermögensübergabe an die Kinder notwendig geworden sind. Diese Leistungen sind den bei einer Vermögensabgabe zur vorweggenommenen Erbfolge vereinbarten Versorgungsleistung vergleichbare Leistungen aus einem Versorgungsvermächtnis an erbberechtigte Ehegatten, der kein existenzsicherndes Vermögen erhalten hat, sondern lediglich vom Erwerber des Vermögens aus den Vermögenserträgen versorgt werden soll, sind als beim verpflichteten Erben als Sonderausgaben abziehbar.

Wird ein Vorbehaltsnießbrauch an einem Grundstück durch eine Rente abgelöst, um das Grundstück zu veräußern, sind die Rentenzahlungen nicht als Rente oder dauernde Last abziehbar. *446*

Voraussetzung für die Abziehbarkeit ist, daß der Vermögensübernehmer dieses selbst nutzt[370].

Schlagen sowohl der Erbe als auch ein nach ihm zum Alleinerben berufener Abkömmling jeweils die Erbschaft aus, um existenzsicherndes Vermögen den Kindern bzw. Enkeln zukommen zu lassen, und verpflichten sich letztere, den zuerst berufenen Erben lebenslängliche Versorgungsleistungen zu zahlen, können diese Leistungen als Sonderausgaben (Leibrente oder dauernde Last) abziehbar sein[371]. *447*

Die aufgrund einer Verfügung von Todes wegen zu erbringenden wiederkehrenden Leistungen sind hingegen nicht als Versorgungsleistungen sondern als Veräußerungs- oder Unterhaltskosten zu beurteilen, wenn der Empfänger der Versorgungsleistungen im Erbwege existenzsicherndes Vermögen erhält[372]. *448*

### 6. Die stille Gesellschaft als Vermächtnis[373]

Die stille Gesellschaft wird auch steuerlich anerkannt. Sie kann steuerlich wirksam an einem Einzelunternehmen, einer Personengesellschaft und auch an einer Kapitalgesellschaft begründet werden. *449*

Man unterscheidet auch im Steuerrecht zwischen einer typischen stillen Gesellschaft und einer atypischen stillen Gesellschaft (⇒ hierzu Buch I Rz. 1221ff., insbesondere 1227ff.).

---

369 BFH v. 26.1.1994, BStBl II 1994, 633.

370 BFH v. 14.2.1996, BFH/NV 1996, 172.

371 BFH v. 17.4.1996, DB 1996, 1958.

372 Schr. BMF v. 23.12.1996, BStBl. I 1996, 1508 Tz. 29; vgl. auch BFH v. 26.1.1994 BStBl. II 1999, 633.

373 Literaturhinweise: Fleischer/Thierfeld, Stille Gesellschaft im Steuerrecht; Hense, Die stille Gesellschaft im handelsrechtlichen Jahresabschluß, 1990; Kandler, Stille Gesellschaft und Unterbeteiligung, 4. Aufl., Paulick, Handbuch der stillen Gesellschaft, 1988; Werner, Die stille Beteiligung als Kapitalanlageform, 1990.

Während der echte stille Gesellschafter im Ertragsteuerrecht wie ein Kapitalgeber behandelt wird, ist der atypische stille Gesellschafter Mitunternehmer.

Stille Gesellschaften können im Wege eines **Vermächtnisses** angeordnet werden. Sie können aber auch im Wege der **Erbauseinandersetzung** vereinbart werden.

Nicht selten wird die stille Gesellschaft als Vorstufe zu einer späteren echten Beteiligung mit den Familienangehörigen als **vorweggenommene Erbregelung** vereinbart.

Hinsichtlich der Problematik im Hinblick auf die tatsächliche Durchführung und die Angemessenheit der Gewinnverteilung wird auf die Ausführungen zur Familiengesellschaft (⇒ Rz. 1031 ff.) verwiesen.

*a) Die typische stille Gesellschaft*

450 Eine typische stille Beteiligung liegt steuerlich vor, wenn der stille Gesellschafter lediglich seine Einlage in die Gesellschaft eingebracht hat und nicht am Gesamthandsvermögen beteiligt ist. Der stille Gesellschafter hat lediglich einen obligatorischen Anspruch aus Rückerstattung seiner Einlage im Falle der Auflösung der Gesellschaft. Eine Verlustbeteiligung ist unerheblich.

Steuerlich handelt es sich hier nicht um eine Mitunternehmerschaft. Unternehmer bleibt derjenige, der das Unternehmen nach außen hin führt.

Der stille Gesellschafter hat **Einkünfte aus Kapitalvermögen**. Ist der stille Gesellschafter auch am Verlust des Unternehmens beteiligt, so stellen die ihm zugeschriebenen Verluste Werbungskosten dar. Der gutgeschriebene Gewinnanteil ist bei dem Unternehmer bzw. im Falle einer stillen Einlage an einer Personengesellschaft als **Betriebsausgabe** zu behandeln.

451 Gemäß § 43 a Abs. 1 Nr. 1 EStG hat die Gesellschaft von den Einkünften aus der stillen Einlage 25 v.H. zuzüglich Solidaritätszuschlag von 5,5 v.H. der Steuer Kapitalertragsteuer einzubehalten. Die einbehaltene Kapitalertragsteuer wird jedoch bei der Einkommensteuer des stillen Gesellschafters angerechnet werden.

452 Bei einer **stillen Einlage an einer Kapitalgesellschaft** ist darauf zu achten, daß der Gewinnanteil des stillen Gesellschafters nicht unangemessen hoch ist, da u.U. eine verdeckte Gewinnausschüttung vorliegen könnte, für den Fall, daß der stille Gesellschafter selbst gleichzeitig Gesellschafter bzw. Angehöriger eines Gesellschafters ist (⇒ Rz. 1035 ff.).

*b) Die atypische stille Gesellschaft*

453 Im Gegensatz zur typischen stillen Gesellschaft wird bei der atypischen stillen Gesellschaft der atypische stille Gesellschafter als Mitunternehmer behandelt (⇒ auch Buch I Rz. 1229). Das ergibt sich aus § 15 Abs. 1 Satz 1 Nr. 2 EStG, wonach die Gewinnanteile aus einer anderen Gesellschaft, bei der der Gesellschafter als Unternehmer (Mitunternehmer) anzusehen ist, Einkünfte aus Gewerbebetrieb sind. Ist der stille Gesellschafter an dem Unternehmen eines Einzelkaufmannes beteiligt, so wird dieses Unternehmen steuerlich als Personengesellschaft behan-

delt. Besteht eine stille Beteiligung an einer Personengesellschaft, so erhält der stille Gesellschafter die Stellung eines Gesellschafters. Auch für den Fall, daß der atypische stille Gesellschafter an einer Kapitalgesellschaft beteiligt ist, gilt er neben der Kapitalgesellschaft als Mitunternehmer.

Eine atypische stille Beteiligung ist dann anzunehmen, wenn nach Würdigung *454*
der Gesamtumstände auf den stillen Gesellschafter die wesentlichen Merkmale eines Unternehmers zutreffen. Neben der Beteiligung am Gewinn und Risiko ist das die Beteiligung am wirtschaftlichen Verkehr, am Vermögen und die Unternehmerinitiative. Dem stillen Beteiligten kommt insbesondere dann Unternehmerinitiative zu, wenn er im Innenverhältnis die Rechtsstellung eines Kommanditisten hat. Das wäre der Fall, wenn alle Handlungen des Unternehmers, die über den Rahmen der laufenden Geschäftsführung hinausgehen, der Zustimmung des stillen Gesellschafters bedürfen[374]. Das gilt insbesondere für die Rechte aus § 716 BGB. Gibt ihm der stille Beteiligungsvertrag in starkem Maße die Möglichkeit, auf die Geschicke des Unternehmens Einfluß zu nehmen, kommt dieser Einflußmöglichkeit das Gewicht einer Unternehmerinitiative zu[375].

Liegen die Voraussetzungen für eine Mitunternehmerschaft vor, so hat der stil- *455*
le Gesellschafter Einkünfte aus Gewerbebetrieb.

Der Gewinn einer Mitunternehmerschaft wird einheitlich und gesondert nach § 180 AO festgestellt. Das gilt sowohl für das Unternehmen des Einzelkaufmanns als auch für die Personengesellschaft als auch für die Kapitalgesellschaft[376].

Es tritt hier also eine ähnliche Behandlung ein wie bei der GmbH & Co. KG (⇒ hierzu Rz. 1093ff.).

Der Gewinn, soweit er auf den stillen Gesellschafter entfällt, ist somit nicht als Betriebsausgabe gewinnmindernd zu behandeln.

Eine atypische stille Gesellschaft ist dann anzunehmen, wenn nach Würdigung *456*
der Gesamtumstände auf den stillen Gesellschafter die wesentlichen Merkmale eines Unternehmers zutreffen. Nach der Rechtsprechung des BFH (⇒ auch Rz. 477ff.; Mitunternehmerschaft, Erbengemeinschaft) sind das die Beteiligungen am wirtschaftlichen Verkehr, Beteiligung am Vermögen und das persönliche Engagement.

Es reicht für die Annahme einer Mitunternehmerschaft nicht aus, daß der stille *457*
Gesellschafter im Betrieb mit tätig ist, er muß eine leitende Tätigkeit ausüben bzw. Mitbestimmungsrechte besitzen, die über die ihm in § 233 HGB eingeräumten Rechte weit hinausgehen. Eine vermögensmäßige Beteiligung im rechtlichen Sinne ist zwar nicht möglich, da der stille Gesellschafter begrifflich nicht Gesamthänder sein kann, er kann aber wirtschaftlich so gestellt werden, als sei er an dem Vermögen beteiligt, indem er nämlich am Wertzuwachs des Unternehmens und

---

374 Vgl. hierzu im einzelnen BFH v. 29.1.1976, BStBl. II 1976, 332.

375 BFH v. 5.7.1978, BStBl. II 1978, 644; vgl. auch BFH v. 22.1.1981, BB 1981, 1013; vgl. insbesondere BFH v. 11.12.1990, DB 1991, 1052; v. 20.11.1990, DB 1991, 1054.

376 BFH v. 18.3.1966, BStBl. III 1966, 197.

an den im Unternehmen ruhenden stillen Reserven Anteil hat. Das wäre gegeben, wenn der stille Gesellschafter im Falle seines Ausscheidens nicht nur den Buchwert seiner Beteiligung ausgezahlt erhielte, sondern auch den Gegenwert der stillen Reserven, der im Verhältnis seiner buchmäßigen Beteiligung entspricht.

Es wird im allgemeinen als ausreichend angesehen, wenn neben der Beteiligung am Gewinn eine der hier genannten Voraussetzungen zutrifft, also entweder weitgehende Mitbestimmung oder wirtschaftliche Beteiligung am Vermögen der Gesellschaft durch Teilhabe an den stillen Reserven gegeben ist[377].

Es wird hier auch keine Kapitalertragsteuer einbehalten. Die Feststellung, ob eine atypische stille Gesellschaft und damit Mitunternehmerschaft vorliegt, trifft das Betriebsfinanzamt.

### 7. Die Unterbeteiligung

*458* Die Unterbeteiligung kann sich in Form eines Vermächtnisses oder auch aus der Erbauseinandersetzung selbst ergeben. Hinsichtlich der bürgerlich-rechtlichen Ausgestaltung und Folgen ⇒ Buch I Rz. 1263ff. verwiesen.

*459* Auch die Unterbeteiligung kann steuerlich in zwei Formen vorkommen. In der Regel wird der Unterbeteiligte lediglich als Kapitalgeber am Anteil des Hauptbeteiligten nach Art eines stillen Gesellschafters unterbeteiligt sein. In diesem Falle hat der Unterbeteiligte Einkünfte aus Kapitalvermögen.

*460* Es ist aber auch möglich, daß der Unterbeteiligte als Mitunternehmer anzusehen ist. In diesem Falle hat auch er Einkünfte aus Gewerbebetrieb.

#### *a) Die Unterbeteiligung nach Art einer stillen Gesellschaft*

*461* Wie bereits ausgeführt, ist der Unterbeteiligte in der Regel nicht am Vermögen des Hauptbeteiligten beteiligt. Er wird steuerlich wie ein stiller Gesellschafter zu behandeln sein oder wie ein partiarischer Darlehensgeber. Er hat Einkünfte nach § 20 Nr. 4 EStG. Es ist vom Hauptgesellschafter Kapitalertragsteuer einzubehalten (vgl. § 43 Abs. 1 Nr. 2 EStG)[378].

*462* Der Gewinnanspruch des Unterbeteiligten ist beim Hauptgesellschafter Betriebsausgabe. Er ist somit ebenso zu behandeln wie die Darlehenszinsen, die ein Gesellschafter für die Aufnahme eines Kredites zur Finanzierung des Anteils aufgenommen hat. Es handelt sich hier um Sonderbetriebsausgaben eines Gesellschafters, die nicht im Handelsbilanzergebnis der Gesellschaft ihren Niederschlag gefunden haben.

*463* Nach der ständigen Rechtsprechung des BFH sind diese nicht bei der Einkommensteuererklärung, sondern bei der einheitlichen und gesonderten Gewinnfeststellung der Gesellschaft geltend zu machen. Das gilt auch für den Fall, daß die Unterbeteiligung der Gesellschaft nicht bekannt ist.

---

[377] BFH v. 20. 11. 1990, DB 1991, 1052; v. 11. 12. 1990, DB 1991, 1054; v. 27. 1. 1994, BStBl. II 194, 635.

[378] BFH v. 10. 11. 1987, BStBl. II 1988, 188; v. 28. 11. 1990, BB 1991, 1105.

### *b) Die mitunternehmerische Unterbeteiligung*[379]

Es ist vom BFH[380] in mehreren Urteilen anerkannt worden, daß eine Unterbeteiligung eine mitunternehmerische sein kann. Sie kann von vornherein als solche vereinbart werden oder sich aus den tatsächlichen Verhältnissen ergeben. *464*

Die Ausgestaltung der Unterbeteiligung als mitunternehmerische wird von dem BFH[381] grundsätzlich bejaht. Allerdings hat der BFH die Frage, inwieweit ein Unterbeteiligter überhaupt Unternehmerinitiative entfalten kann, offengelassen. Bei der Unterbeteiligung wird es daher im wesentlichen darauf ankommen, inwieweit der Unterbeteiligte am Vermögen der Gesellschaft beteiligt ist, wobei nach dem Wesen der Unterbeteiligung diese vermögensmäßig nur eine mittelbare sein kann[382]. *465*

Es war jedoch lange Zeit streitig[383], wie der Unterbeteiligte zu behandeln ist, als Mitunternehmer der Hauptgesellschaft oder als Mitunternehmer der Innengesellschaft zwischen dem Haupt- und Unterbeteiligten. Die Verwaltung war geneigt, den Unterbeteiligten als Mitunternehmer der Hauptgesellschaft anzunehmen, wenn die Unterbeteiligung der Hauptgesellschaft bekannt war, nicht jedoch für den Fall, daß die Unterbeteiligung der Gesellschaft gegenüber geheimgehalten wurde. Der BFH hatte sich jedoch in einem älteren Urteil dafür ausgesprochen, daß der Unterbeteiligte, gleichgültig, ob die Unterbeteiligung der Gesellschaft bekannt war oder nicht, in die einheitliche und gesonderte Gewinnfeststellung der Hauptgesellschaft mit einbezogen werden sollte. Dieses Urteil wurde jedoch, soweit es die nicht bekannte Unterbeteiligung betraf, von der Verwaltung nicht angewandt[384]. *466*

Der große Senat hat im Beschluß vom 5.11.1973[385] die Ansicht vertreten, daß die Unterbeteiligung eine Innengesellschaft zwischen dem Hauptbeteiligten und dem Unterbeteiligten begründe, die im Falle der Mitunternehmerschaft die Rechtsform einer Gesellschaft des bürgerlichen Rechts habe. Auf diese Gesellschaft sei daher auch § 179 AO anzuwenden. In dem Gewinnfeststellungsbescheid der Hauptgesellschaft würde nur über die Zurechnung des Gewinns der Hauptgesellschaft entschieden. Für den Fall, daß an einer Personengesellschaft eine andere beteiligt ist, müssen zwei einheitliche und gesonderte Gewinnfeststel- *467*

---

379 BFH v. 18.3.1982, BB 1982, 1183; v. 1.7.1982, BB 1982, 12; Schulze zur Wiesche in Hartmann/Böttcher/Nissen/Bordewin, Komm. EStG, Bd. 5, RdNr. 445ff.; Schulze zur Wiesche, Die Unterbeteiligung in der steuerlichen Rechtsprechung, NJW 1983, 2362; derselbe, die Unterbeteiligung als Mitunternehmerschaft, DB 1987, 551; BFH v. 3.12.1991, BStBl. II 1989, 758.

380 BFH v. 1.2.1973, BStBl. II 1973, 221.

381 v. Wallis, NWB Fach 2, 2619; BFH v. 4.4.1968, BStBl. II 1968, 669; v. 18.3.1982, BStBl. II 1982, 546; v. 24.7.1986, BStBl. II 1987, 54; v. 21.2.1991, FR 1991, 525.

382 Zu den einzelnen Voraussetzungen siehe BFH v. 21.2.1991, FR 1991, 525.

383 BFH v. 3.5.1979, BStBl. II 1974, 414.

384 BB 1974, 726.

385 BFH v. 23.2.1972, BStBl. II 1972, 530.

lungen erfolgen[386]. Dasselbe muß auch für die Innengesellschaft gelten, bei der die Gesellschafter als Mitunternehmer anzusehen sind. Über die Fragen, ob eine atypische stille Unterbeteiligung (Innengesellschaft) an dem Anteil des Gesellschafters vorliegt und wie hoch der Anteil des Unterbeteiligten ist, muß daher nach Ansicht des BFH in einem besonderen Feststellungsverfahren entschieden werden. Es kommt hierbei nicht darauf an, ob die Unterbeteiligung der Hauptgesellschaft bekannt ist oder nicht.

*468* Der Große Senat hat jedoch in seinem Beschluß offengelassen, ob nicht unter gewissen Umständen eine einheitliche Gewinnfeststellung erfolgen könne. Das wäre der Fall, wenn der Unterbeteiligte gleichzeitig als Mitunternehmer der Hauptgesellschaft angesehen werden könnte. Nach Ansicht des BFH[387] ist eine Mitunternehmerschaft des Unterbeteiligten an der Hauptgesellschaft nur anzunehmen, wenn der Unterbeteiligte als leitender Angestellter Einfluß auf die Geschäftsführung hat.

Hinsichtlich der Gewinnermittlung, insbesondere der Sondervergütungen, ist zu beachten, daß der Unterbeteiligte nicht Gesellschafter der Personengesellschaft ist.

Die Grundsätze der Angemessenheit der Gewinnbeteiligung von Familienangehörigen gelten auch für die Unterbeteiligung[388].

## IV. Die Erbengemeinschaft

### 1. Die Erbengemeinschaft im Steuerrecht[389]

*469* Sind mehrere Erben vorhanden, so geht bürgerlich-rechtlich das Vermögen unabhängig von einer Teilungsanordnung auf die Miterben als Gesamthandsgemeinschaft über (⇒ Buch I Rz. 18). Das Vermögen steht also allen Erben zur gesamten Hand zu (⇒ Buch I Rz. 35). Bei der Erbauseinandersetzung findet daher eine weitere Übertragung der Nachlaßgegenstände statt.

*470* Das Steuerrecht hat mit dem Beschluß des Großen Senates[390] von der These Abschied genommen, daß Erbanfall und Erbauseinandersetzung einen einheitlichen Vorgang darstellen und daß derjenige, der aus einem Nachlaß, sei es als Erbe oder Vermächtnisnehmer, erwirbt, diesen Gegenstand unmittelbar vom Erblasser unentgeltlich erworben hat. Das Steuerrecht folgt nunmehr der zivilrechtlichen Rechtslage, daß Erbanfall und Erbauseinandersetzung zwei selbständige rechtliche Erwerbsvorgänge darstellen.

---

386 BFH v. 23.1.1974, BStBl. II 1974, 480; v. 21.4.1988, BStBl. II 1989, 722.

387 BFH v. 23.1.1974, BStBl. II 1974, 480.

388 BFH v. 24.7.1986, BStBl. II 1987, 54.

389 Hierzu Schulze zur Wiesche in Bordewin/Brandt, § 15 EStG, RdNr. 494ff.; L. Schmidt, § 15 EStG, RdNr. 64 a und b.

390 BFH v. 5.7.1990, BStBl. II 1990, 837.

Nach § 1922 BGB gehen die Nachlaßgegenstände mit dem Erbfall unbeschadet der Erfüllung von Auflagen und Vermächtnissen und unabhängig von testamentarisch verfügten Teilungsanordnungen auf die Erben über (⇒ Buch I Rz. 8, 9, 18). Das gilt auch dann, wenn Vermächtnisse sofort erfüllt werden und Teilungsanordnungen sofort befolgt werden. Erben sind zunächst einmal Eigentümer des gesamten ungeteilten und mit Vermächtnissen und Auflagen belasteten Nachlasses geworden. Da es sich bei dem Nachlaßvermögen zivilrechtlich um Gesamthandsvermögen handelt, werden nach § 39 Abs. 2 Nr. 2 AO den Erben die einzelnen Nachlaßgegenstände, sofern es für die Besteuerung von Bedeutung ist, nach Bruchteilen zugerechnet, d.h. bei der Erbengemeinschaft entsprechend der Quote, mit der der einzelne Erbe am Nachlaß beteiligt ist. *471*

Einen Sondernachlaß bilden jedoch Beteiligungen an Personengesellschaften (⇒ Buch I Rz 11). Bei der einfachen Nachfolge geht der Gesellschaftsanteil unmittelbar auf die Erben über. Im Falle der qualifizierten Nachfolge (⇒ Buch I Rz 1111) geht der Anteil auf eine durch Gesellschaftsvertrag oder Testament bestimmte Person, die nicht notwendigerweise Erbe zu sein braucht, über (u.U. Vermächtnisnehmer). Es handelt sich um eine aus dem Gesellschaftsverhältnis begründete Teilungsanordnung. Der Gesellschaftsanteil wird jedoch in den Wertausgleich mit einbezogen, es sei denn, diesem liegt ein Vermächtnis zugrunde. *472*

## 2. Die Einkünfte der Erbengemeinschaft

Da die Erbengemeinschaft, wie bereits ausgeführt, keine eigene Rechtspersönlichkeit besitzt, werden die Einkünfte aus dieser Erbengemeinschaft auf die einzelnen Erben aufgeteilt. Sind mehrere Personen an einer Einkunftsquelle beteiligt, werden die Einkünfte aus dieser Quelle grundsätzlich gesondert für alle Beteiligten festgestellt (§ 180 AO). Die Einkünfte einer Erbengemeinschaft werden grundsätzlich entsprechend der Quote der einzelnen Erben am Nachlaß aufgeteilt[391]. Es können aber auch in dieser Hinsicht andere Abreden unter den Erben getroffen werden, insbesondere im Hinblick auf die künftige Erbteilung. *473*

Das gilt insbesondere dann, wenn einzelne Nachlaßgegenstände im Vorgriff auf die endgültige Erbauseinandersetzung von jeweils einem Erben verwaltet werden. *474*

**Beispiel:**

Im Nachlaß befindet sich ein Gewerbebetrieb; Erbe A übernimmt unabhängig von der künftigen Ausgleichsregelung bereits mit dem Erbfall den Gewerbebetrieb und führt ihn auf eigene Rechnung und Gefahr.

Die Einkünfte aus Gewerbebetrieb sind ihm zuzurechnen, denn er erfüllt die Voraussetzungen des § 15 Abs. 2 EStG. Es kommt nicht darauf an, daß er Eigentümer des Betriebsvermögens ist oder daß er aufgrund eines Pachtvertrages den Betrieb führt. Er kann den Betrieb auch aufgrund einer unentgeltlichen Überlassung führen.

---

[391] Herrmann-Heuer-Raupach, § 16 EStG II, S. 271; Schulze zur Wiesche, RWP S. 65.2, S. 1999.

475 Gleiches gilt, wenn ein Erbe als Berufsträger unabhängig von der wertmäßigen Auseinandersetzungsvereinbarung eine freiberufliche Praxis übernimmt, die endgültige Übertragung der Praxis aber der Nachlaßauseinandersetzung vorbehalten bleibt. Allerdings reicht es nicht aus, wenn die Miterben innerhalb dieser 6-Monatsfrist lediglich den Entschluß fassen, sich auseinanderzusetzen. Vielmehr muß innerhalb der Frist von 6 Monaten eine klare und rechtlich bindende Vereinbarung über Auseinandersetzung und ihre Modalitäten vorliegen (Tz. 9). Die Verwaltung[392] erkennt eine steuerliche Rückwirkung der Zurechnung der Einkünfte auf den Erbfall in engen Grenzen an. Bei der Auseinandersetzungsvereinbarung wird in der Regel eine rückwirkende Zurechnung laufender Einkünfte für 6 Monate anerkannt. Die Frist beginnt mit dem Erbfall. In diesen Fällen können die laufenden Einkünfte daher ohne Zwischenzurechnung ab dem Erbfall ungeschmälert dem die Einkunftsquelle übernehmenden Miterben zugerechnet werden. Dies gilt auch bei Teilauseinandersetzungen. Soweit laufende Einkünfte rückwirkend zugerechnet werden, ist die Auseinandersetzung steuerlich so zu behandeln, als ob sich die Erbengemeinschaft unmittelbar nach dem Erbfall auseinandergesetzt hätte[393].

476 Hinsichtlich der Verteilung von Mieteinkünften bei Erbengemeinschaften siehe BFH vom 31. 3. 1992[394].

Eine willkürliche Aufteilung der Einkünfte unabhängig von der Erbquote wird nicht möglich sein, wohl hingegen können den einzelnen Erben im Vorgriff auf die spätere Auseinandersetzung Einkunftsquellen zur Nutzung überlassen werden, mit der Folge, daß sie die Einkünfte erzielen.

Werden nicht vorab einzelnen Erben Einkunftsquellen des Erblassers zur Nutzung überlassen, sind grundsätzlich die Einkünfte der Erbengemeinschaft bis zum Zeitpunkt der **Auseinandersetzung** auf die Gesellschafter entsprechend der Erbquote aufzuteilen.

Ist eine testamentarische Teilungsanordnung dahingehend zu verstehen, daß der Gewinn des einem der Erben zugeteilten Unternehmens von einem vor der Verteilung liegenden Zeitpunkt an dem Übernehmer zustehen soll und verhalten sich die Erben dementsprechend, so ist dies auch steuerlich anzuerkennen. Die Anerkennung ist nicht bereits deswegen ausgeschlossen, weil die Auseinandersetzung erst nach Ablauf der im BMF-Schreiben vom 11. 1. 1993 (a.a.O., Tz. 8, 9) enthaltenen Frist von 6 Monaten nach dem Erbfall stattfindet. Im Urteilsfall[395] erfolgte die Auseinandersetzung 2 Jahre 3 Monate nach dem Erbfall.

---

[392] Schr. BMF v. 11. 1. 1993, IV B 2-S 2242 – 86/92, BStBl. I 1993, 62.

[393] Durchgangserwerb der Erbengemeinschaft, Schr. BMF v. 11. 1. 1993, a.a.O., Tz. 8.

[394] DB 1992, 2118.

[395] BFH v. 4.5.2000, DStR 2000, 1051

## V. Die Erbengemeinschaft als Mitunternehmerschaft

### 1. Grundsätzliches

Befindet sich im Nachlaß ein Gewerbebetrieb, so werden die Erben mit dem Erbfall unbeschadet der späteren Auseinandersetzung des Nachlasses Miteigentümer des Gewerbebetriebes[396]. Das gilt auch dann, wenn der Erblasser aufgrund einer Teilungsanordnung den Betrieb einem bestimmten Erben zugeordnet hat. Die Teilungsanordnung hat keine dingliche Wirkung. Somit ist die Übernahme des Betriebes durch den testamentarisch bestimmten Erben vom Entschluß aller Miterben abhängig. Hat der Erblasser die Fortführung des Betriebes durch Vermächtnis bzw. Vorausvermächtnis geregelt, so obliegt die Erfüllung des Vorausvermächtnisses grundsätzlich den Erben, so daß diese bis zu diesem Zeitpunkt als Miteigentümer des Betriebes anzusehen sind, sofern der Vermächtnisnehmer nicht im Zweifel sofort den Betrieb nach dem Erbfall übernimmt. *477*

Der Betrieb der Erbengemeinschaft wird grundsätzlich auf Rechnung und Gefahr aller Miterben bis zum Zeitpunkt der Auseinandersetzung geführt. Sie können bis zur Erbauseinandersetzung einen Erben oder auch einen Dritten mit der Geschäftsführung oder Betriebsführung betrauen. Die Erben nehmen daher grundsätzlich bis zum Zeitpunkt der Auseinandersetzung entsprechend der Quote am Gewinn teil. *478*

Da der Gewerbebetrieb für Rechnung und Gefahr der Erbengemeinschaft geführt wird, also alle Erben das Unternehmerrisiko tragen und ihnen die Verwaltung des Nachlasses und damit auch Unternehmerinitiative zustehen, sind alle Miterben grundsätzlich als Mitunternehmer anzusehen, wenn sich im Nachlaß ein Gewerbebetrieb befindet. Der Gewinn steht ihnen daher grundsätzlich im Verhältnis zur Erbquote zu, wobei es den Erben unbenommen ist, einem Erben, der tatsächlich die Geschäfte führt, einen Vorabgewinn oder eine feste Vergütung zukommen zu lassen. Nach dem Beschluß des Großen Senates haben die Erben nicht als Rechtsnachfolger Einkünfte nach § 24 Nr. 2 EStG, sondern weil sie selbst den Betrieb gemeinsam betreiben, nach § 15 Abs. 1 Nr. 2 EStG Einkünfte aus Gewerbebetrieb. *479*

Voraussetzung ist jedoch, daß der Betrieb im Namen und auf Rechnung und Gefahr aller Erben geführt wird. Überlassen es jedoch die Erben im Vorgriff auf die spätere Auseinandersetzung einem Erben, den Betrieb auf dessen Rechnung und Gefahr zu führen, so ist nur dieser als Mitunternehmer anzusehen. U.U. kann eine entgeltliche Überlassung des Betriebes in Form der Verpachtung eine eigene gewerbliche Tätigkeit der Erbengemeinschaft begründen. Überlassen die Miterben den Betrieb mit den wesentlichen Grundlagen unentgeltlich, so haben zwar die Miterben mangels ausdrücklicher Aufgabeerklärung nicht aufgegeben, *480*

---

[396] BFH v. 5.7.1990, BStBl. II 1990, 837; hierzu auch Groh, DB 1990, 2135; Söffing, DB 1991, 773, 823, DStR 1991, 65; Flume, DB 1990, 2390; Schulze zur Wiesche, RWP S. 65.2, S. 1989ff. Nach Knobbe-Keuk entsteht durch Teilungsanordnungen bereits wirtschaftliches Eigentum (Bilanzrecht, 9. Aufl.); Erlaß, a.a.O., Tz. 3.

sie können jedoch mangels Einkunftserzielungsabsicht keine Betriebsausgaben geltend machen, das gilt insbesondere hinsichtlich der AfA.

Liegt jedoch eine testamentarische Teilungsanordnung vor und ist testamentarisch bestimmt, daß dem Übernehmer vom Erbfall an der Gewinn zustehen soll, ist dies auch ertragsteuerlich zu beachten. Die Früchte des Nachlasses wachsen diesem nicht automatisch zu. Werden die Erträge aus dem Unternehmen des Erblassers einem Erben zugerechnet, so können die Miterben mangels Einkünften nicht Mitunternehmer sein. Sie sind daher nur für einen logischen Augenblick als Mitunternehmer anzusehen. Der Gewinn des Unternehmens scheidet daher aus der Gewinnermittlung der Erbengemeinschaft aus, auch wenn eine Vereinbarung über die Erbauseinandersetzung noch nicht erfolgt ist[397].

### 2. Die Erbengemeinschaft als Mitunternehmerschaft

481 Befindet sich im Nachlaß ein Gewerbebetrieb, erstreckt sich die Mitunternehmerschaft lediglich auf den Betrieb des Erblassers[398]. Hat eine Erbengemeinschaft neben dem Gewinn aus Gewerbebetrieb weitere Einkünfte (aus Kapitalvermögen, aus Vermietung und Verpachtung), so werden diese nicht automatisch als solche aus Gewerbebetrieb umqualifiziert, die sogenannte Abfärberegelung des § 15 Abs. 3 Nr. 1 EStG findet auf die Erbengemeinschaft keine Anwendung[399]. Im Gegensatz zu den Personengesellschaften, insbesondere Personenhandelsgesellschaften, kann eine Erbengemeinschaft neben dem Betriebsvermögen Privatvermögen haben.

482 § 15 Abs. 3 Nr. 1 EStG, wonach die Tätigkeit einer Personengesellschaft insgesamt eine gewerbliche ist, wenn diese ein Gewerbe betreibt, gilt nicht für die Erbengemeinschaft. Somit kann eine Erbengemeinschaft neben einem gewerblichen Gewinn auch noch Überschußeinkünfte erzielen, d.h. Einkünfte aus Kapitalvermögen (§ 20 EStG) und solche aus Vermietung und Verpachtung (§ 21 EStG) haben.

483 Das bisherige Privatvermögen kann nur durch Einlage Betriebsvermögen werden, das wäre der Fall, wenn dieses nunmehr betrieblich genutzt wird. Bisheriges Privatvermögen wird auch dann zum Betriebsvermögen, wenn die Erbengemeinschaft ihr ganzes bisheriges Vermögen auf eine mit den Miterben gebildete OHG oder KG überträgt.

### 3. Betriebsvermögen

484 Zum Betriebsvermögen der Erbengemeinschaft gehören grundsätzlich alle Wirtschaftsgüter, die zum Betriebsvermögen des Erblassers gehören[400]. Weiteres Nachlaßvermögen wird nur dadurch zum Betriebsvermögen, daß es von der Erbengemeinschaft nicht nur vorübergehend betrieblich genutzt wird.

---

397 BFH v. 4.5.2000, DStR 2000, 1051.
398 BFH v. 5.7.1990, BStBl. II 1990, 837.
399 Erlaß, a.a.O., Tz. 4.
400 BFH v. 5.7.1990, BStBl. II 1990, 837.

**4. Laufende Einkünfte der Erbengemeinschaft**

Erzielt eine Erbengemeinschaft nur Einkünfte aus Gewerbebetrieb, so ist der Gewinn nach §§ 179, 180 AO gemeinschaftlich für die Miterben in ihrer gesamthänderischen Gebundenheit zu ermitteln[401]. U.U. ist in die Gewinnermittlung Sonderbetriebsvermögen mit einzubeziehen, wenn ein Erbe dem Erblasser Wirtschaftsgüter für dessen Betrieb überlassen hatte und der Überlassende durch den Erbfall Mitunternehmer geworden ist. In diesem Falle ist das Wirtschaftsgut mit dem Erbfall Sonderbetriebsvermögen geworden. Der Gewinn der Erbengemeinschaft ist auf die Miterben unbeschadet einer späteren Auseinandersetzung entsprechend der Quote aufzuteilen. Das gilt auch für den Fall, daß die Erben vereinbart haben, daß die Betriebsübernahme durch einen Erben auf den Erbfall zurückwirken soll. Da der Gewinn bei der Auseinandersetzung bereits mit jedem Geschäftsvorfall bei den Erben angefallen ist und somit der Steuertatbestand verwirklicht ist, können nachträglich keine Vereinbarungen über den Gewinn getroffen werden. Die Verwaltung erkennt jedoch rückwirkende Vereinbarungen innerhalb von 6 Monaten nach Erbfall über die Zurechnung von Einkünften an (⇒ Rz. 475). *485*

Hat die Erbengemeinschaft neben den Gewinneinkünften auch noch Überschußeinkünfte, sind diese ebenfalls entsprechend der Quote aufzuteilen. Eine steuerliche Berücksichtigung entsprechend der vorgesehenen Aufteilung ist mit Rückwirkung innerhalb von 6 Monaten möglich (Tz. 8, 9).

Ist jedoch eine testamentarische Teilungsanordnung dahingehend zu verstehen, daß der Gewinn des einem der Erben zugeteilten Unternehmens von einem vor der Verteilung liegenden Zeitpunkt an dem Übernehmer zustehen soll und verhalten sich die Erben entsprechend, so ist dies auch steuerlich anzuerkennen. Die Anerkennung ist nicht bereits deswegen ausgeschlossen, weil die Auseinandersetzung erst nach Ablauf der im BMF-Schreiben vom 11. 1. 1993[402] enthaltenen Frist von sechs Monaten nach dem Erbfall stattfindet[403].

Zum Gewinn zählen nicht nur der laufende Gewinn, sondern auch die Erlöse, die die Erbengemeinschaft aus der Veräußerung von zum Betriebsvermögen gehörenden Nachlaßgegenständen erzielt und auch der Gewinn aus der Veräußerung des zum Nachlaß gehörenden Betriebes. Die Gewinne hieraus stehen den Erben entsprechend der Quote zu. Unter den Voraussetzungen des § 16 Abs. 1 Nr. 1 und 2 EStG sind die Gewinne hieraus jedoch nach §§ 16 Abs. 4, 34 Abs. 1 und 3 EStG begünstigt. *486*

Betriebsausgaben sind nur solche Aufwendungen, die im Zusammenhang mit den Betriebseinnahmen der Erbengemeinschaft stehen, also durch den Gewerbebetrieb des Erblassers veranlaßt sind bzw. durch die eigene gewerbliche Tätigkeit der Erben. Nicht zu den Betriebsausgaben gehört daher die Erfüllung von Nach- *487*

---

[401] BFH v. 5. 7. 1990, BStBl. II 1990, 837; v. 4. 5. 2000, DStR 2000, 1051.
[402] BStBl. I 1993, 62 Tz 8 und 9.
[403] BFH v. 4. 5. 2000, DStR 2000, 1051.

laßverbindlichkeiten, auch dann nicht, wenn die Verbindlichkeiten aus dem Betriebsvermögen oder aus den Einkünften gezahlt werden. Das gilt insbesondere hinsichtlich der Erfüllung von Vermächtnissen und Pflichtteilsansprüchen. Nehmen die Erben ein Darlehen auf, um einen Vermächtnisanspruch zu **erfüllen**, gehört die Darlehensaufnahme nicht zum Betriebsvermögen, auch dann nicht, wenn das Betriebsvermögen des Nachlasses belastet worden ist oder wenn das betriebliche Bankkonto beansprucht worden ist. Die für das Darlehen gezahlten Schuldzinsen stellen insoweit keine Betriebsausgaben dar.

Schuldzinsen im Zusammenhang mit Pflichtteilsverbindlichkeiten, Vermächtnisschulden, Abfindungschulden im Zusammenhang mit der Vererbung eines Anteils an einer Personengesellschaft im Wege der qualifizierten Nachfolgeklausel oder im Wege der qualifizierten Eintrittsklausel können weder als Betriebsausgaben und Werbungskosten abgezogen werden[404].

Nach dem Urteil des BFH vom 23. 10. 1986[405] beschränkt sich die gewerbliche Tätigkeit der Miterben auf den zum Nachlaß gehörenden Betrieb[406].

### 5. Einbringung des Betriebes in eine Personengesellschaft

488 Die fortgeführte Erbengemeinschaft ist nicht als offene Handelsgesellschaft zu behandeln. Eine Erbengemeinschaft läßt sich nicht unter Identitätswahrung wie eine GbR in eine OHG oder KG umwandeln und umgekehrt. Ein identitätswahrender Formwechsel ist nicht möglich[407]. Möglich ist jedoch, daß die Miterben eine OHG oder KG gründen und als Einlageverpflichtung das Betriebsvermögen der Erbengemeinschaft auf diese übertragen (Einzelübertragung). Auch wenn ein Gesellschaftsvertrag zur Fortführung des Handelsunternehmens von den Erben abgeschlossen ist, bedarf es einer Vermögensübertragung, da Erbengemeinschaft und Personengesellschaft, obzwar aus denselben Mitgliedern bestehend, keine identische Gesamthandsgemeinschaft sind[408].

489 Erben des Unternehmens können dieses auch auf eine zwischen ihnen gegründete OHG übertragen. Doch bedarf es dazu des Abschlusses eines gesonderten Gesellschaftsvertrages und insbesondere der Übertragung der Unternehmensgüter von der Erbengemeinschaft auf die Personengesellschaft. Bei der Erbengemeinschaft und der Personengesellschaft würde es sich jeweils um ein gesondertes Gesamthandsvermögen und einen eigenständigen Unternehmensträger handeln[409]. Haben sich die Erben allerdings hinsichtlich des Privatvermögens auseinandergesetzt, können sie ihre Erbteile nach § 2033 BGB in die neu gegründete Handelsgesellschaft einlegen, so daß die Erbengemeinschaft durch Konfusion al-

---

404 BFH v. 11. 8. 1994, BStBl. I, 603.
405 DB 1987, 137.
406 Schulze zur Wiesche, FR 1986, 554; Herzig/Kessler, DStR 1986, 451 ff.; L. Schmidt, § 15, Rd-Nr. 42 b.
407 Ulmer in Großkommentar HGB, § 105, RdNr. 57, NF 109/111.
408 BFH v. 9. 7. 1987, BStBl. II 1988, 245 f.
409 BGHZ 92, 259.

ler Erbteile erlischt. Dagegen kann die Erbengemeinschaft nicht ohne eine derartige Vermögensübertragung im Wege der formwechselnden Umwandlung in eine Personengesellschaft übergehen[410].

Bringen die Erben das Betriebsvermögen bzw. ihre Anteile an der bis auf das Betriebsvermögen abgewickelten Erbengemeinschaft in Erfüllung ihrer Einlageverpflichtung in die von ihnen neu gegründete Personengesellschaft ein, so sind die Voraussetzungen des § 24 UmwStG gegeben. Die Personengesellschaft hat ein Wahlrecht, ob sie das Betriebsvermögen mit dem letzten Buchansatz der Erbengemeinschaft oder einem höheren Wert übernimmt, höchstens jedoch zum Teilwert. Eine Teilwertübernahme liegt nur vor, wenn ein eventuell vorhandener Firmenwert aufgedeckt wird. Dieser kann in 15 Jahren linear abgesetzt werden. Der Wertansatz bei der Personengesellschaft gilt in diesem Falle als der Veräußerungspreis für die Übertragung der Anteile an der Erbengemeinschaft, § 24 Abs. 3 UmwStG. Der Veräußerungsgewinn ist jedoch nur dann tarifbegünstigt, wenn im Zusammenhang mit der Einbringung eine Vollaufdeckung aller stillen Reserven erfolgt. *490*

Allerdings dürfte bei einer Einbringung eines Betriebs der Erbengemeinschaft in eine Personengesellschaft, bei der alle Erben Mitunternehmer sind, ein steuerbegünstigter Veräußerungsgewinn in vollem Umfang nicht in Betracht kommen, § 24 Abs. 3 Satz 3 UmwStG. *491*

**6. Verpachtung des Gewerbebetriebes durch die Erben**

Wird der Gewerbebetrieb an einen Erben oder einen Dritten verpachtet, so sind die Pachteinnahmen der Erbengemeinschaft im Zweifel Einkünfte aus Gewerbebetrieb. Wie bereits bei der Tätigkeit eines Freiberuflers ausgeführt, wird die gewerbliche Tätigkeit solange vermutet, bis dem Finanzamt die Betriebsaufgabe erklärt worden[411] und eine tatsächliche Fortführung des Betriebes noch möglich ist[412]. *492*

Die Ausübung des sog. Verpächterwahlrechts setzt u.a. voraus, daß dem bisherigen Betriebsinhaber und Verpächter oder einem Rechtsnachfolger – einem Gesamtrechtsnachfolger oder einem unentgeltlichen Einzelrechtsnachfolger – objektiv die Möglichkeit verbleibt, den „vorübergehend" eingestellten Betrieb wieder aufzunehmen[413].

Die Verpachtung einer freiberuflichen Praxis führt zu Einkünften aus Gewerbebetrieb, wenn nicht alle Erben Berufsträger sind[414]. *493*

---

410 Karsten Schmidt, NJW 1985, 2785, 2786; derselbe, Gesellschaftsrecht, S. 292; BFH v. 9.7.1987, FR 1987, 623.

411 BFH v. 13.11.1963, BStBl. III 1964, 124; v. 3.12.1964, HFR 1965, 214. Hierzu auch BFH v. 17.10.1991, DB 1992, 452; v. 14.12.1993, FR 1994, 673.

412 BFH v. 17.2.1971, BStBl. II 1971, 484; v. 12.12.1973, BStBl. II 1974, 208.

413 BFH v. 19.8.1998, BFH/NV 1999, 454.

414 BFH v. 14.12.1993, FR 1994, 673.

494 Die Erben sind auch Unternehmer, wenn sie das Unternehmen an einen Miterben verpachten[415]. Das gilt auch für den Fall, daß die Erbengemeinschaft den Gewerbebetrieb des Erblassers in seiner Gesamtheit verpachtet hat. Der Gewerbebetrieb wird daher als von der ungeteilten Erbengemeinschaft fortgeführt behandelt. Somit sind die Erben, unabhängig davon, ob sie selbst tätig werden, Unternehmer. Durch die Weiterführung des Betriebes in Form der Verpachtung sind die Erben Mitunternehmer. Es liegt also eine Mitunternehmerschaft aller Erben vor mit den steuerlichen Folgen, so daß die Pachteinkünfte als Einkünfte aus Gewerbebetrieb gelten.

495 Auch eine Veräußerung des Betriebsvermögens fällt nicht in die Privatsphäre. Der Veräußerungsgewinn wäre als gewerblicher Gewinn zu versteuern.

496 Erklären die Erben bei der Verpachtung die Betriebsaufgabe, so liegt hierin steuerlich die Beendigung der gewerblichen Tätigkeit. Das verpachtete Betriebsvermögen gilt daher als in das Privatvermögen überführt. Die stillen Reserven, die in dem Unternehmen vorhanden sind, gelten mit diesem Zeitpunkt als realisiert. Die in das Privatvermögen überführten Wirtschaftsgüter sind mit dem gemeinen Wert (Verkehrswert) anzusetzen. Soweit dieser Wert den Buchwert übersteigt, ist ein Aufgabegewinn entstanden (§ 16 Abs. 4 i.V.m. § 34 EStG).

497 Hatte der Erblasser bereits das Unternehmen verpachtet und die Betriebsaufgabe erklärt, ist das Unternehmen auch bei den Erben als Privatvermögen und die Einkünfte hieraus als solche aus Vermietung und Verpachtung anzusehen. Hat jedoch der Erblasser bei der Verpachtung die Betriebsaufgabe nicht erklärt, führen die Erben grundsätzlich das Unternehmen als gewerblichen Betrieb fort. Bei späterer Aufgabeerklärung durch die Erben fällt der Aufgabegewinn nach § 16 Abs. 3 EStG bei ihnen an. Das gilt auch dann, wenn sich die Erben später dahingehend auseinandersetzen, daß einer von ihnen den bisher verpachteten Betrieb fortführt. Hatte nämlich der Erblasser seinen Betrieb verpachtet, ohne die Aufgabe des Betriebes erklärt zu haben, und führen seine Erben die Verpachtung fort, so ist die erst nach Jahren vollzogene Übernahme des Betriebes durch einen Erben oder Miterben unter Abfindung der übrigen ein betrieblicher Vorgang[416].

498 Fraglich ist jedoch die steuerliche Behandlung für den Fall, daß der Betrieb von der Erbengemeinschaft an einen Miterben verpachtet wird[417]. Soweit der pachtende Miterbe am Nachlaß beteiligt ist und somit dem Pachtbetrieb Miteigentumsanteile überlassen hat, gehören die Miteigentumsanteile der dem Pächterbetrieb überlassenen Wirtschaftsgüter bereits zu seinem Betriebsvermögen. Das hat zur Folge, daß die übrigen Miterben nicht das Wirtschaftsgut selbst überlassen, sondern lediglich Miteigentumsanteile. Nach der Rechtsprechung muß jedoch der Verpachtungsbetrieb mit seinen wesentlichen Grundlagen erhalten bleiben, was bei Miteigentumsanteilen nicht der Fall ist. Nach Ansicht des BFH stellen Mitei-

[415] BFH v. 17. 2. 1965, BStBl. III 1965, 354.
[416] BFH v. 10. 12. 1975, BStBl. II 1976, 368.
[417] BFH v. 22. 5. 1990, BStBl. II 1990, 780.

gentumsanteile keine wesentliche Grundlage für den Verpächterbetrieb dar, so daß in diesem Falle eine gewerbliche Betriebsverpachtung nicht möglich wäre. Der BFH hat jedoch in seiner Entscheidung offengelassen, ob dieses auch für die Erbengemeinschaft gilt. U.E. sind diese Grundsätze auf eine noch nicht auseinandergesetzte Erbengemeinschaft nicht anzuwenden, dieses würde eine Realteilung des Nachlasses unmöglich machen.

**Beispiel:**

Die Erbengemeinschaft A, B und C verpachtet zunächst einmal den Gewerbebetrieb an den Miterben A, der im Rahmen der Erbauseinandersetzung übernimmt.

U.E. ist das o.a. Urteil nicht auf die Erbengemeinschaft anzuwenden, solange die Erbauseinandersetzung noch nicht erfolgt ist. Eine vorübergehende Verpachtung des Betriebes an einen Erben kann nur als Betriebsunterbrechung gewertet werden und hat n.v. nicht die Betriebsaufgabe durch die Erbengemeinschaft zur Folge.

## 7. Veräußerung und Aufgabe des Gewerbebetriebes durch die Erben

Wird der Gewerbebetrieb des Erblassers von seinen Erben an einen Dritten *499* veräußert, so liegt grundsätzlich eine Veräußerung eines Gewerbebetriebes vor, der gemäß § 16 EStG steuerpflichtig ist. Soweit der Veräußerungspreis den Buchwert des Kapitals des Erblassers übersteigt, ist er als gewerblicher Gewinn bei den Erben zu versteuern. Das gilt auch für den Fall, daß der Erblasser die Veräußerung des Unternehmens testamentarisch angeordnet hat. Haben die Erben zunächst den Gewerbebetrieb fortgeführt, so ist ihnen der laufende Gewinn bis zum Tage der Betriebsaufgabe zuzurechnen. Auch für den Fall, daß die Erben zunächst den Betrieb des Erblassers nicht fortgeführt, sondern ihn sofort an einen Dritten veräußert haben, sind sie durch die Veräußerung Unternehmer geworden und haben den Veräußerungsgewinn zu versteuern. Der Gewerbebetrieb ist auch in diesem Fall nicht vom Erblasser veräußert worden[418].

Wird der Betrieb an einen Erben veräußert, liegt keine Veräußerung des ganzen *500* Betriebes, sondern eine entgeltliche Übertragung von Miteigentumsanteilen vor. Kein Erwerb ist gegeben, soweit der übernehmende Miterbe entsprechend seiner Quote selbst am Betrieb beteiligt war.

Unter den Voraussetzungen des § 16 Abs. 4 EStG steht den Erben auf Antrag *501* ein Freibetrag bis zu Euro 51.500,– zu. Ebenfalls steht ihnen der Tarif nach § 34 Abs. 1 (Fünftelregelung) oder nach § 34 Abs. 3 (halber Steuersatz) zu, der halbe Steuersatz jedoch nur soweit, als die in Abs. 3 genannten Voraussetzungen gegeben sind. Er wird jedoch mindestens mit dem Eingangssteuersatz besteuert.

Beschließen die Erben, den Betrieb nicht fortzuführen, sondern zu liquidieren, *502* so liegt eine Betriebsaufgabe vor, wenn der Betrieb innerhalb eines angemessenen

[418] BFH v. 27.7.1963, BStBl. III 1963, 480; a.A. Theis, Die einkommensteuerliche Behandlung der Renten, DB, Beilage Nr. 1/1973 zu Heft Nr. 3, S. 22.

Zeitraumes abgewickelt ist[419]. Die Rechtsprechung[420] hat hier einen Zeitraum von einem halben Jahr als angemessen angesehen. Nach Ansicht des BFH ist bei der Veräußerung der wesentlichen Grundlagen eines Produktionsunternehmens innerhalb von 6 Monaten der für die Annahme einer Betriebsaufgabe erforderliche zeitliche Zusammenhang gewahrt. Ob ein Zeitraum von einem halben Jahr in jedem Falle ausreicht, einen Betrieb abzuwickeln, ist fraglich. Ist der zeitliche Zusammenhang gewahrt, so ist die Betriebsaufgabe gemäß §§ 16 Abs. 4, 34 EStG begünstigt. Andernfalls werden die Wirtschaftsgüter im Rahmen eines laufenden Geschäftsbetriebes veräußert, und es entfällt somit jede Steuervergünstigung.

## VI. Die Auseinandersetzung der Erbengemeinschaft

### 1. Grundsätzliches

*503* Die Erbauseinandersetzung ist ein selbständiger rechtlicher Vorgang, der die Übertragung des Nachlaßvermögens auf die einzelnen Erben zum Gegenstand hat. Ertragsteuerlich ist von Bedeutung, ob es sich bei der Auseinandersetzung des Vermögens um einen entgeltlichen oder um einen unentgeltlichen Vorgang handelt. Ursprünglich ging die Rechtsprechung[421] davon aus, daß derjenige, der im Rahmen einer Erbauseinandersetzung einen Gegenstand erwarb, diesen unentgeltlich vom Erblasser selbst erworben hat. Im privaten Bereich hatte bereits die Rechtsprechung insoweit[422] einen entgeltlichen Erwerb angenommen, als Spitzenausgleiche gezahlt wurden; sie hat jedoch an dem alten Grundsatz festgehalten, daß Erbauseinandersetzung und Erbanfall einen einheitlichen rechtlichen Vorgang darstellen. Von dieser These ist der Große Senat[423] jetzt abgewichen. Gleichgültig, ob die Erbauseinandersetzung entgeltlich oder unentgeltlich ist, hat der Erbe, wenn er einen Nachlaßgegenstand erhält, die Anteile der weichenden Erben an diesem Gegenstand zu dem bereits durch Erbanfall in Höhe der Quote

---

[419] BFH v. 16.9.1966, BStBl. III 1967, 70.

[420] BFH v. 25.6.1970, BStBl. II 1970, 719.

[421] BFH v. 26.7.1963, BStBl. II 1963, 480, BB 1963, 1246 m. Anm. v. Grieger; v. 17.2.1965, BStBl. III 1965, 354, BB 1965, 657 m. Anm. v. Grieger; v. 20.1.1966, BStBl. III 1966, 312; v. 17.9.1970, BStBl. II 1971, 87, BB 1971, 466; v. 18.7.1972, BStBl. II 1972, 876, BB 1972, 1309; v. 21.2.1973, BStBl. II 1973, 317, BB 1973, 599; v. 9.8.1973, BStBl. II 1974, 84, BB 1974, 26; v. 7.3.1974, BStBl. II 1974 II, 483, BB 1974, 1054; v. 4.12.1974, BStBl. II 1975, 295, BB 1975, 211; v. 15.10.1975, BStBl II 1976, 191, BB 1976, 74; v. 10.12.1975, BStBl. II 1976, 368, BB 1976, 729; v. 2.12.1976, BStBl. II 1977, 209, BB 1977, 230; v. 7.2.1980, BStBl. II 1980, 383, BB 1980, 1729 (Leitsatz); v. 23.7.1980, BStBl. II 1981, 19, BB 1980, 1674; v. 26.3.1981, BStBl. II 1981, 614, BB 1981, 1378; v. 19.5.1983, BStBl. II 1983, 380, BB 1983, 1194.

[422] BFH v. 9.7.1985, BStBl. II 1985, 722; v. 6.2.1987, BStBl. II 1987, 616; v. 22.9.1987, BB 1988, 188.

[423] BFH v. 5.7.1990, BStBl. II 1990, 837.

erworbenen Anteil hinzuerworben, so daß in Höhe seiner Quote ein Erwerb durch Erbfall und darüber hinaus Erwerb durch Auseinandersetzung gegeben ist.

Diese steuerlichen Grundsätze zur Erbauseinandersetzung sind auch auf Abfindungszahlungen infolge eines gerichtlichen Vergleichs an angebliche Erben anzuwenden[424].

Eine Erbauseinandersetzung vollzieht sich im Rahmen eines Leistungsaustausches, wenn ein Miterbe die Erbanteile der übrigen Erben hinzuerwirbt und er somit Alleineigentümer des Nachlaßvermögens wird[425]. Eine entgeltliche Auseinandersetzung ist auch dann gegeben, wenn der Anteilserwerber die weichenden Erben aus dem Nachlaßvermögen abfindet[426]. 504

Ein entgeltlicher Erwerb der übrigen Anteile liegt auch dann vor, wenn ein Miterbe den ganzen Nachlaß durch Anwachsung erwirbt, indem die übrigen Miterben aus der Erbengemeinschaft gegen Abfindung ausscheiden. Auch hier kann die Abfindung des Miterben aus Mitteln des Nachlasses erfolgen. Hierbei ist zu beachten, daß sich der entgeltliche Erwerb nur auf den Bruchteil des Nachlasses erstreckt, der über seine Erbquote hinausgeht. 505

Eine Auseinandersetzung kann auch in der Weise erfolgen, daß der Nachlaß real geteilt wird. Die Realteilung vollzieht sich nicht im Rahmen eines Leistungsaustausches. Der Erbe, der im Rahmen der Erbteilung einen Gegenstand erworben hat, hat diesen unentgeltlich von den übrigen Miterben erworben, nicht vom Erblasser. Soweit jedoch Zuzahlungen erfolgen, um einen Mehrwertüberhang auszugleichen, liegt ein entgeltlicher Erwerb vor. 506

Ausgleiche können u.a. sogar aus dem Nachlaß selbst erfolgen, indem im Falle des Mehrerwerbs mehr Schulden übernommen werden als es der Erbquote entspricht[427]. Es braucht sich hier nicht um Schulden des Erblassers zu handeln, die übernommen werden. Einer Schuldaufnahme im Betriebsvermögen zwecks Durchführung der Erbauseinandersetzung sind jedoch § 4 Abs. 4a EStG enge Grenzen gesetzt. 507

Es können auch solche Schulden sein, die die Erbengemeinschaft aufgenommen hat. Auf diese Weise können Spitzenausgleiche einzelner Erben vermieden werden, um einen unentgeltlichen Erwerb zu ermöglichen. Seit der Kehrtwendung des BFH haben die Erben praktisch ein Wahlrecht zwischen entgeltlicher und unentgeltlicher Auseinandersetzung. Das Wahlrecht wird jedoch nicht durch eine Erklärung gegenüber dem Finanzamt ausgeübt, sondern durch freie Gestaltungsmöglichkeiten hinsichtlich der Form der Auseinandersetzung. Das äußere Gewand des Erbteilkaufs und auch des Ausscheidens aus der Erbengemeinschaft führt stets zur entgeltlichen Erbauseinandersetzung, auch wenn über die Sachab- 508

424 BFH v. 14.3.1996, BStBl. II 1996, 310.
425 Märkle/Franz, S. 5.
426 Märkle/Franz, S. 8f.
427 BFH v. 5.7.1990, BStBl. II 1990, 837; vgl. auch Märkle/Franz, S. 8.

findungen aus dem Nachlaß die weichenden Erben so gestellt werden können wie bei einer Realteilung.

509 Wählen die Erben die Realteilung und schaffen sie durch Schuldauf- und -übernahme Spitzenausgleiche, ist der Erwerb in vollem Umfange unentgeltlich i.S. des Ertragsteuerrechts.

### 2. Die Erbauseinandersetzung im Bereich des Privatvermögens

#### *a) Grundsätze*

510 Die Frage, inwieweit eine Erbauseinandersetzung entgeltlich oder unentgeltlich ist, kann auch für den Bereich des Privatvermögens Bedeutung haben[428]. So hat der Miterbe, der einen Gegenstand entgeltlich aus dem Nachlaß erwirbt, in Höhe des Entgelts Anschaffungskosten, die die Bemessungsgrundlage für die künftige AfA sind, wenn der erworbene Gegenstand der Abnutzung unterliegt und der Einkünfteerzielung dient. Ist Gegenstand der Auseinandersetzung eine wesentliche Beteiligung, so ist das gezahlte Entgelt als Anschaffungskosten Grundlage für die Ermittlung des Veräußerungsgewinnes nach §§ 17, 23 Abs. 1 EStG. Wird ein Nachlaßgegenstand innerhalb der Spekulationsfrist (bei Grundvermögen 10 Jahre) veräußert, ist das Entgelt Grundlage für die Ermittlung des Spekulationsgewinnes.

511 Für die abgefundenen Erben ist der Veräußerungspreis nur im Falle der §§ 17, 23 EStG von Bedeutung[429]. Hierbei ist jedoch zu bedenken, daß eine wesentliche Beteiligung nach § 17 EStG ab 1.1.2001 bereits bei einer Beteiligung von 1 v.H. gegeben ist.

**Beispiel 1:**

Der Erblasser hat am 1.4.01 ein Grundstück für Euro 60.000,– erworben. Er ist am 1.2.05 verstorben. Ab 10.1.06 setzen sich A und B (Erben zu je 1/2) dahingehend auseinander, daß A das Grundstück gegen Zahlung von Euro 80.000,– an B allein übernimmt.

A hat die Miteigentumshälfte des B für Euro 80.000,– hinzuerworben. Hinsichtlich dieses erworbenen Teils läuft eine neue Spekulationsfrist von 10 Jahren. B hat seine Miteigentumshälfte an A veräußert, mit der Folge, daß insoweit ein Spekulationsgeschäft vorliegt, weil der Erblasser das Grundstück innerhalb von 10 Jahren angeschafft hat.

Der Spekulationsgewinn ermittelt sich wie folgt:

| | |
|---|---|
| Anteilige AK B | Euro 30.000,– |
| Kaufpreis | Euro 80.000,– |
| Spekulationsgewinn | Euro 50.000,– |

Kein entgeltlicher Erwerb wäre jedoch gegeben, wenn A das Grundstück übernommen und im Gegenzug dem B Wertpapiere aus dem Nachlaß allein überlassen hätte. Ausgleiche

428 Hierzu Märkle/Franz, S. 3.

429 Vgl. Söffing, DB 1991, 829.

aus dem Nachlaß selbst stellen kein Entgelt dar[430] und aus dem Grunde auch kein Spekulationsgeschäft.

**Beispiel 2:**

E ist verstorben. Im Nachlaß befindet sich u.a. eine wesentliche Beteiligung. Anschaffungskosten des Erblassers Euro 100.000,–. Wert im Zeitpunkt der Auseinandersetzung Euro 200.000,–. Weiteres Nachlaßvermögen Euro 200.000,– (Grundstück).

a) A erwirbt den Erbanteil des B hinzu. Er findet B in der Weise ab, daß er diesem aus dem Nachlaß das Grundstück im Werte von Euro 200.000,– überläßt (entgeltlicher Erwerb).

b) A und B teilen den Nachlaß in der Weise, daß A die Beteiligung und B das Grundstück übernimmt (Realteilung).

Im Fall a) liegt ein entgeltliches Rechtsgeschäft vor. A hat den Erbanteil des B gegen Abfindung übernommen. Hierbei ist es gleichgültig, ob die Abfindungen aus Mitteln des Nachlasses erbracht werden oder aus dem Vermögen des A.

A hat den Bruchteil des B (50 v.H.) an der Beteiligung hinzuerworben. Von der Abfindung entfallen 50 v.H. = **Euro 100.000,–** auf den Miteigentumsanteil an der Beteiligung, Bemessungsgrundlage für eine spätere Veräußerung nach § 17 EStG.

B hat hingegen seinen Anteil an der Beteiligung veräußert und daher den Tatbestand der Veräußerung einer wesentlichen Beteiligung verwirklicht (§ 17 EStG). Er hat daher den Veräußerungsgewinn zu versteuern. Dieser errechnet sich wie folgt:

| | |
|---|---|
| Veräußerungspreis | Euro 100.000,– |
| anteilige Anschaffungskosten des Rechtsvorgängers | Euro 50.000,– |
| Veräußerungsgewinn nach § 17 EStG | Euro 50.000,– |

B hat hingegen das Grundstück (50 v.H. Miteigentumsanteil des A) entgeltlich erworben.

Für B ist ein Anschaffungsgeschäft hinsichtlich dieser Miteigentumshälte gegeben. Veräußerungen innerhalb von 10 Jahren sind nach § 23 EStG sptfl. A hat hinsichtlich seines veräußerten Miteigentumsanteils am Grundstück einen Veräußerungsgewinn i.S.d. § 23 verwirklicht, wenn der Erblasser das Grundstück innerhalb von 10 Jahren angeschafft hat.

Im Fall b) liegt eine Realteilung vor. Sowohl A als auch B haben unentgeltlich erworben, und zwar von der Erbengemeinschaft. Die zwischenzeitliche AfA zwischen Erbanfall und Erbauseinandersetzung wäre zu berücksichtigen.

Die Erben haben es somit in der Regel in der Hand, die Auseinandersetzung als eine entgeltliche oder unentgeltliche zu gestalten. *512*

**Beispiel 3:**

E ist verstorben. Erben sind A und B. Im Nachlaß befindet sich ein Zweifamilienhaus (Wert Euro 600.000,–, Grund und Bodenanteil Euro 100.000,–, ursprüngliche HK des Erblassers Euro 300.000,–). Im Nachlaß befinden sich außerdem Geldwerte von Euro 600.000,–. A vermietet eine Wohnung, eine bezieht er selbst.

Fall 1: A erwirbt den Erbanteil von B gegen Zahlung von Euro 600.000,–, die er sich durch Verwertung von Euro 600.000,– Geldanlagen beschafft.

Fall 2: Realteilung. A übernimmt das Grundstück, B die übrigen Werte.

---

[430] BFH v. 5.7.1990, BStBl. II 1990, 837.

Im Fall 1 liegt hinsichtlich des Miteigentumsanteils des B ein entgeltlicher Erwerb vor.

| | | |
|---|---|---|
| unentgeltlicher Erwerb AfA 2 v.H. v. Euro 150.000,– | Euro | 3.000,– |
| entgeltlicher Erwerb AfA 2 v.H. v. Euro 250.000,– | Euro | 5.000,– |
| | Euro | 8.000,– |
| da zur Hälfte vermietet AfA= | Euro | 4.000,– |
| Allerdings Anspruch auf Eigenheimzulage | | |
| 50 v.H. Kaufpreis Gebäude | Euro | 125.000,– |
| 25 v.H. Grund und Boden | Euro | 12.500,– |
| | Euro | 137.500,– |
| 5 v.H. höchstens nch § 9 EigZulG | Euro | 2.556,– |

Der Anspruchsberechtigte kann die Eigenheimzulage ab dem Jahr in Anspruch nehmen (Istjahr) in dem der Gesamtbetrag der Einkünfte nach § 2 Abs.3 EStG des Erstjahres zuzüglich des Gesamtbetrags der Einkünfte. des Vorjahrs Euro 81.807,– nicht übersteigen. Bei Ehegatten, die im Erstjahr nach § 26b EStG zusammenveranlagt werden, verdoppelt sich die Einkunftsgrenze.

Im Fall 2 hat A das Zweifamilienhaus in vollem Umfang unentgeltlich erworben. Nach § 11 d EStDV hätte er die AfA des Rechtsvorgängers zu übernehmen.

| | |
|---|---|
| 2 v.H. v. Euro 300 000,– = | Euro 6.000,– |
| 50 v.H. wegen Selbstnutzung einer Wohnung, daher AfA = | Euro 3.000,– |

Hinsichtlich des vom Erblasser unmittelbar erworbenen Anteils am Grundstück könnte A als Gesamtrechtsnachfolger eine vom Erblasser in Anspruch genommene Grundförderung übernehmen[431], d.h. nur während des Abzugszeitraums von 8 Jahren. Dies gilt jedoch nicht hinsichtlich des von der Erbengemeinschaft erworbenen Anteils, weil er insoweit nur Einzelrechtsnachfolger ist[432]. Hier liegt nicht ein selbständiger entgeltlicher Erwerb vor. Für Erwerbe nach dem 31. 12. 1995 wird anstelle des Sonderausgabenabzugs eine Eigentheimzulage gewährt[433].

*b) Erwerb der Erbanteile der Miterben durch einen Erben*

513 Wird eine Erbauseinandersetzung dadurch beendet, daß ein Erbe die Erbanteile der übrigen Miterben hinzuerwirbt, ist er durch Anwachsen Volleigentümer des ganzen Nachlasses geworden[434]. Die an die weichenden Erben gezahlten Abfindungen stellen Anschaffungskosten der Miteigentumsanteile dar, die dem Erwerber bisher nicht gehört haben. Das führt dazu, daß er die Anschaffungskosten des Rechtsvorgängers, soweit sie auf seine Quote entfallen, fortführen muß, hingegen

431 Vgl. hierzu Stephan, DB 1991, 1038, Wacker, BB 1994, 977; vgl. auch BMF-Schr. v. 22. 10. 1993, BStBl. II 1993, 827, Tz. 4–5.

432 So Stuhrman, FR 1992, 287, a.A. u. E. richtiger Ansicht Stephan, Die Besteuerung des selbstgenutzten Wohneigentums, 5. Aufl. 1995.

433 Vgl. Eigenheimzulagengesetz, BGBl. I 1996, 113.

434 BFH v. 5. 7. 1990, BStBl. II 1990, 837; Schulze zur Wiesche, RWP S. 6.52, S. 2005.

die Abfindungen auf die hinzuerworbenen Miteigentumsanteile, soweit sie auf die einzelnen Gegenstände entfallen, auf diese aufzuteilen sind.

**Beispiel:**

A, B, C sind Miterben. Im Nachlaß befinden sich ein unbebautes Grundstück (AK des Erblassers Euro 60.000,–, Verkehrswert Euro 180.000,–) und Wertpapiere (AK des Erblassers Euro 60.000,–, Verkehrswert Euro 120.000,–). B und C verkaufen ihre Miteigentumsanteile jeweils an A für Euro 100.000,–.

Von den insgesamt Euro 200.000,– Abfindung entfallen
- Euro 120.000,– auf Grundstückseigentumsanteile
- Euro 80.000,– auf Miteigentumsanteile an Wertpapiervermögen.

Soweit es für die Besteuerung von Bedeutung ist, hat A hinsichtlich seines Bruchteils (Quote) die Werte des Erblassers fortzuführen:
- Grundstück Euro 20.000,–
- Wertpapiere Euro 20.000,–.

Die Abfindung kann auch aus Mitteln des Nachlasses erbracht werden, indem der Erwerber Nachlaßgegenstände veräußert, diese durch Kreditaufnahme belastet oder Nachlaßgegenstände unmittelbar in Erfüllung der Ausgleichsverpflichtung überträgt[435]. *514*

### *c) Ausscheiden der Miterben bis auf einen aus der Erbengemeinschaft*

Scheiden alle Miterben aus der Erbengemeinschaft aus, so wird der verbleibende Erbe durch Anwachsung Volleigentümer. Die gezahlte Abfindung stellt für den verbleibenden Erben Anschaffungskosten, für die ausgeschiedenen Erben den Veräußerungspreis dar, was in der Regel für die Besteuerung unerheblich sein dürfte. Die Rechtsfolgen entsprechen denen des Erbteilserwerbes. *515*

### *d) Realteilung des Nachlasses*

Wird ein Nachlaß real unter die Erben ohne Spitzenausgleich aufgeteilt, so hat jeder Erbe die aus dem Nachlaß erworbenen Gegenstände unentgeltlich aus der Erbengemeinschaft erworben[436]. *516*

Die Realteilung betrifft nicht nur das Aktivvermögen, sondern auch die Schulden. Die Schulden können daher zum Wertausgleich unabhängig von der Quote auf die Erben aufgeteilt werden.

**Beispiel:**

Erben des E sind A und B. Wert des Nachlasses Euro 1 Mio (Miethaus Euro 600.000,–, Wertpapiere Euro 400.000,–).

a) Auf dem Miethaus lasten Euro 200.000,– Schulden.
b) Das Miethaus ist schuldenfrei. Im Zusammenhang mit dem Wertpapierkauf bestehen Euro 200.000,– Schulden.

A übernimmt das Miethaus, B die Wertpapiere.

---

435 BFH v. 5. 7. 1990, BStBl. II 1990, 837.
436 BFH v. 5. 7. 1990, BStBl. II 1990, 837.

Im Fall a) erfolgt der Ausgleich dadurch, daß A die auf dem Gebäude lastenden Hypotheken mit übernimmt.

Im Fall b) kann der Ausgleich dadurch erzielt werden, daß A neben dem Miethaus die Wertpapierschulden übernimmt.

517 Hinsichtlich des § 11 d EStDV ist zu berücksichtigen, daß der Übernehmende nicht Rechtsnachfolger des Erblassers, sondern der Erbengemeinschaft ist. Die zwischenzeitliche AfA der Erbengemeinschaft ist zu berücksichtigen.

518 Eine Realteilung eines Nachlasses kann auch dadurch erreicht werden, daß einem Erben als Wertausgleich ein Nutzungsrecht in Form eines dinglichen Wohnrechts eingeräumt wird. Hier erfolgt der Ausgleich aus Anteilen des Nachlasses selbst.

**Beispiel:**

Erben des E sind A und B. Der Nachlaß besteht aus einem Miethaus. Wert Euro 1 Mio, und Wertpapieren in Höhe von Euro 600.000,–. A und B setzen sich in der Weise auseinander, daß A das Miethaus und B das Wertpapiervermögen erhält und zum Ausgleich zugunsten des B ein Dauerwohnrecht am Miethaus (Wert Euro 200.000,–) bestellt wird[437].

Die Ablösung des dinglichen Wohnrechts durch den Gebäudeeigentümer führt hingegen zu Anschaffungskosten[438].

Abfindungen für eine wegen Erb- und Pflichtteilsverzichts geleistete Rentenzahlung sind regelmäßig wiederkehrende Bezüge i.S. von § 22 EStG[439].

519 Befindet sich im Nachlaß eine 100 %ige Beteiligung an einer GmbH, läßt sich die GmbH in der Weise teilen, daß der Anteil auf die einzelnen Erben aufgeteilt wird. Die GmbH bleibt als solche bestehen.

520 Die Spaltung kann in der Form der Aufspaltung, d.h. der Übertragung des Vermögens auf mindestens zwei Kapitalgesellschaften erfolgen, wobei die übertragende Gesellschaft untergeht, oder durch Abspaltung erfolgen, wobei ein Teil des Vermögens auf die neugegründete Kapitalgesellschaft übertragen wird, die übertragende Kapitalgesellschaft jedoch bestehen bleibt. Es muß sich bei den übernehmenden Gesellschaften um Neugründungen handeln. Der Kreis der Gesellschafter darf sich insgesamt nicht verändern. Die übertragende Kapitalgesellschaft muß in Teilbetriebe gegliedert sein. Bei dem übertragenen Betriebsvermögen muß es sich um Teilbetriebe handeln. Die spätere Versteuerung der stillen Reserven sowohl auf der Gesellschafts- als auch auf der Gesellschafterebene muß sichergestellt sein. Die Anteile müssen sich daher entweder in einem Betriebsvermögen befinden oder es muß sich um wesentliche Beteiligungen im Sinne des § 17 EStG handeln. Die Spaltung ist nur begünstigt, wenn das bisherige Engagement in anderer Form fortgeführt wird. Dies ist insbesondere der Fall, wenn die Spaltung dazu dient, die Unternehmensstruktur innerhalb eines Konzerns nachhaltig zu verbessern oder die Trennung vom Gesellschafterstamm zu erleichtern. Eine

---

437 Rz. 24; vgl. auch BFH v. 28.11.1991, BStBl. II 1992, 381.

438 Ebenda.

439 Vgl. insbesondere BFH v. 21.7.1992, DB 1993, 307, 308; v. 5.12.1992, DB 1993, 309.

Fortführung des bisherigen Engagements des Erblassers kann auch in der Weise erfolgen, daß Erben eine in Teilbetriebe aufgegliederte Kapitalgesellschaft spalten. Allerdings müssen der Erblasser und die Erbengemeinschaft im Zeitpunkt der Spaltung mindestens 5 Jahre die Anteile gehalten haben. Darüber hinaus darf eine Veräußerung der Anteile auch innerhalb von 5 Jahren nach Spaltung erfolgen, so daß eine Verbleibensbindung von mindestens 10 Jahren besteht.

Es muß sich um eine reine Realteilung handeln. Spitzenausgleiche dürfen nicht gezahlt werden. Allerdings läßt das BMF-Schreiben es zu, daß ein Wertausgleich über die liquiden Mittel und Verteilung der Schulden erfolgt. Sind die vorgenannten Voraussetzungen erfüllt, kann die Spaltung erfolgsneutral erfolgen. Allerdings ist zu beachten, daß nicht ausgeglichene Verluste nicht übertragen werden können. *521*

*e) Realteilung mit Spitzenausgleich*

Erhält ein Erbe im Rahmen einer Erbauseinandersetzung mehr, als ihm entsprechend seiner Quote zustehen würde, und leistet er für den Mehrerwerb an die übrigen Erben einen Wertausgleich, liegt insoweit ein entgeltlicher Erwerb, bei den abgefundenen Erben insoweit eine Veräußerung vor[440]. Der entgeltliche Erwerb umfaßt daher nur den Unterschiedsbetrag zwischen dem, was seiner Quote entsprechen würde, und dem, was er tatsächlich erhalten hat. *522*

**Beispiel:**

A und B sind Erben des E. Im Nachlaß befinden sich ein Miethaus (Wert Euro 600.000,–) und Wertpapiervermögen (Wert Euro 400.000,–).

A übernimmt das Miethaus, B die Wertpapiere. Zum Ausgleich zahlt A dem B Euro 100.000,–. A hat das Haus zu

$$\frac{500.000}{600.000} = 5/6$$

unentgeltlich erworben (Wert nach Erbquote) und zu

$$\frac{100.000}{600.000} = 1/6$$

entgeltlich erworben. Er hat daher 5/6 der AfA-Bemessungsgrundlage der Erbengemeinschaft fortzuführen, hinsichtlich 1/6 hat er Anschaffungskosten von Euro 100.000,–.

Erfolgt die Ausgleichszahlung durch Einräumung eines Nutzungsrechts (Wohnrecht), so ist dieses Wohnrecht nicht gegen Entgelt bestellt worden. Die Ablösung des Wohnrechts hingegen führt zu nachträglichen Anschaffungskosten[441].

---

440 BFH v. 5.7.1990, BStBl. II 1990, 837.

441 BFH v. 28.11.1991, DB 1992, 612.

### *f) Behandlung von Schuldzinsen aus Darlehen im Zusammenhang mit der Erbauseinandersetzung*

523 Werden im Zusammenhang mit einer Erbauseinandersetzung Darlehen aufgenommen, um weichende Erben abzufinden, so sind die Schuldzinsen nur soweit sie mit dem entgeltlichen Erwerb im Zusammenhang stehen, als Werbungskosten anzusehen[442].

524 Nach dem Urteil des BFH[443] sind im Falle einer Übertragung eines land- und forstwirtschaftlichen Betriebes im Wege der vorweggenommenen Erbfolge die auf übernommenen, privat veranlaßten Verbindlichkeiten des Übergebers gezahlten Schuldzinsen als Betriebsausgaben abzugsfähig, wenn der Übernehmer die Verbindlichkeiten übernehmen mußte, um überhaupt Einkünfte erzielen zu können. Dieses Urteil ist nach der Entscheidung des Großen Senates[444] ergangen. Damit hat der BFH seine bisherige Rechtsprechung, wonach diese auch im Rahmen eines unentgeltlichen Erwerbs begründeten oder übernommenen Verbindlichkeiten, durch die Einkunftsart veranlaßt sind, aufgegeben. Nach dem BMF-Schreiben vom 11.8.1994[445] sind die Tz. 37 letzter Satz, 70 und 89 Satz 4 des BMF-Schreibens vom 11.1.1993[446] überholt.

### *g) Verrentung von Abfindungsansprüchen im Rahmen einer Auseinandersetzung des Privatvermögens*

525 Werden Erbanteile auf Rentenbasis übernommen oder scheiden Erben bis auf einen aus der Erbengemeinschaft gegen Zahlung einer Rente aus, so stellt die Rente ein Entgelt dar. Gleiches gilt, wenn im Rahmen einer Realteilung des Nachlasses Spitzenausgleiche durch eine Rente ausgeglichen werden[447]. Es handelt sich also bei diesen Renten um private Veräußerungsrenten, die im Falle von Leibrenten mit dem Ertragsanteil anzusetzen sind. Dieser Ertragsanteil der Rente ist beim Rentenverpflichteten, soweit die Rentenzahlungen mit Einkünften im Zusammenhang stehen, als Werbungskosten bei der entsprechenden Einkunftsart anzusetzen. Soweit jedoch die Rente mit ertragslosen Nachlaßvermögen im Zusammenhang steht, z.B. beim Erwerb von Antiquitäten, Gemälden und Schmuck, kann der Rentenverpflichtete diese nicht als Sonderausgaben abziehen, da es sich hier nicht um existenzsicherndes Vermögen handelt. Die Rente ist daher im Verhältnis der Verkehrswerte zueinander auf die Nachlaßvermögensteile aufzuteilen.

Der abgefundene Erbe bzw. die abgefundenen Erben haben in Höhe des Ertragsanteils der Rente sonstige Einkünfte i.S. des § 22 Nr. 1 EStG.

---

[442] BFH v. 9.7.1985, BStBl. II 1985, 722; v. 23.4.1985, BStBl. II 1985, 720; v. 19.5.1983, BStBl. II 1983, 390; v. 2.3.1993, DB 1993, 1399.

[443] BFH v. 8.11.1990, FR 1991, 335.

[444] BFH v. 5.7.1990, BStBl. II 1990, 837.

[445] BStBl. I 1994, 603.

[446] BStBl. I 1993, 62ff.

[447] Vgl. Schulze zur Wiesche, RWP S. 6.52, S. 2025.

*h) Sonstige Rechtsfolgen der privaten Erbauseinandersetzung*

aa) Gebäude-AfA des Erwerbers

Erwirbt der Erbe ein Gebäude im Rahmen der Realteilung ohne Spitzenausgleich, hat er das Gebäude unentgeltlich von der Erbengemeinschaft erworben. Er hat daher grundsätzlich nicht die AfA des Erblassers, sondern die der Erbengemeinschaft als dem Rechtsvorgänger fortzusetzen. Das bedeutet i.d.R., daß er die Anschaffungs- oder Herstellungskosten des Erblassers als Bemessungsgrundlage für seine AfA zu übernehmen hat. Haben der Erblasser und auch die Erbengemeinschaft degressive AfA nach § 7 Abs. 5 EStG in Anspruch genommen, kann auch der unentgeltliche Erwerber diese degressive AfA fortsetzen. Das gilt auch hinsichtlich der erhöhten AfA, sofern die Voraussetzungen, insbesondere die Übergangsregelung, gegeben sind. *526*

Zahlt der Übernehmer eines Mietgrundstückes im Rahmen der Nachlaßteilung einen Wertausgleich an die übrigen Miterben, so liegt insoweit ein entgeltlicher Erwerb vor mit der Folge, daß der Erwerb des Mietgrundstücks in einen entgeltlichen und einen unentgeltlichen Teil aufzuteilen ist. *527*

Soweit er das Gebäude unentgeltlich erworben hat, gilt das bisher Gesagte, hinsichtlich des entgeltlichen Teiles hat er eigene Anschaffungskosten und kann daher insoweit eine degressive AfA nicht mehr fortführen. Ist ihm das Mietgrundstück im Rahmen eines Erbteilskaufes oder im Rahmen einer Anwachsung durch Ausscheiden der übrigen Erben gegen Abfindung zugewachsen, liegt im vollen Umfange entgeltlicher Erwerb vor, mit der Folge, daß er nicht in die Rechtsstellung des Rechtsvorgängers eintritt, sondern eigene Anschaffungskosten hat mit der Folge, daß diese die Bemessungsgrundlage für seine Abschreibung sind. *528*

bb) Grundförderung im Falle der Erbauseinandersetzung[448]

Wie bereits ausgeführt, kann die Grundförderung nach § 10 e EStG auf den Gesamtrechtsnachfolger übergehen. Nicht Gesamtrechtsnachfolger ist der Vermächtnisnehmer. Der Vermächtnisnehmer kann daher nicht die Grundförderung des Erblassers fortsetzen[449]. Sind mehrere Erben Rechtsnachfolger, fragt sich, inwieweit der Sonderausgabenabzug nach § 10e EStG (Grundförderung) auf die einzelnen Erben übergehen kann. Die Übernahme der Grundförderung durch einen Erben bei Vorhandensein mehrerer Erben ist insofern nach dem Beschluß des Großen Senates vom 5. 7. 1990 strittig geworden, als der Erwerb aus der Erbengemeinschaft im Rahmen einer Realteilung des Nachlasses als ein unentgeltlicher Erwerb von der Erbengemeinschaft und nicht als ein solcher vom Erblasser angesehen wird mit der Folge, daß es sich hier um eine Einzelrechtsnachfolge handelt, die grundsätzlich die Übernahme des § 10e EStG des Rechtsvorgängers nach *529*

---

448 Hinsichtlich der Erwerbe nach dem 31. 12. 1995 ist Gesetz zur Neuregelung der steuerlichen Wohnungseigentumsförderung zu beachten.

449 Vgl. Stephan, Die Besteuerung des selbstgenutzten Wohnungseigentums, 4. Aufl., S. 103.

herrschender Rechtsansicht ausschließt[450]. Stephan[451] sieht die Übernahme der Grundförderung durch einen Erben, der die bisher vom Erblasser selbst genutzte Wohnung selbst nutzt, solange die Erbengemeinschaft noch ungeteilt ist, als rechtlich zulässig an. In dem Beispiel von Stephan hatten sich die Erben einer zweigliedrigen Erbengemeinschaft dahingehend geeinigt, daß jeder Miterbe das Verwaltungs- und Nutzungsrecht hinsichtlich einer Wohnung erhalten hat. Einigen sich die beiden Erben später dahin, daß das Zweifamilienhaus in zwei Eigentumswohnungen aufgeteilt wird, wobei jeder Erbe eine übernimmt, soll der selbstnutzende Erbe die Grundförderung fortsetzen können und zwar im vollen Umfange. Hinsichtlich weiterer Fallgestaltungen siehe Stephan[452].

*530* Bei der Übernahme der Grundförderung durch einen Erben als Gesamtrechtsnachfolger ist jedoch zu beachten, daß der Erwerber die Grundförderung nur noch insoweit und in der Höhe in Anspruch nehmen kann, als sie der Rechtsvorgänger noch nicht in Anspruch genommen hat. Hat der Rechtsvorgänger bereits vier Jahre Grundförderung in Anspruch genommen, so kann der Erbe als Gesamtrechtsnachfolger lediglich noch vier Jahre ausnutzen.

*531* Hat jedoch der Erbe, der eine Wohnung im Hause des Erblassers selbst nutzt, dieses entgeltlich von der Erbengemeinschaft erworben, so erfüllt er hinsichtlich des entgeltlich erworbenen Bruchteils selbst die Voraussetzungen für die Eigenheimzulage, mit der Folge, daß er insoweit selbst die vollen acht Jahre für sich in Anspruch nehmen kann mit einer eigenen Bemessungsgrundlage. In diesem Falle empfiehlt sich eine Realteilung mit Spitzenausgleich nicht. Nicht immer bietet sich hier ein Erbanteilskauf oder ein Ausscheiden aus der Erbengemeinschaft an. U. U. läßt sich die gleiche Wirkung dadurch erzielen, daß der weichende Erbe bei Vorhandensein von Schulden diese übernimmt und der das Gebäude übernehmende Erbe die Schuldübernahme mit eigenen Mitteln ausgleicht.

**Beispiel:**

E ist verstorben. Erben sind A und B. Im Nachlaß befindet sich ein Gebäude im Werte von Euro 600.000,–, Wertpapiere im Werte von Euro 200.000,–. Außerdem hatte der Erblasser Schulden in Höhe von Euro 200.000,–. A und B einigen sich dahingehend, daß A das Gebäude, B die Wertpapiere und die Schulden übernimmt, so daß er wertmäßig nichts erhalten hat. A verpflichtet sich, dem B einen Wertausgleich in Höhe von Euro 300.000,– zu zahlen. Er hat somit das Grundstück aus dem Nachlaß für Euro 300.000,– erworben. Es ist auch hier zu beachten, daß er im Falle der Realteilung das gesamte Gebäude von dem Nachlaß erwirbt.

*532* Das gleiche gilt für das Ausscheiden von Miterben aus der Erbengemeinschaft nicht, denn die Anteile der weichenden Erben werden vom übernehmenden Erben entgeltlich übernommen. Hinsichtlich der eigenen Quote liegt ein unentgeltlicher Erwerb vor, mit der Folge, daß der Übernehmer die volle Grundförderung

[450] Vgl. BFH v. 4. 12. 1991, DB 1992, 716.

[451] DB 1991, 1038; derselbe; Die Besteuerung selbstgenutzten Wohneigentums, 5. Aufl. 1995.

[452] DB 1991, 1038.

nicht in Anspruch nehmen kann. Aus diesem Grunde ist das Modell der Realteilung zweckmäßiger.

**Beispiel:**

A, B, C sind Mitglieder einer Erbengemeinschaft. Der Nachlaß besteht im wesentlichen aus einem Einfamilienhaus (Wert Euro 600.000,–). A erwirbt die Erbanteile von B und C für jeweils Euro 200.000,– = Euro 400.000,–.

In diesem Fall erstreckt sich der entgeltliche Erwerb lediglich auf 2/3 Miteigentumsanteile. A kann daher im Falle der Selbstnutzung nur 2/3 der Grundförderung in Anspruch nehmen. Im Falle des entgeltlichen Erwerbs besteht ab 1994 ohnehin eine Beschränkung.

Erwirbt er jedoch das Einfamilienhaus im Rahmen der Realteilung ohne Spitzenausgleich aus der Erbengemeinschaft, liegt ein unentgeltliches Rechtsgeschäft hinsichtlich des ganzen grundförderungswürdigen Objektes vor, mit der Folge, daß ihm als Höchstbetrag Euro 8.437,– zur Verfügung stehen, sofern der Erblasser ihn noch nicht in Anspruch genommen hat.

Hatte der Erblasser bereits die Eigenheimzulage beansprucht, so kann der Erbe diese fortsetzen. Soweit er einen Spitzenausgleich geleistet hat, kann der Erbe bei Erwerben nach dem 31. 12. 1995 die Eigenheimzulage in Anspruch nehmen[453].

### *i) Gebäude-AfA des Erwerbers*

Soweit der Erbe das Gebäude unentgeltlich erworben hat, muß er grundsätzlich die AfA des Rechtsvorgängers fortsetzen. Die Anschaffungs- oder Herstellungskosten des Rechtsvorgängers bilden auch für ihn die Bemessungsgrundlage. Hat der Rechtsvorgänger degressive AfA nach § 7 Abs. 5 EStG in Anspruch genommen, kann der unentgeltliche Erwerber die degressive AfA fortsetzen. Das gilt grundsätzlich auch hinsichtlich der erhöhten AfA, sofern die Voraussetzungen (insbesondere Übergangsregelung) gegeben sind. Das gilt grundsätzlich auch für den unentgeltlichen Erwerb von der Erbengemeinschaft als Gesamtrechtsnachfolger. 533

Wird im Rahmen der Erbauseinandersetzung der Miteigentumsanteil der Miterben entgeltlich zum eigenen hinzuerworben, bleibt der entgeltliche hinzuerworbene Miteigentumsanteil ein selbständiges Objekt i.S. des § 7 Abs. 4 und 5, § 7 EStG. Dieses unterliegt grundsätzlich der AfA nach § 7 Abs. 4 EStG. Soweit das Entgelt auf den Gebäudemiteigentumsanteil entfällt, ist dieses Bemessungsgrundlage für die AfA dieses Teils. 534

**Beispiel:** 535

E ist verstorben. Erben sind A und B. Der Nachlaß besteht aus einem Miethaus, Herstellungskosten des Erblassers Euro 800.000,–. Das Haus ist mit einer Hypothek in Höhe von Euro 400.000,– belastet. Wert des Hauses Euro 1.200.000,–. A zahlt an B neben der Übernahme der anteiligen Hypotheken Euro 400.000,–, einschließlich Grund und Boden (Wert des Grund und Bodens Euro 200.000,–). Der Erblasser hat AfA nach § 7 Abs. 5 EStG in Anspruch genommen.

---

[453] Vgl. Zenthöfer/Schulze zur Wiesche, Lehrbuch ESt, 4. Aufl., S. 895.

A hat das Haus zur Hälfte unentgeltlich unmittelbar vom Erblasser erworben, die andere Hälfte entgeltlich. Die Anschaffungskosten (Gebäudeteil) betragen Euro 500.000,–.

| | |
|---|---|
| AfA nach § 7 Abs. 5 EStG = 5 v.H. v. Euro 400.000,– = | Euro 20.000,– |
| AfA nach § 7 Abs. 4 EStG = 2 v.H. v. Euro 500.000,– = | Euro 10.000,– |
| AfA insgesamt | Euro 30.000,– |

### *j) Grundförderung im Falle der Erbauseinandersetzung*

536 Wie bereits ausgeführt, kann die Grundförderung nach § 10 e EStG auf den Gesamtrechtsnachfolger übergehen.

Sind mehrere Erben Rechtsnachfolger, fragt sich, wie weit der Sonderausgabenabzug nach § 10e EStG (Grundförderung) auf die einzelnen Erben übergeht. Der Sonderausgabenabzug geht grundsätzlich entsprechend der Quote auf die Gesamtrechtsnachfolger über. Daher kann der Erbe grundsätzlich, soweit er die Voraussetzungen der Selbstnutzung erfüllt und Eigentümer ist, bis zur Höhe seiner Quote die Grundförderung beanspruchen. Fraglich ist jedoch, inwieweit ein Miterbe, der im Rahmen der Erbauseinandersetzung durch Realteilung als Einzelrechtsnachfolger die übrigen Miteigentumsanteile hinzuerwirbt, die Grundförderung beanspruchen kann.

**Fall 1:**

E ist verstorben. Der Nachlaß wird real auf die Erben A, B und C ohne Spitzenausgleich aufgeteilt. Im Rahmen der Erbauseinandersetzung übernimmt A das vom Erblasser bisher bewohnte Einfamilienhaus und bewohnt es selbst.

A ist Gesamtrechtsnachfolger und tritt somit in die Rechtsstellung des Erblassers ein. Da der Sonderausgabenabzug, zumindest soweit der Nutzende die Voraussetzungen erfüllt, objektbezogen ist, geht der Sonderausgabenabzug auf den Gesamtrechtsnachfolger über, der das Objekt übernimmt, weil § 10e EStG insoweit sachbezogen ist[454].

**Fall 2:**

Wie zuvor, die Erben A, B, C übernehmen das Einfamilienhaus als schlichtes Bruchteilseigentum. A bewohnt das Einfamilienhaus selbst.

Jeder Miteigentumsanteil gilt als selbständiges Objekt. Somit kann A höchstens ein Drittel Grundförderung in Anspruch nehmen.

Gleiches gilt, wenn es sich um ein Miethaus handelt, in dem der Erblasser eine Wohnung bewohnt hat.

**Fall 3:**

Der Erblasser war Eigentümer eines Zweifamilienhauses. Eine Wohnung bewohnte er selbst und nahm die Grundförderung nach § 10e EStG in Anspruch. Die andere Wohnung bewohnte einer der beiden Erben. In die vom Erblasser bewohnte Wohnung zog der Erbe ein. Die beiden Erben setzten sich dahin auseinander, daß sie das Haus zu schlichtem Miteigentum übernahmen.

---

454 So auch Stephan, a.a.O., S. 57; Wacker, BB 1994, 982, Schr. BdF v. 31.12.1994, BStBl. I 1994, 887, Tz 65.

Als Gesamtrechtsnachfolger können beide Erben grundsätzlich die Grundförderung des Erblassers fortsetzen, jedoch zusammen höchstens in der Höhe, wie der Erblasser sie hätte beanspruchen können, die Grundförderung bezieht sich jedoch auf eine Wohnung, nicht auf eine beliebige Wohnung in dem gleichen Objekt. Die Grundförderung ist an die Wohnung des Erblassers gebunden, die beiden Erben zu Bruchteilen zusteht. Somit kann nur derjenige Erbe, der die Wohnung des Erblassers bewohnt, in Höhe seines Bruchteils die Grundförderung fortsetzen.

**Fall 4:**

E ist verstorben. Im Nachlaß befindet sich ein Einfamilienhaus, das der wesentliche Nachlaßgegenstand ist. Erben sind A und B. Die Erben setzen sich dahin auseinander, daß A das Einfamilienhaus übernimmt und an B eine Abfindung zahlt. A bezieht die Wohnung des Erblassers. Der Erblasser hatte die Grundförderung (§ 10e EStG) in Anspruch genommen.

A kann als Rechtsnachfolger hinsichtlich des vom Erblasser erworbenen Gebäudeanteils die Grundförderung fortsetzen. Diese bezieht sich jedoch nur auf den von diesem unentgeltlich erworbenen Miteigentumsanteil (= 50 v.H.). Hat der Erblasser eine Grundförderung von Euro 4.602,– in Anspruch genommen, beträgt sie beim Erben nur noch 50 v.H. = Euro 2.301,–. Die im Wege der Erbauseinandersetzung entgeltlich hinzuerworbene Miteigentumshälfte gilt als ein selbständiges Objekt nunmehr im Sinne des EigZulG. Eheleute, die die Voraussetzungen für die Zusammenveranlagung erfüllen, können zwei Objekte beanspruchen.

Ist einer der Erben der Ehegatte des Verstorbenen und erwirbt dieser im Rahmen der Erbauseinandersetzung zu seinem Anteil an der Wohnung den Anteil des Verstorbenen hinzu, kann er insgesamt insoweit die Grundförderung fortsetzen. Er hat insgesamt nur einen Anteil (⇒ Rz. 339ff. [343]).

Hatte der Erblasser bereits die Eigenheimzulage in Anspruch genommen, so kann der Ehegatte diese fortsetzen[455].

### *k) Wesentliche Beteiligung*

Setzen sich die Erben hinsichtlich einer wesentlichen Beteiligung des Erblassers 537
real auseinander, so behalten diese selbständigen Anteile noch 5 Jahre vom Erbanfall an ihre Eigenschaft als wesentliche Beteiligung, wenn die einzelnen Erben jeweils keine wesentliche Beteiligung erworben haben. Es ist hierbei zu berücksichtigen, daß ab 1.1.2001 eine Beteiligung von 1 v.H. schon als wesentlich gilt.

**Beispiel:**

E ist verstorben. Er ist an der X-GmbH mit 40 v.H. beteiligt. AK Euro 800.000,–. Erben sind seine 4 Kinder A, B, C und D. Sie setzen sich dahin auseinander, daß jedes der 4 Kinder 10 v.H. des Anteils an der X-GmbH übernimmt.

---

455 Eigenheimzulagengesetz, BGBl. I 1996, 113. Vgl. Zenthöfer/Schulze zur Wiesche, Lehrbuch ESt, 4. Aufl., S. 895.

Die Auseinandersetzung ist unentgeltlich. Ein Veräußerungsgewinn wird daher nicht realisiert. Da der Erblasser jedoch bis zu seinem Tode wesentlich beteiligt war und auch die Erben mit jeweils 10 v.H. wesentlich beteiligt sind, führt jede Veräußerung zu einem Veräußerungsgewinn nach § 17. Die 4 Kinder erwerben jedoch jeweils eine wesentliche Beteiligung i.S.d. § 17 EStG.

**Beispiel** (wie zuvor):

C verkauft später seine Beteiligung für Euro 300.000,– an B.
C hat einen Veräußerungsgewinn nach § 17 EStG.

| | |
|---|---|
| Veräußerungspreis | Euro 300.000,– |
| anteilige Anschaffungskosten des Rechtsvorgängers | Euro 200.000,– |
| Veräußerungsgewinn | Euro 100.000,– |

Ist jedoch die Erbauseinandersetzung hinsichtlich einer wesentlichen Beteiligung entgeltlich, weil Spitzenausgleiche gezahlt werden, liegt eine Veräußerung im Falle des § 17 EStG vor.

**Beispiel:**

E (Erblasser) ist mit 30 v.H. an der X-GmbH beteiligt. Erben sind A und B, AK des Erblassers Euro 300.000,–; A übernimmt den Anteil gegen Zahlung an B in Höhe von Euro 200.000,–.

A hat die Beteiligung zur Hälfte entgeltlich erworben, die Anschaffungskosten betragen Euro 200.000,. B hat seinen Anteil an A veräußert. Veräußerungsgewinn nach § 17 Abs. 1 Nr. 2 EStG Euro 200.000,– – Euro 150.000,– = Euro 50.000,–.

### *l) Private Veräußerungsgeschäfte i.S. des § 23 EStG*

538 Der Erwerb im Rahmen einer Erbauseinandersetzung gilt weder als Anschaffung noch als Veräußerung i.S. des § 23 EStG.

Soweit aber im Rahmen einer Erbauseinandersetzung ein Miteigentumsanteil entgeltlich erworben worden ist, liegt für den Erwerber ein Anschaffungsgeschäft und für den weichenden Erben ein Veräußerungsgeschäft i.S. des § 23 EStG vor[456].

**Beispiel:**

Der Erblasser ist am 1.4.03 gestorben. Im Nachlaß befindet sich ein unbebautes Grundstück, das er am 1.5.09 für Euro 60.000,– angeschafft hat. Erben sind A und B. Weiterer Nachlaß ist nicht vorhanden. Am 20.7.03 kommen A und B überein, daß A das Grundstück übernimmt gegen Zahlung von Euro 40.000,– an B. In diesem Fall hat B ein Spekulationsgeschäft verwirklicht, da er als Rechtsnachfolger des Erblassers seinen Grundstücksanteil an B innerhalb der Spekulationsfrist veräußert hat.

Sollte A innerhalb der nächsten 7 Jahre das Grundstück veräußern, liegt hinsichtlich beider Anteile ein Spekulationsgeschäft vor, soweit die Veräußerung bis zum 1.5.10 erfolgt, anschließend nur noch hinsichtlich des hinzuerworbenen Anteils.

---

456 BFH v. 22.9.1987, DB 1988, 159.

### 3. Die Auseinandersetzung eines nur aus Betriebsvermögen bestehenden Nachlasses

*a) Vorbemerkung*

Die Auseinandersetzung des Betriebsvermögens kann wie bei der Auseinandersetzung des Privatvermögens entgeltlich, aber auch unentgeltlich erfolgen[457]. Beim Erwerb von Erbanteilen und beim Ausscheiden aus der Erbengemeinschaft ist der Vorgang in vollem Umfange entgeltlich, auch soweit die weichenden Erben Gegenstände aus dem Nachlaß erhalten. Allerdings ist hierbei zu beachten, daß gleichzeitig ein Entnahmegewinn bei den Erben anfällt, wenn der Gegenstand der Abfindung dem Betriebsvermögen entnommen wird. Gleiches gilt, wenn der Betrieb des Erblassers auf einen Erben gegen Abfindung übertragen wird. Wird der Nachlaß real geteilt und werden zwischen den Erben keine Spitzenausgleiche gezahlt, liegt ein unentgeltlicher Erwerb vor. Hierbei ist jedoch zu beachten, daß die Erben gleichzeitig eine Entnahme bewirken, wenn der Gegenstand des Erwerbes aus dem Nachlaß den betrieblichen Bereich verläßt. Übt die Erbengemeinschaft insgesamt die gewerbliche Tätigkeit aus, liegt gleichzeitig eine steuerbegünstigte Betriebsaufgabe i.S. des § 16 Abs. 3 EStG vor. Hat jedoch im Rahmen der Nachlaßbesteuerung ein Miterbe mehr erhalten, als ihm wertmäßig entsprechend seiner Quote zustehen würde, liegt insoweit ein entgeltlicher Erwerb vor, bei dem Ausgleichsempfänger insoweit eine Veräußerung. 539

*b) Erwerb der Erbanteile der weichenden Miterben durch einen Miterben*

Besteht der Nachlaß im wesentlichen aus einem Gewerbebetrieb, so liegt die Veräußerung eines Mitunternehmeranteils vor, wenn ein Miterbe seinen Erbanteil einem Miterben veräußert (§ 16 Abs. 1 Nr. 2 EStG)[458]. Die Veräußerung eines Erbanteils steht der Veräußerung eines Anteils an einer Personengesellschaft gleich, soweit der Nachlaß sich aus Betriebsvermögen zusammensetzt. Der Veräußerungsgewinn errechnet sich in diesem Falle aus dem Unterschiedsbetrag zwischen der Abfindungssumme und dem anteiligen Buchkapital, das der anteiligen Quote im Zeitpunkt seines Ausscheidens entspricht. 540

**Beispiel:**

Miterben sind A, B und C. Im Nachlaß befindet sich ein Gewerbebetrieb.

Das Buchkapital beträgt im Zeitpunkt des Erbfalls Euro 150.000,–, im Zeitpunkt der Auseinandersetzung Euro 180.000,–. A erwirbt die Erbanteile von B und C gegen Abfindung von jeweils Euro 100.000,– = Euro 200.000,– (Verkehrswert) hinzu.

---

457 So BFH v. 5.7.1990, BStBl. II 1990, 837. Literatur: Märkle/Franz, S. 55ff.; Felix, KöSDi 3/91, S. 8436; L. Schmidt, § 16, RdNr. 120ff.; Ruban, DStR 1991, 65; Groh, DB 1990, 2135; List, NWB Fach 3, 7579; Flume, DB 1990, 2390; Märkle, Wpg 1990, 674; Schulze zur Wiesche, RWP S. 6.52, S. 1989; Söffing, DB 1991, 773, 828; ders., DStR 1991, 201; Knobbe-Keuk, Bilanzrecht, 9. Aufl.

458 BFH v. 5.7.1990, BStBl. II 1990, 837.

| Veräußerungsgewinn | B | C |
| --- | --- | --- |
| Abfindung | Euro 100.000,– | Euro 100.000,- |
| anteiliges Buchkapital | Euro 60.000,– | Euro 60.000,– |
| Veräußerungsgewinn | Euro 40.000,– | Euro 40.000,– |

A hat Anschaffungskosten in Höhe von Euro 200.000,–.

Unerheblich ist, aus welchen Mitteln A B und C abfindet, ob aus dem übernommenen Nachlaß (= Betrieb) oder aus seinem Privatvermögen oder durch Kreditaufnahme, indem er das übernommene Betriebsvermögen belastet[459].

541 Erfolgt eine Sachabfindung aus dem Betriebsvermögen, ist ein Entnahmegewinn beim übernehmenden Gesellschafter, soweit die stillen Reserven des entnommenen Gegenstandes auf ihn entsprechend der Erbquote entfallen, zu erfassen, der jedoch bei diesem nicht tarifbegünstigt ist.

**Beispiel:**

E ist verstorben. Im Nachlaß befindet sich ein Gewerbebetrieb. Erben sind A und B. Buchwert des Betriebsvermögens Euro 120.000,–. Teilwert Euro 180.000,–. B veräußert seinen Miterbteil an A. Als Abfindung überträgt A B das Betriebsgrundstück, das mit Euro 42.000,– zu Buche stand. Teilwert Euro 90.000,–.

Die Grundsätze des Urteils v. 24. 5. 1973[460] sind hier anzuwenden.

| | |
| --- | --- |
| Veräußerungsgewinn B | |
| Abfindung | Euro 90.000,– |
| Buchkapital | Euro 60.000,– |
| Veräußerungsgewinn | Euro 30.000,– |
| Höhere Anschaffungskosten A | Euro 30.000,– |
| davon entfallen auf das Grundstück | Euro 24.000,– |
| Entnahmegewinn | |
| Buchwert Grundstück | Euro 42.000,– |
| nachträgliche AK | Euro 24.000,– |
| | Euro 66.000,– |
| Entnahmewert | Euro 90.000,– |
| Entnahmegewinn A | Euro 24.000,– |

Dieser Entnahmegewinn ist nicht tarifbegünstigt.

### *c) Ausscheiden von Miterben aus einer Erbengemeinschaft gegen Abfindung*

542 Die Erbengemeinschaft kann auch dadurch beendet werden, daß einzelne Mitglieder gegen Abfindung aus der Erbengemeinschaft ausscheiden, wobei die Erbengemeinschaft die Abfindung schuldet[461]. Die Anteile der Ausgeschiedenen wachsen in diesem Falle dem verbleibenden Miterben an. Befindet sich im Nachlaß Betriebsvermögen, ist insoweit das Ausscheiden aus einer Mitunternehmerschaft gegeben (Anteilsveräußerung i.S. des § 16 Abs. 1 Nr. 2 EStG). Der Veräu-

---

459 BFH v. 5. 7. 1990, BStBl. II 1990, 837.

460 BStBl. II 1973, 615.

461 BFH v. 5. 7. 1990, BStBl. II 1990, 837.

ßerungsgewinn ergibt sich aus dem Unterschiedsbetrag zwischen Abfindungssumme (Veräußerungspreis) und dem anteiligen Buchkapital im Zeitpunkt des Ausscheidens. Wird der Ausgeschiedene mit einem Sachwert abgefunden, so liegt eine Entnahme des verbleibenden Gesellschafters bzw. der verbleibenden Gesellschafter vor[462]. Gelangt die Sachwertabfindung in ein Betriebsvermögen des ausgeschiedenen Erben, liegt eine steuerbegünstigte Betriebsaufgabe vor (§ 16 Abs. 3 Satz 2 EStG)..

**Beispiel:**

E ist verstorben. Erben sind A, B und C zu je 1/3. Im Nachlaß befindet sich ein Gewerbebetrieb (Buchwert Euro 240.000,–, Verkehrswert Euro 600.000,–). A, B und C einigen sich dahingehend, daß B und C gegen Abfindung aus der Erbengemeinschaft ausscheiden gegen Barzahlung von jeweils Euro 100.000,– und Übertragung eines Grundstücks aus dem Betriebsvermögen (Buchwert Euro 80.000,–, Teilwert Euro 200.000,–). Das Grundstück ist mit dem gemeinen Wert zu übernehmen.

Ein Miterbe kann gegen eine Barabfindung aus der Erbengemeinschaft ausscheiden, sein Anteil am Gemeinschaftsvermögen wächst dann den verbleibenden Miterben zu[463]. Wie beim Ausscheiden eines Gesellschafters aus einer Personengesellschaft können sich für den ausscheidenden Erben aus der Erbengemeinschaft ein Veräußerungsgewinn und für die verbleibenden Miterben Anschaffungskosten ergeben. Wird die Abfindung nicht in Geld, sondern in Sachwerten erbracht, kann sich auch für die verbliebenen Miterben, soweit diese entsprechend ihrer Quote an den stillen Reserven der Sachabfindung beteiligt sind, ein Entnahmegewinn ergeben (Erl. a.a.O. Tz. 54).

| | B | C |
|---|---|---|
| Barabfindung | Euro 100.000,– | Euro 100.000,– |
| Sachabfindung | Euro 100.000,– | Euro 100.000,– |
| Abfindung insgesamt | Euro 200.000,– | Euro 200.000,– |
| abzügl. anteiliger Buchwert | Euro 80.000,– | Euro 80.000,– |
| Veräußerungsgewinn | Euro 120.000,– | Euro 120.000,– |

A hat in Höhe von Euro 400.000,– Anschaffungskosten.
Allerdings ergibt sich bei ihm ein Entnahmegewinn:

| | |
|---|---|
| Teilwert | Euro 200.000,– |
| abzügl. ursprünglicher Buchwert | Euro 80.000,– |
| nachträgliche Anschaffungskosten | Euro 80.000,– |
| Entnahmegewinn | Euro 40.000,– |

*d) Veräußerung des Betriebes an einen Miterben*

Die Auseinandersetzung kann auch in der Weise erfolgen, daß die Erbenge- *543*
meinschaft den Betrieb auf einen Erben überträgt und dieser die übrigen Miterben abfindet. Eine solche Vereinbarung führt steuerrechtlich zu demselben Ergebnis wie der Erwerb der Anteile der Miterben oder ihr Ausscheiden aus der

462 Schr. BdF v. 11.1.1993, BStBl. I 1994, S. 62, Tz. 54.
463 BFH v. 5.7.1990, BStBl. III 1990, 837.

Erbengemeinschaft gegen Abfindung. Für die verbleibenden Erben stellt die Abfindung Anschaffungskosten dar, während sich für die abgefundenen Erben in Höhe des Unterschiedsbetrages zwischen Abfindung und anteiligem Kapitalkonto ein Veräußerungsgewinn ergibt[464].

*e) Realteilung des Nachlasses*

aa) Grundsätze

544 Auch Betriebsvermögen kann grundsätzlich real auf die Erben aufgeteilt werden. Die Realteilung führt jedoch zu einer Auflösung aller stillen Reserven, wenn gleichzeitig der Betrieb aufgegeben wird. Eine Betriebsaufgabe ist stets gegeben, wenn bereits eine wesentliche Grundlage ins Privatvermögen überführt wird. Nicht notwendig ist es, daß das Betriebsvermögen in Teilbetriebe gegliedert ist, die sich ohne Zerschlagung der Organisation auf die Erben aufteilen lassen.

545 Gegenstand der Realteilung können die einzelnen Wirtschaftsgüter des Betriebsvermögens sein.

Unschädlich ist, wenn Wirtschaftsgüter, die nicht zu den wesentlichen Grundlagen gehören, in das Privatvermögen überführt werden. In diesem Fall ist der Entnahmegewinn allen Miterben zuzurechnen. Dieser Gewinn ist nicht tarifbegünstigt.

546 Wird ein Nachlaß real zwischen den Erben ohne Spitzenausgleich geteilt, liegt grundsätzlich ein unentgeltlicher Erwerb vor. Besteht der Nachlaß ausschließlich bzw. im wesentlichen aus Betriebsvermögen und führt eine Realteilung zu einer Beendigung der gewerblichen Tätigkeit der Erben, liegt eine Betriebsaufgabe vor, die zu einem Aufgabegewinn führt, soweit wesentliche Grundlagen des Betriebsvermögens an Dritte veräußert oder ins Privatvermögen überführt worden sind. Keine Betriebsaufgabe ist jedoch gegeben, wenn ein in mehrere Teilbetriebe gegliederter Betrieb von den Miterben weitergeführt wird. Unabhängig davon, ob das Betriebsvermögen Privatvermögen wird oder nicht, entsteht jedoch insoweit ein Veräußerungsgewinn, als Spitzenausgleiche zwischen den Erben gezahlt werden.

bb) Die Realteilung eines Betriebes

547 Die Realteilung ist nunmehr gesetzlich geregelt, § 16 Abs. 3 Satz 2 EStG. Hiernach ist die Realteilung grundsätzlich als Aufgabe eines Mitunternehmeranteils zu behandeln. Die aufgeteilten Wirtschaftsgüter sind grundsätzlich mit den gemeinen Werten in den überführten Betrieb zu übernehmen. Bei den Realteilern entsteht ein Aufgabegewinn, das gilt grundsätzlich auch dann, wenn der ganze Betrieb ohne Spitzenausgleich geteilt wird.

548 Eine Ausnahme gilt hier jedoch nur dann, wenn jeder Realteiler (Miterbe) entweder einen Teilbetrieb oder Mitunternehmeranteil erhält. Das setzt jedoch u.E. nicht voraus, daß der Betrieb bereits beim Erblasser in Teilbetriebe gegliedert

---

464 BFH v. 5.7.1990, BStBl., II 1990, 837.

war. Maßgebend ist der Zeitpunkt der Auseinandersetzung. So muß auf **die** Realteiler entweder ein Teilbetrieb oder Mitunternehmeranteil übergehen. Jeder Miterbe, soweit er im Zeitpunkt der Realteilung noch Mitunternehmer ist, muß entweder einen Teilbetrieb oder Mitunternehmeranteil erhalten. In diesem Falle sind die Buchwerte fortzuführen (§ 16 Abs. 3 Satz 3 i.V.m. § 6 Abs. 3 EStG).

Besteht der Nachlaß aus mehreren selbständigen Betrieben des Erblassers und *549* übernehmen die Erben im Rahmen der Auseinandersetzung jeweils einen Betrieb, haben die Erben hinsichtlich der übernommenen Betriebe die Buchwerte fortzuführen.

cc) Realteilung als Betriebsaufgabe

Wird ein nicht in Teilbetriebe gegliederter Betrieb geteilt, so liegt eine Aufgabe *550* der Mitunternehmerschaft aller Miterben vor, sofern sie bis dahin Mitunternehmer gewesen sind. In diesem Falle ist es unerheblich, ob die von den Miterben übernommenen Wirtschaftsgüter in das Privatvermögen oder in ein anderes Betriebsvermögen überführt werden. Eine Betriebsaufgabe ist für alle Miterben auch dann gegeben, wenn zwar ein Erbe einen Teilbetrieb (den Restbetrieb) übernimmt, die übrigen Erben jedoch lediglich einzelne Wirtschaftsgüter aus dem Betrieb übernehmen und in andere Betriebe überführen. Dies gilt grundsätzlich auch für den Erben, der einen Teilbetrieb übernimmt.

Eine Betriebsaufgabe ist auch dann gegeben, wenn ein Miterbe den Betrieb eines anderen Miterben mit einem Wirtschaftsgut, das eine wesentliche Grundlage des bisherigen Betriebs darstellt, abgefunden wird.

In diesem Fall ist für alle Gesellschafter ein Aufgabegewinn zu ermitteln, die übernommenen Wirtschaftsgüter sind mit ihren gemeinen Werten in die anderen Betriebe einzulegen.

dd) Realteilung als Betriebsfortführung[465]

Ist ein Betrieb in mehrere Teilbetriebe gegliedert, kann die Erbauseinanderset- *551* zung in der Weise geschehen, daß jeder Erbe einen Teilbetrieb oder Mitunternehmeranteil übernimmt und diesen selbständig weiterführt (§ 16 Abs. 3 Satz 2 EStG).

Eine Realteilung ist grundsätzlich nur möglich, wenn ein Unternehmen in mehrere Teilbetriebe gegliedert ist.

Unter einem Teilbetrieb wird von der Rechtsprechung[466] ein mit einer gewissen Selbständigkeit ausgestatteter, organisatorisch geschlossener Teil des Gesamtbetriebes verstanden, der für sich allein lebensfähig ist. Ob ein Betriebsteil die er-

---

[465] Schulze zur Wiesche, DStR 1975, 147; Moench, DStR 1985, 554; BFH v. 2. 10. 1962, BStBl. III 1962, 513; v. 21. 12. 1977, BStBl. II 1978, 305; v. 19. 1. 1982, BStBl. II 1982, 450.

[466] Vgl. BFH v. 4. 7. 1973, BStBl. II 1973, 838; v. 5. 6. 1976, BStBl. II 1977, 42; v. 2. 8. 1979, BB 1979, 47; v. 27. 6. 1978, BB 1978, 1503.

forderliche Selbständigkeit besitzt, hängt vom Gesamtbild der Verhältnisse ab. Hier sind folgende Abgrenzungsmerkmale zu berücksichtigen:

a) örtliche Trennung,
b) gesonderte Buchführung,
c) Einsatz verschiedenen Personals,
d) selbständiger Einkauf,
e) selbständiger Verkauf.

Eine Realteilung liegt vor, wenn die wesentlichen Grundlagen dieses Teilbetriebs auf einen Gesellschafter übertragen werden.

552 Ist ein Betrieb in mehrere Teilbetriebe gegliedert und setzen sich die Gesellschafter einer Personengesellschaft in der Weise auseinander, daß die einzelnen Teilbetriebe auf die Gesellschafter aufgeteilt und diese jeweils von den einzelnen Gesellschaftern als Einzelbetriebe fortgeführt werden, so kann eine Versteuerung der stillen Reserven unterbleiben, wenn die Buchwerte der bisherigen Personengesellschaft fortgeführt werden. Die Übernehmer haben ein Wahlrecht zwischen Buchwertübernahme und Teilwertübernahme, wobei im letzteren Falle ein Veräußerungsgewinn in Höhe des Unterschiedsbetrages zwischen Buchwert und Kapitalkontos und dem Teilwert der übernommenen Wirtschaftsgüter entsteht. Diese Grundsätze sind auch auf die Erbengemeinschaft anwendbar, wenn sich im Nachlaß u.a. ein in mehrere Teilbetriebe gegliederter Betrieb befindet. Es ist hierbei zu berücksichtigen, daß ein im Aufbau befindlicher Teilbetrieb einem Teilbetrieb gleichgestellt ist[467]. Hat der Erblasser einen einheitlichen Betrieb geführt, so können die Erben vor der Realteilung Vorkehrungen treffen, um die Fortführung selbständiger Betriebe zu ermöglichen, d.h. das Betriebsvermögen des Erblassers muß jeweils die wesentliche Grundlage für die fortgeführten neuen Betriebe darstellen.

553 **Beispiel 1:**

E ist verstorben. Erben sind A und B. Im Nachlaß befindet sich ein Betrieb, der aus einer Tankstelle und einer Kfz-Reparaturwerkstatt besteht. A und B kommen überein, daß A die Tankstelle und B die Reparaturwerkstätte übernimmt. Das Kapitalkonto des Erblassers beträgt Euro 100.000,– (Wert des Betriebes Euro 200.000,–), die Betriebe sind gleichwertig.

Die Buchwerte sind fortzuführen, § 16 Abs. 3 Satz 2 i.V.m. § 6 Abs. 3 EStG.

**Beispiel 2:**

Der verstorbene E hatte ein in 2 Teilbetriebe gegliedertes Einzelunternehmen hinterlassen. Erben sind A B C.

| | |
|---|---|
| Wert Teilbetrieb I | Euro 300.000 |
| Wert Teilbetrieb II | Euro 600.000 |

A B und C einigen sich dahingehend, daß A den Teilbetrieb I (300.000 Euro), B und C in der Form einer OHG Teilbetrieb II übernehmen.

A erwirbt einen Teilbetrieb, B und C Mitunternehmeranteile.

[467] BFH v. 1.2.1989, BStBl. II 1989, 458.

Somit sind die Voraussetzungen einer gewinneutralen Realteilung gegeben.

**Beispiel 3:**

E ist verstorben. In seinem Nachlaß befindet sich ein Betrieb, der in 2 Teilbetriebe gegliedert ist.

Wert des Betriebs insgesamt 900.000 Euro. Auf einem Festgeldkonto befinden sich 300.000 Euro Barmittel.

Erben sind A B C. A, B übernehmen jeweils einen Teilbetrieb. C erhält die Barmittel. Es handelt sich hier nicht um ein wesentliches Betriebsvermögen.

ee) Strukturwandel durch Realteilung

Eine Realteilung liegt auch dann vor, wenn die Einkünfte infolge der Teilung einer anderen Einkunftsart als bisher zugerechnet werden müssen[468]. Das wäre der Fall, wenn sich im Nachlaß eine Großgärtnerei befindet, die in einen landwirtschaftlichen und einen Gewerbebetrieb gegliedert ist, die jedoch wegen erheblichen Zukaufs und der ihr angeschlossenen Verkaufsläden als gewerblicher Betrieb einzustufen ist, und der Nachlaß in der Weise geteilt wird, daß der eine Erbe die Verkaufsläden und der andere die Gärtnerei übernimmt. Der Erbe, der die Gärtnerei fortführt und daher nunmehr land- und forstwirtschaftliche Einkünfte hat, braucht stille Reserven erst aufzulösen, wenn er die Gärtnerei veräußert bzw. aufgibt. Im Falle der Realteilung haben die Gesellschafter den übernommenen Betrieb jeweils mit dem Buchwert zu übernehmen. Bei Übernahme der Teilbetriebe zum Buchwert werden keine stillen Reserven aufgedeckt, sofern eine spätere Versteuerung dieser sichergestellt ist. Sofern sich infolge unterschiedlicher stiller Reserven doch Buchgewinne ergeben sollten, sind diese durch Ausgleichsposten in der Bilanz zu neutralisieren[469]. 554

Strukturwandel führt nicht zu einer Betriebsaufgabe[470].

ff) Realteilung mit Spitzenausgleich

Erhält im Rahmen einer Erbauseinandersetzung ein Erbe mehr, als ihm nach seiner Quote zustehen würde, und zahlt er den übrigen Erben hierfür einen Ausgleich, so ist insoweit der Erwerb für den ausgleichenden Erben entgeltlich, bei den abgefundenen Erben ist insoweit eine Anteilsveräußerung gegeben[471]. 555

**Beispiel 1:**

E ist verstorben. Im Nachlaß befindet sich ein Gewerbebetrieb. Kapitalkonten des Erblassers Euro 600.000,–. Wert des Betriebes Euro 1 Mio. Erben sind A und B. A soll den Betrieb gegen Abfindung an B in Höhe von Euro 500.000,– übernehmen.

---

468 BFH v. 26.4.1979, BStBl. II 1979, 732.

469 Vgl. im einzelnen BFH v. 10.2.1972, BStBl. II 1972, 419.

470 BFH v. 9.2.1972, BStBl. II 1972, 455; v. 7.10.1974 GrS, BStBl. II 1975, 168.

471 L. Schmidt, § 16 Rdnr. 124 d.

A hat das Betriebsvermögen zu 50 v.H. unentgeltlich, zu 50 v.H. entgeltlich erworben.

| | |
|---|---|
| Kapitalkonto | Euro 300.000,– |
| unentgeltlicher Teil | |
| Anschaffungskosten Anteil A | Euro 500.000,– |
| Kapitalkonto | Euro 800.000,– |
| B hat einen Veräußerungsgewinn erzielt | |
| Veräußerungspreis | Euro 500.000,– |
| ./. anteiliges Kapitalkonto | Euro 300.000,– |
| Veräußerungsgewinn | Euro 200.000,– |

**Beispiel 2:**

E ist verstorben. Im Nachlaß befindet sich ein Betrieb, der in 2 Teilbetriebe gegliedert ist.

| | |
|---|---|
| Teilwert Betrieb I | Euro 1.000.000,– |
| Teilwert Betrieb II | Euro 800.000,– |
| Kapitalkonto des Erblassers | Euro 900.000,– |

Es wird vereinbart, daß A den Betrieb I, B den Betrieb II übernimmt und A dem B einen Ausgleich von Euro 100.000,– zahlt.

B hat den Teilbetrieb II unentgeltlich erworben. Seinen Anteil von 1/10 am Teilbetrieb I hat er veräußert und hierbei einen Veräußerungsgewinn von Euro 100.000,– ./. Euro 50.000,– = Euro 50.000,– erzielt.

A hat den Teilbetrieb I zu 9/10 unentgeltlich erworben und zu 1/10 entgeltlich.

| | |
|---|---|
| Kapitalkonto | Euro 450.000,– |
| + Anschaffung 1/10 | Euro 100.000,– |
| | Euro 550.000,– |

gg) Realteilung des Nachlasses als Betriebsaufgabe

556 Führt die Realteilung des Nachlasses dazu, daß die gewerbliche Tätigkeit des Erblassers und damit auch die der Erben beendet wird und wird in diesem Zusammenhang das bisherige Betriebsvermögen des Erblassers in das Privatvermögen überführt, entsteht ein Aufgabegewinn. Der Aufgabegewinn ist für jeden einzelnen Erben gesondert zu ermitteln. Er richtet sich nach dem gemeinen Wert der auf den jeweiligen Erben übergegangenen Wirtschaftsgüter abzüglich dessen anteiligen Kapitalkonto (Erbquote).

**Beispiel:**

E ist verstorben. Im Nachlaß befindet sich u.a. ein Gewerbebetrieb. Die Erben A und B beschließen, den Betrieb zu liquidieren und den Nachlaß zu teilen.

Das Kapitalkonto des Erblassers betrug im Zeitpunkt des Todes Euro 800.000,–. Der Wert des Betriebsgrundstücks betrug Euro 1.200.000,–. Bei Begleichung der Verbindlichkeiten und Versilberung beträgt das übrige Betriebsvermögen Euro 400.000,–, das Privatvermögen Euro 400.000,–. A und B kamen überein, daß A das Betriebsgrundstück, B das übrige Vermögen einschließlich des Privatvermögens übernimmt und A an B einen Ausgleich von Euro 200.000,– zahlt.

Der Aufgabegewinn ist in der Weise zu ermitteln, daß die Wirtschaftsgüter aus 557
dem Betriebsvermögen der Erbengemeinschaft bei jedem Miterben mit dem gemeinen Wert anzusetzen sind. Werden in diesem Zusammenhang Spitzenausgleiche gezahlt, so stellen diese beim Ausgleichsverpflichteten Anschaffungskosten dar, hinsichtlich des Erwerbs, soweit er wertmäßig die Quote übersteigt; beim Abgefundenen ist die Abfindung dem Aufgabengewinn hinzuzurechnen.

Der Aufgabegewinn ermittelt sich somit für A und B wie folgt:

| | A | B |
|---|---|---|
| Erwerb | | |
| Ansatz gemeiner Wert | Euro 1.200.000,– | Euro 400.000,– |
| Abfindung | ./. Euro 200.000,– | + Euro 200.000,– |
| | Euro 1.000.000, | Euro 600.000,– |
| anteiliges Kapitalkonto | Euro 400.000,– | Euro 400.000,– |
| Aufgabegewinn | Euro 600.000,– | Euro 200.000,– |

### *f) Die Teilauseinandersetzung*

Die Erbauseinandersetzung kann sich auch in Teilabschnitten vollziehen. 558

Soweit hierbei ein Wirtschaftsgut einem Miterben zu Lasten seiner Beteiligung am Restnachlaß zugewiesen wird, das er in sein Privatvermögen überführt, entsteht ein Entnahmegewinn.

Werden im Zusammenhang mit einer Teilauseinandersetzung Ausgleichszahlungen geleistet, so liegt insoweit auf seiten des Erwerbers ein Anschaffungsvorgang bzw. auf seiten der weichenden Erben ein Veräußerungsgeschäft vor.

**Beispiel:**

E ist verstorben. Erben sind A, B, C zu gleichen Teilen. Wert des Nachlasses Euro 9 Mio. Im Nachlaß befindet sich ein Gewerbebetrieb, Wert Euro 4,8 Mio., Buchwert Euro 1.500.000,–.

A übernimmt im Wege einer Teilauseinandersetzung den Gewerbebetrieb und zahlt an B und C jeweils Euro 1.600.000,–. Es liegt in vollem Umfange ein Anschaffungsgeschäft für den Erwerber des Betriebs vor. B und C haben einen Veräußerungsgewinn zu versteuern.

| | Erwerb | Veräußerung | |
|---|---|---|---|
| | A | B | C |
| Buchwert | Euro 500.000,– | ./. Euro 500.000,– | ./. Euro 500.000,– |
| Anschaffungskosten | + Euro 3.200.000,– | Euro 1.600.000,– | Euro 1.600.000,– |
| Buchwert der Beteiligung | Euro 3.700.000,– | | |
| | Veräußerungsgewinn | | |

Hinsichtlich der Teilauseinandersetzung gelten die vorgenannten Grundsätze. 559
Abfindungen in umgekehrter Richtung vermindern grundsätzlich die bei einer Teilauseinandersetzung angenommenen Anschaffungskosten und Verkaufserlöse, wenn die Miterben eine weitere Auseinandersetzung im Auge hatten, bei der es zu umgekehrten Abfindungen kommt. Davon ist auszugehen, wenn seit der vorausgegangenen Teilauseinandersetzung nicht mehr als 5 Jahre vergangen sind (Erlaß Tz. 63).

Eine spätere Teilauseinandersetzung oder Erbauseinandersetzung ist nicht mehr mit vorangegangenen Teilauseinandersetzungen als Einheit zu betrachten, sondern wie eine selbständige Auseinandersetzung zu behandeln (Erlaß Tz. 63).

Hinsichtlich weiterer Einzelheiten s. Tz. 64 bis 66 des Erlasses.

### 4. Auseinandersetzung eines gemischten Nachlasses

*a) Vorbemerkung*

*560* Besteht ein Nachlaß sowohl aus Betriebsvermögen als auch aus Privatvermögen, so setzen sich die Erbanteile aus Betriebs- und Privatvermögen zusammen. Der Erbanteil ist nur insoweit einem Mitunternehmeranteil gleichzusetzen, als er das Betriebsvermögen betrifft. Werden im Zusammenhang mit der Nachlaßteilung Entgelte und Abfindungen gezahlt, so ist grundsätzlich im Verhältnis zum Betriebs- und Privatvermögen aufzuteilen. Die Grundsätze über die Realteilung sind auch beim gemischten Nachlaß anzuwenden.

*b) Veräußerung bzw. Erwerb von Erbanteilen*

*561* Veräußern die Miterben ihren Erbanteil an einen der Miterben mit der Folge, daß dieser den ganzen Nachlaß erwirbt, ist bei einem gemischten Nachlaß der Erwerb in beide Vermögensbereiche im Verhältnis der Verkehrswerte, nämlich in die Veräußerung von Mitunternehmeranteilen und in die Veräußerung von Anteilen am gemeinsamen Privatvermögen aufzuteilen.

**Beispiel:**

E ist verstorben. Erben sind A, B und C. Der Nachlaß hat einen Wert von Euro 6.000.000,–. Hiervon entfallen Euro 4.800.000,– auf das Betriebsvermögen. Das Buchkapital betrug im Zeitpunkt der Auseinandersetzung Euro 2.400.000,–. B und C verkaufen an A ihren Erbanteil für jeweils Euro 2.000.000,–. Von dem Kaufpreis entfallen jeweils Euro 1.600.000,– auf den Mitunternehmeranteil, Euro 400.000,– auf das Privatvermögen.

A hat Anschaffungskosten in Höhe von Euro 3.200.000,– hinsichtlich der Anteile des weichenden Erben am Betriebsvermögen.

| | | |
|---|---|---|
| Eigener Anteil (Buchwert) | | Euro 800.000,– |
| übernommene Anteile | | Euro 3.200.000,– |
| Besitzposten | Euro 2.400.000,– | |
| + Nachaktivierung | Euro 1.600.000,– | |
| Bilanz | Euro 4.000.000,– | Euro 4.000.000,– |

Soweit es für die Besteuerung von Bedeutung ist, hat er hinsichtlich der erworbenen Anteile am Privatvermögen Anschaffungskosten.

Hinsichtlich der veräußernden A und B ergibt sich folgendes:

| Veräußerungsgewinn | B | C |
|---|---|---|
| anteiliger Kaufpreis | Euro 600.000,– | Euro 1.600.000,– |
| anteiliger Buchwert | ./. Euro 800.000,– | ./. Euro 800.000,– |
| Veräußerungsgewinn | Euro 800.000,– | Euro 800.000,– |

Gleichgültig ist, woher die Mittel für die Abfindungen stammen. Der Übernehmer kann die Abfindungen auch aus dem Nachlaß erbringen. Leistet er Sachabfindungen aus dem Nachlaß, so ist es für die steuerliche Behandlung erheblich, ob diese Mittel aus dem Betriebsvermögen oder dem privaten Bereich des Nachlasses entstammen. Entnimmt jedoch der Übernehmer die Sachabfindung aus dem privaten Bereich des Nachlasses, ist dies für die Besteuerung in der Regel ohne Bedeutung; entnimmt er jedoch die Sachabfindung dem übernommenen Betriebsvermögen, hat er den Entnahmegewinn zu versteuern. 562

*c) Ausscheiden der übrigen Miterben bis auf einen aus der Erbengemeinschaft*

Scheiden die Miterben aus einer Erbengemeinschaft mit gemischtem Nachlaß aus, so liegt hinsichtlich des Anteils am betrieblichen Nachlaß die Veräußerung eines Mitunternehmeranteils vor. Die Abfindung, die die Ausscheidenden erhalten, ist wertmäßig im Verhältnis der Verkehrswerte des Betriebsvermögens zum Privatvermögen aufzuteilen. Nur der Teil der Abfindung, der auf das Betriebsvermögen entfällt, ist, soweit er das anteilige Buchkapital übersteigt, als Veräußerungsgewinn bei dem ausscheidenden Erben zu erfassen. Der übernehmende Erbe, dem die Anteile der Ausgeschiedenen angewachsen sind, hat Anschaffungskosten. 563

*d) Teilung des Nachlasses unter den Erben (Realteilung ohne Spitzenausgleich)*

Ein unentgeltlicher Erwerb ist gegeben, wenn der Nachlaß real unter den Erben aufgeteilt wird. Erforderlich ist, daß die Aufteilung wertmäßig der Quote entspricht. Soweit es sich um Betriebsvermögen handelt, kommt es darauf an, ob das Wirtschaftsgut, das durch Realteilung auf einen Miterben übergeht, Betriebsvermögen bleibt oder nicht. Unerheblich ist, ob das Wirtschaftsgut in dem ursprünglichen Betrieb verbleibt oder in einen anderen Betrieb des Miterben überführt wird. Bei der Realteilung kommt es hinsichtlich des Miteigentums grundsätzlich nicht zu Anschaffungs- und Veräußerungsvorgängen (Erlaß Tz. 34). Die Erbquote des Miterben kann sowohl mit Betriebsvermögen als auch mit Privatvermögen aufgefüllt werden. Der Miterbe führt grundsätzlich die Buchwerte im erhaltenen Gewerbebetrieb und die Steuerwerte im erhaltenen Privatvermögen entsprechend § 6 Abs. 3, § 11d Abs. 1 EStDV fort. Ein Ausgleich zwischen den Erben kann durch Übernahme von Nachlaßverbindlichkeiten geschaffen werden. U. U. ist es sogar zweckmäßig, Gegenstände des gewillkürten Betriebsvermögens vor Teilung in das Privatvermögen der Erbengemeinschaft zu überführen, um leichter eine Teilung zu ermöglichen. In diesem Falle haben alle Erben entnommen. 564

§ 16 Abs. 3 Satz 2 EStG (Realteilung) ist auf das Betriebsvermögen beschränkt. Der Grundsatz der Rechtsprechung, dass eine Realteilung unentgeltlich ist, wird hiervon nicht berührt. Befindet sich im Nachlaß ein Betrieb der unter den Erben aufgeteilt wird, liegt insoweit gleichzeitig die Aufgabe eines Mitunternehmeranteils vor, soweit die Erben Mitunternehmer mit dem Erbfall geworden sind.

§ 16 Abs. 3 Satz 2 bezieht sich lediglich auf das Betriebsvermögen, nicht auf den übrigen Nachlaß.

**Beispiel:**

E ist verstorben. Im Nachlaß befindet sich ein Betrieb, Wert Euro 1.000.000 Euro und Privatvermögen 500.000 Euro. Erben sind A B und C.

Die einigen sich, dass A den Betrieb erhält mit Ausnahme des Betriebsgrundstücks, Wert Euro 500.000 Euro, das B erhält. C erhält das Privatvermögen.

C hat auf Grund der Realteilung unentgeltlich erworben.

Die Voraussetzungen einer Realteilung des Betriebs hingegen sind nicht gegeben, da B weder einen Teilbetrieb noch einen Mitunternehmeranteil erhält. Die Wirtschaftsgüter des Betriebs sind mit dem gemeinen Wert zu übernehmen. Es entsteht ein Aufgabegewinn nach § 16 Abs. 3 EStG.

**Beispiel:**

E ist verstorben. Erben sind A, B, C. Im Nachlaß, dessen Wert Euro 3 Mio. beträgt, befinden sich ein Gewerbebetrieb (Wert Euro 1.400.000,–), ein bebautes Grundstück (Wert Euro 1.000.000,–) und Wertpapiere (Wert Euro 1.000.000,–). Abgesehen von den betrieblichen Verbindlichkeiten hat der Erblasser Euro 400.000,– Schulden. Die Erben kommen überein, daß A den Betrieb, B das bebaute Grundstück und C die Wertpapiere übernimmt. Zum Ausgleich des Mehrbetrags soll A die privaten Schulden des Erblassers insgesamt übernehmen.

Es liegt eine Realteilung des Nachlasses vor.

A hat das Betriebsvermögen mit den Buchwerten im Zeitpunkt der Auseinandersetzung zu übernehmen. Die Übernahme der Schulden steht im Zusammenhang mit der Übernahme des ganzen Betriebes und sichert die Einnahmen aus dem ganzen Betrieb. Die private Schuld wird somit zu einer betrieblichen Verbindlichkeit.

*565* Wird der Nachlaß in der Weise real aufgeteilt, daß ein Erbe zwar den Betrieb übernimmt, der andere Erbe jedoch neben dem Privatvermögen einige Wirtschaftsgüter des Betriebsvermögens, die nicht zu den wesentlichen Grundlagen gehören, erhält, die keinem anderen Betriebsvermögen zugeführt werden, so haben alle Miterben das Wirtschaftsgut entnommen.

**Beispiel:**

E ist verstorben. A und B sind Erben. Wert des Nachlasses Euro 1 Mio. Hiervon entfallen Euro 600.000,– auf den Betrieb und Euro 400.000,– auf das Privatvermögen des Erblassers. A übernimmt den Betrieb mit Ausnahme eines unbebauten Grundstücks, das mit Euro 40.000,– zu Buche steht und einen Teilwert von Euro 100.000,– hat. Dieses übernimmt B zusammen mit dem übrigen Privatvermögen. Das Grundstück gehört zum gewillkürten Betriebsvermögen.

A und B haben den Entnahmegewinn verwirklicht, um die Realteilung zu ermöglichen. Dieser ist nicht tarifbegünstigt. Es liegt hier keine Realteilung mit Spitzenausgleich vor.

*566* Ein Wertausgleich kann auch in der Weise erfolgen, daß ein Erbe mehr Nachlaßschulden übernimmt, als es seiner Quote entspricht, u.U. sogar alle Schulden.

Dies kann grundsätzlich auch im betrieblichen Bereich erfolgen. Es ist hierbei jedoch zu beachten, daß die aufgenommenen Schulden betrieblich veranlaßt sein müssen. Dies kann unter Berücksichtigung des Beschlusses des BFH zum gemischten Kontokorrentkonto in der Weise geschehen, daß die Erben das betriebliche Konto aufteilen in der Weise, daß auf dem einen Konto alle Zuflüsse verbucht werden und dieses daher stets Guthaben enthält, und von dem anderen Konto alle Betriebsausgaben getilgt werden, dieses Konto also in der Regel einen Schuldsaldo aufweist. Soweit Überentnahmen entstehen, sind jedoch Schuldzinsen nicht mehr abziehbar (§ 4 Abs. 4a EStG). Die Guthaben können also solange entnommen werden, bis das Betriebsvermögen der Quote eines einzelnen Erben entspricht mit der Folge, daß der Nachlaß ohne Realisierung von stillen Reserven aufgeteilt werden kann[172].

**Beispiel:**

Im Nachlaß des E befindet sich ein Betrieb (Buchkapital Euro 1 Mio., Verkehrswert Euro 3 Mio.), der Verkehrswert des übrigen Nachlasses beträgt Euro 1 Mio.

Erben sind A und B. A soll den Betrieb, B das übrige Vermögen erhalten.

A hätte bei den vorliegenden Wertverhältnissen Euro 1 Mio. dem B gegenüber auszugleichen mit der Folge, daß stille Reserven von Euro 666.667,– realisiert würden.

Behandlung des B
Die Beteiligung am Nachlaß errechnet sich wie folgt:

| | |
|---|---|
| 50 v.H. Quote | Euro 2.000.000,– |
| Privatvermögen | Euro 1.000.000,– |
| anteiliges BV = 1/3 von Euro 300.000,– | Euro 1.000.000,– |
| anteiliges Buchkapital = 1/3 von Euro 1.000.000,– | Euro 333.333,– |
| Veräußerungsgewinn | |
| Abfindung | Euro 1.000.000,– |
| anteiliges Buchkapital | Euro 333.333,– |
| | Euro 666.667,– |

Behandlung des A

| | | |
|---|---|---|
| Übernommenes BV | Euro 3.000.000,– | = 100 v.H. |
| Der Erbquote entsprechend | | |
| 50 v.H. von Euro 4.000.000,– | Euro 2.000.000,– | = 66 2/3 v.H. |
| Mehrbetrag | Euro 1.000.000,– | = 33 1/3 v.H. |

In Höhe von 66,67 v.H. liegt ein unentgeltlicher Erwerb vor. Der Übernehmer hat insoweit die Buchwerte fortzuführen (§ 6 Abs. 3 EStG).

| | |
|---|---|
| Buchkapital (Euro 1.000.000,–, davon 66 2/3 v.H.) | Euro 666.667,– |
| entgeltlicher Erwerb 33 1/3 v.H. | Euro 1.000.000,– |
| Kapitalkonto | Euro 1.666.667,– |

A hätte die Buchwerte seines Betriebsvermögens um Euro 666.667,– aufzustocken.

172 So Söffing, DStR 1991, 201ff. Nach L. Schmidt, § 16, Rdnr. 126d liegt kein Mißbrauch vor; aber Erlaß Tz. 35.

Dies kann durch Entnahme liquider Mittel von Euro 1 Mio. und entsprechender Kreditaufnahme im Betriebsvermögen umgangen werden.

| Betriebsvermögen: | | Privatvermögen: | |
|---|---|---|---|
| | Euro 3.000.000,– | | Euro 1.000.000,– |
| | ./. Euro 1.000.000,– | | + Euro 1.000.000,– |
| | Euro 2.000.000,– | | Euro 2.000.000,– |

Dies hat zur Folge, daß eine Realteilung des Nachlasses ohne Wertausgleich möglich ist. Siehe aber Tz. 35 des Erlasses.

*e) Schaffung von Privatvermögen im engen zeitlichen Zusammenhang*

567 Die Realteilung eines Mischnachlasses ohne Abfindungszahlung führt nicht zur Entstehung von Anschaffungskosten einerseits sowie eines Veräußerungs- bzw. Aufgabegewinns andererseits. Es kommt hierbei nicht darauf an, daß im Zeitpunkt des Erbfall sein Mischnachlaß bereits bestanden hat. Er kann später durch Entnahme aus dem Betriebsvermögen geschaffen werden.

**Beispiel:**

E ist verstorben. Im Nachlaß befindet sich ein Betrieb, Verkehrswert Euro 1 Mio., und Privatvermögen von Euro 800.000,– Erben sind A und B. A und B entnehmen aus dem Betriebsvermögen ein unbebautes Grundstück, Buchwert Euro 40.000,–, zum Teilwert von Euro 100.000,–. A und B haben den Entnahmegewinn von Euro 60.000,– entsprechend ihrer Erbquote als laufenden Gewinn zu versteuern.

| BV | | PV | |
|---|---|---|---|
| | Euro 1.000.000,– | | Euro 800.000,– |
| | ./. Euro 100.000,– | | + Euro 100.000,– |
| | Euro 900.000,- | | Euro 900.000,– |

Es fragt sich jedoch, ob in diesem Falle eine Auseinandersetzung mit Spitzenausgleich steuerlich günstiger ist, indem A den Betrieb gegen Ausgleichszahlung an B in Höhe von Euro 100.000,– übernimmt und B das Privatvermögen mit 1/10 der Beteiligung, die er an A veräußert.

In diesem Falle wäre der Unterschiedsbetrag zwischen der Abfindung und dem auf seinen Anteil entfallenden 1/10 des Buchwertes tarifbegünstigt.

Gewinneutral war die Übertragung von liquiden Mitteln ins Privatvermögen. Die Verwaltung sieht darin eine Gestaltung nach § 42 AO. Das dürfte beim sog. Söffing-Modell der Fall sei. Hiernach können liquide Barmittel mittels des 2-Konten-Modells (Begleichung der Betriebsausgaben durch Kredit und Ansammlung der Betriebseinnahme als Guthaben) geschaffen werden (Erlaß Tz. 35). Allerdings ist dieses Modell durch die Vorlage an den Großen Senat des BFH wieder streitig.

Besteht eine unmittelbare Veranlassung für eine Kreditaufnahme sind die Kreditzinsen nicht abzugsfähig. Erfolgt die Kreditaufnahme um Guthaben zu schaffen, ist eine Abzugsfähigkeit als Betriebsausgaben nicht möglich, soweit Überentnahmen entstehen (§ 4 Abs. 4a EStG).

### *f) Entnahmen aus dem Betriebsvermögen zur Nachlaßteilung*

Werden Wirtschaftsgüter aus dem Betriebsvermögen entnommen, um eine Nachlaßteilung zu ermöglichen, so entnimmt nicht der den Betrieb entnehmende Erbe, sondern überführen die Erben den Gegenstand in das Privatvermögen des Nachlasses. 568

**Beispiel:**

E ist verstorben. A und B sind Erben. Wert des Nachlasses Euro 1 Mio. Hiervon entfallen Euro 600.000,– auf den Betrieb und Euro 400.000,– auf das Privatvermögen des Erblassers. A übernimmt den Betrieb mit Ausnahme des unbebauten Grundstücks, das mit Euro 40.000,– zu Buche steht und einen Teilwert von Euro 100.000,– hat. Dieses Grundstück gehört nicht zu den wesentlichen Grundlagen. Dieses übernimmt B im Zusammenhang mit dem übrigen Privatvermögen.

Im vorliegenden Fall haben beide Erben zwecks Nachlaßteilung das unbebaute Grundstück in das Privatvermögen überführt. Der Entnahmegewinn ist beiden Erben je zur Hälfte zuzurechnen. Er ist bei B nicht begünstigt, da er nicht im Zusammenhang mit einer Betriebsaufgabe steht.

Möglich ist auch, daß A und B vereinbaren, daß A den Betrieb mit Ausgleichszahlung von Euro 100.000,– erhält und A die Ausgleichszahlung in der Form der Entnahme des Grundstücks erbringt.

In diesem Falle hat A den Betrieb übernommen zu 5/6 unentgeltlich, zu 1/6 entgeltlich von B. B hat das Privatvermögen übernommen und 1/6 des Betriebes und diesen Anteil gleichzeitig wieder an A veräußert. In diesem Falle wäre der Veräußerungsgewinn bei B tarifbegünstigt.

### *g) Behandlung von Nachlaßverbindlichkeiten bei Mischnachlässen, insbesondere Schuldzinsen*

Ebenfalls kann bei einem sogenannten Mischnachlaß die Abstimmung mit dem Auseinandersetzungsguthaben des Erben dadurch erreicht werden, daß der Miterbe Verbindlichkeiten der Erbengemeinschaft übernimmt. Die steuerliche Behandlung der Verbindlichkeiten hängt davon ab, mit welchem aus dem Nachlaß übernommenen Vermögen sie im Zusammenhang stehen. So kann eine ursprüngliche betriebliche Verbindlichkeit zu einer privaten werden, eine private zu einer betrieblichen. 569

**Beispiel:**

E ist verstorben. Der Nachlaß besteht aus einem Betrieb, Wert Euro 1 Mio. und Privatvermögen, Wert Euro 600.000,–. Private Verbindlichkeiten des Erblassers Euro 400.000,–. Erben sind A und B.

Es ist vereinbart, daß A den Betrieb mit den privaten Verbindlichkeiten und B das Privatvermögen übernimmt.

Die Übernahme der Schulden führt nicht zu zusätzlichen Anschaffungskosten. Die Schulden sind jedoch als betriebliche Verbindlichkeit zu behandeln. Das vom Erblasser übernommene Kapitalkonto mindert sich entsprechend.

Darlehen, die zur Abfindung aufgenommen werden, sind stets privat veranlaßt[473].

*h) Erbauseinandersetzung unter Zahlung eines Spitzenausgleichs*

570 Erhält ein Miterbe mehr, als es seinem Erbanteil entspricht, und gleicht er den Mehrempfang aus seinem Vermögen aus, mag es sich dabei auch um vormaliges Nachlaßvermögen handeln, so hat er somit Anschaffungskosten, der abgefundene Erbe hat insoweit einen Veräußerungsgewinn realisiert, der im privaten Bereich steuerlich in der Regel nicht relevant ist.

**Beispiel:**

E ist verstorben. Im Nachlaß befindet sich ein Betrieb (Buchkapital) Euro 800.000,–, Verkehrswert Euro 1.600.000,–. Das übrige Nachlaßvermögen hat einen Wert von Euro 800.000,–.

A und B kommen überein, daß A den Betrieb und B das übrige Vermögen übernimmt und A zum Ausgleich seines Mehrwerts Euro 400.000,– an B zahlt.

| | | |
|---|---|---|
| Übernommenes BV | = Euro 1.600.000,– | = 100 v.H. |
| der Erbquote entspr. 50 v.H. von Euro 2.400.000,– | = Euro 1.200.000,– | = 75 v.H. |
| Mehrbetrag | = Euro 400.000,– | = 25 v.H. |

In Höhe von 75 v.H. liegt ein unentgeltlicher Erwerb vor. Der Übernehmer hat insoweit die Buchwerte fortzuführen, § 6 Abs. 3 EStG.

| | |
|---|---|
| Buchkapital (Euro 800.000,–), davon 75 v.H. | = Euro 600.000,– |
| entgeltlicher Erwerb 25 v.H. | = Euro 400.000,– |
| Kapitalkonto | = Euro 1.000.000,– |

Die Buchwerte des Betriebsvermögens sind um Euro 200.000,– aufzustocken.

*Behandlung bei B*

Die Beteiligung am Nachlaß errechnet sich wie folgt:

| | | |
|---|---|---|
| 50 v.H. Quote | = Euro 1.200.000,– | |
| Privatvermögen | = Euro 800.000,– | |
| Anteiliger Anteil am BV | = Euro 400.000,– | = 25 v.H. des BV v. Euro 800.000,– |
| 25 v.H. Euro 800.000,– | = Euro 200.000,– | (Kapitalkonto) |

*Ermittlung des Veräußerungsgewinns*

| | |
|---|---|
| Abfindung | Euro 400.000,– |
| anteiliges Kapitalkonto | Euro 200.000,– |
| Veräußerungsgewinn | Euro 200.000,– |

473 Schr. BdF v. 11. 8. 1994, BStBl. I 1994, 603.

## 5. Auseinandersetzung einer freiberuflichen Praxis

### *a) Grundsätze*

Befindet sich im Nachlaß eine freiberufliche Praxis, so kann diese nur von dem Erben fortgeführt werden, der die beruflichen Voraussetzungen mit sich bringt[474]. Die Erbengemeinschaft kann daher keine Einkünfte aus freiberuflicher Tätigkeit haben. Sind die Erben gezwungen, diese an einen Dritten zu veräußern oder diese zu liquidieren, haben diese Einkünfte aus der Veräußerung eines Betriebes, § 18 Abs. 3 i.V.m. § 16 Abs. 1 EStG. Für einen Überbrückungszeitraum besteht auch die Möglichkeit der Fortführung durch einen angestellten Vertreter (Arztvertreter, Praxisverweser). In diesem Falle haben die Erben Einkünfte aus Gewerbebetrieb[475]. 571

### *b) Behandlung der laufenden Einnahmen*

Die Erben können nur Einkünfte i.S. des § 18 Abs. 1 Nr. 1 EStG haben, soweit sie Ausfluß der Tätigkeit des Erblassers sind[476]. Wegen der besonderen Qualifikationsvoraussetzungen des § 18 Abs. 1 Nr. 1 EStG sind der Einstufung als nachträgliche Einkünfte enge Grenzen gesetzt, so daß in der Regel davon auszugehen ist, daß die Erben Einkünfte aus Gewerbebetrieb haben[477]. 572

§ 24 Nr. 2 EStG bezieht sich nur auf solche Einkünfte, die wirtschaftlich noch vom Erblasser erzielt worden sind, nicht jedoch auf Einkünfte, die aufgrund einer Tätigkeit der Erben erzielt worden sind. Der Erbe, der nicht die Voraussetzungen eines Freiberuflers erfüllt, kann also grundsätzlich freiberufliche Einkünfte nur insoweit haben, als diese noch vom Erblasser verursacht worden sind bzw. insoweit, als er die Tätigkeit des Erblassers verwertet (Veräußerung der freiberuflichen Praxis). 573

Soweit die Erben eines Freiberuflers dessen Praxis durch einen fachlich vorgebildeten angestellten Vertreter fortführen lassen und hierdurch Einkünfte erzielen, verwerten sie nicht mehr die Arbeit des Rechtsvorgängers, sondern erzielen durch eigene Tätigkeit Einkünfte[478] und haben Einkünfte aus Gewerbebetrieb, § 15 Abs. 1 Nr. 2 EStG. 574

Wickeln die Erben eines verstorbenen Arztes die Arztpraxis in der Weise ab, daß die laufenden Behandlungen einem Arztvertreter übertragen werden und das Praxisinventar einzeln veräußert wird, so liegt eine Betriebsaufgabe i.S. des § 16 Abs. 3 EStG vor, wenn die Aufgabe innerhalb eines zeitlichen Zusammenhangs erfolgt und daher als ein einheitlicher wirtschaftlicher Vorgang anzusehen ist. 575

---

474 Schulze zur Wiesche, BB 1984, 1612; ders. BB 1995, 593; Streck, DStR 1985, 2554 (2559); BFH v. 5.7.1990, BStBl. II 1990, 837.

475 L. Schmidt, § 16, Rdnr. 123e; Märkle/Franz, BB Beilage 5/91; a.A. Felix, DStZ 1990, 620.

476 BFH v. 29.4.1993, BStBl. II 1993, 716.

477 BFH v. 14.12.1993, FR 1994, 674.

478 BFH v. 19.5.1981, BStBl. II 1981, 655.

*c) Erbauseinandersetzung*

576 Die Grundsätze des BFH hinsichtlich der Erbauseinandersetzung gelten auch für die Übertragung einer Arztpraxis.

Übernimmt ein Erbe im Rahmen der Auseinandersetzung die Praxis mit Anrechnung auf die Quote, liegt ein unentgeltlicher Erwerb vor. Zahlt er dem Miterben einen Wertausgleich, liegt insoweit ein entgeltlicher Erwerb, für die übrigen Miterben insoweit eine Veräußerung vor.

## 6. Kreditaufnahme und Begründung anderer Verbindlichkeiten

*a) Grundsätze*

577 Kredite und sonstige Verbindlichkeiten sind nur bei der Ermittlung der Einkünfte zu berücksichtigen, wenn sie durch die Einkunftsart veranlaßt sind. Sie sind durch die Einkunftsart veranlaßt, wenn die Darlehensaufnahme der Anschaffung einer Einkunftsquelle diente, d.h. wenn sie nur der Anschaffung von Wirtschaftsgütern dient.

Kreditaufnahmen, die der Erbauseinandersetzung dienen, sind stets privat veranlaßt.

*b) Verwaltungsansicht*

578 Unter Zugrundelegung dieser Rechtsprechung[479] erkannte die Verwaltung die Übernahme von Verbindlichkeiten im Rahmen einer Erbauseinandersetzung an.

Auch bei einem Mischnachlaß kann die Abstimmung nach dem Auseinandersetzungsguthaben des Miterben dadurch erreicht werden, daß der Miterbe Verbindlichkeiten der Erbengemeinschaft übernimmt. Wie sich derartige Schulden in der Folge bei den Miterben auswirken, hängt davon ab, mit welchem Vermögen sie im Zusammenhang stehen und wie dieses Vermögen der Erben verwendet wird. So kann Privatvermögen der Erbengemeinschaft bei Miterben Betriebsvermögen und die damit zusammenhängenden Verbindlichkeiten Betriebsschulden werden (Tz. 36 Erbfolgeerlaß)[480].

Die Übernahme von Schulden über die Erbquote hinaus kann trotz fehlender Anschaffungskosten zu Betriebvsvermögen führen, das den Schuldzinsenabzug ermöglicht (Tz. 37 Erbfolgeerlaß).

[479] BFH v. 19.5.1983, BStBl. II 1983, 380; v. 2.4.1987, BStBl. II 1987, 621; v. 28.4.1989, BStBl. II 1989, 618; v. 17.4.1985, BStBl. II 1985, 510.

[480] BdF Schr. v. 15.1.1994, BStBl. I 1994, 62ff.

*c) Neue Rechtsprechung*

Der BFH[481] hat in Fortentwicklung des Beschlusses des Großen Senates seine bisherige Rechtsansicht insofern geändert, als im Falle der verzinslichen Stundung eines Pflichtteilsanspruchs auf Grund Vereinbarung mit den Erben die Schuldzinsen mangels Vorliegens einer Betriebsschuld nicht als Betriebsausgaben abziehbar sind. *579*

Schulden des Erblassers, die in den Nachlaß fallen, behalten grundsätzlich ihre Zuordnung als private oder betriebliche Schuld bei. Schulden des Erblassers, die privat begründet worden sind, bleiben grundsätzlich auch bei den Erben Privatschulden. Sie ändern ihren Charakter grundsätzlich nur dadurch, daß sie im Rahmen einer entgeltlichen Erbauseinandersetzung Teil eines Entgelts sind. Die Übernahme durch den Miterben muß Abgeltungscharakter haben. Im Rahmen einer unentgeltlichen Erbauseinandersetzung (Realteilung) können Schulden zum Spitzenausgleich übernommen werden, aber sie ändern ihren Charakter nicht. *580*

Gleiches gilt für Verbindlichkeiten die durch den Erbfall ausgelöst sind, wie z.B. die Pflichtteilsansprüche, der Erbersatzanspruch oder der Vermächtnisanspruch aufgrund eines vom Erblasser ausgesetzten Vermächtnisses. Diese Ansprüche haben ihre Ursache im privaten Bereich. Sie können auch durch Novation nicht zu einer Betriebsschuld werden. Hinsichtlich der Behandlung von Vermächtnissen ⇒ Rz. 357. *581*

Es ist daher zweifelhaft, ob die von der Verwaltung vertretene Ansicht, daß eine im Rahmen einer Realteilung vom Betriebsübernehmer mitübernommene private Schuld so in eine Betriebsschuld umgewandelt wird, wenn man die Fiktion der Unentgeltlichkeit der Auseinandersetzung auch bei Übernahme von privaten nicht mit Einkünften im Zusammenhang stehenden Schulden aufrechterhält.

Eine Abzugsfähigkeit privat begründeter Schuld läßt sich jedoch mittelbar durch Umschichtung von Betriebsvermögen in Privatvermögen bei gleichzeitiger Begründung von betrieblichen Verbindlichkeiten erreichen, indem die privaten Verbindlichkeiten aus den in das Privatvermögen umgeschuldeten freigewordenen Mitteln begleicht. Die Verwaltung hat sich nunmehr dieser Rechtsprechung angeschlossen[482].

Diese Möglichkeit ist jedoch nach § 4 Abs. 4a EStG sehr eingeschränkt. Sind gleichzeitig Überentnahmen erfolgt, ist der Kreditzinsenabzug begrenzt.

---

481 BFH v. 17. 10. 1991, BStBl. II 1992, 392; v. 8. 12. 1992, BStBl. II 1992, 434; v. 25. 11. 1993, BStBl. II 1994, 623; v. 27. 7. 1993, BStBl. II 1994, 625; v. 2. 3. 1993, BStBl. II 1994, 619; kritisch L. Schmidt, FR 1993, 683.
Das gilt auch, wenn die Verbindlichkeiten aus den laufenden Betriebseinnahmen getilgt werden sollen, BFH v. 2. 3. 1995, FR 1995, 500.

482 BdF Schr. v. 11. 8. 1994, BStBl. I 1994, 603.

*d) Schuldzinsen im Zusammenhang mit einer entgeltlichen Erbauseinandersetzung*

582 Schuldzinsen, die begründet wurde, um den Erwerb von Erbanteilen durch Miterben, eine Abfindung eines aus der Erbengemeinschaft ausgeschiedenen Erben zu finanzieren, sind, soweit diese im Zusammenhang mit dem Erwerb von Einkunftsquellen (Betrieb, Miethaus, Kapitalbeteiligung usw.) stehen, als Betriebsausgaben oder Werbungskosten zu berücksichtigen. Das gilt auch für die Übernahme bereits bestehender Schulden des Erblassers, wenn sie im Zusammenhang mit dem Erwerb von Nachlaßanteilen übernommen wurden. Das gilt auch für die Darlehensaufnahme von Finanzierungen von Ausgleichszahlungen bei einer Realteilung mit Spitzenausgleich, soweit diese auf den Erwerb von Einkunftsquellen entfällt.

*e) Übernahme von Verbindlichkeiten des Erblassers bzw. Darlehnsaufnahme zur Erfüllung dieser Verpflichtungen*

583 Werden Pflichtteilsansprüche verzinslich gestundet, sind die Schuldzinsen weder als Betriebsausgaben, Sonderbetriebsausgaben noch als Werbungskosten abziehbar. Ein Sonderausgabenabzug kommt bei Schuldzinsen nicht in Betracht. Das gilt auch dann, wenn der verpflichtete Erbe ein verzinsliches Darlehn aufnimmt. Auch eine Umwandlung eines derartigen Schuldverhältnisses in eine Rente und Versorgungsverhältnis begründet grundsätzlich keine Abzugsfähigkeit. Das derartige Rentenversprechen hat zwar insofern Abgeltungscharakter, als das ursprüngliche Schuldverhältnis abgelöst wird durch eine neues. Es ist jedoch der Zusammenhang mit einer Einkunftsart nicht erkennbar. Der Sonderausgabenabzug kommt nach Ansicht des BFH nicht in Betracht, weil der Begriff der „Sonderausgabe" eine Aufwendung voraussetzt, die nicht gegeben ist, soweit die Aufwendungen durch den übernommenen Nachlaß gedeckt sind. Eine abweichende Bewertung gibt sich nur bei Versorgungsrenten an Personen, deren existenzsicherndes Vermögen zugunsten der Rentenverpflichtung vorenthalten worden ist.

*f) Abgeltung durch Einräumung von stillen Beteiligungen*

584 Indirekt läßt sich eine Abzugsfähigkeit dadurch zumindest im betrieblichen Bereich erreichen, daß dem Anspruchsberechtigten eine stille Beteiligung am übernommenen Betriebsvermögen eingeräumt wird. Die Vereinbarung einer stillen Beteiligung begründet einen eigenständigen Besteuerungstatbestand, der bei Erfüllung der erforderlichen Voraussetzungen von Entscheidung ist[483].

585 Werden im Rahmen einer Realteilung Wirtschaftsgüter aus dem Betriebsvermögen entnommen, um eine Realteilung zu ermöglichen, haben alle Miterben entnommen. Werden im Rahmen eines entgeltlichen Erwerbs, Ausscheidens aus einer Erbengemeinschaft oder Erwerbs eines Erbanteils Wirtschaftsgüter von dem

[483] BFH v. 26.6.1990, DB 1990, 2354; v. 14.2.1973, BStBl. II 1973, 375; vgl. auch L. Schmidt, FR 1993, 683.

Erwerber der Anteile entnommen, um weichende Erben abzufinden, hat hingegen nur der Übernehmer entnommen. Es ist hierbei zu berücksichtigen, daß die Anschaffungskosten der Erbanteile durch Hinzuerwerb oder Anwachsung bei Ausscheiden zu einer Auflösung der stillen Reserven geführt hat und, soweit die Entnahmen nur noch zur Auflösung der auf den Altanteil des Erwerbs ruhenden stillen Reserven führt[484].

**7. Erwerb eines Hofes nach der Höfeordnung**

Eine nach der Höfeordnung (⇒ Buch I Rz. 10, 181) erfolgte Hoferbfolge begründet weder eine Erbengemeinschaft noch eine Mitunternehmerschaft zwischen den übrigen Erben. Da der Hof durch Sondererbfolge auf einen Erben übergeht, tritt an dessen Stelle im Verhältnis der Miterben untereinander der Hoferbe. Die Abfindungsansprüche in Geld gegen den Hoferben sind als auf Gesetz beruhendes Vermächtnis anzusehen. Infolge des gesetzlichen Übergangs auf den Hoferben scheidet eine Mitunternehmerschaft unter den Beteiligten auch dann aus, wenn diese über die Person des Hoferben uneinig sind und für eine Übergangszeit beschließen, den land- und forstwirtschaftlichen Betrieb gemeinsam fortzuführen. Wird der Nießbrauch an dem Hof zunächst einem anderen (Mutter) überlassen, so besteht zwischen dem Hoferben und der Mutter keine Mitunternehmerschaft. Wird später ein Grundstück des land- und forstwirtschaftlichen Betriebs veräußert und ist der Hoferbe verpflichtet, den weichenden Erben eine Abfindung nach der Höfeordnung zu zahlen, so erhöht diese weder die Anschaffungskosten des Grundstücks noch stellt sie Veräußerungskosten dar[485]. *586*

Veräußert ein Landwirt nach dem 31. 12. 1979, jedoch vor dem 1. 1. 1992 Teile des zu einem land- und forstwirtschaftlichen Betrieb gehörenden Grund und Bodens, so wird der bei der Veräußerung oder Entnahme entstehende Gewinn auf Antrag nur insoweit zur Einkommensteuer herangezogen, als er den Betrag von Euro 61.800,– übersteigt. Voraussetzung ist jedoch, daß der Steuerpflichtige den Veräußerungspreis nach Abzug der Veräußerungskosten oder den entnommenen Grund und Boden innerhalb von 12 Monaten nach Veräußerung oder Entnahme in sachlichem Zusammenhang mit der Hoferbfolge oder Hofübernahme zur Abfindung weichender Erben verwendet oder Grund und Boden, den er zur Abfindung als weichender Erbe erhalten hat, entnimmt. Das Einkommen des Abfindenden darf jedoch Euro 18.000,– bzw. bei Verheirateten nicht Euro 36.000,– überstiegen haben (§ 14a Abs. 4 EStG). Diese Regelung gilt nur für Bezieher niedriger Einkommen[486]. *587*

Hat der Erblasser angeordnet, daß die nicht den Hof übernehmenden Erben mit Grundstücken abgefunden werden sollen, so haben die auf diese Weise abge- *588*

484 BFH v. 24. 5. 1973, BStBl. II 1973, 658.

485 BFH v. 26. 3. 1987, DB 1987, 1716.

486 Hierzu BFH v. 26. 11. 1987, FR 1988, 196. Vgl. Kempermann, FR 1991, 585; BFH v. 28. 7. 1994, BFH/NV 1995, 110.

fundenen Erben das Grundstück aus dem Betriebsvermögen entnommen[487]. Der Entnahmegewinn ist daher bei den abfindenden Miterben entstanden.

## VII. Die Testamentsvollstreckung

589 Ist Testamentsvollstreckung angeordnet, so sind die Erben zwar in ihrer Verfügungsbefugnis beschränkt, sind aber dennoch gesamthänderische Eigentümer (⇒ im einzelnen zu den bürgerlich-rechtlichen Auswirkungen Buch I Rz. 603ff.).

590 Die Einkünfte aus dem Nachlaß werden daher grundsätzlich dem Erben zugerechnet, auch wenn der einzelne Erbe über die Erträge nicht verfügen kann, weil der Testamentsvollstrecker diese Erträge in bestimmter Weise wieder anlegt. Eine steuerlich andere Würdigung könnte sich nur dann ergeben, wenn der Testamentsvollstrecker als wirtschaftlicher Eigentümer anzusehen ist.

Zweifelhaft könnte jedoch sein, wem die gewerblichen Einkünfte zuzurechnen sind, wenn sich im Nachlaß ein Gewerbebetrieb befindet. Hier bieten sich zwei Möglichkeiten an: Die Erben sind Unternehmer, der Testamentsvollstrecker ist Unternehmer.

Wer von beiden als Unternehmer anzusehen ist, hängt im wesentlichen von der Gestaltung der tatsächlichen Verhältnisse ab.

591 Führt der Testamentsvollstrecker das Unternehmen (⇒ Buch I Rz. 1508) des Erblassers im Namen der Erben und tragen die Erben das Risiko des Unternehmens, sind die Erben als Mitunternehmer anzusehen, wenn es sich um mehrere Erben handelt (⇒ im einzelnen Rz. 477ff.), oder ist der Alleinerbe Unternehmer. Vielfach wird man auch nur den als Unternehmer ansprechen können, der in der Erbauseinandersetzung das Unternehmen erhält. Voraussetzung jedoch ist, daß die Erbauseinandersetzung nicht zu lange hinausgeschoben wird. Das wird der Regelfall sein.

592 Möglich ist jedoch auch, daß das Unternehmen in das Treuhandeigentum des Testamentsvollstreckers übergeht (⇒ Buch I Rz. 1510, 1522). In diesem Falle führt der Testamentsvollstrecker das Unternehmen zumindest nach außen hin im eigenen Namen. Er ist der auch steuerlich in diesem Falle als Unternehmer Anzusehende. Die Einkünfte des Unternehmens sind daher ihm zuzurechnen.

593 Testamentsvollstreckerkosten sind nach Ansicht des BFH keine Betriebsausgaben[488]. Hiernach ist die Einsetzung einer Testamentsvollstreckung regelmäßig ein privater Vorgang. Das gleiche gilt für die Verwaltung des Nachlasses (⇒ Verwaltungsvollstreckung Buch I Rz. 609). Die private Ursache einer Testamentsvollstreckung tritt in den Hintergrund, wenn die Aufgabe, die der Testamentsvollstrecker als Verwalter eines Handelsgeschäftes oder eines Anteils einer Personengesellschaft ausübt, in einem engen wirtschaftlichen Zusammenhang mit dem jeweiligen Betrieb steht. Eine betriebliche Veranlassung ist hiernach gegeben,

---

[487] BFH v. 29.5.1969, BStBl. II 1969, 614; v. 21.5.1970, BStBl. II 1970, 747.
[488] BFH v. 1.6.1978, DB 1978, 1044.

wenn der Gesellschafter einer Personengesellschaft jemanden zur Verwaltung seines Anteils bestellt. Soweit sich die Testamentsvollstreckung auf die Verwaltung (Buch I Rz. 609) eines Anteils einer Personengesellschaft erstreckt, sind die Kosten der Testamentsvollstreckung Betriebsausgaben, wenn hiermit eine dem Verwalter oder Treuhänder ähnliche Tätigkeit eines Testamentsvollstreckers abgegolten werden soll. Testamentsvollstreckerkosten, die auf die Auseinandersetzungs- und Abwicklungsvollstreckung entfallen (Buch I Rz. 608), sind jedoch nicht als Werbungskosten abziehbar[489].

Die Auseinandersetzung umfaßt insbesondere die Konstituierung und die Verteilung des Nachlasses. Unter Konstituierung ist insbesondere die Ermittlung des Nachlasses, seine Inbesitznahme, die Aufstellung des Verzeichnisses der Nachlaßgegenstände und der Schulden, die Schuldenregelung und die Abgabe der Erbschaftsteuererklärung einschließlich deren Zahlungen zu verstehen. 594

Eine betriebliche Veranlassung von Aufwendungen mit erbrechtlichen Rechtsstreitigkeiten kann nach der neuesten Rechtsprechung grundsätzlich auch dann angenommen werden, wenn es dabei um eine entgeltliche Erbauseinandersetzung i.S. des Beschlusses des Großen Senates des BFH v. 5. 7. 1990 geht[490]. 595

## VIII. Interessengemeinschaftsverträge

Interessengemeinschaftsverträge werden sich im allgemeinen auf die gemeinsame Geltendmachung von Gesellschaftsrechten bei einer Kapitalgesellschaft beschränken, sie können jedoch eine interne abweichende Gewinnverteilungsvereinbarung zum Gegenstand haben. 596

Sie haben in der Regel die Form einer BGB-Gesellschaft. Die Durchsetzung gemeinsamer Interessen in Form einer GBR kann jedoch steuerlich nicht als Mitunternehmerschaft angesehen werden, da es an einer gewerblichen Tätigkeit hier fehlt. 597

Poolverträge sind steuerlich jedoch nur dann anzuerkennen, wenn wirtschaftlich vernünftige Gründe für eine andere Gewinnverteilung vorliegen. Das wäre z.B. der Fall, wenn im Innenverhältnis einer der Gesellschafter Verpflichtungen für einen anderen gegenüber der Gesellschaft erfüllt hat, z.B. eine Einzahlungsverpflichtung oder Nachschußpflicht für einen Gesellschafter ohne Kenntnis der Gesellschaft übernommen hat. 598

Der BFH[491] hat Interessengemeinschaftsverträge nur anerkannt, soweit wirtschaftlich ein vernünftiger Zweck vorhanden und die Steuerumgehungsabsicht ausgeschlossen war[492]. 599

[489] Vgl. BFH v. 22. 1. 1980, BStBl. II 1980, 351; v. 17.6.1999 DB 1999, 1834.
[490] BFH v. 17. 6. 1999, DB 1999, 1834.
[491] Urteil v. 24. 6. 1966, BStBl. III 1966, 58.
[492] Einzelheiten vgl. auch Schulze zur Wiesche, DB 1974, 2363, 2417, 2480.

## 3. Abschnitt
## Gewerbesteuer

600 Gemäß § 45 AO haften die Erben auch für die rückständige Gewerbesteuer des Erblassers. Ob sie selbst gewerbesteuerpflichtig sind, hängt davon ab, ob sie ein Gewerbe i.S. des § 2 GewStG betreiben. Nicht unter die gewerbliche Betätigung fällt grundsätzlich die Vermögensverwaltung. Haben die Erben lediglich Einkünfte aus Vermietung und Verpachtung, unterliegen diese Einkünfte nicht der Gewerbesteuer. Das wäre der Fall, wenn die Erben den Gewerbebetrieb des Erblassers an einen Dritten oder einen Miterben verpachten würden. Hinsichtlich der Betriebsaufspaltung ⇒ Rz. 1180ff. Veräußern die Erben den Gewerbebetrieb, unterliegt der Veräußerungsgewinn nicht der Gewerbesteuer.

## 4. Abschnitt
## Grunderwerbsteuer

### I. Der Anwendungsbereich der Grunderwerbsteuer

601 Der Grunderwerbsteuer[493] unterliegen grundsätzlich alle entgeltlichen Grundstücksübertragungen (§ 1 GrEStG), nicht hingegen die unentgeltlichen, der Erbschaftsteuer unterliegenden Grundstücksübertragungen.

602 Die Grunderwerbsteuer beträgt 3,5 v.H. des Wertes der Gegenleistung (§§ 8, 9 GrEStG). Ist eine solche Gegenleistung nicht vorhanden, ist vom Steuerwert des Grundstücks auszugehen (§ 10 GrEStG).

### II. Der Erbanfall im Grunderwerbsteuerrecht

#### 1. Die Behandlung des Erbanfalls

603 Der Grundstückserwerb von Todes wegen ist grundsätzlich von der Grunderwerbsteuer befreit (§ 3 Nr. 2 GrEStG).

604 Unter § 3 Nr. 2 GrEStG fallen alle Vorgänge des § 3 ErbStG. Das Verwandtschaftsverhältnis ist hierbei gleichgültig. Erbanfall ist der Übergang der Erbschaft auf den berufenen Erben (§§ 1922, 1942 BGB). Der Erbe ist entweder durch Gesetz oder durch eine Verfügung von Todes wegen berufen.

605 Kein Grundstückserwerb liegt vor, wenn der Pflichtteilsberechtigte von dem Erben mit einem Grundstück abgefunden wird.

---

[493] Literaturhinweise: Boruttau-Egly-Sigloch, Grunderwerbsteuergesetz, 13. Aufl.; Förger-Hofmann, Grunderwerbsteuergesetz; Padberg, Grunderwerbsteuerrecht, Loseblatt-Komm.; Kunz/Hennemann, Grunderwerbsteuer, Loseblatt; Hofmann, Komm. zum GrEStG, 6. Aufl.

Ist Gegenstand des Vermächtnisses ein Grundstück, so tritt Steuerfreiheit auch dann ein, wenn das Grundstück belastet ist und der Vermächtnisnehmer die Belastungen übernimmt. 606

Ebenso ist eine Grunderwerbsteuerfreiheit für den Vermächtnisnehmer (nicht jedoch für den Erben) gegeben, wenn der Vermächtnisnehmer den Anspruch auf Erwerb eines Grundstücks erhalten hat, das sich noch nicht im Nachlaß befindet, also noch mit Mitteln des Nachlasses erworben werden muß[494].

Die Grunderwerbsteuerfreiheit tritt unabhängig davon ein, ob der Erbe Lasten wie eine Hypothek, eine Auflage oder in Form eines Nießbrauchs oder Rentenvermächtnisse übernommen hat. 607

Obschon in § 3 ErbStG nicht aufgeführt, ist Erwerb von Todes wegen bei der fortgesetzten Gütergemeinschaft (§§ 1483ff. BGB) auch der Anfall an die anteilsberechtigten Abkömmlinge (§ 4 Abs. 1 ErbStG).

### 2. Die Erbauseinandersetzung (§ 3 Nr. 3 GrEStG)

*a) Erwerb durch einen Miterben*

Erwirbt ein Miterbe im Rahmen der Erbauseinandersetzung ein zum Nachlaß gehörendes Grundstück, so ist er von der Grunderwerbsteuer befreit. Es kommt hierbei nicht darauf an, ob der Wert des Grundstücks dem Wert seines Erbanteils entspricht oder nicht. 608

Auch soweit der Erbe nicht aus Mitteln der Erbschaft, sondern aus seinem Privatvermögen den Gesellschaftern einen Ausgleich zahlt, fällt die Grunderwerbsteuer nicht an[495].

Ebenso dürfte die Rechtslage zu beurteilen sein, wenn ein Miterbe nicht die einzelnen Miteigentumsanteile am Grundstück, sondern die Erbanteile hierzu erwirbt und auf diese Weise Volleigentümer des zum Nachlaß gehörenden Grundstückes wird[496]. 609

Übertragen im Rahmen eines als Erbteilsübertragungsvertrag bezeichneten Gesamtvertrages die anderen Miterben ihre Erbanteile auf einen Miterben und überträgt dieser Miterbe dafür einem der anderen Miterben ein noch zu vermessendes Teilgrundstück aus zum Nachlaß gehörigen Grundstücken, so ist dieser Grundstückserwerb gemäß § 3 Nr. 3 GrEStG steuerbefreit[497]. Übereignet eine KG, deren Komplementär der Erblasser war, in Erfüllung einer letztwilligen Anordnung (Verschaffungsvermächtnis oder Teilungsanordnung über einen nachlaßfremden Gegenstand) ein Grundstück an einen Miterben, so ist dieser Vorgang von der Grunderwerbsteuer befreit, wenn an der KG nur der Erblasser, dessen Ehefrau und die gemeinsamen Kinder beteiligt waren, die den Erblasser beerbt haben[498].

---

494 Vgl. hierzu Förger-Hofmann, § 3 GrEStG, Rz. 7.
495 BFH v. 15.12.1972, BStBl. II 1973, 363; Boruttau-Egly-Sigloch, § 3 GrEStG, Anm. 65.
496 BFH v. 15.12.1972, BStBl. II 1973, 363; Boruttau-Egly-Sigloch, § 3 GrEStG, Anm. 55.
497 BFH v. 15.12.1972, BStBl. II 1973, 363.
498 BFH v. 12.12.1979, BStBl. II 1980, 220.

610 Voraussetzung für den steuerfreien Erwerb ist jedoch, daß der Nachlaß im Zeitpunkt der Grundstücksveräußerung noch bestand[499]. Ferner muß die Grundstücksveräußerung zur Nachlaßteilung führen und auch der Zweck der Grundstücksveräußerung die Nachlaßteilung sein. Erwirbt jedoch der Miterbe das Grundstück vom Nachlaß wie ein Dritter, dann tritt die Grunderwerbsteuerfreiheit nicht ein. Das gleiche dürfte zutreffen, wenn ein Miterbe bereits nach der Auseinandersetzung des Nachlasses das Grundstück auf einen anderen Miterben überträgt.

611 Wird jedoch der Nachlaß derart auseinandergesetzt, daß die Miterben ein Grundstück in eine von ihnen gegründete oHG einbringen, die den Gewerbebetrieb des Erblassers fortführt, so ist das Grundstück formalrechtlich an eine andere Personengesellschaft übertragen worden[500]. Es ist daher fraglich, ob § 3 Nr. 3 GrEStG hier Anwendung finden kann. Der BFH hat jedoch[501] zuletzt die Ansicht vertreten, daß die persönlichen Eigenschaften einer Person auch auf die Anteile mit übergehen, und hat daher bei Übertragung eines Anteils an einer Gesellschaft vom Vater auf den Sohn mit der Folge, daß die Gesellschaft durch Anwachsung aufgelöst wird, die Grunderwerbsteuerfreiheit gemäß § 3 Nr. 6 GrEStG anerkannt. Überträgt man die hier angesprochenen Grundsätze auch auf den Fall, daß Miterben ein Nachlaßgrundstück auf eine von ihnen gebildete Personengesellschaft übertragen, so dürfte Grunderwerbsteuerfreiheit eintreten, sofern diese oHG von ihnen alleine gebildet wird.

612 Ist jedoch im Rahmen einer Erbauseinandersetzung Grundvermögen auf eine mit einigen Erben gebildete Gemeinschaft übertragen worden, so ist die Erbauseinandersetzung vollzogen und die Steuerfreiheit des § 3 Nr. 3 GrEStG verbraucht[502].

Nach dem Urteil des BFH[503] ist die Übertragung eines Grundstücks von einer Erbengemeinschaft auf eine Personengesellschaft bei Teilung des Nachlasses zu dem Anteil von der Grunderwerbsteuer befreit, zu dem ein Miterbe an der erwerbenden Personengesellschaft beteiligt ist.

613 Sind jedoch Dritte an der neugegründeten oHG beteiligt, ist die Befreiungsvorschrift des § 3 Nr. 3 GrEStG nicht anwendbar.

614 Es kommt im Rahmen der Erbauseinandersetzung nicht darauf an, daß der Anteil am Grundstück dem Anteil an der Personengesellschaft entspricht. Die Vorschrift des § 6 Nr. 3 GrEStG findet hier insoweit keine Anwendung. Sind auch Dritte an der Personengesellschaft beteiligt, so sind die einbringenden Miterben

499 Boruttau-Egly-Sigloch, § 3 GrEStG, Anm. 55. Jedoch ist zu beachten, daß der Erwerb eines Grundstücks von einem Miterben nach durchgeführter Erbauseinandersetzung grundsätzlich keinen Ersterwerb darstellt (BFH v. 26. 2. 1975, BStBl. II 1975, 457).

500 BFH v. 27. 10. 1970, BStBl. II 1971, 278.

501 BFH v. 21. 3. 1968, BStBl. II 1968, 619, v. 25. 2. 1969, BStBl. II 1969, 400; v. 24. 6. 1969, BFHE 96, S. 370.

502 BFH v. 21. 11. 1974, BStBl. II 1975, 271.

503 Urteil v. 27. 10. 1970, BStBl. II 1975, 278.

hier insoweit von der Grunderwerbsteuer befreit, als der Anteil an der Personengesellschaft dem Anteil an dem eingebrachten Grundstück entspricht.

Wird ein Grundstück zwischen den Erben real geteilt, ist der Vorgang als Erbauseinandersetzung steuerbefreit, darüber hinaus auch nach § 7 GrEStG insoweit steuerbefreit, als der Wert, den jeder Erbe erhält, seiner Beteiligung an der Gesamthand entspricht[504]. 615

Wird jedoch Grundvermögen von einer Erbengemeinschaft durch Werte aller Erbteile auf eine GBR übertragen, so wird Grunderwerbsteuerpflicht ausgelöst (§ 1 Abs. 1 Nr. 3 GrEStG)[505]. Nicht als Erbauseinandersetzung wird angesehen, wenn eine Erbengemeinschaft ein Grundstück an Dritte veräußert. Die Erbengemeinschaft ist im Sinne des Grunderwerbsteuerrechts ein selbständiger Rechtsträger[506]. 616

*b) Erwerb durch den überlebenden Ehegatten des Erblassers*

Ist der überlebende Ehegatte Miterbe, greift für den Erwerb eines zum Nachlaß gehörenden Grundstücks durch den Ehegatten die Befreiungsvorschrift des § 3 Nr. 3 Satz 1 GrEStG ohne Besonderheiten ein[507]. 617

Gehört jedoch der überlebende Ehegatte nicht zu den Miterben, so ist der Erwerb eines Grundstücks aus dem Nachlaß steuerfrei, wenn er mit den Erben des verstorbenen Ehegatten gütergemeinschaftlich zu teilen hat oder wenn ihm in Anrechnung auf eine Ausgleichsforderung am Zugewinn des verstorbenen Ehegatten ein zum Nachlaß gehörendes Grundstück übertragen wird. 618

*c) Erwerb durch Ehegatten des Miterben aus dem Nachlaß*

Nach § 3 Nr. 3 GrEStG stehen den Miterben außerdem ihre Ehegatten gleich. Das bedeutet, daß der Erwerb eines Grundstücks durch den Ehegatten eines Miterben aus dem Nachlaß zwecks Nachlaßteilung ebenfalls steuerbefreit ist. 619

Es ist hierbei unerheblich, ob der Ehegatte des Miterben das Grundstück aus dem Nachlaß entgeltlich erwirbt oder ob der Miterbe das Grundstück, das er aus dem Nachlaß erhält, auf seinen Ehegatten übertragen läßt.

### 3. Die Auseinandersetzung im Rahmen einer bereits bestehenden Personengesellschaft

*a) Der Eintritt der Erben in eine bereits bestehende Personengesellschaft*

Die Personengesellschaft wird im Grunderwerbsteuerrecht als eigene Rechtspersönlichkeit behandelt[508]. Unter den Begriff der Personengesellschaft fallen nur die Gesamthandsgemeinschaften (oHG, KG, GBR), nicht jedoch Innengesell- 620

---

504 BFH v. 27.4.1977, BStBl. II 1977, 677.
505 BFH v. 13.11.1974, BStBl. II 1975, 249.
506 BFH v. 29.11.1972, BStBl. II 1973, 372.
507 Boruttau-Egly-Sigloch, § 3 GrEStG, Anm. 301.
508 BFH v. 27.7.1962, BStBl. III 1962, 478; vgl. BFH v. 27.10.1970, BStBl. II 1971, 278.

schaften, insbesondere die atypisch stille Gesellschaft. Der Wechsel der Gesellschafter ist daher für die Frage der Grunderwerbsteuer insoweit ohne Bedeutung, als die Personengesellschaft bestehen bleibt.

Aus diesem Grunde löst auch der Eintritt der Erben anstelle des Erblassers in eine bereits bestehende oHG keine Grunderwerbsteuer aus.

*b) Das Ausscheiden des Erblassers aus einer bereits bestehenden oHG*

621 Scheidet der Erblasser aus einer mehrgliedrigen oHG aus, so ist sein Ausscheiden, soweit die oHG erhalten bleibt, für die Grunderwerbsteuer unbeachtlich, da, wie bereits ausgeführt, die Personengesellschaft selbst als Rechtsträger angesehen wird. Soweit die Erben in Geld abgefunden werden, liegt ein grunderwerbsteuerpflichtiger Vorgang nicht vor.

622 Werden sie hingegen mit Sachwerten, z.B. einem Grundstück, aus dem Gesellschaftsvermögen abgefunden, so tritt lediglich in Höhe des Anteils des Erblassers am Gesellschaftsvermögen für die Erben Grunderwerbsteuerbefreiung gem. § 6 Abs. 2 GrEStG ein. Die Höhe des Anteils richtet sich nach seiner Beteiligung am Gesamthandsvermögen. Sonderbetriebsvermögen, atypische stille Beteiligung, Darlehen bleiben unberücksichtigt[509].

623 Allerdings gilt die Vorschrift des § 6 Abs. 2 GrEStG insoweit nicht, als der Gesamthänder, im Falle der Rechtsnachfolge sein Rechtsnachfolger, innerhalb von 5 Jahren vor dem Erwerbsvorgang seinen Anteil an der Gesamthand durch Rechtsgeschäft unter Lebenden erworben hat. Das gleiche gilt, wenn die vom Beteiligungsverhältnis abweichende Auseinandersetzungsquote innerhalb der letzten 5 Jahre vor Auflösung der Gesamthand vereinbart worden ist (s. § 6 Abs. 4 GrEStG).

*c) Die Auflösung der Gesellschaft bei Tod eines Gesellschafters*

624 Wird die Gesellschaft auf Grund der gesellschaftsvertraglichen Regelung mit dem Tode eines Gesellschafters aufgelöst und wird das Grundvermögen entsprechend dem Beteiligungsverhältnis auf die Gesellschafter übertragen (§ 6 Abs. 1 GrEStG), so fällt insoweit keine Grunderwerbsteuer an. Haben die Beteiligten für den Fall der Auflösung der Gesamthand eine vom Beteiligungsverhältnis abweichende Auseinandersetzungsquote vereinbart, so ist diese maßgebend.

625 Übernimmt ein Gesellschafter das Grundvermögen von einer Gesamthand in Alleineigentum, so wird die Steuer in Höhe des Anteils des Übernehmers nicht erhoben.

626 Jedoch entfällt auch hier die Grunderwerbsteuerfreiheit insoweit, als ein Gesamthänder, im Falle der Erbfolge sein Rechtsnachfolger, innerhalb von 5 Jahren vor dem Übertragungsvorgang seinen Anteil an der Gesamthand durch Rechtsgeschäft unter Lebenden erworben hat (im einzelnen § 6 Abs. 4 GrEStG).

---

509 BFH v. 30.11.1983, BStBl. II 1984, 160.

*d) Die Auflösung einer zweigliedrigen oHG*

aa) Wird eine aus zwei Gesellschaftern bestehende Personengesellschaft nach dem Tode eines der beiden Gesellschafter von dem überlebenden Gesellschafter, der Nichterbe ist und auch mit dem Verstorbenen nicht in gerader Linie verwandt war, fortgeführt, so geht das Eigentum an den Betriebsgrundstücken auch ohne Auflassung durch Anwachsung gem. dem entsprechend anwendbaren § 738 BGB (§ 105 Abs. 2 HGB) auf den übernehmenden Gesellschafter über. 627

Die Grunderwerbsteuer ergibt sich hier aus § 1 Abs. 2 Nr. 3 in Verbindung mit § 6 Abs. 2 GrEStG. Der verhältnismäßige Anteil des Erwerbers am Vermögen der Personengesellschaft (§ 6 Abs. 2 GrEStG) ist aus dem Verhältnis der Kapitalanteile der beiden Gesellschafter zu ermitteln[510].

bb) Geht infolge Todes der Anteil des Verstorbenen gemäß § 738 BGB auf den überlebenden Gesellschafter, der zugleich Erbe ist, kraft Anwachsung über, so entfällt in diesem Falle nach Ansicht des BFH[511] die Grunderwerbsteuer gemäß § 3 Nr. 2 GrEStG. 628

In einem solchen Falle seien die Worte in § 3 Nr. 2 GrEStG „Grundstückserwerb von Todes wegen" im Sinne von „durch Todesfall veranlaßt" auszulegen. Das gleiche hat der BFH[512] angenommen, wenn der Übernehmer lediglich Miterbe war.

cc) Wird eine oHG mit zwei Gesellschaftern dadurch aufgelöst, daß der Sohn den Anteil des Vaters übernimmt, ist auf den mit der Auflösung der Gesellschaft verbundenen Übergang von Grundstücken in Alleineigentum des Übernehmenden die Vergünstigungsvorschrift des § 3 Nr. 6 GrEStG anzuwenden, soweit es den Anteil des Vaters betrifft. Soweit jedoch der Anteil des das Grundstück erwerbenden Gesellschafters im Zeitpunkt des Erwerbs unverändert seinem Anteil in dem Zeitpunkt entspricht, in dem die Gesellschaft das Grundstück erworben hat, ist die Grunderwerbsteuervergünstigung des § 6 Abs. 2 GrEStG trotz § 6 Abs. 4 GrEStG nicht deshalb schon zu versagen, weil die Gesellschaft im Zeitpunkt des Erwerbsvorganges noch keine fünf Jahre bestanden hat. 629

Der BFH verkennt zwar nicht, daß eine oHG formalbegrifflich nicht mit ihren Gesellschaftern verwandt sein kann, es erschien ihm aber nicht als materieller Verstoß, sondern als ein materieller Vollzug auch des § 3 Nr. 6 GrEStG, wenn bei einer aus Vater und Sohn bestehenden oHG die Umwandlung des Gesamthandeigentums am Grundstück in Alleineigentum des Erwerbers anläßlich der Auflösung der Gesamthand insoweit als Grundstücksübertragung an Verwandte behandelt wird.

---

510 BFH v. 1.7.1964, HFR 1966, 12; v. 8.12.1965, BStBl. III 1966, 54; v. 11.12.1975, BStBl. II 1975, 417.

511 BFH v. 18.12.1963, HFR 1964, 380; v. 8.12.1965, BStBl. III 1966, 54.

512 BFH v. 25.11.1964, BStBl. III 1965, 173.

## 5. Abschnitt
## Umsatzsteuer

### I. Allgemeiner Überblick

630 Der Umsatzsteuer unterliegen Lieferungen und sonstige Leistungen, die ein Unternehmer im Erhebungsgebiet (§ 1 Abs. 1 Nr. 1 UStG) gegen Entgelt im Rahmen seines Unternehmens ausführt. Soweit also ein Vermögensübergang durch Erbfall vom Erblasser auf den Erben erfolgt, liegt ein umsatzsteuerpflichtiger Vorgang nicht vor. Auch wenn sich im Nachlaß ein Unternehmen befindet, wird der Erbe nicht so ohne weiteres zum Unternehmer. Die Unternehmereigenschaft des Erblassers geht nicht automatisch auf den Erben über. Die Voraussetzungen für die Unternehmereigenschaft müßten vielmehr beim Erben selbst vorliegen[513].

Die Erbauseinandersetzung unter den einzelnen Miterben erfolgte nach der bisherigen Rechtsprechung nicht im Rahmen eines Leistungsaustausches[514].

631 Fraglich ist, ob die geänderte Rechtsprechung zur Erbauseinandersetzung im Ertragsteuerrecht auf das Umsatzsteuerrecht übertragen werden kann. Dies ist u. E. sehr fraglich. Befindet sich im Nachlaß ein Gewerbebetrieb (Unternehmen), ist die Erbengemeinschaft nicht automatisch Unternehmer im Sinne des UStG. Wird das Unternehmen von einem Erben von Beginn an geführt, ist die Erbengemeinschaft nicht für eine logische Sekunde Unternehmer. Veräußern die Erben das Unternehmen an einen Erwerber, ist die Übertragung nicht umsatzsteuerbar, § 1 Abs. 1a UStG.

### II. Die Haftung des Erben für die Umsatzsteuer des Erblassers

632 Infolge der Gesamtrechtsnachfolge geht gemäß § 45 AO die Steuerschuld des Rechtsvorgängers auf den Rechtsnachfolger über. Erben haften für die aus dem Nachlaß zu entrichtenden Steuern als Nachlaßverbindlichkeiten nach bürgerlichem Recht. Hatte also der Erblasser im Zeitpunkt seines Todes noch Umsatzsteuerverbindlichkeiten, so gehen diese auf den Erben über. Das trifft nicht nur für die Umsatzsteuerschulden, die bereits gegen den Erblasser festgesetzt sind, sondern für alle Verbindlichkeiten zu, die bis zu diesem Zeitpunkt entstanden sind (§ 38 AO).

Vereinnahmt der den Betrieb nicht fortführende Erbe eines Unternehmers Entgelte für Leistungen des Erblassers, so tritt er als dessen Rechtsnachfolger in seine Rechtsstellung als Steuerschuldner ein[515].

---

513 Vgl. BFH v. 22. 1. 1962, HFR 1963, 189.
514 Vgl. auch BFH v. 26. 10. 1967, BStBl. II 1968, 247.
515 BFH v. 19. 11. 1970, BStBl. II 1971, 12.

## III. Die umsatzsteuerliche Behandlung von Veräußerungsgeschäften aus dem Nachlaß

### 1. Die Veräußerung aus im Privatvermögen befindlichen Gegenständen

Veräußert der Erbe Gegenstände aus dem Nachlaßvermögen, das sich beim Erblasser im Privatvermögen befunden hat, so liegt zwar eine Lieferung vor, die jedoch in der Regel nicht von einem Unternehmer im Rahmen seines Unternehmens erfolgte. Unternehmer ist, wer eine gewerbliche oder berufliche Tätigkeit selbständig ausübt. Das Unternehmen umfaßt die gesamte gewerbliche oder berufliche Tätigkeit des Unternehmers. Gewerblich oder beruflich ist jede nachhaltige Tätigkeit zur Erzielung von Einnahmen. 633

Eine nachhaltige Tätigkeit zur Erzielung von Einnahmen liegt schon dann vor, wenn tatsächlich mehrere gleichartige Handlungen vorgenommen werden. So können auch Verkäufe von Gegenständen aus dem Privatvermögen steuerbare Umsätze ergeben, ohne daß es auf den Beweggrund dieser Verkäufe oder auf einen vorweg gefaßten, auf Wiederholung gerichteten Willensentschluß ankommt[516]. Dies gilt grundsätzlich auch für die Veräußerung von Nachlaßgegenständen, soweit es sich um Privatvermögen handelt. 634

### 2. Der Erwerb eines Unternehmens im Wege der Erbfolge

*a) Die Unternehmereigenschaft des Miterben*

Die Erben sind als Rechtsnachfolger nicht automatisch Unternehmer, wenn sich im Nachlaß ein Unternehmen befindet. Es müssen auch bei ihnen die Voraussetzungen für die Mitunternehmerschaft selbst vorliegen. Die Erben müssen eine gewerbliche und berufliche Tätigkeit in ihrer Person ausüben, indem sie das Unternehmen selbst fortführen. Auf die endgültige Übernahme des Unternehmens kommt es hier nicht an[517]. Es reicht eine kurzfristige einstweilige Fortführung des Unternehmens aus[518]. 635

Veräußert jedoch der Erbe kurz nach dem Erbfall das auf ihn übergegangene Gewerbe an Dritte, so liegt eine gewerbliche Tätigkeit noch nicht vor. Einmalige Handlungen sind mangels Nachhaltigkeit in der Regel steuerfrei[519]. 636

*b) Die Behandlung der laufenden Umsätze*

Die laufenden Umsätze im Rahmen des Unternehmens des Erblassers sind umsatzsteuerpflichtig. Es ist hierbei gleichgültig, ob ein Erbe das Unternehmen fortführt oder nicht. Ist der Erbe als Unternehmer anzusehen, weil er selbst das Gewerbe fortführt, hat er diese laufenden Umsätze als Unternehmer zu versteuern. 637

516 BFH v. 3. 6. 1954, BStBl. III 1954 III, 238.

517 Vgl. Sölch-Ringleb-List-Müller, Kommentar zum Umsatzsteuergesetz, § 2 UStG, Anm. 22.

518 Schettler, UR 1956, 185.

519 RFH v. 29. 8. 1944, RStBl. 1944, 701.

Führt der Erbe jedoch das Unternehmen nicht fort, sondern veräußert er es an einen Dritten kurz nach dem Erbfall, so wird er als Treuhänder des Übernehmers behandelt[520].

*c) Die Liquidation des Unternehmens des Erblassers durch den Erben*

638 Beschließt der Erbe, das Unternehmen des Erblassers nicht fortzuführen, sondern zu liquidieren, so wird er zum Unternehmer im Sinne des Umsatzsteuerrechts. Alle Lieferungen und Leistungen, auch diejenigen, die er im Rahmen der Abwicklung tätigt, unterliegen der Umsatzsteuer, sofern sich aus § 4 UStG nicht etwas anderes ergibt. Das gilt auch, soweit der Erbe Betriebsvermögen in sein Privatvermögen überführt (§ 1 Abs. 1 Nr. 2a UStG 1980). Insbesondere hat der Erbe im Rahmen der Liquidation das nutzbare Anlagevermögen, Warenvorräte und Hilfsstoffe im Falle der Veräußerung der Umsatzsteuer zu unterwerfen.

*d) Die Veräußerung des Unternehmens durch den Erben*

639 Auch die Veräußerung des Unternehmens als Ganzes unterliegt ab 1.1.1994 nicht mehr der Umsatzsteuer, § 1 Abs. 1a UStG. Das setzt jedoch voraus, daß alle wesentlichen Grundlagen übertragen werden. Wird zum Beispiel das Betriebsgrundstück zurückbehalten, ist der Vorgang steuerbar. In diesem Falle ist Bemessungsgrundlage das Entgelt für die auf den Erwerber übertragenen Gegenstände (Besitzposten). Die Befreiungsvorschriften bleiben unberührt. Die übernommenen Schulden können von der Bemessungsgrundlage für die Umsatzsteuer nicht abgezogen werden (§ 10 Abs. 3 UStG 1980). Es ist hier also von dem ungekürzten Aktivvermögen auszugehen. Von dem steuerbaren Entgelt ist jedoch das Entgelt für die steuerfreien Besitzposten, wie Wertpapiere, Beteiligungen, Anzahlungen, Debitoren und sonstige Zahlungen, abzusetzen.

**3. Die Erbengemeinschaft als Unternehmer**

640 Wird der Erblasser von mehreren beerbt und befindet sich im Nachlaß ein Unternehmen, so ist die Erbengemeinschaft nicht automatisch Unternehmer, auch wenn das Unternehmen fortgeführt wird. Auch hier kommt es auf die tatsächlichen Verhältnisse an. Die Erbengemeinschaft muß selbst das Unternehmen weiter betreiben.

*a) Die Unternehmereigenschaft des Miterben*

641 Führt nicht die Erbengemeinschaft, sondern nur einer der Erben das Unternehmen fort, so ist dieser als Unternehmer anzusehen, gleichgültig ob eine Erbauseinandersetzung stattgefunden hat oder nicht. Auch bei einem ungeteilten Nachlaß kommt es auf die tatsächlichen Verhältnisse an[521].

---

520 Vgl. auch Sölch-Ringleb-List-Müller, a.a.O. (Fußnote 499), § 19 UStG, Anm. 9.
521 BFH v. 22.11.1962, HFR 1963, 189.

Ein Miterbe kann Unternehmer sein, wenn er das Unternehmen tatsächlich führt. Ob er das Unternehmen auch später aus dem Nachlaß erhält, ist hierbei unerheblich. Er kann es unter Umständen sogar als Treuhänder für einen anderen führen.

*b) Die Erbengemeinschaft als Unternehmer*

Wie bereits ausgeführt (⇒ Rz. 477), wird die Erbengemeinschaft wie eine oHG behandelt, wenn sie das Gewerbe des Erblassers fortführt. Sie wird ebenso wie die oHG und KG umsatzsteuerlich als Rechtspersönlichkeit anerkannt. Sofern sie ein Gewerbe betreibt, ist sie, was die Umsatzsteuer anbetrifft, Steuerpflichtiger und auch Steuerschuldner. Die hinter der Erbengemeinschaft stehenden Miterben werden gemäß § 191 Abs. 1 AO lediglich als Haftende herangezogen. Unternehmer und daher Steuerschuldner ist die Erbengemeinschaft, wenn sie das Gewerbe des Erblassers tatsächlich nach außen führt. 642

Wie bereits ausgeführt, reicht die Tatsache, daß sich im Nachlaß ein Unternehmen befindet, allein nicht aus, um die Erbengemeinschaft als Unternehmer zu behandeln. Wenn die Erbengemeinschaft z.B. das Unternehmen verpachtet, ist sie nicht mehr als Unternehmer anzusehen. Bis zu diesem Zeitpunkt ist sie aber als Unternehmer steuerpflichtig. 643

Anders liegt jedoch der Fall, wenn die Erbengemeinschaft nach kurzer Zeit das Unternehmen an einen Dritten veräußert. In diesem Falle wird die Erbengemeinschaft als Treuhänder des Erwerbers angesehen. Gleichfalls gilt die Erbengemeinschaft nicht als Unternehmer, wenn sie das Unternehmen für einen Miterben führt, der das Unternehmen innerhalb einer angemessenen Zeit aus dem Nachlaß erwirbt. 644

Innerhalb welchen Zeitraumes die Erbauseinandersetzung zu erfolgen hat, ist im Umsatzsteuerrecht nicht geklärt. Die alte Vorschrift des § 85 Abs. 2 UStG 1951 kann unseres Erachtens hier nicht mehr herangezogen werden. Diese Vorschrift begünstigte Veräußerungen innerhalb der Erben während eines Zeitraumes von zwei Jahren nach dem Erbfall. Man müßte sich hier an das Einkommensteuerrecht anlehnen, wonach eine Frist von einem Jahr nach Eintritt des Erbfalles als angemessen gilt. 645

## IV. Die umsatzsteuerliche Behandlung eines im Nachlaß befindlichen Anteils an einer Personengesellschaft

Ist im Gesellschaftsvertrag die Auflösung der Gesellschaft nach dem Tode eines Gesellschafters vereinbart, wird die Gesellschaft mit dem Tode eines Gesellschafters aufgelöst (⇒ Buch I Rz. 1039 ff., 1101 ff., 1177 ff.). Beim Tod eines Kommanditisten wird die Gesellschaft mit den Erben fortgesetzt, wenn nichts anderes vereinbart ist (§ 177 HGB). § 131 Abs. 2 Satz 2 HGB sieht vor, daß die Gesellschaft beim Tode der Gesellschafter bestehen bleibt, der Verstorbene jedoch aus der Gesellschaft ausscheidet. Die Erben erhalten daher nur einen Auseinandersetzungs- 646 anspruch. Vielfach ist jedoch vereinbart, daß die Gesellschaft mit dem Erben des Verstorbenen fortgeführt werden soll. Unter Umständen steht auch den Erben ein Eintrittsrecht zu, nachdem der Erblasser zunächst ausgeschieden ist (⇒ hierzu Rz. 745).

### 1. Die Auflösung der Gesellschaft mit dem Tode eines Gesellschafters

647 Ist im Gesellschaftsvertrag vereinbart, daß die Gesellschaft mit dem Tode eines Gesellschafters aufgelöst wird, bleibt die Gesellschaft als Liquidationsgesellschaft zunächst bestehen. Alle Lieferungen und Leistungen auch im Rahmen der reinen Abwicklung sind umsatzsteuerpflichtig. Das gleiche gilt, wenn die Gesellschaft real unter den Gesellschaftern und Erben geteilt wird. Allerdings ist nach Ansicht des BFH[522] die Realteilung eines Betriebes kein umsatzsteuerlicher Vorgang, wenn jeder der an der Aufteilung Beteiligten einen Betrieb fortführt.

### 2. Der verstorbene Gesellschafter scheidet mit dem Tode aus

648 Ist der Erblasser mit seinem Tode aus der Gesellschaft ausgeschieden, so unterliegt die den Erben gewährte Abfindung nicht der Umsatzsteuer. Das gilt insbesondere für bare Abfindungen. Erfolgt die Abfindung gegen Sachwerte, so sind diese Leistungen umsatzsteuerpflichtig. Wird der Erbe mit einem Grundstück abgefunden, so tritt auch hier Umsatzsteuerfreiheit ein, weil der Umsatz der Grunderwerbsteuer unterliegt (§ 4 Nr. 9a UStG).

649 Ist der Erblasser jedoch aus einer Personengesellschaft mit nur zwei Gesellschaftern ausgeschieden, so hängt die Umsatzsteuerpflicht der Abfindungen ebenfalls davon ab, ob die gewährten Leistungen der Umsatzsteuer unterliegen. Für die Umsatzsteuer des verbleibenden Gesellschafters kommt es darauf an, ob er das Unternehmen unverändert weiterführt. In diesem Falle wächst dem verbleibenden Gesellschafter gemäß § 142 HGB der Anteil des Ausgeschiedenen an[523]. Es findet in diesem Falle ein gesetzlicher Erwerb des Unternehmens statt. Der Übernehmer wird wie ein Gesamtrechtsnachfolger behandelt.

### 3. Die Fortführung der Gesellschaft mit den Erben

650 Wird die Gesellschaft mit den Erben fortgeführt, so unterliegt dieser Vorgang nicht der Umsatzsteuer, weil es an einem Leistungsaustausch überhaupt fehlt.

## V. Die Erbauseinandersetzung

651 Die Erbauseinandersetzung ist grundsätzlich vom Erbanfall zu trennen. Ferner ist zu berücksichtigen, daß das Umsatzsteuerrecht nicht zwischen Betriebs- und Privatvermögen, sondern zwischen Unternehmensvermögen und Nichtunternehmensvermögen unterscheidet. Ein Miethaus, das sich im Privatvermögen befindet,

---

522 Urteil v. 26. 10. 1967, BStBl. II 1968, 247.

523 Vgl. BFH v. 17. 11. 1960, BStBl. III 1961, 86, v. 12. 3. 1964, BStBl. III 1964, 290.

kann z.B. zum Unternehmensvermögen gehören. Besteht der Nachlaß aus einem Gewerbebetrieb und diesem Miethaus, so liegt insgesamt eine unternehmerische Auseinandersetzung vor. Auf der anderen Seite liegt nur dann eine unternehmerische Auseinandersetzung vor, wenn die Erbengemeinschaft bis zur Auseinandersetzung Unternehmer im Sinne des UStG geworden ist.

Ist die Erbengemeinschaft nicht zwischenzeitlich selbst Unternehmer geworden, so ist die Erbauseinandersetzung, auch wenn es sich hierbei um ein Unternehmen handelt, ohne Bedeutung. Das gilt auch für den Fall, daß wirtschaftlich gesehen ein Leistungsaustausch insofern erfolgt ist, als Abfindungen zum Ausgleich eines Mehrwertes aus den Privatvermögen gezahlt werden. *652*

### 1. Ausscheiden von Miterben aus der Erbengemeinschaft

Ist die Erbengemeinschaft Unternehmer und scheidet aus der mehrgliedrigen Erbengemeinschaft ein Erbe aus, indem sein Erbanteil durch einen Miterben erworben wird, oder scheidet er gegen Abfindung aus der Erbengemeinschaft aus, wird die Erbengemeinschaft als Unternehmer nicht berührt. *653*

Überträgt man die Rechtsprechung zum Ausscheiden aus einer zweigliedrigen Personengesellschaft auf die Erbengemeinschaft, so liegt ein steuerbarer Umsatz vor, wenn durch Anwachsung die Erbengemeinschaft zu einem Einzelunternehmen wird. *654*

Wird der Ausscheidende mit einem Wirtschaftsgut aus dem Unternehmen abgefunden, liegt eine umsatzsteuerpflichtige Lieferung vor.

### 2. Realteilung

Wird der Betrieb der Erbengemeinschaft real auf die Erben aufgeteilt (Realteilung), liegt ein Leistungsaustausch vor. Die Erbengemeinschaft liefert an die Gesellschafter (Einzelunternehmer) im Rahmen ihres Unternehmens. *655*

Die Gesellschafter sind zum Vorsteuerabzug berechtigt, so daß keine Belastung entsteht.

### 3. Unentgeltliche Wertabgaben

Werden im Zusammenhang mit der Erbauseinandersetzung Wirtschaftsgüter aus dem Betriebsvermögen entnommen, liegen unentgeltliche Wertabgaben vor. *656*

### 4. Die Übertragung des Unternehmens auf eine mit den Erben gebildete oHG oder KG

Die Erbengemeinschaft kann auch in der Weise auseinandergesetzt werden, daß die Erben das Unternehmen auf eine von ihnen gegründete Personengesellschaft des HGB übertragen. In der Übertragung des Geschäftsbetriebes von der Erbengemeinschaft auf einen Miterben wird keine Geschäftsveräußerung im ganzen erblickt. *657*

## VI. Die Überführung des Unternehmens des Erblassers in eine andere Unternehmensform

### 1. Aufnahme eines Gesellschafters

658 Nimmt der Erbe, um den Betrieb des Erblassers fortführen zu können, einen Gesellschafter auf, so wird die bisherige Einzelfirma auf eine Personengesellschaft übertragen. Das Unternehmen der Einzelfirma wird in diesem Falle an eine Personengesellschaft veräußert gegen Gewährung von Gesellschafterrechten. Die Übertragung ist als Geschäftsveräußerung im ganzen nicht mehr umsatzsteuerbar.

659 Überträgt die Erbengemeinschaft ihren Geschäftsbetrieb auf eine oHG, an der auch dritte Personen beteiligt sind, so ist in der Regel ein umsatzsteuerpflichtiger Vorgang nicht gegeben. In dem Wechsel der Gesellschaftsform wird keine Geschäftsübertragung erblickt, außerdem ist die Personengesellschaft von ihren Gesellschaftern insoweit unabhängig, als ein Gesellschaftswechsel den Bestand des Unternehmens nicht berührt.

### 2. Die Umwandlung eines Einzelunternehmens in eine GmbH & Co. KG

660 Wird das Einzelunternehmen des Erblassers von dem Erben in eine GmbH & Co. KG umgewandelt, so unterliegt auch dieser Vorgang nicht der Umsatzsteuer (Geschäftsveräußerung im ganzen).

### 3. Die Umwandlung einer Erbengemeinschaft in eine GmbH & Co. KG

661 Eine Geschäftsveräußerung im ganzen ist unseres Erachtens nicht gegeben, wenn eine Erbengemeinschaft in eine GmbH & Co. KG umgewandelt wird. Auch die GmbH & Co. KG ist eine Personengesellschaft. Die Umwandlung der Erbengemeinschaft in eine GmbH & Co. KG bedeutet daher keine Unternehmensübertragung, da grundsätzlich die Identität des Unternehmens gewahrt bleibt. Zwar tritt hier ein neuer Gesellschafter hinzu, nämlich die GmbH, aber das ändert den Charakter einer Personengesellschaft nicht. Es kommt daher unseres Erachtens hier auch nicht auf Gesellschaftsidentität an. Auch die Umwandlung in zwei Phasen zunächst in eine Kommanditgesellschaft, dann in eine GmbH & Co. KG kann unseres Erachtens nicht als eine Geschäftsübertragung im Sinne des UStG angesehen werden.

### 4. Die Umwandlung in eine Kapitalgesellschaft

662 Wird das Unternehmen eines Erblassers in eine Kapitalgesellschaft umgewandelt, so veräußert der Erbe umsatzsteuerrechtlich das Einzelunternehmen bzw. die Erbengemeinschaft das Unternehmen an die Kapitalgesellschaft gegen Gewährung von Gesellschaftsrechten. Als Geschäftsveräußerung im ganzen ist sie nicht umsatzsteuerbar.

### VII. Der Vorsteuerabzug

Gemäß § 15 UStG kann der Unternehmer, der im Inland oder einem zollfreien Gebiet Lieferungen oder sonstige Leistungen ausführt oder in diesen Gebieten seinen Besitz oder eine seiner Betriebstätten hat, die Vorsteuer abziehen unter den dort genannten Voraussetzungen. Auf diese soll hier jedoch nicht eingegangen werden. Die von den veräußernden Einzelunternehmen oder der Erbengemeinschaft in Rechnung gestellte Umsatzsteuer kann von dem Übernehmer – hier die Personengesellschaft oder Kapitalgesellschaft – voll als Vorsteuer in Ansatz gebracht werden. Voraussetzung ist jedoch, daß der Erwerber Unternehmer ist. Wird jedoch der Erwerber erst mit dem Erwerb des Unternehmens Unternehmer, so könnte es zweifelhaft sein, ob der Vorsteuerabzug durch den Wortlaut des § 15 Abs. 1 UStG gedeckt ist. *663*

§ 15 UStG setzt nämlich voraus, daß der Unternehmer die Umsätze im Rahmen seines Unternehmens getätigt hat. Es haben aber die Unternehmer erst im Zeitpunkt der Übernahme des Unternehmens die Unternehmereigenschaft erworben. Die allgemein herrschende Meinung geht dahin, daß der Erwerber des Unternehmens, auch wenn er erst durch diesen Erwerb Unternehmer wird, hinsichtlich des Vorsteuerabzugs schon als Unternehmer zu behandeln ist. Wegen des Vorsteuerabzugs stellt die Umsatzsteuer bei Unternehmensumgründung keinen Kostenfaktor mehr dar.

## 6. Abschnitt
## Abgabenordnung

### I. Haftung des Erben

Gemäß § 45 AO schuldet der Erbe die Steuerschulden des Erblassers. *664*

Nach § 45 Abs. 2 AO haften die Erben für die aus dem Nachlaß zu entrichtenden Steuern wie für die Nachlaßverbindlichkeiten nach bürgerlichem Recht. Somit bleibt dem Erben die Möglichkeit, seine Erbenhaftung zu beschränken (⇒ im einzelnen hierzu Buch I Rz. I 38, 39). *665*

Der Erbe tritt grundsätzlich in die Rechtsstellung des Erblassers ein. Sofern der Steuerbescheid gegen den Erblasser noch nicht bestandskräftig war, stehen ihm alle Einwendungen gegen den Steuerbescheid zu. Ist ein Steuerbescheid noch nicht ergangen, ist er dem Erben zuzustellen. Der Erbe muß aus dem Bescheid erkennen können, daß der Adressat dieses Bescheides der Erblasser ist. Der Tod eines Steuerpflichtigen hemmt den Ablauf der Festsetzungsfrist. Richtet sich die Steuer gegen einen Nachlaß, so endet die Feststellungsfrist nicht vor Ablauf von 6 Monaten nach dem Zeitpunkt, in dem die Erbschaft von dem Erben angenommen oder der Konkurs über den Nachlaß eröffnet oder von dem an die Steuer gegen einen Vertreter festgestellt werden kann (§ 171 Abs. 12 AO). *666*

667 Für die Erbschaftsteuer (Schenkungsteuer) beginnt die Festsetzungsfrist nach den Abs. 1 oder 2 des § 170 AO

1. bei einem Erwerb von Todes wegen nicht vor Ablauf des Kalenderjahres, in dem der Erwerber Kenntnis von dem Erwerb erlangt hat,
2. bei einer Schenkung nicht vor Ablauf des Kalenderjahres, in dem der Schenker gestorben ist oder die Finanzbehörde von der vollzogenen Schenkung Kenntnis erlangt hat,
3. bei der Zweckzuwendung unter Lebenden nicht vor Ablauf des Kalenderjahres, in dem die Verpflichtung erfüllt worden ist (§ 170 Abs. 5 AO).

## II. Bekanntgabe von Bescheiden

668 Hat der Erblasser noch den Steuertatbestand verwirklicht, aber keinen Bescheid mehr erhalten, so ist der Bescheid gegen den Erben als Schuldner (§ 45 AO) zu richten und dem Testamentsvollstrecker bekanntzugeben, wenn dieser die Nachlaßgegenstände verwaltet, die die Steuerschuld ausgelöst haben oder die zur Erfüllung der Steuerschuld herangezogen werden sollen[524]. Gleiches gilt bei dem Erbschaftsteuerbescheid (§ 32 Abs. 1 Satz 1, § 31 Abs. 5 ErbStG). Die Bescheide müssen konkret an den Erben namentlich bekanntgemacht worden sein[525]. Bei mehreren Erben muß grundsätzlich der Bescheid jedem Erben zugestellt werden. Die Erben können einen Empfangsbevollmächtigten benennen. Mit der Zustellung an diesen ist er an alle Erben bekanntgegeben.

669 Ist ein Verwaltungsakt noch gegenüber dem Erblasser ergangen, braucht er gegenüber den Erben nicht noch einmal wiederholt zu werden.

670 Ein nach dem Tode des Ehemannes an Herrn und Frau ... (Name der Ehefrau) gerichteter Einkommensteuerbescheid für den letzten Zusammenveranlagungszeitraum der Eheleute ist jedenfalls dann hinreichend bestimmt und für die überlebende Ehefrau wirksam bekanntgegeben, wenn in der Einspruchsentscheidung nachträglich klargestellt wird, daß nur diese von dem Bescheid betroffen sein sollte[526].

671 Der Nachlaßpfleger ist im Besteuerungsverfahren der gesetzliche Vertreter der noch unbekannten oder ungewissen Erben. Steuerverwaltungsakte sind deshalb bis zur Aufteilung der Nachlaßpflegschaft an ihn zu richten, selbst wenn die Erben inzwischen bekannt waren[527].

---

524 Tipke-Kruse, § 122 AO, Anm. 18.
525 BFH, BStBl. II 1973, 372.
526 BFH v. 24.4.1986, BStBl. II 1986, 545.
527 BFH v. 30.3.1982, BStBl. II 1982, 687.

### III. Rechtsbehelfsbefugnis

Rechtsbehelfsbefugt sind grundsätzlich nur die Erben, nicht der Testamentsvollstrecker. Wird der Erbschaftsteuerbescheid lediglich nach § 32 Abs. 1 Satz 1 i.V.m. § 31 Abs. 5 ErbStG dem Testamentsvollstrecker bekanntgegeben, ohne daß er selbst in Anspruch genommen wird, ist er in seiner Eigenschaft als Testamentsvollstrecker nicht rechtsbehelfsbefugt[528]. *672*

### IV. Haftung des Testamentsvollstreckers

Inwieweit der Testamentsvollstrecker für die Nichtzahlung laufender oder früherer Steuerschulden in Anspruch genommen werden kann, hängt weitgehend von dem Umfang seines Amtes ab. *673*

Nach § 69 AO haften Vertreter und die übrigen in den §§ 34, 35 AO bezeichneten Personen insoweit persönlich neben dem Steuerpflichtigen, als durch schuldhafte Verletzung der ihnen durch das Steurrecht auferlegten Pflichten Steueransprüche nicht oder nicht rechtzeitig festgesetzt werden oder nicht erfüllt werden (§ 69 AO). So haben bei Wegfall eines Steuerpflichtigen die Rechtsnachfolger, Testamentsvollstrecker usw. dafür zu sorgen, daß Mittel zur Bezahlung der vorher entstandenen Steuerschulden zurückgehalten und diese Steuerschulden bezahlt werden. Das gleiche gilt für Steuerschulden, die aus einem Nachlaß zu entrichten sind.

Muß für die Einkünfte des Nachlasses eine gesonderte Gewinnfeststellung erstellt werden und obliegt diese Aufgabe auch dem Testamentsvollstrecker, haftet er für die richtige Abgabe der Erklärung und die richtige Steuerfestsetzung. Wird das im Nachlaß befindliche Unternehmen vom Testamentsvollstrecker geführt, ist er verpflichtet, auch die Umsatzsteuererklärungen abzugeben und die Umsatzsteuer zu zahlen. Verletzt der Testamentsvollstrecker diese Verpflichtungen, haftet er nach § 69 AO. *674*

Das Finanzamt kann jedoch von einem Testamentsvollstrecker nicht verlangen, daß er anstelle des Erben Steuererklärungen abgibt, die die gesamten für die betreffende Steuer in Betracht kommenden Verhältnisse umfassen sollen. Als Bevollmächtigter tritt nur der auf, der Geldmittel und Vermögenswerte eines anderen verwaltet und darüber so verfügen kann, daß er dessen steuerliche Pflichten erfüllen kann[529].

### V. Haftung nach § 75 AO

Wer aus dem Nachlaß ein lebendes Unternehmen erwirbt, haftet für die betriebsbedingten Steuern des laufenden und des vorangegangenen Kalenderjahres. *675*

---

528 BFH v. 4. 1. 1981, BStBl. II 1982, 262.
529 BFH v. 16. 4. 1980, DB 1980, 2119.

## VI. Das Steuergeheimnis (§ 30 AO)

676 Das Steuergeheimnis besteht gegenüber dem Erben hinsichtlich der Verhältnisse nicht mehr, da der Erbe als Rechtsnachfolger an die Stelle des Erblassers tritt. Das Finanzamt hat daher dem Erben alle die Vermögensverhältnisse des Erblassers betreffenden Auskünfte zu geben.

677 Wollen Dritte, die ein Unternehmen aus der Erbmasse erwerben, vorher Auskünfte über die Höhe der Steuerschulden des Unternehmens im Hinblick auf die Haftung nach § 75 AO haben, so bedürfen sie vorher der Zustimmung der Erben.

## VII. Das Bankgeheimnis

678 Das Bankgeheimnis ist im Steuerrecht gesetzlich nicht geschützt. Die Banken sind daher grundsätzlich den Finanzämtern zur Auskunftserteilung über die Vermögensverhältnisse ihrer Kunden verpflichtet (§ 93 AO).

679 Dennoch hat die Finanzverwaltung gegenüber den Banken auf gewisse Rechte verzichtet[530]. So dürfen bei Betriebsprüfungen bei Banken jene nicht zu Kontrollmitteilungen benutzt werden, Einzelauskunftsersuchen bleiben jedoch nach §§ 85, 88, 92 und 93 AO zulässig. Banken sind insbesondere nach § 1 ErbStDV verpflichtet, diejenigen in ihrem Gewahrsam befindlichen Vermögensstücke beim Tode eines Kunden und die gegen sie gerichteten Forderungen, wie Kontoguthaben, Depots, Schrankfächer, Verwahrungsstücke, dem Finanzamt mitzuteilen. Das trifft auch für Gemeinschaftskonten zu, wenn ein Inhaber stirbt. Sie sind jedoch von der Verpflichtung befreit, wenn der Wert der anzeigepflichtigen Gegenstände Euro 1.200,– nicht übersteigt. Die Tatsache eines Schrankfaches ist in jedem Falle mitzuteilen. Eine besondere Anzeigepflicht ergibt sich für Kapitalgesellschaften, die auf den Namen laufende Aktien oder Schuldverschreibung ausgegeben haben, § 2 ErbStDV. Die Anzeigepflicht der Versicherungen ergibt sich aus § 3 ErbStDV.

## VIII. Auskünfte und Zusagen des Finanzamtes

680 Nach § 204ff. AO kann das Finanzamt verbindliche Zusagen nur im Zusammenhang mit einer Außenprüfung erteilen. Die verbindliche Zusage muß schriftlich erteilt werden und als verbindlich gekennzeichnet sein (§ 205 AO).

681 Die verbindliche Zusage muß enthalten:

1. den ihr zugrunde gelegten Sachverhalt; dabei kann auf dem im Prüfungswesen dargestellten Sachverhalt Bezug genommen werden,
2. die Entscheidung über den Antrag und die dafür maßgebenden Gründe,

---

530 Bankenerlaß v. 31. 8. 1979 – IV A 7 – S 0230 – 11/79, BStBl. I 1979, 590; siehe jetzt auch § 30 a A0.

3. eine Angabe darüber, für welche Steuer und für welchen Zeitraum die verbindliche Zusage gilt.

Die Zusage ist jedoch nur für die Besteuerung bindend, wenn sich der später verwirklichte Sachverhalt mit dem der verbindlichen Zusage zugrunde gelegten Sachverhalt deckt (§ 206 AO).

Die verbindliche Zusage tritt außer Kraft, wenn die Rechtsvorschriften, auf denen die Entscheidung beruht, geändert werden. Darüber hinaus kann die Finanzbehörde die verbindliche Zusage mit Wirkung für die Zukunft aufheben oder ändern.

Hinsichtlich der Zusagen außerhalb der Betriebsprüfung gelten die von der 682
Rechtsprechung und Literatur entwickelten Grundsätze weiter.

Grundsätzlich ist hierbei zu unterscheiden zwischen Auskünften und Zusagen. Auskünfte betreffen bereits verwirklichte Sachverhalte. Hier besteht kein Gutglaubenschutz, weil der steuerpflichtige Tatbestand bereits verwirklicht ist und daher das Vertrauen seines besonderen Schutzes bedarf. Zusagen betreffen noch nicht verwirklichte Sachverhalte. Hat das Finanzamt dem Steuerpflichtigen eine Zusage hinsichtlich der künftigen Gestaltung eines Rechtsverhältnisses erteilt, ist diese jedoch nur bindend, wenn sie von dem zuständigen Beamten erteilt worden ist und das Finanzamt in seiner Verfügung erkennen ließ, daß es sich hier binden wollte. Eine rechtliche Verpflichtung des Finanzamtes zur Erteilung einer bindenden Zusage außerhalb einer Außenprüfung besteht jedoch für den Steuerpflichtigen nicht. Sie kann sich allenfalls aus der Fürsorgepflicht der Verwaltung ergeben. Auch hier ist das Finanzamt grundsätzlich nicht an eine frühere Behandlung eines Sachverhalts für die Zukunft gebunden. Aus dem Grundsatz der Abschnittsbesteuerung kann das Finanzamt das Veranlagungsjahr in vollem Umfange in tatsächlicher und rechtlicher Hinsicht überprüfen und auch zu einer anderen Rechtsansicht gelangen. Nach Ansicht des BFH hat der mit Verfassungsrang ausgestattete Grundsatz der Steuergerechtigkeit Vorrang vor dem Vertrauensschutz. Daher ist das Finanzamt grundsätzlich an die frühere Behandlung des Sachverhalts beim Erblasser gegenüber dem Erben nicht gebunden. Allerdings können Änderungen bei Dauerrechtsverhältnissen nur für die Zukunft eintreten. Bei bestandskräftigen Veranlagungen darf keine rückwirkende Änderung eintreten.

## IX. Berichtigung der Steuerbescheide nach §§ 172ff. AO

Wird durch eine spätere Betriebsprüfung die Steuer nach § 173 AO oder wenn 683
der Bescheid unter Vorbehalt der Nachprüfung nach § 164 AO ergangen ist, erhöht, schuldet der Erbe auch diese Steuern.

Da Steuerschulden Nachlaßverbindlichkeiten sind, die den Wert des Reinnachlasses vermindern, kann die Steuerschuld erheblichen Einfluß auf die Erbauseinandersetzung haben, insbesondere, wenn Pflichtteilsberechtigte vorhanden sind. Ein Mehrergebnis der Betriebsprüfung mindert den Wert des reinen Nachlasses.

Das kann dazu führen, daß der Pflichtteilsberechtigte zuviel erhalten hat und unter Umständen wieder einen Teil zurückzahlen muß.

Größer sind jedoch die Probleme, wenn sich im Nachlaß ein Gewerbebetrieb befindet und eine Betriebsprüfung erst nach der Erbauseinandersetzung stattgefunden hat. Sind die ausgeschiedenen Erben nicht Mitunternehmer geworden, berührt sie das Mehrergebnis der Außenprüfung nicht, auch wenn sich die Betriebsprüfung auf den Zeitraum nach Eintritt des Erbfalls bezieht, weil der Gewinn und damit auch der Mehrgewinn dem Betriebsübernehmer zufließt.

*684* Soweit jedoch durch die Berichtigungsveranlagungen nach § 173 AO die Steuerschuld erhöht wird, verringert sich auch der Wert des Nachlasses, so daß die abgefundenen Erben u. U. zuviel erhalten haben.

*685* Sind die abgefundenen Erben jedoch zwischenzeitlich Mitunternehmer geworden, so erhöht sich im Zweifel auch ihr Gewinn durch die Mehrergebnisse einer Betriebsprüfung, so daß sich für diese auch noch Nachsteuern ergeben können. Es ist daher zweckmäßig, beim Ausscheiden der Miterben entsprechende Vereinbarungen zu treffen, wenn mit Mehrergebnissen aus einer Betriebsprüfung zu rechnen ist.

2. KAPITEL

# Die gesellschaftsrechtliche Erbfolge

## 1. Abschnitt
## Erbschaftsteuer

### I. Grundsätze

Die Erbschaftsteuer ist keine Nachlaßsteuer, sondern eine Erbanfallsteuer. Der Gegenstand des Erwerbs ist daher nicht aus der Sicht des Erblassers, sondern des Erben zu beurteilen. Ob es sich bei dem Erwerb um Betriebsvermögen oder um Privatvermögen handelt, ist aus der Sicht des Erwerbers zu beurteilen. Der Gegenstand des Erwerbs bei der Gesellschafternachfolge wird daher weitgehend bestimmt von der Nachfolgeklausel im Gesellschaftsvertrag[1]. 686

### II. Fortsetzung der Gesellschaft beim Tode eines Gesellschafters

#### 1. Grundsätze

Ist im Gesellschaftsvertrag nichts anderes vereinbart, wird die Gesellschaft beim Tode eines Gesellschafters nicht aufgelöst, jedoch ist der verstorbene Gesellschafter bereits mit seinem Tode aus der Gesellschaft ausgeschieden. Die verbleibenden Gesellschafter erwerben den Anteil des Verstorbenen. In den Nachlaß fällt die im Gesellschaftsvertrag vereinbarte Abfindung. Der Tod eines Gesellschafters im Fall einer Fortsetzungsklausel bewirkt also 2 Erwerbe. 687

1. den Erwerb des Gesellschaftsanteils durch den verbleibenden Gesellschafter,
2. den Erwerb der Abfindung durch die Erben (⇒ Buch I Rz. 1101 ff.).

#### 2. Der Erwerb durch die verbleibenden Gesellschafter (§ 3 Abs. 1 Nr. 2 ErbStG)

Als Schenkung auf den Todesfall gilt auch der auf einem Gesellschaftsvertrag beruhende Übergang des Anteils oder des Teils eines Anteils eines Gesellschafters bei dessen Tod auf die anderen Gesellschafter oder die Gesellschaft, soweit der 688

---

[1] Schulze zur Wiesche, Gesellschaftliche Erbfolge und Erbschaftsteuer, WPg 1997, 320; ders., Gesellschaftliche Erbfolge und Erbschaftsteuer unter Berücksichtigung der qualifizierten Nachfolgeklausel und des Sonderbetriebsvermögens, BB 1997, 2621.

Wert, der sich für diesen Anteil zur Zeit des Todes nach § 12 ErbStG ergibt, die Abfindungsansprüche Dritter übersteigt (⇒ Buch I Rz. 1101 ff.).

*689* Gegenstand des Erwerbes ist der Gesellschaftsanteil. Handelt es sich hier um gewerbliches Betriebsvermögen, ist der Anteil nach § 12 Abs. 5 ErbStG i.V.m. §§ 95 bis 99, 103, 104, 109 Abs. 1 und Abs. 2, 137 BewG zu bewerten.

Ein Erwerb von Todes wegen liegt in diesem Falle nur insoweit vor, als der Steuerwert des Anteils höher liegt als der der vereinbarten Abfindung.

**Beispiel:**

Der verstorbene E war an der X-KG beteiligt. Buchwert seines Kapitalkontos Euro 2.000.000,–. Steuerwert des Anteils Euro 1400.000,–. Die Mitgesellschafter sind A und B. Erben sind seine Söhne C und D.

Im Gesellschaftsvertrag ist keine Nachfolgeklausel vereinbart. Die Abfindung ist vertraglich auf den Buchwert beschränkt.

| | |
|---|---|
| Steuerwert des Anteils | 1.400.000,– |
| Wert der Abfindung | 1.000.000,– |
| steuerpflichtiger Erwerb nach § 3 Abs. 1 Nr. 2 ErbStG | 400.000,– |
| A | 200.000,– |
| B | 200.000,– |

A und B sind zwar nicht Erben, sie haben jedoch von Todes wegen erworben.

Ihnen steht daher der Freibetrag von Euro 256.000,– zu gleichen Teilen (= je Euro 128.000,–) und der Bewertungsabschlag zu.

Da es sich um Betriebsvermögen handelt, wird der Erwerb unabhängig vom Verwandtschaftsgrad nach Steuerklasse I versteuert.

| | A | B |
|---|---|---|
| Erwerb | 200.000,– | 200.000,– |
| Freibetrag § 13a Abs. 1 ErbStG anteilig | 128.000,– | 128.000,– |
| | 72.000,– | 72.000,– |
| Bewertungsabschlag § 13a Abs. 2 ErbStG 40 v.H. | 28.800,– | 28.800,– |
| | 43.200,– | 43.200,– |
| Freibetrag § 16 Abs. 1 Nr. 3 ErbStG Euro 51.200,– | ./. 43.200,– | ./. 43.200,– |

Keine Erbschaftsteuer

### 3. Erwerb durch die Erben

*690* A und B als Erben haben lediglich die Kapitalforderung (sonstiges Vermögen) geerbt, die mit dem gemeinen Wert u.U. in der Regel mit dem Nominalwert anzusetzen ist (kein Betriebsvermögen). Der Erwerb ist daher nicht nach § 13a ErbStG begünstigt (R 55 (2) Satz 5 ErbStR).

Entsprechendes gilt, wenn der Erbe eines Anteils an einer Kapitalgesellschaft aufgrund Gesellschaftsvertrages verpflichtet ist, den ererbten Anteil auf die Gesellschafter zu übertragen.

Soweit dieser die persönlichen Freibeträge des § 16 ErbStG übersteigt, unterliegt er der Erbschaftsteuer.

### 4. Sonderbetriebsvermögen

Hat der Erblasser der Personengesellschaft Wirtschaftsgüter zur Nutzung überlassen, gehörten diese zu seinem Sonderbetriebsvermögen und waren auch bewertungsrechtlich als Betriebsvermögen zu beurteilen (§§ 95 Abs. 1, 97 Abs. 1a BewG). Ist der Erblasser jedoch aufgrund einer Fortsetzungsklausel aus der Gesellschaft ausgeschieden, hat er gleichzeitig das Sonderbetriebsvermögen in das Privatvermögen überführt, folglich ist dieses Vermögen nicht mehr als Betriebsvermögen übergegangen. *691*

Das hat zwar auf die Bewertung insofern keinen Einfluß, als aufgrund der vereinbarten Miete die Ertragswerte ermittelt werden können, und somit eine Bewertung nach § 146 BewG erfolgt.

Den Erben steht jedoch der Freibetrag und ein Bewertungsabschlag nicht zu. *692* Dies läßt sich nur dadurch verhindern, daß der Erblasser das Grundstück in eine gewerblich geprägte Personengesellschaft einbringt. Der Freibetrag kann zwar nur einmal gewährt werden. Die Aufteilung trifft der Erblasser. Hinsichtlich des nicht befreiten Erwerbes wird jedoch der Bewertungsabschlag von 40 v.H. gewährt.

## III. Einfache Nachfolgeklausel

### 1. Grundsätze

Ist eine einfache Nachfolgeklausel im Gesellschaftsvertrag vereinbart, so werden alle Erben unmittelbar entsprechend ihrer Erbquote Gesellschafter (⇒ Buch I Rz. 1108). *693*

Der Vorgang unterliegt nach § 3 ErbStG der Erbschaftsteuer. Die Bewertung erfolgt nach § 12 Abs. 1 i.V.m. §§ 95, 97 Abs. 1a BewG.

Der Freibetrag gem. § 13 a ErbStG wird nur einmal gewährt. Bei Erwerb durch *694* mehrere Erwerber ist für jeden Erwerber ein Teilbetrag von Euro 256.000,– entspr. einer vom Erblasser schriftlich verfügten Aufteilung des Freibetrags maßgebend. Hat der Erblasser keine Verfügung getroffen, so wird der Freibetrag nach der Erbquote aufgeteilt.

Hat der Erblasser durch Vermächtnis verfügt, daß ein Dritter den Anteil über- *695* nehmen soll, so können die Erben den Freibetrag nicht in Anspruch nehmen, sondern steht dieser dem Dritten zu.

Der Übergang des Freibetrags und daran anknüpfend der des Bewertungsab- *696* schlags kommt insbesondere zwischen Erben in Betracht, die Teilungsanordnungen (§ 2048 BGB) und Vorausvermächtnisse (§ 2150 BGB) erfüllen. Er kommt weiter in Betracht für Übergänge zwischen Erben und Vermächtnisnehmern, ferner für Übergänge von Erben auf Personen, denen der Erblasser das Vermögen durch ein noch nicht vollzogenes Schenkungsversprechen auf den Todesfall zugedacht hat.

**2. Sonderbetriebsvermögen**

697 Hat der Erblasser der Gesellschaft Sonderbetriebsvermögen überlassen, so geht dieses grundsätzlich in den ungeteilten Nachlaß und wird daher nach § 39 Abs. 2 AO den Erben entsprechend ihrer Erbquote zugerechnet. Da diese aufgrund einer einfachen Nachfolgeklausel und korrespondierenden Verfügung von Todes wegen unmittelbar Gesellschafter geworden sind, bleibt das bisherige Sonderbetriebsvermögen des Erblassers Betriebsvermögen, mit der Folge, daß es als solches zu bewerten ist, im Rahmen des Freibetrages außer Ansatz bleibt, darüber hinaus dem Bewertungsabschlag von 40 v.H. unterliegt und zusammen mit dem Anteil am Gesamthandsvermögen unabhängig vom Verwandtschaftsgrad der Erwerber nach Steuerklasse I besteuert wird.

## IV. Erwerb aufgrund einer qualifizierten Nachfolgeklausel

**1. Gesellschaftsanteil**

698 Sonderfälle dinglich wirkender Teilungsanordnungen sind die qualifizierte Nachfolgeklausel im Gesellschaftsvertrag einer Personengesellschaft (⇒ Buch I Rz. 701, 1111). Trotz der hier eintretenden Sondererbfolge sind auch diese Teilungsanordnungen erbschaftsteuerlich unbeachtlich, falls insoweit bei Auslegung der Willenserklärungen des Erblassers nicht Vorausvermächtnisse gewollt waren (R 5 (3) ErbStR).

Ist im Gesellschaftsvertrag eine qualifizierte Nachfolgeklausel vereinbart, geht der Gesellschaftsanteil auf den qualifizierten Erben, Vermächtnisnehmer usw. unmittelbar über und fällt nicht in den Nachlaß (⇒ Buch I Rz. 1111ff.). Der Erwerb durch den Qualifizierten wird, zumal wenn dies durch Vorausvermächtnis oder Vermächtnis erfolgt, diesem zugerechnet, anders bei Teilungsanordnungen. Der Erwerb mindert sich um übernommene Vermächtnisse und Auflagen.

Der Übergang eines Anteils an einer Personengesellschaft an einen Erben aufgrund einer qualifizierten Nachfolgeklausel wird erbschaftsteuerlich wie ein Erwerb durch Erbanfall behandelt. Daher ist die qualifizierte Nachfolgeklausel zugunsten eines Miterben bei einer Mehrzahl von Erben für die Besteuerung des Erbanfalles der einzelnen Erben unbeachtlich. Hat der Erblasser hinsichtlich der Aufteilung des Freibetrags keine Anordnung getroffen, so ist der Freibetrag nach § 13a Abs. 1 EStG unbeschadet des Übergangs des Gesellschaftsanteils auf den Qualifizierten quotenmäßig aufzuteilen. Anders jedoch, wenn der Anteil aufgrund eines Vermächtnisses oder Anordnung auf den Qualifizierten übergeht, vgl. R 55 Abs. 2.

Der Freibetrag und der Bewertungsabschlag für Betriebsvermögen geht ganz auf den Qualifizierten über.

**2. Sonderbetriebsvermögen**

699 Der Erwerb durch den qualifizierten Erben betrifft nur den Gesellschaftsanteil, nicht jedoch das Sonderbetriebsvermögen bei Nutzungsüberlassungen des Erb-

lassers an die Gesellschaft. Das Sonderbetriebsvermögen fällt in den Nachlaß. Es gilt ertragsteuerlich, soweit es bruchteilsmäßig auf die Nichtqualifizierten entfällt, vom Erblasser als entnommen.

Folglich haben die Erben insoweit kein Betriebsvermögen übernommen. Der Freibetrag nach § 13a Abs. 1 ErbStG wird insoweit auch dem qualifizierten Erben, der den Anteil übernimmt, gewährt, wenn seine bruchteilsmäßige Beteiligung von dem Grundvermögen nicht mehr als 50 v.H. beträgt (R 117 (3) ErbStR). Ferner wird auf dieses, soweit es als entnommen gilt, kein Bewertungsabschlag von 40 v.H. gewährt. Soweit der Erwerber nicht der Steuerklasse I ohnehin angehört, wird das bisherige Sonderbetriebsvermögen nicht nach Steuerklasse I versteuert.

Es ist daher insbesondere im Falle der qualifizierten Nachfolgeklausel sowohl 700
aus erbschaftsteuerlichen als auch ertragsteuerlichen Gründen notwendig, durch Gestaltungen zu erreichen, daß im Zeitpunkt des Übergangs durch Tod kein Sonderbetriebsvermögen mehr vorhanden ist.

Hier bieten sich an
- die Einbringung in eine gewerblich geprägte Personengesellschaft
- die Einbringung des Gesellschaftsanteils und des Sonderbetriebsvermögens in eine (gewerblich geprägte) Personengesellschaft
- die Begründung einer mitunternehmerischen Betriebsaufspaltung.

## V. Sonderfall einer Eintrittsklausel

Geht ein Anteil an einer Personengesellschaft auf einen Erben über, der von einer Eintrittsklausel Gebrauch macht, ist von einem Erwerb durch Erbanfall auszugehen. Bestimmt eine Eintrittsklausel, daß ein Nichterbe gegen eine Einlage in Höhe des Abfindungsanspruchs des verstorbenen Gesellschafters rückbezüglich auf dessen Tod eintrittsberechtigt ist und ist ihm dieser Abfindungsanspruch vom Erblasser vermächtnisweise zugewendet worden, führt die Ausübung des Eintrittsrechts beim Nichterben zu einem begünstigten Erwerb von Todes wegen nach § 3 Abs. 1 Nr. 4 EStG (R 55 (2) Sätze 3 und 4 ErbStG).

## 2. Abschnitt
## Die gesellschaftsrechtliche Auseinandersetzung bei einer Personengesellschaft im Ertragsteuerrecht[2]

### I. Grundsätze

701 Hinsichtlich der Mitunternehmerschaft kann der Erblasser vielfach nicht testamentarisch verfügen. Es hängt vielmehr vom Gesellschaftsvertrag ab, ob die Beteiligung vererblich ist (⇒ Buch I Rz. 1101ff.) Es ist aber auch hier zu beachten, daß zum Betriebsvermögen nicht nur das Gesamthandsvermögen gehört, sondern alle Wirtschaftsgüter, die der Erblasser der Gesellschaft pachtweise oder leihweise zur Verfügung gestellt hat. Es braucht sich hier nicht nur um materielle Wirtschaftsgüter, Grundvermögen, Anlagen, sondern kann sich hier auch um immaterielle Wirtschaftsgüter, wie die Firma, Patente, Lieferungsverträge usw. handeln.

Hinsichtlich dieser Wirtschaftsgüter darf der Erblasser testamentarisch frei verfügen. Diese Wirtschaftsgüter sind bürgerlich-rechtlich nicht mit der Beteiligung verbunden und können daher durch Verfügung des Erblassers vom Betriebsvermögen getrennt werden. Das gleiche trifft auch für die Darlehen und Privatkonten zu, wenn diese nicht durch Gesellschaftsvertrag an die Gesellschaft gebunden sind. Diese sind frei vererblich. Der Erbe ist lediglich hinsichtlich der Beteiligung selbst in seiner Verfügungsbefugnis durch den Gesellschaftsvertrag beschränkt.

### II. Auflösung der Gesellschaft beim Tode eines Gesellschafters

702 Im Gegensatz zur GbR wird eine OHG ohne vertragliche Vereinbarung nicht mit dem Tode aufgelöst, sondern mit den Erben fortgesetzt. Der Gesellschaftsvertrag kann jedoch die Bestimmung enthalten, daß die Gesellschaft mit dem Tode eines Gesellschafters aufgelöst wird. Das bedeutet jedoch nicht, daß das Ge-

---

[2] Literaturhinweise: L. Schmidt, Komm. EStG, § 15, RdNrn. 660ff.; Bolk, DStZ 1986, 547; Schulze zur Wiesche, FR 1979, 185; derselbe, BB 1987, 2419; Ehlers/Kreutzinger, DStZ 1987, 79; Klemm, DB Beilage Nr. 5/80; Neufang, Inf. 1986, 442; Märkle/Franz, BB Beilage Heft 5/1991; Söffing, DStR 1991, 202, DB 1990, 773, 828; Schulze zur Wiesche RWP, S. 6.52, S. 1989; Ruban, DStR 1991, 65; Märkle, Wpg 1990, 674; L. Schmidt, § 16, RdNr. 129ff.; zur neueren Rechtsprechung Groh, DB 1990, 2135; Märkle/Franz, BB 1991, 2494; Knobbe-Keuk, Bilanzrecht, 9. Aufl.; Priester, DNotZ 1991, 507ff.; Reiß in Kirchhof/Söhn, § 16, RdNr. B 107; Märkle, Probleme der Erbauseinandersetzung bei im Nachlaß befindlichen Personengesellschaftsanteilen, DStR 1993, 1616; Spiegelberger, Nachfolge von Todes wegen bei Einzelunternehmen und Gesellschaftsanteilen, DStR 1992, 584; Dötsch, Die einkommensteuerliche Beurteilung aufgrund einfacher und qualifizierter Nachfolgeklausel vererbter Anteile von Personengesellschaften, FS L. Schmidt, 1993, S. 862; Schulze zur Wiesche, Vorweggenommene Erbfolge und Erbauseinandersetzung unter Berücksichtigung des Steuerentlastungsgesetzes 1999/2000/2002 BB 1999/2255; ders., Qualifizierte Nachfolgeklausel und Sonderbetriebsvermögen im Ertragsteuerrecht, DB 1998, 695.

sellschaftsverhältnis mit dem Tode eines Gesellschafters gänzlich beendet ist. Es tritt lediglich die Gesellschaft in das Stadium einer Liquidationsgesellschaft (⇒ auch Buch I Rz. 1101). Die Liquidation wird nicht von den übrigen überlebenden Gesellschaftern allein durchgeführt. An die Stelle des verstorbenen Gesellschafters treten seine Erben. Diese nehmen insoweit die Rechtsstellung des Erblassers ein. Die Liquidation selbst wird nicht auf Rechnung und Gefahr des Erblassers durchgeführt, sondern auf die der Erben. Somit fällt der Liquidationsgewinn oder der evtl. Liquidationsverlust bei den Erben an, nicht beim Erblasser.

### 1. Die Liquidationsgesellschaft als Mitunternehmerschaft

Während des Liquidationsstadiums ist in der Regel die Geschäftstätigkeit der Gesellschaft noch nicht eingestellt. Sie kann auch noch, soweit Bestände vorhanden sind, werbend tätig sein. Während dieser Zeit sind die Erben Mitunternehmer. 703

Das Unternehmen wird auf Rechnung und Gefahr aller Gesellschafter, einschließlich der Miterben, geführt, es sei denn, daß ein Erbe im Wege der Auseinandersetzung die Einkünfte und den Liquidationserlös erhalten soll. Es hängt also davon ab, wie die Miterben sich auseinandersetzen. Im Zweifel treten alle Miterben in das Gesellschaftsverhältnis ein.

#### *a) Die Erben als Gesellschafter der Liquidationsgesellschaft*

Die Erben haben als Gesamtrechtsnachfolger des Erblassers Einkünfte aus Gewerbebetrieb, §§ 24 Nr. 2, 15 Abs. 1 Nr. 2 EStG[3]. Es ist hierbei gleichgültig, wer von den Erben die Erbengemeinschaft in der Gesellschafterversammlung der Personengesellschaft i.L. vertritt (⇒ Buch I Rz. 1041). Nach § 146 Abs. 1 HGB nimmt der Erbe als Liquidator auch am wirtschaftlichen Verkehr teil. Das gleiche tritt für die Beteiligung am Gewinn und am Risiko zu, außerdem ist er am Liquidationserlös und daher am Vermögen beteiligt. 704

#### *b) Veräußerung des Gewerbebetriebes*

Wird das Unternehmen als Ganzes in der Liquidation veräußert, liegt eine Betriebsveräußerung i.S. des § 16 Abs. 1 EStG vor, wenn hierbei die wesentlichen Grundlagen des Betriebs übertragen werden[4]. Der Liquidationsgewinn steht den Gesellschaftern einschließlich der Erben zu. Zunächst erhalten diese ihre Guthaben aus Kapitalkonten zurück, der Rest wird entsprechend dem Gewinnverteilungsschlüssel aufgeteilt. 705

Soweit der anteilige Veräußerungsgewinn in den Nachlaß fällt, steht dieser den Erben entsprechend ihrer Quote zu. Ob ein Freibetrag gewährt wird, richtet sich nach den Verhältnissen des einzelnen Erben, nicht nach den Verhältnissen des

---

3 BFH v. 12. 1. 1978, BStBl. II 1978, 333.

4 Schulze zur Wiesche, Betriebsveräußerung, Gesellschafterwechsel, S. 150 ff.

Erblassers[5]. Darüber hinausgehende Gewinne sind tarifbegünstigt nach § 34 Abs. 1 EStG.

*c) Beendigung der Gesellschaft durch Liquidation*

706 Der Eintritt der Gesellschaft in das Liquidationsstadium nach dem Tod eines Gesellschafters bedeutet noch nicht Beginn der Betriebsaufgabe[6].

Eine Betriebsaufgabe ist gegeben, wenn eine gewerbliche Tätigkeit dadurch beendet wird, daß die Gesellschaft die gewerbliche Tätigkeit einstellt und innerhalb angemessener Zeit das Betriebsvermögen veräußert oder von den Gesellschaftern in deren Privatvermögen überführt wird[7]. Was als angemessener Zeitraum angesehen werden kann, hängt vom Einzelfall ab[8]. In der Regel wird man in jedem Fall von einem Zeitraum bis zu 6 Monaten ausgehen können, im Einzelfall auch bis zu einem Kalenderjahr oder auch darüber[9]. Die Aufgabe beginnt nicht mit dem Tod des Gesellschafters, sondern mit den ersten Aufgabehandlungen[10]. Die Aufgabe ist beendet, wenn die wesentlichen Grundlagen des Betriebes der Personengesellschaft entweder ins Privatvermögen überführt oder veräußert worden sind[11]. Liegen die Voraussetzungen einer Betriebsaufgabe vor, ist der Aufgabegewinn steuerbegünstigt, § 16 Abs. 3, Abs. 4 und § 34 Abs. 1 EStG. Vollzieht sich die Liquidation über einen längeren Zeitraum, liegt keine steuerbegünstigte Betriebsaufgabe vor, sondern sind auch die Veräußerungen von Betriebsvermögen als laufender Gewinn zu versteuern[12].

## 2. Beendigung der Liquidation durch Fortführung der Gesellschaft mit den übrigen Gesellschaftern

707 Beschließen die Gesellschafter im Liquidationsstadium, daß die Gesellschaft mit den übrigen Gesellschaftern fortgesetzt werden soll, so scheiden die Erben aus der Gesellschaft entweder mit dem Zeitpunkt des Vertrages oder zum vertraglich festgesetzten Zeitpunkt aus der Gesellschaft aus. Sie erhalten dann den Auseinandersetzungsanspruch. Soweit dieser den Buchwert der Beteiligung übersteigt, ist der Veräußerungsgewinn, der bei den Erben anfällt, gemäß § 16 in Verbindung mit § 34 EStG zu versteuern. Es handelt sich hierbei um Einkünfte der Erben, nicht des Erblassers[13].

---

5 BFH v. 29.4.1982, BStBl. II 1985, 204.

6 Schulze zur Wiesche, FR 1986, 24 (26).

7 BFH v. 5.7.1984, DB 1984, 2072.

8 Schulze zur Wiesche, Betriebsveräußerung, Gesellschafterwechsel, S. 138.

9 BFH v. 25.6.1970, BStBl. II 1978, 719; v. 11.3.1982, DB 1982, 2224; v. 8.9.1976, BStBl. II 1977, 66.

10 BFH v. 5.7.1984, DB 1984, 2072.

11 BFH v. 13.3.1982, DB 1982, 2224.

12 Littmann/Bitz/Meincke, § 16 EStG, Anm. 71.

13 BFH v. 21.12.1965, BStBl. III 1966, 195.

Hier beruht das Ausscheiden aus der Gesellschaft auf einem eigenen Entschluß der Gesellschafter, somit ist nicht der Erblasser aus der Gesellschaft ausgeschieden, sondern sind es die Erben. Aus diesem Grunde ist der Veräußerungsgewinn bei ihnen angefallen, sofern die Abfindung den Buchwert der Beteiligung übersteigt. Es ist hierbei zu beachten, daß hier nicht der Buchwert der Beteiligung zum Zeitpunkt des Erbfalles maßgebend ist, sondern zum Zeitpunkt der Auseinandersetzung. Ferner, daß die Abfindung zur Ermittlung des Veräußerungsgewinnes um den bis dahin angefallenen laufenden Gewinn gekürzt werden muß[14].

### 3. Beendigung der Liquidation durch Fortführung der Gesellschaft mit den Erben

Beschließen die Gesellschafter, die Gesellschaft auch mit den Erben fortzuführen, so tritt insofern keine Änderung ein, als die Erben bereits Gesellschafter der Liquidationsgesellschaft geworden sind. In diesem Falle ist jeder Erbe **Gesellschafter** und daher Mitunternehmer. Die Einkünfte aus der Personengesellschaft haben die Erben als laufende Einkünfte aus Gewerbebetrieb zu versteuern. Sie haben die Buchwerte des Erblassers fortzuführen, was insbesondere dann von entscheidender Bedeutung ist, wenn der Erblasser eine Ergänzungsbilanz erstellt hat. Die Versteuerung der stillen Reserven ist lediglich aufgeschoben, nicht aufgehoben. *708*

## III. Die Fortsetzung der Gesellschaft ohne die Erben mit den überlebenden Gesellschaftern (⇒ Buch I Rz. 1041)

### 1. Grundsätze

Vielfach ist im Gesellschaftsvertrag einer GbR die Bestimmung enthalten, daß die Gesellschaft beim Tode eines Gesellschafters nur zwischen den überlebenden Gesellschaftern fortgeführt werden soll. Die OHG bleibt ab 1.7.1998 im Zweifel bestehen, jedoch scheidet der verstorbene Gesellschafter mit dem Tode aus der Gesellschaft aus (⇒ Buch I Rz. 1101 ff). In diesem Falle scheidet der **Erblasser** mit seinem Tode aus der Gesellschaft aus[15]. Es scheiden somit der Erblasser, nicht jedoch seine Erben aus der Gesellschaft aus. Mit dem Tode des Erblassers ist das Gesellschaftsverhältnis erloschen. *709*

Der Auseinandersetzungsanspruch, der in der Regel mit dem Tode entsteht, fällt somit in den Nachlaß (⇒ Buch I Rz. 1103). Er gilt schon beim Erblasser als entstanden. Der **Auseinandersetzungsanspruch** ist ein Nachlaßanspruch. Die Höhe hat daher für den Erben selbst keine steuerlichen Folgen. Der evtl. Veräußerungsverlust bzw. der Veräußerungsgewinn gemäß § 16 EStG fällt beim Erblasser an. Dieser hat somit den Veräußerungsgewinn, sofern er anfällt, noch zu ver- *710*

---

[14] BFH v. 16.7.1964, HFR 1965, 39.

[15] BFH v. 26.7.1963, BStBl. III 1963, 481; v. 21.12.1965, BStBl. III 1966, 195.

steuern. Der Tod ist somit der letzte einkommensteuerliche Vorgang des Erblassers. Die Steuerverbindlichkeit hieraus jedoch fällt als Nachlaßverbindlichkeit dem Erben zu.

### 2. Formen der Abfindung

*a) Barabfindung*

711 Im Falle der Barabfindung ist der Unterschiedsbetrag zwischen der vereinbarten Zahlung und dem Buchwert des Kapitalkontos der Veräußerungsgewinn im Sinne des § 16 Abs. 2 EStG. Er fällt unabhängig von der Zahlung an. Der Tatbestand der Veräußerung ist verwirklicht mit dem Ausscheiden durch den Tod, also zum Zeitpunkt des Todes[16].

*b) Ratenzahlung*

712 Sieht der Gesellschaftsvertrag Ratenzahlung vor, ist auch in diesem Falle der Veräußerungsgewinn mit dem Tode des Gesellschafters entstanden.

Ist hinsichtlich der gestundeten Abfindung keine Verzinsung vorgesehen, ist die Abfindung nach dem BewG abzuzinsen[17]. Der abgezinste Betrag ist als Kaufpreis zugrunde zu legen. Der Zinsanteil ist in der Weise zu ermitteln, daß der Barwert der Ratenverpflichtung jährlich neu ermittelt werden muß. Die Barwertveränderung stellt den Tilgungsanteil der einzelnen Raten dar. Der Zinsanteil ergibt sich dadurch, daß der Tilgungsanteil von den einzelnen Raten abzuziehen ist. Dieser Zinsanteil ist bei den Erben im Zeitpunkt der Ratenzahlung (Zufluß § 11 Abs. 1 EStG) als sonstige Kapitaleinkünfte zu erfassen (§ 20 Abs. 1 Nr. 7 EStG).

Ein Wahlrecht, auch Zuflußbesteuerung zu wählen, kommt für die Erben nicht in Betracht, da die Stundungsvereinbarung im Interesse der Gesellschaft erfolgt.

*c) Rentenzahlung*

713 Ist im Gesellschaftsvertrag vereinbart, daß die Gesellschaft das Recht hat, die Abfindung zu verrenten, hängt die steuerliche Behandlung von der Gestaltung durch die Erben ab. Die Erben können auch in Vertretung für den Erblasser zwischen einer Sofortversteuerung und einer Zuflußbesteuerung wählen[18].

714 Wählen die Erben die Sofortversteuerung, liegt beim Erblasser eine Anteilsveräußerung vor. Als Kaufpreis gilt der Rentenbarwert, der nach dem Bewertungsgesetz zu ermitteln ist. Die Rente gehört in diesem Falle zum Privatvermögen der Erben. Diese haben den in den Rentenzahlungen enthaltenen Ertragsanteil zu versteuern.

715 Wählen die Erben die Zuflußbesteuerung, fällt beim Erblasser kein Veräußerungsgewinn an. Soweit die einzelnen Rentenzahlungen das Kapitalkonto des Erblassers nicht überstiegen haben, sind sie umschichtend, die das Kapitalkonto

---

[16] BFH v. 29.5.1969, BStBl. II 1969, 614; vgl. auch L. Schmidt, § 16, RdNr. 129.

[17] BGH v. 10.2.1977, NJW 1977, 1339.

[18] BFH v. 26.3.1981, BStBl. II 1981, 614.

übersteigenden Rentenzahlungen sind in voller Höhe als nachträgliche Einkünfte aus Gewerbebetrieb (§§ 24 Nr. 2, 15 Abs. 1 Nr. 2 EStG) zu erfassen.

*d) Abfindung durch Einräumung einer stillen Beteiligung*

Ist im Gesellschaftsvertrag vereinbart, daß ein Abkömmling eines Gesellschafters Gesellschafter werden kann, die Witwe eines Gesellschafters allenfalls die Stellung eines stillen Gesellschafters einnehmen kann, ist der Erblasser insoweit aus der Gesellschaft ausgeschieden und ein Veräußerungsgewinn bei ihm angefallen, sofern die Ehefrau die Stellung eines typischen stillen Gesellschafters erhält. Die Witwe hat in diesem Falle Einkünfte aus Kapitalvermögen[19]. Veräußerungsgewinn ist in diesem Falle der Unterschiedsbetrag zwischen dem Nominalbetrag der Abfindung, der in eine stille Beteiligung umgewandelt wird, und dem letzten Buchkapitalstand des Erblassers. *716*

Inwieweit die Mitunternehmerschaft fortgesetzt werden kann, wenn die Rechtsnachfolger die Stellung eines atypischen stillen Gesellschafters erhalten sollen, ist umstritten. *717*

Sieht der Gesellschaftsvertrag das Ausscheiden eines Gesellschafters als Gesamthänder mit dem Tode vor, so ist der Gesellschafter als Gesamthänder aus der Gesellschaft mit seinem Tode ausgeschieden, unbeschadet der Tatsache, daß die Gesellschaft in Form einer stillen Beteiligung fortgesetzt werden soll. Damit liegt grundsätzlich der Tatbestand der Anteilsveräußerung vor. Der Eintritt der Erben als stille Gesellschafter, wenn auch als atypische, begründet grundsätzlich ein neues Gesellschaftsverhältnis. Bei einer zweigliedrigen Personengesellschaft würde die Identität der Gesellschaft verloren gehen, wenn das Gesellschaftsvermögen durch Tod, durch Anwachsung übergehen und mit den Erben durch Umwandlung der Abfindungsansprüche in stille Einlagen eine neue Innengesellschaft begründet wird. In diesem Falle wären die Erben lediglich am Handelsgewerbe des verbleibenden Gesellschafters als Einzelhandelsgewerbetreibende beteiligt. So fragt sich jedoch, ob dennoch eine Buchwertfortführung der Erben im Rahmen der atypischen stillen Beteiligung möglich ist, wenn die spätere Versteuerung der stillen Reserven gesichert ist. Eine formwechselnde Umwandlung wie bei der OHG in eine KG ist nicht möglich. Eine Einbringung i.S. des § 24 UmwStG liegt auch nicht vor, weil die Einbringung des Abfindungsanspruchs kein Mitunternehmeranteil ist. U. E. sollte auch hier die Einbringung des Abfindungsanspruchs des Erblassers mit dem Buchwert möglich sein, wenn die einbringenden Erben Mitunternehmer sind. U. E. müßte steuerlich eine Buchwertfortführung auch dann möglich sein, wenn handelsrechtlich ein höherer Wert anzusetzen ist (Korrektur durch Ergänzungsbilanzen). *718*

---

[19] Vgl. hierzu Baumbach-Duden, Anm. 3 c zu § 131 HGB; BGH v. 29.9.1977, DB 1977, 2318.

## IV. Fortsetzung der Gesellschaft mit den Erben (Nachfolgeklausel)

### 1. Grundsätze

719 Ist im Gesellschaftsvertrag vereinbart, daß die Gesellschaft im Falle des Todes eines Gesellschafters mit dessen Erben fortgesetzt werden soll, so werden der Erbe bzw. die Erben Gesellschafter[20].

Sie sind somit Mitunternehmer geworden, unabhängig davon, ob sich die Beteiligungsverhältnisse im Rahmen der Erbauseinandersetzung verändern werden. Als Rechtsnachfolger des Erblassers haben die Erben grundsätzlich die Buchwerte des Erblassers fortzuführen. Das steuerliche Kapitalkonto ist entsprechend der Erbquote auf die Erben aufzuteilen, gleiches trifft hinsichtlich des Gewinnanteils des Erblassers zu. Spätere Änderungen der Beteiligungsverhältnisse hinsichtlich des Anteils des Erblassers können entgeltlich, aber auch unentgeltlich erfolgen[21].

Die Erben sind grundsätzlich Gesellschafter, gleichgültig, ob der Nachlaß schon auseinandergesetzt worden ist oder eine ungeteilte Erbengemeinschaft besteht (⇒ auch Buch I Rz. 1105).

### 2. Nachträgliche Auseinandersetzung

*a) Entgeltliche Veräußerungen von Anteilen*

720 Werden später die Beteiligungsverhältnisse hinsichtlich des Gesellschaftsanteils im Rahmen der Erbauseinandersetzung geändert, liegt in Höhe der vereinbarten Abfindungen eine entgeltliche Übertragung des Anteils vor.

721 Erben, deren Beteiligungen eine Minderung erfahren, haben den Anteil bzw. einen Bruchteil ihres Anteils veräußert und in Höhe des Unterschiedsbetrages zwischen vereinbarter Abfindung und anteiligem Buchkapital einen Veräußerungsgewinn. Die Erben, deren Anteile eine Aufstockung erfahren haben, haben in Höhe der gezahlten Abfindung Anschaffungskosten. Soweit die vereinbarte Abfindung nicht dem Buchkapital entspricht, ist der Mehrbetrag bzw. Minderbetrag in einer Ergänzungsbilanz festzuhalten.

722 Ein entgeltlicher Erwerb in diesem Sinne liegt auch dann vor, wenn Miterben ihren Erbanteil einschließlich des Anteils am Gesellschaftsanteil an einen Miterben veräußern oder die Miterben aus der Erbengemeinschaft ausscheiden, und das Ausscheiden auch für den Gesellschaftsanteil gilt.

*b) Unentgeltlicher Erwerb*

723 Der Anteil eines Miterben an einer Personengesellschaft kann jedoch auch unentgeltlich im Rahmen der Teilung des übrigen Nachlasses übertragen werden. Nach Ansicht des BFH kann der Gesellschaftsanteil, obwohl dieser bereits durch

---

[20] Vgl. BFH v. 21.12.1965, BStBl. III 1966, 195.

[21] Hierzu L. Schmidt, § 16, RdNr. 130b; Groh, DB 1990, 2135, 2140.

Sondererbfolge auf die Erben übergegangen ist, in die Erbauseinandersetzung mit einbezogen werden[22].

Erfolgen bis zur Auseinandersetzung des Nachlasses Rückübertragungen hinsichtlich des Gesellschaftsanteils innerhalb der Erben mit Anrechnung auf die Erbquote, sind die Anteilsübertragungen unentgeltlich, wenn der Wertausgleich aus dem übrigen Nachlaß erfolgt. Das wäre der Fall, wenn der Abfindungsanspruch mit dem Anspruch auf den geteilten Nachlaß wertmäßig verrechnet wird oder der Anteilsübernehmer zum Ausgleich Schulden des Erblassers oder des Nachlasses übernimmt. Ein entgeltlicher Erwerb liegt hingegen vor, wenn eigene Verbindlichkeiten begründet werden. *724*

Ist eine testamentarische Teilungsanordnung dahingehend zu verstehen, dass der Gewinn des einem der Erben zugeteilten Unternehmens von einem vor der Verteilung liegenden Zeitpunkt an dem Übernehmer zustehen soll und verhalten sich die Erben entsprechend, so ist diese steuerlich anzuerkennen. Die Anerkennung ist nicht bereits deswegen ausgeschlossen, weil die Auseinandersetzung erst nach Ablauf des im BMF-Schreiben vom 11.1.1993 enthaltenen Frist von 6 Monaten nach dem Erbfall stattfand.[23]

Sieht der Gesellschaftsvertrag die einfache Nachfolgeklausel vor, so ist der Gesellschaftsanteil mit dem Tode grundsätzlich auf alle Erben entsprechend ihrer Quote übergegangen (⇒ Buch I Rz. 1109).

Hat der Erblasser testamentarisch durch Teilungsanordnung bestimmt, daß ein bestimmter Erbe den Gesellschaftsanteil übernehmen soll, so gilt dies auch dann rückwirkend, wenn sich die Gesellschafter erst nach dem Zeitraum von 6 Monaten entsprechend auseinandersetzen.

### *c) Realteilung eines Gesellschaftsanteils*[24]

Der Mitunternehmeranteil besteht aus dem Gesellschaftsanteil (Anteile am Gesamthandsvermögen) und dem Sonderbetriebsvermögen.

Ist eine einfache Nachfolgeklausel im Gesellschaftsvertrag vereinbart, geht der Gesellschaftsanteil entsprechend der Erbquote auf die einzelnen Miterben über. Hat der Erblasser ebenfalls der Gesellschaft Sonderbetriebsvermögen überlassen, fällt dieses zwar in den Nachlaß, steuerlich wird dieses jedoch den Erben entsprechend ihrer Erbquote zugerechnet mit der Folge, daß die Beteiligungsquoten am Gesellschaftsanteil und am Sonderbetriebsvermögen übereinstimmen. Ändern sich im Rahmen der Erbauseinandersetzung die Beteiligungsverhältnisse an der Personengesellschaft und am Sonderbetriebsvermögen, so führen die Veränderungen nicht zur Gewinnrealisierung, soweit eine Wertverrechnung innerhalb des *725*

22 BFH v. 13.12.1990, BStBl. II 1992, 510; v. 29.10.1991, BStBl. II 1992, 512.

23 BMF-Schreiben v. 11.1.1993, BStBl. I 1993, 62 Tz. 8 und 9. Hierzu Geck, DStR 2000, 1383; BFH v. 4.5.2000 IV R 10/99 DStR 2000, 1051.

24 Schulze zur Wiesche, Realteilung einer Personengesellschaft und Sachwertabfindung an ausscheidende Gesellschafter nach dem Steuerentlastungsgesetz 1999/2000/2002, S. 425.

Nachlasses ohne Einsatz von Nichtnachlaßvermögen möglich ist und die beteiligten Miterben entweder einen Teilbetrieb oder Mitunternehmeranteil erhalten.

So kann eine steuerneutrale Realteilung des Anteils in der Weise erfolgen, daß Erbe A den Gesellschaftsanteil übernimmt, Erbe B das Sonderbetriebsvermögen, sofern dieses einen Teilbetrieb darstellt.

726 Möglich ist eine Realteilung zwischen den Erben A und B in der Weise, daß Erbe A den Gesellschaftsanteil bis auf einen kleinen Restwert übernimmt, B mit dem Rest somit Mitunternehmer bleibt, dieser aber das Sonderbetriebsvermögen übernimmt. Unentgeltliche Übertragungen von Sonderbetriebsvermögen ohne Aufdeckung von stillen Reserven innerhalb der Mitunternehmer sind ab 1.1.2001 wieder möglich. § 6 Abs. 5 Satz 3 EStG n.F.

#### *d) Erwerb des Gesellschaftsanteils der Miterben mit Anrechnung auf die Quote und Spitzenausgleich*

727 Reicht die Quote am Nachlaß zur Abfindung der Miterben hinsichtlich des übernommenen Gesellschaftsanteils nicht aus und zahlt der Erbe an diese hinsichtlich des nicht gedeckten Mehrbetrages einen Wertausgleich, so hat er insoweit die Anteile der weichenden Erben an der Personengesellschaft entgeltlich erworben, und die weichenden Erben haben insoweit ihren Anteil veräußert. In diesem Fall ist der Erwerb in einen entgeltlichen und einen unentgeltlichen Teil aufzuteilen.

### 3. Antrag der Erben auf Einräumung der Kommanditistenstellung

728 Beantragen die Erben gemäß § 139 HGB (⇒ Buch I Rz. 1106) die Stellung eines Kommanditisten, so ändert sich hinsichtlich ihrer Mitunternehmerschaft nichts. Es findet keine Veräußerung des Gewerbebetriebes statt, da die Identität des Unternehmens erhalten bleibt. Darlehenskonten und Privatkonten bleiben im Gegensatz zum Handelsrecht Betriebskapital.

729 Es müßte jedoch überlegt werden, ob nach der Umwandlung der oHG in eine KG die Gewinnverteilungsabreden dementsprechend angepaßt werden müßten. Nach § 139 HGB ist den Kommanditisten die bisherige Gewinnbeteiligung zu belassen. Die Interessenlage ist jedoch eine andere, wenn es sich bei dem Erblasser um einen tätigen Teilhaber gehandelt hat. Das persönliche Engagement und auch das Haftungsrisiko, was für die ursprüngliche Gewinnverteilung maßgebend war, ist jedoch im Zweifel bei einem Kommanditisten anders zu beurteilen. Im Hinblick auf die Rechtsprechung zur Familiengesellschaft ist hier Vorsicht geboten. Es ist daher u. E. ratsam, die Gewinnverteilung in diesem Falle noch einmal zu überdenken, um zu vermeiden, daß sie evtl. steuerlich nicht anerkannt wird. Die Gefahr besteht insbesondere dann, wenn mehrheitlich Familienangehörige an der Gesellschaft beteiligt sind.

### 4. Steuerliche Wirkung der Kündigung

Sind die übrigen Gesellschafter nicht damit einverstanden, daß die Erben die Stellung von Kommanditisten einnehmen, so haben diese das Recht, das Gesellschaftsverhältnis zu kündigen (Näheres ⇒ Buch I Rz. 1106). Die Abfindung richtet sich nach der Vereinbarung im Gesellschaftsvertrag. In diesem Falle scheidet nicht der Erblasser, sondern scheiden die Erben aus der Gesellschaft aus. Die Beendigung des Gesellschaftsverhältnisses beruht auf ihrem eigenen Willensentschluß. Auch wenn sie hierdurch rückwirkend betrachtet keine Gesellschafter geworden sind und daher nur nach den Regeln der beschränkten Erbenhaftung für die Verbindlichkeiten haften und damit auch keine Mitunternehmer geworden sind, so haben doch sie die Mitunternehmerschaft des Erblassers beendet. Der Veräußerungsgewinn ist ihnen zuzurechnen. *730*

## V. Erbeneintritt bei qualifizierter Nachfolgeklausel

### 1. Grundsätze[25]

Eine qualifizierte Nachfolgeklausel liegt vor, wenn dem Erbeneintritt Grenzen gesetzt sind, entweder dadurch, daß bestimmte persönliche Merkmale vorliegen müssen wie „Abkömmlinge“ oder in der Weise, daß der Erbeneintritt zahlenmäßig beschränkt ist, um eine weitere Stückelung der Anteile zu verhindern. *731*

Nach dem Urteil des BGH vom 10. 2. 1977[26] geht im Falle der qualifizierten Nachfolgeklausel der Gesellschaftsanteil auf den Gesellschafternachfolger unabhängig von seiner Erbquote und unabhängig von der späteren Erbauseinandersetzung über. Inwieweit der eintretende Erbe den weichenden Erben einen Wertausgleich zu zahlen hat, richtet sich nach der Erbauseinandersetzung. Das Gesellschaftsverhältnis wird hierdurch in keiner Weise berührt. Der Wertausgleich spielt sich im Verhältnis des eintretenden Erben zu den übrigen Erben ab (⇒ Buch I Rz. 1111 ff.). *732*

Steuerrechtlich hat der eintretende Erbe den Anteil unmittelbar vom verstorbenen Gesellschafter, also dem Erblasser erworben und ist daher Mitunternehmer der Personengesellschaft geworden. *733*

Die Auseinandersetzung mit den übrigen Miterben erfolgt nicht im Bereich der Personengesellschaft, sondern im Sonderbereich des Gesellschafters.

---

[25] Groh, Bedrohung der qualifizierten Gesellschafternachfolge durch das Steuerrecht, DStR 1994, 413; Gebel, Die qualifizierte Nachfolgeklausel, BB 1995, 173; Menges/Stähle, Erbfolgeregelungen bei qualifizierter Nachfolgeklausel, BB 1994, 2122; Bohlmann, Vermeidung der Zwangsentnahme von SonderBV und hoffreiem BV bei der Erbfolge, DB 1994, 189; Reischl, Schenkung von Todes wegen als Mittel zur Vemeidung der Zwangsentnahme von Sonderbetriebsvermögen bei qualifizierter Gesellschaftsanteilsnachfolge, ZEV 1996, 50.

[26] NJW 1977, 1339.

734 Ein unentgeltlicher Erwerb des Gesellschaftsanteils liegt vor, wenn der Erwerb des Gesellschaftsanteils mit dem Auseinandersetzungsanspruch aus der Erbteilung verrechnet wurde, also die Übernahme des Anteils mit Anrechnung auf die Quote erfolgt. Der eintretende Erbe hat die Werte des Erblassers einschließlich der Ergänzungsbilanzen fortzuführen. Soweit der eintretende Gesellschafter mehr erhalten hat als seiner Erbquote entspricht und er daher den weichenden Miterben in dieser Hinsicht einen Wertausgleich zu zahlen hat, liegt kein entgeltlicher Erwerb vor.

Die Behandlung der qualifizierten Nachfolgeklausel war lange Zeit in der Literatur umstritten. Der BFH[27] hat sich auf den Rechtsstandpunkt gestellt, daß nur der qualifizierte Erbe Mitunternehmer wird, die Ansprüche der weichenden Erben auf Wertausgleich und Auskunft für eine Mitunternehmerstellung nicht ausreichten, die Auseinandersetzung (Wertausgleichung) sich auf der privaten Ebene abspielte.

### 2. Erwerb durch den qualifizierten Erben als unentgeltlicher Erwerb

735 Ist im Gesellschaftsvertrag eine qualifizierte Nachfolgeklausel vereinbart, geht der Anteil des Verstorbenen mit seinem Tode auf den qualifizierten Erben über (⇒ Buch I Rz. 1111, 1112 und Erlaß Tz. 83).

Der Erwerb erfolgt unmittelbar und unentgeltlich vom Erblasser. Damit ist dem Qualifizierten der Anteil unmittelbar mit dem Tode des Rechtsvorgängers zuzurechnen. Er hat den Anteil unentgeltlich erworben und damit die Bilanzansätze in der Bilanz der Personengesellschaft und etwaiger Ergänzungsbilanzen zu übernehmen.

736 Hat der Qualifizierte an die übrigen Erben Wertausgleiche zu zahlen, weil der Wert des Anteils seine wertmäßige Beteiligung am Nachlaß übersteigt oder hat er Vermächtnisse des Erblassers zu erfüllen, so entstehen ihm insoweit keine Anschaffungskosten, weil der Erwerb als solcher unabhängig von den Wertausgleichszahlungen ist. Der Qualifizierte hat daher hinsichtlich geleisteter Wertausgleiche weder Anschaffungskosten noch werden hierdurch betriebliche Verbindlichkeiten weder im Gesamthandsbereich noch im Sonderbereich begründet.

737 Das gilt auch dann, wenn durch Novation eine neue Verbindlichkeit begründet wurde. Nimmt der Qualifizierte ein Darlehen auf, um die Ausgleichsansprüche zu erfüllen, hat er weder eine betriebliche Verbindlichkeit begründet noch stellen die Zinsen Sonderbetriebsausgaben dar.

738 Gleiches gilt, wenn der Ausgleichsanspruch der Erben gestundet und in ein Darlehen umgewandelt wird. Eine andere Rechtslage ergibt sich jedoch, wenn der Ausgleichsanspruch in eine stille Beteiligung umgewandelt wird, unter der Voraussetzung, daß die stille Beteiligung unter Bedingungen, wie sie zwischen fremden Dritten auch vereinbart worden wären, steht.

---

[27] BFH v. 29. 10. 1991, BStBl. II 1992, 512.

Ein entgeltlicher Erwerb wäre nur dann gegeben, wenn auf Grund einer qualifizierten Nachfolgeklausel mehrere Erben zu Nachfolgern im Gesellschaftsanteil bestimmt sind, im Wege der Auseinandersetzung ein Qualifizierter die Anteile der übrigen Qualifizierten erwirbt oder der Qualifizierte Verpflichtungen aus dem Gesellschaftsverhältnis, die noch vom Erblasser herrühren, erfüllt. *739*

Die Erzielung von vom Erblasser angeordneten Auflagen, z.B. Versorgung der Witwe, führt nicht zu einem entgeltlichen Erwerb. *740*

Der Erbe, der aufgrund einer qualifizierten Nachfolgeklausel mit dem Tode in die Gesellschaft eintritt, gilt vom Todeszeitpunkt an als Mitunternehmer. Ihm sind von diesem Zeitpunkt an die Erträge zuzurechnen. Es bedarf hierzu nicht der Aufstellung einer Zwischenbilanz. Erfolgt der Tod während eines Wirtschaftsjahres, entstehen insoweit keine Rumpfwirtschaftsjahre, der Gewinn ist im Schätzungswege aufzuteilen. Die weichenden Erben sind nunmehr Mitunternehmer geworden, sie haben daher im Hinblick auf die Abfindung keinen Veräußerungsgewinn erzielt. Die Abfindung spielt sich auf der privaten Vermögensebene ab und ist daher grundsätzlich ertragsteuerlich unerheblich. *741*

## VI. Teilnachfolgeklausel

Die Teilnachfolgeklausel unterscheidet sich von der qualifizierten Nachfolgeklausel dadurch, daß zwar ebenfalls aus einer Mehrheit von Erben nur bestimmte Erben zur Nachfolge berufen sind, diese aber nur den ihrer Erbquote entsprechenden Anteil vom Gesellschaftsanteil des Erblassers unentgeltlich erhalten, der übrige Anteil den verbleibenden Gesellschaftern wie bei der Fortsetzungsklausel anwächst. *742*

Die Gesellschafternachfolge wird hier aufgespalten.

Soweit der Anteil auf den einen Erben oder den einzelnen Erben übergeht, liegt ein unentgeltlicher Erwerb vor (§ 7 Abs. 1 EStDV). Der übernehmende Erbe ist an die Buchwerte gebunden. *743*

Der Ausgleichsanspruch gegen die verbleibenden Gesellschafter geht auf die Nichtgesellschafter-Erben über.

Ertragsteuerlich ist insoweit der Erblasser aus der Personengesellschaft ausgeschieden (vgl. Fortsetzungsklausel). Der Veräußerungsgewinn ist bei diesem angefallen und nicht bei den abzufindenden Erben[28].

Im Unterschied zur Fortsetzungsklausel werden keine Ansprüche gegen die Gesamthand begründet, sondern im Sonderbereich der verbleibenden Gesellschafter. Soweit eine Abfindungsverpflichtung begründet wurde, ist sie im Sonderbereich dieser Gesellschafter zu passivieren und der Mehrheit gegenüber dem anteilig übernommenen Buchwert in einer Ergänzungsbilanz zu aktivieren. *744*

---

[28] Bolk, DStZ 1986, 547; Klemm, Einkommensteuer und Erbauseinandersetzung, DB Beilage 1984, S. 511.

## VII. Erbeneintritt bei Eintrittsklausel

### 1. Handels- und bürgerlich-rechtliche Betrachtung

745 Ist im Gesellschaftsvertrag keine Nachfolge-, sondern eine Eintrittsklausel vereinbart worden, dergestalt, daß ein Erbe oder ein Dritter mit dem Tode eines Gesellschafters das Recht hat, in die Gesellschaft einzutreten, wird die Gesellschaft zunächst einmal mit den verbleibenden Gesellschaftern fortgesetzt mit der Folge, daß der Anteil des Verstorbenen auf diese übergeht. Die verbleibenden Erben haben jedoch die Verpflichtung, den Erben oder den Dritten, wenn er von seinem Eintrittsrecht Gebrauch macht, als Gesellschafter aufzunehmen (⇒ Buch I Rz. 1116). Der Eintretende hat eine eigene Einlageverpflichtung zu erbringen, wobei die Einlageverpflichtung darin bestehen kann, den ihm zustehenden Abfindungsanspruch einzubringen. Ist im Gesellschaftsvertrag einer als Erbe bezeichnet, der im Erbfall aber nicht Erbe wird, so kann es sich hier nur um die Gewährung eines Eintrittsrechtes handeln. Mangels Erbes tritt er nicht als Rechtsnachfolger automatisch mit dem Tode in die Gesellschaft ein. Er hat lediglich einen schuldrechtlichen Anspruch, als Gesellschafter in die Gesellschaft einzutreten[29].

### 2. Steuerliche Behandlung des Eintrittsrechts

746 Ist der Eintretende ein Dritter und nicht Erbe, so hat er eine eigene Einlageverpflichtung und somit Anschaffungskosten. In diesem Falle liegt kein unentgeltlicher Erwerb vor.

747 Ist im Gesellschaftsvertrag eine Eintrittsklausel des Inhalts vereinbart worden, daß ein oder mehrere Erben mit dem Tod eines Gesellschafters das Recht haben, in die Gesellschaft einzutreten, so wird die Gesellschaft zunächst mit den verbleibenden Gesellschaftern fortgesetzt (⇒ Buch I Rz. 1116). Der Gesellschaftsanteil des verstorbenen Gesellschafters wächst mithin den übrigen Gesellschaftern an und die eintrittsberechtigten Erben erben lediglich das Eintrittsrecht. Hieraus folgt, daß für den Fall, daß der Erbe oder die Erben vom Eintrittsrecht keinen Gebrauch machen, die verbleibenden Gesellschafter den Anteil des Verstorbenen übernommen haben und der Erblasser mit seinem Tode aus der Gesellschaft ausgeschieden ist und damit dem Veräußerungstatbestand i.S. des § 16 Abs. 1 EStG verwirklicht hat. In den Nachlaß fällt in diesem Falle nur der Abfindungsanspruch. Macht jedoch der Eintrittsberechtigte von seinem Eintrittsrecht Gebrauch so bewirkt dieses, daß mit Rückwirkung auf den Todestag dieser den Anteil übernommen hat und als Gesellschafter anzusehen ist. Das Finanzamt erkennt die Rückwirkung nur an, wenn das Eintrittsrecht innerhalb von 6 Monaten nach dem Erbfall ausgeübt worden ist (Schr. BdF v. 11. 1. 1993[30],

---

29 Vgl. hierzu Baumbach-Duden, Anm. 3c zu § 131 HGB; BGH v. 29. 9. 1977, DB 1977, 2318; K. Schmidt, Gesellschaftsrecht, S. 993; hierzu auch L. Schmidt, § 16, RdNr. 133; Klemm, DB Beilage Nr. 19/1984, S. 12; Groh, DB 1990, 2135.

30 BStBl. I 1993, 62.

Tz. 80). Dieser Eintritt ist, wenn alle Erben von dem Eintrittsrecht Gebrauch machen, steuerlich wie die einfache Nachfolgeklausel (Tz. 80 ff), wenn nur einer oder einige Erben von ihrem Eintrittsrecht Gebrauch mache, wie die qualifizierte Nachfolgeklausel zu behandeln (Tz. 83ff.).

### 3. Qualifizierte Nachfolgeklausel

Der Gesellschaftsvertrag kann von vornherein einem oder einzelnen Gesellschaftern ein Eintrittsrecht einräumen. In diesem Falle liegt eine qualifizierte Eintrittsklausel vor. Für diesen Fall erlangt er ertragsteuerlich die gleiche Stellung, als wenn er vom Eintrittsrecht Gebrauch gemacht hat, wie ein durch qualifizierte Nachfolgeklausel von vornherein bestimmter Nachfolger[31]. *748*

## VIII. Das Übernahmerecht eines Gesellschafters

Sieht der Gesellschaftsvertrag die Möglichkeit vor, daß im Falle des Todes eines Gesellschafters der andere Gesellschafter bzw. andere Gesellschafter den Betrieb unter Ausschluß des anderen Gesellschafters übernehmen können und machen diese von dem Übernahmerecht alsbald nach dem Erbfall Gebrauch, so gilt der Erblasser aus der Gesellschaft ausgeschieden und nicht die abzufindenden Erben[32]. *749*

## IX. Sonderformen der Abfindung (⇒ Buch I Rz. 1122)

### 1. Abfindung mit Sachwerten

Wird im Falle einer Fortsetzungsregelung der weichende Erbe mit Gegenständen aus dem Privatvermögen abgefunden, hat dies auf die Besteuerung keinen Einfluß, da Vermögensvermehrungen im Privatvermögen nicht der Besteuerung unterliegen. Anders liegt der Fall, wenn der weichende Erbe mit Sachwerten aus dem Betriebsvermögen abgefunden wird[33]. *750*

**Beispiel:**

A, B und C sind Gesellschafter der A-OHG. Im Gesellschaftsvertrag ist vereinbart worden, daß im Falle des Todes eines Gesellschafters die Gesellschaft mit den verbleibenden Gesellschaftern fortgesetzt wird. C ist verstorben. Der Buchwert seines Kapitalkontos betrug im Zeitpunkt des Todes Euro 400.000,–. Nach dem Gesellschaftsvertrag hatte der ausscheidende Gesellschafter einen Anspruch in Höhe des Wertes seines Anteils. Der Wert des Anteils betrug im Zeitpunkt des Todes Euro 850.000,–. Die Gesellschafter A und B haben mit dem Erben X vereinbart, daß dieser aus dem Gesellschaftsvermögen ein Grundstück im

---

31 Bolk, DStZ 1986, 547.

32 BFH v. 26. 7. 1963, BStBl. III 1963, 480; v. 10. 7. 1964, HFR 1965, 10.

33 BFH v. 24. 5. 1973, BStBl. II 1973, 655.

Wert von Euro 850.000,–, das mit Euro 250.000,– zu Buche steht, erhalten soll. Der Verstorbene war an den stillen Reserven zu 1/3 beteiligt.

Der Veräußerungsgewinn ist bereits beim Erblasser in Höhe von Euro 450.000,– angefallen. Die Beteiligung des Verstorbenen ist den verbleibenden Gesellschaftern angewachsen. Soweit die Anschaffungskosten den Buchwert der übernommenen Beteiligung übersteigen, sind die anteiligen stillen Reserven aufzulösen. Lt. Sachverhalt war der Ausgeschiedene mit 1/3 an den stillen Reserven beteiligt. Somit waren mit dem Ausscheiden auch hinsichtlich der stillen Reserven des Grundstücks 1/3 = Euro 200.000,– zu aktivieren. Im Zeitpunkt der Vereinbarung mit dem Erben stand somit das Grundstück mit einem Wert von Euro 450.000,– zu Buche. Infolge der Entnahme des Grundstücks zur Abfindung der Erben ist somit bei den verbleibenden Gesellschaftern ein Entnahmegewinn in Höhe von Euro 400.000,– angefallen, der als laufender Gewinn zu behandeln ist und daher nicht nach § 34 EStG begünstigt ist.

Das gleiche trifft zu, wenn aufgrund einer einfachen Nachfolgeklausel der in die Gesellschaft eintretende Erbe seine übrigen Miterben mit dem eventuellen Sonderbetriebsvermögen des Erblassers abfindet.

### 2. Abfindung in Form von Rentenvereinbarungen

*751* Werden Miterben im Falle einer einfachen Nachfolgeklausel im Zusammenhang mit der Auseinandersetzung eines Gesellschaftsanteils durch eine Rente abgefunden, handelt es sich im Zweifel um einen entgeltlichen Vorgang. Derjenige, der im Zusammenhang mit dem Erwerb des Gesellschaftsanteils weichende Erben mit einer Rente abgefunden hat, hat in Höhe des Gegenwertes der Rente Anschaffungskosten der Beteiligung und hinsichtlich der Rentenzahlungen Betriebsausgaben.

*752* Die weichenden Erben haben grundsätzlich ein Wahlrecht zwischen der Sofortversteuerung der Rente und der Zuflußbesteuerung. Im Falle der Sofortversteuerung haben sie den Veräußerungspreis, der sich aus der Gegenüberstellung von Rentenbarwert und anteiligem Kapitalkonto ergibt, zu versteuern. Das Stammrecht der Rente führt zum Privatvermögen. Der Ertragsanteil der Rente ist nach § 22 Nr. 1 EStG als sonstige Einkünfte zu erfassen.

*753* Im Falle der Zuflußbesteuerung hat der weichende Erbe die Rentenzahlungen nach Verrechnung mit dem anteiligen Kapitalkonto als nachträgliche Einkünfte aus Gewerbetrieb[34] zu versteuern.

**Beispiel:**

E war Gesellschafter der X-KG. Im Gesellschaftsvertrag ist die einfache Nachfolgeklausel vorgesehen. Aufgrund dieser Klausel sind A, B, C als Erben des E nach dessen Tode Gesellschafter geworden. A übernimmt jedoch im Rahmen der Erbauseinandersetzung den ganzen Anteil des E und findet A und B mit einer Rente, die wertmäßig den übertragenen

[34] § 24 Nr. 1 i.V.m. § 15 EStG.

Anteilen entspricht, ab. In diesem Falle handelt es sich jedoch um eine betriebliche Veräußerungsrente.

Wird jedoch im Rahmen einer Nachlaßteilung (Realteilung) der Anteil unentgeltlich übertragen und übernimmt der Anteilsübernehmer die Versorgung, so hat die Rentenvereinbarung privaten Charakter. Der Anteilsübernehmer hat den Anteil unentgeltlich aus der Erbengemeinschaft bzw. von den übrigen Erben unentgeltlich erworben, er hat die Buchwerte des Rechtsvorgängers fortzuführen. Die Rentenverpflichtung gehört nicht zum Sonderbetriebsvermögen, sondern ist dem Privatvermögen zuzurechnen. Die Rentenzahlungen können nicht als Sonderbetriebsausgaben Berücksichtigung finden. Beim Empfänger ist die Rente als sonstige Einnahmen i.S. des § 22 Nr. 1 EStG zu behandeln. Gleiches gilt, wenn der Anteilsübernehmer ein testamentarisches Rentenvermächtnis zu erfüllen hat. Es handelt sich hier um eine Nachlaßverbindlichkeit und nicht um eine solche, die betrieblich veranlaßt ist. Daher ist die Vermächtnisrente dem privaten Bereich zuzuordnen, sie stellt kein Entgelt für den Erwerb des Anteils dar. Somit ist der Anteilsübernehmer auch in diesem Falle zur Buchwertfortführung verpflichtet. Die Rentenvermächtnisnehmer haben hinsichtlich des Ertragsanteils der Rente sonstige Einkünfte. Eine Vermächtnisrente unterliegt jedoch nur dem Sonderausgabenabzug, wenn der Empfänger ein Erbberechtigter (Witwe des Verstorbenen) ist und Anspruch auf existenzsicherndes Vermögen hatte. 754

### 3. Abfindung durch Einräumung einer stillen Beteiligung bzw. Unterbeteiligung

Ist im Gesellschaftsvertrag vereinbart, daß die Gesellschaft lediglich mit den verbleibenden Gesellschaftern fortgesetzt werden soll, besteht die Möglichkeit, den Erben bzw. die Erben durch Einräumung einer stillen Beteiligung abzufinden. Eine Abfindung dieser Art hat jedoch keinen Einfluß auf den Veräußerungsgewinn. Der verstorbene Gesellschafter gilt mit seinem Tode als ausgeschieden. Der Abfindungsanspruch ist bei ihm entstanden, somit hat er auch den Veräußerungsgewinn zu versteuern[35]. Diese Beteiligung ist nicht als Fortsetzung der alten Beteiligung des Verstorbenen anzusehen, sondern als eine neue, die zur Erfüllung der Abfindungsverpflichtung gewährt wird. Die stille Beteiligung gilt somit nicht als vom Erblasser unmittelbar erworben. Es liegt hier vielmehr ein entgeltlicher Erwerb vor, mit der Folge, daß die Erben, denen die stille Beteiligung eingeräumt worden ist, gleichgültig, ob typisch oder atypisch, in Höhe der Einlageverpflichtung Anschaffungskosten haben. 755

Zweifelhaft ist jedoch die steuerliche Behandlung, wenn die Erben die Rechtsstellung von atypischen stillen Gesellschaftern haben. Hat der Gesellschaftsvertrag die Möglichkeit einer stillen Beteiligung vorgesehen, wird man, ähnlich wie bei der Eintrittsklausel, einen unmittelbaren Erwerb durch den Erblasser annehmen können. 756

---

[35] Vgl. auch L. Schmidt, § 16, RdNr. 127.

757 Die Unterbeteiligung ist aber nicht einer stillen Gesellschaft an der Personengesellschaft gleichzusetzen. Der Unterbeteiligte ist nicht an der Personengesellschaft unmittelbar beteiligt, sondern begründet mit dem Hauptbeteiligten selbständiges Gesellschaftsverhältnis. Der Abfindungsanspruch ist erfüllt und durch die Abfindung realisierte Veräußerungsgewinne sind u. E. nicht zu vermeiden[36].

758 Dies gilt jedoch nicht, wenn der Tatbestand des Ausscheidens durch den Erblasser verwirklicht ist. Dann beruht der Eintritt des atypischen stillen Gesellschafters auf einer eigenen Entscheidung der Miterben und der verbleibenden Gesellschafter.

759 Vielfach wird im Falle einer Eintritts- oder qualifizierten Nachfolgeklausel zwischen dem eintretenden Erben und den übrigen Miterben vereinbart, daß die weichenden Erben mit einer Unterbeteiligung am Gesellschaftsanteil abgefunden werden sollen.

760 Hat der Erblasser durch Vermächtnis die Einräumung einer Unterbeteiligung an seiner Beteiligung an einer Personengesellschaft verfügt, so sind zwar der/die Erben Gesellschafter der Personengesellschaft geworden. Die Unterbeteiligungen sind jedoch unentgeltlich von den Erben eingeräumt worden, so daß die Unterbeteiligten insoweit zur Buchwertfortführung verpflichtet sind.

761 Im Rahmen der Nachlaßteilung kann die Unterbeteiligung entgeltlich, aber auch unentgeltlich eingeräumt werden. Werden im Rahmen einer Erbauseinandersetzung Abfindungen für den Erwerb der Unterbeteiligung gezahlt, liegt insoweit ein entgeltlicher Erwerb vor, der bei den Abgefundenen zur Realisierung eines Veräußerungsgewinnes führt und beim Erwerber Anschaffungskosten verursacht.

Erfolgt ein Ausgleich im Rahmen des Nachlasses, hat der Unterbeteiligte seine Beteiligung unentgeltlich erworben.

762 Handelt es sich bei der eingeräumten Unterbeteiligung um eine Unterbeteiligung nach Art einer stillen Beteiligung, haben die Unterbeteiligten Kapitaleinkünfte, die sie entsprechend dem Zufluß zu versteuern haben[37].

763 Ist jedoch den weichenden Erben eine atypische Unterbeteiligung eingeräumt worden, liegt eine Mitunternehmerschaft i.S. des § 15 Abs. 1 Nr. 2 EStG vor[38]. In diesem Falle ist der Gewinn der Beteiligung einschließlich der Unterbeteiligung einheitlich und gesondert festzustellen, und zwar zum Ende des Wirtschaftsjahres der Hauptgesellschaft[39]. Die mit der Unterbeteiligung abgefundenen Erben haben in diesem Falle gewerbliche Einkünfte und sind weiterhin als Mitunternehmer anzusehen.

---

36 Vgl. auch BFH v. 29. 10. 1991, BStBl. II 1992, 517.
37 Schulze zur Wiesche, FR 1979, 185 (191).
38 Schulze zur Wiesche, FR 1979, 185 (191).
39 Schulze zur Wiesche, FR 1979, 185 (191).

## X. Behandlung des Sonderbetriebsvermögens

### 1. Grundsätze

Zum Betriebsvermögen einer Personengesellschaft gehören auch die Wirtschaftsgüter, die ein Gesellschafter als Eigentümer der Gesellschaft überlassen hat, als Sonderbetriebsvermögen. Während hinsichtlich des Gesellschaftsanteils Sondererbfolge gilt, fällt das Sonderbetriebsvermögen in den Nachlaß[40]. Die steuerliche Behandlung des Sonderbetriebsvermögens hängt davon ab, ob dieses durch den Erbfall Privatvermögen geworden ist und ob es im Rahmen der Auseinandersetzung unentgeltlich auf den Erwerber übergeht. Die steuerliche Behandlung hängt u.U. auch davon ab, ob im Gesellschaftsvertrag eine Fortsetzungsklausel, die einfache Nachfolgeklausel oder eine qualifizierte Nachfolgeklausel vereinbart worden ist. *764*

### 2. Fortsetzung der Gesellschaft ohne Erben

Wird die Gesellschaft nur unter den verbleibenden Gesellschaftern, nicht jedoch mit den Erben fortgesetzt, ist der Erblasser aus der Gesellschaft ausgeschieden, somit ist auch das Sonderbetriebsvermögen Privatvermögen geworden. *765*

Somit liegt für den Verstorbenen insgesamt ein Aufgabetatbestand vor, der zu einer Auflösung aller stillen Reserven einschließlich des Sonderbetriebsvermögens führt, es sei denn, dieses war selbst Gegenstand einer eigenen gewerblichen Betätigung, die jedoch der Personengesellschaft diente. Führen die Erben das Sonderbetriebsvermögen als selbständigen Betrieb fort, liegt keine Entnahme vor. U.U. ist in diesem Falle hinsichtlich der Abfindung kein steuerbegünstigter Veräußerungstatbestand gegeben, da nicht sämtliche stillen Reserven aller wesentlichen Betriebsgrundlagen aufgelöst wurden.

### 3. Einfache Nachfolgeklausel

Bei der einfachen Nachfolgeklausel geht der Gesellschaftsanteil – geteilt entsprechend der Quote – auf die einzelnen Erben über, während das Sonderbetriebsvermögen in den Nachlaß fällt. Da die Gesellschafter Miteigentümer des Nachlaßvermögens sind, bleiben die der Gesellschaft zur Nutzung überlassenen Nachlaßgegenstände Sonderbetriebsvermögen. Die spätere Versteuerung der stillen Reserven ist durch die Verpflichtung zur Buchwertfortführung sichergestellt. Im Rahmen der Erbauseinandersetzung (Teilung des Nachlasses) ist darauf zu achten, daß das der Personengesellschaft überlassene Nachlaßvermögen im Eigentum des Miterben verbleibt, der auch Gesellschafter der Personengesellschaft ist und wird. *766*

---

[40] Zum Sonderbetriebsvermögen Söffing, DStR 1991, 201; Märkle/Franz, S. 14; Herzig, FR 1988, 85f.

### 4. Qualifizierte Nachfolgeklausel[41]

767 Im Falle der qualifizierten Nachfolgeklausel werden alle Erben Miteigentümer des Sonderbetriebsvermögens, jedoch nur ein oder einzelne Erben Nachfolger im Gesellschaftsanteil des Erblassers. Daher wird von der Verwaltung[42] in der Literatur insbesondere von Söffing vertreten, daß das bisherige Sonderbetriebsvermögen mit dem Erbfall nur insoweit Sonderbetriebsvermögen verbleibt, als der Rechtsnachfolger im Gesellschaftsanteil quotenmäßig am Nachlaß beteiligt ist[43]. Dies kann u. E. auch nicht durch Vorausvermächtnisse verhindert werden, weil die Anordnung eines Vermächtnisses nicht verhindert, daß der Gegenstand des Vermächtnisses in den Nachlaß und damit in das Eigentum aller Erben fällt. Es läßt sich eine Entnahme nur dadurch verhindern, daß der Erblaser den Qualifizierten als Alleinerben einsetzt und die übrigen erbberechtigten Personen als Vermächtnisnehmer oder durch Schenkung des Sonderbetriebsvermögens von Todes wegen auf den qualifizierten Erben.

Im Falle einer Entnahme ist der Entnahmegewinn noch dem Erblasser zuzurechnen (Tz. 85 Erlaß).

### 5. Sonderbetriebsvermögen als wesentliche Betriebsgrundlage

768 Ist das Sonderbetriebsvermögen **die** wesentliche Betriebsgrundlage, so liegt keine Entnahme der Erben vor, wenn die Voraussetzungen einer gewerblichen Verpachtung gegeben sind[44], allerdings kann es hinsichtlich der Abfindung keinen steuerbegünstigten Aufgabegewinn geben.

**Beispiel:**

Zum Sonderbetriebsvermögen des Erblassers gehören Grundstücke, Patente und Maschinen. Das Betriebsvermögen der Personengesellschaft besteht lediglich aus dem Umlaufvermögen. Der überlassende Gesellschafter ist jederzeit in der Lage, mit dem überlassenen Betriebsvermögen einen eigenen Betrieb zu führen.

### 6. Gestaltungsmöglichkeiten zur Verhinderung der Aufdeckung stiller Reserven

769 Die Aufdeckung der stillen Reserven beim Sonderbetriebsvermögen kann sowohl im Falle der Fortsetzungsklausel als auch der qualifizierten Nachfolgeklausel dadurch verhindert werden, daß das Sonderbetriebsvermögen auf eine gewerbliche Personengesellschaft übertragen wird[45], entweder durch eine unentgeltliche Übertragung in

---

41 Daragan/Zacher/Röder, Qualifizierte Nachfolge und Sonderbetriebsvermögen, DStR 1999, 89; Schulze zur Wiesche, Qualifizierte Nachfolgeklausel und SonderBV im Ertragsteuerrecht, DB 1998, 695.

42 Erbauseinandersetzungserlaß v. 13. 1. 1993, BStBl. I 1994, 62.

43 Söffing, DStR 1991, 201; vgl. auch L. Schmidt, § 16, RdNr. 131.

44 BFH v. 24. 5. 1973, BStBl. II 1973, 655.

45 BFH v. 16. 6. 1994, BStBl. II 1996, 82; v. 22. 11. 1994, BStBl. II 1996, 93.

- eine gewerblich geprägte Personengesellschaft (GmbH & Co. KG). Nach § 6 Abs. Satz 3 EStG n.F. ist nur die unentgeltliche Übertragung zu Buchwerten möglich. Als „entgeltlich" jedoch wird die Übertragung gegen Gesellschaftsrechte angesehen.

**Beispiel:**

A gründet eine Einpersonen GmbH & Co. KG (Bargründung) und überträgt danach das Wirtschaftsgut in

- eine gewerblich gefärbte Personengesellschaft (§ 15 Abs. 3 Nr. 1 EStG), indem der Gesellschafter sowohl seinen Gesellschaftsanteil an der gewerblichen Personenhandelsgesellschaft als auch das Sonderbetriebsvermögen auf eine Personengesellschaft überträgt, wobei die übernehmende Personengesellschaft durch ihre Beteiligung an der gewerblichen Personengesellschaft ihre gewerbliche Färbung erhält[46].
- oder durch Begründung einer mitunternehmerischen Betriebsaufspaltung, was voraussetzt, daß der Gesellschafter in beiden Gesellschaften eine beherrschende Stellung hat. Allerdings muß die Übertragung unentgeltlich erfolgen. Hierbei ist zu beachten, daß die Übertragung gegen Gesellschaftsrechte unentgeltlich erfolgt. Soweit durch die Übertragung ein schenkungsteuerpflichtiger Tatbestand verwirklicht wird, ist zu beachten, daß die Voraussetzungen des § 13a ErbStG nicht gegeben sind.

Ab 1. 1. 2001 ist die unentgeltliche Übertragung von Sonderbetriebsvermögen auf Mitunternehmer innerhalb der Mitunternehmerschaft möglich. Fraglich ist jedoch die Behandlung, wenn der Übernehmer gleichzeitig durch Übertragung eines Bruchteils des Anteils erst Mitunternehmer wird. Die Frage der Übertragung von Bruchteilen eines Mitunternehmeranteils ist strittig. Nach dem Finanzgericht Düsseldorf[47] liegt eine unentgeltliche Anteilsübertragung vor, wenn gleichzeitig auch das Sonderbetriebsvermögen im gleichen Verhältnis wie der Bruchteil am Anteil zum gesamten Anteil mit übertragen wird. Sollte der BFH diese Ansicht bestätigen, ist es nicht möglich, durch Übertragung unter Lebenden an den qualifizierten künftigen Erben die Realisierung der stillen Reserven des Sonderbetriebvermögens zu verhindern.

## XI. Einräumung eines Nießbrauchsvermächtnisses (⇒ Buch I Rz. 1597 ff.)

Wird ein weichender Erbe hinsichtlich des Gesellschaftsanteils mit einem Nieß- *770*
brauch abgefunden, so handelt es sich bei einer Erbauseinandersetzung in der Regel um einen reinen erbrechtlichen und nicht betrieblichen Vorgang mit der Folge, daß die Nießbrauchsschuld keine betriebliche Verbindlichkeit darstellt. Es ist jedoch hierbei zu beachten, daß der Nießbrauch an einer Beteiligung nur dann anerkannt wird, wenn der Nießbraucher als Mitunternehmer anzusehen ist[48].

---

46 Schulze zur Wiesche, Umwandlung einer Personengesellschaft in eine Kapitalgesellschaft unter Zurückbehaltung von Sonderbetriebsvermögen, GmbHR 1996, 749.

47 FG Düsseldorf v. 6. 5. 1998, FR 1999, 1006; FG Münster v. 20. 5. 1998, EFG 1998, 1319; Schulze zur Wiesche, FR 1999, 988.

48 Vgl. BFH v. 13. 5. 1976, BStBl. II 1976, 592.

## 3. Abschnitt
## Umsatzsteuer

771 Die Erbauseinandersetzung hinsichtlich eines Gesellschaftsanteils stellt grundsätzlich keine Lieferung oder sonstige Leistung i.S. des Umsatzsteuerrechts dar.

Das gilt auch dann, wenn im Rahmen der Erbauseinandersetzung die Erben gegen Abfindung ausscheiden.

Unabhängig von der Erbauseinandersetzung wird der Gesellschafterwechsel nicht als Geschäftsveräußerung im ganzen angesehen[49]. Eine Geschäftsveräußerung im ganzen liegt nur vor, wenn sämtliche Gesellschafter wechseln[50].

772 Ein umsatzsteuerpflichtiger Vorgang ist nicht gegeben, wenn im Rahmen einer zweigliedrigen oHG bzw. KG infolge Ausscheidens des Erblassers der Betrieb auf den verbleibenden Gesellschafter übergeht, allerdings unter der Voraussetzung, daß der Betrieb im wesentlichen fortgeführt wird.

773 Eine umsatzsteuerpflichtige Leistung ist dann gegeben, wenn ein Gesellschafter unter Abfindung mit Sachwerten aus dem Betriebsvermögen ausscheidet.

774 Wird infolge des Ausscheidens des Erblassers bisheriges Sonderbetriebsvermögen Privatvermögen, so liegt eine unentgeltliche Wertabgabe vor, es sei denn, die unternehmerische Tätigkeit wird insoweit fortgesetzt, als die Verpachtung an die Personengesellschaft weiterhin eine unternehmerische Tätigkeit darstellt.

## 4. Abschnitt
## Grunderwerbsteuer

⇒ Rz. 601ff.

775 Die Übertragung von Gesellschaftsanteilen durch Erbfall unterliegt grundsätzlich nicht der Grunderwerbsteuer. Soweit der Erbfall lediglich einen Gesellschafterwechsel zur Folge hat, liegt kein grunderwerbsteuerbarer Vorgang vor, es sei denn, es vereinigen sich durch den Erbfall alle Anteile in einer Hand (§ 1 Abs. 3 GrEStG).

776 Wird ein Erbe mit einem Grundstück aus dem Betriebsvermögen abgefunden, so ist der Vorgang insoweit grunderwerbsteuerbefreit, als der Erblasser an der Personengesellschaft beteiligt war (§ 6 Abs. 1 bzw. 2 GrEStG i.V.m. § 3 Nr. 2 GrEStG). Der vollständige Gesellschafterwechsel unterliegt ab 1997 der GrESt (§ 1 Abs. 2a GrEStG n. F.).

777 Gehört ein Grundstück zum Sonderbetriebsvermögen, so sind Grundstücksübertragungen auf Miterben zur Teilung des Nachlasses grunderwerbsteuerbefreit (§ 3 Nr. 3 GrEStG).

---

49 Rau/Dürrwächter/Flick/Geist, § 10 UStG, Anm. 186.

50 OFD Koblenz v. 25. 2. 1977, UR 1977, 180 (Abschnitt 6 UStR 1987).

3. KAPITEL
# Vorweggenommene Erbfolge

## 1. Abschnitt
## Erbschaftsteuer

### I. Die Schenkung unter Lebenden (§ 7 ErbStG)

#### 1. Begriff der Schenkung

Gemäß § 7 Abs. 1 Nr. 1 ErbStG gilt als Schenkung unter Lebenden jede freigebige Zuwendung unter Lebenden, soweit der Bedachte durch sie auf Kosten des Zuwendenden bereichert wird[1]. Diese Vorschrift unterscheidet nicht zwischen Schenkungen im Sinne des bürgerlichen Rechts und anderen freigebigen Zuwendungen. Unter diese Bestimmung fällt jede Schenkung des bürgerlichen Rechts (§§ 516 ff. BGB, ⇒ Buch I Rz. 823 ff.). Hiernach ist eine Schenkung jede Zuwendung, durch die jemand aus seinem Vermögen einen anderen bereichert und beide Teile sich darüber einig sind, daß die Zuwendung unentgeltlich erfolgt[2]. Steuerlich wird jedoch als Schenkung jede freigebige Zuwendung unter Lebenden behandelt, soweit der Bedachte durch sie auf Kosten des Zuwendenden bereichert wird. Da es bei der Zuwendung nur darauf ankommt, daß der Zuwendende das Bewußtsein der Unentgeltlichkeit hatte, ist es unerheblich, ob auch der Beschenkte das der Bereicherung hatte. *778*

Auch eine GmbH kann Empfänger einer Schenkung i.S. des ErbStG sein. Leistungen eines Gesellschafters an die Gesellschaft sind in der Regel keine Zuwendungen an die Gesellschaft (R 18 ErbStR). In der Leistung eines Gesellschafters an eine Gesellschaft kann eine Zuwendung an einen oder mehrere andere Gesellschafter zu sehen sein, die zur Abkürzung des Leistungsweges direkt an die Gesellschaft erbracht wird, wenn der Leistende mit einer Zuwendung das Ziel verfolgt, diese durch die Werterhöhung der Gesellschaftsrechte unentgeltlich zu bereichern (vgl. im Einzelnen R 18 Abs. 3 ErbStR). *779*

---

[1] Literaturhinweise: Haas-Schumacher, Erbschaftsteuer/Schenkungsteuer; Hofmann, Erbschaft- und Schenkungsteuer; Jahrmarkt, Vorteilhafte Unternehmensnachfolge; Kapp/Ebeling, Handbuch der Erbengemeinschaft; Kapp, Komm. zum Erbschaftsteuer- und Schenkungsteuergesetz; Meincke/Michel, Erbschaft- und Schenkungsteuergesetz; Moench, Erbschaftsteuer und Schenkungsteuer; Petzoldt, Erbschaftsteuer-/Schenkungssteuergesetz; Schulz, Erbschaftsteuer/Schenkungsteuer, S. 157 ff.; Troll, Erbschaftsteuer- und Schenkungsteuergesetz; Schulze zur Wiesche, Erbschaftsteuer, 4. Aufl., S. 64 ff., Wohlschlegel, Gesellschafterwechsel bei Personengesellschaften und Schenkungsteuer, ZEV 1996, 254.

[2] Troll, § 7 ErbStG, Anm. 1, 2, 3.

Erbringt ein nicht an der Gesellschaft beteiligter Dritter an die Gesellschaft eine unentgeltliche Leistung, ist zu unterscheiden, ob eine Zuwendung an eine, mehrere oder alle Gesellschafter vorliegt, die zur Abkürzung des Leistungsweges unmittelbar an die Gesellschaft erbracht wird oder eine Zuwendung an die Gesellschaft selbst vorliegt (R 18 Abs. 4 Satz 1 ErbStR)[3].

Eine Übertragung des Betriebsvermögens einer KG auf eine aus Gesellschaftern und Angestellten der KG bestehenden GmbH zum Nennbetrag stellt keine Zuwendung an die Angestellten der KG dar[4].

*780* Gegenstand der Schenkungsteuer ist die Bereicherung des Erwerbers[5]. Die Erbschaftsteuer umfaßt nicht Rechtsgeschäfte, die in vollem Umfange entgeltlich sind[6].

*781* Für die Frage, ob ein Rechtsgeschäft entgeltlich ist oder nicht, kommt es auf die Ausgewogenheit der beiderseitigen Leistungen an[7]. Ob jedoch eine Leistung ausgewogen ist, bestimmt sich nicht nach der Bewertung zu Marktpreisen, sondern nach der subjektiven Vorstellung der Parteien[8]. Sind die Leistungen nach den Vorstellungen der Parteien gleichwertig, liegt ein vollentgeltliches Geschäft vor, auch wenn der Veräußerer auf dem Markt hätte mehr erzielt haben können.

*782* Ein gemischtes Rechtsgeschäft liegt dann vor, wenn zumindest der Veräußerer das Bewußtsein hatte, daß ein Teil der Leistung unentgeltlich sein soll[9]. Der Marktpreis, sofern sich ein solcher überhaupt feststellen läßt, kann jedoch eine Orientierung dafür sein, ob eine gemischte Schenkung vorliegt oder nicht. Besteht zwischen dem Marktpreis und dem vereinbarten Kaufpreis kein offensichtliches Mißverhältnis, wird im Zweifel ein vollentgeltliches Rechtsgeschäft vorliegen mit der Folge, daß bei der Übertragung des Betriebes oder Anteils keine Erbschaft- oder Schenkungsteuer anfällt[10] (⇒ Buch I Rz. 843).

*783* Wenngleich die freigebige Zuwendung neben dem Willen zur Freigebigkeit zwar objektiv eine Bereicherung des Beschenkten voraussetzt, so setzt sie einen auf die Bereicherung gerichteten Willen des Zuwendenden dagegen nicht voraus[11].

---

[3] BFH v. 25. 10. 1995, BStBl. II 1996, 160.

[4] BFH v. 19. 6. 1996, BB 1996, 2450; Gebel BB 1998 510, 15.3.1997 BtBl I 1997, 350, Hübner DStR 1997, 897.

[5] Kapp, § 7 ErbStG, Rz. 7ff.; Meincke, § 7 ErbStG, RdNr. 12; Troll, § 7 ErbStG, Anm. 32; Meincke, § 7 ErbStG, RdNr. 39.

[6] Troll, § 7 ErbStG, Anm. 4.

[7] Meincke, § 7 ErbStG, RdNr. 38, 89.

[8] Meincke, § 7 ErbStG, RdNr. 10.

[9] Meincke, § 7 ErbStG, RdNr. 37ff.; BFH v. 1. 7. 1955, BStBl. III 1955, 231; v. 15. 7. 1964, HFR 1965, 269.

[10] Vgl. auch BGH v. 21. 6. 1972, DB 1972, 1768.

[11] BFH v. 10. 9. 1986, BStBl. II 1987, 80.

Der Wille zur Freigebigkeit wird aufgrund der dem Zuwendenden und dem Zuwendungsempfänger bekannten Umstände nach den Maßstäben des allgemein Verkehrsüblichen bestimmt[12].

Bei einem auffallend groben Mißverhältnis zwischen den bei verständiger Beurteilung zugrunde zu legenden Werten von Leistung und Gegenleistung muß in Einklang mit der Lebenserfahrung zunächst davon ausgegangen werden, daß die Vertragsparteien dieses Mißverhältnis erkannt haben[13].

Stehen bei einer Vermögensübertragung Leistung und Gegenleistung in einem auffallenden Mißverhältnis und liegt es nach den Umständen des Einzelfalles nahe, anzunehmen, den Vertragschließenden sei dieses Mißverhältnis bekannt gewesen, so muß derjenige, der behauptet, daß zumindest dem Zuwendenden das Mißverhältnis nicht bekannt gewesen sei, dies durch konkreten Vertrag untermauern.

So wird in der Regel die Übertragung eines Kommanditanteils unter Nieß- 784
brauchsvorbehalt als eine freigebige Zuwendung angesehen[14]. Auch die Übernahme des Restkaufpreises eines Grundstücks gilt als Schenkung[15]. Das wäre der Fall, wenn der Beschenkte ein Grundstück unter Übernahme der auf diesem Grundstück ruhenden Lasten und der entsprechenden persönlichen Schulden kauft, der Barpreis jedoch vom Schenker aufgebracht wird. Werden dem Eigentümer eines Grundstücks zur Errichtung eines Gebäudes auf diesem die Mittel geschenkt, liegt die Schenkung eines Geldbetrages, nicht die Schenkung eines Gebäudes vor[16].

Gewährt der Darlehensgeber ein zinsloses Darlehen, so stellt die Zinslosigkeit 785
des Darlehens eine freigebige Zuwendung dar, die in Höhe des Kapitalwertes der üblichen Verzinsung als Schenkung zu behandeln ist[17].

Verzichtet jedoch der Darlehensgeber später auf die Darlehensforderung, so ist bei der Zusammenrechnung der Erwerbe lediglich die Schenkung des Darlehensbetrages zu berücksichtigen, weil die Zinsschenkung in der Schenkung der Substanz aufgeht. Das Merkmal der Freigebigkeit fehlt jedoch, wenn es sich um Zuwendungen handelt, die zur Erfüllung einer gesetzlichen Unterhaltsverpflichtung erfolgen oder die bei der Einkommensteuerveranlagung wegen ihrer Zwangsläufigkeit eine außergewöhnliche Belastung darstellen. Zur zinslosen Stundung einer Kaufpreisschuld als freigebige Zuwendung siehe die Entscheidung des BFH vom 30. 3. 1994[18].

---

12 BFH v. 12. 7. 1979, BStBl. II 1979, 631; v. 21. 10. 1981, BStBl. II 1982, 83.

13 BGH v. 26. 3. 1981, NJW 1981, 1956; BFH v. 10. 9. 1986, BStBl. II 1987, 80.

14 BFH v. 3. 11. 1976, BStBl. II 1977, 159.

15 BFH v. 13. 4. 1977, BStBl. II 1977, 663.

16 BFH v. 27. 4. 1977, BStBl. II 1977, 731; vgl. auch R 16 ErbStR u. H 16 mittelbare Grundstücksschenkung Einzelfälle ErbStH.

17 BFH v. 12. 7. 1979, BStBl. II 1979, 631.

18 FH v. 30. 3. 1994, BStBl. II 1994, 580.

### 2. Die übrigen Tatbestände, die als Schenkung unter Lebenden gelten

786 Diese Tatbestände sind im wesentlichen denen des § 3 Abs. 2 Nr. 1–6 ErbStG nachgebildet. Es kann daher auf die diesbezüglichen Ausführungen verwiesen werden (⇒ Rz. 28ff.). Neu bzw. geändert sind die Nrn. 4, 6, 9 und 10. Hinsichtlich der Nr. 4 wird auf die Ausführungen zur Gütergemeinschaft (⇒ Rz. 10) verwiesen. Nr. 6 betrifft den vorzeitigen Erbausgleich (§ 1934 BGB). Erhielt ein nichteheliches Kind einen vorzeitigen Erbausgleich (⇒ Buch I Rz. 68ff.), so galt auch dieser als Schenkung unter Lebenden. Es gilt hiernach ebenfalls auch das, was bei Aufhebung oder Auflösung eines Vereins, dessen Zweck auf die Bindung von Vermögen gerichtet war, erworben wird, als Schenkung. Nr. 10 entspricht der Vorschrift des § 3 Abs. 2 Nr. 6 ErbStG.

### 3. Schenkungen unter Widerrufsvorbehalt

787 In der letzten Zeit ist in der Literatur[19] mehrfach die Frage behandelt worden, ob Schenkungen unter einem allgemeinen Widerrufsvorbehalt möglich sind (⇒ Buch I Rz. 836 ff.). Kapp[20] verneint die Frage, weil es an einer objektiven Bereicherung fehle. Ohne Zweifel muß der Beschenkte hier jederzeit damit rechnen, daß die Schenkung vom Schenker wieder zurückverlangt werden kann. Da die Bestimmungen der Schenkung dispositiver Natur sind, wird man den gesetzlichen Widerrufsvorbehalt vertraglich erweitern können. Im einzelnen hierzu Friedhofen[21].

Steuerlich ist die Behandlung des Widerrufsvorbehaltes nicht geklärt. Wie in der Einleitung ausgeführt, ist die wirtschaftliche Betrachtungsweise im Erbschaftsteuerrecht grundsätzlich außer Betracht zu lassen. Daher kann im Regelfall davon ausgegangen werden, daß ein Widerrufsvorbehalt erbschaftsteuerlich unbeachtlich ist. Die Schenkung unter Widerrufsvorbehalt unterliegt daher ohne Einschränkung der ErbSt. Auch kann in der Vereinbarung eines Widerrufsvorbehaltes nicht ohne weiteres ein Gestaltungsmißbrauch gesehen werden, wenn vernünftige Gründe überwiegen.

788 Eine Steuerumgehung läge jedoch dann vor, wenn es der einzige Zweck bzw. das überwiegende Motiv ist, die Erbschaftsteuer zu sparen. Da die Schenkung zunächst einmal erfolgte und davon auszugehen ist, daß sie nicht widerrufen wird, und sich aus dem Widerruf nur obligatorische Folgen nach den Regeln der ungerechtfertigten Bereicherung ergeben, ist steuerlich grundsätzlich von einer vollgültigen Schenkung auszugehen. Auch kann für das Risiko des Widerrufs kein Bewertungsabschlag erfolgen, so daß die Bereicherung in vollem Umfange der Schenkungsteuer unterliegt. Mit der Versteuerung zu warten, bis der Widerrufsvorbehalt im Zweifel durch den Tod des Schenkers erlischt, halten wir nicht für zweckmäßig, zumal der Beschenkte, abgesehen von der Widerrufsmöglichkeit, die volle Verfügungsgewalt hat. Anders liegt natürlich der Fall, wenn dem Be-

---

19 Friedhofen, DB 1972, 458; Böger/Jech, DStR 1970, 753; Kapp, BB 1971, 57. Vgl. auch Petzoldt, NWB, Fach 10, S. 377; Petzoldt, § 7 ErbStG, Rz. 46ff.

20 BB 1971, 57.

21 DB 1972, 458.

schenkten für den Zeitraum der Widerrufsmöglichkeit Verfügungsbeschränkungen auferlegt worden sind. Hier wird man von einer Bereicherung nicht sprechen können. Der Umstand, daß eine Schenkung unter einem freien Widerrufsvorbehalt steht oder auch dem Zuwendenden eine Verfügungsmacht des Zuwendungsempfängers erteilt wird, steht nach Ansicht des BFH der Schenkungsteuerpflicht nicht entgegen[22].

Der Widerrufsvorbehalt stellt u.E. kein Mittel dar, die Erbschaftsteuer zu umgehen oder aufzuschieben.

### 4. Zuwendungen im Rahmen des Gewerbebetriebes

Nicht als freiwillige Zuwendungen werden die Geschenke angesehen, die ein Kaufmann einem Kunden anläßlich dessen Geburtstag macht, in der Hoffnung auf bessere Geschäftsbeziehungen. Diese Aufwendungen sind bei dem Zuwendenden Betriebsausgaben, beim Empfänger als Einkünfte zu versteuern[23]. Ebenfalls sind nicht als Schenkungen Zuschüsse an eine Kapitalgesellschaft oder Personengesellschaft zu behandeln, wenn auch die Gegenleistung nicht immer sichtbar ist. 789

Auch ein Verzicht oder Teilverzicht auf eine Forderung im Rahmen einer Sanierung im gerichtlichen oder außergerichtlichen Vergleichsverfahren ist keine freiwillige Zuwendung bzw. Schenkung; denn es fehlt hier das Bewußtsein der Schenkung, vielfach auch das Bewußtsein der Freiwilligkeit[24]. 790

In der Regel ist aber der Erlaß einer Schuld bzw. ein Forderungsverzicht nicht steuerbefreit, sondern er ist als Schenkung anzusehen.

Verzichtet ein Angehöriger des Gesellschafters einer KG auf eine Forderung gegenüber der Gesellschaft, so liegt hierin jedenfalls dann eine Schenkung gegenüber dem Angehörigen, wenn dieser für die Schulden der KG persönlich haftet. Vermögensübertragungen[25] können auch die Folge disquotaler Gesellschafterleistungen sein[26].

### 5. Ausstattungen

Die Ausstattungen, die Abkömmlingen zur Einrichtung eines den Vermögensverhältnissen und der Lebensstellung der Beteiligten angemessenen Haushalts gewährt werden, gelten als Schenkung. 791

### 6. Schenkung unter Auflage (⇒ Buch I Rz. 864)

Eine Schenkung wird auch nicht dadurch ausgeschlossen, daß sie zur Belohnung oder unter einer Auflage gemacht oder in die Form eines lästigen Vertrages 792

---

22 BFH v. 13.9.1989, BStBl. II 1989, 1039, Einschränkung der Entscheidung v. 28.11.1984, BStBl. II 1985, 159.

23 BFH v. 2.11.1963, BStBl. III 1964, 183.

24 Kapp, § 7 ErbStG, Anm. 451.

25 FG Rheinland-Pfalz v. 17.6.1999, EFG 1999, 1089.

26 Hübner, ZEV 1998, 83.

gekleidet wird (§ 7 Abs. 4 ErbStG). Auflagen jedoch können den Wert der Schenkung mindern. Sie sind ebenso zu behandeln wie die Schulden, die der Beschenkte unter Umständen zu übernehmen hat.

Die Steuerpflicht entsteht jedoch erst mit der Vollziehung der Auflage. Der Schenker ist derjenige, der die Auflage gesetzt bzw. die Bedingungen gestellt hat[27]. Die Steuerpflicht entsteht nur insoweit, als der durch die Auflage Begünstigte durch die Vollziehung der Auflage auch tatsächlich etwas erlangt hat[28].

### 7. Die gemischte Schenkung (⇒ Buch I Rz. 843)

793 Eine gemischte Schenkung liegt vor, wenn bei einem gegenseitigen Vertrag Leistung und Gegenleistung in einem offenbaren Mißverhältnis stehen und anzunehmen ist, daß sich der eine Vertragsteil nicht des Mehrwerts seiner Leistung bewußt ist und dem anderen Teil insoweit eine Zuwendung machen will[29].

**Beispiel:**

Ein alternder Unternehmer bietet einem langbewährten Mitarbeiter an, einen Kapitalanteil zum Nominalwert zu erwerben, obwohl der Wert infolge Firmenwert oder sonstiger stiller Reserven wesentlich höher ist. In diesem Falle taucht die Frage auf, ob hier eine Schenkung vorliegt oder ob die Leistung nicht im Rahmen eines früheren Arbeitsverhältnisses erfolgte. Unter Umständen ist sogar ein rein betrieblicher Anlaß gegeben, wenn z. B. der Neueintretende nur unter dieser Bedingung bereit war, in die neu zu gründende Gesellschaft einzutreten. In diesem Falle wird beim Veräußerer das Bewußtsein der Schenkung fehlen. Es kommt nicht darauf an, ob Leistung und Gegenleistung nach objektiven Wertmaßstäben gleichwertig sind. War es dem Altgesellschafter nicht möglich, zu anderen Bedingungen einen neuen Gesellschafter zum Eintritt zu bewegen, so liegt vom Veräußerer her gesehen eine gleichwertige Gegenleistung vor; denn er war bereit, dieses Opfer aus betrieblichen Gründen einzugehen, um seinen Zweck zu erreichen.

794 Eine gemischte Schenkung kann auch darin gesehen werden, daß der Altgesellschafter dem Eintretenden zum Erwerb eines Anteils ein besonders günstiges Darlehen gewährt, zu nicht marktüblichen Bedingungen. Der besondere Vorteil ist als Schenkung zu behandeln.

Auch wenn ein neuer Teilhaber ohne Barleistung in eine neu zu gründende Gesellschaft mit der Verpflichtung eintritt, seinen Kapitalanteil aus seinen künftigen Gewinnen zu erbringen, so kann hierin eine gemischte Schenkung liegen, insbesondere dann, wenn Familienangehörige auf diese Weise als Partner aufgenommen werden.

795 Eine gemischte Schenkung liegt im Zweifel nicht vor, wenn ein Betrieb gegen eine Rentenzahlung an Angehörige im Wege der vorweggenommenen Erbschaft übertragen wird und der Rentenbarwert nicht dem gemeinen Wert des Betriebes entspricht. Es handelt sich hier im Zweifel um eine unentgeltliche Übertragung,

---

27 Petzoldt, § 7 ErbStG, Rz. 69.

28 BFH v. 3. 11. 1976, BStBl. II 1977, 397; Sigloch, DStZ A 1977, 197ff.

29 Fromm, DStR 2000, 453; vgl. auch R 17 Abs. 1 und Abs. 2 ErbStR.

da die Rente keine Gegenleistung für den Betrieb darstellt, sondern die Höhe der Rente auf die Versorgung des Empfängers abgestellt ist (⇒ Ausführungen zur Einkommensteuer [Rz. 427f.]).

Hinsichtlich der Frage, ob eine Bereicherung vorliegt, kommt es nicht auf die steuerlichen Werte einer Leistung, sondern auf die tatsächlichen Verkehrswerte[30] an. Für die Berechnung der Steuer selbst sind allerdings die Steuerwerte maßgebend. Insbesondere ist bei Renten nicht der nach § 14 Abs. 2 BewG sich ergebende Steuerwert maßgebend, sondern es kommt grundsätzlich nur auf die durchschnittliche Lebenserwartung nach der Sterbetabelle der Bevölkerungsstatistik an[31]. *796*

Spätere Verhältnisse sind für die Bereicherung unerheblich. Im Einkommensteuerrecht wird eine entgeltliche Leistung verneint, wenn der Gegenwert nicht mehr als 50 % der Leistung beträgt[32].

Eine Schenkung unter einer Auflage oder unter einer Bedingung ist nicht als gemischte Schenkung zu behandeln. Hier stehen sich nicht Leistung und Gegenleistung gegenüber. Eine solche Schenkung ist eine unentgeltliche bereichernde Zuwendung mit der Nebenbestimmung, daß der Beschenkte eine Verpflichtung übernehmen soll[33]. Schenkung und Auflage bilden ein einheitliches Rechtsgeschäft. *797*

Zwischen einer Schenkung unter Auflage und einer gemischten Schenkung besteht nach Ansicht von Kapp[34] kein Unterschied[35].

Nach der Rechtsprechung des BFH[36] ist in Anlehnung an das bürgerliche Recht der Übertragungsvorgang in einen entgeltlichen und in einen unentgeltlichen aufzuteilen. Die Aufteilung erfolgt im Verhältnis vereinbarter Preis zum Verkehrswert, nicht jedoch zum Steuerwert[37]. *798*

Nicht leicht abzugrenzen ist jedoch die gemischte Schenkung von der Schenkung unter Auflage, insbesondere dann, wenn die Gegenleistung des Erwerbers in der Übernahme der Verbindlichkeiten oder in der Übernahme der Versorgung besteht. Im Zweifel ist hier eine Schenkung unter Auflage anzunehmen[38]. Die steuerlichen Auswirkungen sind unterschiedlich, während bei der gemischten *799*

---

30 Meincke, § 7 ErbStG, RdNr. 5.

31 Meincke, § 7 ErbStG, RdNr. 3, § 3 ErbStG, RdNr. II 6, S. 116; BFH v. 15. 6. 1956, BStBl. III 1956, 252.

32 RFH v. 6. 3. 1925, RStBl. 1925, 93; vgl. auch BFH v. 23. 1. 1964, BStBl. III 1964, 422.

33 Vgl. Troll, § 7 ErbStG, Anm. 35, 47.

34 § 7 ErbStG, Rz. 80 (1).

35 Gleicher Ansicht Petzoldt, § 7 ErbStG, Rz. 19ff.; Kapp, BB 1977, 1753; anderer Ansicht Schulze zur Wiesche, NJW 1975, 208ff.; Meilicke, StBJB 1976/77, S. 293.

36 BFH v. 12. 12. 1979, BStBl. II 1980, 260; v. 21. 10. 1981, BStBl. II 1982, 83; v. 14. 7. 1982, BStBl. II 1982, 714.

37 BFH v. 12. 12. 1979, BStBl. II 1980, 260.

38 Troll, § 7 ErbStG, Anm. 47; Meincke, § 7 ErbStG, RdNr. 44; Kapp, § 7 ErbStG, Anm. 29.

Schenkung eine Aufteilung des Steuerwertes erfolgt, ist die Auflage als Verbindlichkeit vom Steuerwert abzusetzen, was zu erheblichen Belastungsunterschieden führen kann, wenn der Steuerwert erheblich vom Verkehrswert nach unten abweicht, so daß sich bei der Schenkung unter Auflage eine geringere Steuerbelastung ergibt als bei der gemischten Schenkung. Die Rechtsprechung ist bemüht, die steuerlichen Behandlungen anzugleichen, zumal im Grunderwerbsteuerrecht die Auflage als ein Entgelt angesehen wird[39].

Nach dem Gemeinsamen Ländererlaß gilt folgendes[40].

*800* Nach § 7 Abs. 1 Nr. 1 ErbStG gilt eine freigebige Zuwendung als Schenkung, „soweit der Bedachte durch sie auf Kosten des Zuwendenden bereichert wird".

Der Bundesfinanzhof hat für die Ermittlung der Bereicherung aus einer gemischten Schenkung und für die Ermittlung ihres Steuerwerts die Vorschrift des § 7 Abs. 1 Nr. 1 ErbStG dahingehend ausgelegt, daß als Besteuerungstatbestand der freigebigen Zuwendung die bürgerlich-rechtliche Bereicherung des Bedachten anzusehen ist, d.h. daß bei einer derartigen Zuwendung der Wille zur freigebigen Bereicherung des Bedachten nicht den entgeltlichen Vertragsanteil mit umfaßt[41]. Der Bundesfinanzhof[42] hat die entsprechende Anwendung dieser Grundsätze auf Schenkungen unter einer Auflage für solche Fälle bestätigt, in denen dem Bedachten Leistungen auferlegt werden, die diesem Aufwendungen im Sinne von Geld- oder Sachleistungen verursachen (Leistungsauflagen).

Als Bereicherung gilt somit

- bei einer gemischten Schenkung der Unterschied zwischen dem Verkehrswert der Leistung des Schenkers und dem Verkehrswert der Gegenleistung des Beschenkten

und

- bei einer Schenkung unter einer Leistungsauflage der Unterschied zwischen dem Verkehrswert des zugewendeten Vermögens und dem Verkehrswert der vom Schenker angeordneten Auflage sowie ggf. der vom Beschenkten übernommenen Verbindlichkeiten.

Schenkung gegen Rückbehalt eines Dauerwohnrechts:

*801* Nach § 25 ErbStG wird der Erwerb von Vermögen, dessen Nutzungen dem Schenker oder dem Ehegatten des Erblassers (Schenkers) zustehen oder das mit einer Rentenverpflichtung oder mit der Verpflichtung zu sonstigen wiederkehrenden Leistungen zugunsten dieser Personen belastet ist, ohne Berücksichtigung dieser Belastungen besteuert. Die Steuer, die auf den Kapitalwert dieser Belastungen entfällt, ist jedoch bis zu deren Erlöschen zinslos zu stunden.

---

[39] Vgl. auch BFH v. 20.4.1977, BStBl. II 1977, 676; v. 28.4.1976, BStBl. II 1976, 577.

[40] Erlaß v. 9.11.1989, BStBl. I 1989, 445.

[41] Vgl. BFH v. 12.12.1979, BStBl. II 1980, 260; v. 21.10.1981, BStBl. II 1982, 83; v. 14.7.1982, BStBl. II 1982, 714.

[42] BFH v. 12.4.1989, BStBl. II 1989, 524.

**Beispiel:**

A überträgt seinem Sohn B ein Grundstück (Steuerwert Euro 255.000,–, Verkehrswert = Euro 500.000,–). Er behält sich und seiner Ehefrau ein lebenslängliches Dauerwohnrecht zurück, deren Kapitalwert Euro 60.000,– beträgt.

| | |
|---|---|
| Ergebnis: | |
| Erwerb | Euro 255.000,– |
| abzüglich Freibetrag | Euro 205.000,– |
| Steuerpflichtiger Erwerb | Euro 50.000,– |
| Steuer 7 v. H. | Euro 3.500,– |
| Hiervon entfallen | |
| $\frac{60.000}{250.000}$ auf Kapitalwert der Rente | = Euro 840,– |
| Dieser Betrag ist zu stunden. | |
| Sofort zu erheben | Euro 2.620,– |

Bei Schenkungen, die sowohl Elemente der gemischten Schenkung und Schenkung unter Leistungsauflage als auch der Schenkung unter Nutzungs- oder Duldungsauflage enthalten, ist von dem unter Berücksichtigung der Gegenleistung/Leistungsauflage ermittelten Steuerwert der freigebigen Zuwendung der Kapitalwert der Nutzungs- oder Duldungsauflage (§§ 13 bis 16 BewG) als Last abzuziehen, soweit § 25 Abs. 1 ErbStG dem nicht entgegensteht. *802*

**Beispiel:**

A überträgt B ein Grundstück (Euro 500.000,–, Verkehrswert Euro 1.000.000,–), das mit einer von B zu übernehmenden Hypothekenschuld von Euro 200.000,– oder mit einer Leistungsauflage in gleicher Höhe belastet ist. Zusätzlich besteht eine Duldungsauflage (lebenslanges Wohnrecht zugunsten der Schwester C, 60 Jahre alt) mit einem Steuerwert von Euro 120.000,–.

Ergebnis:
Der maßgebende Besteuerungswert errechnet sich wie folgt:

$$\frac{\text{Euro } 500.000,\text{– x (Euro } 1.000.000,\text{– ./. Euro } 200.000,\text{–)}}{\text{Euro } 1.000.000,\text{–}} \text{ ./. Euro } 120.000,\text{–}$$

= Euro 400.000,– ./. Euro 120.000,– = Euro 280.000,–.

## II. Die steuerliche Anerkennung von Schenkungen

Wie bereits ausgeführt, sind bürgerlich-rechtlich gültige Vereinbarungen auch steuerlich und damit auch schenkungsteuerlich anzuerkennen. Auf die wirtschaftliche Betrachtungsweise kommt es hier nicht an[43]. Insoweit kann auf die Ausführungen zu ⇒ Rz. 5ff. verwiesen werden. Es ist jedoch auch hier zu beachten, daß die Vorschriften der §§ 42ff. AO auch hier Anwendung finden. *803*

[43] BFH v. 22. 9. 1982, BStBl. II 1983, 179.

### 1. Kettenschenkungen

804 Kettenschenkungen sind „Schenkungen" an eine dritte Person mit der Maßgabe, diese Zuwendung an eine bestimmte Person weiterzuübertragen[44].

**Beispiel:**

A schenkt seinen beiden Kindern jeweils Euro 300.000,– und seiner Ehefrau Euro 300.000,– mit der Maßgabe, den beiden Kindern wiederum jeweils Euro 150.000,– zu schenken.

Erhält jemand als Durchgangs- oder Mittelsperson eine Zuwendung, die er entsprechend einer bestehenden Verpflichtung in vollem Umfang an einen Dritten weitergibt, liegt schenkungsteuerlich nur eine Zuwendung aus dem Vermögen des Zuwendenden an den Dritten vor. Wegen der Verpflichtung zur Weitergabe besteht keine Bereicherung der Mittelsperson aus dem Vermögen des Zuwendenden. Eine Schenkung der Mittelsperson an den Dritten kommt nicht in Betracht[45].

### 2. Schenkungen mit einer aufschiebend bedingten Verpflichtung

805 Ist eine Schenkung mit der aufschiebend bedingten Verpflichtung verbunden, die Zuwendung auf einen Dritten zu übertragen, und wird diese Verpflichtung nach Eintritt der Bedingung vom zunächst Bedachten gegenüber dem Dritten erfüllt, so ist für die schenkungsteuerrechtliche Beurteilung des Erwerbs des Dritten dessen Verhältnis zum ursprünglichen Schenker maßgeblich. Dies gilt auch dann, wenn der Zwischenbedachte die Verpflichtung vor Eintritt der Bedingung erfüllt[46].

806 Ist eine Schenkung nur zum Schein erfolgt, so liegt auch schenkungsteuerrechtlich ein Scheingeschäft vor, das schenkungsteuerlich nicht zu beachten ist. Es kommt darauf an, daß die Schenkung ernsthaft gewollt ist und auch tatsächlich vollzogen wurde. Es reicht zum Beispiel nicht aus, daß Wertpapiere oder Sparguthaben auf ein Minderjährigenkonto umgebucht werden und der Vater als Schenker weiterhin das volle Verfügungsrecht auch über das 18. Lebensjahr hinaus erhält, mit dem Recht, auch über die Substanz zu verfügen.

807 Dagegen ist gegen eine Schenkung unter Nießbrauchsvorbehalt selbst nichts einzuwenden, da eine solche Schenkung den tatsächlichen Verhältnissen entspricht und auch von den Vertragspartnern gewollt war. Hinsichtlich der Behandlung des Nießbrauchs im Schenkungsteuerrecht wird auf die Ausführungen zu ⇒ Rz. 85 verwiesen. Auch gegen die Absicht, durch Schenkungen unter Ausnutzung der Freibeträge einen günstigen Steuersatz zu erreichen, ist steuerlich nichts einzuwenden, wenn die Schenkungen tatsächlich vollzogen wurden.

[44] Fromm, DStR 2000, 453.
[45] BFH v. 13.10.1993, BB 1994, 276.
[46] BFH v. 17.2.1993, DB 1993, 1337.

## III. Schenkungen unter Lebenden

Für die vorbereitenden Verfügungen sind die einzelnen Freibeträge für die verschiedenen Steuerklassen von Bedeutung. 808

(Hinsichtlich der Steuerklassen wird auf ⇒ Rz. 236 ff., hinsichtlich der Freibeträge auf ⇒ Rz. 239 ff. verwiesen).

Es ist hierbei jedoch zu beachten, daß Erwerbe von der gleichen Person innerhalb von 10 Jahren zusammengerechnet werden (⇒ hierzu Rz. 235 f.).

Die größte Steuerersparnis läßt sich dadurch erreichen, daß man nicht nur die Kinder, sondern auch die Enkel bei Schenkungen berücksichtigt.

Um den größtmöglichen Spareffekt zu erzielen, ist es bei größeren Vermögen nicht immer zweckmäßig, sich lediglich innerhalb der Freibeträge zu bewegen. Wegen der hohen Progression bei größeren Vermögen ist es hier ratsam, die Vermögensübertragung auf mehrere Schenkungsvorgänge zu verteilen. Allerdings müssen die Schenkungen außerhalb der 10-Jahres-Frist erfolgen, weil sonst die Schenkungen wieder zusammengerechnet werden.

Haben beide Eltern Vermögen, ist es zu empfehlen, daß beide Eltern ihren Kin- 809
dern und Enkeln etwas schenken. Auf diese Weise können Euro 410.000,– bzw. Euro 102.000,– steuerfrei übertragen werden. Allerdings ist hierbei zu beachten, daß die Rechtsprechung einen Gestaltungsmißbrauch darin sieht, wenn der eine Elternteil dem anderen etwas schenkt, mit der Maßgabe, dieses auf die gemeinsamen Kinder weiterzuübertragen. Dies gilt jedoch nur für den Fall, daß beide Schenkungen als ein rechtlicher Vorgang angesehen werden müssen[47].

Jedoch wird nichts dagegen einzuwenden sein, wenn die Mutter im Laufe der Zeit Vermögen auf ihre Kinder überträgt, auch wenn sie dieses Vermögen früher einmal von dem anderen Ehegatten erhalten hat.

Sind z. B. beide Ehegatten Inhaber eines Handelsgewerbes, so erscheint es zweckmäßig, daß sie jeweils einen Teil ihrer Anteile im Wege der vorweggenommenen Erbfolge auf ihre Kinder übertragen. So können innerhalb von 10 Jahren insgesamt Euro 410.000,- auf jedes Kind steuerfrei übertragen werden; wenn das Enkelkind miteinbezogen wird, können auch auf diese von beiden Großeltern zusammen auf dieses Euro 102.000,– steuerfrei übertragen werden.

Im Falle des Handelsgewerbes ist zu beachten, daß im Falle einer Ehegattenmitunternehmerschaft auf jeden Mitunternehmeranteil ein Freibetrag von Euro 256.000,– entfällt und darüber hinaus ein Bewertungsabschlag von 40 v.H. gewährt wird.

**Beispiel:**

Die Eheleute sind beide Inhaber eines Gewerbes zu je einhalb. Der Steuerwert des Unternehmens beträgt Euro 1,1 Mio. = auf jeden Ehegatten entfallen Euro 0,55 Mio. Diese übertragen jeweils ihren Anteil auf ihren gemeinsamen Sohn.

---

[47] Vgl. hierzu im einzelnen BFH v. 28. 1. 1972, BStBl. II 1972, 322.

| | Vater | Mutter |
|---|---|---|
| | Euro 556.000,– | Euro 556.000,– |
| Freibetrag § 13a Abs. 1 ErbStG | Euro 256.000,– | Euro 256.000,– |
| | Euro 300.000,– | Euro 300.000,– |
| Bewertungsabschlag 40 v. H. | Euro 120.000,– | Euro 120.000,– |
| | Euro 180.000,– | Euro 180.000,– |
| pers. Freibetrag | Euro 205.000,– | Euro 205.000,– |
| Übertragung steuerfrei | Euro 0,– | Euro 0,– |

Allerdings ist hierbei zu beachten, daß über die Gewinnverteilung kein weiteres Vermögen mehr versteckt übertragen werden kann (⇒ hinsichtlich der überhöhten Gewinnbeteiligung Rz. 866). Allerdings wird dem Wert der Beteiligung lediglich der steuerliche Wert zugrunde gelegt, bei dem die Ertragsaussichten nicht berücksichtigt werden (⇒ Rz. 146 ff., 158 ff.).

Auch über den Nießbrauchsvorbehalt lassen sich seit dem 1. 1. 1974 keine Vermögensteile mehr steuerfrei übertragen (⇒ Rz. 826 ff.).

Die Vermögensübertragungen unter Übernahme der Lasten haben nicht mehr die steuersparende Wirkung wie früher, weil die Steuerwerte der Vermögenswerte mehr den tatsächlichen Werten angepaßt worden sind.

Sogenannte Negativschenkungen werden nicht auf spätere Erwerbe angerechnet (§ 14 ErbStG. [⇒ Rz. II 235]).

## IV. Übertragung von Gegenständen des Privatvermögens

### 1. Grundsätze

*810* Gegenstand einer Schenkung kann auch ein Vermögen im Sinne des § 419 BGB sein. Nach §§ 10, 12 ErbStG sind die einzelnen Gegenstände des Vermögens zu bewerten, und zwar Grundvermögen mit dem Steuerwert (§ 121 BewG), Betriebe mit dem Steuerwert des Betriebsvermögens, das sonstige Vermögen grundsätzlich mit dem gemeinen Wert (§ 9 BewG).

*811* Werden mit dem Vermögen Verbindlichkeiten übertragen, sind diese grundsätzlich hiervon abzuziehen (grundsätzlich mit dem Nominalwert).

*812* Für die Bestimmung des Schenkungsgegenstandes ist nicht das Versprechen der Zuwendung (die Schenkungsabrede), sondern die Zuwendung selbst entscheidend. Der der Besteuerung unterliegende Schenkungsgegenstand richtet sich danach, wie sich die Vermögensmehrung im Zeitpunkt der Zuwendung beim Bedachten darstellt.

*813* Wird durch eine von der Schenkerin veranlaßte Überweisung ein von der Bedachten zur Finanzierung eines landwirtschaftlichen Gebäudes aufgenommenes Bankdarlehen getilgt, so ist die Schenkungsteuer nach dem Nennbetrag der getilgten Darlehensschuld, nicht nach dem anteiligen Steuerwert des Gebäudes zu bemessen[48].

[48] BFH v. 9. 11. 1994, DB 1995, 306.

Überweist jemand einen Geldbetrag auf das Festgeldkonto eines anderen, erlangt dieser zwar im Verhältnis zu seiner Bank eine Darlehensforderung. Der Empfänger wird dadurch aber nur dann auf Kosten des Überweisenden i.S. des § 7 Abs. 1 Nr. 1 ErbStG bereichert, wenn und soweit der Empfänger den Geldbetrag endgültig behalten durfte und darüber im Innenverhältnis zum Überweisenden tatsächlich und rechtlich frei verfügen konnte[49].

## 2. Übertragung eines Grundstücks[50]

Eine Grundstücksschenkung kann sich auch hinter einer Geldhingabe zum Er- 814
werb eines Grundstücks verbergen. So kann eine mittelbare Grundstücksschenkung vorliegen, wenn die Baukosten eines bereits dem Beschenkten gehörenden Grundstücks vom Schenker übernommen werden[51]. Hier ist zu unterscheiden zwischen einer Geldschenkung unter der Auflage, ein Grundstück zu erwerben, und einer mittelbaren Grundstücksschenkung. Zur Abgrenzung siehe Erlaß vom 2. 11. 1989[52]. Hier werden folgende Fälle unterschieden.

### *a) Schenkung des Geldbetrages unter Auflage*

In der Hingabe von Geld zum Erwerb eines Grundstücks – sei es in Höhe der 815
vollen oder eines Teils der Anschaffungskosten – ist eine Geldschenkung unter einer Auflage zu sehen, wenn der Schenker dem Beschenkten gegenüber lediglich zum Ausdruck bringt, daß dieser für den zugewendeten Geldbetrag im eigenen Namen und für eigene Rechnung ein Grundstück erwerben soll, ohne daß dabei schon feststeht, um welches Grundstück es sich genau handelt. Entsprechendes gilt, wenn der Schenker den Beschenkten lediglich verpflichtet, auf einem diesem gehörenden Grundstück nach eigenen Vorstellungen ein Gebäude zu errichten bzw. den Geldbetrag für die Errichtung eines solchen Gebäudes mit zu verwenden (= Baukostenzuschuß), ohne daß bereits bei Ausführung der Zuwendung ein konkretes Bauvorhaben besteht.

Die Schenkung gilt mit der Geldhingabe als ausgeführt. Da die Auflage dem Beschenkten selbst zugute kommt, ist sie nicht abzugsfähig (§ 10 Abs. 9 ErbStG). Es unterliegt deshalb der volle Geldbetrag der Besteuerung.

**Beispiel:**

A schenkt seinem Sohn einen Betrag von Euro 200.000,– mit der Auflage, von diesem Geld ein Grundstück zu kaufen.

Gegenstand der Schenkung ist der Geldbetrag von Euro 200.000,–.

---

49 BFH v. 7.10.1998, BFH/NV 1999, 618.

50 Moench, Grundstücke bei Erbschaft und Schenkung, DStR 1991, 169, 206.

51 BFH v. 3. 8. 1988, BStBl. II 1988, 1025.

52 BStBl. I 1989, 433.

*b) Mittelbare Schenkung eines Grundstücks*

816 Wird eine Schenkung in der Weise ausgeführt, daß der Schenker für die Anschaffung eines genau bestimmten Grundstücks den dafür erforderlichen vollen Kaufpreis zur Verfügung stellt, so ist das Grundstück als zugewendet anzusehen. Die Schenkung gilt erst in dem Zeitpunkt als ausgeführt, in dem das Grundstück auf den Beschenkten übergeht. Es ist mit seinem steuerlich maßgebenden Wert anzusetzen.

817 Übernimmt der Schenker die Kosten für den Erwerb eines bestimmten Grundstücks mit einem Gebäude im Zustand der Bebauung (z. B. einem Rohbau), ohne auch die Kosten für die endgültige Fertigstellung des Gebäudes zu tragen, so ist die Zuwendung mit dem Steuerwert für ein Grundstück im Zustand der Bebauung anzusetzen (§ 91 Abs. 2 BewG; § 12 Abs. 4 ErbStG).

**Beispiel:**

B möchte ein bestimmtes Grundstück (Steuerwert Euro 250.000,–) für Euro 500.000,– erwerben. A schenkt ihm den Geldbetrag zum Erwerb.

Es liegt eine Grundstücksschenkung vor, die mit Euro 250.000,– anzusetzen ist.

818 Die Grundsätze der unmittelbaren Grundstücksschenkung können auch auf grundstücksbezogene Verwendungen – wie etwa den Anbau an ein bereits bestehendes Gebäude des Bedachten –, deren Kosten von dem Zuwendenden schenkweise ganz oder teilweise getragen werden, Anwendung finden. Liegt eine mittelbare Grundstücksschenkung in Gestalt eines teilfinanzierten Gebäudeanbaus vor, so bestimmt sich der der Schenkungsteuerveranlagung zugrunde zu legende Wert nach dem bewertungsrechtlich zu ermittelnden Wertzuwachs[53].

*c) Übernahme eines Teiles des Grundstückskaufpreises*

819 Will der Schenker dem Beschenkten nur einen Teil eines bestimmten Grundstücks zuwenden und wird die Schenkung in der Weise ausgeführt, daß der Schenker nur einen Teil des im übrigen vom Beschenkten aus eigenen Mitteln aufzubringenden Kaufpreises für dieses Grundstück übernimmt, so gilt der Teil des Grundstücks als zugewendet, der dem Verhältnis des zugewendeten Geldbetrags zum Gesamtkaufpreis entspricht. Stellt der Schenker dem Beschenkten für die Anschaffung eines mit Hypotheken oder Grundschulden belasteten Grundstücks den Restkaufpreis zur Verfügung, während die Hypotheken und Grundschulden vom Beschenkten übernommen werden, so gilt der dem Restkaufpreis entsprechende Teil des Grundstücks als zugewendet. Dabei ist es gleichgültig, ob Gläubiger der Hypothek usw. der Schenker oder ein Dritter ist. Trägt der Schenker nur einen Teil des Restkaufpreises, so gilt der diesem Teilbetrag entsprechende Teil des Grundstücks als zugewendet.

820 Trägt der Schenker nur einen unbedeutenden Teil des im übrigen vom Beschenkten aufgebrachten Kaufpreises, so ist nach allgemeiner Lebenserfahrung in der Regel davon auszugehen, daß der Schenker lediglich einen Geldzuschuß zu

---

53 BFH v. 13. 3. 1996, BFH/NV 1996, 710.

einem vom Beschenkten in vollem Umfang für eigene Rechnung erworbenen Grundstück geleistet hat. Was als unbedeutender Teil des Kaufpreises anzusehen ist, ist nach den Umständen des Einzelfalles zu entscheiden. Es bestehen jedoch keine Bedenken, bis etwa 10 v.H. des im übrigen vom Beschenkten aufgebrachten Kaufpreises als unbedeutend anzusehen.

**Beispiel:**

B kauft ein Grundstück, Kaufpreis Euro 1.000.000,– (Steuerwert Euro 500.000,–). A übernimmt Euro 400.000,– des Kaufpreises.

Der geschenkte Betrag entspricht 40 v. H. des Kaufpreises. Somit sind als Schenkung 40 v.H. des Steuerwerts = Euro 300.000,– anzusetzen.

### *d) Übernahme der Baukosten bei gleichzeitiger Schenkung eines unbebauten Grundstücks*

Übernimmt der Schenker die Kosten des Erwerbs eines bestimmten unbebau- *821*
ten Grundstücks und der im Anschluß daran auf diesem Grundstück erfolgenden Errichtung des Gebäudes, so liegt eine einheitliche Zuwendung eines bebauten Grundstücks vor. Maßgebend ist der Steuerwert des bebauten Grundstücks. Das gleiche gilt, wenn der Schenker die Kosten des Erwerbs eines Grundstücks im Zustand der Bebauung und die Restkosten für die Fertigstellung des Gebäudes übernimmt. Übernimmt der Schenker zwar die vollen Kosten des Erwerbs eines Grundstücks, aber nur einen Teil der Kosten der Errichtung bzw. Fertigstellung des Gebäudes, so ist vom Steuerwert des bebauten Grundstücks der Teil anzusetzen, der dem Verhältnis des insgesamt hingegebenen Geldbetrags zu den Gesamtkosten für Grundstückserwerb und Gebäudeerrichtung entspricht.

**Beispiel:**

A schenkt dem B ein unbebautes Grundstück und übernimmt anschließend die Baukosten. Der Steuerwert des bebauten Grundstücks Euro 500.000,–. Wert des Grund und Bodens Euro 100.000,–, Steuerwert Euro 80.000,–. Die Herstellungskosten des Gebäudes betragen Euro 800.000,–.

Steuerpflichtiger Erwerb ist ein bebautes Grundstück, das mit Euro 500.000,– anzusetzen ist.

### *e) Übernahme der Baukosten bei Bebauung eines dem Beschenkten bereits gehörenden Grundstücks*

Übernimmt der Schenker die Kosten der Errichtung eines Gebäudes auf einem *822*
dem Beschenkten bereits gehörenden oder von ihm noch zu erwerbenden Grundstück, so gilt der Teil des Steuerwerts des bebauten Grundstücks als zugewendet, der auf das Gebäude entfällt. Als Gebäudewertanteil gilt der Wert des bebauten Grundstücks nach § 146 BewG abzüglich des Wertes des unbebauten Grundstücks § 148 Abs. 2 BewG.

Die Vorschrift hinsichtlich der Bewertung eines Erbbaurechts ist entsprechend für Bauten auf fremdem Grund und Boden anzuwenden. Der Wert des mit dem

Gebäude belasteten Grundstücks ist mit dem 18,6fachen des Jahresmietwertes zu ermitteln und dieser vom Ertragswert des unbebauten Grundstücks abzuziehen.

Entsprechend ist zu verfahren, wenn vom Schenker die Kosten der Errichtung eines Gebäudes auf dem Grundstück eines Dritten übernommen werden, das nach Fertigstellung des Gebäudes auf den Beschenkten übertragen werden soll und tatsächlich übertragen wird[54]. Unterbleibt die Grundstücksübertragung, so ist Gegenstand der Schenkung ein Gebäude auf fremdem Grund und Boden.

**Beispiel:**

Wie zuvor. B ist bereits Eigentümer des Grundstücks. A übernimmt jedoch die Kosten der Errichtung eines Gebäudes.

Gegenstand der Schenkung ist ein Gebäude. Der Wert der Schenkung ist mit dem Steuerwert des bebauten Grundstücks abzüglich des Grund- und Bodenanteils anzusetzen (Euro 500.000,– ./. Euro 80.000,– = Euro 420.000,–), wenn ein Ertragswert des Grund und Bodens nicht ermittelt werden kann.

#### *f) Übernahme von Renovierungskosten*

823 Übernimmt der Schenker die Kosten für Um-, Aus- oder Anbauten, für Maßnahmen zur Reparatur, Modernisierung, Renovierung oder Sanierung an einem Grundstück bzw. einem Gebäude, ist eine mittelbare Grundstücksschenkung nur dann anzunehmen, wenn diese Zuwendung im wirtschaftlichen Zusammenhang mit der Zuwendung eines bestimmten Grundstücks oder Gebäudes erfolgt und somit ein einheitliches Rechtsgeschäft angenommen werden kann[55]. Maßgebend ist der Steuerwert des Grundstücks nach Durchführung der genannten Maßnahmen.

**Beispiel:**

B ist bereits Eigentümer eines bebauten, aber erheblich renovierungsbedürftigen Grundstücks. A übernimmt die Renovierungskosten in Höhe von Euro 50.000,–.

Es liegt eine Geldschenkung im Werte von Euro 50.000,– vor.

Wird ein Grundstück übertragen, ist der Wert der Schenkung mit dem Steuerwert anzusetzen.

**Beispiel:**

A überträgt auf seinen Sohn ein lastenfreies Grundstück, Verkehrswert Euro 500.000,–, Steuerwert Euro 250.000,–.

Der Wert der Bereicherung ist mit Euro 250.000,– anzusetzen.

### 3. Übertragung eines Grundstücks unter Übernahme von Verbindlichkeiten

824 Übernimmt der Erwerber die persönliche Schuld, liegt eine Schenkung unter Auflage vor. Der Wert der Auflage mindert die Bereicherung. Die Übernahme der Hypothek stellt keine Gegenleistung im Rahmen eines Leistungsaustausches dar, sie wird als eine Begrenzung der Schenkung angesehen.

---

54 Vgl. BFH v. 6. 3. 1985, BStBl. II 1985, 382.

55 BFH v. 5. 2. 1986, BStBl. II 1986, 460.

Die Übernahmeverpflichtung durch den Erwerber mindert seine Bereicherung. Hierbei ist zu beachten, daß Grundvermögen grundsätzlich mit dem Steuerwert anzusetzen ist, die Verbindlichkeit grundsätzlich mit dem Nennwert.

**Beispiel:**

Wie zuvor. Das Grundstück ist mit einer Hypothek von Euro 300.000,– belastet.

| | |
|---|---|
| Steuerwert Grundstück | Euro 250.000,– |
| abzüglich Belastung | Euro 300.000,– |
| Negativschenkung | ./. Euro 50.000,– |

Nach der neueren Auffassung liegt jedoch bei Übernahme von Hypotheken eine gemischte Schenkung vor (d.h. 60 v. H. entgeltlich, 40 v. H. unentgeltlich, Schenkung 40 v.H. v. Euro 250.000,– – Euro 100.000,–).

Ist Gegenstand der Schenkung lediglich das Grundstück, kann der Negativbetrag nicht mit anderen positiven Schenkungen innerhalb von 10 Jahren verrechnet werden, § 14 Abs. 1 Satz 2 ErbStG.

Ist Gegenstand der Schenkung ein ganzes Vermögen und befinden sich im Vermögen belastete Grundstücke, werden die positiven und negativen Werte zur Feststellung der Bereicherung zusammengerechnet.

## 4. Übertragung eines Grundstücks gegen Rente bzw. dauernde Last

Gegenstand der Schenkung ist die Bereicherung des Erwerbers. Eine Bereicherung ist nur insoweit gegeben, als der Wert der Schenkungen die Belastung übersteigt. Zur Ermittlung, ob eine Bereicherung gegeben ist, sind jedoch nicht die Steuerwerte, sondern die Verkehrswerte (gemeine Werte) miteinander zu vergleichen. Übersteigt der Wert des geschenkten Gegenstandes die übernommenen Belastungen, liegt eine Bereicherung i.S.d. § 7 Abs. 1 ErbStG vor. *825*

Nach § 25 ErbStG wird der Erwerb von Vermögen, dessen Nutzungen dem Schenker oder dem Ehegatten des Erblassers (Schenkers) zustehen oder das mit einer Rentenverpflichtung oder mit der Verpflichtung zu sonstigen wiederkehrenden Leistungen zugunsten dieser Personen belastet ist, ohne Berücksichtigung dieser Belastungen besteuert. § 25 ErbStG gilt nicht für den Fall, daß Auflagen zugunsten anderer Personen festgesetzt werden[56].

Bei der Ermittlung der Bereicherung ist der Wert der Belastung mit dem Kapitalwert anzusetzen (§§ 13, 14 BewG)[57].

## 5. Übertragung eines Grundstücks unter Nießbrauchsvorbehalt bzw. Einräumung eines Dauerwohnrechts

Wird ein Grundstück unter Nießbrauchsvorbehalt übertragen, stellt die Einräumung des Nießbrauchs kein Entgelt dar[58]. *826*

[56] BFH v. 2.1.1981, BStBl. II 1982, 89.
[57] Erlaß BdF v. 10.2.1983, BStBl. I 1983, 238.
[58] Jülicher, ZEV 2000, 183

Der Nießbrauch wird als eine Belastung des Grundstücks angesehen. Nur soweit der Wert des Grundstücks den Wert der Belastung übersteigt, liegt eine Bereicherung des Erwerbers vor.

Das Grundstück ist für die Festsetzung der Schenkungsteuer nach §§ 10, 12 BewG mit dem Steuerwert anzusetzen.

*827* Hat sich der Schenker zu seinen Gunsten bzw. zugunsten seiner Ehefrau den Nießbrauch vorbehalten, darf nach dem Wortlaut des § 25 ErbStG der Nießbrauch mit seinem Kapitalwert nicht berücksichtigt werden. Nach den o.a. Urteilen ist der steuerpflichtige Erwerb i.S. des § 7 Abs. 1 ErbStG nur der nicht belastete Teil des Erwerbs. Das gilt jedoch nur für Leistungsauflagen, nicht für Duldungsauflagen, ⇒ auch Rz. 800 ff. Duldungsauflagen stellen keine Gegenleistung dar. Für sie gilt weiterhin § 25 ErbStG. Daher ist § 25 ErbStG auf Schenkungen unter Nießbrauchsvorbehalt weiterhin anzuwenden. Der Wert der Schenkung darf nicht um die Nießbrauchslast gemindert werden.

**Beispiel:**

A hat auf seinen Sohn ein Grundstück übertragen (Verkehrswert Euro 500.000,–, Steuerwert Euro 250.000,–, Kapitalwert des Nießbrauchs Euro 200.000,–).

Würde man den Wert des Nießbrauchs als Verbindlichkeit ansetzen, würde sich kein steuerpflichtiger Erwerb ergeben.

| | |
|---|---|
| Steuerwert Grundstück = | Euro 250.000,– |
| abzüglich Kapitalwert Nießbrauch | Euro 200.000,– |
| Wert der Schenkung | Euro 50.000,– |

Der Nießbrauch ist als Duldungsauflage bei der Schenkung nicht zu berücksichtigen.

Die Erbschaftsteuer kann jedoch auf Antrag, soweit sie auf den Kapitalwert des Nießbrauchs entfällt, gestundet werden.

## 6. Übertragung von Grundstücken als gemischte Schenkung

*828* Eine gemischte Schenkung liegt vor, wenn Wert des Grundstücks (Verkehrswert) und Wert der Gegenleistung (Verkehrswert) in einem offensichtlichen Mißverhältnis stehen[59].

Wie bereits ausgeführt, ist in diesem Falle die Übertragung in einen entgeltlichen und einen unentgeltlichen Teil aufzuteilen, und zwar im Verhältnis vereinbarter Kaufpreis zum Verkehrswert des Grundstücks.

**Beispiel:**

A überträgt auf seinen Sohn (S) ein Grundstück, Verkehrswert Euro 500.000,–, zum Kaufpreis von Euro 200.000,–, Steuerwert Euro 250.000,–.

In diesem Falle wird das Grundstück halb entgeltlich, zur anderen Hälfte unentgeltlich übertragen.

Schenkung = 40 v. H. v. Steuerwert Euro 250.000,– = Euro 100.000,–.

---

59 Hartmann, UVR 2000, 91.

## 7. Schenkung von Kapitalanteilen

### *a) Schenkung von Anteilen bzw. Teilanteilen an einer GmbH*

Sind Gegenstand der Schenkung Anteile an Kapitalgesellschaften, sind diese grundsätzlich mit dem gemeinen Wert zu bewerten (§ 11 BewG). Läßt sich der Wert nicht aus zeitnahen Verkäufen ableiten, ist der Wert nach dem Stuttgarter Verfahren zu schätzen. 829

Ist die Schenkung der Anteile mit Auflagen verbunden oder erfolgt sie unter Nießbrauchsvorbehalt, gelten die gleichen Grundsätze, wie sie bei der Übertragung von Grundstücken abgehandelt werden. Gleiches gilt für die gemischte Schenkung.

### *b) Einräumung von Unterbeteiligungen an Kapitalanteilen*

Wird dem Erwerber eine atypische Unterbeteiligung eingeräumt in der Weise, daß der Unterbeteiligte auch am Vermögen beteiligt ist, er also im Falle der Beendigung der Unterbeteiligung an den stillen Reserven beteiligt wird, ist die Unterbeteiligung nach den Grundsätzen, die für Kapitalanteile gelten, zu bewerten (vgl. R 112 ErbStR). 830

Hat der Unterbeteiligte am Kapitalanteil lediglich Anspruch auf den Gewinn, ohne Zugriff auf die Substanz, ist die Unterbeteiligung mit dem Kapitalwert der Gewinnaussichten zu bewerten, wobei als Jahresertrag im Zweifel vom Durchschnittsgewinn der letzten drei Jahre auszugehen ist.

# V. Übertragung eines Einzelbetriebes

## 1. Abgrenzung entgeltliche/unentgeltliche Übertragung

Wird der Betrieb eines Einzelkaufmanns unter Lebenden übertragen, so fällt dieser unter den Voraussetzungen des § 7 Abs. 1 ErbStG unter die Schenkungssteuer. Bemessungsgrundlage für die Schenkungsteuer ist der Steuerwert des Betriebes, der auf den Zeitpunkt des unentgeltlichen Übergangs zu ermitteln ist. 831

Die Übertragung ist nicht schenkungsteuerpflichtig, wenn die Übertragung voll entgeltlich ist, was wegen des Freibetrages von Euro 51.500,– (§ 16 Abs. 4 EStG) bei Übertragung wegen Alters überlegt werden sollte. Ist die Übertragung jedoch gegen Entgelt erfolgt und steht das Entgelt im offensichtlichen Mißverhältnis zum Wert des Betriebes, liegt eine gemischte Schenkung vor.

Die Grenze zwischen einem teilentgeltlichen Rechtsgeschäft und einem vollentgeltlichen Rechtsgeschäft ist fließend. Der sog. Freundeskauf wird in vollem Umfange als ein entgeltliches Rechtsgeschäft angesehen. Für die Frage, ob Gegenleistungen ausgewogen sind oder nicht, kommt es nicht auf den objektiven Wert der Leistungen an, sondern auf die subjektiven Vorstellungen der Vertragsparteien[60]. Betrachten diese ihre beiderseitigen Leistungen als ausgeglichen, liegt in vol- 832

---

60 Vgl. BFH v. 24. 12. 1978, BStBl. II 1979, 135; v. 22. 9. 1982, BStBl. II 1983, 99.

lem Umfang ein entgeltliches Rechtsgeschäft vor, auch wenn objektiv die Werte voneinander abweichen. Zumindest gehört auf seiten des Schenkers das Bewußtsein dazu, einen Teil seiner Leistungen geschenkt zu haben.

*833* Ist ein Betrieb gegen eine Gegenleistung übertragen worden, spricht zunächst einmal die Vermutung dafür, daß keine Schenkung vorliegt, sondern in vollem Umfange ein Leistungsaustausch gegeben ist. Auf eine gemischte Schenkung kann daher nur geschlossen werden, wenn Leistung und Gegenleistung in einem offensichtlichen Mißverhältnis zueinander stehen. Im Ertragsteuerrecht hat die Rechtsprechung ein solches offensichtliches Mißverhältnis zwischen Leistung und Gegenleistung angenommen, wenn der Wert der Gegenleistung zum Barwert der Rente bzw. dauernden Last weniger als 50 v.H. beträgt[61].

*834* Im Falle der gesetzlich fixierten unentgeltlich überlassenen Wohnung wollte der Gesetzgeber ein Entgelt bis zu 2/3 des Wertes der Gegenleistung als Grenze ansehen. Er hat sich aber in der Neufassung des § 21 Abs. 2 EStG mit einer Miete bis zu 50 v. H. des ortsüblichen Mietwertes als vollentgeltliche Leistung begnügt. Da neben dem objektiven Wert, dem ein Gegenstand beizumessen ist, die persönlichen Umstände, unter denen ein Verkauf zustande gekommen ist, berücksichtigt werden müssen, kann man unterstellen, daß bei einer Veräußerung zu einem Preis, der weniger als 50 v. H. des Wertes der veräußerten Sache (Betrieb) beträgt, ein Teil der Leistung unentgeltlich sein sollte, nicht jedoch, wenn der entgeltliche Teil überwiegt.

### 2. Übertragung eines Betriebes ohne Gegenleistung

*835* Wird ein Einzelbetrieb übertragen, ohne daß der Erwerber seinerseits eine Gegenleistung erbringt, liegt eine Schenkung unter Lebenden i.S. des § 7 Abs. 1 Nr. 1 ErbStG vor.

Nach §§ 10, 12 Abs. 5 ErbStG ist das Betriebsvermögen für die Zwecke der Schenkungsteuer mit dem Steuerwert nach dem BewG anzusetzen[62].

**Beispiel:**

A überträgt auf seinen Sohn seinen Einzelbetrieb, Buchwert Euro 100.000,–, Verkehrswert Euro 300.000,–, Steuerwert Euro 150.000,–.

Die Schenkung ist mit Euro 150.000,– zu bewerten.

Wird nicht der gesamte Betrieb übertragen, weil der Schenker wesentliche Grundlagen wie das Betriebsgrundstück, das er an den Beschenkten verpachtet, zurückbehält, ist der Wert des Betriebsvermögens um den Wertansatz des Betriebsgrundstücks zu kürzen.

---

[61] BFH v. 23.1.1964, BStBl. III 1964, 422; vgl. hierzu Schulze zur Wiesche, DStZ 1987, 339.

[62] Kapp, § 12 ErbStG, RdNr. 312ff.; Meincke, § 12 ErbStG, RdNr. 134; vgl. auch Schulz, Schenkung einer Beteiligung an einer Personengesellschaft, in Festschrift 10 Jahre Fachhochschule Nordkirchen, S. 227; Schulze zur Wiesche, DStZ 1987, 339.

### 3. Übertragung eines Betriebes unter Übernahme der Verbindlichkeiten

Wird ein Betrieb unter Übernahme der Betriebsverbindlichkeiten übertragen, kann darin u. U. ein entgeltliches Rechtsgeschäft gesehen werden[63]. Das wird der Fall sein, wenn die Verbindlichkeiten dem Wert des Betriebes unter Auflösung aller stillen Reserven entsprechen. In der Regel geht man insbesondere dann, wenn ein Betrieb auf Angehörige übertragen wird, davon aus, daß dieses unentgeltlich geschehen soll. Die betrieblichen Verbindlichkeiten werden beim Wert des Betriebsvermögens mit berücksichtigt. 836

Wird der Beschenkte verpflichtet, Verbindlichkeiten im außerbetrieblichen Bereich zu übernehmen, kann darin ein Leistungsaustausch erblickt werden.

### 4. Übertragung eines Betriebes mit der Auflage, den Schenker bzw. dessen Ehefrau bis zum Lebensende zu versorgen

Wird ein Betrieb gegen Vereinbarung einer Versorgungsrente übertragen, so stellt die Übertragung des Betriebes nur dann eine Bereicherung des Erwerbers dar, wenn unter Berücksichtigung des Barwerts der Rente oder der dauernden Last eine Bereicherung des Betriebsübernehmers verbleibt[64]. Ist die Versorgungslast höher als der Verkehrswert des Betriebes oder entspricht diese dem Wert des Betriebes, liegt keine Bereicherung vor[65]. Nach Ansicht des BFH[66] liegt nur insoweit eine Bereicherung vor, als der Wert des übertragenen Betriebes den Wert der Rentenverpflichtung, Nießbrauchslast usw. übersteigt. Nur dann, wenn eine Bereicherung vorliegt, liegt eine Zuwendung im Sinne des § 7 Abs. 1 ErbStG vor. 837

Bei der Verpflichtung, den Schenker bzw. dessen Ehefrau bis zum Lebensende zu versorgen, liegt im Zweifel eine unentgeltliche Übertragung vor und kein Leistungsaustausch[67]. Die Übernahme der Versorgung ist nicht gekoppelt an den Wert des Unternehmens. Dennoch muß geprüft werden, ob unter Berücksichtigung der übernommenen Versorgungslast eine Bereicherung eingetreten ist. Hier sind die beiden Leistungen mit ihren Verkehrswerten und nicht mit dem für die Erbschaftsteuer maßgeblichen Wert zu vergleichen. Nur soweit eine Bereicherung des Betriebsübernehmers gegeben ist, unterliegt der Vorgang der Schenkungsteuer. 838

**Beispiel:**

A überträgt auf seinen Sohn (S) seinen Handwerksbetrieb (Buchwert Euro 50.000,–, Verkehrswert Euro 100.000,–). S verpflichtet sich, an A eine monatliche Rente von Euro 1.500,– zu zahlen. Barwert der Rente Euro 150.000,–.

Ist jedoch eine Bereicherung nicht gegeben, wird die Auflage trotz § 25 ErbStG nicht berücksichtigt, da nur der unbelastete Teil der Übertragung als Bereicherung angesehen wird.

---

63 Kapp, § 7 ErbStG, Anm. 344, 3.

64 Troll, § 25 ErbStG, Anm. 2.

65 Troll, § 25 ErbStG, Anm. 2.

66 BFH v. 21. 10. 1981, BStBl. II 1982, 83.

67 Kapp, § 7 ErbStG, RdNr. 341; BFH v. 24. 4. 1970, BStBl. II 1970, 591.

Hier liegt keine Bereicherung des S vor. Die Betriebsübertragung unterliegt daher nicht der Schenkungsteuer. Die Versorgungsrente an den Vater ist nach § 13 Abs. 1 Nr. 12 ErbStG steuerbefreit, soweit der angemessene Unterhalt nicht überschritten wird.

### 5. Übertragung eines Betriebes unter der Auflage, Ansprüche Dritter abzufinden

839 Wird ein Betrieb übertragen mit der Auflage, Erbansprüche dritter Personen abzufinden, so liegt kein entgeltlicher Erwerb vor, mit der Folge, daß der Erwerb, soweit der Beschenkte bereichert ist, der Schenkungsteuer unterliegt[68].

Übersteigt der Verkehrswert des übertragenen Betriebes die Abfindungsverpflichtungen, liegt ein steuerpflichtiger Erwerb vor.

840 Ist ein solcher gegeben, ist der Betrieb mit dem für den Zeitpunkt der Übertragung zu ermittelnden Steuerwert anzusetzen, von dem die Abfindungsverpflichtungen abgesetzt werden.

**Beispiel:**

A überträgt auf B seinen Betrieb, Buchwert Euro 100.000,–, Steuerwert Euro 150.000,–, Verkehrswert Euro 300.000,–, mit der Verpflichtung, an seine beiden Geschwister jeweils Euro 100.000,– zu zahlen.

Da der Verkehrswert die Ausgleichsverpflichtung übersteigt, liegt ein teilentgeltliches Rechtsgeschäft vor.

Nach § 98a BewG werden übernommene Betriebsschulden mit den steuerlichen Werten verrechnet. Sie werden nicht als Entgelt angesehen[69]. Das trifft u.E. nicht auf Ausgleichszahlungen an weichende künftige Erben zu. Die Einheitstheorie gilt nur für Betriebs- und Anteilsübertragungen im Ertragsteuerrecht[70]. U.E. ist bei Vereinbarung von Entgelten, die nicht dem Verkehrswert entsprechen, aufzuteilen zwischen einem entgeltlichen und einem unentgeltlichen Teil[71].

Es ergibt sich somit folgendes[72]:

$$\text{Steuerwert des Betriebes Euro 150 000,- x} \frac{\text{Euro 200 000,–}}{\text{Euro 300.000,–}} = \text{Euro 50.000,– Bereicherung.}$$

Die Abfindungsverpflichtung an die Geschwister unterliegt der Schenkungsteuer.

---

68 Kapp, § 7 ErbStG, RdNr. 342; BFH v. 2. 1. 1962, BStBl. III 1963, 170; vgl. Ottersbach/ Hansen DStR 1997, 1269.

69 Vgl. BFH v. 14. 12. 1995, BStBl. II 1996.546.

70 ⇒ Rz. 954; BFH v. 10. 7. 1986, BStBl. II 1986, 811.

71 Koordinierte Ländererlasse v. 9. 11. 1989, BStBl. I 1989, 445; v. 6. 12. 1993, BStBl. 1993 I, 1002; Vgl. auch Schneider, DStR 1996, 334, Obermeier, Vorweggenommene Erbfolge und Erbauseinandersetzung, Anm. 1756f.

72 So Erlaß v. 10. 2. 1983, BStBl. I 1983, 238.

Allerdings richtet sich der Erbschaftsteuertarif nach dem Verwandtschaftsgrad zum Schenker und nicht zum Abfindungsverpflichteten (§ 7 Abs. 1 Nr. 2 ErbStG).

### 6. Betriebsübertragungen unter Nießbrauchsvorbehalt[73]

Wird ein Betrieb unter Nießbrauchsvorbehalt übertragen, ist zunächst zu prüfen, inwieweit eine Bereicherung vorliegt. Hinsichtlich der steuerlichen Auswirkung gilt das gleiche wie für die Rente. 841

Es ist zu ermitteln, inwieweit der Beschenkte unter Berücksichtigung des Nießbrauchs und weiterer Auflagen bereichert ist. Für die Frage, ob die Leistungen ausgeglichen sind, sind die Leistungen mit ihrem Verkehrswert gegenüberzustellen. Das gilt auch für den Nießbrauch. Die Begrenzungen des § 16 BewG gelten für die Frage, ob eine Bereicherung vorliegt oder nicht, nicht.

Wird ein Betrieb gegen Nießbrauchsvorbehalt übertragen, liegt keine gemischte Schenkung, sondern eine Schenkung unter Auflage vor, da es hier an einem Leistungsaustausch fehlt. Der Beschenkte hat den Gegenstand belastet mit dem Nießbrauch erworben. Da eine Schenkung i.S. des § 7 Abs. 1 Nr. 1 ErbStG sich nur auf den unbelasteten Teil der Schenkung bezieht – sofern nach dem Erlaß vom 10.2.1983[74] eine Gleichstellung von Schenkung unter Auflage und gemischter Schenkung erfolgt –, ist für § 25 ErbStG für Schenkungen unter Lebenden kein Raum mehr.

**Beispiel:**

A überträgt auf seinen Sohn seinen Betrieb mit der Auflage, ihm bis zum Lebensende die Hälfte des Gewinns zu belassen. Verkehrswert des Betriebes Euro 300.000,–, Steuerwert Euro 150.000,–. Die Rentenverpflichtung hat einen Kapitalwert von Euro 300.000,–. Die freigebige Zuwendung ist in diesem Falle mit

$$\frac{\text{Euro } 150.000,\text{– x Euro } 200.000,\text{–}}{\text{Euro } 300.000,\text{–}} = \text{Euro } 100\,000,\text{-}$$

zu bewerten.

Keine Zuwendung liegt jedoch vor, soweit der Schenker den Nießbrauch an seinem Betrieb zurückbehält.

Wie bereits ausgeführt (⇒ Rz. 800 ff., 827) wird die Bestellung eines Nießbrauchs als Duldungsauflage nicht als Leistung und damit als ein Entgelt angesehen. Soweit der Nießbrauch zugunsten des Schenkers bzw. dessen Ehefrau bestellt wird, darf er nach § 25 ErbStG nicht als Belastung berücksichtigt werden.

---

[73] Jülicher, ZEV 2000, 183; Schulze zur Wiesche, UVR 1998, 369; Ebeling, DB 1999, 611; allerdings H 51 (1) ErbStH.

[74] BStBl. I 1983, 238.

## 7. Teilentgeltliche Übertragungen

### a) Begriff

842 Eine teilentgeltliche Übertragung eines Betriebes liegt dann vor, wenn der Betrieb zwar im Rahmen eines Leistungsaustausches übertragen wird, Leistung und Gegenleistung aber in einem Mißverhältnis zueinander stehen[75].

Liegt eine gemischte Schenkung vor, so ist die Übertragung grundsätzlich in einen entgeltlichen und einen unentgeltlichen Teil aufzuteilen[76], und zwar im Verhältnis des vereinbarten Kaufpreises zum gemeinen Wert[77].

**Beispiel:**

V überträgt seinen Betrieb auf seinen Sohn. Barpreis Euro 50.000,–. Rentenbarwert Euro 90.000,–. Gemeiner Wert des Betriebes Euro 300.000,–. Steuerwert des Betriebes Euro 125.000,–.

Es liegt eine gemischte Schenkung vor. Der vereinbarte Kaufpreis beträgt 46,67 v.H. des Steuerwerts des Betriebes. Somit wird der Betrieb zu 53,33 v. H. entgeltlich und 43,67 v.H. unentgeltlich übertragen.

Bemessungsgrundlage für die Erbschaftsteuer ist der Steuerwert = 43,67 v.H. von Euro 125.000,– = Euro 54.588,–.

Da der Sohn der Steuerklasse I angehört, sind nach § 16 Abs. 1 Nr. 2 ErbStG Euro 205.000,– steuerfrei. Erwerb liegt im Rahmen des Freibetrages nach § 13a ErbStG in Höhe von Euro 256.000,–, die allerdings hiermit verbraucht sind.

### b) Veräußerung eines Betriebes unter Buchwert

843 Wird ein Betrieb unter dem Buchwert an Angehörige veräußert, so spricht die Vermutung dafür, daß der Betrieb teilweise unentgeltlich übertragen werden sollte. Für die Frage der Entgeltlichkeit ist der Buchwert nicht Maßstab. Der Buchwert ist für die Erbschaftsteuer unerheblich. Für die Frage der Bereicherung kommt es auf die Verkehrswerte an[78].

**Beispiel:**

A veräußert seinen Betrieb für Euro 100.000,– seinem Sohn, Buchwert Euro 120.000,–, Steuerwert Euro 150.000,–, Verkehrswert (gemeiner Wert) Euro 200.000,–.

In diesem Falle ist davon auszugehen, daß der Betrieb zur Hälfte entgeltlich übertragen und zur anderen Hälfte geschenkt worden ist.

$$\text{Wert der Bereicherung} = \frac{\text{Euro } 150.000,\text{– x Euro } 100.000,\text{–}}{\text{Euro } 200.000,\text{–}} = \text{Euro } 75.000,\text{–}$$

---

75 Schulze zur Wiesche, DStZ 1987, 339.

76 BFH v. 12. 12. 1979, BStBl. II 1980, 260; v. 21. 10. 1981, BStBl. II 1982, 83; v. 14. 7. 1982, BStBl. II 1982, 714.

77 BFH v. 12. 12. 1979, BStBl. II 1980, 260.

78 BFH v. 12. 12. 1979, BStBl. II 1980, 260; vgl. auch BFH v. 2. 1. 1981, BStBl. II 1982, 83.

*c) Veräußerung eines Betriebes zum Buchwert*

Ertragsteuerlich wird die Veräußerung eines Betriebes zum Buchwert wie eine unentgeltliche Betriebsübertragung behandelt, da kein Veräußerungsgewinn entstanden und die spätere Versteuerung der stillen Reserven beim Rechtsnachfolger sichergestellt ist[79]. Wie bereits ausgeführt, ist der Buchwert kein Bewertungsmaßstab für das Schenkungsteuerrecht. Für die Frage, ob eine Bereicherung bei einem unausgeglichenen Leistungsverhältnis vorliegt, kommt es allein auf das Verhältnis der Verkehrswerte an[80]. Bemessungsgrundlage für die Höhe der Steuer ist allerdings der Steuerwert (§ 12 ErbStG). *844*

**Beispiel:**

A überträgt auf B seinen Betrieb zum Buchwert von Euro 150.000,–. Verkehrswert Euro 300.000,–, Steuerwert Euro 200.000,–.

In diesem Falle beträgt die Bereicherung nicht die Differenz zum Steuerwert = Euro 50.000,–, sondern 50 v.H. = Euro 150.000,–. Der Steuerwert ist von Euro 200.000,– an entsprechend aufzuteilen, so daß der Erwerb mit Euro 100.000,– zu bewerten ist. Der Erwerb überschreitet den Freibetrag nach § 13a Abs. 1 ErbStG nicht.

*d) Veräußerung über dem Buchwert*

Die Veräußerung über dem Buchwert wird ertragsteuerlich nach der neueren Rechtsprechung des BFH insgesamt als Veräußerungsgeschäft behandelt[81]. *845*

Erbschaftsteuerlich ist eine gemischte Schenkung jedoch aufzuteilen.

**Beispiel:**

A veräußert seinen Betrieb an S zum Preise von Euro 500.000,–. Der Buchwert beträgt Euro 400.000,–. Steuerwert Euro 500.000,–, Verkehrswert Euro 1.000.000,–.

Obwohl der Veräußerungspreis dem Steuerwert von Euro 500.000,– entspricht, ist eine gemischte Schenkung anzunehmen, da zwischen dem vereinbarten Veräußerungspreis und dem Verkehrswert (gemeiner Wert) ein offensichtliches Mißverhältnis besteht.

Euro 500 000,– : Euro 1.000.000,– = 1 : 2

1/2 des Steuerwerts von Euro 500.000,– = Euro 250.000,–

Die Schenkung ist mit Euro 250.000,– zu bewerten.

Die Übertragung des Anteils an einer Personengesellschaft durch Verfügung des Gesellschafters über einen Gesellschaftsanteil fällt grundsätzlich nicht unter die Regelung des § 7 Abs. 7 ErtbStG. Sie kann nach § 7 Abs. 1 Nr. 1 ErbStG als freigebige Zuwendung unter Lebenden der Schenkungsteuer unterliegen[82].

---

79 BFH v. 10.7.1976, BStBl. II 1986, 811.

80 Schulz, Schenkung einer Beteiligung an einer Personengesellschaft, in: Festschrift 10 Jahre Fachhochschule Nordkirchen, S. 225.

81 BFH v. 10.7.1986, BStBl. II 1986, 811.

82 BFH v. 1.7.1992, BB 1992, 1780; Gebel DStR 1998, 269.

## VI. Übertragung eines Gesellschaftsanteils

### 1. Begriff

846 Die Schenkung von Anteilen fällt grundsätzlich unter § 7 Abs. 1 Nr. 1 ErbStG. Die Abs. 5–7 des § 7 ErbStG stellen Sondertatbestände dar. Unter den Begriff der Anteilsschenkung fallen nicht nur die Schenkung von Anteilen oder Bruchteilen von Anteilen an einer bestehenden Gesamthand, sondern auch die Beteiligung an in Gründung befindlichen Unternehmen[83]. Unter den Begriff der Anteilsschenkung fallen auch die Beteiligung als atypischer stiller Gesellschafter und die Schenkung von Unterbeteiligungen an einem Anteil (hinsichtlich der zivilrechtlichen Betrachtung ⇒ Buch I Rz. 1592 ff.).

847 Werden den Kindern Geldbeträge geschenkt, um sich an der Personengesellschaft zu beteiligen, stellt sich die Frage, ob eine Geldschenkung oder die Schenkung eines Anteils vorliegt. Ist das Geld geschenkt worden mit der Zweckbindung, einen Anteil zu erwerben, ist ein Anteil erworben worden[84], was u.U. von Bedeutung ist, wenn der Steuerwert des Betriebsvermögens vom Nominalwert des Geldbetrags abweicht.

Die Schenkung eines Gesellschaftsanteils ist auch dann gegeben, wenn der Vater sein Einzelunternehmen in eine mit seinen Kindern gegründete Personengesellschaft einbringt[85].

848 Gemäß § 7 Abs. 5–7 ErbStG werden gewisse gesellschaftsrechtliche Vorgänge der Schenkungsteuer unterworfen. Nach der Gesetzesbegründung[86] dienen die Absätze 5 und 6 dem Zweck, ungerechtfertigte Steuervorteile durch bestimmte gesellschaftsvertragliche Regelungen auszuschließen. Diese Bestimmungen sollen sich nicht gegen die legalen Möglichkeiten richten, durch eine frühzeitige Beteiligung der Kinder am Geschäftsvermögen die künftige Erbschaftsteuer, die sonst in vollem Umfange erst beim Tode des Erblassers eintreten würde, zu mindern. Gegen solche Schenkungen ist nach der Gesetzesbegründung nichts einzuwenden, solange die gesellschaftsvertraglichen Vereinbarungen eine korrekte Erfassung der wirklich geschenkten Beteiligung ermöglichen. Das trifft für die Fälle zu, in denen der Beschenkte entsprechend der ihm zugewendeten Kapitalbeteiligung vorbehaltlos an den offenen oder stillen Reserven beteiligt und ihm eine Gewinnbeteiligung eingeräumt wird, die seinem Kapitalanteil, seiner Mitarbeit in der Gesellschaft und seinen sonstigen Gesellschafterpflichten entspricht.

849 Das subjektive Merkmal des Bewußtseins der Unentgeltlichkeit gehört nicht zum gesetzlichen Tatbestand des § 7 Abs. 7 ErbStG.

Wächst der Anteil des Gesellschafters der Personengesellschaft oder einer Kapitalgesellschaft bei dem Ausscheidenden gem. § 738 Abs. 1 Satz 1 BGB bei den

---

83 Vgl. hierzu Troll, § 7 ErbStG, Anm. 17; Schulze zur Wiesche, DStZ 1987, 339.

84 BFH v. 28. 11. 1984, BStBl. II 1985, 159; v. 6. 3. 1985, BStBl. II 1985, 380.

85 Gebel, DStR 1998, 269.

86 Vgl. h.M. Troll, § 7 ErbStG, Anm. 65.

übrigen – die Gesellschaft fortsetzenden – Gesellschaftern an, so unterliegt der damit verbundene Übergang des Anteils des Ausscheidenden am Gesellschaftsvermögen auf diese nach § 7 Abs. 2 ErbStG der Schenkungsteuer. Der Annahme einer objektiven Bereicherung der die Gesellschaft fortführenden Gesellschafter steht nicht entgegen, daß der durch Tod ausgeschiedene Gesellschafter oder dessen Rechtsvorgänger bei Gründung der Gesellschaft weder eine Einlage erbracht hat noch Aufwendungen für zu diesem Zeitpunkt vorhandene stille Reserven geleistet hat und der Anspruch des ausscheidenden Gesellschafters bei Fortbestehen der Gesellschaft durch Gesellschaftsvertrag auf den sog. Buchwert begrenzt worden ist[87].

Das gilt auch, wenn bei einer aus 2 Personen bestehenden Personengesellschaft die Übernahme des Gesellschaftsvermögens durch einen Gesellschafter vereinbart wird.

Abweichungen vom Gesellschaftsvertrag hinsichtlich Höhe und Aufteilung des Abfindungsguthabens des ausscheidenden Gesellschafters stehen der Anwendung des § 7 Abs. 7 ErbStG nicht entgegen[88].

## 2. Anteilsschenkung ohne Buchwertklausel

In der Regel werden aber Anteile an einer Personengesellschaft in der Weise ge- 850
schenkt, daß der Schenker mit dem Beschenkten einen Gesellschaftsvertrag abschließt, der Schenker auch die Leistungen des Beschenkten dadurch erfüllt, daß der Schenker seinen bisherigen Einzelbetrieb in die Personengesellschaft einbringt. In diesem Falle gelten die Anteile an der Personengesellschaft als geschenkt. Der Wert der Schenkung ist mit dem anteiligen Wert am Betriebsvermögen anzusehen[89].

**Beispiel:**

A ist Einzelgewerbetreibender. Er gründet mit seinen beiden Kindern K und L eine KG, an der er als Komplementär mit 50 v. H., seine beiden Kinder mit jeweils 25 v. H. beteiligt sind. Die Einlageverpflichtungen werden durch die Einbringung des Einzelbetriebes durch A erfüllt. Buchwert des Einzelbetriebes Euro 300.000,–, Steuerwert Euro 400.000,–, Verkehrswert Euro 600.000,–.

Die Schenkungen sind mit jeweils 25 v.H. v. Euro 400.000,– = je Euro 100.000,– anzusetzen.

## 3. Schenkungen mit Buchwertklausel

Ist Gegenstand der Schenkung eine Beteiligung an einer Personengesellschaft, 851
in deren Gesellschaftsvertrag bestimmt ist, daß der neue Gesellschafter bei Auflösung der Gesellschaft sowie im Falle eines vorherigen Ausscheidens nur den Buchwert seines Kapitalanteils erhält, so werden diese Bestimmungen bei der Er-

---

[87] BFH v. 31. 1. 1996, BFH/NV 1996, 610.
[88] BFH v. 1. 7. 1992, BB 1992, 1781.
[89] Schulze zur Wiesche, DStZ 1987, 339.

mittlung des Wertes der Bereicherung nicht berücksichtigt[90]. Soweit die Bereicherung den Buchwert des Kapitalanteils übersteigt, gilt sie als auflösend bedingt erworben. Dies bedeutet, daß sie nach § 12 Abs. 1 ErbStG in Verbindung mit § 5 BewG zunächst als Teil der geschenkten Beteiligung zur Schenkungsteuer herangezogen wird. Sofern beim späteren Eintritt der Bedingung die im Zeitpunkt der Ausführung der Schenkung vorhanden gewesenen offenen und/oder stillen Reserven noch vorhanden sein sollten und damit dem anderen Gesellschafter zufallen, können der Beschenkte oder seine Erben eine Berichtigung der Veranlagung nach § 5 Abs. 2 BewG beantragen. Die Schenkungsteuer ist in diesem Fall nach dem tatsächlichen Wert des Erwerbs neu festzusetzen.

Ein überzahlter Betrag wird dem Beschenkten bzw. seinen Erben erstattet.

Diese Bestimmung trägt der Tatsache Rechnung, daß es nur in seltenen Fällen zum Bedingungseintritt kommt. Die Parteien gehen bei der Vereinbarung der Buchwertklausel davon aus, daß diese unter normalen Umständen nicht zur Anwendung kommt. Der objektive Wert der Beteiligung entspricht daher nicht dem Buchwert. Es ist auch zu berücksichtigen, daß der Steuerpflichtige während des Bestehens der Gesellschaft an den stillen Reserven teilhat; auf ihnen beruht die Ertragskraft des Unternehmens. Ferner ist er an ihnen bei Auflösung während des laufenden Betriebes (Veräußerung eines Betriebsgrundstücks) beteiligt.

*852* Diese Bestimmung gilt für jeden unentgeltlichen Erwerb mit Buchwertklausel, unabhängig davon, was die Ursache des Ausscheidens ist (gleichgültig, ob die Kündigung durch den Schenker oder den Gesellschafter erfolgt oder ob die Buchwertklausel auch dann gelten soll, wenn die Gesellschaft liquidiert wird). Die Buchwertklausel ist nicht zu beachten, wenn die Schenkung mit der Maßgabe erfolgt, daß mindestens der anteilige Steuerwert des Betriebsvermögens und nicht der Nominalwert des Anteils ausgezahlt wird (Buchwertklausel ⇒ Buch I Rz. 1128 ff.).

*853* Werden jedoch Anteile übertragen mit dem Recht des Schenkers, das Gesellschaftsverhältnis einseitig jederzeit zu kündigen und den Geschäftsbetrieb zum Buchwert zu übernehmen, fragt sich, ob eine Anteilsschenkung vorliegt. Ertragsteuerlich liegt in dem Fall keine Mitunternehmerschaft vor[91]. Es muß jedoch auch hier berücksichtigt werden, daß eine Schenkung, soweit es den Buchwert betrifft, gewollt ist, weil auch im Falle der Herauskündigung der Beschenkten der Nominalwert der Schenkung verbleibt. Das Ertragsteuerrecht[92] behandelt den Beschenkten nicht als Mitunternehmer, allenfalls als Kapitalgeber, der wie ein stiller Gesellschafter zu behandeln ist.

---

90 Kapp, § 7 ErbStG, Rz. 180; Troll, § 7 ErbStG, Anm. 33.

91 BFH v. 15. 10. 1981, BStBl. II 1982, 342.

92 BFH v. 29. 4. 1981, BStBl. II 1981, 663.

### 4. Behandlung der Anteilsschenkung bei Ausschluß wesentlicher Gesellschaftsrechte

Es fragt sich, ob eine Anteilsübertragung im Sinne des Erbschaftsteuerrechts 854
auch in den Fällen vorliegt, in denen ertragsteuerlich eine Anteilsübertragung nicht mehr angenommen werden kann.

Das Erbschaftsteuerrecht schließt im wesentlichen an Rechtsgeschäfte bzw. Rechtshandlungen an. Es gilt hier nicht die wirtschaftliche Betrachtungsweise. Es kommt also nicht darauf an, ob der Erwerber Mitunternehmer geworden ist, ob bei wirtschaftlicher Betrachtung eine Vermögensübertragung erfolgt ist[93].

Das Ertragsteuerrecht erkennt ein Gesellschaftsverhältnis (Vermögensübertragung) mit der Folge der Übertragung der Einkunftsquelle nicht an, wenn das Gesellschaftsverhältnis bürgerlich-rechtlich unwirksam ist, nicht ernsthaft gewollt, nicht tatsächlich durchgeführt ist und unter Bedingungen steht, wie sie unter fremden Dritten nicht abgeschlossen worden wären[94]. In der Regel wird man davon ausgehen, daß die Vermögensübertragung selbst gewollt ist, die Folgerungen aus der Vermögensübertragung erst gezogen werden sollen, wenn der Schenker verstorben ist. Ertragsteuerlich werden solche Schenkungen als Schenkungen von Todes wegen behandelt[95]. Insbesondere verneint die Rechtsprechung zum Ertragsteuerrecht eine Anteilsübertragung, wenn das Kündigungsrecht des Beschenkten zu Lebzeiten des Schenkers ausgeschlossen ist und dem Beschenkten zu Lebzeiten des Schenkers keine Gesellschaftsrechte zustehen und auch das Entnahmerecht bis auf die Steuerzahlungen begrenzt ist[96].

Wirtschaftlich gesehen ist in diesen Fällen der dingliche Vollzug der Schenkung 855
aufschiebend bedingt bis zum Zeitpunkt des Todes des Schenkers.

Im Gegensatz zum Recht der GmbH kennt das Recht der Personengesellschaft keine Mindestrechte, die dem Gesellschafter verbleiben müssen, um ihn als Gesellschafter anzusehen[97]. Eine erhebliche Minderung der Gesellschaftsrechte gegenüber dem Regelstatus des HGB führt nicht dazu, daß der Beschenkte nicht als Gesellschafter anzusehen ist.

Da es das Schenkungsteuerrecht davon abhängig macht, ob hier bürgerlich-rechtlich eine Änderung der Eigentumsverhältnisse erfolgt ist, kommt es nicht darauf an, ob der Beschenkte auch wirtschaftlich die Stellung eines Gesellschafters erlangt hat. Der Vorgang unterliegt daher grundsätzlich auch dann der Schenkungsteuer, wenn ertragsteuerlich eine Übertragung der Einkunftsquelle verneint wird.

---

93 BFH v. 22.9.1982, BStBl. II 1983, 179.

94 BFH v. 5.6.1986, BStBl. II 1986, 798; v. 29.1.1976, BStBl. II 1976, 324.

95 BFH v. 3.5.1979, BStBl. II 1979, 515; v. 8.2.1979, BStBl. II 1979, 405; v. 5.7.1979, BStBl. II 1979, 670.

96 Ebenda.

97 Schilling in Großkommentar HGB, § 59 HGB, Anm. 32.

### 5. Einräumung einer atypischen stillen Beteiligung

856 Räumt der Schenker an seinem Unternehmen Kindern schenkweise eine atypische stille Beteiligung ein, liegt keine Kapitalschenkung, sondern eine Schenkung eines Mitunternehmeranteils vor[98] (⇒ Buch I Rz. 1221 ff.). Die Bewertung der Zuwendung erfolgt daher nicht nach den Bewertungsregeln für eine stille Beteiligung (Kapitalforderung), sondern die atypische stille Beteiligung wird als Anteil am Betriebsvermögen (§§ 95 ff. BewG) bewertet.

### 6. Einräumung einer Unterbeteiligung (⇒ Buch I Rz. 1263)

857 Die unentgeltliche Einräumung einer Unterbeteiligung ist ein schenkungsteuerlicher Vorgang. Für die Wertberechnung ist zwischen einer typischen und einer atypischen Unterbeteiligung zu unterscheiden. Bei typischen Unterbeteiligungen handelt es sich um die Schenkung einer Kapitalforderung i.S. des § 12 BewG. Sie ist als solche grundsätzlich mit dem Nennwert anzusetzen[99]. Wann eine typische Unterbeteiligung mit einem höheren Wert als dem Nennwert anzusetzen ist, ist umstritten. Gleiches gilt für den Ansatz eines Übermaßes an Gewinnbeteiligung als selbständige Schenkung.

Nach dem Urteil des BFH vom 10. 3. 1970[100] soll sich bei Unterbeteiligungen entgegen der Behandlung sonstiger Kapitalforderungen das Abweichen der Rendite vom Normalen nicht nach der Höhe der Verzinsung der Einlage richten. Ein werterhöhender Umstand soll vielmehr nur insoweit gegeben sein, als die Unterbeteiligung im Vergleich zur Hauptbeteiligung größeren Nutzen bringt, als dies dem prozentualen Verhältnis der Unterbeteiligung an der Hauptbeteiligung entspricht, wobei persönliche Arbeitsleistung und unbeschränkte Haftung vorab zu berücksichtigen sind[101]. Hinsichtlich der Bewertung vgl. Abschn. 56 Abs. 7 i.V.m. Abschn. 7a Abs. 2 VStR.

Die Einräumung einer atypischen Unterbeteiligung wird schenkungsteuerlich wie eine unentgeltliche Übertragung eines Teils der Beteiligung behandelt[102]. Bemessungsgrundlage ist der entsprechende Anteil am Steuerwert des Betriebsvermögens. Hierbei sind die Gewinnaussichten nur insoweit zu berücksichtigen, als das Übermaß eine selbständige Schenkung i.S. des § 7 Abs. 6 ErbStG darstellt.

---

[98] Petzoldt, Erbschaft- und Schenkungsteuer, NWB, Fach 10, S. 551 mit weiteren Nachweisen.

[99] Sudhoff, Unternehmensnachfolge, S. 306; Böttcher/Zartmann/Faut, Stille Gesellschaft und Unterbeteiligung, 3. Auflage, S. 187, 190.

[100] BStBl. II 1970, 562.

[101] Meincke/Michel, § 12 ErbStG, RdNr. 81; Troll, § 12 ErbStG, Rz. 146.

[102] Vgl. Sudhoff, Unternehmensnachfolge, S. 316; a.A. Böttcher, Die Aufnahme von Kindern in das Familienunternehmen, S. 64.

## 7. Übertragung von Anteilen gegen Nießbrauchsvorbehalt[103]

Erfolgt der Nießbrauchsvorbehalt zugunsten des Anteilsschenkers, liegt keine Schenkung des Nießbrauchs vor. 858

Der geschenkte Anteil ist belastet mit dem Nießbrauch. Nach § 25 Abs. 1 ErbStG sind jedoch Nutzungs- und Rentenlast bei der Ermittlung des Wertes der Bereicherung zu berücksichtigen. Voraussetzung ist jedoch, daß überhaupt eine Bereicherung vorliegt. Beim Nießbrauch ist die Beschränkung des Jahresnutzungswertes auf 1/18 des Steuerwertes zu beachten, so daß der Kapitalwert des Nießbrauchs am Steuerwert nicht überschritten wird, insbesondere dann, wenn der Nießbrauch auf eine Quote begrenzt ist.

Ist der Beschenkte infolge der Belastung mit dem Nießbrauch nicht als Mitunternehmer anzusehen, ist § 13a ErbStG nicht anzuwenden. In der Regel ist er jedoch Mitunternehmer[104] (⇒ auch Buch I Rz. 1601 ff.).

## 8. Teilentgeltliche Übertragung eines Gesellschaftsanteils

Wird ein Anteil unentgeltlich übertragen, liegt kein Anwendungsfall des § 7 Abs. 7 ErbStG vor, sondern ein Fall des § 7 Abs. 1 Nr. 1 ErbStG[105]. Enthält eine Anteilsübertragung sowohl Elemente eines Kaufvertrages als auch einer Schenkung, so gilt als Schenkung der Teil, der die Gegenleistung übersteigt. Für die Frage, inwieweit ein Leistungsverhältnis ausgeglichen ist, sind die Verkehrswerte (gemeine Werte) miteinander zu vergleichen[106]. 859

Wird ein Anteil an einer Personengesellschaft eingeräumt, ohne daß der Erwerber das volle Entgelt hierfür zahlt, kann in der Übertragung eine gemischte Schenkung erblickt werden[107]. Wird der Anteil am bisherigen Einzelunternehmen auf einen fremden Dritten, insbesondere auf einen früheren Mitarbeiter, unter dem Verkehrswert übertragen, ist es fraglich, ob dies im Bewußtsein einer teilweisen Unentgeltlichkeit erfolgt ist. Vielfach erfolgte der Preisnachlaß in der Absicht, den Bestand des Unternehmens und insbesondere die Altersversorgung zu sichern. Auch bei Rechtsgeschäften mit den eigenen Kindern kann man bei einer Anteilsräumung unter Verkehrswert nicht darauf schließen, daß dies in Bereicherungsabsicht erfolgt. Vielfach haben Kinder ihre eigenen Vorstellungen und sind nicht bereit, sich zum vollen Entgelt im Unternehmen des Vaters einzukaufen. Das Merkmal der Unentgeltlichkeit fehlt jedoch, wenn der Preisnachlaß erforderlich war, um das Kind an das Unternehmen zu binden und von eigenen Berufs- 860

---

103 BFH v. 12.12.1979, BStBl. II 1980, 260; v. 21.10.1981, BStBl. II 1982, 83.

104 Zu § 13a EStG Schulze zur Wiesche, UVR 1998, 369; Ebelinig, DB 1999, 611; aber H 51 (1) ErbStH.

105 Troll, § 7 ErbStG, Anm. 5.

106 Schulz, Schenkung einer Beteiligung an einer Personengesellschaft, in: Festschrift 10 Jahre Fachhochschule Nordkirchen, S. 224.

107 Petzoldt, Erbschaft- und Schenkungsteuer, NWB, Fach 10, S. 536; Troll, § 7 ErbStG, Anm. 14; vgl. auch Schulz, Schenkung einer Beteiligung an einer Personengesellschaft, in: Festschrift 10 Jahre Fachhochschule Nordkirchen, S. 224.

plänen abzuhalten. Aus diesem Grunde kann eine gemischte Schenkung eines Anteils am Betriebsvermögen nur angenommen werden, wenn der Kaufpreis für den Anteil im offensichtlichen Mißverhältnis zum Verkehrswert steht, d.h. wenn die Unentgeltlichkeit überwiegt.

**Beispiel:**

S tritt in das bisherige Einzelunternehmen seines Vaters (V) mit einer Einlage von Euro 100.000,– ein und wird mit 50 v. H. am Gewinn und Auseinandersetzungsguthaben beteiligt. Das Kapitalkonto des Vaters beträgt ebenfalls Euro 100.000,–. Die stillen Reserven betragen jedoch Euro 300.000,–.

| | | |
|---|---|---|
| Der Wert der erworbenen Beteiligung beträgt | | Euro 400.000,– |
| | + | Euro 100.000,– |
| | | Euro 500.000,– |
| | 1/2 = | Euro 250.000,– |
| Somit liegt in Höhe von 60 v. H. eine Schenkung vor. | | |
| Ursprünglicher Steuerwert | | Euro 150.000,– |
| zuzüglich Bareinlagen | | Euro 100.000,– |
| neuer Steuerwert | | Euro 250.000,– |
| Anteil S am Steuerwert | | Euro 125.000,– |
| hiervon 60 v. H. (Schenkung) = | | Euro 75.000,– |

Die Schenkung ist mit Euro 75.000,– zu bewerten.

Eine gemischte Schenkung kann jedoch auch dann gegeben sein, wenn ein Gesellschafter seinen Anteil zu einem Wert, der erheblich unter dem Verkehrswert liegt, überträgt oder der Vater aus einer Familienpersonengesellschaft gegen eine Abfindung, die unter dem Verkehrswert liegt, ausscheidet.

Keine gemischte Schenkung liegt jedoch in der Übernahme der Gesellschaftsschulden vor[108]. Der durch Übertragung des Anteils (der Mitgliedschaftsrechte) an einer Personengesellschaft bewirkte Eintritt des Erwerbers in die gesellschaftlichen Verpflichtungen des Veräußerers einschließlich der damit verbundenen gesellschaftsinternen (anteiligen) Belastung mit den Gesellschaftsschulden, ist schenkungsrechtlich kein Entgelt für die Übertragung der Gesellschaftsanteile. Eine gemischte Schenkung liegt insoweit nicht vor. Dies gilt auch für die Übertragung der Mitgliedschaftsrechte an einer lediglich grundstücksbesitzenden GbR[109].

Überträgt ein Gesellschafter einer Personengesellschaft einen Teil seines bisherigen Gesellschaftsanteils unentgeltlich auf einen anderen Gesellschafter, so liegt eine gemischte Schenkung auch dann nicht vor, wenn zum Zeitpunkt der Übertragung Gesellschaftsschulden bestanden. Zwar muß der andere Gesellschafter gesellschaftsintern nach der Übertragung die Gesellschaftsschulden von einem

[108] BFH v. 17.2.1999, BStBl. II 1999, 476.
[109] BFH v. 14.12.1995, DB 1996, 762.

höheren Anteil als bisher gegen sich gelten lassen. Hierin liegt jedoch schenkungsteuerrechtlich kein Entgelt für die Übertragung des Gesellschaftsanteils[110].

Die Übertragung einer KG-Beteiligung gegen Einräumung des Gewinnbezugsrechts stellt eine Auflagenschenkung dar, die als gemischte Schenkung zu behandeln ist[111].

*a) Anteilsübertragung unter dem Buchwert*

Wird ein Anteil unter dem Buchwert übertragen, liegt eine gemischte Schenkung vor, soweit der Anteilsübernehmer bereichert ist[112]. Die Bereicherung ergibt sich jedoch nicht aus der Differenz zwischen dem vereinbarten Kaufpreis und dem Steuerwert. Der Anteilsübernehmer ist nicht bereichert, wenn der gemeine Wert des Anteils unter dem Buchwert liegt und dem vereinbarten Kaufpreis entspricht. Das wäre der Fall, wenn die Personengesellschaft eine zwingend gebotene Teilwertabschreibung auf das Betriebsvermögen (Wirtschaftsgüter) unterlassen hätte. Eine gemischte Schenkung liegt auch dann nicht vor, wenn der Anteilseigner sich in einer Notlage befand und der Erwerber zu keinem höheren Kaufpreis bereit war. 861

*b) Übertragung des Anteils zum Buchwert*

Wird ein Anteil zum Buchwert übertragen, so kann darin eine gemischte Schenkung liegen, wenn das Unternehmen erhebliche stille Reserven enthält, an denen der Anteilseigner teilhat. Ist jedoch im Gesellschaftsvertrag für den Fall des Ausscheidens aus der Personengesellschaft eine Buchwertklausel vereinbart, wird der Erwerber des Anteils nicht den vollen Wert des Anteils bezahlen wollen. Die Buchwertklausel beeinträchtigt den Wert eines Anteils negativ. Der Erwerber eines Anteils wird daher im Zweifel nur den Buchwert des Anteils bezahlen wollen, wenn die Buchwertklausel nicht nur die Fälle des freiwilligen Ausscheidens, sondern auch weitere Fälle wie die Liquidation betrifft. 862

Für die Frage, ob eine Bereicherung des Erwerbers vorliegt, sind der vereinbarte Kaufpreis und der gemeine Wert des Anteils, der nicht mit dem Steuerwert identisch ist, gegenüberzustellen. Für die Frage, ob ein Leistungsaustausch vorliegt oder nicht, ist nicht von den objektiven Werten auszugehen, sondern von den subjektiven Vorstellungen der Vertragspartner. Betrachten diese das Leistungsverhältnis als ausgeglichen, so liegt in vollem Umfang ein Leistungsaustausch vor, auch wenn objektiv gesehen beide Leistungen nicht gleichwertig sind. Ein offensichtliches Mißverhältnis zwischen Leistung und Gegenleistung läßt jedoch darauf schließen, daß ein Teil der Leistung unentgeltlich erfolgen soll, wobei zu beachten ist, daß der Zuwendungswille nur beim Schenker vorgelegen haben muß. 863

---

110 BFH v. 17.2.1999, BFH/NV 1999, 1338.
111 BFH v. 7.9.1994, BFH/NV 1995, 342.
112 Vgl. Schulze zur Wiesche, DStZ 1987, 339.

*c) Übertragung des Anteils über dem Buchwert*

864 Wird ein Anteil zum Buchwert übertragen, liegt zwar nach der neuesten Ertragsteuerrechtsprechung keine Betriebsveräußerung vor, dennoch kann auch in diesem Falle eine gemischte Schenkung vorliegen, wenn der vereinbarte Kaufpreis, obwohl er den Buchwert des Anteils übersteigt, im offenbaren Mißverhältnis zum Wert des Anteils liegt[113].

**Beispiel:**

A überträgt auf B seinen Anteil, Buchwert Euro 200.000,–, zu Euro 250.000,–. Verkehrswert des Anteils Euro 600.000,–, Steuerwert Euro 240.000,–. Der Mehrwert beruht im wesentlichen auf dem Firmenwert.

Obwohl der Veräußerungspreis den Buchwert und auch den Steuerwert des Anteils übersteigt, liegt eine gemischte Schenkung vor, weil der vereinbarte Kaufpreis in einem offensichtlichen Mißverhältnis zum Verkehrswert steht.

41,66 v.H. entgeltlich, 58,34 v.H. unentgeltlich

58,34 v.H. von Euro 240.000,– (Steuerwert) = Euro 140.016,–.

*d) Ausscheiden aus einer Personengesellschaft als Schenkung*

865 Scheidet der Vater aus einer Personengesellschaft, die aus ihm und seinen Kindern besteht, aus, liegt keine Schenkung im Sinne des § 7 Abs. 1 ErbStG, sondern eine Zuwendung im Sinne des § 7 Abs. 6 ErbStG vor. Hier ist nicht die Differenz zwischen dem Verkehrswert des Anteils und der Abfindung, sondern der Unterschiedsbetrag zwischen Steuerwert des Anteils und Abfindung als Schenkung zu erfassen. (Hinsichtlich weiterer Einzelheiten ⇒ Rz. 688.)

## 9. Die überhöhte Gewinnbeteiligung

866 Wird eine Beteiligung an einer Personengesellschaft mit einer Gewinnbeteiligung ausgestattet, die der Kapitaleinlage, der Arbeit oder sonstigen Leistungen des Gesellschafters für die Gesellschaft nicht entspricht oder die einem fremden Dritten üblicherweise nicht eingeräumt würde, so gilt das Übermaß an Gewinnbeteiligung als selbständige Schenkung, die mit dem Kapitalwert anzusetzen ist[114].

Diese Vorschrift soll lediglich ausschließen, daß die offenen und/oder stillen Reserven auf einem steuerlich nicht erfaßbaren Umweg auf den Beschenkten übertragen werden. Dies konnte früher dadurch erreicht werden, daß der Beschenkte zunächst nicht oder nur bedingt an den Reserven beteiligt wird, daß diese dann jedoch in dem der Zuwendung folgenden Jahr nach und nach aufgelöst werden, mit der Folge, daß sie dem Beschenkten über seine Gewinnbeteiligung anteilsmäßig zufließen. Ferner soll verhindert werden, daß dem Beschenkten über seine überhöhte Gewinnbeteiligung eine zusätzliche Neubildung von Vermögen

---

[113] BFH v. 10. 9. 1986, BStBl. II 1987, 80. Hinsichtlich weiterer Einzelheiten Schulze zur Wiesche, DStZ 1987, 339.

[114] Braunschweig, BB 1974, 1358; Rosenau, DB 1974, 256, 259; Schulze zur Wiesche, DStR 1974, 698; Petzoldt, NWB, Fach 10, S. 381.

zu Lasten des Gewinnanteils des Schenkers ermöglicht wird, ohne daß dieser in der überhöhten Gewinnbeteiligung liegende besondere Vermögensvorteil steuerlich angemessen erfaßt werden kann.

Der überhöhte Gewinnanteil ist eine selbständige Schenkung. Sie ist mit dem Kapitalwert der Schenkungsteuer zu unterwerfen.

Nach einem gemeinsamen Ländererlaß ist für die Berechnung des Kapitalwertes, soweit keine anderen Anhaltspunkte für die Laufzeit gegeben sind, davon auszugehen, daß der überhöhte Gewinnanteil dem Bedachten für die Dauer von 5 Jahren in gleichbleibender Höhe zufließen wird[115].

**Beispiel:**

A überträgt auf seinen Sohn eine Beteiligung von nominal Euro 100.000,–, die von seinem Kapitalkonto abgebucht wird. Der Steuerwert der Beteiligung beträgt Euro 150.000,–, der gemeine Wert Euro 200.000,–. Der Durchschnittsgewinn der letzten Jahre beträgt Euro 300.000,–. S soll am Gewinn mit 20 v. H. beteiligt sein.

**Wert der Schenkung**

| | |
|---|---|
| 1. Steuerwert des Anteils | Euro 150.000,– |
| 2. Übermaß Gewinnbeteiligung | |
| 15 v. H. von Euro 200.000,– | = Euro 30.000,– |
| 20 v. H. von Euro 300.000,– | = Euro 60.000,– |
| angemessen | = Euro 30.000,– |
| Übermaß = Jahresbetrag | = Euro 30.000,– |
| 5 Jahre = 4,505 | |
| (Hilfstafel II VStR) | Euro 135.150,– |
| Gesamtwert der Schenkung | Euro 285.150,– |

Was als überhöhte Gewinnbeteiligung anzusehen ist, ergibt sich nicht aus dem ErbStG[116]. Hierzu hat die Rechtsprechung vor einiger Zeit zum Ertragsteuerrecht Stellung genommen[117]. Die vom Großen Senat[118] erarbeiteten Grundsätze dürften auch für das Erbschaftsteuerrecht zu übernehmen sein[119]. Auch hier ergibt sich die gleiche Problematik. Der gemeine Wert der Beteiligung unter Berücksichtigung der Ertragsaussichten dürfte in der Praxis schwer zu ermitteln sein. Am zweckmäßigsten ist es, vor Abschluß eines Schenkungsvertrages hinsichtlich der Wertfeststellung eine Abstimmung mit dem Finanzamt vorzunehmen, damit künftiger Ärger erspart bleibt. 867

§ 7 Abs. 6 ErbStG wie auch § 7 Abs. 5 ErbStG stellen auf eine Beteiligung an einer Personengesellschaft ab. Das Sonderbetriebsvermögen ist keine Beteiligung an einer Personengesellschaft in diesem Sinne. Die in § 7 Abs. 6 ErbStG erfaßten Vermögensbeteiligungen umfassen den gesamten handelsrechtlichen Gewinn, 868

---

115 FinMin. Baden-Württemberg v. 20. 12. 1974 – S 3715 – 1/74, Gemeinsamer Ländererlaß.

116 Kapp, § 7 ErbStG, Rz. 190; Petzoldt, § 7 ErbStG, Rz. 163.

117 ⇒ Familiengesellschaft (Rz. 1023 ff.).

118 BFH GrS v. 29. 5. 1972, BStBl. II 1973, 5; v. 29. 3. 1973, BStBl. II 1973, 489; v. 4. 9. 1973, BStBl. II 1973, 866.

119 FinMin. Baden-Württemberg v. 20. 12. 1974 – S 3715 – 1/74, Gemeinsamer Ländererlaß.

Vorweggewinn und Verteilung des Restgewinns. Das ergibt sich daraus, daß die Gewinnbeteiligung dem Gesellschafterbeitrag entsprechen soll, gewisse Gesellschafterbeiträge werden vielfach vorab vergütet, Kapitalkontenverzinsung, Haftungsvergütung. Rechtsprechung und Literatur[120] sind der Ansicht, daß für die Ermittlung der erhöhten Gewinnbeteiligung die zum Ertragsteuerrecht ergangenen Grundsätze auch für das Erbschaftsteuerrecht übernommen werden sollen.

Es ist aber zu beachten, daß die Grundsätze des BFH (15 v.H. vom gemeinen Wert des Anteils) sich lediglich auf den Restgewinn beziehen und nicht auf den tätigen Gesellschafter[121]. Ist hinsichtlich des Arbeitsverhältnisses ein Sonderrechtsverhältnis begründet worden, so darf die höher gewährte Vergütung nicht in die Angemessenheitsprüfung mit einbezogen werden, da hier ein Leistungs- und kein Beitragsverhältnis zwischen Gesellschaft und Gesellschafter besteht.

*869* Unangemessen hohe Sondervergütungen (überhöhtes Geschäftsführergehalt, überhöhte Darlehenszinsen, überhöhte Miet- und Pachtzinsen) fallen nicht unter § 7 Abs. 6 ErbStG, weil es sich hier nicht um eine Gewinnbeteiligung aufgrund von Gesellschafterbeiträgen, sondern um eine verdeckte Schenkung im Rahmen eines Leistungsaustausches handelt.

Die überhöhte Gewinnbeteiligung wird als selbständige Schenkung angesehen, das bedeutet nicht, daß der Anteil ebenfalls im Wege der Schenkung übertragen werden muß.

Eine überhöhte und daher unangemessene Gewinnverteilung kann auch im Rahmen einer entgeltlichen bzw. teilentgeltlichen Vorteilsübertragung in Betracht kommen.

**Beispiel:**

A räumt seinem Sohn (S) eine Beteiligung an seinem Unternehmen gegen Zahlung von Euro 200.000,– ein. Wert des erhaltenen Anteils Euro 300.000,–. S erhält hierfür eine Gewinnbeteiligung von 50 v. H. des HB-Gewinns der Gewinne der letzten Jahre (Euro 160.000,–).

Es muß hier berücksichtigt werden, daß insgesamt keine gemischte Schenkung vorliegt, da der entgeltliche Teil überwiegt und somit das ganze Rechtsgeschäft als ein vollentgeltliches anzusehen ist. Die überhöhte Gewinnbeteiligung läßt jedoch darauf schließen, daß nach der subjektiven Vorstellung der Vertragspartner ein Teil des Rechtsgeschäfts unentgeltlich sein soll.

## VII. Freibetrag im Falle der vorweggenommenen Erbfolge (⇒ Rz. 288ff.)

*870* Der Freibetrag von Euro 256.000,– wird auch beim Erwerb im Wege der vorweggenommenen Erbfolge gewährt, wenn der Schenker dem Finanzamt unwiderruflich erklärt, daß der Freibetrag für die Schenkung in Anspruch genommen wird.

---

120 ⇒ Rz. 1031ff.

121 BFH GrS v. 29. 5. 1972, BStBl. II 1973, 5.

Bei Übertragung von Betriebsvermögen unter Lebenden wird der Freibetrag nur gewährt, wenn der Erwerb im Rahmen der vorweggenommenen Erbfolge erfolgte. Das setzt voraus, daß 871
1. der Erwerber ein künftiger Erbe ist,
2. die Erbfolge dem Todesfall vorweggenommen wird[122].

## 1. Künftiger Erbe

Künftiger Erbe ist auf jeden Fall derjenige, der zum Kreis der gesetzlichen Erben gehört. Da auch eine gewillkürte Erbfolge möglich ist, kann grds. auch die Erbfolge an einen gewillkürten Erben vorgenommen werden, z.B. an einen Neffen, wenn leibliche Abkömmlinge nicht vorhanden sind, oder an einen Enkel, wenn dieser als Unternehmensnachfolger besser geeignet ist. Hier genügt als Grundlage z. B. Testament, Erbvertrag, Erb- und Pflichtteilsverzicht[123]. 872

Keine vorweggenommene Erbfolge ist i.d.R. gegeben, wenn es sich um ein einzelnes Wirtschaftsgut handelt. Ein Betrieb und ein Anteil an einem solchen werden im Wege der vorweggenommenen Erbfolge übertragen, wenn diese die gewerbliche Existenzgrundlage der Übertragenden darstellen. 873

Bei Zuwendungen an die in den Steuerklassen I und II genannten Erwerber kann davon ausgegangen werden, daß eine vorweggenommene Erbfolge beabsichtigt ist. 874

## 2. Vorweggenommene Erbfolge

Der Begriff vorweggenommene Erbfolge ist ein unbestimmter Rechtsbegriff, der auszulegen ist. Man wird hier auf die neuere Rechtsprechung zum Ertragsteuerrecht zurückgreifen können (⇒ Buch I Rz. 800). 875

Stellt der Betrieb für sich genommen keine wesentliche Grundlage des Vermögens der Übertragenden dar, wird eine vorweggenommene Erbfolge nur dann vorliegen, wenn im Zusammenhang mit dieser weiteres Vermögen übertragen wird (hinsichtlich des Begriffs „existenzsichernde Grundlage" siehe Rentenerlaß Tz. 5; ⇒ Rz. 895). 876

Die Voraussetzungen einer vorweggenommenen Erbfolge werden daher i.d.R. nicht gegeben sein, wenn der Schenker von einem in mehrere Teilbetriebe gegliederten Betrieb einen Teilbetrieb überträgt oder bei mehreren Betrieben und Beteiligungen die Regelung nur die Übertragung einzelner Betriebe und Beteiligungen vorsieht, der Übertragende seine unternehmerische Tätigkeit lediglich

[122] Literatur: Andreas Söffing/Hill, Der neue Erbschaftsteuerfreibetrag für Betriebsvermögen, BB 1994, 1686; Hübner, Der erbschaft- und schenkungsteuerliche Freibetrag für die Übertragung von Betriebsvermögen, DStR 1995, 197, Felix, Praktizierung des erbschaftsteuerlichen Betriebsvermögensfreibetrages, § 13 Abs. 2a ErbStG, KöSDi 7/94, 8778; Stephan, Der Freibetrag für inländische Betriebsvermögen gem. § 13 Abs. 2a ErbStG und das Gewaltenteilungsprinzip, DB 1995, 293; Schulze zur Wiesche, Erbschaftsteuergesetzänderungen, Wpg 1994, 574.

[123] Schr. BdF v. 29.11.1994, BStBl. I 1994, 905, Tz. 3.1.

eingeschränkt beibehält. Die Aufteilung von Anteilen an Personengesellschaften und die Einräumung von Unterbeteiligungen dürften die Voraussetzungen einer vorweggenommenen Erbfolge nicht erfüllen, wenn der Schenker weiterhin Gesellschafter bleibt. Bei Übertragung einzelner Wirtschaftsgüter, auch wenn sie Betriebsvermögen bleiben, werden die Voraussetzungen einer vorweggenommenen Erbfolge nicht gegeben sein.

**Beispiel:**

A ist bisheriger Einzelunternehmer. Der Steuerwert seines Betriebs beträgt 3 Mio. Euro. A schenkt seinen Söhnen das Umlaufvermögen, anteiliger Steuerwert Euro 500.000,–. Den Rest des Betriebsvermögens behält er zurück und verpachtet es an seinen Sohn.

Mit der Übertragung des Umlaufvermögens ist keine vorweggenommene Erbregelung getroffen worden, da A im wesentlichen das existenzsichernde Vermögen zurückbehalten hat und nunmehr einen Verpachtungsbetrieb führt.

Da die vorweggenommene Erbfolge vielmehr teilentgeltlich erfolgt, weil Abstandsgelder und Gleichstellungsgelder zu zahlen sind, beeinträchtigt die Teilentgeltlichkeit der Übertragung im Wege der vorweggenommenen Erbfolge die Gewährung des Betriebsvermögensfreibetrags nicht, soweit hinsichtlich des Betriebsvermögens ein steuerpflichtiger Erwerb gegeben ist.

Inwieweit die Einräumung von Nutzungsrechten – wie Nießbrauch – Einfluß auf den Freibetrag hat, soll hier unerörtert bleiben.

### 3. Aufteilung des Freibetrags

*877* Der Freibetrag wird nur gewährt, wenn der Schenker dem Finanzamt unwiderruflich erklärt, daß der Freibetrag für diese Schenkung in Anspruch genommen wird.

Dabei hat der Schenker, wenn zum selben Zeitpunkt mehrere Erwerber bedacht werden, den für die Bedachten maßgebenden Teilbetrag von Euro 256.000,– zu bestimmen.

### 4. Sperrfrist von 10 Jahren

*878* Für die begünstigte unentgeltliche Übertragung von Betriebsvermögen kommt nur jeweils eine Übertragung von Betriebsvermögen innerhalb von 10 Jahren in Betracht.

Auf die Zahl der Erwerber kommt es hier nicht an. Bei der Sperrfrist von 10 Jahren ist lediglich auf den bisherigen Betriebsinhaber abzustellen. Der Betriebsvermögensfreibetrag kann vom Übertragenden (Erblasser) jeweils im 10-Jahres-Rhythmus zur Anwendung gebracht werden. Das gilt auch für einen Erbfall innerhalb der Frist von 10 Jahren.

**Beispiel:**

A hat seinem Sohn (S) im Wege der vorweggenommenen Erbfolge sein Betriebsvermögen übertragen. Für diesen Erwerb wurde der Betriebsvermögensfreibetrag in Anspruch genommen. Da S zwischenzeitlich gestorben war, wird A nach 8 Jahren von seinem Enkel (E) auf den Rest beerbt. Im Nachlaß befindet sich ein Betrieb. E kann keinen Betriebsvermögensfreibetrag für sich beanspruchen.

Der Freibetrag wird nur für **eine** Übertragung innerhalb dieses Zeitraums gewährt. Ist der Freibetrag durch die unentgeltliche Übertragung nicht ausgeschöpft worden, kann der Restbetrag für spätere unentgeltliche Betriebsübertragungen nicht beansprucht werden. Da die Inanspruchnahme unwiderruflich ist, ist eine spätere Rückgängigmachung einer Inanspruchnahme grds. nicht möglich. *879*

### 5. Wegfall der Steuerbefreiung bei Veräußerung (§ 13 a ErbStG)

Die Steuerbefreiung fällt mit Wirkung für die Vergangenheit weg, soweit innerhalb von 5 Jahren nach dem Erwerb ein Gewerbebetrieb oder Teilbetrieb, ein Anteil an einer Gesellschaft i.S. des § 15 Abs. 1 Nr. 2 EStG, ein Anteil des persönlich haftenden Gesellschafters einer KGaA oder ein Anteil daran veräußert wird. Die Einbeziehung von Kapitalbeteiligung bei Mindestbeteiligung von 25 v.H. (Jahressteuergesetz 1996) wurde zunächst einmal zurückgestellt. Die Veräußerung von Sonderbetriebsvermögen kommt einer Betriebs- bzw. Anteilsveräußerung gleich, wenn dieses die wesentliche Betriebsgrundlage darstellt. Unter den Begriff der Anteilsveräußerung fällt jede Anteilsminderung gegen Entgelt. Als Anteilsveräußerung gilt auch die Veräußerung eines Bruchteils an einem Anteil, somit würde die entgeltliche Einräumung einer Unterbeteiligung hierunter fallen. Die unentgeltliche Übertragung innerhalb von 5 Jahren fällt nicht hierunter. Zweifelhaft ist die Teilentgeltlichkeit. U.E. fällt die teilentgeltliche Überlassung nicht unter die schädliche Betriebsveräußerung, wenn sie im Rahmen einer Regelung der vorweggenommen Erbfolge erfolgt. Einer Betriebsveräußerung gleichgestellt ist die Betriebsaufgabe. *880*

Satz 4 stellt klar, daß die Veräußerung der wesentlichen Betriebsgrundlagen eines Gewerbebetriebs oder die Überführung dieser ins Privatvermögen oder zu anderen betriebsfremden Zwecken als Betriebsveräußerung anzusehen ist. Eine Betriebsveräußerung ist auch dann gegeben, wenn Anteile an einer Kapitalgesellschaft veräußert werden, die der Veräußerer durch eine Sacheinlage (§ 20 Abs. 1 UmwStG) aus dem begünstigten Betriebsvermögen erworben hat. Es handelt sich hier um sog. einbringungsgeborene Anteile, deren Veräußerung unter § 21 Abs. 1 UmwStG fällt. Es kann hieraus geschlossen werden, daß die Einbringung in eine Kapitalgesellschaft zu Buchwerten selbst nicht hierunter fällt, weil sonst die Erfassung einer späteren Veräußerung der GmbH-Anteile ins Leere gehen würde. Einer Veräußerung steht jedoch die Einbringung zum Teilwert gleich. Die gleiche Frage taucht bei der Einbringung eines Betriebs oder Teilbetriebs in eine Personengesellschaft auf, ob eine solche als schädliche Veräußerung angesehen wird. U.E. liegt eine Betriebsfortführung vor, wenn die Personengesellschaft das Betriebsvermögen mit dem Buchwert übernimmt, spätere Veräußerungsgewinne innerhalb der 5-Jahres-Frist werden weiterhin erfaßt. Als Veräußerungsvorgang gilt jedoch die Übernahme des Betriebsvermögens zum Teilwert. U.E. werden durch eine Übernahme des begünstigten Betriebsvermögens durch die Personengesell- *881* schaft zum Teilwert die Folgen des § 13 Abs. 2a Satz 3 ErbStG ausgelöst mit der Folge, daß der Freibetrag entfällt. Gleiches gilt für die Altgesellschafter einer Personengesellschaft bei Eintritt eines neuen Gesellschafters, wenn die Altanteile begünstigtes Betriebsvermögen darstellen.

882 Die Mißbrauchsregelungen in § 13a Abs. 5 Nr. 1 Satz 2 ErbStG sind personenbezogen. Es kommt daher nur bei demjenigen zur rückwirkenden Versagung des Freibetrags für das Betriebsvermögen, der einen solchen Freibetrag oder Freibetragsanteil erhalten und das auf ihn übergegangene Betriebsvermögen innerhalb der 5-Jahres-Frist steuerschädlich verwandt hat.

883 Als Veräußerung gelten auch Entnahmen i.S. des § 13a Abs. 5 Nr. 3 ErbStG, soweit sie Einlagen und Gewinne um Euro 52.000,– übersteigen.

884 Der Freibetrag ist auch dann in vollem Umfang verbraucht, wenn er nur teilweise in Anspruch genommen werden konnte, weil der Steuerwert des zugewendeten Betriebs geringer als Euro 256.000,– war[124].

## VIII. Übergang eines Anteils von Todes wegen

885 Das subjektive Merkmal des Bewußtseins der Unentgeltlichkeit gehört nicht zum gesetzlichen Tatbestand des § 3 Abs. 1 Nr. 2 Satz 2 ErbStG. Wächst der Anteil des Gesellschafters einer Personengesellschaft als Folge der im Gesellschaftsvertrag vereinbarten Fortführung der Gesellschaft beim Tode des Gesellschafters den übrigen Gesellschaftern gem. § 738 Abs. 1 Satz 1 BGB an, so unterliegt der damit verbundene Übergang des Anteils des Verstorbenen am Gesellschaftsvermögen auf diese nach § 3 Abs. 1 Nr. 2 Satz 2 ErbStG der Erbschaftsteuer[125]. Wird beim Tode des Gesellschafters einer GmbH der Geschäftsanteil des Verstorbenen gem. § 34 GmbHG eingezogen, so kommt eine Besteuerung der Gesellschafter der GmbH gem. § 3 Abs. 1 Nr. 2 Satz 2 ErbStG in Anrechnung eines die Abfindung der Erben übersteigenden Wertes des Geschäftsanteils in Betracht.

## IX. Adoption

886 Adoptionen sind auch erbschaftsteuerlich anzuerkennen, wenn die bürgerlichrechtlichen Voraussetzungen erfüllt sind, mit der Folge, daß die angenommenen Kinder die Stellung von ehelichen Kindern haben.

Es ist nicht Aufgabe der Finanzbehörden, den Zweck der Adoption zu prüfen. Diese ist rechtlich anzuerkennen, auch wenn sie in erster Linie aus erbschaftsteuerlichen Gründen erfolgte.

Eine Adoption an Kindes Statt ist dann zweckmäßig, wenn der Erblasser keine eigenen direkten Nachkommen hat. Hat der Erblasser einen Neffen zum Erben

124 Erl. v. 29.11.1994, BStBl. I 1994, 905, Tz. 4.

125 BFH v. 1.7.1992, BB 1992, 1783; vgl. auch BFH v. 1.7.1992, BFH/NV 1993, 101.

eingesetzt, so fällt dieser in die Steuerklasse II. Tritt dieser aber durch Adoption in ein Kindschaftsverhältnis zum Erblasser, so rückt er automatisch in die Steuerklasse I auf.

Wenn auch bürgerlich-rechtlich das Verwandtschaftsverhältnis zu den leiblichen Eltern und damit auch zu den bisherigen Verwandten erloschen ist, bleibt das Erbschaftsteuerrecht davon unberührt. Das adoptierte Kind behält die Steuerklasse I, wenn es von den leiblichen Eltern erbt, die Steuerklasse II, wenn es von den leiblichen Großeltern erbt. Werden durch die Großeltern auch Verwandtschaftsverhältnisse zu dem adoptierten Teil begründet, so wirkt sich das auch auf die Verwandten der Adoptiveltern aus. Der Adoptierte erbt von den Adoptivgroßeltern. Auch hier fällt der Erwerb unter die Steuerklasse I (allerdings nur mit einem Freibetrag von Euro 51.200,–, § 16 Abs. 1 Nr. 3 ErbStG). Befinden sich im Nachlaß nur Betriebsvermögen und wesentliche Beteiligungen von mehr als 25 v.H., kann auf eine Adoption verzichtet werden, weil hier nur nach Steuerklasse I versteuert wird.

## 2. Abschnitt
## Einkommensteuer

### I. Verfügungen zur Regelung der vorweggenommenen Erbfolge im Bereich des Privatvermögens (⇒ Buch I Rz. 800 ff.)

#### 1. Grundsätze[126]

Vermögensübertragungen im Wege der vorweggenommenen Erbfolge wurden bisher, auch wenn sie an eine Gegenleistung des Empfängers geknüpft waren, nicht als entgeltliche Rechtsgeschäfte, sondern als Schenkungen unter Auflage angesehen. Nach der Rechtsprechung des Großen Senates[127] sind Leistungen des Empfängers als Entgelt anzusehen, wenn sie Leistungsaustauschcharakter haben. Auf die Ausgewogenheit des Entgeltes kommt es hierbei nicht an. Vermögensübertragungen im Wege der vorweggenommenen Erbfolge haben dann bei Gegenleistungen des Empfängers entgeltlichen (teilentgeltlichen) Charakter, wenn der Vermögensübernehmer eine Abstandszahlung leistet, erbberechtigten Dritten ein Gleichstellungsgeld zahlt oder die Verbindlichkeiten des Vermögensübertragenden auch als persönliche Schuld übernimmt. *887*

Abstandszahlungen sind auch bei vereinbarter Zinslosigkeit abzuzinsen. Der Ertragsanteil ist vom Empfänger als Kapitaleinkünfte zu versteuern. Behält sich *888*

---

[126] Literatur zur neuen Rechtsprechung: Niepoth, DB 1991, 249; Flume, DB 1990, 2390; Obermeier, Übertragung von Privat- und Betriebsvermögen bei vorweggenommener Erbfolge, NWB Fach 3, S. 7591; Groh, DB 1990, 2181; Märkle/Franz, BB Beilage 5 zu Heft 5/1991, S. 15 ff.; Mundt, DStR 1991, 689; Costede, StVj. 1989, 41.

[127] Beschluß v. 5.7.1990, BStBl. II 1990, 837.

der Übergeber eines Grundstücks im Rahmen der vorweggenommenen Erbfolge u.a. ein Nutzungsrecht am übertragenen Grundstück vor, so ist für die Aufteilung des Rechtsgeschäftes in den entgeltlichen und unentgeltlichen Teil dem Entgelt der um den Kapitalwert des Nutzungsrechtes geminderte Wert des Grundstücks gegenüberzustellen[128].

*889* Verkaufen Eltern ihr Grundstück an die Kinder und schenken sie gleichzeitig einen Geldbetrag, kann darin ein Gestaltungsmißbrauch gesehen werden[129].

*890* Keine teilentgeltliche bzw. teilunentgeltliche Vermögensübertragung liegt vor, wenn der Vermögensempfänger die Versorgung des Schenkers übernimmt. Die Schenkung eines Vermögensgegenstandes gegen eine Versorgungsrente, soweit dies zur Regelung der vorweggenommenen Erbfolge dient, stellt in jedem Falle eine Auflage und kein Entgelt dar[130]. Keine Versorgungsrenten sind Zeitrenten. Sie werden als entgeltlich behandelt. Sofern sie mit Einkünften im Zusammenhang stehen, werden sie beim Verpflichteten mit dem Ertragsanteil, der nach BewG zu ermitteln ist, angesetzt[131].

*891* Behält sich der Schenker an dem Gegenstand ein Nutzungsrecht bzw. Teilnutzungsrecht (Nießbrauch, dingliches Wohnrecht) zurück, so hat der Schenker den Vermögensgegenstand belastet mit diesem Nutzungsrecht erworben. Die Einräumung des Nutzungsrechtes stellt kein Entgelt für die Vermögensübertragung dar. Der Kapitalwert des Nutzungsrechtes kann daher auch nicht in die Anschaffungskosten mit einbezogen werden[132].

### 2. Vermögensübergabe im Rahmen der vorweggenommenen Erbfolge[133]

*a) Grundsätze*

*892* Unter einer vorweggenommenen Erbfolge ist nach der Rechtsprechung die Übertragung von existenzsicherndem Vermögen an die künftigen Erben unter Lebenden zu verstehen, bei der sich der Vermögensübergeber in Gestalt der Versorgungsleistungen typischerweise Erträge seines Vermögens vorbehält, die nunmehr allerdings vom Vermögensübernehmer erwirtschaftet werden müssen (Tz. 3 des Rentenerlasses).

[128] BFH v. 24.4.1991, DB 1991, 1860.

[129] BFH v. 10.10.1991, FR 1992, 167.

[130] BFH v. 10.4.1991, DB 1991, 1859; v. 24.4.1991, DB 1991, 1861.

[131] Schreiben BdF v. 23.12.1996, FR 1997, 65, Tz. 50ff.

[132] Ebenda.

[133] BdF-Schreiben v. 23.12.1996 IV 133 – S 2257 – 54/94, BStBl. I 1997, 1508; BFH v. 16.12.1993, FR 1994, 257.

*b) Beteiligte Personen*

aa) Empfänger des Vermögens

Empfänger sind die künftigen Erben. Als künftige gesetzliche Erben kommen die Abkömmlinge[134] und grundsätzlich auch gesetzlich Erbberechtigte entferntere Verwandte des Übergebers in Betracht. Beim Fehlen gesetzlicher Erben kommt auch eine Vermögensübergabe an nahestehende Dritte in Betracht (Tz. 23). 893

bb) Empfänger der Versorgungsleistungen

Als Empfänger der Versorgungsleistungen kommen in erster Linie der Übergeber, dessen Ehegatte und die gesetzlich erbberechtigten Abkömmlinge[135] des Übergebers in Betracht. Familienfremde Dritte können Empfänger der Versorgungsleistungen sein (⇒ Buch I Rz. 1632 ff.). Jedoch kann Empfänger von Versorgungsleistungen auch ein Dritter sein, der wiederum dem Übergeber Vermögen gegen Übernahme der Versorgung übertragen hat[136] (Tz. 24). 894

*c) Existenzsichernde Wirtschaftseinheiten*

Gegenstand der Vermögensübergabe muß eine Wirtschaftseinheit sein, die zumindest teilweise dazu geeignet ist, die Existenz des Übernehmers und des Übergebers sicherzustellen (Tz. 5, 7). 895

a) Existenzsichernde Wirtschaftseinheiten sind (Tz. 8):
- Betriebe, Teilbetriebe, Mitunternehmeranteile, atypisch stille Beteiligungen,
- Anteile an Kapitalgesellschaften, unabhängig von der Höhe der Beteiligung,
- Geschäfts- oder Mietwohngrundstücke,
- Einfamilienhäuser, Eigentumswohnungen, auch wenn diese vom Übernehmer zu eigenen Wohnzwecken genutzt werden,
- verpachtete unbebaute Grundstücke,
- Vorbehaltsnießbrauch, der abgelöst wird, wenn er für den Nießbraucher eine existenzsichernde Wirtschaftseinheit darstellt (Tz. 9).

b) Nicht existenzsichernde Wirtschaftseinheiten sind dagegen (Tz. 10):
- ertragloses Vermögen, z.B. Hausrat, Kunstgegenstände, Brachland,
- Wertpapiere, typische stille Beteiligungen, Geldbeträge,
- Vermögen, an dem sich der Übergeber einen Totalnießbrauch vorbehält, es sei denn, es handelt sich um einen bloßen Sicherungsnießbrauch mit der Folge, daß die Ausübung des Nießbrauchs gemäß § 1059 BGB dem Übernehmer überlassen wird.

Hinsichtlich der steuerlichen Auswirkung ist es von Bedeutung, ob es sich bei dem übertragenen Vermögen um eine ausreichend ertragbringende Einheit (Typ I) oder um eine solche ohne ausreichende Erträge (Typ II) handelt.

---

[134] BFH v. 16. 12. 1993, FR 1994, 257.
[135] BFH v. 27. 2. 1992, BStBl. II 1992, 612.
[136] BFH v. 14. 12. 1994, FR 1995, 503.

*d) Ausreichend ertragbringende Wirtschaftseinheit*

896 Von einer ausreichend ertragbringenden Einheit ist auszugehen, wenn nach überschlägiger Berechnung die Versorgungsleistungen nicht höher sind, als der langfristig erzielbare Ertrag des übergehenden Vermögens.

Es müssen Erträge i.S. des § 2 Abs. 1 EStG gegeben sein. Zu den Erträgen gehört jedoch auch der Nutzungswert der vom Übernehmer eigengenutzten Wohnung. Der Nutzungswert der Wohnung, die vom Übergeber aufgrund vorbehaltenen Nutzungsrechts zu eigenen Wohnzwecken genutzt wird, rechnet jedoch nicht hierzu (Tz. 13, 14). Die Erträge sind auf der Grundlage der steuerlichen Einkünfte zu ermitteln. Die Versorgungsleistungen müssen durch entspr. Erträge aus dem übernommenen Vermögen abgedeckt sein.

Wird Vermögen z.T. entgeltlich und z.T. unentgeltlich übertragen, müssen die Erträge, die auf den unentgeltlichen Teil entfallen, zur Erbringung der Versorgungsleistungen ausreichen. Hier gelten die Grundsätze für die Aufteilung in einen entgeltlichen und einen unentgeltlichen Teil der Vermögensübertragungen[137] (Tz. 16).

*e) Übertragung einer existenzsichernden Einheit ohne ausreichende Erträge*

897 Gegenstand der Vermögensübergabe kann auch eine existenzsichernde und ihrem Wesen nach ertragbringende Wirtschaftseinheit sein, deren Erträge aber nicht ausreichen, um die wiederkehrenden Leistungen zu erbringen[138] (Tz. 17, 18).

Voraussetzungen für eine Vermögensübergabe in diesen Fällen ist, daß der Wert des Vermögens im Zeitpunkt der Vermögensübergabe bei überschlägiger und großzügiger Berechnung mindestens die Hälfte des Kapitals und der wiederkehrenden Leistungen[139] beträgt.

898 Bei der zeitlich gestreckten gleitenden Vermögensübergabe (Tz. 10, Nießbrauchsvorbehalt) ist auf den Wert des Vermögens im Zeitpunkt der Vermögensübertragung unter Nießbrauchsvorbehalt abzustellen (Tz. 18). Bei teilentgeltlichem Erwerb ist Voraussetzung, daß der auf den unentgeltlich erworbenen Teil entfallende Wert des übernommenen Vermögens mindestens die Hälfte des Kapitalwerts der wiederkehrenden Leistung beträgt (Tz. 19). Hinsichtlich der nachträglichen Umschichtung des Vermögens durch den Erwerber siehe Tz. 20, 21.

899 Erwirbt jemand Vermögen unter dem Vorbehalt des Nießbrauchs und sagt er aus diesem Anlaß dem Übergeber Versorgungsleistungen zu, sind die Aufwendungen hierfür mangels überlassener Erträge nicht als dauernde Last abziehbar[140].

900 Die Ablösung eines Vorbehaltsnießbrauchs kann eine unentgeltliche Vermögensübergabe sein, mit der Folge, daß in sachlichem Zusammenhang hiermit vereinbarte – auf Lebenszeit an den Berechtigten gezahlte – abänderbare Versor-

[137] BMF-Schreiben v. 13. 1. 1993, BStBl. I 1993, 8c).
[138] BFH v. 23. 1. 1992, BStBl. II 1992, 526; Vorlagebeschluß an den Großen Senat.
[139] BFH v. 15. 7. 1991, BStBl. II 1992, 78.
[140] BFH v. 14. 7. 1993, BB 1993, 2284.

gungsleistungen oder sonstige Bezüge aus wiederkehrenden Leistungen (§ 22 Nr. 1 Satz 1 EStG) steuerbar sind[141]. Sie sind beim Verpflichteten in voller Höhe als Sonderausgaben abziehbar[142].

War ein Grundstück unter Vorbehalt des Nießbrauchs übertragen worden und gibt der Berechtigte sein Nutzungsrecht auf, damit der Eigentümer das nunmehr lastenfreie Grundstück veräußern kann, sind im Zusammenhang hiermit vereinbarte Zahlungen, die wiederkehrend auf die Lebenszeit des vormaligen Nießbrauchers zu erbringen sind, nicht als Sonderausgaben (Rente oder dauernde Last) abziehbar. Der Verzicht auf einen Vorbehaltsnießbrauch an einer existenzsichernden Wirtschaftseinheit steht nur dann einer Vermögensabgabe gleich, wenn das Objekt zu dem Zweck des weiteren „Bewirtschaftens" übergeben wird. Denn andernfalls würden der Grundgedanke des steuerlichen Rechtsinstituts der Vermögensabgabe und der Zweck ihrer steuerlichen Privilegierung verfehlt[143]. 901

Wird jedoch ein Wohnrecht durch eine Rente abgelöst, damit der Eigentümer selbst die Wohnung nutzen kann, stellt die Rente bei den Einkünften aus Vermietung und Verpachtung Werbungskosten dar[144].

### 3. Schenkung unter Übernahme von Verbindlichkeiten

Wird im Rahmen der vorweggenommenen Erbfolge ein Miethaus, das mit Grundpfandrechten belastet ist, übertragen und übernimmt der Erwerber auch die persönliche Schuld, stellt die Übernahme der Schuld ein Entgelt dar. Da die Schuld i.d.R. jedoch nicht den gesamten Wert des übertragenen Gegenstandes abdeckt, liegt ein teilentgeltliches Rechtsgeschäft vor. Nach der Rechtsprechung des BFH sind teilentgeltliche Rechtsgeschäfte zumindest im privaten Bereich in ein entgeltliches und in ein unentgeltliches aufzuteilen. 902

**Beispiel:**

A überträgt auf seinen Sohn S ein Mietwohngrundstück. Die Herstellungskosten des Gebäudes betrugen Euro 400.000,–, der gemeine Wert des bebauten Grundstücks betrug im Zeitpunkt der Übergabe Euro 1 Mio. Das Grundstück war im Zeitpunkt der Übergabe mit Grundpfandrechten in Höhe von Euro 400.000,– belastet, die S durch notariellen Übernahmevertrag mitübernahm.

Es handelt sich hier im vorliegenden Fall um ein teilentgeltliches Rechtsgeschäft. Die Übernahme der Hypothek stellt den Kaufpreis dar. Das Rechtsgeschäft ist im Verhältnis des Veräußerungspreises zum Verkehrswert des Grundstücks in ein entgeltliches und ein unentgeltliches aufzuteilen. Somit sind 40 % der Grundstücksübertragung entgeltlich und 60 % unentgeltlich. S hat daher in Höhe von 60 % (unentgeltlicher Teil) AfA des Rechtsvorgängers zu übernehmen (§ 11d EStDV). In Höhe von 40 % liegt ein entgeltlicher Erwerb vor. Die An-

141 BFH v. 25. 11. 1992, DB 1993, 816.
142 BFH v. 3. 6. 1992, BStBl. II 1993, 98.
143 BFH v. 14. 2. 1996, BFH/NV 1996, 172.
144 BFH v. 30. 8. 1994, BFH/NV 1995, 291.

schaffungskosten dieses Teils abzügl. Grund- und Bodenanteil (20 %) sind Bemessungsgrundlage für die AfA des entgeltlich erworbenen Teils.

### 4. Übertragung von Vermögensgegenständen gegen eine Abstandszahlung

903 Leistet der Empfänger des Vermögensgegenstandes dem Schenker eine Abstandszahlung, so ist in Höhe dieser ein Entgelt gegeben. Auch in diesem Falle wird es sich i.d.R. um ein teilentgeltliches Rechtsgeschäft handeln, weil ja gerade die vorweggenommene Erbfolge den Zweck hat, Vermögen zu übertragen, nicht den Zweck, Vermögen umzuschichten. Daher wird im Zweifel die Leistung des Vermögensübertragenden größer sein als die des Vermögensempfängers.

**Beispiel:**

A überträgt auf seinen Sohn ein Miethaus im Werte von Euro 800.000,–, S finanziert dafür seinem Vater den Erwerb einer Eigentumswohnung in Garmisch-Partenkirchen für Euro 200.000,–. Die Übernahme der Finanzierung in Höhe von Euro 200.000,– stellt ein Entgelt für den Erwerb des Hauses dar. Da es sich hier auch um ein teilentgeltliches Rechtsgeschäft handelt, ist der Vorgang in ein entgeltliches und ein unentgeltliches aufzuteilen. Somit sind 25 % der Gebäudeübertragung entgeltlich und 75 % unentgeltlich.

### 5. Übertragung von Vermögensgegenständen gegen Gleichstellungsgelder an weichende Erben

904 Wird im Wege der vorweggenommenen Erbfolge ein Vermögensgegenstand mit der Verpflichtung übertragen, den ebenfalls erbberechtigten Personen sog. Gleichstellungsgelder zu zahlen, so sind diese Gleichstellungsgelder als ein Entgelt an den Vermögensübertragenden zu behandeln (⇒ Buch I Rz. 883). Diese den weichenden Erben gezahlten Gleichstellungsgelder werden dem Vermögensübertragenden zugerechnet und als Veräußerungserlös des Übertragenden behandelt. Wird z.B. eine wesentliche Beteiligung im Wege der vorweggenommenen Erbfolge übertragen, so kann hierbei u.U. ein Veräußerungsgewinn entstehen.

**Beispiel:**

A ist Eigentümer einer Beteiligung in Höhe von 30 % an der X-GmbH. Die Anteile hat er seinerzeit für Euro 300.000,– erworben. Sie haben im Zeitpunkt der Übertragung einen gemeinen Wert in Höhe von Euro 800.000,–. A überträgt auf seinen Sohn die Anteile mit der Auflage, seiner Schwester ein Gleichstellungsgeld von Euro 400.000,– zu zahlen.

Im vorliegenden Falle liegt ein teilentgeltliches Rechtsgeschäft vor. Im Verhältnis zum Kaufpreis von Euro 400.000,– zum gemeinen Wert von Euro 800.000,– ist die Hälfte der Beteiligungsübertragung als ein unentgeltliches, die andere Hälfte als ein entgeltliches Rechtsgeschäft anzusehen. Soweit es den entgeltlichen Teil des Übertragungsgeschäftes betrifft, ist ein Veräußerungsgewinn zu ermitteln.

| | |
|---|---|
| Anteiliger Kaufpreis der Beteiligung | Euro 400.000,– |
| ./. anteilige Anschaffungskosten | Euro 150.000,– |
| anteiliger Veräußerungsgewinn | Euro 250.000,– |

A hat somit einen Veräußerungsgewinn in Höhe von Euro 250.000,– erzielt. S hat hinsichtlich der halben Beteiligung Anschaffungskosten in Höhe von Euro 400.000,–, hinsichtlich der unentgeltlich erworbenen Hälfte hat er die anteiligen Anschaffungskosten des Rechtsvorgängers in Höhe von Euro 150.000,– zu übernehmen, was für eine eventuelle spätere Veräußerung für ihn von Bedeutung ist.

## 6. Vereinbarungen von Renten und dauernden Lasten im Zusammenhang mit Vermögensübergabeverträgen (⇒ Buch I Rz. 887 ff.)

### *a) Grundsätze*

Ein Vermögensgegenstand (Miethaus, Beteiligung an Kapitalgesellschaft oder auch ein Betrieb) kann in der Weise auf einen künftigen Erben übertragen werden, daß dieser sich verpflichtet, dem Übertragenden eine monatliche lebenslängliche Rente zu zahlen und diesem weiterhin einen Bruchteil des Gewinns, mindestens aber einen bestimmten Sockelbetrag zu überlassen (dauernde Last[145]). Hinsichtlich der Anforderungen an die Versorgungsvereinbarungen gelten die Grundsätze, die die Rechtsprechung für die Anerkennung von Verträgen mit Angehörigen aufgestellt hat[146] (Tz. 25, 26). *905*

### *b) Rente als Leistungsaustausch*

Das Rentenversprechen kann eine Leistung sein, das im Rahmen eines Leistungsaustausches gegeben wird[147]. Wird ein Miethaus gegen ein Rentenversprechen übertragen und entspricht der Zeitwert der Rentenversprechung dem Wert des Miethauses, liegt eine private Veräußerungsrente vor[148]. *906*

Wird unter Angehörigen ein Miethaus unter Bedingungen wie zwischen fremden Dritten gegen Rente übertragen, hat ein Leistungsaustausch stattgefunden mit der Folge, daß für den Übertragenden ein Veräußerungsgeschäft, für den Erwerber ein Anschaffungsgeschäft vorliegt.

**Beispiel:**

A überträgt auf seinen Sohn (S) ein Miethaus (Verkehrswert Euro 600.000,–, Hypotheken Euro 200.000,–). S zahlt seinem Vater eine monatliche Rente von Euro 3.000,–, Kapitalwert der Rente Euro 400.000,–.

Die Leistungen sind wertmäßig ausgewogen. Daher ist eine private Veräußerungsrente gegeben.

Die Übernahme der Verbindlichkeit und die der Rentenverpflichtung stellen Anschaffungskosten des Grund und Bodens und des Gebäudes dar.

Soweit diese Aufwendungen auf das Gebäude fallen, sind sie Grundlage für die AfA des Übernehmers.

---

145 BFH v. 18. 3. 1980, BStBl. II 1980, 50; v. 30. 5. 1980, BStBl. II 1980, 575; v. Bornhaupt, DStR 1981, 935; Biergans, DStR 1981, 455.

146 BFH v. 15. 7. 1992, BStBl. II 1992, 1020.

147 BFH v. 24. 10. 1978, BStBl. II 1978, 135; v. 26. 1. 1978, BStBl. II 1978, 301; v. 18. 1. 1979, BStBl. II 1979, 403; v. 6. 3. 1975, BStBl. II 1975, 600; v. 12. 11. 1985, BB 1986, 176; v. 22. 9. 1982, BStBl. II 1983, 99.

148 Ebenda.

Der Ertragsanteil der Rente ist beim Vater als sonstige Einkünfte i.S. des § 22 Nr. 1a EStG zu erfassen.

Beim Sohn stellen die Rentenzahlungen in Höhe des Ertragsanteils Werbungskosten dar, die wie Schuldzinsen zu behandeln sind.

*c) Übertragung von Vermögensgegenständen gegen eine Versorgungsrente*

*907* Besteht die Leistung des Vermögensempfängers in einer regelmäßig wiederkehrenden Geldleistung (oder vertretbaren Sachen) in gleicher Höhe aufgrund eines einheitlichen Stammrechts, liegt eine Rente vor. Richtet sich die Höhe der Rente jedoch nicht nach der Höhe der Gegenleistung, sondern nach dem Versorgungsbedürfnis des Empfängers, liegt keine Veräußerungsrente, sondern eine Versorgungsrente vor. Nach neuerer Rechtsprechung wird jeweils eine Versorgungsrente nur noch angenommen, wenn bei Übertragung von existenzsichernden Vermögens im Wege der vorweggenommenen Erbfolge an einen künftigen Erben - dieser kann auch ein Dritter sein – die Versorgung zugesagt wurde[149]. Die Zusage der Versorgung wird als eine Auflage angesehen. In allen anderen Fällen stellt eine Rente bzw. Versorgungszusage ein Entgelt dar[150]. Eine Versorgungsrente, im Gegensatz zu einer Dauernden Last liegt vor, wenn sie im Rahmen einer Übertragung von existenzsichernden Vermögens, aber ohne ausreichende Erträge erfolgt. Sie sind jedoch ausnahmsweise als dauernde Last zu betrachten, wenn die Vertragsparteien ausdrücklich auf § 323 ZPO oder auf eine gleichwertige Änderungsklausel nach den Bedürfnissen des Übergebers und/oder der Leistungsfähigkeit des Übernehmers Bezug nehmen oder es sich um Geldleistungen in schwankender Höhe handelt (Tz. 39).

*908* Bei Übertragungen nach Typ I muß die Abänderbarkeit ausdrücklich ausgeschlossen sein (Tz. 37).

*909* Die Übernahme der Versorgung wird auch nach der neueren Rechtsprechung des Großen Senates[151] nicht als ein Entgelt im Rahmen eines Leistungsaustausches angesehen.

Die Übertragung des Vermögensgegenstandes erfolgt unentgeltlich. Der Erwerber ist nach § 11d EStDV, wenn es sich bei der Übertragung um einen Gegenstand, der der Abnutzung unterliegt, an die AfA des Rechtsvorgängers gebunden. Die Versorgungsleistungen stehen nicht mit den Einkünften, die der übertragene Gegenstand erbringt, im Zusammenhang. Die Versorgungsleistungen können daher nicht als Betriebsausgaben abgezogen werden.

*910* Der Abzug als Sonderausgaben in Höhe des Ertragsanteils der Rente (§ 22 Nr. 1a EStG) ist jedoch möglich. Die Leistungen fallen nicht unter das Abzugs-

---

[149] Stephan, DB 1994, 2307; BFH v. 9.2.1994, BB 1994, 2258; v. 25.11.1992, FR 1993, 268; v. 20.5.1992, BFH/NV 1992, 805; v. 15.7.1992, BFH/NV 1992, 816; v. 15.7.1992, BFH/NV 1992, 812; v. 11.3.1992, BStBl. II 1992, 499.

[150] BFH v. 31.8.1994 X R 58/92, BB 1995, 606 und X R 44/93, BB 1995, 489.

[151] Beschluß v. 5.7.1990, BStBl. II 1990, 837.

verbot des § 12 Nr. 2 EStG, wenn der Wert der Gegenleistung mindestens 50 v. H. des Barwertes der Versorgungszusage beträgt.

Der Empfänger der Leistungen hat diese nach § 22 Nr. 1 a EStG als sonstige Einkünfte mit dem Ertragswert zu versteuern.

Die Behandlung beim Verpflichteten als Sonderausgaben und beim Berechtigten als wiederkehrende Leistungen müssen miteinander korrespondieren[152]. 911

**Beispiel:**

A überträgt auf seinen Sohn (S) ein Mehrfamilienhaus, ursprüngliche Herstellungskosten Euro 400.000,– (Verkehrswert Euro 600.000,–), gegen eine Versorgungsrente von monatlich Euro 3.000,–. Barwert der Rente Euro 400.000,–.

A kann die AfA des Rechtsvorgängers fortsetzen, den Ertragsanteil der Rente kann er nicht als Werbungskosten absetzen. Wohl hingegen steht ihm der Sonderausgabenabzug zu.

Der Vater hat den Ertragswert der Rente nach § 22 EStG zu versteuern.

*d) Übertragung eines Grundstücks gegen eine dauernde Last*

Eine dauernde Last liegt im Gegensatz zur Rente dann vor, wenn eine der Ren- 912
tenvoraussetzungen wie Geld oder vertretbare Sachen oder die gleichmäßige Höhe der Leistung nicht gegeben ist.

Die Übernahme der Krankenversicherung, der Stromrechnungen, der Gebäudereparaturen, der Grundsteuer wären dauernde Lasten.

Die Rechtsprechung nimmt dann bereits eine dauernde Last an, wenn die Ver- 913
einbarung unter dem Vorbehalt des § 323 ZPO, also unter dem Vorbehalt gleichbleibender Verhältnisse steht. Liegt eine Vermögensübertragung des Typ I (d.h. Übertragung einer ausreichend ertragsbringenden Wirtschaftseinheit) gegen Versorgungsleistungen vor, sind diese beim Empfänger in vollem Umfang als steuerpflichtige wiederkehrende Bezüge und dem Verpflichteten in vollem Umfang als Sonderausgaben abziehbare dauernde Lasten nach § 22 Nr. 1 Satz 1, § 10 Abs. 1 Nr. 1a EStG zu behandeln. (Tz. 36). Sie sind jedoch nur dann als mit dem Ertragsanteil abziehbare Leibrente nach § 22 Nr. 1 Satz 3 Buchst. a, § 10 Abs. 1 Nr. 1a Satz 2 zu behandeln, wenn und soweit die Vertragsparteien nicht Abänderbarkeit ausdrücklich ausschließen.

Hat eine dauernde Last Abgeltungscharakter, ist sie als Gegenleistung für die 914
Vermögensübertragung anzusehen. Soll jedoch die dauernde Last die Bedürfnisse des Lebens erfüllen, kommt ihr z. B. für die Übernahme von Krankenversicherungen, Unterhalt usw. Versorgungscharakter zu, was die Unentgeltlichkeit der Vermögensübertragung nicht in Frage stellt.

Ist eine dauernde Last im Rahmen eines Leistungsaustausches gewährt worden, 915
liegen für den Verpflichteten Werbungskosten oder Sonderausgaben nur dann vor, soweit die Versorgungsleistungen den Wert der Leistung überstiegen haben.

Wird jedoch die Versorgungszusage als Auflage zu einer Schenkung gewährt, 916
werden die Leistungen nicht mit dem Gegenwert verrechnet, sondern sind diese

[152] BFH v. 27.7.1995, DStR 1996, 175.

in voller Höhe als Sonderausgabe abzugsfähig. Die Begrenzung auf den Ertragsanteil gilt nur für Leibrente (§ 10 Abs. 1 Nr. 1 a EStG).

917 Allerdings hat der Empfänger die Einkünfte voll zu versteuern. Da der Empfänger in der Regel der einkommensschwächere Teil sein wird, wird die Steuerersparnis beim Verpflichteten erheblich höher sein als die Steuerbelastung beim Empfänger.

*e) Die steuerliche Behandlung von Gleichstellungsrenten*

918 Werden im Rahmen einer Vermögensübertragung im Rahmen einer vorweggenommenen Erbfolge weitere Erbberechtigte mit einer Gleichstellungsrente abgefunden, so hat diese Gleichstellungsrente Abgeltungscharakter und ist damit als eine private Veräußerungsrente zu behandeln. Der Vermögensübernehmer hat in Höhe des Barwertes der Gleichstellungsrente Anschaffungskosten. Der Rentenbarwert stellt die Bemessungsgrundlage, soweit es den Gebäudeteil betrifft, für die Gebäude-AfA dar, soweit das Gebäude entgeltlich erworben wurde. Hinsichtlich des unentgeltlichen Teils hat der Erwerber nach § 11d EStDV die Bemessungsgrundlage und auch den AfA-Satz des Rechtsvorgängers zu übernehmen. Der Zinsanteil der Rente stellt für ihn Werbungskosten dar. Fraglich ist jedoch die Behandlung der Rente beim Vermögensübertragenden. Der BFH[153] hat hierzu ausgeführt, daß Gleichstellungsgelder grundsätzlich dem Übertragenden zuzurechnen sind. Dies trifft ohne Zweifel für das Stammrecht zu. Fraglich ist jedoch, wem der Ertragsanteil der Rente als Einkünfte zuzurechnen ist. U.E. hat der Dritte durch den Übergabevertrag ein unentziehbares Recht auf Rentenbezug erhalten. Das durch den Übergabevertrag begründete Rentenstammrecht zugunsten des Dritten ist diesem im Vermögensübergabevertrag zugewandt worden (Vertrag zugunsten Dritter). Daher ist u.E. der Dritte Einkommensbezieher geworden und hat damit den Ertragsanteil der Rente nach § 22 Nr. 1a EStG zu versteuern.

919 Wird ein Darlehen aufgenommen, um weichende Erben im Rahmen der Vermögensübertragung abzufinden, oder steht die Darlehensaufnahme im Zusammenhang mit dem Erwerb der Vermögensgegenstände, die der Einkunftserzielung dienen, sind die Schuldzinsen als Werbungskosten zu berücksichtigen.

## 7. Schenkung mit der Auflage von Leistungen an Dritte

920 Vielfach besteht das Vermögen im wesentlichen aus einem Gegenstand (Gewerbebetrieb, Miethaus, Beteiligung). Überträgt der Vater diesen Gegenstand auf einen Abkömmling, wird er vielfach andere Erbberechtigte abfinden müssen[154].

So werden Einkommensquellen auf einen Abkömmling übertragen mit der Auflage, an die übrigen Abkömmlinge Geldbeträge zu zahlen (⇒ Buch I Rz. 864 ff.).

[153] Beschluß v. 5.7.1990, BStBl. II 1990, 837.

[154] Groh, DStR 2000, 753.

**Beispiel:**

A überträgt dem S ein Mietgrundstück, Wert Euro 400.000,–, mit der Auflage, an seine Schwester eine Geldzahlung von Euro 200.000,– zu leisten.

Es fragt sich, ob in Höhe der Zahlung von Euro 200.000,– ein entgeltlicher Erwerb vorliegt. Ein entgeltlicher Erwerb setzt eine Gegenleistung des Leistenden voraus, was hier nicht der Fall ist.

Der BFH[155] hat die Rechtsansicht vertreten, daß die Regelungen der Erbauseinandersetzung nicht auf die vorweggenommene Erbfolge übertragbar sind. Auflagen stellen keine Entgelte dar, sie stellen eine Belastung der Schenkung dar.

Hinsichtlich der Abfindung der übrigen Erbberechtigten ergeben sich folgende Möglichkeiten:

1. Die Eltern nehmen selbst einen Kredit auf, belasten das Grundstück und finden mit dem Darlehen die übrigen Berechtigten ab und übertragen das belastete Grundstück.
2. Die Eltern übertragen auf ein Kind ein Grundstück mit der Maßgabe, daß dieses seine Geschwister mit vereinbarten Beträgen abfindet.
3. Die Eltern übertragen das Grundstück und lassen sich das Grundstück bezahlen, soweit es dem Anteil von weiteren erbberechtigten Personen entspricht.

**Beispiel:**

A hat 3 Kinder; er überträgt ein Grundstück im Wert von Euro 300.000,– für Euro 200.000,– an den Sohn S. Mit dem Kaufpreis findet er seine übrigen Kinder ab.

Die Übernahme von Verbindlichkeiten und die Zahlung von Gleichstellungsgeldern stellt ein Entgelt dar. Es liegt ein Leistungsaustausch vor (gemischte Schenkung). Das Rechtsgeschäft ist aufzuteilen in ein entgeltliches und ein unentgeltliches (1/3 unentgeltlich, 2/3 entgeltlich).

Besteht die Abfindung in der Form von Renten und dauernden Lasten, gelten *921*
die gleichen Grundsätze wie für die Zahlung der Renten an den Schenker. Die Leistungen an dritte Personen stellen ein Entgelt dar, sofern aus dem übertragenen Grundstück Erträge erzielt werden, sind bei den Renten der Ertragsanteil Werbungskosten, bei dauernden Lasten ist der Zinsanteil nach BewG zu ermitteln.

Eine Berücksichtigung als Werbungskosten bzw. Betriebsausgaben kommt we- *922*
gen des unentgeltlichen Charakters nicht in Betracht.

Werden Darlehen aufgenommen, um Abfindungen zu leisten, oder werden *923*
Darlehen übernommen, die der Schenker zur Abfindung aufgenommen hat, sind diese grundsätzlich als Werbungskosten bzw. Betriebsausgaben abzugsfähig[156].

Vermögensübertragungen im Wege der vorweggenommenen Erbfolge sind im *924*
Zweifel in vollem Umfang als unentgeltlich zu behandeln, auch, wenn sie unter einer Auflage erfolgen. Das gilt selbst dann, wenn die Auflage daraus besteht,

[155] BFH v. 26. 11. 1985, DB 1986, 569; v. 19. 5. 1983, BStBl. II 1983, 380.
[156] BFH v. 26. 11. 1985, DB 1986, 569; v. 19. 5. 1983, BStBl. II 1983, 380.

weitere Erbberechtigte abzufinden. Die Abfindungen an Dritte stellen kein Entgelt für den Erwerb dar, sondern nur die Erfüllung einer Auflage.

925 Zinsen für Darlehensaufnahme zur Abfindung weichender Erbberechtigter stellen Betriebsausgaben oder Werbungskosten dar, wenn sie aufgewandt werden, um die Einkünfte aus dieser Quelle zu sichern.

### 8. Schenkung unter Nießbrauchsvorbehalt und Rückbehaltung eines Wohnrechts (⇒ Buch I Rz. 868)

#### *a) Nutzungsüberlassung als Auflage*

926 **Beispiel:**

A überträgt auf B sein Einfamilienhaus und behält sich ein dingliches Wohnrecht vor.

A überträgt auf B ein Miethaus und behält sich bis zu seinem Lebensende den Nießbrauch vor.

Der geschenkte Gegenstand ist belastet. Auch wenn bürgerlich-rechtlich der Nießbrauch vom neuen Eigentümer bestellt werden muß, hat der Eigentümer hinsichtlich der Bestellung keine eigene Leistung erbracht, sondern hat, wirtschaftlich gesehen, das Grundstück belastet mit dem Nießbrauch erhalten[157].

Der BFH[158] hat dem Nießbrauch, auch wenn er im Rahmen eines Entgeltes eingeräumt worden ist, niemals den Entgeltscharakter zugesprochen, weil der Nießbrauch lediglich eine Nutzungsbeschränkung für den neuen Eigentümer enthält, dieser selbst insoweit keine eigene Leistung erbringt. Das Dulden ist keine Leistung in diesem Sinne.

#### *b) Schenkung unter Nießbrauchsvorbehalt*

aa) Behandlung des Nießbrauchers

927 Hat sich der bisherige Eigentümer den Nießbrauch an einem Grundstück vorbehalten, so stehen ihm die Einkünfte zu (Vorbehaltsnießbrauch).

928 Der Vorbehaltsnießbraucher ist AfA-Berechtigter, weil er Anschaffungs- oder Herstellungskosten gehabt hat.

929 Bei der Selbstnutzung hat er insoweit keine Einnahmen. Es sind daher keine Werbungskosten zu berücksichtigen.

bb) Behandlung des Eigentümers

930 Der Eigentümer des Objektes hat während des Nießbrauchs weder Einnahmen, noch kann er Werbungskosten geltend machen.

Sollen die übernommenen Verpflichtungen die Versorgung des Schenkers sichern, kann er die dauernden Lasten als Sonderausgaben geltend machen.

---

[157] BFH v. 28.7.1981, BFHE 134, 130; v. 28.7.1981, BFHE 134, 133; v. 27.7.1982, BStBl. II 1983, 6; v. 2.8.1983, BStBl. II 1983, 735.

[158] BFH v. 28.7.1981, BFHE 134, 130.

## 9. Beteiligungsschenkung unter Nießbrauchsvorbehalt
(⇒ Buch I Rz. 1601)

Behält sich der Schenker bei der Übertragung von Kapitalvermögen (Aktien, GmbH-Anteile, stille Beteiligung, festverzinsliche Kapitalforderungen) an den übertragenen Wirtschaftsgütern den Nießbrauch vor, sind die Einnahmen dem Nießbraucher zuzurechnen[159]. 931

**Beispiel:**

A überträgt auf seinen Sohn (S) einen Anteil an der X-GmbH und behält sich den Nießbrauch vor. Der Gewinnanspruch beträgt Euro 50.000,–. Euro 30.000,– werden dem Nießbraucher überlassen.

| | |
|---|---|
| | Euro 50.000,– |
| 25 v. H. Kapitalertragsteuer | Euro 12.500,– |
| | Euro 37.500,– |

Die einbehaltenen Steuern in Höhe von Euro 12.500,– sind auf seine Einkommensteuer anrechenbar.

## 10. Eigenheimzulage bei Grundstücksübertragungen im Wege der vorweggenommenen Erbfolge[160]

Wird ein Grundstück unentgeltlich übertragen, steht dem Erwerber auch bei Selbstnutzung die Eigenheimzulage nach § 2 EigZulG nicht zu. 932

Soweit die Übertragung entgeltlich erfolgt, kann unter den Voraussetzungen des EigZulG die Eigenheimzulage beansprucht werden.

# II. Übertragung eines Gewerbebetriebes auf einen Abkömmling

## 1. Entgeltliche Übertragung

### *a) Abgrenzung*

Eine entgeltliche Übertragung eines Betriebes liegt vor, wenn der Betriebserwerber seinerseits eine Gegenleistung erbringt[161]. 933

Dies kann in der Form eines Barpreises, in der Übernahme von Verbindlichkeiten, in der Form einer Ratenzahlung und auch gegen eine Rentenzahlung geschehen.

---

159 Nießbrauchserlaß v. 23. 11. 1983, BStBl. I 1983, 508, Tz. 55.

160 Schr. BdF v. 22. 10. 1993, BStBl. I 1993, 827; BFH v. 31. 12. 1994, BStBl. I 1995, 887; Stephan, Die Besteuerung des selbstgenutzten Wohneigentums, 5. Aufl. 1995.

161 Schulze zur Wiesche, Betriebsveräußerung, Gesellschafterwechsel und Betriebsaufgabe im Steuerrecht, 6. Aufl., Rz. 8ff.

934 Entspricht die Gegenleistung des Erwerbers dem Wert des Betriebes, liegt ein vollentgeltliches Rechtsgeschäft vor[162]. Hierbei kommt es auf die subjektiven Vorstellungen der Parteien an[163].

Eine gemischte Schenkung liegt vor, wenn sich die Parteien bewußt sind, daß ein Teil der Übertragung unentgeltlich erfolgen soll[164]. Bürgerlich-rechtlich ist eine gemischte Schenkung aufzuteilen[165]. Die Grenze zwischen einem Freundeskauf (der in vollem Umfang als entgeltlich angesehen wird) und einer gemischten Schenkung ist fließend, zumal sich ein objektiver Marktwert schwer feststellen läßt.

*b) Übertragung gegen Barpreis*

935 Die Betriebsveräußerung setzt voraus, daß alle wesentlichen Grundlagen des Betriebes in einem Rechtsgeschäft auf den Erwerber übergehen (§ 16 Abs. 1 EStG).

Behält sich der Erwerber wesentliche Grundlagen zurück, liegt keine Betriebsveräußerung, sondern eine Betriebsaufgabe vor[166] (§ 16 Abs. 3 EStG).

**Beispiel:**

A ist Eigentümer eines gemischtgenutzten Wohn- und Geschäftsgrundstücks. In diesem befinden sich die Geschäftsräume seines Einzelhandelsbetriebes. Die Gebäudeteile gehören zu seinem notwendigen Betriebsvermögen.

A veräußert nur den Betrieb, nicht die Geschäftsräume an B.

Es liegt insgesamt eine Betriebsaufgabe vor, die ins Privatvermögen überführten Gebäudeteile sind mit dem gemeinen Wert anzusetzen.

Hat der Veräußerer das 55. Lebensjahr vollendet oder ist er berufsunfähig, steht ihm der erhöhte Freibetrag von Euro 51.500,– zu (§ 16 Abs. 4 EStG).

**Beispiel:**

A (60 Jahre alt) überträgt den Betrieb auf B. Veräußerungsgewinn bzw. Aufgabegewinn Euro 150.000,–.

| | |
|---|---|
| Der stpfl. Veräußerungsgewinn beträgt | Euro 150.000,– |
| abzgl. Freibetrag | Euro 51.500,– |
| begünstigt nach § 34 Abs. 3 EStG | Euro 98.500,– |

162 BFH v. 24.10.1978, BStBl. II 1979, 135; v. 21.2.1977, BStBl. II 1978, 332; v. 31.1.1980, BStBl. II 1980, 491.

163 BFH v. 22.9.1982, BStBl. II 1983, 99; v. 12.11.1985, BStBl. II 1986, 55.

164 Hierzu Schulze zur Wiesche, FR 1984, 213; BFH v. 12.12.1979, BStBl. II 1980, 268; v. 21.10.1981, BStBl. II 1982, 83; v. 14.7.1982, BStBl. II 1982, 714; v. 17.7.1980, BStBl. II 1981, 11; v. 28.7.1983, DB 1984, 167. Hierzu auch Herrmann/Heuer/Raupach, § 6 EStG, Anm. 420; Kruse, JbStR 1982/83, S. 176; L. Schmidt, § 16 EStG, Anm. 7.

165 BFH v. 17.7.1980, BStBl. II 1981, 11.

166 Schulze zur Wiesche, Betriebsveräußerung, Gesellschafterwechsel und Betriebsaufgabe im Steuerrecht, 6. Aufl., S. 5, Rz. 13; BFH v. 9.7.1981, BStBl. II 1982, 20.

Übersteigt der Gewinn den Freibetrag nicht wesentlich, ist es zweckmäßig, die Betriebsübergabe in ein entgeltliches Rechtsgeschäft zu kleiden[167], weil die Übertragung insoweit steuerfrei ist, als bei dem Erwerber über die höhere AfA eine Gewinnminderung eintritt. Ein hierbei aufgedeckter Firmenwert ist in 15 Jahren abzuschreiben.

### *c) Übertragung gegen Ratenzahlung*

Grundsätzlich ist bei Ratenzahlung der Kaufpreis unabhängig vom Zufluß zu erfassen[168]. Der Tatbestand des § 16 Abs. 1 EStG ist zu dem Zeitpunkt verwirklicht, zu dem das wirtschaftliche Eigentum am Betrieb übergegangen ist[169]. *936*

Ist jedoch der Kaufpreis auf mehr als 10 Jahre gestundet worden und hat die Vereinbarung Versorgungscharakter, hat der Veräußerer ein Wahlrecht zwischen Sofort- und Zuflußbesteuerung[170].

Die Sofortbesteuerung lohnt sich jedoch nur, wenn der Veräußerer den Freibetrag von Euro 51.500,– und den halben Steuersatz nach den Voraussetzungen des § 34 Abs. 3 beanspruchen kann.

Im Falle der Zuflußbesteuerung liegen nachträgliche Einkünfte aus Gewerbebetrieb vor, soweit die Ratenzahlungen das Buchkapital überschritten haben[171]. Im Fall der Sofortversteuerung, was der Regelfall ist, ist der Veräußerungspreis abzuzinsen. Der in den Raten enthaltene Ertragsanteil ist als Kapitaleinkünfte nach § 20 Abs. 1 Nr. 2 EStG zu erfassen.

### *d) Übertragung gegen Renten*

Es liegt eine betriebliche Veräußerungsrente vor, wenn die Höhe der Rente dem Wert des Betriebes entspricht[172]. *937*

Wird ein Betrieb gegen eine Rente veräußert, hat der Veräußerer ein Wahlrecht zwischen Sofortbesteuerung und Zuflußbesteuerung[173].

Die Sofortversteuerung lohnt sich jedoch nur, wenn der Veräußerer den Freibetrag von Euro 51.500,– und den halben Steuersatz unter den Voraussetzungen des § 34 Abs. 3 beanspruchen kann.

---

167 Vgl. Schulze zur Wiesche, Vereinbarungen unter Familienangehörigen und ihre steuerlichen Folgen, S. 76, Rz. 214.
168 Schulze zur Wiesche, Betriebsveräußerung, Gesellschafterwechsel und Betriebsaufgabe im Steuerrecht, 6. Aufl., S. 37, Rz. 109ff.; BFH v. 12. 6. 1968, BStBl. II 1968, 653.
169 Schulze zur Wiesche, Betriebsaufgabe über mehrere Veranlagungszeiträume, FR 1986, 25.
170 Abschnitt 139 Abs. 13 Satz 2ff. EStR; aber Schr. BdF v. 23. 12. 1996, Tz. 50ff.
171 Abschnitt 139 Abs. 13 Satz 7 EStR.
172 BFH v. 24. 10. 1978, BStBl. II 1979, 135; v. 12. 11. 1985, BStBl. II 1986, 55; v. 22. 9. 1982, BStBl. II 1983, 99.
173 Abschnitt 139 Abs. 13 EStR.

aa) Sofortversteuerung

938 Im Falle der Sofortversteuerung gilt der Barwert der Rente, der aufgrund eines versicherungsmathematischen Gutachtens zu ermitteln ist, als Veräußerungspreis[174]. Der Veräußerungsgewinn ergibt sich nach Abzug des Buchwerts und der Veräußerungskosten.

Die Wahl der Sofortversteuerung ist nur zweckmäßig, wenn der Veräußerungsgewinn im wesentlichen durch den Freibetrag abgedeckt ist.

bb) Zuflußbesteuerung

939 Wählt der Veräußerer die Zuflußbesteuerung, werden die Rentenzahlungen als nachträgliche Einkünfte i. S. des § 24 Nr. 2 EStG erfaßt, soweit diese den Buchwert des Kapitalkontos überstiegen haben[175]. Es handelt sich hier um laufenden Gewinn. Die Steuervergünstigung des § 34 Abs. 1 oder Abs. 3 EStG wird in diesem Falle nicht gewährt[176].

**Beispiel:**

A überträgt seinen Betrieb auf B gegen Zahlung einer Rente. Der Wert des Betriebs beträgt Euro 200.000,–. Der letzte Kapitalkontostand beträgt Euro 125.000,–. Rentenbarwert Euro 200.000,–. Die monatliche Rentenzahlung beträgt Euro 1.500,–. Der Veräußerer ist 62 Jahre alt.

Sofortversteuerung:

| | |
|---|---|
| Kaufpreis (Rentenbarwert) | Euro 200.000,– |
| ./. Kapitalkonto | Euro 125.000,– |
| Veräußerungsgewinn | Euro 75.000,– |
| steuerfrei nach § 16 Abs. 4 EStG | Euro 51.500,– |
| steuerpflichtig (begünstigt nach § 34 Abs. 1 EStG) | Euro 23.500,– |

Die Rentenforderung gehört zum Privatvermögen. Der in den einzelnen Rentenzahlungen enthaltene Ertragsanteil (27 v. H.) ist als sonstige Einkünfte i. S. des § 22 Nr. 1 Buchstabe a EStG zu erfassen.

Zuflußbesteuerung:

Die Rentenzahlungen werden erst nach 6 Jahren mit dem Kapitalkonto verrechnet, im 7. Jahr sind Euro 1.000,– als nachträgliche Einkünfte (§§ 24 Nr. 2, 15 Abs. 1 Nr. 1 EStG), ab 8. Jahr jeweils Euro 18.000,– zu erfassen.

Hinsichtlich der Übertragung eines Betriebes gegen Barpreis und Rente wird auf die Rechtsprechung des BFH verwiesen[177].

---

174 Schulze zur Wiesche, Betriebsveräußerung, Gesellschafterwechsel und Betriebsaufgabe im Steuerrecht, 6. Aufl., S. 48, Rz. 143ff.

175 Schulze zur Wiesche, Betriebsveräußerung, Gesellschafterwechsel und Betriebsaufgabe im Steuerrecht, 6. Aufl., S. 50, Rz. 151ff.; Bader/Lammsfuß/Rinne, Die Besteuerung der Renten, Rz. 200.

176 Ebenda.

177 BFH v. 17. 8. 1967, BStBl. II 1968, 75; v. 28. 9. 1967, BStBl. II 1968, 76.

## 2. Unentgeltliche Übertragung eines Betriebes

### *a) Behandlung beim Übertragenden*

Ein Betrieb wird unentgeltlich übertragen, wenn der Erwerber keine oder nur eine unwesentliche Gegenleistung erbringt. Wird ein Betrieb gegen Übernahme der betrieblichen Schulden übertragen, liegt insoweit kein Entgelt vor[178]. Zur Frage, inwieweit die Übernahme von Privatschulden Anschaffungskosten sein können, hat der BFH noch keine Stellung genommen[179]. U.E. ist die Übernahme privater Schulden als Entgelt zu behandeln (gemischte Schenkung). Die unentgeltliche Übertragung eines Betriebes fällt nicht unter § 16 Abs. 1 EStG und auch nicht unter § 16 Abs. 3 EStG, sondern für den Erwerber unter § 6 Abs. 3 EStG. *940*

Voraussetzung ist jedoch, daß der Betrieb bzw. der Teilbetrieb mit seinen wesentlichen Betriebsgrundlagen unentgeltlich übertragen wird. Überträgt der Vater seinem Sohn den Betrieb unter Zurückbehaltung des Betriebsgrundstückes, das er an den Sohn verpachtet, liegt keine unentgeltliche Betriebsübertragung vor. Vielmehr hat der Vater seinen Betrieb aufgegeben. Der Betrieb gilt dann insgesamt als in das Privatvermögen überführt, mit der Folge, daß das Betriebsvermögen mit dem gemeinen Wert anzusetzen ist. Der Differenzbetrag zwischen dem Buchwert und dem gemeinen Wert ist als Aufgabegewinn nach § 16 Abs. 3, Abs. 4 i.V.m. § 34 Abs. 1 oder 3 EStG zu erfassen.

**Beispiel:**

A überträgt auf seinen Sohn eine Kfz-Reparaturwerkstätte mit Tankstelle (Buchwert Euro 100.000,–, gemeiner Wert Euro 200.000,–) unter Zurückbehaltung des Betriebsgrundstücks, das er an den Sohn für mtl. Euro 1.000,– vermietet.

Der Aufgabegewinn beträgt Euro 100.000,–.

Sofern der Vater das 55. Lebensjahr vollendet hat, ist der Aufgabegewinn bis zur Höhe von Euro 51.500,– steuerfrei.

Der Sohn hat das Betriebsvermögen mit dem Teilwert anzusetzen.

Keine Betriebsaufgabe, sondern eine unentgeltliche Übertragung liegt vor, wenn der Vater bei der Übertragung Grundstücke, die zum gewillkürten Betriebsvermögen gehören oder aus sonstigen Gründen keine wesentliche Betriebsgrundlage darstellen, zurückbehält. In diesem Falle gelten die Grundstücke als entnommen, der Entnahmegewinn ist als laufender Gewinn zu versteuern. *941*

Keine Betriebsaufgabe liegt vor, wenn der Vater selbst seinen Betrieb einstellt, diesen jedoch mit seinen wesentlichen Grundlagen an den Sohn verpachtet und dieser den Betrieb als Pächter fortführt. In diesem Falle hat der Vater ein Wahlrecht, ob er den Betrieb fortführen will oder die Betriebsaufgabe erklärt. Im ersten Falle hat der Vater weiterhin einen Betrieb und sind die Pachteinnahmen als gewerbliche Einkünfte zu behandeln (siehe Betriebsverpachtung). Erklärt er dem Finanzamt gegenüber die Betriebsaufgabe, hat er den Aufgabegewinn gem. § 16 Abs. 3 EStG zu versteuern, was ratsam ist, wenn der Vater das 55. Lebensjahr

---

[178] So BFH v. 5.7.1990, BStBl. II 1990, 837.

[179] Vgl. BFH v. 8.11.1990 IV R 73/87.

vollendet hat und der Aufgabegewinn Euro 51.500,– den Grenzbetrag von Euro 154.000,– nicht übersteigt.

*b) Behandlung beim Erwerber*

942 Liegt ein unentgeltlicher Erwerb vor, hat der Erwerber nach § 6 Abs. 3 EStG die Werte des Rechtsvorgängers fortzuführen. Durch die Buchwertverknüpfung ist die spätere Versteuerung der stillen Reserven sichergestellt. Liegt jedoch eine unentgeltliche Betriebsübertragung nicht vor, weil der Veräußerer wesentliche Grundlagen des Betriebes zurückbehalten hat, sondern eine Betriebsaufgabe mit der Folge, daß das Betriebsvermögen Privatvermögen geworden ist, liegt eine Betriebseröffnung beim Erwerber vor. Der Erwerber hat das übernommene Betriebsvermögen mit dem gemeinen Wert einzulegen, § 6 Abs. 1 Nr. 5 und 6 EStG.

### 3. Schenkung eines Betriebes unter Auflage

*a) Grundsätze*

943 Eine Schenkung unter Auflage liegt vor, wenn der Beschenkte mit einer Leistung beschwert wird[180]. Die Auflage kann darin bestehen, den Schenker und dessen Ehegatten bis zum Lebensende zu versorgen oder Dritte abzufinden[181].

*b) Übertragung eines Betriebes gegen eine Versorgungsrente*

944 **Beispiel:**

A überträgt seinen bisherigen Einzelbetrieb auf seinen Sohn S mit der Auflage, ihm bis zu seinem Lebensende eine monatliche Rente zu zahlen.

Da in diesem Falle nicht der Wert des Betriebes für die Bemessung der Rente maßgebend ist, sondern das Bedürfnis des Empfängers, liegt eine private Versorgungsrente vor[182]. Eine betriebliche Versorgungsrente setzt einen innerbetrieblichen Anlaß voraus[183]. Ein innerbetrieblicher Anlaß wäre gegeben, wenn die Übernahme der Versorgung ein Entgelt für eine früher geleistete Arbeit darstellen würde[184]. Das ist jedoch nicht bei Renten gegen eine Versorgungsrente an Angehörige der Fall[185]. Es fragt sich jedoch, ob der Begriff betriebliche Veranlassung nicht so zu verstehen ist, daß die Rente insofern im Zusammenhang mit dem Erwerb von Einkünften steht, als der Erwerber ohne die Zusicherung der künftigen Versorgung gewerbliche Einkünfte nicht erzielt haben würde[186].

---

180 BFH v. 31.5.1972, BStBl. II 1972, 696; Abschnitt 44 Abs. 1 Satz 9 EStR 1984.
181 Vgl. BFH v. 26.11.1985, BStBl. II 1986, 161; v. 19.5.1983, BStBl. II 1983, 380.
182 BFH v. 9.10.1985, BStBl. II 1986, 51; v. 12.11.1985, BStBl. II 1986, 55.
183 BFH v. 9.10.1985, BStBl. II 1986, 51.
184 BFH v. 9.10.1985, BStBl. II 1986, 51.
185 BFH v. 9.10.1985, BStBl. II 1986, 51; v. 12.11.1985, BStBl. II 1986, 55.
186 BFH v. 19.5.1983, BStBl. II 1983, 380; v. 26.11.1985, DB 1986, 569.

Die Rechtsprechung des BFH[187] nimmt eine Versorgungsrente nur noch bei Übertragung von existenzsichernden Vermögen an einen künftigen Erben an. Die Übertragung einzelner Wirtschaftsgüter reicht nicht aus.

### *c) Übertragung eines Betriebes unter Übernahme von Verbindlichkeiten*

Wird ein Betrieb unter Angehörigen übertragen unter Übernahme der auf dem Betrieb lastenden Verbindlichkeiten, so liegt im Zweifel eine Schenkung unter Auflage vor[188]. Die Übernahme der Verbindlichkeit stellt kein Entgelt dar. *945*

Nach dem Urteil des BFH vom 19. 5. 1983[189] liegt auch dann eine betriebliche Verbindlichkeit vor, wenn die Verbindlichkeit entweder vom Schenker oder Beschenkten im Zusammenhang mit der unentgeltlichen Übertragung begründet wurde, obwohl die Verbindlichkeiten und die damit verbundenen Kreditzinsen nicht im Zusammenhang mit einem entgeltlichen Erwerb des Betriebsvermögens stehen. Die Übernahme privater Verbindlichkeiten stellt ein Entgelt dar. Ebenfalls die Verpflichtung zur Zahlung von Gleichstellungsgeldern. Nimmt der Erwerber zur Zahlung von Gleichstellungsgeldern einen Kredit auf, so sind die Kreditzinsen Betriebsausgaben.

Das gilt sowohl für die Fälle, daß der Schenker den Kredit aufgenommen hat, um weitere Erbberechtigte abzufinden, als auch für die Fälle, daß der Schenker dem Berechtigten die Auflage gemacht hat, weitere Erbberechtigte abzufinden[190].

### *d) Zahlung auf Abstandszahlungen und Gleichstellungsgelder*

Nach dem Beschluß des Großen Senates vom 5. 7. 1990[191] ist die Abstandszahlung und auch die Zahlung von Gleichstellungsgeldern als ein Entgelt anzusehen. Nimmt der Erwerber einen Kredit auf, um derartige Abstandszahlungen und Gleichstellungsgelder zu leisten, so steht diese Kreditaufnahme mit dem Erwerb des Betriebsvermögens im Zusammenhang mit der Folge, daß auch die Schuldzinsen Betriebsausgaben sind. *946*

**Beispiel:**

A überträgt auf S seinen Betrieb mit der Auflage, an B und C jeweils Euro 100.000,– zu zahlen. Wert des Betriebes Euro 300.000,–; Buchwert des Betriebsvermögens Euro 150.000,–.

---

[187] BFH v. 15. 7. 1992, BB 1992, 2135; v. 3. 6. 1992, DB 1992, 2424; v. 25. 3. 1992, DB 1992, 2422; v. 27. 2. 1992, BB 1992, 1474; v. 11. 3. 1992, FR 1992, 333, v. 15. 7. 1991, BB 1991, 2281; v. 29. 1. 1992, DB 1992, 1120; v. 23. 1. 1992, BB 1992, 1120; v. 11. 3. 1992, BB 1992, 1115; v. 18. 2. 1993, FR 1993, 575; v. 15. 7. 1992, BFH/NV 1992, 812; v. 20. 5. 1992, BFH/NV 1992, 805; v. 13. 6. 1994, BFH/NV 1995, 105; Suhl, BB 1993, 473; Stephan, DB 1993, 194.

[188] BFH v. 5. 7. 1990, BStBl. II 1990, 837.

[189] BFH v. 19. 5. 1983, BStBl. II 1983, 380; v. 26. 11. 1985, BStBl. II 1986, 161.

[190] BFH v. 26. 11. 1985, DB 1986, 569; v. 9. 7. 1985, BStBl. II 1985, 722; v. 23. 4. 1985, BStBl. II 1985, 720.

[191] BStBl. II 1990, 837.

Die Zahlung der Gleichstellungsgelder in Höhe von zusammen Euro 200.000,– an B und C sind ein Entgelt für den Erwerb des Betriebes. Diese Gleichstellungsgelder sind dem Übertragenden als Veräußerungspreis zuzurechnen und beim Erwerber grundsätzlich als Anschaffungskosten zu behandeln. Es liegt ein teilentgeltlicher Erwerb vor.

A hat den Veräußerungsgewinn zu versteuern.

| | |
|---|---|
| Kaufpreis | Euro 200.000,– |
| ./. Buchwert | Euro 150.000,– |
| Veräußerungsgewinn | Euro 50.000,– |

Soweit die Abstandszahlungen den Buchwert nicht übersteigen, entsteht kein Veräußerungsgewinn, aber auch kein Veräußerungsverlust wegen fehlender betrieblicher Veranlassung.

Der Erwerber hat in diesem Falle die Buchwerte des Rechtsvorgängers fortzuführen (§ 6 Abs. 3 EStG). Hierdurch wird die spätere Versteuerung der stillen Reserven sichergestellt.

### 4. Übertragung eines Betriebes unter Nießbrauchsvorbehalt[192]

947 Steuerlich wird zwischen dem Unternehmensnießbrauch und dem Ertragsnießbrauch[193] unterschieden (⇒ Buch I Rz. 1597).

Ein Unternehmensnießbrauch liegt dann vor, wenn der Nießbraucher das Unternehmen auf eigene Rechnung und Gefahr führt[194]. In diesem Falle ist der Nießbraucher als Gewerbetreibender anzusehen, weil er die Qualifikationsmerkmale (Unternehmerrisiko, Unternehmerinitiative, Beteiligung am allgemeinen wirtschaftlichen Verkehr) erfüllt[195]. Ein Ertragsnießbrauch liegt dann vor, wenn dem Nießbraucher lediglich der Gewinn zusteht[196]. In diesem Falle ist der Eigentümer als Einkunftsbezieher anzusehen[197].

#### *a) Unternehmensnießbrauch*

948 Es liegt ein Unternehmensnießbrauch vor, wenn der Nießbraucher auf eigene Rechnung und Gefahr das Unternehmen vom Eigentümer des Unternehmens aufgrund eines Anstellungs- oder Geschäftsbesorgungsvertrages gegen Entgelt führen läßt[198].

---

[192] BFH v. 28.11.1979, BStBl. II 1980, 266; v. 14.11.1979, BStBl. II 1980, 432; Biergans, Der Nießbrauch am Einzelunternehmen und Mitunternehmeranteil in der Einkommensteuer, DStR 1985, 227; Schulze zur Wiesche, Der Nießbrauch am Gesellschaftanteil einer Personengesellschaft, DStR 1995, 318, BFH v. 16.5.1995 BStBl II 1995, 714.

[193] Siehe ebenda.

[194] Schulze zur Wiesche, RWP S. 6. 52, S. 1048ff.

[195] BFH v. 28.11.1979, BStBl. II 1980, 266.

[196] Schulze zur Wiesche, Vereinbarungen unter Familienangehörigen, S. 83ff.

[197] Siehe ebenda.

[198] Schulze zur Wiesche, RWP S. 6. 52, S. 1050ff.

Gleiches gilt, wenn der Nießbraucher das Unternehmen an den Eigentümer verpachtet[199].

Im letzten Fall hat der Nießbraucher und Verpächter ein Wahlrecht zwischen Betriebsfortführung und Betriebsaufgabe[200]. Solange er die Betriebsaufgabe gegenüber dem Finanzamt nicht erklärt hat, liegt eine gewerbliche Betriebsverpachtung vor[201].

Ist der Eigentümer Geschäftsführer des Nießbrauchers, hat dieser Einkünfte aus nichtselbständiger Arbeit. 949

Betriebsausgaben (AfA) kann er nicht geltend machen, da er während des Nießbrauchs keine Einkünfte aus Gewerbebetrieb hat[202].

Führt der Eigentümer den Betrieb als Pächter des Nießbrauchers, hat er gewerbliche Einkünfte[203]. Als Eigentümer des Betriebsvermögens steht ihm grundsätzlich die AfA zu. Allerdings ist der Nießbraucher Vorbehaltsnießbraucher[204]. U.E. gelten die Grundsätze hinsichtlich der AfA-Berechtigung des Vorbehaltsnießbrauchers nur für das Privatvermögen, nicht für das Betriebsvermögen. 950

*b) Ertragsnießbrauch*

Im Falle des Ertragsnießbrauchs ist der Eigentümer des Betriebes auch der Gewerbetreibende[205]. Ihm sind daher die gewerblichen Einkünfte zuzurechnen, auch soweit er sie dem Nießbraucher aufgrund des Nießbrauchs überlassen muß. In der Regel wird der Ertragsnießbrauch nur als Quotennießbrauch in Betracht kommen. 951

aa) Behandlung beim Eigentümer

Der Eigentümer ist als Gewerbetreibender anzusehen, ihm ist grundsätzlich der gesamte Gewinn auch insoweit zuzurechnen, als er diesen dem Nießbraucher aufgrund des Nießbrauchs überlassen muß[206]. Der Nießbrauch stellt keinen Bestandteil des Entgelts dar, vielmehr ist der Betrieb belastet mit dem Nießbrauch übertragen worden[207]. Er ist vom Eigentümer vorbehalten worden. Somit ist der dem Nießbraucher überlassene Gewinnanteil beim Gewerbetreibenden nicht als Betriebsausgabe zu behandeln. 952

---

199 Vgl. BFH v. 30.7.1985, BFHE 144, 376, zum Nießbrauch an Grundstücken.
200 BFH v. 13.11.1963, BStBl. III 1964, 124; v. 19.1.1983, BStBl. II 1983, 412; v. 27.2.1985, BStBl. II 1985, 456.
201 BFH v. 13.11.1963, BStBl. III 1964, 124.
202 Vgl. BFH v. 25.6.1984, BStBl. II 1984, 751, Urteil zu Vermietung und Verpachtung, BFH v. 13.5.1980, BFHE 131, 216.
203 BFH v. 12.4.1978, BStBl. II 1978, 424.
204 Schulze zur Wiesche, RWP S. 6. 52, S. 1052.
205 Schulze zur Wiesche, RWP S. 6. 52, S. 1056.
206 Schulze zur Wiesche, RWP S. 6. 52, S. 1056.
207 BFH v. 28.7.1981, BStBl. II 1982, 378.

Es liegt eine private Einkommensverwendung vor, die unter den Voraussetzungen des § 10 Abs. 1 Nr. 1a EStG als Sonderausgabe abzugsfähig ist, sofern sie nicht unter das Abzugsverbot des § 12 Nr. 2 EStG fällt[208]. Die Gewinnüberlassung aufgrund des Nießbrauchs fällt unter den Begriff der dauernden Last. Eine Rente scheidet mangels Regelmäßigkeit und Gleichmäßigkeit der Bezüge aus[209]. Die Nießbrauchsvereinbarung ist ein besonderer Verpflichtungsgrund, die Leistungen sind auch wiederholbar und werden auf eine gewisse Dauer geleistet, wenn der Nießbrauch auf Lebenszeit des Berechtigten bestellt worden ist. § 12 Nr. 2 EStG kommt im Fall des Vorbehaltsnießbrauchs nicht zur Anwendung, weil der Nießbrauch seitens des Gewerbetreibenden nicht zugewandt wurde, einmal, weil er vom ursprünglichen Eigentümer vorbehalten wurde[210], zum anderen, weil er im Zusammenhang mit der Betriebsübertragung steht[211] und daher keinen reinen Unterhaltscharakter hat. Der Eigentümer und Gewerbetreibende ist daher berechtigt, den Gewinn, soweit er auf den Nießbrauch entfällt, in voller Höhe als dauernde Last i.S. des § 10 Abs. 1 Nr. 1a EStG abzusetzen.

bb) Behandlung beim Nießbraucher

953 Der Nießbraucher, der nicht als Gewerbetreibender anzusehen ist, hat grundsätzlich sonstige wiederkehrende Bezüge im Sinne des § 12 Nr. 1 EStG[212], sofern nicht andere Einkunftsarten in Betracht kommen. Er erfüllt zwar nicht mehr die Voraussetzungen eines Gewerbetreibenden im Zeitpunkt der Zurechnung, sie sind jedoch Ausfluß seiner früheren gewerblichen Tätigkeit, mit der Folge, daß sie bei ihm als nachträgliche Einkünfte aus seinem Gewerbebetrieb (§§ 24 Nr. 2, 15 Abs. 1 Nr. 1 EStG) zu behandeln sind.

### 5. Teilunentgeltliche Übertragung eines Betriebes

954 Nach der Rechtsprechung des BFH gelten die Grundsätze hinsichtlich der gemischten Schenkung nicht für die Betriebsveräußerung. Nach § 16 Abs. 2 EStG ist der Veräußerungsgewinn der Unterschiedsbetrag zwischen dem Buchwert des Betriebsvermögens und dem Veräußerungspreis. Wird ein Betrieb über dem Buchwert veräußert, ist der Differenzbetrag zwischen dem Buchwert und dem vereinbarten Kaufpreis als Veräußerungsgewinn zu behandeln. Der BFH nimmt in diesem Falle auch keine Aufteilung vor, wenn wegen des hohen Verkehrswertes des Betriebes Leistung und Gegenleistung in einem offensichtlichen Mißverhältnis zueinander stehen. Allerdings will der BFH den Freibetrag nach § 16 Abs. 4 EStG im Verhältnis vereinbarter Kaufpreis und Verkehrswert aufteilen. U.E. ist der Freibetrag von Euro 51.500,–, soweit er nicht den Grenzbetrag überschreitet, in voller Höhe zu gewähren (§ 16 Abs. 4 EStG).

---

208 Schulze zur Wiesche, RWP S. 6. 52, S. 1056.
209 BFH v. 30.5.1980, BStBl. II 1980, 575.
210 BFH v. 18.3.1980, BStBl. II 1980, 501.
211 BFH v. 18.3.1980, BStBl. II 1980, 501.
212 Schulze zur Wiesche, RWP S. 6. 52, S. 1056.

Der Erwerber des Betriebes hätte das übernommene Betriebsvermögen mit seinen Anschaffungskosten zu bilanzieren, mit der Folge, daß die Versteuerung der durch die Übertragung nicht aufgedeckten stillen Reserven erhalten bleibt[213].

## III. Übertragung von Anteilen an Personengesellschaften

### 1. Grundsätze

Unter den Begriff der Übertragung von Anteilen fallen die Übertragung eines Anteils an einer bestehenden Personengesellschaft, eines Bruchteils eines Anteils und die Unterbeteiligung an einem Anteil. 955

Wirtschaftlich gesehen liegt auch eine Anteilsübertragung vor, wenn der Vater aus einer mit seinen Kindern gebildeten Personengesellschaft ausscheidet und der Anteil des Vaters den Kindern anwächst. Nicht unter den Begriff der Anteilsübertragung fällt die Beteiligung von Kindern am bisherigen Einzelunternehmen des Vaters durch Einbringung dieses Unternehmens in eine zwischen dem Vater und seinen Kindern gegründete Personengesellschaft. (Hinsichtlich der Einbringung ⇒ Rz. 1075 ff.).

Die Übertragung eines Mitunternehmeranteils bzw. eines Bruchteils an einem Mitunternehmeranteil wird der Übertragung eines Betriebes grundsätzlich gleichgestellt (§ 16 Abs. 1 Nr. 2 EStG)[214]. 956

Die unentgeltliche Übertragung eines Anteils führt nicht zu einer Auflösung der stillen Reserven. Der Erwerber des Anteils ist an die Buchwerte des Rechtsvorgängers gebunden, das gilt auch bei eventuell vorhandenen Ergänzungsbilanzen. Auch die Schenkung unter Auflage erfährt die gleiche Behandlung, ebenso die teilunentgeltliche Übertragung (⇒ Rz. 934). 957

### 2. Schenkung eines Bruchteils eines Anteils

Nach der Rechtsprechung fällt auch die Veräußerung eines Bruchteils eines Anteils unter § 16 Abs. 1 Nr. 2 EStG. Das gleiche muß gelten, wenn ein Bruchteil eines Anteils verschenkt wird. 958

### 3. Schenkung eines Anteils unter Zurückbehaltung von Sonderbetriebsvermögen

Zu den wesentlichen Grundlagen eines Mitunternehmeranteils gehört auch das eventuelle Sonderbetriebsvermögen eines Gesellschafters. Es ist nunmehr durch die Rechtsprechung geklärt, daß eine steuerbegünstigte Veräußerung nicht gegeben ist, wenn Sonderbetriebsvermögen nicht mit veräußert wird[215]. Die Rechtsprechung sieht darin einen betriebsaufgabeähnlichen Vorgang, wenn der Gesell- 959

[213] BFH v. 10. 7. 1986, BStBl. II 1986, 811; vgl. auch Felix, FR 1987, 601.
[214] BFH (GrS) v. 18. 10. 1999, FR 2000, 143.
[215] BFH v. 19. 3. 1991, DB 1991, 1551.

schaftsanteil veräußert wird, nicht jedoch das Sonderbetriebsvermögen, das noch dem Betrieb verbleibt.

960 Bei der Veräußerung von Bruchteilen eines Anteils ist es u.E. nicht schädlich, wenn das Sonderbetriebsvermögen nicht gleichfalls im gleichen Verhältnis übertragen wird.

961 Wird der Anteil bzw. der Bruchteil an einem Anteil an einer Personengesellschaft unentgeltlich übertragen, nicht jedoch das Sonderbetriebsvermögen, so ist es fraglich[216], ob hinsichtlich des Anteils eine unentgeltliche Übertragung gegeben ist, weil gleichzeitig hinsichtlich des Sonderbetriebsvermögens eine Übertragung wesentlicher Grundlagen des Betriebes in das Privatvermögen und insoweit eine Aufdeckung stiller Reserven stattgefunden hat, mit der Folge, daß ohne Annahme eines betriebsaufgabeähnlichen Vorgangs der Entnahmegewinn des Sonderbetriebsvermögens als laufender Gewinn zu erfassen wäre.

## IV. Übertragung einer freiberuflichen Praxis

### 1. Vorbemerkungen

962 Die Rechtsprechung versteht unter vorweggenommener Erbfolge eine Übertragung von existenzsichernden Vermögens an einen künftigen Erben als vorgezogene Erbfolge[217].

Voraussetzung ist demnach, es muß sich

1. um eine Vereinbarung mit einem künftigen Erben handeln,
2. die Übertragung existenzsichernden Vermögens zum Gegenstand haben
3. in der Absicht mit der Übertragung die Auswirkungen der Erbfolge schon zu Lebzeiten zu vollziehen.

### 2. Übertragung der freiberuflichen Einzelpraxis

963 Nimmt der Vater sein Kind als Sozius in seine bisherige Einzelpraxis auf, dürfte die Aufnahme in der Regel keine Maßnahme der vorweggenommenen Erbfolge sein, da der Vater nur einen Teil seines existenzsichernden Vermögens übertragen hat[218].

964 Anders wäre die Aufnahme des Sohnes in die Praxis zu beurteilen, wenn er den Sohn mit Abschluß der Berufsausbildung als Juniorpartner aufnimmt, gleichzeitig aber vereinbart wird, daß dieser im Falle des Todes oder Invalidität spätestens aber mit Erreichen eines bestimmten Lebensalters (65 Jahre) des Aufnehmenden die Praxis ganz übernimmt, denn bereits jetzt schon für den Fall des Ausscheidens eine Versorgungszusage an ihn bzw. dessen Witwe erfüllt und eventuell an weichende Erbberechtigte eine Abstandszahlung leistet. In diesem Falle wäre die

---

216 Schulze zur Wiesche, FR 2000, 253; FG Düsseldorf v. 6.5.1998 FR 1999, 1006; FG Münster v. 20.5.1998, EFG 1998, 1319.

217 Schulze zur Wiesche, Die freiberufliche Praxis, BB 1995, 593.

218 Vgl. Schulze zur Wiesche, ebenda.

Aufnahme des Juniorpartners bereits als Maßnahme der vorweggenommenen Erbfolge zu sehen, mit der Folge einer unentgeltlichen Übertragung der Praxis und der Versorgungszusage, die ihre Ursache im privaten Bereich hat. Ein Merkmal der vorweggenommene Erbfolge liegt jedoch vor, wenn der Vater auf ein Kind, das die Voraussetzungen für die selbständige Ausübung der freiberuflichen Tätigkeit erfüllt, die gesamte Tätigkeit überträgt. Die Aufnahme des Sohnes in die freiberufliche Praxis in der Weise, daß Vater und Sohn eine GbR oder Partnerschaftsgesellschaft gründen und der Vater in Erfüllung seiner Einlageverpflichtung auch für den Sohn seine Einzelpraxis einbringt, ist als Einbringung im Sinne des § 24 UmwStG zu behandeln. Die Rechtsansicht der OFD[219], wonach der Betrieb zum Buchwert entspr. § 6 Abs. 3 EStG einzubringen ist, ist u.E. nicht zutreffend.

### 3. Übertragung eines Anteils an einer freiberuflichen Sozietät

#### *a) Übertragung des ganzen Anteils*

Auf die freiberufliche Sozietät bezogen bedeutet dies, daß die Anteilsübertragung nur als eine Maßnahme der vorweggenommenen Erbfolge anzusehen ist, 965
wenn die Übertragung an einen künftigen Erben erfolgt. Dieser braucht jedoch kein Angehöriger i.S. der Steuerklasse I und II zu sein, es kann auch ein Dritter sein.

Bei einem Angehörigen der freien Berufe, der seinen Beruf in einer Sozietät ausübt, ist der Anteil an der Sozietät eine Existenzsicherungsgrundlage. Die Voraussetzungen einer vorweggenommenen Erbfolge liegen vor, wenn Gegenstand des Rechtsgeschäfts mit den künftigen Erben der gesamte Anteil ist.

#### *b) Übertragung auf einen Mitgesellschafter*

Es ist daher in der Regel keine Anteilsübertragung im Rahmen einer vorweg- 966
genommene Erbfolge gegeben, wenn ein Sozius aus Altersgründen seinen Anteil auf einen Mitsozius gegen Zusage der Versorgung überträgt.

In diesem Falle wird man in der Versorgungszusage ein Entgelt für die Übertragung des Anteils sehen müssen, wobei die objektive wertmäßige Ausgeglichenheit der Leistungen unerheblich ist.

#### *c) Übertragung einer Quote des Anteils auf einen künftigen Erben*

Die Aufnahme eines Familienangehörigen in eine freiberufliche Sozietät gegen 967
Minderung seines Anteils an der Sozietät wird auch nicht als Maßnahme der vorweggenommenen Erbfolge anzusehen sein, wenn der Vater nur einen Bruchteil seines Anteils überträgt aber im übrigen seine Stellung als Mitgesellschafter beibehält. Hier ist Gegenstand der Vereinbarung nicht die Übertragung existenzsichernden Vermögens, sondern Beweggrund ist, dem Sohn ein Eintreten in das Berufsleben zu ermöglichen und auch den Vater zu entlasten. Anders ist die Rechts-

---

[219] OFD Düsseldorf v. 9. 9. 1999, DB 1999, 180.

lage, wenn der Anteil des Vaters in genau festgelegten Zeitabständen auf den Sohn übertragen wird. Allerdings muß der Zeitraum so überschaubar sein, daß von einem einheitlichen Vorgang ausgegangen werden kann[220].

**Beispiel:**

A übt den Beruf des Steuerberaters gemeinsam mit B und C aus. Da A die 60 überschritten hat und sein Sohn S die Zulassung zum Steuerberater erworben hat, wird dieser mit Zustimmung der übrigen Sozien in die Sozietät aufgekommen, zu Lasten der Beteiligung seines Vaters.

Es liegt eine unentgeltliche Übertragung eines Teiles des Betriebsvermögens vor. S hat insoweit die Buchwerte zu übernehmen.

*968* Übernimmt der Sohn jedoch mit dem Eintritt eine Vermögensverpflichtung gegenüber dem Vater bzw. dessen Ehegatten, so liegt hier ein Leistungsaustausch vor. Die Versorgungszusage stellt ein Entgelt dar, das beim Vater den Veräußerungspreis darstellt, beim Sohn Anschaffungskosten im Zweifel eines anteiligen Praxiswertes, der im Ergänzungsbereich festzuhalten ist. Eine Sofortversteuerung der Rente erübrigt sich, da die Veräußerung eines Bruchteils einer Beteiligung an einer freiberuflichen Praxis nicht zu einem begünstigten Veräußerungsgewinn führt, weil das die Beendigung der beruflichen Tätigkeit, bezogen auf die Sozietät erfordert. Die Versorgungsleistungen sind bei ihm im Falle des Zuflusses (Eintritt des Versorgungsfalles) als nachträgliche freiberufliche Einkünfte nach §§ 24 Nr. 2, 18 Abs. 1 Nr. 1 EStG zu erfassen. Beim Sohn stellen sie Sonderbetriebsausgaben dar.

### 4. Übertragung des ganzen Anteils auf den künftigen Erben

*969* Eine Übertragung im Rahmen der vorweggenommene Erbfolge ist gegeben, wenn der freiberufliche Gesellschafter aus der Sozietät ganz ausschiedet und den Anteil auf seinen Sohn als künftigen Erben überträgt.

Die Übertragung kann insgesamt unentgeltlich sein aber auch teilentgeltlich.

*970* Werden im Zusammenhang Pflichten hinsichtlich der Versorgung eingegangen, so stellen derartige Versorgungszusagen kein Entgelt für die Übertragung existenzsichernden Vermögens dar. Das gilt auch dann, wenn neben der Versorgungszusage Abfindungen und Ausgleichszahlungen gezahlt werden.

**Beispiel**

Wie zuvor, A überträgt auf seinen Sohn (S) die ganze Beteiligung gegen Zahlung einer Versorgungsrente und einer Ausgleichszahlung in Höhe von Euro 100.000,– an seine Schwester. Der Wert des Anteils des A beträgt Euro 200.000,– (vgl. Tz. 38 Schr. BdF, vorweggenommene Erbfolge).

Kapitalkonto Euro 100.000,–.

Die Übertragung ist, soweit es die Versorgungszusage betrifft, unentgeltlich. Sie ist jedoch entgeltlich, soweit es die Ausgleichszahlung in Höhe von Euro 100.000,– betrifft.

---

[220] BFH v. 14.7.1993, DB 1993, 2462.

A hat keinen Veräußerungsgewinn zu versteuern, weil der Veräußerungspreis (Ausgleichszahlung Euro 100.000,–) sein Kapitalkonto nicht übersteigt.

S hat das Betriebsvermögen mit seinen Anschaffungskosten von Euro 100.000,– zu übernehmen, was jedoch in diesem Falle keine Buchwertübernahme nach § 6 Abs. 3 EStG darstellt, obwohl die Anschaffungskosten mit dem Buchwert identisch sind. Er ist entgeltlicher Erwerber und damit nicht Rechtsnachfolger.

# 3. Abschnitt
# Grunderwerbsteuer[221]

## I. Unentgeltliche Grundstücksübertragungen

Vorgänge, die der Schenkungsteuer unterliegen, sind grundsätzlich von der Grunderwerbsteuer befreit. 971

Es handelt sich hier um Vorgänge, die unter § 7 ErbStG fallen.

## II. Grundstücksübertragungen an Angehörige und Ehegatten

### 1. Grundstückserwerb durch den Ehegatten des Veräußerers (§ 3 Nr. 4 GrEStG)

Grundstücksübertragungen an den Ehegatten sind von der Grunderwerbsteuer befreit, das gilt für alle Formen der Erwerbe, für die entgeltliche Veräußerung, die Schenkung unter Auflage, auch für Einbringungsvorgänge in ein Betriebsvermögen, wenn Gegenstand der Einbringung eine Personengesellschaft ist. 972

### 2. Erwerb durch Personen, die mit dem Veräußerer in gerader Linie verwandt sind

Der Erwerb durch Abkömmlinge ist grunderwerbsteuerbefreit, § 3 Nr. 6 GrEStG. Der Begriff des Abkömmlings ist erweitert worden und dem neuen Familienrecht angepaßt worden. Er beschränkt sich nicht auf leibliche Kinder, daher eheliche, nichteheliche und für ehelich erklärte Kinder, sondern erfaßt alle Personen, die mit dem Veräußerer in gerader Linie verwandt sind. Hierzu zählen auch die Adoptivkinder. Den Abkömmlingen gleichgestellt sind auch Stiefkinder, also solche Kinder, die der andere Ehegatte mit in die Ehe gebracht hat, zu dem nur ein Schwägerschaftsverhältnis besteht. Das Einkommensteuerrecht hat inzwischen das Stiefkindschaftsverhältnis als Kindschaftsverhältnis abgeschafft. Eine Haushaltszugehörigkeit ist beim Stiefkindschaftsverhältnis nicht erforderlich. Das 973

[221] Literatur: Boruttau-Egly-Sigloch, Grunderwerbsteuergesetz; Chemitz, Vorteilhafte Gestaltungsmöglichkeiten beim Grunderwerb nach dem neuen Grunderwerbsteuergesetz; Hofmann, Grunderwerbsteuerrecht; Padberg, Grunderwerbsteuerrecht, Loseblatt.

Stiefkindschaftsverhältnis endet mit der Auflösung der Ehe mit dem leiblichen Elternteil.

974 Ist der leibliche Elternteil verstorben, besteht zum überlebenden Ehegatten kein Stiefkindschaftsverhältnis mehr, mit der Folge, daß entgeltliche Übertragungen, die nicht unter das Erbschaft- und Schenkungsteuergesetz fallen, der Grunderwerbsteuer unterliegen.

975 Keine Abkömmlinge im Sinne dieser Vorschrift sind die Pflegekinder.

Grundstücksübertragungen, die nicht unter das Erbschaft- und Schenkungsteuergesetz fallen, sind daher bei Grundstücksübertragungen auf Pflegekinder grunderwerbsteuerpflichtig. Den Abkömmlingen und Stiefkindern gleichgestellt sind auch deren Ehegatten (§ 3 Nr. 6 GrEStG), auf den Güterstand der Eheleute kommt es nicht an.

### 3. Grundstücksveräußerungen an Eltern

976 In gerader Linie sind auch die Eltern des Veräußerers verwandt. Überträgt der Sohn auf seine Eltern ein Mietshaus gegen Übertragung des Gewerbebetriebes der Eltern, ist der Grundstückserwerb durch die Eltern grunderwerbsteuerbefreit.

### 4. Grundstücksübertragungen auf Geschwister

977 Grundstücksübertragungen an Geschwister sind nicht grunderwerbsteuerbefreit.

**Beispiel:**

Erwirbt A von seinem Vater den Gewerbebetrieb mit der Auflage, auf seine Geschwister ein Grundstück zu übertragen, so unterliegt der Vorgang der Grunderwerbsteuer.

## III. Entgeltliche Grundstücksübertragungen

### 1. Schenkung unter Auflage im allgemeinen

978 Ist die Schenkung unter einer Auflage erfolgt, ist sie nur insoweit von der Grunderwerbsteuer befreit, als der Steuerwert des Grundvermögens den Wert der Auflage übersteigt. Auflagen in diesem Sinne sind auch Hypotheken, wenn die persönliche Schuld mitübernommen wird. In Höhe der kapitalisierten Rente, wenn eine solche vereinbart worden ist, oder in der Höhe der Valutierung der Hypothek ist der Erwerb entgeltlich. Auf die Behandlung dieses Rechtsgeschäfts bei den übrigen Steuerarten kommt es hierbei nicht an. Während die Übernahme einer Last auch im Wege der vorweggenommenen Erbfolge als ein einheitliches unentgeltliches Geschäft angesehen wird, sieht das Grunderwerbsteuerrecht hierin eine gemischte Schenkung.

## 2. Schenkung unter Übernahme von Hypotheken und sonstigen Lasten

Schenkt ein Ehegatte dem anderen ein Grundstück, das mit einer Hypothek belastet ist, so liegt kein unentgeltlicher Vorgang vor, wenn der Erwerber auch die persönliche Schuld übernimmt[222]. Haftete jedoch der übernehmende Ehegatte bereits vor der Übertragung des Grundstücks für die Hypothekenschuld als Gesamtschuldner persönlich, so liegt in vollem Umfang eine unentgeltliche Übertragung vor. 979

Die Grunderwerbsteuer kann in der Regel auch nicht dadurch vermieden werden, daß der erwerbende Ehegatte vorher die Hypothekenschuld abgelöst hat. Wird ein Grundstück an Abkömmlinge mit der Auflage geschenkt, Hypotheken mitzuübernehmen, tritt keine Grunderwerbsteuerpflicht ein, da Rechtsgeschäfte mit Personen, die mit dem Veräußerer in gerader Linie verwandt sind, von der Grunderwerbsteuer befreit sind (§ 3 Nr. 6 GrEStG). Unterliegt das Rechtsgeschäft der Grunderwerbsteuer, wird die Grunderwerbsteuer von dem Wert der Hypothek erhoben. 980

## 3. Grundstücksübertragungen gegen Rente

Soweit Grundstücke auf Abkömmlinge gegen eine Rentenverpflichtung übertragen werden, ist die Übertragung nach § 3 Nr. 6 GrEStG grunderwerbsteuerbefreit. Handelt es sich bei dem Gegenwert für eine Grundstücksübertragung um eine Veräußerungsrente, so stellt diese das Entgelt für die Grundstücksübertragung dar, was Bemessungsgrundlage für die Grunderwerbsteuer ist. Die Gegenleistung wird in diesem Falle mit dem kapitalisierten Wert der Rente angesetzt[223]. 981

Wird ein Grundstück jedoch gegen eine Versorgungsrente übertragen, so handelt es sich hierbei um einen gemischten Vorgang. Auch in diesem Falle stellt der kapitalisierte Wert der Versorgungsrente ein Entgelt dar, das der Grunderwerbsteuer unterliegt. Der darüber hinausgehende Grundstückserwerb ist steuerfrei. 982

## 4. Übertragung von Grundstücken unter Nießbrauchsvorbehalt

Wird ein Grundstück unter Einräumung des Nießbrauchs übertragen, so ist bei der Bewertung des Nießbrauchs der gemeine Wert und nicht der Steuerwert des Grundstücks zugrunde zu legen[224]. Der Übertragungsvorgang ist, soweit der Grundstückswert den Wert des Nießbrauchs übersteigt, steuerfrei. In Höhe des Wertes des Nießbrauchs tritt Grunderwerbsteuerpflicht[225] ein. Nach dem Urteil des BFH vom 20.4.1977[226] wird die einer Grundstücksschenkung beigefügte Auflage i.S. des § 10 Abs. 1 GrEStG insoweit zur Gegenleistung, als sie die Be- 983

222 Boruttau-Egly-Sigloch, § 3 GrEStG, Anm. 49.
223 Vgl. auch BFH v. 21.12.1977, BStBl. II 1978, S. 318, zu Erbbauzinsen ergangen.
224 BFH, Beschluß v. 5.3.1975, BStBl. II 1975, 419.
225 Vgl. BFH v. 13.7.1960, BStBl. III 1960, 413.
226 Urteil v. 20.4.1977, BStBl. II 1977, 676.

reicherung des Beschenkten mindert[227]. Ist ein Grundstück hiernach unter Nießbrauchsvorbehalt übertragen worden, unterliegt die Schenkung des Grundstücks insoweit der Grunderwerbsteuer (§ 1 Abs. 1 Nr. 1 GrEStG), als es der Gegenleistung entspricht (§ 10 Abs. 1 GrEStG), nämlich dem der Schenkerin vorbehaltenen Nießbrauch (§ 11 Abs. 1 Satz 1 GrEStG). Die gemischte Schenkung, zu der auch die Schenkung unter Nießbrauchsvorbehalt gehört, ist von der Grunderwerbsteuer nur insoweit befreit, als das Geschäft unentgeltlich ist[228].

Die Befreiung gilt auch für den Ehegatten, wenn dieser Gesellschafter ist (§ 3 Nr. 4 GrEStG).

984 Die Befreiung tritt insoweit ein, als Personen, die unter § 3 Nr. 6 GrEStG fallen, an der Personengesellschaft beteiligt sind, neben leiblichen, Adoptivkindern, Stiefkindern und deren Ehegatten.

### 5. Sonstige gemischte Schenkungen

985 Eine gemischte Schenkung liegt vor, wenn bei gegenseitigen Verträgen Leistung und Gegenleistung in einem offenbaren Mißverhältnis stehen und sich die Beteiligten des Mehrwerts der Leistung bewußt sind[229].

986 Bei der gemischten Schenkung unterliegt der Vorgang sowohl der Erbschaftsteuer als auch der Grunderwerbsteuer. Hierunter fallen alle Rechtsgeschäfte, die auch bürgerlich-rechtlich als gemischte Rechtsgeschäfte anzusehen sind, z.B. die Veräußerungen zu einem Vorzugspreis. Gemischte Schenkungsverträge sind auch die Altenteilverträge in der Landwirtschaft[230].

### 6. Bemessungsgrundlage

987 Die Bemessungsgrundlage sowohl bei der Schenkung unter Auflage als auch bei der gemischten Schenkung ist der Wert der Gegenleistung[231]. Das gilt grundsätzlich auch dann, wenn die Gegenleistung in einer wiederkehrenden Leistung in Form von Nießbrauchrenten oder dauernden Lasten besteht. In diesem Falle sind diese Leistungen zu kapitalisieren und der Zeitwert als Entgelt für die Besteuerung zugrunde zu legen.

## IV. Beteiligung von Angehörigen an einer Personengesellschaft

### 1. Eintritt in eine bereits bestehende Personengesellschaft

988 Treten Abkömmlinge des Erblassers in eine bereits bestehende Personengesellschaft ein, fällt hinsichtlich des im Betriebsvermögen befindlichen Grundvermö-

---

[227] Hierzu auch BFH v. 17. 9. 1975, BStBl. II 1976, 126.

[228] BFH v. 20. 4. 1977, BStBl. II 1977, 676.

[229] Boruttau-Egly-Sigloch, § 3 GrEStG, Anm. 41.

[230] Vgl. BFH v. 24. 6. 1964, HFR 1965, 67.

[231] Boruttau-Egly-Sigloch, § 3 GrEStG, Anm. 42, 45, 48; BFH v. 10. 6. 1964, HFR 1965, 468.

gens keine Grunderwerbsteuer an. Wie bereits ausgeführt, wird die Personengesellschaft als selbständiges Steuersubjekt behandelt, mit der Folge, daß die Personengesellschaft Rechtsträger im Sinne des GrEStG ist. Somit ist sie vom Gesellschafterwechsel unabhängig. Der Gesellschafterwechsel und Gesellschaftereintritt lösen somit keine Grunderwerbsteuer aus.

### 2. Eintritt eines Gesellschafters in ein bisheriges Einzelunternehmen

Bringt ein bisheriger Einzelkaufmann Betriebsgrundstücke in eine oHG ein, so *989*
wird durch diesen Vorgang grundsätzlich Grunderwerbsteuer ausgelöst. Lediglich hinsichtlich des Anteils des Einbringenden an der Personengesellschaft tritt Grunderwerbsteuerfreiheit ein. Überträgt jedoch der Einzelkaufmann sein Betriebsvermögen auf eine mit seinen Abkömmlingen in gerader Linie gegründeten Personengesellschaft, so ist die Übertragung des Grundvermögens gemäß § 3 Nr. 6 GrEStG von der Grunderwerbsteuer befreit.

Bleibt jedoch der einbringende Gesellschafter Eigentümer des Grundstückes *990*
und überläßt er es der Gesellschaft lediglich zur Nutzung, so liegt ein grunderwerbsteuerpflichtiger Vorgang nicht vor.

## V. Grunderwerbsteuer bei Einbringung eines Grundstücks in eine GmbH & Co. KG

Eine Befreiung für eine Einbringung eines Grundstücks in eine GmbH & Co. *991*
KG gilt nur insoweit, als der Einbringende, sein Ehegatte, seine Kinder an dieser beteiligt sind (§ 3 Nr. 4 und 6 GrEStG), nicht jedoch für die Beteiligung der Komplementär-GmbH, soweit diese am Vermögen der KG beteiligt ist, auch soweit an dieser der Einbringende, dessen Ehegatte und Kinder beteiligt sind.

## VI. Beteiligung von Angehörigen an einer GmbH

Die Einbringung in eine GmbH ist generell grunderwerbsteuerpflichtig, wenn *992*
Gegenstand der Sacheinlage ein Grundstück ist. Das gilt auch dann, wenn der Einbringende und seine Abkömmlinge ausschließlich an der GmbH beteiligt sind. Die personenbezogenen Befreiungstatbestände werden bei Kapitalgesellschaften nicht berücksichtigt.

Die Einbringung eines Grundstücks gegen Gesellschaftsrechte in eine Kapital- *993*
gesellschaft ist nicht mehr grunderwerbsteuerbegünstigt. Bemessungsgrundlage ist hier der Gegenwert des Anteils, der im Zweifel dem gemeinsamen Wert des Grundstücks entsprechen dürfte. Die Einbringung unterliegt einem Steuersatz von 3,5 v. H.

# 4. Abschnitt Umsatzsteuer

## I. Grundsätze

994 Die Umsatzsteuer im Rahmen der Erbauseinandersetzung ist in ⇒ Rz. 630 ff. behandelt worden. Sie hat auch im Rahmen der Verfügung zur Regelung der vorweggenommenen Erbfolge wegen des Vorsteuerabzuges keine Bedeutung mehr.

Die dort angesprochene Problematik ist auch für die vorweggenommene Erbfolge von Bedeutung, es kann deshalb auf die dortigen Ausführungen verwiesen werden.

995 Entnimmt der Unternehmer Gegenstände des Betriebsvermögens, um sie auf seine Kinder zu übertragen, so unterliegt diese Entnahme als unentgeltliche Wertabgabe, soweit es sich um Sachentnahmen handelt, der Umsatzsteuer (§ 1 Abs. 1 Nr. 2 UStG).

Anders steht es mit der Entnahme von Grundstücken. Diese ist nach § 4 Nr. 9a steuerbefreit, da sie unter das GrEStG fällt.

996 – Unerheblich ist hierbei, daß eine Schenkung an Abkömmlinge grunderwerbsteuerbefreit ist.

997 Nimmt der Vater seine Kinder als Kommanditisten in sein Unternehmen auf, so wird dieser Vorgang umsatzsteuerlich als ein Verkauf eines Einzelunternehmens an eine Kommanditgesellschaft angesehen. So kann hinsichtlich weiterer Einzelheiten auf ⇒ Rz. 639 verwiesen werden.

998 Hinsichtlich der Einbringung in eine GmbH & Co. KG wird auf ⇒ Rz. 1123 ff. und der in eine Kapitalgesellschaft auf ⇒ Rz. 1231 ff. verwiesen.

Zu bemerken ist, daß die Geschäftsführertätigkeit der GmbH keine unternehmerische Tätigkeit darstellt.

## II. Unentgeltliche Übertragung eines Betriebes

999 Eine unentgeltliche Übertragung im Sinne des Umsatzsteuerrechts liegt vor, wenn der Vater den Betrieb unter Zurückbehaltung der Verbindlichkeiten überträgt. Dies dürfte nicht den Regelfall darstellen. Der BFH[232] nimmt nunmehr bei der unentgeltlichen Übertragung einen Tatbestand unentgeltlicher Wertabgaben an. Die Verwaltung (Abschnitt 8 Abs. 5 UStR) hat vor Ergehen dieses Urteils in diesen Fällen nichtsteuerbare Leistungen angenommen.

---

232 BFH v. 25.6.1987, BStBl. II 1987, 655. Vgl. auch Rau/Dürrwächter/Flick/Geist, UStG.

## III. Schenkung unter Übernahme von Verbindlichkeiten

Wird ein Betrieb auf die Kinder unentgeltlich übertragen, liegt umsatzsteuerlich eine unentgeltliche Wertabgabe vor. Die Erwerber sind nicht zum Vorsteuerabzug berechtigt. *1000*

Anders jedoch bei unentgeltlichen Betriebsübertragungen mit Schuldübernahme.

Nach dem Beispiel 4 zu Abschn. 158 Abs. 1 UStR 1987 überträgt ein Einzelunternehmer seinen Betrieb auf seinen zum Vorsteuerabzug berechtigten Sohn (Geschäftsveräußerung im ganzen). Der Teilwert des Betriebs beträgt Euro 30.000,–. Der Sohn übernimmt Betriebsschulden in Höhe von Euro 5.000,–, die nach den Umständen des Einzelfalles als Gegenleistung für die Betriebsübertragung anzusehen sind. Nach den UStR: Der Unternehmer vereinnahmt für die Geschäftsveräußerung einen Betrag von Euro 5.000,– (Übernahme der Betriebsschulden durch den Erwerber). Der Betrag ist niedriger als die Bemessungsgrundlage nach § 10 Abs. 4 Nr. 1 UStG. Nach § 10 Abs. 5 Nr. 1 UStG ist deshalb der Teilwert von Euro 30.000,– als Bemessungsgrundlage für die Geschäftsveräußerung anzusehen.

Im Falle der teilunentgeltlichen Übertragung ist der Erwerber zum vollen Vorsteuerabzug berechtigt (Billigkeitsmaßnahmen).

## IV. Schenkung unter Auflage

Wird ein Betrieb übertragen unter der Auflage, dem Erblasser oder einem Dritten eine Rente zur Abfindung zu zahlen, so stellt diese Verpflichtung ein Entgelt dar. Entspricht dieses nicht dem Teilwert des Betriebsvermögens, ist auch hier die Mindestbemessungsgrenze anzusetzen. Der Erwerber ist zum Vorsteuerabzug in Höhe der Mindestbemessungsgrundlage berechtigt. *1001*

## V. Gemischte Schenkung

Gleiche Grundsätze gelten für die gemischte Schenkung. *1002*

4. KAPITEL

# Gründung und Umwandlung von Familiengesellschaften

## 1. Abschnitt Familienpersonengesellschaft[1]

### I. Ertragsteuer der Personengesellschaften

#### 1. Grundsätze

Als Familiengesellschaft[2] wird die Personengesellschaft bezeichnet, an der mehrheitlich Familienmitglieder, Ehegatten und Abkömmlinge oder sonstige nahe Angehörige i.S. des § 15 AO beteiligt sind. Insbesondere liegt eine Familiengesellschaft vor, wenn der Schenker beherrschender Gesellschafter bzw. Einzelunternehmer ist und daher die Vertragsbedingungen allein festsetzen kann. Beteiligt sich ein minderjähriges Kind mit ihm von seinem Vater geschenkten Mitteln an einer GmbH als stiller Gesellschafter, so ist die Anerkennung des Kindes als Mitunternehmer wegen fehlender tatsächlicher Durchführung der getroffenen Vereinbarungen dann zu versagen, wenn der Vater die GmbH beherrscht. Grundsätzlich werden steuerlich auch Rechtsverhältnisse zwischen Familienangehörigen 1003

[1] Literaturhinweise: Binz/Heinrichs, Familiengesellschaften in Recht und Praxis; Krieger, Zweckmäßige Wahl der Unternehmensform; Peter/Crezelius, Neuzeitliche Gesellschaftsverträge und Unternehmensformen; Peter/Petzoldt/Winkler, Unternehmensnachfolge, Testamente, Gesellschaftsverträge in der Praxis; Steinberg, Familienpersonengesellschaften im Steuerrecht; Sudhoff, Das Familienunternehmen; Sudhoff, Handbuch der Unternehmensnachfolge; Wöhe, Die Familienunternehmung als Instrument der Steuerminimierung; Schulze zur Wiesche, Vereinbarungen unter Familienangehörigen, 8. Aufl.

[2] Schulze zur Wiesche, Vereinbarungen unter Familienangehörigen, 8. Aufl.; Söffing, Möglichkeiten und Grenzen der Verlagerung von Einkommen auf die nächste Generation, StbJb 1978/79, S. 301; Dornbusch, Die steuerrechtliche Problematik der Rechtsbeziehungen zwischen Familienangehörigen, FR 1979, 3898; Ehmke, Mitunternehmerschaft von Familienangehörigen, Inf. 1980, 184; Friele/Spiegels, Die ertragsteuerliche Behandlung von Familiengesellschaften, Inf. 1981, 32; Krüger, Zur steuerlichen Anerkennung von Fam. Pers. G., DStZ 1980, 193; L. Schmidt, Möglichkeiten und Grenzen der Einkommensverlagerung zwischen Eltern und Kindern, StbJb 1975/76, S. 149;; Schulze zur Wiesche, DB 1990, 552; Eppler, Formen des Fremdvergleichs, DStR 1987, 607; Seer, Der minderjährige Kommanditist als Mitunternehmer bei schenkweiser Übertragung auf seine Eltern, DStR 1988, 600; Hennerkes/May, Der Gesellschaftsvertrag des Familienunternehmens, NJW 1988, 2761; Fiedler, Angemessene Gewinnverteilung bei Personengesellschaften, DStZ 1990, 461; Janssen, Zur Gerechtigkeit in der Familienbesteuerung in Theorie und Praxis, DStZ 1991, 13.

anerkannt. Voraussetzung ist jedoch, daß sie ernsthaft gewollt sind, auch tatsächlich durchgeführt und unter Bedingungen abgeschlossen worden sind, wie sie auch unter fremden Dritten abgeschlossen sein würden. Soweit es sich um entgeltliche Verträge handelt, wobei ein Leistungsaustausch zwischen dem bisherigen Einzelunternehmer und den neu eintretenden Gesellschaftern stattfindet, ist die steuerliche Anerkennung grundsätzlich unproblematisch. Anders ist der Fall, wenn die Anteilsübertragung in ein scheinbar entgeltliches Rechtsgeschäft gekleidet wird. In dem dem Urteil des BFH vom 5.7.1979[3] zugrundeliegenden Sachverhalt hatte der Vater, der nahezu alleiniger Gesellschafter einer GmbH und deren Geschäftsführer seine Ehefrau und Kinder sein sollten, umgewandelt. Die Einlagen der Kommanditisten wurden in der Weise erbracht, daß die GmbH den Kommanditisten in Höhe der Einlage ein verzinsliches Darlehen zur Verfügung stellte. Eine Laufzeit des Darlehens wurde nicht vereinbart. Die Kommanditisten erhielten auf ihre Einlagen eine Vorwegverzinsung, die der Verzinsung des Darlehens entsprach. Der BFH hat die Rechtsansicht vertreten, daß hier wirtschaftlich gesehen die Schenkung einer Beteiligung vorliege. Insgesamt lassen sich bei der Anerkennung von Familiengesellschaften drei Fallgruppen unterscheiden:

a) Die Schenkung und damit auch das Rechtsverhältnis wird überhaupt nicht anerkannt,
b) die Schenkung und das Rechtsverhältnis werden zwar anerkannt, aber nicht die Mitunternehmerschaft,
c) die Mitunternehmerschaft wird anerkannt, aber nicht die Gewinnverteilung.

## 2. Nichtanerkennung der vertraglichen Beziehungen überhaupt

### *a) Allgemeines*

*1004* Die Rechtsbeziehungen zwischen Familienangehörigen in Form eines Gesellschaftsvertrages bei geschenkten Beteiligungen werden grundsätzlich nur anerkannt, wenn sie ernsthaft gewollt, daher nicht zum Schein abgeschlossen werden, die bürgerlich-rechtlichen Formvorschriften erfüllen, tatsächlich durchgeführt werden und unter Bedingungen stehen, wie sie auch zwischen fremden Dritten bei einer entgeltlichen Beteiligung eingeräumt worden wären[4]. Darüber hinaus werden Verträge zwischen Angehörigen nur anerkannt, wenn sie eindeutig sind[5]. Sie dürfen nicht manipulierbar sein[6].

---

3 BFH v. 5.7.1979, BB 1979, 1483.

4 Vgl. hierzu BFH v. 7.10.1951, BStBl. III 1951, 232; v. 24.7.1969, BStBl. II 1969, 619; v. 1.2.1972, BStBl. II 1973, 307; v. 8.8.1979, DB 1979, 2160.

5 BFH v. 29.1.1976, BStBl. II 1976, 324.

6 BFH v. 31.1.1961, BStBl. III 1961, 158; v. 18.3.1964, BStBl. III 1964, 429; v. 1.2.1973, BStBl. II 1973, 309; R. Schmidt, Die steuerliche Behandlung einer Familien-KG, DStR 1995, 1977; Schulze zur Wiesche, Gewinnverteilungsvereinbarungen bei PersG, StBp 1994; Schwendy/Gassner, Steuergestaltung und ihre Grenzen bei Familiengesellschaften, FS L. Schmidt, 1993, S. 771; Familiengesellschaften und Gestaltungsmißbrauch, FS L. Schmidt, 1993, S. 751; Felix, Die steuerliche Anerkennung von Rechtsverhältnissen mit Angehörigen, FR 1996, 729.

Grundlage muß ein Gesellschaftsverhältnis oder ein vergleichbares Gemeinschaftsverhältnis sein[7], wobei es jedoch nicht auf die Bezeichnung des Rechtsverhältnisses ankommt, sondern allein auf den inneren Gehalt der Vereinbarung. So kann u. U. auch ein Arbeitsverhältnis, ein Werkvertrag, Pachtvertrag usw.[8] ein Gesellschaftsverhältnis begründen. 1005

Werden Kommanditanteile schenkweise mit der Maßgabe übertragen, daß der Schenker ihre Rückübertragung jederzeit ohne Angabe von Gründen einseitig veranlassen kann, dann ist der Beschenkte steuerrechtlich nicht als Mitunternehmer anzusehen[9]. 1006

### *b) Bürgerlich-rechtliche Wirksamkeit des Vertrages*

Familiengesellschaften zwischen Angehörigen werden steuerlich nur anerkannt, wenn bürgerlich-rechtlich ein rechtswirksamer Vertrag vorliegt (⇒ Buch I Rz. 1003 ff.). Das gilt insbesondere, wenn Minderjährige Beteiligte werden. 1007

Jedoch ist ein zunächst formunwirksamer Vertrag zwischen nahen Angehörigen ausnahmsweise dann von vornherein steuerlich anzuerkennen, wenn aus den besonderen übrigen Umständen des konkreten Einzelfalles ein ernsthafter Bindungswille der Angehörigen zweifelsfrei abgeleitet werden kann. Das trifft jedenfalls dann zu, wenn den Angehörigen das Fehlen der Kenntnis der bestehenden Rechtslage nicht anzulasten ist, daß sie die Formvorschriften zunächst nicht beachtet haben, und wenn sie zeitnah nach dem Auftreten von Zweifeln alle erforderlichen Maßnahmen ergriffen haben, um die zivilrechtliche Wirksamkeit des Vertrages herbeizuführen[10].

So werden Verträge mit Minderjährigen (⇒ Buch I Rz. 828) nur anerkannt, wenn eine vormundschaftliche Genehmigung vorliegt[11]. Die zivilrechtliche Rückwirkung der vormundschaftsgerichtlichen Genehmigung eines Vertrages über den Erwerb eines Anteils einer Personengesellschaft durch einen Minderjährigen kann auch steuerlich nicht berücksichtigt werden, wenn die vormundschaftsgerichtliche Regelung nicht unverzüglich nach Abschluß des Gesellschaftsvertrags beantragt und in angemessener Frist erteilt wird[12]. Soweit es sich um eine Beteiligungsschenkung handelt, bedarf der Vertragsabschluß grundsätzlich der notariellen Form (§ 518 BGB ⇒ Buch I Rz. 849). Ist der Vater gleichzeitig Gesellschafter der Personengesellschaft, bedarf es bei minderjährigen Gesellschaftern 1008

---

[7] BFH v. 25. 6. 1984, BStBl. II 1984, 751.

[8] BFH v. 11. 12. 1980, BStBl. II 1981, 310; v. 27. 3. 1980, BStBl. II 1981, 210; v. 11. 12. 1980, BStBl. II 1981, 310; v. 19. 2. 1981, BStBl. II 1981, 602; v. 28. 10. 1981, BStBl. II 1982, 186; v. 28. 1. 1982, BStBl. II 1982, 389; v. 18. 3. 1982, BStBl. II 1982, 546; v. 24. 7. 1984, BStBl. II 1985, 85; v. 22. 1. 1985, DB 1985, 1269; v. 5. 6. 1986, BStBl. II 1986, 802; v. 6. 5. 1986, BStBl. II 1986, 891; v. 11. 9. 1986, BStBl. II 1987, 111.

[9] BFH v. 16. 5. 1989, BB 1989, 2236.

[10] BFH v. 13.7.1999, FR 2000, 810.

[11] BFH v. 19. 9. 1974, BStBl. II 1975, 141.

[12] BFH v. 8. 11. 1972, BStBl. II 1973, 287; v. 1. 2. 1973, BStBl. II 1973, 307.

gem. § 1909 BGB der Bestellung eines Ergänzungspflegers. Hierbei ist für jeden Minderjährigen ein besonderer Ergänzungspfleger zu bestellen[13]. Die Ergänzungspflegschaft gilt lediglich für den Vertragsabschluß, nicht jedoch für die Dauer der Minderjährigkeit. Es braucht keine Dauerpflegschaft während der ganzen Dauer der Minderjährigkeit zu bestehen[14]. Es ist jedoch darauf zu achten, daß dies nur für die normalen Gesellschafterbeschlüsse gilt. Für Gesellschafterbeschlüsse, die eine Änderung des Gesellschaftsvertrags zum Gegenstand haben, sei es, daß sich die Beteiligungsverhältnisse wie Gewinnbeteiligung ändern oder ein neuer Gesellschafter eintritt, muß jedesmal wieder ein Ergänzungspfleger für die Vertragsänderung bestellt werden. Nach Ansicht des BFH kann die formelle Unwirksamkeit des Gesellschaftsvertrags insbesondere bei Minderjährigen nicht durch den faktischen Vollzug geheilt werden[15].

*1009* Wird ein Vertrag kurz vor Erreichen der Volljährigkeit des Beschenkten abgeschlossen, so ist er trotz mangelnder Form wirksam, wenn ihn der Beschenkte nach Erlangung der Volljährigkeit genehmigt[16].

*1010* Auch die Gründung einer typischen stillen Gesellschaft zwischen dem Vater und seinen minderjährigen Kindern bedarf der Mitwirkung eines Ergänzungspflegers. Der Vater ist insoweit von der Vertretung seiner Kinder ausgeschlossen. Die vormundschaftliche Genehmigung ist jedoch nicht erforderlich, wenn die Beteiligung der Kinder am Verlust ausgeschlossen ist[17]. Nach dem Urteil des BFH vom 8. 8. 1979[18] reicht ein privat-schriftlicher Vertrag nicht aus, um eine Unterbeteiligungsgesellschaft entstehen zu lassen. Ein dinglicher Vollzug mit der Möglichkeit der Heilung ist wegen der lediglich obligatorischen Beziehungen bei einer Unterbeteiligung nicht gegeben. Der Schenker ist den Beschenkten bezüglich der Vermögens- und Gewinnbeteiligung sowie bezüglich der sonstigen Rechte lediglich schuldrechtlich verpflichtet. Darin erschöpfe sich die ihnen gegenüber abgegebene Zusage der Unterbeteiligung. Diese schuldrechtliche Verpflichtung bedarf nach Ansicht des BFH, da sie unentgeltlich eingegangen ist, gem. § 518 Abs. 1 Satz 1 BGB der notariellen Beurkundung. Fehlt es an der notwendigen Form und auch an der tatsächlichen Durchführung, so sieht der BFH in diesen Vereinbarungen lediglich ein kaschiertes Versprechen von Todes wegen[19].

*c) Ernsthaftigkeit der Vereinbarung*

*1011* Vereinbarungen mit Familienangehörigen werden steuerlich nur anerkannt, wenn sie ernsthaft gewollt sind und nicht nur für das Papier vereinbart sind. Stimmt die förmliche Vereinbarung nicht mit dem überein, was die Gesellschafter

---

13 BFH v. 1. 2. 1973, BStBl. II 1973, 309.
14 BFH v. 29. 1. 1976, BStBl. II 1976, 328.
15 BFH v. 8. 11. 1972, BStBl. II 1973, 287; v. 1. 2. 1973, BStBl. II 1973, 307.
16 BFH v. 5. 3. 1981, BB 1981, 955.
17 So BFH v. 28. 11. 1973, BStBl. II 1974 II, 289.
18 BFH v. 8. 8. 1979, BB 1979, 2160; vgl. auch Tiedtke, FR 1980, 421.
19 BFH v. 8. 2. 1979, BB 1979, 717.

tatsächlich wollen, ist die Vereinbarung als Scheingeschäft i.S. des § 117 BGB bereits unwirksam (⇒ Buch I Rz. 353). Verbirgt sich hinter dem formell vereinbarten Rechtsgeschäft ein anderes Rechtsgeschäft, so hat dieses im Zweifel wegen mangelnder Form auch keine Gültigkeit, insbesondere wenn die Verträge mit Minderjährigen abgeschlossen worden sind, weil es hier an der vorgeschriebenen Form mangelt. Rückfallklauseln stehen einer Anerkennung nicht entgegen[20].

*d) Tatsächliche Durchführung des Gesellschaftsverhältnisses*

Ein Gesellschaftsverhältnis kann steuerlich grundsätzlich nur anerkannt werden, wenn es auch tatsächlich durchgeführt wird[21]. An einer tatsächlichen Durchführung mangelt es, wenn die buchhalterischen Voraussetzungen wie Einräumung der Kapitalkonten an die Gesellschafter nicht erfolgt sind und die Gesellschafter in Wirklichkeit nicht die Rechte haben, die ihnen vertragsmäßig eingeräumt worden sind, ihre Verfügungsrechte über den Anteil und den Gewinn so beschnitten sind, daß die Beschenkten keine Eigentumsrechte ausüben können. *1012*

Eine Vereinbarung über eine stille Gesellschaft wird nicht tatsächlich durchgeführt, wenn der Gewinnanteil des stillen Gesellschafters nicht vereinbarungsgemäß ausgezahlt wird und auch keine Vereinbarung über das darlehensweise Schenken des Gewinnanteils vorliegt[22]. Hier reicht z.B. eine Vereinbarung, wonach es dem Gesellschafter unbenommen bleiben sollte, seinen Gewinn gegen eine 8 %ige Verzinsung dem Unternehmen darlehensweise zur Verfügung zu stellen, nicht aus[23].

aa) Gesellschafterkonten

Für die minderjährigen Kinder sind selbständige Kapitalkonten und Privatkonten zu führen. Auch die Tatsache, daß der Vater als gesetzlicher Vertreter weitgehend über Konten und Guthaben verfügen kann, macht eine selbständige Kontenführung nicht entbehrlich, sondern sogar erforderlich, um hier eine Klarheit zu schaffen. Es muß durch die selbständige Kontenführung dokumentiert werden, daß ein Eigentumswechsel stattgefunden hat. Der auf die Kapitalanteile der minderjährigen Kinder entfallende Gewinn ist deren Verrechnungskonten gutzubringen. *1013*

bb) Verwaltung des Anteils als Fremdvermögen

Eine Durchführung des Gesellschaftsverhältnisses mit der Konsequenz, daß Minderjährige Eigentümer des Anteils geworden sind, ist nach Ansicht des BFH[24] auch dann nicht gegeben, wenn der Vater als gesetzlicher Vertreter weiterhin die *1014*

---

20 BFH v. 27.1.1994, FR 1994, 508.

21 BFH v. 17.10.1951, BStBl. III 1951, 232; v. 24.7.1969, BStBl. II 1969, 619; v. 1.2.1972, BStBl. II 1973, 307; v. 8.8.1979, DB 1979, 2160.

22 BFH v. 13.6.1989, FR 1989, 500.

23 BFH v. 13.6.1989, FR 1989, 500.

24 BFH v. 3.11.1976, BStBl. II 1977, 206.

volle Verfügungsmacht über den Anteil hat. Die Verwaltung der Beteiligung durch die Eltern hat sich im Rahmen der Vermögensfürsorge zu halten, insbesondere sind die Einschränkungen für die Verwendung des § 1649 BGB zu beachten. Daher dürfen die Eltern nicht unbegrenzt über die Erträgnisse aus dem Anteil verfügen. Eine tatsächliche Durchführung des Gesellschaftsverhältnisses ist auch dann zu verneinen, wenn der Beschenkte nicht nur über seinen Gewinnanteil, sondern über seine Beteiligung nicht wie ein Eigentümer verfügen darf, weil er hier wesentlichen Beschränkungen unterworfen ist. Der Beschenkte ist wirtschaftlich nicht als Eigentümer anzusehen, wenn er auch über das 18. Lebensjahr, also über den Zeitpunkt der Volljährigkeit hinaus, erheblichen Beschränkungen hinsichtlich seiner Verfügung über den Anteil unterliegt. Man wird daher steuerlich das Gesellschaftsverhältnis nur anerkennen können, wenn der Minderjährige von dem Zeitpunkt seiner Volljährigkeit an im wesentlichen die Rechte aus dem Anteil selbst geltend machen kann[25]. Insbesondere wäre das der Fall, wenn der Schenker unabhängig von der gesellschaftsrechtlichen Stellung bis zu seinem Tode die Verfügungsgewalt hat und die geschenkten Mittel weiterhin derart an das Unternehmen gebunden sind, daß durch die Entnahmebeschränkungen und den Ausschluß des Kündigungsrechts das Eigentum des Beschenkten zugunsten des Schenkers völlig ausgehöhlt ist[26]. In diesem Falle liegt nur ein kaschiertes Schenkungsversprechen von Todes wegen vor[27]. Beschränkungen können jedoch auch über das 18. Lebensjahr hinaus vereinbart werden, wenn sie übersehbar sind und das Ende der Beschränkungen zeitlich voraussehbar ist. So hat der BFH die Anteilsschenkung an eine 17jährige steuerlich anerkannt, weil die im Schenkungsvertrag vereinbarten Verfügungsbeschränkungen im wesentlichen mit der Vollendung des 26. Lebensjahres beseitigt waren[28].

cc) Kündigungsrecht der Gesellschafter (⇒ Buch I Rz. 1035, 1092)

*1015* Zu den wichtigsten Rechten eines Gesellschafters gehört das Kündigungsrecht. Ist das Kündigungsrecht im Gesellschaftsvertrag bzw. im Schenkungsvertrag auf Dauer ausgeschlossen, ist dem Beschenkten eines der wichtigsten Rechte, die aus seinem Eigentum an dem Gesellschaftsanteil fließen, entzogen worden. Der Ausschluß des Kündigungsrechts führt daher dazu, daß der Gesellschafter ein wesentliches Eigentumsrecht, das aus dem Anteil fließt, nicht ausüben kann. Der BFH hat daher mit steuerlicher Wirkung ein Gesellschaftsverhältnis nicht anerkannt, wenn dieses Kündigungsrecht einseitig zu Lasten des Beschenkten aufgehoben worden ist[29]. Es bestehen u.E. jedoch keine Bedenken, dem Schenker

[25] Vgl. BFH v. 29.1.1976, BStBl. II 1976, 324; v. 29.1.1976, BStBl. II 1976, 328; v. 29.1.1976, BStBl. II 1976, 233; v. 29.1.1976, BStBl. II 1976, 374.

[26] Vgl. BFH v. 8.2.1979, BB 1979, 717.

[27] Vgl. BFH v. 8.2.1979, BB 1979, 717.

[28] Vgl. BFH v. 6.4.1979, BB 1979, 1823.

[29] Vgl. BFH v. 3.5.1979, BStBl. II 1979, 515; v. 8.2.1979, BB 1979, 717; v. 5.7.1979, BB 1979, 1483; v. 6.7.1995, FR 1996, 30.

selbst für die ersten Jahre ein außerordentliches Kündigungsrecht einzuräumen, insbesondere für den Fall, daß er nach § 530 BGB berechtigt wäre, eine Schenkung zu widerrufen.

Die Einschränkung des Kündigungsrechtes der Kommanditisten kann nicht als eine wesentliche Einschränkung ihrer Gesellschaftsrechte gegenüber dem Regelstatut des HGB gewertet werden, wenn diese lediglich dazu dient, eine Kündigung zu einem Zeitpunkt zu verhindern, in dem die Beschenkten noch nicht die Reife erlangt haben, um die Tragweite einer solchen Kündigung richtig einzuschätzen[30]. *1016*

dd) Entnahmen (⇒ Buch I Rz. 1089)

Zu den wichtigsten Vermogensrechten aus dem Gesellschaftsverhältnis gehört das Gewinnbezugsrecht. Das Gewinnbezugsrecht kann dadurch ausgehöhlt werden, daß die Entnahmen eingeschränkt werden. Ein völliges Entnahmerecht aller erwirtschafteten Gewinne liegt nicht im Interesse der Gesellschaft. Deswegen ist es zweckmäßig, in den Gesellschaftsverträgen zu vereinbaren, daß gewisse Gewinnanteile nicht entnommen werden dürfen. Der Gewinnanspruch darf aber nicht in der Weise ausgehöhlt werden, daß der Beschenkte zu Lebzeiten des Schenkers, abgesehen von Entnahmen zur Begleichung von Steuerschulden, soweit diese auf den Gewinnanteil entfallen, ausgeschlossen wird. Inwieweit jedoch eine Entnahmebeschränkung als steuerlich zulässig erachtet wird, hängt von dem Einzelfall ab. So hat der BFH[31] eine Entnahme, die auf die Zinsanteile der Privatkonten beschränkt war, neben der Entnahme der Tätigkeitsvergütung und der Entnahme für die Begleichung von Steuerschulden als ausreichend angesehen. *1017*

*e) Vertragsabschluß zu Bedingungen wie unter Dritten*

Ein Gesellschaftsverhältnis wird steuerlich nur anerkannt, wenn es unter Bedingungen abgeschlossen worden ist, wie es auch zwischen fremden Dritten zustande gekommen wäre[32]. So wird vom BFH als unüblich angesehen, wenn der Schenker sich im Verhältnis zu dem Kapitalanteil ein verdoppeltes Stimmrecht zurückbehält und im Gesellschaftsvertrag vereinbart worden ist, daß im Falle der Änderung des Gesellschaftsvertrages es lediglich der einfachen Mehrheit der Stimmen bedürfe. Desgleichen hält der BFH es für unüblich, wenn im Gesellschaftsvertrag eine Entnahmebeschränkung dergestalt vereinbart wird, daß lediglich der auf den Gewinnanteil entfallende Steuerbetrag entnommen werden dürfe. Ebenfalls wird als unüblich zwischen fremden Dritten eine einseitige Ausgestaltung des Kündigungsrechts dergestalt angesehen, daß der Schenker berechtigt ist, das Gesellschaftsverhältnis einseitig zu kündigen und im Rahmen der Auflösung des Gesellschaftsverhältnisses das gesamte Betriebsvermögen zu übernehmen. *1018*

---

[30] BFH v. 10.11.1987, DB 1988, 940.

[31] Urteil v. 6.4.1979, DB 1979, 1823.

[32] Vgl. BFH v. 5.7.1979, BB 1979, 1483; v. 6.4.1979, DB 1979, 1823; v. 8.2.1979, BB 1979, 717; v. 3.5.1979, BStBl. II 1979, 515.

Unterschiedliche Ausgestaltung von Entnahmerechten braucht aber nicht zu einer Nichtanerkennung des Gesellschaftsverhältnisses führen, wenn sie sachlich gerechtfertigt ist. So wäre es sachlich gerechtfertigt, dem Komplementär höhere Entnahmen zuzugestehen als dem Kommanditisten[33]. Die unübliche Gestaltung führt jedoch nicht zur Unwirksamkeit, sondern nur zur Nichtanerkennung der Höhe nach[34].

*f) Konsequenzen aus der Nichtanerkennung des Gesellschaftsverhältnisses*

1019 Wird das Gesellschaftsverhältnis steuerlich nicht anerkannt, ist steuerlich das Kapitalkonto dem Schenker zuzurechnen. Das gleiche gilt hinsichtlich des Gewinnanteils. Soweit jedoch der Schenker dem Beschenkten Gewinnanteile hat zukommen lassen, liegt eine Einkommensverwendung vor, die steuerlich unbeachtlich ist. Sofern es sich um eine Personengesellschaft handelt, die ausschließlich mit dem Schenker und den beschenkten Familienangehörigen gebildet worden ist, ist das Unternehmen weiterhin als ein Einzelunternehmen des Schenkers zu behandeln, mit der Folge, daß eine gesonderte Gewinnfeststellung zu unterbleiben hat.

Der BFH[35] hat im Falle der Einbringung eines Einzelunternehmens in eine GmbH & Co. KG das Gesellschaftsverhältnis mit Kindern nicht anerkannt, wenn der Personengesellschaft das wesentliche Betriebsvermögen lediglich zur Nutzung überlassen worden war, der Einbringende als Verpachtender die gewerbliche Tätigkeit fortsetzt, das Pachtverhältnis jederzeit gekündigt werden kann und der Einbringende als Geschäftsführer eine dominierende Stellung hat und keinem Wettbewerbsverbot unterliegt.

### 3. Die steuerliche Anerkennung der Mitunternehmerschaft

1020 Ist die Vermögensverfügung selbst ernsthaft gewollt, ist jedoch der Schenker weiterhin als Einzelunternehmer anzusehen, weil sich die tatsächlichen Verhältnisse nicht geändert haben, kann nach der Rechtsprechung die Mitunternehmerschaft der beschenkten Minderjährigen zweifelhaft sein. So hat der BFH die Mitunternehmerschaft verneint, wenn trotz der Übertragung des Gesellschaftsanteils hinsichtlich der tatsächlichen Stellung des bisherigen Alleinunternehmers sich nichts geändert hat, daher der Vater weiter über das Unternehmen wie ein Einzelkaufmann regiert, obwohl er seinen Kindern die Stellung eines Kommanditisten eingeräumt hat[36]. Insbesondere ist nach Ansicht des BFH eine Mitunternehmerschaft dann nicht anzuerkennen, wenn die den Minderjährigen im Gesellschaftsvertrag zugebilligte Rechtsstellung (Rechte und Pflichten innerhalb der Kommanditgesellschaft) so weitreichend hinter der Rechtsstellung zurück-

---

[33] Hinsichtlich des Vertragsinhaltes bei einer stillen Beteiligung vgl. BFH v. 19.12.1979, BStBl. II 1980, 242.

[34] BFH v. 17.9.1997, BFH/NV 1998, 164; v. 13.7.1999, FR 2000, 810.

[35] BStBl. II 1986, 798.

[36] Vgl. BFH v. 4.8.1972, BStBl. II 1973, 10; v. 21.2.1974, BStBl. II 1974, 404; v. 30.7.1975, BStBl. II 1975, 818.

bleibt, die einem Kommanditisten nach den Normen des HGB über die KG zukommt, daß sich das geschaffene Rechtsverhältnis einkommensteuerlich nicht mehr als Mitunternehmerschaft i.S. des § 15 Abs. 1 Nr. 2 EStG werten läßt.

Bei der Beurteilung der Frage, ob ein Kommanditist Mitunternehmer ist, kommt dem Umstand, daß der betreffende Kommanditist nicht gegen seinen Willen durch Kündigung zum Buchwert aus der KG hinausgedrängt werden kann, entscheidende Bedeutung zu[37].

*a) Voraussetzungen der Mitunternehmerschaft*

Trotz des Wortlauts des § 15 Abs. 1 Nr. 2 EStG ist der Kommanditist nach An- 1021
sicht der Rechtsprechung nicht schlechthin als Mitunternehmer anzusehen. Hiernach ist das Merkmal der Mitunternehmerschaft eine selbständige Voraussetzung für die Einstufung der Einkünfte des Kommanditisten als gewerbliche. Mitunternehmerschaft eines Kommanditisten ist jedoch zu unterstellen, wenn dem Kommanditisten gesellschaftsvertraglich auch alle Rechte eingeräumt worden sind, die nach dem HGB einem Kommanditisten zustehen.

Die besonderen Merkmale der Mitunternehmerschaft sind das Unternehmerri- 1022
siko, d.h. die Beteiligung am Gewinn, am Risiko und am Vermögen, und die Unternehmerinitiative. Beide Merkmale müssen vorliegen[38].

Unternehmerinitiative ist dadurch beim Kommanditisten sichergestellt, daß ge- 1023
wisse Geschäfte, die den laufenden Rahmen übersteigen, seiner Zustimmung bedürfen. Die Gewinnbeteiligung ist dadurch dokumentiert, daß der Kommanditist keine feste Verzinsung für sein Kapital erhält, sondern am Gewinn des Unternehmens beteiligt ist[39]. Die Beteiligung am Risiko wird dadurch nach außen hin dokumentiert, daß seine Hafteinlage im Handelsregister eingetragen wird. Eine Vermögensbeteiligung kommt dadurch zum Ausdruck, daß der Kommanditist am Gesamthandsvermögen beteiligt ist und insoweit an der Wertsteigerung des Vermögens teilnimmt[40]. Auf der anderen Seite ist es nicht notwendig, daß der Vertrag, auf dem die Mitunternehmerschaft beruht, ausdrücklich als Gesellschaftsverhältnis bezeichnet wird. Auch ein Arbeitsverhältnis kann die Grundlage sein; das gilt insbesondere dann, wenn der Arbeitsvertrag ihm weitgehenden Einfluß auf die Unternehmensführung gibt und er am Gewinn beteiligt ist[41].

*b) Mitwirkung*

Wie bereits ausgeführt, kommt die Unternehmerinitiative beim Kommanditi- 1024
sten dadurch zur Geltung, daß bestimmte Handlungen der Geschäftsführung, so-

---

37 BFH v. 10.11.1987, DB 1988, 940.

38 BFH GrS v. 25.6.1984, BStBl. II 1984, 751.

39 BFH v. 28.10.1999, DStR 2000, 193.

40 BFH v. 13.7.1993, BStBl. II 1994, 243; v. 15.12.1992, BStBl. II 1994, 702; v. 16.12.1997, BStBl. II 1998, 480.

41 Vgl. BFH v. 11.12.1980, DB 1981, 971, Schulze zur Wiesche, Mitunternehmerschaft und Mitunternehmerstellung, DB 1997, 244.

weit sie den laufenden Rahmen des Geschäftsbetriebs übersteigen, der Zustimmung auch des Kommanditisten bedürfen. Die Unternehmerinitiative wäre dem Kommanditisten genommen, wenn dieser zu Lebzeiten des Schenkers das Widerspruchsrecht des Kommanditisten (§ 164 HGB) nicht ausüben könnte[42]. Es reicht u. E. daher nicht aus, daß der Kommanditist lediglich auf seine Kontrollrechte, die denen eines stillen Gesellschafters entsprechen, beschränkt bleibt. Nach Ansicht des BFH[43] gehört das Widerspruchsrecht nicht zu den wesentlichen Mitwirkungsrechten. Es reicht aus, wenn der Gesellschafter die Kontrollrechte nach § 716 Abs. 1 BGB ausüben kann[44].

Ein Kommanditist ist daher mangels Unternehmerinitiative kein Mitunternehmer, wenn sowohl sein Stimmrecht als auch ein Widerspruchsrecht durch Gesellschaftsvertrag praktisch ausgeschlossen sind[45].

Bei einer fremdnützigen Treuhand über den Kommanditanteil an einer gewerblichen KG ist nach der gefestigten Rechtsprechung des BFH nur der Treugeber Mitunternehmer. Der Treugeber übt die Gesellschaftsrechte zwar im eigenen Namen, im Innenverhältnis aber gem. §§ 676, 665 BGB nach Weisung des Treugebers und ausschließlich auf dessen Rechnung aus, so daß sich auf diese Weise allein in der Person des Treugebers Mitunternehmerrisiko und Mitunternehmerinitiative verwirklichen[46].

Nach dem Urteil des BFH vom 24. 7. 1986[47] reicht es für eine mitunternehmerische Unterbeteiligung jedoch aus, wenn der Unterbeteiligte im Innenverhältnis annähernd diejenigen Rechte eingeräumt erhält, die einem Kommanditisten nach dem Regelstatut des HGB zukommen[48].

*c) Stimmrecht*

1025 Zu den unverzichtbaren Rechten eines Gesellschafters gehört das Stimmrecht in der Gesellschafterversammlung. Der Gesellschafter muß grundsätzlich in der Lage sein, das Stimmrecht selbst auszuüben. Bei minderjährigen Abkömmlingen sind zwar die Eltern automatisch gesetzliche Vertreter, es muß aber für die steuerliche Anerkennung sichergestellt sein, daß die Beschenkten grundsätzlich mit Erreichung der Volljährigkeit diese Stimmrechte selbst ausüben können. Keine Mitunternehmerschaft liegt jedoch nach Ansicht des BFH vor, wenn der Schenker weiterhin die einfache Mehrheit hat und im Gesellschaftsvertrag vereinbart worden ist, daß alle Beschlüsse einschließlich der Aufnahme eines neuen Gesellschaf-

42 Vgl. BFH v. 29. 1. 1976, BStBl. II 1976, 332; vgl. insbesondere auch BFH v. 5. 7. 1978, BB 1978, 1552.

43 BFH v. 10. 11. 1987, DB 1988, 940.

44 BFH v. 9. 9. 1999, BFH/NV 2000, 213; BFH v. 31.8.1999, GmbHR 2000, 392.

45 BFH v. 11. 10. 1988, BStBl. II 1989, 762.

46 BFH v. 12. 10. 1999, GmbHR 2000, 244.

47 BStBl. II 1987, 54.

48 Zum Unternehmerrisiko BFH v. 10. 11. 1977, BStBl. II 1978, 15; v. 5. 7. 1978, BStBl. II 1978, 644; v. 8. 2. 1979, BStBl. II 1979, 405; v. 29. 4. 1981, BStBl. II 1981, 665.

ters und des Liquidationsbeschlusses der einfachen Mehrheit der Stimmen bedürfen[49]. Nach Ansicht des BFH reicht allein die Tatsache, daß der Komplementär derzeit nicht die im Einzelfall erforderliche Stimmrechtsmehrheit bezüglich der Änderung des Gesellschaftsvertrages und der Auflösung der Gesellschaft hat, aus, um die Mitunternehmerinitiative des Kommanditisten, und zwar auch bei Ausschluß des Widerspruchsrechts, zu bejahen[50].

*d) Leistung der Einlage aus künftigen Gewinnanteilen*

Nimmt der Vater ein nicht mitarbeitendes Kind in eine Personengesellschaft zur Fortführung seines bisherigen Einzelunternehmens auf, so ist das Kind in aller Regel im Jahr der Aufnahme kein Mitunternehmer, wenn es sich nur verpflichtet, einen Teil seines künftigen Gewinnanteils zur Bildung eines Kapitalanteils stehen zu lassen[51]. In dem dem BFH vorliegenden Fall war der Minderjährige tatsächlich nicht am Vermögen der Gesellschaft beteiligt, weil auch die Teilhabe an den stillen Reserven für die ersten drei Jahre ausgeschlossen war. Das Urteil ist allerdings zur atypischen stillen Beteiligung ergangen. U.E. liegen die tatsächlichen Verhältnisse anders, wenn der Vater ein nicht mitarbeitendes Kind als Kommanditist aufnimmt, die Kommanditeinlage jedoch aus dem künftigen Gewinnanteil erbracht werden soll. Entspricht die Einlage gleichzeitig der im Handelsregister eingetragenen Hafteinlage, so haftet das Kind bereits mit seinem ganzen Vermögen bis zur Höhe der nicht erbrachten Einlage unmittelbar, so daß sich für dieses ein erhöhtes Risiko ergibt, das ihn von einem bloßen Kapitalgeber unterscheidet. 1026

*e) Buchwertklausel* (⇒ Buch I Rz. 1127 ff.)

Eine Beteiligung an den stillen Reserven ist nach Ansicht des BFH auch dann nicht gegeben, wenn im Gesellschaftsvertrag vereinbart worden ist, daß der ausscheidende Gesellschafter nur den Buchwert seiner Beteiligung erhält[52]. Nach Ansicht des BFH[53] ist eine Beteiligung am Vermögen nur zu verneinen, wenn theoretisch die Beteiligung an den stillen Reserven gänzlich ausgeschlossen ist. 1027

Ist im Gesellschaftsvertrag vereinbart worden, daß ein Gesellschafter im Falle seines Ausscheidens lediglich den Buchwert seines Kapitalanteils erhält, ist eine Beteiligung an den stillen Reserven theoretisch noch gegeben, als er im Falle der Liquidation am Liquidationsgewinn beteiligt ist. 1028

Sofern jedoch im Gesellschaftsvertrag die Liquidation ausgeschlossen ist, indem vereinbart worden ist, daß im Falle der Kündigung oder der Auflösung des 1029

[49] BFH v. 1.2.1973, BStBl. II 1973, 309; siehe auch BFH v. 5.7.1979, BB 1979, 1483; BFH v. 10.11.1987, DB 1988, 940.

[50] BFH v. 10.11.1987, BStBl. II 1989, 782; a.A. Schr. BMF v. 5.10.1989, BStBl. I 1989, 378.

[51] BFH v. 1.2.1973, BStBl. II 1973, 221.

[52] BFH v. 8.11.1972, BStBl. II 1972, 287.

[53] BFH v. 5.7.1978, BB 1978, 1552.

Gesellschaftsverhältnisses aus einem anderen Grund das gesamte Betriebsvermögen auf den Schenker übergeht, ist die Beteiligung an den stillen Reserven praktisch nicht gegeben. Die Vereinbarung der Buchwertklausel allein schließt daher eine Mitunternehmerschaft nicht aus. Darüber hinaus ist das Gesellschaftsverhältnis als solches nicht anzuerkennen, wenn im Falle der Buchwertklausel zusätzlich noch vereinbart worden ist, daß das Abfindungsguthaben z.B. 10 Jahre nach Beendigung des Gesellschaftsverhältnisses erst auszuzahlen ist. Eine solche Vereinbarung wäre mit einem fremden Dritten niemals vereinbart worden.

*f) Steuerliche Konsequenzen aus der Nichtanerkennung der Mitunternehmerschaft*

1030 Ist die Vermögensverfügung als solche anzuerkennen, nicht jedoch die Mitunternehmerschaft, weil die Voraussetzungen für eine Mitunternehmerschaft nicht vorliegen, hat der Beschenkte keine Einkünfte aus Gewerbebetrieb. Einkünfte aus Gewerbebetrieb sind grundsätzlich an das Vorliegen der Voraussetzungen des § 15 EStG gebunden. Der Beschenkte hätte in diesem Falle lediglich Einkünfte aus Kapitalvermögen, entweder aus Darlehen oder einer stillen Beteiligung. Es ist jedoch hier zu beachten, daß die Einkünfte aus der stillen Beteiligung erst bei Zufluß beim Empfänger ertragsteuerlich zu erfassen sind. Außerdem hätte in diesem Falle die Gesellschaft Kapitalertragsteuer nach § 43 EStG einzubehalten.

### 4. Angemessenheit der Gewinnbeteiligung und die Mitunternehmerschaft[54]

1031 Auch in Fällen, in denen das Gesellschaftsverhältnis grundsätzlich anerkannt wurde, hat die Rechtsprechung des BFH[55] die Gewinnverteilung für unangemes-

---

[54] Literaturhinweise: Schulze zur Wiesche, Vereinbarungen unter Familienangehörigen, 8. Aufl., RdNr. 394ff.; Breidenbach, FR 1973, 64; derselbe, Angemessenheit der Gewinnverteilung bei Familienpersonengesellschaften, DB Beilage Nr. 20/80; Dornbusch, Die beteiligungs- und leistungsgerechte Gewinnverteilung bei Personengesellschaften, FR 1976, 273; derselbe, Die Gewinnverteilung in der Personengesellschaft und die Berechtigung ihrer Überprüfung, FR 1978, 8; Greif, Grundlagen der Angemessenheit der Gewinnverteilung bei Familien-Personengesellschaften, StuW 1974, 97; Groh, Übertragung von Einkunftsquellen durch Beteiligung an einer FamilienPersG, insbesondere die Angemessenheit der Gewinnverteilung, in Tipke, Übertragung von Einkunftsquellen im Steuerrecht, S. 91ff.; Märkle, Gewinnverteilung bei Familien-Personengesellschaften, DStR 1973, 131; Nissen, Die Gewinnverteilung bei Familienpersonengesellschaften, DStZ (A) 1973, 401; L. Schmidt, Gewinnverteilung in Familienpersonengesellschaften, FR 1974, 485 und 529; derselbe, Möglichkeiten und Grenzen der Einkommensverlagerung zwischen Eltern und Kindern, StBJB 1975/76, S. 149; derselbe, Angemessene Gewinnverteilung der Personengesellschaft, StKongrRep 1976/77, S. 67, 84; Trinpop, Angemessene Gewinnverteilung bei Familienpersonengesellschaften, FR 1979, 82; siehe auch Fußnote 2.

[55] BFH v. 17.10.1951, BStBl. III 1951, 223; v. 25.2.1958, BStBl. III 1958, 229; v. 31.1.1961, BStBl. III 1961, 158; v. 25.7.1963, BStBl. III 1964, 3; v. 21.6.1960, StRK, § 15 EStG, Rz. 187; v. 15.11.1967, BStBl. II 1968, 152, Bordewin, Familienpersonengesellschaften, DB 1996, 1359.

sen gehalten und daher nicht anerkannt (⇒ Buch I Rz. 1091). Die handelsrechtliche Gewinnverteilung ist grundsätzlich auch Grundlage für die Gewinnzurechnung. Allerdings wird sie bei Familiengesellschaften nur anerkannt, soweit sie betrieblich veranlaßt ist. Betrieblich veranlaßt ist eine Gewinnbeteiligung, wenn sie ausgewogen ist und die Höhe der Gewinnbeteiligung des einzelnen Gesellschafters sich nach dessen Beiträgen ausrichtet. Der Gesellschafterbeitrag muß Grundlage für die Gewinnverteilung sein[56]. Die Frage der Unangemessenheit der Gewinnverteilung taucht weniger bei der offenen Handelsgesellschaft auf als bei der Kommanditgesellschaft, bei der die einzelnen Gesellschafter, abgesehen von den Komplementären, nur kapitalmäßig beteiligt sind. Wegen des Risikos wird die offene Handelsgesellschaft nicht häufig als Form der Familiengesellschaft gewählt, wenn nicht die neu aufgenommenen Gesellschafter aktiv tätig sein sollen. Zunächst einmal ist erforderlich, daß die Vereinbarungen klar und eindeutig sind. Sie dürfen nicht der Manipulation der Parteien unterliegen. Eine Vereinbarung, daß der Schlüssel für die Verteilung des Gewinns von der Gesellschafterversammlung bei der Feststellung des Bilanzergebnisses von Fall zu Fall auszuhandeln ist, ist steuerlich nicht anzuerkennen. Es besagt allerdings nicht, daß die einmal getroffene Gewinnvereinbarung nicht unabänderlich ist. Das gilt insbesondere dann, wenn sich die Kapitalverhältnisse und auch das persönliche Engagement geändert haben. Nach der ständigen Rechtsprechung des BFH[57] sind der Kapital-, Risiko- und Arbeitseinsatz die entscheidenden Kriterien für die Gewinnverteilung. Diese müssen in einem angemessenen Verhältnis bei der Gewinnverteilung berücksichtigt werden.

*a) Kapitaleinsatz*

Der Kapitaleinsatz richtet sich nach den eingelegten Mitteln. Es handelt sich 1032
hierbei nicht allein um die handelsrechtliche Einlage, sondern um alle der Gesellschaft zur Verfügung gestellten Mittel, z.B. stehengelassene Gewinne auf dem Privatkonto, darlehens- und pacht- und mietweise überlassene Wirtschaftsgüter. Bei der Bedienung des Kapitals bei der Gewinnverteilung sind die sonstigen Sachleistungen zu berücksichtigen. Diese Leistungen können einzeln honoriert werden. Es ist nicht notwendig, daß die Darlehenskonten besonders verzinst werden, auch braucht für die Überlassung von Wirtschaftsgütern keine besondere Vergütung vereinbart zu werden. Bei dem Umfang der Gewinnbeteiligung kommt es auf die Gesamtleistungen des einzelnen Gesellschafters an, nicht auf das nominal eingezahlte Kapital.

---

[56] BFH v. 22.5.1990, BB 1990, 2015; v. 23.8.1990, DB 1991,630.

[57] Vgl. BFH v. 17.10.1951, BStBl. III 1951, 223; v. 25.2.1958, BStBl. III 1958, 229; v. 31.1.1961, BStBl. III 1961, 158; v. 25.7.1963, BStBl. III 1964, 3; v. 21.6.1960, StRK, § 15 EStG, Rz. 187; v. 15.11.1967, BStBl. II 1968, 152, Bordewin, Familienpersonengesellschaften, DB 1996, 1359; insb. BFH v. 15.11.1967.

*b) Risiko*

1033 Das Risiko ist lediglich bei der oHG von erheblicher Bedeutung. Der Kommanditist haftet in der Regel nur mit seiner Einlage, besser gesagt mit seinem Haftkapital. Das Risiko ist in der Regel nicht größer als beim Gesellschafter einer GmbH oder einem Aktionär, der lediglich im Falle des Konkurses seinen Kapitalanteil einbüßt. Das volle Risiko trägt der Komplementär, der mit seinem ganzen Vermögen haftet. Dieses Risiko ist bei ihm bei der Gewinnverteilung gebührend zu berücksichtigen.

*c) Arbeitseinsatz*

1034 Eine Tätigkeitsvergütung für den geschäftsführenden Gesellschafter braucht nicht besonders vereinbart zu werden. Es reicht aus, wenn die Tätigkeit bei den gesamten Bezügen berücksichtigt wird. Das kann in der Form geschehen, daß der geschäftsführende Gesellschafter von vornherein eine höhere Gewinnbeteiligung erhält, die nicht seiner kapitalmäßigen Beteiligung entspricht, oder aber einen besonderen Gewinn im voraus behält, der in einem Vom-Hundert-Satz ausgedrückt ist. Die Grundsätze des BFH[58] hinsichtlich der Angemessenheit eines Gehaltes bei den sogenannten Ehegatten-Arbeitsverträgen können hier nicht angewandt werden. Es muß vielmehr berücksichtigt werden, daß ein Miteigentümer sich mehr für das Unternehmen einsetzt als ein angestellter Dritter[59]. Es darf hierbei aber nicht verkannt werden, daß sich gerade über ein unangemessenes Gehalt die Umverteilung eines Vermögens am besten erreichen läßt, da das Gehalt in der Regel nicht vom Ertrag der Gesellschaft abhängig ist, also auch im Falle des Verlustes bei der Gesellschaft gezahlt werden muß.

Das gilt insbesondere dann, wenn nur Teile des Gehaltes entnommen werden dürfen.

*d) Angemessenheit der Gewinnbeteiligung bei geschenkten Beteiligungen*

1035 Der BFH[60] stützt sich in seinen neueren Entscheidungen auf die im Steuerrecht gebotene wirtschaftliche Betrachtungsweise. Diese ist nach dem oben genannten Urteil insbesondere dann angebracht, wenn der natürliche Interessengegensatz fehlt, was bei der Familiengesellschaft vielfach der Fall ist. Hiernach sind die Verträge unter Angehörigen so zu behandeln, als wenn sie unter Fremden geschlossen würden. Auf die einzelnen Stellungnahmen in der Literatur[61] soll hier nicht

---

[58] Vgl. Schulze zur Wiesche, DB 1970, 1894; Trinpop, FR 1980, 431; Breidenbach, DB Beilage 20/80 zu Heft 43 v. 24.10.1980.

[59] BFH v. 21.6.1960, StRK, § 15 EStG, Rz. 203.

[60] Urt. v. 15.11.1967, BStBl. II 1968, 152; v. 9.6.1994, BFH/NV 1995, 103.

[61] Böttcher-Beinert, DB 1965, 373ff.; Burschberg, DB 1968, 1038; Düchtig, BB 1964, 589; Grieger, DStZ 1965, 337ff.; Plückebaum, Inf. 1968, 412; Böttcher, StBJB 1964/65, S. 81ff.; Märkle, DStR 1973, 131; Stahlecker, BB 1971, 738.

eingegangen werden, da durch den Beschluß des Großen Senats[62] eine Klärung erfolgt ist. Bis zur Entscheidung des Großen Senats haben die Rechtsprechung und auch ein Teil der Literatur[63] eine Gewinnbeteiligung von höchstens 15 v.H., allerdings berechnet vom tatsächlichen Wert der Beteiligung, für angemessen erklärt. Dieser hat es allerdings offengelassen, wie der tatsächliche Wert der Beteiligung zu ermitteln ist. Nach dem Urteil des BFH vom 29. 3. 1974[64] sind bei der Prüfung der angemessenen Gewinnverteilung alle Umstände, die sich aus dem Gesellschaftsvertrag ergeben, zu berücksichtigen.

Die Angemessenheitsprüfung bezieht sich auf den Gewinnverteilungsschlüssel, nicht auf die einzelnen Zahlungen[65]. Es ist hierbei von einem fiktiven Ausschüttungsgewinn auszugehen, der aufgrund der zum Zeitpunkt der Gewinnverteilungsvereinbarung bekannten Umstände und der sich aus ihnen für die Zukunft (in der Regel die nächsten 5 Jahre) ergebenden tatsächlichen Entwicklung zu erwarten ist[66]. *1036*

Wenn z.B. der Kommanditist nach dem Gesellschaftsvertrag an den stillen Reserven des Unternehmens und dem Geschäftswert nicht beteiligt ist, so muß das bei der Wertermittlung berücksichtigt werden, so daß hier vom Buchwert auszugehen ist[67]. Bei der Feststellung des tatsächlichen Wertes der Beteiligung seien die stillen Reserven und ein etwaiger Geschäftswert zu berücksichtigen. Hiernach sind die einzelnen Wirtschaftsgüter des Unternehmens mit dem Teilwert anzusetzen. Ferner müsse noch der Geschäftswert mitberücksichtigt werden. Der so ermittelte Gesamtwert des Unternehmens ist sodann auf die Gesellschafter aufzuteilen. *1037*

Nach dem Urteil vom 1. 2. 1973[68] ist bei der Ermittlung des Wertes der Einlage nicht vom Nominalwert der Beteiligung auszugehen, sondern von der tatsächlich gezahlten Einlage. U. E. gilt dieses Urteil nur für die atypische stille Gesellschaft und ist nicht auf die Kommanditgesellschaft anwendbar, bei der wenigstens in Höhe der Hafteinlagen ein Risiko entsteht, das zu vergüten ist. *1038*

Es ist jedoch vom Nominalwert der Beteiligung auszugehen, wenn der Komplementär das Recht hat, das Gesellschaftsverhältnis zu kündigen, das Unternehmen allein fortzuführen und die Kinder mit dem Buchwert der Kapitalanteile ab- *1039*

---

62 BFH v. 29. 5. 1972, BStBl. II 1973, 5. Hierzu auch Teichmann-Widmann, ZGR 1975, 156ff.; Beisse, FR 1973, 3; Birkholz, BB 1974, 271; Breidenbach, DB 1973, 545; Märkle, DStR 1973, 131; Nissen, DStZ 1973, 401; Offerhaus, StBp. 1973, 45; Ebeling, DStZ (A) 1974, 3, 55, 358; Keuk, StuW 1973/74, 87ff.; Ebeling, Haas, Winter, DStZ 1973, 362.

63 Wollny, DStR 1970, 295ff.; BFH v. 15. 10. 1970, BStBl. II 1971, 262; v. 26. 5. 1971, BStBl. II 1971, 557.

64 DB 1973, 948.

65 BFH v. 9. 6. 1994, BFH/NV 1995, 103.

66 BFH v. 9. 6. 1994, BFH/NV 1995, 103.

67 BFH v. 27. 9. 1973, BStBl. III 1974, 51.

68 BStBl. II 1973, 307.

zufinden[69]. Die vom Großen Senat vertretene Rechtsauffassung gilt nur für die geschenkte Beteiligung, nicht für die entgeltlich erworbene[70]. Im Falle der stillen Beteiligung und der Unterbeteiligung nach Art einer stillen Gesellschaft ist vom Nominalwert der Einlage auszugehen[71]. Ist der stille Gesellschafter von einer Beteiligung am Verlust ausgeschlossen, so ist im Zweifel lediglich eine Gewinnbeteiligung von 12 v.H. angemessen[72]. Dies gilt nach dem Urteil des BFH vom 24.7.1986[73] auch für die atypische Unterbeteiligung.

**5. Sonstige Entgelte[74]**

1040 Erhält ein mitarbeitender Gesellschafter für diese Tätigkeit ein Entgelt, sind diese Vergütungen als durch das Gesellschaftsverhältnis veranlaßt dem Gewinnanteil gesondert als Sonderbetriebseinnahmen i.S. des § 15 Abs. 1 Nr. 2 2. Halbsatz EStG hinzuzurechnen und als gewerbliche Einkünfte zu behandeln[75]. Sie werden jedoch bei der Personengesellschaft nur insoweit als Betriebsausgabe anerkannt, als sie angemessen sind[76].

Das gilt auch dann, wenn z.B. ein Arbeitsverhältnis als Drittverhältnis ausgestaltet worden ist. Das dem Kommanditisten gezahlte Gehalt stellt grundsätzlich eine Sondervergütung i.S. des § 15 Abs. 2 Nr. 2 EStG dar[77].

1041 Dies gilt nicht für Vergütungsansprüche, die vor dem Zeitpunkt, bevor der Berechtigte Mitunternehmer geworden ist, entstanden sind.

Vorvertragliche Beziehungen bleiben grundsätzlich als Drittverhältnis bestehen. Hat ein Gewerbetreibender gegen eine Personengesellschaft Forderungen aus Warenlieferungen und tritt er als Gesellschafter in eine Personengesellschaft ein, so verwandeln sich die Forderungen nicht ohne weiteres in steuerliches Eigenkapital. Etwas anderes gilt dann, wenn die geschuldeten Beträge mit Rücksicht auf das Gesellschaftsverhältnis der Gesellschaft als Darlehen zur Verfügung gestellt oder vereinbarungsgemäß als Gesellschaftereinlage behandelt wurden[78].

---

69 BFH v. 13.3.1980, DB 1980, 1722.
70 BFH v. 26.6.1974, BStBl. II 1974, 616.
71 BFH v. 29.3.1973, BStBl. II 1973, 650; v. 27.9.1973, BStBl. II 1974, 551.
72 BFH v. 29.3.1973, BStBl. II 1973, 650.
73 BStBl. II 1987, 54.
74 Vgl. Paus, FR 1978, 29; Felix-Streck, DStR 1976, 243; Döllerer, DStZ 1974, 211; Knobbe-Keuk, StuW 1975, 252.
75 BFH v. 24.1.1980, BStBl. II 1980, 271.
76 BFH v. 10.12.1992, BStBl. II 1994, 381; v. 16.12.1992, FR 1993, 298.
77 Vgl. BFH, a.a.O.; auch BFH v. 23.5.1979, BStBl. II 1979, 757; v. 5.4.1979, BStBl. II 1979, 554; v. 30.11.1978, BStBl. II 1979, 237; v. 25.10.1979, BStBl. II 1980, 67; v. 24.1.1980, BStBl. II 1980, 265.
78 BFH v. 18.7.1979, BStBl. II 1979, 673.

### 6. Schlußbetrachtung

Hält sich die Familiengesellschaft in diesem aufgezeigten Rahmen, so besteht keinerlei Gefahr, daß sie steuerlich nicht anerkannt wird. Das setzt allerdings voraus, daß der Gesellschaftsvertrag einmal tatsächlich durchgeführt wird und auch klare Verhältnisse hinsichtlich der Gewinnverteilung bestehen. Es muß äußerlich erkennbar sein, daß der Vertrag in dieser Form auch unter Fremden geschlossen wäre. 1042

## II. Ertragsteuerliche Begünstigungen und Steuerbefreiungen aufgrund des Umwandlungssteuergesetzes[79]

Wie bereits in den vorangegangenen Kapiteln ausgeführt, ist im Wege der vorweggenommenen Erbschaft ein Wechsel der Unternehmensform in vielen Fällen zweckmäßig. Die einzelnen Gründe hierfür sollen an dieser Stelle nicht noch einmal behandelt werden. Bisher scheiterte eine Umwandlung des Unternehmens in eine andere Gesellschaftsform an der hohen Steuerbelastung, die die Änderung der Unternehmensform auslöste. Die folgenden Ausführungen sollen sich jedoch auf drei Fälle beschränken, die für die erbrechtliche Regelung von Bedeutung sind, nämlich 1043

a) die Umwandlung von einer Kapital- in eine Personengesellschaft,
b) die Aufnahme von Gesellschaftern in eine Personengesellschaft,
c) die Einbringung in eine GmbH & Co. KG.

(Zum handelsrechtlichen Umwandlungsrecht ⇒ Buch I Rz. 1641)

### 1. Umwandlung einer Kapitalgesellschaft in eine Personengesellschaft[80] (⇒ Buch I Rz. 1641)

Die Umwandlung einer GmbH in eine Personengesellschaft vollzieht sich nach dem UmwG als Verschmelzung (§ 22ff. UmwG) oder als Formwechsel (§ 214ff. UmwG). Beiden gemeinsam ist, daß Gegenstand das ganze Vermögen der GmbH ist. Die Spaltung bezieht sich nur auf Teilvermögen. Das Steuerrecht behandelt die Umwandlung einer GmbH in eine Personengesellschaft, gleichgültig, ob im Wege der Verschmelzung oder der formwechselnden Umwandlung, gleich 1044

[79] Schulze zur Wiesche, GmbHRdsch. 1976, 210; derselbe, GmbHRdsch. 1979, 180; Jünger, DB 1976, 2370; Costede, GmbHRdsch. 1980, 43.

[80] Schulze zur Wiesche, Das neue Umwandlungsteuergesetz, Bilanz und Buchhaltung; M. Fischer, Verschmelzung von GmbH in der Handels- und Steuerbilanz, DB 1995, 485; Schaumburg, Die Verschnmelzung von Kapitalgesellschaften und Personengesellschaften nach neuem Umwandlungsteuerrecht, FR 1995, 211; Wochinger/Dötsch, Folgeänderungen bzw. Auswirkungen bei der Einkommen-, Körperschaft- und Gewerbesteuer, DB Beilage Nr. 14/94 zu Heft Nr. 51/52, S. 1ff.; Dehmer, Das Umwandlungsteuergesetz 1994, Teil I und II; DStR 1994, 1713, 1753.

(§§ 3ff., 14 UmwStG). Den Formwechsel von einer Kapitalgesellschaft in eine Personengesellschaft sieht das UmwStG nicht als identitätswahrend an.

*a) Behandlung der übertragenden GmbH*

*1045* Die Vollübertragung des Vermögens einer Körperschaft auf eine Personengesellschaft führte nach bisherigem Recht stets zu einer Aufdeckung aller stillen Reserven mit Ausnahme eines originären Firmenwertes. Nunmehr hat die übertragende Körperschaft ein Wahlrecht, ob sie in ihrer Schlußbilanz das Gesellschaftsvermögen mit dem Buchwert oder einem höheren Wert, höchstens aber dem Teilwert ansetzt. Das Wahlrecht steht der übertragenden Körperschaft zu. Dies gilt auch dann, wenn nach handelsrechtlichen Grundsätze das eingebrachte Betriebsvermögen mit einem höheren Wert angesetzt werden muß. Voraussetzung für den Buchwertansatz ist, daß die spätere Versteuerung der stillen Reserven sichergestellt ist. Nicht sichergestellt ist die Besteuerung der stillen Reserven, soweit die Wirtschaftsgüter Privatvermögen waren, z.B. bei einer vermögensverwaltenden GmbH.

*1046* Die Steuerfreiheit für einen eventuellen Übertragungsgewinn ist entfallen. Die Tarifvergünstigung des § 34 Abs. 1 EStG kommt jedoch nicht zur Anwendung.

*b) Behandlung bei der übernehmenden Personengesellschaft*

*1047* Das UmwStG sieht die Übernahme des Vermögens durch den übernehmenden Rechtsträger nicht als Anschaffung an, auch nicht bei hohem Wertausgleich. Die Personengesellschaft hat die auf sie übergegangenen Wirtschaftsgüter mit dem in der steuerlichen Schlußbilanz der übertragenden GmbH Wert zu übernehmen (Wertermittlung).

*1048* Grundlage für die AfA der übernehmenden Personengesellschaft sind die Anschaffungs- oder Herstellungskosten des Rechtsvorgängers, aufgestockt um die eventuellen anteiligen stillen Reserven. Das gilt auch für Teilwertübernahme. Die übernehmende Personengesellschaft tritt bezüglich der AfA, erhöhte AfA, Sonderabschreibungen in die Rechtsstellung der übertragenden Körperschaft ein. Ist die Zugehörigkeit zum Betriebsvermögen von Bedeutung, z.B.: § 6b EStG, wird die Besitzzeit des Rechtsvorgängers mit angerechnet. Ein vom übertragenden Rechtsträger verbleibender Verlustabzug geht nicht auf den übertragenden Rechtsträger über (§ 4 Abs. 2 Satz 1 UmwStG).

*1049* Ein **Übernahmegewinn** bzw. Übernahmeverlust ergibt sich aus der Gegenüberstellung des Übernahmewertes des übernommenen Betriebsvermögens und dem Buchwert der Anteile, die auszubuchen sind.

Auch bei Buchwertübernahme kann sich hier ein Übernahmegewinn ergeben, insbesondere, wenn die Gewinne bei der untergehenden GmbH thesauriert waren.

*1050* Erhöht sich der Gewinn der übernehmenden Personengesellschaft dadurch, daß der Vermögensübergang zum Erlöschen von Forderungen und Verbindlichkeiten zwischen der übertragenden Körperschaft und der Personengesellschaft oder zur Auflösung von Rückstellungen führt, so darf die Personengesellschaft insoweit eine den steuerlichen Gewinn mindernde Rücklage bilden. Die Rücklage ist in den auf ihre Bildung folgenden 3 Wirtschaftsjahren mit mindestens je einem Drittel gewinnerhöhend aufzulösen.

Ein Übernahmegewinn erhöht sich und ein Übernahmeverlust verringert sich um einen Sperrbetrag i.S. des § 50c EStG, soweit die Anteile an der übertragenden Körperschaft am steuerlichen Übertragungsstichtag zum Betriebsvermögen der übernehmenden Personengesellschaft gehören (§ 4 Abs. 5 UmwStG).

Der Übernahmegewinn bleibt außer Ansatz, soweit er auf eine Körperschaft, Personenvereinigung oder Vermögensmasse als Mitunternehmerin entfällt. In den übrigen Fällen ist er zur Hälfte anzusetzen (§ 4 Abs. 7 UmwStG).

Das Körperschaftsteuerguthaben wird ab 1.1.2001 dem Übernahmegewinn nicht mehr hinzugerechnet und wird auch nicht mehr auf die Einkommensteuer angerechnet. Das Körperschaftsteuerguthaben i.S. des § 37 KStG mindert die Körperschaftsteuerschuld.

*c) Besonderheiten bei Nichtzugehörigkeit der Anteile zum Gesellschaftsvermögen der übernehmenden Personengesellschaft*

Anteile gehören zum Betriebsvermögen der übernehmenden Personengesell- *1051* schaft, wenn sie sich im Gesamthandsvermögen oder im Sonderbetriebsvermögen eines Gesellschafters befunden haben. Das ist aber nicht der Fall, wenn sich die beiden oder mehrere Verschmelzungsträger ohne Beteiligungsverflechtung selbständig gegenüberstanden.

Nach altem Recht wurde die Einlage zum Umwandlungsstichtag in den Fällen *1052* fingiert, teils mit den ursprünglichen Anschaffungskosten, teils mit dem Teilwert. Das neue Umwandlungsrecht geht diese Wege nicht mehr uneingeschränkt. Das trifft weiterhin auf die spätere Anschaffung der Anteile nach dem Umwandlungsstichtag und in den Fällen der Zugehörigkeit der Anteile zu einem anderen Betriebsvermögen oder bei wesentlicher Beteiligung i.S.d. § 17 EStG (1.1.2000 1 v.H.) zu, nicht jedoch, wenn sich die Anteile bei nichtwesentlichen Beteiligungen im Privatvermögen befunden haben.

Haben die Anteile an der übertragenden Kapitalgesellschaft zum Privatvermö- *1053* gen eines im Sinne von § 17 EStG wesentlich beteiligten Gesellschafters gehört, so gelten diese für die Ermittlung des Übernahmegewinns als am steuerlichen Übertragungsstichtag stets mit den Anschaffungskosten in das Betriebsvermögen der Personengesellschaft eingelegt. Es entsteht somit kein Gewinn nach § 17 EStG. Hat der Einlegende die Anteile unentgeltlich erworben so sind die Anschaffungskosten des Rechtsvorgängers zugrunde zu legen, im Wege eines teilentgeltlichen Erwerbs sind die Anschaffungskosten in der Weise zu ermitteln, daß hinsichtlich des entgeltlichen Teils die eigenen Anschaffungskosten zugrunde gelegt werden, hinsichtlich des unentgeltlichen Teils die des Rechtsvorgängers. Hat der Gesellschafter Zuschüsse, Nachschüsse geleistet, so sind diese den Anschaffungskosten hinzuzurechnen. Im Gegensatz zum alten Recht gelten sie auch dann mit den Anschaffungskosten als eingelegt, wenn der Teilwert im Zeitpunkt des Übertragungsstichtags geringer ist.

1054 Gehören die Anteile zu einem Betriebsvermögen des Gesellschafters, gelten sie grundsätzlich mit dem Buchwert als eingelegt. Um zu verhindern, daß die Besteuerung der offenen und stillen Reserven durch vorherige Einlage in das Betriebsvermögen mit dem Teilwert umgangen werden kann, bestimmt Abs. 3, daß die Anteile jedoch mit den Anschaffungksosten als eingelegt gelten, wenn die Anteile innerhalb von 5 Jahren in ein Betriebsvermögen eingelegt worden sind.

1055 Gleiches gilt auch dann, wenn die Anteile innerhalb von 5 Jahren vor dem Übertragungsstichtag in das Betriebsvermögen der übernehmenden Personengesellschaft eingelegt worden sind. Einbringungsgeborene Anteile i.S. von § 21 UmwStG gelten in das Betriebsvermögen der Personengesellschaft mit den Anschaffungskosten als eingelegt.

**Beispiel:**

An der X-GmbH ist die A-OHG zu 100 v.H. beteiligt. Die X-GmbH soll durch Übertragung ihres Vermögens auf die A-OHG mit dieser verschmolzen werden. Die Steuerbilanz (Schlußbilanz) weist folgende Werte aus:

| | | | |
|---|---|---|---|
| versch. Aktiva | 2000 TEuro | Nennkapital | 1000 TEuro |
| | | offene Rücklagen (EK 40) | 1000 TEuro |
| | 2000 TEuro | | 2000 TEuro |
| stille Reserven | 1000 TEuro | Buchwertanteil | 1000 TEuro |
| Summe der Teilwerte | 3000 TEuro | Buchwert des übergegangenen BV | 2000 TEuro |
| Anschaffungskosten der Anteile | 1000 TEuro | Buchwertanteil | 1000 TEuro |
| | | Übernahmegewinn | 1000 TEuro |
| | | hilfsweiser Ansatz | 500 TEuro |
| | | Steueraufschub | 500 TEuro |

Das Körperschaftsteuerguthaben i.S. des § 37 KStG in Höhe von 1/6 des Endbestandes des EK 40 = 166.666 kommt den Gesellschaftern nicht mehr zugute. Sie mindern bzw. erhöhen für den Veranlagungszeitraum der Umwandlung die Körperschaftsteuerschuld der übertragenden Körperschaft.

### *d) Vermögensübertragung auf eine Personengesellschaft ohne Betriebsvermögen (§ 8 UmwStG)*

1056 Eine Vermögensübertragung auf eine Personengesellschaft ohne Betriebsvermögen ist gegeben, wenn eine vermögensverwaltende Kapitalgesellschaft ihr Vermögen auf eine Personengesellschaft (GbR) überträgt.

In diesem Falle sind die infolge Übergangs entstehenden Einkünfte bei den Gesellschaftern zu ermitteln. Die übertragende Körperschaft hat in diesem Falle die Wirtschaftsgüter mit dem gemeinen Wert anzusetzen, weil wegen Überganges in das Privatvermögen die spätere Versteuerung der stillen Reserven nicht sichergestellt ist[81].

Bei den Gesellschaftern können sich ergeben

- betriebliche Einkünfte, wenn sich die Anteile in einem Betriebsvermögen befinden
- Einkünfte im Sinne des § 17 EStG
- Einkünfte im Sinne des § 7 UmwStG

Auch für den Fall, daß die Voraussetzungen des § 17 EStG gegeben sind, ist der 1057
Übernahmegewinn nicht nach §§ 17 Abs. 3, 34 Abs. 1 EStG begünstigt. Der Übernahmegewinn ist zur Hälfte anzusetzen.

### *e) Übernahmeverlust*

Übersteigt der Buchwert der Anteile den Wert des übernommenen Betriebsver- 1058
mögens, ergibt sich ein Übernahmeverlust (§ 4 Abs. 4 UmwStG).

Ein Übernahmeverlust verringert sich um einen Sperrbetrag i.S. des § 50c 1059
EStG, soweit die Anteile an der übertragenden Körperschaft am steuerlichen Übertragungsstichtag zum Betriebsvermögen der übernehmenden Personengesellschaft gehören.

Ein Übernahmeverlust bleibt außer Ansatz. 1060

Ebenfalls bleibt hier bei der Ermittlung des Übernahmeverlustes der Wert der übergegangenen Wirtschaftsgüter außer Ansatz, soweit die Anteile an der übertragenden Körperschaft am steuerlichen Übertragungsstichtag nicht zum Betriebsvermögen des übernehmenden Rechtsträgers gehört haben.

### *f) Ermittlung des Gewinns bei Anteilen nicht wesentlich Beteiligter*

Haben die Anteile an der übertragenden Körperschaft zu einem Privatvermö- 1061
gen eines Gesellschafters der übernehmenden Personengesellschaft gehört, der nicht wesentlich i.S. des § 17 EStG beteiligt war, so ist ihm der Teil des in der Steuerbilanz ausgewiesenen Eigenkapitals abzüglich des gezeichneten Kapitals und abzüglich des anteiligen steuerlichen Einlagekontos im Sinne des § 27 KStG in dem Verhältnis der Anteile zum Nennkapital der übertragenden Körperschaft als Einkünfte aus Kapitalvermögen im Sinne des § 20 Abs. 1 Nr. 1 EStG zuzurechnen. Für Anteile, bei deren Veräußerung ein Veräußerungsverlust nach § 17 Abs. 2 Satz 4 EStG nicht zu berücksichtigen wäre, gilt dies entsprechend.

**Beispiel:**

An der X-GmbH, die auf die A-OHG verschmolzen werden soll, sind A und B mit jeweils 49,25 v.H. und C mit 0,5 v.H. beteiligt. Die Anteile befanden sich im Privatvermögen.

---

[81] Begründung BT-Drucksache 832/94, S. 46.

| | | | |
|---|---|---|---|
| Diverse Aktiva | 2000 TEuro | Stammkapital | 1000 TEuro |
| | | EK45 | 500 TEuro |
| | | EK04 | 500 TEuro |
| | 2000 TEuro | | 2000 TEuro |
| stille Reserven | 1000 TEuro | | |

Die X-GmbH soll auf die A-OHG zum Buchwert verschmolzen werden.

Bei C ist der Übernahmegewinn als Kapitaleinkünfte zu versteuern.

| | | |
|---|---|---|
| 0,5 v.H. v. 2000 TEuro | = | 10 TEuro |
| abzüglich | | |
| 0,5 v.H. v. gezeichneten Kap. = 1000 TEuro | | 5 TEuro |
| 0,5 v.H. v. EinlageKto (§ 27 KStG) = 500 TEuro | | 2,5 TEuro |
| Einlage i.S. des § 20 | | 2,5 TEuro |

### 2. Einbringung eines Einzelunternehmens in eine Personengesellschaft

1062 Wird ein Betrieb oder Teilbetrieb oder eine Mitunternehmerschaft in eine Personengesellschaft eingebracht und wird der Einbringende Mitunternehmer der Gesellschaft, so liegt kein Veräußerungsvorgang vor, wenn die Personengesellschaft das eingebrachte Betriebsvermögen in der Bilanz, einschließlich der Ergänzungsbilanzen, mit dem Buchwert ansetzt (§ 24 Abs. 1 UmwStG)[82].

1063 § 24 UmwStG ist auch auf geschenkte Beteiligungen anwendbar. In diesem Falle werden die Einlageverpflichtungen ebenfalls mit der Einbringung des Betriebs abgedeckt. Voraussetzung ist jedoch, daß der Schenker neben dem Beschenkten Mitunternehmer wird. Es liegt keine Einbringung i.S. des § 24 UmwStG vor, wenn Gesellschafter der Personengesellschaft lediglich die beschenkten Kinder sind. Der Einbringung steht auch nicht entgegen, daß der Vater als Einbringender das Betriebsgrundstück, das er der Personengesellschaft lediglich zur Nutzung überläßt, zurückbehält. Voraussetzung ist lediglich, daß es Betriebsvermögen bleibt. Dazu reicht Sonderbetriebsvermögen aus[83].

1064 Nimmt ein Einzelunternehmer im Wege der vorweggenommenen Erbfolge Familienangehörige in sein Unternehmen als Mitunternehmer auf, so wird im Zweifel der Buchwert des Einzelunternehmens fortgeführt werden. In diesem Fall liegt kein Veräußerungsvorgang vor. Daher führt die Aufnahme von Familienangehörigen in ein bereits bestehendes Unternehmen nicht zur Aufdeckung von stillen Reserven, sofern die Buchwerte fortgeführt werden und die spätere Besteuerung der stillen Reserven sichergestellt ist.

1065 Er ist aber berechtigt, das Betriebsvermögen mit dem Teilwert einzulegen. Die Einbringung zum Teilwert wird sich u.U. als zweckmäßig erweisen, wenn der Einbringende den Freibetrag von Euro 51.500,– wegen Alters oder Invalidität in

[82] Vgl. Widmann/Mayer, Umwandlungsrecht, § 24 UmwStG, Rz. 7792ff.; Schulze zur Wiesche in Hartmann/Böttcher/Nissen/Bordewin, § 24 UmwStG; RdNrn. 1230ff.

[83] BFH v. 23.6.1981, BStBl. II 1982, 622; v. 17.5.1990, BB 1991, 460.

Anspruch nehmen kann und im übrigen die zum halben Satz begünstigte Veräußerung durch die Minderung des laufenden Gewinns infolge Erhöhung des AfA-Volumens wieder kompensiert wird.

Anders liegt der Fall, wenn ein fremder Gesellschafter in das bisherige Einzel- *1066* unternehmen des Erblassers eintreten soll. Insbesondere dann, wenn keiner der Erben in der Lage ist, den Betrieb fortzuführen, wird der Erblasser vor die Wahl gestellt werden, entweder den Betrieb zu veräußern bzw. zu liquidieren oder eine sachkundige fremde Person in die Gesellschaft aufzunehmen. Sind in dem Unternehmen erhebliche stille Reserven vorhanden, wird der Aufnehmende den Eintretenden nicht mit dem Nominalwert seiner Einlage beteiligen wollen. Dieser wird im Zweifel auch etwas für die stillen Reserven bezahlen müssen. Für die steuerliche Behandlung der Personengesellschaft stehen hier drei Möglichkeiten offen:

- die Buchwerte des Einzelunternehmens fortzuführen,
- die Wirtschaftsgüter zum Teilwert anzusetzen,
- einen dazwischen liegenden Wert zu wählen.

Beteiligt der bisherige Einzelunternehmer neben Familienangehörigen auch *1067* Fremde, so liegt hinsichtlich des dem Fremden gewährten Anteils keine Anteilsveräußerung i.S.d. § 16 Abs. 1 Nr. 2 EStG vor, weil die Mitunternehmerschaft noch nicht besteht. Andererseits ist eine Einbringung nur steuerbegünstigt, wenn die Personengesellschaft das Betriebsvermögen mit dem Teilwert übernimmt. Es ist daher zweckmäßig, sowohl hinsichtlich des eigenen Anteils des Schenkers als auch hinsichtlich der geschenkten Anteile die stillen Reserven aufzulösen, um in den Vorteil der Steuervergünstigung zu gelangen, §§ 16 Abs. 4, 34 Abs. 1 EStG, andernfalls hat der Einbringende hinsichtlich der veräußerten Anteile am Betriebsvermögen laufenden Gewinn[84]. Gegen die Anwendung des § 24 UmwStG bestehen keine Bedenken, soweit der Dritte in das Gesellschaftsvermögen leistet[85].

Führt die Personengesellschaft die Buchwerte des früheren Einzelunterneh- *1068* mens fort, so tritt keine Gewinnverwirklichung ein, wenn buchmäßige Gewinne und Verluste auf der Kapitalseite durch positive und negative Ergänzungsbilanzen neutralisiert werden und somit die spätere Versteuerung der stillen Reserven sichergestellt ist.

Entschließt sich die Personengesellschaft, den Teilwert für die übernommenen *1069* Wirtschaftsgüter insgesamt, einschließlich der unentgeltlich übertragenen Anteile, anzusetzen, so werden Steuerfreiheit nach § 16 Abs. 4 EStG bzw. Tarifvergünstigungen nach § 34 Abs. 1–2 EStG nur gewährt, wenn sämtliche stillen Reserven einschließlich der in einem Geschäftswert enthaltenen aufgedeckt werden[86].

---

[84] BFH v. 25.11.1980, BStBl. II 1981, 419; v. 26.2.1981, BStBl. II 1981, 568; v. 23.6.1981, BStBl. II 1982, 622.

[85] BFH v. 8.12.1994, DB 1995, 959.

[86] BFH v. 11.8.1971, BStBl. II 1972, 270; v. 4.4.1968, BStBl. II 1968, 580; v. 25.11.1980, BStBl. II 1981, 419.

1070 Ist jedoch ein Ansatz für den Geschäftswert in der Eröffnungsbilanz der oHG nicht enthalten und ergibt sich auch sonst kein Anhaltspunkt dafür, daß ein Geschäftswert auf die oHG übertragen wurde (z.B. aus der Gewinnverteilung), so muß im allgemeinen davon ausgegangen werden, daß ein Geschäftswert nicht vorhanden war oder von den Beteiligten bei Bemessung des Beitrags des eintretenden Gesellschafters nicht berücksichtigt wurde. Die Annahme, daß der Geschäftswert vom Unternehmenseinbringer zurückbehalten wurde, ist rechtlich nicht möglich[87]. Allerdings ist bei Teilwerteinbringung zu berücksichtigen, daß der Übertragungsgewinn insoweit als laufender Gewinn behandelt wird, als der Einbringende an der Personengesellschaft beteiligt ist, er wirtschaftlich gesehen das Betriebsvermögen an sich veräußert (§ 24 Abs. 3 Satz 3 UmwStG).

1071 Wählt die Personengesellschaft einen Wert, der zwischen dem Buchwert und dem Teilwert liegt, entfällt eine Steuervergünstigung. Das gilt sowohl für die Vorschrift des § 16 Abs. 4 als auch für § 34 Abs. 1 u. 3 EStG.

1072 Aus diesem Grunde hat der Steuerpflichtige nur die Wahl zwischen der Fortführung der Buchwerte und der Auflösung aller stillen Reserven.

Die unterschiedliche steuerliche Belastung soll daher an einem Sachverhalt veranschaulicht werden.

**Beispiele:**

Bilanz des Einzelkaufmannes A

| **Aktiva** | | **Passiva** | |
|---|---|---|---|
| Grund und Boden | Euro 20.000,– | Kapital | Euro 200.000,– |
| Gebäude | Euro 120.000,– | Darlehen | Euro 50.000,– |
| Maschinen | Euro 50.000,– | Verbindlichkeiten | Euro 270.000,– |
| Kfz | Euro 10.000,– | | |
| Waren | Euro 157.000,– | | |
| Forderungen | Euro 149.000,– | | |
| Kasse, Bank | Euro 14.000,– | | |
| | Euro 520.000,– | | Euro 520.000,– |

| | |
|---|---|
| Stille Reserven | |
| Grund und Boden | Euro 20.000,– |
| Gebäude | Euro 50.000,– |
| Maschinen | Euro 10.000,– |
| Firmen und Geschäftswert | Euro 20.000,– |
| | Euro 100.000,– |

A, der einen Sohn (S) hat, der Medizin studiert, möchte den Betrieb erhalten.

Er tritt die Hälfte seiner Beteiligung an Sohn S auf Grund einer Schenkung ab. Gleichzeitig nimmt er den F, einen Fachmann, als Gesellschafter auf, der neben A die Stellung eines persönlich haftenden Gesellschafters übernimmt. F zahlt für seine Beteiligung Euro 100.000,–. S wird Kommanditist.

87 BFH v. 11.8.1971, BStBl. II 1972, 270.

Der Eintritt des F kann bilanztechnisch unterschiedlich behandelt werden. Hier bestehen drei Möglichkeiten:

aa) Die Wirtschaftsgüter werden nicht mit dem Buchwert fortgeführt, sondern es werden die Teilwerte angesetzt. Die Bilanz sähe dann wie folgt aus:

| **Aktiva** | | **Passiva** | |
|---|---|---|---|
| Geschäftswert | Euro 30.000,– | A | Euro 150.000,– |
| Grund und Boden | Euro 40.000,– | F | Euro 100.000,– |
| Gebäude | Euro 170.000,– | Kommanditist | Euro 150.000,– |
| Maschinen | Euro 60.000,– | Darlehen | Euro 50.000,– |
| Waren | Euro 157.000,– | Verbindlichkeiten | Euro 270.000,– |
| Forderungen | Euro 149.000,– | | |
| Bank, Kasse | Euro 114.000,– | | |
| Bilanzsumme | Euro 720.000,– | Bilanzsumme | Euro 720.000,– |

bb) Die Buchwerte werden von der Kommanditgesellschaft fortgeführt:

| **Aktiva** | | **Passiva** | |
|---|---|---|---|
| Grund und Boden | Euro 20.000,– | Kapital A | Euro 112.500,– |
| Gebäude | Euro 120.000,– | Kapital F | Euro 75.000,– |
| Maschinen | Euro 50.000,– | Komm. S | Euro 112.500,– |
| Kfz | Euro 10.000,– | Darlehen | Euro 50.000,– |
| Waren | Euro 157.000,– | Verbindlichkeiten | Euro 270.000,– |
| Forderungen | Euro 149.000,– | | |
| Kasse, Bank | Euro 114.000,– | | |
| Bilanzsumme | Euro 620.000,– | Bilanzsumme | Euro 620.000,– |

Bei F können die vollen Euro 100.000,– Einzahlung nicht in Ansatz gebracht werden, denn F ist unter Berücksichtigung der stillen Reserven (Euro 300.000,– + Euro 100.000,–) am Gesamtunternehmen nur zu 1/4 beteiligt. Bei einem offenen ausgewiesenen Kapital wären das Euro 75.000,–, dafür ist er auch an den stillen Reserven zu einem Viertel beteiligt.

Ohne sogenannte Ergänzungsbilanzen hätten A und S einen Veräußerungsgewinn von insgesamt Euro 25 000,– erzielt. Dieser Buchgewinn kann aber durch negative Ergänzungsbilanzen neutralisiert werden.

F

| **Aktiva** | **Passiva** |
|---|---|
| Mehrvermögen | Mehrkapital |
| Euro 25.000,– | Euro 25.000,– |

A

| **Aktiva** | **Passiva** |
|---|---|
| Minderkapital | Mindervermögen |
| Euro 12.500,– | Euro 12.500,– |

S

| **Aktiva** | **Passiva** |
|---|---|
| Minderkapital | Mindervermögen |
| Euro 12.500,– | Euro 12.500,– |

In diesem Falle ist die Versteuerung der stillen Reserven sichergestellt.

cc) Die Beteiligten können auch einen Wert ansetzen, der zwischen dem Buchwert und dem höheren Teilwert liegt. In diesem Falle kann jedoch nicht die Vergünstigung der §§ 16 Abs. 4, 34 EStG in Anspruch genommen werden.

### 3. Die Einbringung einzelner Wirtschaftsgüter von einem Betriebsvermögen in eine Personengesellschaft

1073 § 24 UmwStG setzt voraus, daß Gegenstand der Einbringung ein Betrieb, Teilbetrieb oder Mitunternehmeranteil ist.

Der Betriebsinhaber hat die Möglichkeit, seinen Betrieb so zu organisieren, daß er in selbständige Teilbetriebe gegliedert ist.

Ein Teilbetrieb kann auch Gegenstand einer unentgeltlichen Übertragung sein, nicht jedoch einzelne Wirtschaftsgüter, auch dann nicht, wenn der Erwerber diese Wirtschaftsgüter in einem eigenen Betrieb verwendet; das gilt auch für die Einbringung in eine Personengesellschaft. Voraussetzung für die unentgeltliche Übertragung ist, daß im Zeitpunkt der Eigentumsübertragung ein Teilbetrieb vorhanden ist. Er kann auch durch die Vereinbarung selbst entstehen, indem klare Vereinbarungen hinsichtlich der Abgrenzung der Betätigungsfelder, des Personals und der Geschäftsräume getroffen werden.

Die Rechtsprechung hatte die Übertragung einzelner Wirtschaftsgüter auf eine Personengesellschaft in entsprechender Anwendung des § 24 UmwStG zugelassen. Im Steuerentlastungsgesetz 1999/2000/2002 hatte der Gesetzgeber hinsichtlich der Übertragungsfälle klare Regelungen getroffen. Hieraus erfolgte Überführung von einem Betriebsvermögen in ein anderes Betriebsvermögen oder in ein Sonderbetriebsvermögen desselben Stpfl. stets zum Buchwert. § 6 Abs. 5 Satz 1 und 2. Gleiches gilt für Überführungen von einem Sonderbetriebsvermögen in das Sonderbetriebsvermögen einer anderen Mitunternehmerschaft desselben Stpfl. stets zum Buchwert.

Übertragungen von Wirtschaftsgütern eines anderen Betriebs- oder Sonderbetriebsvermögens in das Gesamthandsvermögen und umgekehrt mußten stets zum Teilwert (§ 6 Abs. 5 Satz 3 EStG) erfolgen. Der Gesetzgeber hat im Steuersenkungsgesetz diese Regelung wieder abgemildert. Es wurde jedoch nicht die ursprüngliche Regelung durch den Mitunternehmererlaß wieder hergestellt, denn die steuerneutrale Übertragung in das Gesamthandsvermögen beschränkt sich nur auf unentgeltliche Vorgänge. Übertragungen gegen Gewährung von Gesellschaftsrechten sind jedoch nach der Rechtsprechung des BFH entgeltliche Vorgänge, so daß die Einbringung von Einzelwirtschaftsgütern in das Gesamthandsvermögen nicht unter die Neuregelung des § 6 Abs. 5 Satz 3 EStG fallen dürfte. Hier ist jedoch eine gesetzliche Änderung bzgl. des alten Mitunternehmererlasses beabsichtigt.

Möglich ist auch wieder die Übertragung von Sonderbetriebsvermögen auf einen anderen Mitunternehmer innerhalb der Mitunternehmerschaft. Voraussetzung ist, daß der unentgeltliche Erwerber bereits Mitunternehmer ist. Fraglich ist jedoch, ob eine gewinnneutrale Übertragung auch dann stattfinden kann, wenn der Übernehmer erst dadurch Mitunternehmer wird, daß ihm gleichzeitig ein Bruchteil des Anteils übertragen wird.

Wird ein Bruchteil eines Anteils übertragen, ist fraglich, ob und inwieweit das Sonderbetriebsvermögen mit übertragen werden muß. Der BFH[87a] hat nunmehr

---

[87a] BFH v. 24. 8. 2000, BB 2000, 2187.

entschieden, daß für die Übertragung eines Bruchteils eines Anteils mindestens im ganzen Verhältnis zum gesamten Anteil des Sonderbetriebsvermögens mitübertragen werden müßte.

Kann das Sonderbetriebsvermögen praktisch nur in der Weise auf die Mitunternehmer übertragen werden, daß zunächst auf den Erwerber der Bruchteile eines Anteils und im gleichen Verhältnis das Sonderbetriebsvermögen übergeht und gesondert der Restbruchteil des Sonderbetriebsvermögens auf den nunmehrigen Mitunternehmer übergeht, liegt die Übertragung des Sonderbetriebsvermögens auf eine andere Mitunternehmerschaft vor, wenn die Voraussetzungen einer Betriebsaufspaltung gegeben sind.

## III. Gewerbesteuer bei Umwandlung

Geht das Vermögen der übertragenden Körperschaft auf eine Personengesell- *1074*
schaft oder auf eine natürliche Person über, gelten die einkommensteuerlichen Ermittlungsvorschriften der §§ 3, 5 und 6 EStG grundsätzlich auch für die Ermittlung des Gewerbeertrags (§ 18 Abs. 1 GewStG). Der Übertragungsgewinn ist bei der GmbH zu erfassen.

Der Übernahmegewinn ist hier jedoch nicht zu erfassen, soweit er auf Anteile entfällt, die nach § 6 Abs. 3 EStG als im Betriebsvermögen eingelegt gelten. Der auf andere Anteile entfallende Teil des Übernahmegewinns ist nur mit 1/3 anzusetzen, soweit er den Unterschiedsbetrag zwischen den tatsächlichen Anschaffungskosten der Anteile und deren Buchwert übersteigt. Hinsichtlich weiterer Einzelheiten vgl. §§ 18, 19 UmwStG[88].

## IV. Erbschaftsteuer

### 1. Einbringung des Einzelunternehmens in eine Personengesellschaft

Bringt der Vater sein bisheriges Einzelunternehmen in eine mit seinen Kindern *1075*
und seiner Ehefrau gebildete Personengesellschaft ein, so liegt wirtschaftlich gesehen eine Anteilsschenkung vor, auch dann, wenn der Vater den Kindern zweckgebunden einen Geldbetrag geschenkt haben sollte, der nur für den Erwerb der Beteiligung verwendet werden soll[89].

Die Schenkung ist nach § 12 Abs. 5 ErbStG zu beurteilen mit dem anteiligen Steuerwert des Betriebsvermögens, der grundsätzlich zum Tag der Vollziehung der Schenkung festzustellen ist (⇒ hierzu auch Rz. 108ff.).

---

88 Insbesondere Widmann/Mayer, Umwandlungsrecht, Band 3, §§ 18 und 19 UmwStG.

89 BFH v. 29.5.1972, BStBl. II 1979, 5; v. 29.3.1973, BStBl. II 1973, 650; v. 26.6.1974, BStBl. II 1974, 616; v. 8.11.1972, BStBl. II 1973, 282.

**Beispiel:**

A bringt sein bisheriges Einzelunternehmen in die A-KG ein (Buchkapital Euro 500.000,–, Verkehrswert Euro 1.000.000,–, Steuerwert Euro 750.000,–). Weitere Gesellschafter der oHG sind die beiden Söhne A und B mit je 25 v.H. Die Gewinnbeteiligung ist angemessen. Die Beteiligungen werden in der Weise geschenkt, daß sie vom Kapitalkonto des Vaters abgebucht werden.

Für die schenkungsteuerliche Behandlung ist es gleichgültig, zu welchem Wert die Personengesellschaft ertragsteuerlich das Betriebsvermögen übernimmt (§ 24 Abs. 2 UmwStG), maßgebend ist der Steuerwert des Betriebsvermögens.

A = Euro 187.500,–
B = Euro 187.500,–

Den Söhnen steht jeweils ein Freibetrag (§ 16 ErbStG) von Euro 205.000,– (Steuerklasse I) zu. U.U. ist es günstiger, die Ehefrau am Betrieb zu beteiligen, weil dieser ein Freibetrag von Euro 307.000,– zusteht; bei der Weitervererbung an die Kinder liegt ein selbständiger Erwerb vor.

## 2. Schenkung einer überhöhten Gewinnbeteiligung

1076 Wird ein Anteil mit einer erhöhten Gewinnbeteiligung geschenkt, stellt die erhöhte Gewinnbeteiligung eine selbständige Schenkung neben der Anteilsschenkung dar (§ 7 Abs. 6 ErbStG)[90].

Was als Übermaß an Gewinnbeteiligung anzusehen ist, richtet sich nach den von der Rechtsprechung zum Ertragsteuerrecht entwickelten Grundsätzen. Für die Schenkungsteuerberechnung ist der Zeitwert des Übermaßes der Gewinnbeteiligung zugrunde zu legen. Das durchschnittliche Übermaß ist daher zu kapitalisieren. Nach Ansicht der Verwaltung[91] ist hier das Fünffache des durchschnittlichen Jahreswertes als Übermaß zugrunde zu legen.

**Beispiel:**

A überträgt auf seinen Sohn (S) eine Beteiligung von nominal Euro 150.000,–. Der Steuerwert der Beteiligung beträgt Euro 200.000,–, der gemeine Wert Euro 300.000,–. Der Durchschnittsgewinn der letzten Jahre beträgt Euro 450.000,–. A soll am Gewinn mit 20 v.H. beteiligt sein.

| | |
|---|---|
| 1. Steuerwert des Anteils | Euro 200.000,– |
| 2. Übermaß Gewinnbeteiligung | |
| 15 v.H. von Euro 300.000,- = | Euro 45.000,– |
| 20 v.H. von Euro 450.000,– = | Euro 90.000,– |
| angemessen | Euro 45.000,– |
| Übermaß Jahresertrag | Euro 45.000,– |
| 3 Jahre = 4,505 | |
| Hilfstafel II VStR | Euro 202.725,– |
| Gesamtwert der Schenkung | Euro 402.725,– |

[90] Troll, § 7 ErbStG, Anm. 66, 67.

[91] Min. Baden-Württemberg, gem. Ländererlaß v. 20. 1. 1974 S-3715-1/74 V.

| | |
|---|---|
| Freibetrag nach § 13a beschränkt auf | Euro 200.000,– |
| | Euro 202.725,– |
| Freibetrag nach § 16 Abs. 1 Nr. 2 | Euro 205.000,– |
| Steuer | Euro 0,– |

### 3. Schenkung mit Buchwertklausel

Wird im Schenkungsvertrag vereinbart, daß der Beschenkte im Falle seines Ausscheidens, ganz gleich aus welchem Grunde, lediglich den Buchwert seiner Beteiligung erhält, so ist diese Klausel für die Wertermittlung zum Zwecke der Festsetzung der Schenkungsteuer zunächst unbeachtlich. Der Wert der Beteiligung wird so ermittelt, als wäre die Klausel nicht vorhanden[92]. Durch Vereinbarung derartiger Klauseln kann der Wert der Schenkung nicht beeinflußt werden, § 7 Abs. 5 ErbStG. Der Gesetzgeber geht davon aus, daß von solchen Klauseln in der Regel nicht Gebrauch gemacht wird. *1077*

### 4. Gemischte Schenkungen

Wird ein Anteil an einer Personengesellschaft eingeräumt gegen Zahlung eines zu geringen Entgelts (z.B. Zahlung des anteiligen Buchwerts), so liegt hinsichtlich der Differenz des vereinbarten Kaufpreises zum Verkehrswert des Anteils eine Schenkung vor (gemischte Schenkung). *1078*

Der anteilige Einheitswert des Betriebsvermögens ist in diesem Verhältnis aufzuteilen.

**Beispiel:**

A ist Einzelgewerbetreibender, er nimmt seinen Neffen (N), der bisher schon im Betrieb arbeitete, als Gesellschafter auf. Buchkapital Euro 300.000,–, Verkehrswert Euro 600.000,–. N leistet eine Einlage von Euro 100.000,– und ist mit 25 v.H. am Betriebsvermögen und am Gewinn beteiligt. Steuerwert vor Einbringung Euro 400.000,–. N hätte entweder Euro 200.000,– in das Betriebsvermögen leisten müssen oder A Euro 75.000,– als Ausgleich für die stillen Reserven zahlen müssen. Der Wert seiner Beteiligung beträgt Euro 175.000,– = 57,14 v.H. entgeltlich (42,86 v.H. unentgeltlich).

## V. Grunderwerbsteuer

Die Personengesellschaft wird im GrEStG als selbständige Steuerpflichtige angesehen. Werden im Zusammenhang mit einer Einbringung Grundstücke in das Gesamthandsvermögen einer Personengesellschaft eingelegt, liegt grundsätzlich ein grunderwerbsteuerpflichtiger Vorgang vor[93]. *1079*

Soweit der Einbringende an der Personengesellschaft beteiligt ist, ist die Grundstücksübertragung steuerfrei (§ 5 Abs. 2 GrEStG). Diese Steuerfreiheit gilt auch, soweit Abkömmlinge (Personen i.S. des § 3 Nr. 6 GrEStG) an der Perso- *1080*

---

[92] Troll, § 7 ErbStG, Anm. 65.

[93] Boruttau-Egly-Sigloch, § 1 GrEStG, RdNr. 565.

nengesellschaft beteiligt sind, und für den Ehegatten des Einbringenden (§ 3 Nr. 4 GrEStG). Nicht jedoch gilt die Befreiung für Geschwister und Geschwisterkinder, sofern die Aufnahme als Gesellschafter entgeltlich erfolgt. Unentgeltliche Anteilsschenkungen, die unter das Erbschaft- und Schenkungsteuergesetz fallen, sind von der Grunderwerbsteuer befreit (§ 6 Nr. 2 Satz 1 GrEStG). Im Falle der Umwandlung i.S. des UmwStG und der Einbringung wird die Steuer nach den Werten i.S.d. § 138 Abs. 2 oder 3 BewG bemessen (§ 8 Abs. 2 GrEStG).

1081 Im Falle von gemischter Schenkung wird bei diesem Personenkreis der entgeltliche Teil von der Grunderwerbsteuer erfaßt. Das gleiche gilt, wenn der Erwerb durch den Neffen, den Bruder oder die Schwester mit Auflagen verbunden ist. In Höhe der Auflage entsteht Grunderwerbsteuer.

### VI. Umsatzsteuer

1082 Ist Gegenstand ein ganzer Betrieb mit seinen wesentlichen Grundlagen, ist die Übertragung nicht umsatzsteuerbar, § 1 Abs. 1 UStG. Werden jedoch Wirtschaftsgüter, die wesentliche Betriebsgrundlagen darstellen, zurückbehalten, unterliegen die einzelnen Lieferungen und Leistungen der USt.

## 2. Abschnitt
## GmbH & Co. KG

### I. Ertragsteuerliche Behandlung der GmbH & Co. KG

#### 1. Allgemeines

1083 Die Gesellschaftsform der GmbH & Co. KG ist einkommensteuerlich anerkannt[94]. Sie liegt vor, wenn an einer Kommanditgesellschaft als persönlich haftender Gesellschafter eine Kapitalgesellschaft beteiligt ist (⇒ Buch I Rz. 1184ff.). Die GmbH & Co. KG ist keine Kapitalgesellschaft. Sie ist ertragsteuerlich eine Personengesellschaft. Nach der bisherigen Rechtsprechung übte auch eine vermögensverwaltende Personengesellschaft eine gewerbliche Tätigkeit aus, wenn an dieser eine Kapitalgesellschaft als persönlich haftende Gesellschafterin beteiligt war. Der Große Senat[95] gab jedoch diese Geprägerechtsprechung auf. Das Steuerbereinigungsgesetz vom 19. 12. 1985[96] setzte jedoch die alte Geprägerechtsprechung wieder in Kraft. Hiernach übt eine Personengesellschaft eine gewerbliche

---

[94] Hierzu Schulze zur Wiesche, GmbH & Co. KG, 2. Aufl.; Hesselmann/Tillmann, Handbuch der GmbH & Co. KG, 17. Aufl.; Binz, Die GmbH & Co., 8. Aufl. 1992; Klamroth, Die GmbH & Co. KG, 7. Aufl..

[95] BFH v. 25. 6. 1984, BStBl. II 1984, 751.

[96] BGBl. I 1985, 2436 – Geprägegesetz.

Tätigkeit aus, wenn der persönlich haftende geschäftsführende Gesellschafter eine Kapitalgesellschaft oder eine Personengesellschaft ist, an der eine Kapitalgesellschaft als Komplementär und Geschäftsführer beteiligt ist (§ 15 Abs. 3 Nr. 1 u. 2 EStG). Obwohl es sich hier um zwei Gesellschaften handelt, die GmbH und die Kommanditgesellschaft, wird die GmbH & Co. KG in vieler Hinsicht als eine Einheitsgesellschaft behandelt. Trotzdem hat aber das Einkommensteuerrecht nicht darauf verzichtet, die GmbH der Körperschaftsteuer zu unterwerfen. Im Gegenteil achtet die Finanzverwaltung sogar darauf, daß der GmbH der angemessene Gewinnanteil zukommt. Vielfach übernimmt die GmbH nicht sofort schon die Geschäftsführerfunktion, sondern es handelt sich um eine sogenannte Vorrats-GmbH. Diese Vorrats-GmbH kann als Komplementär oder als Kommanditist in die Gesellschaft eintreten. Solange eine natürliche Person Komplementär ist oder neben der GmbH Kommanditisten zu Geschäftsführern bestellt sind, gibt die GmbH der KG kein gewerbliches Gepräge[97].

**2. Arten der GmbH & Co. KG**

Die GmbH & Co. KG kommt in typischer und atypischer Form vor. *1084*

Von einer typischen GmbH & Co. KG spricht man, wenn die Gesellschafter *1085* der Kommanditgesellschaft gleichzeitig Gesellschafter der GmbH sind. Hier ist ein Interessenkonflikt weitgehend ausgeschlossen. Vielfach wird in diesem Falle einer der Gesellschafter gleichzeitig Geschäftsführer sein. Hierbei ist auf die Problematik des Gesellschafter-Geschäftsführers hinzuweisen.

Eine atypische GmbH & Co. KG liegt vor, wenn die Gesellschafter der Kom- *1086* manditgesellschaft und der GmbH nicht identisch sind bzw. nicht weitgehend identisch sind und somit die Willensbildung bei beiden Gesellschaften nicht im wesentlichen gleich ist[98].

**3. Die Mitunternehmerschaft bei der GmbH & Co. KG**

*a) Mitunternehmerschaft der GmbH*

Die GmbH ist kraft ihrer Rechtsform Gewerbetreibende und daher Unterneh- *1087* merin (§ 6 HGB). Inwieweit die GmbH als Komplementär-GmbH Mitunternehmerin der GmbH & Co. KG ist, muß nach den Kriterien des § 15 Abs. 1 Nr. 2 EStG beurteilt werden. Nach dem Urteil des BFH vom 17. 3. 1966[99] übt die GmbH & Co. KG eine gewerbliche Tätigkeit aus, wenn die geschäftsführende GmbH die alleinige, persönlich haftende Gesellschafterin ist und sie dem Gesamtgebilde wirtschaftlich das Gepräge gibt. Da die Komplementär-GmbH die Geschäfte der Kommanditgesellschaft führt und auch am Risiko und Gewinn des Unternehmens beteiligt ist, kommt es nicht darauf an, daß die GmbH auch am

97 BFH v. 23. 5. 1996, BStBl. II 1996, 523.

98 Zur doppelstöckigen GmbH & Co. KG siehe BFH GrS v. 25. 2. 1991, DB 1991, 889; § 15 Abs. 1 Nr. 2 Satz 2 EStG (StÄndG 1992, BT-Drucks. 654/91).

99 BStBl. II 1966, 171.

Vermögen der Kommanditgesellschaft beteiligt ist. Die Mitunternehmerschaft der GmbH als Gesellschafterin der Kommanditgesellschaft ist daher nicht in Frage gestellt, wenn die GmbH nicht am Gesamthandsvermögen beteiligt ist. Es reicht auch nach dem Handelsrecht aus, daß der Komplementär lediglich seine Arbeitskraft zur Verfügung stellt[100]. Sie ist jedoch in Frage gestellt, wenn die GmbH vom Vermögen, Gewinn und der Geschäftsführung ausgeschlossen ist und lediglich die Haftung übernimmt. Nach der neueren Rechtsprechung[101] reicht die Haftungsübernahme jedoch für die Mitunternehmerschaft aus.

*b) Mitunternehmerschaft der Kommanditisten*

*1088* Kommanditisten der GmbH & Co. KG sind grundsätzlich Mitunternehmer, wenn ihnen die Rechte zukommen, die üblicherweise einem Kommanditisten zustehen[102].

*c) Erweiterung des Kreises der Mitunternehmer*

*1089* Der BFH[103] hat eine Mitunternehmerschaft auch bei Nichtbeteiligten angenommen, wenn der Vater und Ehemann der GmbH-Gesellschafter bzw. -Gesellschafterin und der Kommanditisten nicht selbst Gesellschafter i.S. des HGB ist, jedoch deren Geschäftsführer gegen Gehalt und Gewinnbeteiligung ist und darüber hinaus der Kommanditgesellschaft Wirtschaftsgüter verpachtet hat und hierfür eine Sondervergütung erhält. Eine Mitunternehmerschaft liegt auch im Falle einer stillen Gesellschaft zur GmbH & Co. KG vor, wenn der stille Gesellschafter der Hauptkapitalgeber ist und am Gewinn zu mehr als der Hälfte beteiligt ist und der Stille, unabhängig von seiner Stellung, als Geschäftsführer die Rechte aus § 716 BGB hat und alle nicht laufenden Geschäfte seiner Zustimmung bedürfen[104]. Ebenfalls kann eine stille Beteiligung der GmbH & Co. KG durch Beteiligung an den stillen Reserven des Betriebsvermögens der KG begründet werden[105]. Das gleiche gilt für eine Unterbeteiligung an einzelnen Kommanditanteilen mit Beteiligung an den stillen Reserven des Anteils.

*1090* In der Regel ist der GmbH-Geschäftsführer nicht als Mitunternehmer anzusehen[106].

---

[100] Sudhoff, BB 1975, 995.
[101] Vgl. BFH v. 24. 8. 1986 BStBl. II 1987, 60.
[102] Vgl. hierzu BFH v. 21. 2. 1974, BStBl. II 1974, 404; v. 3. 7. 1975, BStBl. II 1975, 818; v. 29. 1. 1976, BStBl. II 1976, 324.
[103] BFH v. 29. 1. 1976, BStBl. II 1976, 332; v. 21. 9. 1995, BStBl. II 1996, 66.
[104] BFH v. 5. 7. 1978, BStBl. II 1978, 644.
[105] Vgl. BFH v. 11. 12. 1990, FR 1991, 236.
[106] BFH v. 11. 9. 1986, BStBl. II 1982, 111; v. 28. 1. 1986, BStBl. II 1986, 599; v. 5. 6. 1986, BStBl. II 1986, 798; v. 11.12.1990 DB 1991, 1054; v. 16.12.1992 DB 1993, 792; v. 21.9.1995, BStBl II 1996, 66; v. 1.8.1996 BStBl II 1997, 2721; v. 16.12.1997 BStBl II 1998, 480; v. 18.6.1998, BFH/NV 1999, 295; v. 7.7.1998, BFH/NV 1999, 167. FG Saarland v. 13. 7. 1990, EFG 1991, 22.

Ist jedoch der Vater der Schenker der Anteile und hat er der Personengesellschaft die wesentlichen Betriebsgrundlagen verpachtet, ist das Pachtverhältnis jederzeit kündbar und hat er als Geschäftsführer der GmbH alle Befugnisse, ist er als Gesellschafter und Mitunternehmer anzusehen.

### 4. Beitragspflichten der Gesellschafter

*a) Beitragspflicht der GmbH*

Die Beitragspflicht der GmbH besteht in der Regel in der Übernahme des Haf- 1091
tungsrisikos, der Übernahme der Geschäftsführung, u.U. in der Überlassung von Wirtschaftsgütern an die Personengesellschaft. Eine Überlassung von Wirtschaftsgütern der GmbH an die Personengesellschaft kommt vor, wenn die GmbH & Co. KG ursprünglich aus einer GmbH hervorgegangen ist.

*b) Beitragspflicht der Kommanditisten*

Die Beitragspflicht der Kommanditisten besteht in der Regel in der Leistung 1092
der Einlage, u.U. auch in einer persönlichen Tätigkeit, in der Überlassung von Darlehen und sonstigen Wirtschaftsgütern. § 15 Abs. 1 Nr. 2 EStG geht grundsätzlich davon aus, daß es sich hierbei um Beiträge der Gesellschafter handelt, auch wenn diese Leistungen aufgrund eines besonderen Vertragsverhältnisses wie zwischen Dritten beruhen[107].

### 5. Betriebsvermögen der GmbH & Co. KG

*a) Gesamthandsvermögen*

Das Betriebsvermögen der Kommanditgesellschaft besteht grundsätzlich aus 1093
dem Gesamthandsvermögen, das aus Einlagen und nichtentnommenen Gewinnen herrührt. Es steht allen Gesellschaftern zur gesamten Hand zu.

*b) Betriebsvermögen der GmbH*

Stellt die GmbH nicht lediglich ihre Arbeitskraft zur Verfügung, ist sie in der 1094
Regel auch am Gesamthandsvermögen beteiligt. Darüber hinaus kann die GmbH auch eigenes Betriebsvermögen besitzen. Stellt die GmbH, insbesondere wenn die GmbH & Co. KG aus einer GmbH hervorgegangen ist, eigenes Betriebsvermögen der KG zur Nutzung zur Verfügung, so handelt es sich hierbei grundsätzlich um Sonderbetriebsvermögen des Gesellschafters. Die Verwaltung hat ursprünglich den Standpunkt vertreten, daß dieses bilanzsteuerlich nicht als Betriebsvermögen behandelt zu werden braucht, da dieses ohnehin als Betriebsvermögen der GmbH als gewerbliches Betriebsvermögen erfaßt sei.

Nunmehr hat aber der BFH[108] den Rechtsstandpunkt vertreten, daß auch sol- 1095
che Wirtschaftsgüter zum Sonderbetriebsvermögen der Gesellschafter gehören, die zum Betriebsvermögen eines anderen Betriebes des Gesellschafters gehören.

---

107 Vgl. Wörner, BB 1975, 645ff.

108 BFH v. 18.7.1979, BStBl. II 1979, 750.

Hiernach wären also alle Wirtschaftsgüter, die die Komplementär-GmbH der Kommanditgesellschaft zur Nutzung überläßt, als Sonderbetriebsvermögen der Personengesellschaft zu behandeln.

*c) Sonderbetriebsvermögen der Kommanditisten*

1096 Zum Sonderbetriebsvermögen der Gesellschafter gehören alle Wirtschaftsgüter, die im Eigentum eines Gesellschafters stehen, dem Betrieb jedoch zur Nutzung überlassen worden sind. Nach der Rechtsprechung[109] gehört auch zum Sonderbetriebsvermögen der Anteil des Gesellschafters bzw. der Gesellschafter an der Komplementär-GmbH, es sei denn, die GmbH unterhält einen eigenen umfangreichen Geschäftsbetrieb. Somit gehören alle Ausschüttungen der Komplementär-GmbH zu den Sonderbetriebseinnahmen des Gesellschafters[110].

**6. Gewinnverteilung bei der GmbH & Co. KG**

*a) Grundsätze* (⇒ Buch I Rz. 1213)

1097 Soweit im Gesellschaftsvertrag nichts geregelt ist, gilt auch hier § 168 HGB. Hiernach ist der Gewinn, soweit er 4 v.H. nicht übersteigt, entsprechend den Kapitalanteilen zu verteilen. Hinsichtlich des übersteigenden Gewinns gilt ein den Umständen nach angemessenes Verhältnis der Anteile als bedungen. Maßstab für die Gewinnverteilung ist der Beitrag des Gesellschafters zum Erreichen des Gesellschaftszweckes. Hierbei sind insbesondere die Kapitaleinlage, die Nutzungseinlagen (sofern keine Sondervereinbarung) und die sonstige Tätigkeit der Gesellschafter für die Gesellschaft zu berücksichtigen. Nach dem Urteil des BFH[111] sind Maßstab für die Gewinnverteilung

- Kapitaleinsatz,
- Risiko,
- Arbeitseinsatz.

*b) Gewinnbeteiligung der GmbH*

aa) Beteiligung der GmbH am Gesellschaftsvermögen

1098 Ist die Komplementär-GmbH am Gesellschaftsvermögen beteiligt, ist sie angemessen am Gewinn zu beteiligen. Nicht erforderlich jedoch ist es, die Komplementär-GmbH im gleichen Maß wie die Kommanditisten am Gewinn zu beteiligen. Es ist hierbei zu berücksichtigen, daß die Haftung von natürlichen Personen schwerwiegender ist als die einer juristischen Person.

Hat die GmbH neben Kapitaleinlage, Haftungsrisiko und Geschäftsführer auch andere Leistungen erbracht, sind auch diese angemessen zu vergüten.

---

[109] BFH v. 15.11.1967, BStBl. II 1968, 152; v. 15.10.1975, BStBl. II 1976, 188.

[110] BFH v. 5.12.1979, BStBl. II 1980, 119; im einzelnen OFD Hannover, Verfügung v. 25.11.1994, BB 1995, 197.

[111] BFH v. 15.11.1967, BStBl. II 1968, 152.

Die Gewinnbeteiligung ist unter Bedingungen einzuräumen, wie sie mit einer Komplementär-GmbH mit fremden Gesellschaftern, die nicht gleichzeitig Kommanditisten sind, auch vereinbart worden wären. Die Gewinnbeteiligung der GmbH muß so bemessen sein, daß sich für die GmbH für ihre Tätigkeit eine angemessene Kapitalverzinsung ergibt[112]. Nach einer Verfügung der OFD Hannover[113] ist auf eine Verzinsung des Kapitals nach Berücksichtigung der Körperschaftsteuer von 10 bis 15 v.H. abzustellen[114]. *1099*

Angemessen und damit steuerlich anzuerkennen ist bei einer auf die Geschäftsführung der KG beschränkten GmbH ein Gewinnanteil, der ihr auf Dauer Ersatz ihrer Auslagen sowie eine den Kapitaleinsatz und das Haftungsrisiko gebührend berücksichtigende Beteiligung am Gewinn einräumt. Daraus ergibt sich, daß zumindest die Tätigkeitsvergütungen und der Gewinnanteil zusammengerechnet dem Personalaufwand gegenübergestellt werden müssen und alsdann der verbleibende Gewinnanteil auf seine Angemessenheit zu beurteilen ist[115]. *1100*

bb) Vergütung der GmbH bei nicht vermögensmäßiger Beteiligung

Ist die Komplementär-GmbH nicht mit einem Kapitalanteil am Vermögen der Kommanditgesellschaft beteiligt, ist eine Gewinnbeteiligung nicht erforderlich. Es wird als ausreichend erachtet, daß ihre Leistungen angemessen vergütet werden. Die Komplementärvergütung ist Aufwand der KG, wenn sie auch im Verlustfall gezahlt wird[116]. Der BFH[117] hat es als ausreichend angesehen, wenn der Komplementär neben dem Auslagenersatz eine angemessene Vergütung für die Übernahme des Haftungsrisikos in Höhe der üblichen Avalprovision erhält. Hierbei ist vom Haftungsrisiko auszugehen. *1101*

Dieses wird in der Regel von dem Umfang des Vermögens der GmbH bestimmt. Es ist ausreichend, daß die GmbH neben der Risikovergütung einen Auslagenersatz für Aufwendungen aus der Geschäftsführertätigkeit, z.B. wie das Geschäftsführergehalt, erhält.

cc) Verzicht auf Teilnahme an einer Kapitalerhöhung

Wird das Kapital der Gesellschaft durch Aufstockung der Kommanditeinlage erhöht, kann eine verdeckte Gewinnausschüttung vorliegen, wenn die Einlage der Komplementär-GmbH nicht entsprechend erhöht wird[118]. *1102*

---

112 Vgl. BFH v. 15. 11. 1967, BStBl. II 1968, 152.
113 Vfg. v. 27. 5. 1969, S-2241/12 StH 231, GmbHRdsch. 1970, 23.
114 Vgl. hierzu auch Lange, GmbH & Co. KG, NWB, Fach 18, S. 2937 (2953); Kormann, DB 1972, 697; Meyer-Arndt, StBJB 1971/72, S. 145ff.
115 BFH v. 24. 7. 1990, BB 1990, 2025.
116 BFH v. 13. 10. 1998, BStBl. II 1999, 284.
117 BFH v. 3. 2. 1977, BStBl. II 1977, 346.
118 Vgl. BFH v. 25. 11. 1976, BStBl. II 1977, 477.

dd) Änderung der Gewinnverteilung zuungunsten der GmbH

1103 Es liegt im Falle einer Änderung der Gewinnverteilung zuungunsten der GmbH keine verdeckte Gewinnausschüttung der GmbH an ihre Gesellschafter vor, wenn diese Gewinnverteilung einem fremden Kommanditisten, der nicht gleichzeitig Gesellschafter der GmbH ist, Anlaß gegeben hätte, einem fremden Komplementär zu kündigen[119]. Sie ist auch dann nicht als verdeckte Gewinnausschüttung anzusehen, wenn ein ordentlicher und gewissenhafter Geschäftsführer, der nicht gleichzeitig Kommanditist ist, der Änderung zugestimmt hätte, weil sich der der GmbH verbleibende Gewinnanteil immer noch als hochwertig darstellt[120]. Darum muß auch der Gesellschaftsvertrag in der Regel eine Vertragsänderung zulassen[121].

1104 Verzichtet in einer GmbH & Co. KG der Kommanditist und Gesellschafter der GmbH zugunsten der GmbH auf die ihm als Kommanditisten zustehende Gewinnbeteiligung, liegt darin eine verdeckte Einlage in die GmbH[122].

ee) Die Behandlung der Differenz zur angemessenen Gewinnbeteiligung als verdeckte Gewinnausschüttung an die Gesellschafter

1105 Die Rechtsprechung zur verdeckten Gewinnausschüttung ist grundsätzlich auch auf die GmbH & Co. KG anzuwenden. So bedarf es bei Rechtsgeschäften mit beherrschenden Gesellschaftern und auch deren Angehörigen eindeutiger und klarer und von vornherein festgelegter Vereinbarungen. Soweit die Vereinbarung nicht mit der Komplementär-GmbH geschlossen wurde, sondern mit der GmbH & Co. KG, liegt im Verhältnis zur Gewinnbeteiligung der Komplementär-GmbH eine verdeckte Gewinnausschüttung vor (das gilt insbesondere hinsichtlich der Geschäftsführervergütungen, Darlehensverträge, Mietverträge, Wettbewerbsverbote usw.)[123].

1106 Liegt keine angemessene Gewinnbeteiligung vor, so wird darin ein Forderungsverzicht zugunsten eines Gesellschafters bzw. zugunsten der Gesellschafter angesehen, der ertragsteuerlich als eine verdeckte Gewinnausschüttung an diesen behandelt wird. Ebenso kann der Verzicht auf Teilnahme an einer Kapitalerhöhung und einer Herabsetzung der Gewinnbeteiligung eine verdeckte Gewinnausschüttung darstellen. Desgleichen liegt eine verdeckte Gewinnausschüttung an den Gesellschafter vor, wenn die GmbH der KG Wirtschaftsgüter zu einer unangemes-

---

119 Vgl. BFH v. 3.2.1977, BStBl. II 1977, 504.

120 Vgl. BFH v. 25.11.1976, BStBl. II 1977, 477.

121 Vgl. Hesselmann, S. 142; Lange, GmbH & Co. KG, NWB, Fach 18, S. 2953; Herrmann-Heuer-Raupach, § 15 EStG, Anm. 29d.

122 BFH v. 23.8.1990, DB 1991, 630.

123 Hierzu BFH v. 22.2.1989, BStBl. II 1989, 475; v. 22.2.1989, BStBl. II 1989, 631; v. 14.3.1989, BStBl. II 1989, 633; v. 12.4.1989, BStBl. II 1989, 636; v. 26.4.1989, BStBl. II 1989, 673; v. 24.5.1989, BStBl. II 1989, 800; v. 28.6.1989, BStBl. II 1989, 854; v. 13.12.1989, BStBl. II 1990, 454; v. 24.1.1990, BStBl. II 1990, 645; v. 28.2.1990, BStBl. II 1990, 649; v. 14.3.1990, BStBl. II 1990, 795.

senen niedrigen Vergütung überlassen hat. In der Vereinbarung eines überhöhten Geschäftsführergehaltes ist eine verdeckte Gewinnausschüttung an diesen zu sehen, wenn er gleichzeitig Gesellschafter der GmbH ist.

Soweit ein Leistungsaustausch zwischen der GmbH & Co. KG und ihren Gesellschaftern unangemessen ist, ist die Differenz zum Marktpreis, soweit die Komplementär-GmbH am Gewinn beteiligt ist, als verdeckte Gewinnausschüttung zu behandeln. Darüber hinaus liegt eine verdeckte Entnahme bei den Gesellschaftern vor[124]. *1107*

*c) Besonderheiten bei Beteiligung von Familienangehörigen als Kommanditisten*

Eine GmbH & Co. KG wird bereits schon dann als Familiengesellschaft behandelt, wenn der Vater als Schenker nicht Kommanditist der Gesellschaft ist, sondern lediglich an der GmbH mehrheitlich beteiligt ist und die GmbH den Kommanditisten in verdeckter Form über Darlehen die Beteiligungen an der Personengesellschaft übertragen hat[125]. Hinsichtlich der steuerlichen Anerkennung gilt das gleiche, wie zu den Familiengesellschaften (⇒ Rz. 1003ff.) ausgeführt. Wird die GmbH & Co. KG mit der GmbH ausschließlich mit Angehörigen als Kommanditisten gebildet, ist der Gewinn der Kommanditgesellschaft voll der GmbH zuzurechnen, wenn die Gesellschaftsverhältnisse nicht anerkannt werden bzw. auch die Mitunternehmerschaft nicht anerkannt wird. Der Gewinn unterliegt in diesem Falle voll der Körperschaftsteuer. *1108*

Wird das Gesellschaftsverhältnis anerkannt, jedoch nicht Mitunternehmerschaft, sind die an die Gesellschafter gezahlten Vergütungen als Betriebsausgaben der GmbH zu behandeln. Hinsichtlich der Angemessenheit der Gewinnbeteiligung der Kommanditisten gelten die gleichen Grundsätze wie bei den übrigen Familiengesellschaften. Handelt es sich also um eine Familien-GmbH & Co. KG, muß darauf geachtet werden, daß sowohl der Gewinn der GmbH als auch der Gewinn der Gesellschafter angemessen ist. Hinsichtlich der Anerkennung des Gesellschaftsverhältnisses vgl. insbesondere das BFH-Urteil vom 5. 6. 1986[126]. *1109*

## 7. Gewinn der GmbH & Co. KG, gesonderte Gewinnfeststellung bei der GmbH & Co. KG

*a) Gewinn der Personengesellschaft*

Ausgangslage für die Gewinnfeststellung ist der Handelsbilanzgewinn der Kommanditgesellschaft, einschließlich des Gewinnanteils der Komplementär-GmbH. *1110*

Auch über die Frage, ob eine Komplementär-GmbH verdeckt Gewinne ausgeschüttet hat, ist im Rahmen des einheitlichen Gewinnfeststellungsverfahrens der KG zu entscheiden[127].

---

124 BFH v. 6. 8. 1985, BStBl. II 1986, 17.
125 Vgl. BFH v. 5. 7. 1979, BStBl. II 1979, 670.
126 BStBl. II 1986, 798.
127 BFH v. 24. 3. 1998, BB 1998, 2093.

*b) Sondervergütungen*

1111 Nach § 15 Abs. 1 Nr. 2 EStG handelt es sich auch bei den Sondervergütungen für Tätigkeiten im Dienste der Gesellschaft, Vergütungen für überlassene Darlehen und Nutzungsüberlassung für überlassene Wirtschaftsgüter um gewerbliche Einkünfte. Sie sind nach § 180 AO gesondert für die Gesellschafter festzustellen und dem Gewinn der Personengesellschaft hinzuzurechnen.

Aufwendungen einer Komplementär-GmbH, die nicht unmittelbar durch die Beteiligung an der GmbH & Co. KG veranlaßt sind, sind nicht als Sonderbetriebsausgaben bei der Gewinnfeststellung der KG abziehbar[128]. Hierunter fallen insbesondere Aufwendungen für Jahresabschlüsse, Steuerberatung, IHK-Beiträge der GmbH.

aa) Auslagenersatz der GmbH durch die KG

1112 Eine Vergütung im obigen Sinne stellt auch der von der KG gewährte Auslagenersatz dar. Das gilt sowohl hinsichtlich des gezahlten Geschäftsführergehaltes als auch hinsichtlich der sonstigen Kostenübernahmen.

bb) Geschäftsführergehalt

1113 Soweit der GmbH-Geschäftsführer gleichzeitig Kommanditist ist, unabhängig davon, ob er gleichzeitig Gesellschafter der GmbH ist, handelt es sich um ein Gewinnvoraus und nicht um Einkünfte aus nichtselbständiger Arbeit. Das Geschäftsführergehalt ist somit dem Gewinn der Mitunternehmerschaft hinzuzurechnen[129]. Es ist hierbei gleichgültig, ob das Gehalt von der GmbH gezahlt wird oder von der Kommanditgesellschaft. Das gilt auch dann, wenn die GmbH neben der Geschäftsführung für die KG eine eigene gewerbliche Tätigkeit ausübt[130].

1114 Ebenfalls sind die Soziallasten einschließlich des Arbeitgeberanteils als Gewinnvoraus und nicht als Betriebsausgaben zu behandeln, auch wenn eine gesetzliche Verpflichtung hierzu besteht[131].

1115 Pensionszusagen können gegenüber Geschäftsführern, die gleichzeitig Gesellschafter der Personengesellschaft sind, nicht mit steuerlicher Wirkung erteilt werden[132].

1116 Ist jedoch die GmbH & Co. KG aus einer GmbH hervorgegangen, brauchen die aufgrund der Zusage bis zum Zeitpunkt der Umwandlung erfolgten Rückstellungen nicht aufgelöst zu werden. Weitere Rückstellungen können jedoch nicht gebildet werden[133]. Ist der Geschäftsführer nicht gleichzeitig Kommanditist, aber

---

128 BFH v. 18.5.1995 DB 1995, BStBl. II 1996, 295.

129 Vgl. BFH v. 2.8.1960, BStBl. III 1960, 408; v. 15.11.1967, BStBl. II 1968, 369; v. 21.3.1968, BStBl. II 1968, 579; v. 21.4.1971, BStBl. II 1971, 816; v. 11.3.1970, BStBl. II 1970, 588.

130 BFH v. 15.10.1975, BStBl. II 1976, 188.

131 Vgl. BFH v. 27.11.1969, BStBl. II 1970, 183.

132 BFH v. 16.2.1967, BStBl. III 1967, 222; v. 21.12.1972, BStBl. II 1973, 298.

133 Vgl. BFH v. 8.1.1975, GmbHRdsch. 1975, 117; v. 22.6.1977, BStBl. II, 798.

Gesellschafter der GmbH, gelten die allgemeinen Grundsätze für Gesellschafter-Geschäftsführer.

*c) Gewinnausschüttungen der Komplementär-GmbH*

Soweit die Gesellschafter der GmbH gleichzeitig Kommanditisten der KG sind, werden die Gewinnausschüttungen einschließlich Steuergutschrift zum gewerblichen Gewinn hinzugerechnet[134]. *1117*

Kein Sonderbetriebsvermögen hinsichtlich der Anteile des Gesellschafter-Geschäftsführers liegt jedoch vor, wenn der Gesellschafter-Geschäftsführer nicht gleichzeitig Kommanditist der GmbH & Co. KG ist, sondern lediglich Gesellschafter einer anderen Personengesellschaft, die Kommanditistin der GmbH & Co. KG ist[135]. *1118*

Das gilt auch für verdeckte Gewinnausschüttungen. Die verdeckte Gewinnausschüttung als Einkommen der Komplementär-GmbH wird bei der Gewinnermittlung der KG für die Komplementär-GmbH festgestellt. *1119*

*d) Erträge des sonstigen Sonderbetriebsvermögens*

Haben die Gesellschafter Erträge aus Sonderbetriebsvermögen, sind sie auch insoweit dem Gewinn hinzuzurechnen, als es sich bei den Erträgen nicht um Vergütungen der Gesellschaft handelt. *1120*

*e) Sonderbetriebsausgaben*

Da der Gewinn für die Mitunternehmerschaft abschließend festgestellt wird, sind auch alle Sonderbetriebsausgaben der Gesellschafter in die Feststellung miteinzubeziehen. Das gilt für die GmbH auch hinsichtlich des an den Geschäftsführer gezahlten Gehaltes, einschließlich der sonstigen Aufwendungen für die Gesellschaft. Lediglich Aufwendungen, die mit der Mitunternehmerschaft nicht im Zusammenhang stehen, stellen eigene Betriebsausgaben dar. Insbesondere sind bei den Kommanditisten Zinsen für Kredite im Zusammenhang mit der Beteiligung, Hypothekenzinsen für die der Gesellschaft zur Nutzung überlassenen Grundstükke, AfA usw. zu berücksichtigen. Hat ein Gesellschafter der Gesellschaft Patente zur Verfügung gestellt, sind Anmeldegebühren beim Patentamt usw. Sonderbetriebsausgaben. *1121*

Nicht zu den Sonderbetriebsausgaben gehören Aufwendungen der Komplementär-GmbH, die auf ihrer Stellung als eigenständige juristische Person beruhen, z.B. die Kosten für die Erstelluung einer eigenen GmbH-Bilanz[136].

---

134 Vgl. BFH v. 15.10.1975, BStBl. II 1976, 188.

135 BFH v. 12.11.1985, BStBl. II 1986, 55.

136 BFH v. 18.5.1995, BStBl. II 1996, 295.

**8. Die Gewinnverteilung bei der GmbH & Co. KG** (⇒ Buch I Rz. 1213)

*1122* Vor der Verteilung des Handelsbilanzgewinns werden den Gesellschaftern vorab die Sondervergütungen und Sondererträge aus den Ergänzungsbilanzen zugerechnet, z.B. das Geschäftsführergehalt, Honorare für Beraterverträge, Zinsen für Darlehen, Miet- und Pachtzinsen für überlassene Wirtschaftsgüter, Lizenzgebühren und sonstige Erträge aus dem Sonderbetriebsvermögen. Das gilt insbesondere auch für Ausschüttungen der Komplementär-GmbH einschließlich verdeckter Gewinnausschüttung. Die Teilung des Restgewinns erfolgt nach dem handelsrechtlichen Gewinnverteilungsschlüssel. Die Feststellung der verdeckten Gewinnausschüttung erfolgt ebenfalls in der einheitlichen und gesonderten Gewinnfeststellung, gleichfalls die Korrekturen bei überhöhter Gewinnbeteiligung bei Familienangehörigen. Hinsichtlich der Familienangehörigen wird nur der angemessene Gewinnanteil diesen zugerechnet, der unangemessene Anteil erhöht den Gewinn des Schenkers.

## II. Die Einbringung eines Betriebes in eine GmbH & Co. KG

### 1. Einführung

*1123* Ist die Nachfolge in der Geschäftsführung nicht geklärt, bietet sich neben der Betriebsaufspaltung auch die GmbH & Co. KG[137] als künftige Gesellschaftsform an. Die GmbH als Komplementärin sichert den Kommanditisten, als Gesellschaftern der GmbH, eine größere Weisungsbefugnis gegenüber dem Geschäftsführer zu, als eine solche einem Kommanditisten gegenüber einem Komplementär zustehen würde[138]. Der Kommanditist hat keinen Einfluß auf die laufende Geschäftsführung[139], während der Gesellschafter einer GmbH auch in Angelegenheiten der laufenden Geschäftsführung Weisungen erteilen kann[140]. Im Gegensatz zur Personengesellschaft können die Geschäftsführer einer GmbH jederzeit als solche abberufen werden[141], unabhängig vom Anstellungsvertrag.

*1124* Die GmbH & Co. KG kann aus einem früheren Einzelunternehmen hervorgehen, indem der Vater das Einzelunternehmen in eine Personengesellschaft, deren persönlich haftende Gesellschafterin eine GmbH ist, einbringt.

---

[137] Literaturhinweise: Langenfeld, Das Testament des Gesellschafter-Geschäftsführers einer GmbH und GmbH & Co. KG; Brönner/Bareis/Rux, Die Besteuerung der Gesellschaften, des Gesellschafterwechsels und der Umwandlung; Stehle/Stehle, Die rechtlichen und steuerlichen Wesensmerkmale der verschiedenen Gesellschaftsformen; Eder/Heuser/Tillmann, Handbuch der GmbH; Hölters, Der Beirat der GmbH und GmbH & Co. KG; Fichtelmann, Die GmbH & Co. KG im Steuerrecht; Hennerkes/Binz, Die GmbH & Co. KG; Hesselmann, Handbuch der GmbH & Co. KG; Schulze zur Wiesche, GmbH & Co. KG, 2. Aufl.; Schulze zur Wiesche, Die GmbH & Co. KG im neuen Umwandlungssteuerrecht, DB 1996, 1539.

[138] Schulze zur Wiesche, GmbH & Co.KG, 2. Aufl., S. 64.

[139] Schulze zur Wiesche, GmbH & Co.KG, 2. Aufl., S. 72.

[140] Schulze zur Wiesche, GmbH & Co.KG, 2. Aufl., S. 75.

[141] Scholz/Schneider, § 38 GmbHG, Anm. 3ff.

Er kann aber eine bereits bestehende Personengesellschaft, deren Geschäftsführer und Komplementär er ist, in der Weise in eine GmbH & Co. KG umwandeln, als eine GmbH an seiner Stelle als Komplementär in die KG eintritt, oder neben ihm. In diesem Falle ist die beschränkte Haftung der Kommanditisten sichergestellt, wenn der Komplementär versterben und eine Nachfolgeregelung sich verzögern sollte. 1125

Der Erblasser kann auch insoweit Vorsorge treffen, als er eine Vorrats-GmbH gründet, die zunächst überhaupt nicht Gesellschafterin der KG wird oder lediglich Kommanditist ist, die aber in dem Augenblick als persönlich haftender Gesellschafter in die Personengesellschaft eintritt, in dem der Vater als Komplementär stirbt. 1126

### 2. Einbringung eines Einzelunternehmens in eine GmbH & Co. KG

Die Einbringung des bisherigen Einzelunternehmens in die GmbH & Co. KG ist ein Vorgang, der unter § 24 UmwStG fällt[142]. Die übernehmende Personengesellschaft hat ein Wahlrecht[143], ob sie das Betriebsvermögen mit dem Buchwert oder einem höheren Wert, höchstens aber mit dem Teilwert übernimmt. Der Wert, mit dem die Personengesellschaft das Betriebsvermögen übernimmt, gilt für den Einbringenden als Veräußerungspreis[144]. Übernimmt die Personengesellschaft das Betriebsvermögen zum Buchwert, entsteht kein Veräußerungsgewinn. Übernimmt die Personengesellschaft das Betriebsvermögen zu einem höheren Wert, ist dieser nur begünstigt, wenn sämtliche stillen Reserven einschließlich eines eventuell vorhandenen Firmenwertes aufgelöst werden[145]. 1127

### 3. Eintritt einer GmbH in eine bereits bestehende Personengesellschaft

Tritt eine GmbH in eine bereits vorhandene Personengesellschaft als persönlich haftende Gesellschafterin ein, so liegt handelsrechtlich ein Geschäftsvorfall vor, der die Identität der Gesellschaft nicht berührt. Nach herrschender Rechtsauffassung[146] liegt bei den Altgesellschaftern ein Einbringungsvorgang im Sinne des § 24 UmwStG vor. Die Gesellschafter können ihre anteiligen Betriebsvermögen mit dem Buchwert oder mit einem höheren Wert, höchstens aber dem Teilwert einbringen. Dieses Wahlrecht kann jedoch nur einheitlich ausgeübt werden[147]. Also ist auch hier eine Auflösung der stillen Reserven möglich, was u.U. von Vorteil ist, wenn laufende Verluste zu einem negativen Kapitalkonto geführt haben oder der Freibetrag nach § 16 Abs. 4 EStG von Euro 51.500,– zum Ansatz kommt. 1128

Der Regelfall wird jedoch die Einbringung zum Buchwert sein, wobei eventuell aufgedeckte stille Reserven durch negative Ergänzungsbilanzen wieder rückgän- 1129

---

[142] Schulze zur Wiesche, GmbH & Co.KG, 2. Aufl., S. 253ff.
[143] § 24 Abs. 3 Satz 2 UmwStG.
[144] § 20 Abs. 4 UmwStG.
[145] § 24 Abs. 3 Satz 2 UmwStG; BFH v. 29. 7. 1981, BStBl. II 1982, 62.
[146] BFH v. 23. 5. 1985, BStBl. II 1985, 695.
[147] Das ergibt sich aus dem Wortlaut des § 24 Abs. 2 UmwStG.

gig gemacht werden können. Das gilt insbesondere dann, wenn neben der Anteilsschenkung noch eine entgeltliche Aufnahme eines Gesellschafters erfolgt, um den Bestand des Unternehmens zu sichern.

## III. Gewerbesteuer der GmbH & Co. KG

### 1. Die GmbH & Co. KG als Gewerbebetrieb

*1130* Die Kommanditgesellschaft ist gemäß § 15 Abs. 3 Nr. 2 EStG ein Gewerbebetrieb, wenn die Gesellschafter als Mitunternehmer anzusehen sind. Wird eine KG nur auf dem Gebiet der Vermögensverwaltung tätig, stellt sie keinen Gewerbebetrieb dar. Anders ist die Rechtslage bei der GmbH & Co. KG. Nach § 15 Abs. 3 Nr. 2 EStG[148] hat eine GmbH & Co. KG jedenfalls dann, wenn eine GmbH alleiniger persönlich haftender Gesellschafter ist und keine Kommanditisten Geschäftsführer sind, gewerbliche Einkünfte. Daher stellt die Tätigkeit der GmbH & Co. KG stets einen Gewerbebetrieb dar[149].

### 2. Unternehmenseinheit, Organschaft

*1131* Zwischen der GmbH und der Kommanditgesellschaft liegt keine Unternehmenseinheit vor. Auch eine Organschaft wird grundsätzlich von der Rechtsprechung abgelehnt[150].

### 3. Gewerbeertrag

*1132* Für die Ermittlung des Gewerbeertrags ist grundsätzlich vom steuerlichen Gewinn der GmbH & Co. KG auszugehen. Dem Handelsbilanzgewinn sind die den Gesellschaftern gewährten Sondervergütungen hinzuzurechnen. Das gilt grundsätzlich auch für die Vergütungen, die die Komplementär-GmbH für ihre Geschäftsführertätigkeit erhält.

*1133* Neben der Gewinnbeteiligung sind demnach auch die Vergütungen für die Geschäftsführung, die Sondervergütungen für eventuelle Überlassung von Wirtschaftsgütern miteinzubeziehen. Weiter sind die Zurechnungs- und Abrechnungsvorschriften der §§ 8 und 9 GewStG zu beachten. Für die Behandlung der Geschäftsführergehälter gelten im Gewerbesteuerrecht die gleichen Grundsätze wie im Einkommensteuerrecht. Die der GmbH für die Geschäftsführung gewährte Vergütung wird dem Gewinn der GmbH & Co. KG und damit dem Gewerbeertrag wieder hinzugerechnet.

*1134* Die Gewinnausschüttung an die Gesellschafter durch die Komplementär-GmbH ist grundsätzlich Betriebseinnahme der KG und erhöht den gewerblichen Gewinn. Eine doppelte Besteuerung der Gewinnausschüttungen an die Gesell-

---

148 Vgl. auch BFH v. 17. 3. 1966, BStBl. III 1966, 171.

149 Vgl. hierzu auch OFD Münster, NWB Fach 18, S. 2239.

150 BFH v. 7. 3. 1973, BStBl. II 1973, 562.

schafter der Komplementär-GmbH, die zugleich Kommanditisten sind, ist jedoch durch das Schachtelprivileg des § 9 Nr. 2a und § 12 Abs. 3 Nr. 2a GewStG ausgeschlossen.

### 4. Gewerbesteuerpflicht der Komplementär-GmbH

Neben der Kommanditgesellschaft unterliegt auch die Komplementär-GmbH der Gewerbesteuer. *1135*

Hat die GmbH keine anderen Einkünfte als die aus der Geschäftsführertätigkeit und Gesellschafterin der KG, entfällt ihre Steuerpflicht, weil die Gewinnanteile nach § 9 Nr. 2a GewStG von ihrem Gewerbeertrag zu kürzen sind. Sofern die GmbH keine weiteren Einkünfte hat, ist ihr Gewerbeertrag gleich Null. Verlustanteile der GmbH aus ihrer Beteiligung an der KG sind auf der anderen Seite nach § 8 Nr. 8 GewStG ihr hinzuzurechnen, da sie bereits bei der KG ertragsmindernd berücksichtigt worden sind. *1136*

### 5. Vorteile der GmbH & Co. KG bei der Gewerbesteuer

Die GmbH & Co. KG hat gegenüber der GmbH insofern Vorteile, als der Gewerbeertrag der Kommanditgesellschaft um den Freibetrag von Euro 24.500,– zu kürzen ist. *1137*

## IV. Erbschaft- und Schenkungsteuer

Soweit die Anteile im Zusammenhang mit der Einbringung Familienangehörigen unentgeltlich übertragen werden, liegt eine Anteilsschenkung vor. Wird neben den Kommanditanteilen auch der GmbH-Anteil geschenkt, ist der Kommanditanteil mit dem anteiligen Steuerwert (§ 95ff. BewG) zu bewerten, der GmbH-Anteil nach § 12 BewG (R 96 ff ErbStR). Die Höhe der Steuer richtet sich nach dem Verwandtschaftsgrad zum Schenker. *1138*

## V. Grunderwerbsteuer

Ist im Betriebsvermögen des Einzelunternehmens Grundvermögen vorhanden, so unterliegt die Einbringung, wenn es sich um ein Einzelunternehmen handelt, der Grunderwerbsteuer. Soweit der Einbringende die Ehefrau und die Kinder an der Personengesellschaft beteiligt, ist die Übertragung der Grundstücke im Zusammenhang mit der Einbringung steuerfrei (§ 3 Nr. 4 und 6 GrEStG), nicht jedoch in Höhe der Beteiligung der GmbH. Gleiches gilt für andere Personen, soweit die Einbringung entgeltlich ist. *1139*

Die Grunderwerbsteuer kann dadurch vermieden werden, daß der Einbringende die Betriebsgrundstücke nicht als Gesamthandsvermögen überträgt, sondern als Sonderbetriebsvermögen zurückbehält. *1140*

Tritt jedoch eine GmbH in eine bereits bestehende GmbH & Co. KG als Komplementär ein, so unterliegt der Vorgang nicht der Grunderwerbsteuer. *1141*

## 3. Abschnitt Betriebsaufspaltung

### I. Die Betriebsaufspaltung im Einkommensteuerrecht

#### 1. Grundsätzliches[151]

*1142* Von einer Betriebsaufspaltung spricht man, wenn wirtschaftlich einheitliche Unternehmen in zwei der Rechtsform nach verschiedene Betriebe gegliedert sind. Die Annahme einer Betriebsaufspaltung hat zur Folge, daß die Verpachtung des Betriebsvermögens durch einen Einzelunternehmer oder durch eine Mehrheit von Personen an eine Betriebs-GmbH als eigene gewerbliche Tätigkeit der Gesellschafter angesehen wird (zur handelsrechtlichen Beurteilung ⇒ Buch I Rz. 1551 ff.).

*1143* Die Betriebsaufspaltung dürfte auch nach der Unternehmensteuerreform weiterhin eine attraktive Gesellschaftsform bleiben. Man hat einerseits die Vorteile bei der Besteuerung der Kapitalgesellschaft (ertragsteuerliche Belastung KSt 25 v.H., GewSt 14 v.H. = 39 v.H.); andererseits die Vorteile der Besteuerung von natürlichen Personen, z.B. Anrechnung der Gewerbesteuer auf die ESt, Inanspruchnahme der AfA und Geltendmachung von Verlusten. Die bei der Kapitalgesellschaft (GmbH) thesaurierten Gewinne können der Besitzgesellschaft als Darlehen zurückgewährt werden.

#### 2. Begriff der Betriebsaufspaltung

*1144* Wie bereits ausgeführt, liegt nach Ansicht der Rechtsprechung und der Literatur eine Betriebsaufspaltung vor, wenn wirtschaftlich einheitliche Unternehmen in zwei der Rechtsform nach verschiedene Betriebe gegliedert sind. Voraussetzung ist eine sachliche[152] und personelle Verflechtung[153] beider Unternehmen. In der Regel besteht die Gliederung des Unternehmens in einem Besitzunternehmen und in einer Betriebskapitalgesellschaft[154]. Ist eine Kapitalgesellschaft zeitlich nach der Besitzgesellschaft errichtet worden, spricht man von einer echten Betriebsaufspaltung. Hat jedoch die Kapitalgesellschaft schon vorher das Gewerbe

---

[151] Literaturhinweise: Brandmüller, Betriebsaufspaltung; derselbe, Die Betriebsaufspaltung nach Handels- und Steuerrecht, 6. Aufl. 1994; Dehmer, Die Betriebsaufspaltung; Fichtelmann, Betriebsaufspaltung im Steuerrecht; Hegel, Betriebsaufspaltung, eine attraktive Gestaltungsform; Hinke, Handbuch der Betriebsaufspaltung; Knoppe, Betriebsaufspaltung, Betriebsverpachtung; Kaligin, Die Betriebsaufspaltung; Schulze zur Wiesche, GmbHR 1994, 98.

[152] BFH v. 20.9.1973, BStBl. II 1973, 869; v. 21.5.1974, BStBl. II 1974, 613.

[153] BFH v. 26.4.1972, BStBl. II 1972, 794; v. 8.11.1971, BStBl. II 1972, 63; v. 19.4.1972, BStBl. II 1972, 634; v. 2.8.1972, BStBl. II 1972, 796; v. 3.11.1972, BStBl. II 1973, 447; v. 11.12.1974, BStBl. II 1975, 266; v. 28.11.1979, BStBl. II 1980, 162; v. 14.8.1974, BStBl. II 1975, 112; v. 9.11.1983, FR 1984, 121.

[154] Schulze zur Wiesche, in: Hartmann/Böttcher/Nissen/Bordewin, § 15 RdNr. 590.

betrieben und hat sich erst später eine Betriebsaufspaltung durch Überlassung von Wirtschaftsgütern durch Gesellschafter an die Gesellschaft ergeben, so liegt eine unechte Betriebsaufspaltung vor[155]. Die unechte Betriebsaufspaltung erfährt jedoch gegenüber der echten Betriebsaufspaltung, was die laufende Besteuerung angeht, keine unterschiedliche Behandlung. Nach der jüngsten Rechtsprechung[156] ist auch eine mitunternehmerische Betriebsaufspaltung möglich. Die Eigenständigkeit der Personengesellschaft hat Vorrang vor dem Sonderbetriebsvermögen.

### 3. Voraussetzungen einer Betriebsaufspaltung

Voraussetzung für die Annahme einer Betriebsaufspaltung ist, daß die Verpächter der überlassenen Wirtschaftsgüter gleichzeitig Gesellschafter der GmbH sind und die überlassenen Wirtschaftsgüter eine wesentliche Grundlage des Betriebsvermögens der GmbH darstellen. *1145*

#### *a) Personelle Verflechtung*

Die steuerliche Annahme einer Betriebsaufspaltung setzt nicht voraus, daß zwischen der Besitzgesellschaft und der Betriebskapitalgesellschaft eine Beteiligungsidentität besteht[157]. Für die Annahme einer Betriebsaufspaltung ist allein entscheidend, daß in beiden Gesellschaften die gleiche Willensbildung möglich ist[158]. *1146*

Bei dem Besitzunternehmen kann es sich hierbei um eine Besitzgesellschaft in Form einer OHG, KG oder Gesellschaft bürgerlichen Rechts handeln oder aber auch um einen einzelnen Gesellschafter. Voraussetzung ist jedoch nur, daß die Gesellschafter der Besitzgesellschaft die Stimmenmehrheit auch bei der GmbH haben, mit der Folge, daß die Willensbildung bei beiden Gesellschaften gleich ist. *1147*

Eine Betriebsaufspaltung liegt aber auch schon dann vor, wenn ein mehrheitlich beteiligter Gesellschafter der GmbH Wirtschaftsgüter pachtweise zur Verfügung stellt, die eine wesentliche Betriebsgrundlage der GmbH darstellen. *1148*

Die Tätigkeit der GbR ist als eine gewerbliche anzusehen, auch wenn sie isoliert betrachtet nur Vermögensverwaltung betreibt. Für die Frage der Beherrschung durch einen Gesellschafter dürfen die Anteile von Eheleuten, weil sie Eheleute sind, und von erwachsenen Kindern nicht mehr zusammengerechnet werden[159]. Es sei denn, es kommen besondere Umstände, z.B. Stimmrechtsübertragungen, hinzu[160]. *1149*

Überträgt der Vater das Betriebsvermögen seines bisherigen Einzelbetriebs auf eine Personengesellschaft (GbR), die er mit seiner Ehefrau und seinen Kindern *1150*

---

155 BFH v. 20.9.1973, BStBl. II 1973, 869.

156 BFH v. 1.3.1996, DB 1996, 2059.

157 Vgl. BFH v. 11.12.1974, BStBl. II 1975, 266.

158 BFH v. 3.11.1972, BStBl. II 1973, 447; v. 14.8.1974, BStBl. II 1975, 112; v. 10.12.1991, GmbHR 1992, 772; v. 26.11.1992, GmbHR 1994, 62.

159 BvR v. 12.3.1985, BStBl. II 1985, 42; BFH v. 30.7.1985, BStBl. II 1986, 389; v. 11.7.1985, BStBl. II 1986, 362; v. 28.5.1991, BStBl. II 1991, 801.

160 BFH v. 11.12.1985, BB 1986, 995.

gegründet hat, und verpachtet die GbR das Betriebsvermögen an eine GmbH, deren alleiniger Gesellschafter der Vater ist, so liegt keine Betriebsaufspaltung vor.

Herrscht bei der Besitzpersonengesellschaft bei den Gesellschafterbeschlüssen Einstimmigkeitsprinzip, ist eine personelle Verflechtung nicht gegeben[161].

*1151* Eine personelle Verflechtung kann auch durch eine faktische Beherrschung gegeben sein. Eine Betriebsaufspaltung aufgrund faktischer Beherrschung ist nur gegeben, wenn der gesellschaftsrechtlich Beteiligte nach den Umständen des Einzelfalles darauf angewiesen ist, sich dem Willen des anderen so unterzuordnen, daß er keinen eigenen geschäftlichen Willen entfalten kann[162].

*b) Wesentliche Grundlagen*

*1152* Die überlassenen Wirtschaftsgüter müssen eine der wesentlichen Betriebsgrundlagen darstellen. Es ist nicht erforderlich, daß die Besitzgesellschaft der Betriebsgesellschaft alle wesentlichen Grundlagen zur Verfügung stellt[163].

*1153* Ein Wirtschaftsgut ist eine wesentliche Betriebsgrundlage, wenn es für die Betriebsführung ein besonderes wirtschaftliches Gewicht hat[164]. Es muß sich um ein Wirtschaftsgut handeln, bei dem es aus der Sicht des Betriebsunternehmers wirtschaftlich einen deutlichen Unterschied macht, ob es sich im Eigentum des Unternehmers (Betriebs- oder Besitzunternehmen) befindet und für die Betriebszwecke besonders hergerichtet oder von einem Fremden angemietet worden ist[165].

Es ist davon auszugehen, daß ein Betriebsgrundstück, das der Produktion, als Verkaufsräume, Hotel usw. der Betriebsgesellschaft dient, stets eine wesentliche Grundlage darstellt[166]. Ausnahmen ergeben sich bei Lagerräumen und Büroräumen[167]. Auch immaterielle Wirtschaftsgüter, insbesondere Patente, können eine wesentliche Grundlage darstellen, wenn die Umsatzerlöse in erhöhtem Maße auf deren Verwertung beruhen[168].

*1154* Unter dieser Voraussetzung ist auch eine Betriebsaufspaltung zwischen einer Kapitalgesellschaft und einem Gesellschafter möglich. So ist eine Betriebsaufspal-

---

161 BFH v. 21. 1. 1999, BFHE 187,570.

162 BFH v. 12. 10. 1988, BStBl. II 1989, 152; v. 26. 10. 1988, BStBl. II 1989, 155; v. 1. 12. 1989, BStBl. II 1990, 500; v. 15. 10. 1998, BStBl. II 1999, 445.

163 Vgl. BFH v. 21. 5. 1974, BStBl. II 1974, 613.

164 BFH v. 25. 10. 1988, DB 1989, 26.

165 BFH v. 24. 8. 1989, DB 1989, 2517; v. 26. 1. 1989, BB 1989, 1105; v. 23. 1. 1991, FR 1991, 274; v. 21. 8. 1996, DB 1997, 24; v. 27. 8. 1992, BStBl. II 1993, 134; v. 18. 3. 1993, BFH/NV 1994, 15.

166 BFH v. 24. 8. 1989, BStBl. II 1989, 1014; v. 12. 9. 1991, BStBl. II 1992, 347; v. 12. 3. 1991, BStBl. II 1992, 342; v. 26. 3. 1992, GmbHR 1992, 768; v. 5. 9. 1991, BStBl. II 1992, 349; v. 19. 7. 1994, BFH/NV 1995, 597.

167 BFH v. 29. 10. 1991, BStBl. II 1992, 334; v. 26. 5. 1993, BStBl. II 1993, 718; Ladenlokal, v. 12. 2. 1992, BStBl. III 1992, 723; v. 26. 6. 1992, BFH/NV 1993, 167.

168 BFH v. 6. 11. 1991, GmbHR 1992, 317.

tung immer gegeben, wenn der beherrschende Gesellschafter einer Kapitalgesellschaft dieser ein Wirtschaftsgut überläßt, das eine wesentliche Grundlage des Betriebes der GmbH darstellt. Bei der Überlassung von Grundstücken und Patenten wird man immer davon ausgehen können, daß es sich hierbei um eine wesentliche Grundlage handelt. Somit ist davon auszugehen, daß ein beherrschender Gesellschafter, der der Gesellschaft ein in seinem Privatvermögen befindliches Wirtschaftsgut zur Nutzung überläßt, durch die Nutzungsüberlassung selbst zum Gewerbetreibenden wird, da das Steuerrecht in einem solchen Fall eine Betriebsaufspaltung sieht.

### 4. Einkommensteuerrechtliche Behandlung der Übertragung von Betriebsvermögen auf die Betriebs-GmbH

Da die Betriebsaufspaltung in der Regel ein bereits bestehendes Unternehmen *1155* betrifft und somit Betriebsvermögen auf die Betriebs-GmbH übertragen wird, so erhebt sich die Frage, ob und inwieweit hierdurch ein Veräußerungsgewinn durch Auflösung von stillen Reserven entsteht. Neben dem Umlaufvermögen wird im Zweifel auch der Firmen- und Geschäftswert auf die Betriebs-GmbH übergehen. Die Besitzgesellschaft, die ihren Geschäftsbetrieb eingestellt hat, wenn sie auch im Zweifel nicht die Aufgabe des Gewerbebetriebes erklärt hat, besitzt selbst im wesentlichen keinen Geschäfts- und Firmenwert mehr.

Nach Ansicht des Finanzgerichts Düsseldorf[169] tritt eine Gewinnrealisierung *1156* dann nicht ein, wenn im Zuge der Betriebsaufspaltung Vermögenswerte, die vom Einzelunternehmer auf die Kapitalgesellschaft als Betriebskapital teils gegen Gewährung von Gesellschaftsrechten, teils gegen die Begründung von Darlehensforderungen übertragen werden, unter der Voraussetzung, daß die Buchwerte des übernommenen Vermögens fortgeführt werden. Diese vom Finanzgericht Düsseldorf vertretene Auffassung dürfte auch mit der höchstrichterlichen Rechtsprechung übereinstimmen, wonach die beiden rechtlich selbständigen Gesellschaften wirtschaftlich als eine Einheit behandelt werden und der GmbH-Anteil der Gesellschafter als Betriebsvermögen der KG bzw. der Besitzgesellschaft behandelt wird[170].

### 5. Steuerliche Behandlung der Betriebs-GmbH

Wenn es sich bei der Betriebsaufspaltung wirtschaftlich gesehen um ein einheit- *1157* liches Unternehmen handelt, so ist auch steuerlich die bürgerlich-rechtliche Gestaltung nicht ohne jede Bedeutung. Die GmbH wird als eine selbständige juristische Person mit ihren eigenen Einkünften der Körperschaftsteuer unterworfen, ebenso wie die Komplementär-GmbH bei der GmbH & Co. KG.

Die Miet- und Pachtzahlungen an die Besitzgesellschaft gelten bei ihr als Be- *1158* triebsausgaben. Allerdings ist hierbei darauf zu achten, daß diese Zahlungen nicht

---

169 EFG 1966, 163.

170 BFH v. 9. 7. 1970, BStBl. III 1970, 722.

überhöht sind. Soweit sie jedoch nicht den Marktpreisen entsprechen, sind sie als *verdeckte Gewinnausschüttung* an die Gesellschafter zu behandeln[171].

1159 Ist aus gesellschaftsrechtlichen Gründen ein niedrigerer Pachtzins vereinbart worden, als die Personengesellschaft hätte fordern und erhalten können, ist diese Vereinbarung steuerlich grundsätzlich anzuerkennen. Sollte jedoch der Pachtzins bei der Personengesellschaft zu Verlusten führen, so liegt in der Regel in Höhe der Verluste eine Einlage mit der Folge vor, daß die Verluste bei der Personengesellschaft steuerlich nicht anerkannt und die Gewinne der Kapitalgesellschaft entsprechend ermäßigt werden.

1160 Die Betriebsgesellschaft wird in der Regel nicht Eigentümer des von ihr genutzten Anlagevermögens sein. Dieses ist im Zweifel weiterhin im Eigentum der Personengesellschaft, sofern diese nicht ebenfalls Fremdbesitzer ist.

1161 Auch bei der Betriebsaufspaltung ist davon auszugehen, daß der Verpächter sowohl rechtlicher als auch wirtschaftlicher Eigentümer der an die Betriebsgesellschaft verpachteten Gegenstände ist[172]. Die Absetzung für Abnutzung steht daher dem Verpächter, also bei der Betriebsaufspaltung der Besitzgesellschaft, zu[173].

1162 Hat bei der Verpachtung eines Unternehmens der Pächter die Verpflichtung übernommen, Fabrikeinrichtung und Maschinen instandzuhalten und unbrauchbar gewordene Gegenstände auf seine Kosten durch neue zu ersetzen, so darf der Pächter solche Pachtgegenstände nicht aktivieren und keine AfA vornehmen. Die Absetzung für Abnutzung sowohl an den im Zeitpunkt des Pachtbeginns vorhandenen als auch an den ersatzbeschafften Wirtschaftsgütern steht dem Verpächter, also hier der Besitzgesellschaft, zu[174].

1163 Für die Verpflichtung zum kostenlosen Ersatz muß der Pächter eine Rückstellung bilden, deren Höhe durch die Abnutzung der gepachteten Wirtschaftsgüter während der Pachtzeit und durch die Wiederbeschaffungskosten bedingt wird[175].

1164 Bei neuen Gegenständen, die der Pächter zu Beginn des Pachtverhältnisses übernommen hat, ist die Rückstellung in Höhe des künftigen Kaufpreises eines neuen Ersatzgutes unter Berücksichtigung der eingetretenen Preissteigerung zu bilden[176].

1165 Der Verpächter hat den gegen den Pächter gerichteten Anspruch auf Substanzerhaltung laufend mit dem jeweiligen Teilwert am Bilanzstichtag zu aktivieren[177]. Bei der Betriebsaufspaltung müssen die Substanzerhaltungsrückstellung des Pächters und der aktivierende Substanzerhaltungsanspruch des Verpächters gleich

---

171 BFH v. 8. 11. 1960, BStBl. III 1960, 513; vgl. auch Urteil v. 10. 3. 1971, BStBl. II 1971, 566; v. 31. 3. 1971, BStBl. II 1971, 536; v. 23. 9. 1970, BStBl. II 1971, 64.

172 BFH v. 21. 12. 1965, BStBl. III 1966, 147; v. 2. 11. 1965, BStBl. III 1966, 61.

173 BFH v. 21. 12. 1965, BStBl. III 1966, 147; vgl. auch Schulze zur Wiesche, DStR 1991, 137.

174 BFH v. 23. 6. 1966, BStBl. III 1966, 589.

175 BFH v. 2. 11. 1965, BStBl. III 1966, 61.

176 BFH v. 2. 11. 1965, BStBl. III 1966, 61.

177 BFH v. 2. 11. 1965, BStBl. III 1966, 61.

hoch sein[178]. Es gibt jedoch keinen allgemeinen Grundsatz, daß bei einer Betriebsaufspaltung durchgängig korrespondierend bilanziert werden muß[179].

Der Pachtvertrag kann jedoch auch so gestaltet werden, daß die Betriebsgesell- 1166
schaft der Besitzgesellschaft den Betrag der fiktiven Abnutzung zusammen mit den Pachtzinsen ersetzt, sei es, daß er gesondert vereinbart wird oder im Zinsbetrag gleich mit enthalten ist[180].

Der Verpächter kann vertraglich zur Werterhaltung mit der Maßgabe verpflich- 1167
tet werden, daß die Ersatzbeschaffungen unmittelbar in das Eigentum des Verpächters übergehen[181].

Eine Organschaft zwischen Besitz- und Betriebsgesellschaft besteht ertragsteu- 1168
erlich grundsätzlich nicht, obwohl nach der Neufassung des § 14 UStG auch eine Organschaft mit einer Muttergesellschaft, die keine Kapitalgesellschaft ist, möglich ist. Ein Organschaftsverhältnis setzt jedoch voraus, daß die Muttergesellschaft eine eigene gewerbliche Tätigkeit, in die das Tochterunternehmen eingegliedert ist, ausübt. Das ist aber bei der Betriebsaufspaltung im Zweifel nicht gegeben, da die Muttergesellschaft, wenn man sie so bezeichnen kann, allein Vermögensverwaltungsfunktionen wahrnimmt[182].

### 6. Anteile der Gesellschafter an der Betriebs-GmbH als notwendiges Betriebsvermögen der Besitzgesellschaft

Der BFH[183] hat in ständiger Rechtsprechung entschieden, daß Anteile eines 1169
Gesellschafters an einer Kapitalgesellschaft, die dem Betriebszweck dienen oder ihn zumindest fördern, als notwendiges Betriebsvermögen eines Einzelbetriebes oder einer Personengesellschaft, an der der Anteilsinhaber beteiligt ist, zu behandeln sind.

Das ist bei der Betriebsgesellschaft in der Regel der Fall. Der Anteil an der Besitzgesellschaft und der Anteil an der Betriebs-GmbH bilden den einheitlichen Gewerbebetrieb des Gesellschafters[184]. Beide Anteile sind somit als einheitliches Unternehmen des Gesellschafters zu behandeln. Aus diesem Grunde sind die GmbH-Anteile eines Gesellschafters der Besitzgesellschaft notwendiges Betriebsvermögen der Besitzgesellschaft.

Daher sind alle Ausschüttungen an die Gesellschafter auf Grund des Gesellschaftsverhältnisses, abgesehen von den Miet- und Pachtzahlungen an die Besitzgesellschaft, Gewinne des Gesellschafters aus Gewerbebetrieb und daher in die

178 BFH v. 23.6.1966, BStBl. III 1966, 589
179 BFH v. 8.3.1989, BStBl. II 1989, 714.
180 Kobs, Veräußerung und Übertragung von Gewerbebetrieben, S. 217.
181 Kobs, ebenda, S. 218.
182 BFH v. 25.6.1957, BStBl. III 1957, 303; v. 7.3.1961, BStBl. III 1961, 211; v. 26.4.1966, BStBl. III 1966, 398.
183 BFH v. 9.10.1956, BStBl. III 1956, 382; v. 13.1.1961, BStBl. III 1961, 333.
184 BFH v. 24.3.1969, BStBl. III 1969, 289; v. 8.11.1960, BStBl. III, 513.

einheitliche Gewinnfeststellung der Besitzgesellschaft als Sondererträge der einzelnen Gesellschafter miteinzubeziehen.

Es handelt sich hierbei nicht um Einkünfte aus Kapitalvermögen, sondern um gewerbliche Einkünfte.

1170 Fraglich jedoch ist, wie die Geschäftsführergehälter zu behandeln sind, wenn die Gesellschafter beider Gesellschaften gleichzeitig Geschäftsführer der Betriebs-GmbH sind. Der BFH hat die Frage bisher dahingestellt sein lassen[185]. Sie werden als Betriebsausgaben anerkannt, soweit sie angemessen sind. Gleiches gilt für die Pensionszusagen.

Im Gegensatz zur Komplementär-GmbH, die in der Regel lediglich eine gesellschaftsrechtliche Funktion hat, nämlich die des persönlich haftenden Gesellschafters der Personengesellschaft wahrzunehmen, hat die Betriebs-GmbH einen eigenen Geschäftsbetrieb, den sie im eigenen Namen und nicht im Namen des Eigentümers des Anlagevermögens führt. U.E. sind daher die Geschäftsführergehälter weiterhin als Einkünfte aus nichtselbständiger Arbeit bei den Gesellschafter-Geschäftsführern zu behandeln und nicht in die einheitliche Gewinnfeststellung der Besitzgesellschaft einzubeziehen (⇒ auch Buch I Rz. 1561).

1171 Auch im Falle der Veräußerung der Anteile liegt die Veräußerung einer gewerblichen Beteiligung vor. Dies hat steuerlich nur insoweit Konsequenzen, als der Veräußerungsgewinn nicht schon nach § 17 EStG (Veräußerung einer wesentlichen Beteiligung) steuerpflichtig wäre.

## II. Begründung einer Betriebsaufspaltung

1172 Eine Betriebsaufspaltung wird in der Regel dadurch begründet, daß das Umlaufvermögen auf das Besitzunternehmen veräußert oder als Sachwertdarlehen übertragen wird und das Anlagevermögen verpachtet wird. Soweit durch die Übertragung des Umlaufvermögens stille Reserven realisiert werden, liegen laufende Gewinne vor. Eine steuerbegünstigte Betriebsaufgabe i.S. des § 16 Abs. 3 EStG liegt nicht vor, weil der Betrieb in Form der Verpachtung fortgeführt wird und das Umlaufvermögen für sich genommen keinen Teilbetrieb darstellt. Die Begründung der Betriebsaufspaltung fällt nicht unter § 20 UmwStG, dennoch können nach herrschender Ansicht die Wirtschaftsgüter zu Buchwerten ohne Gewinnrealisierung auf die Betriebskapitalgesellschaft übertragen werden[186].

---

185 BFH v. 9. 7. 1970, BStBl. II 1970, 722.

186 Vgl. L. Schmidt, Komm. EStG, § 15 RdNr. 150; Lückey, DB 1979, 997; Kölner HdB zur Betriebsaufspaltung, RdNr. 283.

## III. Die mitunternehmerische Betriebsaufspaltung

### 1. Allgemeines

Die Rechtsprechung[187] und auch die Verwaltung[188] haben bisher die Rechtsansicht vertreten, daß das Sonderbetriebsvermögen vor der Betriebsaufspaltung Vorrang hat. Der BFH[189] hat sich zwischenzeitlich dazu durchgerungen, daß eine gewerblich tätige Personengesellschaft ertragsteuerlich ein selbständiges Gewinn-zurechnungs- und Gewinnermittlungssubjekt darstellt, was nicht gestatte, die Ergebnisse laufender Geschäftsvorfälle auf die einzelnen Gesellschafter aufzuteilen. Der Gewinn ist einheitlich für alle Gesellschafter gemeinsam zu ermitteln und zum Ende des Wirtschaftsjahres auf die einzelnen Gesellschafter entsprechend dem Gewinnverteilungsschlüssel aufzuteilen. Gewerblich tätig ist auch eine vermögensverwaltende Personengesellschaft, wenn die Voraussetzungen einer Betriebsaufspaltung gegeben sind[190]. Das setzt jedoch voraus, daß die vermögensverwaltende Personengesellschaft in Gewinnermittlungsabsicht tätig wird, was besonders dann gegeben ist, wenn die an die Verwaltungsgesellschaft geleisteten Miet- und Pachtzahlungen nicht angemessen sind[191]. 1173

Die personelle Verflechtung kann jedoch durch eine unterschiedliche Ausgestaltung der Stimmrechte in beiden Gesellschaften ausgeschlossen werden[192].

Die mitunternehmerische Betriebsaufspaltung bewirkt, daß beide Unternehmen steuerlich selbständig sind, während bei dem Sonderbetriebsvermögen ein Unternehmen vorliegt.

### 2. Einbringung von Sonderbetriebsvermögen in eine Personengesellschaft unter den Voraussetzungen einer Betriebsaufspaltung

Wie bereits ausgeführt, kann Sonderbetriebsvermögen sich bei der Erbauseinandersetzung des Gesellschaftsanteils insofern nachträglich auswirken, als es zur Entnahme von Sonderbetriebsvermögen kommt. Das führt nicht nur zu einem Entnahmegewinn, sondern insoweit entfallen auch die Vergünstigungen des § 13a. 1174

Es ist daher zweckmäßig, das Sonderbetriebsvermögen in eine Besitzgesellschaft unter den Voraussetzungen einer Betriebsaufspaltung zu übertragen. Das Steuerentlastungsgesetz 1999/2000/2002 hat die gewinneutrale Übertragung von Sonderbetriebsvermögen in das Gesamthandsvermögen einer gewerblichen Per-

---

[187] BFH v. 24.4.1985, BStBl. II 1985, 622; v. 6.11.1980, BStBl. II 1981, 307.

[188] BFH v. 18.1.1996, BStBl. I 1996, 86

[189] BFH v. 16.6.1994, BStBl. II 1996, 82; v. 22.11.1994, BStBl. II 196, 93; v. 24.4.1996, DB 1996, 2059; v. 26.11.1996, BStBl. II 1998, 328; Schulze zur Wiesche, StBp 1998, 314; BMF v. 28.4.1998, BStBl. I 1998, 583.

[190] BFH v. 24.11.1998, BFH/NV 1999, 771; v. 24.11.1998, BFHE 187, 297; v. 13.11.1997, BStBl. II 1998, 254.

[191] BMF v. 28.4.1998, BStBl. I 1998, 583 Nr. 1.

[192] BFH v. 7.12.1999, GmbHR 2000, 448; vgl. auch BFH v. 24.2.2000, DB 2000, 957.

sonengesellschaft unmöglich gemacht, § 6 Abs. 5 Satz 3 EStG in der Fassung des Steuerentlastungsgesetzes.

Die Änderung des § 6 Abs. 5 Satz 3 EStG in der Fassung des Steuersenkungsgesetzes ermöglicht eine gewinneutrale unentgeltliche Übertragung in das Gesamthandsvermögen einer gewerblichen Mitunternehmerschaft. Eine Übertragung gegen Gewährung von Gesellschaftsrechten wird jedoch als entgeltlich angesehen. Die Übertragung von Sonderbetriebsvermögen in ein Gesamthandsvermögen ist daher nur in 2 Stufen möglich, wenn das Sonderbetriebsvermögen lediglich einem Gesellschafter zugerechnet wird.

1. Gründung einer Schwesterpersonengesellschaft mit der Mehrheit der Gesellschafter einer Personengesellschaft
2. unentgeltliche Übertragung des Sonderbetriebsvermögens auf die Schwestergesellschaft.

Dies kann Erbschaftsteuer auslösen. Da Gegenstand der Übertragung weder ein Betrieb, Teilbetrieb oder Mitunternehmeranteil ist, unterliegt der Erwerb nicht der Steuerbegünstigung des § 13a ErbStG.

Möglich ist jedoch die Übertragung des Sonderbetriebsvermögens mit einem Bruchteil des Anteils. Hierdurch entsteht Bruchteilseigentum auch am Sonderbetriebsvermögen. Diese Bruchteilsgemeinschaft ist unter den Voraussetzungen einer Betriebsaufspaltung als selbständige Mitunternehmerschaft anzusehen. Aus dem Grunde ist es zweckmäßig, die Bruchteilsgemeinschaft als GbR auszugestalten mit Ausschluß der Einstimmigkeit bei Gesellschaftsbeschlüssen.

### 3. Übertragung des Sonderbetriebsvermögens auf eine gewerblich geprägte Personengesellschaft

1175 Eine gewerblich geprägte Personengesellschaft ist auch eine gewerblich geprägte Einpersonen GmbH & Co. KG, bei der die Komplementär-GmbH nicht am Vermögen der KG beteiligt ist. Wird auf eine gewerblich geprägte Einpersonen GmbH & Co. KG Sonderbetriebsvermögen übertragen, ändern sich die Beteiligungsverhältnisse nicht und entstehen daher keine neuen Gesellschaftsrechte. Die Übertragung von Sonderbetriebsvermögen auf diese ist daher als unentgeltlich einzustufen. Daher ist ab 1.1.2001 eine gewinneutrale Übertragung auf die Besitzpersonengesellschaft möglich.

## IV. Beendigung der Betriebsaufspaltung

1176 Nach der Rechtsprechung des BFH[193] ist eine Betriebsaufspaltung beendet, wenn die personelle Verflechtung nicht mehr gegeben ist, was zwangsläufig zu einer Betriebsaufgabe und damit zur Versteuerung der stillen Reserven führt. Der Erblasser hat daher bei seinen Verfügungen zu Lebzeiten und testamentarischen Verfügungen darauf zu achten, daß die personelle Verflechtung erhalten bleibt,

[193] BFH v. 13.12.1983, BStBl. II 1984, 474; v. 15.12.1988, DB 1989, 759.

d.h. die Erbfolge in der Besitzgesellschaft darf nicht von der in der Betriebsgesellschaft abweichen.

Dem kann u.U. dadurch entgegengewirkt werden, daß gleichzeitig die Voraus- *1177*
setzungen einer gewerblichen Betriebsverpachtung gegeben sind. Hierbei ist zu beachten, daß eine gewerbliche Betriebsverpachtung nur dann vorliegt, wenn aus der Sicht des Pächters alle wesentlichen Betriebsgrundlagen beim Verpächter verbleiben, während für eine Betriebsaufspaltung die Überlassung einer wesentlichen Betriebsgrundlage an die Betriebsgesellschaft (hier aus der Sicht der Betriebsgesellschaft) ausreicht.

Eine Betriebsaufspaltung kann auch dadurch gesichert werden, daß in die Be- *1178*
sitzgesellschaft als persönlich haftender Gesellschafter eine GmbH eintritt, § 15 Abs. 3 Nr. 2 EStG, die der Personengesellschaft ihr Gepräge gibt, und es daher auf die Tätigkeit der Personengesellschaft nicht mehr ankommt.

Eine bestehende Betriebsaufspaltung kann daher gesichert werden *1179*

a) durch Verfügungen, die die personelle Verflechtung sicherstellen (Beherrschung durch eine Person oder Personengruppen),

b) durch Schaffung der Voraussetzungen einer gewerblichen Betriebsverpachtung,

c) durch Beteiligung einer Kapitalgesellschaft als persönlich haftende Gesellschafterin (Erhalten des Gepräges als Gewerbebetrieb).

## V. Die Gewerbesteuer bei der Betriebsaufspaltung

Sowohl die Besitzgesellschaft als auch die Betriebsgesellschaft sind selbständig *1180*
gewerbesteuerpflichtig. Es ist auch hier zu berücksichtigen, daß der Freibetrag für den Gewerbeertrag von Euro 24.500,– nur für natürliche Personen, nicht jedoch für die Kapitalgesellschaften gilt.

Die Besitzgesellschaft übt keine vermögensverwaltende Tätigkeit aus, sondern *1181*
eine eigene gewerbliche Tätigkeit, wenn die Voraussetzungen für eine Betriebsaufspaltung vorliegen (⇒ Rz. 1144). Die Voraussetzungen sind für die Gewerbesteuer die gleichen wie bei der Einkommensteuer. Das hat zur Folge, daß alle Einnahmen der Besitzgesellschaft gewerbliche Einkünfte darstellen und daher als Gewerbeertrag der Gewerbesteuer unterliegen.

Hinsichtlich der Beträge aus den GmbH-Anteilen gilt das gewerbesteuerliche *1182*
Schachtelprivileg (§ 9 Nr. 2 a GewStG).

Nicht der Kürzung unterliegen hingegen Darlehen, die von der Besitzgesell- *1183*
schaft an die Betriebs-GmbH gewährt worden sind. Sie werden sowohl bei der Besitzgesellschaft als auch bei der Betriebsgesellschaft erfaßt, jedoch nur mit 50 v.H. Gewinnansprüche stiller Beteiligungen werden nach § 8 Nr. 3 GewStG dem Gewerbeertrag der GmbH nicht zugerechnet, wenn die stille Beteiligung zu einem Betriebsvermögen gehört, was bei der Betriebsaufspaltung der Fall ist.

*1184* Zwischen Besitz- und Betriebs-GmbH ist eine gewerbesteuerliche Organschaft nicht möglich[194].

### VI. Schlußbetrachtung

*1185* Die Wahl der Gesellschaftsform der Betriebsaufspaltung hat den Vorteil, daß die Gesellschafter der Besitzgesellschaft für die Schulden der Betriebs-GmbH nicht haften. Einkommensteuerlich stellt sich als Vorteil dar, daß die Pachtzahlungen an die Besitzgesellschaft Betriebsausgaben darstellen. Die Besitzgesellschaft hat die Möglichkeit, die Pachtzahlungen der Betriebsgesellschaft darlehensweise oder in Form einer stillen Beteiligung wieder zur Verfügung zu stellen. Sie hat gegenüber der GmbH & Co. KG den wesentlichen Vorteil, daß die Geschäftsführergehälter als Betriebsausgaben und beim Gesellschafter als Einkünfte aus nichtselbständiger Arbeit zu behandeln sind und nicht als Gewinnvoraus. Desgleichen sind bei der Betriebsaufspaltung zugunsten des Gesellschafter-Geschäftsführers Pensionszusagen möglich. Gegenüber der GmbH ergeben sich insbesondere Vorteile bei der Gewerbesteuer.

## 4. Abschnitt
## GmbH (⇒ Buch I Rz. 1301 ff.)

### I. Vorbemerkungen

*1186* Das Steuerrecht erkennt grundsätzlich die GmbH als selbständiges Gebilde gegenüber ihren Gesellschaftern an. Die GmbH unterscheidet sich von der Personengesellschaft dadurch, daß sie auch bei Mängeln als existent gilt, wenn sie im Handelsregister eingetragen ist. Die Eintragung hat hier konstitutive Wirkung (⇒ Buch I Rz. 1311). Bei schweren Mängeln kann die GmbH nur für die Zukunft, nicht für die Vergangenheit beseitigt werden. Daher ist grundsätzlich steuerlich auch bei Gründungsmängeln von der steuerlichen Existenz der GmbH auszugehen.

*1187* Liegen hinsichtlich des Anteilserwerbs schwere Mängel vor, die bei Personengesellschaften nicht zu einer Anerkennung führen würden (ernsthaft gewollt, tatsächlich durchgeführt und nicht unter Bedingungen [Scheingründung]), wird ertragsteuerlich der Erwerb des Anteils nicht anerkannt.

**Beispiel:**

A gründet mit seinen 2 minderjährigen Kindern eine GmbH, in die er seinen bisherigen Einzelbetrieb einbringt. Der Vertrag wird nicht tatsächlich durchgeführt.

---

[194] Vgl. BFH v. 17. 1. 1973, BStBl. II 1973, 269; v. 7. 3. 1973, BStBl. II 1973, 562.

*GmbH (⇒ Buch I Rz. 1301 ff.)*

Hier wird die GmbH-Gründung selbst ertragsteuerlich anerkannt, nicht jedoch der Anteilserwerb durch die Kinder, mit der Folge, daß der Vater als Alleingesellschafter der GmbH anzusehen ist.

## II. Körperschaftsteuer der GmbH

### 1. Gegenstand der Körperschaftsteuer

Die Körperschaftsteuer ist die Ertragsteuer der juristischen Personen. Die körperschaftsteuerpflichtigen juristischen Personen und Personenvereinigungen sind in § 1 KStG aufgeführt. Hierunter fallen insbesondere die Kapitalgesellschaften wie die Aktiengesellschaften, die Gesellschaft mit beschränkter Haftung und die Kommanditgesellschaft auf Aktien, aber auch Stiftungen und Zweckvermögen. 1188

Voraussetzung jedoch ist, daß diese Gesellschaften ihren Sitz im Inland haben. Hat eine der Gesellschaften oder eine ihnen entsprechende ausländische Gesellschaft ihren Sitz und auch die Geschäftsleitung im Ausland, ist sie beschränkt körperschaftsteuerpflichtig (§ 2 KStG). 1189

Die genannten Körperschaften unterliegen mit ihrem gesamten Einkommen bzw. im Falle der beschränkten Körperschaftsteuerpflicht mit ihrem inländischen Einkommen der Körperschaftsteuer. 1190

Die Einkommensermittlung entspricht im wesentlichen der im Einkommensteuerrecht (§ 8 KStG), jedoch mit einigen Ausnahmen. Bestimmte Betriebsausgaben sind nicht abzugsfähig, wie Körperschaftsteuer, Aufsichtsratsvergütungen (letzteres die Hälfte) (§ 10 KStG). Hinsichtlich besonderer abziehbarer Aufwendungen enthält § 9 KStG eine Regelung. Es betrifft insbesondere Kosten der Ausgabe von Gesellschaftsanteilen. 1191

### 2. Das körperschaftsteuerliche Einkommen

*a) Tarifbelastung* 1192

Das körperschaftsteuerliche Einkommen der Kapitalgesellschaft unterliegt ab 2001 einem einheitlichen Körperschaftsteuersatz von 25 v.H. Hierbei ist es unerheblich, ob der Gewinn im Unternehmen verbleibt oder an die Gesellschafter ausgeschüttet wird. Die von der Kapitalgesellschaft geschuldete und entrichtete KSt wird auf die ESt der Gesellschafter nicht mehr angerechnet. An der Gewerbesteuer ändert sich nichts, so daß die ertragsteuerliche Belastung insgesamt 39 v.H. beträgt.

**Beispiel:**

| | |
|---|---|
| KSt-Einkommen | 100 |
| KSt | 25 |
| verbleiben | 75 |

Das ausschüttungsfähige Einkommen der Körperschaft wäre somit mit 33 1/3 v.H. KSt belastet.

Ausgeschüttete Gewinne haben somit einer körperschaftsteuerliche Belastung von 33 1/3 v.H. unterlegen.

*b) Steuerfreiheit für Beteiligungserträge*

1193 Nach § 8b KStG n.F. sind alle Beteiligungserträge aus in- und ausländischen Beteiligungen steuerbefreit (Abs. 1). Das gilt auch für Gewinne aus der Veräußerung von Beteiligungen (Abs. 2). Diese Regelung gilt für alle inländischen und ausländischen Bezüge i.S. des § 20 Abs. 1 Nr. 1 und 2 EStG. Der Veräußerungsgewinn wird ohne eine Mindestbehaltefrist und einen Mindestumfang der Beteiligung steuerfrei gestellt.

Veräußerungsverluste und Teilwertabschreibungen bleiben steuerlich unberücksichtigt. Als Konsequenz aus der Befreiung der Veräußerungsgewinne bleiben auch Wertaufholungen steuerfrei. Eine Ausnahme von der Steuerbefreiung ist insoweit vorgesehen, als sich Teilwertabschreibungen in früheren Jahren gewinnmindernd ausgewirkt haben. Insoweit ist eine Wertaufholung oder ein Veräußerungsgewinn zu versteuern (Abs. 3).

Die Steuerbefreiungen nach Abs. 1 und 2 gelten auch für Anteile, die in einer inländischen gewerblichen Betriebsstätte einer beschränkt steuerpflichtigen Körperschaft gehalten werden (Abs. 4).

Aufwendungen, die mit den steuerbefreiten Einnahmen in unmittelbarem wirtschaftlichen Zusammenhang stehen, dürfen nach § 3c EStG nicht als Betriebsausgaben abgezogen werden. Für Aufwendungen, die mit Dividenden aus Anteilen an ausländischen Gesellschaften in unmittelbarem wirtschaftlichen Zusammenhang stehen, bleibt es bei der bisherigen Regelung (Abs. 5).

*c) Das Einlagekonto*

1194 Um zu gewährleisten, daß Ausschüttungen, die nicht aus Gewinnen stammen, nicht der Besteuerung unterliegen, sind die Körperschaften gehalten, ein besonderes Einlagekonto zu führen. Das gilt insbesondere für Einlagen, die nicht in das Nennkapital geleistet werden (§ 27 Abs. 1 KStG).

Die steuerliche Behandlung der Rückgewähr von Einlagen soll sich gegenüber der derzeitigen Praxis nicht ändern und im Grundsatz nicht zu steuerpflichtigen Beteiligungserträgen führen. Um diese zu gewährleisten, werden die nicht in das Nennkapital geleisteten (verdeckte) Einlagen auf einem besonderen Konto erfaßt und bei Rückgewähr entsprechend bescheinigt, damit die Ausschüttung insoweit nicht der Halbeinkünftebesteuerung auf der Anteilseignerebene unterliegt.

Für die Rückgewähr verdeckter Einlagen ist wie bisher eine Verwendungsreihenfolge vorgesehen. Leistungen der Gesellschaft dürfen erst dann mit dem Einlagekonto verrechnet werden, wenn keine anderweitigen Rücklagen vorhanden sind. Davon ist auszugehen, wenn und soweit die Summe der im Wirtschaftsjahr erbrachten Leistungen den auf den Schluß des Wirtschaftsjahres ermittelten Unterschiedsbetrag zwischen dem Eigenkapital der Gesellschaft gemäß § 266 Abs. 3 A HGB und den Bestand des Einlagekontos übersteigt.

*d) Umwandlung von Rücklagen in Nennkapital (§ 28 KStG)* 1195

Die Vorschrift enthält eine Regelung für den Fall der Umwandlung von Rücklagen in Nennkapital. Wandelt eine Kapitalgesellschaft Gewinnrücklagen in Nennkapital um, würden ohne die Regelung Besteuerungslücken entstehen, wenn das Nennkapital wieder herabgesetzt wird. Da die Rückzahlung von Nennkapital nicht zu Einkünften aus Kapitalvermögen führt, bliebe es bei den für die Kapitalerhöhung verwendeten Gewinnrücklagen bei einer Belastung mit 25 % Körperschaftsteuer. Die Halbeinkünftebesteuerung auf der Ebene der Gesellschaft könnte so vermieden werden. Daher regelt § 28 KStG n.F., daß die in Nennkapital umgewandelten Beiträge, die aus der Gewinnrücklage stammen, festgehalten werden. Bei einer Kapitalherabsetzung und Auskehr der Beträge werden sie als Einkünfte aus Kapitalvermögen der Halbeinkünftebesteuerung unterworfen.

*e) Übergangsregelung des Steueranrechnungsguthabens*

Die körperschaftsteuerliche Anrechnung zugunsten der Anteilseigner kommt für Ausschüttungen nach dem 1. 1. 2002 nicht mehr in Betracht. Das Anrechnungsguthaben kommt nur noch den Kapitalgesellschaften zugute. 1196

Das anrechnungsberechtigte vEK ist auf der Grundlage vEK 40 festzustellen. Das zu ermittelnde Guthaben beträgt 1/6 des Endbestandes des mit einer KSt von 40 v.H. belasteten Teilbetrags. Die Tilgung des KSt-Guthabens erfolgt durch Verrechnung mit der gezahlten KSt in Höhe von 1/6 des Ausschüttungsbetrages. Er ist insgesamt in 15 Jahren zu tilgen.

Der Endbestand des EK 02 ist ebenfalls festzustellen und ist festzuschreiben. Soweit bei Ausschüttungen auf diesen Betrag zurückgegriffen werden muß, ergibt sich eine KSt-Erhöhung um diesen Betrag.

Altbestände des EK 04 werden dem Einlagekonto (§ 27 KStG) gutgeschrieben.

Hinsichtlich weiterer Einzelheiten der Übergangsregelung wird auf die §§ 36, 37, 38 KStG verwiesen.

## 3. Besteuerung der Gesellschafter

*a) Gewinnausschüttungen* 1197

Das Anrechnungsverfahren wird durch das Halbeinkünfteverfahren ersetzt, d.h. die Erträge werden zur Hälfte angesetzt (§ 3 Nr. 40 EStG).

**Beispiel:**

A ist Gesellschafter der X-GmbH mit 50 v.H. Beteiligung. Für das Jahr 01 schüttet die X-GmbH an A 500.000 Euro aus. Die Erträge sind mit 250.000 Euro anzusetzen.

*b) Werbungskosten*

Folgerichtig dürfen Betriebsvermögensminderungen – Betriebsausgaben, Veräußerungskosten oder Werbungskosten –, die mit Betriebsvermögensmehrungen oder Einnahmen im Sinne von § 3 Nr. 40 EStG in wirtschaftlichem Zusammenhang stehen, bei der Ermittlung der Einkünfte nur zur Hälfte abgezogen werden. 1198

**Beispiel:**

A hat eine Bardividende von 40.000 Euro erhalten. Die Werbungskosten Zinsen u. Depotgebühren betragen 8.000 Euro.

Einkünfte ermitteln sich wie folgt:

| | |
|---|---|
| Hälfte der Einnahmen | 20.000 Euro |
| Hälfte der WK | 4.000 Euro |
| Sparerfreibetrag § 20 Abs. 4 | 3.000 Euro |
| Einkünfte | 13.000 Euro |

*c) Progressionsvorbehalt*

1199 Steuerfreie Einkünfte i.S. des § 3 Nr. 40 sind nach § 32b Abs. 1 Nr. 4 bei der Tarifermittlung mit zu berücksichtigen.

*d) Einheitliche Kapitalertragsteuer*

1200 Nach § 43 unterliegen die Kapitalerträge der Kapitalertragsteuer. Die Kapitalertragsteuer beträgt anstatt bisher 25 v.H. ab 1. 1. 2002 20 v.H.

1201 Diese Steuer ist jedoch auf die tatsächliche Dividende zu entrichten, obwohl im Rahmen der Ermittlung des zu versteuernden Einkommens wegen § 3 Nr. 40 EStG nur die hälftige Dividende einbezogen wird.

*e) Veräußerungen von Beteiligungen an Kapitalgesellschaften*

aa) Herabsetzung der Mindestbeteiligungsgrenze i.S. des § 17 EStG

1202 Ab 1. 1. 2001 wird die Mindestbeteiligungsgrenze von 10 v.H. auf 1 v.H. herabgesetzt. Das bedeutet, daß ein Gesellschafter, der nach dem 1.1.2001 seine Beteiligung veräußert und in den letzten 5 Jahren mindestens mit 1 v.H. beteiligt war, den Veräußerungsgewinn nach § 17 EStG versteuern muß.

bb) Halbeinkünfteverfahren auch für Veräußerungsgewinne

1203 Das Halbeinkünfteverfahren gilt auch für Veräußerungsgewinne hinsichtlich Beteiligungen an einer Kapitalgesellschaft.

1204 Das gilt nicht nur für Veräußerungen im Sinne des § 17 EStG, sondern auch für solche im Sinne des § 23 EStG.

### 4. Anerkennung von Verträgen der Gesellschaft mit ihren Gesellschaftern

1205 Grundsätzlich sind Verträge mit Gesellschaftern ebenso anzuerkennen wie die mit Dritten. Allerdings ist hier wegen des fehlenden Interessenkonflikts besondere Vorsicht geboten.

1206 So werden von der Finanzverwaltung rückwirkende Gehaltsvereinbarungen nicht anerkannt. Das gleiche gilt auch für Tantiemen. Das Steuerrecht unterscheidet hinsichtlich der Auswirkungen zwischen Gesellschaftern, wesentlich beteiligten und beherrschenden Gesellschaftern. Besonders strenge Voraussetzungen für die Anerkennung von Verträgen liegen beim beherrschenden Gesellschafter (mehr als 50 v.H. Beteiligung) vor. Bei beherrschenden Gesellschaftern müssen die Vertragsbedingungen vorher vereinbart sein.

Darüber hinaus werden alle Leistungen an die Gesellschaft, soweit sie nicht durch eine Gegenleistung des Gesellschafters ausgeglichen sind, als verdeckte Gewinnausschüttung behandelt. *1207*

## 5. Behandlung von Entnahmen aus dem Betriebsvermögen

Entnahmen aus dem Betriebsvermögen einer Kapitalgesellschaft sind im rein rechtlichen Sinne nicht möglich, weil es sich bei der Kapitalgesellschaft und ihrem Gesellschafter um zwei verschiedene Rechtspersönlichkeiten handelt. Es kommen aber die Verfügungen des Gesellschafters, insbesondere dann, wenn der Gesellschafter mit nahezu 100 v.H. beteiligt ist, einer Entnahme sehr nahe. Bürgerlichrechtlich muß die Entnahme in ein Rechtsgeschäft gekleidet werden. *1208*

Ertragsteuerlich liegt, soweit der vom Gesellschafter gewährte Gegenwert nicht dem der von der Gesellschaft erhaltenen Leistung entspricht, eine Ausschüttung vor. Diese Ausschüttung ist, da sie nicht aufgrund eines ordentlichen Gewinnverteilungsbeschlusses erfolgte, steuerlich als *verdeckte Gewinnausschüttung* zu behandeln. *1209*

Im Zusammenhang mit einer Erbauseinandersetzung ist es nicht selten, daß weichende Erben aus dem Betriebsvermögen der Kapitalgesellschaft abgefunden werden. Es ist hierbei darauf zu achten, daß diese in das Privatvermögen überführten Wirtschaftsgüter bei ihrer Entwendung aus dem Betriebsvermögen, in welcher Form ist steuerlich gleichgültig, nicht mit dem Buchwert, sondern mit den Verkehrswerten ausgebucht werden. Es tritt hierdurch eine Erhöhung des körperschaftsteuerlichen Gewinns ein, der bei der nächsten Gewinnverteilung an die Gesellschafter ausgeschüttet werden kann. Werden bei dem Verlassen dieser Wirtschaftsgüter aus dem Betriebsvermögen der Kapitalgesellschaft die hierfür entfallenden stillen Reserven nicht aufgelöst, so liegt eine verdeckte Gewinnausschüttung vor. Hierauf ist bei einer Erbauseinandersetzung oder bei Verfügungen des Gesellschafters zu seinen Lebzeiten zum Zwecke der Regelung der vorbereitenden Erbfolge besonders zu achten. *1210*

## 6. Gewinnverteilungsbeschlüsse (⇒ Buch I Rz. 1382)

Werden einem Gesellschafter oder einer einem Gesellschafter nahestehenden Person Vorteile zugewandt, so liegt eine verdeckte Gewinnausschüttung vor. *1211*

Verdeckte Gewinnausschüttungen liegen jedoch insoweit nicht vor, als Gewinne offen ausgeschüttet werden, die Verteilung an die einzelnen Gesellschafter nicht dem Gewinnverteilungsschlüssel oder dem Beteiligungsverhältnis entspricht.

Eine Korrektur nach § 12 Nr. 2 EStG setzt voraus, daß ein Gesellschafter dem Vorteilsempfänger Einkommen zugewandt hat. Die Ausschüttung erfolgt durch die Gesellschaft und nicht durch den Gesellschafter, auch wenn die übrigen Ge- *1212* sellschafter oder der beherrschende Gesellschafter diesem Gewinnausschüttungsbeschluß zugestimmt hat. Eine mittelbare Ausschüttung an einen anderen Gesellschafter wäre nur unter den Voraussetzungen möglich, daß mit der Leistung an den unmittelbaren Empfänger durch die Gesellschaft gleichzeitig dem anderen Gesellschafter, der nicht der unmittelbare Empfänger ist, ein Vorteil gewährt wird. § 12 Nr. 2 EStG kann jedoch nur im Verhältnis zum Gesellschafter nicht angewandt werden, weil die Leistung der Gesellschaft an einen Gesellschafter nicht einem anderen Gesellschafter[195] zugerechnet werden kann.

Eventuell kommt hier Gestaltungsmißbrauch zum Zuge (§ 42 AO).

## III. Stille Beteiligung an einer GmbH (⇒ Buch I Rz. 1258)

1213 Die stille Beteiligung an einer GmbH ist sowohl zivilrechtlich als auch steuerlich anerkannt[196]. Das gilt auch dann, wenn sich die Gesellschafter der GmbH gleichzeitig noch als stille Gesellschafter beteiligen. Gewerbetreibender ist in diesem Falle, unabhängig davon, ob eine typische oder atypische stille Beteiligung gegeben ist, die GmbH. Im letzteren Falle ist jedoch darauf zu achten, daß die Gewinnbeteiligung der stillen Gesellschafter angemessen ist und nicht zu Lasten des Gewinns der Gesellschaft und damit der GmbH-Gesellschafter überhöht ist. Soweit die Gewinnbeteiligung des stillen Gesellschafters nicht angemessen ist, wird der nicht angemessene Anteil des Gewinnanspruchs als verdeckte Gewinnausschüttung an den Gesellschafter behandelt. Die stille Beteiligung an einer GmbH wird jedoch ertragsteuerlich nur anerkannt, wenn aus der Vereinbarung eindeutig hervorgeht, daß neben dem Gesellschaftsverhältnis aufgrund des GmbH-Gesellschaftsvertrags noch ein weiteres Gesellschaftsverhältnis begründet werden soll[197].

1214 Die stille Beteiligung ist in Form einer typischen, aber auch in Form einer atypischen stillen Beteiligung möglich[198].

### 1. Typische stille Beteiligung

1215 Eine typische stille Beteiligung an einer GmbH ist gegeben, wenn der stille Beteiligte sich lediglich kapitalmäßig beteiligt, also lediglich Kapital zur Verfügung stellt. Eine stille Beteiligung unterscheidet sich dadurch vom Darlehen, daß der

---

195 BFH v. 25. 9. 1987, FR 1987, 151.

196 Schulze zur Wiesche, Die GmbH & Still, 3. Aufl. 1997; Fichtelmann, GmbH & Still im Steuerrecht, 4. Aufl. 1995; Blaurock, BB 1992, 1971. ⇒ auch Buch I Rz. 1258ff.

197 Vgl. BFH v. 9. 12. 1976, BStBl. II 1977, 155.

198 Beger, DStR 1972, 16; Costede, StuW 1977, 208; GmbHR 1980, 13; Ebeling, Jahrbuch der Fachanwälte für Steuerrecht 1976/77, S. 54; Felix, StKongr. Rep. 1971, S. 207; Fasold, GmbHRdsch. 1970, 155; Paulik, Handbuch der Stillen Gesellschaft; Post, Die stille Beteiligung an einer GmbH; Schulze zur Wiesche, Die GmbH & Still; derselbe, DB 1976, 408; FR 1977, 492; GmbHRdsch. 1979, 33, 62; GmbHRdsch. 1980, 168; DB 1980, 1189.

stille Gesellschafter keine feste Verzinsung, sondern eine Gewinnbeteiligung für die Zurverfügungstellung des Kapitals erhält (⇒ Buch I Rz. 1261, 1227).

Der Gewinnanspruch des stillen Beteiligten ist in der Bilanz als eine Verbindlichkeit der Gesellschaft zu bilanzieren und stellt mit dem Zeitpunkt der Entstehung des Anspruchs eine Betriebsausgabe seitens der Gesellschaft dar, die den körperschaftsteuerlichen Gewinn mindert. *1216*

Der stille Beteiligte hat in Höhe des Gewinnanspruchs im Zeitpunkt des Zuflusses Einkünfte aus Kapitalvermögen i.S. des § 20 Abs. 1 Nr. 4 KStG. Die auszahlende Kapitalgesellschaft hat gemäß § 43 EStG 20 v.H. Kapitalertragsteuer einzubehalten. Die einbehaltene Kapitalertragsteuer wird auf die Einkommensteuer des Gesellschafters angerechnet. Verlustübernahmen stellen bei dem Gesellschafter Werbungskosten dar. Der Untergang der stillen Beteiligung im Rahmen eines Konkurses stellt jedoch einen Vermögensverlust dar. *1217*

Hinsichtlich der Gewinnbeteiligung ist grundsätzlich von der Gestaltungsfreiheit auszugehen. Die Gewinn- und Verlustbeteiligung hat jedoch den wirtschaftlichen und finanziellen Verhältnissen des Unternehmens zu entsprechen. *1218*

Für die Angemessenheitsprüfung stellen bedeutsame Kriterien dar
- die von den Gesellschaftern erbrachte Kapitalleistung,
- die eingegangenen Risiken,
- der Arbeitseinsatz der Gesellschafter,
- die Ertragsaussichten des betriebenen Unternehmens;

darüber hinaus
- einige der für die Gewinnverteilung der GmbH & Co. KG aufgestellten Merkmale,
- die vorhandenen Geschäftsbeziehungen,
- die Dringlichkeit des Kapitalbedarfs,
- die wirtschaftliche Bedeutung der Finanzierung durch die Einlage.

Es ist hierbei grundsätzlich von den Verhältnissen bei Vertragsabschluß auszugehen. Hinsichtlich der zu erwartenden Erträge ist ein längerer Zeitraum zugrunde zu legen.

Die Grundsätze des BFH hinsichtlich der Familiengesellschaften sind nicht anzuwenden[199]. *1219*

## 2. Atypische stille Beteiligung (⇒ Buch I Rz. 1221)

### *a) Voraussetzungen*

Die stille Beteiligung kann auf zweifache Art in atypischer Weise ausgebaut werden. Eine Ausweitungsmöglichkeit betrifft die Gesellschafterrechte, die andere die vermögensmäßige Beteiligung. Der alleinige Geschäftsführer und beherrschender Gesellschafter einer GmbH ist stets gleichzeitig atypischer stiller Gesellschafter, wenn er der GmbH einen unerheblichen Anteil in der Form einer stillen *1220*

[199] BFH v. 6.2.1980, BB 1980, 1087.

Beteiligung oder in der Form eines partiarischen Darlehens zur Verfügung gestellt hat[200].

1221 Die Stellung des stillen Gesellschafters kann im Innenverhältnis entsprechend der eines Kommanditisten mit Widerspruch zu einzelnen Geschäften der Gesellschaft ausgebaut werden, so daß dem stillen Gesellschafter Unternehmerinitiative zukommt. Sie kann aber auch in der Weise ausgebaut werden, daß der stille Beteiligte wirtschaftlich so gestellt wird, als sei er am Vermögen der Gesellschaft beteiligt, indem er im Falle der Beendigung des stillen Gesellschaftsverhältnisses auch an den anteiligen stillen Reserven beteiligt wird (⇒ hierzu auch Rz. 453ff.).

1222 Ist eine der beiden Ausweitungen des stillen Gesellschaftsverhältnisses gegeben, so hat das steuerrechtlich zur Folge, daß der stille Beteiligte als Mitunternehmer der GmbH angesehen wird. Die GmbH & atypisch Still ist Gewinnerzielungssubjekt i.S. des § 15 Abs. 1 Nr. 2 EStG[201].

*b) Einheitliche Gewinnermittlung* (⇒ Buch I Rz. 1244)

1223 Liegt zwischen der GmbH und dem stillen Gesellschafter eine Mitunternehmerschaft vor, ist der Gewinn grundsätzlich für beide einheitlich und gesondert festzustellen (§ 180 AO). Das heißt, der gewerbliche Gewinn ist sowohl für die GmbH als auch für den stillen Beteiligten einheitlich festzustellen. Das körperschaftsteuerliche Einkommen ergibt sich aus dieser einheitlichen Gewinnfeststellung.

1224 Grundlage für die einheitliche Gewinnermittlung ist die Handelsbilanz der GmbH. Dem Gewinn der GmbH ist jedoch der Gewinnanspruch des stillen Beteiligten hinzuzurechnen. Die sonstigen Vergütungen, die der stille Beteiligte von der GmbH oder einem Dritten im Rahmen dieser Mitunternehmerschaft erhält, sind Sonderbetriebseinnahmen. Hat der stille Beteiligte neben der stillen Beteiligung der GmbH pachtweise ein Grundstück zur Verfügung gestellt, so gehört auch die Pachtzahlung zu seinem Gewinn aus der Mitunternehmerschaft (Sonderbetriebsvermögen).

*c) Betriebsvermögen*

1225 Das Betriebsvermögen der Mitunternehmerschaft besteht aus dem Betriebsvermögen der GmbH und dem Sonderbetriebsvermögen der Gesellschafter. Es ist zu beachten, daß auch der GmbH-Anteil des atypischen stillen Gesellschafters zu seinem Sonderbetriebsvermögen gehört, mit der Folge, daß auch die ausgeschütteten Gewinne aus dem GmbH-Anteil dem Gewinn der Mitunternehmerschaft als Vorabgewinn der Gesellschafter hinzuzurechnen sind[202].

---

200 BFH v. 27.5.1993, BStBl. I 1994, 700; v. 15.12.1992, BStBl. II 1994, 702.

201 BFH v. 26.11.1996, BStBl. II 1998, 328.

202 BFH v. 15.10.1998, BStBl. II 1999, 286; BFH v. 15.12.1998, GmbHR 1999, 422.

*d) Geschäftsführergehalt und Pensionszusage*

Die Geschäftsführergehälter, wenn der atypische stille Beteiligte gleichzeitig Geschäftsführer der GmbH ist, sind als Sonderbetriebseinnahmen zu behandeln.. Insbesondere Felix will die GmbH & Still der GmbH & Co. KG gleich behandeln. U.E. gleicht die Situation bei der stillen Beteiligung an der GmbH mehr der einer Betriebsaufspaltung als der einer GmbH & Co. KG, da im Falle der GmbH & Still wirtschaftlich gesehen die GmbH, also die Kapitalgesellschaft, Träger des Betriebes ist, bei der GmbH & Co. KG die Kommanditgesellschaft. Das sollte hierbei beachtet werden. Allerdings geht der BFH bei der Beurteilung der Frage, ob Sondervergütungen im Sinne des § 15 Abs. 1 Nr. 2 EStG vorliegen, sehr stark vom Wortlaut dieser Vorschrift aus. Hiernach sind alle Vergütungen, die eine Tätigkeitsvergütung darstellen, wenn es sich wirtschaftlich um Beiträge aus dem Gesellschaftsverhältnis handelt, gewerbliche Einkünfte[203]. *1226*

*e) Gewinnverteilung*

Der steuerliche Gewinn für die Mitunternehmerschaft ist entsprechend den Vereinbarungen auf die Gesellschafter aufzuteilen. Der Gewinnanteil des atypischen stillen Beteiligten, soweit es sich hierbei um eine natürliche Person handelt, stellt bei diesem Einkünfte aus Gewerbebetrieb dar, die bei diesem der Einkommensteuer unterliegen. Der Gewinnanteil der GmbH stellt ebenfalls gewerbliche Einkünfte dar, die aber der Körperschaftsteuer unterliegen. Dieser ermittelte Gewinn ist die Grundlage für die Körperschaftsteuer. *1227*

## IV. Unterbeteiligung

GmbH-Anteile können im Wege der vorweggenommenen Erbfolge auch in der Weise übertragen werden, daß der Anteil nicht aufgeteilt wird, sondern an diesem Unterbeteiligungen eingeräumt werden. In diesem Falle bleibt der Hauptbeteiligte gegenüber der Gesellschaft Gesellschafter. Es liegt hier ein reines Innenverhältnis vor. Hier wird auch zwischen einer typischen und einer atypischen Unterbeteiligung unterschieden (⇒ Buch I Rz. 1263 ff.). *1228*

Eine *typische Unterbeteiligung* ist dann gegeben, wenn der Unterbeteiligte neben seinem Gewinnanteil lediglich einen Anspruch auf Rückgewähr seiner Einlage erhält. Im Falle der Schenkung hat er keine Einlage geleistet (⇒ Buch I Rz. 1275). *1229*

In diesem Falle liegt wirtschaftlich gesehen eine Übertragung von Gewinnansprüchen (Einkommensverwendung) vor. Der Unterbeteiligte erfüllt nicht die Voraussetzungen für die Einkunftsart Einkünfte aus Kapitalvermögen. Er gilt der

---

[203] Vgl. auch BFH v. 24. 1. 1980, BStBl. II 1980, 265; v. 23. 5. 1979, BStBl. II 1979, 757; v. 5. 4. 1979, BStBl. II 1979, 554; v. 25. 10. 1979, BStBl. II 1980, 67; vgl. auch BFH v. 23. 1. 1980, BStBl. II 1980, 304, bei wesentlich beteiligten Gesellschaftern.

Gesellschaft gegenüber auch nicht als der Kapitalüberlassende. Hier ist auch das Abzugsverbot des § 12 Nr. 2 EStG zu beachten.

1230 Eine *atypische Unterbeteiligung* liegt vor, wenn der Unterbeteiligte auch an der Substanz beteiligt ist. Der Unterbeteiligte übt keine gewerbliche Tätigkeit aus. Das Halten einer Beteiligung wird nicht als gewerbliche Tätigkeit angesehen. Hier liegt ein treuhandähnliches Verhältnis vor, mit der Folge, daß der atypische Unterbeteiligte hinsichtlich seines Anteils Einkünfte aus Kapitalvermögen hat.

## V. Einbringung eines Betriebes eines Einzelkaufmanns, einer Personengesellschaft usw. in eine Kapitalgesellschaft

### 1. Voraussetzungen

1231 Unter den Voraussetzungen des § 20 Abs. 1 UmwStG kann die Einbringung eines Betriebes oder Teilbetriebes oder eines Mitunternehmeranteils in eine unbeschränkt körperschaftsteuerpflichtige Kapitalgesellschaft zu Buchwerten erfolgen, wenn der Einbringende dafür neue Anteile an der Gesellschaft (Sacheinlage) erhält. In § 20 UmwStG kommt es nicht auf die Art des Einbringungsvorgangs an. Es kann sich hierbei um eine Einbringung im Wege der Gesamtrechtsnachfolge, im Wege der Verschmelzung oder Spaltung eine Übertragung durch Anwachsung, indem die einzelnen Gesellschafter ihre Gesellschaftsanteile auf die GmbH übertragen und somit das Gesellschaftsvermögen der GmbH anwächst, oder auch um eine Übertragung im Wege der Einzelrechtsnachfolge handeln (⇒ Buch I Rz. 1547).

1232 Es muß sich hierbei um einen Betrieb oder Teilbetrieb oder Mitunternehmeranteil handeln, nicht jedoch um ein einzelnes Wirtschaftsgut. Eine Betriebsübertragung liegt vor, wenn die wesentlichen Grundlagen dieses Betriebes auf die übernehmende Kapitalgesellschaft übertragen werden[204].

1233 Unschädlich jedoch ist die Zurückbehaltung unwesentlicher Teile[205]. Ein Teilbetrieb liegt vor, wenn ein mit einer gewissen Selbständigkeit ausgestatteter organisatorisch geschlossener Teil des Gesamtbetriebes, der für sich allein lebensfähig ist, gegeben ist[206].

1234 Ein Teilbetrieb ist jedoch nicht vorhanden, wenn ein Unternehmen nur organisatorisch nach örtlichen und fachlichen Gesichtspunkten aufgegliedert ist[207]. Nach dem Urteil des BFH vom 26. 6. 1977[208] liegt keine Umwandlung bzw. Einbringung eines Unternehmens in eine Kapitalgesellschaft im Sinne des § 20 Abs. 1

---

[204] Zu den wesentlichen Grundlagen vgl. BFH v. 24. 6. 1969, BStBl. II 1970, 17; v. 21. 5. 1974, BStBl. II 1974, 613; v. 16. 1. 1962, BStBl. III 1962, 104.

[205] Vgl. hierzu Widmann-Meyer, Umwandlungsrecht Komm., § 20 UmwStG 1977, Tz. 3790.

[206] Vgl. BFH v. 4. 7. 1973, BStBl. II 1973, 838; v. 5. 6. 1976, BStBl. II 1977, 42; v. 2. 8. 1978, BB 1979, 47.

[207] BFH v. 26. 6. 1977, BStBl. II 1978, 144.

[208] BStBl. II 1978, 144.

UmwStG vor, wenn die Gesellschafter einer OHG bzw. KG das Vermögen der OHG bzw. KG in eine GmbH einbringen, deren Anteile sie bereits halten, und daher keine neuen Anteile ausgegeben werden. Es muß sich um eine Veräußerung im Sinne des § 16 Abs. 1 EStG handeln, wobei das Entgelt die Gewährung neuer Gesellschaftsrechte darstellt.

Im Falle der Umwandlung einer Personengesellschaft werden die einzelnen Mitunterehmeranteile eingebracht. Zum Mitunternehmeranteil gehört auch das Sonderbetriebsvermögen. Eine Einbringung i.S. des § 20 Abs. 1 UmwStG ist daher nur gegeben, wenn auch das Sonderbetriebsvermögen mit eingebracht wird[209], es sei denn dieses gehört nicht zu den wesentlichen Grundlagen des Betriebs oder der Beteiligung (⇒ Buch I Rz. 1653 [Verschmelzung], 1695 [Formwechsel]). 1235

Für die Einbringung des Betriebes müssen neue Gesellschaftsrechte gewährt werden. Es reicht daher nicht aus, daß die GmbH eigene Anteile hierfür hergibt. Die neuen Anteile müssen im Wege einer Neugründung oder bei einer bereits bestehenden Kapitalgesellschaft durch Kapitalerhöhung entstanden sein. Zu den wesentlichen Grundlagen eines Betriebes bzw. Mitunternehmeranteils gehört das Sonderbetriebsvermögen der Gesellschafter. Nach Ansicht der Verwaltung liegt daher eine Einbringung im Sinne des § 20 Abs. 1 UmwStG vor, wenn auch das Sonderbetriebsvermögen bürgerlich-rechtlich auf die GmbH mitübergeht[210]. 1236

Nicht erforderlich ist jedoch, daß für die Einbringung des Betriebes lediglich neue Gesellschaftsrechte gewährt werden. Neben den neuen Gesellschaftsrechten können auch andere Wirtschaftsgüter gewährt werden. So kann ein Spitzenausgleich in Form einer Barzahlung, in Form eines Darlehens oder in einer stillen Beteiligung oder in der Gewährung eines sonstigen Wirtschaftsgutes bestehen. Die sonstigen Wirtschaftsgüter sind grundsätzlich mit dem gemeinen Wert anzusetzen. 1237

### 2. Umwandlungsbilanz und Umwandlungszeitpunkt

Steuerlicher Übertragungszeitpunkt ist der Stichtag für den die Schlußbilanz jedes der übertragenden Unternehmen i.S. des § 17 Abs. 2 UmwBerG aufgestellt ist. Dieser Stichtag darf höchstens 8 Monate vor der Anmeldung der Verschmelzung zur Eintragung in das Handelsregister liegen, § 20 Abs. 8 Satz 1 UmwStG. Das gilt sowohl für die Verschmelzung, aber auch in anderen Fällen, der Sacheinlage. Hier beginnt die 8-Monatsfrist bereits 8 Monate vor dem Tag des Abschlusses des Einbringungsvertrages. 1238

---

209 BFH v. 16.2.1996, GmbHR 1996, 549; Schulze zur Wiesche, Umwandlung einer Personengesellschaft in eine Kapitalgesellschaft unter Zurückbehaltung von Sonderbetriebsvermögen, GmbHR 1996, 749.

210 Schreiben BdF v. 16.7.1978 IV B 2 S 1909/8/78, BStBl. I 1978, 235ff., Tz. 45/46. Vgl. allerdings BFH v. 28.4.1988, DB 1988, 2077.

### 3. Bilanzierung bei der übernehmenden GmbH

1239 Die übernehmende GmbH hat grundsätzlich die Wahl, ob sie das übernommene Betriebsvermögen zum Buchwert, zum Teilwert oder einem Zwischenwert übernimmt. Im Zweifel wird die übernehmende GmbH die Buchwerte des Einbringenden übernehmen.

1240 Eine Aufstockung ist jedoch insoweit geboten, als die Verbindlichkeiten das eingebrachte aktive Betriebsvermögen übersteigen. In diesem Falle sind die Buchwerte insoweit aufzustocken, als Aktiv- und Passivseite der Einbringungsbilanz ausgeglichen sind.

1241 Wählt die übernehmende GmbH einen Zwischenwert, darf die Gesellschaft nicht willkürlich die stillen Reserven einzelner Wirtschaftsgüter aufstocken. Die Aufstockung hat vielmehr gleichmäßig verteilt auf alle Wirtschaftsgüter zu erfolgen[211].

1242 Ein Firmenwert braucht jedoch nicht ausgewiesen zu werden, soweit der angesetzte Zwischenwert die Teilwerte der materiellen Wirtschaftsgüter übersteigt. Die übernehmende Kapitalgesellschaft kann jedoch auch die Teilwerte ansetzen. Hat die übernehmende Kapitalgesellschaft neben den neuen Gesellschaftsanteilen auch andere Wirtschaftsgüter gewährt, ist das übernommene Betriebsvermögen mindestens mit dem gemeinen Wert der anderen Wirtschaftsgüter anzusetzen.

1243 Die übernehmende Kapitalgesellschaft ist grundsätzlich in der Neufestsetzung ihres Kapitals frei. Das übernommene Aktivvermögen muß jedoch mindestens dem Nominalwert der neuausgegebenen Anteile entsprechen. Einen Mehrbetrag kann die übernehmende Kapitalgesellschaft in das Einlagekonto i.S. des § 27 KStG n.F. einstellen.

1244 Die Darlehenskonten der Gesellschafter der Personengesellschaft, die steuerlich dem Eigenkapital hinzugerechnet werden, stellen Verbindlichkeiten der übernehmenden GmbH dar und sind als solche auszuweisen.

### 4. Behandlung der Umwandlung bei den Einbringenden

1245 Nach § 20 Abs. 4 UmwStG gilt der Wertansatz des übernommenen Betriebsvermögens bei der GmbH als Veräußerungspreis des Einbringenden. Soweit der Veräußerungspreis den Buchwert des eingebrachten Betriebsvermögens übersteigt, entsteht ein Veräußerungsgewinn.

1246 Ist das eingebrachte Betriebsvermögen mit dem Buchwert übernommen worden, entsteht im allgemeinen kein Veräußerungsgewinn. Nach § 21 Abs. 2 UmwStG kann jedoch der Erwerber des Anteils beantragen, daß die stillen Reserven auch ohne Veräußerung des Anteils versteuert werden. Hierbei tritt an die Stelle des Veräußerungspreises der Anteile ihr gemeiner Wert.

1247 Übernimmt die Gesellschaft das Betriebsvermögen des Einbringenden zum Teilwert, entsteht hinsichtlich der Differenz zum Teilwert und dem letzten Buch-

211 Vgl. BFH v. 22.6.1965, BStBl. III 1965, 482.

ansatz ein Veräußerungsgewinn. Dieser ist jedoch nach § 20 Abs. 5 UmwStG i.V.m. § 16 Abs. 4 und § 34 Abs. 1 bzw. Abs. 3 EStG tarifbegünstigt.

Das gleiche gilt beim Wertansatz zum Zwischenwert. Hier ist jedoch zu berücksichtigen, daß zwar Tarifbegünstigung gewährt wird, nicht jedoch eine eventuelle Steuerfreiheit nach § 16 Abs. 4 EStG. *1248*

Für den Einbringenden gilt der Wert, mit dem die Kapitalgesellschaft das eingebrachte Betriebsvermögen übernommen hat, als Anschaffungskosten der Beteiligung. § 21 UmwStG stellt sicher, daß künftige Veräußerungsgewinne erfaßt werden. *1249*

### VI. Gewerbesteuer

Die Einkünfte einer Kapitalgesellschaft unterliegen als gewerbliche Einkünfte kraft Rechtsform der Gewerbesteuer. Es ist hierbei gleichgültig, ob die GmbH oder eine andere Kapitalgesellschaft ein Gewerbe betreibt oder nicht. Veräußert die GmbH ihren Betrieb oder einen Teilbetrieb, so unterliegt auch dieser im Gegensatz zu den Personengesellschaften der Gewerbesteuer. Weiter ist zu beachten, daß bei Kapitalgesellschaften ein Freibetrag bei der Gewerbeertragsteuer in Höhe von Euro 24.500,– nicht gewährt wird. *1250*

Besonderer Vorteil der Kapitalgesellschaften ist, daß die Geschäftsführergehälter den Gewerbeertrag mindern.

Wird ein Betrieb einer natürlichen Person oder einer Personengesellschaft auf eine Kapitalgesellschaft übertragen, so ist dieser Vorgang grundsätzlich nicht gewerbesteuerpflichtig, weil Veräußerungsgewinne bei natürlichen Personen und Personengesellschaften von der Gewerbesteuer nicht erfaßt werden. *1251*

## 5. Abschnitt
## Stiftung

### I. Grundsätze

Die Stiftung ist als selbständige juristische Person selbständig im Sinne der Steuergesetze.

Ertragsteuerlich unterliegt sie der Körperschaftsteuer. Im Gegensatz zur Kapitalgesellschaft ist sie nicht Gewerbetreibende kraft Rechtsform. Sie unterliegt daher nur der Gewerbesteuer, wenn und soweit sie ein Gewerbe betreibt. Soweit sie unternehmerisch i.S. des UStG tätig ist, unterliegt sie der Umsatzsteuer (hinsichtlich der zivilrechtlichen Beurteilung ⇒ Buch I Rz. 1465ff.). *1252*

## II. Körperschaftsteuer der Stiftung

### 1. Körperschaftsteuerpflicht der Stiftung

1253 Liegt eine juristisch selbständige Stiftung vor, so ist sie gemäß § 1 Abs. 1 Nr. 4 KStG körperschaftsteuerpflichtig. Auch unselbständige Stiftungen, insbesondere Zweckvermögen, unterliegen gemäß § 1 Abs. 1 Nr. 5 KStG der Körperschaftsteuer.

1254 Von der Körperschaftsteuer werden alle Einkünfte der Stiftung erfaßt. Hierunter fallen Dividendenerträge bei Wertpapiervermögen, aber auch gewerbliche Einkünfte, wenn die Stiftung selbst ein Gewerbe betreibt oder Beteiligungen an Personengesellschaften hält, z.B. als Kommanditist und persönlich haftender Gesellschafter einer Stiftung & Co. KG.

1255 Zuführungen in Form weiterer Stiftungen sind jedoch keine Erträge.

Die Stiftung ist verpflichtet, Bücher zu führen.

Eventuelle Veräußerungsgewinne sind nicht gemäß § 34 EStG begünstigt.

### 2. Betriebsausgaben

#### *a) Leistungen aufgrund des Stiftungszweckes*

1256 Leistungen aufgrund des Stiftungszweckes stellen keine abzugsfähigen Betriebsausgaben dar[212]. Insoweit handelt es sich um eine Gewinnverwendung, durch die die Steuerpflicht nicht berührt wird[213].

Stiftungszweck i.S. des § 10 Nr. 1 KStG einer durch Testament errichteten Stiftung kann neben den im Testament als Stiftungszweck bezeichneten Aufgaben auch eine laufende Rente zugunsten einer natürlcihen Person sein. Das gilt jedenfalls dann, wenn beide Ziele im Testament festgelegt sind. Beide Aufgaben müssen aus den Überschüssen der Stiftung zu erfüllen sein und die Rentenzahlung neben den übrigen neuen beschriebenen Aufgaben erhebliche Bedeutung zukommen[214].

1257 Räumt jedoch eine Familienstiftung, deren Zweck es ist, den Nachkommen des Stifters Bezüge zuzuwenden, z.B. diesen ein Nießbrauchsrecht ein, so ist auch steuerlich davon auszugehen, daß der Nießbraucher originäre Einkünfte aus dem Stammrecht bezieht und nicht etwa die einzelnen Nutzungen vom Besteller übertragen erhält[215]. Ist an Wertpapieren, die zum Vermögen der Stiftung gehören, der Nießbrauch bestellt, so fallen die Erträge hieraus gar nicht erst der Stiftung zu. Sie können daher auch nicht Betriebsausgaben sein[216].

1258 Leistungen aufgrund von Vermächtnissen fallen daher unter die Vorschrift des § 10 Nr. 1 KStG.

---

212 Herrmann-Heuer-Raupach, § 12 KStG, Anm. 8.

213 BFH v. 22.9.1959, BStBl. III 1960, 37; RFH v. 2.7.1940, RStBl. 1940, 798 (Aufwendungen für Familienstiftungen).

214 BFH v. 5.2.1992, BStBl. II 1992, 748.

215 Herrmann-Heuer-Raupach, § 12 KStG, Anm. 6; BFH, BStBl. III 1960, 36.

216 BFH v. 22.9.1959, BStBl. III 1960, 37.

Zuwendungen, die aufgrund eines Vermächtnisses oder einer Auflage geleistet werden, berühren den Stiftungszweck unmittelbar nicht.

Hat also der Erblasser oder Schenker auf eine bereits bestehende Stiftung Vermögen übertragen mit dem Vermächtnis oder der Auflage, bestimmten Personen eine Rente zu zahlen, so ist diese Rente als Betriebsausgabe voll abzugsfähig. *1259*

*b) Sonstige Betriebsausgaben*

Die notwendigen Verwaltungsausgaben, soweit diese nicht der Erfüllung des Stiftungszweckes selbst dienen, sind abzugsfähige Betriebsausgaben, so auch das Gehalt des Vorstandes der Stiftung. Handelt es sich bei dem Vorstand um eine Person, die zum begünstigten Personenkreis gehört, so ist das Gehalt unter dem Gesichtspunkt der verdeckten Gewinnausschüttung zu überprüfen. Überhöhte Gehaltszahlungen, die an einen fremden Geschäftsführer nicht gezahlt worden wären, sind daher auch hier bei der Stiftung als verdeckte Gewinnausschüttung zu behandeln. Grundsätzlich handelt es sich bei dem Gehalt eines geschäftsführenden Vorstandes einer rechtsfähigen Familienstiftung um Arbeitslohn[217]. Allerdings haben Destinatäre einer Stiftung kein mitgliedschaftliches oder mitgliedschaftsähnliches Verhältnis zur Stiftung[218]. *1260*

**3. Gewinn der Stiftung**

*a) Die Organschaft*

Betreibt die Stiftung selbst kein Gewerbe und hält sie nicht im Rahmen eines Gewerbes Beteiligungen, so ist eine Organschaft mit den kapitalmäßig beherrschenden Beteiligungsgesellschaften nicht möglich. *1261*

Besteht der Zweck der Muttergesellschaft im wesentlichen in der Vermögensverwaltung, so ist eine Organschaft nicht anzuerkennen. *1262*

Da sich die Stiftung selbst in der Regel auf die Vermögensverwaltung, daher auf die Erhaltung von Beteiligungen und sonstigem Vermögen, beschränkt, ist eine Organschaft in der Regel bei der Stiftung nicht möglich, es sei denn, es handelt sich um eine Unternehmensträgerstiftung.

*b) Der Steuertarif*

Der Körperschaftsteuertarif beträgt bei Stiftungen i.S. des § 1 Abs. 1 Nr. 4 und 5 KStG (und damit auch bei der Stiftung im Sinne des § 1 Abs. 2 Nr. 1 und 3, § 23 Abs. 2 Nr. 2 KStG) 45 v.H. Fallen die Einkünfte in einem wirtschaftlichen Geschäftsbetrieb einer von der KSt befreiten Stiftung an, beträgt er 42 v.H. *1263*

Sofern es sich jedoch um eine von der Körperschaftsteuer befreite Stiftung handelt, werden die Einkünfte aus einem wirtschaftlichen Geschäftsbetrieb mit 45 v.H. besteuert. *1264*

---

[217] Vgl. BFH v. 31.1.1975, BStBl. II 1975, 358.

[218] Abschnitt 31 KStR 1995.

1265 Der gespaltene Körperschaftsteuertarif kommt jedoch bei der Stiftung nicht zur Anwendung.

1266 Zahlungen aufgrund des Stiftungszweckes an die Destinatäre stellen keine Ausschüttung dar.

*c) Die verdeckte Gewinnausschüttung*

1267 Verdeckte Gewinnausschüttungen sind auch bei der Stiftung begrifflich nicht möglich (so Abschnitt 31 Abs. 2 KStR 1990).

1268 Wenn es Gewinnausschüttungen im Sinne der Kapitalgesellschaften bei der Stiftung auch nicht gibt, so können, wirtschaftlich gesehen, Ausschüttungen insbesondere bei Familienstiftungen an den begünstigten Personenkreis erfolgen. Das trifft zu, wenn Sonderleistungen unabhängig von den Zuwendungen aufgrund des Stiftungszweckes an den begünstigten Personenkreis erfolgen. Empfänger dieser Zuwendung sind die durch den Stiftungszweck Begünstigten, z.B. Leistung von überhöhten Vorstandsgehältern an Personen, die zu den Begünstigten gehören. Soweit diese Bezüge unangemessen hoch sind, können sie den Gewinn der Stiftung nicht schmälern. Insbesondere fallen hierunter Sachbezüge an die Begünstigten, soweit diese nicht mit den richtigen Werten angesetzt worden sind.

1269 Nach der Rechtsprechung des BFH kann aus § 8 Abs. 3 Satz 2 KStG nicht entnommen werden, daß eine Einkommenszurechnung nur dann in Betracht kommt, wenn der Abzug der Beträge, die der Zurechnung entsprechen, zur Herstellung der Ausschüttungsbelastung für nur unbeschränkt steuerpflichtige Kapitalgesellschaften und bei unbeschränkt steuerpflichtigen Körperschaften Anwendung findet, deren Leistungen bei den Empfängern zu Einnahmen i.S. des § 20 Abs. 1 Nr. 1 oder 2 EStG gehören. Daher hat der BFH auch verdeckte Gewinnausschüttungen bei Nichtkapitalgesellschaften, insbes. Vorteilsgewährungen von Sparkassen an ihre Gewährsträger, angenommen[219]. Das gilt für Leistungen an Destinatäre nicht.

### 4. Die gemeinnützige Stiftung

1270 Dient eine Stiftung nach der Satzung und nach ihrer tatsächlichen Geschäftsführung ausschließlich und unmittelbar kirchlichen, gemeinnützigen oder mildtätigen Zwecken, so ist sie von der Körperschaftsteuer befreit, sofern sie keinen wirtschaftlichen Geschäftsbetrieb, der über den Rahmen einer Vermögensverwaltung hinausgeht (§ 4 Abs. 1 Nr. 6 KStG), unterhält.

### 5. Schlußbetrachtung

1271 Trotz der Nichtabziehbarkeit der Zuwendungen an die Destinatäre besteht keine Doppelbelastung, weil die Zuwendungen bei diesen nicht versteuert werden

[219] Vgl. BFH v. 9. 8. 1989, BStBl. II 1990, 237; vgl. auch Schulze zur Wiesche, DStZ 1991, 161.

nach § 22 Nr. 1a EStG. § 22 Nr. 1 EStG setzt voraus, daß sie beim unbeschränkten steuerpflichtigen Geber abzugsfähig sind, was hier nicht der Fall ist.

### III. Einkommen der Gesellschafter

Die Destinatäre sind nicht Gesellschafter und haben daher keine Kapitaleinkünfte. Bei den Zuwendungen liegen sonstige Einkünfte vor, soweit sie beim unbeschränkt steuerpflichtigen Geber abzugsfähig sind. Das wird jedoch in der Regel nicht der Fall sein[220]. 1272

### IV. Erbschaftsteuer

⇒ hierzu Rz. 65ff., 237, 258. 1273

## 6. Abschnitt
## Stiftung & Co. KG

### I. Erbschaftsteuer

#### 1. Errichtung der Komplementärstiftung

Die Errichtung der Komplementärstiftung unterliegt der Erbschaftsteuer (§ 3 Abs. 2 Nr. 1 ErbStG bei Stiftungen von Todes wegen, § 7 Abs. 1 Nr. 8 ErbStG bei solchen unter Lebenden)[221]. Der Steueranspruch entsteht mit dem Zeitpunkt der Gründung der Stiftung. Die Erbschaftsteuer richtet sich nach dem Verwandtschaftsverhältnis der nach der Stiftungsurkunde entferntest Berechtigten zum Erblasser bzw. zum Schenker (bei Familienstiftung in der Regel Steuerklasse I). Vgl. im übrigen Rz. 65, 237. Soweit es sich bei der Übertragung auf eine Stiftung um Betriebsvermögen handelt, wird im Falle der testamentarischen Einsetzung und bei Übertragung unter Lebenden im Rahmen einer vorweggenommenen Erbfolge der Freibetrag nach § 13a Abs. 1 ErbStG und der Bewertungsabschlag nach § 13a Abs. 2 ErbStG gewährt. 1274

#### 2. Schenkung der Anteile an der Personengesellschaft

Die Schenkung der Anteile an der Personengesellschaft unterliegt der Erbschaft- bzw. Schenkungsteuer (⇒ Rz. 846, hinsichtlich Bewertung Rz. 146ff.). 1275

---

220 BFH v. 25.8.1987, DB 1988, 789.

221 Berndt, Stiftung und Unternehmen; Seifert, Handbuch des Stiftungsrechts; Die Familienstiftung; Weimar/Delp, Inf. 1987, 74; Hennerkes/Binz/Sorg, DB 1986, 2217; Karsten Schmidt, DB 1987, 261; Weimar/Geitzhaus/Delp, BB 1986, 1998; Scheidle, BB 1986, 2065; Schulze zur Wiesche, Wpg 1988, 128.

### 3. Nachstiftungen

1276 Nachstiftungen unterliegen grundsätzlich der Steuerklasse III.

### 4. Erbersatzsteuer (§ 1 Abs. 1 Nr. 4 ErbStG)

1277 Die Erbersatzsteuer ist für die Stiftung & Co. KG nur von geringer Bedeutung, weil die Komplementärstiftung in der Regel mit einem geringen Vermögen ausgestattet ist. Komplementärstiftungen mit einem Vermögen bis zu Euro 410.000,– fallen nicht unter die Erbersatzsteuer (⇒ Rz. 78, 237).

## II. Einkommensteuer

### 1. Die Stiftung & Co. KG als Mitunternehmerschaft

1278 Ist eine Stiftung als Komplementär an einer Personengesellschaft beteiligt, ist die Personengesellschaft nicht kraft Gepräges gewerblich tätig; § 15 Abs. 3 Nr. 2 EStG trifft nicht auf sie zu, da die Komplementärstiftung keine Kapitalgesellschaft ist. Die Personengesellschaft muß daher grundsätzlich einen Gewerbebetrieb haben. Eine Stiftung & Co. KG, die lediglich Vermögensverwaltung betreibt, hat Einkünfte aus Kapitalvermögen (§ 20 Abs. 1 EStG) oder solche aus Vermietung und Verpachtung (§ 21 EStG).

### 2. Gewinnermittlung der Stiftung & Co. KG

1279 Die Stiftung & Co. KG ermittelt ihren Gewinn einheitlich für alle Gesellschafter einschließlich der Komplementärstiftung.

Da die Stiftung keine Gesellschafter hat, bestehen an der Komplementärstiftung keine Anteile, folglich gehört damit das Vermögen der Stiftung nicht unmittelbar zum steuerlichen Betriebsvermögen der KG.

1280 Ausschüttungen der Stiftung an Destinatäre, die gleichzeitig Kommanditisten sind, sind nicht als Sonderbetriebseinnahmen der Gesellschaft zu behandeln.

1281 Ist ein Kommanditist gleichzeitig Vorstand der Stiftung, wird man wohl seine Vorstandsbezüge als Sonderbetriebseinnahmen behandeln müssen.

1282 Nutzungsüberlassungen des Gesellschafters an die Personengesellschaft und wohl auch die Stiftung, die diese wiederum der Personengesellschaft überläßt, sind als Sonderbetriebseinnahmen zu behandeln.

1283 Die Vergütungen, die die Stiftung des Gesellschafters der KG erhält, sind als Sonderbetriebseinnahmen dem Gewinn der KG wieder hinzuzurechnen.

### 3. Einkommen der Gesellschafter

*a) Gewinnanteil der Komplementärstiftung*

1284 Der Gewinnanteil der Komplementär-GmbH, der um die Sondervergütung für Geschäftsführung usw. zu erhöhen ist, unterliegt der Körperschaftsteuer (⇒ Rz. 1263).

*b) Gewinnanteile der Kommanditisten*

Die Gewinnanteile der Kommanditisten sind Einkünfte aus Gewerbebetrieb i.S. des § 15 Abs. 1 Nr. 2 EStG. *1285*

Nicht steuerbar sind jedoch die Ausschüttungen der Stiftung an ihre Destinatäre (§ 22 Nr. 1 EStG). *1286*

## III. Einkommensteuer des Stifters bei Gründung

### 1. Unentgeltliche Betriebsübertragung

Überträgt der Stifter seinen Betrieb unentgeltlich, so fallt kein Veräußerungsgewinn an. Der Erwerber hat die Buchwerte fortzuführen. *1287*

### 2. Übertragung eines Einzelbetriebes auf eine Stiftung & Co. KG

Überträgt der bisherige Einzelunternehmer sein Unternehmen auf eine Personengesellschaft, an der eine Stiftung als Komplementär beteiligt ist, so liegt eine Einbringung i.S. des § 24 UmwStG vor. Die Personengesellschaft hat die Wahl, das Betriebsvermögen zum Buchwert, Teilwert oder einem Zwischenwert zu übernehmen. Die Versteuerung der stillen Reserven kann also durch Buchwertfortführung vermieden werden, allerdings muß die spätere Versteuerung der stillen Reserven gewährt sein. Das wäre sie nicht, wenn es sich bei der Komplementärin um eine gemeinnützige, steuerbefreite Stiftung handeln würde, das wird aber bei der Stiftung, deren Zweck es ist, Komplementärin einer Personengesellschaft zu sein, nicht der Fall sein. *1288*

### 3. Eintritt einer Stiftung in eine bereits vorhandene Personengesellschaft

Tritt eine Stiftung in eine bereits vorhandene Personengesellschaft ein, liegt nach überwiegender Ansicht bei dem Altgesellschafter ein Fall der Einbringung vor mit dem Wahlrecht zwischen Buchwert, Teilwert oder einem Zwischenwert, so daß auch hier die Aufdeckung von stillen Reserven verhindert werden kann. *1289*

### 4. Übertragung einer GmbH auf eine Stiftung & Co. KG

Wie bereits ausgeführt, bestehen gegen die Umwandlung einer GmbH auf eine Stiftung & Co. KG keine Bedenken, weil es sich bei der Stiftung um keine Kapitalgesellschaft handelt. *1290*

Die Kapitalgesellschaft hat hierbei alle stillen Reserven mit Ausnahme eines bisher nicht aktivierten Geschäftswertes aufzudecken, der Übertragungsgewinn ist bei ihr steuerfrei. Die übernehmende Personengesellschaft hat das übernommene Betriebsvermögen mit den Werten der Kapitalgesellschaft anzusetzen. Der Übernahmegewinn ist jedoch zu erfassen, allerdings kommt die Gesellschaft in die vollen Vorteile der Körperschaftsteueranrechnung.

## IV. Gewerbesteuer

*1291* Grundsätzlich unterliegen die Stiftung, wenn sie ein Gewerbe betreibt – was der Fall ist, wenn sie an einer gewerblichen Personengesellschaft die Komplementärfunktion übernimmt –, und die gewerbliche Personengesellschaft der Gewerbesteuer mit ihren Einkünften i.S. des § 15 Abs. 1 Nr. 2 EStG.

*1292* Der Gewerbebetrieb einer Stiftung wird durch § 2 Abs. 1 GewStG erfaßt, darüber hinaus ein wirtschaftlicher Geschäftsbetrieb nach § 2 Abs. 3 GewStG. Auch die Beteiligung an einer gewerblichen Personengesellschaft bildet einen Gewerbebetrieb. Ist die Stiftung nur an der KG beteiligt und bezieht sie ausschließlich von der KG Einkünfte, dann bleibt sie gewerbesteuerfrei (Schachtelprivileg, § 9 Nr. 2, 12 Abs. 3 Satz 2 GewStG).

*1293* Die Stiftung & Co. KG selbst ist wiederum gewerbesteuerpflichtig, wenn sie gewerblich tätig ist. Die vermögensverwaltende Stiftung & Co. KG unterliegt daher im Gegensatz zur GmbH & Co. KG nicht der Gewerbesteuer.

## V. Grunderwerbsteuer

*1294* Bringt der bisherige Einzelunternehmer sein Betriebsvermögen in eine Personengesellschaft ein und ist im Betriebsvermögen Grundvermögen vorhanden, fällt grundsätzlich Grunderwerbsteuer an, § 1 GrEStG. Soweit aber der Einbringende, dessen Ehefrau und Abkömmlinge an der Personengesellschaft beteiligt sind, ist die Einbringung grunderwerbsteuerbefreit, § 3 Nr. 4 u. 6, § 5 GrEStG. In Höhe des Anteils der Stiftung fällt Grunderwerbsteuer an. Da die Personengesellschaft selbst Steuersubjekt ist, unterliegt ein Gesellschafterwechsel nicht der Grunderwerbsteuer.

Jedoch unterliegt die Vereinigung von Anteilen in einer Hand der Grunderwerbsteuer, § 1 Abs. 3 GrEStG. Da Anteilsrechte an einer Stiftung nicht bestehen, kann bei einer Stiftung der Tatbestand der Anteilsvereinigung nicht verwirklicht werden.

## VI. Die steuerlichen Vorteile der Stiftung & Co. KG gegenüber der GmbH & Co. KG

*1295* Der besondere Vorteil der Stiftung & Co. KG besteht darin, daß das Geprägegesetz (§ 15 Abs. 3 Nr. 2 EStG) nicht für die Stiftung & Co. KG gilt. Eine Stiftung & Co. KG, die lediglich Vermögen verwaltet, betreibt kein Gewerbe.

Die Stiftung & Co. KG eignet sich daher besonders für nichtgewerbliche Personengemeinschaften.

Erbschaftsteuerliche Nachteile durch die Erbersatzsteuer entstehen nicht, wenn die Komplementär-Stiftung nicht erhebliches eigenes Vermögen besitzt.

# Literaturverzeichnis
(Kommentare und Monographien)

Alternativkommentar zum Bürgerlichen Gesetzbuch, Band 6 (1990) bearb. v. Buchholz, Däubler, Derleder, Dubischar, Finger, F. Pardey, K.-D. Pardey, Schaper, Teubner und Wendt

Bader/Lammsfuß/Rinne, Die Besteuerung der Renten, 2. Auflage (1989)

Bartl/Henkes/Scharb, GmbH-Recht, 3. Auflage (1990)

Battes, Gemeinschaftliches Testament und Ehegattenerbvertrag als Gestaltungsmittel für die Vermögensordnung der Familie. Versuch einer Grundlegung im Vergleich mit funktionsverwandten Erscheinungen des anglo-amerikanischen und französischen Rechts (1974)

Baumann, Das Schuldanerkenntnis (1992)

Baumbach/Hopt, Kommentar zum Handelsgesetzbuch, 30. Auflage (2000)

Baumbach/Hueck, Kommentar zum Aktiengesetz, 14. Auflage (1987)

Baumbach/Hueck (Hueck/Schulze-Osterloh/Zöllner), Kommentar zum GmbH-Gesetz, 17. Auflage (2000)

Beckmann, Die AG & Co. KG (1992)

Beck'sches Formularbuch zum Bürgerlichen, Handels- und Wirtschaftsrecht, 5. Auflage (1991)

Beck'sches Handbuch der GmbH (1995), hrsg. v. Müller, Hense

Beck'sches Notarhandbuch 3. Auflage (2000), hrsg. v. Brambring, Jerschke, Abschn. C, Erbrecht, bearb. v. Bengel/Reimann

Bengel/Reimann, Handbuch der Testamentsvollstreckung, 2. Auflage (1998)

Bentler, Das Gesellschaftsrecht der Betriebsaufspaltung (1986)

Berndt, Stiftung und Unternehmen, 6. Auflage (1998)

BGB-RGRK, Kommentar hrsg. von Mitgliedern des Bundesgerichtshofes, Band 5, 12. Auflage (1974f.), bearb. v. Johannsen und Kregel

Biergans/von Stotzingen, Raten, Renten, andere wiederkehrende Zahlungen, 4. Auflage (1993)

Binz, Die GmbH & Co., 8. Auflage (1992)

Blaurock, Handbuch Stille Gesellschaft, 5. Auflage (1997)

Blümich, EStG – KStG – GewStG (Loseblatt)

Boekelmann, Nutzungen und Gewinn beim Unternehmensnießbrauch (1971)

Böttcher/Zartmann/Faut, Stille Gesellschaft und Unterbeteiligung, 3. Auflage

Bohrer, Das Berufsrecht der Notare (1991)

Boruttau/Egly/Sigloch, Grunderwerbsteuergesetz, 13. Auflage (1992)

Brambring, Ehevertrag und Vermögenszuordnung unter Ehegatten, 4. Auflage (2000)

Brandmüller, Betriebsaufspaltung (Loseblatt)

Brandmüller, Die Betriebsaufspaltung nach Handels- und Steuerrecht, 7. Auflage (1997)

Breuninger, Die BGB-Gesellschaft als Rechtssubjekt im Wirtschaftsverkehr (1991)

Brönner/Bareis/Rux, Die Besteuerung der Gesellschaften, des Gesellschafterwechsels und der Umwandlungen, 17. Auflage (1996)

Brönner/Rux, Steuervorteile durch zweckmäßige Erb- und Unternehmensnachfolge, 5. Auflage (1988)

Brox, Erbrecht, 17. Auflage (1998)

Brüggemann/Fischer/Schilling u.a., HGB Großkommentar, 4. Auflage (1983)

Bünz/Heinsius, Praxishandbuch Familiengesellschaften (Loseblatt)

Canaris, Handelsrecht, 22. Auflage (1995)

Capelle/Canaris, Handelsrecht, 21. Auflage (1989)

Claussen/Krüger, Optimale Unternehmensnachfolge (1992)

Crezelius, Handbuch der Personengesellschaften (Loseblatt)

Crezelius, Unternehmenserbrecht (1998)

Christoffel/Geckle/Pahlke, ErbStG Kommentar (1998)

Damrau, Der Erbverzicht als Mittel zweckmäßiger Vorsorge für den Todesfall (1966)

Dehmer, Die Betriebsaufspaltung, 2. Auflage (1987)

Dehmer, Umwandlungsgesetz und Umwandlungssteuergesetz, 2. Auflage (1996)

Dittmann/Reimann/Bengel, Testament und Erbvertrag, 3. Auflage (2000)

Donath, Die Betriebsaufspaltung (1991)

Draschka, Vorweggenommene Erbfolge und Pflichtteilsergänzung (1992)

Ebenroth, Erbrecht (1992)

Eccher, Antizipierte Erbfolge (1980)

Eder/Berg/Tillmann/Gaul, Handbuch der GmbH (Loseblatt)

Ehlers, Besteuerung wiederkehrender Bezüge (1990)

Ehlers, Unternehmensnachfolge und Erbauseinandersetzung in handelsrechtlicher und ertragsteuerlicher Sicht, 2. Auflage (1995)

Eisenhardt, Gesellschaftsrecht, 8. Auflage (1999)

Erman, Handkommentar zum Bürgerlichen Gesetzbuch, Band 2, 10. Auflage (2000), Erbrecht bearb. v. Schlüter u. M. Schmidt

Eylmann/Vaasen, Bundesnotarordnung – Beurkundungsgesetz (2000)

Ferid/Firsching/Lichtenberger, Internationales Erbrecht (Loseblatt)

Fichtelmann, Betriebsaufspaltung im Steuerrecht, 9. Auflage (1996)

Fichtelmann, Die GmbH & Co. KG im Steuerrecht, 7. Auflage (1994)

Fichtelmann, GmbH & Still im Steuerrecht, 4. Auflage (1995)

Firsching/Graf, Nachlaßrecht, 8. Auflage (2000)

Fischer, Wiederkehrende Bezüge und Leistungen (1994)

Fleischer/Thierfeld, Stille Gesellschaft im Steuerrecht, 6. Auflage (1995)

Fleischmann, Lebzeitige Verfügungsfreiheit bei erbrechtlicher Bindung und Pflichtteilsberechtigung nach den Vorschriften des BGB (1989)

Flick, Familienunternehmen und Zukunftssicherung (1997)

Flick, Richtige und rechtzeitige Erbfolgeplanung, 4. Auflage (1992)

Flick/Piltz, Der internationale Erbfall (1999)

Flume, Allgemeiner Teil des Bürgerlichen Rechts, Erster Band, Erster Teil, Personengesellschaft (1977)

Formularkommentar, Formulare für Freiwillige Gerichtsbarkeit und Vertragsgestaltung mit Erläuterungen, Band 6: Bürgerliches Recht III. Erbrecht, 22. Auflage v. Prausnitz (1986)

Fritz/Bünger, Praxishandbuch Erbrecht (Loseblatt)

Fromm, Unternehmensnachfolge, 2. Auflage (1991)
Gaul, Der Betriebsübergang, 2. Auflage (1992)
Gebel, Betriebsvermögen und Unternehmernachfolge (1997)
Gernhuber/Coester-Waltjen, Lehrbuch des Familienrechts, 4. Auflage (1994)
Geßler/Hefermehl/Eckardt/Kropff, Kommentar zum AktG, Band 5 (1984–1986), Band 6 (1994)
Godin/Wilhelmi, Kommentar zum AktG, 4. Auflage (1971)
Großkommentar zum AktG (Bearbeiter), 3. Auflage (1970–1975)
Großkommentar Handelsgesetzbuch, 4. Auflage (1983ff.)
Grziwotz, Partnerschaftsvertrag für die nichteheliche Lebensgemeinschaft (1992)
Gursky, Erbrecht, 3. Auflage (1999)
Gustavus, Handelsregisteranmeldungen, 3. Auflage (1996)
Hachenburg, Großkommentar zum GmbHG, Band 1, 8. Auflage (1992ff.)
Haegele/Winkler, Der Testamentsvollstrecker nach bürgerlichem Handels- und Steuerrecht – Handbuch für die Praxis, 14. Auflage (1996)
Happ, Aktienrecht (1995)
Harder, Grundzüge des Erbrechts, 4. Auflage (1997)
Hartmann/Böttcher/Nissen, Kommentar zum Einkommensteuergesetz, hrsg. von Bordewin/ Brandt (Loseblatt)
Hennerkes, Unternehmenshandbuch Familiengesellschaften (1995)
Hennerkes/Binz, Die GmbH & Co., 8. Auflage (1992)
Hennerkes/Kirchdörfer, Unternehmenshandbuch Familiengesellschaften, 2. Auflage (1997)
Hense, Die stille Gesellschaft im handelsrechtlichen Jahresabschluß (1990)
Herrmann/Heuer/Raupach, Kommentar zum Einkommensteuer- und Körperschaftsteuergesetz mit Nebengesetzen (Loseblatt)
Hesselmann/Tillmann, Handbuch der GmbH & Co., 17. Auflage (1991)
Heymann, Handelsgesetzbuch (1990)
Hölters, Der Beirat der GmbH und GmbH & Co. KG, 2. Auflage (1993)
Hofmann, Erbschaft- und Schenkungsteuer, 4. Auflage (1993)
Hofmann, Kommentar zum Grunderwerbsteuergesetz, 7. Auflage (2000)
Holzhauer, Familien- und Erbrecht, 2. Auflage (1988)
Hopt, Vertrags- und Formularbuch zum Handels-, Gesellschafts-, Bank- und Transportrecht, 2. Auflage (2000)
Huber, Vermögensanteil, Kapitalanteil und Gesellschaftsanteil an Personengesellschaften des Handelsrechts (1970)
Hueck, Das Recht der offenen Handelsgesellschaft, 4. Auflage (1971)
Hueck, Gesellschaftsrecht, 19. Auflage (1991)
Hüffer, Aktiengesetz, 4. Auflage (1999)
Hüffer, Gesellschaftsrecht, 5. Auflage (1998)
Jansen/Hoffmann, Der Nießbrauch im Zivil- und Steuerrecht, 5. Auflage (1993)
Jansen/Wrede, Renten, Raten, Dauernde Lasten, 12. Auflage (1998)
Jauernig/Stürner/Schlechtriem/Teichmann/Vollkommer, Bürgerliches Gesetzbuch mit Erläuterungen, 9. Auflage (1999), Erbrecht bearb. v. Stürner
Kallmeyer, Kommentar zum Umwandlungsgesetz (1997)

Kaligin, Die Betriebsaufspaltung, 3. Auflage (1995)
Kanzleiter/Wegmann, Vereinbarungen unter Ehegatten, 4. Auflage (1995)
Kapp/Ebeling, Handbuch der Erbengemeinschaft, 12. Auflage (Loseblatt)
Kapp/Ebeling, Kommentar zum Erbschaftsteuer- und Schenkungsteuergesetz (Loseblatt)
Kasper, Anrechnung und Ausgleichung im Pflichtteilsrecht (1999)
Keidel/Schmalz/Stöber, Registerrecht, 5. Auflage (1991)
Kerscher/Tanck, Pflichtteilsrecht, 2. Auflage (1999)
Kersten/Bühling, Formularbuch und Praxis der freiwilligen Gerichtsbarkeit, 20. Auflage (1994)
Kick, Vererbung von GmbH-Anteilen (1996)
Kipp/Coing, Erbrecht, 14. Auflage (1990)
Kirchhof/Söhn, Einkommensteuergesetz (Loseblatt)
Kirst/Bieler, Unternehmensnachfolge (1996)
Klamroth, Die GmbH & Co. KG, 7. Auflage (1993)
Klauss/Birle, GmbH & Co., 9. Auflage (1993)
Klingelhöffer, Pflichtteilsrecht (1996)
Knobbe-Keuk, Bilanz- und Unternehmenssteuerrecht, 9. Auflage (1993)
Knoppe, Betriebsverpachtung und Betriebsaufspaltung, 8. Auflage (1995)
Kobs, Veräußerung und Übertragung von Gewerbebetrieben, 7. Auflage (1993)
Kölner Kommentar zum AktG, 2. Auflage (1986ff.)
Kössinger, Das Testament Alleinstehender, 2. Auflage (1997)
Kraft/Kreutz, Gesellschaftsrecht, 10. Auflage (1997)
Krebs, Geschäftsführungshaftung bei der GmbH & Co. KG und das Prinzip für sorgfaltswidrige Leitung (1991)
Kroiß, Internationales Erbrecht (1999)
Kübler, Gesellschaftsrecht, 4. Auflage (1994)
Kunz/Hennemann, Grunderwerbsteuer (Loseblatt)
Lademann/Söffing, Kommentar zum Einkommensteuergesetz (Loseblatt)
Lange/Kuchinke, Lehrbuch des Erbrechts, 4. Auflage (1995)
Langenfeld, Das Ehegattentestament (1994)
Langenfeld, Das Testament des Gesellschafter-Geschäftsführers einer GmbH und GmbH & Co. KG
Langenfeld, Eheverträge, 3. Auflage (1995)
Langenfeld, GmbH Vertragspraktikum, 2. Auflage (1995)
Langenfeld, Grundstückszuwendungen im Zivil- und Steuerrecht, 3. Auflage (1992)
Langenfeld, Handbuch der Eheverträge und Scheidungsvereinbarungen, 4. Auflage (2000)
Langenfeld, Testamentsgestaltung, 2. Auflage (1995)
Langenfeld, Vertragsgestaltung, Methode – Verfahren – Vertragstypen, 2. Auflage (1997)
Langenfeld/Gail, Handbuch der Familienunternehmen, Gesellschafts-, Steuer-, Güter- und Erbrecht der Einzelunternehmen und Familiengesellschaften mit Mustersammlung (Loseblatt)
Leipold, Erbrecht, 10. Auflage (1993)
Littmann/Bitz/Hellwig, Das Einkommensteuerrecht (Loseblatt)
Lorz, Testamentsvollstreckung und Unternehmensrecht (1995)

Luckey, Unternehmensnachfolge (1992)
von Lübtow, Erbrecht (1971)
Lutter, Umwandlungsgesetz, 2. Auflage (2000)
Lutter/Hommelhoff, GmbHG, 15. Auflage (2000)
Mayer/Wissmann, Handbuch des Gesellschafts- und Wirtschaftsrechts (1991)
Mecke/Lerch, Beurkundungsgesetz, Kommentar, 2. Auflage (1991)
Meincke, Kommentar zum Erbschaftsteuer- und Schenkungsteuergesetz, 12. Auflage (1999)
Michalski, BGB-Erbrecht (1999)
Michalski/Römermann, Partnerschaftsgesetz (1995)
Möhring/Beisswingert/Klingelhöffer, Vermögensverwaltung in Vormundschafts- und Nachlaßsachen, 7. Auflage (1992)
Moench, Erbschaftsteuer und Schenkungsteuer (Loseblatt)
Mohr, Praxis Ratgeber Unternehmertestament (2001)
Müller/Ohland, Gestaltung der Erb- und Unternehmensnachfolge in der Praxis – Betriebswirtschaftliche, zivilrechtliche und steuerliche Überlegungen, 2. Auflage (1995) (Erg.-Lfg. 1996)
Münchener Handbuch des Gesellschaftsrechts (Bd. I 1995, Bd. II 1991, Bd. III 1996, Bd. IV 1999), hrsg. v. Riegger, Weipert
Münchener Kommentar zum BGB, 2. Auflage (1984ff.), 3. Auflage (1992ff.)
Münchener Vertragshandbuch, Band 1, 4. Auflage (2000), Band 2, 4. Auflage (1997), Band 3, 4. Auflage (1998), Band 4, 4. Auflage (1998)
Neye/Limmer/Frenz/Harnacke, Handbuch der Unternehmensumwandlung (1996)
Nieder, Handbuch der Testamentsgestaltung, 2. Auflage (2000)
Nolting, Inhalt, Ermittlung und Grenzen der Bindung beim Erbvertrag (1985)
Obermeier, Vorweggenommene Erbfolge und Erbauseinandersetzung, 2. Auflage (1995)
Olzen, Die vorweggenommene Erbfolge (1984)
Otte, Erbrecht programmiert (1974)
Padberg, Kommentar zum Grunderwerbsteuerrecht (Loseblatt)
Pahlke/Franz, Grunderwerbsteuergesetz, 2. Auflage (1999)
Palandt, Bürgerliches Gesetzbuch, 60. Auflage (2001), Erbrecht bearb. v. Edenhofer
Peter/Crezelius, Gesellschaftsverträge und Unternehmensformen, 6. Auflage (1995)
Petzoldt, Erbschaftsteuer- und Schenkungsteuergesetz
Pietsch/Tehler, Betriebsaufgabe und Unternehmensnachfolge, 3. Auflage (1996)
Priester, Vertragsgestaltung bei der GmbH & Co., 2. Auflage (1991)
Priester, Die Gestaltung von GmbH-Verträgen, 5. Auflage (1996)
Raiser, Recht der Kapitalgesellschaften, 2. Auflage (1992)
Rau/Dürrwächter/Flick/Geist, Kommentar zum Umsatzsteuergesetz (Loseblatt)
Reichert, Der GmbH-Vertrag (1992)
Reiff, Die Dogmatik der Schenkung unter Nießbrauchsvorbehalt und ihre Auswirkungen auf die Ergänzung des Pflichtteils und die Schenkungssteuer (1989)
Reimann, Testamentsvollstreckung in der Wirtschaftspraxis, 3. Auflage (1997)
Reimann/Spiegelberger, Aktuelle Rechtsfragen der Unternehmensnachfolge – Vorbereitende Maßnahmen und Folgen aus zivil- und steuerrechtlicher Sicht (1986)
Reithmann/Albrecht/Basty, Handbuch der notariellen Vertragsgestaltung, 7. Auflage (1995)

RGRK, BGB, 12. Auflage (1974)
Richter/Boveleth, Handbuch der Rentenbesteuerung (Loseblatt)
Riedel, Unternehmensnachfolge regeln, 2. Auflage (1996)
Riedel/Sussbauer, Kommentar zur Bundesgebührenordnung für Rechtsanwälte, 6. Auflage (1988)
Römer, Notariatsverfassung und Grundgesetz (1963)
Rössler/Troll, Bewertungsgesetz (1999)
Rohlfing, Erbrecht, 2. Auflage (1999)
Roth/Altmeppen, Kommentar zum GmbHG, 3. Auflage (1997)
Rowedder/Bearbeiter, Kommentar zum GmbHG, 3. Auflage (1997)
Sagasser/Bula/Brünger, Umwandlungen, Verschmelzung – Spaltung – Formwechsel – Vermögensübertragung, 2. Auflage (2000)
Scheer, Der Erbschein – Erteilung, Einziehung und Änderung (1988)
Schlegelberger/Gessler, Kommentar zum Handelsgesetzbuch, 5. Auflage (1973f.)
Schlitt, Klassische Testamentsklauseln – Zur Zulässigkeit belastender Anordnungen des Erblassers aus der Sicht des Pflichtteilsberechtigten (1991)
Schlüter, Erbrecht, 14. Auflage (2000)
Schmidt, Karsten, Gesellschaftsrecht, 3. Auflage (1997)
Schmidt, Karsten, Handelsrecht, 4. Auflage (1994)
Schmidt, Ludwig, Einkommensteuergesetz, Kommentar, 19. Auflage (2000)
Schoor, Unternehmensnachfolge in der Praxis, 2. Auflage (1995)
Scholz, Kommentar zum GmbHG, Band 1, 8. Auflage (1993), Band 2, 8. Auflage (1995)
Schotten, Das IPR in der notariellen Praxis (1995)
Schreiber, Konzernrechnungslegungspflichten bei Betriebsaufspaltung und GmbH & Co. KG (1989)
Schulz, Erbschaftsteuer/Schenkungsteuer, 5. Auflage (1995)
Schulze zur Wiesche, Betriebsveräußerung, Gesellschafterwechsel und Betriebsaufgabe im Steuerrecht, 7. Auflage (1999)
Schulze zur Wiesche, Die GmbH & Still, 3. Auflage (1997)
Schulze zur Wiesche, Erbschaftsteuer, 4. Auflage (1997)
Schulze zur Wiesche, GmbH & Co. KG, 2. Auflage (1991)
Schulze zur Wiesche, Vereinbarungen unter Familienangehörigen und ihre steuerlichen Folgen, 8. Auflage (1998)
Schumann/Geißinger, Kommentar zur Bundesrechtsanwaltsgebührenordnung, 2. Auflage (1979)
Seibert/Köster/Kiem, Die kleine AG, 3. Auflage (1996)
Seifart/von Campenhausen, Handbuch des Stiftungsrechts, 2. Auflage (1999)
Siegmund/van Venrooy, Gesellschaftsrecht (1983)
Sölch/Ringleb/List, Kommentar zum Umsatzsteuergesetz (Loseblatt)
Soergel, BGB, 12. Auflage (1987ff.)
Soergel, Bürgerliches Gesetzbuch, Band 7, 12. Auflage (1992)
Sommer, Die Gesellschaftsverträge der GmbH & Co. (1992)
Sorg, Die Familienstiftung (1988)
Spiegelberger, Vermögensnachfolge (1994)

Staub, Großkommentar zum HGB, 4. Auflage (1982f.)

Staudinger, Kommentar zum Bürgerlichen Gesetzbuch, 12. Auflage (1978ff.), 13. Auflage (1993ff.)

Stehle/Stehle, Die rechtlichen und steuerlichen Wesensmerkmale der verschiedenen Gesellschaftsformen, 16. Auflage (1995)

Stephan, Die Wohneigentumsförderung, 6. Auflage (1999)

Strickrodt, Stiftungsrecht, geltende Vorschriften und rechtspolitische Vorschläge (Loseblatt)

Sudhoff, Der Gesellschaftsvertrag der GmbH, 8. Auflage (1992)

Sudhoff, Personengesellschaften, 7. Auflage (1990)

Sudhoff, Unternehmensnachfolge, 4. Auflage (2000)

Thiery, Die Gesellschaft bürgerlichen Rechts als Unternehmer (1989)

Tillmann, Der Geschäftsführervertrag der GmbH und GmbH & Co., 4. Auflage (1986)

Tipke/Kruse, Abgabenordnung/Finanzgerichtsordnung, Kommentar (Loseblatt)

Troll/Gebel/Jülicher, Kommentar zum Erbschaftsteuer- und Schenkungsteuergesetz (Loseblatt)

Veltins, Der Gesellschaftsvertrag der Kommanditgesellschaft (1992)

Vogt/Jansen, Unternehmensnachfolge (1996)

Wegmann, Ehegattentestament und Erbvertrag, 2. Auflage (1997)

Weinläder, Unternehmensnachfolge (1998)

Weirich, Erben und Vererben – Handbuch des Erbrechts, 4. Auflage (1998)

Westermann, Handbuch der Personengesellschaften (Loseblatt)

Widmann/Meyer, Umwandlungsrecht (Loseblatt)

Wiedemann, Die Übertragung und Vererbung von Mitgliedschaftsrechten bei Handelsgesellschaften (1965)

Wiedemann, Gesellschaftsrecht, Band I (1980)

Winter, Die Vererbung von GmbH-Anteilen im Zivil- und Steuerrecht (1997)

Wöhrmann/Stöcker, Das Landwirtschaftserbrecht, 6. Auflage (1995)

Wollny, Unternehmens- und Praxisübertragungen, 3. Auflage (1994)

Zawar, Das Vermächtnis in der Kautelarjurisprudenz dargestellt am aufschiebend bedingten oder befristeten Vermächtnis (1983)

Zenthöfer/Schulze zur Wiesche, Lehrbuch Einkommensteuer, 5. Auflage (1998)

Zimmermann, Eheverträge, Scheidungs- und Unterhaltsvereinbarungen, 2. Auflage (1995)

# Sachregister

(Die Zahlen verweisen auf die Randziffern, Vorziffer I auf die Randziffern des Ersten Buchs, Vorziffer II auf die Randziffern des Zweiten Buchs)